Die Wildbienen Baden-Württembergs
Spezieller Teil

Im Rahmen des Artenschutzprogrammes Baden-Württemberg
Die Herausgabe erfolgte in Zusammenarbeit mit der Landesanstalt für Umweltschutz
Baden Württemberg – Institut für Ökologie und Naturschutz –

Paul Westrich

Die Wildbienen Baden-Württembergs

Spezieller Teil: Die Gattungen und Arten

Mit einem Geleitwort
von Minister Erwin Vetter

496 Farbfotos und
396 Verbreitungskarten

E.U.
VERLAG
EUGEN
ULMER

Mit Unterstützung
der Stiftung
Naturschutzfonds!

Sämtliche Farbfotos von Paul Westrich
REM-Aufnahmen (Seite 276) von P. Pfundstein
und W. Send

CIP-Titelaufnahme der Deutschen Bibliothek

Westrich, Paul:
Die Wildbienen Baden-Württembergs : [im Rahmen des Artenschutzprogrammes Baden Württemberg] / Paul Westrich. Mit e. Geleitw. von Erwin Vetter. [Sämtl. Farbfotos: Paul Westrich. Die Hrsg. erfolgte in Zusammenarbeit mit d. Landesanst. für Umweltschutz Baden-Württemberg - Inst. für Ökologie u. Naturschutz]. - Stuttgart : Ulmer.
ISBN 3-8001-3307-5

Spezieller Teil. Die Gattungen und Arten. - 1989

Wollgrasweg 41, 7000 Stuttgart 70 (Hohenheim)
Printed in Germany
Einbandgestaltung: A. Krugmann, Freiberg am Neckar
Satz: Typobauer Filmsatz GmbH, Ostfildern-Scharnhausen

8 Stellung der Bienen unter den Hautflüglern

Die Hautflügler (Hymenoptera) sind eine sehr umfangreiche Insekten-Ordnung mit über 10000 Arten allein in Mitteleuropa (OEHLKE 1969). Sie zeichnen sich wie die Schmetterlinge und Käfer durch eine vollkommene Verwandlung (Holometabolie) aus, d.h. der Entwicklungsgang führt, beginnend mit der aus dem Ei schlüpfenden Junglarve, über mehrere Larvenstadien hin zur geschlechtsreifen Imago (Vollinsekt), wobei zwischen das letzte Larvenstadium und die Imago als äußerliches Ruhestadium die Puppe eingeschaltet ist. Ein weiteres Merkmal ist die Haploidie der Männchen, die stets aus unbefruchteten Eiern entstehen. Typische Hautflügler besitzen als Imagines zwei Paare häutiger Flügel, von denen das vordere Paar größer ist. Die Flügel werden in der Ruhe nach hinten geschlagen und während des Fluges ausgebreitet, Vorder- und Hinterflügel sind durch eine kleine Hakenreihe miteinander verbunden. Das Flügelgeäder ist oft stark reduziert. Der Kopf ist meist ziemlich massiv und durch einen dünnen Hals sehr beweglich.

Die Ordnung der Hautflügler wird in zwei Unterordnungen aufgeteilt, die Symphyta und die Apocrita. Die Symphyta oder Pflanzenwespen sind zwischen Thorax und Abdomen nicht eingeschnürt. Der Hinterleib ist bei ihnen breit am Bruststück angewachsen. Typische Symphyten sind die Holzwespen, Halmwespen und Blattwespen. Mit Bienen kann man sie nicht verwechseln.

Die Apocrita umfassen sehr verschiedenartige Formen. Charakteristisiert sind sie alle durch ihre »Wespentaille«, die scheinbar Thorax und Abdomen trennt. Anatomisch gesehen stellt sie jedoch eine Einschnürung des Hinterleibs dar, indem das 1. Hinterleibssegment fest in den Brustabschnitt eingefügt ist. Die Apocrita werden wiederum unterteilt in Terebrantia und Aculeata. Die Terebrantia besitzen beim Weibchen einen Legebohrer zur Eiablage und werden daher auch Legeimmen genannt. Zu ihnen gehören u.a. die Schlupfwespen, Gallwespen und Erzwespen. Bei den Aculeata, den sogenannten Stechimmen, ist der Legebohrer der Weibchen meist zu einem Wehrstachel umgebildet. Er wird entweder zum Lähmen der Beute oder zur Verteidigung gebraucht. Zu den Stechimmen gehören u.a. die Goldwespen, Keulenwespen, Dolchwespen, Spinnenameisen, Rollwespen, Ameisen, Faltenwespen, Wegwespen, Grabwespen und die Bienen.

Gold-, Dolch- und Keulenwespen sowie Spinnenameisen sind Raub- oder Futterparasiten. Falten-, Weg- und Grabwespen sind überwiegend Beutejäger und versorgen ihre Brut mit Insekten oder Spinnen. Als Imagines leben sie dagegen wie die meisten Stechimmen von Nektar und Fruchtsäften. Zu den Faltenwespen gehören die solitären Lehm- und Pillenwespen und die sozialen Papierwespen wie die Hornisse. Bei ihnen sind die Vorderflügel in Ruhe längsgefaltet und die Augen nierenförmig ausgerandet. Bei den Faltenwespen und den Wegwespen, die meist sehr lange Hinterbeine besitzen, erreicht die Vorderbrust die Flügelschuppen. Dieses Merkmal fehlt den Grabwespen und den Bienen, die nah miteinander verwandt sind und gemeinsame Vorfahren haben. Außer ihrer Lebensweise unterscheiden sich die Bienen von den Grabwespen durch das mehr oder weniger verbreiterte und behaarte erste Glied der Hintertarsen. Auch die meist starke, bisweilen pelzige Behaarung des gedrungenen Körpers läßt die Bienen unschwer erkennen. Nur einige wenig behaarte Gattungen wie *Hylaeus* (Maskenbienen), *Nomada* (Wespenbienen) oder *Sphecodes* (Blutbienen) können von Anfängern mit anderen Hautflüglern, besonders mit Falten- oder Grabwespen verwechselt werden.

Manche Fliegen (vor allem Schwebfliegen) und Schmetterlinge (besonders Glasflügler) ähneln bestimmten Wildbienen im Aussehen und in ihrem Flugverhalten derart, daß selbst gute Bienenkenner bisweilen im Gelände auf sie »hereinfallen«.

Bienen (»Blumenwespen«) und bedecktsamige Pflanzen haben sich in ihrer Evolution gegenseitig stark beeinflußt. Die frühesten Fossilfunde von Bienen stammen aus dem baltischen Bernstein des späten Eozän und sind 40–50 Mio. Jahre alt. Sie enthalten bereits hoch entwickelte Formen. So vermutet man, daß der Beginn der Bienenevolution möglicherweise bis zur Oberkreide (80–100 Mio. Jahre vor heute) zurückreicht und in ariden Bereichen des westlichen Gondwanalandes liegt (BATRA 1984, BURNHAM 1978, CULLINEY 1983, LOMHOLDT 1982, MICHENER 1974, 1979).

9 Körperbau der Bienen

Im Text tauchen hin und wieder im Zusammenhang mit dem Pollensammeln oder bei Bestimmungshinweisen morphologische Begriffe auf, die im folgenden kurz erläutert werden sollen. Hier können wir uns aber auf die wichtigsten Termini beschränken. Wer sich näher für die Hautflügler-Morphologie interessiert, sei auf Richards (1977) verwiesen.

Der Körper der Bienen besteht aus den drei Hauptabschnitten Kopf, Brustabschnitt und Hinterleib.

9.1 Der Kopf

Als Gesicht bezeichnen wir das, was sichtbar wird, wenn man den Kopf von vorne betrachtet. Das Gesicht wird oben vom Scheitel begrenzt. Darunter liegt sein vorderer Teil, die Stirn. Die zusammengesetzten Komplex- oder Facettenaugen nehmen zu beiden Seiten des Kopfes große, ovale und stark vorgewölbte Flächen ein. Betrachtet man den Kopf von oben, sieht man auf den Scheitel mit den drei Punktaugen (Ocellen). Das Stirnschildchen ist eine kleine Fläche unterhalb der Stirn und über dem Clypeus und ist oft gelb oder weiß gefärbt. Der für die Bestimmung oft wichtige Kopfschild (Clypeus) schließt das Gesicht nach unten ab. Er ist manchmal vorne bewehrt (Hörner) und oft von besonderer Farbe. Die beiden dreieckigen Feldchen zwischen Kopfschild, Augen und Schaftgruben nennen wir Nebengesicht, das oft durch besondere Färbung hervortritt. Die bei *Eucera* und *Anthophora* (♂) gelbgefärbte Oberlippe (Labrum), eine gelenkige Platte, schließt die Mundöffnung von oben. Unter dem Labrum befinden sich die Mundwerkzeuge, die im wesentlichen aus den Oberkiefern (Mandibeln), den Unterkiefern (Maxillen) und der Unterlippe (Labium) bestehen. Die Mandibeln mit ihrem oft gezähnten Innenrand sind zwei zangenartig gegeneinander arbeitende Werkzeuge, die zur Verteidigung, als Klammerorgane während der Nachtruhe, zum Aushöhlen von Brutzellen, zum Ergreifen und Transport von Material, zum Schneiden von Blättern und zum Verarbeiten von Harz, Lehm, Pflanzenmörtel etc. dienen. Maxillen und Labium bilden einen kompliziert gebauten Saugrüssel-Apparat, den sogenannten »Labiomaxillarkomplex«. Die Fühler (Antennen) sind zu beiden Seiten des Stirnschildchens eingefügt. Bei den Weibchen sind sie 12-, bei den Männchen 13gliedrig (bei *Pasites* bei ♂ u. ♀ 12gliedrig). Sie bestehen aus dem Schaft (Scapus) und der Geißel (Flagellum). Das erste Geißelglied ist besonders kurz und heißt Wendeglied (Pedicellus). Die Fühlergeißeln tragen wichtige Sinnesorgane. Die Form der Antennen ist fast immer zylindrisch, ihre Länge meist die des Kopfes. Beim Männchen erreichen sie aber auch Körperlänge und mehr, so z. B. bei den Langhornbienen *(Eucera, Tetralonia)*. Beim Männchen der Gattung *Systropha* sind sie spiralig nach innen aufgerollt, daher der Name Spiralhornbiene.

A: Flügelgeäder eines *Halictus*- ♀. Bezeichnungen nach Schmiedeknecht (1930), in Klammern abweichende Bezeichnungen bei Mitchell (1960). – Zellen: Co (Costalzelle); M Medialzelle, nach anderen Autoren Medianzelle; S Submedialzelle; R Radialzelle (Marginalzelle); Cu 1, Cu 2, Cu 3 Cubitalzellen (Submarginalzellen); D 1, D 2 Discoidalzellen; B Brachialzelle (Discoidalzelle); Adern: co Costa; sc Subcosta (Radius); m Medialnerv, nach anderen Autoren Medianader; a Analnerv; st Stigma; r Radius; p Parallelnerv; b Basalnerv; n Nervulus (transverse median vein); cu 1, cu 2, cu 3 Cubitaladern; d 1, d 2 Discoidaladern (rücklaufende Adern). – Meßstrecke 0·8 mm.

B: Linkes Hinterbein eines *Lasioglossum*- ♀ von außen, ab der Tibia. – B Basitibialplatte. Tb Tibia; Sp äußerer Hintertibiensporn (der innere, meist gesägte oder gezähnte Hintertibiensporn ist in dieser Stellung nicht sichtbar); M Metatarsus oder Basitarsus (erstes Tarsenglied); P Penicillus. T 2, T 3, T 4 Tarsenglieder 2 bis 4; T 5 Klauenglied. – Meßstrecke 0·5 mm.

C und D: Für die Bestimmung relevante Körperteile einer Furchenbiene (*Lasioglossum xanthopus* ♀). Die Bezeichnungen nach Schmiedeknecht (1930); die Teile des Propodeums nach dem Gebrauch bei Blüthgen; bei Mitchell (1960) deutlich abweichende Bezeichnungen in Klammern. Meßstrecken 0·8 mm. – C: lateral; D: dorsal (aus Ebmer 1987).

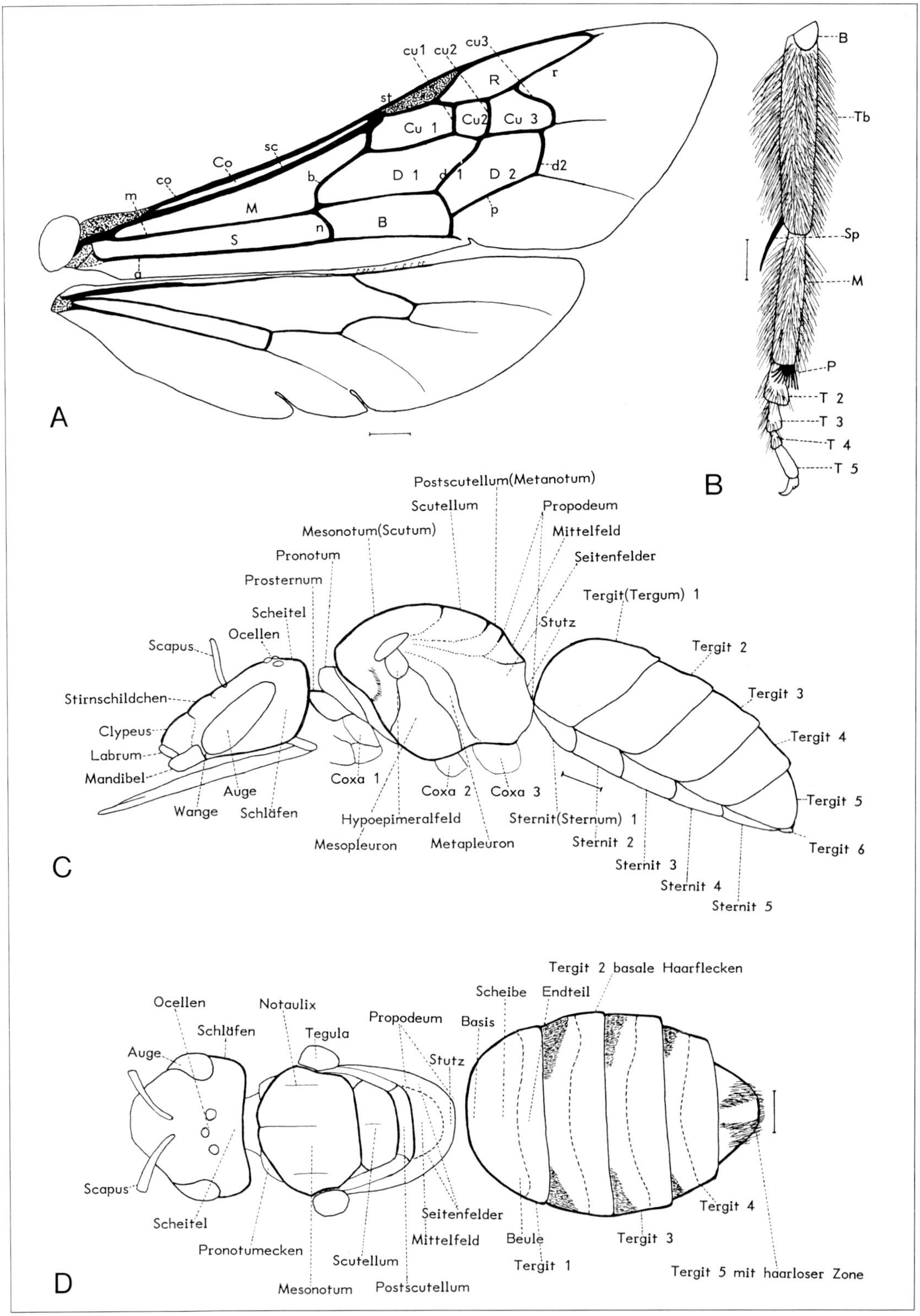
cu1 cu2 cu3
r
R
st
Cu 1
Cu2
Cu 3
sc
Co
co
b
D 1
d 1
D 2
d2
m
M
p
B
n
S
a
A
B
Tb
Sp
M
P
T 2
T 3
T 4
T 5
B
Postscutellum(Metanotum)
Scutellum
Propodeum
Mesonotum(Scutum)
Mittelfeld
Pronotum
Seitenfelder
Prosternum
Tergit(Tergum) 1
Scheitel
Stutz
Ocellen
Scapus
Tergit 2
Tergit 3
Stirnschildchen
Tergit 4
Clypeus
Labrum
Mandibel
Coxa 1
Coxa 2
Coxa 3
Auge
Tergit 5
Wange
Schläfen
Hypoepimeralfeld
Sternit(Sternum) 1
Mesopleuron
Metapleuron
Sternit 2
Tergit 6
C
Sternit 3
Sternit 4
Sternit 5
Tergit 2 basale Haarflecken
Scheibe
Endteil
Ocellen
Notaulix
Propodeum
Basis
Schläfen
Tegula
Auge
Stutz
Scapus
Tergit 4
Seitenfelder
Scheitel
Mittelfeld
Beule
Tergit 3
Pronotumecken
Scutellum
Tergit 1
Tergit 5 mit haarloser Zone
D
Mesonotum
Postscutellum

9.2 Das Bruststück

Das Bruststück (Thorax) ist der mittlere, fast kugelige Teil des Insektenkörpers. Es trägt die Fortbewegungsorgane, die Beine und die Flügel sowie die Flugmuskulatur. Bei den Bienen jedoch ist der Thorax eine Verschmelzung von 3 Brustsegmenten mit dem damit eng verbundenen 1. Hinterleibssegment, hier als Mittelsegment (Propodeum) bezeichnet. Diese Besonderheit der Apocrita (vgl. Kap. 8) wird daher Mesosoma genannt. Die 3 Brustsegmente sind die Vorderbrust (Prothorax), die Mittelbrust (Mesothorax) und die Hinterbrust (Metathorax). Der von oben sichtbare Vorderbrustrücken (Pronotum) ist oft gelb, weiß oder rot gefärbt. Zur Mittelbrust gehört das hinter dem Mittelbrustrükken gelegene Schildchen (Scutellum), eine mehr oder weniger rundliche, oft mit Dornen bewehrte Platte. Zur Hinterbrust gehört das Hinterschildchen (Postscutellum). Das Mittelsegment umfaßt die hintere obere Thoraxwand und enthält das Mittelfeld, auch herzförmiger Raum genannt, die Seitenfelder und den senkrecht abfallenden Stutz.

9.3 Die Flügel

Die vier Flügel, die am Mittel- und Hinterbruststück ansetzen, sind dünnhäutig, meist durchsichtig und von auffallenden Adern durchzogen, die zur Versteifung der Flügelhaut dienen. Das Flügelgeäder ist für die Bestimmung der Bienengattungen wichtig, insbesondere die Zahl und relative Größe der Cubitalzellen und die Form der Radialzelle. Kleine Häkchen am Flügelrand, die Hamuli, dienen dazu, Vorder- und Hinterflügel zusammenzuheften, um eine größere Flugfläche zu schaffen.

9.4 Die Beine

Die 3 Beinpaare (Vorder-, Mittel- und Hinterbeine) setzen sich aus 5 verschiedenen, gelenkig miteinander verbundenen Teilen zusammen: Hüfte (Coxa), Schenkelring (Trochanter), Schenkel (Femur), Schiene (Tibia), Fuß (Tarsus). Der Schenkel ist besonders bei den Männchen einiger Arten verdickt. Die Schienen sind oft stark verbreitert und tragen bei den Weibchen oft eine dem Pollentransport dienende und charakteristisch gefärbte Schienenbürste (Scopa). Der Fuß setzt sich aus insgesamt 5 Tarsen zusammen. Das erste Fußglied (Basitarsus oder Metatarsus) ist verlängert und abgeplattet. Bei den Weibchen mancher Gattungen, z.B. bei *Anthophora, Macropis* und *Melitta* ist es zum Pollentransport bürstenartig behaart. Das letzte (fünfte) Tarsenglied trägt ein Klauenpaar. Zwischen den Klauen sitzt oft ein Haftlappen (Pulvillus).

9.5 Der Hinterleib

Wenn auch das Mittelsegment (Propodeum) das eigentliche 1. Hinterleibssegment ist, beginnt die für die Bestimmung wichtige Zählung der Segmente hinter der Einschnürung der »Wespentaille«. Die verbleibenden Segmente werden als Segment 1, Segment 2 usw. bezeichnet. Ihre Gesamtheit nennt man Metasoma. Jedes der Hinterleibssegmente besteht aus 2 Halbsegmenten, den oberen Tergiten (Rückensegmente) und den unteren Sterniten (Bauchsegmente). Bei den Weibchen einiger Bienengattungen tragen die Sternite eine bürstenartige Behaarung zum Pollentransport. Das Metasoma setzt sich beim Weibchen aus 6, beim Männchen aus 7 sichtbaren Segmenten zusammen, die durch häutige Gelenke verbunden sind. Die restlichen Segmente sind ganz ins Körperinnere verlagert und beim Weibchen zu Giftstachel und Anhangsgebilde, beim Männchen zum Kopulationsapparat umgebildet. Das Tergit 6 des Weibchens trägt bei vielen Arten ein seitlich abgegrenztes, dreieckiges Feldchen, das sogenannte Pygidialfeld.

10 Systematik, Taxonomie und Nomenklatur

10.1 Systematik und Taxonomie

Um einen Überblick über die große Mannigfaltigkeit der Bienen zu erhalten, ordnet man sie und faßt die dabei gebildeten Gruppen nach ihrer mehr oder weniger großen Ähnlichkeit stufenweise zu größeren Einheiten zusammen. So entsteht ein hierarchisches Bienensystem aus Gruppen verschiedener, einander übergeordneter Rangstufen, wie Art, Gattung, Familie, Ordnung usw. Diese systematischen Gruppen werden unabhängig von ihrer Rangstufe als Taxa (Einzahl: das Taxon) bezeichnet.

Die Grundeinheit des Systems ist die Art (Species). Früher begründete man die Art morphologisch und typologisch auf übereinstimmenden und sie von anderen Arten unterscheidenden Merkmalen. Da geographisch weit entfernte Populationen sich stark im Aussehen unterscheiden können, ist eine solche Abgrenzung nicht mehr aufrecht zu erhalten. Heute definiert man die Art biologisch als Abstammungs- und potentielle Fortpflanzungsgemeinschaft, die von anderen Arten dergestalt isoliert ist, daß es entweder nicht zur Paarung kommt oder entsprechende Artbastarde nicht fortpflanzungsfähig sind. Für einen sich überwiegend auf sichtbare Merkmale stützenden Faunisten ist aber nach wie vor die Morphologie zur Artunterscheidung ausschlaggebend. Auch die Bestimmungstabellen basieren vorwiegend auf mehr oder weniger leicht erkennbaren und gut zu unterscheidenden morphologischen Merkmalen. Über den Status einer Art herrscht bei den Autoren nicht immer Einigkeit. Bisweilen wird ein Taxon, das von einem Autor als selbständige Art betrachtet wird, von einem anderen nur als Unterart (Subspecies, geographische Rasse, Abkürzung ssp.) aufgefaßt. Nach heutiger Ansicht (vgl. MAYR 1967, 1975) sind Unterarten durch genetische Unterschiede und durch in der Fortpflanzungszeit allopatrisches Vorkommen gekennzeichnet. Unterarten sind also miteinander kreuzbar und können fruchtbare Nachkommen erzeugen. Als Allopatrie bezeichnet man das Vorkommen nahe verwandter Populationen in geographisch getrennten Gebieten (Gegensatz: Sympatrie). Eine Population ist die Gesamtheit der Individuen einer Art in einem mehr oder weniger von anderen Artangehörigen isolierten Gebiet.

Verschiedene Arten, die in vielen Merkmalen einander ähneln, werden zu einer Gattung (Genus) zusammengefaßt. Hier gibt es noch vergleichsweise viele Übereinstimmungen zwischen den einzelnen Autoren. Doch auch hier stellen die einen Autoren viele Arten zur gleichen Gattung (z. B. Großgattung *Osmia*), während andere diese in kleinere Gattungen mit weniger Arten aufteilen. Dadurch werden bisweilen frühere Untergattungen nun zu selbständigen Gattungen erhoben (z. B. *Osmia* aufgeteilt in *Osmia, Hoplitis, Anthocopa* und *Metallinella*). Obwohl nach heutiger Auffasssung eines phylogenetisch begründeten Systems alle Angehörigen eines Taxons, also auch einer Gattung, zu einer monophyletischen Gruppe gehören, das heißt, von einem gemeinsamen Vorfahren abstammen sollten, läßt sich dies oft schwer belegen, so daß in vielen Fällen Gattungen wie auch andere höhere Taxa mehr oder weniger auf Konventionen beruhen. So schreibt REBMANN (1970): »Zuerst sei daran erinnert, daß wir die Kategorien höher als die Art nicht als naturgegebene Einheiten auffassen dürfen, sondern als von unserm Ordnungsbedürfnis geforderte Gegebenheiten, die demgemäß mehr oder weniger subjektiv sein müssen. Einigermaßen objektiv lassen sich innerhalb einer Kategorie häufig Gruppen voneinander trennen, als etwa Untergattungen innerhalb einer Gattung. Mehr oder weniger subjektiv bleibt nun die Entscheidung, ob man diesen Gruppen den Charakter von Untergattungen zusprechen will oder ob man sie zu Gattungen erhebt.« Auch EBMER (1984) hat grundsätzliche Überlegungen zum Gattungsbegriff angestellt.

In einer umfassenden Arbeit hat MICHENER, einer der kenntnisreichsten Autoren der letzten Jahrzehnte, im Jahre 1944 ein Bienensystem aufgestellt, das sich bis heute weltweit durchgesetzt hat. Auch wenn das System MICHENERS, wie jeder Versuch, die Vielzahl der Lebewesen überschaulich und gleichzeitig stammesgeschichtlich zu ordnen, anfechtbar bleibt und auch in Zukunft Verbesserungen erfahren dürfte, so wurde es doch von den meisten Autoren akzeptiert. Auch ich schließe mich hier MICHENER an.

Ob man den Bienen wie MICHENER (1974) den Rang einer Überfamilie (Apoidea) mit mehreren Familien zuerkennt oder sie nur als eine einzige Familie (Apidae) mit mehreren Unterfamilien betrachtet, darüber bestehen verschiedene, aber jeweils begründete Auffassungen. LOMHOLDT (1982) mißt den Bienen den Rang einer Familie zu, die er zusammen mit den zwei Grabwespenfamilien Sphecidae und Larridae einer Überfamilie Sphecoidea unterordnet.

Übersicht des Systems der Bienen der Bundesrepublik Deutschland

In Klammern sind hinter den Gattungen die Artenzahlen in der Bundesrepublik Deutschland (1. Zahl) und in Baden-Württemberg (2. Zahl) angegeben.

Überfamilie Apoidea

Familie Colletidae

Gattung *Hylaeus* Fabricius 1793 (30, 26)
Gattung *Colletes* Latreille 1802 (9, 6)

Familie Halictidae

Gattung *Rophites* Spinola 1808 (2, 2)
Gattung *Rhophitoides* Schenck 1859 (1, 1)
Gattung *Dufourea* Lepeletier 1841 (5, 3)
Gattung *Systropha* Illiger 1805 (2, 2)
Gattung *Pseudapis* Kirby 1900 (1, 0)
Gattung *Nomioides* Schenck 1867 (1, 1)
Gattung *Halictus* Latreille 1804 (14, 13)
Gattung *Lasioglossum* Curtis 1833 (70, 59)
Gattung *Sphecodes* Latreille 1805 (23, 22)

Familie Andrenidae

Gattung *Panurgus* Panzer 1806 (3, 3)
Gattung *Panurginus* Nylander 1848 (1, 0)
Gattung *Melitturga* Latreille 1809 (1, 1)
Gattung *Andrena* Fabricius 1775 (106, 91)

Familie Melittidae

Gattung *Melitta* Kirby 1802 (6, 5)
Gattung *Dasypoda* Latreille 1802 (3, 2)
Gattung *Macropis* Panzer 1809 (2, 2)

Familie Megachilidae

Gattung *Trachusa* Panzer 1804 (1, 1)
Gattung *Anthidium* Fabricius 1804 (7, 7)
Gattung *Stelis* Panzer 1806 (10, 8)
Gattung *Heriades* Spinola 1808 (2, 2)
Gattung *Chelostoma* Latreille 1809 (4, 4)
Gattung *Osmia* Panzer 1806 (37, 31)
Gattung *Dioxys* Lepeletier & Serville 1825 (1, 1)
Gattung *Megachile* Latreille 1802 (20, 17)
Gattung *Coelioxys* Latreille 1809 (12, 9)

Familie Anthophoridae

Gattung *Anthophora* Latreille 1803 (13, 10)
Gattung *Melecta* Latreille 1802 (2, 2)
Gattung *Thyreus* Panzer 1806 (2, 1)
Gattung *Eucera* Scopoli 1770 (4, 3)
Gattung *Tetralonia* Spinola 1838 (3, 3)
Gattung *Xylocopa* Latreille 1802 (2, 2)
Gattung *Ceratina* Latreille 1802 (3, 3)
Gattung *Nomada* Scopoli 1770 (59, 51)
Gattung *Epeolus* Latreille 1802 (3, 2)
Gattung *Epeoloides* Giraud 1863 (1, 1)
Gattung *Biastes* Panzer 1806 (3, 2)
Gattung *Ammobates* Latreille 1809 (1, 1)

Familie Apidae

Gattung *Bombus* Latreille 1802 (29, 20)
Gattung *Psithyrus* Lepeletier 1832 (9, 8)
Gattung *Apis* Linnaeus 1758 (1, 1)

10.2 Nomenklatur

Bei der wissenschaftlichen Benennung (Nomenklatur) der Bienen gebraucht man immer lateinische oder latinisierte (an das Lateinische angeglichene) Namen. Dies dient der Erleichterung der internationalen wissenschaftlichen Zusammenarbeit. Im Falle der Wildbienen gibt es zudem meist keine Trivialnamen oder diese wären in anderssprachigen Gebieten unbekannt. Aufgrund der sogenannten binären Nomenklatur, die 1753 von dem Schweden Linné eingeführt wurde, besteht jeder wissenschaftliche Artname aus zwei Namen. Der erste ist der Gattungsname, der zweite der Artname (Art-Epitheton). Der Gattungsname wird stets mit großem Anfangsbuchstaben geschrieben, für den Artnamen gilt stets die Kleinschreibung. Diesen beiden ist der Name des Autors beigefügt, der die Art benannt hat und das Jahr, in dem die Art beschrieben und der Name veröffentlicht wurde. Beispiel: *Anthidium punctatum* Latreille 1809; der erste Name (*Anthidium*) bezeichnet die Gattung, der zweite (*punctatum*) die Art; Latreille ist der (französische)

Autor, der die Art im Jahre 1809 beschrieben hat. Oft wird die Jahreszahl auch weggelassen oder der Autorname wird abgekürzt, z.B. Latr. Steht der Name des Autors in Klammern, so bedeutet dies, daß die Art ursprünglich unter einem anderen Gattungsnamen als dem hier aufgeführten beschrieben und später umgestellt (neu kombiniert) wurde. Beispiel: *Anthidium strigatum* (Panzer 1805); die Art wurde ursprünglich als *Trachusa strigata* von Panzer beschrieben. Der Autorenname gehört aber untrennbar zum wissenschaftlichen Namen, denn er ist zur Vermeidung von Verwechslungen wichtig. Entomologen lassen im Gespräch oft den Autorennamen der Einfachheit halber weg. Auch in diesem Buch werden im Allgemeinen Teil nur Gattungs- und Artname verwendet, da bei den Steckbriefen des Speziellen Teils ohnehin die Namen der Autoren angegeben sind. International festgelegt sind bestimmte Endungen für die höheren Taxa, z.B. für Überfamilien -oidea (Apoidea), für Familien -idae (Apidae), für Unterfamilien -inae (Apinae).

Bei Arten, die in mehrere Unterarten aufgeteilt werden, wird die typische Rasse als Nominatrasse, Nominatform oder Nominat-Unterart bezeichnet. Zur Kennzeichnung der Nominatrasse wird einfach der Artname als dritter Name angehängt, z.B. *Osmia rufa rufa* Linnaeus. In gleicher Weise wird auch mit anderen Unterarten verfahren, z.B. *Osmia rufa cornigera* Rossi. Es fällt auf, daß bei dieser Unterart ein anderer Autor beigefügt ist als bei der Nominatform. Unterartnamen unterliegen wie Artnamen den Internationalen Regeln der Zoologischen Nomenklatur und haben ihren eigenen Autor. Wird ein Taxon mit dem vollständigen Unterartnamen aufgeführt, so wird stets der Autor der Unterart genannt und nicht der Autor der Nominatform.

Jede Bienenart hat nur einen einzigen gültigen wissenschaftlichen Namen. Viele Arten sind aber mehrfach beschrieben worden. Daher waren im Verlauf der Zeit oder in verschiedenen Ländern mehrere Namen (Synonyme) in Gebrauch, von denen heute nur noch jeweils einer gebraucht werden sollte. Welcher Name nun unter mehreren vorhandenen beibehalten und einheitlich angewendet werden muß, also Gültigkeit hat, wird durch die Internationalen Nomenklaturregeln festgelegt. Allerdings werden diese von einzelnen Autoren gelegentlich unterschiedlich ausgelegt, was dann zur gleichzeitigen unterschiedlichen Benennung und wiederum zur Verwirrung bei Nichtspezialisten führt. Dabei ist es das Ziel der Nomenklaturregeln, die Internationalität und Stabilität der Namen zu fördern. Synonyme sind meist rein nomenklatorischer Natur. Oft können sie aber auch durch unterschiedliche Ansichten der Zoologen in der Taxonomie der Bienen bedingt sein. So heißt z.B. *Osmia anthocopoides* (Schenck 1853) bei manchen Autoren *Hoplitis anthocopoides* (Schenck 1853). Dies kann bisweilen zu Verwirrungen führen. Als Hilfestellung sind in den Steckbriefen die jeweiligen seit Schmiedeknecht (1930) verwendeten Synonyme aufgeführt. Bei dem größten Teil der auch in diesem Buch verwendeten Namen gibt es keinen Zweifel über ihre Gültigkeit. Bei einem Teil der Namen besteht aber Uneinigkeit in der Frage, welcher Name zu gebrauchen ist. Wenn ich in diesem vorwiegend biologisch ausgerichteten Buch in fraglichen Fällen einen bestimmten Namen verwende, erhebe ich damit nicht gleichzeitig den Anspruch, diesen Namen als gültig zu bezeichnen.

Deutsche Namen sind fast immer Kunstnamen. Lediglich für die Gattungen gibt es seit über hundert Jahren deutsche Benennungen, die sich mehr oder weniger eingebürgert haben, z.B. Mauerbienen für die Gattung *Osmia*, Seidenbienen für die Gattung *Colletes*. Nicht immer trifft der deutsche Name aber die biologische Eigenart aller Gattungsvertreter. So verwenden keineswegs alle zur Gattung *Anthidium* = Wollbienen gehörenden Arten Wolle als Baumaterial, sondern auch Harz oder Harz und Wolle oder Harz und Erde, weswegen ich diese Bienengattung Woll- und Harzbienen nenne und dann bei der jeweiligen Art den entsprechenden deutschen Namen voranstelle, z.B. Wollbiene *Anthidium manicatum*, Harzbiene *Anthidium strigatum*. Seit längerer Zeit existieren lediglich für einige Hummeln deutsche Bezeichnungen, z.B. Ackerhummel für *Bombus pascuorum* oder Waldhummel für *Bombus sylvarum*. Für weitere Arten hat Hagen (1986) teils brauchbare, teils meines Erachtens wenig glückliche Kunstnamen geschaffen, die in solchen Fällen dann meist auf den wissenschaftlichen Artnamen zurückgehen, z.B. Fragranshummel für *Bombus fragrans*. Bereits in früheren Jahrhunderten hat es Versuche gegeben, Wildbienen-Arten mit deutschen Namen zu belegen. So hat bereits Christ (1791) in seiner Naturgeschichte der Insekten den Bienenbeschreibungen deutsche Namen beigefügt, z.B. nannte er *Dasypoda suripes* Wadenfuß, *Colletes cunicularius* Gräber oder *Andrena carbonaria* Köhler. Doch haben sich solche Namen nie durchgesetzt.

Will man sich mit Wildbienen eingehender befassen, wird man nicht umhin können, sich auch wissenschaftliche Namen einzuprägen. Das Lernen wissenschaftlicher Bienennamen ist mit ein bißchen Übung aber ohne Probleme zu bewältigen.

11 Methoden

11.1 Sammeln und Präparieren von Bienen

Was das Sammeln und Präparieren von Bienen angeht, so sei auf die einschlägige entomologische Literatur verwiesen. Gute Anleitungen finden sich bei SCHMIEDEKNECHT (1930), DATHE (1980) und EBMER (1987). Spezielle Anleitungen zum Sammeln von Bienennestern gibt MALYSHEV (1938). Auf einige wichtige Punkte möchte ich an dieser Stelle dennoch hinweisen.

Da selbst bei guter Formenkenntnis und jahrelanger Übung nur rund ein Drittel der heimischen Bienenarten im Gelände bis auf die Art zu bestimmen ist, ist man leider gezwungen, Tiere zu fangen und für die Bestimmung abzutöten, z.B. für eine faunistische Bestandsaufnahme, für Pollenanalysen oder als Belegtiere. Zur Einarbeitung in die Formenfülle und zur Erlangung der Artenkenntnis ist es ohnehin erforderlich, sich eine Vergleichssammlung anzulegen. Dazu muß man notgedrungen mehr Tiere aus dem Gelände mitnehmen, bis man soviel Übung im Ansprechen der Arten hat, daß später manches Tier im Feld belassen werden kann. Auch wenn das Sammeln von Bienen in der Regel kein Gefährdungsfaktor ist (vgl. 6.2.1.3), so sollte man sich beim Sammeln dennoch immer bewußt machen, daß es sich bei Bienen um Lebewesen handelt, die wie wir Menschen eine Daseinsberechtigung haben, auch wenn es sich »nur« um Insekten handelt. Jeder, der Bienen sammelt, auch wenn er dies für rein wissenschaftliche Zwecke tut, sollte nur soviele Tiere der Natur entnehmen, wie unbedingt notwendig.

Die überwiegende Zahl der deutschen Bienenarten ist taxonomisch einwandfrei geklärt und hier ist das Sammeln von Serien unnötig. Lediglich bei taxonomisch problematischen Taxa sind Serienfänge in bestimmten Fällen zu verantworten. Man sollte sich immer vor Augen halten, daß man durch Mitnahme vieler Tiere der gleichen Art seine eigenen Beobachtungsmöglichkeiten reduziert, vor allem dann, wenn man sich eingehender für den Nestbau oder das Blütenbesuchsverhalten interessiert.

Ein Hinweis für die Kritiker des Insektensammelns: Hätten in früheren Jahrzehnten die Faunisten nicht umfangreiches Bienenmaterial rein um des Sammelns willen zusammengetragen und in den Museen hinterlegt, wären viele der für dieses Buch angestellten Untersuchungen und Auswertungen nicht möglich gewesen. Und wie wichtig sind die aus solchen Untersuchungen gewonnenen Erkenntnisse für den Artenschutz!

Da die Wildbienen durchweg heliophil sind, wird man bei trockenem, sonnigem und windstillem Wetter am erfolgreichsten sein. Nur die Hummeln und einige Sandbienen fliegen auch bei regnerischer Witterung. Will man möglichst viele Arten kennenlernen, sollte man Lebensräume unterschiedlichster Art aufsuchen. Wichtig ist das Absuchen der Blüten der Nahrungspflanzen und der spezifischen Nistplätze. Durch das Eintragen von Nestern und daraus resultierende Zuchten oder die Berücksichtigung der Schlafgewohnheiten werden wir mit weiteren Bienenarten vertraut. Das vorliegende Buch dürfte für solche Aktivitäten ausreichende Informationen liefern.

Der Sichtfang ist stets anderen Fangmethoden vorzuziehen, weil er gleichzeitig die Möglichkeit bietet, das Verhalten der Tiere, Nahrungspflanzen oder Nistplätze und sonstiges zu beobachten und quasi nebenbei mit zu erfassen. Farbschalen und Fensterfallen liefern außer faunistischen Nachweisen nur wenig biologische oder ökologische Information. Dennoch kann ihre Verwendung in bestimmten Fällen angebracht und verantwortbar sein, ebenso wie die Verwendung eines »Malaise«-Netzes, wie es TOWNES (1972) beschreibt.

Welchen Netztyp man für den Fang wählt, muß jeder für sich herausfinden. Der Fachhandel bietet hierzu eine reiche Auswahl. Wenn beim Streifen durch die Vegetation viele kleinere Bienen ins Netz geraten, kann es günstig sein, einen Exhaustor zu verwenden, um die Tiere aus dem Netz herauszusaugen.

Als Tötungsmittel kann ich nur Essigsäureethylester (»Essigether«) empfehlen. Cyankali ändert die Gelbfärbung der Hymenopteren auf rot und kann dann zu Fehlbestimmungen führen. Außerdem verkrampfen sich die Tiere im Cyankali derart, daß sie viel schwieriger zu präparieren sind. Essigether muß allerdings sehr sparsam verwendet werden, damit die Tiere nicht feucht werden und verkleben. Ins Tötungsglas gebe man reichlich saugfähiges Material, z.B. Streifen aus einzelnen Lagen von Papiertaschentüchern. Zu beachten ist, daß große Bienen wie Pelzbienen oder Hummeln oft den Nektar im Tötungsglas erbrechen. Bei längeren Sammelaufenthalten kann man am Ende des Tages die Tiere zwischen Lagen von Zellstoff in gutschließenden Behältern für den Transport unterbringen. Zur Verhütung von Schimmelbildung gebe man etwas Naphthalin dazu. Daß alle Funde mit den entsprechenden Fangdaten versehen werden und man für detaillierte Notizen stets ein Geländebuch mit sich führt, sollte selbstverständlich sein.

Bei den Männchen sollte der Genitalapparat aus dem Abdomenende herausgezogen werden, was mit einer vorne hakenförmig umgebogenen, feinen Nadel keine Schwierigkeiten bereitet. Geschieht dies bei der Präparation unmittelbar nach dem Fang, braucht man die Tiere später nicht aufzuweichen. Bei den Nadeln sollten nur solche aus rostfreiem Stahl verwendet werden. Genadelte Tiere sind bald nach der Präparation zu etikettieren und mit Angaben zu Fundort, Funddatum und Sammler leserlich zu beschriften. Die Funddaten müssen jederzeit nachvollziehbar sein. Nummern oder mißverständliche Abkürzungen sind zu vermeiden. Unvollständig etikettierte Objekte sind wissenschaftlich wertlos.

Will man Bienen mit der Post verschicken, z.B. an einen Spezialisten zur Überprüfung der eigenen Determination, muß das Behältnis mit den genadelten Tieren stets in einer weiteren Schachtel mit reichlich stoßabsorbierendem Material (zerknülltes Zeitungspapier, Styroporschnipsel) gut gepolstert verpackt werden, damit keine Fühler oder Beine durch heftige Stöße während des Transports abbrechen.

Es sei darauf hingewiesen, daß in der Bundesrepublik Deutschland jeder, der Wildbienen sammeln will, eine Ausnahmegenehmigung der zuständigen Naturschutzbehörde benötigt.

11.2 Bestimmung (Determination)

Wildbienen bis zur Art zu bestimmen, ist nicht immer einfach und benötigt bei manchen Gattungen viel Übung und Erfahrung sowie eine Vergleichssammlung mit verlässlich determinierten Exemplaren. Die zu überwindenden Hürden haben schon manchen anfänglich Interessierten abgeschreckt. Ich will nicht verschweigen, daß auch ich in der ersten Zeit ein gewisses Maß an Durchhaltevermögen aufbringen mußte. Mit ein Grund für die anfänglichen Schwierigkeiten ist der Mangel an gut illustrierter Bestimmungsliteratur, mit der auch der Anfänger zurecht kommt. Zur Bestimmung der Bienengattungen kann man auf die Tabelle in SCHMIEDEKNECHT (1930:715ff) zurückgreifen oder den Schlüssel von OEHLKE in der Exkursionsfauna von STRESEMANN (1978) verwenden. Für die Bestimmung im Gelände gedacht sind die Bildtafeln von H.J. MÜLLER (1985).

Der Gattungsschlüssel baut vor allem auf dem Flügelgeäder auf. Ein Anfänger wird sich immer auf diese Weise in die Taxonomie einarbeiten müssen. Später wird er auf die Berücksichtigung dieser Merkmale verzichten können, weil er im Laufe der Zeit aufgrund von Habitus und Verhalten den größten Teil der Gattungen ohne Betrachtung des Flügelgeäders auch im Feld erkennen kann. Für die Artbestimmung bietet das Werk von SCHMIEDEKNECHT (1930) nach wie vor die Grundlage. Auch wenn es in einigen Teilen überholt ist, so muß es dennoch für manche Gattungen immer noch herangezogen werden, weil es keine neueren Schlüssel gibt. Dies ist z.B. der Fall bei den Gattungen *Osmia, Megachile* und *Nomada.* Die Schlüssel von HEDICKE (1930) sind als überholt anzusehen. Neue Tabellen für alle mitteleuropäischen bzw. deutschen Arten werden dringend benötigt. Um einen Einblick in die ungeheure Formenfülle der heimischen Wildbienen zu vermitteln, wurden in diesem Buch viele Arten farbig abgebildet, vor allem solche, die man mit einiger Übung auch im Gelände erkennen kann. Diese Abbildungen dürfen aber nicht die Illusion nähren, man könne sich die Benutzung von Bestimmungsschlüsseln ersparen. Dies gilt vor allem für artenreiche und schwierig zu determinierende Gattungen. Einige Gattungen sind in jüngerer Zeit neu bearbeitet worden, so daß man auf Spezialarbeiten zurückgreifen muß. Auf sie wird bei den Vorbemerkungen zu jeder Gattung im Steckbrief-Teil speziell hingewiesen.

Als besonders hilfreich erweist es sich, wenn man durch einen erfahrenen Wildbienenkenner im Gelände in die Faunistik und Formenkunde eingeführt wird und durch Zurverfügungstellung von Vergleichs- oder Überprüfung von Sammlungsmaterial bei der Bestimmung unterstützt wird, bis man selbst die nötige Sicherheit gewonnen hat. Bei der Einarbeitung in die Taxonomie steht einem seriösen Bearbeiter auch das in den verschiedenen Naturkunde-Museen vorhandene Material für Vergleichszwecke zur Verfügung. Zur zweifelsfreien

Bestimmung aller Bienen benötigt man ein gutes Stereomikroskop (Binokular) mit Meßeinrichtung. Lupen mögen im Gelände hilfreich sein, für die exakte Determination sind sie in den meisten Fällen untauglich. Die Anschaffung eines Stereomikroskops wird für Schüler und Studenten durch den höheren Preis zwar erschwert, für die Einarbeitung genügt oft aber auch ein preisgünstigeres Gerät japanischer Hersteller. In den meisten Fällen wird man mit 10- oder 20facher Vergrößerung arbeiten, bei kleineren Objekten auch mit 40-facher.

Sehr wichtig ist eine gute Lichtquelle. Bei den modernen Lichtleitern reflektiert die Körperoberfläche der Bienen derart, daß die Augen schnell ermüden und manche Feinstruktur »überstrahlt« wird. Zu empfehlen ist in solchen Fällen, in den Strahlengang zwischen Lichtquelle und Objekt ein Stück Transparentpapier zu halten.

11.3 Pollenanalyse bei Wildbienen

Beobachtungen an einzelnen markierten Bienen im Freiland sind zwar unbedingt notwendig, aber nur solange möglich, bis die Biene aus dem Blickfeld verschwindet. In schwierigem Gelände oder wenn blühende Bäume besucht werden, ist eine Feldbeobachtung über einen längeren Zeitraum nahezu unmöglich. Die Feststellung der Oligolektie und des Pollenquellenspektrums einer Art ist daher nur mit Hilfe der Pollenanalyse zweifelsfrei zu klären.

Die Pollenanalyse ermöglicht verschiedene Anwendungs- und Nutzungsmöglichkeiten bei blütenökologischen, taxonomischen und faunistischen Untersuchungen sowie beim Artenschutz. Die hier beschriebenen Methoden sind der Arbeit von Westrich & Schmidt (1986) entnommen.

11.3.1 Feldmethoden

11.3.1.1 Untersuchungsgebiet, Vegetation

Die in Betracht gezogene Untersuchungsfläche sollte nicht zu klein gewählt werden. Alle als Pollenquellen in Frage kommenden Pflanzenarten sowie deren Häufigkeit, Verteilung, Blütendichte und Blühzustand sind mit zu erfassen. Einzelne blühende Sträucher und Bäume müssen auch im weiteren Umkreis um die Kernfläche mitberücksichtigt werden.

11.3.1.2 Pollenabnahme im Gelände

Voraussetzung für eine erfolgreiche Feldarbeit ist eine intime Kenntnis der Bienen-Taxonomie und ein gründliches Literaturstudium über die Lebensweise (Nistbereich, Nistweise, bisher festgestellte Blütenbesuche). Sammelnden Weibchen, die im Gelände sicher bis auf die Art bestimmt werden können und die auch für weitere Beobachtungen zur Verfügung stehen sollen, kann der Pollen bereits am Beobachtungsort abgenommen werden ohne die Tiere zu betäuben oder zu töten. Megachiliden (z. B. *Anthidium, Osmia, Megachile*) streifen im Verlauf weniger Minuten den Pollen durch Putzbewegungen aus der Bauchbürste, wenn sie nach dem Fang in einen kleinen Glasbehälter (Schnappdeckelgläschen) gesetzt und dunkel gehalten werden (z. B. in der Hosentasche). Bei den übrigen Bienen gestaltet sich die Pollenabnahme oft schwieriger, da nicht alle Arten im Glasröhrchen den Pollen abstreifen. Gelegentlich verlieren sie allerdings nach geraumer Zeit einen Teil des Pollens. Notfalls nehmen wir solche Bienen vorsichtig in die Hand und streifen den Pollen mit Hilfe einer sauberen Insektennadel in ein Gläschen. Diese Methode läßt sich aber nur bei Tieren anwenden, die bereits reichlich Pollen gesammelt haben. Ruhig stellen lassen sich die Bienen auch, indem man das Gläschen einige Minuten in ein mit Eiswürfeln gefülltes Gefäß stellt.

11.3.1.3 Transport gesammelter Bienen

Vielfach wird es sich nicht vermeiden lassen, die gefangenen Tiere zu töten, wenn sie sich im Gelände nicht sicher bestimmen lassen oder wenn sich der Pollen im Gelände nicht abnehmen läßt. Selbstverständlich dürfen diese Tiere zur Vermeidung einer Kontamination mit »Fremdpollen« weder lebend noch tot mit anderen Bienen, auch nicht mit Bienen derselben Art, in dasselbe Gefäß gesperrt werden. Man muß also stets genügend gründlich gereinigte, trockene Gefäße, am besten Schnappdeckelgläser, mitnehmen. Das Abtöten der Tiere sollte unmittelbar nach dem Fang erfolgen. Dies ist z. B. dann besonders wichtig, wenn die gesamte Pollenladung fotografiert werden soll. Damit die Behaarung der Tiere nicht durch erbrochenen Nektar verklebt, was die Determination erschweren kann, sollten sich im Tötungsglas einige saugfähige Zellstoffstreifen befinden. Zum Töten klemmt man einen mit Essigether (Essigsäureethylester) getränkten Zellstoff-Streifen zwischen den Schnappdeckel und den Gläschenrand. Dabei sollte man darauf achten, daß die Biene den ethergetränkten Zellstoff nicht berührt. Das Schnappdeckelglas wählt man also lieber etwas zu groß als zu klein (z. B. Höhe 5 cm, Weite 3 cm).

11.3.2 Labormethoden

11.3.2.1 Lichtmikroskopie

Präparate von Pollenladungen
Für die Untersuchung der Pollenladungen der Pollenspeicher eignen sich außer frischen auch Sammlungstiere. Das Alter spielt für die Qualität der Präparate kaum eine Rolle. Das älteste, von mir untersuchte Pollen-Präparat stammt von einer im Jahre 1846 gefangenen Biene. Die Entfernung von Pollenladungen aus den Sammlungs- bzw. Transporteinrichtungen sollte bei Sammlungstieren grundsätzlich unterbleiben, da durch das »Säubern« ein wichtiges Dokument vernichtet wird.

Entnahme des Pollens aus dem Pollenspeicher: Bevor man den Pollen entnimmt, werden Farbe und Beschaffenheit der Pollenladung (z. B. fest, lokker, »feucht« bzw. verbacken, trocken) sowie deren Lage protokolliert. Sehr oft kann man schon unter dem Stereomikroskop an der Größe, der Form oder der Farbe der Pollenkörner erkennen, ob die Pollenladung mehr als eine Pollensorte enthält. Außerdem sollte unbedingt der Füllungsgrad des Pollenspeichers notiert werden. Als Maß dient dabei die Pollenladung zum Nest heimkehrender Tiere. Notiert wird ein Schätzwert, z. B. »etwa ¾ der kompletten Pollenladung«. Bei Tieren, die man nicht selbst gefangen und einzeln transportiert hat, muß immer damit gerechnet werden, daß sie durch gemeinsamen Transport mit Fremdpollen von anderen Tieren kontaminiert sind. Die Entnahme des Pollens erfolgt unter dem Stereomikroskop mit einer Insektennadel entsprechender Stärke. Selbstverständlich müssen alle verwendeten Geräte – Nadeln, Pinzetten, Objektträger – peinlich sauber sein. Damit möglichst wenig Pollen verloren geht, legt man einen gereinigten Objektträger bzw. ein sauberes Uhrglasschälchen auf ein jeweils frisches, etwa 12 × 12 cm großes Stück Papier. Falls Pollenkörner beim Präparieren neben den Objektträger fallen, so können sie z. B. mit Hilfe einer Insektennadel auf den Objektträger gebracht werden. Außerdem ist hierdurch die größtmögliche Gewähr dafür gegeben, daß kein Pollen auf andere Präparate verschleppt wird. Trotzdem sollte die Reihenfolge, in der die Präparate angefertigt wurden, im Protokoll festgehalten werden, um gegebenenfalls einen Hinweis auf die (vermutliche) Herkunft von verschleppten Pollen zu erhalten.

Fast stets wird es genügen, zunächst nur die Pollenladung einer Körperseite bzw. nur die Hälfte des in der Bauchbürste befindlichen Pollens zu verwenden. Man hat dann noch eine Reserve, falls das Präparat mißlingt oder eine genauere, z. B. rasterelektronenmikroskopische Untersuchung notwendig wird. Entfetten und Einbetten des Pollens: Ein Entfetten der Pollen ist nach unseren Erfahrungen nur bei Pollen mit viel Pollenkitt notwendig (z. B. Asteraceae, Fabaceae) und kaum ohne Pollenverluste durchzuführen. Vor allem während der Einarbeitungszeit sollten aber in jedem Falle vergleichsweise auch nicht entfettete Präparate untersucht werden. Zum Entfetten werden die Pollenladungen auf ein sauberes Uhrglasschälchen gebracht und unter dem Abzug mit einigen Tropfen Diethylether überschichtet. Nach kurzem »Schwenken« wird der Ether in ein Abfallgefäß abgegossen. Das Uhrglasschälchen bleibt unter dem Abzug bis der Ether restlos verdunstet ist. Der entfettete Pollen wird mit einer Insektennadel auf einen Objektträger gebracht. Zum Eindecken der Pollenpräparate verwenden wir auf 40 °C erwärmte Glyzeringelatine nach Kaiser. Erwärmt wird die Glyzeringelatine in einem Wasserbad (preiswert ist z. B. ein Babyflaschenwärmer) oder in einem Wärmeschrank. Da übereinander liegende Pollenkörner nur schwer (oder gar nicht) zu indentifizieren sind, müssen die Pollen in dünner Schicht aufgebracht werden. Will man die gesamte Pollenladung größerer Bienen untersuchen, so genügt ein Objektträger nicht.

Der Objektträger wird auf ein Wärmebänkchen gelegt, wie es zum »Strecken« von Paraffinschnitten in vielen Laboratorien vorhanden ist. Man kann sich auch mit Hilfe eines Keramik-Infrarotstrahlers, eines Dimmers und einer Aluminiumplatte ein Wärmetischchen selbst bauen. Der Pollen wird mittels eines Glasstabes mit einem oder zwei Tropfen Glyzeringelatine überschichtet. Verklebte Pollenkörner lösen sich bei leichtem Umrühren mit der Insektennadel meist voneinander. Bei älteren Sammlungstieren sind die Pollenladungen gelegentlich verbacken (z. B. bei Fabaceen- oder Asteraceen-Pollen). In solchen Fällen wird der vorsichtig abgelöste Pollenklumpen in etwas mehr Glyzeringelatine mit einer Insektennadel zerdrückt. Zur Vermeidung von Luftbläschen beim Eindecken empfiehlt Zander (1935), auf die Unterseite des vorgewärmten Deckgläschens einen winzigen Tropfen Glyzeringelatine zu geben. Nach meiner Erfahrung genügt es aber völlig, das Deckglas kurz auf der Wärmeplatte vorzuwärmen. Die Menge der

Glyzeringelatine wird so gewählt, daß weder Luftblasen unter den Deckglasrändern zurückbleiben noch Gelatine unter dem Deckglas hervortritt. Nach dem Auflegen des Deckglases – je nach Pollenmenge 18 × 18 mm bis 21 × 26 mm groß – bleibt das Präparat auf der Wärmeplatte liegen, bis sich die Glyzeringelatine gleichmäßig unter dem Deckglas verteilt hat.

Wenn man Pollenpräparate von Sammlungstieren anfertigt, die älter als 15 Jahre sind, kann nach meinen Erfahrungen auf das Entfetten der Pollen verzichtet werden. Offenbar wird der Pollenkitt (durch Bakterien?) im Laufe der Zeit abgebaut.

Pollenpräparate vom Brutzelleninhalt und von Larvenkot

Sehr aufschlußreich ist es auch Pollenproben aus Brutzellen zu untersuchen. Wenn man die Bienen während des Nestbaus mit Farbtupfern markiert und regelmäßig, z. B. alle 1–2 Tage, am Nest beobachtet, kann man anhand der Pollenanalysen genaue Aussagen darüber machen, welche Pollenspender besucht wurden und ob und wann ein Wechsel der Wirtspflanze(n) stattgefunden hat. (Zum Markieren der Bienen können alle rasch trocknenden Farben verwendet werden, z. B. ungiftige Modellbau-Farben oder flüssiges »Tipp-Ex«. Das Aufbringen der Farbtupfer auf den Thorax oder das Abdomen erfolgt mit einem feinen Pinsel oder einem hölzernen Zahnstocher.)

Die meisten Bienenlarven geben ihren Kot erst im letzten Larvenstadium ab, wenn der Futtervorrat verzehrt ist, womit sie in das sogenannte Vorpuppenstadium eintreten. Bei vielen Megachiliden wird Kot in Form kleiner Kotbällchen bereits während früherer Entwicklungsstadien ausgeschieden. In jedem Falle bleibt der Kot nach dem Schlüpfen der Imagines in den Zellen zurück und seine pollenanalytische Untersuchung kann interessante Hinweise auf die Zusammensetzung der Larvennahrung geben. Zur Untersuchung werden einzelne Kotbällchen in einem Tropfen destillierten Wassers auf einem Objektträger aufgelöst und mit einer Insektennadel verteilt. Nachdem das Wasser verdunstet ist, wird das Präparat mit Glyzeringelatine eingedeckt.

Vergleichspräparate

Eine sichere Bestimmung der von den Wildbienen gesammelten Pollen ist oft nur mit Hilfe von Vergleichspräparaten möglich. Ein »Pollenherbar«, also eine Sammlung von Vergleichspräparaten, ist eine wertvolle und notwendige Ergänzung der Spezialliteratur. Zunächst genügt es, Vergleichspräparate von allen im Untersuchungsgebiet und in seiner Umgebung blühenden Pflanzen, die als Pollenquellen für Wildbienen in Frage kommen, herzustellen. Bei langfristigen Untersuchungen ist es ratsam, sich ein umfangreicheres Pollenherbar aufzubauen. Dazu werden einige frisch aufgeblühte Blüten bzw. Blütenstände artweise getrennt in unbenutzte Plastiktüten gebracht. Der Plastikbeutel wird mit einem Gummiring so verschlossen, daß ein Luftpolster die Blüten während des Transports schützt. ZANDER empfiehlt, die gesammelten Pflanzen erst im Labor erblühen zu lassen, um eine Kontamination offener Blüten im Freiland mit Fremdpollen durch Wind oder Insektenbesuch möglichst weitgehend auszuschließen. Unter dem Stereomikroskop werden einige Staubfäden mit einer spitzen Pinzette abgezupft und auf ein Uhrglasschälchen gelegt. Wenn die Staubfäden noch geschlossen sind und der Pollen durch Aufzupfen nur schwer zu gewinnen ist, so genügt es meist, die Blüten an einem staubfreien Ort zu trocknen, um die Staubbeutel zum Aufplatzen zu bringen. Dadurch wird auch die Keimung und das Auswachsen von Pollenschläuchen vermieden. Zum Entfetten werden die Staubgefäße mit einigen Tropfen Diethylether überschichtet. Die entfetteten Pollen werden nun genau wie die Präparate von Pollenladungen der Bienen weiterbehandelt. Der Anfänger sollte zunächst von allen Blüten sowohl entfettete als auch »unbehandelte« Präparate anfertigen. Durch Vergleich der Präparate lernt man so am schnellsten, bei welchen Pflanzen(familien) auf eine Etherbehandlung verzichtet werden kann.

Umrandung der Präparate

Die Pollenvergleichspräparate können nach einigen Tagen mit einem Deckglaskitt, z. B. mit Entellan oder Nagellack zur besseren Haltbarkeit und zum Schutz vor Schimmelpilzen umrandet werden. Wenn die Präparate in einem trockenen Raum aufbewahrt werden, kann man auf die Umrandung verzichten (Vorwohl, mündl. Mitt.). Dies gilt nach meinen allerdings noch kurzfristigen Erfahrungen für Präparate von Pollenladungen oder Brutzelleninhalten ebenso.

11.3.2.2 Rasterelektronenmikroskopie

Der Vorzug lichtmikroskopischer pollenanalytischer Untersuchungen liegt darin, daß in relativ kurzer Zeit größere Mengen an Präparaten bearbeitet werden können. Zur Nachprüfung der Ergebnisse sind rasterelektronenmikroskopische Untersuchungen hervorragend geeignet, ebenso wie zur Untersuchung der Packungsdichte der Pollenladungen in den verschiedenen Sammeleinrichtungen.

Rasterelektronenmikroskopie der Pollenladungen der Bienen

Zur Untersuchung können sowohl frisch tote als auch Sammlungstiere verschiedensten Alters verwendet werden. Körperteile mit Pollenladungen (z. B. Hinterbein, Abdomen) werden vorsichtig, wenn möglich ohne die Pollenladung zu berühren, mit Hilfe einer spitzen Pinzette unter Stereomikroskop-Beobachtung abgenommen. Auf ein Entfetten der Präparate in Ether kann in den meisten Fällen verzichtet werden. Das Entfetten kann nämlich die Lage und Packungsdichte der Pollenkörner verändern. Wenn Verschmutzung oder dicke Pollenkittlagen die Qualität der Abbildungen beeinträchtigen, kann man immer noch versuchen, durch Entfetten z. B. des zweiten Hinterbeines diesen Mangel zu beheben. Die Objekte werden mit »Leit-C« oder mit Leit-Silber auf Präparateteller geklebt. Beim Aufkleben ist darauf zu achten, daß die Präparate mit ihrer gesamten Unterseite in das Klebemittel eingebettet werden und dadurch leitenden Kontakt mit der Telleroberfläche haben. Die Beine bzw. Hinterleiber dürfen also nicht »hohl« oder auf den Haaren wie auf Stelzen liegen. Achtung! Die Lösungsmittel der Aufklebemittel kriechen in der Behaarung nach oben und können dadurch das Präparat verderben. Vor dem Aufbringen sollte das Klebemittel gründlich, z. B. mit einem hölzernen Zahnstocher durchgerührt werden. Nach dem Auftragen eines Tropfens Klebemittel auf den Präparateteller wartet man unter Stereomikroskop-Beobachtung solange, bis ein Teil des Lösungsmittels verdampft und die Paste dickflüssig geworden ist. Erst dann wird das Objekt in das Klebemittel, z. B. mit einer spitzen Uhrmacherpinzette, eingedrückt. Das Aufkleben ist Übungssache, es sollte daher mit wenig wertvollen Objekten, z. B. mit Honigbienenbeinen, geübt werden. Wenn das Objekt in der gewünschten Lage festgeklebt ist, betrachtet man die Pollenladung bei starker Vergrößerung mit dem Stereomikroskop. Wer eine ruhige Hand hat, kann nun mit einer sauberen (!), dünnen Insektennadel Staubteilchen und winzige Fusseln entfernen. Nun werden die Präparate mit Gold »besputtert« und können dann im Rasterelektronenmikroskop betrachtet werden. Zur staubfreien Aufbewahrung der Präparate können z. B. kleine, mit Styropor ausgelegte Plastikschachteln dienen, in die die Präparateteller eingesteckt werden. Bei locker gepackten Pollenladungen von Bienen, die »trocken« speichern (z. B. manche Megachiliden, einige *Andrena*-Arten) kommt es im Rasterelektronenmikroskop häufig zu Aufladungen der Pollenkörner. Eine Untersuchung unmittelbar nach dem »Besputtern« und eine Verringerung der Strahlspannung vermeiden oder vermindern die Aufladungsgefahr. Wenn Sammlungstiere nicht beschädigt werden sollen, oder wenn es an den Pollenladungen im Rasterelektronenmikroskop zu Aufladungen kommt, können mit einer Insektennadel von der Biene abgenommene Pollenkörner auch nach der im folgenden Abschnitt beschriebenen Methode präpariert werden.

Rasterelektronenmikroskopie der Vergleichspräparate

Um bei der Determination »gerasterter« Pollenkörner sicher zu gehen, sollten auch Pollenvergleichspräparate von den Nahrungspflanzen untersucht werden. Dabei geht man folgendermaßen vor: ein Deckglas wird mit einem Stückchen Alufolie überdeckt und dann auf einer Kartonunterlage durch Aufdrücken einer Messerschneide in etwa 5 × 7 mm große Stücke gebrochen. Die Deckglasscherben werden in Alkohol oder Aceton gereinigt und einzeln in saubere Uhrglasschälchen gelegt. Unter dem Stereomikroskop wird ein aufgeplatztes Staubgefäß oder ein anderer Blütenteil, an dem Pollenkörner hängen, mit einer spitzen Pinzette abgezupft. Nun bringt man einen Tropfen Ether auf den Deckglassplitter und taucht den Blütenteil mit den anhaftenden Pollen in den Ethertropfen. Einige Pollenkörner schwimmen im Ether herum, sinken ab und haften, wenn der Ether verdunstet ist, auf der Glasoberfläche. Mit »Leit-C« oder Leit-Silber werden die Deckglassplitter auf einen Präparateteller geklebt, wobei man darauf achtet, daß die gesamte Deckglasunterseite mit dem Aufklebemittel in Kontakt gerät. Die Weiterbehandlung erfolgt wie im vorhergehenden Abschnitt beschrieben.

11.3.3 Determination und Auswertung

Für die Determination ist das Werk von ZANDER (1935) nach wie vor unentbehrlich. Auch MOORE & WEBB (1978) kann empfohlen werden. SAWYER (1981) ist durch originelle Bestimmungshilfen (Lochkarten) besonders für den Anfänger nützlich. Als neueres (noch nicht abgeschlossenes) Standardwerk gilt die von PUNT (1976) sowie PUNT und CLARKE (1980, 1981, 1984) herausgegebene Pollen-Flora. Eine sichere Determination (vor allem bis zur Art) wird aber häufig nur mit Hilfe von Vergleichspräparaten möglich.

Die erzielbare Genauigkeit der qualitativen Analyse hängt außer von der Pollenmorphologie auch von der Kenntnis der Vegetation des Fundortes ab. Allein aufgrund der Pollenstruktur kann meist nur die Pflanzengattung bzw. Gattungsgruppe, manchmal sogar nur die Pflanzenfamilie festgestellt werden. Bei der Herkunftsbestimmung von Honigen ist eine prozentuale Auswertung der Pollenbeimengung mit statistischen Methoden möglich (vgl. Louveaux et al. 1970). Dies ist auf die Untersuchung von Pollenladungen nicht übertragbar, da hier keine homogenen Pollengemische vorliegen. Prozentuale Angaben können daher nur auf quantitativen Zählungen oder auf Schätzungen beruhen. Bei gemischten Pollenladungen werden von mir Beimengungen unter 5 (geschätzten)% nicht auf Pollensammelbesuche zurückgeführt. Sofern Kontaminationen auszuschließen sind, können sie höchstens als Hinweis auf Nektarbesuche interpretiert werden.

12 Erforschung der Bienenfauna Baden-Württembergs

12.1 Überblick

Die bis heute von einigen Faunisten und Floristen getrennte Bearbeitung von Baden und Württemberg hat historische Gründe. Zum besseren Verständnis sei mir daher ein kurzer Seitenblick in die Geschichte gestattet. Im napoleonischen Zeitalter blieben nach der radikalen Umgestaltung der politischen Landkarte in Südwestdeutschland nur vier Staaten übrig: das Großherzogtum Baden, das Königreich Württemberg und die beiden hohenzollerischen Fürstentümer. Vor allem die beiden neuen Mittelstaaten Baden und Württemberg schufen sich eine eigene Verfassung und entwickelten einen starken Lokalpatriotismus. Mit der Revolution von 1918 verschwanden die beiden Herrscherhäuser Württemberg und Baden und die Weimarer Reichsverfassung schränkte die Zuständigkeit der Länder weiter ein. Bereits damals wurden Stimmen für einen Zusammenschluß laut. Der Zusammenbruch des Reiches im Jahre 1945 gab den Anstoß für eine nochmalige politische Neugestaltung. Die amerikanischen und französischen Besatzungszonen waren der Rahmen für die 1945 von den Militärregierungen gebildeten neuen Länder Baden, Württemberg-Baden und Württemberg-Hohenzollern. Alle drei Länder erhielten 1946–1947 Verfassungen. 1952 wurden sie im »Kampf um den Südweststaat« zum Bundesland Baden-Württemberg vereinigt (Staatsministerium Baden-Württemberg).

Faunistische Angaben über baden-württembergische Bienen lassen sich bis ins letzte Jahrhundert zurückdatieren. Als erster führt LEYDIG (1867:59) Bienen auf und zwar aus der Umgebung von Tübingen. 1882 bringt HOFMANN ein Verzeichnis württembergischer Bienen, dieses wird aber dadurch praktisch wertlos, daß darin keine Fundorte enthalten sind. Später meldet FRIESE (1895a) einige wenige Arten von Oppenau im badischen Landesteil, der etwa ab 1920 von einigen Entomologen intensiv besammelt wird. Die wichtigsten Ergebnisse dieser sehr verdienstvollen Sammeltätigkeit sind in den Publikationen von BALLES (1925, 1927, 1933, 1949), GAUSS (1966, 1967, 1971, 1974), GAUSS& PERRAUDIN (1970), KLUG (1965), LAUTERBORN (1921a, 1921b, 1922, 1924, 1925), LEININGER (1921, 1922, 1924, 1927, 1951, 1953), STRITT (1962, 1968, 1969, 1971), STROHM (1924, 1925, 1933) und SCHÄFER (1966) festgehalten. Auch bei STOECKHERT (1954) sind vereinzelt Bienenfunde aus Baden angeführt. GAUSS liefert 1967 erstmals ein Verzeichnis der Bienen Badens.

Im Gegensatz zu Baden blieben die Bienen Württembergs bis auf die bereits erwähnten Angaben von LEYDIG und HOFMANN lange Zeit nahezu unbearbeitet, zumindest wurde nichts veröffentlicht. In der Oberamtsbeschreibung von Cannstatt erwähnt LAMPERT (1895) auch einige Bienen. GERSTNER (1923) führt eine Reihe von Bienenarten vom Federsee-Gebiet auf. VOGEL (1939) nennt für das Oberamt Leonberg 54 Bienenarten. Erst viele Jahre später folgen die Fundmitteilungen von SCHMIDT (1966), SCHWAMMBERGER (1969) und THIEDE (1981), während WESTRICH (1979, 1980, 1983c) die Umgebung von Tübingen/Reutlingen bzw. das Leudelsbach bei Markgröningen (WESTRICH 1983d) behandelt.

Heute macht es meines Erachtens keinen Sinn mehr, die alte faunistische Trennung in Baden und Württemberg, deren Grenzen politisch sind und keiner naturräumlichen Gliederung entsprechen, weiter aufrecht zu erhalten.

Aus der jüngeren Zeit sind folgende Arbeiten über baden-württembergische Bienen zu nennen: WESTRICH (1984b) berichtet über einige Bienenfunde vom westlichen Bodensee. DÜWEKE (1988), KRATOCHWIL (1983, 1984, 1986) und MIOTK (1979) bringen neuere Nachweise aus dem Kaiserstuhl, dem Taubergießen und dem Südschwarzwald. WESTRICH & SCHMIDT (1985b) und WESTRICH (1984a, 1985a) melden einige bemerkenswerte Neu- bzw. Wiederfunde aus verschiedenen Teilen des Landes. Einzelne Arten sind auch in folgenden Arbeiten aufgeführt: BISCHOFF & ULRICH (1920), COCKERELL (1909:2), HEIN (1987), HUBER (1916), LIEFTINCK (1980:230), MIOTK (1983:148), OSTEN (1986), STRAND (1921a:291), TREIBER (1988), ZIER (1985:280).

Wichtige Beiträge zur Faunistik sind auch eine Reihe von (unveröffentlichten) Zulassungs- oder Diplomarbeiten der letzten Jahre, insbesondere von KLATT (1988), KUNZ (1981), NUSSER (1984) und TREIBER (1980).

Die bisher erschienenen Abhandlungen oder Fundmeldungen beschränken sich meist auf kleinere Beobachtungsgebiete oder Teilgruppen der Bienen, so daß über die gesamte Bienenfauna des Bundeslandes Baden-Württemberg noch keine zusammenfassende Arbeit vorliegt. Leider sehe ich mich gezwungen, an dieser Stelle folgendes richtig zu stellen: WARNCKE (1986c) hat in seiner »Mitteleuropa-Liste« die Bienen Baden-Württembergs mitaufgeführt. Die in dieser Arbeit zu findende Behauptung, ich hätte diese (im übrigen fehlerhafte) Liste gemeinsam mit dem Autor erstellt, ist nicht korrekt.

Im Jahre 1981 habe ich mit der vollständigen Bearbeitung der Bienen Baden-Württembergs begonnen. Als erste Gruppe wurde die Familie Megachilidae ausgewählt, über deren Verbreitung ich bereits früher berichtet habe (WESTRICH 1983a). Bearbeitungen der übrigen Bienenfamilien sollten folgen. Diese ursprüngliche Absicht wurde durch die mir im Jahre 1983 offiziell übertragene Aufgabe, die Bienenfauna des Landes grundlegend zu bearbeiten, aber hinfällig. Ein Forschungsprojekt mit dem Titel »Wildbienen in Baden-Württemberg« wurde in das 2. Untersuchungs- und Forschungsprogramm des Landes Baden-Württemberg aufgenommen und ermöglichte eine wesentlich intensivere Erfassung der heimischen Arten und zugleich umfassendere Studien zu deren Biologie und Ökologie. Die Ergebnisse dieser Forschungstätigkeit sind in vorliegendem Buch sämtlich berücksichtigt. Interessanterweise hatte bereits im Jahre 1925 das damalige badische Ministerium des Kultus und Unterrichts dem Lehrer Balles auf Empfehlung von Universitätsprofessor Dr. Lauterborn einen zwei Monate dauernden Urlaub gewährt, um die Gegend des nordbadischen Hauptmuschelkalks nach Wildbienen zu durchforschen.

12.2 Material

Für die Erstellung der Verbreitungskarten wurden außer eigenen Feldbeobachtungen die Funddaten der meisten Exemplare nachfolgend aufgeführter Sammlungen ausgewertet. Dieses Material stammt überwiegend aus Sichtfängen, teils auch aus Farbschalen- und Fensterfallen-Fängen, zu einem geringen Teil auch aus Zuchten.

Öffentliche Sammlungen

Zoologisches Institut der Freien Universität Berlin (coll. Jahn)
Zoologisches Museum Berlin (ZMB) (coll. Bischoff)
Institut für Landwirtschaftliche Zoologie der Universität Bonn (LZB)
Museum Alexander-König, Bonn (MAKB) (coll. Aerts, Schoop)
Überseemuseum Bremen
Forschungs-Institut Senckenberg, Frankfurt a.M.
Botanisches Institut der Universität Freiburg (BIUF) (coll. Kratochwil, Klatt).
Museum für Naturkunde, Freiburg i.Br. (MNF) (coll. Strohm, Kesenheimer)
Landessammlungen für Naturkunde Karlsruhe (LNK) (coll. Stritt, Nowotny, Doubletten der coll. Balles und Leininger)
Naturkundemuseum der Stadt Kassel (NK) (coll. Leininger)
British Museum (Natural History), London (coll. Koebele)
Zoologische Staatssammlung München (ZSM) (coll. Stoeckhert)
Staatliches Museum für Naturkunde Stuttgart (SMNS) (coll. Gerstner, Teile der 2. coll. Paul)
Forstliche Versuchsanstalt Wittental (Teile der coll. Gauss)

Privat-Sammlungen

J. Braun (Klingenmünster), F. Brechtel (Rülzheim), D. Doczkal (Malsch) (D), R. Gauss (Kirchzarten) (G), H.-J. Greiler (Karlsruhe), W. Grünwaldt (München), V. Haeseler (Oldenburg), H. Hilpert (Freiburg), E. Jansen (Tübingen), A. Krüss (Karlsruhe), P. Kunz (Karlsruhe), P. Miotk (Weidenbach), F. Nusser (Knittlingen), J. Plant (Freiburg), G. Schmid (Karlsruhe), K. Schmidt (Karlsruhe) (S), C. Schmid-Egger (Stuttgart-Hohenheim), K. Schrameyer (Öhringen), K.-H. Schwammberger (Bochum), H.-R. Schwenninger (Stuttgart), E. Senf (Öhningen), R. Treiber (Freudenstadt) (T), C. Weller (Tübingen), P. Westrich (Tübingen) (W), H. Wolf (Plettenberg), K.-D. Zinnert (Konstanz) (Z), F. Zmudzinski (Karlsruhe).

T. Dittmar, O. Jäger, M. Meier, M. Schön und H. Stadelmaier überließen mir ihre eigenen Fänge zur Auswertung und für meine Sammlung.

Die Sammlung Klug (Großkotzenburg) wurde nicht, die Sammlung des Botanischen Instituts der Universität Freiburg (coll. Kratochwil et al., coll. Klatt) nur teilweise überprüft.

Umfangreiche Aufsammlungen wurden von Doczkal, Schrameyer, Schwenninger, Treiber und Zinnert in der Schlußphase der Manuskripterstellung zusammengetragen. Aus diesem Material konnten aus zeitlichen Gründen nur noch die besonders bemerkenswerten Arten berücksichtigt werden. Der Rest muß einer späteren ergänzenden Bearbeitung überlassen bleiben. Dies gilt auch für das reichhaltige Material an baden-württembergischen Hummeln in den Landessammlungen für Naturkunde in Stuttgart und in Karlsruhe sowie in der Zoologischen Staatssammlung München (coll. Reinig).

Die Sammlung Lauterborn ist durch Kriegseinwirkung vollständig vernichtet, die Sammlung Strohm wurde durch mangelnde Pflege (Museumskäfer) in der Zeit vor der Übernahme durch das Naturkundemuseum Freiburg teilweise zerstört. Von der Sammlung Balles sind nur noch einige Doubletten in den Sammlungen Stritt und Grünwaldt vorhanden, die Hauptsammlung wurde während des 2. Weltkrieges vernichtet. Die oben genannten öffentlichen Sammlungen enthalten auch die Fänge von Becker, Bennwitz, Bretzenberger, Frentzen, Härtel, Hohndorf und Muckle.

Pollenanalysen

Für die Untersuchungen von über 4000 Pollenladungen wurden außer dem Material bereits erwähnter auch Exemplare folgender Sammlungen herangezogen: Naturkundemuseum Bamberg, Oberösterreichisches Landesmuseum Linz (Österreich), Faculté des Sciences Agronomiques de l'état (Gembloux, Belgien), F. Amiet (Solothurn, Schweiz), V. Lefeber (Maastricht, Niederlande), A.W. Ebmer (Puchenau), F. Gusenleitner (Linz, Österreich), M. Schwarz (Ansfelden, Österreich), E. Steinmann (Chur, Schweiz), E. van der Zanden (Eindhoven, Niederlande).

12.3 Artenspektrum

Durch die Überprüfung des verfügbaren Materials (ca. 40 000 Exemplare) und eigene Aufsammlungen konnten für Baden-Württemberg bislang 429 Bienenarten nachgewiesen werden, das sind 84% der für die Bundesrepublik Deutschland insgesamt 508 nachgewiesenen Arten. Zum Vergleich: Das nördlichste Bundesland Schleswig-Holstein weist »nur« 276 Arten auf (Emeis 1960), das sind 54% der bundesdeutschen Fauna. Dies zeigt, wie reich Baden-Württemberg an Wildbienen ist bzw. war, wenn man den gravierenden Rückgang miteinbezieht. Dieser Reichtum ist sicherlich u.a. bedingt durch das bienengünstige Klima und die Vielgestaltigkeit des Landes. Trotzdem sind für Baden-Württemberg noch zusätzliche Arten zu erwarten, die bisher noch nicht nachgewiesen wurden, aber aus den benachbarten Ländern Bayern und Rheinland-Pfalz bekannt sind. Ohnehin ist die Wildbienenfauna in ihrer artlichen Zusammensetzung auch ohne Einfluß des Menschen z.B. durch Klimaschwankungen stetigen Veränderungen unterworfen, die sich allerdings in so großen Zeiträumen abspielen, daß sie für einen Menschen während seines Lebens nur schwer feststellbar sind.

Systematische Liste der Bienen der Bundesrepublik Deutschland

Die in Baden-Württemberg nachgewiesenen Arten sind in der Faunenliste mit ° gekennzeichnet. Mit ? versehen sind Arten, deren Nachweis für das Gebiet der Bundesrepublik zweifelhaft ist bzw. noch aussteht.

Hylaeus alpinus (Morawitz 1867)
°*Hylaeus angustatus* (Schenck 1861)
°*Hylaeus annularis* (Kirby 1802)
Hylaeus annulatus (Linnaeus 1758)
°*Hylaeus brevicornis* Nylander 1852
°*Hylaeus clypearis* (Schenck 1853)
°*Hylaeus communis* Nylander 1852
?*Hylaeus conformis* Förster 1871
°*Hylaeus confusus* Nylander 1852
°*Hylaeus cornutus* Curtis 1831
°*Hylaeus difformis* (Eversmann 1852)
°*Hylaeus duckei* (Alfken 1904)
°*Hylaeus gibbus* Saunders 1850
°*Hylaeus gracilicornis* (Morawitz 1867)
°*Hylaeus hyalinatus* Smith 1842
°*Hylaeus leptocephalus* (Morawitz 1871)
°*Hylaeus lineolatus* (Schenck 1861)
°*Hylaeus moricei* (Friese 1898)
°*Hylaeus nigritus* (Fabricius 1798)
Hylaeus nivalis (Morawitz 1867)
°*Hylaeus pectoralis* Förster 1871
°*Hylaeus pfankuchi* (Alfken 1919)
°*Hylaeus pictipes* Nylander 1852
°*Hylaeus punctatus* (Brullé 1832)
°*Hylaeus punctulatissimus* Smith 1842
°*Hylaeus rinki* (Gorski 1852)
°*Hylaeus signatus* (Panzer 1798)
°*Hylaeus sinuatus* (Schenck 1853)
°*Hylaeus styriacus* Förster 1871
°*Hylaeus variegatus* (Fabricius 1798)

°*Colletes cunicularius* (Linnaeus 1761)
°*Colletes daviesanus* Smith 1846
?*Colletes floralis* Eversmann 1852
°*Colletes fodiens* (Geoffroy in Fourcroy 1785)
Colletes halophilus Verhoeff 1943
Colletes impunctatus Nylander 1852
°*Colletes marginatus* Smith 1846
Colletes nasutus Smith 1853
°*Colletes similis* Schenck 1853
°*Colletes succinctus* (Linnaeus 1758)

°*Rophites algirus* Pérez 1895
°*Rophites quinquespinosus* Spinola 1808

°*Rhophitoides canus* (Eversmann 1852)

Dufourea alpina Morawitz 1865
°*Dufourea dentiventris* (Nylander 1848)
°*Dufourea inermis* (Nylander 1848)
Dufourea minuta Lepeletier 1841
?*Dufourea paradoxa* (Morawitz 1867)
°*Dufourea vulgaris* (Schenck 1861)

°*Systropha curvicornis* (Scopoli 1770)
°*Systropha planidens* Giraud 1861

Pseudapis femoralis (Pallas 1773)

°*Nomioides minutissimus* (Rossi 1790)

°*Halictus confusus* Smith 1853
°*Halictus eurygnathus* Blüthgen 1931
Halictus gavarnicus Pérez 1903
°*Halictus langobardicus* Blüthgen 1944
°*Halictus leucaheneus* Ebmer 1972
°*Halictus maculatus* Smith 1848
°*Halictus quadricinctus* (Fabricius 1776)
°*Halictus rubicundus* (Christ 1791)
°*Halictus scabiosae* (Rossi 1790)
°*Halictus sexcinctus* (Fabricius 1775)
°*Halictus simplex* Blüthgen 1923
°*Halictus smaragdulus* Vachal 1895
°*Halictus subauratus* (Rossi 1792)
°*Halictus tumulorum* (Linnaeus 1758)

°*Lasioglossum aeratum* (Kirby 1802)
°*Lasioglossum albipes* (Fabricius 1781)
°*Lasioglossum albocinctum* (Lucas 1846)
Lasioglossum alpigenum (Dalla-Torre 1877)
Lasioglossum angusticeps (Perkins 1895)
Lasioglossum bavaricum (Blüthgen 1930)
°*Lasioglossum bluethgeni* Ebmer 1971
°*Lasioglossum brevicorne* (Schenck 1868)
Lasioglossum breviventre (Schenck 1853)
°*Lasioglossum buccale* (Pérez 1903)
°*Lasioglossum calceatum* (Scopoli 1763)
°*Lasioglossum clypeare* (Schenck 1853)
°*Lasioglossum convexiusculum* (Schenck 1853)
Lasioglossum corvinum (Morawitz 1878)
°*Lasioglossum costulatum* (Kriechbaumer 1873)
Lasioglossum cupromicans (Pérez 1903)
Lasioglossum euboeense (Strand 1909)
°*Lasioglossum fratellum* (Pérez 1903)
°*Lasioglossum fulvicorne* (Kirby 1802)
°*Lasioglossum glabriusculum* (Morawitz 1872)
°*Lasioglossum griseolum* (Morawitz 1872)
°*Lasioglossum intermedium* (Schenck 1868)
°*Lasioglossum interruptum* (Panzer 1798)
°*Lasioglossum laeve* (Kirby 1802)
°*Lasioglossum laevigatum* (Kirby 1802)
°*Lasioglossum laticeps* (Schenck 1868)
°*Lasioglossum lativentre* (Schenck 1853)
°*Lasioglossum leucopus* (Kirby 1802)
°*Lasioglossum leucozonium* (Schrank 1781)
°*Lasioglossum limbellum* (Morawitz 1876)
°*Lasioglossum lineare* (Schenck 1868)
°*Lasioglossum lissonotum* (Noskiewicz 1925)
°*Lasioglossum lucidulum* (Schenck 1861)
°*Lasioglossum majus* (Nylander 1852)
°*Lasioglossum malachurum* (Kirby 1802)
°*Lasioglossum marginatum* (Brullé 1832)
°*Lasioglossum marginellum* (Schenck 1853)
°*Lasioglossum minutissimum* (Kirby 1802)
°*Lasioglossum minutulum* (Schenck 1853)
°*Lasioglossum morio* (Fabricius 1793)
°*Lasioglossum nigripes* (Lepeletier 1841)
°*Lasioglossum nitidiusculum* (Kirby 1802)
°*Lasioglossum nitidulum* (Fabricius 1804)
°*Lasioglossum pallens* (Brullé 1832)
°*Lasioglossum parvulum* (Schenck 1853)
°*Lasioglossum pauperatum* (Brullé 1832)
°*Lasioglossum pauxillum* (Schenck 1853)
°*Lasioglossum politum* (Schenck 1853)
°*Lasioglossum prasinum* (Smith 1848)
°*Lasioglossum punctatissimum* (Schenck 1853)
°*Lasioglossum puncticolle* (Morawitz 1872)
°*Lasioglossum pygmaeum* (Schenck 1853)
°*Lasioglossum quadrinotatulum* (Schenck 1861)
°*Lasioglossum quadrinotatum* (Kirby 1802)
°*Lasioglossum quadrisignatum* (Schenck 1853)
°*Lasioglossum rufitarse* (Zetterstedt 1838)
°*Lasioglossum semilucens* (Alfken 1914)
Lasioglossum setulosum (Strand 1909)
Lasioglossum sexmaculatum (Schenck 1853)
°*Lasioglossum sexnotatum* (Kirby 1802)
°*Lasioglossum sexstrigatum* (Schenck 1868)
Lasioglossum smeathmanellum (Kirby 1802)
°*Lasioglossum subfasciatum* (Imhoff 1832)

°*Lasioglossum subfulvicorne* (Blüthgen 1934)
°*Lasioglossum subhirtum* (Lepeletier 1841)
Lasioglossum tarsatum (Schenck 1868)
°*Lasioglossum tricinctum* (Schenck 1874)
°*Lasioglossum villosulum* (Kirby 1802)
°*Lasioglossum xanthopus* (Kirby 1802)
°*Lasioglossum zonulum* (Smith 1848)

°*Sphecodes albilabris* (Fabricius 1793)
°*Sphecodes crassus* Thomson 1870
°*Sphecodes cristatus* Hagens 1882
°*Sphecodes croaticus* Meyer 1922
°*Sphecodes ephippius* (Linnaeus 1767)
°*Sphecodes ferruginatus* Hagens 1882
°*Sphecodes geoffrellus* (Kirby 1802)
°*Sphecodes gibbus* (Linnaeus 1758)
°*Sphecodes hyalinatus* Hagens 1882
°*Sphecodes longulus* Hagens 1882
Sphecodes majalis Pérez 1903
°*Sphecodes miniatus* Hagens 1882
°*Sphecodes monilicornis* (Kirby 1802)
°*Sphecodes niger* Hagens 1882
°*Sphecodes pellucidus* Smith 1845
°*Sphecodes pseudofasciatus* Blüthgen 1924
°*Sphecodes puncticeps* Thomson 1870
°*Sphecodes reticulatus* Thomson 1870
°*Sphecodes rubicundus* Hagens 1882
°*Sphecodes ruficrus* (Erichson 1835)
°*Sphecodes rufiventris* (Panzer 1798)
°*Sphecodes scabricollis* Wesmael 1835
°*Sphecodes spinulosus* Hagens 1875

°*Panurgus banksianus* (Kirby 1802)
°*Panurgus calcaratus* (Scopoli 1763)
°*Panurgus dentipes* Latreille 1811

Panurginus montanus Giraud 1861

°*Melitturga clavicornis* (Latreille 1806)

°*Andrena agilissima* (Scopoli 1770)
°*Andrena alfkenella* Perkins 1914
Andrena angustior (Kirby 1802)
°*Andrena anthrisci* Blüthgen 1925
°*Andrena apicata* Smith 1847
°*Andrena argentata* Smith 1844
Andrena assimilis Radoszkowski 1876
°*Andrena barbilabris* (Kirby 1802)
°*Andrena bicolor* Fabricius 1775
°*Andrena bimaculata* (Kirby 1802)
°*Andrena bucephala* Stephens 1846
°*Andrena carbonaria* auct.
°*Andrena chrysopus* Pérez 1903
Andrena chrysopyga Schenck 1853
°*Andrena chrysosceles* (Kirby 1802)
°*Andrena cineraria* (Linnaeus 1758)
°*Andrena clarkella* (Kirby 1802)
°*Andrena coitana* (Kirby 1802)
°*Andrena combinata* (Christ 1791)
°*Andrena congruens* Schmiedeknecht 1883
°*Andrena curvungula* Thomson 1870
°*Andrena decipiens* Schenck 1861
°*Andrena denticulata* (Kirby 1802)
°*Andrena distinguenda* Schenck 1871
°*Andrena dorsata* (Kirby 1802)
Andrena enslinella Stoeckhert 1924
°*Andrena eximia* Smith 1847
°*Andrena falsifica* Perkins 1915
°*Andrena ferox* Smith 1847
°*Andrena flavipes* Panzer 1799
°*Andrena florea* Fabricius 1793
°*Andrena floricola* Eversmann 1852
°*Andrena florivaga* Eversmann 1852
°*Andrena fucata* Smith 1847
°*Andrena fulva* (Müller 1766)
°*Andrena fulvago* (Christ 1791)
°*Andrena fulvata* Stoeckhert 1930
°*Andrena fulvida* Schenck 1853
°*Andrena fuscipes* (Kirby 1802)
°*Andrena gelriae* Vecht 1927
°*Andrena granulosa* Pérez 1902
°*Andrena gravida* Imhoff 1832
°*Andrena haemorrhoa* (Fabricius 1781)
°*Andrena hattorfiana* (Fabricius 1775)
°*Andrena helvola* (Linnaeus 1758)
°*Andrena humilis* Imhoff 1832
°*Andrena hypopolia* Schmiedeknecht 1883
°*Andrena intermedia* Thomson 1872
°*Andrena jacobi* Perkins 1921
°*Andrena labialis* (Kirby 1802)
°*Andrena labiata* Fabricius 1781
°*Andrena lagopus* (Latreille 1809)
°*Andrena lapponica* Zetterstedt 1838
°*Andrena lathyri* Alfken 1899
°*Andrena lepida* Schenck 1861
°*Andrena limata* Smith 1853
°*Andrena marginata* Fabricius 1776
°*Andrena minutula* (Kirby 1802)
°*Andrena minutuloides* Perkins 1914
°*Andrena mitis* Schmiedeknecht 1883
?*Andrena montana* Warncke 1973
°*Andrena morio* Brullé 1832
°*Andrena nana* (Kirby 1802)
Andrena nanula Nylander 1848
Andrena nasuta Giraud 1863
°*Andrena nigriceps* (Kirby 1802)
°*Andrena nigroaenea* (Kirby 1802)
°*Andrena nitida* (Müller 1776)

°*Andrena nitidiuscula* Schenck 1853
°*Andrena niveata* Friese 1887
Andrena nuptialis Pérez 1902
°*Andrena nycthemera* Imhoff 1866
°*Andrena ovatula* (Kirby 1802)
°*Andrena pallitarsis* Pérez 1903
°*Andrena pandellei* Pérez 1895
°*Andrena polita* Smith 1847
°*Andrena potentillae* Panzer 1809
°*Andrena praecox* (Scopoli 1763)
°*Andrena proxima* (Kirby 1802)
°*Andrena pusilla* Pérez 1903
Andrena ratisbonensis Stoeckhert 1924
°*Andrena rhenana* Stoeckhert 1930
Andrena rogenhoferi Morawitz 1872
°*Andrena rosae* Panzer 1801
°*Andrena ruficrus* Nylander 1848
Andrena rufizona Imhoff 1834
°*Andrena rugulosa* Stoeckhert 1935
°*Andrena saundersella* Perkins 1914
°*Andrena schencki* Morawitz 1866
Andrena sericata Imhoff 1866
°*Andrena similis* Smith 1849
Andrena simillima Smith 1851
°*Andrena strohmella* Stoeckhert 1930
°*Andrena subopaca* Nylander 1848
°*Andrena suerinensis* Friese 1884
Andrena symphyti Schmiedeknecht 1883
Andrena synadelpha Perkins 1914
Andrena taraxaci Giraud 1861
°*Andrena tarsata* Nylander 1848
°*Andrena thoracica* (Fabricius 1775)
°*Andrena tibialis* (Kirby 1802)
°*Andrena tscheki* Morawitz 1872
°*Andrena vaga* Panzer 1799
°*Andrena varians* (Rossi 1792)
°*Andrena ventralis* Imhoff 1832
°*Andrena viridescens* Viereck 1916
°*Andrena wilkella* (Kirby 1802)

Melitta dimidiata Morawitz 1876
°*Melitta haemorrhoidalis* (Fabricius 1775)
°*Melitta leporina* (Panzer 1799)
°*Melitta nigricans* Alfken 1905
°*Melitta tricincta* Kirby 1802
°*Melitta wankowiczi* (Radoszkowski 1891)

°*Dasypoda argentata* (Panzer 1809)
°*Dasypoda hirtipes* (Fabricius 1793)
Dasypoda suripes (Christ 1791)

°*Macropis fulvipes* (Fabricius 1804)
°*Macropis labiata* (Fabricius 1804)

°*Trachusa byssina* (Panzer 1798)

°*Anthidium lituratum* (Panzer 1801)
°*Anthidium manicatum* (Linnaeus 1758)
°*Anthidium montanum* Morawitz 1864
°*Anthidium oblongatum* (Illiger 1806)
°*Anthidium punctatum* Latreille 1809
°*Anthidium septemspinosum* Lepeletier 1841
°*Anthidium strigatum* (Panzer 1805)

°*Stelis breviuscula* (Nylander 1848)
Stelis franconica Blüthgen 1930
°*Stelis minima* Schenck 1861
°*Stelis minuta* Lepeletier & Serville 1825
°*Stelis nasuta* (Latreille 1809)
Stelis odontopyga Noskiewicz 1925
°*Stelis ornatula* (Klug 1807)
°*Stelis phaeoptera* (Kirby 1802)
°*Stelis punctulatissima* (Kirby 1802)
°*Stelis signata* (Latreille 1809)

°*Heriades crenulatus* Nylander 1856
°*Heriades truncorum* (Linnaeus 1758)

°*Chelostoma campanularum* (Kirby 1802)
°*Chelostoma distinctum* Stoeckhert 1929
°*Chelostoma florisomne* (Linnaeus 1758)
?*Chelostoma foveolatum* (Morawitz 1868)
°*Chelostoma fuliginosum* (Panzer 1798)

Osmia acuticornis Dufour & Perris 1840
°*Osmia adunca* (Panzer 1798)
°*Osmia andrenoides* Spinola 1808
°*Osmia anthocopoides* (Schenck 1853)
°*Osmia aurulenta* (Panzer 1799)
°*Osmia bicolor* (Schrank 1781)
°*Osmia brevicornis* (Fabricius 1798)
°*Osmia caerulescens* (Linnaeus 1758)
Osmia cerinthidis Morawitz 1875
°*Osmia claviventris* (Thomson 1872)
°*Osmia cornuta* (Latreille 1805)
°*Osmia fulviventris* (Panzer 1798)
°*Osmia gallarum* Spinola 1808
Osmia inermis (Zetterstedt 1838)
°*Osmia leaiana* (Kirby 1802)
°*Osmia lepeletieri* Pérez 1879
°*Osmia leucomelana* (Kirby 1802)
Osmia loti Morawitz 1867
Osmia maritima Friese 1885
Osmia melanogaster Spinola 1808
°*Osmia mitis* Nylander 1852
°*Osmia mustelina* Gerstäcker 1841
°*Osmia nigriventris* (Zetterstedt 1838)
°*Osmia papaveris* (Latreille 1799)

°*Osmia parietina* Curtis 1828
°*Osmia pilicornis* Smith 1846
°*Osmia ravouxi* Pérez 1902
°*Osmia rufa* (Linnaeus 1758)
°*Osmia rufohirta* Latreille 1811
°*Osmia spinulosa* (Kirby 1802)
°*Osmia submicans* Morawitz 1871
°*Osmia tridentata* Dufour & Perris 1840
°*Osmia tuberculata* (Nylander 1848)
°*Osmia uncinata* Gerstäcker 1869
°*Osmia versicolor* Latreille 1811
°*Osmia villosa* (Schenck 1853)
°*Osmia xanthomelana* (Kirby 1802)

°*Dioxys tridentata* (Nylander 1848)

°*Megachile alpicola* Alfken 1924
Megachile analis Nylander 1852
°*Megachile apicalis* Spinola 1808
°*Megachile centuncularis* (Linnaeus 1758)
°*Megachile circumcincta* (Kirby 1802)
°*Megachile ericetorum* Lepeletier 1841
°*Megachile genalis* Morawitz 1880
°*Megachile lagopoda* (Linnaeus 1761)
Megachile lapponica Thomson 1872
°*Megachile leachella* Curtis 1828
°*Megachile ligniseca* (Kirby 1802)
°*Megachile maritima* (Kirby 1802)
Megachile melanopyga Costa 1863
°*Megachile nigriventris* Schenck 1870
°*Megachile parietina* (Geoffroy in Fourcroy 1785)
°*Megachile pilidens* Alfken 1923
°*Megachile pyrenaea* Pérez 1890
°*Megachile rotundata* (Fabricius 1784)
°*Megachile versicolor* Smith 1844
°*Megachile willughbiella* (Kirby 1802)

°*Coelioxys afra* Lepeletier 1841
Coelioxys alata Förster 1853
°*Coelioxys aurolimbata* Förster 1853
Coelioxys brevis Eversmann 1852
°*Coelioxys conoidea* (Illiger 1806)
°*Coelioxys elongata* Lepeletier 1841
°*Coelioxys inermis* (Kirby 1802)
Coelioxys lanceolata Nylander 1852
°*Coelioxys mandibularis* Nylander 1848
°*Coelioxys quadridentata* (Linnaeus 1761)
°*Coelioxys rufescens* Lepeletier 1825
°*Coelioxys rufocaudata* Smith 1854

°*Anthophora acervorum* (Linnaeus 1758)
°*Anthophora aestivalis* (Panzer 1801)
°*Anthophora bimaculata* (Panzer 1798)
Anthophora borealis Morawitz 1864
°*Anthophora crassipes* Lepeletier 1841
Anthophora crinipes Smith 1854
°*Anthophora fulvitarsis* Brullé 1832
°*Anthophora furcata* (Panzer 1798)
°*Anthophora plagiata* (Illiger 1806)
°*Anthophora pubescens* (Fabricius 1781)
Anthophora quadrifasciata (Villers 1789)
°*Anthophora quadrimaculata* (Panzer 1806)
°*Anthophora retusa* (Linnaeus 1758)

°*Melecta luctuosa* (Scopoli 1770)
°*Melecta punctata* (Fabricius 1775)

Thyreus histrionicus (Illiger 1806)
°*Thyreus orbatus* Lepeletier 1841

Eucera cinerea Lepeletier 1841
°*Eucera interrupta* Baer 1850
°*Eucera longicornis* (Linnaeus 1758)
°*Eucera tuberculata* (Fabricius 1793)

°*Tetralonia alticincta* (Lepeletier 1841)
?*Tetralonia dentata* (Klug 1835)
°*Tetralonia macroglossa* (Illiger 1806)
°*Tetralonia salicariae* (Lepeletier 1841)

°*Xylocopa iris* (Christ 1791)
°*Xylocopa violacea* (Linnaeus 1758)

°*Ceratina callosa* Fabricius 1794
°*Ceratina cucurbitina* (Rossi 1792)
°*Ceratina cyanea* (Kirby 1802)

°*Nomada alboguttata* Herrich-Schäffer 1839
°*Nomada argentata* Herrich-Schäffer 1839
°*Nomada armata* Herrich-Schäffer 1839
°*Nomada atroscutellaris* Strand 1921
°*Nomada bifasciata* Olivier 1811
°*Nomada bifida* Thomson 1872
°*Nomada bispinosa* Mocsary 1883
Nomada bluethgeni Stoeckhert 1943
°*Nomada braunsiana* Schmiedeknecht 1882
°*Nomada castellana* Dusmet 1913
°*Nomada conjungens* Herrich-Schäffer 1839
°*Nomada distinguenda* Morawitz 1874
°*Nomada emarginata* Morawitz 1877
°*Nomada errans* Lepeletier 1841
°*Nomada fabriciana* (Linnaeus 1767)
°*Nomada facilis* Schwarz 1967
°*Nomada femoralis* Morawitz 1869
Nomada ferruginata (Linnaeus 1767)
°*Nomada flava* Panzer 1798
°*Nomada flavoguttata* (Kirby 1802)
°*Nomada flavopicta* (Kirby 1802)

°*Nomada fucata* Panzer 1798
°*Nomada furva* Panzer 1798
°*Nomada fuscicornis* Nylander 1848
°*Nomada goodeniana* (Kirby 1802)
°*Nomada guttulata* Schenck 1861
Nomada hirtipes Pérez 1884
°*Nomada integra* Brullé 1832
Nomada italica Dalla-Torre & Friese 1894
°*Nomada kohli* Schmiedeknecht 1882
°*Nomada lathburiana* (Kirby 1802)
°*Nomada leucophthalma* (Kirby 1802)
°*Nomada lineola* Panzer 1798
°*Nomada marshamella* (Kirby 1802)
°*Nomada melathoracica* Imhoff 1834
Nomada moeschleri Alfken 1925
°*Nomada mutabilis* Morawitz 1871
°*Nomada mutica* Morawitz 1872
°*Nomada obscura* Zetterstedt 1838
°*Nomada obtusifrons* Nylander 1848
°*Nomada opaca* Alfken 1913
°*Nomada panzeri* Lepeletier 1841
Nomada piccioliana Magretti 1883
°*Nomada pleurosticta* Herrich-Schäffer 1839
°*Nomada posthuma* Blüthgen 1949
°*Nomada rhenana* Morawitz 1872
°*Nomada roberjeotiana* Panzer 1799
°*Nomada rufipes* Fabricius 1793
°*Nomada sexfasciata* Panzer 1799
°*Nomada sheppardana* (Kirby 1802)
°*Nomada signata* Jurine 1807
°*Nomada similis* Morawitz 1872
°*Nomada stigma* Fabricius 1804
°*Nomada striata* Fabricius 1793
°*Nomada succincta* Panzer 1798
Nomada symphyti Stoeckhert 1930
Nomada trapeziformis Schmiedeknecht 1882
°*Nomada villosa* Thomson 1870
°*Nomada zonata* Panzer 1798

Epeolus alpinus Friese 1893
°*Epeolus cruciger* (Panzer 1799)
°*Epeolus variegatus* (Linnaeus 1758)

°*Epeoloides coecutiens* (Fabricius 1775)

Biastes brevicornis (Panzer 1798)
°*Biastes emarginatus* (Schenck 1853)
°*Biastes truncatus* (Nylander 1848)

°*Ammobates punctatus* (Fabricius 1804)

Bombus alpinus (Linnaeus 1758)
°*Bombus confusus* Schenck 1861
Bombus cullumanus (Kirby 1802)
°*Bombus distinguendus* Morawitz 1869
Bombus gerstaeckeri Morawitz 1881
°*Bombus hortorum* (Linnaeus 1761)
°*Bombus humilis* Illiger 1806
°*Bombus hypnorum* (Linnaeus 1758)
°*Bombus jonellus* (Kirby 1802)
°*Bombus lapidarius* (Linnaeus 1758)
Bombus lapponicus (Fabricius 1793)
°*Bombus lucorum* (Linnaeus 1761)
Bombus mendax Gerstäcker 1869
Bombus mesomelas Gerstäcker 1869
Bombus mucidus Gerstäcker 1869
°*Bombus muscorum* (Linnaeus 1758)
°*Bombus pascuorum* (Scopoli 1763)
°*Bombus pomorum* (Panzer 1805)
°*Bombus pratorum* (Linnaeus 1761)
Bombus pyrenaeus Pérez 1879
°*Bombus ruderarius* (Müller 1776)
°*Bombus ruderatus* (Fabricius 1775)
Bombus sicheli Radoszkowski 1859
°*Bombus soroeensis* (Fabricius 1777)
°*Bombus subterraneus* (Linnaeus 1758)
°*Bombus sylvarum* (Linnaeus 1761)
°*Bombus terrestris* (Linnaeus 1758)
°*Bombus veteranus* (Fabricius 1793)
°*Bombus wurfleini* Radoszkowski 1859

°*Psithyrus barbutellus* (Kirby 1802)
°*Psithyrus bohemicus* (Seidl 1837)
°*Psithyrus campestris* (Panzer 1801)
Psithyrus flavidus (Eversmann 1852)
°*Psithyrus norvegicus* Sparre-Schneider 1918
°*Psithyrus quadricolor* Lepeletier 1892
°*Psithyrus rupestris* (Fabricius 1793)
°*Psithyrus sylvestris* (Lepeletier 1832)
°*Psithyrus vestalis* (Geoffroy in Fourcroy 1785)

°*Apis mellifera* Linnaeus 1758

12.4 Faunistischer Vergleich einiger ausgewählter Gebiete

Nachfolgend seien einige gut untersuchte Landschaften Baden-Württembergs herausgegriffen und miteinander hinsichtlich der Zahl der in ihnen aufgefundenen Bienenarten (ohne *Bombus* und *Psithyrus*) verglichen.

12.4.1 Kaiserstuhl

In diesem markanten und faunistisch wie floristisch weit gerühmten Vulkangebirge Südwestdeutschlands konnten bisher insgesamt 309 Bienenarten nachgewiesen werden, ab 1975 noch 211 Arten. Diese hohe Artenzahl (72% der Gesamtfauna des Bundeslandes) ist vor allem bedingt durch das ungemein bienengünstige Klima und die mächtige Lößdecke, die vor allem den bodennistenden Arten hervorragende Nistbedingungen bietet. Durch seine geographische Insellage im südlichen Oberrheingraben zeichnet sich der Kaiserstuhl durch hohe Sommertemperaturen, milde Winter und nur geringe Niederschlagsmengen (ca. 720 mm) aus. Ausgedehnte Magerrasen und Felsfluren, Wiesen, strukturreiche historische Rebhänge, Ruderalstellen, Lößwände, Gebüsche und alte Waldränder tragen zur reichen Bienenfauna bei. Für den Wildbienenschutz hat der Kaiserstuhl auch deshalb eine herausragende Stellung in Südwestdeutschland, weil einige Bienenarten ausschließlich hier vorkommen oder hier ihren Verbreitungsschwerpunkt haben.

Nur im Kaiserstuhl nachgewiesene Arten:

Andrena pallitarsis	*Megachile apicalis*
Biastes emarginatus	*Nomada mutabilis*
Eucera interrupta	*Sphecodes croaticus*
Lasioglossum albocinctum	*Tetralonia alticincta*
Lasioglossum marginatum	*Tetralonia macroglossa*

Arten mit Verbreitungsschwerpunkt Kaiserstuhl:

Andrena hypopolia	*Lasioglossum pauperatum*
Anthophora fulvitarsis	*Osmia mitis*
Lasioglossum griseolum	

12.4.2 Nördliche Oberrheinebene

Unter der nördlichen Oberrheinebene wird hier die Landschaft zwischen Rastatt und Heidelberg verstanden, die durch ausgedehnte Sandgebiete, Altrheine, Auwälder, Röhrichte und Hochwasserdämme geprägt ist. In diesem Gebiet, das durchweg unter 200 m üNN liegt, wurden 307 Bienenarten festgestellt. Dieser Artenreichtum ist also nahezu identisch mit dem des Kaiserstuhls. Auch hier spielen die Wärmegunst, die mit 600–700 mm nur geringen Niederschläge und die vorherrschenden Flug- und Schwemmsande als Niststubstrate eine hervorragende Rolle. Diese Verhältnisse bedingen ebenso wie die in Baden-Württemberg nur hier vorhandenen Binnendünen das ausschließliche oder schwerpunktmäßige Vorkommen einiger Bienenarten in diesem nordwestlichen Landesteil. Wie bedeutsam das Tief- und Hügelland für die Erhaltung der Bienen generell ist, zeigt die Zahl von 170 Arten (40%), die in Baden-Württemberg nur aus Lagen unterhalb 500 m bekannt sind.

Ausschießlich in der Nördlichen Oberrheinebene nachgewiesene Arten:

Andrena morio	*Megachile leachella*
Andrena suerinensis	*Hylaeus moricei*
Colletes marginatus	*Nomada posthuma*
Lasioglossum brevicorne	*Nomioides minutissimus*
Lasioglossum prasinum	*Systropha curvicornis*

Arten mit Verbreitungsschwerpunkt in der Nördlichen Oberrheinebene:

Ammobates punctatus	*Andrena chrysopus*
Andrena argentata	*Anthophora bimaculata*

12.4.3 Mittleres Albvorland

Dieser Ausschnitt Baden-Württembergs liegt im Großraum Tübingen zwischen Schwarzwald und Schwäbischer Alb. Zu ihm rechne ich die weiten Talauen des Neckars unterhalb von Rottenburg und der Ammer mit ihren breiten Randterrassen, das wesentlich engere obere Neckartal mit seinen Nebentälchen zwischen Rottenburg und Horb, die durch viele Täler gegliederten Waldgebiete von Schönbuch und Rammert und den langgezogenen Keuperrücken des Spitzbergs. Kalkreiche Muschelkalkböden, Mergel, härtere Sandsteinschichten und inselhafte Lößlehmvorkommen prägen den petrographischen Habitus dieses Gebietes, das überwiegend zwischen 300 und 500 m üNN liegt. Nur vereinzelt werden 500 m überschritten. Klimatisch gehört dieser Raum zur warmen Obstklimastufe mit vereinzelten Inseln der wärmeren Weinbaustufe an den südseitigen Hängen der Berge. Das Jahresmittel der Niederschläge beträgt nur 730 mm. 215

Bienenarten wurden bisher aus diesem strukturreichen und auch derzeit noch apidologisch reichhaltigen Gebiet bekannt. Die weithin gerühmte Wärmeinsel des Tübinger Spitzbergs mit seiner historischen Weinberglandschaft, mit seinen Weinbergbrachen und Magerrasen, außerdem alte und in langen Zeiträumen gewachsene Waldränder, Muschelkalkfelshänge sowie magere Wiesen an den südseitigen Hängen der Waldberge tragen wesentlich zur reichen Bienenfauna bei. Der einzige Nachweis von *Andrena ferox* in Baden-Württemberg stammt von hier.

12.4.4 Schwarzwald

Der Schwarzwald, der unter den deutschen Mittelgebirgen an Höhe nur vom Riesengebirge übertroffen wird, besteht im Kern aus Gneisen und Graniten. Diese Urgesteine treten im südlichen Schwarzwald frei zu Tage und bilden dort die höchsten Erhebungen (Feldberg: 1493 m). Dagegen verschwinden sie nach Norden und Osten unter einer vorwiegend rot gefärbten Buntsandsteindecke. Große Teile sind mit dunklem Nadelwald bekleidet. Der Schwarzwald ist außerordentlich reich an Niederschlägen (in den Hochlagen rund 2000 mm). So überrascht, daß oberhalb der Höhenstufe von 500 m bisher immerhin 168 Bienenarten festgestellt wurden. Lichte, zwergstrauchreiche Wälder, Spirken-Hochmoore und Grinde, sonnige Waldränder, Bergwiesen und -heiden sind Elemente, die eine zwar im Vergleich zur Oberrheinebene ärmere, aber doch charakteristische Bienenfauna bedingen. Einige Arten sind bisher nur aus dem Schwarzwald bekannt, andere haben hier ihre wichtigsten Vorkommen.

Nur im Schwarzwald nachgewiesene Arten:

Andrena nigriceps	*Lasioglossum subfulvicorne*
Anthidium montanum	*Nomada obscura*
Biastes truncatus	*Osmia tuberculata*
Lasioglossum fratellum	

Arten mit Verbreitungsschwerpunkt im Schwarzwald:

Andrena clarkella	*Andrena lapponica*
Andrena coitana	*Panurgus banksianus*

12.4.5 Schwäbische Alb

Das langestreckte Mittelgebirge der Schwäbischen Alb, die eine Höhe von 1015 m erreicht, ist der mittlere Teil des Jurazuges, der in die drei natürlichen Abschnitte des Schweizer, Schwäbischen und Fränkischen Jura gegliedert ist. Im Bereich der ganz durch Kalkgesteine und deren Verwitterungsprodukte geprägten Schwäbischen Alb (ohne Hegau und Nördlinger Ries) wurden oberhalb der Höhenstufe von 500 m bisher 147 Bienenarten nachgewiesen.

Wichtige Bienenlebensräume der Alb sind Kalkmagerrasen, Felshänge und Abwitterungshalden sowie alte Steinbrüche. Gründe für die im Vergleich zu Kaiserstuhl und Oberrheinebene ärmere Fauna sind die höheren Niederschläge (ca. 1000 mm), das relativ kühlere Klima (Wärmestufen: mäßig kühl bis kalt) und das überwiegende Fehlen von Fein- und Mittelsanden oder von Löß. Keine Bienenart ist bisher ausschließlich von der Schwäbischen Alb bekannt, doch haben einige Arten, besonders die in Schneckenhäusern nistenden Mauerbienen der Gattung *Osmia*, hier einen deutlichen Verbreitungsschwerpunkt.

12.4.6 Oberschwaben

Oberschwaben (ohne das Bodenseegebiet) ist eine wellig-hügelige Landschaft im Alpenvorland und gleicht mit einer durchschnittlichen Höhe von 500 m üNN eher einer Hochebene. In dieser von ausgedehnten Rieden (Hoch- und Niedermoore) geprägten Moränenlandschaft wurden während der Eiszeit gewaltige Schuttmassen abgelagert. Das Klima ist nicht besonders bienengünstig (Wärmestufen: mäßig kühl bis kühl) und auch die relativ reichen Niederschläge lassen keine artenreiche Bienenfauna erwarten. Bisher wurden nur 46 Arten nachgewiesen. Selbst, wenn man die im Vergleich zu anderen Gebieten geringere Erfassungsintensität berücksichtigt, zeigt diese Zahl doch, daß Oberschwaben nicht gerade ein Wildbienen-Eldorado ist. Allerdings haben Röhrichtbewohner wie *Hylaeus pectoralis* in diesem Raum einen ihrer Verbreitungsschwerpunkte.

Auch der Kraichgau, das Tauberland, das Bodenseebecken und der Hegau sind Gebiete mit einer besonders interessanten Bienenfauna. Für einen Vergleich bedarf es jedoch noch weiterer Untersuchungen und Analysen.

13 Steckbriefe

Im folgenden sind alle Bienenarten Baden-Württembergs in Form von sogenannten Steckbriefen aufgeführt. Berücksichtigt sind aber auch die übrigen Arten der Bundesrepublik Deutschland, also auch solche, die in Baden-Württemberg bisher nicht nachgewiesen oder hier nicht zu erwarten sind. Die Reihenfolge der Gattungen und der Arten innerhalb der Gattungen ist aus Gründen des leichteren Auffindens jeweils alphabetisch.

Bearbeitungsschema

Die Stoffanordnung in den Steckbriefen richtet sich nach folgendem Bearbeitungsschema:

Verbreitung: Die dreifach abgestuften Verbreitungsangaben beziehen sich auf die folgenden, durch ihre politischen Grenzen definierten Räume: Europa, Bundesrepublik Deutschland, Baden-Württemberg. Die Verbreitung in Europa ist meist nur sehr grob angegeben, z. B. Süd- und Mitteleuropa. Im wesentlichen ging es mir dabei darum, die oft auftretende Verbreitungsgrenze mitten durch die Bundesrepublik Deutschland den Benutzern etwas transparenter zu machen. Bei den Halictidae habe ich die über Europa hinausgehenden Angaben von Ebmer übernommen, der mir freundlicherweise diese Angaben bereits vor dem Erscheinen seiner eigenen Arbeit zur Verfügung gestellt hat. Viele Bienenarten kommen nur in der südlichen Hälfte der Bundesrepublik Deutschland vor. Die Angabe »In der Bundesrepublik Deutschland keine Verbreitungsgrenze« bedeutet, daß die Art sowohl aus den südlichen, als auch aus den nördlichen Bundesländern bekannt ist. Sie besagt nicht, daß die Art gegenwärtig noch im norddeutschen Raum vorkommt (vgl. die zitierte Literatur). Die Angaben zur Verbreitung in Baden-Württemberg sind quasi eine Kurz-Interpretation der Verbreitungskarte und der eigenen Geländebefunde. Höhenangaben sind grundsätzlich als m üNN (Meter über Normal Null) zu verstehen. Bei besonders seltenen Arten werden alle Fundorte und Fangdaten angegeben. Bei einem Teil der Arten, von denen mehr Material vorliegt, werden nur die Funddaten ab 1960 oder ab 1975 mitgeteilt. Dabei handelt es sich überwiegend um gefährdete oder mir aus sonstigen Gründen interessant erscheinende Arten. Nach Gitterquadrat, Fundort, Anzahl, Geschlecht und Fang- oder Beobachtungsdatum folgt in Klammern die öffentliche oder private Sammlung, in der die betreffenden Exemplare zur Zeit aufbewahrt werden (Abkürzungen s. 12.2), außerdem wird die Literatur zitiert, in der über den betreffenden Fund berichtet wird. Die in Klammer gesetzte Abkürzung »beob.« bedeutet, daß die betreffenden Tiere beobachtet bzw. an Ort und Stelle determiniert und im Gelände belassen wurden. Bei nach wie vor häufigen Arten wird auf die detaillierte Auflistung der Funddaten verzichtet. Bei den Arten, von denen die Funddaten nicht oder nur teilweise angegeben sind, wird unter dem Begriff »Material« die Anzahl der ♂♂ und ♀♀ genannt, die in den bearbeiteten Sammlungen berücksichtigt und in der Regel einzeln überprüft wurden. In dieser Angabe nicht enthalten sind die zahllosen Beobachtungen von Bienen, die sich im Gelände bis auf die Art ansprechen lassen. Bei einer Reihe von Arten kann die Zahl der beobachteten die Zahl der Sammlungstiere wesentlich übersteigen.

Lebensraum: Hier werden die Gesamt- oder Teillebensräume angegeben, in denen die jeweilige Art in Südwestdeutschland beobachtet wurde. Bei Arten, die aus Baden-Württemberg nicht bekannt sind oder die in Norddeutschland andere und/oder besonders charakteristische Lebensräume besiedeln, wird dies in Einzelfällen zusätzlich angegeben. Stellen zur Nestanlage werden beschrieben. Darüber hinaus ist angegeben, ob die betreffende Art eine bestimmte Bodenart als Nistsubstrat bevorzugt oder ob eine solche Bevorzugung aufgrund der Funddaten nicht zu erkennen ist.

Nistweise: Die Nistweise und das Sozialverhalten der Art werden knapp umrissen. Dabei werden außer eigenen Beobachtungen auch die oft weit verstreuten Literaturangaben berücksichtigt. Angaben, die mit hoher Wahrscheinlichkeit auf Fehlbestimmungen beruhen, wurden nicht übernommen. In Klammern wird die Literatur angefügt, die Angaben zur Nistweise oder zum (Sozial)Verhalten der Art enthalten. Dabei wurde versucht, möglichst viel Literatur zusammenzutragen. Eine Gewähr auf

Vollständigkeit kann nicht gegeben werden. Bei *Bombus* und *Megachile rotundata* ist aus der sehr umfangreichen Literatur nur die wichtigste angeführt (Schlüsselzitate).

Blütenbesuch: Bei den nestbauenden Arten wird zunächst angegeben, ob die Art beim Pollensammeln spezialisiert ist (oligolektische Arten) und auf welche Pflanzengattungen bzw. -familien sich die Spezialisierung bezieht oder ob die Art nicht spezialisiert ist (polylektische Arten). Bei den polylektischen Arten wird in Klammern die Zahl der Pflanzenfamilien genannt, aus denen Pollenquellen nachgewiesen sind. Es folgen die Pflanzenarten, die als Pollenquellen aufgrund von Pollenanalysen oder von Beobachtungen zweifelsfrei pollensammelnder Weibchen belegt sind (vgl. Kap. 5.9). Blütenbesuche, bei denen offensichtlich nur Nektar gesaugt wurde oder bei denen der Zweck des Anfluges nicht näher bekannt ist, sind nicht aufgelistet. Selbstverständlich werden sich bei weiteren exakten Beobachtungen gerade bei den beim Pollensammeln ausgesprochen flexiblen Arten noch weitere Pflanzenarten als Pollenquellen anfügen lassen. Bei einem Teil der Arten wird auch die anhand von Pollenanalysen ermittelte Blütenstetigkeit beleuchtet. Auf die Nektarquellen wird nur in gesonderten Fällen eingegangen, da die Pollenquellen der Weibchen in der Regel auch die Nektarquellen beider Geschlechter darstellen, an die ohnehin keine Bindung besteht. Unter dem Stichwort Blütenbesuch werden auch andere blütenökologische Phänomene wie das Ruhen in Blüten oder das Territorialverhalten im Zusammenhang mit Blüten erwähnt. Bei den Kuckucksbienen sind nur Nektarquellen angegeben.

Kuckucksbienen: Die bisher durch Beobachtungen vermuteten oder durch Zuchten belegten Kuckucksbienen werden angeführt. Die entsprechenden Literaturzitate finden sich in der Regel bei den jeweiligen Kuckucksbienenarten.

Phänologie: Angegeben ist die Zahl der Generationen im Jahr (univoltin = 1 Generation im Jahr, bivoltin = 2 Generationen im Jahr). Unter Flugzeit wird die Zeitspanne verstanden, in der im Mittel der Jahre der größte Teil der Imagines aktiv und im Gelände zu beobachten ist. Bei Arten, bei denen die Funddaten günstig verteilt sind, werden auch die Extremwerte, also erstes und letztes Beobachtungsdatum, aufgeführt. Soweit bekannt, wird auch die Art der Überwinterung angegeben. Die phänologischen Daten beziehen sich in der Regel auf Südwestdeutschland, in einigen Fällen mußten Daten aus anderen Gebieten Mitteleuropas mitverwendet werden.

Bestandessituation: Dieses Stichwort ist nur den baden-württembergischen Arten beigefügt. Aufgrund des Sammlungsmaterials und der eigenen Beobachtungen der letzten 15 Jahre wird die Bestandessituation in Baden-Württemberg eingeschätzt. Soweit bekannt, werden Rückgangsursachen und wichtige Schutzmaßnahmen knapp konkretisiert und angegeben, ob jüngere Nachweise aus Naturschutzgebieten vorliegen. Bei gefährdeten Arten wird die derzeitige Gefährdungskategorie in Baden-Württemberg genannt (RL = Rote Liste) (vgl. 6.3).

Bemerkungen: Unter diesem Stichwort wird vor allem auf taxonomische oder nomenklatorische Probleme hingewiesen.

Wirte: Dieses Stichwort findet sich nur bei den Kuckucksbienen. Die durch Beobachtungen vermuteten oder durch Zuchten belegten Wirte werden aufgeführt und mit entsprechenden Literaturangaben ergänzt. Bei den Kuckucksbienen wird auf eine Nennung der Lebensräume verzichtet, da sie ohnehin nur im Lebensraum ihrer Wirte anzutreffen sind. Man informiere sich daher bei der entsprechenden Wirtsart.

Verbreitungskarten

Die Kartierung erfolgte nach der Punktraster- oder Gitternetzmethode. Dabei wird das Untersuchungsgebiet (hier Baden-Württemberg) durch ein Gitternetz in möglichst gleichgroße Einheiten, die Rasterfelder, eingeteilt. Der Nachweis eines oder beliebig vieler Vorkommen im Bereich eines Rasterfeldes wird durch eine Signatur im entsprechenden Feld der Rasterkarte wiedergegeben.

Den Punktrasterkarten, deren Vorlage vom Landesvermessungsamt Baden-Württemberg erstellt wurde, liegen die Daten des untersuchten Materials sowie die in der Literatur oder in brieflichen Mitteilungen angegebenen und glaubhaften Fundorte zugrunde. Die Fundorte wurden im UTM-Gitter ermittelt (UTM = Universale Transverse Mercatorprojektion). Auf der deutschen Generalkarte 1:200 000 ist das UTM-Gitter aufgedruckt. Das betreffende Gitterquadrat wurde in die Verbreitungskarte eingetragen. Dabei war jeweils der neueste exakt datierbare Fund ausschlaggebend.

Ein Großteil der Fundorte älterer Sammlungen und ihre Lage im UTM-Gitter ist bei Schmidt (1979, 1980, 1981) verzeichnet. Das UTM-Gitter wurde deshalb gewählt, weil bereits für Baden-Württemberg eine vergleichbare Kartierung von Grabwespen mit oft ähnlichen Lebensraumansprü-

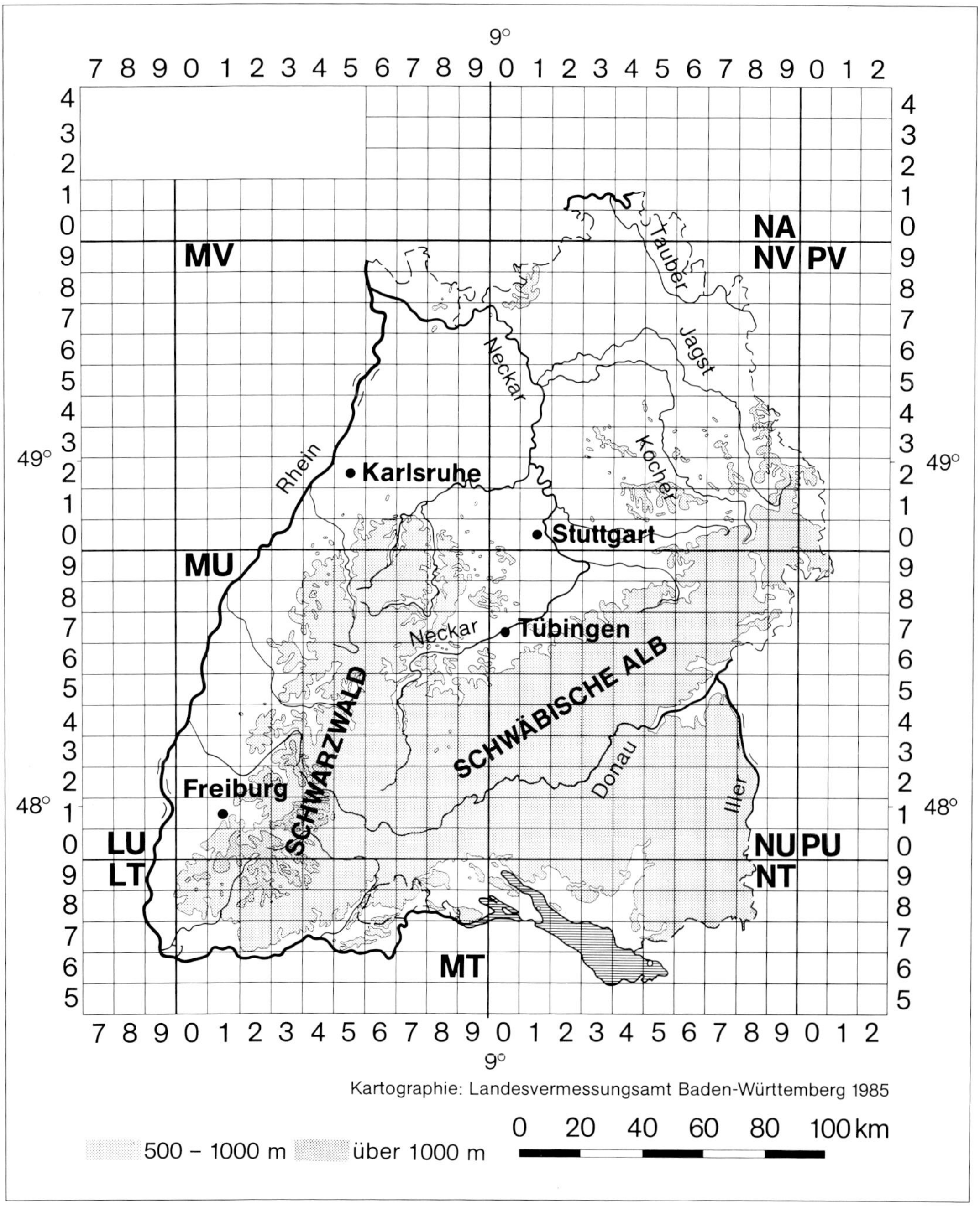

Reliefübersicht von Baden-Württemberg mit den Höhenstufen 500 und 1000 m üNN und UTM-Raster 10 × 10 km.

chen wie Bienen vorliegt und in anderen europäischen Ländern die Erfassung von Wildbienen und anderer Stechimmengruppen wie auch die Erfassung der europäischen wirbellosen Tiere auf dem UTM-Raster basieren. Dies erleichtert Vergleiche zwischen den einzelnen Kartierungsprojekten.

Die regelmäßige quadratische Unterteilung des Gitternetzes ist zwar im Untersuchungsgebiet vollständig gegeben, in anderen europäischen Ländern (z. B. in den Niederlanden) entstehen durch Gittersprünge im Abstand von 6 Längengraden jedoch Trapeze statt der Quadrate. Die Kantenlänge der Rasterfelder in den hier gewählten Karten ist 10 km, daher entspricht ein Rasterfeld einer Grundfläche von 100 Quadratkilometern.

Quadrate von 100 km Seitenlänge sind jeweils durch 2 Großbuchstaben gekennzeichnet. Tübingen liegt z. B. im Quadrat NU. Die 100 darin enthaltenen 10 × 10-km-Quadrate werden mit Ziffern bezeichnet. Die erste Ziffer gibt die das Rasterquadrat links (= westlich) begrenzende Linie an, die zweite die untere (= südliche) Grenzlinie des Rasterquadrates. Die in 10 km Abstand das 100-km-Quadrat durchziehenden Linien werden von links nach recht bzw. von unten nach oben von 0 bis 9 durchnumeriert. Tübingen erhält so die Rasterquadratbezeichnung NU07.

Auf Baden-Württemberg entfallen 317 komplette und 88 partielle Rasterfelder. Aus 296 von ihnen (74%) liegen Funddaten vor. Dies bedeutet

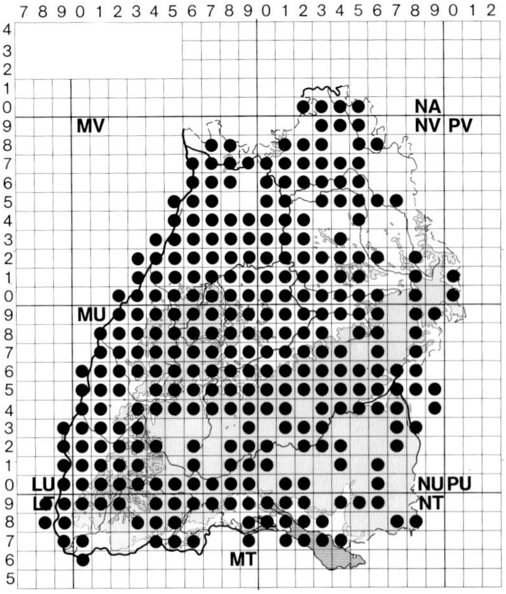

Übersicht über die Arterfassung in Baden-Württemberg (UTM-Rasterfelder, aus denen Artnachweise vorliegen).

Großlandschaften

Grenzen der naturräumlichen Hauptlandschaften

03 Voralpines Hügel- und Moorland
030 Hegau
031 Bodenseebecken
032 Oberschwäbisches Hügelland
033 Westallgäuer Hügelland
034 Adelegg
04 Donau-Iller-Lech-Platte
040 Donau-Ablach-Platten
041 Riß-Aitrach-Platten
042 Flachland der unteren Riß
043 Holzstöcke
044 Unteres Illertal
045 Donauried
09 Schwäbische Alb
090 Randen (Klettgau u. Randenalb)
091 Hegau-Alb
092 Baar-Alb und Oberes Donautal
093 Hohe Schwabenalb
094 Mittlere Kuppenalb
095 Mittlere Flächenalb
096 Albuch und Härtsfeld
097 Lonetal – Flächenalb
098 Ries-Alb
10 Schwäbisches Keuper-Lias-Land
100 Südwestliches (Schwäb.) Albvorland
101 Mittleres (Schwäb.) Albvorland
102 Östliches (Schwäb.) Albvorland
103 Ries
104 Schönbuch und Glemswald
105 Stuttgarter Bucht
106 Filder
107 Schurwald und Welzheimer Wald
108 Schwäbisch-Fränkische Waldberge
11 Fränkisches-Keuper-Lias-Land
113 Mittelfränkisches Becken
114 Frankenhöhe
12 Neckar- u. Tauber-Gäuplatten
120 Alb-Wutach-Gebiet
121 Baar
122 Obere Gäue
123 Neckarbecken
124 Strom- und Heuchelberg
125 Kraichgau
126 Kocher-Jagst-Ebenen
127 Hohenloher-Haller-Ebenen
128 Bauland
129 Tauberland
13 Mainfränkische Platten
130 Ochsenfurter- und Gollach-Gau
132 Marktheidenfelder Platte
14 Odenwald, Spessart und Südrhön
141 Sandstein-Spessart
144 Sandstein-Odenwald
145 Vorderer Odenwald
15 Schwarzwald
150 Schwarzwald Randplatten
151 Grindenschwarzwald u. Enzhöhen
152 Nördlicher Talschwarzwald
153 Mittlerer Schwarzwald
154 Südöstlicher Schwarzwald
155 Hochschwarzwald
16 Hochrheingebiet
160 Hochrheintal
161 Dinkelberg
20 Südliches Oberrhein-Tiefland
200 Markgräfler Rheinebene
201 Markgräfler Hügelland
202 Freiburger Bucht
203 Kaiserstuhl
21 Mittleres Oberrhein-Tiefland
210 Offenburger Rheinebene
211 Lahr-Emmendinger Vorberge
212 Ortenau-Bühler Vorberge
22 Nördliches Oberrhein-Tiefland
222 Nördliche Oberrhein-Niederung
223 Hardtebene
224 Neckar-Rheinebene
225 Hessische Rheinebene
226 Bergstraße

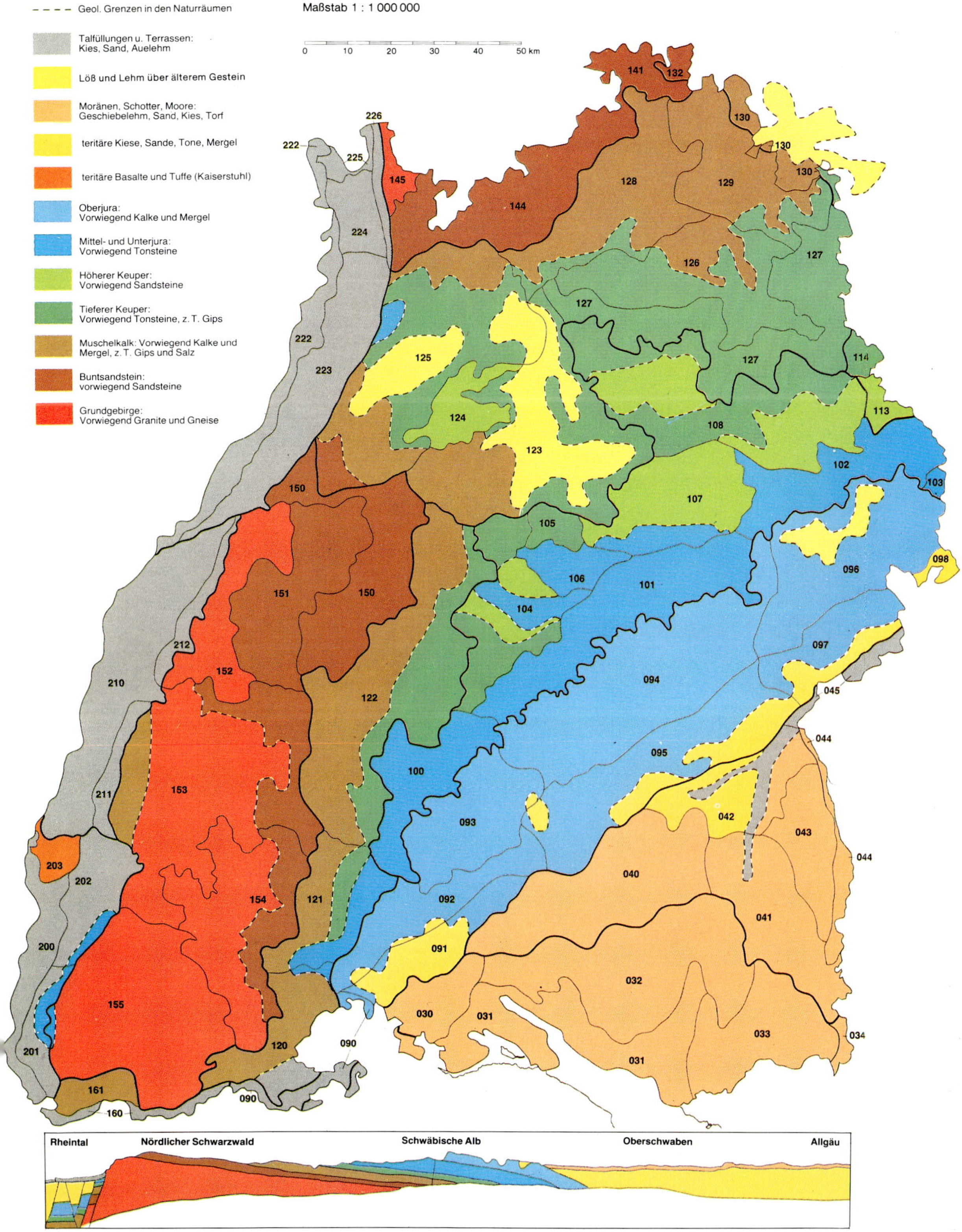

Naturräumliche Gliederung Baden-Württembergs mit geologischer Übersicht (aus Landschaftsrahmenprogramm Baden-Württemberg 1983).

jedoch nicht, daß alle Rasterfelder ausreichend intensiv bearbeitet wurden. Die Erfassungsintensität kann erheblich schwanken. Aus manchen Quadraten ist nur eine Art bekannt, aus anderen weit über 250 Arten. Rasterfelder mit hoher Erfassungsintensität sind aber weit über das Land und über alle wichtigen Naturräume und Höhenstufen verstreut, so daß doch ein repräsentativer Überblick über die Bienenfauna möglich ist. Dem Steckbriefteil sind Punktrasterkarten nahezu aller Arten Baden-Württembergs beigefügt. Lediglich bei den noch unzureichend bearbeiteten Hummeln *(Bombus)* und Schmarotzerhummeln *(Psithyrus)* sowie einigen taxonomisch problematischen Sandbienen *(Andrena)* wurde auf eine Karte verzichtet.

Um Bestandsrückgänge besser dokumentieren zu können, wurden in den Verbreitungskarten folgende Signaturen unterschieden: ○ = Fund vor dem 01. 01. 1960; ⊙ = Fund zwischen dem 01. 01. 1960 und dem 01. 01. 1975; ● = Fund ab dem 01. 01. 1975 bis zur Drucklegung; * nicht überprüfbare, aber glaubhafte Literaturangaben. Da in den Karten nur die bisherigen Nachweise eingetragen sind, entspricht das Punktraster nicht bei allen Bienenarten dem tatsächlichen Areal der Art im Untersuchungsgebiet. Dies ist vor allem bei den weit verbreiteten und häufigen Ubiquisten der Fall, die sich bei hoher Erfassungsintensität in nahezu jedem Gitterquadrat nachweisen lassen würden, der hierfür notwendige Zeitaufwand hätte aber nicht im Verhältnis zu dem daraus resultierenden Informationsgewinn gestanden. Im Zweifelsfall wurde daher der Ermittlung biologischer Daten der Vorrang gegenüber einer rein faunistischen Erfassung eingeräumt. Bei Arten, die aus historischen Gründen oder aufgrund spezifischer ökologischer Ansprüche, z. B. Bindung an Flugsand, ein sehr begrenztes Areal haben, spiegeln die Nachweise das vollständige oder nahezu vollständige Verbreitungsmuster wieder.

Ammobates punctatus ♂

Ammobates Latreille 1809

Die artenarme Gattung *Ammobates*, die WARNCKE (1983) als Untergattung zu *Pasites* Jurine stellt, ist paläarktisch verbreitet und in der Bundesrepublik Deutschland nur mit der einen Art *A. punctatus* vertreten.
Diese Art ist durch ihre gedrungene Gestalt gekennzeichnet und 7–8 mm groß. Die Grundfarbe ist schwarz, die Hinterleibssegmente 2 und 3 sind rot, an vielen Stellen finden sich weiße Filzflecken. An ihren Fundorten sind beide Geschlechter für ein geübtes Auge ohne Probleme zu erkennen.

Ammobates punctatus
(Fabricius 1804)

Verbreitung: Süd- und Mitteleuropa, nordwärts bis 53° n. Br. (WARNCKE 1983). – In der Bundesrepublik Deutschland nur aus den südlichen Bundesländern zweifelsfrei bekannt. – In Baden-Württemberg nur vereinzelte Nachweise, fast ausschließlich in den Flugsandgebieten der nördlichen Oberrheinebene. Funddaten: MV41 Rastatt 1♂ 17. 6. 1931 (LNK); 3♂♂ 23. 6. 1931 (LNK, NK); 1♀ 24. 7. 1931 (LNK); 3♀♀ 24.–25. 7. 1931 (NK); 1♂,1♀ 5. 7. 1932 (LNK, NK); 1♂ 6. 7. 1932 (NK). MV42 Durmersheim 1♀ 7. 7. 1930 (NK). MV52 Karlsruhe 1♀ 11. 7. 1929 (NK). MV53 Neureuth 1♀ 30. 7. 1929 (LNK). MV54 Linkenheim-Hochstetten 1♀ 14. 7. 1982 (W). MV63 Friedrichsthal 1♀ 8.1920 (LNK); 2♀♀ 4. 8. 1923 (LNK); 1♂,5♀♀ 14. 8. 1923 (LNK, NK); 1♂,1♀ 12. 7. 1924 (LNK) (LAUTERBORN 1921b); Untergrombach 1♂ 8.1935 (LNK). MV65 Wiesental 1♂ 24. 7. 1981 (Kunz). MV66 Schwetzingen, Talhaus 1♀ 10. 7. 1932 (NK); 1♀ 15. 7. 1964 (LNK). Nicht belegt, aber wohl korrekt sind die Angaben MV67 »Mannheim-Rheinau 3♀♀ 4. 8.1928« (BALLES 1933) und LU93 »Limburg, sehr selten« (STROHM 1933).
Wirte: *Anthophora bimaculata*, an deren Nistplätzen man die Art regelmäßig beobachten kann.
Blütenbesuch: Als (austauschbare) Nektarquellen wurden mir folgende Pflanzenarten bekannt: Berg-Sandrapunzel *(Jasione montana)*, Gewöhnlicher Natterkopf *(Echium vulgare)*, Hasen-Klee *(Trifolium arvense)*, Tauben-Skabiose *(Scabiosa columbaria)*, Sand-Thymian *(Thymus serpyllum)*.
Phänologie: Univoltin. Flugzeit von Ende Juni bis Mitte August.

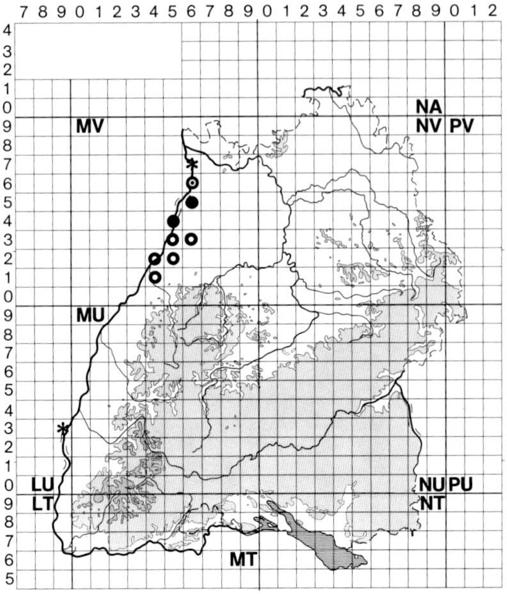

Ammobates punctatus

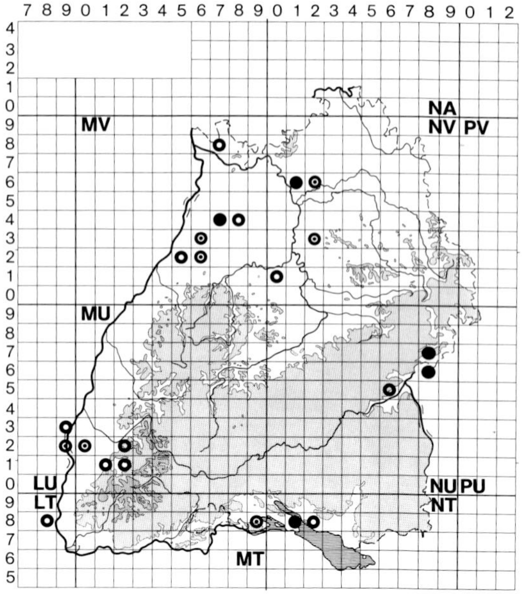

Andrena agilissima

Bestandessituation: Das Sammlungsmaterial belegt deutlich, daß die Art noch in den ersten Jahrzehnten dieses Jahrhunderts regelmäßig zwischen Rastatt und Mannheim angetroffen wurde. Nach 1975 liegen nur noch zwei Nachweise aus Gebieten vor, die durch den Bau der Schnellbahntrasse bzw. durch industrielle Nutzung bereits zerstört oder stark beeinträchtigt sind. Da die Wirtsbiene in Baden-Württemberg stark gefährdet ist, ist *A. punctatus* unmittelbar vom Aussterben bedroht.
RL: Vom Aussterben bedroht (1).

Andrena Fabricius 1775

Die riesige Gattung *Andrena* enthält allein in der Holarktis vermutlich weit über 1000 Arten. Aber auch in Afrika, Indien und Mittelamerika ist sie verbreitet. Hingegen fehlt die gesamte Familie Andrenidae in Australien, der Indonesischen Region und im größten Teil Südostasiens (MICHENER 1979). In der Bundesrepublik Deutschland sind über 100 Arten bekannt geworden. In Größe und Habitus erinnern viele *Andrena*-Arten an die Honigbiene, wie z.B. *A. apicata, A. labialis, A. tibialis, A. nigroaenea* oder *A. florea*. Es gibt ausgesprochen große Arten wie *A. hattorfiana, A. morio* und *A. suerinensis*, die 15–16 mm lang sind und solche, die nur 4–5 mm groß sind wie *A. minutula*. Charakteristisch für die Weibchen ist die Hüftlocke, ein dichter und langer Haarbüschel aus gebogenen Haaren am Trochanter (Schenkelring). Artunterschiede liegen bei ihnen in der Farbe und in den Besonderheiten des Haarkleides, in der Farbe der Scopa (Schienenbürste) und in der Skulptur des herzförmigen Raumes am Propodeum (hintere Thoraxwand). Bei den Männchen sind vor allem die Kopfbildung, die Verhältnisse der Fühlerglieder und die Begattungsorgane (Genitalien) als wichtige Bestimmungsmerkmale zu erwähnen. Bei den Männchen einiger Arten treten enorm entwickelte Mandibeln auf (z.B. *A. ferox, A. bucephala, A. varians, A. fucata, A. apicata, A. praecox*), manche haben am unteren Ende der Wangen eine großen Zahn. Ganz allgemein sind die Weibchen besser zu unterscheiden, während bei den Männchen oft nur Ausdauer und ein Vergleich mit einwandfrei bestimmtem Material zum Ziel führen. Einige Arten sind – v.a. im weiblichen Geschlecht – im Feld problemlos zu erkennen, der weitaus größere Teil, vor allem der kleineren Arten und Männchen bedarf aber optischer Hilfsmittel zur Bestimmung. Die Artabgrenzung ist in manchen *Andrena*-Gruppen noch nicht völlig geklärt oder die Ansichten der Autoren gehen diesbezüglich auseinander. Zur Bestimmung muß nach wie vor die Tabelle von STOECKHERT in SCHMIE-

* Mit Kapitälchen ausgezeichnet sind nur die Autoren, die im Literaturverzeichnis aufgeführt sind.

Andrena agilissima ♀

DEKNECHT (1930:897ff) herangezogen werden, obwohl einige Arten der Bundesrepublik Deutschland fehlen. Hinweise zur Bestimmung der Männchen geben die (nicht immer ganz korrekten) Illustrationen bei DYLEWSKA (1987). Für kleinere Artengruppen nützlich sind auch die Arbeiten von BLÜTHGEN (1949), GUSENLEITNER (1984), NIEMELÄ (1949) und SVENSSON & TENGÖ (1976).

Andrena agilissima

(Scopoli 1770)

Verbreitung: Atlanto-mediterran (GRÜNWALDT 1979); Südwest- und Mitteleuropa, nordwärts bis 52° n. Br., ostwärts bis 22° ö.L. (WARNCKE 1980c); Verbreitungskarte bei GRÜNWALDT (1976). – In der Bundesrepublik Deutschland in allen südlichen Bundesländern; nordwärts bis Weilburg/Lahn nachgewiesen (WOLF 1956). – In Baden-Württemberg zerstreute Nachweise, durchweg in Lagen unterhalb 500 m. Funddaten ab 1975: MV74 Unter-Öwisheim 1♂,1♀ 9. 6. 1988 (Schwenninger). NT18 Konstanz 1♀ 10. 6. 1982 (Z). NU87 Rammingen 2♂♂ 4. 6. 1985 (beob.). NV16 Dallau 1♀ 24. 5. 1977 (Schrameyer). Material: 43♂♂,39♀♀.

Lebensraum: Sand-, Kies- und Lehmgruben, von Trockenmauern oder Steilwänden durchzogene Weinberge, Flußufer, gelegentlich auch im Siedlungsbereich. Als Nistplätze dienen Steilwände (Sand, Löß, Lehm) sowie mit Lehm oder Kalkmörtel verfugte Gemäuer.

Nistweise: Nistet in selbstgegrabenen Hohlräumen in der Erde, in der Regel in kleineren, bisweilen auch größeren Aggregationen. Wahrscheinlich ist die Art kommunal, da nach eigenen Beobachtungen mehrere ♀♀ einen gemeinsamen Eingang benutzen. (BLÜTHGEN 1925, LEFEBER 1974, MÜLLER 1944, RODE 1962, SCHMIEDEKNECHT 1882–1884, STOECKHERT 1933).

Blütenbesuch: Oligolektische, auf Brassicaceae (Kreuzblütler) spezialisierte Art (vgl. WESTRICH & SCHMIDT 1987). Hauptpollenquelle ist Acker-Senf *(Sinapis arvensis)*. Weitere Pollenquellen: Echtes Barbarakraut *(Barbarea vulgaris)*, Raps *(Brassica napus)*, Rübsen *(Brassica rapa)*, Hederich *(Raphanus raphanistrum)*. – Die ♂♂ patrouillieren an Kreuzblütlern.

Kuckucksbienen: *Nomada melathoracica*; außerdem wurde verschiedentlich *Nomada lineola* an den Nestern beobachtet.

Phänologie: Univoltin. Flugzeit von Mitte Mai bis

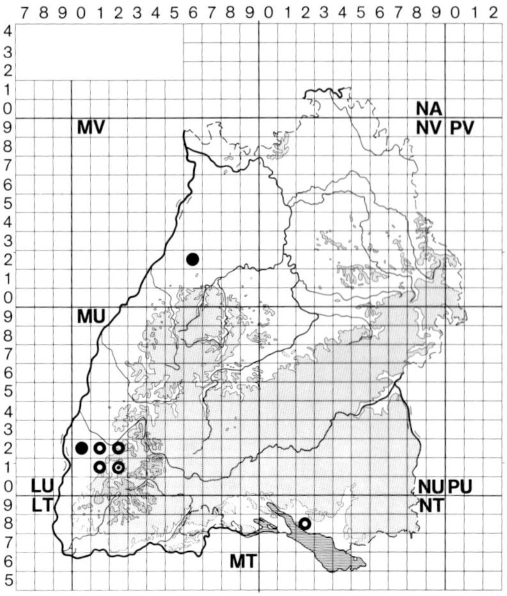

Andrena alfkenella

Ende Juni (♂♂ 14. 4.–17. 7.; ♀♀ 2. 5.–30. 7.). Überwinterung als Imago.

Bestandessituation: Die Art ist hauptsächlich durch den Verlust ihrer Nistplätze und ihrer Pollenquellen im gesamten Land Baden-Württemberg im Bestand stark rückläufig. Um die negative Bestandsentwicklung wenigstens zu stoppen, sind die Erhaltung und Neuschaffung der Nistplätze, das sind insbesondere Steilwände, notwendig. Dort, wo die Art noch nachgewiesen wird, sind im Umfeld der Nistplätze Kreuzblütler, die im Frühsommer blühen, zu fördern, z. B. durch jährlich umgebrochene Ackerrandstreifen oder Ruderalstellen oder durch Verzicht der »Unkraut«bekämpfung in Äckern. Sand-, Kies- oder Lehmgruben, in denen die Art heute noch vorkommt, sind als Naturschutzgebiete auszuweisen, da keines der nach 1975 bekannt gewordenen Vorkommen in einem Naturschutzgebiet liegt. In den Gruben ist für ein ausreichendes Angebot an Kreuzblütlern zu sorgen.

RL: Stark gefährdet (2).

Andrena alfkenella

Perkins 1914

Verbreitung: Europa; nordwärts bis Südschweden (Warncke 1981). – In der Bundesrepublik Deutschland keine Verbreitungsgrenze, nach Wagner (1938a) auch im Norden. – In Baden-Württemberg bisher nur vereinzelte Nachweise, sicher aber viel weiter verbreitet. Material: 1♂, 8♀♀.

Lebensraum: Trockene Fettwiesen, Böschungen im Rebland, Ruderalstellen. Nistplätze sind schwach geneigte Böschungen auf Sand, Löß oder Lehm.

Nistweise: Nistet in selbstgegrabenen Hohlräumen in der Erde.

Blütenbesuch: Polylektische Art (4 Pflanzenfamilien). Pollenquellen: Apiaceae: Wilde Möhre *(Daucus carota)*, Wiesen-Kerbel *(Anthriscus sylvestris)*, Pastinak *(Pastinaca sativa)*, Wald-Engelwurz *(Angelica sylvestris)*; Brassicaceae: Raps *(Brassica napus)*, Rübsen *(Brassica rapa)*, Pfeilkresse *(Cardaria draba)*, Acker-Hellerkraut *(Thlaspi arvense)*, Wiesen-Schaumkraut *(Cardamine pratensis)*; Rosaceae: Frühlings-Fingerkraut *(Potentilla verna)*, Wald-Erdbeere *(Fragaria vesca)*; Scrophulariaceae: Gamander-Ehrenpreis *(Veronica chamaedrys)*.

Phänologie: Bivoltin. Flugzeit von Mai bis Juni und von Juli bis August.

Bestandessituation: Die Art dürfte häufiger sein, als die bisherigen Nachweise vermuten lassen. Eine mögliche Gefährdung ist bei dem gegenwärtigen Kenntnisstand schwer einzuschätzen.

Andrena angustior

(Kirby 1802)

Verbreitung: Westeuropa, vereinzelt in Mitteleuropa. – In der Bundesrepublik Deutschland vorwiegend im Norden (Alfken 1939, Haeseler 1978a, Riemann 1987a, Tscharntke 1984). Im Süden mir nur aus Rheinland-Pfalz bekannt (Brechtel 1986). – In Baden-Württemberg bisher kein Nachweis, ein Vorkommen in der Oberrheinebene ist aber nicht auszuschließen.

Lebensraum: In Norddeutschland kommt die Art vor allem in Sand- und Moorheiden vor. In der Südpfalz wurde sie auf Hochwasserdämmen und auf Fettwiesen beobachtet.

Nistweise: Nistet in selbstgegrabenen Hohlräumen in der Erde.

Blütenbesuch: Polylektische Art (5 Pflanzenfamilien). Pollenquellen: Asteraceae: *Helianthus*-Typ; Brassicaceae: Raps *(Brassica napus)*; Caryophyllaceae: Große Sternmiere *(Stellaria holostea)*; Ranunculaceae: Scharfer Hahnenfuß *(Ranunculus acris)*; Scrophulariaceae: Gamander-Ehrenpreis *(Veronica chamaedrys)*.

Kuckucksbienen: *Nomada fabriciana*.

Phänologie: Univoltin. Flugzeit von Mitte Mai bis Ende Juni.

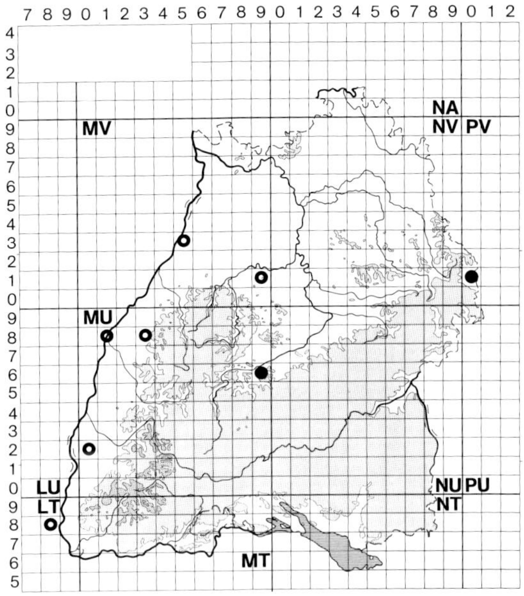

Andrena anthrisci

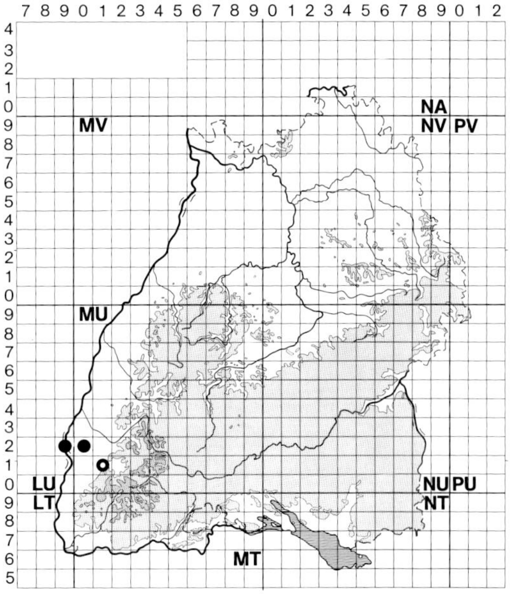

Andrena apicata

Andrena anthrisci
Blüthgen 1925

Verbreitung: West- und Mitteleuropa. – In der Bundesrepublik Deutschland noch unzureichend bekannt. Nachgewiesen aus Hessen, Bayern (STOECKHERT 1954), Rheinland-Pfalz (WARNCKE 1986b) und Baden-Württemberg. – In Baden-Württemberg bisher nur zerstreute Nachweise. Funddaten LT88 Istein 1♀ 16.–21. 6. 1931 (Grünwaldt). MU02 Wasenweiler 1♂ 9. 6. 1927 (det. Stoeckhert, MNF); Hessleterbuck 1♂ 17. 8. 1949 (det. Stoeckhert, MNF). MU18 Kehl 1♀ 15. 6. 1939 (Grünwaldt). MU38 Fautenbach 1♀ 10. 6. 1930 (Grünwaldt); 1♀ 8. 6. 1933 (det. Stoeckhert, LNK). MU96 Bietenhausen 1♂,1♀ cf. *anthrisci* 6. 7. 1982 (W). MV53 Karlsruhe 1♀ 26. 6. 1924 (Grünwaldt). MV91 Mönsheim 1♀ 16. 6. 1912 (det. Warncke, SMNS). PV01 Böffingen 1♀ cf. *anthrisci* 27. 6. 1984 (W).
Lebensraum: Fettwiesen, Feldhecken, Ruderalstellen. Keine Bevorzugung bestimmter Bodenarten als Nistsubstrat.
Nistweise: Nistet in selbstgegrabenen Hohlräumen in der Erde.
Blütenbesuch: Vermutlich polylektische Art, von der bisher nur die folgenden Pollenquellen belegt sind. Apiaceae: Wiesen-Kerbel *(Anthriscus sylvestris)*; Scrophulariaceae: Gamander-Ehrenpreis *(Veronica chamaedrys)*.
Kuckucksbienen: Vielleicht *Nomada castellana*.
Phänologie: Univoltin. Flugzeit von Ende Mai bis Anfang Juli.
Bestandessituation: Ob die schwer zu bestimmende und vielleicht häufigere Art gefährdet ist, vermag ich derzeit nicht einzuschätzen.

Andrena apicata
Smith 1847
Syn.: *A. batava* Pérez 1902.

Verbreitung: Europa zwischen 40° und 57° n. Br., ostwärts bis zum Kaukasus (WARNCKE 1981). – In der Bundesrepublik Deutschland keine Verbreitungsgrenze, im Norden häufiger (vgl. RIEMANN 1987a), im Süden sehr selten. – In Baden-Württemberg nur sechs, meist alte Nachweise aus dem Kaiserstuhl und von Freiburg. Funddaten: LU92 Achkarren 1♀ 24. 3. 1928 (MNF); 1♀ 30. 3. 1928 (MNF); Oberrotweil 1♂ 6.1981 (LZB) (DÜWEKE 1988). MU02 Wasenweiler 1♀ 14. 4. 1925 (MNF); Oberbergen 1♂ 4.1981 (LZB) (DÜWEKE 1988). MU11 Freiburg 1♀ 2. 4. 1923 (MNF). Die Angaben »Oppenau« (FRIESE 1895a) und »Stuttgart« (SCHWAMMBERGER 1969) waren nicht überprüfbar.
Lebensraum: Über die in Süddeutschland bevorzugten Lebensräume ist mir nichts bekannt. In Norddeutschland kommt die Art in lichten Wäldern, auf Kahlschlägen, an Waldrändern, in Sandgruben und auf Binnendünenresten vor. Die Nester

werden in festgetretenen sandigen Wegen oder in sandigen Wegböschungen angelegt. Die Art scheint Sandboden zu bevorzugen.

Nistweise: Nistet in selbstgegrabenen Hohlräumen in der Erde, meist in kleineren Aggregationen.

Blütenbesuch: Oligolektische, auf *Salix* (Salicaceae) spezialisierte Art. Pollenquellen: Sal-Weide *(Salix caprea)*, Grau-Weide *(Salix cinerea)*, Ohr-Weide *(Salix aurita)*, Bruch-Weide *(Salix fragilis)*, Silber-Weide *(Salix alba)*.

Kuckucksbienen: *Nomada leucophthalma.*

Phänologie: Univoltin. Zur Flugzeit im Süden siehe obige Funddaten; im Norden von Ende März bis Mitte Mai. Überwinterung als Imago.

Bestandessituation: Die ausgesprochen seltene Art wurde seit 1928 nur zweimal im Jahre 1981 im Kaiserstuhl nachgewiesen. Eine akute Gefährdung ist derzeit nicht feststellbar.

RL: Potentiell gefährdet (4).

Bemerkungen: WARNCKE (1967) und DYLEWSKA (1987) stellen *A. batava* Pérez 1902 als Synonym zu *A. apicata*. Dagegen ist KOCOUREK (1966) der Ansicht, daß zwei selbständige Arten vorliegen. Mir aus Norddeutschland vorliegendes Material bestätigt die Artgleichheit durch die Existenz von Übergangsformen.

Andrena argentata

Smith 1844

Syn. *A. albizona* Alfken 1939.

Verbreitung: Europa zwischen 40° und 63° n. Br. – In der Bundesrepublik Deutschland keine Verbreitungsgrenze, im Norden aber häufiger als im Süden. – In Baden-Württemberg nur wenige, durchweg alte Funde in der nördlichen Oberrheinebene. Funddaten: MV53 Neureut 11♂♂ 20. 7. 1923; 1♀ 12. 8. 1932 (LNK, NK) (BALLES 1949).

Lebensraum: Charakterart von Sandgebieten, daher v.a. in Sandheiden, auf Binnendünen und Flugsandfeldern, in Feldfluren und an sonnigen Waldrändern. Nester auf sandigen Wegen und auf schütter bewachsenen Flächen. Das Nistsubstrat kann festgetreten, aber auch locker sein.

Nistweise: Nistet in selbstgegrabenen Hohlräumen in der Erde, meist in kleineren oder größeren Aggregationen. Die Brutzellen liegen nach KOCOUREK (1966) 14–17 cm tief.

Blütenbesuch: Polylektische Art (7 Pflanzenfamilien). Pollenquellen: Apiaceae: Wilde Möhre *(Daucus carota)*, Wiesen-Bärenklau *(Heracleum sphondylium)*, Sichelmöhre *(Falcaria vulgaris)*, Feld-Mannstreu *(Eryngium campestre)*; Asteraceae: Löwenzahn *(Taraxacum officinale)*, Kleines Habichtskraut *(Hieracium pilosella)*; Brassicaceae: Raps *(Brassica napus)*, Acker-Senf *(Sinapis arvensis)*; Ericaceae: Heidekraut *(Calluna vulgaris)*; Rosengewächse *(Rosaceae)*: Frühlings-Fingerkraut *(Potentilla verna)*, Zweigriffliger Weißdorn *(Crataegus laevigata)*; Salicaceae: Weiden *(Salix)*; Tiliaceae: Winter-Linde *(Tilia cordata)*.

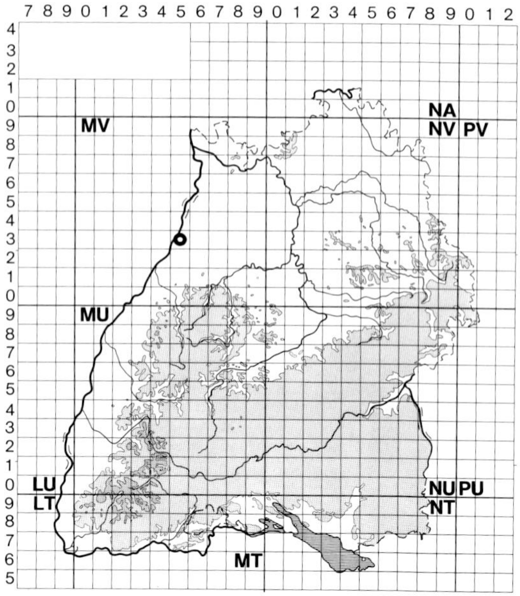

Andrena argentata

Kuckucksbienen: *Nomada alboguttata, Sphecodes ephippius, Sphecodes reticulatus.*

Phänologie: Bivoltin. Flugzeit von April bis Mai und von Anfang Juli bis Mitte September.

Bestandessituation: Da die Art in Baden-Württemberg seit über fünfzig Jahren nicht mehr festgestellt wurde, muß sie hier zumindest als verschollen gelten, möglicherweise ist sie bereits ausgestorben. Bei einem eventuellen Wiederfund in den Sandgebieten Nordbadens sind unbedingt Flächenschutzmaßnahmen zu ergreifen. Im benachbarten Rheinland-Pfalz kommt die Art zur Zeit noch vor.

RL: Ausgestorben oder verschollen (0).

Andrena assimilis

Radoszkowski 1876

Syn.: *A. gallica* Schmiedeknecht 1883;
A. fulvotegularis Bischoff 1922.

Verbreitung: Südeuropa, vereinzelt in Mitteleuropa, nordwärts bis in den Raum Berlin. – In der

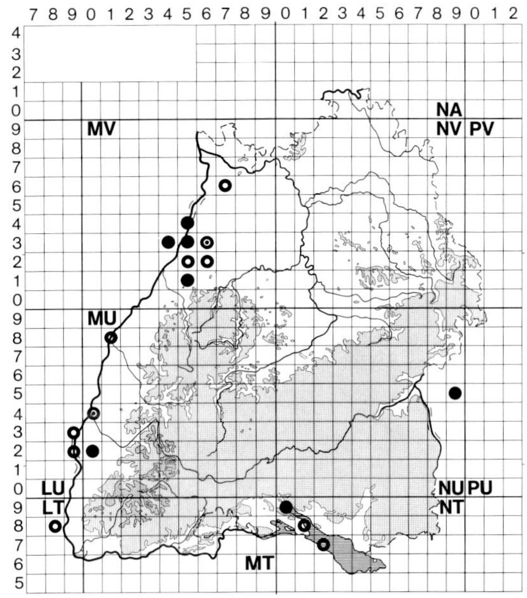

Andrena barbilabris

Bundesrepublik Deutschland lediglich aus Bayern, dort von mehreren Fundorten bekannt (Stoeckhert 1954), westwärts bis Lohr/Main (Bischoff & Stadler 1954). – In Baden-Württemberg wurde die auffällige Art bisher nicht nachgewiesen, sie dürfte daher vermutlich auch nicht vorkommen.
Lebensraum: Vor allem in Sandgebieten.
Nistweise: Nistet in selbstgegrabenen Hohlräumen in der Erde.
Blütenbesuch: Polylektische Art (5 Pflanzenfamilien). Pollenquellen: Apiaceae: Wiesen-Bärenklau *(Heracleum sphondylium)*; Asteraceae: Skabiosen-Flockenblume *(Centaurea scabiosa)*, Rispen-Flokkenblume *(Centaurea paniculata)*; Boraginaceae: Gewöhnlicher Natterkopf *(Echium vulgare)*; Campanulaceae: Berg-Sandrapunzel *(Jasione montana)*; Lamiaceae: *Salvia*-Typ, *Lamium*-Typ.
Kuckucksbienen: *Nomada italica.*
Phänologie: Bivoltin. Flugzeit von April bis Mai und von Juli bis August.

Andrena barbilabris

(Kirby 1802)
Syn.: *A. sericea* (Christ 1791).

Verbreitung: Ganz Europa. – In der Bundesrepublik Deutschland keine Verbreitungsgrenze. – In Baden-Württemberg liegt der Verbreitungsschwerpunkt in der Oberrheinebene, darüber hinaus wurde die Art auch am Bodensee nachgewiesen. Material: 22♂♂,25♀♀.
Lebensraum: Fast ausschließlich in Sandgebieten, dort an Waldrändern, auf Binnendünen und Flugsandfeldern, in Sand- und Kiesgruben, auf Bahn- und Hochwasserdämmen, an Ruderalstellen. Nester auf Sandwegen (auch im festen Boden), aber auch an sonstigen schütter bewachsenen, ebenen Stellen. In Sandgebieten finden sich die Nester auch zwischen Kopfsteinpflaster. Als Nistsubstrate werden auch sandiger Löß (Kaiserstuhl) oder industrielle Flotationssande besiedelt.
Nistweise: Nistet in selbstgegrabenen Hohlräumen in der Erde, meist in kleineren bis größeren Aggregationen (32 Nester/Quadratmeter). (Haeseler 1972, 1982b, E.T. Nielsen 1934, Popova 1983, Wolf 1976a).
Blütenbesuch: Polylektische Art (13 Pflanzenfamilien) (vgl. Chambers 1968). Pollenquellen: Aceraceae: Feld-Ahorn *(Acer campestre)*, Berg-Ahorn *(Acer pseudoplatanus)*; Apiaceae: Wiesen-Bärenklau *(Heracleum sphondylium)*, Wiesen-Kerbel *(Anthriscus sylvestris)*, Giersch *(Aegopodium podagraria)*, Hecken-Kälberkropf *(Chaerophyllum temulum)*; Aquifoliaceae: Stechpalme *(Ilex aquifolium)*; Asteraceae: Löwenzahn *(Taraxacum officinale)*, Wiesen-Pippau *(Crepis biennis)*, Gewöhnliches Ferkelkraut *(Hypochoeris radicata)*; Brassicaceae: Raps *(Brassica napus)*, Weißer Senf *(Sinapis alba)*, Acker-Senf *(Sinapis arvensis)*; Campanulaceae: Berg-Sandrapunzel *(Jasione montana)*; Cornaceae: Roter Hartriegel *(Cornus sanguinea)*; Fagaceae: Stiel-Eiche *(Quercus robur)*; Oleaceae: Liguster *(Ligustrum vulgare)*; Ranunculaceae: Knolliger Hahnenfuß *(Ranunculus bulbosus)*; Rosaceae: Fingerkraut *(Potentilla)*, Süßkirsche *(Prunus avium)*, Eingriffliger Weißdorn *(Crataegus monogyna)*, Heckenrose *(Rosa canina)*; Salicaceae: Purpur-Weide *(Salix purpurea)*; Scrophulariaceae: Gamander-Ehrenpreis *(Veronica chamaedrys)*.
Kuckucksbienen: *Nomada alboguttata, Sphecodes pellucidus, Sphecodes reticulatus.*
Phänologie: Frühlings- und Frühsommer-Funde von ♂♂ sowie die von April bis in den Juli reichenden Funddaten der ♀♀ erhärten den Verdacht, daß die Art auch in Südwestdeutschland bivoltin ist. 2 Generationen wurden auch aus den Niederlanden gemeldet (Vegter 1985). Demnach fliegt die 1. Generation im April und Mai, die 2., allerdings individuenärmere Generation im Juni und Juli (♂♂ 15. 4.–12. 6.; ♀♀ 17. 4.–5. 7.).
Bestandessituation: Wie einige andere typische Sandbewohner ist auch diese Art in Baden-Württemberg im Bestand rückläufig, auch wenn sie stel-

Andrena barbilabris ♀

lenweise noch in größerer Zahl angetroffen werden kann. Die Erhaltung bereits bestehender Sandflächen mit Piooniercharakter und deren Neuschaffung sind die wichtigsten Schutzmaßnahmen. Der begrenzende Faktor für das Vorkommen dieser Sandbiene, die zu den Offenlandpionieren zu rechnen ist, liegt im Angebot an Nistplätzen.
RL: Gefährdet (3).

Andrena bicolor

Fabricius 1775
Syn.: *A. gwynana* (Kirby 1802).

Verbreitung: Europa, nordwärts bis über 60° n. Br. (Warncke 1981). In den österreichischen Alpen bis 2100 m (Schedl 1982), in den Schweizer Alpen bis 1800 m (Beaumont 1958). – In der Bundesrepublik Deutschland keine Verbreitungsgrenze. – In Baden-Württemberg weit verbreitet, von der Ebene bis in die höheren Lagen der Mittelgebirge. Material: 231♂♂, 248♀♀.
Lebensraum: Als Ubiquist in allen möglichen Lebensräumen, z. B. an Waldrändern, auf Waldlichtungen, in Feldhecken, in Weinbergbrachen, auch im Siedlungsbereich in Gärten und Parks. Nester an schütter bewachsenen Stellen. Keine Bevorzugung bestimmter Bodenarten.
Nistweise: Nistet in selbstgegrabenen Hohlräumen in der Erde, in der Regel einzeln. Nesttiefe im Extremfall bis 101 cm (Malyshev 1936).
Blütenbesuch: Ausgesprochen polylektische Art (14 Pflanzenfamilien) (vgl. Chambers 1968). Die Polylektie ist in beiden Generationen nachweisbar. Pollenquellen: Asteraceae: Huflattich *(Tussilago farfara)*, Löwenzahn *(Taraxacum officinale)*, Grüner Pippau *(Crepis capillaris)*, Herbst-Löwenzahn *(Leontodon autumnalis)*, Gewöhnliches Ferkelkraut *(Hypochoeris radicata)*; Boraginaceae: Gewöhnliches Lungenkraut *(Pulmonaria officinalis)*; Brassicaceae: Acker-Senf *(Sinapis arvensis)*, Raps *(Brassica napus)*; Campanulaceae: Pfirsichblättrige Glockenblume *(Campanula persicifolia)*, Rapunzel-Glockenblume *(Campanula rapunculus)*, Rundblättrige Glockenblume *(Campanula rotundifolia)*, Nesselblättrige Glockenblume *(Campanula trachelium)*, Acker-Glockenblume *(Campanula rapunculoides)*, Knäuel-Glockenblume *(Campanula glomerata)*; Caryophyllaceae: Kuckucks-Lichtnelke *(Lychnis flos-cuculi)*; Convolvulaceae: Acker-Winde *(Convolvulus arvensis)*; Cucurbitaceae: Zweihäusige Zaunrübe *(Bryonia dioica)*; Ge-

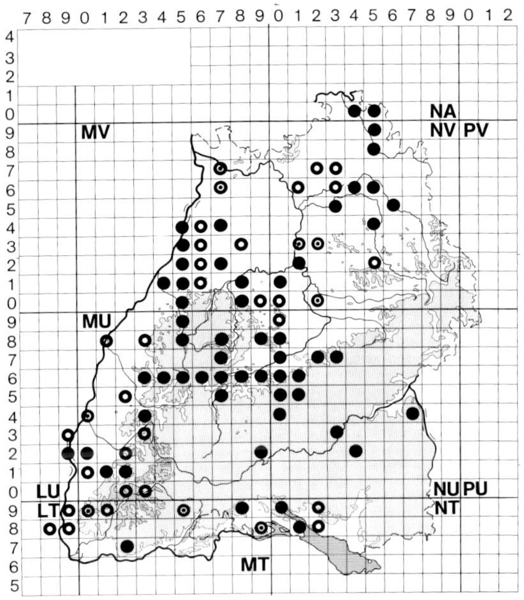

Andrena bicolor

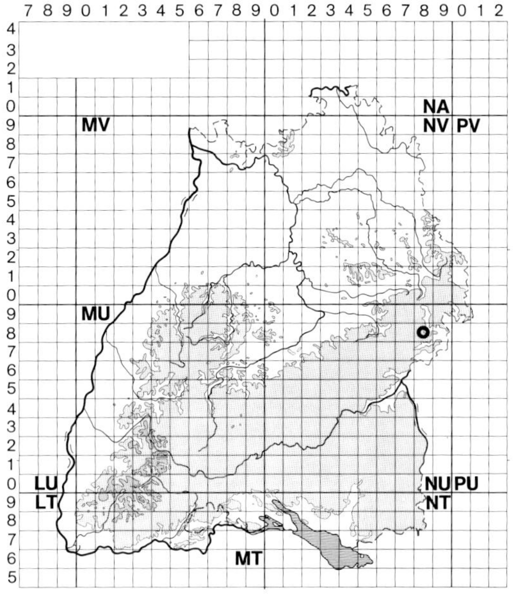

Andrena bimaculata

ranicaceae: Ruprechtskraut *(Geranium robertianum)*; Hypericaceae: Tüpfel-Hartheu *(Hypericum perforatum)*; Liliaceae: Nickender Blaustern *(Scilla siberica)*, Dolden-Milchstern *(Ornithogalum umbellatum)*; Primulaceae: Stengellose Schlüsselblume *(Primula vulgaris)*; Ranunculaceae: Scharbockskraut *(Ranunculus ficaria)*, Scharfer Hahnenfuß *(Ranunculus acris)*; Rosaceae: Frühlings-Fingerkraut *(Potentilla verna)*, Blutwurz *(Potentilla erecta)*, Schlehe *(Prunus spinosa)*, Zwetschge *(Prunus domestica)*, Zweigriffliger Weißdorn *(Crataegus laevigata)*, Brombeere *(Rubus fruticosus)*, Weidenblättriger Spierstrauch *(Spiraea salicifolia)*, Heckenrose *(Rosa canina)*; Salicaceae: Salweide *(Salix caprea)*, Purpur-Weide *(Salix purpurea)*; Scrophulariaceae: Gamander-Ehrenpreis *(Veronica chamaedrys)*.
Kuckucksbienen: *Nomada fabriciana.*
Phänologie: Bivoltin. Flugzeit von Anfang April bis Ende Mai (♂♂ 21. 3.–6. 5.; ♀♀ 21. 3.–27. 5.) und von Anfang Juli bis Ende August (♂♂ 4. 6.–13. 7.; ♀♀ 9. 6.–1. 9.).
Bestandessituation: Die sehr häufige und ziemlich anspruchslose Art ist in Baden-Württemberg nicht gefährdet.

Andrena bimaculata
(Kirby 1802)

Verbreitung: Süd- und Mitteleuropa, nordwärts bis 61° n. Br., England (Warncke 1980c). – In der Bundesrepublik Deutschland vermutlich keine Verbreitungsgrenze. – In Baden-Württemberg zwar mehrfach gemeldet, doch nur ein gesicherter Nachweis im Osten des Landes: NU88 Oberstotzingen 1♂ 21. 4. 1932 (det. Grünwaldt, SMNS).
Lebensraum: Vermutlich kommt die Art überwiegend in Sandgebieten vor.
Nistweise: Nistet in selbstgegrabenen Hohlräumen in der Erde, meist einzeln. Das Nest ist ein verzweigter Linienbau, dessen Gänge jeweils bis zu 3 Brutzellen enthalten. (Malyshev 1926, 1936).
Blütenbesuch: Polylektische Art (5 Pflanzenfamilien) (vgl. Chambers 1945, 1968). Die Polylektie ist in beiden Generationen nachweisbar. Pollenquellen: Brassicaceae: Raps *(Brassica napus)*, Acker-Senf *(Sinapis arvensis)*, Weg-Rauke *(Sisymbrium officinale)*; Liliaceae: Küchenzwiebel *(Allium cepa)*; Rosaceae: Brombeere *(Rubus fruticosus)*, Spierstrauch *(Spiraea)*, Schlehe *(Rosa spinosa)*; Salicaceae: Weiden *(Salix)*; Tiliaceae: Linden *(Tilia)*.
Kuckucksbienen: *Nomada lineola.*
Phänologie: Bivoltin. Flugzeit im mitteleuropäischen Verbreitungsgebiet etwa von Anfang April bis Ende Mai und Anfang Juli bis Ende August.

Bestandessituation: Da die Art in den vergangenen Jahren noch im benachbarten Rheinland-Pfalz festgestellt wurde, dürfte sie auch in Nordbaden noch vorkommen. Eine Gefährdung ist für mich derzeit nicht zu erkennen.
Bemerkungen: Während WARNCKE (1967, 1986c) *A. morawitzi* als Unterart von *A. bimaculata* betrachtet, führt OSYČNJUK (1977, 1978) die beiden Formen als selbständige Arten auf. Auch KOCOUREK (1966) und Grünwaldt (mündl. Mitt.) halten es nicht für ausreichend begründet, *A. morawitzi* als Unterart von *A. bimaculata* zu betrachten, zumal (vgl. MÓCZÁR & WARNCKE 1972) die beiden Taxa sympatrisch verbreitet sind. *A. bluethgeni* Stoeckhert 1930 wird von WARNCKE (1986c) als Synonym von *A. morawitzi* aufgeführt. Dagegen betrachten KOCOUREK (1966) und OSYČNJUK (1978) *A. bluethgeni* als selbständige Art. DYLEWSKA (1987) synonymisiert *A. morawitzi* und *A. bluethgeni* mit *A. bimaculata*. Der gesamte, für mich äußerst undurchsichtige Komplex sollte von einem Kenner der Gruppe klar analysiert und nachvollziehbar dargestellt werden.

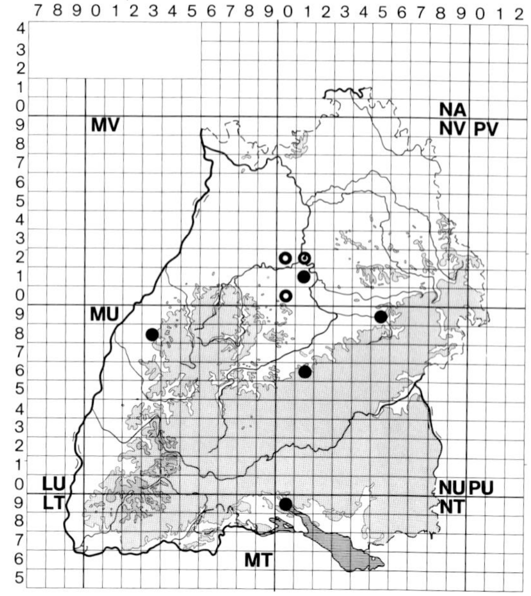

Andrena bucephala

Andrena bucephala
Stephens 1846

Verbreitung: West- und Mitteleuropa. – In der Bundesrepublik Deutschland nur zerstreut, vorwiegend im Süden. – In Baden-Württemberg nur vereinzelte, weit verstreute Nachweise. Obwohl die Art kommunal ist, wurden stets nur einzelne Individuen gefangen. Funddaten: MU38 Achern 1♀ 6. 5. 1928 (NK). NT09 Sipplingen 1♀ 12. 5. 1980 (W) (WESTRICH 1984b). NU02 1♀ 25. 5. 1929 (MNF). NU16 Pfullingen 1♀ 7. 5. 1981 (W). NV11 Poppenweiler 1♂ 13. 4. 1978; 1♀ 18. 4. 1978; 1♂ 17. 5. 1978 (W). NU59 Göppingen 1♀ 20. 5. 1985 (W). NV00 Stuttgart 1♂ 1907 (SMNS). NV12 Geislingen 1♀ 2. 5. 1969 (SMNS).
Lebensraum: Wenig bekannt. Ich traf die Art auf Wiesenhängen des Schwarzwaldes und der Schwäbischen Alb und an Waldrändern. Müller (mündl. Mitt.) fand sie auf einem mit Sträuchern und Bäumen durchsetzten Kalk-Magerrasen. Nester vermutlich in Böschungen auf sandigem wie lehmigem Untergrund.
Nistweise: Nistet in selbstgegrabenen Hohlräumen in der Erde, in der Regel in kleineren Aggregationen. Kommunale Art, bei der mehrere ♀♀ einen gemeinsamen Nesteingang benutzen. (PERKINS 1919b, YARROW & GUICHARD 1941).
Blütenbesuch: Polylektische Art (3 Pflanzenfamilien), die Bäume und Sträucher bevorzugt. Pollenquellen: Aceraceae: Feld-Ahorn *(Acer campestre)*, Berg-Ahorn *(Acer pseudoplatanus)*; Rosaceae: Vogel-Kirsche *(Prunus avium)*, Zweigriffliger Weißdorn *(Crataegus laevigata)*; Salicaceae: Salweide *(Salix caprea)*.
Kuckucksbienen: *Nomada hirtipes.*
Phänologie: Univoltin. Flugzeit von Mitte April bis Ende Mai.
Bestandessituation: Die Art ist zwar ziemlich selten, ein Rückgang in Baden-Württemberg ist aber aufgrund des geringen Materials nicht feststellbar. Eine mögliche Gefährdung liegt in der Aufforstung oder intensivierten Nutzung von Bergwiesen, die vor allem zu einer Zerstörung des Nistplatzes führen.
RL: Potentiell gefährdet (4).

Andrena carbonaria
auct.
Syn. *A. pilipes* (Fabricius 1781).

Verbreitung: Fast ganz Europa, nordwärts bis 63° n. Br. (WARNCKE 1981). – In der Bundesrepublik Deutschland keine Verbreitungsgrenze. Im Norden auch derzeit noch auf Helgoland (ENGEL 1963, HOOP 1967b, KRÜSS & LANGE 1986). – In Baden-Württemberg liegt der Verbreitungsschwerpunkt in der Oberrheinebene, darüber hinaus wurde die Art

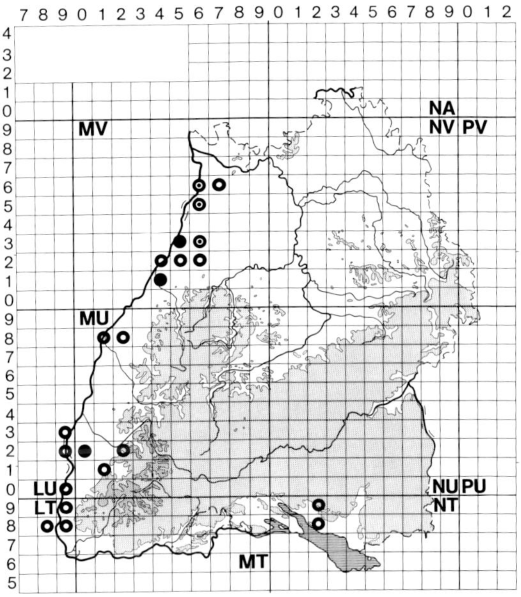

Andrena carbonaria

auch im Bodensee-Gebiet festgestellt. Funddaten ab 1960: MV41 Durmersheim 1♂ 12. 6. 1988 (D). MV53 Karlsruhe 1♂ 2. 8. 1980 (S). MV63 Jöhlingen 1♀ 3. 5. 1964 (LNK). MV66 Schwetzingen 2♂♂,3♀♀ 28. 7. 1964 (G). MU02 Oberbergen 1♂ 4.1981 (LZB) (DÜWEKE 1988). Material: 80♂♂,53♀♀

Lebensraum: Die Offenlandsart kam früher v.a. an Ruderalstellen, in strukturreichen Weinbergen, auf Binnendünen und Flugsandfeldern sowie in Feldfluren vor. Die Nester fanden sich an schütter bewachsenen Stellen auf Wegen und in Böschungen. Dabei wird Sandboden bevorzugt, aber auch lehmiger Boden, z.B. Lößlehm, wird besiedelt.

Nistweise: Nistet in selbstgegrabenen Hohlräumen in der Erde, einzeln oder in großen Aggregationen. (MARIKOVSKAYA 1972).

Blütenbesuch: Polylektische Art (7 Pflanzenfamilien). Die Art besucht Kreuzblütler besonders gern. Pollenquellen: Apiaceae: Giersch *(Aegopodium podagraria)*, Wiesen-Bärenklau *(Heracleum sphondylium)*, Feld-Mannstreu *(Eryngium campestre)*; Asteraceae: Wiesen-Flockenblume *(Centaurea jacea)*, Skabiosen-Flockenblume *(Centaurea scabiosa)*, Acker-Kratzdistel *(Cirsium arvense)*; Brassicaceae: Raps *(Brassica napus)*, Rübsen *(Brassica rapa)*, Gemüse-Kohl *(Brassica oleracea)*, Graukresse *(Berteroa incana)*, Acker-Senf *(Sinapis arvensis)*, Echtes Barbarakraut *(Barbarea vulgaris)*, Pfeilkresse *(Cardaria draba)*; Fabaceae: Weißklee *(Trifolium repens)*, Weißer Steinklee *(Melilotus alba)*; Lamiaceae: Wiesen-Salbei *(Salvia pratensis)*; Liliaceae: Küchen-Zwiebel *(Allium cepa)*; Rosaceae: Wald-Erdbeere *(Fragaria vesca)*, Brombeere *(Rubus fruticosus)*, Zweigriffliger Weißdorn *(Crataegus laevigata)*.

Kuckucksbienen: *Nomada lineola*.

Phänologie: Bivoltin. Flugzeit von Anfang April bis Ende Mai und von Anfang Juli bis Mitte September (♂♂ 23. 3.–12. 8.; ♀♀ 12. 4.–29. 9.).

Bestandessituation: Die vor 1960 noch nahezu in der gesamten Oberrheinebene Baden-Württembergs regelmäßig anzutreffende und häufige Art ist in ihrem Bestand extrem rückläufig. Da sie sehr auffällig ist, kann sie kaum übersehen werden. Klimatische Gründe können für den Rückgang kaum verantwortlich sein, da die Art auf Helgoland immer noch häufig ist. Möglicherweise hat sie auf die Intensivierung der Landbewirtschaftung in der Oberrheinebene besonders empfindlich reagiert. Schutzmaßnahmen müßten demnach in einer extensiveren Landnutzung zu suchen sein.

RL: Vom Aussterben bedroht (1).

Bemerkungen: Während STOECKHERT (1954), KOCOUREK (1966) und DYLEWSKA (1987) *A. nigrospina* Thomson 1872 als selbstständige Art auffassen, ist WARNCKE (1986c) der Meinung, daß aufgrund von Übergangsformen eine Synonymie mit *A. carbonaria* vorliegt. Aufgrund des von mir eingesehenen Materials neige ich dazu, Warncke zuzustimmen. Warnckes Ansicht wird auch dadurch unterstützt, daß beide Formen in Süddeutschland stark im Rückgang begriffen sind. Zur Namensproblematik von *Apis carbonaria* Linnaeus 1767 vgl. DAY (1979), WARNCKE (1986c:118f) und WESTRICH (1984a).

Andrena chrysopus

Pérez 1903

Verbreitung: Südeuropa, vereinzelt in Mitteleuropa. – Zwar ist die Art in der DDR nordwärts bis zum Kyffhäuser verbreitet, in der Bundesrepublik Deutschland ist sie dagegen nur aus den südlichen Bundesländern Hessen (coll. W), Rheinland-Pfalz (BRECHTEL 1986), Bayern (STOECKHERT 1954), und Baden-Württemberg bekannt. – In Baden-Württemberg wurde die Art erst 1984 entdeckt (WESTRICH & SCHMIDT 1985b). Alle bisherigen Fundorte liegen in der nördlichen Oberrheinebene. Funddaten: MV43 Knielingen, Langengrund 1♂ 13. 6. 1984 (S); 2♂♂, 1♀ 17. 6. 1984 (W). MV52 Karlsruhe 1♀ 1988 (Greiler). MV53 Knielingen, Bahnhof 1♀ 8. 7. 1984 (beob.). MV74 Unter-Öwisheim 1♀ 27. 6. 1988 (Schwenninger). MV76 Sand-

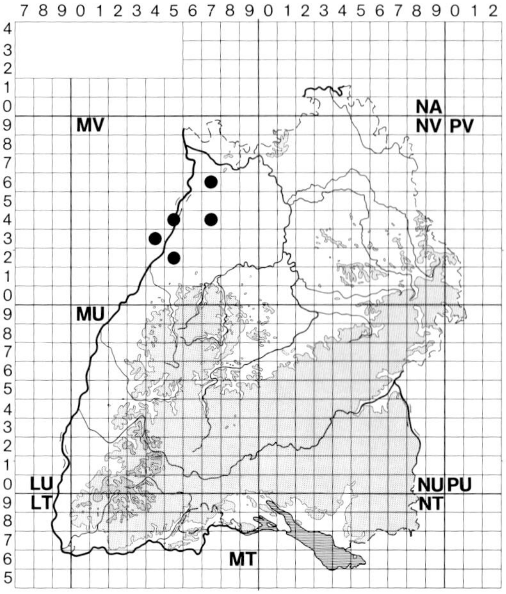

Andrena chrysopus

hausen, Pferdetriebsdüne 3♂♂,10♀♀ 18. 6. 1984 (W, beob.).

Lebensraum: Nur dort, wo wildwachsender Spargel blüht; daher nur in Sandgebieten und dort auf Binnendünen und Flugsandfeldern, auf Hochwasser- und Bahndämmen, in aufgelassenen Sandgruben und an Ruderalstellen. Nester an schütter bewachsenen Stellen.

Nistweise: Nistet einzeln in selbstgegrabenen Hohlräumen in der Erde. (Kocourek 1966).

Blütenbesuch: Oligolektische, auf *Asparagus* (Liliaceae) spezialisierte Art. Einzige Pollenquelle in Mitteleuropa ist wildwachsender Spargel *(Asparagus officinalis)*, der gleichzeitig für beide Geschlechter auch die wichtigste Nektarquelle ist. Als Pollenquelle kommt deshalb nur wildwachsender Spargel in Frage, weil der Kulturspargel aufgrund des Stechens im Frühling erst viel später im Jahr blüht, wenn die Sandbiene nicht mehr fliegt.

Kuckucksbienen: Unbekannt.

Phänologie: Univoltin. Flugzeit von Mitte Mai bis Ende Juni.

Bestandessituation: Da die Art aufgrund ihrer Spezialisierung nur an wenigen Stellen vorkommt und dort durch Verminderung ihres Nahrungsangebots (Mahd, vollständige Beseitigung von Wildspargel-Beständen durch Baumaßnahmen) bereits in den Jahren nach ihrer Entdeckung Einbußen erlitten hat, ist sie als stark gefährdet zu betrachten. Wild wachsende Spargelpflanzen auf Flugsandfeldern oder Binnendünen sind bei Pflegemaßnahmen zu schonen. Auf Dämmen dürfen die Pollenquellen frühestens nach dem Fruchten gemäht werden. Das größte derzeit bekannte Vorkommen befindet sich in einem Naturschutzgebiet, in dem ihm derzeit keine Gefahr droht.
RL: Stark gefährdet (2).

Andrena chrysopyga
Schenck 1853

Verbreitung: Süd- und Mitteleuropa. – In der Bundesrepublik Deutschland nur zerstreute Vorkommen, aber auch aus dem Norden nachgewiesen (Alfken 1913, Höppner 1901b, Wagner 1920). – In Baden-Württemberg wurde die Art bisher nicht aufgefunden, ist aber zu erwarten, da sie aus dem benachbarten Rheinland-Pfalz (Schmidt & Westrich 1985, Warncke 1986b) und den Vogesen bekannt ist. Die Angabe »Leopoldshafen« (Leininger 1927) war nicht überprüfbar.

Lebensraum: Außerhalb Baden-Württembergs wurde die Art auf Hochwasserdämmen, in trockenen Fettwiesen und in Sandheiden gefunden. Nester fanden sich an schütter bewachsenen Stellen, z. B. von Feldwegen oder Böschungen.

Nistweise: Nistet in selbstgegrabenen Hohlräumen in der Erde, in der Regel in kleineren Aggregationen. (Kocourek 1966).

Blütenbesuch: Polylektische Art (6 Pflanzenfamilien). Pollenquellen: Apiaceae: Wiesen-Kerbel *(Anthriscus sylvestris)*, Wiesen-Bärenklau *(Heracleum sphondylium)*; Asteraceae: Wiesen-Schafgarbe *(Achillea millefolium)*, Kleines Habichtskraut *(Hieracium pilosella)*, Wiesen-Löwenzahn *(Taraxacum officinale)*; Brassicaceae: Acker-Senf *(Sinapis arvensis)*, Orientalische Rauke *(Sisymbrium orientale)*; Fabaceae: Roter Wiesenklee *(Trifolium pratense)*, Zaunwicke *(Vicia sepium)*; Ranunculaceae: Scharfer Hahnenfuß *(Ranunculus acris)*; Plantaginaceae: Spitz-Wegerich *(Plantago lanceolata)*.

Kuckucksbienen: *Nomada mutabilis*, vielleicht auch *Nomada stigma* und *Sphecodes ephippius*.

Phänologie: Univoltin. Flugzeit von Ende April bis Ende Juni.

Andrena chrysosceles
(Kirby 1802)

Verbreitung: Süd- und Mitteleuropa, England. – In der Bundesrepublik Deutschland keine Verbrei-

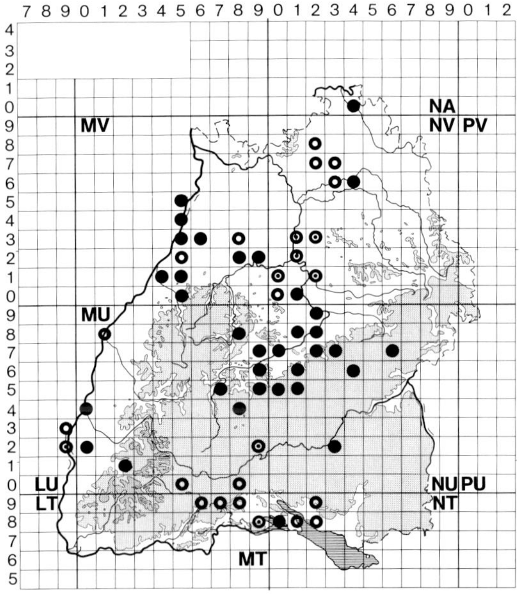

Andrena chrysosceles

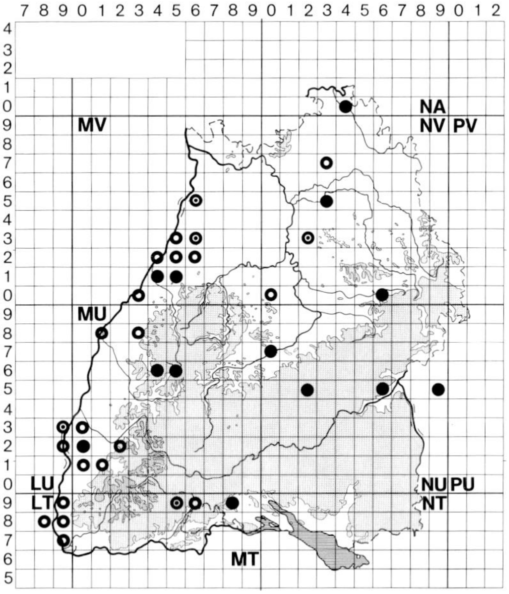

Andrena cineraria

tungsgrenze. – In Baden-Württemberg weit verbreitet und häufig, von der Ebene bis in die höheren Lagen der Mittelgebirge. Material: 68♂♂,130♀♀.

Lebensraum: Trockene Fettwiesen, Streuobstwiesen, Hochwasserdämme, extensiv genutzte oder brachgefallene Schafweiden (Wacholderheiden), alte Weinbergbrachen, Feldfluren, Ruderalstellen, Waldränder, regelmäßig auch im Siedlungsbereich (Gärten und Parks). Nester an schütter bewachsenen Stellen von Böschungen oder Feldrainen. Keine Bevorzugung bestimmter Bodenarten.

Nistweise: Nistet in selbstgegrabenen Hohlräumen in der Erde, vermutlich meist einzeln.

Blütenbesuch: Polylektische Art (10 Pflanzenfamilien) (vgl. CHAMBERS 1968). Pollenquellen: Aceraceae: Feld-Ahorn *(Acer campestre)*; Apiaceae: Wiesen-Kerbel *(Anthriscus sylvestris)*, Wiesen-Bärenklau *(Heracleum sphondylium)*, Giersch *(Aegopodium podagraria)*, Großblütiger Breitsame *(Orlaya grandiflora)*, Hecken-Kälberkropf *(Chaerophyllum temulum)*; Aquifoliaceae: Stechpalme *(Ilex aquifolium)*; Asteraceae: Löwenzahn *(Taraxacum officinale)*; Brassicaceae: Raps *(Brassica napus)*, Rübsen *(Brassica rapa)*, Weißer Senf *(Sinapis alba)*, Wiesen-Schaumkraut *(Cardamine pratensis)*, Echtes Barbarakraut *(Barbarea vulgaris)*; Cistaceae: Gewöhnliches Sonnenröschen *(Helianthemum nummularium)*; Cornaceae: Roter Hartriegel *(Cornus sanguinea)*; Ranunculaceae: Scharfer Hahnenfuß *(Ranunculus acris)*, Knolliger Hahnenfuß *(Ranunculus bulbosus)*; Rosaceae: Frühlings-Fingerkraut *(Potentilla verna)*, Heckenrose *(Rosa canina)*, Zweigriffliger Weißdorn *(Crataegus laevigata)*; Scrophulariaceae: Großer Ehrenpreis *(Veronica teucrium)*.

Kuckucksbienen: *Nomada fabriciana.*

Phänologie: Univoltin. Flugzeit von Mitte April bis Mitte Juni (♂♂ 14. 4.–2. 7.; ♀♀ 16. 4.–16. 7.).

Bestandessituation: Die seit 1975 noch regelmäßig in den verschiedensten Landesteilen angetroffene und durchaus häufige Art ist in Baden-Württemberg nicht gefährdet.

Andrena cineraria

(Linnaeus 1758)

Verbreitung: Fast ganz Europa. – In der Bundesrepublik Deutschland keine Verbreitungsgrenze. In Schleswig-Holstein breitet sich die Art nach Norden hin aus (HAESELER 1973, 1984). – In Baden-Württemberg weit verbreitet, von der Ebene bis in die Mittelgebirge. Material: 76♂♂,100♀♀.

Lebensraum: Waldränder, trockene Fettwiesen, Hochwasserdämme, Sandheiden, extensiv genutzte Schafweiden (Wacholderheiden), Sand- und Kiesgruben, Siedlungsbereich (Parks). Nester an vegetationsfreien oder schütter bewachsenen Stellen in Sandgruben, auf Erdwegen, an Wiesen- und Waldrändern sowie an Feldrainen. Keine Bevorzugung

Andrena cineraria ♂

Andrena cineraria ♀

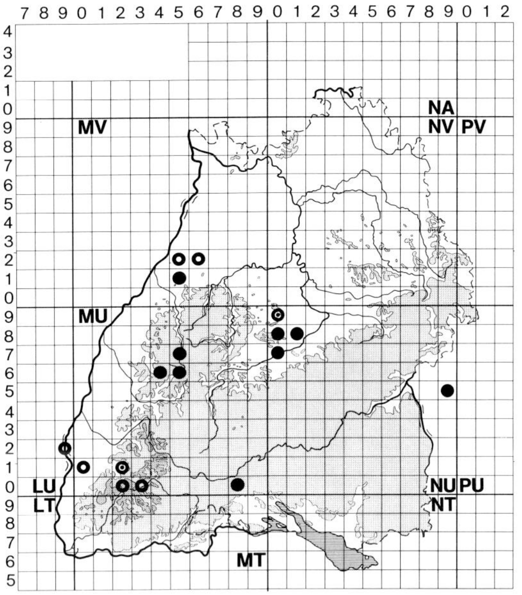

Andrena clarkella

bestimmter Bodenarten. Stark humose Sandböden und lehmige Rohböden werden gleichermaßen besiedelt.

Nistweise: Nistet in selbstgegrabenen Hohlräumen in der Erde, meist in kleineren bis größeren Aggregationen (Ansammlungen von mehreren hundert Nestern). Die 2–3 Brutzellen je Nest liegen 10–22 cm tief. Die Nester bleiben stets offen, wenn sie für Sammelflüge verlassen werden. Sie werden aber nach Beendigung der täglichen Flugaktivitäten, bei aufkommendem Niederschlag oder bei Störungen verschlossen. (GEBHARDT & RÖHR 1987, MALYSHEV 1926).

Blütenbesuch: Polylektische Art (6 Pflanzenfamilien). Pollenquellen: Apiaceae: Hecken-Kälberkropf *(Chaerophyllum temulum)*; Asteraceae: Löwenzahn *(Taraxacum officinale)*; Brassicaceae: Raps *(Brassica napus)*, Weißer Senf *(Sinapis alba)*, Pfeilkresse *(Cardaria draba)*; Ranunculaceae: Scharfer Hahnenfuß *(Ranunculus acris)*, Knolliger Hahnenfuß *(Ranunculus bulbosus)*; Rosaceae: Schlehe *(Prunus spinosa)*, Heckenrose *(Rosa canina)*; Salicaceae: Sal-Weide *(Salix caprea)*, Ohr-Weide *(Salix aurita)*, Purpur-Weide *(Salix purpurea)*.

Kuckucksbienen: *Nomada lathburiana*; auch *Nomada goodeniana.*

Phänologie: Univoltin. Flugzeit von April bis Mai (♂♂ 20. 3.–28. 5.; ♀♀ 5. 4.–26. 5.). Überwinterung als Imago (BRADLEY 1894).

Bestandessituation: Seit 1975 wurde die Art noch in den verschiedensten Landesteilen festgestellt, dennoch ist anhand des Sammlungsmaterials ein Rückgang v.a. in der Oberrheinebene erkennbar. Größere Nestansammlungen der Art sind heutzutage nur noch sehr vereinzelt in Sandgruben zu finden, die dadurch besonders erhaltenswert sind. Die größte mir bekannte Population in einer Sandgrube südlich von Ulm ist dadurch akut bedroht, daß ein Imker seine dort regelmäßig aufgestellten Honigbienen-Magazine mit Fichten »eingegrünt« hat.
RL: Gefährdet (3).

Bemerkungen: *A. barbareae* Panzer 1805 (= *fumipennis* Schmiedeknecht 1883) soll nach WARNCKE (1967, 1986c) die 2. Generation von *A. cineraria* sein. Mir sind einige Nestansammlungen von *A. cineraria* bekannt, darunter eine mit mehreren hundert Nestern, an denen ich bisher nie Tiere einer eventuellen 2. Generation beobachten konnte. LECLERCQ & JACOB-REMACLE (1982) bekräftigen erneut den Artstatus von *A. barbareae.* Das Problem erscheint mir noch nicht ausreichend geklärt.

Andrena clarkella
(Kirby 1802)

Verbreitung: Europa zwischen 45° und 70° n.Br. (Schwedisch-Lappland) (WARNCKE 1981). – In der Bundesrepublik Deutschland keine Verbreitungsgrenze. – In Baden-Württemberg nur zerstreute Nachweise mit Schwerpunkten im Schwarzwald und im Schönbuch. Material: 5♂♂,24♀♀.

Lebensraum: Siedlungsschwerpunkt an Waldrändern und auf Waldlichtungen; außerdem vereinzelt auf Kahlschlägen, in Sandheiden, in Sand- und Lehmgruben, gelegentlich auch in Städten (waldartige Parks). Nester bevorzugt auf Wegen und sonstigen vegetationsfreien, gelegentlich aber auch mit Moos bewachsenen Stellen im lichten Wald, am Waldrand oder auf schütteren Rasenflächen. Der Boden kann im Nestbereich festgetreten sein. Die Art bevorzugt Sandboden (Flug-, Schwemm- oder Verwitterungssande), der auch stark humos sein kann.

Nistweise: Nistet in selbstgegrabenen Hohlräumen in der Erde, meist in kleinen Aggregationen, aber die Nester meist nicht dicht nebeneinander, sondern zerstreut. Die Nester werden vor jedem Sammelflug verschlossen. Die 1–4 Brutzellen pro Nest liegen oft nur 4–5 cm, gelegentlich auch 10–30 cm tief. (ALFKEN 1891b, GEBHARDT & RÖHR 1987, MÜLLER 1944, WOLF 1976a).

Blütenbesuch: Oligolektische, auf *Salix* (Salicaceae)

spezialisierte Art (vgl. CHAMBERS 1968). Hauptpollenquelle ist die Salweide *(Salix caprea)*. Weitere Pollenquellen: Grau-Weide *(Salix cinerea)*, Purpur-Weide *(Salix purpurea)*, Ohr-Weide *(Salix aurita)*, Kriech-Weide *(Salix repens)*, Korb-Weide *(Salix viminalis)*. – Die ♂♂ sind sehr wenig blütenliebend.
Kuckucksbienen: *Nomada leucophthalma.*
Phänologie: Univoltin. Flugzeit von Mitte März bis Anfang Mai (♂♂ 14. 3.–12. 4.; ♀♀ 24. 3.–31. 5.). Überwinterung als Imago (BOX 1919).
Bestandessituation: Die Schwarzwald-Populationen erscheinen derzeit nicht akut gefährdet. Lokal können sie aber durch Aufforstung der Nistplätze oder durch Beseitigung von Weiden beeinträchtigt werden. Südexponierte Waldränder mit vegetationsfreien, sandigen Stellen und ein ausreichender Bestand an frühblühenden männlichen Weiden in der Nähe der Nistplätze sind die Voraussetzung für eine langfristige Erhaltung der Art. Außerhalb des Schwarzwaldes sind alle mir bekannten Vorkommen gefährdet (Kiesbaggerung, Einrichtung einer Mülldeponie, Aufforstung).
RL: Gefährdet (3).

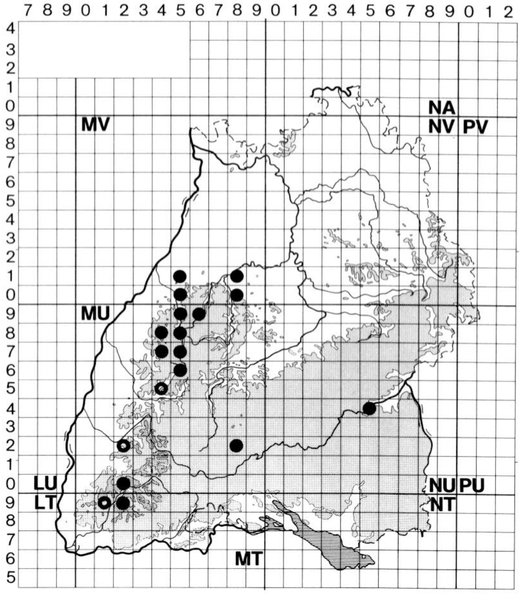

Andrena coitana

Andrena coitana
(Kirby 1802)

Verbreitung: Europa zwischen 43° und 65° n. Br. In den österreichischen Alpen bis 2000 m (SCHEDL 1982), in den Schweizer Alpen bis 1850 m (BEAUMONT 1958). – In der Bundesrepublik Deutschland keine Verbreitungsgrenze. – In Baden-Württemberg liegt der Verbreitungsschwerpunkt im Schwarzwald, wo die Art bis in die höchsten Lagen (Feldberg, Hornisgrinde) vorkommt. Material: 11♂♂,21♀♀.
Lebensraum: Siedlungsschwerpunkt in Waldgebieten: dort in lichten Wäldern, auf Waldlichtungen und Kahlschlägen, auf Waldwegen oder an Waldrändern. Nester bevorzugt im Halbschatten unter Bäumen, meist in sandigem, aber auch in lehmigem Boden.
Nistweise: Nistet in selbstgegrabenen Hohlräumen in der Erde, in der Regel in kleineren Aggregationen. (STOECKHERT 1933, WOLF 1976a).
Blütenbesuch: Polylektische Art (7 Pflanzenfamilien) (vgl. CHAMBERS 1968). Pollenquellen: Apiaceae: Wald-Engelwurz *(Angelica sylvestris)*, Wiesen-Bärenklau *(Heracleum sphondylium)*, Wilde Möhre *(Daucus carota)*; Asteraceae: Wiesen-Flokkenblume *(Centaurea jacea)*, Skabiosen-Flockenblume *(Centaurea scabiosa)*, Schwarze Flockenblume *(Centaurea nigra)*, Gewöhnliche Kratzdistel *(Cirsium vulgare)*, Pippau *(Crepis)*, Herbst-Löwenzahn *(Leontodon autumnalis)*, Wegwarte *(Cichorium intybus)*, Gewöhnliches Bitterkraut *(Picris hieracioides)*; Campanulaceae: Rundblättrige Glockenblume *(Campanula rotundifolia)*, Nesselblättrige Glockenblume *(Campanula trachelium)*, Berg-Sandrapunzel *(Jasione montana)*; Caryophyllaceae: Karthäuser-Nelke *(Dianthus carthusianorum)*; Lamiaceae: Hain-Salbei *(Salvia nemorosa)*; Rosaceae: Gänse-Fingerkraut *(Potentilla anserina)*; Scrophulariaceae: Wiesen-Augentrost *(Euphrasia rostkoviana)*.
Kuckucksbienen: *Nomada obtusifrons*, vielleicht auch *Nomada roberjeotiana.*
Phänologie: Univoltin. Flugzeit von Mitte Juli bis Ende August (♂♂ 6. 7.–10. 8.; ♀♀ 16. 7.–1. 9.).
Bestandessituation: Seit 1975 wurde die Art bei gezielter Suche regelmäßig in verschiedenen Teilen des Schwarzwaldes angetroffen. Eine Gefährdung ist derzeit nicht anzunehmen.

Andrena combinata
(Christ 1791)

Verbreitung: Süd- und Mitteleuropa. – In der Bundesrepublik Deutschland nur zerstreute Vorkommen in den mittleren und südlichen Teilen. – In Baden-Württemberg nur zerstreute Nachweise,

Andrena clarkella ♀

Andrena coitana ♀

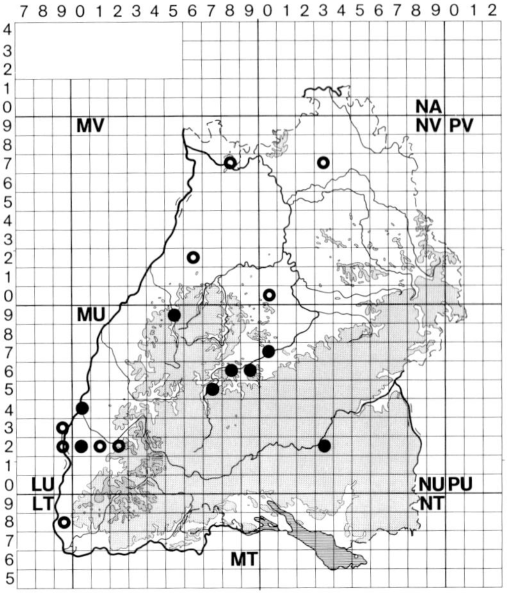

Andrena combinata

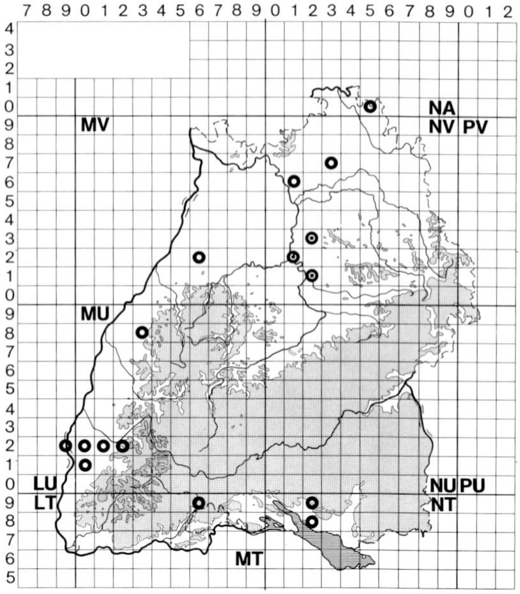

Andrena congruens

meist unterhalb von 500 m. Funddaten ab 1960: MU75 Sulz, Albeck 1♀ 22. 5. 1982 (W). MU86 Börstingen 2♀♀ 13. 6. 1984 (W). MU59 2♀♀ 19. 6. 1985 Gernsbach, Reichental (D). MU96 Bietenhausen, Kapfhalde 1♀ 25. 5. 1982 (W); 2♀♀ 20.u.24. 6. 1982 (W). NU07 Tübingen, Spitzberg 1♀ 22. 5. 1978 (W) (Westrich 1980). NU32 Heuneburg 1♀ 6. 6. 1985 (Schwenninger). Material: 5♂♂,15♀♀.

Lebensraum: Die meisten Funde stammen von trockenwarmen Südhängen (Magerrasen, Weinbergbrachen) oder von trockenen Fettwiesen. Nester an schütter bewachsenen Stellen im Sand, in sandigem Lehm oder in Lößlehm.

Nistweise: Nistet in selbstgegrabenen Hohlräumen in der Erde, meist einzeln oder in kleinen Aggregationen.

Blütenbesuch: Polylektische Art (10 Pflanzenfamilien) (vgl. Westrich & Schmidt 1987). Pollenquellen: Apiaceae: Wiesen-Kerbel *(Anthriscus sylvestris)*, Giersch *(Aegopodium podagraria)*, Wiesen-Bärenklau *(Heracleum sphondylium)*; Asteraceae: Wiesen-Schafgarbe *(Achillea millefolium)*; Brassicaceae: Raps *(Brassica napus)*; Cistaceae: Gewöhnliches Sonnenröschen *(Helianthemum nummularium)*; Crassulaceae: Scharfer Mauerpfeffer *(Sedum acre)*; Fabaceae: Futter-Esparsette *(Onobrychis viciifolia)*, Berg-Klee *(Trifolium montanum)*; Hypericaceae: Tüpfel-Hartheu *(Hypericum perforatum)*; Plantaginaceae: Breitwegerich *(Plantago major)*; Ranunculaceae: Knolliger Hahnenfuß *(Ranunculus bulbosus)*; Rosaceae: Kriechendes Fingerkraut *(Potentilla reptans)*.

Kuckucksbienen: *Nomada piccioliana.*

Phänologie: Univoltin. Flugzeit von Mitte Mai bis Ende Juni (♂♂ 17. 5.–3. 7.; ♀♀ 28. 4.–20. 7.).

Bestandessituation: Die seltene und meist nur einzeln anzutreffende Art hat ihren Siedlungsschwerpunkt in Lebensräumen, die durch Verbrachung, Aufforstung oder natürliche Wiederbewaldung gefährdet sind. In Baden-Württemberg wurde sie nach 1975 in vier Naturschutzgebieten festgestellt. RL: Stark gefährdet (2).

Andrena congruens

Schmiedeknecht 1883

Syn.: *A. dallatorrei* Clément 1922; *A. confinis* Stoeckhert 1930 (vgl. Warncke 1967 und Dylewska 1987).

Verbreitung: Europa, nordwärts bis 55° n.Br. (Warncke 1981). – In der Bundesrepublik Deutschland vermutlich nur in den südlichen Bundesländern wie Bayern (Enslin 1922, Stoeckhert 1933) und Baden-Württemberg. – In Baden-Württemberg zerstreute Nachweise, durchweg aus Lagen unterhalb 500 m. Funddaten ab 1960: NV12 Pleidelsheim 1♂ 28. 3. 1968 (W). NV21 Neckargröningen 1♀ 7. 4. 1968 (W). NV23 Oberstenfeld 1♂ 14. 4. 1968 (SMNS). Material: 31♂♂,30♀♀.

Andrena curvungula ♀

Lebensraum: Da mir in Südwestdeutschland keine aktuellen Vorkommen bekannt sind, können keine Angaben darüber gemacht werden, welche Lebensräume diese Offenlandsart hier bevorzugt besiedelt (hat).
Nistweise: Nistet in selbstgegrabenen Hohlräumen in der Erde, nach Kocourek (1966) wohl meist einzeln, da Aggregationen bisher nicht bekannt wurden.
Blütenbesuch: Polylektische Art (10 Pflanzenfamilien). Pollenquellen: Aceraceae: Feld-Ahorn *(Acer campestre)*; Apiaceae: Wiesen-Kerbel *(Anthriscus sylvestris)*, Wilde Möhre *(Daucus carota)*, Wiesen-Bärenklau *(Heracleum sphondylium)*; Brassicaceae: Raps *(Brassica napus)*; Fabaceae: Luzerne *(Medicago sativa)*; Fagaceae: Stiel-Eiche *(Quercus robur)*; Plantaginaceae: Breitwegerich *(Plantago major)*; Ranunculaceae: Scharbockskraut *(Ranunculus ficaria)*; Rosaceae: Schlehe *(Prunus spinosa)*; Salicaceae: Salweide *(Salix caprea)*; Valerianaceae: Gemeiner Baldrian *(Valeriana officinalis)*.
Kuckucksbienen: *Nomada zonata.*
Phänologie: Bivoltin. Flugzeit von April bis Mai und von Juli bis August.
Bestandessituation: Nach 1960 wurde die Offenlandsart, die einen deutlichen Rückgang zeigt, in Baden-Württemberg nur noch dreimal nachgewiesen. Die letzten Funde stammen aus dem Jahre 1968. Exakte Rückgangsursachen waren nicht zu ermitteln. Vermutlich liegen sie in der intensiveren landwirtschaftlichen Nutzung und Strukturverarmung in der offenen Landschaft.
RL: Stark gefährdet (2).

Andrena curvungula

Thomson 1870

Verbreitung: Gemäßigtes Europa; ostwärts bis zum Ural (Warncke 1981). – In der Bundesrepublik Deutschland nordwärts nur bis zum Lahn-Dill-Sieg-Gebiet. – In Baden-Württemberg zerstreute Nachweise, meist in Lagen unterhalb 500 m, vereinzelt auch bis 800 m. Material: 39♂♂,48♀♀.
Lebensraum: Siedlungsschwerpunkt auf Trockenhängen (Magerrasen, Weinbergbrachen, trockene Bergwiesen) und an warmen Waldrändern. Vereinzelt auch im Siedlungsbereich (Botanischer Garten Tübingen). Nester an schütter bewachsenen Stellen von Feldrainen, Böschungen und Waldrändern.
Nistweise: Nistet in selbstgegrabenen Hohlräumen in der Erde, auch in größeren Aggregationen.

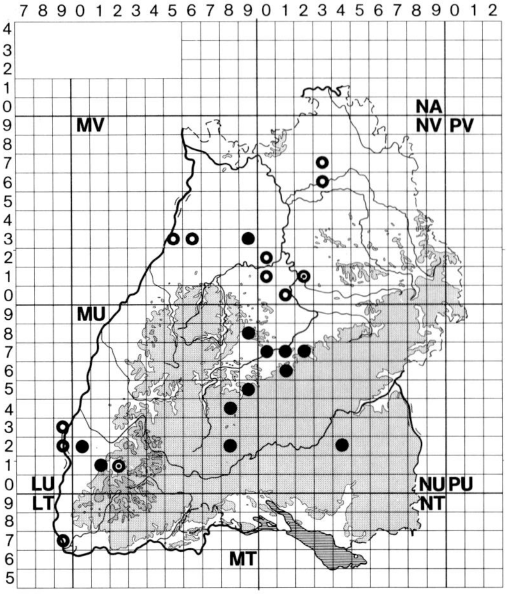

Andrena curvungula

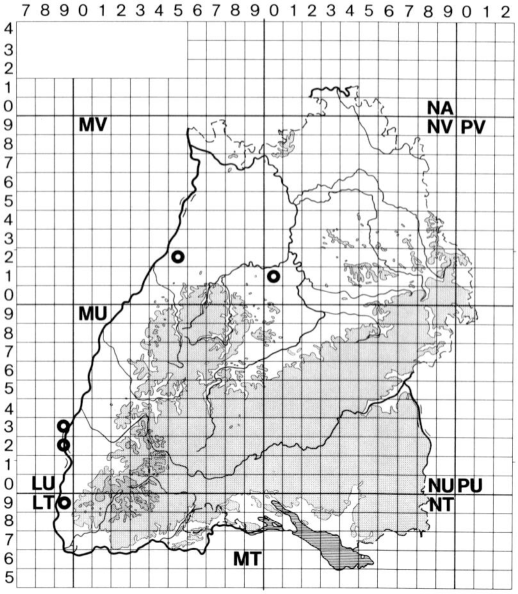

Andrena decipiens

Blütenbesuch: Oligolektische, auf *Campanula* (Campanulaceae) spezialisierte Art (vgl. WESTRICH & SCHMIDT 1987). Pollenquellen: Pfirsichblättrige Glockenblume *(Campanula persicifolia)*, Büschel-Glockenblume *(Campanula glomerata)*, Wiesen-Glockenblume *(Campanula patula)*, Rapunzel-Glockenblume *(Campanula rapunculus)*, Sibirische Glockenblume *(Campanula sibirica)*, Ranken-Glockenblume *(Campanula poscharskyana)*. – Die ♂♂ patrouillieren an Glockenblumen, beide Geschlechter ruhen in deren Blüten.
Kuckucksbienen: *Nomada braunsiana*, angeblich auch *Nomada succincta*.
Phänologie: Univoltin. Flugzeit von Mitte Mai bis Ende Juni (♂♂ 12. 5.–21. 6.; ♀♀ 12. 5.–11. 7.).
Bestandessituation: Die ziemlich seltene Art ist durch ihre Bindung an Glockenblumen und ihre Bevorzugung trockenwarmer Lebensräume stark gefährdet. Einige der nach 1975 festgestellten Vorkommen liegen in Naturschutzgebieten. Schutzmaßnahmen müssen in erster Linie auf die Erhaltung der Lebensräume, insbesondere auf die Förderung der spezifischen Nahrungspflanzen wie der Nistplätze abzielen.
RL: Stark gefährdet (2).

Andrena decipiens
Schenck 1861

Verbreitung: Südost- und Mitteleuropa. – In der Bundesrepublik Deutschland bisher nur aus den mittleren und südlichen Teilen bekannt, z. B. Hessen (SCHENCK 1861b), Bayern (STOECKHERT 1933), Rheinland-Pfalz (WARNCKE 1986b) und Baden-Württemberg. – In Baden-Württemberg nur sehr vereinzelte, durchweg ältere Nachweise in der Oberrheinebene und im Neckarbecken. Funddaten: LT99 Müllheim 1♀ 5. 7. 1927 (MNF). LU92 Ihringen 2♀♀ 1. 8. 1924 (MNF) (STROHM 1925). LU93 Limburg 1♀ 8.1926 (LNK) (LEININGER 1927). MV52 Karlsruhe 1♀ 4. 9. 1928; 1♂ 25. 7. 1930 (NK). NV01 Markgröningen 62♂♂, 19♀♀ 1930–1934 (SMNS) (WESTRICH 1983d).
Lebensraum: Wenig bekannt. Aufgrund älterer Aufzeichnungen und der Literatur stammen die Funde von trockenwarmen Hängen und von Feldfluren. Die Nester fanden sich in schütter bewachsenen, bevorzugt lehmigen Wegen und Böschungen.
Nistweise: Nistet in selbstgegrabenen Hohlräumen in der Erde, oft in größeren Aggregationen. (ENSLIN 1922, KOCOUREK 1966, STOECKHERT 1933).
Blütenbesuch: Zwar sind bisher nur Fabaceae als Pollenquellen belegt, doch dürfte die Art polylektisch sein. Pollenquellen: Roter Wiesenklee *(Trifolium pratense)*, Weißklee *(Trifolium repens)*, Zaun-

wicke *(Vicia sepium)*, Weißer Steinklee *(Melilotus alba)*, Luzerne *(Medicago sativa)*.
Kuckucksbienen: *Nomada stigma.*
Phänologie: Bivoltin. Flugzeit von Mitte April bis Mitte Juni und von Juli bis Anfang September.
Bestandessituation: Der letzte Nachweis in Baden-Württemberg stammt aus dem Jahre 1934! Daher gilt die Art als verschollen. Bei einem eventuellen Wiederauffinden sind Flächenschutzmaßnahmen zu ergreifen.
RL: Ausgestorben oder verschollen (0).

Andrena denticulata

(Kirby 1802)

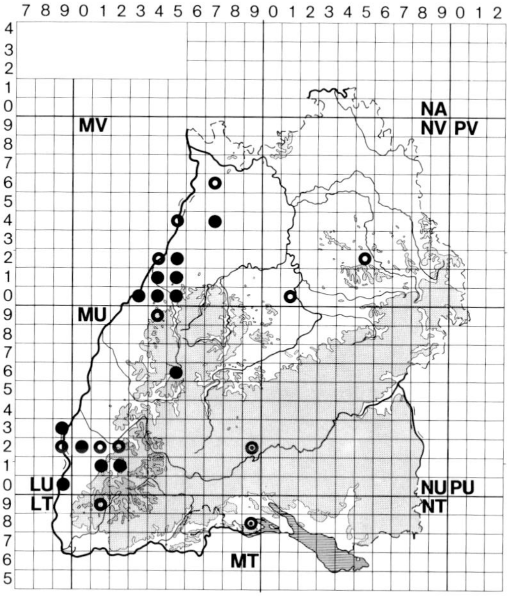

Andrena denticulata

Verbreitung: Europa zwischen 43° und 65° n. Br. (WARNCKE 1981). – In der Bundesrepublik Deutschland keine Verbreitungsgrenze. – In Baden-Württemberg liegt der Verbreitungsschwerpunkt in der Oberrheinebene und in der Schwarzwald-Vorbergzone. In den übrigen Landesteilen nur sehr vereinzelte Nachweise. Fast alle Funde stammen aus Lagen unterhalb 500 m. Material: 32♂♂,99♀♀.
Lebensraum: Vor allem in Waldgebieten: Waldränder, Waldlichtungen, Kahlschläge. Gelegentlich auch im Offenland in Hohlwegen, an Ruderalstellen, auf Wiesen und in Sandgruben. Nester an schütter bewachsenen Stellen. Sand oder sandiger Lehm wird zur Nestanlage bevorzugt, besiedelt aber auch Lößlehm.
Nistweise: Nistet in selbstgegrabenen Hohlräumen in der Erde, vermutlich meist einzeln, da mir keine Aggregationen bekannt wurden.
Blütenbesuch: Oligolektische, auf Asteraceae (Korbblütler) spezialisierte Art, die allerdings keine Bevorzugung bestimmter Korbblütler zeigt. Pollenquellen: Gewöhnliche Goldrute *(Solidago virgaurea)*, Kanadische Goldrute *(Solidago canadensis)*, Rainfarn *(Tanacetum vulgare)*, Wiesen-Schafgarbe *(Achillea millefolium)*, Jakobs-Greiskraut *(Senecio jacobaea)*, Wiesen-Flockenblume *(Centaurea jacea)*, Rispen-Flockenblume *(Centaurea paniculata)*, Gewöhnliche Kratzdistel *(Cirsium vulgare)*, Gewöhnliches Bitterkraut *(Picris hieracioides)*, Doldiges Habichtskraut *(Hieracium umbellatum)*, Herbst-Löwenzahn *(Leontodon autumnalis)*, Gewöhnliches Ferkelkraut *(Hypochoeris radicata)*, Wegwarte *(Cichorium intybus)*.
Kuckucksbienen: Vermutlich *Nomada rufipes.*
Phänologie: Univoltin. Typische Spätsommerart. Flugzeit von Ende Juli bis Anfang September (♂♂ 7. 6.–18. 9.; ♀♀ 14. 7.–20. 9.).
Bestandessituation: Nach 1975 wurde die Art noch von einer ganzen Reihe von Fundorten bekannt. In den Waldgebieten, in denen sie angetroffen wurde, ist sie durch forstliche Maßnahmen gefährdet. Die Art benötigt Waldränder mit blütenreichen, krautigen Säumen sowie breite und sonnige Waldwege und Waldlichtungen. Die Mahd der Wegränder in den Wäldern während des Sommers führt zum Entzug der Nahrungsgrundlage dieses Korbblütler-Spezialisten und anderer Blütenbesucher. EMEIS (1968) berichtet vom fast völligen Verschwinden der Art in Schleswig-Holstein
RL: Gefährdet (3).

Andrena distinguenda

Schenck 1871
Syn.: *A. obsoleta spongiosa* Warncke 1967.

Verbreitung: Südwest- und Mitteleuropa; nordwärts bis 53° n. Br. (WARNCKE 1980c). – In der Bundesrepublik Deutschland vermutlich nur südlich des Mittelgebirgsrandes. – In Baden-Württemberg mit wenigen Ausnahmen nur in der Oberrheinebene und im Kraichgau nachgewiesen. Funddaten ab 1960: LU92 Ihringen 1♀ 15. 5. 1965 (G). Material: 18♂♂,64♀♀.
Lebensraum: Die durchweg älteren Funde stammen aus Feldfluren und von Ruderalstellen.
Nistweise: Nistet in selbstgegrabenen Hohlräumen in der Erde, nach KOCOUREK (1966) einzeln.

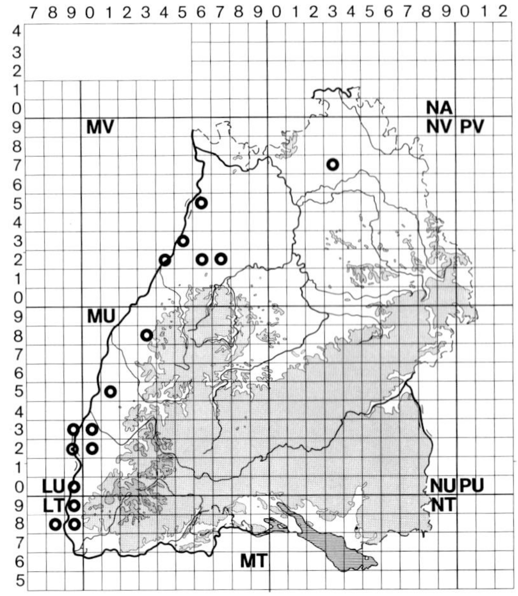

Andrena distinguenda

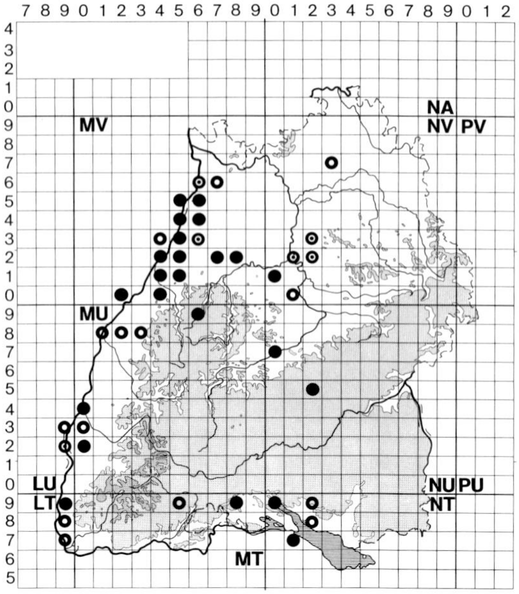

Andrena dorsata

Blütenbesuch: Oligolektische, auf Brassicaceae (Kreuzblütler) spezialisierte Art. Pollenquellen: Raps *(Brassica napus)*, Rübsen *(Brassica rapa)*, Hederich *(Raphanus raphanistrum)*, Hirtentäschel *(Capsella bursa-pastoris)*, Echtes Barbarakraut *(Barbarea vulgaris)*, Pfeilkresse *(Cardaria draba)*.
Kuckucksbienen: Unbekannt.
Phänologie: Univoltin. Flugzeit von Ende April bis Anfang Juni (♂♂ 4. 4.–12. 6.; ♀♀ 21. 4.–12. 6.).
Bestandessituation: Während die Art in Baden-Württemberg vor 1960 noch regelmäßig und an ihren Fundorten oft in größerer Anzahl festgestellt wurde, wurde sie nach 1960 nur noch einmal im Jahre 1965 nachgewiesen. Wie *Andrena carbonaria* scheint auch diese Art von der Intensivierung der Landbewirtschaftung in der Oberrheinebene besonders stark betroffen zu sein. Trotz gezielter Nachsuche gelang mir kein einziger Wiederfund. Möglicherweise gibt es – v. a. im Kaiserstuhl – noch versprengte Reste, deren Auffinden wohl eher eine Frage des Zufalls ist.
RL: Ausgestorben oder verschollen (0).

Andrena dorsata

(Kirby 1802)
Syn.: *A. propinqua* Schenck 1853.

Verbreitung: Fast ganz Europa, nordwärts bis 57° n. Br. (Warncke 1981). – In der Bundesrepublik Deutschland keine Verbreitungsgrenze. – In Baden-Württemberg weit verbreitet, von der Ebene bis in die höheren Lagen der Mittelgebirge. Material: 94♂♂, 207♀♀.
Lebensraum: Hochwasserdämme, Sand- und Kiesgruben, Magerrasen (Wacholderheiden), Weinbergbrachen, Waldränder. Nester an schütter bewachsenen Böschungen und Rainen, in sandigem wie in lehmigem Boden.
Nistweise: Nistet in selbstgegrabenen Hohlräumen in der Erde. Aggregationen sind mir nicht bekannt geworden.
Blütenbesuch: Polylektische Art (8 Pflanzenfamilien). Pollenquellen: Apiaceae: Wiesen-Bärenklau *(Heracleum sphondylium)*, Wilde Möhre *(Daucus carota)*, Kleine Bibernelle *(Pimpinella saxifraga)*; Asteraceae: Margerite *(Leucanthemum vulgare)*; Brassicaceae: Raps *(Brassica napus)*, Rübsen *(Brassica rapa)*, Weißer Senf *(Sinapis alba)*, Acker-Senf *(Sinapis arvensis)*, Pfeilkresse *(Cardaria draba)*, Berg-Steinkraut *(Alyssum saxatile)*, Berg-Steinkraut *(Alyssum montanum)*; Cucurbitaceae: Zweihäusige Zaunrübe *(Bryonia dioica)*; Fabaceae: Gewöhnlicher Hornklee *(Lotus corniculatus)*, Weißer Steinklee *(Melilotus alba)*; Lamiaceae: Gewöhnlicher Dost *(Origanum vulgare)*; Rosaceae: Himbeere *(Rubus idaeus)*, Blutwurz *(Potentilla erecta)*, Weiden-Spierstrauch *(Spiraea salicifolia)*, Zwetschge *(Prunus domestica)*, Birne *(Pyrus communis)*, Garten-Apfelbaum *(Malus do-*

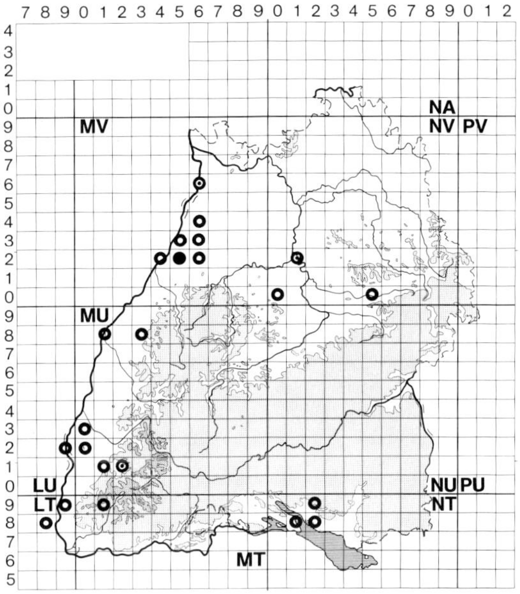

Andrena eximia

mestica); Salicaceae: Purpur-Weide *(Salix purpurea)*, Silber-Weide *(Salix alba)*.
Kuckucksbienen: *Nomada zonata*.
Phänologie: Bivoltin. Flugzeit von Mitte April bis Ende Mai (♂♂ 29. 3.–17. 5.; ♀♀ 9. 4.–22. 5.) und von Anfang Juli bis Mitte August (♂♂ 23. 6.–21. 7.; ♀♀ 28. 6.–18. 8.).
Bestandessituation: Die nach wie vor ziemlich häufige und stellenweise in größerer Zahl anzutreffende Art ist in Baden-Württemberg nicht gefährdet.
Bemerkungen: Mit DYLEWSKA (1987) betrachte ich *A. dorsata* und *A. propinqua* als conspezifisch. Als Unterarten (vgl. WARNCKE 1986c) können die beiden Taxa aufgrund sympatrischer Verbreitung nicht aufgefaßt werden.

Andrena enslinella

Stoeckhert 1924
Syn. *A. chimaera* Blüthgen 1949.

Verbreitung: Noch wenig bekannt, z. B. Yugoslawien, Bulgarien, Tschechoslowakei (PITTIONI 1948), Ukraine (STOECKHERT 1954), Österreich. – In der Bundesrepublik Deutschland bisher nur von wenigen Orten Bayerns gemeldet (STOECKHERT 1954) sowie aus Baden-Württemberg, wo Balles bei Tauberbischofsheim am 20. 5. 1940 1♂ gefangen haben soll (STOECKHERT 1954), das mir nicht vorlag.
Lebensraum: Mir unbekannt. Die Nester fand KOCOUREK (1966) in Böschungen und im Bereich von Straßengräben.
Nistweise: Nistet in selbstgegrabenen Hohlräumen in der Erde.
Blütenbesuch: Vermutlich oligolektische, auf Brassicaceae (Kreuzblütler) spezialisierte Art, von der bisher nur wenige Pollenquellen belegt sind: Pfeilkresse *(Cardaria draba)*, Rübsen *(Brassica rapa)*, Schöterich *(Erysimum)*.
Kuckucksbienen: Nach KOCOUREK (1966) *Nomada tenella* Mocsary, die aber aus Deutschland nicht bekannt ist.
Phänologie: Univoltin. Flugzeit von Ende April bis Mitte Juni.
Bemerkungen: Das ♂ wurde erst im Jahre 1942 von STOECKHERT beschrieben.

Andrena eximia

Smith 1847
Syn.: *A. spinigera* auct. nec (Kirby 1802);
A. stragulata Illiger 1806; *A. teutonica* Alfken 1911.

Verbreitung: Aufgrund der Vermengung mit *A. rosae* unzureichend bekannt. In Mitteleuropa jedenfalls weit verbreitet. – In der Bundesrepublik Deutschland keine Verbreitungsgrenze. – In Baden-Württemberg weit über das Land verstreute Nachweise, überwiegend in Lagen unter 500 m. Funddaten ab 1975: MV52 Karlsruhe 1♀ 28. 4. 1985 (S). Material: 56♂♂, 49♀♀.
Lebensraum: Überwiegend in Flußauen, dort auf Hochwasserdämmen und in Feldgehölzen; auch an Waldrändern. Nester in Böschungen, in sandigem oder lehmigem Boden.
Nistweise: Nistet in selbstgegrabenen Hohlräumen in der Erde.
Blütenbesuch: Polylektische Art (3 Pflanzenfamilien), die zum Pollensammeln Bäume und Sträucher bevorzugt. Pollenquellen: Asteraceae: Wiesen-Löwenzahn *(Taraxacum officinale)*; Rosaceae: Süß-Kirsche *(Prunus avium)*; Salicaceae: Sal-Weide *(Salix caprea)*, Purpur-Weide *(Salix purpurea)*, Mandel-Weide *(Salix triandra)*, Korb-Weide *(Salix viminalis)*.
Kuckucksbienen: Unbekannt.
Phänologie: Univoltin. Flugzeit von Ende März bis Mitte Mai (♂♂ 30. 3.–21. 5.; ♀♀ 24. 3.–26. 5.). Überwinterung als Imago.
Bestandessituation: Die Art ist seltener als die nahe verwandte *A. rosae* und zeigt aufgrund des Sammlungsmaterials einen deutlichen Rückgang in den vergangenen 20 Jahren. Ursache hierfür dürfte eher

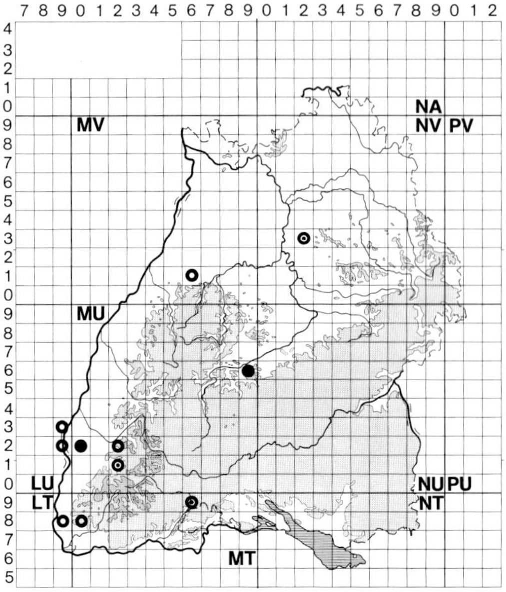

Andrena falsifica

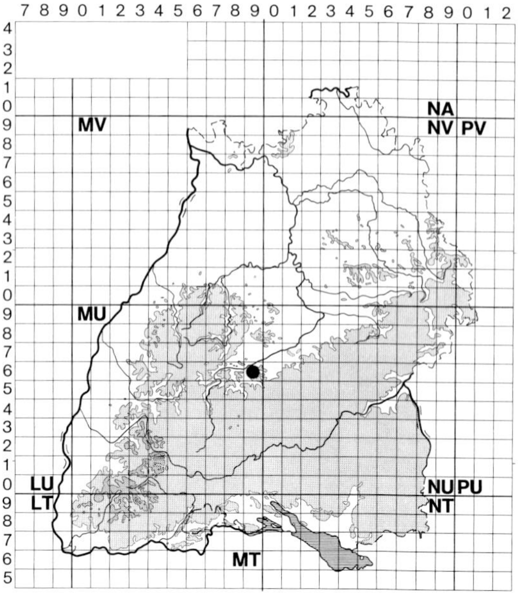

Andrena ferox

der Verlust an Nistplätzen sein, als der Mangel an den keineswegs begrenzten Pollenquellen.
RL: Stark gefährdet (2).
Bemerkungen: Siehe bei *Andrena rosae*.

Andrena falsifica
Perkins 1915

Verbreitung: Europa zwischen 40° und 60° n. Br. (WARNCKE 1981). – In der Bundesrepublik Deutschland keine Verbreitungsgrenze. – In Baden-Württemberg bisher nur recht verstreute Nachweise. Material: 9♂♂, 25♀♀ (einige der Tiere wurden von Grünwaldt, Stoeckhert oder Warncke determiniert).
Lebensraum: Waldränder, Magerrasen, trockene Fettwiesen, Ruderalstellen. Nester an schütter bewachsenen Stellen an Böschungen, Feldrainen und Waldrändern. Eine Bevorzugung bestimmter Bodenarten ist nicht erkennbar. Sandiger Boden wird ebenso besiedelt wie lehmiger Boden.
Nistweise: Nistet einzeln in selbstgegrabenen Hohlräumen in der Erde.
Blütenbesuch: Wahrscheinlich polylektische Art, von der bisher nur folgende Pollenquellen belegt sind: Rosaceae: Frühlings-Fingerkraut *(Potentilla verna)*; Scrophulariaceae: Gamander-Ehrenpreis *(Veronica chamaedrys)*.
Kuckucksbienen: *Nomada flavoguttata*.

Phänologie: Univoltin. Flugzeit von Anfang April bis Ende Mai (♂♂ 2. 4.–31. 5.; ♀♀ 2. 4.–31. 5.).
Bestandessituation: Die unscheinbare und schwierig zu bestimmende Art wird leicht übersehen. Es ist daher schwer zu sagen, ob die Art gefährdet ist.

Andrena ferox
Smith 1847

Verbreitung: Ganz Europa. – In der Bundesrepublik Deutschland nur sehr vereinzelte Nachweise in der Kölner Bucht (AERTS 1949), in Nassau (BUDDEBERG 1895), in Bayern (STOECKHERT 1933), in Rheinland-Pfalz (BRECHTEL 1986) und in Baden-Württemberg. – In Baden-Württemberg nur ein zweifelsfreier Nachweis: MV96 Hemmendorf 1♀ 2. 6. 1983 (W) (WESTRICH 1983c). Bei dem von BALLES (1949) gemeldeten Fund (Achern) handelte es sich um *Andrena bucephala*.
Lebensraum: Die Art wurde von mir an einem reich strukturierten, »historischen« Waldrand angetroffen, an dem auch andere seltene Bienenarten leben. Nester konnten nicht entdeckt werden. Nach LEYS nistet die Art in den Niederlanden in einer extensiv genutzten Pferdekoppel.
Nistweise: Nistet in selbstgegrabenen Hohlräumen in der Erde, manchmal einzeln, unter günstigen Bedingungen in größeren Aggregationen. Die Art lebt kommunal. Zahlreiche ♀♀ benutzen den gleichen

Nesteingang. Die ♂♂ umschwärmen die Laubbäume (meist Eichen) in der Nähe der Nester. Die Paarung vollzieht sich in mehreren Metern Höhe auf den Blättern der Bäume. (KOCOUREK 1966, LEYS 1978, mündl. Mitt., YARROW & GUICHARD 1941).

Blütenbesuch: Polylektische Art (3 Pflanzenfamilien), die Bäume und Sträucher, insbesondere Eichen, deutlich bevorzugt. Pollenquellen: Aceraceae: Feld-Ahorn *(Acer campestre)*; Fagaceae: Stiel-Eiche *(Quercus robur)*; Rosaceae: Zweigriffliger Weißdorn *(Crataegus laevigata)*. Möglicherweise werden noch weitere Baumarten als Pollenquellen genutzt.

Kuckucksbienen: *Nomada mutica*, vielleicht auch *Nomada marshamella*.

Phänologie: Univoltin. Flugzeit von Mai bis Juni.

Bestandessituation: Die in Baden-Württemberg extrem seltene Art hat möglicherweise im Raum Tübingen noch weitere Vorkommen, da dort an zwei Stellen die spezifische Kuckucksbiene gefunden wurde (vgl. bei *Nomada mutica*). Das einzige belegte Vorkommen an den Südwesthängen des Rammerts (ein bewaldeter Höhenzug) ist durch Aufforstungen sowie durch Verbrachen und Verbuschen der früher extensiv genutzen Hangwiesen hochgradig gefährdet. Um dieses einzige Vorkommen langfristig zu erhalten, ist eine unverzügliche Unterschutzstellung und eine an die traditionelle Nutzung angelehnte Pflege notwendig.

RL: Vom Aussterben bedroht (1).

Andrena flavipes

Panzer 1799

Verbreitung: Südeuropa, Mitteleuropa, nordwärts bis 55° n. Br. (WARNCKE 1981). – In der Bundesrepublik Deutschland keine Verbreitungsgrenze. – In Baden-Württemberg weit verbreitet in Lagen unter 400 m. Material: 248♂♂, 235♀♀.

Lebensraum: Ziemlich ubiquitäre Art, die in allen möglichen Lebensräumen angetroffen wird: Waldränder, Hochwasserdämme, trockene Wirtschaftswiesen, Weinbergbrachen, Sand-, Kies- und Lehmgruben, Ruderalstellen, Siedlungsbereich (Gärten und Parks). Nester an schütter bis dicht bewachsenen Stellen an Böschungen, Feldrainen und Waldrändern. Besiedelt sandigen wie lehmigen Boden, der locker, aber auch durch Betritt recht fest sein kann.

Nistweise: Nistet in selbstgegrabenen Hohlräumen in der Erde, meist in mehr oder weniger großen Aggregationen (bisweilen Ansammlungen von mehreren hundert Nestern). Die Brutzellen liegen

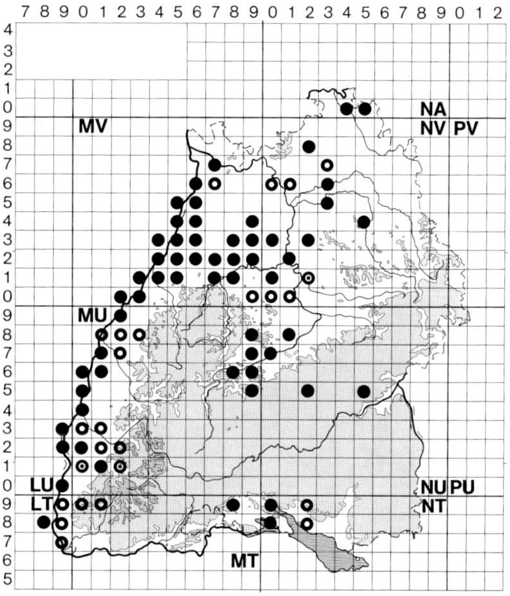

Andrena flavipes

am Ende eines 16–23 cm langen, mehr oder weniger gebogenen Hauptganges. (MARIKOVSKAYA 1972).

Blütenbesuch: Ausgesprochen polylektische Art (17 Pflanzenfamilien) (vgl. CHAMBERS 1968). Pollenquellen: Aceraceae: Feld-Ahorn *(Acer campestre)*, Berg-Ahorn *(Acer pseudoplatanus)*; Apiaceae: Wiesen-Kerbel *(Anthriscus sylvestris)*, Wiesen-Bärenklau *(Heracleum sphondylium)*; Asteraceae: Margerite *(Leucanthemum vulgare)*, Rainfarn *(Tanacetum vulgare)*, Wiesen-Schafgarbe *(Achillea millefolium)*, Acker-Hundskamille *(Anthemis arvensis)*, Gewöhnliche Kratzdistel *(Cirsium vulgare)*, Wiesen-Flockenblume *(Centaurea jacea)*, Rispen-Flockenblume *(Centaurea paniculata)*, Gewöhnliches Greiskraut *(Senecio vulgaris)*, Jakobs-Greiskraut *(Senecio jacobaea)*, Wiesen-Löwenzahn *(Taraxacum officinale)*, Gewöhnliches Ferkelkraut *(Hypochoeris radicata)*, Acker-Gänsedistel *(Sonchus arvensis)*; Brassicaceae: Raps *(Brassica napus)*, Acker-Senf *(Sinapis arvensis)*, Weißer Senf *(Sinapis alba)*, Knoblauchsrauke *(Alliaria petiolata)*, Weg-Rauke *(Sisymbrium officinale)*, Graukresse *(Berteroa incana)*, Felsen-Steinkraut *(Alyssum saxatile)*, Berg-Steinkraut *(Alyssum montanum)*, Blaukissen *(Aubrieta deltoidea)*; Campanulaceae: Rundblättrige Glockenblume *(Campanula rotundifolia)*; Caryophyllaceae: Große Sternmiere *(Stellaria holostea)*; Convolvulaceae: Acker-Winde *(Convolvulus arvensis)*; Cucurbita-

Andrena flavipes, Weibchen auf *Erysimum* × *allionii.*

Andrena florea ♀

ceae: Zweihäusige Zaunrübe *(Bryonia dioica)*; Fabaceae: Luzerne *(Medicago sativa)*, Gewöhnlicher Hornklee *(Lotus corniculatus)*, Weißer Steinklee *(Melilotus alba)*, Roter Wiesenklee *(Trifolium pratense)*, Hornklee *(Lotus corniculatus)*; Fagaceae: Eichen *(Quercus)*; Hypericaceae: Tüpfel-Hartheu *(Hypericum perforatum)*; Lamiaceae: Gundelrebe *(Glechoma hederacea)*, Gefleckte Taubnessel *(Lamium maculatum)*; Papaveraceae: Klatsch-Mohn *(Papaver rhoeas)*; Ranunculaceae: Scharbockskraut *(Ranunculus ficaria)*, Knolliger Hahnenfuß *(Ranunculus bulbosus)*, Kriechender Hahnenfuß *(Ranunculus repens)*; Rosaceae: Frühlings-Fingerkraut *(Potentilla verna)*, Kriechendes Fingerkraut *(Potentilla reptans)*, Brombeere *(Rubus fruticosus)*, Schlehe *(Prunus spinosa)*, Süß-Kirsche *(Prunus avium)*, Birne *(Pyrus communis)*, Zweigriffliger Weißdorn *(Crataegus laevigata)*; Salicaceae: Sal-Weide *(Salix caprea)*; Scrophulariaceae: Gamander-Ehrenpreis *(Veronica chamaedrys)*.
Kuckucksbienen: *Nomada fucata.*
Phänologie: Bivoltin. Flugzeit von Ende März bis Ende Mai und von Anfang Juli bis Anfang September.
Bestandessituation: Die Art gehört in niederen Lagen zu den häufigsten Bienen und ist in Baden-Württemberg nicht gefährdet.

Andrena florea

Fabricius 1793

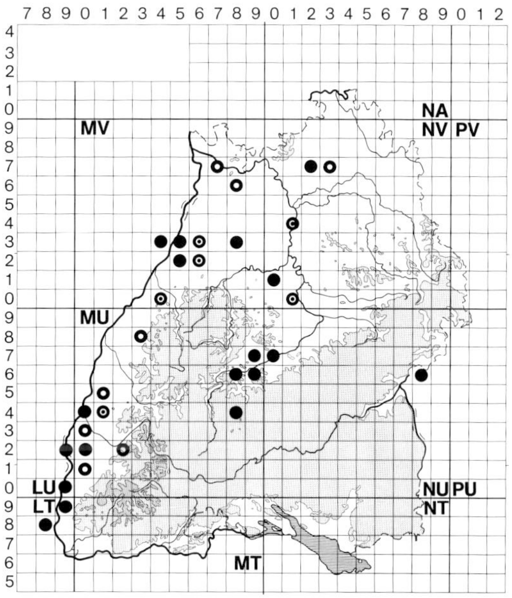

Andrena florea

Verbreitung: Süd- und Mitteleuropa. – Während die Art in der DDR bis in den Raum Berlin vorkommt (STOECKHERT 1954), reicht ihre Verbreitung in der Bundesrepublik Deutschland nordwärts bis zum Niederrhein (AERTS 1960). Südlich davon kommt sie in allen Bundesländern vor. – In Baden-Württemberg weit verbreitet in Lagen unter 400 m. Material: 148♂♂,193♀♀.
Lebensraum: Nur dort, wo die Zaunrübe regelmäßig blüht: Weinberge, Waldränder, Feldhecken, Ruderalstellen, Dörfer und Städte (Gärten, Parks). Nester bevorzugt auf vegetationsfreien oder nur schütter bewachsenen horizontalen Flächen (Erdwege, Plätze), auf sandigem wie lehmigem Untergrund. Durch Begehen oder Befahren verdichtete Stellen werden bevorzugt.
Nistweise: Nistet in selbstgegrabenen Hohlräumen in der Erde, in kleinen Aggregationen (Ansammlungen von bis zu 100 Nestern). Die Nester bleiben während der Versorgungsphase offen und werden nur in den heißen Mittagsstunden geschlossen. Die Brutzellen liegen 5–10 cm tief. Ihre Wandung ist mit kleinen Tröpfchen (Nektar?) versehen. (MALYSHEV 1926, 1936).
Blütenbesuch: Oligolektische, auf *Bryonia* (Cucurbitaceae) spezialisierte Art (vgl. DINGEMANS-BAKELS 1972). Die ausschließlichen Pollenquellen sind die Zweihäusige Zaunrübe *(Bryonia dioica)* und die Weiße Zaunrübe *(Bryonia alba)*. Die beiden *Bryonia*-Arten, die auch von den ♂♂ fast ausschließlich besucht werden, bieten beiden Geschlechtern Nektar. Bei *Bryonia dioica* können nur die männlichen Pflanzen als Pollenquellen dienen.
Kuckucksbienen: Über Jahre hinweg konnte ich an den von mir aufgefundenen Nestern nie eine Kuckucksbiene beobachten.
Phänologie: Univoltin. Flugzeit von Ende Mai bis Anfang August (♂♂ 9. 5.–21. 6.; ♀♀ 21. 5.–30.8).
Bestandessituation: Die v.a. in der Oberrheinebene, im Kaiserstuhl und im Neckartal an nahezu allen Beständen der Zaunrübe anzutreffende und stellenweise in größerer Zahl vorkommende Art ist in Baden-Württemberg trotz ihrer Spezialisierung derzeit nicht gefährdet, da ihre Pollenquelle noch recht häufig ist. Da ein ausreichendes Angebot von Zaunrüben der begrenzende Faktor für das Vorkommen der Art ist, sollten die Nahrungspflanzen grundsätzlich geschont werden. Dies gilt auch für den Siedlungsbereich. Selbst im Garten kann man die Zaunrübe an der Hecke oder am Zaun ansiedeln und damit einer Nahrungsverknappung im Siedlungsbereich entgegenwirken. Da die Art vor-

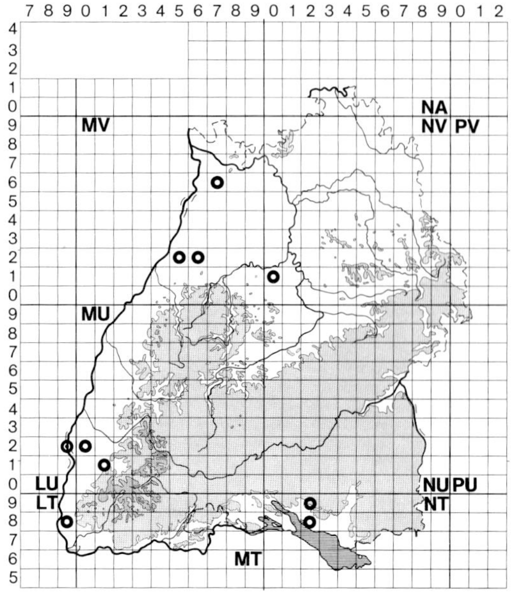

Andrena floricola

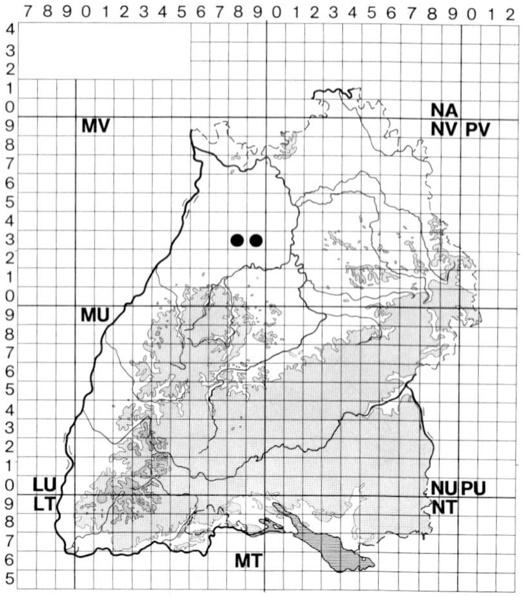

Andrena florivaga

wiegend an stark verdichteten Stellen von unbefestigten Wegen und Plätzen nistet, erleidet sie durch jegliche Art der Befestigung (Asphaltierung, Verschotterung, Belegen mit Platten) unnötige Verluste.

Andrena floricola

Eversmann 1852

Verbreitung: Süd-, Mittel- und Osteuropa; England. – In der Bundesrepublik Deutschland nordwärts bis Hannover (Wagner 1938a). – In Baden-Württemberg bisher nur recht zerstreute Nachweise aus Lagen unterhalb 500 m. Funddaten ab 1965: LU92 Ihringen 1♀ 15. 5. 1965 (G). Material: 7♂♂,17♀♀.
Lebensraum: Die meisten Funde stammen von Feldfluren und von Ruderalstellen. Nester wurden von mir nicht gefunden. Die Art scheint sandige Böden ebenso zu besiedeln wie lehmige.
Nistweise: Nistet einzeln in selbstgegrabenen Hohlräumen in der Erde.
Blütenbesuch: Vielleicht oligolektische, auf Brassicaceae (Kreuzblütler) spezialisierte Art. Bisher belegte Pollenquellen sind: Pfeilkresse *(Cardaria draba)*, Raps *(Brassica napus)*, Rübsen *(Brassica rapa)*, Hederich *(Raphanus raphanistrum)*, Acker-Senf *(Sinapis arvensis)*, Hirtentäschel *(Capsella bursa-pastoris)*, Graukresse *(Berteroa incana)*. – Es ist nicht ganz ausgeschlossen, daß die ♀♀ auch an Apiaceae (Doldenblütler) sammeln.
Kuckucksbienen: Unbekannt.
Phänologie: Bivoltin, aber die beiden Generationen mit wechselnder Häufigkeit. Flugzeit von April bis Mai und von Juli bis August.
Bestandessituation: Eine mögliche Gefährdung der zuletzt im Jahre 1965 nachgewiesenen Art ist schwer abschätzbar.

Andrena florivaga

Eversmann 1852
Syn.: *A. molhusina* Blüthgen 1914.

Verbreitung: Österreich, Tschechoslowakei, Ungarn, Balkanländer, DDR (Blüthgen 1916, Müller 1944, Stoeckhert 1954), BRD. – In der Bundesrepublik Deutschland nur sehr vereinzelte Nachweise: Hildesheim, Frankfurt a.M., Schwalbach (Riemann 1985, Westrich 1984a). Ein weiterer, bisher unbekannter Fund bei Marburg (2♂♂ 7. 4. 1961 leg. Wolf). – In Baden-Württemberg wurde die Art erst 1984 im Kraichgau zum ersten Mal nachgewiesen (vgl. Westrich & Schmidt 1985b). Funddaten: MV83 Bauerbach 2♂♂ 22. 5. 1984; 2♀♀ 1. 6. 1984 (W). MV93 Häfnerhaslach 1♀ 1. 6. 1984 (W).
Lebensraum: Mir selbst begegnete die Art auf mäßig trockenen Fettwiesen (Salbei-Glatthaferwie-

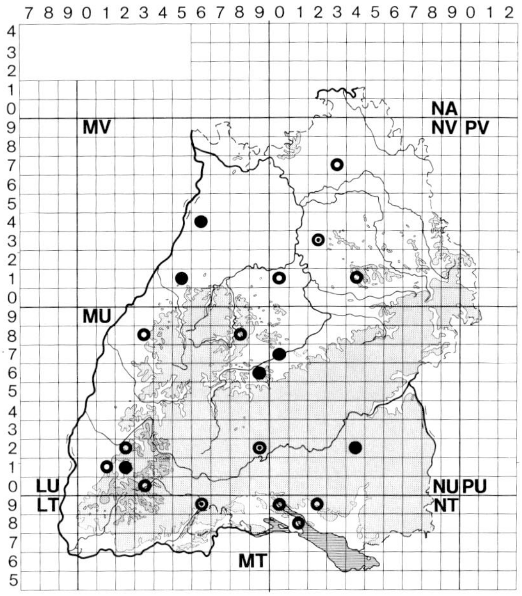

Andrena fucata

sen) auf Lößlehm. Funde außerhalb Baden-Württembergs stammen aus Sandgebieten. Wolf fing die Art auf einem Trockenhang. Die Nester fand KOCOUREK (1966) in einem mäßig geneigten, unbewachsenen Abhang neben einem Feldweg.

Nistweise: Nistet einzeln in selbstgegrabenen Hohlräumen in der Erde.

Blütenbesuch: Polylektische Art (3 Pflanzenfamilien). Pollenquellen: Asteraceae: Löwenzahn *(Taraxacum officinale)*; Brassicaceae: Hirtentäschel *(Capsella bursa-pastoris)*; Ranunculaceae: Scharfer Hahnenfuß *(Ranunculus acris)*.

Kuckucksbienen: Nach KOCOUREK (1966) *Nomada guttulata*.

Phänologie: Univoltin. Flugzeit von Ende Mai bis Ende Juni.

Bestandessituation: Die auch außerhalb Baden-Württembergs sehr seltene Art erscheint mir an ihren beiden Fundorten nur durch eine Nutzungsänderung beeinträchtigt. Da diese aber bereits abzusehen ist, da auch das Umfeld der Fundstellen bereits intensivst landwirtschaftlich genutzt wird, ist die Art in Baden-Württemberg vom Aussterben bedroht.

RL: Vom Aussterben bedroht (1).

Bemerkungen: Die Diagnose des ♀ ist in SCHMIEDEKNECHT (1930:940) aufgeführt, während das ♂ erst von BLÜTHGEN (1949:79–81) unter dem Namen *molhusina* beschrieben wurde. Die im SCHMIEDEKNECHT (1930:982) für das ♂ von *molhusina* angegebenen Merkmale beziehen sich tatsächlich auf *enslinella*. Unterscheidungsmerkmale der ♂♂ von *A. florivaga* und *A. chrysosceles* gibt RIEMANN (1985).

Andrena fucata
Smith 1847

Verbreitung: Westeuropa bis Südwestspanien, Mitteleuropa, südliches Nordeuropa. In den Alpen bis 2000 m (BEAUMONT 1958, SCHEDL 1982). – In der Bundesrepublik Deutschland keine Verbreitungsgrenze, auch im Norden (vgl. HAESELER 1972, RIEMANN 1987a). – In Baden-Württemberg weit über das Land verstreute Funde, von der Ebene bis in die höheren Lagen der Mittelgebirge. Material: 35♂♂, 35♀♀.

Lebensraum: Vor allem in Waldgebieten, dort an Waldrändern und auf Waldlichtungen, vereinzelt auch in waldartigen Parkanlagen von Städten, gelegentlich auch außerhalb von Wäldern. Nester an schütter bewachsenen Stellen an Böschungen und Waldrändern, in sandigem oder lehmigem Boden.

Nistweise: Nistet einzeln in selbstgegrabenen Hohlräumen in der Erde.

Blütenbesuch: Polylektische Art (6 Pflanzenfamilien) (vgl. CHAMBERS 1968). Pollenquellen: Apiaceae: Hecken-Kälberkropf *(Chaerophyllum temulum)*; Brassicaceae: Raps *(Brassica napus)*, Acker-Senf *(Sinapis arvensis)*, Weißer Senf *(Sinapis alba)*, Echtes Barbarakraut *(Barbarea vulgaris)*; Cistaceae: Gewöhnliches Sonnenröschen *(Helianthemum nummularium)*; Ranunculaceae: Scharfer Hahnenfuß *(Ranunculus acris)*; Rosaceae: Brombeere *(Rubus fruticosus)*, Himbeere *(Rubus idaeus)*, Heckenrose *(Rosa canina)*, Fingerkraut *(Potentilla)*; Scrophulariaceae: Gamander-Ehrenpreis *(Veronica chamaedrys)*.

Kuckucksbienen: *Nomada panzeri*.

Phänologie: Univoltin. Flugzeit von Ende April bis Ende Juni (♂♂ 14. 4.–19. 6.; ♀♀ 9. 4.–7. 7.).

Bestandessituation: Die Art ist zwar nicht gerade häufig, da sie aber hinsichtlich ihrer Nahrungsansprüche nicht spezialisiert ist und vorwiegend in Waldgebieten vorkommt, erscheint sie mir in Baden-Württemberg derzeit nicht gefährdet.

Andrena fulva
(Müller 1766)
Syn.: *A. armata* (Gmelin 1790).

Verbreitung: Westeuropa, ostwärts bis zum Balkan (WARNCKE 1981). – In der Bundesrepublik

Andrena fulva, Weibchen an *Ribes uva-crispa*.

Deutschland keine Verbreitungsgrenze. Die Art ist erst um die Jahrhundertwende nach Norddeutschland vorgedrungen (vgl. SCHRÖDER 1922, WAGNER 1937) und ist dort heute häufig (RIEMANN 1987a). – In Baden-Württemberg weit verbreitet, von der Ebene bis in die höheren Lagen der Mittelgebirge. Die Art dürfte annähernd flächendeckend verbreitet sein. Material: 110♂♂, 193♀♀.

Lebensraum: Lichte Wälder, Waldränder, Hochwasserdämme, Weinberge. Siedlungsschwerpunkt aber in Dörfern und Städten (Gärten, Parks). Die Nester werden meist an nicht oder nur schütter bewachsenen, sonnigen oder halbschattigen Stellen angelegt, z.B. in Wegen, an Wegrändern, in Pflasterfugen, unter Hecken, am Fuße von Gartenmauern, aber auch in Parkrasen.

Nistweise: Nistet in selbstgegrabenen Hohlräumen in der Erde, unter günstigen Bedingungen auch in größeren Aggregationen (über 1000 bauende ♀♀, bis zu 50 Nester pro Quadratmeter). Der Hauptgang kann bis zu 55 cm tief in den Boden reichen. (ALFKEN 1915a, GUSENLEITNER 1985a, KETTNER 1968a, KLAUSNITZER 1976, MÜLLER 1944, PERKINS 1919b, SCHROEDER 1922, WAGNER 1937).

Blütenbesuch: Ausgesprochen polylektische Art (10 Pflanzenfamilien) (vgl. CHAMBERS 1968). Pollenquellen: Aceraceae: Feld-Ahorn *(Acer campestre)*, Berg-Ahorn *(Acer pseudoplatanus)*; Aquifoliaceae: Stechpalme *(Ilex aquifolium)*; Berberidaceae: Berberitze *(Berberis vulgaris)*; Brassicaceae: Raps *(Brassica napus)*, Rübsen *(Brassica rapa)*; Buxaceae: Buchsbaum *(Buxus sempervirens)*; Caprifoliaceae: Wolliger Schneeball *(Viburnum lantana)*; Fagaceae: Eichen *(Quercus)*; Grossulariaceae: Stachelbeere *(Ribes uva-crispa)*, Rote Johannisbeere *(Ribes rubrum)*, Alpen-Johannisbeere *(Ribes alpinum)*; Ranunculaceae: Scharbockskraut *(Ranunculus ficaria)*; Rosaceae: Zweigriffliger Weißdorn *(Crataegus laevigata)*, Süßkirsche *(Prunus avium)*, Schlehe *(Prunus spinosa)*, Gewöhnliche Zwergmispel *(Cotoneaster integerrimus)*, Kanadische Felsenbirne *(Amelanchier canadensis)*; Salicaceae: Sal-Weide *(Salix caprea)*. – Besonders häufig trifft man die Art beim Besuch von Stachel- oder Johannisbeeren.

Kuckucksbienen: *Nomada signata, Nomada panzeri.*

Phänologie: Univoltin. Flugzeit von Ende März bis Mitte Mai (♂♂ 9. 3.–25. 4.; ♀♀ 14. 4.–26. 5.). Überwinterung als Imago (BRADLEY 1894)

Bestandessituation: Die regelmäßig auch im Siedlungsbereich anzutreffende, durchaus häufige Art ist in Baden-Württemberg nicht gefährdet.

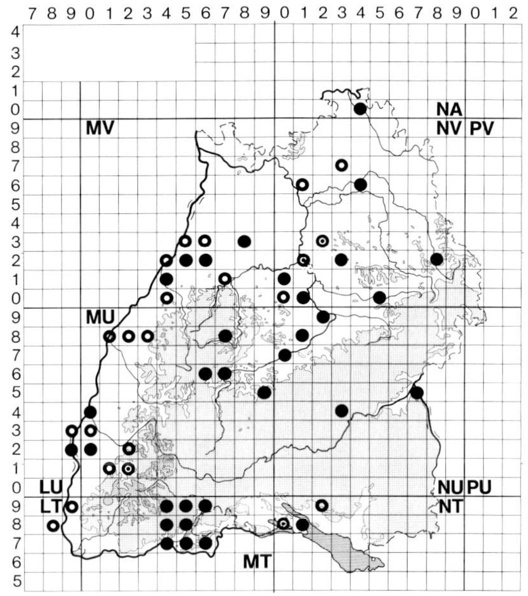

Andrena fulva

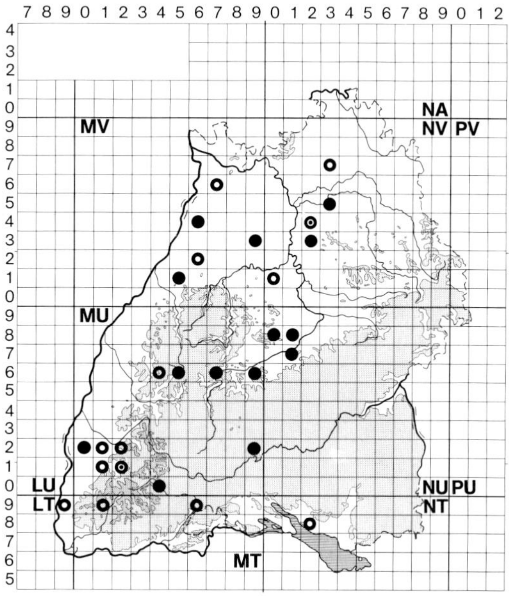

Andrena fulvago

Andrena fulvago
(Christ 1791)

Verbreitung: Süd- und Mitteleuropa, nordwärts bis Süd-Schweden, westwärts bis England und Schottland, ostwärts bis zum Kaukasus (GRÜNWALDT 1939). In den Schweizer Alpen bis 2000 m (BEAUMONT 1958). – In der Bundesrepublik Deutschland keine Verbreitungsgrenze. – In Baden-Württemberg über weite Teile des Landes verstreute Nachweise, von der Ebene bis in die höheren Lagen der Mittelgebirge (im Schwarzwald bis ca. 900 m). Material: 21♂♂,26♀♀.
Lebensraum: Waldränder, trockene Fettwiesen, Streuobstwiesen, Hochwasserdämme, Magerrasen, als Nahrungsgast auch auf feuchten Bergwiesen, Lehmgruben, vereinzelt auch im Siedlungsbereich. Nester an schütter bewachsenen Stellen auf horizontalen Flächen und auf Böschungen, auch unter Gebüsch. Besiedelt sowohl sandigen als auch lehmigen Boden.
Nistweise: Nistet in selbstgegrabenen Hohlräumen in der Erde, einzeln oder in kleinen Aggregationen (GRÜNWALDT 1939).
Blütenbesuch: Oligolektische, auf Asteraceae (Korbblütler), besonders Cichorieen und Cynareen spezialisierte Art. Pollenquellen: Wiesen-Löwenzahn *(Taraxacum officinale)*, Kleines Habichtskraut *(Hieracium pilosella)*, Rauher Löwenzahn *(Leontodon hispidus)*, Wiesen-Pippau *(Crepis biennis)*, Gewöhnliches Ferkelkraut *(Hypochoeris radicata)*, Niedrige Schwarzwurzel *(Scorzonera humilis)*, Wiesen-Flockenblume *(Centaurea jacea)*.
Kuckucksbienen: KOCOUREK (1966) vermutet *Nomada femoralis*, GRÜNWALD (1939) beobachtete *Nomada integra*.
Phänologie: Univoltin. Flugzeit von Mitte Mai bis Ende Juni (♂♂ 23. 4.–17. 7.; ♀♀ 19. 5.–28. 6.).
Bestandessituation: Die Art wurde seit 1975 zwar noch an verschiedensten Orten des Landes aufgefunden, dennoch kann sie nicht als häufig bezeichnet werden. Sie ist in besonderem Maße von einer extensiven Grünlandnutzung abhängig und dort am ehesten zu finden, wo magere Wiesen an reich strukturierte, historische Waldränder grenzen. Durch Beeinträchtigung oder vielerorts völlige Vernichtung dieses Lebensraums ist die Art gefährdet. RL: Gefährdet (3).

Andrena fulvata
Stoeckhert 1930

Verbreitung: Deutschland, Luxemburg, Tschechoslowakei, Österreich, Schweiz, Frankreich, Norditalien. – In der Bundesrepublik Deutschland nordwärts bis Dillenburg in Hessen (WOLF 1959). – In Baden-Württemberg sicher noch weiter verbreitet, als aus der Karte ersichtlich. Die Art scheint in Ausbreitung begriffen zu sein. Sie dürfte sich bei

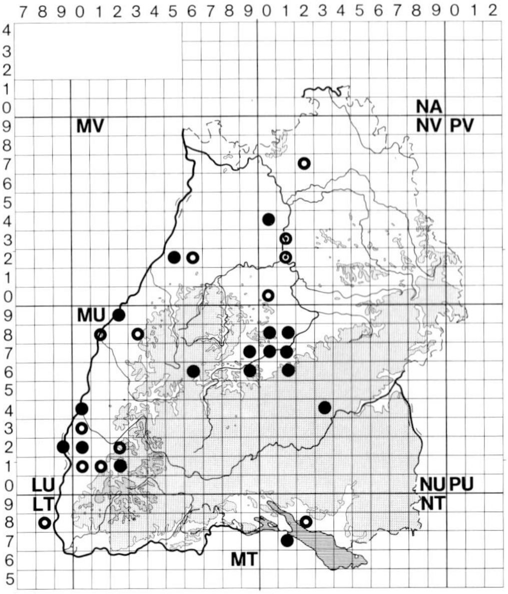

Andrena fulvata

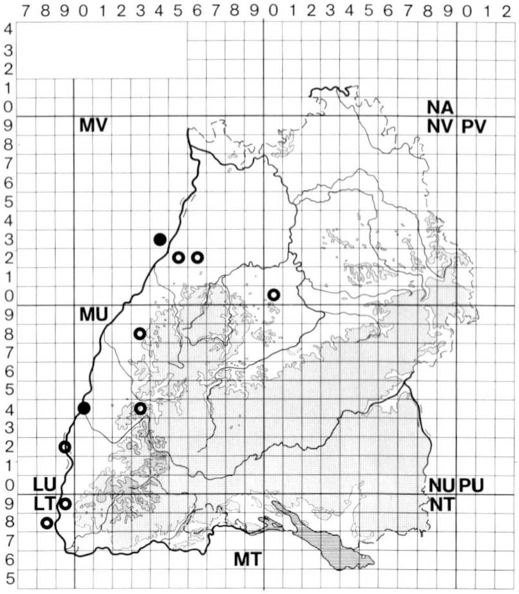

Andrena fulvida

höherer Erfassungsintensität in allen Landesteilen nachweisen lassen (vgl. hierzu die gehäuften Funde im Tübinger Raum). Sie kommt von der Ebene bis in die höheren Lagen der Mittelgebirge vor (auf der Schwäbischen Alb bis ca. 800 m). Material: 22♂♂,45♀♀.

Lebensraum: Waldränder, Waldlichtungen, trokkene Fettwiesen, Streuobstwiesen, Hochwasserdämme, Magerrasen (Wacholderheiden), Böschungen in der Feldflur oder in Weinbergen. Nester an schütter bewachsenen Stellen von Böschungen und Rainen. Besiedelt sowohl sandigen als auch lehmigen Boden.

Nistweise: Nistet einzeln in selbstgegrabenen Hohlräumen in der Erde.

Blütenbesuch: Polylektische Art (7 Pflanzenfamilien). Pollenquellen: Asteraceae: Margerite *(Leucanthemum vulgare)*, Wiesen-Löwenzahn *(Taraxacum officinale)*; Betulaceae: Hängebirke *(Betula pendula)*; Brassicaceae: Wiesen-Schaumkraut *(Cardamine pratensis)*; Caryophyllaceae: Große Sternmiere *(Stellaria holostea)*; Gentianaceae: Frühlings-Enzian *(Gentiana verna)*; Rosaceae: Zweigriffliger Weißdorn *(Crataegus laevigata)*; Ranunculaceae: Scharfer Hahnenfuß *(Ranunculus acris)*, Knolliger Hahnenfuß *(Ranunculus bulbosus)*.

Kuckucksbienen: Unbekannt.

Phänologie: Univoltin. Flugzeit von Anfang April bis Ende Mai (♂♂ 25. 3.–2. 5.; ♀♀ 21. 3.–11. 6.).

Bestandessituation: Die offensichtlich ziemlich anspruchslose und durchaus häufige Art ist in Baden-Württemberg nicht gefährdet.

Andrena fulvida

Schenck 1853

Verbreitung: Deutschland, Niederlande, Polen, Tschechoslowakei, Österreich. – In der Bundesrepublik Deutschland keine Verbreitungsgrenze, auch im Norden (vgl. Riemann 1987a), insgesamt nur zerstreut. – In Baden-Württemberg nur vereinzelte Nachweise ohne erkennbaren Verbreitungsschwerpunkt. Funddaten: LT88 Istein 1♂,1♀ 19. 5. 1928 (MNF). LT99 Neuenburg 1♀ 22. 5. 1927 (MNF). LU92 Burkheim 1♀ 2. 6. 1928 (MNF). MU04 Kappel, Taubergießen 2♀♀ 20. u. 23. 6. 1986 (BIUF). MU38 Achern 1♂ 19. 5. 1931 (LNK) (Balles 1949). MU34 Haslach i.T. 1♀ 25. 6. 1931 (LNK) (Balles 1949). MV43 Knielingen, Langengrund 1♀ 3. 6. 1984 (S) (Westrich & Schmidt 1985b). MV52 Scheibenhardt 1♀ 11. 6. 1928 (NK). MV62 Durlach 2♂♂ 18. 5. 1932 (NK); 1♂ 23. 5. 1931 (NK); 1♀ 6. 5. 1934 (Grünwaldt). NV00 Stuttgart 1♀ 5. 6. 1905 (SMNS).

Lebensraum: Die Art wurde überwiegend in Waldgebieten angetroffen, insbesondere an Waldrändern und auf Waldlichtungen. Vereinzelt kommt sie auch außerhalb des Waldes vor. Nester wurden

Andrena fuscipes ♀

nicht gefunden. Eine Bevorzugung bestimmter Bodenarten ist anhand der bisherigen Funde nicht erkennbar.
Nistweise: Nistet in selbstgegrabenen Hohlräumen in der Erde.
Blütenbesuch: Ausgesprochen polylektische Art (13 Pflanzenfamilien). Pollenquellen: Aceraceae: Feld-Ahorn *(Acer campestre)*; Brassicaceae: Raps *(Brassica napus)*, Acker-Senf *(Sinapis arvensis)*; Campanulaceae: Wiesen-Glockenblume *(Campanula patula)* ; Cornaceae: Roter Hartriegel *(Cornus sanguinea)*; Ericaceae: Heidelbeere *(Vaccinium myrtillus)*; Fabaceae: Luzerne *(Medicago sativa)*. Geraniaceae: Wald-Storchschnabel *(Geranium sylvaticum)*; Liliaceae: Lilie *(Lilium)*; Plantaginaceae: Breitwegerich *(Plantago major)*; Oleaceae: Liguster *(Ligustrum vulgare)*; Ranunculaceae: Scharfer Hahnenfuß *(Ranunculus acris)*; Rhamnaceae: Faulbaum *(Rhamnus frangula)*; Valerianaceae: Gemeiner Baldrian *(Valeriana officinalis)*.
Kuckucksbienen: *Nomada opaca*.
Phänologie: Univoltin. Flugzeit von Anfang Mai bis Mitte Juni.
Bestandessituation: Die offensichtlich sehr seltene Art wurde in Baden-Württemberg seit 1940 nur zweimal, zuletzt 1984 gefunden. Ob eine akute Gefährdung vorliegt, läßt sich anhand der wenigen Funde nicht ermitteln.
RL: Potentiell gefährdet (4).

Andrena fuscipes
(Kirby 1802)

Verbreitung: Europa zwischen 42° und 63° n. Br. (WARNCKE 1981). – In der Bundesrepublik Deutschland keine Verbreitungsgrenze, im Norden häufiger als im Süden. – In Baden-Württemberg nur vereinzelte Nachweise in der nördlichen Oberrheinebene und im Schwarzwald. Die meisten Fundorte liegen unterhalb 500 m, vereinzelt auch darüber. Funddaten ab 1960: MV67 Mannheim-Rheinau 1♂ 29. 8. 1984 (W). Material: 28♂♂, 27♀♀.
Lebensraum: Das Vorkommen der Art wird von ausreichend großen Beständen des Heidekrauts bestimmt. Siedlungsschwerpunkt daher in Sandgebieten, dort in Sand- und Moorheiden, an Waldrändern, auf Waldlichtungen und in alten Sandgruben.
Nistweise: Nistet in selbstgegrabenen Hohlräumen in der Erde.
Blütenbesuch: Oligolektische, auf spätblühende Ericaceae (Heidekrautgewächse) spezialisierte Art.

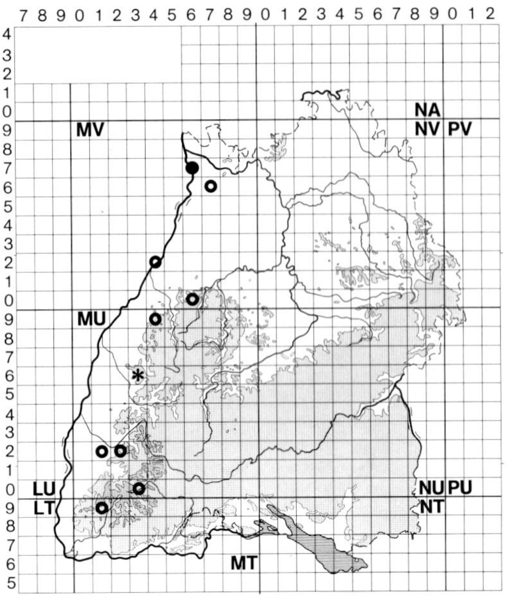

Andrena fuscipes

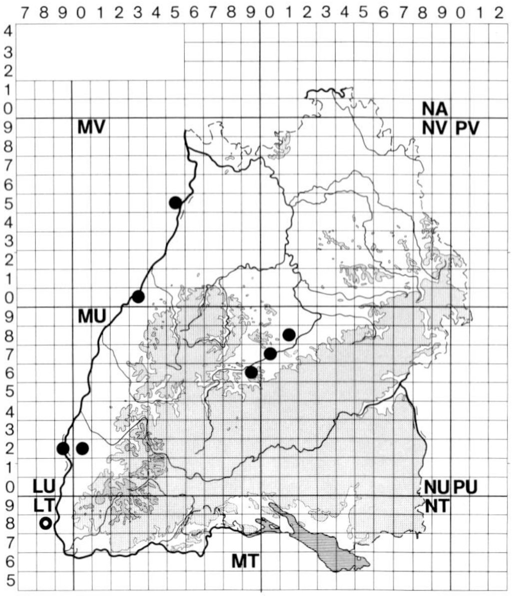

Andrena gelriae

In Mitteleuropa ist als einzige Pollenquelle das Heidekraut *(Calluna vulgaris)* belegt. In anderen Gebieten dürften auch *Erica*-Arten zum Pollensammeln genutzt werden.
Kuckucksbienen: *Nomada rufipes*, durch zahlreiche Beobachtungen belegt.
Phänologie: Univoltin. Flugzeit von Anfang August bis Anfang September (♂♂ 6. 8.–8. 9.; ♀♀ 6. 8.–8. 9.).
Bestandessituation: Die Art ist durch den Rückgang offener Sandflächen, in denen das Heidekraut vorkommt, gefährdet. Seit 1960 wurde nur noch ein Vorkommen in einem Flugsandfeld der nördlichen Oberrheinebene festgestellt, das durch teilweise Aufforstung bereits stark beeinträchtigt ist. Vielleicht kommt die Art im Schwarzwald noch vor, wenngleich sie dort trotz gezielter Suche nicht mehr aufgefunden wurde. Wichtigste Schutzmaßnahme ist der Verzicht der Aufforstung von Sandgebieten mit Heidekraut-Beständen.
RL: Stark gefährdet (2).

Andrena gelriae

Vecht 1927

Verbreitung: Aufgrund der schwer bestimmbaren ♀♀ unzureichend bekannt. Nordwärts jedenfalls bis 64° n. Br. – In der Bundesrepublik Deutschland vermutlich keine Verbreitungsgrenze. – In Baden-Württemberg aufgrund der Nachweise von ♂♂ und zweifelsfreier ♀♀ weit verstreut, überwiegend in Lagen unter 500 m. Material: 3♂♂, 11♀♀.
Lebensraum: Mir begegnete die Art vor allem auf Trockenrasen und Magerwiesen (Salbei-Glatthaferwiesen), vereinzelt auch an warmen Waldrändern. Nester wurden nicht gefunden; eine Bevorzugung bestimmter Bodenarten ist anhand der bisherigen Funde nicht erkennbar.
Nistweise: Nistet in selbstgegrabenen Hohlräumen in der Erde.
Blütenbesuch: Oligolektische, auf Fabaceae (Schmetterlingsblütler) spezialisierte Art. Pollenquellen: Roter Wiesenklee *(Trifolium pratense)*, Futter-Esparsette *(Onobrychis viciifolia)*, Gewöhnlicher Hornklee *(Lotus corniculatus)*.
Kuckucksbienen: Vermutlich *Nomada rhenana.*
Phänologie: Univoltin. Flugzeit von Anfang Juni bis Ende Juli.
Bestandessituation: Da die Art schwerpunktmäßig auf trockenwarmem, magerem Grünland vorkommt, war sie vermutlich bereits in den vergangenen Jahrzehnten landesweit im Bestand rückläufig. Sie ist daher zumindest als gefährdet zu betrachten. Ihre Erhaltung hängt stark von einer extensiven Wiesennutzung ab.
RL: Gefährdet (3).
Bemerkungen: Die Diagnose in Schmiedeknecht (1930: 936 u. 985) bezieht sich auf die nah verwandte *A. intermedia.*

Andrena granulosa

Pérez 1902

Verbreitung: Südeuropa, vereinzelt in den Wärmegebieten Mitteleuropas. Die nördlichsten Vorkommen liegen am Kyffhäuser in der DDR (Blüthgen 1941, Stoeckhert 1954). – In der Bundesrepublik Deutschland nur in Bayern (Stoeckhert 1933, 1954) und in Baden-Württemberg (Strohm 1924, Leininger 1927). – In Baden-Württemberg nur vereinzelte Nachweise, von denen die meisten vom Kaiserstuhl, vom Isteiner Klotz und vom Markgräfler Hügelland stammen. Funddaten: LT88 Istein 4♀♀ 3. 7. 1926; 3♀♀ 19. 6. 1924 (MNF); 2♀ 21. 6. 1931 (Grünwaldt). LT97 3♀♀ 20. 6. 1926 (MNF). LT99 Neuenburg 1♀ 22.–24. 6. 1929 (NK); Innerberg 1♀ 4. 6. 1952 (MNF). LU92 Achkarren 1♂,4♀♀ 1924–1927, 1935 (LNK, MNF). MU01 Ebringen 1♀ 5. 6. 1924 (NK). MU02 Oberbergen, Badberg 2♀♀ 1. 6. 1924; 1♂ 6. 7. 1934 (NK); Vogtsburg 1♀ 19. 6. 1938 (MNF). MU99 Aidlingen 1♀ 30. 7. 1930 (SMNS). MV62 Grötzingen 1♂ 8. 7. 1933 (NK).

Lebensraum: Nur auf Magerrasen trockenwarmer Standorte. Eine Bevorzugung bestimmter Bodenarten zur Nestanlage scheint nicht vorzuliegen.

Nistweise: Nistet in selbstgegrabenen Hohlräumen in der Erde.

Blütenbesuch: Streng oligolektische, auf *Helianthemum* (Cistaceae) spezialisierte Art. Hauptpollenquelle in Mitteleuropa ist das Gewöhnliche Sonnenröschen *(Helianthemum nummularium)*. Weitere Pollenquellen: Graues Sonnenröschen *(Helianthemum canum)*, Apenninen-Sonnenröschen *(Helianthemum apenninum)*. Da *Helianthemum* keinen Nektar bietet, müssen gleichzeitig andere Pflanzenarten als (austauschbare) Nektarquellen im Lebensraum vorhanden sein.

Kuckucksbienen: Unbekannt.

Phänologie: Univoltin. Flugzeit von Ende Mai bis Anfang Juli (♂♂ 17. 5.–8. 7.; ♀♀ 20. 5.–30. 7.).

Bestandessituation: Die letzten Nachweise dieser auch in früheren Jahrzehnten offensichtlich seltenen Art stammen aus dem Jahre 1952! Trotz mehrfacher gezielter Suche konnte die Art im Kaiserstuhl, wo sie heute noch am ehesten zu erwarten wäre, nicht mehr aufgefunden werden. Dabei wurden die Blüten des Sonnenröschens bereits bald nach Sonnenaufgang über Stunden hinweg regelmäßig abgesucht, jedoch ohne Erfolg. Es ist mir unerklärlich, warum die Art in den letzten drei Jahrzehnten nicht mehr festgestellt wurde. Nach wie vor gibt es im Bereich der ehemaligen Fundorte große Bestände des Sonnenröschens. Vielleicht

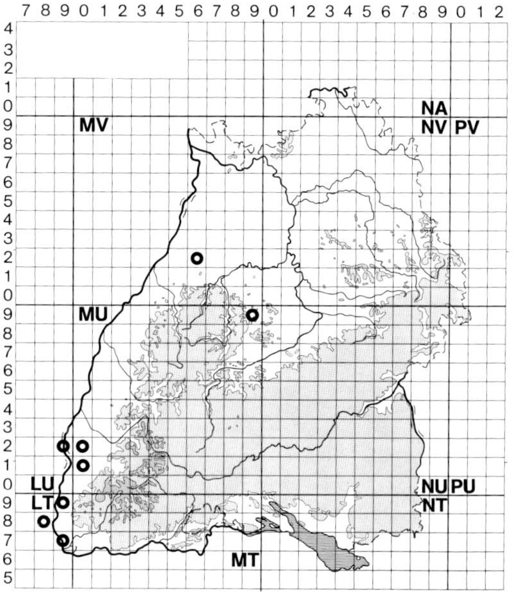

Andrena granulosa

wurde die Art von mir auch übersehen, da es mir bisher nicht möglich war, an allen Stellen im Kaiserstuhl und am Isteiner Klotz zu suchen, wo die Art noch potentiell vorkommen könnte. Sollte die Art wiederaufgefunden werden, sind unverzüglich Flächenschutzmaßnahmen zu ergreifen.

RL: Ausgestorben oder verschollen (0).

Bemerkungen: Bei Warncke (1967) und Warncke et al. (1974) wird zwischen der ssp. *enslini* Alfken 1921 (die im Gebiet der Bundesrepublik vorkommende Form, deren Tergitdepressionen stärker abgesetzt sind) und der Nominatform (in Südeuropa) unterschieden.

Andrena gravida

Imhoff 1832

Verbreitung: Europa zwischen 42° und 58° n. Br. (Warncke 1981). – In der Bundesrepublik Deutschland keine Verbreitungsgrenze. – In Baden-Württemberg weit verbreitet, von der Ebene bis in die höheren Lagen der Mittelgebirge (im Schwarzwald noch am Schliffkopf in 1055 m Höhe). Material: 194♂♂,148♀♀.

Lebensraum: Als Ubiquist in allen möglichen Lebensräumen: trockene Fettwiesen, Streuobstwiesen, Magerrasen, Waldränder, Weinbergbrachen, Feldraine, Straßenböschungen, Sand-, Kies- und Lehmgruben, Siedlungsbereich (Gärten, Parks).

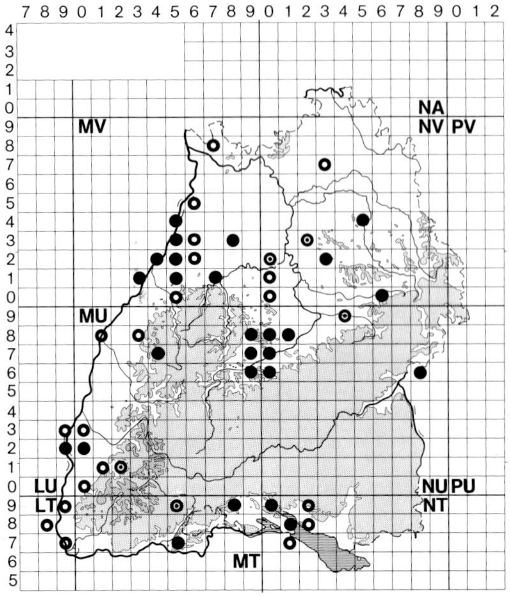

Andrena gravida

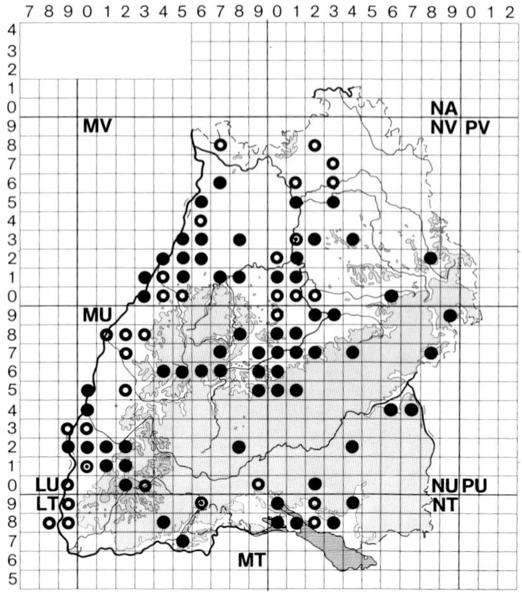

Andrena haemorrhoa

Nester in schütter bewachsenen Böschungen und Rainen. Keine Bevorzugung bestimmter Bodenarten.

Nistweise: Nistet in selbstgegrabenen Hohlräumen in der Erde, meist in kleineren Aggregationen.

Blütenbesuch: Polylektische Art (4 Pflanzenfamilien). Pollenquellen: Asteraceae: Wiesen-Schafgarbe *(Achillea millefolium)*, Wiesen-Löwenzahn *(Taraxacum officinale)*; Brassicaceae: Wiesen-Schaumkraut *(Cardamine pratensis)*; Rosaceae: Schlehe *(Prunus spinosa)*; Salicaceae: Sal-Weide *(Salix caprea)*.

Kuckucksbienen: *Nomada bifasciata*.

Phänologie: Univoltin. Flugzeit von Anfang April bis Mitte Mai (♂♂ 23. 3.–28. 4.; ♀♀ 23. 3.–18. 5.).

Bestandessituation: Die nach wie vor in verschiedenen Landesteilen regelmäßig anzutreffende, durchaus häufige Art ist in Baden-Württemberg nicht gefährdet.

Andrena haemorrhoa

(Fabricius 1781)
Syn.: *A. albicans* auct. nec (Müller 1776)

Verbreitung: Ganz Europa. In den Schweizer Alpen bis 1600 m. – In der Bundesrepublik Deutschland keine Verbreitungsgrenze. – In Baden-Württemberg weit verbreitet, von der Ebene bis in die höchsten Lagen der Schwäbischen Alb und des Schwarzwalds (Feldberg). Die Art dürfte mit großer Wahrscheinlichkeit flächendeckend verbreitet sein. Material: 319♂♂,248♀♀.

Lebensraum: Als Ubiquist in den unterschiedlichsten Lebensräumen: trockene Wirtschaftswiesen, Streuobstwiesen, Bergwiesen, Hochwasserdämme, Weinbergbrachen, Sandheiden, Waldränder, Waldlichtungen, Kahlschläge, Feldhecken, Dörfer und Städte (Gärten, Parks). Nester in schütter bewachsenen Böschungen und Rainen sowie an Wiesenrändern und in Parkrasen, bisweilen auch in dichterer Vegetation. Besiedelt sandigen wie lehmigen Boden.

Nistweise: Nistet in selbstgegrabenen Hohlräumen in der Erde, meist einzeln, bisweilen in kleineren Aggregationen. (Popova 1983).

Blütenbesuch: Ausgesprochen polylektische Art (15 Pflanzenfamilien) (vgl. Chambers 1945, 1946, 1968). Pollenquellen: Aceraceae: Feld-Ahorn *(Acer campestre)*, Berg-Ahorn *(Acer pseudoplatanus)*; Apiaceae: Wiesen-Kerbel *(Anthriscus sylvestris)*, Wiesen-Bärenklau *(Heracleum sphondylium)*, Giersch *(Aegopodium podagraria)*, Hecken-Kälberkropf *(Chaerophyllum temulum)*; Aquifoliaceae: Stechpalme *(Ilex aquifolium)*; Asteraceae: Gänseblümchen *(Bellis perennis)*, Huflattich *(Tussilago farfara)*, Wiesen-Löwenzahn *(Taraxacum officinale)*; Betulaceae: Schwarz-Erle *(Alnus glutinosa)*; Brassicaceae: Raps *(Brassica napus)*, Wiesen-Schaumkraut *(Cardamine pratensis)*, Orienta-

Andrena gravida ♂

Andrena haemorrhoa ♀

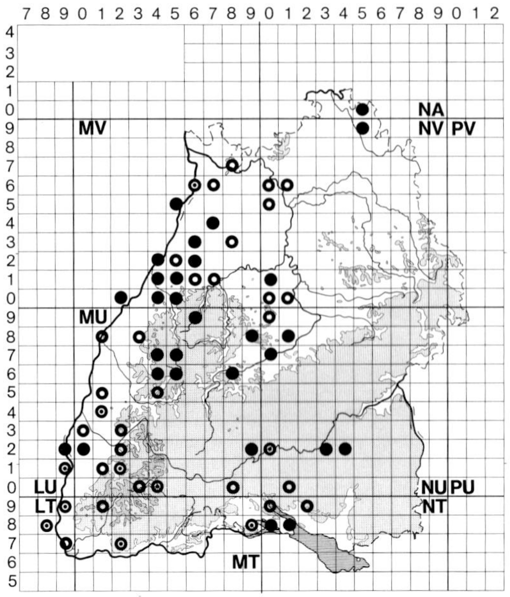

Andrena hattorfiana

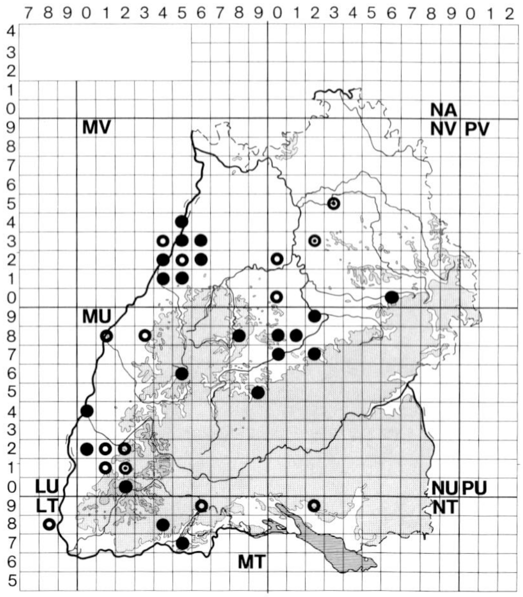

Andrena helvola

lisches Zackenschötchen *(Bunias orientalis)*, Berg-Steinkraut *(Alyssum montanum)*, Echtes Barbarakraut *(Barbarea vulgaris)*, Weißer Senf *(Sinapis alba)*; Caryophyllaceae: Große Sternmiere *(Stellaria holostea)*; Cornaceae: Roter Hartriegel *(Cornus sanguinea)*; Fagaceae: Stiel-Eiche *(Quercus robur)*; Grossulariaceae: Stachelbeere *(Ribes uva-crispa)*, Rote Johannisbeere *(Ribes rubrum)*; Ranunculaceae: Scharfer Hahnenfuß *(Ranunculus acris)*, Knolliger Hahnenfuß *(Ranunculus bulbosus)*, Scharbockskraut *(Ranunculus ficaria)*; Resedaceae: Wilde Resede *(Reseda lutea)*; Rosaceae: Frühlings-Fingerkraut *(Potentilla verna)*, Gänse-Fingerkraut *(Potentilla anserina)*, Zweigriffliger Weißdorn *(Crataegus laevigata)*, Süß-Kirsche *(Prunus avium)*, Zwetschge *(Prunus domestica)*, Pfirsich *(Prunus persica)*, Garten-Apfel *(Malus domestica)*, Birne *(Pyrus communis)*, Zweigriffliger Weißdorn *(Crataegus laevigata)*, Heckenrose *(Rosa canina)*; Salicaceae: Sal-Weide *(Salix caprea)*, Grau-Weide *(Salix cinerea)*, Ohr-Weide *(Salix aurita)*, Silber-Weide *(Salix alba)*; Scrophulariaceae: Gamander-Ehrenpreis *(Veronica chamaedrys)*.

Kuckucksbienen: *Nomada bifida.*

Phänologie: Univoltin. Flugzeit von Anfang April bis Anfang Juni (♂♂ 13. 3.–24. 6.; ♀♀ 2. 4.–14. 6.).

Bestandessituation: Die sehr anspruchslose und ausgesprochen häufige Art ist in Baden-Württemberg nicht gefährdet.

Andrena hattorfiana

(Fabricius 1775)

Verbreitung: Fast ganz Europa; nordwärts bis 63° n. Br. In den Schweizer Alpen bis 2000 m (Beaumont 1958). – In der Bundesrepublik Deutschland keine Verbreitungsgrenze. – In Baden-Württemberg weit verbreitet, von der Ebene bis in die höheren Lagen der Mittelgebirge (im Schwarzwald bis ca. 800 m). Im Nordosten des Landes sicherlich ebenfalls vorkommend. Material: 74♂♂, 192♀♀.

Lebensraum: Trockene Fettwiesen, Streuobstwiesen, Hochwasserdämme, Magerrasen, Waldränder. Nester auf schütter bewachsenen, horizontalen oder mäßig geneigten Flächen. Keine Bevorzugung bestimmter Bodenarten.

Nistweise: Nistet in selbstgegrabenen Hohlräumen in der Erde.

Blütenbesuch: Oligolektische, auf Dipsacaceae (Kardengewächse) spezialisierte Art. In Mitteleuropa ist die Wiesen-Knautie *(Knautia arvensis)* die Hauptpollenquelle. Daneben wird auch die Wald-Knautie *(Knautia dipsacifolia)* genutzt, besonders von ♀♀, die in der Nähe von Waldrändern oder von bachbegleitenden Galeriewäldern ihre Nester haben. Spät fliegende ♀♀ sammeln auch an der Tauben-Skabiose *(Scabiosa columbaria)*.

Kuckucksbienen: *Nomada armata.*

Phänologie: Univoltin. Flugzeit von Anfang Juni bis Ende August (♂♂ 19. 5.–12. 8.; ♀♀ 24. 5.–27. 8.).

Andrena hattorfiana ♀

Bestandessituation: Die Art wurde nach 1975 noch an einer ganzen Reihe von Fundorten nachgewiesen. Da die Wiesen-Knautie als begrenzender Faktor auf den Wiesen aber durch starke Düngung und häufigere Mahd immer mehr zurückgedrängt wird, ist diese Sandbiene als gefährdet zu betrachten. Schutzmaßnahmen zielen in erster Linie auf eine zweischürige Nutzung der (Streuobst)Wiesen bei nur mäßiger Düngung und eine gestaffelte Mahd von Hochwasserdämmen ab.
RL: Gefährdet (3).

Andrena helvola
(Linnaeus 1758)

Verbreitung: In Europa zwischen 43° und 61° n. Br. (WARNCKE 1981). – In der Bundesrepublik Deutschland keine Verbreitungsgrenze. – In Baden-Württemberg weit verbreitet. Material: 60♂♂, 90♀♀.
Lebensraum: Waldränder, Waldlichtungen, trokkene Fettwiesen, Hochwasserdämme, Kiesgruben, auch im Siedlungsbereich (Gärten, Parks). Nester wurden nicht gefunden, doch lassen die Funde keine Bevorzugung bestimmter Bodenarten erkennen.
Nistweise: Nistet einzeln in selbstgegrabenen Hohlräumen in der Erde.
Blütenbesuch: Polylektische Art (5 Pflanzenfamilien). Pollenquellen: Asteraceae: Wiesen-Löwenzahn *(Taraxacum officinale)*; Grossulariaceae: Rote Johannisbeere *(Ribes rubrum)*; Liliaceae: Bär-Lauch *(Allium ursinum)*; Rhamnaceae: Echter Kreuzdorn *(Rhamnus catharticus)*; Rosaceae: Pfirsich *(Prunus persica)*.
Kuckucksbienen: *Nomada panzeri.*

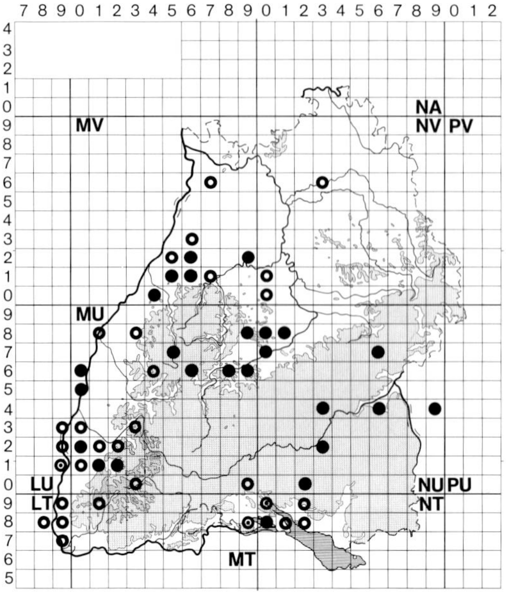

Andrena humilis

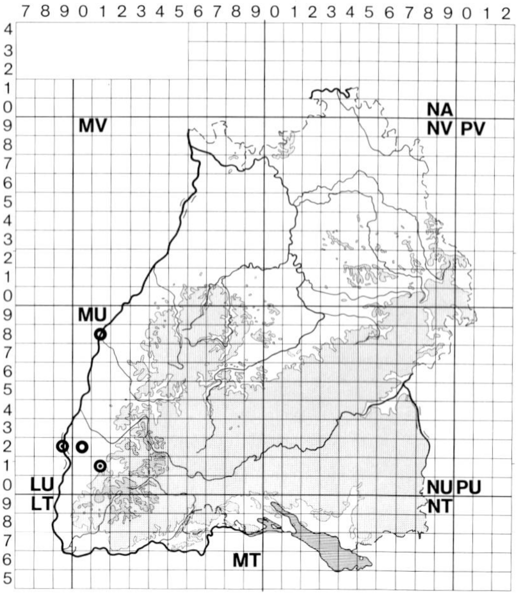

Andrena hypopolia

Phänologie: Univoltin. Flugzeit von Anfang April bis Ende Mai (♂♂ 30. 3.–28. 5.; ♀♀ 5. 4.–14. 6.).
Bestandessituation: Die vermutlich im gesamten Land auch heute noch weit verbreitete Art ist in Baden-Württemberg nicht gefährdet.

Andrena humilis

Imhoff 1832

Verbreitung: Ganz Europa; nordwärts bis 63° n. Br. In den Schweizer Alpen bis 1800 m (Beaumont 1958). – In der Bundesrepublik Deutschland keine Verbreitungsgrenze. – In Baden-Württemberg weit verbreitet, von der Ebene bis in die höheren Lagen der Mittelgebirge (am Rohrhardsberg im Schwarzwald über 800 m). Material: 70♂♂,169♀♀.
Lebensraum: Trockene Fettwiesen, Streuobstwiesen, Bergwiesen, Hochwasserdämme, Magerrasen (Wacholderheiden), Waldränder, Sand-, Kies- und Lehmgruben, vereinzelt auch im Siedlungsbereich. Nester bevorzugt an vegetationsfreien Stellen (festgetretene Fußwege, Wegränder, Sandflächen) oder in nur schütter bewachsenen Böschungen. Größere Nestansammlungen kenne ich nur von sandigen Substraten, die Art nistet aber auch in lehmigen Böden.
Nistweise: Nistet in selbstgegrabenen Hohlräumen in der Erde, meist in kleineren, aber auch in größeren Aggregationen (Ansammlungen von mehreren hundert Nestern). Die 4–5 Brutzellen pro Nest liegen 12–25 cm tief. (Bonelli 1964a, Kocourek 1966, Perkins 1919b, Wolf 1976a).
Blütenbesuch: Oligolektische, auf Asteraceae (Korbblütler), besonders Cichorieen spezialisierte Art. Pollenquellen: Wiesen-Löwenzahn *(Taraxacum officinale)*, Kleines Habichtskraut *(Hieracium pilosella)*, Wiesen-Pippau *(Crepis biennis)*, Gewöhnliches Ferkelkraut *(Hypochoeris radicata)*, Rauher Löwenzahn *(Leontodon hispidus)*.
Kuckucksbienen: *Nomada integra*, vermutlich auch *Nomada facilis*; auch *Nomada femoralis* wurde am Nest beobachtet.
Phänologie: Univoltin. Flugzeit von Anfang Mai bis Mitte Juni (♂♂ 16. 4.–11. 6.; ♀♀ 30. 4.–26. 6.).
Bestandessituation: Nach 1975 fanden sich die besten Bestände dort, wo Wiesen von unbefestigten Feldwegen durchzogen oder zu Sand- und Kiesgruben benachbart waren. Ein weiterer Siedlungsschwerpunkt waren »historische« Waldränder, die an extensiv genutztes Grünland grenzten. Da diese Lebensraum-Komplexe landesweit durch Flurbereinigungen, Intensivierungen, Rekultivierungen oder Aufforstungen immer mehr zurückgedrängt werden, ist die Art in Baden-Württemberg als gefährdet zu betrachten. Der Schutz muß daher vor allem auf die Erhaltung bzw. Entwicklung dieser Lebensräume abzielen. Nach 1975 wurde die Art in mehreren Naturschutzgebieten festgestellt.
RL: Gefährdet (3).

Andrena humilis ♀

Andrena hypopolia
Schmiedeknecht 1883

Verbreitung: Südosteuropa, vereinzelt in Mitteleuropa; nordwärts bis 50° n. Br. (WARNCKE 1980c). – In der Bundesrepublik Deutschland nur wenige gesicherte Funde aus dem Oberrheingebiet (BALLES 1949, STOECKHERT 1933). Die Angaben von Kirn/Nahe (SCHOOP 1951) beruhen auf einer Fehlbestimmung. – In Baden-Württemberg wurde die Art v.a. von verschiedenen Orten im Kaiserstuhl, außerdem von Freiburg und Kehl bekannt. Funddaten: LU92 Achkarren, Schneckenberg 1♀ 18. 8. 1926; 1♀ 21. 7. 1952 (MNF); Ihringen 1♂ 15. 5. 1965 (G). MU02 Wasenweiler 1♂ 31. 7. 1932 (ZSM); Oberbergen, Badberg 1♂ 9. 6. 1938 (Grünwaldt). LU92/MU02 Kaiserstuhl 2♂♂, 50♀♀ 1932–1935, 1942 (Grünwaldt, ZMB) (STOECKHERT 1954). MU11 Freiburg 1♂ 26. 8. 1962 (Grünwaldt). MU18 Kehl 1♀ 9. 5. 1938 (ZMB) (BALLES 1949).
Lebensraum: Alte Angaben und der Blütenbesuch lassen auf Lebensräume des Offenlandes, z. B. Feldfluren und Ruderalstellen schließen. Nester wurden mir nicht bekannt.
Nistweise: Nistet einzeln in selbstgegrabenen Hohlräumen in der Erde.
Blütenbesuch: Eingeschränkt polylektische Art, von der in beiden Generationen bisher nur Brassicaceae (Kreuzblütler) und Apiaceae (Doldenblütler) als Pollenquellen belegt sind: Pollenquellen: Brassicaceae: Raps *(Brassica napus)*, Acker-Senf *(Sinapis arvensis)*, Orientalische Rauke *(Sisymbrium orientale)*; Apiaceae: Wiesen-Kerbel *(Anthriscus sylvestris)*, Giersch *(Aegopodium podagraria)*, Wilde Möhre *(Daucus carota)*, Wiesen-Bärenklau *(Heracleum sphondylium)*, Fenchel *(Foeniculum vulgare)*, Feld-Mannstreu *(Eryngium campestre)*. Die Pollenladungen enthielten Pollen von einer, zwei oder drei Pflanzenarten aus einer oder zwei Pflanzenfamilien (z. B. *Anthriscus/Brassica* oder *Anthriscus/Heracleum/Sinapis*).
Kuckucksbienen: Vielleicht *Nomada bispinosa*, nach KOCOUREK (1966) auch *Nomada blepharipes* Schmiedeknecht, die aber in der Bundesrepublik Deutschland nicht vorkommt.
Phänologie: Bivoltin. Flugzeit von Anfang Mai bis Mitte Juni und von Mitte Juli bis Ende August.
Bestandessituation: Trotz Nachsuche konnte die zuletzt im Jahre 1965 im Kaiserstuhl nachgewiesene Art nicht mehr aufgefunden werden, so daß sie als verschollen zu gelten hat. Ein Großteil der früheren Fundorte ist durch Rebumlegungen zerstört; so

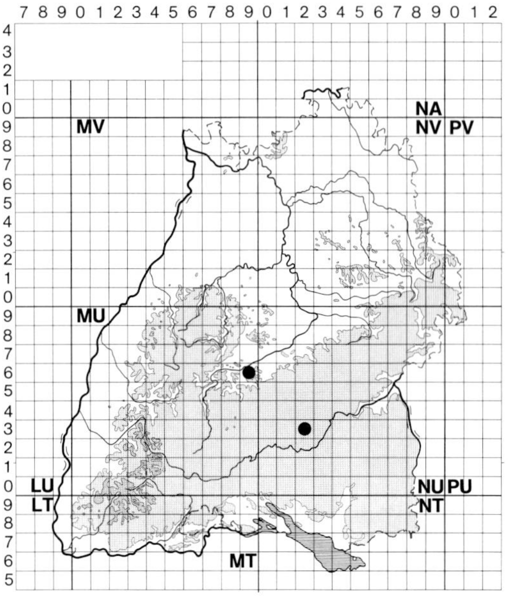

Andrena intermedia

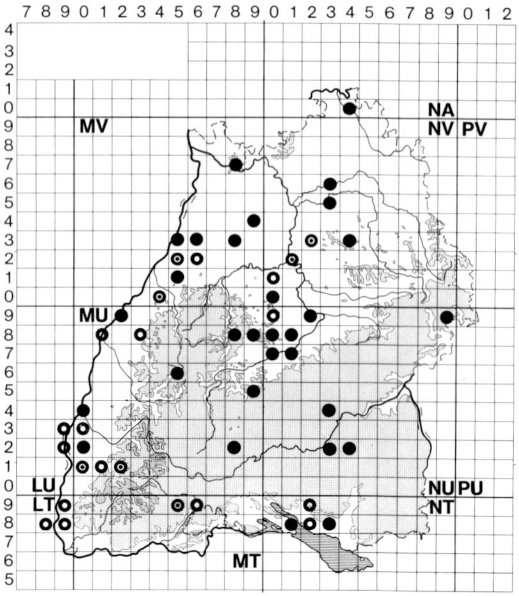

Andrena jacobi

daß nicht auszuschließen ist, daß sie in Baden-Württemberg ausgestorben ist.
RL: Ausgestorben oder verschollen (0).
Bemerkungen: Zur Abgrenzung der Taxa *A. numida* Lepeletier und *A. holosericea* Bramson von *A. hypopolia* vgl. WARNCKE (1986c), WESTRICH (1984a) und GUSENLEITNER (1984).

Andrena intermedia

Thomson 1872

Verbreitung: Aufgrund der kaum eindeutig bestimmbaren ♀♀ noch unzureichend bekannt. Nach WARNCKE (1981) fast ganz Europa; nordwärts bis Schwedisch Lappland (SVENSSON 1974). – In der Bundesrepublik Deutschland keine Verbreitungsgrenze, auch im Norden (vgl. HAESELER 1978a, RIEMANN 1987a). – In Baden-Württemberg nur folgende zweifelsfreie Funde: MU96 Dettingen 2♂♂, 1♀ 8. 6. 1983 (W). NU23 Inneringen 1♂ 25. 6. 1987 (Schwenninger). Das von mir (WESTRICH 1980) von Tübingen gemeldete und als *A. intermedia* von Warncke determinierte ♂ erwies sich als zu *A. lathyri* gehörig. Die dort ebenfalls aufgeführten ♀♀ gehören wahrscheinlich zu *A. similis*.
Lebensraum: Mir begegnete die Art an einem südexponierten Waldrand. Nach STOECKHERT (1954) eine Bewohnerin sandiger Heidegebiete und von Mittelgebirgen.
Nistweise: Nistet in selbstgegrabenen Hohlräumen in der Erde.
Blütenbesuch: Wie die verwandten Arten *A. similis* und *A. wilkella* vermutlich oligolektisch und auf Fabaceae (Schmetterlingsblütler) spezialisiert. Als Pollenquellen sind lediglich Roter Wiesenklee (*Trifolium pratense*) und Flügelginster (*Chamaespartium sagittale*) belegt.
Kuckucksbienen: Unbekannt.
Phänologie: Univoltin. Flugzeit in den Monaten Juni und Juli.
Bestandessituation: Anhand des einzigen Fundes und aufgrund der schwierigen Taxonomie der ♀♀ läßt sich nicht ermitteln, ob die offensichtlich sehr seltene Art in Baden-Württemberg gefährdet ist. Auf eine Aufnahme in die Rote Liste wurde verzichtet.
Bemerkungen: Im ♀ kaum eindeutig von *A. similis* zu unterscheiden.

Andrena jacobi

Perkins 1921
Syn.: *A. carantonica* Pérez 1902 sensu WARNCKE (1967); *A. sabulosa* (Scopoli 1763) sensu WARNCKE (1981).

Verbreitung: Nord- und Mitteleuropa (zwischen 41° und 62° n. Br.) (WARNCKE 1981). In den Schweizer Alpen bis 1000 m (BEAUMONT 1958). – In der Bundesrepublik Deutschland keine Verbreitungsgrenze. – In Baden-Württemberg weit verbreitet, von der Ebene bis in die höheren Lagen der Mittelgebirge (Hochfläche der Schwäbischen Alb). Material: 66♂♂,119♀♀.

Lebensraum: Trockene Fettwiesen, Streuobstwiesen, Hochwasserdämme, Magerrasen, Binnendünenreste, Waldränder, Feldhecken, Sand- und Kiesgruben, regelmäßig auch im Siedlungsbereich (Gärten, Parks). Nester an schütter bewachsenen Stellen an Wiesenrändern, in Parkrasen, unter Hekken zwischen trockenem Laub oder in lehmverfugtem Gemäuer. Keine Bevorzugung bestimmter Bodenarten.

Nistweise: Nistet in selbstgegrabenen Hohlräumen in der Erde. Die Art ist kommunal, mehrere ♀♀ benützen einen gemeinsamen Eingang. (KETTNER 1968b, TENGÖ 1984).

Blütenbesuch: Ausgesprochen polylektische Art (10 Pflanzenfamilien) (vgl. CHAMBERS 1968). Rosaceae werden bevorzugt. Pollenquellen: Aceraceae: Feld-Ahorn *(Acer campestre)*, Berg-Ahorn *(Acer pseudoplatanus)*; Apiaceae: Wiesen-Bärenklau *(Heracleum sphondylium)*, Giersch *(Aegopodium podagraria)*, Hecken-Kälberkropf *(Chaerophyllum temulum)*; Aquifoliaceae: Stechpalme *(Ilex aquifolium)*; Asteraceae: Wiesen-Löwenzahn *(Taraxacum officinale)*; Brassicaceae: Raps *(Brassica napus)*, Weißer Senf *(Sinapis alba)*; Cornaceae: Roter Hartriegel *(Cornus sanguinea)*; Fagaceae: Eichen *(Quercus)*; Ranunculaceae: Knolliger Hahnenfuß *(Ranunculus bulbosus)*; Rosaceae: Schlehe *(Prunus spinosa)*, Süß-Kirsche *(Prunus avium)*, Zwetschge *(Prunus domestica)*, Eingriffliger Weißdorn *(Crataegus monogyna)*, Zweigriffliger Weißdorn *(Crataegus laevigata)*, Birne *(Pyrus communis)*, Heckenrose *(Rosa canina)*, Himbeere *(Rubus idaeus)*; Salicaceae: Sal-Weide *(Salix caprea)*.

Kuckucksbienen: *Nomada marshamella, Nomada flava.*

Phänologie: Univoltin. Flugzeit von Anfang April bis Anfang Juni (♂♂ 17. 3.–31. 5.; ♀♀ 13. 3.–3. 7.).

Bestandessituation: Die nach 1975 in verschiedenen Landesteilen regelmäßig und stellenweise in größerer Zahl angetroffene Art ist in Baden-Württemberg nicht gefährdet.

Bemerkungen: In England (Else, mündl. Mitt.) wird nach wie vor *A. trimmerana* (Kirby 1802) als eigene, in 2 Generationen auftretende Art aufgefaßt. DYLEWSKA (1987) verfährt ebenso. WARNCKE (1986c) faßt *A. trimmerana* als Unterart von *A. jacobi* auf. Der gesamte Komplex sollte einschließlich der verworrenen Synonymien erneut analysiert und nachvollziehbar dargestellt werden.

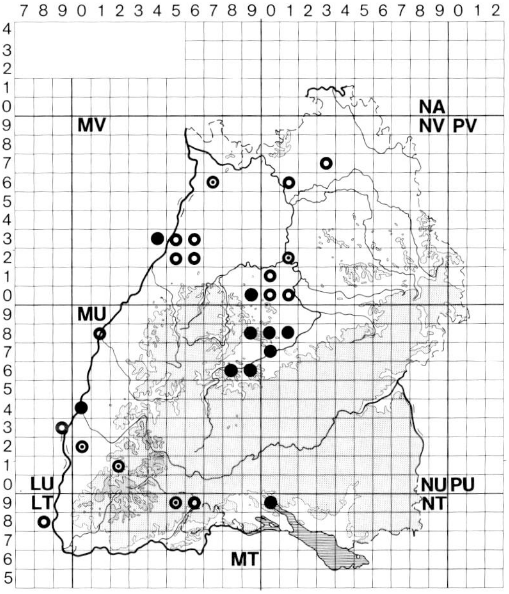

Andrena labialis

Andrena labialis
(Kirby 1802)

Verbreitung: Europa nordwärts bis 62° n. Br. (WARNCKE 1981). – In der Bundesrepublik Deutschland keine Verbreitungsgrenze. – In Baden-Württemberg zerstreute Nachweise. Die Häufung von Funden im Raum Tübingen beruht auf der hohen Erfassungsintensität. Fast alle Fundorte liegen unterhalb 500 m, lediglich im Wutach-Gebiet wird diese Höhe überschritten. Material: 69♂♂,29♀♀.

Lebensraum: Trockene Fettwiesen, Streuobstwiesen, Magerrasen, Feldraine, Waldränder. Nester meist auf horizontalen, manchmal auch auf schwach geneigten Flächen, die vegetationsfrei (z. B. festgetretene Fußwege) oder nur schütter bewachsen sind. Einmal fand ich eine Nestansammlung in der dichten Vegetation eines brachliegenden Weinbergs.

Nistweise: Nistet in selbstgegrabenen Hohlräumen in der Erde, meist in kleineren bis größeren Aggregationen (Ansammlungen von bis zu 600 Nestern). Möglicherweise lebt die Art kommunal, da verschiedentlich 2–3 ♀♀ den gleichen Nesteingang benutzen. Die bis zu 19 Brutzellen pro Nest liegen in Tiefen von 13–30 cm. (FRIESE 1921b, 1923, MOESCHLER 1938, PERKINS 1919b, SOWA et al. 1976, SOWA & MOSTOWSKA 1978, STOECKHERT 1933).

Blütenbesuch: Vermutlich oligolektische, auf Faba-

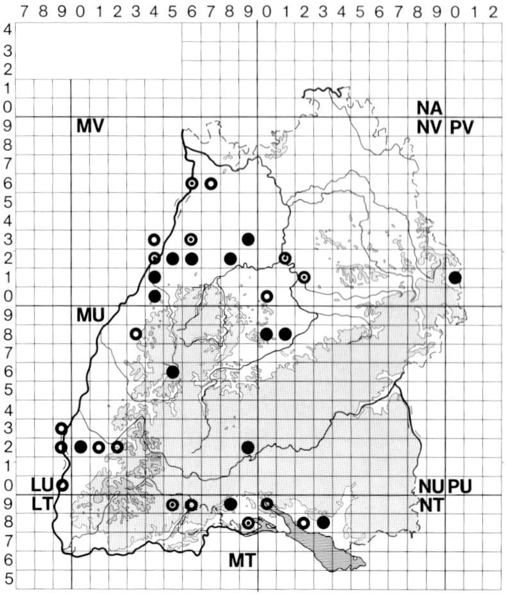

Andrena labiata

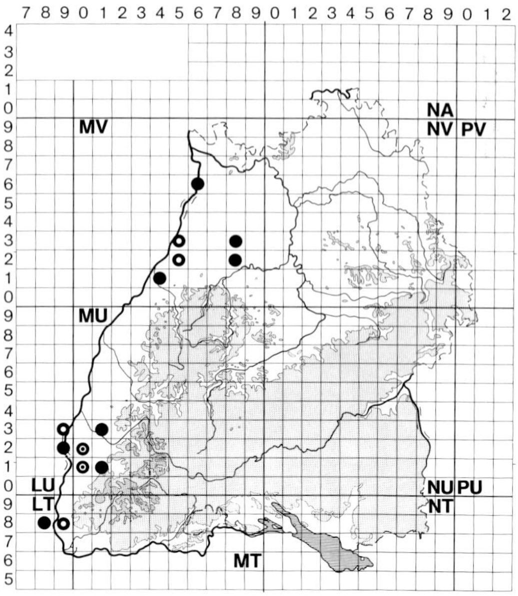

Andrena lagopus

ceae (Schmetterlingsblütler) spezialisierte Art. Pollenquellen: Roter Wiesenklee *(Trifolium pratense)*, Weißklee *(Trifolium repens)*, Zaun-Wicke *(Vicia sepium)*, Rauhhaarige Wicke *(Vicia hirsuta)*, Luzerne *(Medicago sativa)*, Gewöhnlicher Hornklee *(Lotus corniculatus)*.

Kuckucksbienen: *Nomada stigma*, *Nomada mutabilis* und *Sphecodes rubicundus*.

Phänologie: Univoltin. Flugzeit von Mitte Mai bis Ende Juni (♂♂ 12. 5.–25. 6.; ♀♀ 6. 5.–11. 7.). Überwinterung als Imago (vgl. Torka 1913).

Bestandessituation: Die meisten Funde stammen von mageren oder nur mäßig gedüngten, meist zweischürigen Wiesen, von Magerrasen und von alten Weinbergbrachen. Die Art dürfte daher durch den Schwund an extensiv genutztem Grünland und von trockenwarmen Lebensräumen (Aufforstung, Rebflurbereinigung) am meisten gefährdet sein. Nach 1975 wurde die Art in Baden-Württemberg nur in zwei Naturschutzgebieten festgestellt.

RL: Gefährdet (3).

Andrena labiata

Fabricius 1781

Syn.: *A. cingulata* (Fabricius 1775).

Verbreitung: Fast ganz Europa, nordwärts bis nach Finnland. – In der Bundesrepublik Deutschland keine Verbreitungsgrenze. – In Baden-Württemberg weit verbreitet, von der Ebene bis in die höheren Lagen der Mittelgebirge. Material: 88♂♂,63♀♀.

Lebensraum: Trockene Fettwiesen, Streuobstwiesen, Feldraine, Hochwasserdämme, warme Waldränder, Feldhecken, vereinzelt auch im Siedlungsbereich (Gärten, Parks). Nester an schütter bewachsenen Stellen von Böschungen und Feldrainen, teils auch in lückigen Rasen. Keine Bevorzugung bestimmter Bodenarten.

Nistweise: Nistet in selbstgegrabenen Hohlräumen in der Erde, meist einzeln, bisweilen auch in größeren Aggregationen. (Perkins 1919b).

Blütenbesuch: Polylektische Art (7 Pflanzenfamilien) (vgl. Chambers 1968). Pollenquellen: Asteraceae: Rauher Löwenzahn *(Leontodon hispidus)*, Wiesen-Löwenzahn *(Taraxacum officinale)*, Wiesen-Pippau *(Crepis biennis)*, Gewöhnliches Ferkelkraut *(Hypochoeris radicata)*; Brassicaceae: Pfeilkresse *(Cardaria draba)*, Raps *(Brassica napus)*, Weißer Senf *(Sinapis alba)*, Acker-Senf *(Sinapis arvensis)*, Weg-Rauke *(Sisymbrium officinale)*, Echtes Barbarakraut *(Barbarea vulgaris)*; Caryophyllaceae: Gemeines Hornkraut *(Cerastium holosteoides)*, Große Sternmiere *(Stellaria holostea)*, Vogelmiere *(Stellaria media)*, Tag-Lichtnelke *(Melandrium rubrum)*; Lamiaceae: Wiesen-Salbei *(Salvia pratensis)*; Ranunculaceae: Scharfer Hahnenfuß *(Ranunculus acris)*, Knolliger Hahnenfuß *(Ranunculus bulbosus)*, Wolliger Hahnenfuß *(Ranunculus lanuginosus)*; Rosaceae: Frühlings-Finger-

Andrena labiata ♀

kraut *(Potentilla verna)*, Eingriffliger Weißdorn *(Crataegus monogyna)*; Scrophulariaceae: Gamander-Ehrenpreis *(Veronica chamaedrys)*. – *Veronica chamaedrys* wird zum Pollensammeln besonders häufig besucht.

Kuckucksbienen: *Nomada guttulata*.

Phänologie: Univoltin. Flugzeit von Anfang Mai bis Ende Juni (♂♂ 22. 4.–5. 7.; ♀♀ 3. 5.–29. 7.). Überwinterung als Imago (Box 1919).

Bestandessituation: Ein Bestandsrückgang ist anhand des Sammlungsmaterials nicht ersichtlich, die meisten neueren Funde stammen aber von extensiv genutzten, meist zweischürigen Wiesen. Die Art ist eine Anwärterin für die Rote Liste.

Andrena lagopus

Latreille 1809
Syn.: *Biareolina lagopus* (Latreille 1809)

Verbreitung: Atlanto-mediterran (Grünwaldt 1979); westliches Südeuropa, zerstreut in Mitteleuropa, ostwärts bis Ungarn (Grünwaldt 1979, Móczár & Warncke 1972). – In der Bundesrepublik Deutschland liegt der Verbreitungsschwerpunkt in der Oberrheinebene. Nordwärts reichen die Nachweise bis Nassau in Hessen (Buddeberg 1895, Blüthgen 1920) und Kirn in Rheinland-Pfalz (Schoop 1951). – In Baden-Württemberg häufen sich die Funde in der Oberrheinebene, einschließlich Kaiserstuhl, die am weitesten nach Osten reichenden Fundorte liegen im Kraichgau. Funddaten ab 1975: LT88 Isteiner Klotz 2♀♀ 10. 6. 1984 (Schmid-Egger, W). LU92 Sasbach 1♂,3♀♀ 25. 4. 1987 (W). MU11 Freiburg 2♂♂ 9. 5. 1987; 1♀ 2. 6. 1987 (BIUF) (Klatt 1988). MU13 Emmendingen 1♀ 9. 4. 1978 (BIUF). MV51 Muggensturm 1♂ (D). MV66 Altlußheim 1♂ 25. 4. 1983 (W) (Westrich & Schmidt 1985b). MV82 Ölbronn 5♂♂ 3. 5. 1986 (W). MV83 Sternenfels 1♀ 5. 5. 1983 (Schwenninger). Material: 9♂♂,32♀♀.

Lebensraum: Zweischürige Wirtschaftswiesen, Streuobstwiesen, Hochwasserdämme, Kiesgruben, Ruderalstellen, auch im Siedlungsbereich (Freiburg) an Ruderalstandorten. Nester wurden nicht bekannt. Alle Funde stammen aus Sand- oder Lößgebieten.

Nistweise: Nistet in selbstgegrabenen Hohlräumen in der Erde.

Blütenbesuch: Oligolektische, auf Brassicaceae (Kreuzblütler) spezialisierte Art. Pollenquellen: Wiesen-Schaumkraut *(Cardamine pratensis)*, Raps

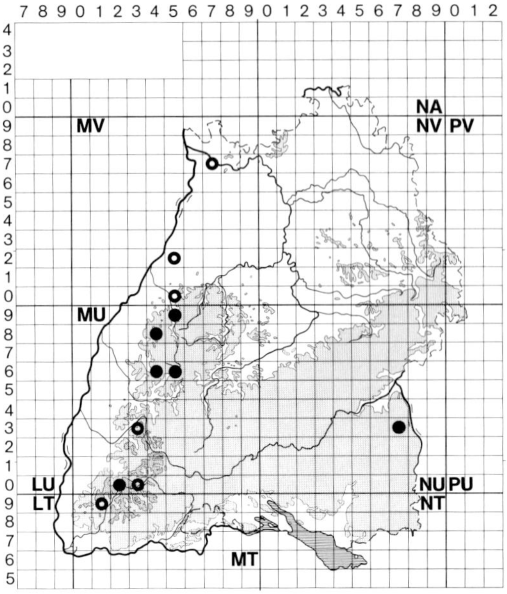

Andrena lapponica

(Brassica napus), Acker-Senf *(Sinapis arvensis)*, Gewöhnliches Barbarakraut *(Barbarea vulgaris)*, Berg-Steinkraut *(Alyssum montanum)*.
Kuckucksbienen: Unbekannt.
Phänologie: Univoltin. Flugzeit von Mitte April bis Mitte Juni (♂♂ 11. 4.–24. 5.; ♀♀ 12. 4.–23. 6.).
Bestandessituation: Nach 1975 wurde die Art u.a. durch gezielte Suche an den Pollenquellen mehrfach nachgewiesen. Ein Teil der Vorkommen wurde zwischenzeitlich durch Eingriffe (Rekultivierung, Intensivierung) bereits wieder vernichtet. Aufgrund ihrer nur regionalen Verbreitung, ihrer Wärmeliebe und ihrer Nahrungsansprüche ist die Art im Bestand bedroht.
RL: Stark gefährdet (2).
Bemerkungen: WARNCKE (1987) betrachtet die österreichischen Populationen als eigene ssp. *liburnica* Friese 1887.

Andrena lapponica
Zetterstedt 1838

Verbreitung: Nord- und Mitteleuropa (zwischen 43° und 70° n. Br.) (WARNCKE 1981). In den österreichischen und Schweizer Alpen bis in Höhen von 2000–2100 m (BEAUMONT 1958, SCHEDL 1982). – In der Bundesrepublik Deutschland keine Verbreitungsgrenze. – In Baden-Württemberg fast ausschließlich im gesamten Schwarzwald, dort bis in Lagen zwischen 1000 und 1200 m (Feldberg, Kniebis, Wildseemoor). Außerhalb des Schwarzwaldes bisher nur sehr vereinzelte Nachweise, aber in bodensauren Wäldern mit reichen *Vaccinium*-Vorkommen noch zu erwarten. Material: 4♂♂,35♀♀.
Lebensraum: Lichte Wälder bodensaurer Standorte (vor allem Nadelwälder), Waldränder, Hochmoore, Moor- und Bergheiden (in Norddeutschland auch Sandheiden). Nester an unbewachsenen Stellen, z.B. entlang von Waldwegen, Wegböschungen oder an Waldrändern; sandige Substrate werden bevorzugt.
Nistweise: Nistet in selbstgegrabenen Hohlräumen in der Erde, meist in kleinen Aggregationen, gelegentlich zusammen mit *Andrena clarkella*.
Blütenbesuch: Oligolektische, auf frühblühende Ericaceae (Heidekrautgewächse), besonders *Vaccinium* spezialisierte Art. Pollenquellen: Heidelbeere *(Vaccinium myrtillus)*, Preiselbeere *(Vaccinium vitis-idaea)*, Rauschbeere *(Vaccinium uliginosum)*, Gewöhnliche Moosbeere *(Vaccinium oxycoccos)*. – Vor allem dort, wo nur *Vaccinium myrtillus* vorkommt, sind die ♀♀ bei verregneter Heidelbeer-Blüte auf die Nutzung anderer Pflanzenarten angewiesen. Daher findet man immer wieder ♀♀, die, nachdem die Heidelbeeren verblüht sind, z.B. an Löwenzahn *(Taraxacum officinale)* oder Gamander-Ehrenpreis *(Veronica chamaedrys)* sammeln.
Kuckucksbienen: *Nomada panzeri*.
Phänologie: Univoltin. Flugzeit von Anfang Mai bis Ende Juni (♂♂ 23. 4.-?; ♀♀ 3. 5.–3. 7.).
Bestandessituation: Durch gezielte Suche in Wäldern und Mooren mit reichen *Vaccinium*-Beständen konnte die Art nach 1975 noch an mehreren Orten im Schwarzwald aufgefunden werden, teils in höherer Individuendichte. Es ist zu vermuten, daß sie auch derzeit noch im gesamten Schwarzwald überall dort vorkommt, wo es noch zwergstrauchreiche Wälder und Spirken-Hochmoore gibt. Die Art ist ein Anwärter der Roten Liste!

Andrena lathyri
Alfken 1899

Verbreitung: Südeuropa, Mitteleuropa, nordwärts bis 61° n. Br. (WARNCKE 1981). – In der Bundesrepublik Deutschland keine Verbreitungsgrenze, auch im Norden (HOOP 1967a). – In Baden-Württemberg weit verbreitet, vor allem in Lagen unter 500 m, nur vereinzelt auch darüber. Material: 183♂♂,109♀♀.
Lebensraum: Trockene Fettwiesen, Streuobstwiesen, Hochwasserdämme, Brachen, Waldränder,

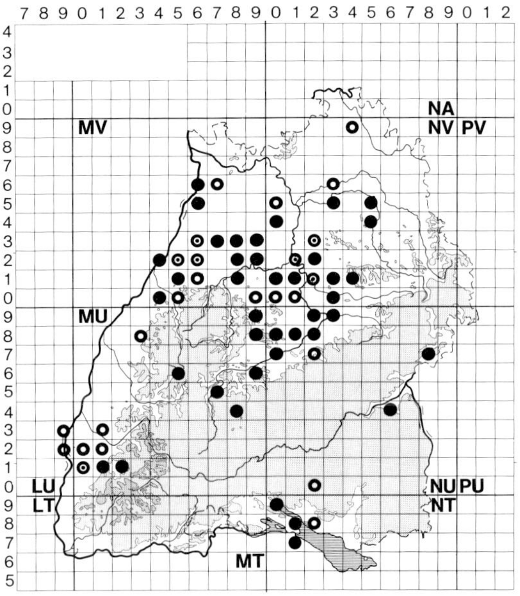

Andrena lathyri

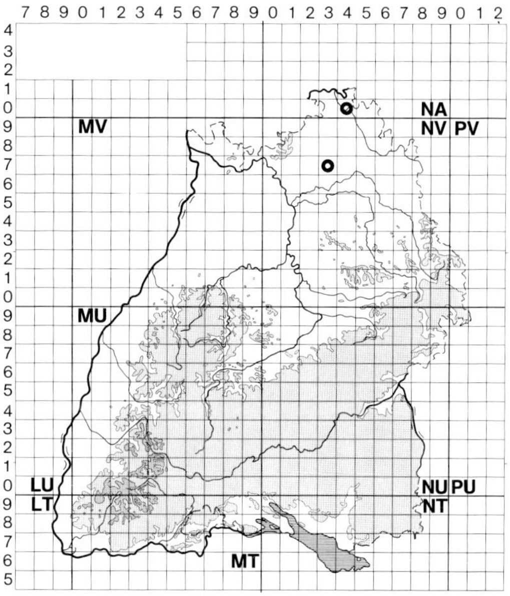

Andrena lepida

Feldhecken, bisweilen im Siedlungsbereich. Nester an schütter bewachsenen Stellen, in sandigem oder in lehmigem Boden.
Nistweise: Nistet in selbstgegrabenen Hohlräumen in der Erde, wohl meist (immer?) einzeln.
Blütenbesuch: Oligolektische, auf *Vicia* und *Lathyrus* (Fabaceae) spezialisierte Art (vgl. Westrich & Schmidt 1987). Hauptpollenquelle ist die Zaun-Wicke *(Vicia sepium)*. Weitere Pollenquellen: Vogel-Wicke *(Vicia cracca)*, Frühlings-Platterbse *(Lathyrus vernus)*, Berg-Platterbse *(Lathyrus linifolius)*, Wiesen-Platterbse *(Lathyrus pratensis)*.
Kuckucksbienen: *Nomada villosa.*
Phänologie: Univoltin. Flugzeit von Anfang Mai bis Mitte Juni (♂♂ 25. 4.–16. 6.; ♀♀ 8. 5.–16. 6.).
Bestandessituation: Nach 1975 liegen durch gezielte Suche an *Vicia sepium* noch vergleichsweise viele Nachweise vor, so daß die Art derzeit noch nicht gefährdet ist. Doch wird in den Streuobstwiesen, neben reich strukturierten Waldrändern ein Siedlungsschwerpunkt der Art, die Hauptpollenquelle durch zunehmenden Einsatz des Rasenmähers oder durch Nichtabräumen des Mähguts verdrängt. Es ist abzusehen, daß diese Sandbiene dadurch längerfristig einen Bestandsrückgang erleiden wird. Schutzmaßnahmen beinhalten daher in erster Linie eine Fortführung der traditionellen zweischürigen Bewirtschaftung von (Streuobst)Wiesen und eine Erhaltung und Förderung strukturreicher Waldränder.

Andrena lepida

Schenck 1861
Syn.: *A. separanda* Schmiedeknecht 1883.

Verbreitung: Polen, DDR, Tschechoslowakei, Griechenland, Österreich, Schweiz. – In der Bundesrepublik Deutschland nur von wenigen Orten in Bayern (Enslin 1922) und Baden-Württemberg bekannt. – In Baden-Württemberg nur von drei Fundorten bekannt: NV37 Adelsheim 2♀ 24. 8. 1926 (LNK) (Balles 1927); Hopfengarten 1♂ 20. 8. 1924 (Grünwaldt). NA40 Wertheim, Apfelberg 1♂ 16. 7. 1927 (ZSM). Die von Balles (1927) und Leininger (1927) zusätzlich angegebenen Funde waren nicht überprüfbar.
Lebensraum: Eine Offenlandsart, über deren Lebensräume in Baden-Württemberg keine Angaben möglich sind.
Nistweise: Nistet in selbstgegrabenen Hohlräumen in der Erde.
Blütenbesuch: Polylektische Art, von der bisher nur wenige Pollenquellen belegt sind: Brassicaceae: Acker-Senf *(Sinapis arvensis)*; Rosaceae: Felsen-Kirsche *(Prunus mahaleb)*.
Kuckucksbienen: Unbekannt.
Phänologie: Bivoltin. In Mitteleuropa Flugzeit etwa von Anfang April bis Mitte Mai und von Mitte Juli bis Mitte August.
Bestandessituation: Alle Funde liegen über 60 Jahre zurück, so daß diese Art in Baden-Württemberg

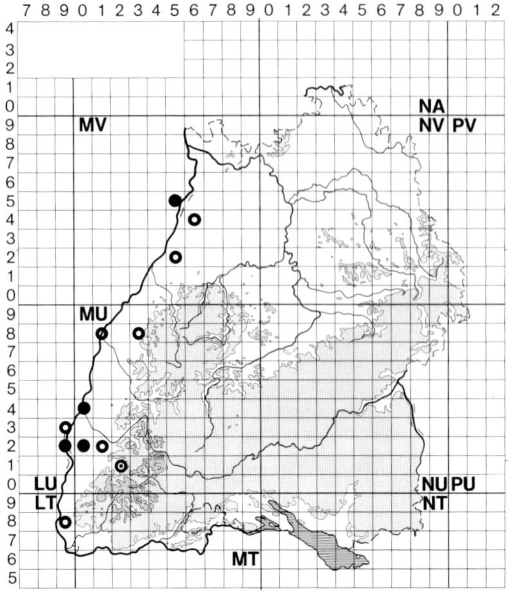

Andrena limata

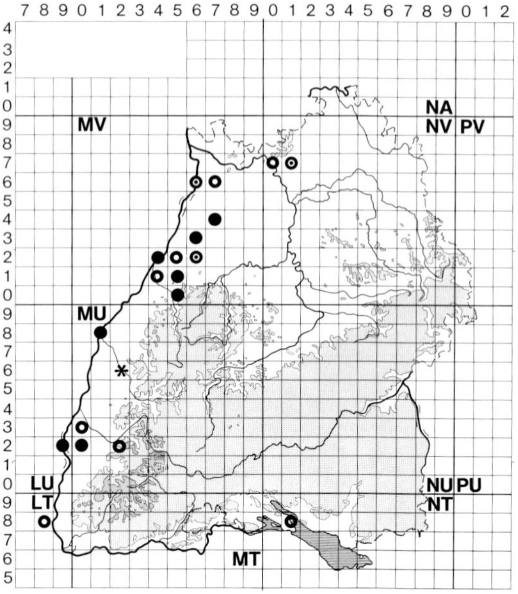

Andrena marginata

verschollen ist. Sollte die Art entgegen aller Erwartungen wiederaufgefunden werden, sind unverzüglich Flächenschutzmaßnahmen zu ergreifen.
RL: Ausgestorben oder verschollen (0).

Andrena limata

Smith 1853
Syn.: *A. pectoralis* Schmiedeknecht 1883.

Verbreitung: Südeuropa, zerstreut in Mitteleuropa. – In der Bundesrepublik bisher nur bekannt aus Rheinland-Pfalz (Stoeckhert 1933), Bayern (Stoeckhert 1933, 1954) und Baden-Württemberg. – In Baden-Württemberg zerstreute Nachweise in der Oberrheinebene, im Kaiserstuhl und in der Schwarzwaldvorbergzone. Alle Funde liegen unterhalb 500 m. Funddaten ab 1975: LU92 1♀ 5. 9. 1978 Burkheim (W). MU02 Vogtsburg 1♀ 5. 9. 1978 (S). MU04 Kappel 1♂ 15. 5. 1976; 1♂ 18. 5. 1976 (leg. et coll. Paulus). MV55 Rheinsheim 1♀ 23. 8. 1984 (W). Material: 19♂♂, 73♀♀.
Lebensraum: Noch wenig bekannt. Mir begegnete die Art auf Magerrasen und Hochwasserdämmen.
Nistweise: Nistet in selbstgegrabenen Hohlräumen in der Erde.
Blütenbesuch: Polylektische Art (8 Pflanzenfamilien). Pollenquellen: Apiaceae: Wiesen-Bärenklau *(Heracleum sphondylium)*, Feld-Mannstreu *(Eryngium campestre)*; Asteraceae: Rispen-Flockenblume *(Centaurea paniculata)*, Gewöhnliche Kratzdistel *(Cirsium vulgare)*, Wegwarte *(Cichorium intybus)*, Wiesen-Löwenzahn *(Taraxacum officinale)*, Gewöhnliches Bitterkraut *(Picris hieracioides)*, Doldiges Habichtskraut *(Hieracium umbellatum)*; Betulaceae: Hängebirke *(Betula pendula)*; Brassicaceae: Raps *(Brassica napus)*, Weißer Senf *(Sinapis alba)*; Cistaceae: Gewöhnliches Sonnenröschen *(Helianthemum nummularium)*; Liliaceae: Kugel-Lauch *(Allium sphaerocephalon)*; Plantaginaceae: Breitwegerich *(Plantago major)*; Salicaceae: Weiden *(Salix)*.
Kuckucksbienen: *Nomada trapeziformis*.
Phänologie: Bivoltin. Flugzeit von Ende April bis Mitte Juni und von Anfang August bis Ende September.
Bestandessituation: Das Sammlungsmaterial belegt, daß die recht xerothermophile Art in früheren Jahrzehnten viel häufiger gewesen sein muß, während sie nach 1975 nur noch von vier Fundorten und nur einzeln nachgewiesen wurde. Man muß sie daher als stark gefährdet betrachten. Zwei der jüngeren Nachweise stammen aus Naturschutzgebieten.
RL: Stark gefährdet (2).
Bemerkungen: Zur Selbständigkeit der Art vgl. Westrich (1984a) und Dylewska (1987).

Andrena marginata ♀

Andrena marginata

Fabricius 1776

Verbreitung: Südeuropa, Mitteleuropa, nordwärts bis 64° n. Br. (WARNCKE 1981). – In der Bundesrepublik Deutschland keine Verbreitungsgrenze, auch im Norden (ALFKEN 1913, HAESELER 1976). – In Baden-Württemberg liegen die Verbreitungsschwerpunkte in der Oberrheinebene, im Kaiserstuhl und in der Schwarzwaldvorbergzone. Alle Funde stammen aus Lagen unterhalb 500 m. Funddaten ab 1975: LU92 Achkarren 1♀ 1. 9. 1979 (G). MU02 Oberbergen 1♀ 9.1981 (LZB) (DÜWEKE 1988); Liliental 1♂, 1♀ 16. 8. 1984 (W); Amoltern 1♀ 21. 8. 1984 (Plant). MU18 Auenheim 1♀ 15. 8. 1983 (W). MV63 Untergrombach 1♀ 18. 8. 1976 (S). MV42 Forchheim 1♀ 27. 8. 1985 (Greiler). MV50 Gaggenau 1♀ 30. 8. 1987 (D). MV51 Malsch 1♀ 27. 8. 1985 (D); 1♂ 13. 8. 1987 (D); 1♀ 3. 9. 1987 (D); 1♂,1♀ 4. 9. 1987 (D); Ettlingen-Oberweier 1♀ 22. 8. 1987 (D). MV74 Zeutern 1♀ 14. 8. 1980 (Kunz) (KUNZ 1981). Material: 13♂♂,54♀♀.

Lebensraum: Siedlungsschwerpunkt in Magerrasen und in trockenen Fettwiesen, daher auch auf sonnigen Hochwasserdämmen. Auch in Feuchtwiesen wird die Art als Nahrungsgast angetroffen. Nester an schütter bewachsenen Stellen. Besiedelt bevorzugt sandige Substrate und Löß(lehm).

Nistweise: Nistet in selbstgegrabenen Hohlräumen in der Erde, einzeln oder in kleinen Aggregationen.

Blütenbesuch: Oligolektische, auf Dipsacaceae (Kardengewächse) spezialisierte Art. Hauptpollenquelle ist die Tauben-Skabiose *(Scabiosa columbaria)*. Weitere Pollenquellen: Gelbe Skabiose *(Scabiosa ochroleuca)*, Gewöhnlicher Teufelsabbiß *(Succisa pratensis)*, Wiesen-Knautie *(Knautia arvensis)*. Im Kaiserstuhl kommt auch die Wohlriechende Skabiose *(Scabiosa canescens)* in Frage. – Alle genannten Pflanzenarten bieten beiden Geschlechtern auch Nektar.

Kuckucksbienen: *Nomada argentata.*

Phänologie: Univoltin. Flugzeit von Anfang August bis Anfang September (♂♂ 29. 7.–4. 9.; ♀♀ 29. 7.–7. 9.).

Bestandessituation: Aufgrund ihrer Abhängigkeit sowohl von bestimmten Pollenquellen als auch von nur schütter bewachsenen, trockenen Nistplätzen ist die in Baden-Württemberg nur regional verbreitete und recht seltene Art durch jede Form intensivierter Grünlandnutzung gefährdet. Schutzmaßnahmen müssen auf die Erhaltung und Förderung von mageren Trockenwiesen in den Tal- und Hü-

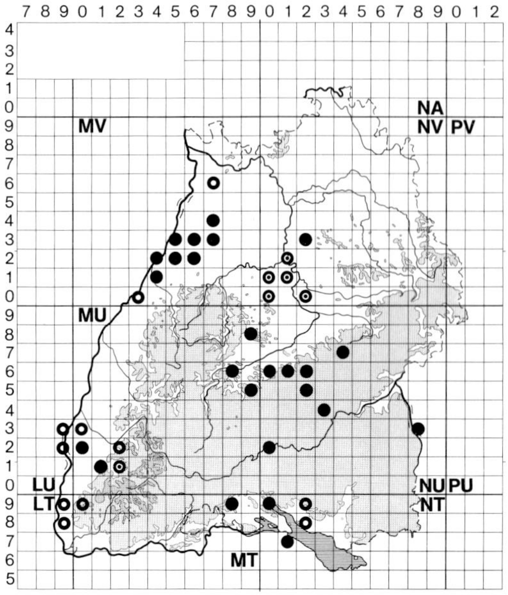

Andrena minutula

gellagen und von *Succisa*-reichen Feuchtwiesen abzielen. Kein einziges der nach 1975 festgestellten Vorkommen liegt in einem Naturschutzgebiet.
RL: Stark gefährdet (2).

Andrena minutula

(Kirby 1802)

Verbreitung: Fast ganz Europa, nordwärts bis 60° n. Br. (WARNCKE 1981). In den Schweizer Alpen bis 1600 m (BEAUMONT 1958). – In der Bundesrepublik Deutschland keine Verbreitungsgrenze. – In Baden-Württemberg ist die Art in allen Landesteilen zu erwarten, auch wenn die Karte der bisherigen Nachweise noch recht lückenhaft ist. In der Ebene wie in den höheren Lagen der Mittelgebirge. Material: 54♂♂,88♀♀.
Lebensraum: Als ubiquitäre Art in allen möglichen Lebensräumen: Waldränder, Feldhecken, trockene Fettwiesen, Streuobstwiesen, Hochwasserdämme, Magerrasen, Ruderalstellen, Sand-, Kies- und Lehmgruben, Siedlungsbereich (Gärten, Parks). Nester in schütter bewachsenen Böschungen und Rainen sowie an Weg- und Gebüschrändern. Besiedelt sowohl sandigen als auch lehmigen Boden.
Nistweise: Nistet einzeln in selbstgegrabenen Hohlräumen in der Erde.
Blütenbesuch: Ausgesprochen polylektische Art (11 Pflanzenfamilien). Pollenquellen: Aceraceae : Feld-Ahorn *(Acer campestre)*; Apiaceae: Wiesen-Kerbel *(Anthriscus sylvestris)*, Wilde Möhre *(Daucus carota)*, Wiesen-Bärenklau *(Heracleum sphondylium)*, Giersch *(Aegopodium podagraria)*, Wald-Engelwurz *(Angelica sylvestris)*, Kümmel *(Carum carvi)*, Sichelmöhre *(Falcaria vulgaris)*; Asteraceae: Huflattich *(Tussilago farfara)*, Wiesen-Schafgarbe *(Achillea millefolium)*, Wiesen-Löwenzahn *(Taraxacum officinale)*, Wiesen-Pippau *(Crepis biennis)*; Brassicaceae: Raps *(Brassica napus)*, Acker-Senf *(Sinapis arvensis)*, Pfeilkresse *(Cardaria draba)*, Acker-Hellerkraut *(Thlaspi arvense)*; Caryophyllaceae: Große Sternmiere *(Stellaria holostea)*; Crassulaceae: Felsen-Fetthenne *(Sedum reflexum)*; Lamiaceae: Gewöhnlicher Dost *(Origanum vulgare)*; Ranunculaceae: Scharfer Hahnenfuß *(Ranunculus acris)*, Scharbockskraut *(Ranunculus ficaria)*; Rosaceae: Frühlings-Fingerkraut *(Potentilla verna)*, Kriechendes Fingerkraut *(Potentilla reptans)*, Garten-Apfel *(Malus domestica)*, Süß-Kirsche *(Prunus avium)*, Wald-Erdbeere *(Fragaria vesca)*, Brombeere *(Rubus fruticosus)*; Salicaceae: Sal-Weide *(Salix caprea)*; Scrophulariaceae: Gamander-Ehrenpreis *(Veronica chamaedrys)*.
Kuckucksbienen: *Nomada flavoguttata.*
Phänologie: Bivoltin. Flugzeit von Anfang April bis Ende Mai und von Ende Juni bis Mitte August.
Bestandessituation: Die anspruchslose und häufige Art ist in Baden-Württemberg nicht gefährdet.

Andrena minutuloides

Perkins 1914

Verbreitung: Fast ganz Europa; nordwärts bis 63° n. Br. (WARNCKE 1981). In den Schweizer Alpen bis 1600 m (BEAUMONT 1958). – In der Bundesrepublik Deutschland keine Verbreitungsgrenze. – In Baden-Württemberg wie *A. minutula* in allen Landesteilen zu erwarten, auch wenn die Nachweise noch lükkenhaft sind. Auch in den höheren Lagen der Mittelgebirge. Material: 19♂♂,107♀♀.
Lebensraum: Waldränder, Kahlschläge, Feldhekken, Streuobstwiesen, Hochwasserdämme. Nester an schütter bewachsenen Stellen. Besiedelt sowohl sandigen wie lehmigen Boden.
Nistweise: Nistet einzeln in selbstgegrabenen Hohlräumen in der Erde.
Blütenbesuch: Polylektische Art (7 Pflanzenfamilien). Pollenquellen: Aceraceae: Feld-Ahorn *(Acer campestre)*; Apiaceae: Wiesen-Kerbel *(Anthriscus sylvestris)*, Wilde Möhre *(Daucus carota)*, Wiesen-Bärenklau *(Heracleum sphondylium)*, Giersch *(Aegopodium podagraria)*, Sichelmöhre *(Falcaria vul-*

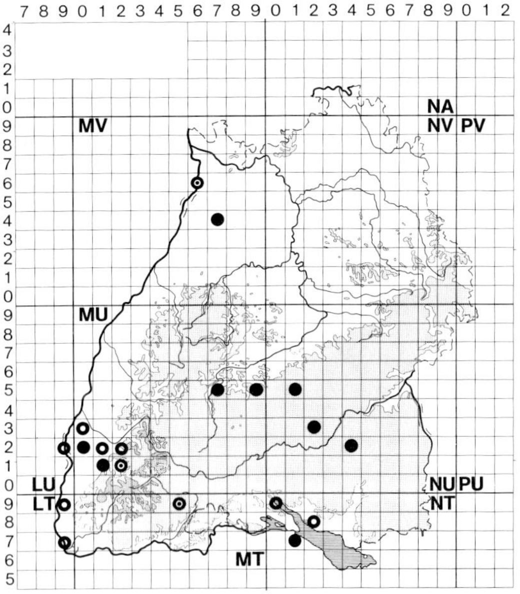

Andrena minutuloides

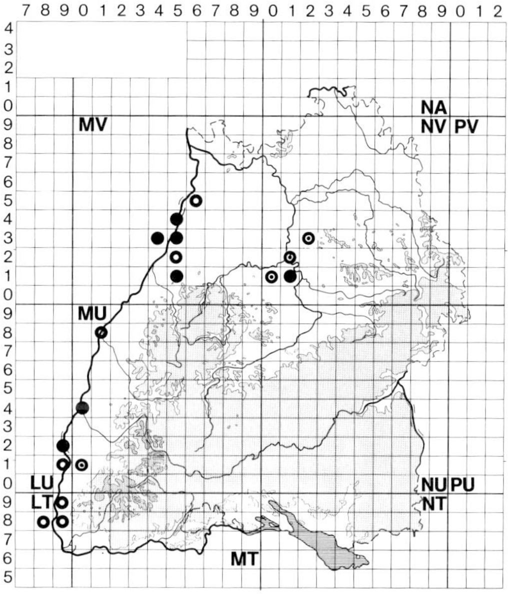

Andrena mitis

garis); Asteraceae: Huflattich *(Tussilago farfara)*, Wiesen-Löwenzahn *(Taraxacum officinale)*, Wiesen-Pippau *(Crepis biennis)*; Brassicaceae: Raps *(Brassica napus)*, Acker-Senf *(Sinapis arvensis)*, Pfeilkresse *(Cardaria draba)*, Acker-Hellerkraut *(Thlaspi arvense)*; Rosaceae: Frühlings-Fingerkraut *(Potentilla verna)*, Kriechendes Fingerkraut *(Potentilla reptans)*, Garten-Apfel *(Malus domestica)*, Süß-Kirsche *(Prunus avium)*, Wald-Erdbeere *(Fragaria vesca)*, Brombeere *(Rubus fruticosus)*; Salicaceae: Sal-Weide *(Salix caprea)*; Scrophulariaceae: Gamander-Ehrenpreis *(Veronica chamaedrys)*.

Kuckucksbienen: *Nomada flavoguttata.*

Phänologie: Bivoltin. Flugzeit von Anfang April bis Ende Mai und von Ende Juni bis Mitte August.

Bestandessituation: Die anspruchlose und häufige Art ist in Baden-Württemberg nicht gefährdet.

Andrena mitis

Schmiedeknecht 1883

Verbreitung: Von der Türkei nordwestwärts bis zum Atlantik (Warncke 1981). – In der Bundesrepublik Deutschland keine Verbreitungsgrenze. – In Baden-Württemberg liegt der Verbreitungsschwerpunkt in der Oberrheinebene, darüber hinaus wurde die Art auch im Neckarland nachgewiesen. Material: 40♂♂,38♀♀.

Lebensraum: Siedlungsschwerpunkt in Flußauen, dort wahrscheinlich primär auf Sand- und Kiesschüttungen. Ersatzlebensräume sind Sand- und Kiesgruben sowie Hochwasserdämme. Nester an vegetationsfreien oder nur schütter bewachsenen Stellen. Besiedelt bevorzugt sandigen Boden, nimmt aber auch mit sandigem Lehm oder Lößlehm vorlieb.

Nistweise: Nistet in selbstgegrabenen Hohlräumen in der Erde.

Blütenbesuch: Oligolektische, auf *Salix* (Salicaceae) spezialisierte Art. Pollenquellen: Sal-Weide *(Salix caprea)*, Purpur-Weide *(Salix purpurea)*, Korb-Weide *(Salix viminalis)*, Mandel-Weide *(Salix triandra)*, Lorbeer-Weide *(Salix pentandra)*.

Kuckucksbienen: Unbekannt.

Phänologie: Univoltin. Flugzeit von Ende März bis Anfang Mai (♂♂ 8. 3.–12. 4.; ♀♀ 24. 3.–16. 5.). Überwinterung als Imago.

Bestandessituation: Da die Primärlebensräume durch Flußregulierungen bereits zerstört sind, ist diese Sandbiene auf Ersatz in Form von Sand- und Kiesgruben sowie von Hochwasserdämmen angewiesen. Gleichzeitig benötigt die Art in der Nähe ihrer Nistplätze ein gleichzeitiges Angebot mehrerer Weidenarten. Deshalb muß *Andrena mitis*, die seltener als *Andrena vaga* ist und in einer viel geringeren Individuendichte auftritt, in Baden-Württemberg als gefährdet betrachtet werden.

RL: Gefährdet (3).

Andrena montana
Warncke 1973

Die erst in jüngerer Zeit (Warncke 1973c) beschriebene, der *Andrena ruficrus* sehr ähnliche Art, wurde von Warncke aus der Bundesrepublik Deutschland lediglich aus dem Bayerischen Gebiet ohne nähere Funddaten gemeldet. Darüber hinaus sind im Zusammenhang mit der Erstbeschreibung noch Fundorte in Italien, in der Schweiz, in Jugoslawien und Albanien aufgeführt. Die offensichtlich nur in höheren Berglagen vorkommende Art fliegt von Mitte Juni bis Mitte August. In Baden-Württemberg ist sie nicht zu erwarten.

Andrena morio
Brullé 1832

Verbreitung: Südeuropa, nur vereinzelt in Mitteleuropa, nordwärts bis 54° n. Br. (Warncke 1980c). – Während die Art in der DDR noch aus Brandenburg bekannt wurde (Müller 1921, 1944, Quelle 1939), liegen aus der Bundesrepublik Deutschland nur Fundmeldungen aus Hessen und Baden-Württemberg vor. Friese (1893a, 1921) meldet die Art von den hessischen Fundorten Darmstadt, Pfungstadt, Bickenbach und Eberstadt. Im Senckenberg-Museum Frankfurt befinden sich 2 ♀♀ (23. 5. 1918, 12. 6. 1918) von Eberstadt. – In Baden-Württemberg wurde die Art nur an einem einzigen Fundort in der nördlichen Oberrheinebene nachgewiesen: MV67 Mannheim-Rheinau 4♂♂,4♀♀ 4.–8. 8. 1928 (Grünwaldt, ZSM) (Balles 1933).
Lebensraum: Scheint Sandgebiete zu bevorzugen. Der einzige Fund in Südwestdeutschland stammt von einer Binnendüne.
Nistweise: Nistet in selbstgegrabenen Hohlräumen in der Erde.
Blütenbesuch: Polylektische Art (3 Pflanzenfamilien). Pollenquellen: Apiaceae: Feld-Mannstreu *(Eryngium campestre)*; Asteraceae: Rispen-Flokkenblume *(Centaurea paniculata)*, Gewöhnliche Kratzdistel *(Cirsium vulgare)*; Brassicaceae: Orientalische Rauke *(Sisymbrium orientale)*.
Kuckucksbienen: *Nomada mauritanica.*
Phänologie: Bivoltin. Flugzeit von Mai bis Juni und Juli bis September.
Bestandessituation: Die aufgrund ihrer Färbung sehr auffällige und daher kaum zu übersehende Art wurde seit 1928 in Baden-Württemberg nicht mehr aufgefunden und ist daher als ausgestorben zu betrachten.
RL: Ausgestorben oder verschollen (0).

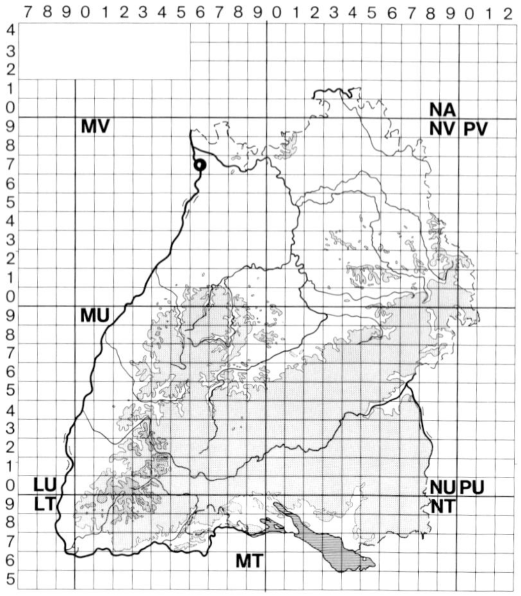

Andrena morio

Bemerkungen: Die vom westlichen Mittelmeerraum bis nach Mitteleuropa verbreitete Form mit hellem Collare betrachtet Warncke (1967) als eigene ssp. *lugubris* Erichson 1840. Im östlichen Mittelmeerraum ist die Art ganz schwarz. Osyčnjuk (1977) und Dylewska (1987) führen *A. lugubris* als Synonym zu *A. morio*.

Andrena nana
(Kirby 1802)

Verbreitung: Von Südwesteuropa nordwärts bis Kiew (Warncke 1981); England. – In der Bundesrepublik Deutschland sichere Nachweise nur in Nordrhein-Westfalen, Hessen, Rheinland-Pfalz, Bayern und Baden-Württemberg. – In Baden-Württemberg zerstreute Nachweise in der Oberrheinebene, im Kaiserstuhl, im Hegau, im Bodenseeraum und am Oberen Neckar. Alle bisherigen Fundorte liegen unterhalb 500 m, mit Ausnahme eines Nachweises am Hohentwiel, wo die Art in ca. 600 m Höhe angetroffen wurde. Funddaten ab 1960: LU92 Ihringen 1♀ 15. 5. 1965 (G); Achkarren 1♀23. 8. 1964 (G); Oberrotweil 3♀♀ 1981 (LZB) (Düweke 1988). MT89 Singen, Hohentwiel 1♀ 4. 8. 1981 (W). MU02 Schelingen 1♂ 21. 8. 1968 (G); Vogtsburg 1♂ 11. 7. 1982 (W). MU97 Wurmlingen, Kapellenberg 1♀ 18. 8. 1978 (W) (Westrich 1980). Material: 14♂♂,48♀♀.

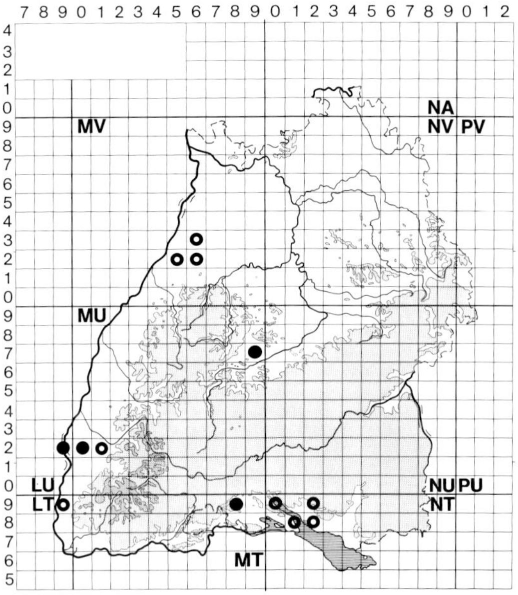

Andrena nana

Lebensraum: Siedlungsschwerpunkt in trockenwarmen Lebensräumen: Magerrasen, Weinbergbrachen, aufgelassene Sand- und Lehmgruben, Ruderalstellen trockenwarmer Standorte.
Nistweise: Nistet in selbstgegrabenen Hohlräumen in der Erde.
Blütenbesuch: Polylektische Art (6 Pflanzenfamilien). Pollenquellen: Aceraceae : Feld-Ahorn *(Acer campestre)*; Apiaceae: Wiesen-Kerbel *(Anthriscus sylvestris)*, Wilde Möhre *(Daucus carota)*, Wiesen-Bärenklau *(Heracleum sphondylium)*, Giersch *(Aegopodium podagraria)*, Sichelmöhre *(Falcaria vulgaris)*; Asteraceae: Wiesen-Löwenzahn *(Taraxacum officinale)*; Brassicaceae: Raps *(Brassica napus)*, Acker-Senf *(Sinapis arvensis)*, Brillenschote *(Biscutella laevigata)*, Pfeilkresse *(Cardaria draba)*, Acker-Hellerkraut *(Thlaspi arvense)*; Rosaceae: Frühlings-Fingerkraut *(Potentilla verna)*, Kriechendes Fingerkraut *(Potentilla reptans)*, Wald-Erdbeere *(Fragaria vesca)*; Scrophulariaceae: Gamander-Ehrenpreis *(Veronica chamaedrys)*.
Kuckucksbienen: Unbekannt.
Phänologie: Bivoltin. Flugzeit von Mitte Mai bis Ende Juni und von Anfang Juli bis Ende August.
Bestandessituation: Die offensichtlich wärmeliebende und nicht häufig vorkommende Art ist in Baden-Württemberg vor allem durch den Verlust trockenwarmer Lebensräume gefährdet, die vermehrt als Schutzgebiete auszuweisen sind. Nach 1975 wurde mir nur ein Vorkommen aus einem Naturschutzgebiet bekannt.
RL: Gefährdet (3).

Andrena nanula
Nylander 1848.

Verbreitung: Europa zwischen 43° und 62° n. Br., ostwärts bis zum Ural (Warncke 1981). – In der Bundesrepublik Deutschland keine Verbreitungsgrenze, aber nur sehr vereinzelte Funde (vgl. Alfken 1924, 1939, Enslin 1922). – In Baden-Württemberg bisher kein sicherer Nachweis, aber zu erwarten. Das Weibchen, das nach Strohm (1925) bei Achkarren gefunden und von Stoeckhert determiniert worden sein soll, war nicht auffindbar.
Lebensraum: Vermutlicher Siedlungsschwerpunkt in Waldgebieten.
Nistweise: Nistet in selbstgegrabenen Hohlräumen in der Erde.
Blütenbesuch: Bisher ist nur die zu den Apiaceae gehörende Wilde Möhre *(Daucus carota)* als Pollenquelle belegt.
Kuckucksbienen: Unbekannt.
Phänologie: Univoltin. Flugzeit von Anfang Juli bis Ende August.
Bemerkungen: Die im Gebiet der Bundesrepublik vorkommenden Populationen gehören nach Kocourek (1966) und Warncke (1967) zur ssp. *subnuda* Alfken 1924.

Andrena nasuta
Giraud 1863

Verbreitung: Türkei, Südosteuropa, nordwestlich bis Mitteleuropa (Warncke 1981). Während die Art aus der DDR von mehreren Fundorten in Mecklenburg, Brandenburg und Thüringen gemeldet wurde (vgl. Hedicke 1922, Markowsky 1933, Müller 1918, Schirmer 1911, Schmiedeknecht 1882–1884), ist sie aus dem Gebiet der Bundesrepublik Deutschland nur aus den südlichen Bundesländern Bayern und Hessen nachgewiesen. In Bayern wurde sie von mehreren Fundorten gemeldet (Stoeckhert 1933, 1954), aus Hessen lag mir in der Sammlung Grünwaldt 1♀ von Flörsheim bei Frankfurt vor. Soweit bekannt, ist dies der westlichste Punkt der Verbreitung. – In Baden-Württemberg bisher zwar nicht nachgewiesen, ein Vorkommen im Main-Taubergebiet oder in den nordbadischen Sandgebieten ist aber nicht völlig auszuschließen.

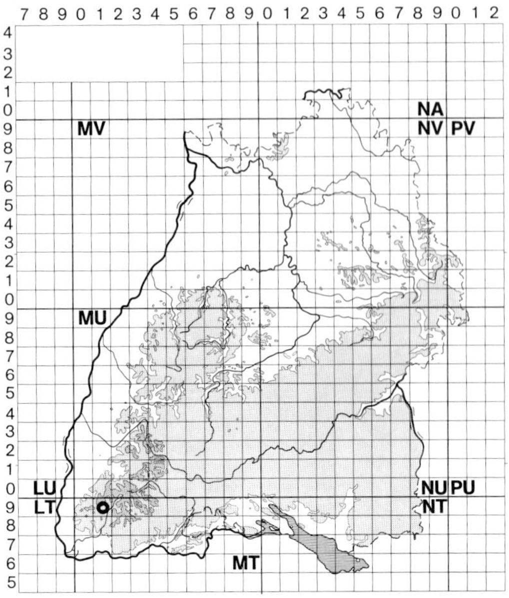

Andrena nigriceps

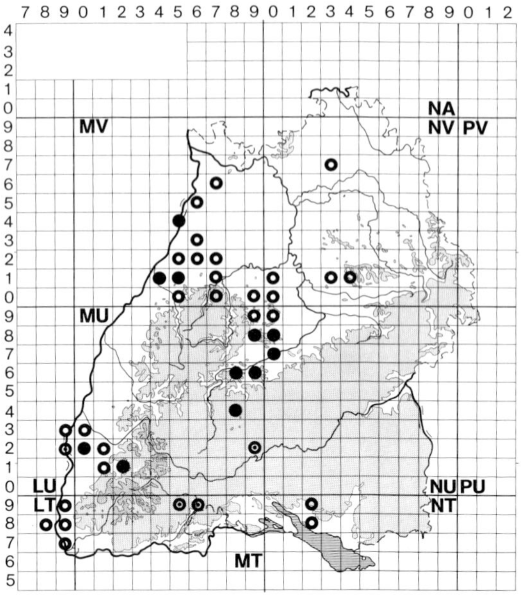

Andrena nigroaenea

Lebensraum: Vorwiegend in Sandgebieten, dort an trockenwarmen Ruderalstellen. Die Nester werden an schütter bewachsenen Stellen angelegt.
Nistweise: Nistet in selbstgegrabenen Hohlräumen in der Erde, vermutlich meist (immer?) einzeln.
Blütenbesuch: Streng oligolektische, auf *Anchusa* (Boraginaceae) spezialisierte Art. Einzige Pollenquelle in Mitteleuropa ist die Gewöhnliche Ochsenzunge *(Anchusa officinalis)*, die für beide Geschlechter auch die Hauptnektarquelle ist.
Kuckucksbienen: *Nomada nobilis* Herrich-Schäffer (Blüthgen 1925, Friese 1888, Stoeckhert 1933), nach Kocourek (1966) auch *Nomada rostrata* Herrich-Schäffer (= *N. eustalacta* Gerstäcker). Beide Arten wurden in der DDR und Österreich, aber noch nicht in der Bundesrepublik Deutschland nachgewiesen.
Phänologie: Univoltin. Flugzeit von Mitte Mai bis Ende Juni.

Andrena nigriceps

(Kirby 1802)
Syn.: *A. marchica* Alfken 1939.

Verbreitung: England, Niederlande, Deutschland (DDR, BRD), Polen, Tschechoslowakei, UdSSR. – In der Bundesrepublik Deutschland keine Verbreitungsgrenze, auch im Norden (vgl. Riemann 1987a), insgesamt aber nur sehr vereinzelt. – In Baden-Württemberg nur ein Nachweis im Südschwarzwald: MT19 Künaberg-Wiesental 1♀ 19. 7. 1943 (LNK) (Stritt 1968).
Lebensraum: Noch wenig bekannt, aber vermutlich vorwiegend in Sandgebieten. Riemann (1987a) beobachtete 2♀♀ an einem selten befahrenen Sandweg.
Nistweise: Nistet in selbstgegrabenen Hohlräumen in der Erde. (Popova 1983).
Blütenbesuch: Polylektische Art (7 Pflanzenfamilien) (vgl. Chambers 1968). Pollenquellen: Asteraceae: Rainfarn *(Tanacetum vulgare)*, Gewöhnliche Kratzdistel *(Cirsium vulgare)*, Sumpf-Kratzdistel *(Cirsium palustre)*, Kornblume *(Centaurea cyanus)*, Wiesen-Flockenblume *(Centaurea jacea)*, Habichtskraut *(Hieracium)*; Brassicaceae: Acker-Senf *(Sinapis arvensis)*; Campanulaceae: Berg-Sandrapunzel *(Jasione montana)*; Caryophyllaceae: Karthäuser-Nelke *(Dianthus carthusianorum)*; Ericaceae: Heidekraut *(Calluna vulgaris)*; Lamiaceae: Wiesen-Salbei *(Salvia pratensis)*; Rosaceae: Brombeere *(Rubus fruticosus)*.
Kuckucksbienen: Unbekannt.
Phänologie: Univoltin. Flugzeit von Ende Juni bis Mitte August.
Bestandessituation: Die Art wurde in Baden-Württemberg bisher nur ein einziges Mal im Jahre 1943 nachgewiesen. Fundumstände und tatsächliche Bestandessituation sind nicht bekannt.

Andrena nigroaenea ♀

Andrena nigroaenea
(Kirby 1802)

Verbreitung: Fast ganz Europa, nordwärts bis 60° n. Br. (WARNCKE 1981). In den Schweizer Alpen bis 1500 m (BEAUMONT 1958). – In der Bundesrepublik Deutschland keine Verbreitungsgrenze. – In Baden-Württemberg weit verbreitet, v.a. in Lagen unterhalb 500 m, zerstreute Nachweise auch in Lagen zwischen 500 und 800 m. Material: 89♂♂,85♀♀.

Lebensraum: Waldränder, Hochwasserdämme, Magerrasen, Flugsandfelder, alte Weinbergbrachen, Sand- und Kiesgruben, Binnendünenreste; als synanthrope Art regelmäßig auch im Siedlungsbereich (Gärten, Parks). Nester meist an schütter bewachsenen Stellen von Böschungen, Rainen, Wald- und Gebüschrändern, in Parkrasen, gelegentlich auch in Steilwänden und sogar in Balkonkästen. Keine Bevorzugung bestimmter Bodenarten, nistet auch in humosem Boden.

Nistweise: Nistet in selbstgegrabenen Hohlräumen in der Erde. Möglicherweise ist die Art kommunal, da bisweilen mehrere ♀♀ einen gemeinsamen Nesteingang benutzen. (MOESCHLER 1938, NIELSEN 1902).

Blütenbesuch: Ausgesprochen polylektische Art (12 Pflanzenfamilien) (vgl. CHAMBERS 1968). Pollenquellen: Apiaceae: Wiesen-Kerbel *(Anthriscus sylvestris)*, Wiesen-Bärenklau *(Heracleum sphondylium)*, Hecken-Kälberkropf *(Chaerophyllum temulum)*, Aquifoliaceae: Stechpalme *(Ilex aquifolium)*; Asteraceae: Wiesen-Löwenzahn *(Taraxacum officinale)*, Wiesen-Pippau *(Crepis biennis)*; Brassicaceae: Raps *(Brassica napus)*, Weißer Senf *(Sinapis alba)*, Pfeilkresse *(Cardaria draba)*, Graukresse *(Berteroa incana)*, Orientalische Rauke *(Sisymbrium orientale)*; Caryophyllaceae: Große Sternmiere *(Stellaria holostea)*; Cistaceae: Gewöhnliches Sonnenröschen *(Helianthemum nummularium)*; Cucurbitaceae: Zweihäusige Zaunrübe *(Bryonia dioica)*; Ericaceae: Preiselbeere *(Vaccinium vitis-idaea)*; Fabaceae: Weißklee *(Trifolium repens)*; Ranunculaceae: Scharfer Hahnenfuß *(Ranunculus acris)*, Knolliger Hahnenfuß *(Ranunculus*

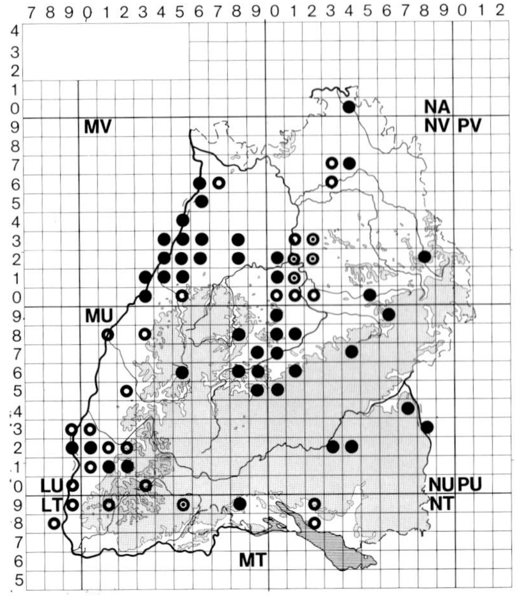

Andrena nitida

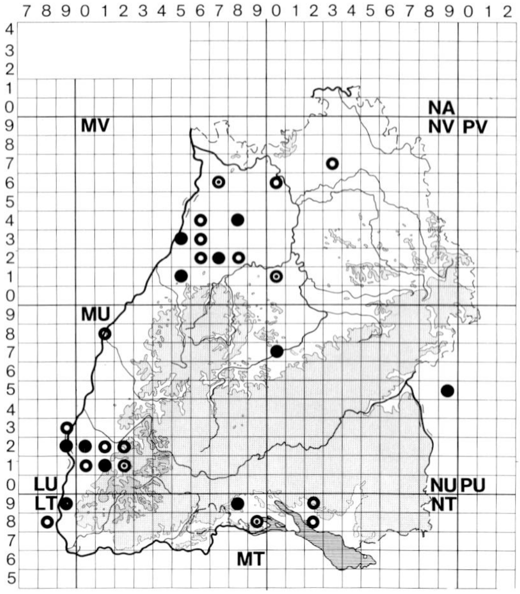

Andrena nitidiuscula

bulbosus); Rosaceae: Himbeere *(Rubus idaeus)*, Zweigriffliger Weißdorn *(Crataegus laevigata)*; Salicaceae: Sal-Weide *(Salix caprea)*, Ohr-Weide *(Salix aurita)*, Silber-Weide *(Salix alba)*.
Kuckucksbienen: *Nomada succincta, Nomada goodeniana* und *Nomada marshamella*.
Phänologie: Univoltin. Flugzeit von Mitte April bis Mitte Juni (♂♂ 9. 4.–4. 6.; ♀♀ 19. 4.–12. 7.). Überwinterung als Imago.
Bestandessituation: Die nach 1975 in mehreren Landesteilen, in verschiedensten Lebensräumen und stellenweise in größerer Zahl angetroffene Art ist in Baden-Württemberg nicht gefährdet.

Andrena nitida

(Müller 1776)
Syn.: *A. pubescens* Olivier 1789.

Verbreitung: Fast ganz Europa; nordwärts bis 62° n. Br. In den österreichischen Alpen bis 2000 m (Schedl 1982). – In der Bundesrepublik Deutschland keine Verbreitungsgrenze. – In Baden-Württemberg in allen Landesteilen weit verbreitet, von der Ebene bis in die höheren Lagen der Mittelgebirge. Material: 175♂♂,196♀♀.
Lebensraum: Als Ubiquist in allen möglichen Lebensräumen: lichte Wälder, Waldränder, Feldhekken, trockene Fettwiesen, Streuobstwiesen, Hochwasserdämme, Magerrasen (Wacholderheiden), Brachen, Sand-, Kies- und Lehmgruben, Siedlungsbereich (Gärten, Parks). Nester an schütter bewachsenen Stellen, z. B. von Böschungen und Rainen oder von Wald- und Gebüschrändern. Keine Bevorzugung bestimmter Bodenarten.
Nistweise: Nistet in selbstgegrabenen Hohlräumen in der Erde, gelegentlich in großen Aggregationen. (Chambers 1946).
Blütenbesuch: Ausgesprochen polylektische Art (17 Pflanzenfamilien) (vgl. Chambers 1945, 1968). Pollenquellen: Aceraceae: Feld-Ahorn *(Acer campestre)*, Spitz-Ahorn *(Acer platanoides)*; Apiaceae: Wiesen-Kerbel *(Anthriscus sylvestris)*, Wiesen-Bärenklau *(Heracleum sphondylium)*; Aquifoliaceae: Stechpalme *(Ilex aquifolium)*; Asteraceae: Wiesen-Löwenzahn *(Taraxacum officinale)*; Brassicaceae: Raps *(Brassica napus)*, Wiesen-Schaumkraut *(Cardamine pratensis)*; Caryophyllaceae: Große Sternmiere *(Stellaria holostea)*; Cistaceae: Gewöhnliches Sonnenröschen *(Helianthemum nummularium)*; Cornaceae: Roter Hartriegel *(Cornus sanguinea)*; Grossulariaceae: Schwarze Johannisbeere *(Ribes nigrum)*; Hippocastanaceae: Roßkastanie *(Aesculus hippocastanum)*; Lamiaceae: Gefleckte Taubnessel *(Lamium maculatum)*; Liliaceae: Bär-Lauch *(Allium ursinum)*; Ranunculaceae: Scharfer Hahnenfuß *(Ranunculus acris)*, Knolliger Hahnenfuß *(Ranunculus bulbosus)*, Scharbockskraut *(Ranunculus ficaria)*; Rosaceae: Süß-Kirsche *(Prunus avium)*, Zwetschge *(Prunus*

Andrena nitida ♀

domestica), Schlehe *(Prunus spinosa)*, Birne *(Pyrus communis)*; Salicaceae: Sal-Weide *(Salix caprea)*; Saxifragaceae: Schatten-Steinbrech *(Saxifraga umbrosa)*; Scrophulariaceae: Gamander-Ehrenpreis *(Veronica chamaedrys)*.
Kuckucksbienen: *Nomada succincta, Nomada flava, Nomada goodeniana, Nomada marshamella, Nomada lineola.*
Phänologie: Univoltin. Flugzeit von Mitte April bis Anfang Juni (♂♂ 30. 3.–11. 5.; ♀♀ 17. 4.–19. 6.).
Bestandessituation: Die anspruchslose Art ist als eine der häufigsten Sandbienen in Baden-Württemberg nicht gefährdet.

Andrena nitidiuscula

Schenck 1853
Syn.: *A.fulvicornis* Schenck 1853 (vgl. DYLEWSKA 1987, WARNCKE 1967, 1986c).

Verbreitung: Süd- und Mitteleuropa, nordwärts bis 57° n. Br. (WARNCKE 1981). – In der Bundesrepublik Deutschland keine Verbreitungsgrenze, auch aus dem Norden gemeldet (VEGTER 1971, WAGNER 1938a). – In Baden-Württemberg zerstreute Nachweise, überwiegend in Lagen unter 500 m, nur vereinzelt auch darüber. Material: 18♂♂,92♀♀.

Lebensraum: Trockene Fettwiesen, Magerrasen, Weinbergbrachen, warme Waldränder, Kiesgruben, als Nahrungsgast auch auf gut gedüngten Fettwiesen und Feuchtwiesen. Vereinzelt auch im Siedlungsbereich an Ruderalstellen und in Heckensäumen. Nester an schütter bewachsenen Stellen. Keine Bevorzugung bestimmter Bodenarten.
Nistweise: Nistet in selbstgegrabenen Hohlräumen in der Erde, meist einzeln, aber auch in kleinen Aggregationen.
Blütenbesuch: Oligolektische, auf Apiaceae (Doldenblütler) spezialisierte Art. Pollenquellen: Wilde Möhre *(Daucus carota)*, Sichelmöhre *(Falcaria vulgaris)*, Wiesen-Bärenklau *(Heracleum sphondylium)*, Wald-Engelwurz *(Angelica sylvestris)*, Berg-Haarstrang *(Peucedanum oreoselinum)*, Gewöhnlicher Klettenkerbel *(Torilis japonica)*.
Kuckucksbienen: *Nomada errans.*
Phänologie: Im Untersuchungsgebiet offensichtlich univoltin. Flugzeit von Mitte Juni bis Ende August (♂♂ 26. 5.–11. 8.; ♀♀ 2. 6.–29. 8.). Die früher als eigene Art *A. fulvicornis* aufgefaßte Form soll in Süddeutschland in 2 Generationen auftreten (STOECKHERT 1933, 1954). Ich halte dies nicht für zweifelsfrei bewiesen.
Bestandessituation: Die Art wurde seit 1975 noch mehrfach in verschiedenen Landesteilen nachge-

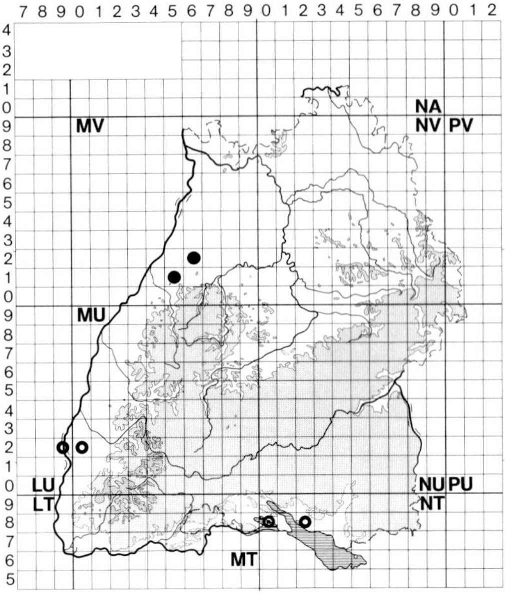

Andrena niveata

wiesen. Sie ist derzeit noch nicht als gefährdet zu betrachten, da sie bisweilen auch im Siedlungsbereich ausreichende Existenzbedingungen vorfindet.

Andrena niveata

Friese 1887

Verbreitung: Süd- und Mitteleuropa, nordwärts bis 59° n. Br. (Warncke 1980c). – In der Bundesrepublik Deutschland keine Verbreitungsgrenze, auch im Norden (Alfken 1939, 1940, Wagner 1914, 1920), insgesamt aber nur sehr zerstreute Nachweise. In Süddeutschland bekannt aus Rheinland-Pfalz (Warncke 1986b), Bayern (Stoeckhert 1933) und Baden-Württemberg. – In Baden-Württemberg nur von fünf Fundorten, stets in Lagen unter 500 m, bekannt. Funddaten: LU92 Ihringen 1♀ 28. 5. 1933 (ZMB). MV51 Malsch 1♂ 10. 6. 1986 (D). MV62 Grötzingen 1♀ 14. 6. 1985 (Greiler). NT08 1♀ 2. 6. 1968 (SMNS). NT28 1♀ 11. 5. 1951; 1♀ 25. 5. 1951; 1♀ 29. 5. 1951; 1♀ 12. 6. 1951; 1♀ 14. 6. 1951; 1♀ 1951 (SMNS).

Lebensraum: Die wenigen, mir bekannten Funde stammen von Magerwiesen und aus Kies- und Lehmgruben. Nester wurden nicht gefunden. Eine Bevorzugung bestimmter Bodenarten ist nicht zu erkennen.

Nistweise: Nistet in selbstgegrabenen Hohlräumen in der Erde.

Blütenbesuch: Oligolektische, auf Brassicaceae (Kreuzblütler) spezialisierte Art. Pollenquellen: Raps *(Brassica napus)*, Acker-Senf *(Sinapis arvensis)*, Hederich *(Raphanus raphanistrum)*, Pfeilkresse *(Cardaria draba)*, Acker-Hellerkraut *(Thlaspi arvense)*, Orientalische Rauke *(Sisymbrium orientale)*, Weg-Rauke *(Sisymbrium officinale)*.

Kuckucksbienen: Unbekannt.

Phänologie: Univoltin. Flugzeit von Mitte Mai bis Ende Juni.

Bestandessituation: Die Offenlandsart ist aufgrund ihrer Seltenheit und ihrer Spezialisierung auf Kreuzblütler in Baden-Württemberg als stark gefährdet zu betrachten. Als Erhaltungsmaßnahme kommt derzeit nur eine Unterschutzstellung der Lebensräume in Frage, in denen sie nachgewiesen wurde. Keines der seit 1975 festgestellten Vorkommen liegt in einem Naturschutzgebiet.

RL: Stark gefährdet (2).

Andrena nuptialis

Pérez 1902

Verbreitung: Südeuropa, vereinzelt in Mitteleuropa. – In der Bundesrepublik nur aus dem Nahegau (Kirn, Bad Münster a.St.) (Schmidt & Westrich 1984) und dem Mittelrheingebiet (Loreley) (Aerts 1950a, 1960, Wolf 1959) bekannt. – In Baden-Württemberg ist ein Vorkommen im nordwestlichen Landesteil nicht auszuschließen.

Lebensraum: Die wenigen Nachweise stammen von Waldrändern, Magerrasen und Weinbergbrachen. Nester fanden sich in Steilwänden und in Lehmfugen von Weinbergsmauern.

Nistweise: Nistet in selbstgegrabenen Hohlräumen in der Erde. (Wolf 1959).

Blütenbesuch: Mir lagen bisher nur Sommer-Weibchen vor, die ausschließlich auf folgenden Apiaceae (Doldenblütler) gesammelt hatten: Feld-Mannstreu *(Eryngium campestre)*, Wilde Möhre *(Daucus carota)*, Wiesen-Bärenklau *(Heracleum sphondylium)*.

Kuckucksbienen: Nach Kocourek (1966) *Nomada varipes* Pérez (= *N. nuptialis* Noskiewicz), die für die Schweiz gemeldet wurde (Warncke 1986c), aber aus der Bundesrepublik Deutschland noch nicht bekannt ist.

Phänologie: Die Art soll bivoltin, sein, was auch durch die von mir bei Bad Münster am Stein (Nahegau) gesammelten Tiere untermauert wird. Möglicherweise ist hier aber die taxonomische Situation ähnlich wie bei *A. eximia* und *A. rosae*, indem die

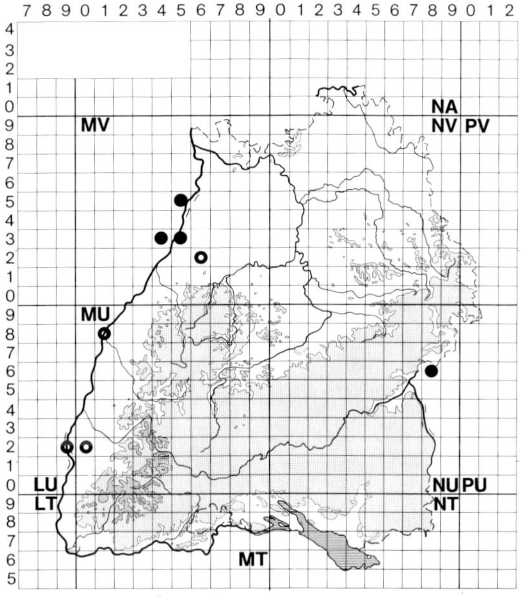

Andrena nycthemera

sogenannte Sommergeneration von *A. nuptialis* eine eigene, auf Apiaceen (Doldenblütler) spezialisierte Art darstellt. Weitere Untersuchungen zu dieser Problematik sind notwendig.

Andrena nycthemera
Imhoff 1866

Verbreitung: Europa zwischen 45° und 57° n. Br., ostwärts bis zum Ural (WARNCKE 1981). – In der Bundesrepublik Deutschland nordwärts bis zum Münsterland und Emsland nachgewiesen (PEUS 1927). – In Baden-Württemberg bisher fast ausschließlich in der Oberrheinebene nachgewiesen. Vermutlich kommt die Art auch im baden-württembergischen Teil des Donau-Iller-Gebiets vor, da sie im grenznahen Bayern bereits festgestellt wurde. Funddaten: LU92 Achkarren 1♂ 18. 4. 1924 (MNF); 1♀ 18. 4. 1925 (MNF); 1♀ 30. 3. 1928 (MNF). MU02 Wasenweiler 1♀ 7. 4. 1924 (MNF) (STROHM 1924). MU18 Kehl 1♀ 15. 4. 1939 (LNK). MV41 Muggensturm 1♀ 19. 4. 1987 (D). MV43 Knielingen, Langengrund 4♀♀ 3. u. 15. 4. 1984 (beob.). MV51 Malsch 1♀ 2. 4. 1988 (D). MV53 Eggenstein 6♂♂, 2♀♀ 23. 3. 1923 (LNK) (LEININGER 1924); Neureut 1♀ 8. 3. 1977 (S); 2♂♂, 1♀ 25. 3. 1982 (S); Eggenstein 2♂♂, 2♀♀ 25. 3. 1982 (S); 1♀ 22. 3. 1984 (W). MV55 Rheinsheim 1♀ 22. 3. 1984 (W). MV62 Grötzingen 1♀ 21. 3. 1930 (NK). Nicht überprüfbar war die Angabe »Hainstadt« (BALLES 1925).

Lebensraum: Vorwiegend in Sandgebieten: Flußauen, Sandheiden, Sand- und Kiesgruben, Hochwasserdämme. Nester auf Wegen, an Wegrändern, in kleinen Abbruchkanten oder am Fuße von Steilwänden, bevorzugt an unbewachsenen Stellen in lockerem, aber auch in festem Sand, vereinzelt auch in sandigem Lockerlöß.

Nistweise: Nistet in selbstgegrabenen Hohlräumen in der Erde, einzeln oder in kleinen Aggregationen (Ansammlungen von bis zu 50 Nestern). Während der Verproviantierungsphase wird der Nesteingang nach dem Verlassen des Nestes verschlossen. (KOCOUREK 1966, PETIT 1975b, PEUS 1926, STOECKHERT 1954).

Blütenbesuch: Streng oligolektische, auf *Salix* (Salicaceae) spezialisierte Art. Pollenquellen: Grau-Weide *(Salix cinerea)*, Salweide *(Salix caprea)*, Purpur-Weide *(Salix purpurea)*.

Kuckucksbienen: *Nomada leucophthalma.*

Phänologie: Univoltin. Flugzeit von Mitte März bis Ende April (♂♂ 8. 3.–18. 4.; ♀♀ 8. 3.–13. 4.). Die Art erscheint in der Regel zu der Zeit, wenn die ♀♀ von *Andrena clarkella* bereits Pollen eintragen, *Andrena vaga* aber noch nicht fliegt. Überwinterung als Imago (STOECKHERT 1954).

Bestandessituation: Die seltene Art scheint mir ebenfalls zu den Pionieren zu gehören, die ursprünglich Sandschüttungen von Wildflüssen besiedelt haben. Sie ist daher in besonderem Maße von der Erhaltung und Pflege von Sand- und Kiesgruben als Ersatzlebensräume abhängig. Da die wenigen bekannten Fundorte bisher nicht für Zwecke des Naturschutzes flächenhaft gesichert und eine baldige Zerstörung nicht auszuschließen ist, muß die Art als stark gefährdet betrachtet werden.

RL: Stark gefährdet (2).

Andrena ovatula
(Kirby 1802)
Syn.: *A. afzelliella* (Kirby 1802); *A. albofasciata* Thomson 1870.

Verbreitung: Europa, nordwärts bis 61° n. Br. (WARNCKE 1981). – In der Bundesrepublik keine Verbreitungsgrenze. – In Baden-Württemberg weit verbreitet, überwiegend in Lagen unterhalb 500 m, vereinzelt aber auch auf der Albhochfläche (800 m). Material: 190♂♂, 118♀♀.

Lebensraum: Trockene Fettwiesen, Magerrasen, Hochwasserdämme, Weinbergbrachen, Sand-,

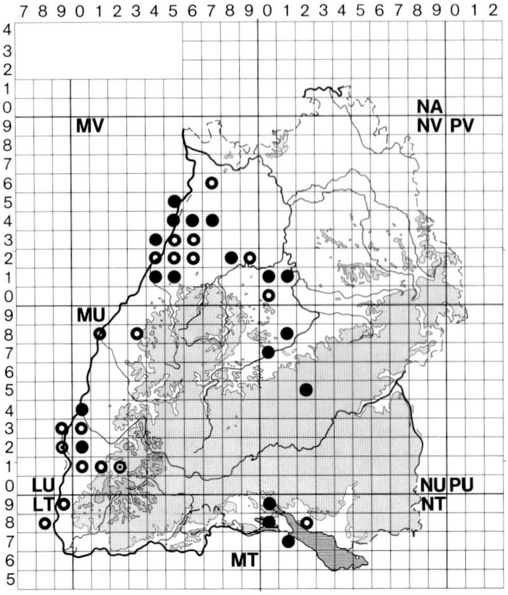

Andrena ovatula

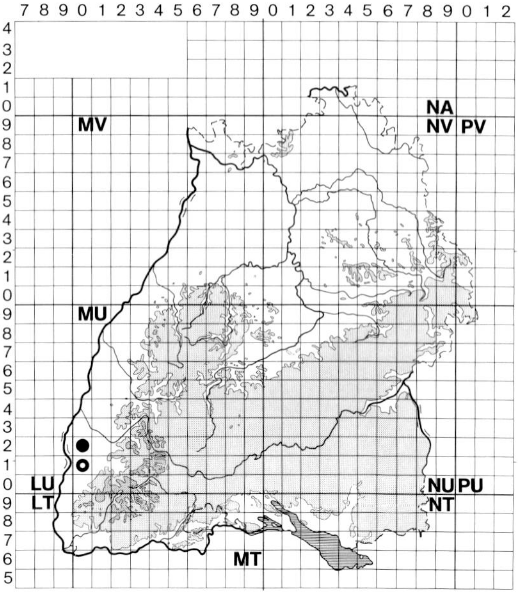

Andrena pallitarsis

Kies- und Lehmgruben, trockenwarme Ruderalstellen. Nester meist an schütter bewachsenen Stellen von Böschungen und Rainen. Keine Bevorzugung bestimmter Bodenarten.
Nistweise: Nistet in selbstgegrabenen Hohlräumen in der Erde, gelegentlich in größeren Aggregationen.
Blütenbesuch: Polylektische Art (3 Pflanzenfamilien), die aber Fabaceae deutlich bevorzugt. Pollenquellen: Fabaceae: Zaunwicke *(Vicia sepium)*, Hornklee *(Lotus corniculatus)*, Weißklee *(Trifolium repens)*, Roter Wiesenklee *(Trifolium pratense)*, Deutscher Backenklee *(Dorycnium germanicum)*, Englischer Ginster *(Genista anglica)*, Weißer Steinklee *(Melilotus alba)*, Echter Steinklee *(Melilotus officinalis)*. Außerdem sind durch Pollenanalysen auch Asteraceae und Brassicaceae belegt.
Kuckucksbienen: *Nomada rhenana.*
Phänologie: Bivoltin. Flugzeit von Ende April bis Mitte Juni (♂♂24. 4.–25. 6.; ♀♀ 24. 4.–26. 6.) und von Mitte Juli bis Anfang September (♂♂ 1. 7.–14. 8.; ♀♀ 13. 7.–10. 9.).
Bestandessituation: Die relativ häufige Art ist in Baden-Würtemberg nicht gefährdet.
Bemerkungen: Die Artgleichheit von *A. ovatula* und *A. albofasciata* wird auch von DYLEWSKA (1987) bestätigt.

Andrena pallitarsis
Pérez 1903

Verbreitung: Europa zwischen 43° und 51° n. Br. (WARNCKE 1981). – In der Bundesrepublik Deutschland nördlich des Mains nur ein (von mir überprüfter) Nachweis von Niedergründau in Hessen (WOLF 1959). Sonst nur noch in Bayern (STOECKHERT 1924, 1954) und in Baden-Württemberg. – In Baden-Württemberg nur von drei Fundorten im Kaiserstuhl und der benachbarten Vorbergzone bekannt. Funddaten: MU01 Ebringen, Kienberg 4♀♀ 10. 8. 1953 (MNF). MU02 Vogtsburg 1♀ 2. 9. 1977 (W); Liliental 1♀ 21. 8. 1984 (W). Die Angaben »Hainstadt« und »Osterburken« (BALLES 1927, 1933) waren nicht überprüfbar.
Lebensraum: Die wenigen Funde stammen von trockenwarmen Ruderalstellen und von Magerrasen. Außerhalb Baden-Württembergs fanden sich die Nester an schütter bewachsenen Stellen von Böschungen und auf festgetretenen Fußwegen. Die Art nistet sowohl in sandigem Boden als auch in Lößlehm.
Nistweise: Nistet in selbstgegrabenen Hohlräumen in der Erde, nach KOCOUREK (1966) einzeln.
Blütenbesuch: Oligolektische, auf Apiaceae (Doldenblütler) spezialisierte Art. Pollenquellen: Wilde Möhre *(Daucus carota)*, Sichelmöhre *(Falcaria vulgaris)*, Pastinak *(Pastinaca sativa)*.
Kuckucksbienen: *Nomada errans.*

Andrena pandellei ♀

Phänologie: Univoltin. Flugzeit von Mitte Juli bis Ende August.
Bestandessituation: Die sehr seltene Art ist derzeit nur aus dem Kaiserstuhl und dort aus keinem Naturschutzgebiet bekannt. Da bisher keine Nistplätze gefunden wurden, sind geeignete Schutzgebietsabgrenzungen, die die Bestände dieser Sandbiene sichern könnten, derzeit auch nicht möglich. Daher ist zumindest für ein ausreichendes Angebot an Pollenquellen während der Flugzeit zu sorgen. Die Art ist nach gegenwärtigem Kenntnisstand in Baden-Württemberg als vom Aussterben bedroht zu bezeichnen.
RL: Vom Aussterben bedroht (1).

Andrena pandellei

Pérez 1895

Verbreitung: Süd- und Mitteleuropa, nordwärts bis 53° n. Br. Nach WARNCKE (1967) in Mitteleuropa in der von ihm selbst benannten ssp. *europaea*. – In der Bundesrepublik Deutschland nordwärts bis zum Rheinland (AERTS 1949) und Lahntal (WOLF 1956). – In Baden-Württemberg zerstreute Nachweise, meist unter 500 m, vereinzelt auch in höheren Lagen der Mittelgebirge (Hochfläche der Schwäbischen Alb). Material: 37♂♂,38♀♀.
Lebensraum: Die individuenreichsten Populationen hat die Art dort, wo die Wiesen-Glockenblume in reichen Beständen vorkommt, v.a. auf Fettwiesen tieferer Lagen und auf wärmeren Bergwiesen. Außerdem findet man die Art auf Magerrasen und an Waldrändern. Nester an schütter bewachsenen oder kurzrasigen Stellen, in sandigem oder in lehmigem Boden.
Nistweise: Nistet in selbstgegrabenen Hohlräumen in der Erde, meist in kleineren Aggregationen. Selten gibt es auch größere Ansammlungen von bis zu 100 Nestern. (KOCOUREK 1966).
Blütenbesuch: Streng oligolektische, auf *Campanula* (Campanulaceae) spezialisierte Art. Hauptpollenquelle ist die Wiesen-Glockenblume *(Campanula patula)*. Weitere Pollenquellen: Büschel-Glockenblume *(Campanula glomerata)*, Rapunzel-Glockenblume *(Campanula rapunculus)*, Sibirische Glockenblume *(Campanula sibirica)*. – ♂♂ wie ♀♀ besuchen vor dem Aufblühen von *Campanula* regelmäßig auch *Geranium*-Blüten als Nektarquelle und ruhen bei kühlem Wetter und nachts in *Campanula*-Blüten. Die ♂♂ patrouillieren an Glockenblumen.

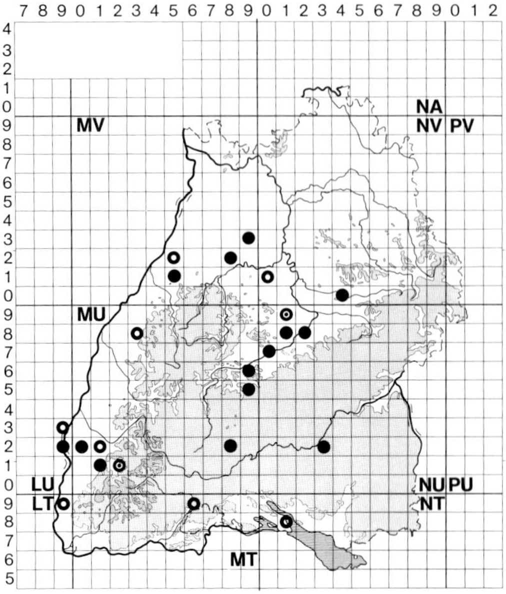

Andrena pandellei

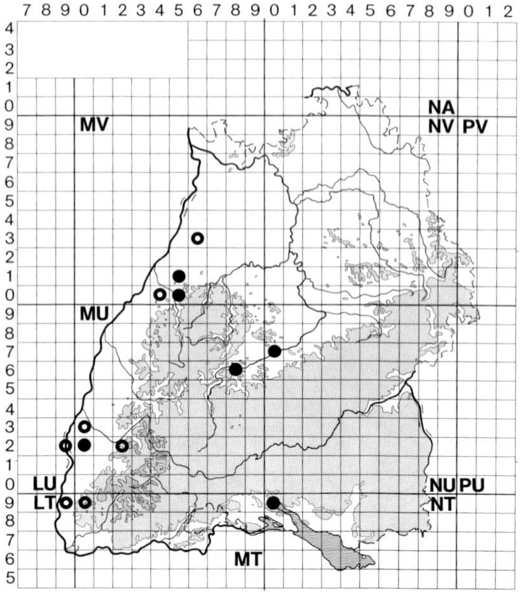

Andrena polita

Kuckucksbienen: *Nomada braunsiana,* vielleicht auch *Nomada striata.*
Phänologie: Univoltin. Flugzeit von Mitte Mai bis Ende Juni (♂♂ 2. 5.–19. 6.; ♀♀ 11. 5.–13. 7.).
Bestandessituation: Die Art wurde seit 1975 durch gezielte Suche an Glockenblumen-Beständen zwar mehrfach nachgewiesen, dennoch ist sie nicht als häufig zu bezeichnen. Am ehesten findet man sie derzeit noch in der Vorbergzone und auf südexponierten Hängen der Täler des Schwarzwaldes sowie im Albvorland. Die Art ist durch ihre Spezialisierung auf frühblühende Glockenblumen in ganz besonderem Maße auf die Erhaltung und traditionelle Wiesen-Bewirtschaftung angewiesen und daher stark gefährdet. In den Mittelgebirgen sind außerdem alle noch vorhandenen, historisch gewachsenen Waldränder mit Süd- bis Westexposition zu erhalten. Gleichzeitig sollte sich extensiv genutztes Grünland unmittelbar an den Waldrand anschließen.
RL: Stark gefährdet (2).

Andrena polita

Smith 1847
Syn.: *A. pseudopolita* Alfken 1939.

Verbreitung: Süd- und Mitteleuropa. – In der Bundesrepublik Deutschland aus allen südlichen Bundesländern (Hessen, Rheinland-Pfalz, Baden-Württemberg, Bayern) bekannt, nordwärts bis zum Mittelrheingebiet (Boppard, Loreley) (AERTS 1950a, 1956). – In Baden-Württemberg nur recht vereinzelte Nachweise, durchweg in Lagen unterhalb 500 m. Die meisten Funde stammen aus dem Kaiserstuhl und der Schwarzwaldvorbergzone. Auch auf den Molassehängen am westlichen Bodensee und am Oberen Neckar kommt die Art vor. Funddaten ab 1975: MU02 Oberbergen 1♀ 7.1981 (LZB) (DÜWEKE 1988); Vogtsburg 1♂ 11. 7. 1982 (W); 1♀ 16. 8. 1983 (W). MU86 Mühlen 2♂♂ 13. 7. 1984 (W). MV50 Gaggenau 1♂ 3. 8. 1986 (D). MV51 Malsch 1♀ 7. 9. 1985 (D); 1♀ 23. 7. 1986 (D). NT09 Sipplingen 1♀ 1. 7. 1982 (W) (WESTRICH 1984b). NU07 1♂ 14. 6. 1978; 1♂ 22. 6. 1978; 1♂ 30. 6. 1978 (W) (WESTRICH 1980); 1♂ 7. 6. 1983 (W). Material: 62♂♂, 50♀♀.
Lebensraum: Trockene Fettwiesen, alte Weinbergbrachen, Waldränder, trockenwarme Ruderalstellen, Lehmgruben. Nester an vegetationsfreien oder nur schütter bewachsenen Stellen von Böschungen, Rainen und auf Feldwegen, in sandigem als auch in lehmigem Boden.
Nistweise: Nistet in selbstgegrabenen Hohlräumen in der Erde, meist in kleinen Aggregationen. (POPOVA 1933, STOECKHERT 1933).
Blütenbesuch: Oligolektische, auf Asteraceae (Korbblütler), besonders Cichorieen spezialisierte Art. Pollenquellen: Wegwarte *(Cichorium intybus)*, Gewöhnliches Bitterkraut *(Picris hieracioides)*,

Kleines Habichtskraut *(Hieracium pilosella)*, Herbst-Löwenzahn *(Leontodon autumnalis)*, Gewöhnliches Ferkelkraut *(Hypochoeris radicata)*.
Kuckucksbienen: *Nomada pleurosticta.*
Phänologie: Univoltin. Flugzeit von Anfang Juni bis Ende August (♂♂ 18. 5.–28. 8.; ♀♀ 20. 5.–7. 9.).
Bestandessituation: Drei der seit 1975 festgestellten Vorkommen sind zwischenzeitlich durch Vernichtung der Pollenquellen bereits wieder erloschen. Die wärmeliebende Art benötigt ein alljährlich ausreichendes Angebot bestimmter Korbblütler.
RL: Gefährdet (3).

Andrena potentillae

Panzer 1809

Verbreitung: Süd- und Mitteleuropa. Verbreitungskarte bei Wolf (1982a). – In der Bundesrepublik Deutschland nordwärts bis zu den hessischen Fundorten Dillenburg, Lollar und Marburg (Wolf 1971, 1974), außerdem in Rheinland-Pfalz (Schmidt & Westrich 1985), Baden-Württemberg und Bayern (Enslin 1922, Stoeckhert 1919, 1933, 1954). – In Baden-Württemberg nur sehr vereinzelte Nachweise im Kaiserstuhl, in der nördlichen Oberrheinebene und im Neckarbecken. Funddaten: LU92 Ihringen 1♀ 1930 (MNF); Burkheim 1♀ 9. 5. 1925 (MNF). MU02 Vogtsburg 1♀ 29. 6. 1930 (MNF); Oberbergen, Badberg 2♂♂,1♀ 18. 3. 1938 (MNF). MV65 Philippsburg 1♂ 17. 6. 1962 (G). NV10 Stuttgart 3♂♂,1♀ 17. 4. 1908 (SMNS). Die Angaben »Kaiserstuhl« (Lauterborn 1923) und »Achern, Oberachern« (Balles 1925, 1933) waren nicht überprüfbar.
Lebensraum: Ausschließlich in Magerrasen auf Sand, Kalk oder vulkanischem Gestein. Nester an vegetationsfreien oder nur schütter bewachsenen Stellen, oft zwischen Steinen. Besiedelt sowohl sandigen wie lehmigen Boden.
Nistweise: Nistet in selbstgegrabenen Hohlräumen in der Erde, einzeln oder in kleineren Aggregationen (Wolf 1971).
Blütenbesuch: Streng oligolektische, auf *Potentilla* (Rosaceae) spezialisierte Art. Hauptpollenquelle in Mitteleuropa ist das Frühlings-Fingerkraut *(Potentilla verna)*, als weitere Pollenquelle wurde auch das Sand-Fingerkraut *(Potentilla arenaria)* bekannt. – Zum Nektarsaugen werden gelegentlich auch Erdbeere *(Fragaria)* und Ehrenpreis *(Veronica)* aufgesucht.
Kuckucksbienen: Vielleicht *Nomada guttulata.*
Phänologie: Univoltin. Flugzeit von Mitte April bis Ende Mai.

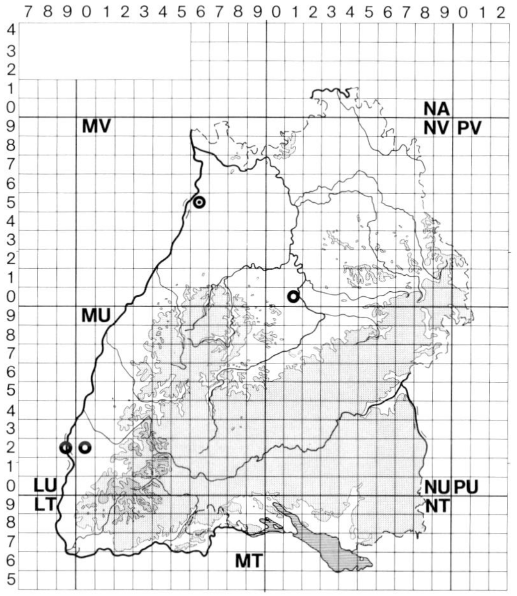

Andrena potentillae

Bestandessituation: Der letzte Nachweis dieser sehr seltenen Art stammt aus dem Jahre 1962. Trotz gezielter Suche konnte die Art an den früheren Fundorten nicht mehr aufgefunden werden. Sie hat daher in Baden-Württemberg zumindest als verschollen zu gelten. Das Frühlings-Fingerkraut ist im Kaiserstuhl noch an vielen Stellen zu finden. Daher besteht die Möglichkeit, daß die Art in diesem Gebiet noch vorkommt und durch ihre geringe Größe vielleicht übersehen wurde.
RL: Ausgestorben oder verschollen (0).

Andrena praecox

(Scopoli 1763)

Verbreitung: Europa zwischen 40° und 62° n. Br. (Warncke 1981). In den Schweizer Alpen bis 2000 m (Beaumont 1958). – In der Bundesrepublik Deutschland keine Verbreitungsgrenze. – In Baden-Württemberg liegen die Verbreitungsschwerpunkte in der nördlichen und südlichen Oberrheinebene, im Neckarbecken und im Donau-Iller-Gebiet. Die meisten Fundorte liegen unter 500 m, nur im Wutach-Gebiet wurde die Art auch oberhalb 500 m festgestellt. Material: 24♂♂,113♀♀.
Lebensraum: Überwiegend in Sandgebieten, dort v. a. in Sand- und Kiesgruben, außerdem auf Hochwasserdämmen (Nistplatz), vereinzelt auch an Waldrändern und auf Waldlichtungen. Nester an

vegetationsfreien oder nur schütter bewachsenen Stellen auf ebenen oder schwach geneigten Flächen. Besiedelt außer Sandboden gelegentlich auch sandigen Lockerlöß.
Nistweise: Nistet in selbstgegrabenen Hohlräumen in der Erde, nach bisherigen Beobachtungen einzeln. (Wolf 1976a).
Blütenbesuch: Streng oligolektische, auf *Salix* (Salicaceae) spezialisierte Art. Pollenquellen: Grau-Weide *(Salix cinerea)*, Sal-Weide *(Salix caprea)*, Purpur-Weide *(Salix purpurea)*, Ohr-Weide *(Salix aurita)*, Bruch-Weide *(Salix fragilis)*, Korb-Weide *(Salix viminalis)*, Silber-Weide *(Salix alba)*.
Kuckucksbienen: *Nomada ferruginata.*
Phänologie: Univoltin. Flugzeit von Mitte März bis Anfang Mai (♂♂ 6. 3.–21. 4.; ♀♀ 8. 3.–15. 5.). Überwinterung als Imago.
Bestandessituation: Das Sammlungsmaterial belegt den deutlichen Rückgang dieser Art, die deshalb als gefährdet zu bezeichnen ist. Die meisten derzeitigen Vorkommen befinden sich in Sand- und Kiesgruben und auf Hochwasserdämmen in Kontakt zu Weidengebüschen oder Weichholzauen. Zur Erhaltung dieser Art ist in den Flußauen eine vermehrte Sicherung von Abbaustellen für Naturschutzzwecke und eine Erhaltung artenreicher Weidenbestände (keine Pappelforste!) notwendig.
RL: Gefährdet (3).

Andrena proxima

(Kirby 1802)
Syn.: *A. alutacea* Stoeckhert 1942.

Verbreitung: Fast ganz Europa, nordwärts bis 57° n. Br. In den Schweizer Alpen bis 2000 m (Beaumont 1958). – In der Bundesrepublik Deutschland keine Verbreitungsgrenze. – In Baden-Württemberg weit verbreitet, von der Ebene bis in die höheren Lagen der Mittelgebirge. Material: 76♂♂, 111♀♀.
Lebensraum: Magerrasen, Fettwiesen, Hochwasserdämme, Weinbergbrachen, Feldraine, Feldhekken, gelegentlich auch im Siedlungsbereich an Ruderalstellen und an Wegböschungen. Nester an schütter bewachsenen Stellen von Böschungen und Wiesenrändern, in sandigem wie in lehmigem Boden.
Nistweise: Nistet in selbstgegrabenen Hohlräumen in der Erde, meist in kleineren Aggregationen.
Blütenbesuch: Oligolektische, auf Apiaceae (Doldenblütler) spezialisierte Art (vgl. Westrich & Schmidt 1987). Pollenquellen: Wiesen-Kerbel *(Anthriscus sylvestris)*, Wilde Möhre *(Daucus carota)*, Wiesen-Bärenklau *(Heracleum sphondylium)*,

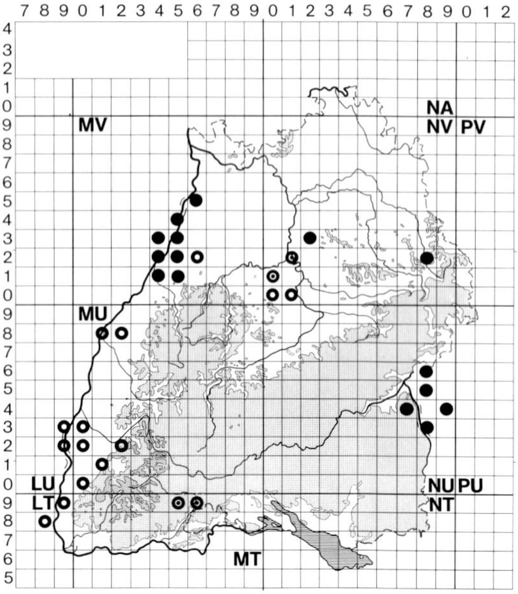

Andrena praecox

Giersch *(Aegopodium podagraria)*, Schierling *(Conium maculatum)*, Sichelmöhre *(Falcaria vulgaris)*, Hecken-Kälberkropf *(Chaerophyllum temulum)*.
Kuckucksbienen: *Nomada conjungens.*
Phänologie: Univoltin. Augesprochen lange Flugzeit von Mitte Mai bis Anfang Juli (♂♂ 27. 4.–7. 6.; ♀♀ 9. 5.–16. 7.).
Bestandessituation: Die seit 1975 in verschiedenen Landesteilen mehrfach nachgewiesene, im allgemeinen nicht seltene Art halte ich trotz ihrer Spezialisierung derzeit noch nicht für gefährdet, da sie auch Doldenblüter ausgesprochen stickstoffreicher Standorte nutzen kann.

Andrena pusilla

Pérez 1903

Nach Warncke (1986c) sollen *A. pusilla* und die von Stoeckhert (1935) beschriebene *A. pauxilla* Unterarten der in Nordafrika vorkommenden *A. spreta* Pérez sein (vgl. Warncke 1974). Da aber *A. pusilla* und *A. pauxilla* sympatrisch verbreitet sind, können sie einander nicht als Unterarten zugeordnet werden. Das vergleichsweise wenige, mir bisher vorgelegene Material macht mir ein abschließendes Urteil über den *pusilla-pauxilla*-Komplex unmöglich. Daß diese beiden Taxa mit *A. spreta* Pérez, von der mir von Warncke determinierte Tiere aus Spanien bekannt sind, artgleich sein sollen, er-

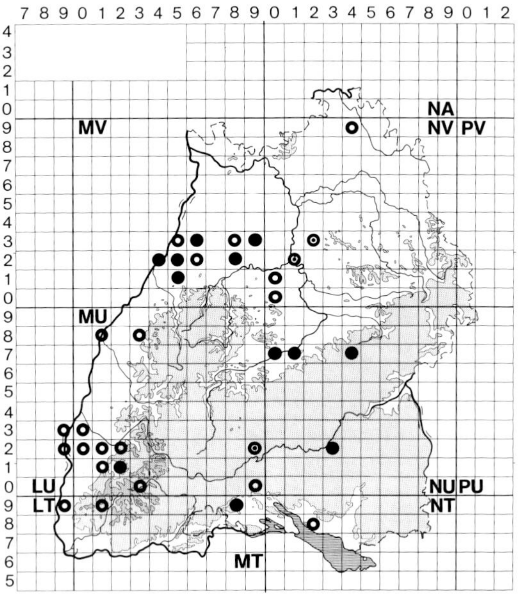

Andrena proxima

scheint mir zweifelhaft. *A. pusilla* soll in Europa nordwärts bis 53° n. Br. verbreitet sein (WARNCKE 1981). In der Bundesrepublik Deutschland gibt es Meldungen von Rheinland-Pfalz (WARNCKE 1986b), Bayern (STOECKHERT 1933) und aus dem Kölner Raum (AERTS 1960). Aus Baden-Württemberg wurde dieses Taxon auch von STOECKHERT (1954) gemeldet. Aus diesem Bundesland lagen mir folgende Exemplare vor: Karlsruhe 1♀ 10. 5. 1928 (det. Stoeckhert, LNK); Karlsruhe 1♂ 1. 5. 1930 (det. Stoeckhert, LNK); Karlsruhe 1♀ 23. 3. 1928 (det. Stoeckert, NK); Karlsruhe 1♂ 26. 3. 1928 (det. Stoeckhert, NK). Hagnau 1♀ 18. 5. 1951 (det. Blüthgen, SMNS); Burkheim 1♀ 16. 7. 1927 (det. Stoeckhert, MNF). Tuniberg 1♀ 15. 5. 1965 (det. Warncke, coll. G); Wittental 2♀♀ 27. 4. u. 15. 6. 1964 (det. Warncke, coll. G). Burkheim 1♀ cf. *pusilla* 18. 4. 1924 (MNF); Ihringen 1♀ cf. *pusilla* 20. 7. 1923 (MNF).

Von *A. pauxilla*, deren Verbreitung kaum bekannt ist, lagen mir aus Baden-Württemberg folgende Exemplare vor: Karlsruhe 1♀ 12. 4. 1930 (det. Stoeckhert, Paratypus, LNK); Karlsruhe 1♂,1♀ 3. 5. 1931 (det. Stoeckhert, Paratypen, LNK, NK); Karlsruhe, Beiertheim 2♂♂ 23. 4. 1928 (det. Stoeckhert, Paratypus, LNK). Schliengen 1♀ 1. 5. 1926 (det. Stoeckhert, Paratypus, MNF).

Über die reale Bestandessituation und eine mögliche Gefährdung von *A. pusilla* und *A. pauxilla*, die beide bivoltin und offensichtlich polylektisch sind, ist derzeit keine Aussage möglich. Die beiden Taxa fehlen in der *Andrena*-Tabelle von STOECKHERT in SCHMIEDEKNECHT (1930). Siehe daher die Angaben bei STOECKHERT (1935).

Andrena ratisbonensis
Stoeckhert 1924
Syn.: *A. aberrans* Eversmann 1852.

Verbreitung: Polen, Tschechoslowakei, Ungarn, Österreich, Schweiz, Deutschland, Rumänien, Jugoslawien, UdSSR (Ukraine). In der Bundesrepublik bisher nur aus Bayern bekannt. Dort wurde sie an einer Reihe von Fundorten vorwiegend in der südöstlichen Fränkischen Alb nachgewiesen: Etterzhausen, Krachenhausen, Burglengenfeld, Kallmünz, Rohrbach-Hohenfels, Bad Abbach a.D., Weichs bei Regensburg (STOECKHERT 1924). Verbreitungskarte bei GAUCKLER (1962). – In Baden-Württemberg kaum zu erwarten.
Lebensraum: Siedlungsschwerpunkt auf Trockenhängen: Ränder von Steppenheidewäldern, Magerrasen. Nester an schütter bewachsenen Stellen von Böschungen in lehmigem Boden.
Nistweise: Nistet einzeln in selbstgegrabenen Hohlräumen in der Erde. (KOCOUREK 1966).
Blütenbesuch: Streng oligolektische, auf *Chamaecytisus* (Fabaceae) spezialisierte Art. Pollenquellen: Regensburger Geißklee (*Chamaecytisus ratisbonensis*) sowie (in Osteuropa) *Chamaecytisus ruthenicus, Chamaecytisus podolicus.*
Kuckucksbienen: Eine große Form der *Nomada striata* (= *N. dzieduszyckii* Noskiewicz).
Phänologie: Univoltin. Flugzeit von Ende April bis Anfang Juni.

Andrena rhenana
Stoeckhert 1930

Verbreitung: Ungenügend bekannt. In der Bundesrepublik Deutschland nur in Baden-Württemberg, dort in der südlichen Oberrheinebene nachgewiesen. Funddaten: LT88 Istein 1♀ 30. 4. 1924 (MNF). LT98 Bellingen 1♂ 18. 4. 1927 (Paratypus, MNF). LU92 Breisach 1♂ 3. 4. 1926 (Paratypus, MNF). MU04 Kappel, Taubergießen 1♂ 7. 5. 1987 (leg. Kratochwil, BIUF).
Lebensraum: Der jüngste Fund stammt von einem Komplex von Feucht- und Trockenwiesen in der Oberrheinebene.
Nistweise: Nistet in selbstgegrabenen Hohlräumen in der Erde.

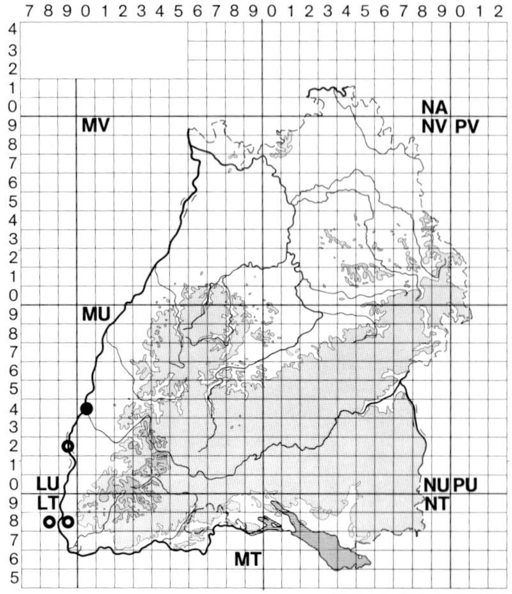

Andrena rhenana

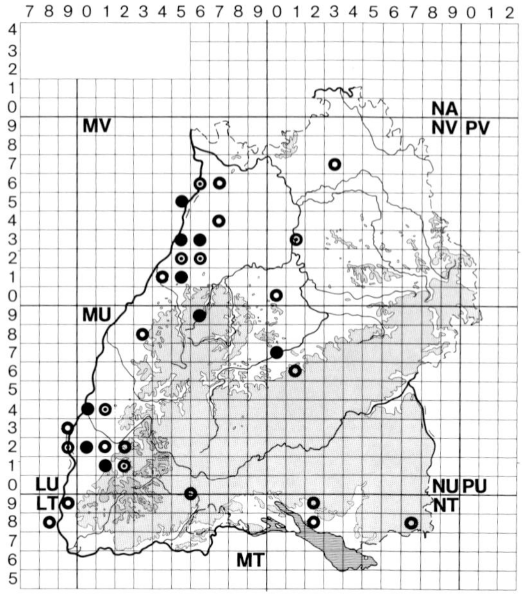

Andrena rosae

Blütenbesuch: Oligolektische, auf Asteraceae (Korbblütler), besonders Cichorieen spezialisierte Art, von der aus Süddeutschland bisher lediglich Löwenzahn (*Taraxacum officinale*) als Pollenquelle belegt ist. Es ist anzunehmen, daß die Art hier noch weitere zungenblütige Compositen nutzt.
Kuckucksbienen: Unbekannt.
Phänologie: Univoltin. Flugzeit von Anfang April bis Mitte Mai.
Bestandessituation: Nachdem die Art über Jahrzehnte nicht mehr festgestellt worden war, konnte sie im Jahre 1987 erneut nachgewiesen werden. Ihre derzeitige Bestandessituation ist schwer einzuschätzen.
Bemerkungen: Bei Warncke (1967, 1986c) und Warncke et al. (1974) wird *A. rhenana* als westliche Unterart von *A. taraxaci* aufgefaßt. Beide Formen sind klar zu trennen, was mir auch Grünwaldt (mündl. Mitt.) bestätigte. Ich betrachte *A. rhenana* als selbständige Art.

Andrena rogenhoferi
Morawitz 1872

Verbreitung: Nur im Alpengebiet, in den österreichischen Alpen bis 2400 m (Gusenleitner 1984, 1985b, Schedl 1982), in den Schweizer Alpen bis 2200 m (Beaumont 1958). – In der Bundesrepublik Deutschland nur aus dem bayrischen Alpengebiet gemeldet (Käseralp nach Trautmann 1924). – In Baden-Württemberg nicht zu erwarten.
Lebensraum: Bevorzugt im Bereich der Waldgrenze, aber auch in den Tälern. Nester wurden im festen Boden eines Weges und an einem Wegrand in einem lichten Buchenwald gefunden (Nadig & Steinmann 1972).
Nistweise: Nistet in selbstgegrabenen Hohlräumen in der Erde. Trautmann (1924) beschreibt ein Nest, das aus einem 20 cm langen, senkrechten Hauptgang besteht, an dem unten nach zwei entgegengesetzten Seiten je eine Zelle seitlich angelegt ist.
Blütenbesuch: Polylektische Art (2 Pflanzenfamilien). Pollenquellen: Aceraceae: Berg-Ahorn (*Acer pseudoplatanus*); Ericaceae: Alpenrose (*Rhododendron*).
Kuckucksbienen: Unbekannt.
Phänologie: Univoltin. Flugzeit auffallend lang, von Mai bis August.

Andrena rosae
Panzer 1801

Verbreitung: Süd- und Mitteleuropa; Westeuropa; nordwärts bis 60° n. Br. – In der Bundesrepublik Deutschland keine Verbreitungsgrenze. – In Baden-Württemberg weit verbreitet, überwiegend in Lagen unter 500 m, zerstreut auch in den Mittelgebirgen bis 700 m. Material: 41♂♂, 141♀♀.

Andrena rosae ♀

Lebensraum: Magerrasen, stickstoffreiche Fettwiesen, Hochwasserdämme, Weinbergbrachen, Ruderalstellen, Feldhecken. Nester an schütter bewachsenen Stellen in sandigem wie in lehmigem Boden.
Nistweise: Nistet in selbstgegrabenen Hohlräumen in der Erde, bisweilen in kleineren Aggregationen.
Blütenbesuch: Oligolektische, auf Apiaceae (Doldenblütler) spezialisierte Art. Pollenquellen: Wiesen-Kerbel *(Anthriscus sylvestris)*, Wilde Möhre *(Daucus carota)*, Wiesen-Bärenklau *(Heracleum sphondylium)*, Giersch *(Aegopodium podagraria)*, Sichelmöhre *(Falcaria vulgaris)*, Pastinak *(Pastinaca sativa)*, Feld-Mannstreu *(Eryngium campestre)*, Flachblättriger Mannstreu *(Eryngium planum)*.
Kuckucksbienen: Unbekannt.
Phänologie: Univoltin. Flugzeit von Anfang Juli bis Ende August (♂♂ 28. 6.–28. 8.; ♀♀ 28. 6.–4. 9.).
Bestandessituation: Die Art ist etwas häufiger als die nah verwandte *A. eximia* und wurde seit 1975 noch in verschiedenen Landesteilen festgestellt. Trotz ihrer Spezialisierung halte ich sie derzeit noch nicht für gefährdet.
Bemerkungen: 67 in den Jahren 1882 bis 1987 gesammelte ♀♀ aus Deutschland (BRD, DDR), Österreich, Polen, Italien, Belgien und England enthielten in ihren Pollenladungen ausschließlich Pollen von Apiaceae, was die Oligolektie zweifelsfrei belegt. Daher betrachte ich wie Wolf (1956) *A. rosae*, die sich ja auch zumindest im männlichen Geschlecht deutlich von *A. eximia* unterscheidet, als selbständige Art (vgl. auch Stoeckhert 1933:134).

Andrena ruficrus
Nylander 1848

Verbreitung: Nord- und Mitteleuropa (zwischen 43° und 70° n. Br.) (Warncke 1981). In den österreichischen Alpen bis 1900 m (Schedl 1982), in den Schweizer Alpen bis 1600 m (Beaumont 1958). – In der Bundesrepublik Deutschland keine Verbreitungsgrenze, auch im Norden (vgl. Riemann 1985, 1987a). – In Baden-Württemberg nur sehr vereinzelte, weit über das Land verstreute Nachweise. Funddaten: MU11 Freiburg 1♀ 22. 4. 1925 (MNF). MU21 Wittental 1♀ 15. 4. 1959 (G). MU33 Hinterzarten, Höllsteig 1♂,4♀♀ 1. 4. 1929 (MNF); Hinterzarten 1♀ 21. 4. 1953 (MNF). NV00 Stuttgart, Glemstal 2♂♂,2♀♀ 1. 4. 1907 (SMNS). NV28 Hainstadt 1♀ 17. 3. 1923 (LNK) (Balles 1925). NV82 Rindelbach 1♀ 18. 4. 1987 (Weller). Die Angaben von Leininger (1924) und Balles (1927) waren nicht überprüfbar.

Andrena rufizona ♀

Lebensraum: Siedlungsschwerpunkt der boreo-alpinen Art in Waldgebieten, dort an Waldrändern und auf Waldlichtungen. In Norddeutschland auch in Sand- und Moorheiden. Nester an unbewachsenen Stellen an Waldrändern, auf Waldschneisen und am Rande von Waldwiesen, vorwiegend in sandigem (auch festgetretenem), aber auch in lehmigem Boden.
Nistweise: Nistet in selbstgegrabenen Hohlräumen in der Erde. (H. MÜLLER 1944).
Blütenbesuch: Streng oligolektische, auf *Salix* (Salicaceae) spezialisierte Art. Pollenquellen: Grau-Weide *(Salix cinerea)*, Sal-Weide *(Salix caprea)*, Purpur-Weide *(Salix purpurea)*, Ohr-Weide *(Salix aurita)*, Spieß-Weide *(Salix hastata)*, Schweizer Weide *(Salix helvetica)*.
Kuckucksbienen: *Nomada obscura.*
Phänologie: Univoltin. Flugzeit von Anfang März bis Mitte Mai. Eine der frühesten Andrenen.
Bestandessituation: Ab 1960 wurde die Art nur einmal in einem kleinen Sandgebiet nachgewiesen und dieses Vorkommen ist zwischenzeitlich bereits durch Bebauung zerstört. Möglicherweise wird die Art nur deshalb so selten gefunden, weil sie sehr früh im Jahr in Waldgebieten fliegt und auch an ihren meist hochwüchsigen Pollenquellen kaum zu fangen ist. Die Gefährdung der Art ist schwer einzuschätzen.
RL: Potentiell gefährdet (4).

Andrena rufizona
Imhoff 1834

Verbreitung: Vor allem in den österreichischen und Schweizer Alpen, dort bis 2300 m (GUSENLEITNER 1985b). Vereinzelt aber auch außerhalb der Hochgebirge in Deutschland, in der Tschechoslowakei, Polen, UdSSR. In der DDR wurde die Art von Thüringen (BLÜTHGEN 1925) gemeldet. – In der Bundesrepublik Deutschland bei Braunlage im Harz (BLÜTHGEN 1919b), Starnberg (STOECKHERT 1933), Eisenberg i. Allgäu (STOECKHERT 1954), zuletzt 1981 bei München von WARNCKE (1982a) nachgewiesen. – In Baden-Württemberg vielleicht im Allgäu (Adelegg).
Lebensraum: Im alpinen und außeralpinen Raum an Waldrändern, auf Magerrasen und auf Wiesen. Eine Bevorzugung bestimmter Bodenarten ist nicht erkennbar.
Nistweise: Nistet einzeln in selbstgegrabenen Hohlräumen in der Erde.

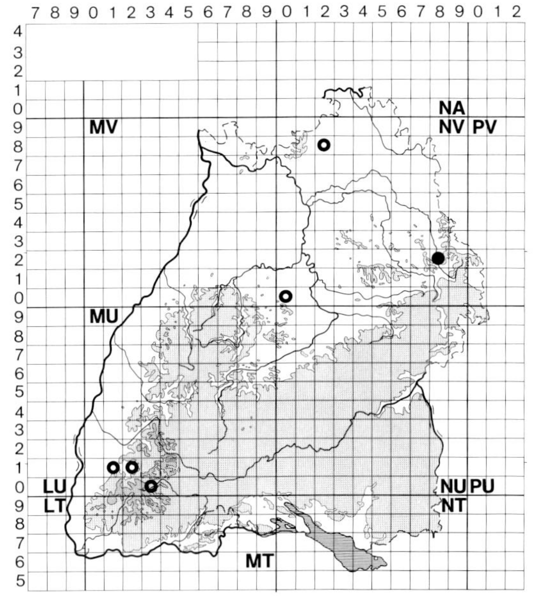

Andrena ruficrus

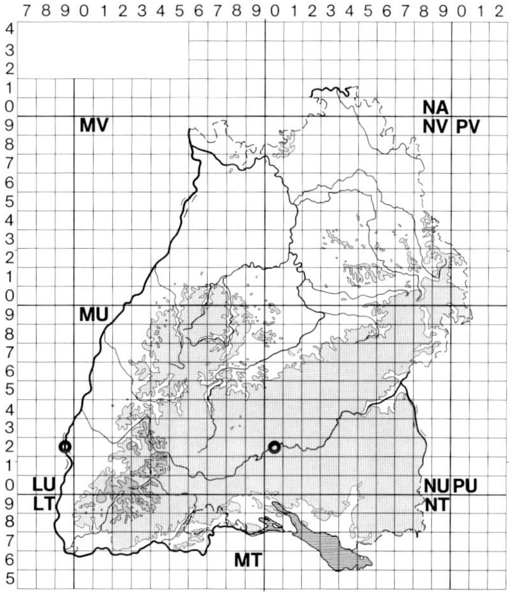

Andrena rugulosa

Blütenbesuch: Streng oligolektische, auf *Campanula* (Campanulaceae) spezialisierte Art. Pollenquellen: Nesselblättrige Glockenblume *(Campanula trachelium)*, Wiesen-Glockenblume *(Campanula patula)*, Acker-Glockenblume *(Campanula rapunculoides)*, Rundblättrige Glockenblume *(Campanula rotundifolia)*, Ährige Glockenblume *(Campanula spicata)*.
Kuckucksbienen: Unbekannt.
Phänologie: Univoltin. Flugzeit von Mitte Juni bis Ende Juli.

Andrena rugulosa
Stoeckhert 1935

Verbreitung: Italien, Frankreich, Deutschland (BRD), Österreich, Schweiz, Tschechoslowakei, Jugoslawien, Rumänien, Griechenland, UdSSR. – In der Bundesrepublik Deutschland nur aus Rheinland-Pfalz (Stoeckhert 1933, Schmidt & Westrich 1988, Warncke 1986b), Bayern (Stoeckhert 1933, 1954) und Baden-Württemberg bekannt. – In Baden-Württemberg bisher nur aus dem Kaiserstuhl und von der Oberen Donau bekannt. Funddaten: LU92 Ihringen 2♀♀ 21. 4. 1926 (MNF); Burkheim 1♀ 18. 4. 1952 (MNF). NU02 Gutenstein 5♀♀ 25. 5. 1929 (MNF).
Lebensraum: Mir wurde die Art von Magerrasen und einer Binnendüne bekannt. Vermutlich nistet die Art in sandigem und in lehmigem Boden.
Nistweise: Nistet einzeln in selbstgegrabenen Hohlräumen in der Erde. (Kocourek 1966).
Blütenbesuch: Polylektische Art (2 Pflanzenfamilien). Pollenquellen: Aceraceae: Berg-Ahorn *(Acer pseudoplatanus)*; Brassicaceae: Rübsen *(Brassica rapa)*, Wiesen-Schaumkraut *(Cardamine pratensis)*, Pfeilkresse *(Cardaria draba)*.
Kuckucksbienen: Unbekannt.
Phänologie: Univoltin. Flugzeit von Mitte April bis Ende Mai.
Bestandessituation: Da die Art in Baden-Württemberg seit 1952 nicht mehr gefunden wurde, könnte man sie als verschollen bezeichnen. Vielleicht wurde die nicht sonderlich auffällige Art in den letzten Jahren auch übersehen. Gründe für ihre Seltenheit sind mir nicht bekannt.
RL: Potentiell gefährdet (4).
Bemerkungen: Die Art ist in der Tabelle von Stoeckhert (1930a) nicht aufgeführt, da sie erst später beschrieben wurde. Vgl. daher die Originalbeschreibung von Stoeckhert (1935).

A. saundersella
Perkins 1914
Syn.: Warncke (1975b) hat die Art mit *Andrena semilaevis* Pérez 1903 synonymisiert.

Verbreitung: Mittel- und Osteuropa, nordwärts bis 65° n. Br., Teile Südeuropas (Gusenleitner

1985b). In den Schweizer Alpen bis 1800 m (BEAUMONT 1958). – In der Bundesrepublik Deutschland keine Verbreitungsgrenze. – In Baden-Württemberg bisher nur vereinzelte, weit verstreute Nachweise. Sicherlich aber viel weiter verbreitet. Material: 9♂♂,23♀♀.
Lebensraum: Waldränder, Fettwiesen, Feldraine, Feldhecken, Ruderalstellen. Nester in sandigem wie in lehmigem Boden.
Nistweise: Nistet in selbstgegrabenen Hohlräumen in der Erde.
Blütenbesuch: Polylektische Art (3 Pflanzenfamilien). Pollenquellen: Apiaceae: Wiesen-Kerbel *(Anthriscus sylvestris)*, Giersch *(Aegopodium podagraria)*; Asteraceae: Wiesen-Löwenzahn *(Taraxacum officinale)*; Scrophulariaceae: Gamander-Ehrenpreis *(Veronica chamaedrys)*.
Kuckucksbienen: *Nomada flavoguttata.*
Phänologie: Univoltin. Flugzeit von Ende Mai bis Mitte Juli.
Bestandessituation: Eine mögliche Gefährdung der leicht zu übersehenden Art ist derzeit nicht zu erkennen.

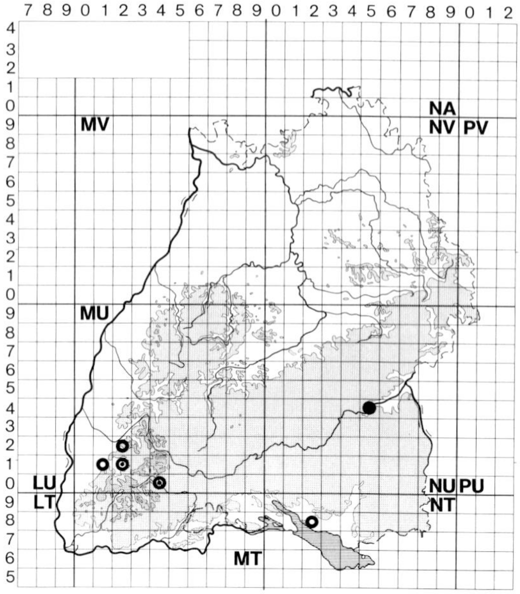

Andrena saundersella

Andrena schencki
Morawitz 1866
Syn.: *A. labiata* Schenck 1851 nec Fabricius 1781.

Verbreitung: Süd- und Mitteleuropa, nordwärts bis 57° n. Br. (WARNCKE 1981). – In der Bundesrepublik Deutschland nach meiner Kenntnis nur in der südlichen Hälfte. – In Baden-Württemberg weit verbreitet, mit Schwerpunkten in der südlichen und nördlichen Oberrheinebene. Nahezu alle Funde stammen aus Lagen unter 500 m. Material: 30♂♂,44♀♀.
Lebensraum: In früheren Jahren auf trockenen Fettwiesen, Hochwasserdämmen und Magerrasen sowie an Ruderalstellen. Nester an vegetationsfreien oder nur schütter bewachsenen Stellen, bevorzugt dort, wo der Boden etwas festgetreten oder -gefahren ist, z. B. auf Feldwegen oder deren Randbereich, gelegentlich auch in Böschungen. Besiedelt sowohl sandigen wie lehmigen Boden.
Nistweise: Nistet in selbstgegrabenen Hohlräumen in der Erde, einzeln oder in kleinen Aggregationen (bis 100 Nester). Die Brutzellen wurden in 12–14 cm Tiefe gefunden. (FRIESE 1923, STOECKHERT 1933).
Blütenbesuch: Polylektische Art (5 Pflanzenfamilien). Pollenquellen: Asteraceae: Wiesen-Schafgarbe *(Achillea millefolium)*, Margerite *(Leucanthemum vulgare)*, Wiesen-Flockenblume *(Centaurea jacea)*; Brassicaceae: Raps *(Brassica napus)*; Cornaceae: Roter Hartriegel *(Cornus sanguinea)*; Dipsacaceae: Wiesen-Knautie *(Knautia arvensis)*; Fabaceae: Roter Wiesenklee *(Trifolium pratense)*, Weißklee *(Trifolium repens)*, Zottel-Wicke *(Vicia villosa)*.
Kuckucksbienen: *Nomada stigma.*
Phänologie: Univoltin. Flugzeit von Mitte Mai bis Anfang Juli (♂♂ 1. 5.–2. 7.; ♀♀ 9. 5.–19. 7.). Überwinterung als Imago (STOECKHERT 1933).
Bestandessituation: Die im Feld kaum zu übersehende Art zeigt in Baden-Württemberg einen auffallenden Rückgang. Während sie in früheren Jahrzehnten ziemlich weit verbreitet war und von 1960 bis 1973 noch an 6 Lokalitäten aufgefunden wurde, fehlt seither jeglicher Nachweis.
RL: Vom Aussterben bedroht (1).

Andrena sericata
Imhoff 1866

Verbreitung: Europa zwischen 40° und 51° n. Br., ostwärts bis zum Ural und Kaukasus (WARNCKE 1981). – In der Bundesrepublik Deutschland zweifelsfrei belegt aus Bayern und zwar von Strullendorf bei Bamberg aus dem Jahre 1932 (STOECKHERT 1933, 1954, WESTRICH 1984a). Auch in Baden-Württemberg soll die Art bei Heidelberg (FRIESE 1893a) und bei Kehl (STOECKHERT 1954) gefunden

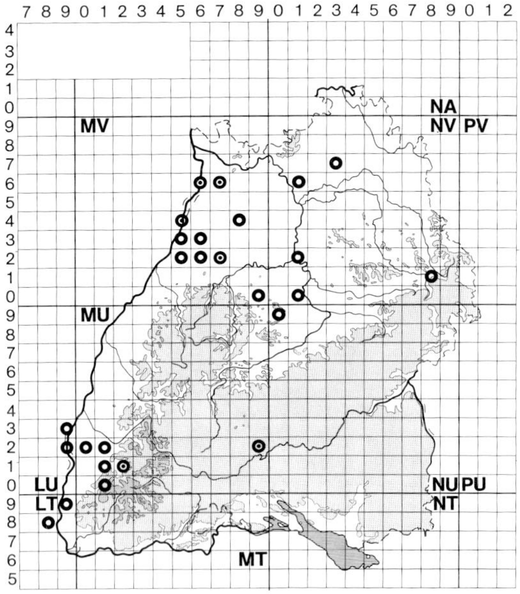

Andrena schencki

worden sein. Beide Angaben waren nicht überprüfbar. Da die Art auch aus dem Elsaß gemeldet wurde (FRIESE 1895a), ist ein tatsächliches Vorkommen in Baden-Württemberg nicht auszuschließen.
Lebensraum: Unbekannt, vermutlich bevorzugt in Sandgebieten.
Nistweise: Nistet in selbstgegrabenen Hohlräumen in der Erde, einzeln oder in kleinen Aggregationen.
Blütenbesuch: Ob die Art oligolektisch ist, ließ sich nicht eindeutig klären. Bisher sind nur folgende Arten als Pollenquellen belegt: Salicaceae: Sal-Weide *(Salix alba)*, Purpur-Weide *(Salix purpurea)*.
Kuckucksbienen: Unbekannt.
Phänologie: Univoltin. Flugzeit im östlichen Mitteleuropa von April bis Mai.

Andrena similis
Smith 1849
Syn.: *A. ocreata* Christ sensu WARNCKE (1970).

Verbreitung: Europa, nordwärts bis Schweden und Finnland (63° n.Br.) (WARNCKE 1981). – In der Bundesrepublik Deutschland keine Verbreitungsgrenze. – In Baden-Württemberg sind die Nachweise zweifelsfreier ♂♂ weit verstreut, überwiegend in Lagen unter 500 m. Material: 7♂♂.
Lebensraum: Nach den Fundorten der ♂♂ trockene Fettwiesen, Streuobstwiesen, Magerrasen, Lehmgruben. Die Art scheint sandige und lehmige Böden zu besiedeln.
Nistweise: Nistet in selbstgegrabenen Hohlräumen in der Erde.
Blütenbesuch: Vermutlich oligolektische, auf Fabaceae (Schmetterlingsblütler) spezialisierte Art. Pollenquellen: Gewöhnlicher Hornklee *(Lotus corniculatus)*, Roter Wiesenklee *(Trifolium pratense)*, Englischer Ginster *(Genista anglica)*.
Kuckucksbienen: Unbekannt.
Phänologie: Univoltin. Flugzeit von Mai bis Juli.
Bestandessituation: Aufgrund der taxonomisch problematischen ♀♀ ist eine Gefährdung schwer einzuschätzen. Die Funde weisen aber auf ein bevorzugtes Auftreten auf extensiv oder nicht genutzten Flächen hin.

Andrena simillima
Smith 1851

Verbreitung: Mitteleuropa, England, Frankreich, Deutschland (DDR, BRD), Österreich, Schweiz, Polen, Tschechoslowakei, UdSSR. – In der Bundesrepublik Deutschland keine Verbreitungsgrenze, aber nur sehr zerstreute Nachweise. – In Baden-Württemberg bisher kein Nachweis, aber zu erwarten.
Lebensraum: Unbekannt. Im Norden Sandheiden. Besiedelt vermutlich sandige und lehmige Böden.
Nistweise: Nistet einzeln in selbstgegrabenen Hohlräumen in der Erde.
Blütenbesuch: Vermutlich polylektische Art, von der bisher aber keine Pollenanalysen vorliegen.
Kuckucksbienen: Vielleicht *Nomada rufipes*.
Phänologie: Univoltin. Flugzeit von Juli bis August.
Bemerkungen: WARNCKE (1986c) unterscheidet drei Unterarten: die in Bayern, in niederen Lagen Österreichs und der Tschechoslowakei verbreiteten Populationen rechnet er zur Nominatform, die aus England beschrieben wurde; in Luxemburg, in den Niederlanden und in Norddeutschland kommt die aus Norddeutschland beschriebene ssp. *bremensis* Alfken vor (BLÜTHGEN 1961a faßt diese Form als selbständige Art auf); die in den österreichischen und Schweizer Alpen verbreitete *A. freygessneri* Alfken betrachtet WARNCKE ebenfalls als Unterart von *simillima*. DYLEWSKA (1987) synonymisiert alle diese Taxa hingegen merkwürdigerweise mit *A. nigriceps*.

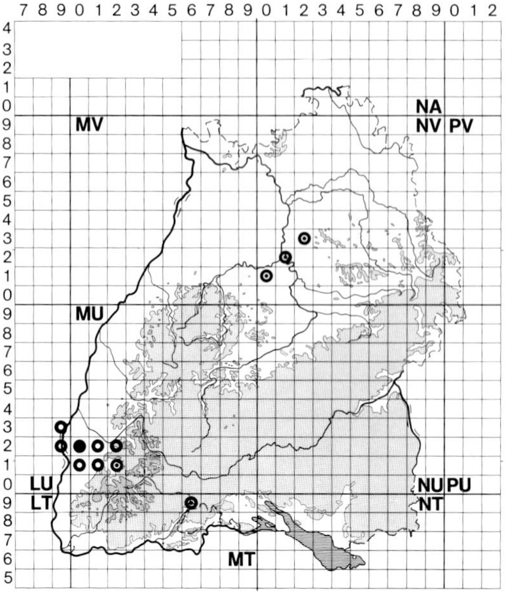

Andrena strohmella

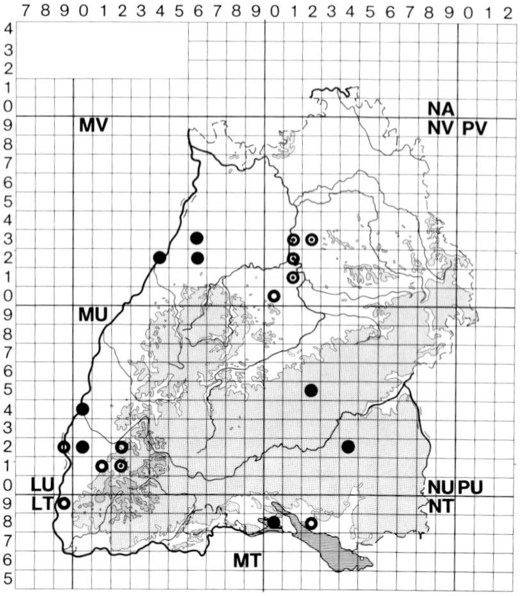

Andrena subopaca

Andrena strohmella
Stoeckhert 1928

Verbreitung: West- und Mitteleuropa. Eine Verbreitungskarte gibt WARNCKE (1981). – In der Bundesrepublik Deutschland keine Verbreitungsgrenze. – In Baden-Württemberg nur sehr zerstreute Nachweise, mit einer gewissen Häufung im Kaiserstuhl und dem Raum Freiburg. Die Art ist sicher viel weiter verbreitet, als die Karte vermuten läßt. Material: 76♂♂,30♀♀.
Lebensraum: Mir bekannte Funde stammen von Fettwiesen, Magerrasen und Ruderalstellen.
Nistweise: Nistet in selbstgegrabenen Hohlräumen in der Erde.
Blütenbesuch: Vermutlich polylektische Art.
Kuckucksbienen: Unbekannt.
Phänologie: Univoltin. Flugzeit von Ende März bis Anfang Mai (♂♂ 10. 3.–10. 4.; ♀♀ 21. 3.–11. 5.).
Bestandessituation: Ich vermag derzeit nicht einzuschätzen, ob die unauffällige und leicht zu übersehende Art in Baden-Württemberg gefährdet ist.

Andrena subopaca
Nylander 1848

Verbreitung: Europa zwischen 40° und 67° n. Br. (WARNCKE 1981). In den Schweizer Alpen bis 1600 m (BEAUMONT 1958). – In der Bundesrepublik Deutschland keine Verbreitungsgrenze. – In Baden-Württemberg bisher nur zerstreute Nachweise, von der Ebene bis in die höheren Lagen der Mittelgebirge; sicher aber viel weiter verbreitet, als aus der Karte ersichtlich. Material: 13♂♂,28♀♀.
Lebensraum: Waldränder, Feldhecken, trockene Fettwiesen, Weinbergbrachen, Feldraine, Magerrasen (Wacholderheiden), Ruderalstellen. Nester an schütter bewachsenen Stellen von Böschungen und Rainen. Keine Bevorzugung bestimmter Bodenarten.
Nistweise: Nistet in selbstgegrabenen Hohlräumen in der Erde, meist in kleinen Aggregationen.
Blütenbesuch: Polylektische Art (4 Pflanzenfamilien). Pollenquellen: Caryophyllaceae: Große Sternmiere *(Stellaria holostea)*; Liliaceae: Dolden-Milchstern *(Ornithogalum umbellatum)*; Rosaceae: Frühlings-Fingerkraut *(Potentilla verna)*, Busch-Rose *(Rosa corymbifera)*, Wald-Erdbeere *(Fragaria vesca)*, Himbeere *(Rubus idaeus)*; Scrophulariaceae: Gamander-Ehrenpreis *(Veronica chamaedrys)*.
Kuckucksbienen: *Nomada flavoguttata.*
Phänologie: Zumindest partiell bivoltin. Flugzeit von Mitte April bis Anfang Juni. Mir begegnete die Art auch noch im Juli, was auf die Existenz einer zweiten Generation schließen läßt.
Bestandessituation: Die nach wie vor regelmäßig anzutreffende Art ist in Baden-Württemberg nicht gefährdet.

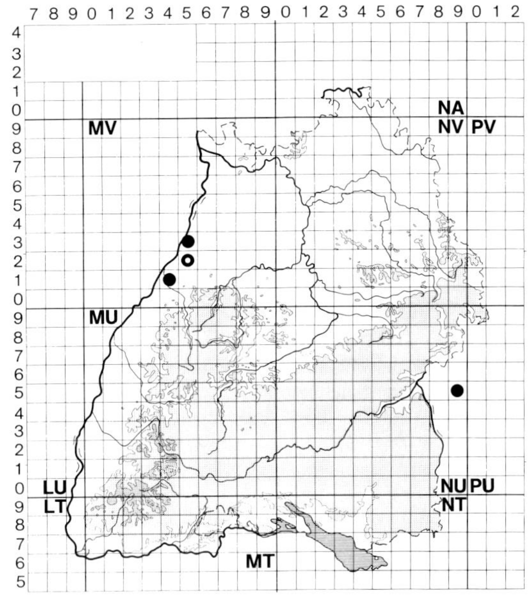

Andrena suerinensis

Andrena suerinensis
Friese 1884

Verbreitung: Atlanto-mediterran; von der Iberischen Halbinsel über Süd-Frankreich bis Kiew (Ukraine); Schweiz, Österreich, Tschechoslowakei, Ungarn, Italien (GRÜNWALDT 1979). – In der Bundesrepublik Deutschland offensichtlich keine Verbreitungsgrenze, da auch aus dem Norden (Hamburg) gemeldet (WAGNER 1914, 1920, 1938a). Zweifelsfrei nachgewiesen in Hessen (WESTRICH 1984a), Rheinland-Pfalz (BRECHTEL 1986), Bayern (ENSLIN 1922, STOECKHERT 1954) und Baden-Württemberg. – In Baden-Württemberg nur sehr vereinzelte Nachweise in der nördlichen Oberrheinebene. Funddaten: MV41 Rastatt 1♀ 15. 6. 1965 (LNK); Muggensturm 1♀ 30. 6. 1987 (D); Bietigheim 2♂♂ 27. 6. 1987 (D). MV52 Karlsruhe 26♂♂,7♀♀ 1928–1937 (NK) (STOECKHERT 1933). MV53 Karlsruhe, Nordweststadt 1♂ 28. 5. 1977 (S).

Lebensraum: Feldfluren, Ruderalstellen, Sand- und Kiesgruben. Als Nistsubstrat wird sandiger Boden bevorzugt.

Nistweise: Nistet in selbstgegrabenen Hohlräumen in der Erde, meist in kleineren Aggregationen.

Blütenbesuch: Oligolektische, auf Brassicaceae (Kreuzblütler) spezialisierte Art. Pollenquellen: Raps *(Brassica napus)*, Rübsen *(Brassica rapa)*, Acker-Senf *(Sinapis arvensis)*, Weißer Senf *(Sinapis alba)*, Hederich *(Raphanus raphanistrum)*, Pfeilkresse *(Cardaria draba)*, Acker-Hellerkraut *(Thlaspi arvense)*, Orientalische Rauke *(Sisymbrium orientale)*.

Kuckucksbienen: Nach KOCOUREK (1966) *Nomada calimorpha* Schmiedeknecht, die zwar in Österreich, aber noch nicht in der Bundesrepublik Deutschland nachgewiesen wurde.

Phänologie: Univoltin. Flugzeit von Mitte Mai bis Mitte Juni (♂♂ 19. 5.–12. 6.; ♀♀ 15. 5.–15. 6.).

Bestandessituation: Die in früheren Jahrzehnten im Raum Karlsruhe regelmäßig nachgewiesene Art wurde seit 1975 nur an drei Stellen in Nordbaden gefunden. An einem der beiden Fundorte sind der Sandbiene die Lebensbedingungen durch Baumaßnahmen und durch »Begrünungsmaßnahmen« nachhaltig entzogen, der andere steht durch sich ausweitende Kiesbaggerung unmittelbar vor der Zerstörung. Daher ist die Art in Baden-Württemberg vom Aussterben bedroht. Wichtigste Schutzmaßnahme ist die Erhaltung und Förderung von Ruderalstellen, an denen sich spontan Kreuzblütler ansiedeln können sowie eine extensivere Ackernutzung in den Sandgebieten (Verzicht auf Herbizide). Besonders günstig ist es, wenn die Nahrungsräume in oder benachbart zu Sand- oder Kiesgruben liegen, die für Zwecke des Naturschutzes gesichert und durch entsprechende Pflegemaßnahmen offen gehalten werden.

RL: Vom Aussterben bedroht (1).

Andrena symphyti
Schmiedeknecht 1883

Verbreitung: Vom vorderen Orient westwärts über Mitteleuropa bis Frankreich (WARNCKE 1981). – In der Bundesrepublik Deutschland bisher nur von einigen Stellen in Bayern bekannt (PLACHTER 1983, STOECKHERT 1954, coll. Grünwaldt). – In Baden-Württemberg bisher nicht nachgewiesen, aber zu erwarten.

Lebensraum: Fluß- und Bachauen, Auwaldränder, Walddlichtungen, Kiesgruben. Die Nester werden in bewachsenen Böschungen und Rainen, aber auch direkt entlang von Bachufern angelegt. Dabei wird Lehmboden sandigem Boden vorgezogen.

Nistweise: Nistet in selbstgegrabenen Hohlräumen in der Erde. (KOCOUREK 1966).

Blütenbesuch: Streng oligolektische, auf *Symphytum* (Boraginaceae) spezialisierte Art. Hauptpollenquelle in Mitteleuropa ist der Knoten-Beinwell *(Symphytum tuberosum)*, als Nebenpollenquelle wird auch der Gewöhnliche Beinwell *(Symphytum officinale)* besucht.

Kuckucksbienen: *Nomada symphyti.*
Phänologie: Univoltin. Flugzeit von Mai bis Juni.

Andrena synadelpha
Perkins 1914

Verbreitung: Spanien, Frankreich, Belgien, Luxemburg, Niederlande, England, Deutschland (DDR, BRD), Tschechoslowakei, Ungarn, Österreich, Schweiz. – In der Bundesrepublik Deutschland von Hamburg und Umgebung (Kettner 1947b, Tscharntke 1984, Wagner 1938a, Westrich 1984a), Travemünde (Wagner 1941), Mölln (Haeseler 1984) und südwärts bis Köln (Aerts 1960) und Bayern (Stoeckhert 1954, Warncke 1986c) nachgewiesen. – Aus Baden-Württemberg bisher nicht bekannt. Ein Vorkommen ist aber nicht auszuschließen. Bei den von Balles (1925, 1927) und Leininger (1927) gemeldeten Funden handelte es sich in allen überprüfbaren Fällen um eine Verwechslung mit *Andrena varians.*
Lebensraum: In Süddeutschland unbekannt. In Norddeutschland in der Geest sowie im Siedlungsbereich (Parkanlagen, Schrebergärten). Dort werden die Nester auf Wegen, unter Gebüsch und an Rasenkanten, bevorzugt in sandigem Boden angelegt.
Nistweise: Nistet in selbstgegrabenen Hohlräumen in der Erde, in der Regel in mehr oder weniger großen Aggregationen.
Blütenbesuch: Polylektische Art (6 Pflanzenfamilien) (vgl. Chambers 1968). Pollenquellen: Aceraceae: Berg-Ahorn *(Acer pseudoplatanus)*; Apiaceae: Hecken-Kälberkropf *(Chaerophyllum temulum)*; Aquifoliaceae: Stechpalme *(Ilex aquifolium)*; Brassicaceae: Raps *(Brassica napus)*; Fagaceae: Eichen *(Quercus)*; Rosaceae: Eingriffliger Weißdorn *(Crataegus monogyna)*, Zweigriffliger Weißdorn *(Crataegus laevigata)*, Himbeere *(Rubus idaeus)*.
Kuckucksbienen: *Nomada panzeri.*
Phänologie: Univoltin. Flugzeit von Ende April bis Mitte Juni.

Andrena taraxaci
Giraud 1861

Verbreitung: Südeuropa, südliches Mitteleuropa. – In der Bundesrepublik Deutschland bisher nur im äußersten Südosten Bayerns am Inndamm bei Aigen nachgewiesen (Warncke 1986a). – In Baden-Württemberg nicht zu erwarten.
Lebensraum: In Südostdeutschland und Oberösterreich auf Fettwiesen, Dämmen und an Ruderalstellen. Die Nester werden in ebenen Flächen oder in sanften Böschungen, in lehmigem, aber auch in sandigem Boden angelegt.
Nistweise: Nistet in selbstgegrabenen Hohlräumen in der Erde, oft in großen Aggregationen (Ansammlungen von mehreren hundert Nestern).
Blütenbesuch: Oligolektische, auf Asteraceae (Korbblütler) spezialisierte Art. Wiesen-Löwenzahn *(Taraxacum officinale)*, Huflattich *(Tussilago farfara)*.
Kuckucksbienen: *Nomada trispinosa* Schmiedeknecht (Friese 1888, Kocourek 1966), die zwar aus Österreich, nicht aber aus der Bundesrepublik Deutschland bekannt ist.
Phänologie: Univoltin. Flugzeit im östlichen Mitteleuropa von Mitte April bis Anfang Juni.
Bemerkungen: Siehe *Andrena rhenana.*

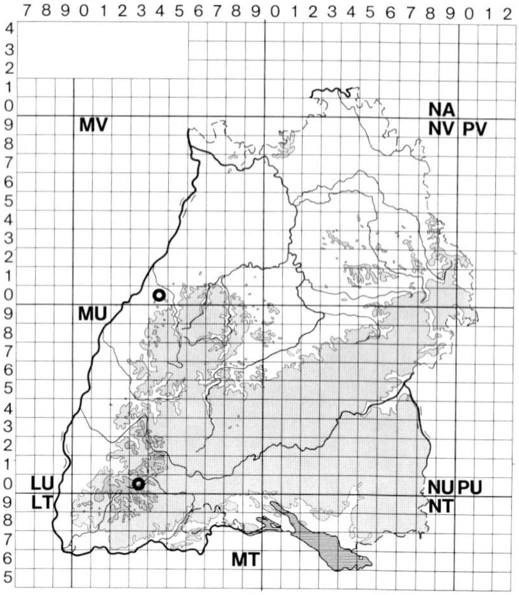

Andrena tarsata

Andrena tarsata
Nylander 1848

Verbreitung: Europa zwischen 42° und 66° n. Br., ostwärts bis zum Ural (Warncke 1981). – In der Bundesrepublik Deutschland keine Verbreitungsgrenze, aber nur sehr vereinzelte Nachweise; im Norden vergleichsweise häufiger als im Süden. – In Baden-Württemberg wurde die Art bisher nur von zwei Fundorten im Schwarzwald bekannt: MU30

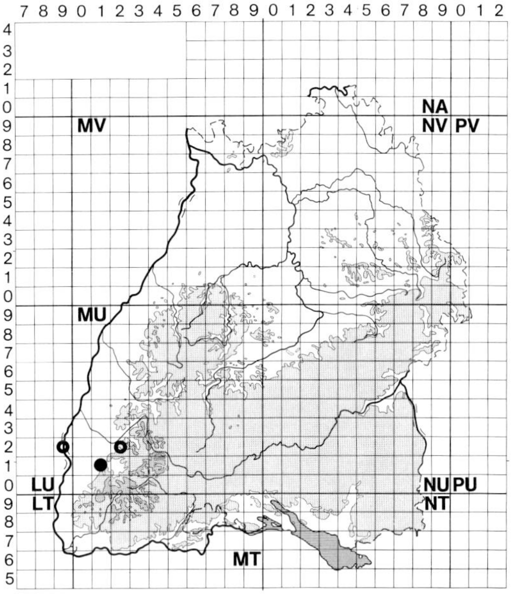

Andrena thoracica

Hinterzarten 1♀ 4. 8. 1924 (MNF) (STROHM 1924); 2♀♀ 14. 7. 1929 (MNF); 3♂♂, 2♀♀ 27. 7. 1929 (MNF). MV40 Baden-Baden 4♀♀ 15.–16. 8. 1913 (ZMB). Die Angaben von FRIESE (1895a) und BALLES (1927) waren nicht überprüfbar.

Lebensraum: Die Funde in Süddeutschland stammen von Waldlichtungen und Bergwiesen. In Norddeutschland kommt die Art auch in Sandheiden vor. Als Nistplatz wurde ein Waldweg bekannt, der mit einer schütteren Schicht von abgefallenen Fichtennadeln bedeckt und von einem dichten Bestand von Heidelbeeren umgeben war. Sandboden scheint zur Nestanlage bevorzugt zu werden.

Nistweise: Nistet in selbstgegrabenen Hohlräumen in der Erde, meist in kleineren Aggregationen. (PERKINS 1919b, TKALCŮ 1974b).

Blütenbesuch: Streng oligolektische, auf *Potentilla* (Rosaceae) spezialisierte Art. Pollenquellen: Kriechendes Fingerkraut *(Potentilla reptans)*, Blutwurz *(Potentilla erecta)*, Großblütiges Fingerkraut *(Potentilla grandiflora)*, Gänse-Fingerkraut *(Potentilla anserina)*, Strauch-Fingerkraut *(Potentilla fruticosa)*.

Kuckucksbienen: *Nomada roberjeotiana*, angeblich auch *Nomada obtusifrons*.

Phänologie: Univoltin. Flugzeit von Ende Juni bis Mitte August.

Bestandessituation: Die Art wurde in Baden-Württemberg seit 1929 nicht mehr nachgewiesen, so daß sie als verschollen gilt. Es ist aber zu vermuten, daß sie im Schwarzwald noch vorkommt. Gezielte Schutzvorschläge sind zum gegenwärtigen Zeitpunkt nicht möglich.

RL: Potentiell gefährdet (4).

Andrena thoracica
(Fabricius 1775)

Verbreitung: Europa, nordwärts bis 60° n. Br.; in den österreichischen Alpen bis 1200 m (WARNCKE 1981). – In der Bundesrepublik Deutschland keine Verbreitungsgrenze, aber nur vereinzelte Vorkommen. – In Baden-Württemberg nur sehr vereinzelte Nachweise im Kaiserstuhl und in der benachbarten Vorbergzone des Schwarzwaldes. Funddaten: LU92 Burkheim 1♀ 10. 8. 1924 (MNF) (LAUTERBORN 1922). MU11 Freiburg 2♀♀ 1. 4. 1937 (LNK, NK); 1♀ 30. 9. 1976 (G). MU22 Waldkirch 1♀ 11. 9. 1913 (MNF).

Lebensraum: Der Fund im Kaiserstuhl stammt von einem Trockenhang. In Norddeutschland flog die Art in Küstendünen. Mit Sicherheit kommen auch noch andere Lebensräume in Frage. Besiedelt sowohl sandigen als auch lehmigen Boden.

Nistweise: Nistet in selbstgegrabenen Hohlräumen in der Erde, bisweilen in großen Aggregationen (Ansammlungen von über 1000 Nestern.). (EMEIS 1954, POPOVA 1983).

Blütenbesuch: Ausgesprochen polylektische Art (13 Pflanzenfamilien) (vgl. CHAMBERS 1968). Pollenquellen: Aceraceae: Berg-Ahorn *(Acer pseudoplatanus)*; Apiaceae: Wiesen-Bärenklau *(Heracleum sphondylium)*; Asteraceae: Huflattich *(Tussilago farfara)*, Rainfarn *(Tanacetum vulgare)*, Gewöhnliche Kratzdistel *(Cirsium vulgare)*, Wiesen-Flockenblume *(Centaurea jacea)*, Rispen-Flockenblume *(Centaurea paniculata)*, Wiesen-Löwenzahn *(Taraxacum officinale)*, Gewöhnliches Ferkelkraut *(Hypochoeris radicata)*; Brassicaceae: Acker-Senf *(Sinapis arvensis)*, Wiesen-Schaumkraut *(Cardamine pratensis)*; Campanulaceae: Glockenblumen *(Campanula)*, Berg-Sandrapunzel *(Jasione montana)*; Caryophyllaceae: Große Sternmiere *(Stellaria holostea)*; Lamiaceae: Gundermann *(Glechoma hederacea)*; Liliaceae: Küchenzwiebel *(Allium cepa)*; Onagraceae: Wald-Weidenröschen *(Epilobium angustifolium)*; Ranunculaceae: Scharbockskraut *(Ranunculus ficaria)*; Rosaceae: Brombeere *(Rubus fruticosus)*, Schlehe *(Prunus spinosa)*, Birne *(Pyrus communis)*; Salicaceae: Sal-Weide *(Salix caprea)*, Mandel-Weide *(Salix triandra)*; Tiliaceae: Linde *(Tilia)*.

Kuckucksbienen: *Nomada lineola*.

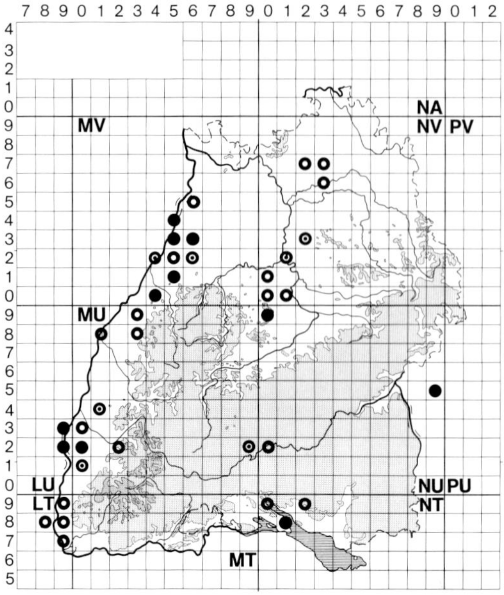

Andrena tibialis

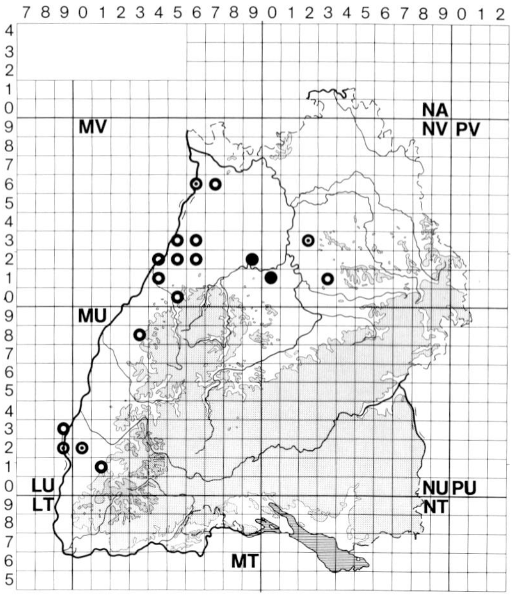

Andrena tscheki

Phänologie: Bivoltin. Flugzeit von Anfang April bis Mitte Juni und von Mitte Juli bis Mitte September.

Bestandessituation: Die Gefährdung der in Baden-Württemberg auch in früheren Jahrzehnten sehr seltenen Art ist schwer einzuschätzen. Aus Norddeutschland berichtet EMEIS (1964) von einem deutlichen Rückgang der früher auf Amrum in den Dünen ausgesprochen häufigen und charakteristischen Art.

RL: Potentiell gefährdet (4).

Andrena tibialis

(Kirby 1802)

Verbreitung: Europa zwischen 40° und 61° n. Br. (WARNCKE 1981). – In der Bundesrepublik Deutschland keine Verbreitungsgrenze. – In Baden-Württemberg liegt ein deutlicher Verbreitungsschwerpunkt in der gesamten Oberrheinebene, der Kaiserstuhl eingeschlossen. Auch in den übrigen Landesteilen kommt die Art zerstreut in Lagen unter 500 m, nur vereinzelt wurde sie auch oberhalb 500 m festgestellt. Material: 128♂,144♀♀.

Lebensraum: Waldränder, Hochwasserdämme, Sandgruben, Ruderalstellen in der Feldflur, bisweilen auch im Siedlungsbereich. Nester an schütter bewachsenen Stellen von Böschungen, Feldrainen und Waldrändern sowie in Parkrasen. Nistet bevorzugt in sandigem, aber auch in lehmigem Boden (Lößlehm).

Nistweise: Nistet einzeln in selbstgegrabenen Hohlräumen in der Erde.

Blütenbesuch: Polylektische Art (5 Pflanzenfamilien) (vgl. CHAMBERS 1968). Pollenquellen: Aceraceae: Spitz-Ahorn *(Acer platanoides)*, Feld-Ahorn *(Acer campestre)*, Berg-Ahorn *(Acer pseudoplatanus)*; Asteraceae: Frühlings-Greiskraut *(Senecio vernalis)*, Wiesen-Löwenzahn *(Taraxacum officinale)*; Brassicaceae: Raps *(Brassica napus)*; Rosaceae: Süß-Kirsche *(Prunus avium)*, Felsen-Kirsche *(Prunus mahaleb)*, Garten-Apfelbaum *(Malus domestica)*; Salicaceae: Sal-Weide *(Salix caprea)*, Ohr-Weide *(Salix aurita)*.

Kuckucksbienen: *Nomada lineola, Nomada goodeniana.*

Phänologie: Univoltin. Flugzeit von Anfang April bis Mitte Juni (♂♂ 8. 3.–1. 6.; ♀♀ 24. 3.–24. 6.). Für die Tschechoslowakei gibt KOCOUREK (1966) zwei Generationen an. Aus Baden-Württemberg sind mir nur zwei Tiere bekannt geworden, die im Juli gesammelt wurden, so daß hier höchstens eine partielle 2. Generation vorkommt.

Bestandessituation: Die nach wie vor regelmäßig anzutreffende Art halte ich in Baden-Württemberg für nicht gefährdet.

Andrena tscheki ♀

Andrena tscheki
Morawitz 1872

Verbreitung: Süd- und Mitteleuropa, nordwärts bis zum Kyffhäuser (DDR) (BLÜTHGEN 1961); England. – In der Bundesrepublik Deutschland nordwärts bis zu den hessischen Fundorten Gießen (BLÜTHGEN 1920) und Nassau (BUDDEBERG 1895); außerdem in Rheinland-Pfalz (SCHMIDT & WESTRICH 1985), Baden-Württemberg und Bayern (STOECKHERT 1954). – In Baden-Württemberg liegen die Verbreitungsschwerpunkte im Kaiserstuhl und in der nördlichen Oberrheinebene. Darüber hinaus nur vereinzelte Nachweise. Alle Fundorte liegen unterhalb 500 m. Funddaten ab 1975: MV92 Roßwag 7♀♀ 6. 5. 1986 (W, beob.). NV01 Markgröningen 2♂♂,1♀ 5. 4. 1982 (W, S) (WESTRICH 1983d); 1♂,1♀ 17. 4. 1985 (W). Material: 40♂♂,63♀♀.
Lebensraum: Fettwiesen, Magerrasen, strukturreiche Weinberge. Nester fanden sich an unbewachsenen Stellen einer Böschung. Besiedelt sowohl sandigen wie lehmigen Boden (Lößlehm).
Nistweise: Nistet einzeln in selbstgegrabenen Hohlräumen in der Erde.
Blütenbesuch: Oligolektische, auf Brassicaceae (Kreuzblütler) spezialisierte Art. Pollenquellen: Berg-Hellerkraut *(Thlaspi montanum)*, Berg-Steinkraut *(Alyssum montanum)*, Felsen-Steinkraut *(Alyssum saxatile)*, Echtes Barbarakraut *(Barbarea vulgaris)*, Wiesen-Schaumkraut *(Cardamine pratensis)*, Blaukissen *(Aubrieta deltoidea)*, Orientalische Rauke *(Sisymbrium orientale)*, Hirtentäschel *(Capsella bursa-pastoris)*.
Kuckucksbienen: Unbekannt.
Phänologie: Univoltin. Flugzeit von Anfang April bis Ende Mai (♂♂ 29. 3.–25. 4.; ♀♀ 4. 4.–21. 5.).
Bestandessituation: Anhand des Sammlungsmaterials läßt sich ein deutlicher Bestandsrückgang belegen. Durch diese Tatsache, verbunden mit der Spezialisierung auf frühblühende Kreuzblütler, ist die recht wärmeliebende Art in Baden-Württemberg stark gefährdet. Nach 1975 wurde sie nur in einem einzigen Naturschutzgebiet festgestellt. Eine weitere, stark bedrohte Population ist inzwischen ganz von einigen wenigen Kreuzblütler-Stauden (Felsen-Steinkraut, Blaukissen) abhängig, die als Zierpflanzen um ein Weinberghäuschen angepflanzt wurden, weil in den umliegenden Weinbergen und deren Randbereichen durch die intensive Nutzung keine wildwachsenden Kreuzblütler mehr vorkommen. Eine extensivere Nutzung und die Förderung eines reichen Strukturangebots in

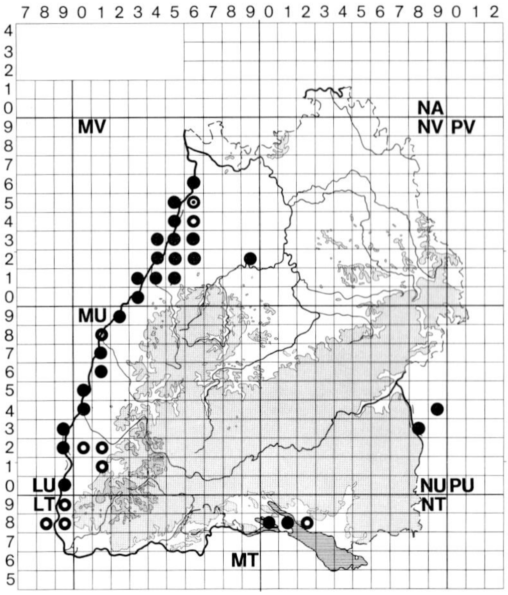

Andrena vaga

der offenen Landschaft sind langfristig die einzige Chance für die Erhaltung dieser Sandbiene.
RL: Stark gefährdet (2).

Andrena vaga

Panzer 1799

Verbreitung: Europa zwischen 42° und 66° n. Br. (Warncke 1981). – In der Bundesrepublik Deutschland keine Verbreitungsgrenze. – In Baden-Württemberg liegt der Verbreitungsschwerpunkt in der Oberrheinebene. Einzelne Vorkommen gibt es auch am Bodensee, im Enztal und im Donau-Iller-Gebiet. Material: 75♂♂, 91♀♀.
Lebensraum: Siedlungsschwerpunkt in Flußauen, dort überwiegend in Sand-, Kies- und Lehmgruben sowie auf Hochwasserdämmen. Nester bevorzugt auf ebenen oder schwach geneigten Flächen, z. B. auf Wegen, an Ackerrändern oder auf Dammböschungen, manchmal in recht hartem Boden. Sandiger Untergrund wird bevorzugt, doch findet man die Nester bisweilen auch in Lößlehm.
Nistweise: Nistet in selbstgegrabenen Hohlräumen in der Erde, meist in Aggregationen, die manchmal klein (10–20♀♀), oft aber ausgesprochen groß sind (1000–10000 bauende ♀♀, mehr als 30 Nester pro Quadratmeter). Der Nesteingang wird nach dem Verlassen verschlossen. Das Nest hat einen senkrechten Hauptgang, der 25–60 cm tief reicht. An dessen Ende schließen sich bis zu 4 Seitengänge an, die 4–6 cm lang sind und an deren Ende die Brutzellen liegen. Meist enthalten die Nester 4–8 Brutzellen. Die Seitengänge werden nach Fertigstellung und Verproviantierung der Brutzelle mit Erde aufgefüllt. Alte Hauptgänge werden wieder benutzt. (Friese 1882, 1923, Kocourek 1966, Malyshev 1926, 1936, Moeschler 1938, Müller 1944, Popova 1983, Vleugel 1947).
Blütenbesuch: Streng oligolektische, auf *Salix* (Salicaceae) spezialisierte Art (vgl. Westrich & Schmidt 1987). Pollenquellen: Grau-Weide *(Salix cinerea)*, Sal-Weide *(Salix caprea)*, Purpur-Weide *(Salix purpurea)*, Ohr-Weide *(Salix aurita)*, Silber-Weide *(Salix alba)*, Lorbeer-Weide *(Salix pentandra)*, Schwarz-Weide *(Salix nigricans)*.
Kuckucksbienen: *Nomada lathburiana* ist regelmäßig an den Nestern anzutreffen; wahrscheinlich kommt auch *Sphecodes gibbus* in Betracht.
Phänologie: Univoltin. Flugzeit von Ende März bis Mitte Mai (♂♂ 25. 2.–21. 4.; ♀♀ 18. 3.–23. 5.). Überwinterung als Imago (Bischoff 1922).
Bestandessituation: In Süddeutschland ist die auffällige Art ein typischer Pionier, der in der vom Menschen unbeeinflußten Landschaft vermutlich die Sand- und Kiesschüttungen der Wildflüsse besiedelt hat, heute aber gänzlich von Ersatzlebensräumen abhängig ist. Die Art benötigt gleichzeitig ein reiches Angebot verschiedener Weidenarten. Derzeit ist sie noch in nahezu der gesamten Oberrheinebene, vereinzelt auch darüber hinaus, in einer oft hohen Populationsdichte zu finden, so daß sie noch nicht als gefährdet zu bezeichnen ist. Damit sich die Bestandessituation nicht verschlechtert, sind Sand- und Kiesgruben vermehrt für Zwecke des Naturschutzes zu sichern, anstatt sie einer forstlichen, landwirtschaftlichen oder Freizeit-Nutzung zuzuführen. Die Mahd sonnenexponierter Hochwasserdämme und Erhaltung von Weidengebüschen und Weichholzauen in der Oberrheinebene (Verzicht auf Pappelforste!) leisten einen wichtigen Beitrag zum Schutz dieser auffälligen Art.

Andrena varians

(Rossi 1792)

Verbreitung: Nord-, Mittel- und Osteuropa. – In der Bundesrepublik Deutschland keine Verbreitungsgrenze. – In Baden-Württemberg liegen bisher zwar nur recht zerstreute Nachweise vor, die Art dürfte aber wesentlich weiter verbreitet sein, als aus der Karte ersichtlich ist. Material: 12♂♂, 75♀♀.
Lebensraum: Lichte Wälder, Waldränder, Wein-

Andrena vaga, Männchen frontal.

Andrena vaga, mit *Salix*-Pollen beladenes Weibchen.

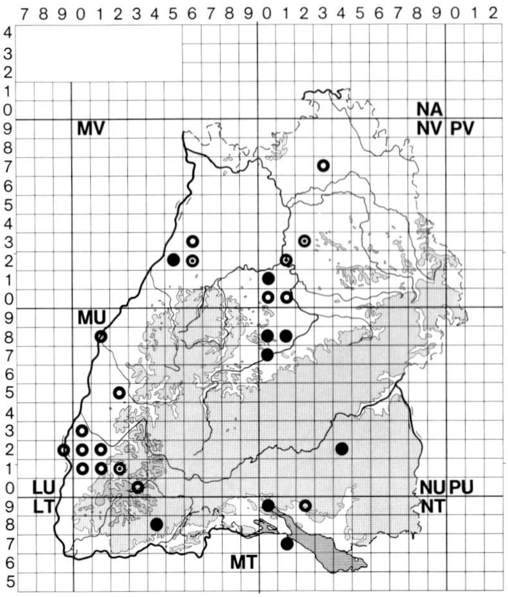

Andrena varians

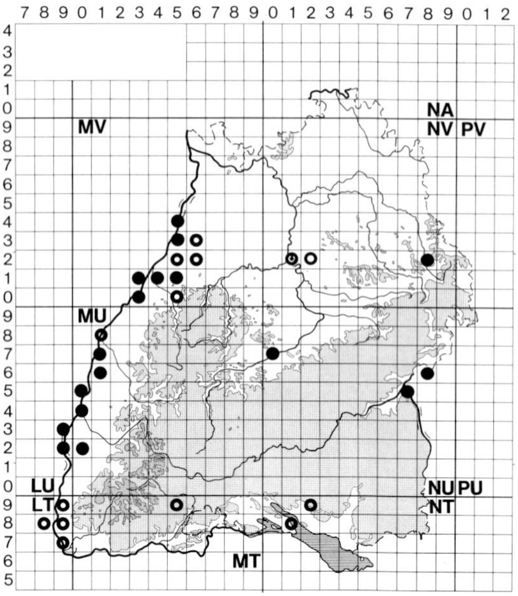

Andrena ventralis

bergbrachen, Siedlungsbereich (Gärten, Parks). Nester an schütter bewachsenen Stellen von Böschungen, Rainen oder Waldrändern, bisweilen auch an den Rändern von Parkrasen oder auf kleinen Gartenwegen. Besiedelt sowohl sandigen als auch lehmigen Boden.

Nistweise: Nistet in selbstgegrabenen Hohlräumen in der Erde, einzeln oder in kleinen Aggregationen. (CHAMBERS 1946, HAESELER 1972).

Blütenbesuch: Ausgesprochen polylektische Art (12 Pflanzenfamilien) (vgl. ANASIEWICZ & WARAKOMSKA 1971, CHAMBERS 1946, 1968). Pollenquellen: Aceraceae: Berg-Ahorn *(Acer pseudoplatanus)*; Apiaceae: Wiesen-Kerbel *(Anthriscus sylvestris)*; Aquifoliaceae: Stechpalme *(Ilex aquifolium)*; Asteraceae: Huflattich *(Tussilago farfara)*, Wiesen-Löwenzahn *(Taraxacum officinale)*; Berberidaceae: Berberitze *(Berberis vulgaris)*; Betulaceae: Hängebirke *(Betula pendula)*; Brassicaceae: Raps *(Brassica napus)*, Echtes Barbarakraut *(Barbarea vulgaris)*; Caryophyllaceae: Große Sternmiere *(Stellaria holostea)*, Vogelmiere *(Stellaria media)*; Grossulariaceae: Rote Johannisbeere *(Ribes rubrum)*, Schwarze Johannisbeere *(Ribes nigrum)*, Alpen-Stachelbeere *(Ribes alpinum)*; Ranunculaceae: Scharfer Hahnenfuß *(Ranunculus acris)*; Rosaceae: Schlehe *(Prunus spinosa)*, Süß-Kirsche *(Prunus avium)*, Zwetschge *(Prunus domestica)*, Garten-Apfelbaum *(Malus domestica)*, Birne *(Pyrus communis)*, Eingriffliger Weißdorn *(Crataegus monogyna)*, Zweigriffliger Weißdorn *(Crataegus laevigata)*; Salicaceae: Sal-Weide *(Salix caprea)*, Silber-Weide *(Salix alba)*.

Kuckucksbienen: *Nomada panzeri.*

Phänologie: Univoltin. Flugzeit von Anfang April bis Ende Mai (♂♂ 30. 3.–29. 4.; ♀♀ 9. 4.–16. 6.).

Bestandessituation: Auch wenn sich die Nachweise seit 1975 nicht gerade häufen, so dürfte die Art, die auch im Siedlungsbereich noch ausreichende Existenzbedingungen vorfindet, in Baden-Württemberg dennoch nicht gefährdet sein.

Andrena ventralis

Imhoff 1832

Verbreitung: Europa zwischen 40° und 58° n. Br. (WARNCKE 1981). – In der Bundesrepublik Deutschland keine Verbreitungsgrenze. – In Baden-Württemberg liegt der Verbreitungsschwerpunkt deutlich in der gesamten Oberrheinebene, darüber hinaus wurde die Art nur sehr zerstreut nachgewiesen. Die meisten Fundorte liegen unterhalb 400 m. Material: 113♂♂, 40♀♀.

Lebensraum: Überwiegend, aber nicht ausschließlich in Flußauen; dort in Sand- und Kiesgruben und auf Hochwasserdämmen; vereinzelt auch im Siedlungsbereich. Nester auf vegetationsfreien oder nur schütter bewachsenen Stellen, oft auch auf Wegen und an Böschungen. Auf den Hochwasser-

dämmen nutzt die Art auch alte Maulwurfshaufen zur Nestanlage.
Nistweise: Nistet in selbstgegrabenen Hohlräumen in der Erde, einzeln oder in kleinen Aggregationen.
Blütenbesuch: Streng oligolektische, auf *Salix* (Salicaceae) spezialisierte Art. Pollenquellen: Sal-Weide *(Salix caprea)*, Grau-Weide *(Salix cinerea)*, Purpur-Weide *(Salix purpurea)*, Korb-Weide *(Salix viminalis)*, Mandel-Weide *(Salix triandra)*. Einzelne ♀♀ nutzen offensichtlich auch andere Pollenquellen, unter denen der zu den Rosaceae gehörende Weiden-Spierstrauch *(Spiraea salicifolia)* belegt ist.
Kuckucksbienen: Eine kleine Form der *Nomada alboguttata*.
Phänologie: Univoltin. Flugzeit von Anfang April bis Mitte Mai (♂♂ 22. 3.–1. 5.; ♀♀ 23. 3.–25. 5.).
Bestandessituation: Die Art tritt normalerweise in bei weitem nicht so individuenreichen Populationen auf wie die ähnlich verbreitete und vergleichbare Ansprüche stellende *Andrena vaga*. Sie ist derzeit aber ebenfalls noch regelmäßig anzutreffen und noch nicht gefährdet. Im wesentlichen gelten die bei *A. vaga* angeführten Schutzmaßnahmen.

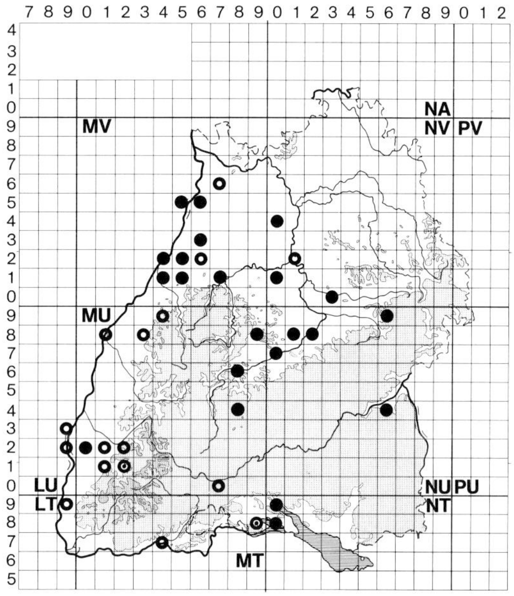

Andrena viridescens

Andrena viridescens

Viereck 1916
Syn.: *A. cyanescens* Nylander 1852 nec Haliday 1836.

Verbreitung: Gemäßigtes Europa, Balkanhalbinsel (Warncke 1981). – In der Bundesrepublik Deutschland anscheinend im Norden fehlend. – In Baden-Württemberg weit verbreitet, überwiegend in Lagen unter 500 m, vereinzelt auch darüber. Material: 48♂♂,96♀♀.
Lebensraum: Siedlungsschwerpunkt dort, wo der Gamander-Ehrenpreis große Bestände bildet: zweischürige, trockene Fettwiesen, Streuobstwiesen, Hochwasserdämme; auch auf Böschungen, in Magerrasen und alten Weinbergbrachen. Nester an schütter bewachsenen Stellen von Böschungen, Rainen und Waldrändern, in sandigem wie in lehmigem Boden.
Nistweise: Nistet in selbstgegrabenen Hohlräumen in der Erde, manchmal in kleinen Aggregationen.
Blütenbesuch: Streng oligolektische, auf *Veronica* (Scrophulariaceae) spezialisierte Art. Hauptpollenquelle in Mitteleuropa ist der Gamander-Ehrenpreis *(Veronica chamaedrys)*, bisweilen wird auch der Große Ehrenpreis *(Veronica teucrium)* genutzt.
Kuckucksbienen: *Nomada atroscutellaris*.
Phänologie: Univoltin. Flugzeit von Ende April bis Anfang Juni (♂♂ 23. 4.–24. 5.; ♀♀ 26. 4.–12. 6.).
Bestandessituation: Die Art wurde zwar seit 1975 durch gezielte Suche an reichen Beständen vom Gamander-Ehrenpreis an verschiedensten Stellen des Landes nachgewiesen. Durch ihre Spezialisierung und ihr vorwiegendes Auftreten in extensiv genutztem Grünland ist die Art gefährdet. Einige der in den vergangenen 15 Jahren mir bekannt gewordenen Vorkommen sind durch Aufforstungen bereits vernichtet oder durch intensivierte Wiesennutzung stark beeinträchtigt (u.a. auch durch Einsatz des Rasenmähers in Streuobstwiesen, die als Wochenendgrundstücke dienen).
RL: Gefährdet (3).

Andrena wilkella

(Kirby 1802)

Verbreitung: Europa, nordwärts bis 63° n.Br. (Warncke 1981). – In der Bundesrepublik Deutschland keine Verbreitungsgrenze. – In Baden-Württemberg zerstreute Nachweise, von der Ebene bis auf die Hochfläche der Schwäbischen Alb (800 m). Material: 45♂♂,42♀♀.
Lebensraum: Waldränder, trockene Fettwiesen, Hochwasserdämme, Magerrasen, Weinbergbrachen, Sand-, Kies- und Lehmgruben. Nester an schütter bewachsenen Stellen von Böschungen, Rainen oder Waldrändern. Keine Bevorzugung bestimmter Bodenarten.

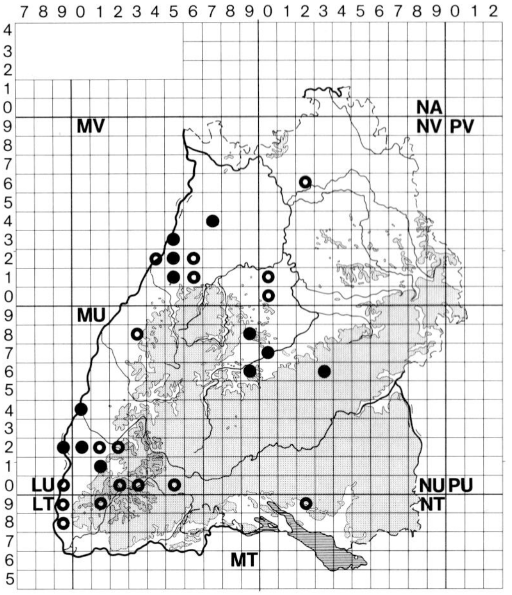

Andrena wilkella

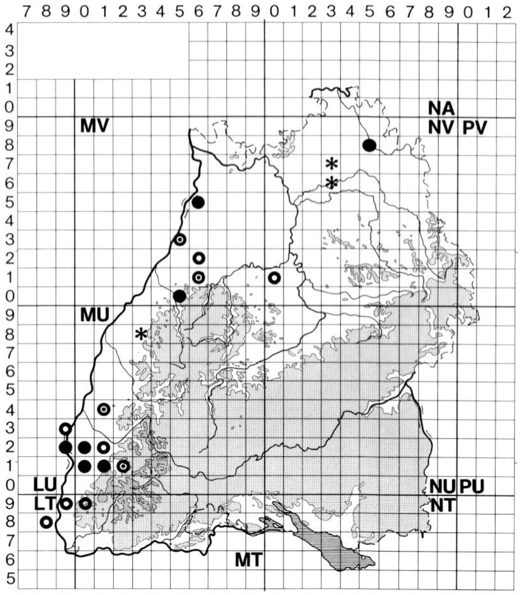

Anthidium lituratum

Nistweise: Nistet einzeln in selbstgegrabenen Hohlräumen in der Erde.
Blütenbesuch: Oligolektische, auf Fabaceae (Schmetterlingsblütler) spezialisierte Art. Pollenquellen: Futter-Esparsette *(Onobrychis viciifolia)*, Zaunwicke *(Vicia sepium)*, Ackerbohne *(Vicia faba)*, Roter Wiesenklee *(Trifolium pratense)*, Weißklee *(Trifolium repens)*, Hasen-Klee *(Trifolium arvense)*, Weißer Steinklee *(Melilotus alba)*, Luzerne *(Medicago sativa)*, Zaunwicke *(Vicia sepium)*, Gewöhnlicher Hornklee *(Lotus corniculatus)*, Sumpf-Hornklee *(Lotus uliginosus)*, Dornige Hauhechel *(Ononis spinosa)*, Stechginster *(Ulex europaeus)*, Besenginster *(Cytisus scoparius)*.
Kuckucksbienen: *Nomada striata.*
Phänologie: Univoltin. Flugzeit von Anfang Mai bis Mitte Juli (♂♂ 17. 4.–14. 7.; ♀♀ 5. 5.–20. 7.).
Bestandessituation: Die Art ist zwar etwas häufiger als *A. gelriae*, aber wie diese vor allem durch intensivierte Grünlandnutzung gefährdet.
RL: Gefährdet (3).

Anthidium Fabricius 1804

Während Pasteels (1969, 1977) die frühere Großgattung *Anthidium* in mehrere Gattungen aufspaltet, folge ich hier der traditionellen Auffassung, betrachte aber wie Warncke (1980b) *Anthidiellum* Cockerell 1904 als Untergattung von *Anthidium*. (In Mitteleuropa ist diese Untergattung nur mit der einen Art *A. strigatum* vertreten). *Trachusa* Panzer wird hier allerdings als eigene Gattung beibehalten. Die artenreiche Gattung *Anthidium* ist in der Holarktis, der Neotropis und in Indien verbreitet (Michener 1979). In der Bundesrepublik Deutschland wurden 7 Arten nachgewiesen.

Anthidien sind auch im Feld leicht kenntlich, v.a. durch die gelben Zeichnungen des fast kahlen Hinterleibs, weswegen sie vom Laien manchmal mit Wespen verwechselt werden. Auch das Flugverhalten beider Geschlechter ist ausgesprochen typisch. Die Weibchen haben eine hochentwickelte, meist gelbe bis weißliche Bauchbürste, die Männchen vieler Arten Zähne und Dornen an den Endsegmenten, die für die Bestimmung der einzelnen Arten wichtig sind. Die Männchen sind bei den meisten Arten durchweg größer als die Weibchen (eine seltene Ausnahme bei den Bienen). Die Größe schwankt zwischen 6–7 mm (*A. lituratum, A. strigatum*) und 18 mm (♂ von *A. manicatum*). Mit etwas Übung und Erfahrung kann man alle heimischen Arten im Gelände eindeutig ansprechen. Zur Einarbeitung und Bestimmung mit dem Binokular ist die Tabelle in Schmiedeknecht (1930:825ff) ausreichend. Zur Ergänzung kann die Arbeit von Warncke (1980b) herangezogen werden, der die Arten der Westpaläarktis und des Turkestanischen Beckens behandelt.

Anthidium lituratum
(Panzer 1801)

Verbreitung: Europa nordwärts bis 52° n. Br., im Ural bis 55° n. Br., ostwärts bis nach Asien hinein (WARNCKE 1980b). In den Walliser Alpen bis 2000 m. – In der Bundesrepublik Deutschland nordwärts bis zum Rand der Mittelgebirge. – In Baden-Württemberg nur zerstreute Nachweise in der Oberrheinebene, im Kaiserstuhl, in den Tälern der Schwarzwaldvorberge, im Kraichgau, im Nekkarbecken sowie im Bau- und Tauberland. Alle Funde stammen aus Lagen unter 450 m. Funddaten ab 1960: LU92 Oberrotweil 1♀ 8.1982 (LZB) (DÜWEKE 1988). MU01 Tuniberg 1♂ 7. 7. 1984 (Schmid-Egger). MU02 Schelingen, Ohrberg 1♀ 17. 8. 1984 (S). MU11 »Freiburg« (KLATT 1988). MU14 Ettenheim 1♀ 27. 7. 1966 (LNK). MU21 Wittental 1♀ 22. 8. 1964 (G) (GAUSS 1967). MV50 Gaggenau, Scheibenberg 1♂ 6. 7. 1986 (D). MV53 Karlsruhe 1♀ 29. 7. 1962 (LNK); 1♀ 20. 8. 1978 (S); 1♂ 14. 7. 1979 (S); 1♀ 23. 7. 1979 (S). MV61 Ellmendingen 2♀♀ 22. 7. 1964 (LNK). MV65 Phillipsburg 1♀ 27. 8. 1985 (W). NV58 Edelfingen 1♀ 8. 8. 1988 (W). Material: 17♂♂, 34♀♀.

Lebensraum: Siedlungsschwerpunkt an Ruderalstellen trockenwarmer Standorte; bisweilen an sonnigen Waldrändern und in Feldhecken.

Nistweise: Nistet in markhaltigen, dürren, abgebrochenen Stengeln oder Zweigen von Brombeeren *(Rubus)*, Disteln *(Cirsium, Onopordum)*, Königskerzen *(Verbascum)* und Holunder *(Sambucus)*, gelegentlich auch in Schilfhalmen *(Phragmites)* oder Stengeln von Doldengewächsen (Apiaceae); auch in Eichengallen von *Andricus kollari*. In markhaltigen Stengeln wird das Mark entweder vom ♀ selbst ausgeräumt oder es werden verlassene Nestgänge anderer Bienen, z. B. von *Osmia tridentata* benutzt. Als Baumaterial für die Linienbauten werden ausschließlich Pflanzenhaare verwendet, z. B. von Königskerzen. (BISCHOFF 1927, ENSLIN 1923, FABRE 1879–1880, FERTON 1908, FRIESE 1898c, 1923, GRANDI 1961, 1962, MICHELI 1934, SCHREMMER 1985).

Blütenbesuch: Oligolektische, auf Asteraceae (Korbblütler), besonders Cynareen spezialisierte Art. Hauptpollenquellen in Südwestdeutschland sind die Gewöhnliche Kratzdistel *(Cirsium vulgare)* und die Rispen-Flockenblume *(Centaurea paniculata)*. Weitere Pollenquellen: Wiesen-Flokkenblume *(Centaurea jacea)*, Skabiosen-Flockenblume *(Centaurea scabiosa)*, Eselsdistel *(Onopordum acanthium)*.

Kuckucksbienen: ENSLIN (1923) konnte *Stelis ornatula* durch Zuchten belegen. Mir selbst gelang die Zucht einer kleinen Form von *Stelis punctulatissima*, die vermutlich identisch ist mit der von TKALCŮ (1970a) beschriebenen *Stelis moravica*, die ebenfalls bei *lituratum* parasitieren soll.

Anthidium lituratum ♀

Phänologie: Univoltin. Flugzeit von Anfang Juli bis Mitte August (♂♂ 15. 6.–24. 7.; ♀♀ 21. 6.–22. 8.). Überwinterung als Ruhelarve im Kokon.

Bestandessituation: *A. lituratum* war auch in früheren Jahrzehnten selten und wurde seit 1975 nur von 5 Stellen bekannt. Der begrenzende Faktor für das Vorkommen dieser wärmeliebenden Art ist der Nistplatz, der oft räumlich mit dem Nahrungsraum zusammenfällt, wenn dort die artspezifischen Pollenquellen wachsen. Die Art benötigt ein Netz von Pionierstandorten, ist also auf Bodenstörungen angewiesen. Wenn die sich spontan einstellende Ruderalvegetation, v. a. Distel- und Königskerzenbestände an Böschungen oder Erdaufschüttungen durch Mahd oder Bepflanzung mit Sträuchern vernichtet wird, führt dies zu Einbrüchen im Bestand dieser Wollbiene. Die Erhaltung und Förderung von Ruderalstellen in warmen Lagen ist die wichtigste Schutzmaßnahme für diese Art.

RL: Stark gefährdet (2).

Anthidium manicatum, Männchen an *Stachys byzantina*.

Anthidium manicatum
(Linnaeus 1758)

Verbreitung: Ganz Europa mit Ausnahme des hohen Nordens. Adventiv in USA (Staat New York) (JAYCOX 1967). – In der Bundesrepublik Deutschland keine Verbreitungsgrenze, auch im Norden (vgl. HAESELER 1972). – In Baden-Württemberg weit verbreitet, in Lagen unter 500 m sicher annähernd flächendeckend, auf der Schwäbischen Alb bis in Höhen von 800 m zerstreut vorkommend. Material: 170♂♂,175♀♀.

Lebensraum: Siedlungsschwerpunkt in den Gärten der Dörfer und Städte mit teils hoher Populationsdichte (Botanischer Garten Tübingen im Jahre 1986 über 200♂♂ u. ♀♀). Mit geringerer Populationsdichte auch auf Trockenhängen verschiedener Ausprägung, in Weinbergbrachen, an sonnigen Waldrändern, in Lehm- und Tongruben, auf Industriehalden und Bahndämmen. Nistplatz und Nahrungsquellen bzw. Baustofflieferanten liegen teils 100 m und mehr auseinander.

Nistweise: Nistet in vorgefundenen Hohlräumen verschiedener Form und Größe: in Erdlöchern, in Felsspalten, zwischen gelockertem Mauerwerk, in breiten Spalten alter Balken und Pfosten, in Hohlräumen von Löß- und Lehmwänden, in Löchern poröser Schlacken, in verlassenen Nestern von Pelzbienen, z.B. *Anthophora acervorum*, einmal auch in einem Eisenrohr und in der Glocke einer Klingel. Das Nest ist meist ein Haufenbau, selten auch ein Linienbau aus abgeschabten Pflanzenhaaren. Lieferanten von Baumaterial sind verschiedene stark behaarte Pflanzen, z.B. Sand-Strohblume *(Helichrysum)*, Deutscher Ziest *(Stachys germanica)*, Woll-Ziest *(Stachys byzantina)*, Kranz-Lichtnelke *(Lychnis coronaria)*, Quitten *(Cydonia)* und Flugsamen von Pappeln *(Populus)*. Unmittelbar vor dem eigentlichen Wollnest aus bis zu 16 Brutzellen werden allerlei Kleinteile angehäuft: Erdbröckchen, Steinchen, Holzstückchen, dürre Blättchen, Halmstücke, Schneckenhäuser. Bisweilen wird das Nest nach außen durch einen weiteren Wollpfropf verschlossen. (BISCHOFF 1927, FABRE 1879–1880, FERTON 1905, 1908, FRIESE 1923, KURTAK 1973, MARIKOVSKAYA 1972, M. MÜLLER 1931a, U. MÜLLER 1987, WOLF 1973, ZIOLKOWSKI 1977).

Blütenbesuch: Eingeschränkt polylektische Art, die zygomorphe Blüten, besonders Fabaceae und Lamiaceae, aber auch bestimmte Scrophulariaceae als Pollenquellen bevorzugt. Fabaceae: Gewöhnlicher

Anthidium manicatum ♀

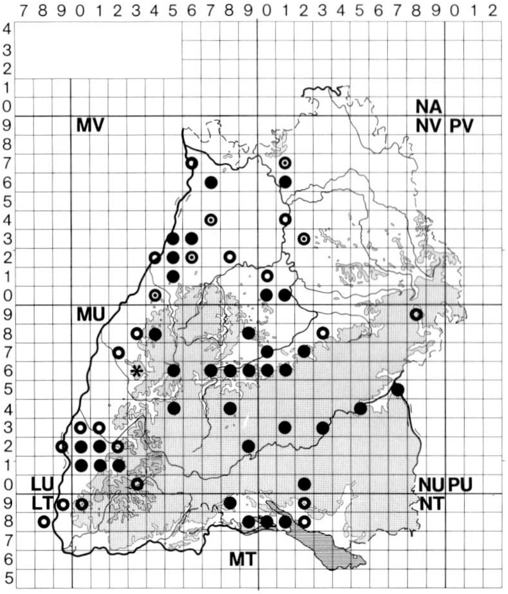

Anthidium manicatum

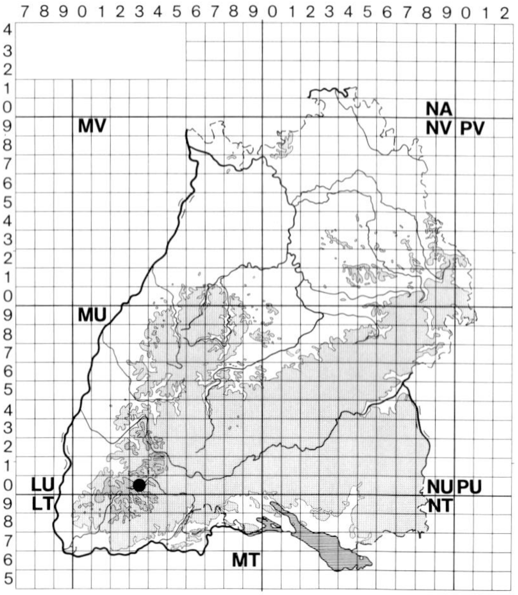

Anthidium montanum

Hornklee *(Lotus corniculatus)*, Bunte Kronwicke *(Coronilla varia)*, Kriechende Hauhechel *(Ononis repens)*, Dornige Hauhechel *(Ononis spinosa)*, Luzerne *(Medicago sativa)*; Lamiaceae: Aufrechter Ziest *(Stachys recta)*, Deutscher Ziest *(Stachys germanica)*, Woll-Ziest *(Stachys byzantina)*, Sumpf-Ziest *(Stachys palustris)*, Heil-Ziest *(Stachys officinalis)*, Schwarznessel *(Ballota nigra)*, Muskateller-Salbei *(Salvia sclarea)*, Edel-Gamander *(Teucrium chamaedrys)*, Rote Taubnessel *(Lamium purpureum)*, Schmalblättriger Hohlzahn *(Galeopsis angustifolia)*; Scrophulariaceae: Roter Fingerhut *(Digitalis purpurea)*, Wolliger Fingerhut *(Digitalis lanata)*. – Die Blütenstetigkeit der ♀♀ variiert. Zahlreiche untersuchte Pollenladungen enthielten ausschließlich Pollen einer Pflanzenart aus einer der 3 Familien. Andere waren Mischladungen von 2 Arten aus 1–2 Pflanzenfamilien, meist Fabaceen und Lamiaceen. Die ♂♂ zeigen ein charakteristisches interspezifisches Territorialverhalten. Als Territorium werden die Nektar- und/oder Pollenquellen der ♀♀ gewählt (Green 1921, Haas 1960, U. Müller 1987, Pechuman 1967, Perkins 1928, Plateau 1899, Schmoll 1988, Severinghaus et al. 1981, Sitowski 1947, Ward 1928).

Kuckucksbienen: Vermutlich *Stelis punctulatissima.*

Phänologie: In Mitteleuropa univoltin, in heißen und langen Sommern schlüpfen aus den Frühsommer-Nestern im Spätsommer einzelne Tiere, die aber kaum noch eine erfolgreiche Brut erzeugen dürften (♂♂ 19. 6.–23. 9.; ♀♀ 19. 6.–11. 10.). Überwinterung als Ruhelarve im Kokon.

Bestandessituation: Die Art ist nach wie vor besonders in Dörfern und Städten häufig, wo sie durch die Kultur von Woll-Ziest und anderen Lippenblütlern, sowie von Fingerhut und Schmetterlingsblütlern gefördert wird. In Baden-Württemberg ist sie nicht gefährdet.

Anthidium montanum

Morawitz 1864

Verbreitung: Alpen (bis 2950 m), Pyrenäen, Erzgebirge (DDR), Nordkarpaten, Schwarzwald (Ducke 1898, 1900b, Warncke 1980b, Westrich 1983a). – In der Bundesrepublik Deutschand außerhalb der Alpen nur sehr vereinzelte Funde: München (Friese 1926); Kirchenlamitz im Fichtelgebirge (Bleyl, briefl. Mitt. 1986). In Baden-Württemberg nur im Hochschwarzwald. Funddaten: MU30 Hinterzarten 3♂♂ 11. 6. 1928 (MNF); 1♂, 4♀♀ 15. 6. 1929 (MNF); 8♀♀ 27. 7. 1929 (MNF) (Westrich 1983a); Bärental 1♀ 8. 8. 1988 (Z).

Nistweise: Nistet in vorhandenen Höhlungen im Gestein oder im Boden. Als Nestbaumaterial wurde im Alpengebiet die Wollbehaarung von Edelweiß *(Leontopodium alpinum)* und Spinnwebiger Hauswurz *(Sempervivum arachnoideum)* bekannt. Auch andere behaarte Pflanzen dürften als

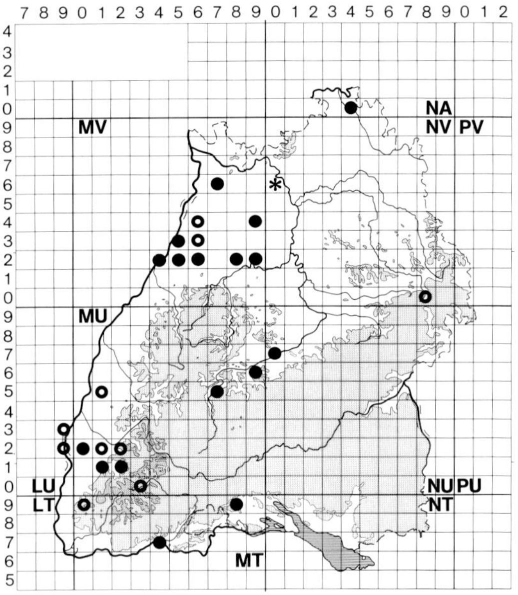

Anthidium oblongatum

Baustofflieferanten genutzt werden. (Amiet mündl. Mitt., Dalla Torre 1896b, Friese 1911, 1926).
Blütenbesuch: Vermutlich oligolektisch, da bisher nur Fabaceae (Schmetterlingsblütler) als Pollenquellen belegt sind: Gewöhnlicher Hornklee *(Lotus corniculatus)* wird deutlich bevorzugt. Mir lagen Pollenladungen vor, die ausschließlich Pollen von *Lotus* enthielten, aber auch Mischladungen aus Pollen von zwei Fabaceen, z.B. *Lotus/Trifolium*.
Kuckucksbienen: Unbekannt.
Phänologie: Univoltin. Flugzeit von Mitte Juni bis Anfang August.
Bestandessituation: Erfreulicherweise wurde die Art 1988 nach fast 60 Jahren im Hochschwarzwald wieder aufgefunden. Wie sie in diesem Naturraum langfristig zu erhalten ist, muß in den kommenden Jahren erst näher untersucht werden.
RL: Vom Aussterben bedroht (1).

Anthidium oblongatum

(Illiger 1806)

Verbreitung: Südliches und gemäßigtes Europa, nordwärts bis 52° n.Br. In den Alpen bis 1500 m. – In der Bundesrepublik Deutschland nordwärts bis zum Mittelgebirgsrand. – In Baden-Württemberg weit verbreitet: Oberrheinebene, Kaiserstuhl, Schwarzwaldvorberge, Kraichgau, Taubergebiet, Neckarbecken, Schönbuch, Wutachgebiet und Hegau. Vorwiegend in Lagen unter 500 m, nur vereinzelt auch bis ca. 800 m. Material: 82♂♂,59♀♀.
Lebensraum: Wärmeliebende Art, die ihren Siedlungsschwerpunkt in trockenwarmen Lebensräumen hat: Magerrasen, alte Weinbergbrachen, extensiv genutzte, mit blütenreichen Trockenmauern und Ruderalstellen durchsetzte Weinberge, Binnendünen, Abwitterungshalden und Felshänge, steinige und nur schütter bewachsene Straßenböschungen, Bahndämme, Hochwasserdämme; bisweilen auch im Siedlungsbereich auf Brachen und in blumenreichen (Stein)Gärten. Oft liegt der Nistplatz weit entfernt von den Orten, an denen Pollen oder Baumaterial gesammelt wird.
Nistweise: Nistet in vorhandenen Hohlräumen unterschiedlicher Form und Größe: in Erdritzen, in Mauerfugen und Felsspalten sowie zwischen Geröll oder aufeinanderliegenden Steinen, möglicherweise auch in hohlen Stengeln von Disteln und Doldengewächsen. Das Nest besteht aus bis zu 8 Brutzellen. Als Baumaterial dienen abgeschabte Pflanzenhaare v.a. von folgenden Pflanzen: Deutscher Ziest *(Stachys germanica)*, Woll-Ziest *(Stachys byzantina)*, Königskerzen *(Verbascum)*, Sand-Strohblume *(Helichrysum)*, Kugeldistel *(Echinops ritro)*. (Dalla Torre 1902, Friese 1911, Maneval 1929, 1937, Molitor 1936, Xambeu 1869).
Blütenbesuch: Polylektische Art (3 Pflanzenfamilien). Pollenquellen: Crassulaceae: Felsen-Fetthenne *(Sedum reflexum)*, Kaukasus-Fetthenne *(Sedum spurium)*, Weiße Fetthenne *(Sedum album)*, Scharfer Mauerpfeffer *(Sedum acre)*, Spinnweb-Hauswurz *(Sempervivum arachnoideum)*; Fabaceae: Gewöhnlicher Hornklee *(Lotus corniculatus)*, Futter-Esparsette *(Onobrychis viciifolia)*, Weißer Steinklee *(Melilotus alba)*, Echter Steinklee *(Melilotus officinalis)*; Resedaceae: Wilde Resede *(Reseda lutea)*, Färber-Resede *(Reseda luteola)*. Hauptpollenquellen sind *Lotus corniculatus*, *Onobrychis viciifolia* und *Sedum reflexum*. – Die ♂♂ zeigen ein interspezifisches Territorialverhalten. Als Territorium wird oft *Sedum reflexum* gewählt.
Kuckucksbienen: Unbekannt.
Phänologie: Univoltin. Flugzeit von Mitte Juni bis Mitte August. (♂♂ 25. 5.–20. 8.; ♀♀ 25. 5.–7. 9.). Überwinterung als Ruhelarve im Kokon.
Bestandessituation: Die meist einzeln und nur stellenweise auch in individuenreicheren Beständen vorkommende Art wurde seit 1975 noch in verschiedenen Landesteilen aufgefunden. Da sie schwerpunktmäßig trockenwarme Lebensraum-Komplexe besiedelt, wo gleichzeitig die Pollenquellen wie die Baustofflieferanten vorhanden sein müssen, halte ich sie für gefährdet. Sie kommt im

Anthidium oblongatum ♂

Anthidium oblongatum ♀

Weinbauklima zwar vereinzelt auch im lückig bebauten Siedlungsbereich vor, doch ist hier nicht ganz klar, ob es sich um Überbleibsel von Populationen handelt, die hier vor der Bebauung bereits existierten, oder ob eine Neubesiedlung stattgefunden hat.
RL: Gefährdet (3).

Anthidium punctatum
Latreille 1809

Verbreitung: Höhere Lagen Südeuropas, Mitteleuropa, südliche Teile Nordeuropas (bis 63° n. Br.). In den Alpen bis 1800 m. – In der Bundesrepublik Deutschland heute wahrscheinlich nur südlich des Mittelgebirgsrandes, nur eine ältere Angabe aus dem Norden (Kiel) (WAGNER 1938a). JØRGENSEN (1921) meldet die Art auch aus Dänemark. – In Baden-Württemberg annähernd wie *A. oblongatum* verbreitet, mit der sie oft syntop vorkommt; meist ebenfalls in Lagen unter 500 m, im Schwarzwald und auf der Schwäbischen Alb vereinzelt bis ca. 800 m. Material: 74♂♂, 51♀♀.
Lebensraum: Bevorzugt wie *A. oblongatum* trockenwarme Lebensräume: Magerrasen, Abwitterungshalden, extensiv beweidete oder brachgefallene Wacholderheiden, Weinbergbrachen, Lehmgruben, vereinzelt im Siedlungsbereich auf Ruderalflächen oder in (Stein)Gärten; regelmäßig auch auf dem sonnigen Balkon des Verfassers.
Nistweise: Nistet vorwiegend (ausschließlich?) in Erdritzen, zwischen aufeinanderliegenden Steinen oder in Geröll. Das Nest besteht aus 1–4 hintereinanderliegenden Brutzellen. Als Baumaterial dienen abgeschabte Pflanzenhaare von Königskerzen *(Verbascum)*, Eselsdistel *(Onopordum)*, Sand-Strohblume *(Helichrysum)*, Katzenpfötchen *(Antennaria dioica)*. Der Zugang zum Nest wird mit einem Pfropf aus Pflanzenhaaren, Steinchen, Erdbröckchen und Moospartikeln verschlossen. (BELLMANN 1981, FRIESE 1923, MÜLLER 1931a, NIELSEN 1934).
Blütenbesuch: Polylektische Art (3 Pflanzenfamilien). Pollenquellen: Crassulaceae: Felsen-Fetthenne *(Sedum reflexum)*; Fabaceae: Gewöhnlicher Hornklee *(Lotus corniculatus)*, Weißer Steinklee *(Melilotus alba)*, Weißklee *(Trifolium repens)*, Luzerne *(Medicago sativa)*, Dornige Hauhechel *(Ononis spinosa)*; Resedaceae: Wilde Resede *(Reseda lutea)*, Färber-Resede *(Reseda luteola)*. Hauptpollenquellen sind *Lotus corniculatus* und *Reseda lutea* bzw. *R. luteola*. – Der größte Teil der untersuchten Pollenladungen enthielt nur Pollen

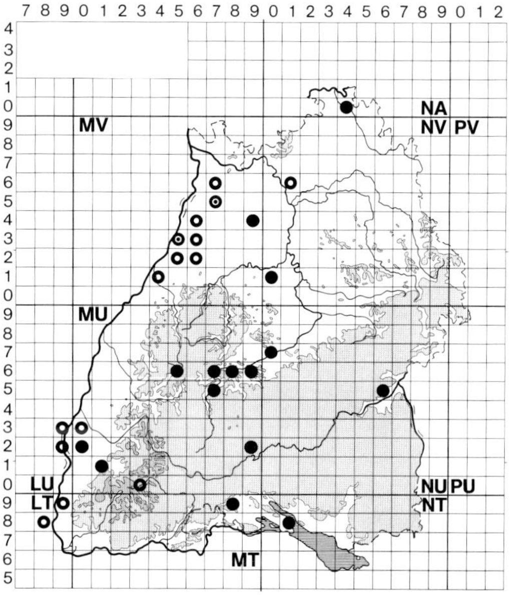

Anthidium punctatum

einer Pflanzenart, einige waren Mischladungen aus Pollen von 2 Arten der gleichen Familie (Fabaceae) oder von 2 Familien (Fabaceae, Crassulaceae). Die ♂♂ zeigen ein interspezifisches Territorialverhalten. Als Territorium werden potentielle Nektar/Pollenquellen der ♀♀ gewählt.
Kuckucksbienen: Unbekannt.
Phänologie: Univoltin. Flugzeit von Anfang Juni bis Anfang August (♂♂ 21. 5.–18. 8.; ♀♀ 21. 5.–11. 8.). Überwinterung als Ruhelarve im Kokon.
Bestandessituation: Die Art wurde seit 1975 etwa gleich oft wie *A. oblongatum* nachgewiesen. Da sich die ökologischen Ansprüche der beiden Arten sehr ähneln, ist auch *A. punctatum* als gefährdet zu betrachten, auch wenn diese Wollbiene gelegentlich im Siedlungsbereich auftritt.
RL: Gefährdet (3).

Anthidium septemspinosum
Lepeletier 1841

Verbreitung: Von Nordost-Spanien quer durch Europa bis zum Süd-Ural (WARNCKE 1980b). – In der Bundesrepublik nur in Baden-Württemberg nachgewiesen, dort zuletzt im Jahre 1928. Funddaten: MU13 Emmendingen 2♂♂ 27. 8. 1923 (MNF) (STROHM 1924). MU22 Waldkirch 1♂ August 1922 (LNK) (LEININGER 1924). MV64 Graben 1♂ 11. 7.

Anthidium punctatum, Weibchen an *Stachys byzantina*.

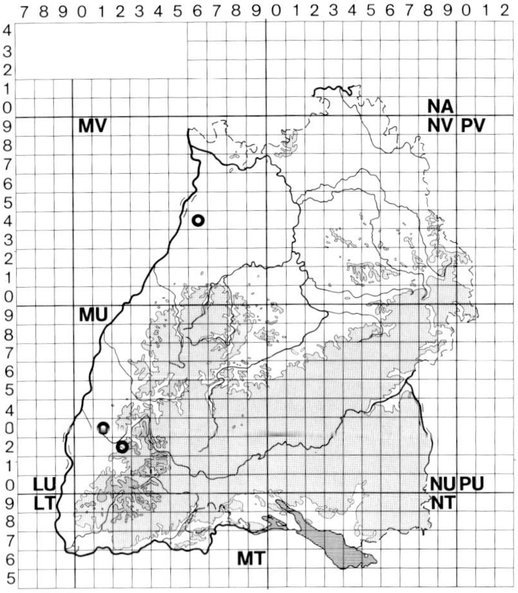

Anthidium septemspinosum

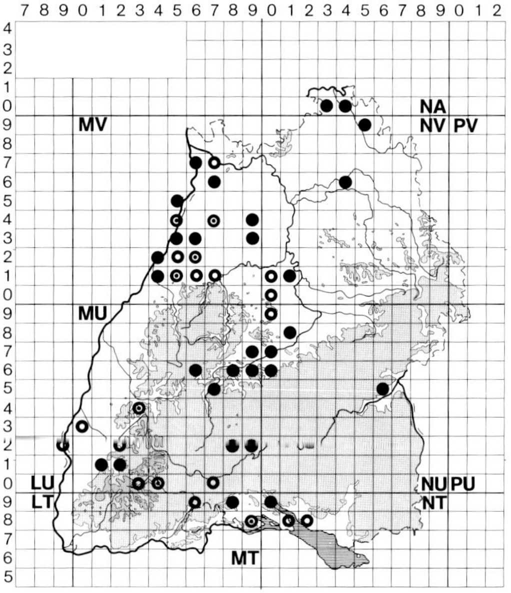

Anthidium strigatum

1928 (NK). Die Angabe »Heidelberg« (FRIESE 1895) war nicht überprüfbar.

Bemerkungen: Nähere Angaben über Biologie und Ökologie dieser auffälligen und in Baden-Württemberg höchstwahrscheinlich ausgestorbenen Art liegen mir nicht vor.

RL: Ausgestorben oder verschollen (0).

Anthidium strigatum
(Panzer 1805)

Verbreitung: Die Nominatform im gemäßigten Europa und nordwärts bis Finnland (63° n. Br.), ostwärts über den Ural hinaus (WARNCKE 1980b). In den Alpen bis 2000 m. – In der Bundesrepublik Deutschland keine Verbreitungsgrenze, auch im Norden (vgl. RIEMANN 1985). – In Baden-Württemberg weit verbreitet, von der Ebene bis in die höheren Lagen der Mittelgebirge. Vor allem in der nördlichen Landeshälfte (Kocher-Jagst-Gebiet, Tauberland) dürfte die Art noch wesentlich weiter verbreitet sein, als aus der Karte ersichtlich. Material: 75♂♂,45♀♀.

Lebensraum: Felshänge und Abwitterungshalden, sonnige Waldränder, Waldlichtungen, Magerrasen, alte Weinbergbrachen, Sand- und Kiesgruben, stillgelegte Steinbrüche. Nester fast stets in Bodennähe an Baumstämmen, Findlingen, Grenzsteinen, dürren Stengeln, Zweigen von Zwergsträuchern. In der Umgebung des Nistplatzes müssen außer geeigneten Pollenquellen auch Nadelhölzer (Baumaterial) wachsen.

Nistweise: Die Nester sind Freibauten aus bis zu 13 tropfenförmigen Brutzellen, die zu kleinen Gruppen vereinigt sind. Baumaterial ist Harz, im Gebiet bevorzugt Kiefernharz, gelegentlich auch Harz anderer Nadelhölzer. (BELLMANN 1977, 1981, BISCHOFF 1927, FERTON 1901, FRIESE 1915, 1923, KIRSCHBAUM 1871, MARIKOVSKAYA 1972, MÜLLER 1918, 1931a, PASTEELS 1977, PÉREZ 1889, SCHLECHTENDAL 1872, SCHOLZ 1913).

Blütenbesuch: Polylektische Art (5 Pflanzenfamilien), die *Lotus* deutlich bevorzugt. Pollenquellen: Campanulaceae: Berg-Sandrapunzel *(Jasione montana)*; Cistaceae: Gewöhnliches Sonnenröschen *(Helianthemum nummularium)*; Crassulaceae: Felsen-Fetthenne *(Sedum reflexum)*, Spinnweb-Hauswurz *(Sempervivum arachnoideum)*; Fabaceae: Gewöhnlicher Hornklee *(Lotus corniculatus)*, Luzerne *(Medicago sativa)*, Weißklee *(Trifolium repens)*; Rosaceae: Kriechendes Fingerkraut *(Potentilla reptans)*. Hauptpollenquelle ist *Lotus corniculatus*. – Die Pollenladungen sind meist Mischladungen und enthalten überwiegend Pollen von 2 Pflanzenarten, mitunter aus 2 Pflanzenfamilien, vereinzelt auch von 4 Arten aus 4 Pflanzenfamilien.

Kuckucksbienen: *Stelis signata.*

Phänologie: Univoltin. Flugzeit von Mitte Juni bis

Anthidium strigatum, Weibchen an *Lotus corniculatus*.

Mitte August (♂♂ 3. 6.–9. 8.; ♀♀ 3. 6.–15. 9.). Überwinterung als Ruhelarve im Kokon.

Bestandessituation: Die nach wie vor in den meisten Landesteilen regelmäßig anzutreffende Art ist in Baden-Württemberg noch nicht gefährdet, da auch die zur Brutversorgung benötigten Requisiten im Gebiet noch ausreichend vorhanden sind.

Bemerkungen: Die Art zeigt eine große geographische und individuelle Variabilität (vgl. ALFKEN 1936).

Anthophora Latreille 1803

Während die Großgattung *Anthophora* (= *Podalirius* Latreille) von manchen Autoren in mehrere Gattungen aufgespalten wird, folge ich hier der traditionellen Auffassung und führe *Amegilla* Friese, *Clisodon* Patton und *Heliophila* Klug nur als Untergattungen von *Anthophora*. (In der deutschen Fauna gehört zur Untergattung *Amegilla A. quadrifasciata*, zu *Clisodon A. furcata* und zu *Heliophila A. bimaculata*.) Die Gattung *Anthophora* ist mit zahlreichen Arten in der Alten und Neuen Welt vertreten. Sie ist besonders häufig im Mittelmeerraum und in vergleichbaren trockenwarmen, gemäßigten paläarktischen Zonen, ist aber auch in Afrika, Indien, Ostasien, Australien und Nordamerika verbreitet und erreicht sogar das südliche Südamerika (MICHENER 1979). In der Bundesrepublik Deutschland gibt es 13 Arten.

Viele *Anthophora*-Arten erinnern in ihrem Aussehen an Hummeln, da sie oft sehr stark und pelzartig (Name!) behaart sind (u.a. *A. acervorum*). Andere haben auf den Hinterleibssegmenten auffällige, meist leuchtend weiße Haarbinden (*A. quadrifasciata*). Ihr oft schnauzenartiges Gesicht ist bei vielen Arten gelb oder weiß gezeichnet. Bei einigen stark behaarten Arten variiert das Haarkleid innerhalb ein und derselben Art von hell gelbbraun bis dunkelbraun oder schwarz. (In ein und derselben Population von *A. plagiata* z.B. finden sich rostbraune wie aschgraue Formen.) Der Rüssel der Pelzbienen kann eine Länge von 21–22 mm erreichen. Stark ausgeprägt ist der Geschlechtsdimorphismus, der sich zunächst in einer unterschiedlichen Farbe des Haarkleides bemerkbar macht. Die Männchen haben außerdem meist gelb oder weiß gefärbte Gesichter, ihre Tibien und Tarsen sind oft extrem lang oder pinselartig bewimpert. An Femur und Tibia finden wir sonderbare Krümmungen und Verdickungen. Auch die Begattungsorgane (Genitalien) der Männchen sind kompliziert gebaut und hervorragende Merkmale für die Bestimmung. Bei den Weibchen ist die Farbe der Schienenbürste (Scopa) ein wichtiges Bestimmungsmerkmal. Innerhalb der Gattung schwankt die Größe bei den heimischen Arten von 8–18 mm. Mit einiger Übung kann man einen Teil der heimischen Arten auch im Gelände erkennen. Zur Bestimmung ist man nach wie vor auf die Tabelle in SCHMIEDEKNECHT (1930:780ff) angewiesen, da es für die mitteleuropäische Fauna keinen neueren und mit Illustrationen versehenen Schlüssel gibt.

Anthophora acervorum

(Linnaeus 1758)

Syn.: *A. pilipes* (Fabricius 1775) (vgl. DAY 1979, WESTRICH 1984a).

Verbreitung: Ganz Europa. – In der Bundesrepublik Deutschland keine Verbreitungsgrenze. – In Baden-Württemberg weit verbreitet, vor allem in Lagen unter 500 m, aber auch bis 800 m. Die Art kommt sicherlich in allen Landesteilen vor. Material: 228♂♂, 134♀♀.

Lebensraum: Das Vorkommen der Art wird weitgehend durch das Angebot an geeigneten Nistplätzen bestimmt. Daher vor allem an steilwandigen Flußufern, in Sand-, Kies- und Lehmgruben, in Weinbergen, die mit Trockenmauern oder Lößwänden durchsetzt sind, sowie in Dörfern und Städten (syn-

Anthophora acervorum ♂

Anthophora acervorum ♀

Anthophora acervorum, Kopf des Männchens frontal.

anthrope Art). Nistplätze sind Steilwände undAbbruchkanten (Sand, Löß, Lehm), Trockenmauern und unverputzte Wände von alten Häusern, Scheunen und Ställen, deren Fugen mit Kalkmörtel oder Lehm verfugt sind. Gelegentlich werden die Nester auch im Innern von Gebäuden (z.B. in offenen Schuppen) angelegt. Nistplatz und Nahrungsraum sind stets räumlich getrennt und liegen bisweilen 100 m und mehr auseinander.

Nistweise: Nistet in selbstgegrabenen Hohlräumen in der Erde, unter günstigen Umständen in größeren Aggregationen (Ansammlungen von 150 und mehr Nestern). Die Brutzellen liegen meist nur 3–5 cm, maximal 10 cm tief. Oft liegen 2–3 sich verzweigende Gänge hinter dem Nesteingang. Die Anordnung der länglich-eiförmigen Brutzellen ist linear oder unregelmäßig. Die Auskleidung der Innenwände mit einem Sekret ergibt eine wachsartige Beschichtung. Der Nahrungsbrei besteht aus zwei Komponenten, die sich mehr oder weniger miteinander mischen. Der untere, breiartige Teil besteht vorwiegend aus Pollen, dem eine gewisse Menge Nektar beigemengt ist. Darüber befindet sich der flüssige Bestandteil, der nur kleine Mengen Pollen enthält, so daß das Ei und später die junge Larve zunächst auf einem dünnflüssigen Futter schwimmen. (FABRE 1879–1886, GRANDI 1961, GROZDANIĆ & VASIĆ 1965a, JOHNSON 1913, KEMPER & DÖHRING 1967:167, LITH 1947, MALYSHEV 1925d, 1928, NIELSEN 1902, ULLRICH 1978, VERHOEFF 1892a).

Blütenbesuch: Ausgesprochen polylektische Art (10 Pflanzenfamilien). Pollenquellen: Berberidaceae: Sockenblume *(Epimedium pinnatum)*; Boraginaceae: Gewöhnliches Lungenkraut *(Pulmonaria officinalis)*, Gewöhnliche Ochsenzunge *(Anchusa officinalis)*; Fabaceae: Weißklee *(Trifolium repens)*; Iridaceae: Schwertlilie *(Iris)*; Lamiaceae: Gundelrebe *(Glechoma hederacea)*, Gefleckte Taubnessel *(Lamium maculatum)*, Weiße Taubnessel *(Lamium album)*, Rote Taubnessel *(Lamium purpureum)*, Kriechender Günsel *(Ajuga reptans)*; Liliaceae: Tulpe *(Tulipa tarda)*; Papaveraceae: Fester Lerchensporn *(Corydalis solida)*; Primulaceae: Teppich-Primel *(Primula juliae)*; Rosaceae: Apfel *(Malus domestica)*, Birne *(Pyrus communis)*; Scrophulariaceae: Gamander-Ehrenpreis *(Veronica chamaedrys)*. – Als Nektarquellen kommen für beide Geschlechter außer den genannten Pflanzen noch zahlreiche weitere Arten in Frage. Die ♂♂ patrouillieren im Siedlungsbereich bevorzugt um Blaukissen *(Aubrieta deltoidea)*.

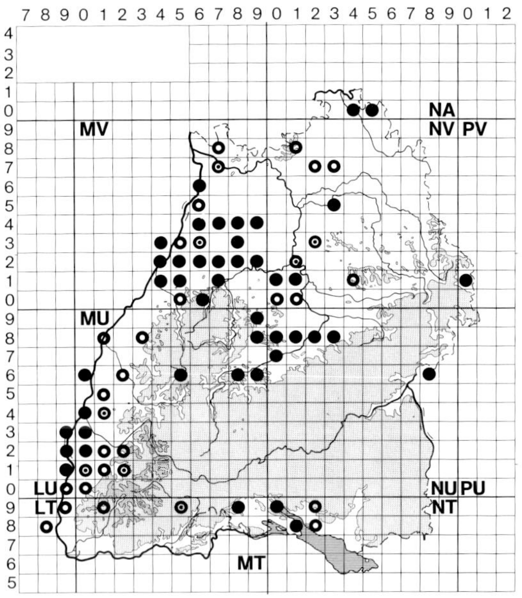

Anthophora acervorum

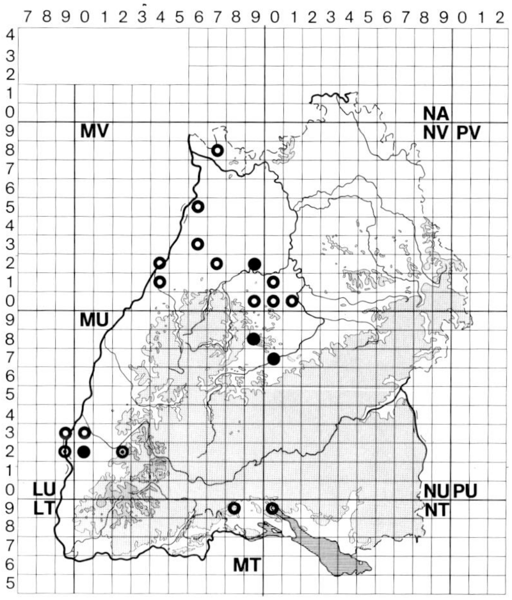

Anthophora aestivalis

Kuckucksbienen: *Melecta punctata.*
Phänologie: Univoltin. Flugzeit von Anfang April bis Anfang Juni (♂♂ 5. 3.–27. 5.; ♀♀ 1. 4.–13. 6.). Die ♂♂ zeigen eine ausgeprägte Proterandrie: sie erscheinen rund 3 Wochen vor den ♀♀. Die Hauptnistaktivität der ♀♀ fällt in die Zeit von Mitte April bis Ende Mai. Überwinterung in der Brutzelle als Imago.
Bestandessituation: Die Art ist nach wie vor im ganzen Land anzutreffen und die häufigste Pelzbiene. Durch den Abbruch alter Gebäude, durch neue Bauweisen sowie die Beseitigung von Trockenmauern und Steilwänden erleidet sie allerdings immer wieder Verluste. Im Hausgarten läßt sie sich in Lehmkästen ansiedeln. Außerhalb des Siedlungsbereichs ist die Sicherung alter Abbaustellen für Zwecke des Naturschutzes die wichtigste Schutzmaßnahme. In den Gruben sind sonnenexponierte Steilwände zu erhalten und zu schaffen.
Bemerkungen: Die variable Art tritt bisweilen innerhalb ein und derselben Population in mehreren Färbungen auf, die sogar mit eigenen Namen belegt wurden.

Anthophora aestivalis

(Panzer 1801)

Verbreitung: Süd- und Mitteleuropa. – In der Bundesrepublik Deutschland keine Verbreitungsgrenze. – In Baden-Württemberg nur zerstreute Nachweise, durchweg in Lagen unter 500 m, nur am Hohentwiel und am westlichen Bodensee bis ca. 600 m. Funddaten seit 1975: MU02 Vogtsburg 1♀ 30. 5. 1978 (W); 1♀ 6. 6. 1986 (beob.). MU98 Breitenholz 1♂,1♀ 4. 6. 1983 (W). MV92 Schützingen 1♀ 1. 6. 1984 (W). NU07 Tübingen, Spitzberg 3♂♂ 23.–27. 5. 1986 (W); 1♂,2♀♀ 5.1987 (beob.). Material: 76♂♂,98♀♀.
Lebensraum: Sand- und Lehmgruben, von Lößwänden oder Trockenmauern durchzogene Weinberge, Weinbergbrachen und Feldfluren, südexponierte Waldränder mit Abbruchkanten. Als Nistplätze dienen fast ausschließlich Steilwände und Abbruchkanten (Sand, Löß, Lehm) sowie lehmverfugtes Gemäuer.
Nistweise: Nistet in selbstgegrabenen Hohlräumen in der Erde, bisweilen in kleineren Aggregationen.
Blütenbesuch: Polylektische Art (3 Pflanzenfamilien). Pollenquellen: Cistaceae: Gewöhnliches Sonnenröschen *(Helianthemum nummularium)*; Fabaceae: Futter-Esparsette *(Onobrychis viciifolia)*, Roter Wiesenklee *(Trifolium pratense)*, Gewöhnlicher Wundklee *(Anthyllis vulneraria)*, Esparsetten-Tragant *(Astragalus onobrychis)*; Lamiaceae: Weiße Taubnessel *(Lamium album)*, Rote Taubnessel *(Lamium purpureum)*, Kriechender Günsel *(Ajuga reptans)*, Gundelrebe *(Glechoma hederacea)*, Wiesen-Salbei *(Salvia pratensis)*.
Kuckucksbienen: *Melecta luctuosa.*

Anthophora aestivalis ♂

Anthophora aestivalis ♀

Anthophora bimaculata ♀

Phänologie: Univoltin. Flugzeit von Mitte Mai bis Mitte Juni (♂♂ 13. 5.–4. 6.; ♀♀ 15. 5.–13. 6.).
Bestandessituation: Die schon in früheren Jahrzehnten aufgrund des Sammlungsmaterials recht seltene Art zeigt in den letzten zwanzig Jahren einen deutlichen Rückgang. Ursache ist vor allem der Verlust an Nistplätzen in der offenen Landschaft. Die derzeit größte mir bekannte Population befindet sich im zentralen Kaiserstuhl, an den anderen aktuellen Fundorten sind die Bestände sehr individuenarm. Neue Funde liegen nur aus einem Naturschutzgebiet vor. Wichtigste Schutzmaßnahme ist die Erhaltung und Neuschaffung von vertikalen Strukturen in Verbindung mit blütenreicher Vegetation in niederen Lagen.
RL: Gefährdet (3).

Anthophora bimaculata
(Panzer 1798)

Verbreitung: Süd- und Mitteleuropa. – In der Bundesrepublik Deutschland keine Verbreitungsgrenze, auch im Norden (Haeseler 1973, Höppner 1903b, Wagner 1938a). – In Baden-Württemberg liegt der Verbreitungsschwerpunkt in der nördlichen Oberrheinebene zwischen Rastatt und Sandhausen. Außerhalb dieses Gebietes wurde die Art nur an zwei weiteren Stellen in der südlichen Oberrheinebene und im Illertal nachgewiesen. Funddaten ab 1960: MV30 Rastatt 1♀ 21. 8. 1986 (D). MV41 Durmersheim 1♀ 9. 8. 1986 (D); 1♀ 21. 8. 1987 (D). MV51 Malsch 1♀ 13. 8. 1987 (D). MV53 Karlsruhe, Nordweststadt 1♂ 6. 7. 1979 (S). MV54 Linkenheim-Hochstetten 1♂ 7. 7. 1982 (W). MV65 Wiesental 1♂ 1. 7. 1981 (Kunz). MV66 Hockenheim 1♀ 28. 7. 1964 (G). MV76 Sandhausen 1♂ 28. 7. 1964 (G). Material: 23♂♂,21♀♀.
Lebensraum: Ausschließlich in Sandgebieten in niederen Lagen: Binnendünen und Flugsandfelder, Sandgruben, sandige Bahndämme und Ruderalstellen, Waldränder und Waldlichtungen. Nester auf vegetationsfreien, ebenen Flächen oder in kleinen Abbruchkanten. Nistet ausschließlich in Fein- und Mittelsanden (Flugsand, Verwitterungssand).
Nistweise: Nistet in selbstgegrabenen Hohlräumen in der Erde. Ein Hauptgang reicht 4–5 cm tief in den Boden. Ob an seinem Ende eine oder mehrere Brutzellen angelegt werden, bedarf noch der Klärung. (Grandi 1929, 1961, Malyshev 1925d).
Blütenbesuch: Polylektische Art (8 Pflanzenfamilien) (vgl. Westrich & Schmidt 1987). Pollenquel-

Anthophora bimaculata ♂

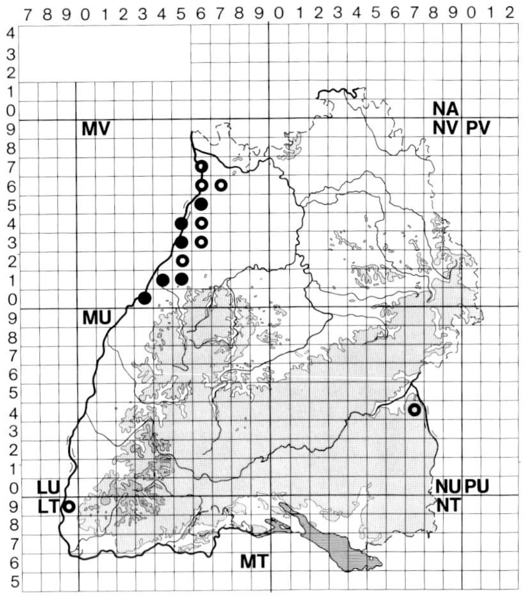

Anthophora bimaculata

len: Asteraceae: Skabiosen-Flockenblume *(Centaurea scabiosa)*, Rispen-Flockenblume *(Centaurea paniculata)*, Gewöhnliche Kratzdistel *(Cirsium vulgare)*, Gewöhnliches Bitterkraut *(Picris hieracioides)*, Gewöhnliches Ferkelkraut *(Hypochoeris radicata)*; Boraginaceae: Gewöhnlicher Natterkopf *(Echium vulgare)*, Gewöhnliche Ochsenzunge *(Anchusa officinalis)*; Campanulaceae: Berg-Sandrapunzel *(Jasione montana)*; Fabaceae: Hasen-Klee *(Trifolium arvense)*; Hypericaceae: Tüpfel-Hartheu *(Hypericum perforatum)*; Lamiaceae: Lauch-Gamander *(Teucrium scorodonia)*; Lythraceae: Blutweiderich *(Lythrum salicaria)*; Rosaceae: Sand-Fingerkraut *(Potentilla arenaria)*. – Außer *Hypericum* dienen alle genannten Pflanzenarten beiden Geschlechtern auch als Nektarquellen. Die ♀♀ verhalten sich ausgesprochen wenig blütenstet. In der Regel lassen sich in den Pollenladungen 3 oder 4 verschiedene Pollensorten nachweisen. Auch die Feldbeobachtungen ergaben, daß sich auf einem Pollensammelflug die Blütenbesuche je nach Angebot willkürlich aneinanderreihen.

Kuckucksbienen: *Ammobates punctatus.*

Phänologie: Univoltin. Flugzeit von Anfang Juli bis Ende August (♂♂ 23. 6.–5. 8.; ♀♀ 4. 7.–5. 9.). Überwinterung als Ruhelarve.

Bestandessituation: Die durch ihre Bindung an Sandboden auch in früherer Zeit nur regional verbreitete und heute sehr seltene Art wurde seit 1975 nur noch an wenigen Stellen in der nördlichen Oberrheinebene in sehr kleinen Populationen festgestellt. Ein Teil der jüngsten Fundorte ist zwischenzeitlich durch Abgrabungen und Aufforstungen bereits wieder zerstört. Somit ist die Art in ihrem Bestand hochgradig gefährdet. Nur durch einen konsequenten Schutz offener Sandbiotope mit einem entsprechenden Blütenangebot im Hochsommer (Ruderalstellen) hat die Art in Baden-Württemberg noch eine Chance der Erhaltung. Sie ist derzeit aus keinem einzigen Naturschutzgebiet bekannt.

RL: Vom Aussterben bedroht (1).

Anthophora borealis

Morawitz 1864

Verbreitung: Noch ungenügend bekannt. Österreich, DDR: Südmecklenburg, Sachsen (Alfken 1913a, Blüthgen 1919a, Tiede 1917). – In der Bundesrepublik Deutschland liegen Meldungen vor von Bremen (Alfken 1913), Hamburg (Wagner 1920), Hannover (Gehrs 1910) und Erlangen (Stoeckhert 1954). – In Baden-Württemberg bisher nicht nachgewiesen, aber zu erwarten.

Lebensraum: Beobachtet wurde die Art an Waldrändern (lichter Kiefernwald) und auf Kahlschlägen, wo die ♀♀ in kleineren Aggregationen (Ansammlungen von bis zu 12 Nestern) an sonnigen, unbewachsenen Stellen im Sandboden nisteten. Auch in alten Lehmgruben.

Nistweise: Nistet in selbstgegrabenen Gängen im Boden. (Stoeckhert 1954, Tiede 1917).

Blütenbesuch: Vermutlich polylektische Art, von der folgende Pollenquellen belegt sind: Fabaceae: Roter Wiesenklee *(Trifolium pratense)*; Lamiaceae: Lauch-Gamander *(Teucrium scorodonia)*, Wald-Ziest *(Stachys sylvatica)*, Sumpf-Ziest *(Stachys palustris)*.

Kuckucksbienen: *Thyreus orbatus.*

Phänologie: Univoltin. Flugzeit von Mitte Juni bis Anfang August.

Anthophora crassipes

Lepeletier 1841

Syn.: *A. denticrus* Morawitz 1872.

Verbreitung: Südeuropa, nur vereinzelt in Mitteleuropa. – In der Bundesrepublik Deutschland nur von wenigen Fundorten in Rheinland-Pfalz (Rotenfels bei Bad Kreuznach) (Morawitz 1872, Schmidt & Westrich 1985) und Baden-Württemberg bekannt. – In Baden-Württemberg nur drei

durch Belegtiere zweifelsfreie Nachweise im Kaiserstuhl und in der südlichen Schwarzwaldvorbergzone. Funddaten: LU92 Achkarren 1♂ 31. 8. 1922 (MNF) (STROHM 1924, 1933); Hochbuck 1♂ 5. 8. 1938 (MNF). MU22 Waldkirch 1♂ 8.1922 (NK). Die Angabe von BALLES (1925) und zusätzliche Meldungen durch STROHM (1924) waren nicht überprüfbar.
Lebensraum: In Südwestdeutschland wurde die Art bisher nur auf trockenwarmen Hängen beobachtet.
Nistweise: Unbekannt. Vermutlich in der Erde.
Blütenbesuch: Polylektische Art (3 Pflanzenfamilien). Pollenquellen: Boraginaceae: Gewöhnlicher Natterkopf *(Echium vulgare)*; Cistaceae: Gewöhnliches Sonnenröschen *(Helianthemum nummularium)*; Lamiaceae: Schwarznessel *(Ballota nigra)*, Lauch-Gamander *(Teucrium scorodonia)*.
Kuckucksbienen: Unbekannt.
Phänologie: Univoltin. Flugzeit von Ende Juni bis Mitte August.
Bestandessituation: Die zuletzt im Jahre 1938 nachgewiesene Art ist in Baden-Württemberg verschollen. Da sie im vergangenen Jahrzehnt noch in Rheinland-Pfalz gefunden wurde, ist es nicht völlig ausgeschlossen, daß diese im Bundesgebiet extrem seltene mediterrane Pelzbiene auch in Baden-Württemberg noch vorkommt.
RL: Ausgestorben oder verschollen (0).

Anthophora crinipes
Smith 1854

Verbreitung: Südeuropa, vereinzelt in Mitteleuropa. – Während die Art in der DDR nach einer Angabe von QUELLE (1935) im Jahre 1935 (1♂) bei Berlin aufgefunden wurde, ist sie in der Bundesrepublik Deutschland bisher nur zweimal in Bayern nachgewiesen worden: BLÜTHGEN (1949) meldet 1♂ von Bad Kreuth mit der Bemerkung, daß es sich um ein eingeschlepptes Tier handelt dürfte. In coll. van der Zanden befindet sich 1♀, das Grünwaldt bei Markt Schwaben am 18. 4. 1946 gefangen hatte. – In Baden-Württemberg ist die Art nicht zu erwarten.
Lebensraum: Im südlichen Mitteleuropa und in Südeuropa oft im Siedlungsbereich. Nester in Steilwänden, in Lehmritzen zwischen Ziegeln von Gemäuer, aber auch in ebenen Flächen. Nestansammlungen fanden sich auf einer Backofenkuppel, wo die ♀♀ in den Lehmfugen zwischen den Ziegeln nisteten und in einem mit Stroh armierten, lehmigen Fußboden einer Dorfscheune.
Nistweise: Nistet in selbstgegrabenen Hohlräumen

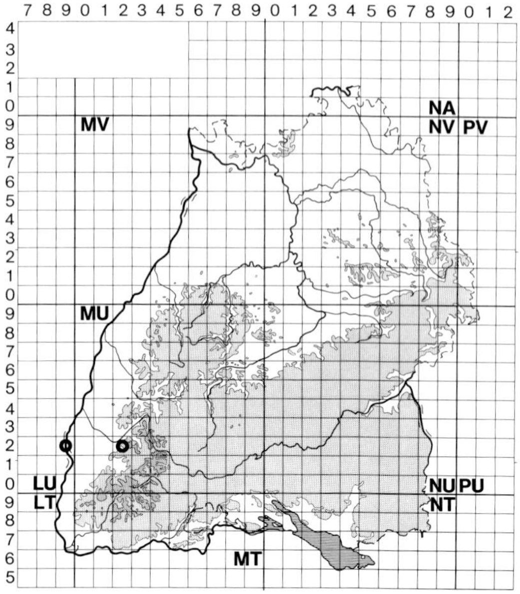

Anthophora crassipes

in der Erde. Der Nesteingang besteht aus einer bis zu 4 cm hohen, festgefügten, geraden Eingangsröhre. In einem kurzen Gang liegen 2–3 Brutzellen meist so übereinander, daß der Boden der oberen auf dem Deckel der unteren liegt und sich jede als Ganzes von der nächsten ablösen läßt. Die Brutzellen sind becherförmig, 14–15 mm lang und 10 mm breit. Im Zelldeckel befindet sich eine luftdurchlässige Vertiefung. (FERTON 1908, GROZDANIĆ & MUČALICA 1969, GROZDANIĆ & VASIĆ 1965a, HAMANN 1950, MALYSHEV 1925d).
Blütenbesuch: Polylektische Art (2 Pflanzenfamilien). Pollenquellen: Boraginaceae: Gewöhnlicher Natterkopf *(Echium vulgare)*; Lamiaceae: Kriechender Günsel *(Ajuga reptans)*, Genfer Günsel *(Ajuga genevensis)*, Gundermann *(Glechoma hederacea)*.
Kuckucksbienen: Unbekannt.
Phänologie: Univoltin. Flugzeit von Anfang April bis Anfang Juni. In Südeuropa bivoltin.

Anthophora fulvitarsis
Brullé 1832

Verbreitung: Südeuropa, vereinzelt in Mitteleuropa. – In der Bundesrepublik Deutschland liegt der Verbreitungsschwerpunkt im Rheingraben von Basel bis Bonn (vgl. FRIESE 1895a, 1926, MEYER 1913). Nachweise liegen vor aus Nordrhein-Westfa-

Anthophora fulvitarsis; Weibchen, das mit den rechten Vordertarsen den ausgeklappten Rüssel putzt.

len, Hessen, Rheinland-Pfalz und Baden-Württemberg. – In Baden-Württemberg nur vereinzelte Nachweise im Kaiserstuhl, am Isteiner Klotz und bei Stuttgart. Funddaten: LT88 Isteiner Klotz 1♂ 2. 6. 1964 (G) (GAUSS 1966). LU92 Burkheim 1♂ 3. 6. 1928 (MNF); Achkarren 1♂ 31. 6. 1925 (MNF) (STROHM 1933). MU02 Oberbergen 1♂ 8. 6. 1938 (NK); 1♀ 12. 6. 1964 (LNK). NV10 Stuttgart-Münster 1♂ 1. 6. 1902 (SMNS); 1♂ 6.1905 (SMNS). Weitere, aber nicht durch Sammlungsmaterial belegte Funde melden FRIESE (1895a), LAUTERBORN (1922) und STROHM (1924).

Lebensraum: Der Siedlungsschwerpunkt liegt in Weinbergen und Feldfluren, die von Steilwänden durchzogen sind. Nester ausschließlich in Steilwänden, wobei Löß als Substrat bevorzugt wird. Nimmt aber auch mit harten Sandwänden vorlieb. In der vom Menschen unbeeinflußten Landschaft vermutlich ein Besiedler von Flußuferabbrüchen.

Nistweise: Nistet in selbstgegrabenen Hohlräumen in der Erde, unter günstigen Umständen in kleineren Aggregationen. Entlang eines horizontalen Hauptganges von ca. 10 cm Länge liegen 5–11 Brutzellen, die senkrecht orientiert und mit Sekret ausgekleidet sind. (FRIESE 1923, MALYSHEV 1925d, MEYER 1913, VERHOEFF 1892).

Blütenbesuch: Polylektische Art (4 Pflanzenfamilien). Pollenquellen: Boraginaceae: Gewöhnlicher Beinwell *(Symphytum officinale)*, Gewöhnlicher Natterkopf *(Echium vulgare)*; Fabaceae: Roter Wiesenklee *(Trifolium pratense)*; Lamiaceae: Wiesen-Salbei *(Salvia pratensis)*; Papaveraceae: Saat-Mohn *(Papaver dubium)*.

Kuckucksbienen: Eine große Form der *Melecta punctata*.

Phänologie: Univoltin. Flugzeit von Ende Mai bis Mitte Juli (♂♂ 5. 5.–31. 6.; ♀♀ 21. 5.–24. 7.). Überwinterung als Imago (vgl. MEYER 1913).

Bestandessituation: Die Art kam auch in früheren Jahrzehnten insgesamt nur sehr zerstreut vor, muß aber aufgrund der Literaturangaben zumindest im Kaiserstuhl an manchen Stellen nicht selten gewesen sein. Die letzten beiden Nachweise in Baden-Württemberg stammen aus dem Jahre 1964. Trotz gezielter Nachsuche konnte die Art an den alten Fundorten nicht mehr festgestellt werden, so daß sie zumindest als verschollen zu gelten hat, wenn sie nicht sogar bereits ausgestorben ist. Rückgangsursache ist die Beseitigung von Steilwänden in den Weinbaugebieten und Feldfluren im Rahmen von Flurbereinigungsmaßnahmen. Sollte die Art wider Erwarten wieder aufgefunden werden, sind die

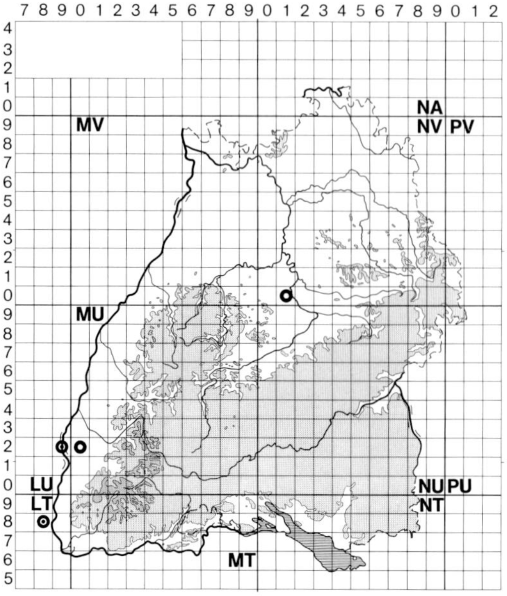

Anthophora fulvitarsis

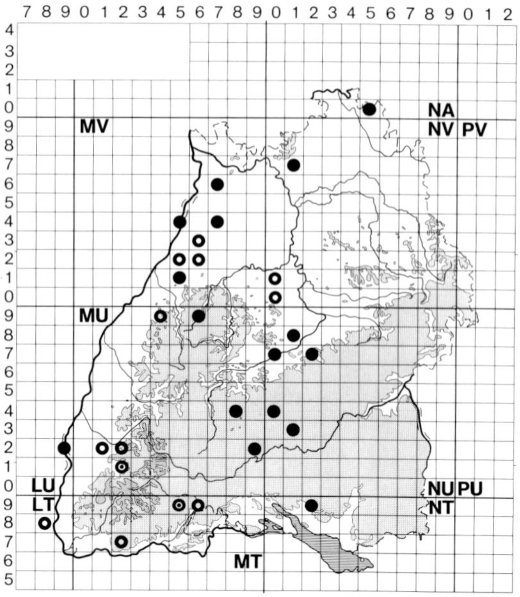

Anthophora furcata

Nistplätze als Naturdenkmale auszuweisen und vor Beschattung oder sonstiger Beeinträchtigung zu schützen. Im Umfeld ist für ein ausreichendes Blütenangebot zu sorgen.
RL: Ausgestorben oder verschollen (0).

Anthophora furcata
(Panzer 1798)

Verbreitung: Ganz Europa. – In der Bundesrepublik Deutschland keine Verbreitungsgrenze. – In Baden-Württemberg weit verbreitet, von der Ebene bis in die höheren Lagen der Mittelgebirge. Material: 22♂♂,28♀♀.
Lebensraum: Siedlungsschwerpunkt in Waldgebieten: Waldränder, Waldlichtungen und Kahlschläge, gelegentlich auch in Streuobstwiesen sowie im Siedlungsbereich in Obstgärten und waldartigen Parks mit altem Baumbestand. Nester in Baumstrünken, in morschen Ästen und in mürben Zaunpfählen.
Nistweise: Nistet in selbstgenagten, teils sich verzweigenden Gängen in morschem Holz. Die Brutzellen werden aus Markmulm gebaut und sind innen mit einem Sekret ausgekleidet. Die Anordnung der bis zu 7 Brutzellen pro Gang ist linear. (Bischoff 1927, Friese 1894–1901, Illiger 1806:136, Malyshev 1925d, Medler 1964, Moeschler 1938, Nielsen 1902).
Blütenbesuch: Oligolektische, auf Lamiaceae (Lippenblütler) spezialisierte Art. Hauptpollenquelle ist der Wald-Ziest *(Stachys sylvatica)*. Weitere Pollenquellen: Sumpf-Ziest *(Stachys palustris)*, Aufrechter Ziest *(Stachys recta)*, Woll-Ziest *(Stachys byzantina)*, Heil-Ziest *(Stachys officinalis)*, Großblütige Katzenminze *(Nepeta grandiflora)*, Edel-Gamander *(Teucrium chamaedrys)*, Schwarznessel *(Ballota nigra)*. – Beide Geschlechter werden außer an Lippenblütlern gelegentlich auch an Bocksdorn *(Lycium halimifolium)* nektarsaugend angetroffen.
Kuckucksbienen: *Coelioxys rufescens*, wahrscheinlich auch *Coelioxys alata*.
Phänologie: Univoltin. Flugzeit von Ende Juni bis Mitte August (♂♂ 2. 6.–28. 7.; ♀♀ 18. 6.–26. 8.).
Bestandessituation: Die nicht gerade häufige Art wurde seit 1975 noch in mehreren Landesteilen meist einzeln nachgewiesen. Obwohl von Lippenblütlern abhängig, ist diese Pelzbiene weniger durch ihre Nahrungsansprüche gefährdet, viel eher durch ihre Bindung an Totholzstrukturen. Der Wald-Ziest ist in den Wäldern noch relativ häufig vertreten, während eine Beseitigung der Nistplätze, die nicht so schnell erneuerbar (schaffbar) sind, einen unvergleichlich stärkeren Einbruch in einer lokalen Population verursacht. Schutzmaßnahmen bestehen daher in erster Linie in einer Erhaltung von (besonnten) Totholzstrukturen innerhalb und außerhalb von Wäldern.
RL: Gefährdet (3).

Anthophora furcata ♀

Anthophora plagiata

(Illiger 1806)
Syn.: *A. parietina* (Fabricius 1793) nec (Geoffroy in Fourcroy 1785) (vgl. BISCHOFF & HEDICKE 1931).

Verbreitung: Süd- und Mitteleuropa. – In der Bundesrepublik Deutschland keine Verbreitungsgrenze. – In Baden-Württemberg nur vereinzelte und weit verstreute Nachweise (Kaiserstuhl, südliche Oberrheinebene, Rheinvorland, Schwarzwald, Kraichgau, Neckarbecken). Die Fundorte liegen durchweg unterhalb 500 m. Funddaten ab 1960: LT88 Isteiner Klotz 1♀ 2. 6. 1964 (G). MU01 Tuniberg 1♂,1♀ 22. 4. 1964 (G); 1♂ 4. 4. 1965 (G). MU21 Wittental 1♀ 12. 6. 1961 (G). Die Angaben von LAMPERT (1895) und VOGEL (1930) waren nicht überprüfbar. Material: 11♂♂,16♀♀.

Lebensraum: Vorwiegend Weinberge und Feldfluren mit Steilwänden (Löß, Lehm), auch aufgelassene Lehm- und Mergelgruben, vereinzelt im Siedlungsbereich. Nester in Löß- und Lehmwänden und in lehmverfugtem Gemäuer, bisweilen aber auch in vegetationsfreien, ebenen Flächen im Regenschatten von Dächern.

Nistweise: Nistet in selbstgegrabenen Hohlräumen in der Erde, meist in kleinen, unter günstigen Verhältnissen auch sehr umfangreichen Aggregationen (Ansammlungen von mehreren hundert Nestern). Der Nesteingang besteht aus einer einfachen, kaum geglätteten, gebogenen und durchbrochenen Eingangsröhre. Das Nest verzweigt sich am Grund der Röhre in 2–3 Gänge, in denen je 1–4 Brutzellen derart übereinander gebaut werden, daß der Deckel der unteren zugleich der Boden für die obere Zelle ist. In den mit einem Sekret ausgekleideten Brutzellen wird zuerst Pollen gespeichert, anschließend wird Nektar darüber geschichtet, auf dem das Ei schwimmt. Bauende ♀♀ fliegen zum Wasserholen oft in größerer Zahl zur gleichen Wasserstelle, z.B. zu einem überrieselten Felsen. Der Nesteingang wird nach Fertigstellung des Nestes mit Lehm verschlossen. (BANASZAK 1971, BUTTEL-REEPEN 1903b, FONSCOLOMBE 1838, FRIESE 1926, GIRAUD 1861, GROZDANIĆ & VASIĆ 1965a, HÖPPNER 1903b, MALYSHEV 1925d, MÓCZÁR 1961b, 1970, MOESCHLER 1938, PNIEWSKI 1962, STEINMANN 1986, TRAUTMANN 1920/21, WESENBERG-LUND 1890).

Blütenbesuch: Polylektische Art (4 Pflanzenfamilien). Pollenquellen: Boraginaceae: Gewöhnlicher Natterkopf *(Echium vulgare)*; Cistaceae: Gewöhnliches Sonnenröschen *(Helianthemum nummularium)*; Fabaceae: Gewöhnlicher Hornklee *(Lotus*

Anthophora plagiata, Weibchen (helle Form) beim Aufsaugen von Wasser für den Nestbau.

Anthophora plagiata, Weibchen (dunkle Form).

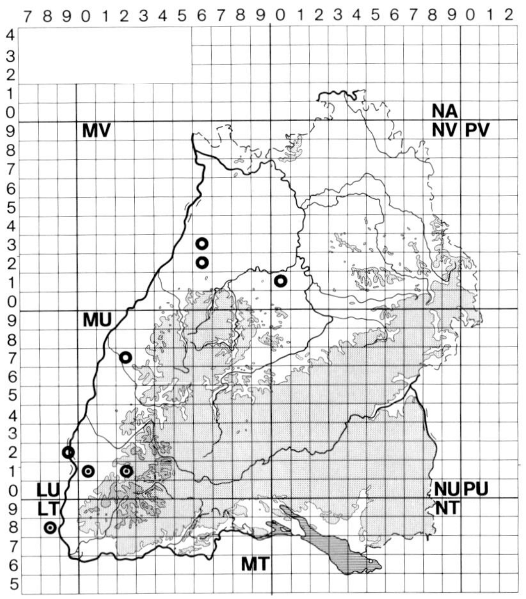

Anthophora plagiata

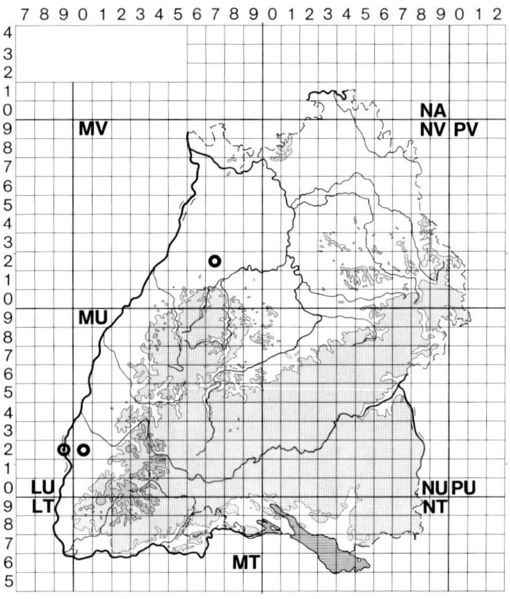

Anthophora pubescens

corniculatus), Roter Wiesenklee *(Trifolium pratense)*, Dornige Hauhechel *(Ononis spinosa)*, Zaun-Wicke *(Vicia sepium)*; Lamiaceae: Rote Taubnessel *(Lamium purpureum)*. – Außer *Ononis* bieten alle Pollenquellen beiden Geschlechtern auch Nektar.

Kuckucksbienen: Regelmäßig wurde *Coelioxys rufescens* an den Nestern beobachtet (BANASZAK 1971, MOESCHLER 1938, PNIEWSKI 1962, STOECKHERT 1933, eig. Beob.), außerdem *Coelioxys quadridentata* (BISCHOFF 1927, BANASZAK 1971). Auch *Melecta punctata* (STOECKHERT 1933, eig. Beob.) und *Melecta luctuosa* (FRIESE 1926, BANASZAK 1971) kommen in Frage, während *Thyreus orbatus* aus den Nestern gezogen wurde (STOECKHERT 1919).

Phänologie: Univoltin. Flugzeit von Ende April bis Ende Juni (♂♂ 4.4–12. 6.; ♀♀ 24. 4.–19. 7.). Schwache Proterandrie. Überwinterung als Ruhelarve (vgl. MEYER 1913).

Bestandessituation: Unter natürlichen Bedingungen besiedelt die Art vertikale Strukturen, v.a. Steilwände an Ufern und sonstige lehmige Abbrüche. Während der Mensch in früherer Zeit durch spezifische Bauweisen die Nistmöglichkeiten erweitert hat, sind lehmverfachte Gemäuer in den Dörfern weitgehend neuen Bautechniken gewichen. Hierdurch sowie durch die Beseitigung von Lößwänden in der offenen Landschaft wurde die Art derart zurückgedrängt, daß sie in Baden-Württemberg seit 1964 nicht mehr festgestellt wurde. Sollte sie wider Erwarten erneut aufgefunden werden, sind die Nistplätze vor jeder Beeinträchtigung zu schützen. Gleichzeitig ist auf eine geeignete Wasserstelle und auf blütenreiche Vegetation im Umfeld zu achten.
RL: Ausgestorben oder verschollen (0).

Anthophora pubescens

(Fabricius 1781)

Verbreitung: Süd- und Südosteuropa, vereinzelt in Mitteleuropa, nordwärts bis Berlin (MORAWITZ 1872). – In der Bundesrepublik Deutschland liegen Meldungen vor aus Rheinland-Pfalz (Loreley nach AERTS 1950a und Bad Kreuznach nach MORAWITZ 1872), aus Bayern (Erlangen nach STOECKHERT 1919) und aus Baden-Württemberg. – In Baden-Württemberg wurde die Art nur im Kaiserstuhl und im Raum Pforzheim nachgewiesen. Funddaten: LU92 Achkarren 3♂♂,3♀♀ 5. 8. 1923 (MNF) (STROHM 1924); 1♂ 13. 6. 1925 (MNF); 1♂ 13. 7. 1926 (MNF); 1♂ 5. 8. 1938 (MNF); 3♂♂ 22. 7. 1964 (G); 1♀ 23. 8. 1964 (G); Ihringen 1♀ 20. 7. 1923 (MNF); Breisach 1♂ 11. 8. 1925 (MNF). MU02 Wasenweiler 3♂♂,2♀♀ 2. 8. 1923 (MNF) (STROHM 1924); 2♂♂,2♀♀ 3. 8. 1924 (MNF); 2♀♀ 28. 6. 1924 (MNF); 1♀ 14. 8. 1924 (MNF); 1♀ 9. 9. 1924 (MNF); 2♀♀ 10. 7. 1925 (MNF); Lilienthal 1♀ 28. 7. 1923 (MNF). MV72 Stein 1♀ 5. 8. 1934 (LNK).

Anthophora quadrifasciata ♀

Lebensraum: In Südwestdeutschland stammen alle mir bekannten Funde von trockenwarmen Hängen. Als Nistplätze wurden Löß- und Lehmwände bekannt. Vermutlich nistet die Art auch in ebenen Flächen.
Nistweise: Nistet in selbstgegrabenen Hohlräumen in der Erde, unter günstigen Verhältnissen auch in größeren Aggregationen. (GROZDANIĆ & RADIVOJEVIĆ 1972, MALYSHEV 1925d).
Blütenbesuch: Polylektische Art (3 Pflanzenfamilien). Pollenquellen: Boraginaceae: Gewöhnlicher Natterkopf *(Echium vulgare)*; Cistaceae: Gewöhnliches Sonnenröschen *(Helianthemum nummularium)*; Lamiaceae: Schwarznessel *(Ballota nigra)*, Gefleckte Taubnessel *(Lamium maculatum)*, Edel-Gamander *(Teucrium chamaedrys)*.
Kuckucksbienen: DUCKE (1900b) beobachtete *Coelioxys rufescens* an den Nestern.
Phänologie: Univoltin. Flugzeit von Anfang Juli bis Mitte August (♂♂ 13. 6.–11. 8.; ♀♀ 28. 6.–9. 9.). Ausgeprägte Proterandrie von 2–3 Wochen.
Bestandessituation: In den Jahren 1922 bis 1938 war die ausgesprochen wärmeliebende Art aufgrund des Sammlungsmaterials und der Literaturangaben im Kaiserstuhl keineswegs selten. Fast 30 Jahre später wurde sie dann erneut im Jahre 1964 im südlichen Kaiserstuhl festgestellt. Seither wurde die Art trotz gezielter Suche nicht mehr nachgewiesen. Sie hat daher als verschollen zu gelten. Möglicherweise wurde sie im Zuge der großflächigen Rebumlegungen im Kaiserstuhl ausgerottet.
RL: Ausgestorben oder verschollen (0).

Anthophora quadrifasciata
(Villers 1789)

Verbreitung: Südeuropa, vereinzelt in Mitteleuropa, nordwärts bis Sachsen, Brandenburg und Mecklenburg in der DDR (ALFKEN 1912b, HEDICKE 1922, MÜLLER 1944). In der Bundesrepublik Deutschland bisher nur aus Bayern und Hessen bekannt. In Bayern mehrfach an verschiedenen Orten nachgewiesen, z.B. im Raum Aschaffenburg (E. STOECKHERT 1919, F.K. STOECKHERT 1954, WESTRICH 1984a). Die westlichsten Nachweise in der Bundesrepublik stammen von Weiterstadt bei Darmstadt (HELDMANN 1935) und Pfungstadt (FRIESE 1921a) in Hessen. – In Baden-Württemberg bisher nicht nachgewiesen, ein Vorkommen in früheren Jahrzehnten in Nordbaden ist nicht auszuschließen.

Lebensraum: Vorwiegend in Sandgebieten. Nester in Steilwänden, aber auch in vegetationsfreien ebenen Flächen.
Nistweise: Nistet in selbstgegrabenen Hohlräumen in der Erde. (GRANDI 1929).
Blütenbesuch: Polylektische Art (5 Pflanzenfamilien). Pollenquellen: Asteraceae: Gewöhnliche Kratzdistel *(Cirsium vulgare)*, Rispen-Flockenblume *(Centaurea paniculata)*; Boraginaceae: Gewöhnlicher Natterkopf *(Echium vulgare)*, Gewöhnliche Ochsenzunge *(Anchusa officinalis)*; Fabaceae: Dornige Hauhechel *(Ononis spinosa)*, Vogel-Wicke *(Vicia cracca)*; Lamiaceae: Schwarznessel *(Ballota nigra)*.
Kuckucksbienen: *Thyreus histrionicus* (OLBERG 1972, STOECKHERT 1954, eig. Beob.).
Phänologie: Univoltin. Flugzeit von Mitte Juli bis Mitte September.

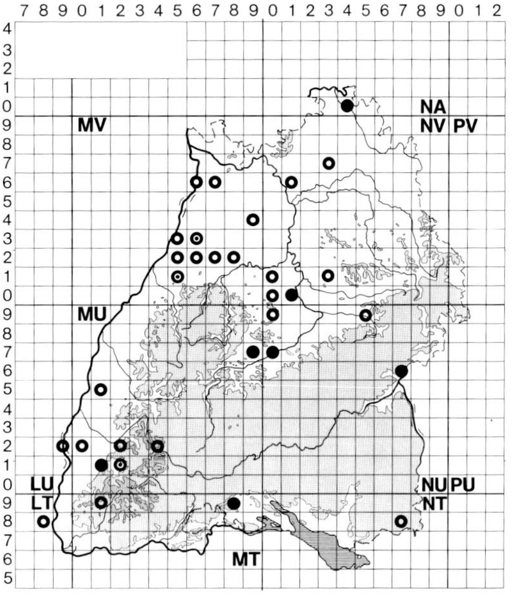

Anthophora quadrimaculata

Anthophora quadrimaculata

(Panzer 1806)
Syn.: *A. vulpina* (Panzer 1798) nec (Christ 1791).

Verbreitung: Von Südeuropa nordwärts bis England und Schweden. – In der Bundesrepublik Deutschland keine Verbreitungsgrenze. – In Baden-Württemberg weit verbreitet, meist in Lagen unter 500 m, vereinzelt auch zwischen 500 und 800 m. Material: 56♂♂,73♀♀.
Lebensraum: Alte Sand- und Lehmgruben sowie Steinbrüche, mit Trockenmauern oder Lößwänden durchsetzte, strukturreiche Weinberge und Weinbergbrachen, Siedlungsbereich (Gärten, Parks). Nester vor allem in Steilwänden und Abbruchkanten (lehmiger Sand, Löß, Lehm) sowie in lehmverfugtem Gemäuer.
Nistweise: Nistet in selbstgegrabenen Hohlräumen in der Erde. Nestbau vermutlich ähnlich wie bei *Anthophora acervorum*.
Blütenbesuch: Polylektische Art (5 Pflanzenfamilien). Pollenquellen: Boraginaceae: Gewöhnlicher Natterkopf *(Echium vulgare)*, Gewöhnliche Ochsenzunge *(Anchusa officinalis)*; Crassulaceae: Felsen-Fetthenne *(Sedum reflexum)*; Fabaceae: Dornige Hauhechel *(Ononis spinosa)*, Weißklee *(Trifolium repens)*; Lamiaceae: Edel-Gamander *(Teucrium chamaedrys)*, Schwarznessel *(Ballota nigra)*, Rote Taubnessel *(Lamium purpureum)*, Wiesen-Salbei *(Salvia pratensis)*, Heil-Ziest *(Stachys officinalis)*, Großblütige Katzenminze *(Nepeta grandiflora)*, Garten-Katzenminze *(Nepeta × fassenii)*; Solanaceae: Schwarzer Nachtschatten *(Solanum nigrum)*.
Kuckucksbienen: *Thyreus orbatus*; vereinzelt auch *Coelioxys rufescens*.
Phänologie: Univoltin. Flugzeit von Mitte Juni bis Mitte August (♂♂ 19. 5.–26. 8.; ♀♀ 9. 5.–16. 9.).
Bestandessituation: Die Art ist nach *Anthophora acervorum* die vergleichsweise häufigste und am weitesten verbreitete Pelzbiene. Wenn sie auch seit 1975 noch in verschiedenen Landesteilen festgestellt und regelmäßig auch im Siedlungsbereich (Botanische Gärten Freiburg und Tübingen) beobachtet wurde, so belegt das Sammlungsmaterial doch einen deutlichen Rückgang. Ursache des Rückgangs dürfte vor allem die Beseitigung der Nistplätze und geeigneter Pollenquellen sein. Mit Hilfe von Lehmkästen läßt sich diese gefährdete Art auch im Hausgarten ansiedeln, wenn man gleichzeitig ein reiches Angebot an Lippen- und Schmetterlingsblütlern bereitstellt. Besonders gerne besucht sie in den Gärten die Katzenminze *Nepeta × fassenii*.
RL: Gefährdet (3).

Anthophora retusa

(Linnaeus 1758)

Verbreitung: Ganz Europa. – In der Bundesrepublik Deutschland keine Verbreitungsgrenze, auch im Norden (HAESELER 1973, WAGNER 1938a). – In Baden-Württemberg liegen die Verbreitungs-

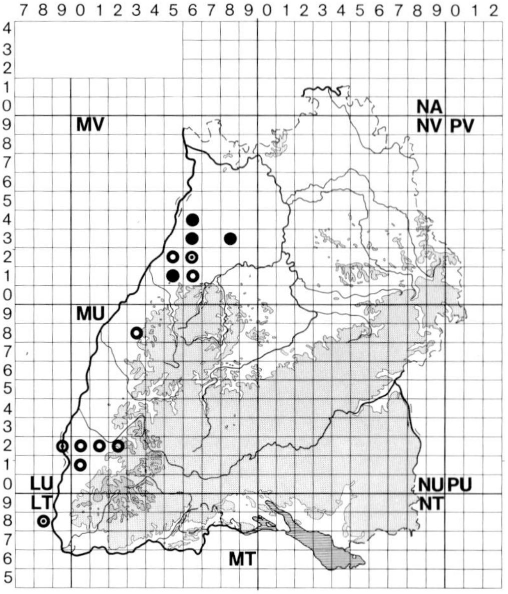

Anthophora retusa

schwerpunkte in der Oberrheinebene, im Kaiserstuhl und im Kraichgau. Die Funde stammen durchweg aus Lagen unter 500 m. Funddaten ab 1975: MV41 Gaggenau-Oberweier 1♂ 11. 5. 1985 (D). MV51 Malsch 1♂ 25. 4. 1984 (D); 1♂ 20. 4. 1985 (D); 1♂ 8. 4. 1987 (D); 1♂ 18. 4. 1987 (D); Ettlingen-Oberweier 1♀ 19. 5. 1985 (D); 1♀ 20. 6. 1986 (D); MV63 Weingarten 1♀ 8. 6. 1983 (Nusser). MV64 Graben 1♂ 13. 4. 1979 (S). MV83 Bauersbach 1♀ 22. 5. 1984 (W). Material: 25♂♂,9♀♀.

Lebensraum: Sand-, Kies- und Lehmgruben, trokkenwarme Ruderalstellen in der Feldflur, strukturreiche Weinberge, sonnige Waldränder. Nester in Steilwänden und Abbruchkanten, aber auch in vegetationsarmen ebenen Flächen. Als Nistsubstrat wird sandiger Boden (Flugsand, Verwitterungssand) oder Löß bevorzugt.

Nistweise: Nistet in selbstgegrabenen Hohlräumen in der Erde.

Blütenbesuch: Polylektische Art (2 Pflanzenfamilien). Pollenquellen: Brassicaceae: Acker-Senf *(Sinapis arvensis)*; Lamiaceae: Kriechender Günsel *(Ajuga reptans)*, Gundermann *(Glechoma hederacea)*, Breitblättriger Hohlzahn *(Galeopsis ladanum)*.

Kuckucksbienen: *Melecta luctuosa* (eig. Beob.).

Phänologie: Univoltin. Flugzeit von Anfang Mai bis Mitte Juni (♂♂ 7. 4.–8. 6.; ♀♀ 18. 5.–20. 6.).

Bestandessituation: Die Art war schon immer recht selten und wurde auch seit 1975 nur von wenigen Stellen bekannt. Die derzeit bekannten Vorkommen befinden sich in aufgelassenen Sand- Kies- oder Lehmgruben, an einem sonnigen Waldrand und in einem Lößhohlweg. Dabei handelt es sich durchweg um Lebensräume, die von der Zerstörung bedroht sind. Daher ist diese Pelzbiene als stark gefährdet anzusehen. Schutzmaßnahmen bestehen in erster Linie in der Erhaltung ihrer Lebensstätten.

RL: Stark gefährdet (2).

Apis Linnaeus 1758

Apis mellifera

Linnaeus 1758

Syn.: *A. mellifica* Linnaeus 1766 (vgl. Day 1979).

In ganz Deutschland in verschiedenen Rassen, aber nirgends in der Wildform. Sogenannte »wilde« Honigbienen sind stets entflogene Schwärme, die sich bisweilen mehr oder weniger lang in Baumhöhlen oder anderen Hohlräumen halten können.

Biastes Panzer 1806

Die artenarme Gattung *Biastes* ist paläarktisch verbreitet. In der Bundesrepublik Deutschland ist sie nur mit 3 durchweg sehr seltenen Arten vertreten. Die unterschiedlich gefärbten Arten lassen sich im Feld unterscheiden, wobei auch die Größe und die Kenntnis der Wirte der Bestimmung dienlich sind. Die mit 5–6 mm kleinste Art ist *B. truncatus*, deren Abdomen weiße Filzflecken hat, während Kopf und Thorax fast kahl sind. Der 6–7 mm große *B. emarginatus* ist ebenfalls weißfilzig behaart, Kopf und Thorax weisen auch braune Filzflecken auf. *B. brevicornis* ist durch seinen stark ausgeprägten Geschlechtsdimorphismus gekennzeichnet. Während das Weibchen ein rotes und kahles Abdomen hat, ist das Männchen völlig schwarz. Zur Bestimmung der deutschen Arten ist die Tabelle in Schmiedeknecht (1930:844f) ausreichend. Die westpaläarktischen Arten behandelt Warncke (1982b).

Biastes brevicornis

(Panzer 1798)

Verbreitung: Südeuropa, vereinzelt in Mitteleuropa, nordwärts bis 55° n. Br., ostwärts bis Ural, Kau-

Apis mellifera, pollensammelnde Arbeiterin auf *Eranthis hiemalis*.

Biastes emarginatus; schlafendes Weibchen, das sich mit den Mandibeln an einem Grashalm festgebissen hat.

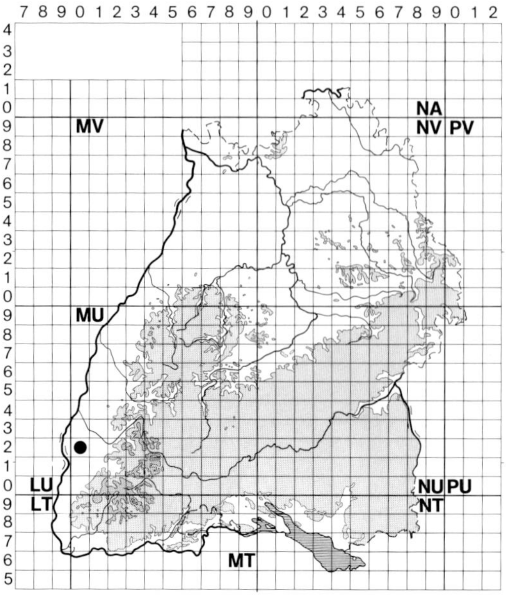

Biastes emarginatus

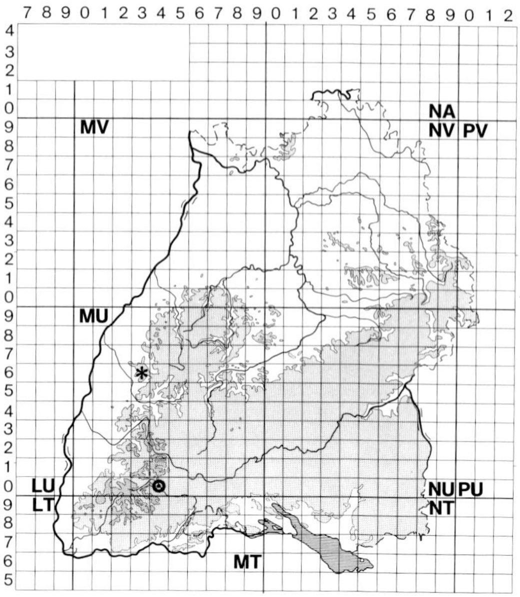

Biastes truncatus

kasus, Türkei (WARNCKE 1982b). – In der Bundesrepublik Deutschland nur sehr alte Meldungen von Bamberg (FUNK 1864) und von Kiel (Fabricius nach STOECKHERT 1933). – In Baden-Württemberg bisher nicht nachgewiesen, ein Vorkommen ist aber nicht völlig auszuschließen, da beide Wirtsarten von hier bekannt sind.

Wirte: *Systropha curvicornis* (eig. Beob.) und *Systropha planidens* (BISCHOFF 1927, eig. Beob.).

Blütenbesuch: Als Nektarquelle wird vor allem die Acker-Winde *(Convolvulus arvensis)*, die Pollenquelle der Wirte, besucht. Die ♂♂ schlafen auch in Winden-Blüten.

Phänologie: Univoltin. Flugzeit in Mitteleuropa von Juni bis August.

Biastes emarginatus

(Schenck 1853)

Verbreitung: Süd- und Mitteleuropa, nordwärts bis 58° n. Br., ostwärts bis Westasien. – In der Bundesrepublik Deutschland keine Verbreitungsgrenze, auch aus dem Norden von Hamburg gemeldet (WAGNER 1938a). Außerdem Funde in Hessen (Wiesbaden, Weilburg) (SCHENCK 1859), Bayern (Erlangen) (STOECKHERT 1922a) und Baden-Württemberg. – In Baden-Württemberg nur ein Nachweis im Kaiserstuhl: MU02 Oberbergen, Badberg 1♀ 3. 7. 1970 (S) (WESTRICH & SCHMIDT 1985b).

Wirte: *Rophites algirus* und *Rophites quinquespinosus* (STOECKHERT 1922a, WARNCKE 1981:330, eig. Beob.).

Blütenbesuch: Als Nektarquellen wurden mir folgende Pflanzenarten bekannt: Aufrechter Ziest *(Stachys recta)*, Heil-Ziest *(Stachys officinalis)*, Schwarznessel *(Ballota nigra)*, Feld-Thymian *(Thymus pulegioides)*.

Phänologie: Univoltin. Flugzeit in Mitteleuropa von Juni bis Ende August.

Bestandessituation: Diese im gesamten Mitteleuropa äußerst seltene Art ist in Baden-Württemberg vom Aussterben bedroht, da auch ihre Wirte selten und sehr stark im Bestand bedroht sind. Nur durch die Unterschutzstellung der Lebensräume der Wirte, besonders im Kaiserstuhl, hat die Art im Gebiet noch eine Chance der Erhaltung.

RL: Vom Aussterben bedroht (1).

Biastes truncatus

(Nylander 1848)

Verbreitung: Mitteleuropa, nordwärts bis Schweden und Finnland, nach Südosten bis Rumänien und Bulgarien (WARNCKE 1982b). – In der Bundesrepublik Deutschland keine Verbreitungsgrenze, auch im Norden (EMEIS 1954a, WAGNER 1938a). – In Baden-Württemberg nur ein einzelner, belegbarer Fund im südlichen Schwarzwald: MU40 Has-

lachtal 1♀ 15. 8. 1965 (LNK). Nicht belegt ist die Angabe MU36 »Oppenau 16.–18. 8. 1893« (FRIESE 1895a), die aber aufgrund der Fundumstände korrekt sein dürfte.
Wirte: *Dufourea dentiventris* und *Dufourea inermis* (JANZON & SVENSSON 1984, STOECKHERT 1933, 1954).
Blütenbesuch: Als (austauschbare) Nektarquellen wurden mir folgende Pflanzenarten bekannt: Feld-Thymian *(Thymus pulegioides)*, Acker-Kratzdistel *(Cirsium arvense)*, Kleines Habichtskraut *(Hieracium pilosella)*, Doldiges Habichtskraut *(Hieracium umbellatum)*.
Phänologie: Univoltin. Flugzeit von Juli bis August.
Bestandessituation: Die durch ihre geringe Größe leicht zu übersehende Art wurde zwar in Baden-Württemberg nur sehr selten nachgewiesen, sie dürfte aber v.a. im Schwarzwald noch weitere Vorkommen haben. Dennoch ist die Art gefährdet, da auch beide Wirte in ihren Beständen zumindest regional bedroht sind. Schutzmaßnahmen für diese kleine Kraftbiene können nur in der Sicherung der Lebensgrundlagen der Wirte bestehen.
RL: Gefährdet (3).

Bombus Latreille 1802

Die Gattung *Bombus* ist mit einigen hundert Arten vor allem in den nördlichen gemäßigten Zonen verbreitet. Hummeln bevorzugen kühlere Regionen, weswegen wir die meisten Hummelarten in den Gebirgen antreffen. Typische Beispiele hierfür sind in Europa die Alpen, die Pyrenäen und der Kaukasus, in Asien der Altai und das Pamirhochland, Gebirge, die sich alle durch einen besonderen Hummelreichtum auszeichnen. Die Tropen hingegen sind arm an Hummeln. In der hohen Arktis gibt es nur wenige Arten und Individuen; dort sind Hummeln auch die einzigen Bienen. Auf dem südamerikanischen Kontinent reicht die einzige chilenische Art bis zur Insel Tierra del Fuego (MICHENER 1974). Im tropischen und südlichen Afrika wie in Australien fehlen Hummeln ganz. Nach Neuseeland wurden sie allerdings im letzten Jahrhundert als Rotklee-Bestäuber eingeführt. In der Bundesrepublik Deutschland kommen (je nach Auffassung der einzelnen Autoren) rund 30 Arten vor. Einige Autoren (z.B. RASMONT 1983b, REINIG 1981) haben die früheren Untergattungen von *Bombus* in den Rang selbständiger Gattungen erhoben. HAGEN (1986) schließt sich ihnen an. Bei der so einheitlichen Gruppe der Hummeln halte ich diese Aufspaltung für nicht gerechtfertigt.
Die Bestimmung der Hummeln ist im allgemeinen schwieriger als oft vermutet. Dies hat seine Ursache einerseits darin, daß manche Arten außerordentlich variabel in der Färbung sind, andererseits darin, daß es einige einander sehr ähnliche Arten gibt. Außerdem besteht bei einigen Formen noch keine einheitliche Auffassung über ihren taxonomischen Status. Einige der älteren Bestimmungstabellen, wie SCHMIEDEKNECHT (1930:849ff) und FAESTER & HAMMER (1970) sind, da kaum illustriert, schwieriger zu benützen. Einfacher zu handhaben ist die Tabelle von MAUS (1987), dessen Illustrationen überwiegend aus dem Buch von ALFORD (1975) stammen. Ausführliche Beschreibungen und Zeichnungen enthält die in englischer Sprache abgefaßte Arbeit von LØKEN (1973). Reich bebildert sind die Bücher von HAGEN (1986), der die deutschen Arten behandelt und von PRŶS-JONES & CORBET (1987), die eine Einführung in die Hummelfauna Großbritanniens geben.

Bombus alpinus
(Linnaeus 1758)

Verbreitung: Die Nominatform in Fennoskandien, die ssp. *helleri* Dalla Torre 1882 in den Alpen, in den Karpaten und auf dem Balkan (RASMONT 1983b). In den Alpen zwischen 1600 und 3000 m. – In der Bundesrepublik Deutschland nur in den bayrischen Alpen (TRAUTMANN 1924). – In Baden-Württemberg nicht zu erwarten.
Lebensräume: Alpine Berghänge.
Nistweise: Nistet unterirdisch, meist in verlassenen Mäusenestern. Nestbezieher und Pollenstorer. (HAGEN 1986).
Blütenbesuch: Polylektisch.
Kuckucksbienen: Unbekannt.
Phänologie: Univoltin. Die überwinterten ♀♀ erscheinen ab Ende April, junge ♀♀ und ♂♂ ab Mitte August.

Bombus confusus
Schenck 1861

Verbreitung: Fast ganz auf Mitteleuropa i.w.S. beschränkt (REINIG 1976), d.h. Europa bis zum Schwarzen Meer; fehlt auf den Britischen Inseln, in Fennoskandien, in der nördlichen UdSSR und im Süden der Iberischen Halbinsel (RASMONT 1983b). – In der Bundesrepublik Deutschland nordwärts

bis in den Raum Köln. – In Baden-Württemberg nur sehr zerstreut, v.a. in den Mittelgebirgen.
Lebensräume: Offenlandsart; in Südwestdeutschland v.a. auf Trockenhängen, z.B. auf Magerrasen der Schwäbischen Alb und in ausgedehnten alten Weinbergbrachen.
Nistweise: Nistet oberirdisch in Bodenvertiefungen, aber auch unterirdisch. Nestbauer und Nestbezieher. (HOFFER 1882b, 1888, SCHMIEDEKNECHT 1878).
Blütenbesuch: Polylektisch.
Kuckucksbienen: Unbekannt.
Phänologie: Univoltin. Die überwinterten ♀♀ erscheinen erst spät (Anfang Mai) und beginnen erst zu einer Zeit mit dem Nestbau, wenn von *B. pratorum* schon die ♂♂ fliegen. Junge ♀♀ ab Anfang bis Mitte August, die ♂♂ ab Anfang August.
Bestandessituation: Diese in Baden-Württemberg nur noch selten anzutreffende Hummel ist aufgrund ihrer Bevorzugung von trockenwarmen, nicht oder nur extensiv genutzten Lebensräumen gefährdet.
RL: Stark gefährdet (2).

Bombus cullumanus
(Kirby 1802)

Verbreitung: Die Nominatform in Südost-England, Frankreich, in den Niederlanden, in Belgien, Nord-Deutschland, Dänemark und Süd-Schweden (RASMONT 1983b, YARROW 1954). – In der Bundesrepublik Deutschland wurde die Art nur im äußersten Norden von Schleswig-Holstein nachgewiesen (WÜSTNEI 1889, KRÜGER 1939, EMEIS 1941, 1960), dort seit 1960 aber nicht mehr aufgefunden, so daß sie vermutlich ausgestorben ist. – In Baden-Württemberg nicht zu erwarten.
Bemerkungen: Über die Lebensweise und Ökologie der Art ist mir nichts Näheres bekannt.

Bombus distinguendus
Morawitz 1869

Verbreitung: Europa nördlich 45° n.Br. (Die Südgrenze der Verbreitung verläuft etwa am Nordrand der Alpen.) (RASMONT 1983b). – In der Bundesrepublik Deutschland keine Verbreitungsgrenze; überwiegend in küstennahen Gebieten; im Binnenland nehmen Populationsdichte und Häufigkeit ab. – In Baden-Württemberg nur sehr zerstreut.
Lebensräume: Offenlandsart, daher meist auf Wiesen oder Weiden, bisweilen aber auch in lichten Wäldern oder an Waldrändern; in Norddeutschland im Küstenbereich und in baumlosen Marschen, dort mit Vorliebe in Deichen nistend.
Nistweise: Nistet vorwiegend unterirdisch, meist in Mauskesseln, bisweilen aber auch oberirdisch unter Grasbüscheln, in alten Vogelnestern oder in Gebäuden. Nestbezieher und -bauer sowie Pocketmaker. Friedfertig. (ALFKEN 1891b, HÖPPNER 1897a, HAGEN 1986).
Blütenbesuch: Polylektisch.
Phänologie: Univoltin. Die überwinterten ♀♀ erscheinen etwa Anfang bis Mitte Mai, die jungen ♀♀ im August, ♂♂ Mitte Juli.
Bestandessituation: Die seltene Art ist in ganz Baden-Württemberg im Bestand rückläufig und daher stark gefährdet.
RL: Stark gefährdet (2).

Bombus gerstaeckeri
Morawitz 1881

Verbreitung: Pyrenäen, Alpen, Balkan (RASMONT 1983b). In den Alpen überwiegend zwischen 1000 und 2000 m. – In der Bundesrepublik Deutschland nur in den bayrischen Alpen (STOECKHERT 1933, TRAUTMANN 1924). – In Baden-Württemberg nicht zu erwarten.
Lebensräume: Im Hochgebirge Berghänge mit großen Beständen von Eisenhut.
Nistweise: Nistet überwiegend unterirdisch in verlassenen Mäusekesseln, gelegentlich aber auch oberirdisch, z.B. in Felsspalten. Nestbezieher und -bauer. Pocketmaker. (HAGEN 1986).
Blütenbesuch: Die Art bevorzugt deutlich Arten der Gattung *Aconitum* (Ranunculaceae), besonders Blauen Eisenhut *(Aconitum napellus)* und Gelben Eisenhut *(Aconitum vulparia)*. Gelegentlich wird sie auch an anderen Pflanzen beobachtet. Ob sie aber tatsächlich oligolektisch ist, vermag ich derzeit nicht zu beurteilen.
Phänologie: Univoltin. Die überwinterten ♀♀ erscheinen Ende Mai, junge ♀♀ und ♂♂ ab Ende August.

Bombus hortorum
(Linnaeus 1761)

Verbreitung: Ganz Europa (RASMONT 1983b). – In der Bundesrepublik Deutschland keine Verbreitungsgrenze. – In Baden-Württemberg weit verbreitet, überwiegend in Lagen unter 500 m.
Lebensräume: Waldränder und angrenzende Wie-

Bombus humilis, Männchen auf *Echinops*.

sen, Streuobstwiesen, Hochwasserdämme, regelmäßig auch im Siedlungsbereich in Parkanlagen und Gärten.
Nistweise: Nistet unterirdisch in verlassenen Mäusenestern, vorwiegend aber oberirdisch in Vogelnestern, in Vogelnistkästen oder in Gebäuden (Ställe, Scheunen, Schuppen, Dachböden). Nestbezieher und -bauer, Pocketmaker. Sehr individuenreiche Völker. (Hagen 1986, Postner 1951, Sladen 1912, Stoeckhert 1933).
Blütenbesuch: Polylektisch.
Kuckucksbienen: *Psithyrus barbutellus*.
Phänologie: In der Regel univoltin, in günstigen Jahren und lokal bivoltin. Die überwinterten ♀♀ erscheinen ab Mitte März, junge ♀♀ ab Mitte Juli, ♂♂ ab Ende Juni.
Bestandessituation: Die nach wie vor ziemlich häufig zu beobachtende Art ist in Baden-Württemberg nicht gefährdet.

Bombus humilis
Illiger 1806
Syn.: *B. solstitialis* Panzer 1805/1806, *B. variabilis* Schmiedeknecht 1883.

Verbreitung: In zahlreichen Farbformen in Europa von Nordspanien bis zum Ural sowie von der Apenninen- und Balkanhalbinsel bis England und Südskandinavien (Reinig 1976). – In der Bundesrepublik Deutschland keine Verbreitungsgrenze. – In Baden-Württemberg weit verbreitet, v.a. in Lagen unter 500 m.
Lebensräume: Vorwiegend in offenem Gelände, aber auch an Waldrändern und in Streuobstwiesen, bisweilen auch im Siedlungsbereich in Parkanlagen und Gärten.
Nistweise: Nistet bevorzugt oberirdisch in der Krautschicht, unter Grasbüscheln und Moospolstern, einmal auch in einem hohlen Baum; selten

Bombus hypnorum, Königin.

nistet die Art auch unterirdisch in verlassenen Mäusenestern. Überwiegend Nestbauer; Pocketmaker. Völker meist individuenarm. (HAGEN 1986, SCHMIEDEKNECHT 1878, WEYRAUCH 1934).
Blütenbesuch: Polylektisch.
Kuckucksbienen: *Psithyrus campestris.*
Phänologie: Univoltin. Die überwinterten ♀♀ erscheinen Anfang bis Mitte April, die jungen ♀♀ im August, die ♂♂ ab Mitte Juli.
Bestandessituation: In allen Grünlandgebieten Baden-Württembergs ist die Art v.a. durch intensivierte Wiesennutzung im Bestand rückläufig. Jedes Jahr werden zahlreiche Nester bei der heutzutage frühen Heuernte ausgemäht und gehen anschließend zugrunde. Die Art benötigt zur ungestörten Entwicklung einschürige Wiesen, ungemähte Feldraine oder Grabenränder.
RL: Gefährdet (3).

Bombus hypnorum

(Linnaeus 1758)

Verbreitung: Fennoskandien, Nord-Rußland, West-, Mittel- und Osteuropa, in Südeuropa nur in höheren Lagen, auf den Britischen Inseln fehlend. In Mitteleuropa in der ssp. *ericetorum* (Panzer 1801) (RASMONT 1983b). – In der Bundesrepublik Deutschland keine Verbreitungsgrenze. In Norddeutschland hat sich die Art stellenweise erst nach der Jahrhundertwende ausgebreitet (FRIESE & WAGNER 1909, ALFKEN 1938a, WAGNER 1971). – In Baden-Württemberg weit verbreitet, von der Ebene bis in die höheren Lagen der Mittelgebirge.
Lebensräume: Lichte Wälder, Waldränder, auch in parkartigem Gelände, regelmäßig in Dörfern und Städten.
Nistweise: Nistet ausschließlich oberirdisch, v.a. in natürlichen Baumhöhlen und in Felsspalten, aber auch in Vogel-Nistkästen, auf Dachböden, in Ställen und Scheunen. Nestbezieher und -bauer; Pollenstorer. Völker oft individuenreich. Sehr leicht reizbare Art, die ihre Nester bei Störungen heftig verteidigt. (HAAS 1962, HAGEN 1986, LEHMENSICK & STEIN 1958).
Blütenbesuch: Polylektisch.
Kuckucksbienen: *Psithyrus norvegicus.*
Phänologie: Univoltin. Die überwinterten ♀♀ erscheinen Ende März oder Anfang April, die jungen ♀♀ Ende Juli, die ♂♂ Mitte bis Ende Juli.
Bestandessituation: In den Wäldern leidet die Art zwar unter dem Mangel an natürlichen Baumhöh-

Bombus lapidarius, Königin auf *Taraxacum officinale*.

len, sie weicht aber auf Ersatzhöhlen (Vogelnistkästen) aus und findet auch in den menschlichen Siedlungen ausreichende Existenzbedingungen vor. Daher ist sie in Baden-Württemberg nicht gefährdet.

Bombus jonellus

(Kirby 1802)

Verbreitung: Fast ganz Europa, aber im Mittelmeerraum weitgehend fehlend. Schwerpunkt der Verbreitung in Nordeuropa; auch auf Island. In weiten Teilen Mitteleuropas und auf den Britischen Inseln in der Nominatform, in den Alpen in der ssp. *martes* Gerstäcker 1869 (Rasmont 1983b). – In der Bundesrepublik Deutschland keine Verbreitungsgrenze, aber mit zunehmender Entfernung von der Meeresküste seltener. – In Baden-Württemberg nur sehr zerstreut, überwiegend im Südschwarzwald.
Lebensräume: Offenlandsart, v.a. in Moorgebieten, in Sand- und Bergheiden.
Nistweise: Nistet oberirdisch, z.B. in Vogelnestern oder in Eichhörnchenkobeln, aber auch unterirdisch in Mäusenestern und unter Moospolstern. Nestbezieher und -bauer; Pollenstorer. Individuenarme Völker. (Hagen 1986, Höppner 1902b).
Blütenbesuch: Polylektisch.
Kuckucksbienen: Wahrscheinlich *Psithyrus flavidus*, vielleicht auch *Psithyrus sylvestris*.
Phänologie: Als einzige Hummelart des Gebietes bivoltin (ob überall?) (vgl. Alfken 1913, Douglas 1973, Krusemann 1947, Meidell 1968). Die überwinterten ♀♀ erscheinen Mitte März bis Anfang April, junge ♀♀ und ♂♂ ab Ende Juli. Eine 2. Generation vermutlich in langen und warmen Sommern.
Bestandessituation: Die ausgesprochen seltene Art ist in Baden-Württemberg v.a. durch Aufforstungen und intensivierte Grünlandnutzung gefährdet. RL: Stark gefährdet (2).

Bombus lapidarius

(Linnaeus 1758)

Verbreitung: Ganz Europa. – In der Bundesrepublik Deutschland keine Verbreitungsgrenze. – In Baden-Württemberg weit verbreitet, von der Ebene bis in die höheren Lagen der Mittelgebirge.
Lebensräume: Waldränder, alte Weinbergbrachen, Streuobstwiesen, Magerrasen, aber auch in allen möglichen anderen Lebensräumen, regelmäßig im Siedlungsbereich in Parkanlagen und Gärten.

Nistweise: Nistet oberirdisch in Hohlräumen, z. B. in Trockenmauern, in Steinhaufen und Felsspalten, in Gebäuden (Scheunen, Ställe, Schuppen, Dachböden), in Vogelnistkästen, aber auch unterirdisch in Mäusenestern. Pollenstorer. Völker oft individuenreich (100–300 Tiere). Ziemlich friedfertig. (Bachmann 1915, Hagen 1986, Hasselrot 1960, Hoffer 1882c, Postner 1951).
Blütenbesuch: Polylektisch.
Kuckucksbienen: *Psithyrus rupestris.*
Phänologie: Univoltin. Die überwinterten ♀♀ erscheinen Ende März bis Anfang April, die jungen ♀♀ Ende Juli, die ♂♂ Mitte Juli.
Bestandessituation: Die Art stellt nur geringe ökologische Ansprüche und ist bei uns eine der häufigsten Hummeln. Sie läßt sich in Hummelnistkästen leicht auch im Garten ansiedeln und ist in Baden-Württemberg nicht gefährdet.

Bombus lapponicus
(Fabricius 1793)

Verbreitung: Subalpin-arktisch disjunkt verbreitete Art. – In der Bundesrepublik Deutschland nur in den bayrischen Alpen, dort in der ssp. *hypsophilus* Skorikov 1912; zwischen 700 und 2400 m (Reinig 1972, Trautmann 1924). – In Baden-Württemberg nicht zu erwarten.
Lebensräume: In lichten Gehölzen des Hochgebirges.
Nistweise: Nistet sowohl unterirdisch in alten Mäusenestern als auch oberirdisch in hohlen Bäumen und in Heustadeln. Nestbezieher und Pollenstorer. (Hagen 1986, Løken 1973).
Blütenbesuch: Polylektisch.
Kuckucksbienen: Vielleicht *Psithyrus flavidus.*
Phänologie: Univoltin. Die überwinterten ♀♀ erscheinen ab Ende März bis Anfang Mai, die jungen ♀♀ und ♂♂ Anfang August bis Anfang September.
Bemerkungen: Svensson (1979) trennt *B. monticola* (Smith 1849) von *B. lapponicus* als selbständige Art ab. Nach seinen Angaben gehört die in den Alpen vorkommende Form zu *B. monticola*, während *B. lapponicus* nur in Skandinavien verbreitet ist. Inwieweit die Trennung berechtigt ist, vermag ich nicht zu beurteilen.

Bombus lucorum
(Linnaeus 1761)

Verbreitung: Ganz Europa. – In der Bundesrepublik Deutschland keine Verbreitungsgrenze. – In Baden-Württemberg weit verbreitet, von der Ebene bis in die höheren Lagen der Mittelgebirge.
Lebensräume: Wälder und Waldränder, aber auch in offenem Gelände und in verschiedensten anderen Lebensräumen; auch im Siedlungsbereich in Parkanlagen und Gärten.
Nistweise: Nistet unterirdisch, meist in verlassenen Kleinsäugernestern. Nestbezieher und Pollenstorer. Meist stark bevölkerte Nester. (Hagen 1986, Hasselrot 1960, Løken 1973).
Blütenbesuch: Polylektisch.
Kuckucksbienen: *Psithyrus bohemicus.*
Phänologie: Univoltin. Die überwinterten ♀♀ erscheinen ab Mitte März, die jungen ♀♀ ab Mitte Juli, die ♂♂ von Mitte Juli bis Ende August.
Bestandessituation: Die ziemlich anspruchslose und nach wie vor durchaus häufige Art ist in Baden-Württemberg nicht gefährdet.
Bemerkungen: Der *B. lucorum*-Komplex mit seinen außerordentlich variablen Formen ist nach wie vor taxonomisch umstritten. Während Warncke (1981, 1986c) *B. lucorum* mit *B. terrestris* synonymisiert und nur eine Art *B. terrestris* anerkennt, wurden in der Vergangenheit von den meisten Autoren, auch von mir, diese beiden Taxa als selbständige Arten aufgefaßt (u. a. Haeseler 1972, Mauss 1987, Pekkarinen 1979). Seit langem wurde aber vermutet, daß *B. lucorum* ein Artenkomplex ist. So wurde *B. magnus*, zunächst von Vogt (1911) als Form des *B. lucorum* beschrieben, später von Krüger (1954) zu Artrang erhoben. Einige Autoren (z. B. Elfving 1960) erkennen die Art nicht an, andere (u. a. Reinig 1973, Delmas 1976, Tkalců 1974) sind der Meinung, sie bestehe zu Recht, sei aber nicht klar von *B. lucorum* zu trennen. Løken (1973) war in der Lage, Königinnen von *B. lucorum* und *B. magnus* anhand morphometrischer Merkmale zu unterscheiden, während Pekkarinen (1979) zur Ansicht gelangt, daß *B. magnus* mit *B. lucorum* conspezifisch sei. Rasmont (1981, 1984) anerkennt nun noch eine weitere Art *B. cryptarum* Fabricius 1775 (= *lucocryptarum* Ball 1914), die bisher als Synonym von *B. lucorum* geführt wurde. Außer anhand morphologischer und zoogeographischer Kriterien wird in der jüngsten Zeit versucht, auch durch biochemische Untersuchungen, besonders der Enzyme (Scholl & Obrecht 1983, Obrecht & Scholl 1984), und durch Kreuzungsexperimente (de Jonghe & Rasmont 1983) zu belegen, daß im *terrestris-lucorum*-Komplex insgesamt die vier Arten *B. terrestris, B. lucorum, B. magnus* und *B. cryptarum* existieren. Die Unterscheidung der ♀♀ wird bei Rasmont (1984), die der ♂♂ bei Rasmont et al. (1986) behandelt.

Mir war es nicht möglich, das reichliche Hummelmaterial auf diese Sachverhalte hin zu überprüfen. Ein eigenes Urteil meinerseits muß daher vorerst zurückgestellt werden. Im Gelände dürfte die Unterscheidung der einzelnen Formen allerdings sehr problematisch sein.

Bombus mendax
Gerstäcker 1869

Verbreitung: Pyrenäen, Alpen (Rasmont 1983b). In den Schweizer Alpen zwischen 1600 und 2700 m (Beaumont 1958). – In der Bundesrepublik Deutschland nur in den bayrischen Alpen, dort von der Talsohle bis in die Gipfelregionen (Trautmann 1924). – In Baden-Württemberg nicht zu erwarten.
Lebensräume: Gebirgshänge.
Nistweise: Nistet stets unterirdisch in alten Mäusenestern. Nestbezieher. Leicht reizbar. (Aichhorn 1976, Hoffer 1885).
Blütenbesuch: Polylektisch.
Phänologie: Univoltin. Nach Aichhorn zählt die *B. mendax* zugleich zu den ersten und letzten Arten, die im Hochgebirge fliegen. Er beobachtete das erste ♀ am 20. 4. in 2360 m Höhe, ein Nest in 1890 m Höhe erreichte den Höhepunkt seiner Entwicklung am 23. Juli.

Bombus mesomelas
Gerstäcker 1869
Syn.: *B. elegans* auct. nec ? Seidl 1837.

Verbreitung: Die Nominatform in den Pyrenäen, in den höheren Lagen der Apenninenhalbinsel, in den Alpen und in den Karpaten; vereinzelt auch im außeralpinen Mitteleuropa in Mittelgebirgen (Tkalců 1974d). – In der Bundesrepublik Deutschland in den bayrischen Alpen, dort von den Talwiesen bis in die höheren Bergregionen (Trautmann 1924), aber auch im Fränkischen Jura nachgewiesen (Stoeckhert 1933, Trautmann 1915b). – In Baden-Württemberg wohl kaum zu erwarten.
Lebensräume: Sonnige Berghänge.
Nistweise: Nistet vorwiegend unterirdisch in verlassenen Mäusekesseln, dann Nestbezieher, aber auch in der Krautschicht, dann Nestbauer. Pocketmaker. (Hagen 1986, Hoffer 1888).
Blütenbesuch: Polylektisch.
Kuckucksbienen: Unbekannt.
Phänologie: Univoltin. Die überwinterten ♀♀ erscheinen etwa Ende Mai, junge ♀♀ und ♂♂ ab Ende August.

Bombus mucidus
Gerstäcker 1869

Verbreitung: Pyrenäen, Alpen, Apenninen, Karpaten, Yugoslawien (Rasmont 1983b). – In der Bundesrepublik Deutschland nur in den bayrischen Alpen, dort wohl die häufigste der alpinen Hummeln (Stoeckhert 1954, Trautmann 1924). Zwischen 1200 und 2300 m. – In Baden-Württemberg nicht zu erwarten.
Lebensräume: Berghänge.
Nistweise: Nistet wohl immer unterirdisch. Trautmann fand das Nest in einem offenen Loch. Das Nest bestand aus einem kopfgroßen, trockenen Grasballen, der im Innern 9 Zellen aufwies, die nach oben und vorn durch einen Wachshut vor Nässe geschützt waren. Wenn die Art in verlassenen Mäusekesseln nistet, ist sie Nestbezieher. Pocketmaker. (Hagen 1986, Trautmann 1924).
Blütenbesuch: Polylektisch.
Phänologie: Univoltin. Überwinterte ♀♀ erscheinen ab Mitte Mai, junge ♀♀ und ♂♂ ab Ende August.

Bombus muscorum
(Linnaeus 1758)
Syn.: *B. cognatus* Stephens 1846.

Verbreitung: Von Spanien über Apenninen- und Balkanhalbinsel bis zum Fernen Osten; Irland, Großbritannien, Küsten Norwegens (bis 68° n. Br.), Süd-Schweden, Süd-Finnland (Reinig 1976). – In der Bundesrepublik Deutschland keine Verbreitungsgrenze. Verbreitungsschwerpunkt in Küstennähe, im Binnenland weitaus weniger häufig. – In Baden-Württemberg nur sehr zerstreut.
Lebensräume: Offenlandsart, die bevorzugt Feuchtgebiete besiedelt; Niedermoore, in Norddeutschland auch in feuchten Sandheiden.
Nistweise: Nistet oberirdisch in der Krautschicht, in Grasbüscheln, unter Moos, in verlassenen Nestern auf Bäumen, an Häusern oder in Vogelnistkästen; im Küstenbereich auch im lockeren Dünensand. Ihr Nest richtet sie aus Moos und trockenem Gras meist selbst her. Pocketmaker. (Alfken 1913, Hagen 1986, Stoeckhert 1933).
Blütenbesuch: Polylektisch.
Phänologie: Univoltin. Überwinterte ♀♀ erscheinen Ende März bis Anfang April, junge ♀♀ und die ♂♂ ab Mitte Juli.
Bestandessituation: Die ausgesprochen seltene Art ist in Baden-Württemberg aufgrund ihres vorwiegenden Vorkommens in Feuchtgebieten gefährdet. RL: Gefährdet (3).

Bombus pascuorum, Königin an *Lamium maculatum*.

Bombus pascuorum

(Scopoli 1763)
Syn.: *B. agrorum* (Fabricius 1787) nec (Schrank 1781).

Verbreitung: Ganz Europa in vielen Färbungsformen. In Mitteleuropa in der ssp. *floralis* (Gmelin 1790) (RASMONT 1983b) – In der Bundesrepublik Deutschland keine Verbreitungsgrenze. – In Baden-Württemberg weit verbreitet, von der Ebene bis in die höheren Lagen der Mittelgebirge.
Lebensräume: Ubiquist, der verschiedenste Lebensräume besiedelt; regelmäßig auch im Siedlungsbereich in Parkanlagen und Gärten.
Nistweise: Nistet unterirdisch in verlassenen Mäusekesseln, aber auch oberirdisch unter Moospolstern, in der Krautschicht und in allerlei Hohlräumen: in lehmgefüllten Gefachen von Fachwerkbauten; in Strohhaufen, im Nest eines Eichhörnchens und eines Siebenschläfers, in einem alten Pelzmantel in der Ecke eines Dachbodens, in einem Haufen Putzwolle, in Vogelnestern (Vogelnistkästen). Unterschiedlich große Völker, die bisweilen auch 100 und mehr Arbeiterinnen produzieren. (HAGEN 1986, HASSELROT 1960, HOFFER 1882c, 1888, POSTNER 1951, WEYRAUCH 1934).
Blütenbesuch: Polylektisch.
Kuckucksbienen: *Psithyrus campestris*.
Phänologie: Univoltin. Überwinterte ♀♀ in manchen Jahren schon im März, sonst ab Anfang April, junge ♀♀ ab Mitte Juli, die ♂♂ im August. Die Art hat eine sehr lange Flugzeit und ist oft noch bis in den November hinein zu beobachten. Einzelne Völker sind bisweilen noch im Oktober intakt.

Bombus pascuorum, Männchen auf *Inula*.

Bestandessituation: Die Art stellt nur geringe ökologische Ansprüche und ist bei uns eine der häufigsten Hummeln. Sie läßt sich auch im Garten leicht in Hummelnistkästen ansiedeln und ist in Baden-Württemberg nicht gefährdet.

Bombus pomorum
(Panzer 1805)

Verbreitung: In Europa von Nordfrankreich bis zum Ural, in Südeuropa fehlend (Rasmont 1983b). – In der Bundesrepublik Deutschland liegt die Nordgrenze der Verbreitung offenbar in Nordrhein-Westfalen. – In Baden-Württemberg nur zerstreut.
Lebensräume: Waldränder, aber auch in offenem Gelände.
Nistweise: Nistet unterirdisch. (Bachmann 1915, Stoeckhert 1933).
Blütenbesuch: Polylektisch.
Kuckucksbienen: *Psithyrus campestris.*
Phänologie: Univoltin. Überwinterte ♀♀ ab Ende April, junge ♀♀ und die ♂♂ ab Anfang August.
Bestandessituation: Die Art ist landesweit im Bestand rückläufig und daher gefährdet.
RL: Gefährdet (3).

Bombus pratorum
(Linnaeus 1761)

Verbreitung: Ganz Europa mit Ausnahme des Südens der iberischen Halbinsel (Rasmont 1983b). – In der Bundesrepublik Deutschland keine Verbreitungsgrenze. – In Baden-Württemberg weit verbreitet, von der Ebene bis in die höheren Lagen der Mittelgebirge.
Lebensräume: Überwiegend in lichten Wäldern, aber auch in offenem Wiesengelände, gelegentlich auch im Siedlungsbereich.
Nistweise: Nistet meist oberirdisch, unter Gestrüpp und Moos, auch in verlassenen Eichhörnchennestern, in Vogelnistkästen, in Gebäuden in der Steinwolle der Dachisolierung, selten auch unterirdisch in Mäusekesseln. Nestbezieher und -bauer; Pollenstorer. Individuenarme Völker. (Friese & Wagner 1909, Hagen 1986, Løken 1973, Weyrauch 1934).
Blütenbesuch: Polylektisch.
Kuckucksbienen: *Psithyrus sylvestris* u. *Psithyrus campestris.*
Phänologie: Univoltin. Überwinterte ♀♀ bereits ab Mitte März, junge ♀♀ und die ♂♂ ab Ende Juni. Die Art ist in der Entwicklung der Kolonien die früheste von allen Hummeln. In manchen Jahren flie-

Bombus pratorum, Männchen auf *Knautia arvensis*.

gen die ♂♂ schon Ende Mai; im August sind bereits alle Jung-Königinnen im Winterquartier.
Bestandessituation: Die noch recht häufige Art ist in Baden-Württemberg nicht gefährdet.

Bombus pyrenaeus

Pérez 1879

Verbreitung: Pyrenäen, Alpen, Tatra, Balkan (RASMONT 1983b). Im Hochgebirge zwischen 1900 und 2700 m. – In der Bundesrepublik Deutschland nur in den bayrischen Alpen, dort in der ssp. *tenuifasciatus* Vogt 1909 (STOECKHERT 1954, TRAUTMANN 1924). – In Baden-Württemberg nicht zu erwarten.
Nistweise: Nistet unterirdisch wie oberirdisch in verlassenen Säuger- und Vogelnestern; gelegentlich auch in Heustadeln. Nestbezieher und -bauer. Pollenstorer. (HAGEN 1986).
Blütenbesuch: Polylektisch.
Phänologie: Univoltin. Überwinterte ♀♀ ab Anfang Mai, junge ♀♀ und die ♂♂ ab Ende Juli.

Bombus ruderarius

(Müller 1776)
Syn.: *B. derhamellus* (Kirby 1802); *B. rajellus* (Kirby 1802).

Verbreitung: Ganz Europa mit Ausnahme des hohen Nordens; in Südeuropa nur in höheren Lagen (RASMONT 1983b). – In der Bundesrepublik Deutschland keine Verbreitungsgrenze. – In Baden-Württemberg nur zerstreut, überwiegend in Lagen unter 500 m, aber auch in den höheren Lagen der Mittelgebirge.
Lebensräume: Vorwiegend im Offenland und in parkartigen Landschaften (Streuobstwiesen).
Nistweise: Nistet oberirdisch, in Bodenvertiefungen, unter Grasbüscheln, unter Moos; vorwiegend Nestbauer. Die Nester sind mit einer dicken Schicht von Gras und Moos bedeckt. Pocketmaker. Meist kleine Völker. (HAGEN 1986, HASSELROT 1960, WEYRAUCH 1934).
Blütenbesuch: Polylektisch.
Kuckucksbienen: *Psithyrus campestris*.

Phänologie: Univoltin. Überwinterte ♀♀ erscheinen ab Mitte April, junge ♀♀ im Juli, die ♂♂ ab Mitte Juli.
Bestandessituation: Die überall selten gewordene Offenlandsart ist in Baden-Württemberg vor allem durch den Verlust und die Beeinträchtigung ihrer wichtigsten Nistplätze (Feldraine, Böschungen und Gräben) durch Flurbereinigungen und intensive Landbewirtschaftung gefährdet.
RL: Gefährdet (3).

Bombus ruderatus
(Fabricius 1775)

Verbreitung: In mehreren Unterarten von Iberien bis zum südlichen Fennoskandien. In Mitteleuropa in der ssp. *eurynotus* (Dalla Torre 1882) (RASMONT 1983b). – In der Bundesrepublik Deutschland keine Verbreitungsgrenze. – In Baden-Württemberg weit verbreitet, in der Ebene und in den Mittelgebirgen.
Lebensräume: Offenlandsart; vorwiegend in Wiesenlandschaften.
Nistweise: Nistet vorwiegend unterirdisch in verlassenen Mäusekesseln. Nestbezieher und Pocketmaker. (HAGEN 1986).
Blütenbesuch: Polylektisch.
Kuckucksbienen: Wahrscheinlich *Psithyrus barbutellus.*
Phänologie: Univoltin. Überwinterte ♀♀ ab Ende April, die jungen ♀♀ ab Ende Juli, die ♂♂ ab Mitte Juli.
Bestandessituation: Ob die in den letzten Jahren nur vereinzelt zu beobachtende Art gefährdet ist, vermag ich nicht abzuschätzen.

Bombus sicheli
Radoszkowski 1859

Verbreitung: In Europa nur in höheren Gebirgen (Pyrenäen, Alpen, Balkan) (RASMONT 1983b). – In der Bundesrepublik Deutschland nur in den bayrischen Alpen, dort in der ssp. *alticola* Kriechbaumer 1873 in Lagen über 1300 m, meist zwischen 1900 und 2700 m (TRAUTMANN 1924). – In Baden-Württemberg nicht zu erwarten.
Lebensräume: Gebirgshänge.
Nistweise: Nistet in unterirdischen Hohlräumen z.B. in verlassenen Mäusenestern. Nestbezieher und Pollenstorer. (HAGEN 1986, HOFFER 1885, MÓCZÁR 1977).
Blütenbesuch: Polylektisch.
Kuckucksbienen: *Psithyrus rupestris.*
Phänologie: Univoltin. Überwinterte ♀♀ erscheinen je nach Höhenlage von Ende April bis Mitte Juni, die jungen ♀♀ und die ♂♂ ab Anfang August.

Bombus soroeensis
(Fabricius 1776)

Verbreitung: In mehreren Unterarten von den Pyrenäen bis Fennoskandien, von den Britischen Inseln bis zum Kaukasus; in Mitteleuropa die ssp. *proteus* (Gerstäcker 1869) (RASMONT 1983b). – In der Bundesrepublik Deutschland keine Verbreitungsgrenze. – In Baden-Württemberg nur sehr zerstreut, von der Ebene bis in die höheren Lagen der Mittelgebirge.
Lebensräume: Waldränder, aber auch in offenem Wiesengelände; im Mittelgebirge auch in lichten Wäldern, auf Bergwiesen, auf extensiv genutzten Schafweiden und in Bergheiden, im Norden eher in Sandheiden und Heidemooren.
Nistweise: Nistet unterirdisch in verlassenen Mäusekesseln und in Maulwurfsgängen. Nestbezieher und Pollenstorer. Kleine Völker. (HAGEN 1986, HASSELROT 1960, HÖPPNER 1902b).
Blütenbesuch: Polylektisch.
Kuckucksbienen: *Psithyrus quadricolor.*
Phänologie: Univoltin. Überwinterte ♀♀ erscheinen ab Ende April, die jungen ♀♀ ab Ende August, die ♂♂ im August.
Bestandessituation: Die seltene Art ist in Baden-Württemberg v.a. durch den Verlust ihrer Lebensräume als Folge von Aufforstungen, natürlicher Wiederbewaldung und intensivierter Grünlandnutzung gefährdet.
RL: Stark gefährdet (2).

Bombus subterraneus
(Linnaeus 1758)

Verbreitung: Von den Pyrenäen bis zum südlichen Fennoskandien (RASMONT 1983b). – In der Bundesrepublik Deutschland keine Verbreitungsgrenze, auch im Norden (vgl. ALFKEN 1913, EMEIS 1968), aber überall sehr selten (vgl. REINIG 1976). – In Baden-Württemberg nur sehr vereinzelte Vorkommen. In jüngster Zeit von R. Treiber an mehreren Stellen im Schwarzwald aufgefunden.
Lebensräume: Vorwiegend in offenem Gelände, vor allem in Hecken- und strukturreichen Wiesenlandschaften.
Nistweise: Nistet unterirdisch, in Maulwurfsgängen bis 2 m tief. Sehr individuenstarke Völker. (LØKEN 1973).

Bombus sylvarum, Königin.

Blütenbesuch: Polylektisch.
Phänologie: Univoltin. Die überwinterten ♀♀ erscheinen erst Anfang Mai, die jungen ♀♀ und die ♂♂ im Juli.
Bestandessituation: Die ziemlich seltene Art wurde in der jüngsten Zeit nur noch in historisch gewachsenen, extensiv genutzten Kulturlandschaften der Mittelgebirge aufgefunden, besonders in strukturreichen Hecken-Grünland-Komplexen. Sie ist in Baden-Württemberg stark in ihrem Bestand bedroht.
RL: Stark gefährdet (2).

Bombus sylvarum
(Linnaeus 1761)

Verbreitung: Ganz Europa, nordwärts bis zum südlichen Fennoskandien (Rasmont 1983b). – In der Bundesrepublik Deutschland keine Verbreitungsgrenze. – In Baden-Württemberg weit verbreitet, vorwiegend in der Ebene und im Hügelland.

Lebensräume: An Waldrändern und in parkartigem Gelände (Streuobstwiesen), aber nicht innerhalb von Wäldern (!); auch in offenem Wiesengelände und auf Weiden; in alten Weinbergbrachen, an Gräben und Böschungen; gelegentlich im Siedlungsbereich in Parkanlagen und Gärten.
Nistweise: Nistet unterirdisch in verlassenen Mäusekesseln, aber auch oberirdisch in der Krautschicht, unter Grasbüscheln, in Nestern von Eichhörnchen. Nestbezieher, aber auch Nestbauer. Pocketmaker. (Hagen 1986, Höppner 1901a, Hoffer 1882c).
Blütenbesuch: Polylektisch. Die Königinnen und Arbeiterinnen fallen durch ihren nervösen, rastlosen Flug auf.
Kuckucksbienen: *Psithyrus rupestris*.
Phänologie: Univoltin. Überwinterte ♀♀ erscheinen ab Anfang April, die jungen ♀♀ ab Ende Juli, die ♂♂ ab Mitte Juli.
Bestandessituation: Die noch ziemlich regelmäßig in verschiedenen Landesteilen anzutreffende, nicht seltene Art halte ich derzeit (noch) nicht für gefährdet.

Bombus terrestris

(Linnaeus 1758)
Syn.: *B. audax* auct.

Verbreitung: Ganz Europa. – In der Bundesrepublik Deutschland keine Verbreitungsgrenze. – In Baden-Württemberg weit verbreitet, von der Ebene bis in die höheren Lagen der Mittelgebirge.
Lebensräume: Ubiquist, der aber dichte Wälder meidet und eher im Offenland zu finden ist; auch im Siedlungsbereich in Gärten und Parkanlagen.
Nistweise: Überwiegend unterirdisch, besonders in verlassenen Mäusekesseln und Maulwurfsgängen, bis zu 1,5 m tief; gelegentlich auch in Hohlräumen nahe der Erdoberfläche, z. B. unter den Dielen eines Hühnerstalls oder in Mauerlöchern über dem Boden. Völker oft sehr individuenreich. Im Nestbereich leicht reizbar. (HAGEN 1986, HASSELROT 1960, POSTNER 1951, SCHMIDT 1918).
Blütenbesuch: Polylektisch.
Kuckucksbienen: *Psithyrus vestalis.*
Phänologie: Univoltin. Die überwinterten ♀♀ erscheinen ab Mitte März, die jungen ♀♀ und die ♂♂ ab Ende Juli.
Bestandessituation: Die nach wie vor sehr häufige Art ist in Baden-Württemberg nicht gefährdet.
Bemerkungen: Siehe die Anmerkungen bei *B. lucorum*. Es ist zu wünschen, daß die Bestrebungen einiger Apidologen, die seit langem in Gebrauch befindlichen Namen einiger Hummelarten durch die Nomenklaturkommission festschreiben zu lassen, Erfolg haben werden (vgl. MACFARLANE 1988). Ich habe mich daher den von manchen Autoren meines Erachtens voreiligen und verwirrenden Namensänderungen nicht angeschlossen (vgl. DAY 1979, RASMONT 1983b).

Bombus veteranus

(Fabricius 1793)
Syn.: *B. equestris* auct.

Verbreitung: Fehlt in Iberien, im ganzen Mittelmeerraum sowie in Irland und Großbritannien; von den Alpen nordwärts bis Süd-Schweden und Mittelfinnland; von der Bretagne bis zum Ural; in Mitteleuropa liegt der Verbreitungsschwerpunkt in küstennahen Gebieten; im Binnenland in weit geringerer Dichte und Häufigkeit (REINIG 1976, RASMONT 1983b). – In der Bundesrepublik Deutschland keine Verbreitungsgrenze, vor allem im Norden (vgl. HAESELER 1978b, 1982d, RIEMANN 1987a). – In Baden-Württemberg nur sehr zerstreut.
Lebensräume: Überwiegend in offenem Gelände, aber auch an Waldrändern.
Nistweise: Nistet vorwiegend oberirdisch, unter Grasbüscheln unter Moospolstern, gelegentlich auch unterirdisch in verlassenen Mäusekesseln. Nestbauer und -bezieher. Pocketmaker. Individuenarme Völker. (HAGEN 1986, LØKEN 1973, STOECKHERT 1933).
Blütenbesuch: Polylektisch.
Phänologie: Univoltin. Die überwinterten ♀♀ erscheinen ab Mitte April, die jungen ♀♀ und die ♂♂ ab Ende Juli.
Bestandessituation: Die recht seltene Art ist landesweit im Bestand rückläufig und daher stark gefährdet.
RL: Stark gefährdet (2).

Bombus wurfleini

Radoszkowski 1859
Syn.: *B. lefebvrei* auct. nec Lepeletier 1836.

Verbreitung: Mittel- und Hochgebirgsart, die in mehreren Unterarten von den Pyrenäen bis zum Ural und in Fennoskandien verbreitet ist. Die boreo-montane ssp. *mastrucatus* (Gerstäcker 1869) disjunkt verbreitet in den Alpen und in mitteleuropäischen Mittelgebirgen, in der Tatra, in den Karpaten und auf dem Balkan (RASMONT 1983b). In den Alpen bis 2600 m (BEAUMONT 1958). Verbreitungsgeschichte in REINIG (1965). – In der Bundesrepublik Deutschland nordwärts vermutlich bis zum Rand der Mittelgebirge. – In Baden-Württemberg v.a. im Schwarzwald und auf der Schwäbischen Alb, vereinzelt auch im Albvorland, in der Ebene nur sehr vereinzelt.
Lebensräume: Siedlungsschwerpunkt in Gebirgswäldern und auf waldnahen Bergwiesen; brachgefallene Schafweiden (Wacholderheiden) und Bergheiden; im Hochgebirge noch oberhalb der Waldgrenze.
Nistweise: Nistet meist unterirdisch in unterschiedlicher Tiefe, z. B. in verlassenen Mäusenestern oder unter Zwergsträuchern. Nestbezieher und Pollenstorer. Individuenreiche Völker. Leicht reizbar. (HAGEN 1986, HOFFER 1884, LØKEN 1973, MÓCZÁR 1938).
Blütenbesuch: Polylektisch.
Phänologie: Univoltin. Die überwinterten ♀♀ erscheinen ab Mitte April, die jungen ♀♀ und die ♂♂ im Juli.
Bestandessituation: Die Art ist zwar auf der Schwäbischen Alb und im Schwarzwald noch regelmäßig anzutreffen, wird dort aber durch Fichtenauffor-

stungen, natürliche Wiederbewaldung und intensivierte landwirtschaftliche Nutzung immer seltener und ist daher gefährdet.
RL: Gefährdet (3).

Ceratina Latreille 1802

Die Gattung *Ceratina* ist mit zahlreichen Arten auf allen Kontinenten vertreten, in Australien allerdings nur mit einer Art (MICHENER 1979). In der Bundesrepublik Deutschland kommen 3 Arten vor. Keulhornbienen lassen sich leicht an dem kahlen, meist etwas plattgedrückten, in der Regel metallisch, selten schwarz gefärbten Körper und den kurzen, keulenförmigen Fühlern (Name!) erkennen. Sie sind nur sehr spärlich behaart und sehr grob und zerstreut punktiert. Kopfschild (Clypeus), Schulterbeulen und Schienenbasis sind in der Regel weiß gezeichnet. Das Abdomen zeigt deutliche Einschnürungen an den einzelnen Segmenten. Mit etwas Übung lassen sich die drei heimischen, nur 6–9 mm großen Arten auch im Feld bestimmen, *C. cucurbitina* vor allem anhand der glänzend schwarzen Färbung und *C. callosa* durch ihre Größe. Der Stachel von *Ceratina* ist nur schwach ausgebildet und wird nie gebraucht. Nimmt man Tiere in die Hand, geben sie ein gelbliches Sekret ab, das stark nach Zitronen riecht. Zur Bestimmung der heimischen Arten ist der Schlüssel in SCHMIEDEKNECHT (1930:778) noch einigermaßen brauchbar. Eine illustrierte Tabelle, die auch die heimischen Arten einschließt, enthält die (englische) Arbeit von DALY (1983), der alle Arten der iberischen Halbinsel und Nordafrikas revidiert hat.

Ceratina callosa

(Fabricius 1794)
Syn.: *C. chalybea* Chevrier 1872 sensu DALY (1983).

Verbreitung: Iberische Halbinsel, Italien, Frankreich, Deutschland (BRD), Österreich, Schweiz, Tschechoslowakei, Ungarn, Türkey (DALY 1983). – In der Bundesrepublik Deutschland nordwärts bis Bad Kreuznach (MORAWITZ 1872, SCHMIDT & WESTRICH 1985), Nassau (BUDDEBERG 1895), Rüdesheim (FRIESE 1893a) und Boppard (coll. MAKB). – In Baden-Württemberg nur sehr vereinzelte Nachweise, schwerpunktmäßig im Kaiserstuhl und den angrenzenden Gebieten. Funddaten: LT99 Innerberg 1♂,1♀ 2. 7. 1952 (G). LU92 Achkarren 1♀ 16. 6.

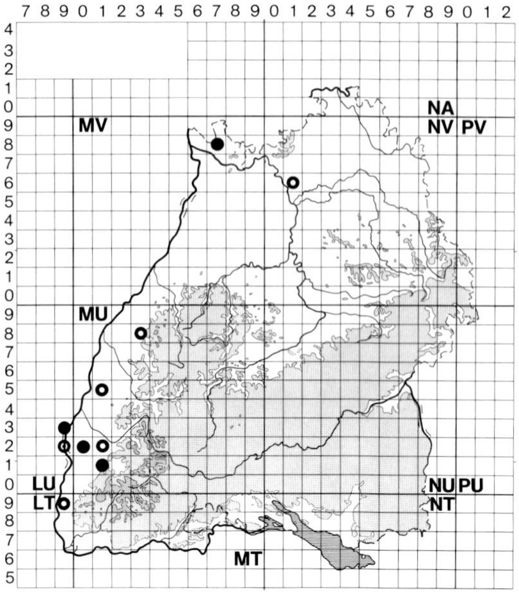

Ceratina callosa

1953 (G); 1♀ 22. 6. 1953 (LNK); 1♀ 31. 5. 1966 (G). LU93 Sasbach, Limburg 1♀ 5. 9. 1978 (S). MU02 Schelingen 1♀ 27. 6. 1968 (G); Vogtsburg 1♀ 17. 7. 1978 (W). MU11 Freiburg, Schönberg 2♂♂ 18. 5. 1974 (G); Freiburg 1♀ 13. 6. 1987 (D). MU12 Buchholz 1♀ 20. 6. 1953 (LNK). MU15 Lahr 1♀ 23. 7. 1946 (NK). MU38 Oberachern/Achern 5♂♂,6♀♀ 1925–1926; 2♀♀ 1929 (LNK, NK) (BALLES 1925, 1927). MV78 Schriesheim 1♀ 12. 5. 1988 (D). NV16 Mosbach 1♀ 1. 7. 1931 (LNK). Die Angaben von LAUTERBORN (1923) und STROHM (1925) waren nicht überprüfbar.

Lebensraum: Siedlungsschwerpunkt auf Trockenhängen im Weinbauklima, dort an Ruderalstellen und in alten Weinbergbrachen; auch an trockenwarmen Ruderalstellen der Ebene.

Nistweise: Nistet in selbstgenagten Hohlräumen in dürren markhaltigen Stengeln und Zweigen von Brombeere *(Rubus fruticosus)*, Strauchpappel *(Lavatera)*, Königskerze *(Verbascum)* und Disteln *(Cirsium, Onopordum)*. (BALLES 1939, GRANDI 1935, 1954, GOUREAU 1858, RABAUD 1922).

Blütenbesuch: Polylektische Art (5 Pflanzenfamilien). Pollenquellen: Asteraceae: Kornblume *(Centaurea cyanus)*, Rispen-Flockenblume *(Centaurea paniculata)*, Skabiosen-Flockenblume *(Centaurea scabiosa)*; Boraginaceae: Gewöhnlicher Natterkopf *(Echium vulgare)*; Campanulaceae: Berg-Sandrapunzel *(Jasione montana)*, Ausdauernde Sandrapunzel *(Jasione laevis)*; Caryophyllaceae:

Ceratina callosa ♂

Karthäuser-Nelke *(Dianthus carthusianorum)*; Convolvulaceae: Acker-Winde *(Convolvulus arvensis)*.
Kuckucksbienen: Vermutlich keine.
Phänologie: Univoltin. Beide Geschlechter überwintern als unverpaarte Imagines in hohlen Stengeln. Das Ausfliegen und die anschließende Paarung erfolgen erst im darauffolgenden Frühling und je nach Witterung von Ende April bis Anfang Juni. Im Mai oder Juni beginnen die Nistaktivitäten, die sich über viele Wochen erstrecken.
Bestandessituation: Die ausgesprochen wärmeliebende Art war in Baden-Württemberg schon immer sehr selten. Aber selbst die wenigen bekannten Vorkommen sind zwischenzeitlich teilweise erloschen als Folge großflächiger Rebflurbereinigungen. Lediglich im Kaiserstuhl-Gebiet und im Raum Freiburg konnte die Art seit 1975 noch regelmäßig festgestellt werden. Dort ist sie auf ein Netz trokkenwarmer Ruderalstellen angewiesen oder auf alte Brombeerhecken an warmen Waldrändern oder in Brachen. Die Art benötigt dickere Zweige oder Stengel als ihre kleineren Verwandten. Obendrein braucht sie aufgrund ihrer langen Flugzeit ein kontinuierliches Nahrungsangebot. Sie ist vor allem durch Vernichtung ihrer Nistplätze durch »Verschönerungsaktionen«, z.B. Bepflanzungen, oder durch Mahd aus »Ordnungsliebe« stark gefährdet. RL: Stark gefährdet (2).

Ceratina cucurbitina

(Rossi 1792)

Verbreitung: Süd- und Mitteleuropa. – In der Bundesrepublik Deutschland nordwärts im Rheingraben bis Bonn. – In Baden-Württemberg liegen die Verbreitungsschwerpunkte in der Oberrheinebene, im Kaiserstuhl und in der Vorbergzone des Schwarzwaldes. Außerhalb dieser Gebiete gibt es nur vereinzelte Nachweise. Alle Funde stammen aus Lagen unter 500 m. Material: 77♂♂,125♀♀.
Lebensraum: Das Vorkommen der ziemlich wärmeliebenden Art wird stark durch das Angebot an geeigneten Nistplätzen bestimmt. Daher trifft man die Offenlandsart am ehesten an Ruderalstellen, auf alten (Weinberg)Brachen, an warmen Waldrändern und in Feldhecken. Gelegentlich kommt sie auch im Siedlungsbereich vor (Karlsruhe).
Nistweise: Nistet in selbstgenagten Hohlräumen in dürren markhaltigen Stengeln und Zweigen von

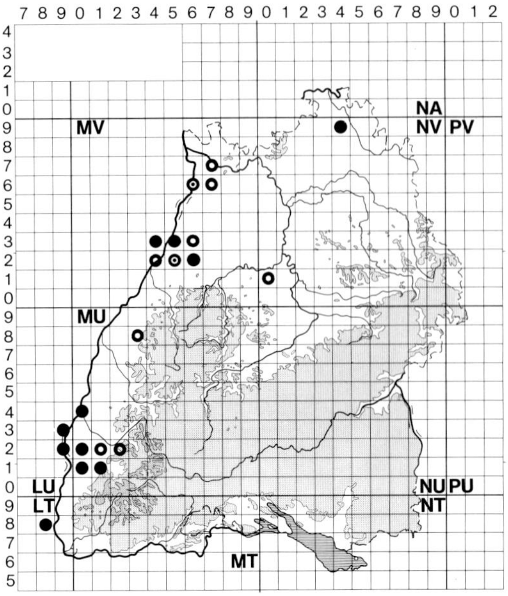

Ceratina cucurbitina

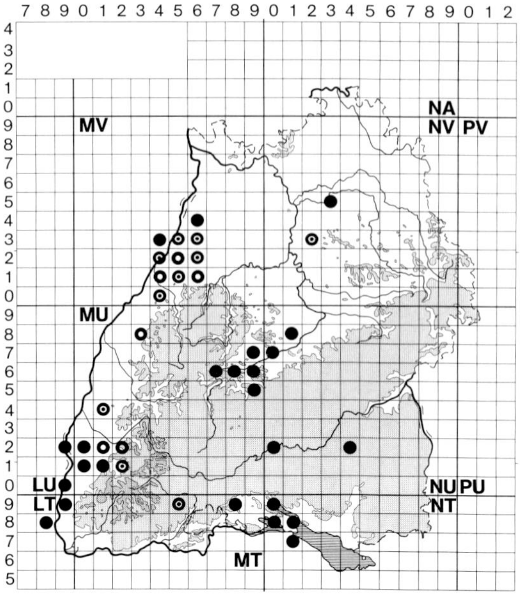

Ceratina cyanea

Disteln *(Carduus, Onopordum)*, Königskerzen *(Verbascum)*, Strauchpappel *(Lavatera)*, Beifuß *(Artemisia vulgaris)*, Brombeere *(Rubus fruticosus)*, Holunder *(Sambucus)*. (BALLES 1939, DALY 1983, DUFOUR & PERRIS 1840, FRIESE 1913, GRANDI 1935, 1937, 1961, GROZDANIĆ 1968, JANZON & SVENSSON 1988, MALYSHEV 1913).

Blütenbesuch: Polylektische Art (4 Pflanzenfamilien). Pollenquellen: Boraginaceae: Gewöhnlicher Natterkopf *(Echium vulgare)*; Campanulaceae: Ausdauernde Sandrapunzel *(Jasione laevis)*; Fabaceae: Luzerne *(Medicago sativa)*; Rosaceae: Brombeere *(Rubus fruticosus)*.

Phänologie: Univoltin. Beide Geschlechter überwintern als unverpaarte Imagines einzeln oder in Gruppen in hohlen Stengeln. Das Ausfliegen und die anschließende Paarung erfolgen erst im darauffolgenden Frühling, durchweg später als bei den verwandten Arten, etwa Ende Mai bis Anfang Juni. Im Verlauf des Junis beginnen die Nistaktivitäten, die sich bis weit in den Hochsommer erstrecken.

Bestandessituation: Die Art ist zwar in Baden-Württemberg nur regional verbreitet, konnte aber seit 1975 noch an verschiedenen Stellen in teils größerer Zahl angetroffen werden. Sie hat etwas geringere Wärmeansprüche als *C. callosa* und nimmt auch mit dünneren Stengeln oder Zweigen vorlieb. Daraus könnte sich ihre größere Häufigkeit erklären. Sie benötigt aber ebenso wie diese ein Netz trockenwarmer Ruderalstellen oder alte Brombeerhecken, deren Beseitigung zumindest lokal zu Verlusten führt. Erhaltungsmaßnahmen bestehen demnach in erster Linie in der Schonung und Förderung der Ruderalvegetation und der Schonung alter Brombeerhecken in niederen Lagen. Zusätzlich braucht sie aufgrund ihrer langen Flugzeit ein ununterbrochenes Nahrungsangebot vom Frühsommer bis zum Herbst.

RL: Gefährdet (3).

Ceratina cyanea

(Kirby 1802)

Verbreitung: Süd- und Mitteleuropa, nordwärts bis Südschweden (ERLANDSSON 1954, NILSSON 1986); England. – In der Bundesrepublik Deutschland vermutlich nur südlich des Mittelgebirgsrandes. – In Baden-Württemberg weit verbreitet, überwiegend in Lagen unter 500 m, vereinzelt aber auch in den Mittelgebirgen zwischen 500 und 800 m. Die Art ist sicherlich noch wesentlich weiter verbreitet, als aus der Verbreitungskarte ersichtlich. Material: 128♂♂,143♀♀.

Lebensraum: Ruderalstellen, alte (Weinberg)Brachen, Waldränder und Waldlichtungen, Feldhekken; auch im Siedlungsbereich (Ruderalstellen, Parks).

Nistweise: Nistet in selbstgenagten Hohlräumen in dürren markhaltigen Stengeln und Zweigen von

Ceratina cucurbitina, Kopula auf *Hieracium*.

Disteln *(Carduus, Onopordum)*, Königskerzen *(Verbascum)*, Beifuß *(Artemisia)*, Brombeere *(Rubus fruticosus)*, Holunder *(Sambucus)*. (BALLES 1939, DALY 1983, WESTRICH 1979).

Blütenbesuch: Polylektische Art (8 Pflanzenfamilien). Pollenquellen: Asteraceae: Wiesen-Flockenblume *(Centaurea jacea)*, Rispen-Flockenblume *(Centaurea paniculata)*, Kornblume *(Centaurea cyanus)*; Gewöhnliches Bitterkraut *(Picris hieracioides)*; Boraginaceae: Gewöhnlicher Natterkopf *(Echium vulgare)*; Campanulaceae: Rundblättrige Glockenblume *(Campanula rotundifolia)*, Ausdauernde Sandrapunzel *(Jasione laevis)*; Caryophyllaceae: Nelke *(Dianthus)*; Fabaceae: Weißklee *(Trifolium repens)*; Lamiaceae: Gewöhnlicher Dost *(Origanum vulgare)*; Resedaceae: Wilde Resede *(Reseda lutea)*; Rubiaceae: Echtes Labkraut *(Galium verum)*.

Phänologie: Univoltin. Beide Geschlechter überwintern als unverpaarte Imagines einzeln oder in Gruppen in hohlen Stengeln. Das Ausfliegen und die anschließende Paarung erfolgen erst im darauffolgenden Frühling und je nach Witterung von Ende April bis Anfang Juni. Die Nistaktivitäten beginnen meist im Juni und erstrecken sich bis weit in den Hochsommer.

Bestandessituation: Die seit 1975 in verschiedenen Landesteilen regelmäßig angetroffene Art ist die am wenigsten wärmeliebende und häufigste Keulhornbiene. Sie kommt sogar auf Waldlichtungen und auf Kahlschlägen vor, sofern sie dort geeignete Nistmöglichkeiten vorfindet. Im Garten läßt sie sich ebenfalls ansiedeln. Ich halte sie derzeit für ungefährdet.

Ceratina cyanea ♂

Chelostoma Latreille 1809

Die artenarme Gattung *Chelostoma* ist holarktisch verbreitet und in der Bundesrepublik Deutschland mit 4 Arten vertreten. Die mächtigen, scherenartigen Mandibeln der Weibchen, bei *C. florisomne* besonders ausgeprägt, haben der Gattung ihren deutschen und wissenschaftlichen Namen verliehen. In ihrem schwarzen und nur greis behaarten Habitus sind sich die einzelnen Arten sehr ähnlich. Alle fallen durch ihren lang gestreckten Körper auf. Bei den Männchen sind die Bauchseite und die Spitze des Hinterleibs durch Wülste oder Zacken ausgezeichnet, wodurch sie sich gut unterscheiden lassen. Im Feld lassen sich große Arten ansprechen, berücksichtigt man neben Habitus und Nistweise den charakteristischen Blütenbesuch. Allerdings ist auch eine Verwechslung mit manchen Mauerbienen möglich, z.B. mit *Osmia leucomelana* oder *Osmia claviventris*. Die Größe schwankt innerhalb der Gattung *Chelostoma* zwischen 4 und 12 mm. Es gibt winzige Arten wie *C. campanularum* und *C. distinctum* und größere wie *C. florisomne*. (Die größte, in den österreichischen und Schweizer, nicht jedoch in den deutschen Alpen vorkommende Art ist *C. grande*.) Zur Bestimmung der deutschen Arten ist SCHMIEDEKNECHT (1930:822) zu benutzen, dabei ist allerdings zu berücksichtigen, daß in diesem Werk die *Chelostoma*-Arten noch mit der Gattung *Heriades* (= *Eriades*) vereinigt werden. Als Ergänzung kann der (französische) Schlüssel von BENOIST (1929) dienen.

Chelostoma campanularum

(Kirby 1802)
Syn.: *C. florisomne* auct. nec (Linnaeus 1758).

Verbreitung: Ganz Europa mit Ausnahme des hohen Norden. In den Alpen bis 1600 m. – In der Bundesrepublik Deutschland keine Verbreitungsgrenze. – In Baden-Württemberg weit verbreitet, von der Ebene bis in die höheren Lagen der Mittelgebirge (ca. 800 m). Vor allem in der nördlichen Landeshälfte dürfte die Art noch wesentlich weiter verbreitet sein. Material: 77♂♂,124♀♀.

Lebensraum: Waldränder, Waldlichtungen, Streuobstwiesen, alte Weinbergbrachen, regelmäßig auch im Siedlungsbereich (Gärten). Als Nistplätze dienen Totholzstrukturen verschiedenster Art, z.B. abgestorbene Äste, Baumstrünke, »wurmstichige« Balken und Bretter von Holzschuppen und Scheunen, alte Zaunpfähle oder reetgedeckte Häuser.

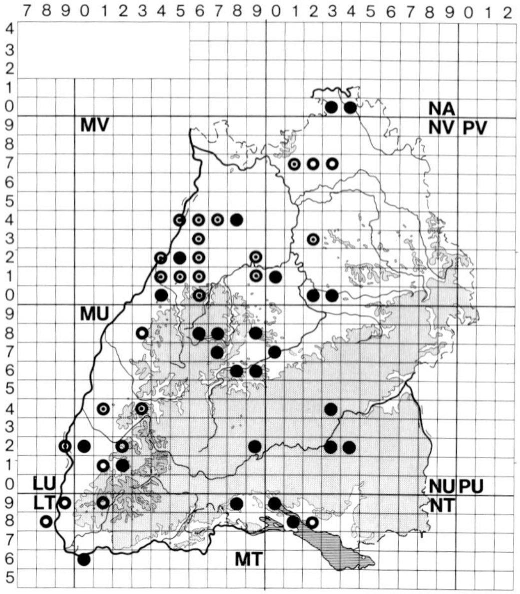

Chelostoma campanularum

Nistweise: Nistet in vorhandenen röhrenförmigen Hohlräumen mit sehr geringem Durchmesser (ca.2–2,5 mm), besonders in Fraßgängen in totem Holz oder in Schilfhalmen reetgedeckter Dächer. Baumaterial für Zellzwischenwände und Nestverschluß ist Sand oder Lehm. (HÖPPNER 1898, PITTIONI 1949).

Blütenbesuch: Streng oligolektische, auf *Campanula* (Campanulaceae) spezialisierte Art. Hauptpollenquelle in Südwestdeutschland ist die Rundblättrige Glockenblume *(Campanula rotundifolia)*. Weitere Pollenquellen: Nesselblättrige Glockenblume *(Campanula trachelium)*, Pfirsichblättrige Glokkenblume *(Campanula persicifolia)*, Dalmatinische Büschelglocke *(Edraianthus dalmaticus)*. – Die ♂♂ patrouillieren an den Blüten von Glockenblumen und schlafen auch in diesen.

Kuckucksbienen: *Stelis minima*.

Phänologie: Univoltin. Flugzeit von Anfang Juli bis Ende August (♂♂ 16. 6.–25. 8.; ♀♀ 27. 6.–14. 9.). Erscheint 3–4 Wochen später als *Chelostoma distinctum*. Überwinterung als Ruhelarve.

Bestandessituation: Die seit 1975 noch in verschiedenen Landesteilen, teils in größerer Zahl angetroffene Art ist im allgemeinen nicht selten und erscheint daher wenig gefährdet. In der intensiv genutzten Agrarlandschaft hat sie allerdings wie die meisten anderen Arten der Gattung keine Überlebenschance mehr, da hier entweder die Pollenquellen verdrängt wurden oder die Nistplätze feh-

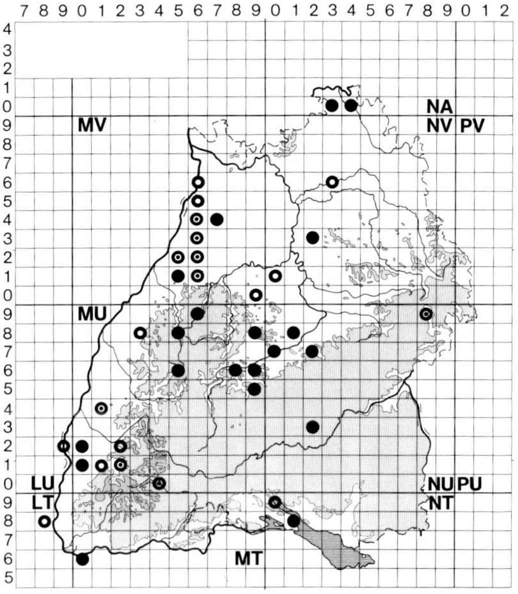

Chelostoma distinctum

len. Die Erhaltung anbrüchiger Bäume und sonstiger Totholzstrukturen und die Förderung von blütenreichen Waldsäumen sind wichtige Schutzmaßnahmen für diese Art. Durch Anbieten von totem, mit kleinen Fraßgängen durchsetztem Holz oder von Nisthilfen (Bohrungen in Holz, Schilfhalme) läßt sie sich auch im Garten ansiedeln, sofern man gleichzeitig für einen ausreichend großen Bestand an Glockenblumen, besonders der Rundblättrigen Glockenblume, sorgt.

Chelostoma distinctum

Stoeckhert 1929

Verbreitung: Süd- und Mitteleuropa. – In der Bundesrepublik Deutschland keine Verbreitungsgrenze. – In Baden-Württemberg weit verbreitet, von der Ebene bis in die höheren Lagen der Mittelgebirge (ca. 800 m). Vor allem in der nördlichen Landeshälfte dürfte die Art noch wesentlich weiter verbreitet sein. Material: 38♂♂,55♀♀.

Lebensraum: Waldränder, Streuobstwiesen, alte Weinbergbrachen, gelegentlich auch im Siedlungsbereich. Als Nistplätze dienen Totholzstrukturen verschiedenster Art, z. B. abgestorbene Äste, Baumstrünke, »wurmstichige« Balken und Bretter von Holzschuppen und Scheunen oder alte Zaunpfähle.

Nistweise: Nistet in vorhandenen Hohlräumen, besonders in Fraßgängen in totem Holz. Besiedelt bisweilen auch Nisthilfen, v. a. Bohrungen in Holz (Durchmesser 2 mm). Die Nester sind Linienbauten. Baumaterial für Zellzwischenwände und Nestverschluß ist Sand oder Lehm.

Blütenbesuch: Streng oligolektische, auf *Campanula* (Campanulaceae) spezialisierte Art. Pollenquellen: Wiesen-Glockenblume *(Campanula patula)*, Pfirsichblättrige Glockenblume *(Campanula persicifolia)*, Rundblättrige Glockenblume *(Campanula rotundifolia)*. – Die ♂♂ patrouillieren an den Blüten von Glockenblumen und schlafen auch in diesen.

Kuckucksbienen: Möglicherweise *Stelis minima.*

Phänologie: Univoltin. Flugzeit von Anfang Juni bis Ende Juli (♂♂ 27. 5.–6. 7.; ♀♀ 1. 6.–9. 8.). Fliegt 3–4 Wochen früher als *Chelostoma campanularum.* Überwinterung als Ruhelarve.

Bestandessituation: Die Art wurde seit 1975 noch in verschiedenen Landesteilen, teils in größerer Zahl nachgewiesen. Sie ist im allgemeinen nicht selten und erscheint deshalb wenig gefährdet. Mit Ausnahme der früheren Flugzeit ähnelt sie in ihren Ansprüchen ihrer nahen Verwandten *C. campanularum*, so daß im wesentlichen die gleichen Schutzmaßnahmen gelten.

Chelostoma florisomne

(Linnaeus 1758)

Syn.: *C. maxillosum* (Linnaeus 1767).

Verbreitung: Ganz Europa mit Ausnahme des hohen Norden. In den Alpen bis 2200 m. – In der Bundesrepublik Deutschland keine Verbreitungsgrenze. – In Baden-Württemberg weit verbreitet, von der Ebene bis in die höheren Lagen der Mittelgebirge (ca. 800 m). Sicherlich, vor allem in der nördlichen Landeshälfte, noch wesentlich weiter verbreitet, als aus der Karte ersichtlich. Material: 123♂♂,108♀♀.

Lebensraum: Waldränder, Waldlichtungen, Streuobstwiesen, regelmäßig auch im Siedlungsbereich (synanthrope Art). Als Nistplätze dienen Totholzstrukturen verschiedenster Art, z. B. abgestorbene Äste, anbrüchige Bäume, »wurmstichige« Balken und Bretter von Holzschuppen und Scheunen, alte Zaunpfähle, Schilfmatten oder reetgedeckte Dächer.

Nistweise: Nistet in vorhandenen Hohlräumen, besonders in Fraßgängen in totem Holz und sonstigen röhrenförmigen Hohlräumen, z. B. in den Internodien der Schilfhalme von reetgedeckten Häusern. Besiedelt auch Nisthilfen, z. B. Bohrungen in Holz, Bambus- und Schilfröhrchen (Innen-

Chelostoma florisomne, Kopf des Weibchens frontal. Beachte die scherenartigen Mandibeln.

Chelostoma florisomne ♀

durchmesser bevorzugt 3,5 mm). Die Nester sind Linienbauten und enthalten meist 2–3, in Schilfhalmen sogar bis zu 8 Brutzellen. Die Zellzwischenwände und der Nestverschluß bestehen aus einem mit Speichel(?) und Nektar durchtränkten Mörtel aus Lehm oder Sand. Der Nestverschluß ist besonders charakteristisch, weil in den noch weichen Mörtel kleine Steinchen gesetzt werden. Nach dem Trocknen werden die Nestverschlüsse steinhart. (Alfken 1892, Bonelli 1967a, 1968a, Brechtel 1986, Grandi 1954, 1961, Jussila & Käpylä 1975, Käpylä 1978a, 1978b, Lith 1957, Maréchal 1933, Nielsen 1901, Schletterer 1889, Westrich 1979).

Blütenbesuch: Streng oligolektische, auf *Ranunculus* (Ranunculaceae) spezialisierte Art (vgl. Käpyla 1978b, Westrich & Schmidt 1987). Pollenquellen: Scharfer Hahnenfuß *(Ranunculus acris)*, Knolliger Hahnenfuß *(Ranunculus bulbosus)*, Kriechender Hahnenfuß *(Ranunculus repens)*, Wolliger Hahnenfuß *(Ranunculus lanuginosus)*. – Die ♀♀ entfernen sich beim Pollensammeln nach Beobachtungen von Käpylä (1978a) bis zu 150 m vom Nest, während die ♂♂ nur 80 m weit weg vom Nest nektarsaugend gefunden wurden. Die ♂♂ schlafen gelegentlich in *Ranunculus*-Blüten.

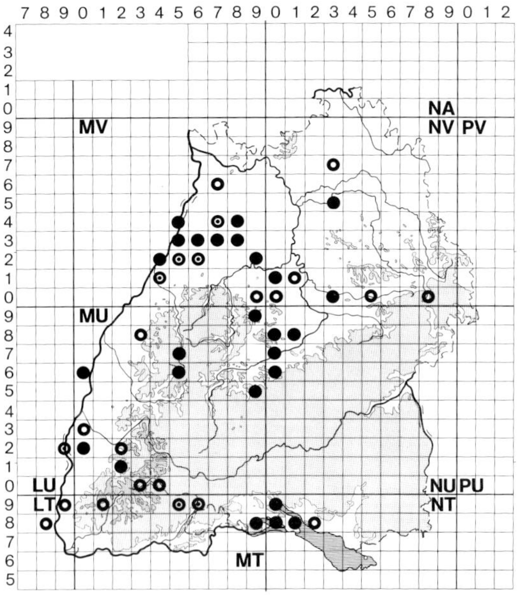

Chelostoma florisomne

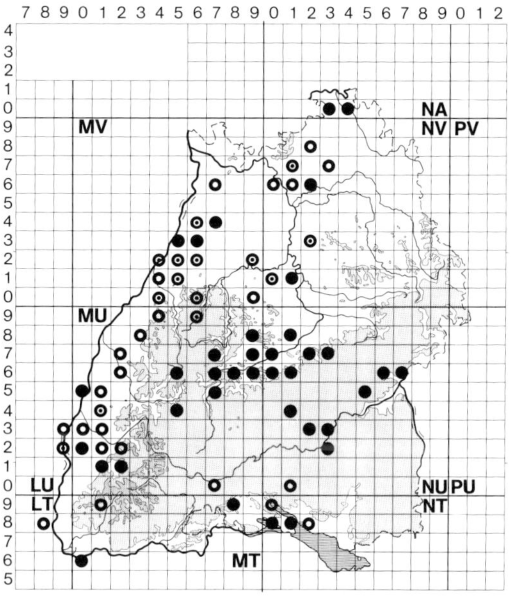

Chelostoma fuliginosum

Kuckucksbienen: Keine.
Phänologie: Univoltin. Flugzeit von Anfang Mai bis Ende Juni (♂♂ 18. 4.–16. 6.; ♀♀ 4. 5.–17. 7.). Hauptnistaktivität von Mitte Mai bis Anfang Juni. Überwinterung meist als unausgefärbte (helle), teils als ausgefärbte (schwarze) Puppe.
Bestandessituation: Die Art wurde seit 1975 wie in früheren Jahrzehnten regelmäßig in verschiedenen Landesteilen, teils in größerer Zahl angetroffen, so daß sie kaum im Bestand bedroht ist. Der begrenzende Faktor für ihr Vorkommen sind die Nistgelegenheiten, da ihre Pollenquellen innerhalb und außerhalb des Siedlungsbereichs sehr häufig sind. Im Garten, selbst auf dem Balkon, läßt sich die Art leicht mit Nisthilfen ansiedeln, wenn gleichzeitig auf das häufige Rasenmähen verzichtet und die Entwicklung von Blumenwiesen gefördert wird. Außerhalb des Siedlungsbereichs kommt es durch Beseitigung der Nistgelegenheiten (z.B. Rodung von alten, anbrüchigen Obstbäumen oder alter Zaunpfähle) zumindest lokal zu Verlusten. Im Grünland ist daher die Erhaltung von Totholzstrukturen eine wichtige Schutzmaßnahme.

Chelostoma foveolatum

(Morawitz 1868)

Die Art soll in Baden-Württemberg bei Bodersweier und Buchholz gefunden worden sein (BLÜTHGEN 1944, BALLES 1949). Die Belegexemplare (1♂, 1♀) waren nicht auffindbar. Bei dem von AERTS (1960) von Kirn/Nahe gemeldeten Exemplar handelte es sich um *Osmia claviventris*. Nach STOECKHERT (1954:48) soll die Art mehrfach im Elsaß festgestellt worden sein (Belegtiere von mir nicht überprüft). Ein Vorkommen in Südwestdeutschland scheint nicht ganz ausgeschlossen.

Chelostoma fuliginosum

(Panzer 1798)
Syn.: *C. nigricorne* (Nylander 1848) *C. rapunculi* (Lepeletier 1841).

Verbreitung: Zerstreut in Südeuropa, Mittel- und Nordeuropa. In den Alpen bis 2000 m. – In der Bundesrepublik Deutschland keine Verbreitungsgrenze. – In Baden-Württemberg weit verbreitet, von der Ebene bis in die höheren Lagen der Mittelgebirge. Material: 120♂♂,107♀♀.
Lebensraum: Waldränder, Waldlichtungen, Streuobstwiesen, oft auch im Siedlungsbereich in Gärten und größeren Parkanlagen (synanthrope Art). Als Nistplätze dienen Totholzstrukturen verschiedenster Art, z.B. abgestorbene Äste, anbrüchige Bäume, »wurmstichige« Balken und Bretter von Holzschuppen, alte Zaunpfähle, Schilfmatten und Reetdächer.
Nistweise: Nistet in vorhandenen Hohlräumen in

Chelostoma fuliginosum ♂

totem Holz, vor allem in Insektenfraßgängen. Besiedelt auch Nisthilfen, z.B. Bohrungen in Holz, Bambus- und Schilfröhrchen (Innendurchmesser bevorzugt 3,5 mm). Die Nester sind Linienbauten und enthalten 1–6 Brutzellen. Die Zellzwischenwände und der Nestverschluß bestehen wie bei *Chelostoma florisomne* aus einem mit Speichel(?) und Nektar durchtränkten Mörtel aus Lehm oder Sand. Der Nestverschluß ist besonders charakteristisch, weil in den noch weichen Mörtel kleine Steinchen gesetzt werden. Nach dem Trocknen werden die Nestverschlüsse steinhart. (Bonelli 1967f, Brechtel 1986, Käpylä 1978b, Westrich 1979).

Blütenbesuch: Streng oligolektische, auf *Campanula* (Campanulaceae) spezialisierte Art. Pollenquellen: Rundblättrige Glockenblume *(Campanula rotundifolia)*, Nesselblättrige Glockenblume *(Campanula trachelium)*, Pfirsichblättrige Glockenblume *(Campanula persicifolia)*, Knäuel-Glockenblume *(Campanula glomerata)*, *Campanula poscharskyana*, *Campanula isophylla.*

Kuckucksbienen: Nach Friese (1894–1901) *Stelis breviuscula*, was mir fraglich erscheint.

Phänologie: Univoltin. Flugzeit von Mitte Juni bis Ende August (♂♂ 7. 6.–28. 8.; ♀♀ 6. 6.–28. 8.). Hauptnistaktivität Anfang Juli bis Mitte August.

Bestandessituation: Die im allgemeinen nicht seltene Art wurde seit 1975 noch in verschiedenen Landesteilen, stellenweise in größerer Zahl nachgewiesen, vor allem durch gezielte Suche an den artspezifischen Nahrungspflanzen. Man könnte die Art daher für nicht gefährdet halten. In der intensiv genutzten Agrarlandschaft hat die Art aber kaum noch eine Überlebenschance, da dort meist die Pollenquellen und oft genug auch die Nistplätze fehlen. Die Erhaltung strukturreicher Waldränder mit besonnten Totholzstrukturen und blütenreichen Säumen ist für den Schutz außerhalb der Siedlungen unverzichtbar. Für den Siedlungsbereich gilt – zumindest für die Parkanlagen – das Gleiche. Im Garten und auf dem Balkon läßt sich die Art durch Nisthilfen ansiedeln, sofern in unmittelbarer Umgebung für ein ausreichendes Angebot verschiedener Glockenblumen gesorgt wird.

Coelioxys Latreille 1809

Die Gattung *Coelioxys* ist holarktisch verbreitet und dürfte neben der Gattung *Nomada* die artenreichste Kuckucksbienengattung sein. In der Bundesrepublik Deutschland wurden 12 Arten nachgewiesen. Der deutsche Gattungsname rührt von der charakteristischen Kegelform des Hinterleibs der Weibchen her. Die Männchen sind an den zahlreichen Enddornen des Abdomens leicht kenntlich. Das Schildchen (Scutellum) trägt jederseits einen kräftigen Zahn. Das Abdomen ist schwarz mit hellen Fransenbinden auf den Segmenten, die bei manchen Arten aus weißen Schuppen bestehen. Beim Weibchen ist das Analsegment oft sehr verlängert und zugespitzt. Im Feld sind die einzelnen Arten kaum zu unterscheiden, lediglich die Weibchen von *C. afra, C. brevis* und *C. rufocaudata* sind mit einiger Übung als solche zu erkennen. Zur Bestimmung verwende man die Tabellen in SCHMIEDEKNECHT (1930:837ff). Eine Beschreibung einiger heimischer Arten findet sich auch bei ERLANDSSON (1955).

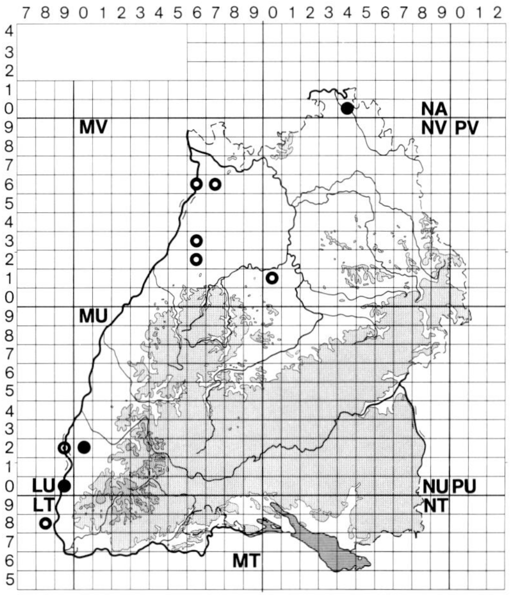

Coelioxys afra

Coelioxys afra
Lepeletier 1841

Verbreitung: Süd- und Mitteleuropa, Großbritannien; nördliche Verbreitungsgrenze im Bereich der Ostseeküste (Warnemünde) in der DDR. – In der Bundesrepublik Deutschland nur zerstreute Nachweise in den südlichen Bundesländern, nordwärts bis zum Lahntal. – In Baden-Württemberg nur vereinzelte Nachweise am Isteiner Klotz, im Kaiserstuhl, im Kraichgau, in der Oberrheinebene, im Neckarbecken und im Taubertal. Funddaten ab 1960: LU92 Achkarren 1♀ 23. 8. 1964 (G). MU02 Oberbergen 1♀ 14. 7. 1969 (Haeseler); Vogtsburg 1♂,1♀ 15. 7. 1987 (W). NA40 Werbach, Höhberg 1♀ 6. 7. 1983 (W); 2♀♀ 25. 7. 1985 (W). Material: 8♂♂,30♀♀.
Wirte: In den Sandgebieten Mitteleuropas *Megachile leachella*, an Trockenhängen *Megachile pilidens* (PETIT 1969, STOECKHERT 1954, TORKA 1913, eig. Beob.). Nach BISCHOFF (1927) kommt auch *Megachile apicalis* in Frage.
Blütenbesuch: Als (austauschbare) Nektarquellen dienen verschiedenste Pflanzenarten, z.B. Gewöhnlicher Hornklee *(Lotus corniculatus)*, Weißer Steinklee *(Melilotus alba)*, Sand-Thymian *(Thymus serpyllum)*, Gewöhnlicher Dost *(Origanum)*, Edel-Gamander *(Teucrium)*, Gewöhnlicher Natterkopf *(Echium vulgare)*, Weiden-Alant *(Inula salicina)*, Skabiosen-Flockenblume *(Centaurea scabiosa)*.
Phänologie: Univoltin. Flugzeit von Ende Juni bis Mitte August.
Bestandessituation: In Baden-Württemberg war die Art wie ihre Wirte schon immer sehr selten. Lediglich auf den Binnendünen bei Sandhausen wurde sie seit 1929 regelmäßig nachgewiesen. Dort ist sie aber zusammen mit ihrem Wirt seit Jahrzehnten verschollen. Seit 1975 wurde sie nur noch von drei Fundorten in der südlichen Oberrheinebene, im Kaiserstuhl und vom Taubertal bekannt. Die Art hat in Baden-Württemberg nur dann noch dann eine Chance der Erhaltung, wenn die Lebensräume ihrer Wirte, soweit noch nicht erfolgt, ausnahmslos unter Schutz gestellt werden. Dies gilt insbesondere für einige Magerrasenkomplexe im Kaiserstuhl (u.a. Haselschacherbuck), die Abraumhalden des Kalibergwerkes bei Buggingen und die Abwitterungshalden im Taubertal.
RL: Vom Aussterben bedroht (1).

Coelioxys alata
Förster 1853

Verbreitung: Europa zwischen 42° und 62° n.Br. In Belgien erreicht die Art die Westgrenze ihrer Verbreitung (vgl. PETIT 1969). Eine Verbreitungskarte gibt WARNCKE (1981). – In der Bundesrepublik

Coelioxys afra; Weibchen, das sich zum Schlafen an einem dürren *Artemisia campestris*-Stengel festgebissen hat.

Coelioxys aurolimbata, Weibchen auf *Sedum reflexum*.

Deutschland keine Verbreitungsgrenze, aber nur sehr zerstreut. – In Baden-Württemberg bisher nicht nachgewiesen, aber zu erwarten.
Wirte: Nach WARNCKE (1981) wurde die Art aus einem *Megachile*-Nest gezogen. ERLANDSSON (1955) gibt für Schweden *Megachile ligniseca* als Wirt an. Letztere Art wird auch von FRIESE (1921a, 1923) vermutet. STOECKHERT (1933:224) schließt aufgrund seiner Beobachtungen auf *Anthophora furcata* als Wirt.
Blütenbesuch: Als Nektarquellen wurden bisher nur Disteln *(Carduus)* und Jakobs-Greiskraut *(Senecio jacobaea)* bekannt.
Phänologie: Univoltin. Flugzeit von Juni bis August.

Coelioxys aurolimbata
Förster 1853

Verbreitung: Europa nordwärts bis Süd-Finnland (62° n. Br.). – In der Bundesrepublik Deutschland keine Verbreitungsgrenze. – In Baden-Württemberg nur zerstreute Nachweise, überwiegend aus Lagen unter 500 m, nur sehr vereinzelt auch bis ca. 600 m. Funddaten ab 1960: MT98 Moos 1♂ 13. 6. 1971 (W). MU11 Freiburg 1♂,1♀ 1987 (BIUF) (KLATT 1988). MV63 Stutensee 1♀ 28. 7. 1978 (S); 1♀ 29. 7. 1980 (S) (WESTRICH 1983a). MV94 Gemmingen 1♀ 23. 8. 1984 (W). NT18 Konstanz 2♂♂ 21. 6. 1985 (Z). NU07 Tübingen, Spitzberg 1♀ 25. 7. 1988 (W). NU18 Walddorfhäslach 1♂ 21. 6. 1976 (W) (WESTRICH 1980). Material: 37♂♂,57♀♀.
Wirte: *Megachile ericetorum* dürfte aufgrund zahlreicher Beobachtungen der einzige Wirt sein (vgl. ALFKEN 1913, eig. Beob.).
Blütenbesuch: Als (austauschbare) Nektarquellen dienen verschiedenste Pflanzenarten, z. B. Gewöhnlicher Steinklee *(Melilotus alba)*, Gewöhnlicher Hornklee *(Lotus corniculatus)*, Herzgespann *(Leonurus cardiaca)*, Aufrechter Ziest *(Stachys recta)*, Salbei *(Salvia)*, *Gewöhnlicher Natterkopf (Echium vulgare)*, Acker-Krummhals *(Anchusa arvensis)*, Wiesen-Knautie *(Knautia arvensis)*, Weidenröschen *(Epilobium)*.
Phänologie: Univoltin. Flugzeit von Ende Juni bis Mitte August (♂♂ 13. 6.–9. 7.; ♀♀ 23. 6.–20. 8.).
Bestandessituation: Die Art war in Baden-Württemberg vor 1960 noch verhältnismäßig häufig, ihre Bestände haben seither aber wie die ihres Wirtes vor allem außerhalb des Siedlungsbereiches stark abgenommen, so daß sie nur noch vereinzelt

Coelioxys aurolimbata, Kopula. Das obere Tier ist das Männchen.

zu finden ist. Seit 1975 wurde die Art nur noch von fünf Fundorten bekannt, von denen keiner in einem Naturschutzgebiet liegt.
RL: Gefährdet (3).

Coelioxys brevis
Eversmann 1852

Verbreitung: Südeuropa, vereinzelt in Mitteleuropa, nordwärts bis zur Ostseeküste (Warnemünde in der DDR); Großbritannien. – In der Bundesrepublik Deutschland vermutlich keine Verbreitungsgrenze, auch aus dem Norden gemeldet (WAGNER 1938a). Eindeutige Nachweise lagen mir vor aus Rheinland-Pfalz (Mombach bei Mainz) und Bayern (Strullendorf bei Bamberg) (vgl. WESTRICH 1984a). – In Baden-Württemberg nicht nachgewiesen, heute kaum noch zu erwarten (vgl. WESTRICH 1983a:9).
Wirte: *Megachile leachella* dürfte jedenfalls in Mitteleuropa und Großbritannien der Hauptwirt sein (vgl. RICHARDS 1978:413, TORKA 1913), im Süden soll die Art nach FRIESE (1923) bei *Megachile apicalis* leben.
Blütenbesuch: Als (austauschbare) Nektarquellen wurden bekannt: Gewöhnlicher Natterkopf *(Echium vulgare)*, Sand-Thymian *(Thymus serpyllum)*, Felsen-Fetthenne *(Sedum reflexum)*.
Phänologie: Univoltin. Flugzeit im Juli und August.
Bemerkungen: Nicht alle Literaturangaben sind zuverlässig, da Verwechslungen mit *Coelioxys afra* vorkommen. Zu streichen sind folgende Fundorte: Lahngebiet (WOLF 1956), Abendsberg und Erlangen (STOECKHERT 1954:55), Kirn (AERTS 1960).

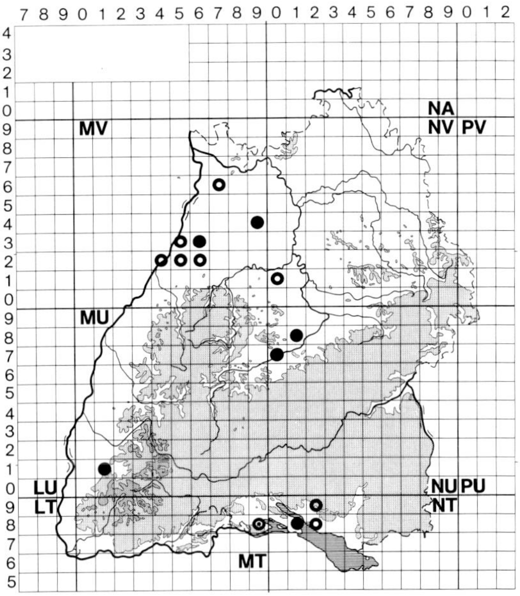

Coelioxys aurolimbata

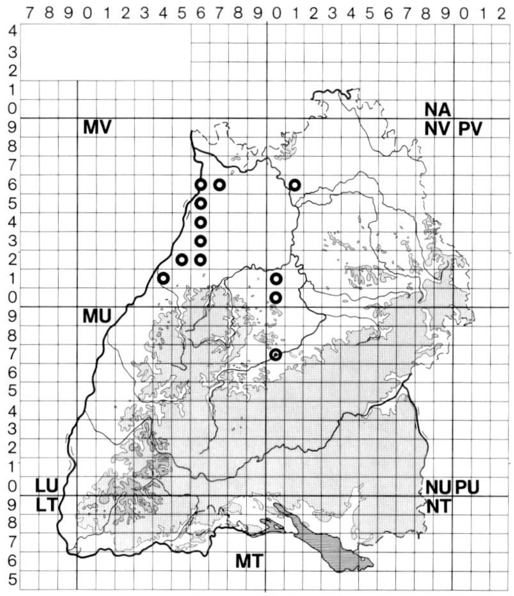

Coelioxys conoidea

Coelioxys conoidea
(Illiger 1806)
Syn.: *C. vectis* Curtis 1831 (vgl. WARNCKE 1986c:58, WESTRICH 1984a).

Verbreitung: Europa nordwärts bis Süd-Finnland (62° n. Br.). – In der Bundesrepublik Deutschland keine Verbreitungsgrenze. – In Baden-Württemberg liegt der Verbreitungsschwerpunkt in der nördlichen Oberrheinebene, sonst wurde die Art nur ganz vereinzelt und durchweg in Lagen unter 500 m nachgewiesen. Funddaten ab 1960: NU07 Tübingen 1♀ 7.1961 (W); Tübingen, Spitzberg 1♀ 30. 8. 1963 (S) (SCHMIDT 1966). Material: 7♂♂, 38♀♀.
Wirte: Hauptwirt ist *Megachile maritima*, was durch zahlreiche Beobachtungen belegt ist, ein weiterer Wirt ist *Megachile lagopoda* (ALFKEN 1912a, 1913, BLÜTHGEN 1916, FRIESE 1923, HÖPPNER 1901b, JØRGENSEN 1921, MÜLLER 1944, SIEBER 1933, STOECKHERT 1933, TORKA 1935, eig. Beob.).
Blütenbesuch: Als (austauschbare) Nektarquellen dienen verschiedenste Pflanzenarten, z. B. Gewöhnlicher Hornklee *(Lotus corniculatus)*, Sand-Thymian *(Thymus serpyllum)*, Wiesen-Knautie *(Knautia arvensis)*, Felsen-Fetthenne *(Sedum reflexum)*, Berg-Sandrapunzel *(Jasione montana)*, Stranddistel *(Eryngium maritimum)*, Gewöhnlicher Natterkopf *(Echium vulgare)*, Weidenröschen *(Epilobium)*, Nickende Distel *(Cirsium nutans)*, Gewöhnliche Kratzdistel *(Cirsium vulgare)*, Wollköpfige Kratzdistel *(Cirsium eriophorum)*, Wiesen-Flockenblume *(Centaurea jacea)*, Skabiosen-Flokkenblume *(Centaurea scabiosa)*, Doldiges Habichtskraut *(Hieracium umbellatum)*.
Phänologie: Univoltin. Flugzeit von Anfang Juli bis Ende August.
Bestandessituation: Noch vor 1960 wurde die Art vor allem in den Sandgebieten Nordbadens regelmäßig nachgewiesen. Zusammen mit ihrem Hauptwirt ist sie jedoch seither im Bestand stark rückläufig. Der letzte Fund stammt aus dem Jahre 1963. Im benachbarten Rheinland-Pfalz sind mir noch aktuelle Vorkommen bekannt. Schutzmaßnahmen müssen sich auf die Erhaltung der Lebensräume der Wirte, insbesonders auf schütter bewachsene Sandgebiete konzentrieren.
RL: Vom Aussterben bedroht (1).

Coelioxys elongata
Lepeletier 1841

Verbreitung: Europa nordwärts bis Süd-Finnland (63° n. Br.); Großbritannien. – In der Bundesrepublik nur vereinzelte Fundmeldungen und diese nicht alle unbedingt zuverlässig. – In Baden-Württemberg nur acht Nachweise im Kaiserstuhl, im Kraichgau und im Neckarbecken. Funddaten: LU92 Burkheim 1♀ 22. 8. 1985 (W). MU02 Obergen 1♀ 5. 6. 1968; 2♀♀ 14. 7. 1969 (Haeseler).

Coelioxys conoidea ♀

MV63 Untergrombach 1♀ 31. 6. 1921 (NK). Jöhlingen 1♀ 22. 7. 1931 (NK). NV01 Markgröningen 2♀♀ 19. 6. u. 22. 6. 1930 (SMNS) (Westrich 1983d).
Wirte: Wahrscheinlich kommen mehrere *Megachile*-Arten in Frage, einwandfreie Zuchten liegen aber nicht vor. Blüthgen (1919a) beobachtete die Art zusammen mit *Megachile willughbiella* und *M. circumcincta*; Friese (1895), Jørgensen (1921) und Bischof (1927) nennen *M. willughbiella, M. circumcincta, M. ligniseca, M. centuncularis* und *M. leachella.* Erlandsson (1955) beobachtete sie am Nesteingang von *M. willughbiella.* Stoeckhert (1933) traf sie in Gesellschaft von *M. centuncularis.* Bonelli (1969a) gibt *M. leachella* an.
Blütenbesuch: Als (austauschbare) Nektarquellen dienen verschiedenste Pflanzenarten, z.B. Gewöhnlicher Hornklee *(Lotus corniculatus)*, Weißklee *(Trifolium repens)*, Hasenklee *(Trifolium arvense)*, Wiesen-Knautie *(Knautia arvensis)*, Berg-Sandrapunzel *(Jasione montana)*, Gewöhnlicher Natterkopf *(Echium vulgare)*, Wald-Weidenröschen *(Epilobium angustifolium)*, Weiden-Alant *(Inula salicina)*, Herbst-Löwenzahn *(Leontodon autumnalis)*, Gemeine Goldrute *(Solidago virgaurea)*.
Phänologie: Vermutlich univoltin. Flugzeit von Mitte Juni bis Ende September.

Bestandessituation: Ob die bisher in Baden-Württemberg nur selten aufgefundene Art gefährdet ist, ist schwer abzuschätzen, da zumindest ein Teil ihrer Wirte weit verbreitet und häufig ist.

Coelioxys inermis

(Kirby 1802)
Syn.: *C. acuminata* Nylander 1852.

Verbreitung: Europa nordwärts bis 66° n.Br.; Großbritannien. – In der Bundesrepublik Deutschland keine Verbreitungsgrenze. – In Baden-Württemberg weit verbreitet, meist in niederen Lagen, aber auch in den höheren Lagen der Mittelgebirge. Material: 41♀♀.
Wirte: Hauptwirte dürften aufgrund meiner Beobachtungen *Megachile centuncularis* und *Megachile versicolor* sein (vgl. Bischoff 1927, Ferton 1905, Jørgensen 1921, Perkins 1925). Nach Stoeckhert (1954) wurde die Art aus einem Nest von *Megachile alpicola* gezogen. Von Stoeckhert (1933) wurde die Art am Nistplatz von *Osmia papaveris* beobachtet. Nach Moeschler (1938) soll die Art aus einem Nest von *Anthophora furcata* gezogen worden sein, was ich aber bezweifle.

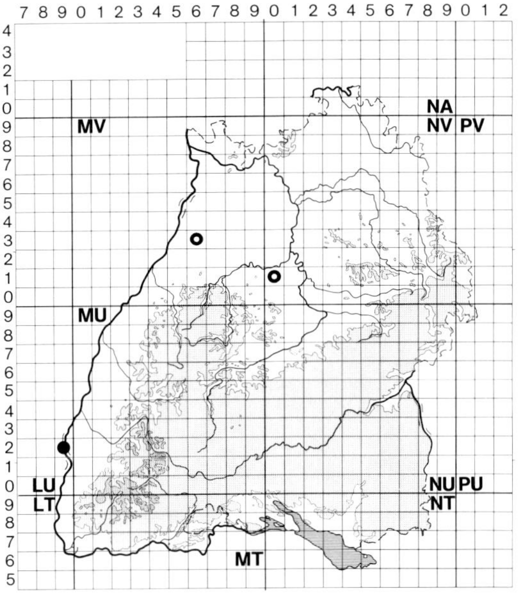

Coelioxys elongata

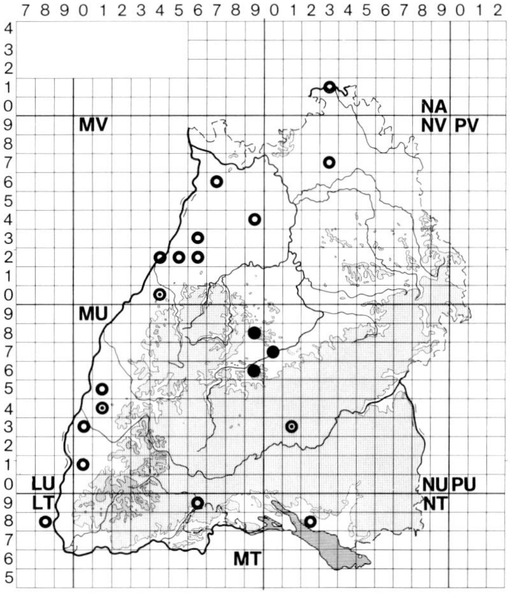

Coelioxys inermis

Blütenbesuch: Als (austauschbare) Nektarquellen dienen verschiedenste Pflanzenarten, z. B. Gewöhnlicher Hornklee *(Lotus corniculatus)*, Weißklee *(Trifolium repens)*, Wiesen-Knautie *(Knautia arvensis)*, Berg-Sandrapunzel *(Jasione montana)*, Tauben-Skabiose *(Scabiosa columbaria)*.
Phänologie: Vermutlich zumindest partiell bivoltin. Gesamt-Flugzeit von Ende Mai bis September.
Bestandessituation: Die Art wird zwar meist nur einzeln angetroffen, da aber ein Rückgang aufgrund des Sammlungsmaterials nicht zu erkennen ist und ihre vermutlichen Hauptwirte nicht im Bestand bedroht sind, halte ich die Art in Baden-Württemberg für ungefährdet.
Bemerkungen: Die ♂♂ von *C. inermis*, *C. elongata* und *C. mandibularis* sind für mich kaum zu unterscheiden und wurden in den Verbreitungskarten nicht berücksichtigt.

Coelioxys lanceolata
Nylander 1852

Verbreitung: Nur ganz vereinzelte Funde in Nord- und Mitteleuropa: Schweden, Finnland, Pyrenäen, Schweiz, Österreich und Deutschland. Eine Verbreitungskarte gibt WARNCKE (1981). – In der Bundesrepublik Deutschland ist diese wohl seltenste der europäischen *Coelioxys*-Arten bisher nur aus Bayern bekannt. Einziges derzeit bekanntes Vorkommen im Allacher Forst bei München (WARNCKE 1982a). – In Baden-Württemberg bisher nicht aufgefunden, ein Vorkommen der Art ist aber nicht auszuschließen, da auch ihr Wirt vorkommt.
Wirte: *Megachile nigriventris*, nach Überzeugung mehrerer Autoren der alleinige Wirt (ERLANDSSON 1955, FRIESE 1921a, 1923, WARNCKE 1982a).
Blütenbesuch: Als (austauschbare) Nektarquellen wurden bisher festgestellt: Wald-Weidenröschen *(Epilobium angustifolium)*, Wicken *(Vicia)*, Thymian *(Thymus)*.
Phänologie: Univoltin. Flugzeit von Juni bis Juli.

Coelioxys mandibularis
Nylander 1848

Verbreitung: Nord- und Mitteleuropa; Großbritannien. – In der Bundesrepublik Deutschland keine Verbreitungsgrenze. – In Baden-Württemberg nur vereinzelte Funde am Kaiserstuhl, in der nördlichen Oberrheinebene, im Bauland und im Mittleren Albvorland. Funddaten: LU92 Burkheim 1♀ 22. 8. 1985 (W). MU98 Breitenholz 1♀ 2. 7. 1983 (W). MV52 Karlsruhe-Hagsfeld 1♀ 22. 6. 1966 (LNK). MV51 Malsch 1♀ 13. 8. 1987 (D). MV63 Untergrombach 1♀ 20. 6. 1936 (LNK). NU07 Tübingen, Spitzberg 2♀♀ 5. 6. u. 17. 6. 1976; 1♀ 13. 7. 1978 (W) (WESTRICH 1980). NV16 Mosbach 1♀ 1. 7.

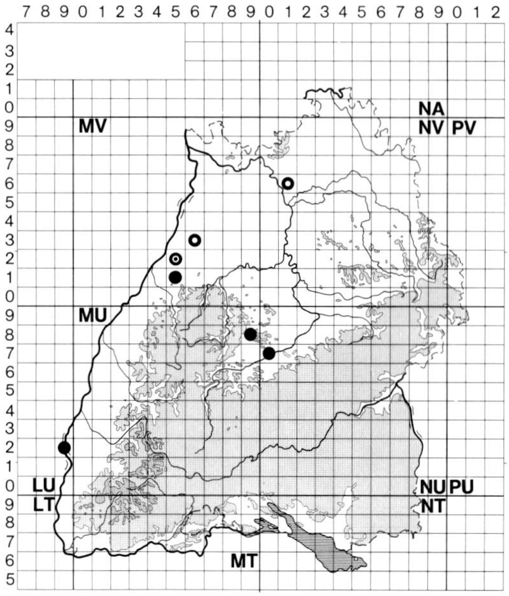

Coelioxys mandibularis

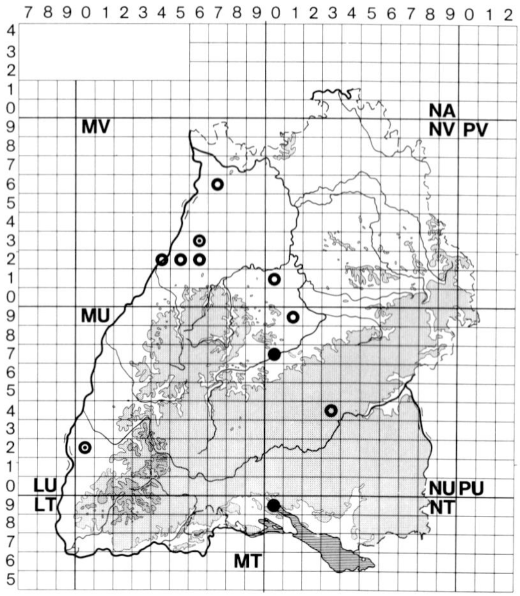

Coelioxys quadridentata

1931 (NK). Nicht belegt ist die Angabe »Ihringen« von STROHM (1925).

Wirte: Vermutlich kommen mehrere *Megachile-* und vielleicht auch *Osmia*-Arten in Frage, doch ist bisher lediglich *Megachile versicolor* durch Zucht belegt (JANZON & SVENSSON 1983). Aufgrund von Beobachtungen werden angegeben: *Megachile leachella* (ALFKEN 1912b, 1913, BLÜTHGEN 1919a, 1925, ERLANDSSON 1960a, 1960b, JØRGENSEN 1921, TORKA 1913); *M. circumcincta* (JØRGENSEN 1921, MÜLLER 1944), *M. centuncularis* (BISCHOFF 1927, FRIESE 1923); *M. versicolor* (BISCHOFF 1927, FRIESE 1923, JANZON & SVENSSON 1983); *M. pyrenaea* (STOECKHERT 1933); *Osmia papaveris* (BLÜTHGEN 1925, STOECKHERT 1954).

Blütenbesuch: Als (austauschbare) Nektarquellen dienen verschiedenste Pflanzenarten, z. B. Gewöhnlicher Hornklee *(Lotus corniculatus)*, Vogel-Wicke *(Vicia cracca)*, Feld-Klee *(Trifolium campestre)*, Sand-Thymian *(Thymus serpyllum)*, Wiesen-Knautie *(Knautia arvensis)*, Tauben-Skabiose *(Scabiosa columbaria)*, Berg-Sandrapunzel *(Jasione montana)*, Wald-Weidenröschen *(Epilobium angustifolium)*, Wald-Storchschnabel *(Geranium sylvaticum)*, Wiesen-Flockenblume *(Centaurea jacea)*, Gemeine Goldrute *(Solidago virgaurea)*.

Phänologie: Vermutlich univoltin. Flugzeit von Mitte Juni bis Ende August.

Bestandessituation: Die Art ist in Baden-Württemberg zwar sehr selten, eine konkrete Gefährdung ist für mich – auch aufgrund der noch nicht eindeutig geklärten Wirte – derzeit aber nicht erkennbar.

Coelioxys quadridentata

(Linnaeus 1761)

Verbreitung: Europa nordwärts bis Mittel-Finnland (66° n. Br.); Großbritannien. In den Alpen bis 2000 m. – In der Bundesrepublik Deutschland keine Verbreitungsgrenze. – In Baden-Württemberg bisher zwar nur zerstreute Nachweise von der Ebene bis in die Mittelgebirge, sicher aber viel weiter verbreitet, als aus der Karte ersichtlich. Material: 14♂♂, 42♀♀.

Wirte: Vermutlich liegt ein breites Wirtsspektrum vor. Gezogen wurde die Art aus einem Nest von *Anthophora furcata* (Else mündl. Mitt.). Im übrigen liegen nur gemeinsame Beobachtungen mit folgenden Arten vor: *Anthophora plagiata* (BISCHOFF 1927, FRIESE 1923); *Megachile circumcincta* (ALFKEN 1912b, BISCHOFF 1927, BLÜTHGEN 1919a); *Megachile willughbiella* (BISCHOFF 1927, FRIESE 1923); *Trachusa byssina* (BLÜTHGEN 1916, 1919a, ERLANDSSON 1955, FRIESE 1926, eig. Beob.).

Blütenbesuch: Als (austauschbare) Nektarquellen dienen verschiedenste Pflanzenarten, z. B. Gewöhnlicher Hornklee *(Lotus corniculatus)*, Wiesen-Platterbse *(Lathyrus pratensis)*, Roter Wiesenklee *(Trifolium pratense)*, Weißklee *(Trifolium repens)*,

Coelioxys rufescens ♀

Vogel-Wicke *(Vicia cracca)*, Moor-Glockenheide *(Erica tetralix)*, Wiesen-Knautie *(Knautia arvensis)*, Wiesen-Flockenblume *(Centaurea jacea)*, Skabiosen-Flockenblume *(Centaurea scabiosa)*.
Phänologie: Univoltin. Flugzeit von Ende Mai bis Mitte Juli (♂♂ 14. 5.–17. 7.; ♀♀ 27. 5.–12. 7.)
Bestandessituation: Die vorliegenden Daten lassen derzeit keine Gefährdung dieser wohl vergleichsweise häufigsten *Coelioxys*-Art erkennen.

Coelioxys rufescens
Lepeletier 1825

Verbreitung: Europa nordwärts bis Mittel-Finnland (65° n. Br.); Großbritannien. – In der Bundesrepublik Deutschland keine Verbreitungsgrenze. – In Baden-Württemberg nur wenige, durchweg ältere Funde am Kaiserstuhl, in der Freiburger Bucht, im Hochschwarzwald, im Wutach-Gebiet, im Bodenseebecken und in der Haardtebene. Funddaten ab 1960: MT98 Moos 1♀ 13. 6. 1971 (W). MU02 Oberbergen 2♀♀ 12. 6. 1964 (LNK). Material: 2♂♂,13♀♀.
Wirte: Ausschließlich *Anthophora*-Arten. Hauptwirt ist *Anthophora plagiata* (ALFKEN 1912b, 1913, BLÜTHGEN 1919a, FRIESE 1888, 1923, JØRGENSEN 1921, MOESCHLER 1938, eig. Beob.). Außerdem werden genannt: *A. quadrimaculata* (Caspers nach HOOP 1967, HÖPPNER 1903b), *A. bimaculata* (JØRGENSEN 1921), *A. furcata* (MÜLLER 1944, STOECKHERT 1933), *A. borealis* (MORAWITZ in FRIESE 1923). FRIESE (1923) beschreibt die Larvalentwicklung bei dem Wirt *A. fulvitarsis*.
Blütenbesuch: Als (austauschbare) Nektarquellen dienen verschiedenste Pflanzenarten, z. B. Gewöhnlicher Hornklee *(Lotus corniculatus)*, Weißer Steinklee *(Melilotus alba)*, Weißklee *(Trifolium repens)*, Wiesen-Platterbse *(Lathyrus pratensis)*, Vogel-Wicke *(Vicia cracca)*, Aufrechter Ziest *(Stachys recta)*, Schwarznessel *(Ballota nigra)*, Quirlblütiger Salbei *(Salvia verticillata)*, Gewöhnlicher Dost *(Origanum vulgare)*, Lauch *(Allium)*, Wiesen-Knautie *(Knautia arvensis)*, Tauben-Skabiose *(Scabiosa columbaria)*, Gewöhnlicher Natterkopf *(Echium vulgare)*, Brombeere *(Rubus fruticosus)*, Flachblättriger Mannstreu *(Eryngium planum)*, Skabiosen-Flockenblume *(Centaurea scabiosa)*, Sumpf-Kratzdistel *(Cirsium palustre)*, Doldiges Habichtskraut *(Hieracium umbellatum)*.
Phänologie: Univoltin. Flugzeit von Juni bis September. Überwinterung als Ruhelarve im Kokon.

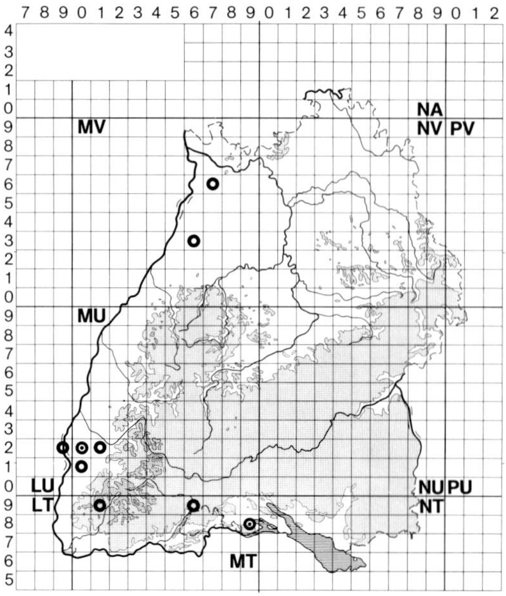

Coelioxys rufescens

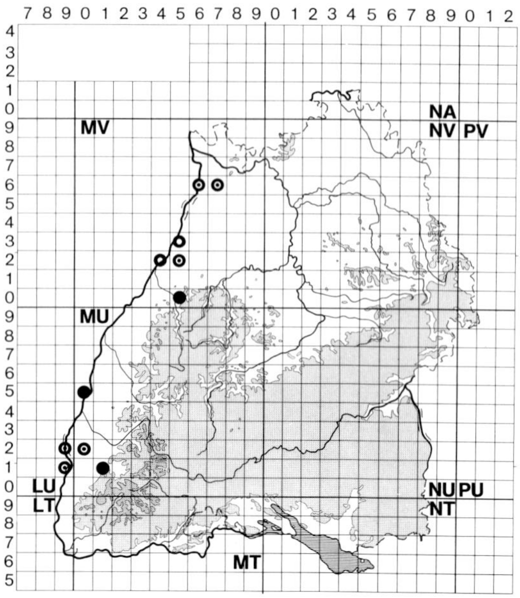

Coelioxys rufocaudata

Bestandessituation: Die Art war zwar in Baden-Württemberg schon immer relativ selten, seit 1960 liegen aber nur noch zwei Nachweise vor, einer davon aus dem Jahre 1971. Da der größte Teil ihrer Wirte mehr oder weniger stark gefährdet oder bereits verschollen ist, steht es schlecht um den Fortbestand dieser Art, die nach gegenwärtigem Kenntnisstand als vom Aussterben bedroht bezeichnet werden muß. Nur bei einer kaum zu erwartenden positiven Bestandsentwicklung der Wirte hätte diese Kegelbiene noch eine Chance.
RL: Vom Aussterben bedroht (1).

Coelioxys rufocaudata
Smith 1854

Verbreitung: Europa nordwärts bis etwa 54° n. Br. – In der Bundesrepublik Deutschland keine Verbreitungsgrenze, auch im Norden (Höppner 1901b, 1903b, Alfken 1913, Wagner 1938a), heutiger Verbreitungsschwerpunkt aber wohl eher in den südlichen Bundesländern. – In Baden-Württemberg nur in der Oberrheinebene und im Rheinvorland, dort zerstreut. Funddaten ab 1960: LU91 Gündlingen 1♂ 22. 7. 1964 (G). LU92 Bickensohl 1♂ 20. 7. 1969 (G). MU02 Vogtsburg 1♀ 11. 7. 1982 (W). MU05 Rust 1♂,1♀ 17. 7. 1978 (W). MU11 »Freiburg« 1987 (BIUF) (Klatt 1988). MV50 Hörden 1♂ 19. 6. 1988 (D). MV52 Karlsruhe 1♀ 19. 7. 1962; 1♀ 2. 7. 1969 (LNK). MV64 Ketsch 1♀ 29. 7. 1964. MV76 Sandhausen 1♀ 18. 7. 1969 (LNK). Material: 16♂♂,20♀♀.

Wirte: *Megachile rotundata* ist als (wohl einziger) Wirt durch zahlreiche Zuchten und Beobachtungen belegt (Brechtel 1986, Carré & Py 1981, Friese 1923, Farkas & Szalay 1985, Tasei 1975, eig. Beob.). Nach Trautmann (1920) soll auch *Osmia adunca* als Wirt in Frage kommen, was aber zweifelhaft erscheint, da dieser Autor die Kokons von *Osmia adunca* mit denen von *Coelioxys* verwechselt hat.

Blütenbesuch: Als (austauschbare) Nektarquellen werden u.a. besucht: Gewöhnlicher Hornklee (*Lotus corniculatus*), Wilde Resede (*Reseda lutea*), Felsen-Fetthenne (*Sedum reflexum*), Sand-Thymian (*Thymus serpyllum*).

Phänologie: Univoltin. Flugzeit von Anfang Juli bis Ende August.

Bestandessituation: Die Art wird zwar nur selten und meist einzeln angetroffen, da aber ihr Wirt derzeit nicht im Bestand bedroht ist, dürfte auch diese Kegelbiene nicht gefährdet sein.

Colletes Latreille 1802

Die Gattung *Colletes* ist weltweit verbreitet mit Ausnahme von Australien (MICHENER 1979). Aus der Bundesrepublik Deutschland sind 10 Arten bekannt.

Als charakteristische Merkmale der Gattung gelten die zweilappige Zunge, die Zahl und Größe der Cubitalzellen und das zugespitzte Abdomen der Weibchen. Die Körperfarbe ist durchweg schwarz, mit gelblichgrauer, oft dichter Behaarung. Das Abdomen ist meist durch breite Tergitbinden gekennzeichnet. Die einzelnen Härchen sind reich befiedert, wodurch die Behaarung filzig erscheint. Die Größe der Seidenbienen reicht von 8–16 mm.

Im Habitus und in der Größe ähneln sich die einzelnen Arten mit Ausnahme von *C. cunicularius* und *C. nasutus* sehr, so daß sie bei der Bestimmung im Gelände Schwierigkeiten bereiten. Am leichtesten läßt sich noch *C. cunicularius* ansprechen, der einer Honigbiene ähnelt, im Siedlungsbereich bei etwas Übung auch *C. daviesanus* durch seinen etwas gewölbten und glänzenden Thorax.

Zur Bestimmung muß nach wie vor die Tabelle in SCHMIEDEKNECHT (1930:888ff) Verwendung finden, da es keinen neueren und besseren Schlüssel gibt.

Colletes cunicularius

(Linnaeus 1761)
Syn.: *C. celticus* O'Toole 1974.

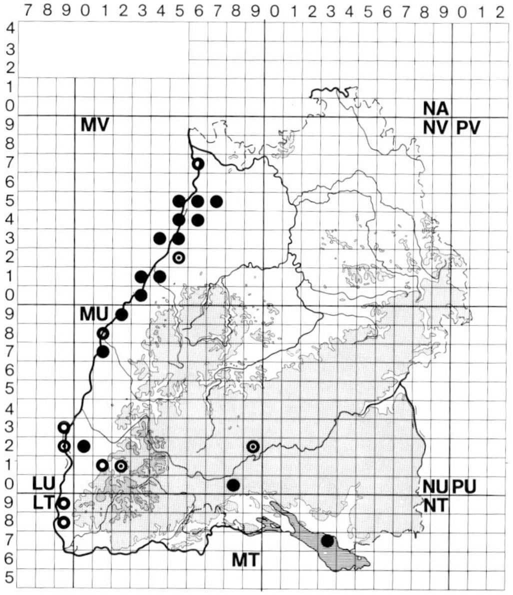

Colletes cunicularius

Verbreitung: Europa, nordwärts bis Finnland. – In der Bundesrepublik Deutschland keine Verbreitungsgrenze. – In Baden-Württemberg liegt der Schwerpunkt der Verbreitung in der nördlichen Oberrheinebene, aber auch in der südlichen Oberrheinebene (einschließlich Kaiserstuhl) ist die Art verbreitet, dabei reichen einzelne Vorkommen bis an den Rand der Schwarzwaldvorberge und in die Schwarzwaldtäler. Auch im Bereich des Hegaus und der Oberen Donau sowie am Bodensee gibt es einzelne Nachweise. Material: 88♂♂,32♀♀.

Lebensraum: Da die Art als Pionier bevorzugt neu entstandene Sandflächen in den Flußauen besiedelt, kommt sie fast ausschließlich in Sandgebieten vor. Die größten Vorkommen liegen in Sand- und Kiesgruben, auf Binnen- und Meeresdünen sowie auf Flugsandfeldern, auf Hochwasserdämmen und sandigen Bahndämmen sowie in strukturreichen Feldfluren. Nistplätze sind nicht oder nur schütter, gelegentlich auch dichter bewachsene horizontale oder schwach geneigte Bodenstellen auf lockeren Sanden oder sandigem Lockerlöß. Nistplatz und Nahrungsraum (Weichholzauen, Weidengebüsche) können räumlich weit auseinander liegen.

Nistweise: Nistet in selbstgegrabenen Gängen in der Erde, bei günstigen Bedingungen in großen Aggregationen (Ansammlungen von mehreren tausend Nestern). (CANE & TENGÖ 1981, LARSEN et al. 1986, MALYSHEV 1923b, 1927, NELSON 1975, NIELSEN 1933).

Blütenbesuch: Streng oligolektische, auf *Salix* (Salicaceae) spezialisierte Art. Pollenquellen: Grau-Weide *(Salix cinerea)*, Sal-Weide *(Salix caprea)*, Ohr-Weide *(Salix aurita)*, Korb-Weide *(Salix viminalis)*, Kriech-Weide *(Salix repens)*. – Auch die ♂♂ werden fast ausschließlich an *Salix* angetroffen, saugen gelegentlich aber auch an den Blüten anderer Pflanzen.

Kuckucksbienen: *Sphecodes albilabris* kann regelmäßig an den Nestern angetroffen werden.

Phänologie: Univoltin. Flugzeit von Mitte März bis Ende April (♂♂ 17. 3.–2. 4.; ♀♀ 20. 3.–26.5). Überwinterung als Imago.

Bestandessituation: Die Art findet derzeit noch an einigen Stellen der Oberrheinebene günstige Bedingungen vor, so daß sie dort mitunter in hoher Individuendichte anzutreffen ist. Sie ist aber insgesamt etwas seltener als *Andrena vaga.* Aufgrund ihrer (zumindest in Baden-Württemberg) starken Bindung an Flußauen sowie ihrer Abhängigkeit von Weiden als Pollenquellen und von sandigen Pio-

Colletes cunicularius, Kopula.

nierstandorten als Nistplätze ist sie trotzdem als gefährdet zu betrachten. Die Primärbiotope dieser Art sind ohnehin durch Flußregulierungen bereits zerstört. Das Auffüllen und die Rekultivierung von Sand- und Kiesgruben als Ausweichlebensräume sowie die Beseitigung von Weiden in den Flußauen sind weitere Gefährdungsfaktoren. Schutzmaßnahmen bestehen demnach in der Erhaltung und Pflege der Sekundärbiotope, d.h. keine Auffüllung und Rekultivierung sowie Verhinderung des Zuwachsens von Sand- und Kiesgruben (Erhaltung von Pionierstadien). Sicherung und Förderung der Weidenbestände in den Flußauen (Weichholzauen und Weidengebüsche). Einzelne Vorkommen im Bereich der Altrheinarme liegen in Naturschutzgebieten und dort v.a. auf den Hochwasserdämmen.
RL: Gefährdet (3).

Colletes daviesanus
Smith 1846

Verbreitung: Süd-, Mittel- und Osteuropa, Großbritannien; nordwärts bis Schweden und Finnland. – In der Bundesrepublik Deutschland keine Verbreitungsgrenze. – In Baden-Württemberg weit verbreitet, v.a. in niederen Lagen, aber auch in den Mittelgebirgen. Die Art dürfte mit Sicherheit in der gesamten nördlichen Landeshälfte flächendeckend verbreitet sein und auch in den Mittelgebirgen weit mehr Vorkommen aufweisen, als aus der Karte ersichtlich ist. Material: 205♂♂,233♀♀.
Lebensraum: Sand-, Kies- und Lehmgruben, Sandsteinbrüche, von Lößwänden durchzogene Feldfluren und Weinberge, Kahlschläge, Molassefelshänge, Dörfer und Städte (synanthrope Art). Nistplätze sind vorwiegend Steilwände und Abbruchkanten. Hauptfaktor für die Anlage der Nestbauten sind hinsichtlich Korngröße und Verfestigung geeignete Substrate, z.B. wenig verfestigte Sandsteine des Mittleren Buntsandsteins, Keuper-, Dogger- und Molassesandsteine, Primärlöß (Kaiserstuhl, Kraichgau), vulkanische Gesteine (locker bis mäßig verfestigte, feinkörnige Aschentuffe der Eifel), Podsolböden des Quartärs (Norddeutschland); im Siedlungsbereich werden auch lehm- bzw. kalkmörtelverfugte und Sandsteingemäuer genutzt, deren lokal starke Besiedlung zu Gebäudeschäden führen kann. Nahrungsräume sind in erster Linie Ruderalstellen, im Siedlungsbereich auch Gärten.
Nistweise: Nistet in selbstgegrabenen Hohlräumen, die meist mindestens zweimal hintereinander be-

Colletes daviesanus ♂

Colletes daviesanus, Weibchen auf *Tanacetum parthenium*.

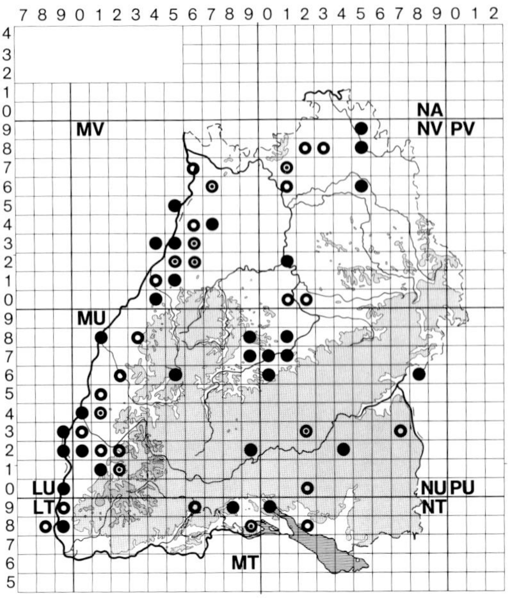

Colletes daviesanus

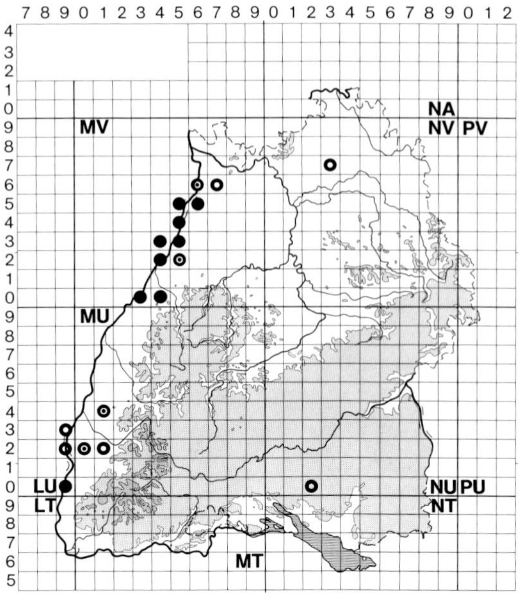

Colletes fodiens

nutzt werden, bisweilen in größeren Aggregationen. Die linearen, gelegentlich gebogenen Nester bestehen aus horizontalen Röhren von 5–7 mm Weite und durchschnittlich 8–15 (4–10) mm Länge, die sich gelegentlich bis häufig im hinteren Teil gabeln. Sie enthalten 2–6, manchmal 10 tütenförmig ineinander steckende Brutzellen, die cellophanartig mit einem Sekret ausgekleidet sind. Die Gangachse der Bauten ist häufig nach der Einfallsrichtung der Morgensonne orientiert. (Blair 1920, Enslin 1922, Friese 1891a, 1912, Haeseler 1972, Mader 1980, 1981a, 1981b, Malyshev 1923, Nielsen 1903, Plateaux-Quénu 1972, Roller 1938, Scheloske 1973, 1974, Tischler 1951).

Blütenbesuch: Oligolektische, auf Asteraceae (Korbblütler) spezialisierte Art. Pollenquellen: Rainfarn *(Tanacetum vulgare)*, Mutterkraut *(Tanacetum parthenium)*, Färber-Kamille *(Anthemis tinctoria)*, Wiesen-Schafgarbe *(Achillea millefolium)*, Gold-Garbe *(Achillea filipendulina)*, Geruchlose Kamille *(Tripleurospermum inodorum)*, Jakobs-Greiskraut *(Senecio jacobaea)*, Einjähriger Feinstrahl *(Erigeron annuus)*, Sand-Strohblume *(Helichrysum arenarium)*, Zier-Strohblumen *(Helichrysum)*. – *Tanacetum vulgare* wird erst in der zweiten Hälfte der Flugzeit zur Hauptpollenquelle. Korbblütler sind auch die fast ausschließlichen Nektarquellen beider Geschlechter.

Kuckucksbienen: *Epeolus variegatus.*

Phänologie: Univoltin. Flugzeit von Mitte Juni bis Mitte August (♂♂ 4. 6.–2. 9.; ♀♀ 31. 5.–4. 9.). Überwinterung als Ruhelarve.

Bestandessituation: Die mitunter auch im Siedlungsbereich durchaus häufige Art ist in Baden-Württemberg nicht gefährdet. Durch die Kultur entsprechender Korbblütler kann man sie auch im Garten fördern.

Colletes floralis

Eversmann 1852

Syn.: *C. montanus* Morawitz 1876.

Verbreitung: Vorwiegend Küsten und Hochgebirge. Irland, Nordengland, Südschweden, Südfinnland, Mitteleuropa ostwärts bis Ural; Pyrenäen, Alpen und Kaukasus (Warncke 1978a). In der DDR gemeldet von Warnemünde (Blüthgen 1919a, Friese 1912) und der Insel Hiddensee (Oehlke & Dylewska 1975). – In der Bundesrepublik Deutschland lediglich eine Beobachtung von Knuth auf der Insel Föhr (Stoeckhert 1933), die nach Wagner (1938a) von Alfken bestätigt worden sein soll. Eine Überprüfung von Belegexemplaren war mir nicht möglich. Die Art ist auch im deutschen Alpengebiet zu erwarten. Über die Biologie ist mir nichts Näheres bekannt.

Colletes fodiens, Weibchen auf *Tanacetum vulgare*.

Colletes fodiens
(Geoffroy in Fourcroy 1785)

Verbreitung: Mitteleuropa, Großbritannien, nordwärts bis Südschweden (Erlandsson 1960b). – In der Bundesrepublik Deutschland keine Verbreitungsgrenze, auch im Norden (vgl. Riemann 1987a). – In Baden-Württemberg liegt der Verbreitungsschwerpunkt in der nördlichen Oberrheinebene, weitere Vorkommen sind aus der südlichen Oberrheinebene und dem Kaiserstuhl bekannt. Sehr vereinzelt ist die Art auch aus anderen Teilen des Landes belegt. Material: 18♂♂,32♀♀.
Lebensraum: Der Siedlungsschwerpunkt liegt deutlich in den Sandgebieten. Daher finden sich die größten Vorkommen auf Binnendünen und Flugsandfeldern, in Sandgruben, auf Hochwasserdämmen und an sandigen Ruderalstellen. Besiedelt aber auch Löß. Als Nistplatz wurde mir ein vegetationsfreier, stark verdichteter Sandplatz bekannt.
Nistweise: Nistet in selbstgegrabenen Hohlräumen in der Erde.
Blütenbesuch: Oligolektische, auf Asteraceae (Korbblütler) spezialisierte Art. Hauptpollenquelle ist Rainfarn *(Tanacetum vulgare)*. Weitere Pollenquellen: Geruchlose Kamille *(Tripleurospermum inodorum)*, Sand-Strohblume *(Helichrysum arenarium)*, Einjähriger Feinstrahl *(Erigeron annuus)*, Wiesen-Schafgarbe *(Achillea millefolium)*, Wiesen-Alant *(Inula britannica)*, Färber-Kamille *(Anthemis tinctoria)*, Jakobs-Greiskraut *(Senecio jacobaea)*. – Diese Pflanzenarten dienen auch als vorwiegende Nektarquellen für beide Geschlechter.
Kuckucksbienen: *Epeolus variegatus*.
Phänologie: Univoltin. Anfang Juli bis Ende August (♂♂ 19. 6.–2. 9.; ♀♀ 25. 6.–7. 9.); Überwinterung als Ruhelarve.
Bestandessituation: Die ziemlich wärmeliebende Art ist durch ihr überwiegendes Auftreten in offenen, sandigen Lebensräumen durch jede Art von Bodenversiegelung oder Bepflanzung ihrer Nistplätze sowie durch Mahd ihrer Pollenquellen während der Vegetationsperiode gefährdet. Schutzmaßnahmen bestehen daher in erster Linie in der Erhaltung von Ruderalstellen, insbesondere von ausgedehnten Rainfarn-Beständen in Kombination mit vegetationsarmen Strukturen.
RL: Stark gefährdet (2).

Colletes halophilus
Verhoeff 1943

Verbreitung: Küsten Irlands, Englands, Belgiens, der Niederlande (LEFEBER 1974, PETIT 1975, RICHARDS 1978, VERHOEFF 1943) und der Bundesrepublik Deutschland. Hier auf den Inseln Mellum, Norderney, Spiekeroog, Wangerooge und Borkum (HAESELER 1977a, 1978b, 1982d). – In Baden-Württemberg nicht zu erwarten.
Lebensraum: Charakterart von Küstendünen und Salzwiesen.
Nistweise: Nistet in selbstgegrabenen Hohlräumen in der Erde, meist in größeren Aggregationen.
Blütenbesuch: Wahrscheinlich oligolektische, auf Asteraceae (Korbblütler) spezialisierte Art. Hauptpollenquellen sind die Strandaster *(Aster tripolium)* und die Acker-Gänsedistel *(Sonchus arvensis)*, daneben wird auch das Gewöhnliche Bitterkraut *(Picris hieracioides)* genutzt. – ♂♂ und ♀♀ besuchen zum Nektarsaugen außer den genannten Pollenquellen auch andere Korbblütler sowie Kreuzblütler und Doldenblütler (vgl. HAESELER 1978b).
Kuckucksbienen: Aus den Niederlanden wurde *Epeolus tarsalis* Morawitz (= *E. rozenburgensis* van Lith) als Brutparasit beschrieben (LITH 1949). GUICHARD (1974) fand in England *Epeolus variegatus* zahlreich an den Nestern.
Phänologie: Univoltin. Flugzeit von Mitte August bis Mitte Oktober.
Bemerkungen: Von VERHOEFF (1943), BLÜTHGEN (1949) und WARNCKE (1978a) wurde *C. halophilus* als Unterart von *C. succinctus* aufgefaßt; zweifellos aber eine selbständige Art (vgl. GUICHARD 1974, WESTRICH 1984a).

Colletes impunctatus
Nylander 1852

Verbreitung: Nordeuropa, einschließlich Lappland (ELFVING 1968), südwärts bis zu den Küsten der Niederlande (LEFEBER 1983) sowie bis zur deutschen Nord- und Ostseeküste und in den Alpen. – In der Bundesrepublik Deutschland bisher nur aus dem Norden bekannt: Bremen (WAGNER 1938a), Nord- und Ostfriesische Inseln (ALFKEN 1913, 1915, FRIESE 1912, HAESELER 1976), Dünen von St. Peter-Ording in Schleswig-Holstein (HOOP 1977) und Binnendünen von Süderlügum (EMEIS 1968) und Achim-Uphusen (RIEMANN 1985). Eine (noch zu ergänzende) Verbreitungskarte für Norddeutschland gibt HAESELER (1976). Auf einigen Nordseeinseln heute noch häufig (Haeseler mündl. Mitt.). In den bayrischen Alpen bisher noch nicht nachgewiesen. – In Baden-Württemberg nicht zu erwarten.
Lebensraum: Dünen der Nordsee-Inseln und Binnendünen Nordwestdeutschlands; in den Alpen Schutthalden und Moränen zwischen 1600 und 2200 m. Nester im Dünensand, in den Alpen auch in festgetretenen Fußwegen.
Nistweise: Nistet in selbstgegrabenen Hohlräumen in der Erde.
Blütenbesuch: Vermutlich polylektische Art, von der mir bisher aber lediglich Weißklee *(Trifolium repens)* als Pollenquelle bekannt ist.
Kuckucksbienen: *Epeolus alpinus.*
Phänologie: Univoltin. Flugzeit von Anfang Juni bis Mitte Juli (in den Alpen Ende Juni bis Mitte August).

Colletes marginatus
Smith 1846
Syn.: *C. sierrensis* Frey-Gessner 1903.

Verbreitung: Süd- und Mitteleuropa, England, südl. Nordeuropa. – In der Bundesrepublik Deutschland keine Verbreitungsgrenze, im Norden vor allem auf den Nordseeinseln (HAESELER 1976) und auf Helgoland (HOOP 1967b), im Süden nur in Flugsandgebieten. – In Baden-Württemberg nur

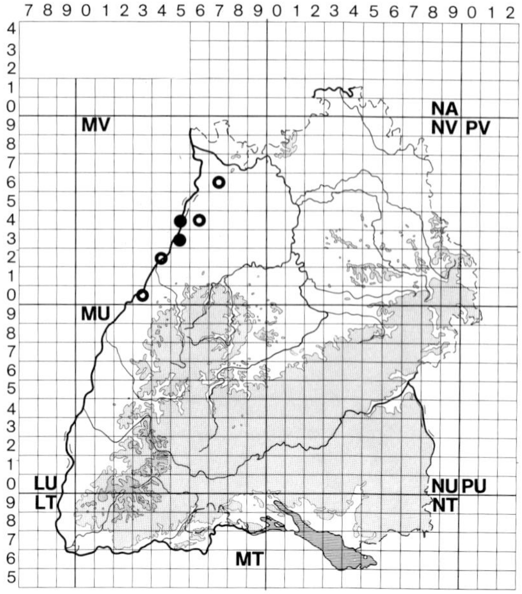

Colletes marginatus

aus den nordbadischen Flugsandgebieten bekannt. Funddaten: MV30 Iffezheim 1♂ 13. 7. 1934 (NK). MV42 Forchheim 1♂ 20. 8. 1936 (LNK). MV53 Neureuth 8♂♂,1♀ 1929–1932 (LNK, NK); Karlsruhe, Nordweststadt 1♂ 14. 7. 1979 (S). MV54 Hochstetten 1♀ 11. 8. 1982 (S). MV64 Graben 1♂ 4. 7. 1925 (NK). MV76 Sandhausen 1♂ 26. 7. 1953 (NK). Die Angabe »Kaiserstuhl« (STROHM 1924) beruht auf einer Verwechslung mit anderen Arten der Gattung.
Lebensraum: Binnendünen und Flugsandfelder, im Norden auch in Küstendünen.
Nistweise: Nistet in selbstgegrabenen Hohlräumen in der Erde.
Blütenbesuch: Oligolektische, auf Fabaceae (Schmetterlingsblütler) spezialisierte Art. Hasen-Klee *(Trifolium arvense)*, Weißklee *(Trifolium repens)*, Weißer Steinklee *(Melilotus alba)*, Echter Steinklee *(Melilotus officinalis)*, Luzerne *(Medicago sativa)*. – Auch die ♂♂ besuchen vorwiegend Schmetterlingsblütler als Nektarquellen.
Kuckucksbienen: *Epeolus cruciger* wurde mehrfach zusammen mit *C. marginatus* und an dessen Nestern beobachtet.
Phänologie: Univoltin. Flugzeit von Juli bis August.
Bestandessituation: Während die Art auf den Nordseeinseln noch häufig ist, erweist sich ihr Bestand in Baden-Würtemberg als stark rückläufig seit 1960. Ursache des Rückgangs ist jegliche Form der Zerstörung oder Beeinträchtigung von Binnendünen und Flugsandfeldern. Sicherung aller noch offenen Flugsandgebiete und alter Sandgruben in Nordbaden sowie kleinflächige Kahlhiebe auf ehemals aufgeforsteten Binnendünen sind wichtige Förderungsmaßnahmen für diese Art. Breite, besonnte Waldwege mit offenen Flugsandflächen sind ebenfalls zu erhalten. Keines der beiden nach 1975 festgestellten Vorkommen stammt aus einem Naturschutzgebiet! Daher sind für alle derzeit bekannten Vorkommen gezielte Schutzmaßnahmen notwendig.
RL: Vom Aussterben bedroht (1).

Colletes nasutus
Smith 1853

Verbreitung: Zwischen den Linien Nürnberg-Brandenburg-Polen und Nordgriechenland-Türkei-Kaukasus (WARNCKE 1978a). Während die Art in der DDR von mehreren Orten bekannt wurde (Falkenberg, Freienwalde, Berlin-Spandau, Fürstenberg, Tharandt, Niderfinow, Oderberg, Bellinchen/Oder), wurde sie in der Bundesrepublik Deutschland nur in Bayern in den Jahren 1923 und 1924 in der Nähe von Stein bei Nürnberg nachgewiesen (STOECKHERT 1933). Dort wurde sie seit 1946 nicht mehr beobachtet. Auch das zweite Vorkommen bei Fürth im Rednitztal (STOECKHERT 1954) ist offensichtlich zwischenzeitlich erloschen. – In Baden-Württemberg ist die Art nicht zu erwarten.
Lebensraum: Ausschließlich Sandgebiete. Die Nistplätze werden nach TORKA (1913) alljährlich gewechselt.
Nistweise: Nistet in selbstgegrabenen Hohlräumen in der Erde.
Blütenbesuch: Streng oligolektische, auf *Anchusa* (Boraginaceae) spezialisierte Art. Einzige Pollenquelle in Deutschland ist die Gewöhnliche Ochsenzunge *(Anchusa officinalis)*, die auch die am häufigsten besuchte Nektarquelle beider Geschlechter ist.
Kuckucksbienen: Der typische Brutparasit *Epeolus schummeli* Schilling wurde aus der DDR, der Tschechoslowakei und Österreich, nicht jedoch aus dem Gebiet der Bundesrepublik Deutschland bekannt.
Phänologie: Univoltin. Flugzeit von Ende Juni bis Mitte August.

Colletes similis
Schenck 1853

Verbreitung: Ganz Europa einschließlich Großbritannien, nordwärts bis Finnland. – In der Bundesrepublik Deutschland keine Verbreitungsgrenze. – In Baden-Württemberg konzentrieren sich die Funde in der nördlichen Oberrheinebene. Aus den übrigen Landesteilen liegen nur zerstreute Nachweise vor. Material: 54♂♂,51♀♀.
Lebensraum: Die Art liebt Trockenheit und Wärme und besiedelt v.a. trockenwarme Ruderalstellen, Weinbergbrachen, Trockenhänge der Schwäbischen Alb sowie alte Sand- und Lehmgruben. Nistplätze sind Steilwände, Abbruchkanten und vegetationsfreie oder -arme Stellen auf ebenen oder schwach geneigten Flächen.
Nistweise: Nistet in selbstgegrabenen Hohlräumen in der Erde.
Blütenbesuch: Oligolektische, auf Asteraceae (Korbblütler) spezialisierte Art. Hauptpollenquelle ist der Rainfarn *(Tanacetum vulgare)*. Weitere Pollenquellen: Geruchlose Kamille *(Tripleurospermum inodorum)*, Weiden-Alant *(Inula salicina)*, Färber-Kamille *(Anthemis tinctoria)*, Wiesen-Schafgarbe *(Achillea millefolium)*, Balsamkraut *(Tanacetum balsamita)*, Einjähriger Feinstrahl *(Erigeron an-*

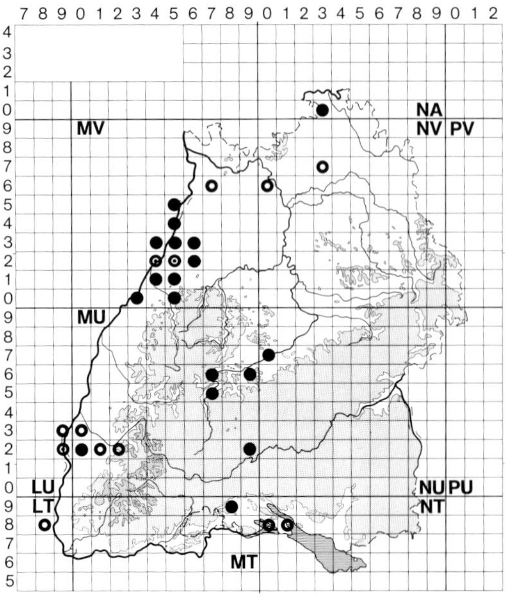

Colletes similis

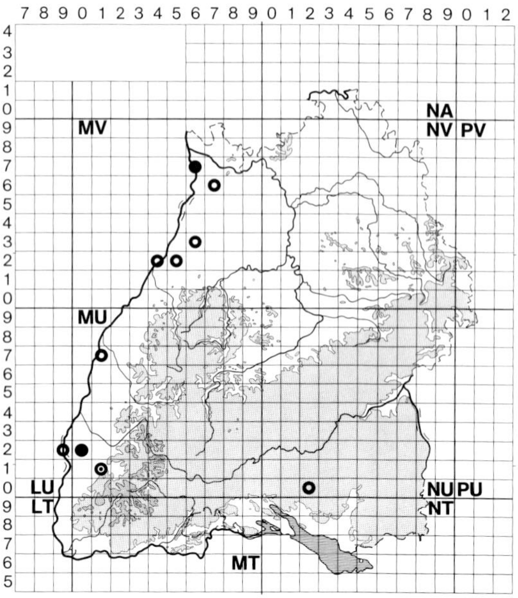

Colletes succinctus

nuus). – Die genannten Pflanzenarten dienen beiden Geschlechtern auch als Nektarquellen.
Kuckucksbienen: *Epeolus variegatus*.
Phänologie: Univoltin. Flugzeit von Ende Juni bis Ende August (♂♂ 9. 6.–12. 9.; ♀♀ 15. 6.–29. 9.). Überwinterung als Ruhelarve.
Bestandessituation: Auch wenn die Art nach 1975 noch mehrfach in verschiedenen Landesteilen und in zwei Naturschutzgebieten aufgefunden wurde, so halte ich sie dennoch aufgrund der Beeinträchtigung ihrer Lebensräume für gefährdet. Die Beseitigung von Ruderalstellen, z.B. durch Bepflanzen mit Hecken oder sonstige »Begrünungsmaßnahmen«, und die Verbuschung von Trockenhängen dürften die Hauptgefährdungsursachen sein. Eine größere Duldung von Ruderalstellen, insbesondere von ausgedehnten Rainfarn-Beständen in Kombination mit vegetationsarmen Strukturen (Steilwände, offene Bodenstellen) sowie die Offenhaltung von Trockenhängen sind die wichtigsten Forderungen zur Erhaltung der Art.
RL: Gefährdet (3).

Colletes succinctus

(Linnaeus 1758)

Verbreitung: Süd- und Mitteleuropa, Großbritannien, nordwärts bis Schweden und Finnland. – In der Bundesrepublik Deutschland keine Verbreitungsgrenze, im Norden allerdings etwas häufiger als im Süden. – In Baden-Württemberg nur zerstreute Funde in der Oberrheinebene einschließlich Kaiserstuhl. Darüber hinaus nur ein Nachweis in Oberschwaben (Pfrunger Ried). Funddaten ab 1975: MU02 Wasenweiler 1♂ 30. 8. 1984 (Plant). MV67 Mannheim, Rheinau 2♂♂ 29. 8. 1984 (W). Material: 11♂♂, 11♀♀.
Lebensraum: Siedlungsschwerpunkt in solchen Sandgebieten, in denen das Heidekraut ausgedehnte Bestände bildet: v.a. Sandheiden, Dünenreste und Flugsandfelder sowie alte Sandgruben, vereinzelt auch am Rande lichter Wälder. Außer in Flugsanden nistet die Art auch in Sanden aus Gesteinsverwitterung (z.B. Buntsandstein), in Molassesanden sowie in sandigem Löß. Als Nistplätze dienen in erster Linie vegetationsarme, ebene Flächen.
Nistweise: Nistet in selbstgegrabenen Hohlräumen in der Erde. Nach Mayet (1875) liegen die 2–4 Brutzellen 25–30 cm tief.
Blütenbesuch: Oligolektische, auf Ericaceae (Heidekrautgewächse) spezialisierte Art. Hauptpollenquelle ist das Heidekraut *(Calluna vulgaris)*, daneben wird aber auch die Graue Glockenheide *Erica cinerea* besucht. Eigenartigerweise besucht die Art in manchen Gebieten bisweilen auch Efeu *(Hedera helix)*, wahrscheinlich dann, wenn keine Ericaceen mehr blühen. Mir liegen mehrere Pollenladungen vor, die ausschließlich Efeu-Pollen enthalten.

Colletes succinctus ♀

Kuckucksbienen: *Epeolus cruciger*.
Flugzeit: Univoltin. Flugzeit von Anfang August bis Mitte September (♂♂ 6. 8.–6. 9.; ♀♀ 6. 8.–22. 9.). Überwinterung als Ruhelarve.
Bestandessituation: Die Art war in Baden-Württemberg auch in früheren Jahrzehnten nicht häufig. Nach 1975 wurden aber nur noch zwei Fundorte bekannt, von denen zumindest einer akut von der Zerstörung bedroht ist. Das zweite Vorkommen stammt nicht aus einem Naturschutzgebiet. Daher ist die Art in Baden-Württemberg von der Ausrottung bedroht. Auch in Norddeutschland ist die Art gefährdet. So berichtet HAESELER bereits 1973 über den Bestandsrückgang durch Einengung der Heidelandschaft in weiten Bereichen. Flächenschutz (Naturschutzgebiete) ist als kurzfristige Maßnahme zum Schutz der Art notwendig, langfristig sind die Offenhaltung von Sandheiden, der Verzicht auf die Aufforstung aufgelassener Gruben und die Erhaltung oder Förderung breiter, besonnter Waldwege in Gebieten mit Sandböden erforderlich.
RL: Stark gefährdet (2).

Dasypoda Latreille 1802

Die Gattung *Dasypoda*, die in der Paläarktis von Europa bis Japan verbreitet ist, hat ihre größte Artenzahl im mediterranen Raum. In der Bundesrepublik Deutschland ist sie nur mit 3 Arten vertreten.
Bei den Hosenbienen handelt es sich um robuste Arten, die sich durch ihre lange und dichte Behaarung auszeichnen. Besonders die Schienenbürste der Weibchen ist so lang- und dichthaarig wie bei keiner anderen heimischen Bienengattung (Name!). Auch durch die lange, rotgelbe, schwarze oder weißliche Behaarung und die oft leuchtenden Binden der Hinterleibssegmente zählen Hosenbienen-Weibchen zu den schönsten Bienen überhaupt. Die Arten lassen sich wegen der variablen Färbung des Haarkleides manchmal schwer unterscheiden, v.a. im Mittelmeerraum. In Deutschland bereitet die Erkennung der Weibchen im Feld geringere Schwierigkeiten, da man es ohnehin meist mit *D.*

Dasypoda argentata, Männchen auf *Scabiosa.*

hirtipes zu tun hat. Zusätzliche Hinweise für die Arterkennung liefert die Kenntnis des Blütenbesuchs. Kleinere Männchen von *D. hirtipes* sehen den Männchen von *Melitta leporina* täuschend ähnlich. Zur Bestimmung verwende man die Tabelle in SCHMIEDEKNECHT (1930:769).

Dasypoda argentata

(Panzer 1809)

Verbreitung: Südeuropa, zerstreut in Mitteleuropa. – In der Bundesrepublik Deutschland nur vereinzelte Vorkommen, aber auch im Norden nachgewiesen (ALFKEN 1913, WAGNER 1938a). – In Baden-Württemberg nur vom Kaiserstuhl und einer Lokalität in der nördlichen Oberrheinebene bekannt. Funddaten: LU92 Ihringen 1♀ 5. 8. 1924 (MNF); Achkarren 1♂ 26. 7. 1930 (MNF); Burkheim 3♂♂ 10. 8. 1924 (MNF); 1♂ 14. 8. 1926 (MNF); 1♂ 18. 8. 1930 (MNF) (STROHM 1924). MU02 Wasenweiler 1♂ 30. 7. 1924 (MNF) (STROHM 1924); Oberbergen, Badberg 1♀ 19. 8. 1959 (G). MU03 Riegel 3♂♂ 8.1924 (NK, LNK) (LEININGER 1924). MV41 Rastatt 1♀ 4. 9. 1929 (LNK). Das von KRATOCHWIL (1984) gemeldete ♀ konnte mir nicht vorgelegt werden. Das ungewöhnliche Fangdatum (27. 5. 1980) läßt auf eine Verwechslung mit einer anderen Art schließen.

Lebensraum: In Baden-Württemberg stammen die Funde aus Löß- und Flugsandgebieten. Außerhalb des Landes kenne ich die Art auch aus Sandgruben in räumlicher Nachbarschaft zu Magerrasen. Nistplätze wurden mir im Untersuchungsgebiet nicht bekannt.

Nistweise: Nistet in selbstgegrabenen Hohlräumen in der Erde.

Blütenbesuch: Oligolektische auf Dipsacaceae (Karden-Gewächse) spezialisierte Art. Hauptpollenquellen sind Skabiosen *(Scabiosa)*, in Süddeutschland v.a. die Tauben-Skabiose *(Scabiosa columbaria)*. Als weitere Pollenquelle ist hier der Gewöhnliche Teufelsabbiß *(Succisa pratensis)* belegt. Die Gelbe Skabiose *(Scabiosa ochroleuca)* spielt im südöstlichen Mitteleuropa eine bedeutende Rolle, ist aber für Baden-Württemberg aufgrund ihres nur gelegentlichen Auftretens als Pollenquelle bisher nicht bestätigt. Im Kaiserstuhl kommt auch die Wohlriechende Skabiose *(Scabiosa canescens)* in Frage. Die Wiesen-Knautie *(Knautia arvensis)* ist als Pollenquelle vernachlässigbar, da sie normalerweise bereits vor dem Er-

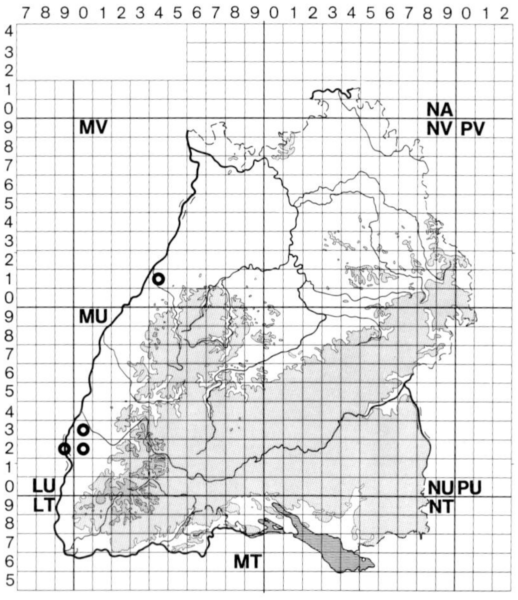

Dasypoda argentata

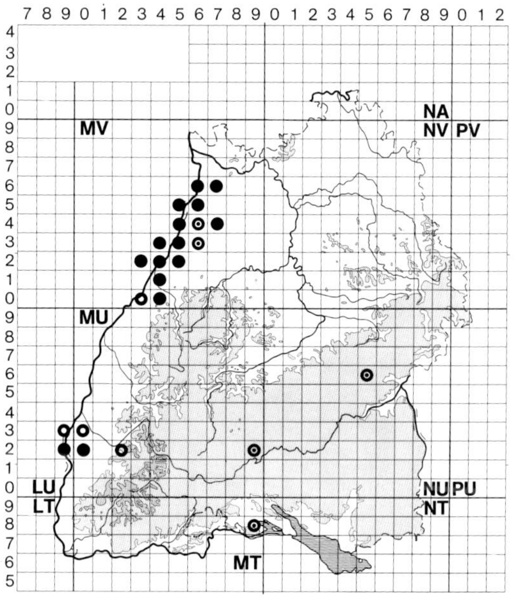

Dasypoda hirtipes

scheinen der Hosenbiene blüht. Die Kardendistel (*Dipsacus*) wird nicht als Pollenquelle genutzt, vielleicht aufgrund ihrer stacheligen Blütenstände. – Die ♂♂ patrouillieren v. a. um blühende Skabiosen-Köpfchen.

Kuckucksbienen: Unbekannt.

Phänologie: Univoltin. Flugzeit von Anfang August bis Anfang September (♂♂ 26. 7.–18. 8.; ♀♀ 5. 8.–4. 9.).

Bestandessituation: Die Art war schon immer sehr selten, wurde aber in den Jahren 1923 bis 1930 noch regelmäßig im Kaiserstuhl nachgewiesen. Da aber danach trotz gezielter Suche nur noch ein gesicherter Fund aus dem Jahre 1959 vorliegt, ist diese kaum zu übersehende Art in Baden-Württemberg verschollen. Bei einem eventuellen Wiederauffinden sind Flächenschutzmaßnahmen zu ergreifen.

RL: Ausgestorben oder verschollen (0).

Dasypoda hirtipes

(Fabricius 1793)

Syn.: *D. plumipes* (Panzer 1797); *D. altercator* (Harris 1780) sensu BAKER (1977) (vgl. WESTRICH 1984a).

Verbreitung: Südeuropa, Mitteleuropa, England, nordwärts bis 63° n. Br. – In der Bundesrepublik Deutschland keine Verbreitungsgrenze. – In Baden-Württemberg liegt der Verbreitungsschwerpunkt in der nördlichen Oberrheinebene zwischen Iffezheim und Mannheim; weitere Nachweise aus dem Kaiserstuhl, vom Schienerberg am westlichen Bodensee, vom Oberen Donautal und aus der Mittleren Flächenalb. Die meisten Funde stammen aus Lagen unter 300 m. Material: 192♂♂, 93♀♀.

Lebensraum: Siedlungsschwerpunkt in Sandgebieten: Sand- und Kiesgruben, Flugsandfelder, sandige Ruderalstellen, sandige Hochwasser- und Bahndämme, Lockerlößböschungen im Weinbauklima (Kaiserstuhl), sonnige und blütenreiche Waldwege und -lichtungen, gelegentlich auch im Siedlungsbereich. Die Nester werden an vegetationsfreien oder nur sehr schütter bewachsenen Stellen von meist horizontalen oder nur schwach geneigten Flächen angelegt; auf Dämmen werden auch alte Maulwurfshügel genutzt; im Siedlungsbereich (nur in Sandgebieten) liegen die Nesteingänge biweilen in breiten Fugen zwischen Pflastersteinen oder Gehwegplatten. Die Art nistet fast ausschließlich in Fein- bis Mittelsanden (Flugsand, Schwemmsand), gelegentlich (Kaiserstuhl) auch in sandigem Löß. Der Boden kann im Nistbereich durch Begehen oder Befahren etwas verdichtet sein. Nistplatz und Nahrungsraum können bis zu 300 m auseinanderliegen, sind aber meist räumlich eng verzahnt.

Nistweise: Nistet in selbstgegrabenen Hohlräumen in der Erde, meist in kleineren bis größeren Aggregationen (unter günstigen Umständen Ansamm-

Dasypoda hirtipes ♂

lungen von mehreren hundert Nestern). Am Ende eines 20–60 cm langen Hauptganges liegen kurze, horizontale Stollen, die zur Brutzelle erweitert sind. Die Brutzellen sind ebensowenig wie der Hauptgang mit einem Sekret ausgekleidet. Die zu den Brutzellen führenden Gänge werden mit Sand ausgefüllt. Die Pollenballen ruhen auf 3 Hökkern. (FRIESE 1923:184, HAESELER 1982b, HELDMANN 1935, LIND 1968, MALYSHEV 1927a, 1936, MOESCHLER 1938:276, MÜLLER 1884, SAUNDERS 1908, SCHÜTZE 1921, SPRENGEL 1793:369f, TISCHLER 1951, ZACHAU 1950).

Blütenbesuch: Oligolektische, auf Asteraceae (Korbblütler) spezialisierte Art mit deutlicher Bevorzugung von Cichorieen, bisweilen auch Cynareen. Bereits MÜLLER (1884:34) hat den Asteraceen-Pollen im Larvenkot nachgewiesen. Pollenquellen: Gewöhnliches Bitterkraut *(Picris hieracioides)*, Wegwarte *(Cichorium intybus)*, Acker-Gänsedistel *(Sonchus arvensis)*, Rauhe Gänsedistel *(Sonchus asper)*, Herbst-Löwenzahn *(Leontodon autumnalis)*, Gewöhnliches Ferkelkraut *(Hypochoeris radicata)*, Doldiges Habichtskraut *(Hieracium umbellatum)*, Binsen-Knorpelsalat *(Chondrilla juncea)*, Gewöhnliche Kratzdistel *(Cirsium vulgare)*, Wiesen-Flockenblume *(Centaurea jacea)*, Skabiosen-Flockenblume *(Centaurea scabiosa)*. – Je nach Blütenangebot verhalten sich die ♀♀ mehr oder weniger blütenstet. Diese nutzen bevorzugt große Bestände von Cichorieen und sammeln dann blütenstet. Bei sehr heterogen zusammengesetzter Vegetation werden auch Cynareen genutzt. In solchen Fällen werden bis zu drei Arten auf einem Sammelflug besucht, z.B. *Cirsium*, *Centaurea* und *Picris*. Beide Geschlechter ruhen gerne in den Blüten der Wegwarte.

Kuckucksbienen: Unbekannt.

Phänologie: Univoltin. Flugzeit von Mitte Juli bis Anfang September (♂♂ 4. 7.–27. 9.; ♀♀ 19. 7.–27. 9.). Überwinterung als Ruhelarve.

Bestandessituation: Auch wenn die auffällige Art seit 1975 noch mehrfach in der Oberrheinebene und im Kaiserstuhl nachgewiesen wurde, belegt das Sammlungsmaterial einen deutlichen Rückgang. Aufgrund ihrer speziellen Ansprüche an Nistplatz und Pollenquellen ist sie v.a. durch den Verlust blütenreicher Sandflächen durch Rekultivierung oder Freizeitnutzung von Sand- und Kiesgruben, durch Flurbereinigungen und intensivierte Landwirtschaft gefährdet. Größere Nestansammlungen sind derzeit kaum noch anzutreffen. Die vergleichsweise individuenreichsten Populationen finden sich in

Dasypoda hirtipes ♀

aufgelassenen Sand- und Kiesgruben, die nicht in bisher üblicher Weise rekultiviert, sondern als Naturschutzgebiete auszuweisen sind, deren Offenhaltung aber durch Pflege gewährleistet sein muß. Weitere Hilfsmaßnahmen sind eine auf den Artenschutz abgestimmte Pflege der Hochwasserdämme in der Rheinebene und die Offenhaltung südexponierter Großböschungen des Kaiserstuhls. Langfristig benötigt die Art eine u.a. durch offene Bodenstellen und Ruderalflächen reich strukturierte und extensiv genutzte Landschaft. Bisher sind keine Vorkommen in Naturschutzgebieten bekannt.
RL: Gefährdet (3).

Dasypoda suripes

(Christ 1791)
Syn.: *D. mixta* Radoszkowski 1886, *D. thomsoni* Schletterer 1890 (vgl. WARNCKE 1973b).

Verbreitung: Südosteuropa, sehr vereinzelt in Mitteleuropa, Nordost- und südliches Nordeuropa. – In der Bundesrepublik Deutschland nur bekannt aus Schleswig-Holstein und Niedersachsen: Neu-Darchau südöstlich Lauenburg (ALFKEN 1913, WAGNER 1938a), Delvenautal bei Göttin (EMEIS 1954b), Freißenbüttel bei Osterholz-Scharmbeck, Flinten bei Uelzen (ALFKEN 1909b), Hannover (HÖPPNER nach ALFKEN 1913). – In Baden-Württemberg nicht zu erwarten.
Lebensraum: Im nordwestlichen Mitteleuropa v.a. Sandheiden. Die Nester werden offensichtlich bevorzugt in sandigem Boden angelegt.
Nistweise: Nistet in selbstgegrabenen Hohlräumen in der Erde.
Blütenbesuch: Oligolektische, auf Dipsacaceae (Kardengewächse) spezialisierte Art. Als Pollenquelle ist bisher nur die Wiesen-Knautie *(Knautia arvensis)* belegt.
Kuckucksbienen: Unbekannt.
Phänologie: Univoltin. Flugzeit überwiegend im Juli.

Dioxys Lepeletier & Serville 1825

Die Gattung *Dioxys* ist artenarm und vorwiegend paläarktisch (rund 20 Arten in der Westpaläarktis, 8 in Europa) verbreitet, aber auch in Nordamerika mit einigen Arten vertreten. In der Bundesrepublik Deutschland kommt lediglich die eine Art *D. tri-*

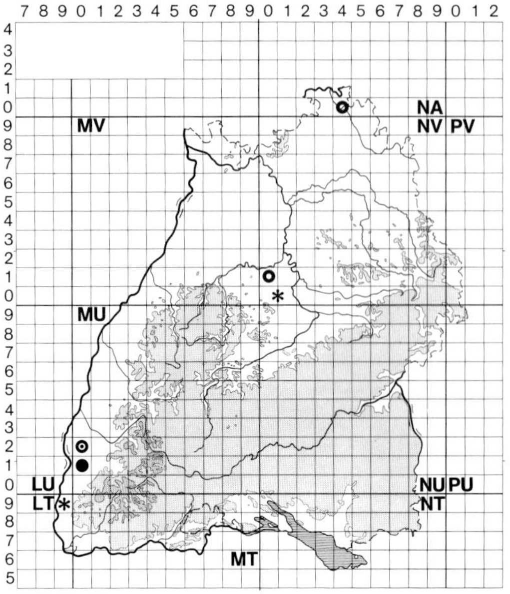

Dioxys tridentata

dentata vor. Der deutsche wie wissenschaftliche Name rührt von der Bezahnung des Schildchens (Scutellum) her, die einige Arten auszeichnet. Im Feld ist die ganz schwarze *D. tridentata* vor allem im weiblichen Geschlecht an dem eiförmigen, ziemlich breite und weiße Fransenbinden tragenden Abdomen und dem breiten und stumpfen Analsegment zu erkennen. Beim Männchen sind die Analsegmente nach unten gekrümmt und nicht dornig bewehrt. Die Tiere sind 7–10 mm lang. Die im österreichischen und Schweizer Alpengebiet vorkommende *D. cincta* ist an dem rotgefärbten Abdomen leicht kenntlich.

Dioxys tridentata

(Nylander 1848)

Verbreitung: Süd- und Mitteleuropa, südliche Teile Nordeuropas (bis 62° n.Br.). In der DDR nordwärts bis Warnemünde (ALFKEN 1912b). In der Bundesrepublik Deutschland bisher nur aus Rheinland-Pfalz (Nahetal nach SCHOOP 1951), Bayern (Fürth, Regensburg nach ENSLIN 1922, Karlstadt, leg. Westrich) und aus Baden-Württemberg bekannt. – In Baden-Württemberg nur sehr vereinzelte Nachweise am Tuniberg, im Kaiserstuhl, im Tauberland und im Neckarbecken. Funddaten: MU01 Tuniberg 1♂ 14. 7. 1984 (W). MU02 Obergergen 1♂,4♀♀ 14. 7. 1969 (Haeseler). MU11 Freiburg 3♂♂ 1987 (BIUF) (KLATT 1988). NA40 Werbach, Apfelberg 1♀ 16. 7. 1927 (NK). NV01 Markgröningen 2♀♀ 3. 6. 1934 (SMNS); 1♂ 30. 6. 1935 (SMNS) (SCHWAMMBERGER 1969, WESTRICH 1983d). Nicht überprüfbar waren die Angaben: »Fellbach (Kappelberg)« (SCHWAMMBERGER 1969) und »Neuenburg« (LAUTERBORN 1921b).

Wirte: *Osmia anthocopoides* (BLÜTHGEN 1925), *Osmia ravouxi* (BLÜTHGEN 1930a), möglicherweise auch *Osmia adunca*. Haeseler (brief. Mitt.) fing die Art zusammen mit diesen Arten am Kaiserstuhl. *Megachile parietina* ist ebenfalls als Wirt bekannt.

Blütenbesuch: Bisher wurden nur wenige Blütenbesuche bekannt: Gewöhnlicher Hornklee *(Lotus corniculatus)*, Aufrechter Ziest *(Stachys recta)*, Habichtskraut *(Hieracium)*.

Phänologie: Univoltin. Flugzeit von Juni bis Juli.

Bestandessituation: Die Art war schon immer sehr selten, obwohl die vermuteten Wirte wesentlich häufiger sind. Seit 1975 liegt nur ein Fund am Tuniberg aus dem Jahre 1984 vor. In Baden-Württemberg ist die Art vom Aussterben bedroht. Einzig sinnvolle Schutzmaßnahme ist die Erhaltung der Lebensgrundlagen der Wirte.

RL: Vom Aussterben bedroht (1).

Dufourea Lepeletier 1841

Wie viele andere Autoren (u.a. MICHENER 1979) bleibt EBMER (1984) bei der Selbständigkeit dieser Gattung und stellt ihre Merkmale denen der verwandten Gattungen *Rhophitoides* und *Rophites* gegenüber. *Halictoides* Nylander, früher als selbständige Gattung aufgefaßt (z.B. SCHMIEDEKNECHT 1930), wird heute allgemein als Untergattung zu *Dufourea* gestellt.

Die Gattung *Dufourea*, nach dem französischen Entomologen Dufour benannt, ist holarktisch verbreitet und erreicht ihre größte Artenzahl im Westen der USA. In der Bundesrepublik Deutschland ist sie mit 5 Arten vertreten. Die in den Hochalpen vorkommende *Dufourea paradoxa* ist aus der Bundesrepublik noch nicht gemeldet, sie dürfte aber vorkommen.

Bei den *Dufourea*-Arten handelt es sich um kleine, spärlich behaarte, schwarze, selten blaugrüne Bienen. Bei den Weibchen sind die Fühler kurz, bei den sehr schlanken Männchen dagegen lang und fadenförmig. Die mit 5 mm kleinste deutsche Art ist *D. minuta*, während *D. paradoxa* eine Größe von 10 mm erreicht. Die Arten sind im Feld manchmal schwer zu erkennen, eine gewisse Orientierung bie-

Dioxys tridentata ♀

tet der spezifische Blütenbesuch. Während die Weibchen leicht mit manchen *Lasioglossum*-Arten verwechselt werden, lassen sich die Männchen meist zumindest der Gattung zuordnen.
Die Tabelle in Schmiedeknecht (1930:772) läßt sich zwar noch benutzen, eher zu empfehlen ist aber die sehr gut illustrierte Bestimmungstabelle von Ebmer (1984), der alle westpaläarktischen Arten behandelt.

Blütenbesuch: Vermutlich polylektische Art, doch scheinen Glockenblumen *(Campanula)* bevorzugt zu werden. Als Pollenquellen sind bisher belegt: Glockenblumen *(Campanula)*, Habichtskraut *(Hieracium)*.
Kuckucksbienen: Unbekannt.
Phänologie: Univoltin. Flugzeit je nach Höhenlage ab Mitte Juni, meist erst ab Ende Juli bis Ende August.

Dufourea alpina
Morawitz 1865

Verbreitung: Pyrenäen, Alpen, Balkan (Albanien), sowie ein isolierter Fund in Kreta. In den Schweizer Alpen bis 2250 m, in den österreichischen Alpen bis 2500 m (Ebmer 1988). – In der Bundesrepublik Deutschland bisher nur aus Oberstdorf in Bayern gemeldet (Enslin 1952). – In Baden-Württemberg ist die Art nicht zu erwarten.
Lebensraum: Hochgebirgsart. Als Nistplätze wurden dünnrasige Stellen sowie Ränder schütter bewachsener Fußwege festgestellt.
Nistweise: Nistet in selbstgegrabenen Hohlräumen in der Erde. (Friese 1898b).

Dufourea dentiventris
(Nylander 1848)

Verbreitung: Transpaläarktisch; von den Pyrenäen über die Seealpen und den Südrand der Alpen (Ebmer 1984) bis nach Südschweden (Nilsson 1986) und Finnland (Elfving 1968). In den österreichischen und Schweizer Alpen bis 2000 m (Beaumont 1958, Ebmer 1988). – In der Bundesrepublik Deutschland keine Verbreitungsgrenze, auch im Norden (Alfken 1913). – In Baden-Württemberg weit verbreitet, jedoch mit Verbreitungsschwerpunkten im Schwarzwald und auf der Schwäbischen Alb (dort bis in einer Höhe von 800 m). Auch im Allgäu (Adelegg). Material: 59♂♂, 62♀♀.

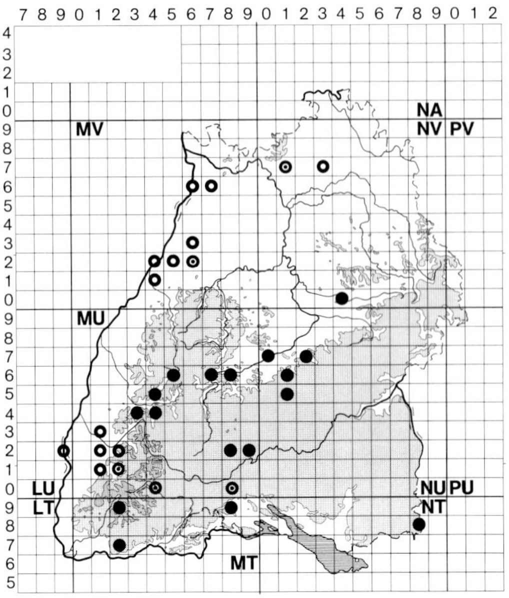

Dufourea dentiventris

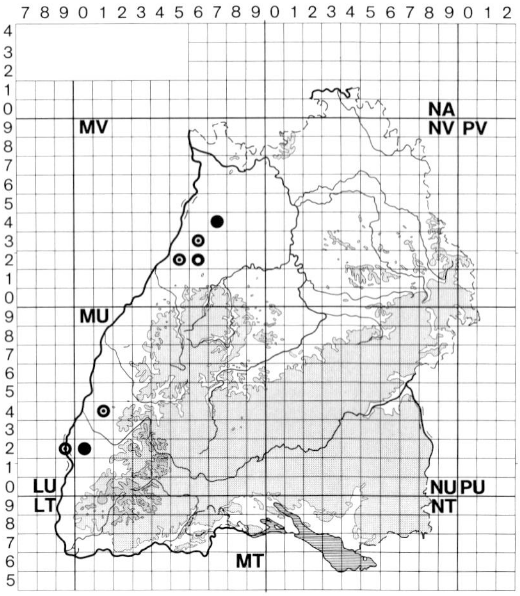

Dufourea inermis

Lebensraum: Überwiegend Waldränder, aber auch Magerrasen in Waldnähe, im Schwarzwald auch waldnahe Straßenböschungen. Als Nistplätze kommen sandig-lehmige Böschungen und Wegränder in Frage.

Nistweise: Nistet in selbstgegrabenen Hohlräumen in der Erde.

Blütenbesuch: Streng oligolektische, auf *Campanula* (Campanulaceae) spezialisierte Art. Pollenquellen: Rundblättrige Glockenblume *(Campanula rotundifolia)*, Zwerg-Glockenblume *(Campanula cochleariifolia)*, Büschel-Glockenblume *(Campanula glomerata)*, Nesselblättrige Glockenblume *(Campanula trachelium)*. – Beide Geschlechter schlafen in den Blüten der Glockenblumen.

Kuckucksbienen: *Biastes truncatus.*

Phänologie: Univoltin. Flugzeit von Mitte Juli bis Anfang September (♂♂ 6. 7.–29. 8.; ♀♀ 8. 7.–30. 8.).

Bestandessituation: Aufgrund ihrer Abhängigkeit von ausreichend großen Beständen von Hochsommer-Glockenblumen und ihres vorwiegenden Auftretens an sonnigen, strukturreichen Waldrändern ist die relativ seltene Art in Baden-Württemberg besonders durch die Zerstörung ihrer Lebensräume gefährdet. Lediglich im Schwarzwald und im Bereich der Schwäbischen Alb ist die Bestandessituation noch einigermaßen zufriedenstellend. Nach 1975 wurde die Art in mehreren Naturschutzgebieten festgestellt.

RL: Gefährdet (3).

Dufourea inermis

(Nylander 1848)

Verbreitung: Transpaläarktisch; viel seltener und zerstreuter als vorige Art; in Europa von Holland bis zum Ural, nordwärts bis 62° n. Br. in Finnland, südwärts bis zum Alpensüdrand, isolierte Funde in den Pyrenäen und in den bulgarischen Rodopen (Ebmer 1988). – In der Bundesrepublik Deutschland keine Verbreitungsgrenze, auch im Norden (Wagner 1938a). – In Baden-Württemberg nur sehr vereinzelte Nachweise im Kaiserstuhl, in der Vorbergzone des Schwarzwaldes im Bereich Lahr-Emmendingen sowie im Kraichgau. Alle Fundorte liegen unterhalb 500 m. Funddaten ab 1960: LU92 Ihringen 1♀ 20. 8. 1967 (Haeseler). MU02 Lilienthal 1♂, 4♀♀ 16. 8. 1984 (W); Oberbergen 1♀ 8. 1982 (LZB) (Düweke 1988); 1♂ 22. 7. 1988 (W). MU14 Ettenheim 4♂♂ 31. 7.–1. 8. 1970 (LNK). MV52 Karlsruhe 1♀ 3. 8. 1963 (LNK). MV63 Friedrichsthal 1♀ 21. 7. 1962 (LNK); Untergrombach 1♂ 25. 7. 1964 (LNK). MV74 Zeutern 2♀♀ 22. 7. u. 1♂ 23. 7. 1980 (Kunz) (Kunz 1981). Die Angaben »Freiburg« (Strohm 1924) und »Neckarelz« (Balles 1927) waren nicht überprüfbar. Material: 17♂♂, 13♀♀.

Lebensraum: Waldränder, Waldlichtungen und Magerrasen. Nester fanden sich an schütter bewachsenen Stellen in Lößlehm. Vermutlich liegt keine Bevorzugung bestimmter Bodenarten vor.

Nistweise: Nistet in selbstgegrabenen Hohlräumen

in der Erde. Nestbau kaum bekannt. Die Brutzellen liegen wahrscheinlich seitlich am Grunde eines vertikalen, ziemlich kurzen (5–6 cm) Hauptganges. (NIELSEN 1934).
Blütenbesuch: Streng oligolektische, auf *Campanula* (Campanulaceae) spezialisierte Art. Pollenquellen: Rundblättrige Glockenblume *(Campanula rotundifolia)*, Nesselblättrige Glockenblume *(Campanula trachelium)*. – Beide Geschlechter schlafen in den Blüten der Glockenblumen.
Kuckucksbienen: *Biastes truncatus*.
Phänologie: Univoltin. Flugzeit von Mitte Juli bis Ende August (♂♂ 16. 7.–21. 8.; ♀♀ 18. 7.–20. 8.).
Bestandessituation: Der Grund für die im Vergleich zur vorigen Art viel größere Seltenheit ist unbekannt. Regelmäßige Nachweise waren in den letzten Jahren nur noch im Kaiserstuhl an zwei Stellen möglich. Durch ihre Abhängigkeit von spezifischen Pollenquellen und ihre Seltenheit ist die Art in Baden-Württemberg gefährdet. Keines der derzeit bekannten Vorkommen liegt innerhalb eines Naturschutzgebietes.
RL: Stark gefährdet (2).

Dufourea minuta

Lepeletier 1841
Syn.: *D. halictula* (Nylander 1852).

Verbreitung: Gesamtverbreitung noch unzureichend bekannt; sehr lokal von Südeuropa (Zentralspanien) über Mitteleuropa bis Südschweden (EBMER 1988). – In der Bundesrepublik Deutschland keine Verbreitungsgrenze, auch im Norden (ALFKEN 1913, WAGNER 1938a, HAESELER 1972), aber insgesamt nur sehr vereinzelt. – In Baden-Württemberg bisher nicht nachgewiesen, aber in den Sandgebieten der Oberrheinebene und in anderen Silikatgebieten niederer Lagen oder der Mittelgebirge zu erwarten. Das von KRATOCHWIL (1984) aus dem Kaiserstuhl gemeldete ♂ (1. 8. 1980) konnte mir nicht vorgelegt werden.
Lebensraum: Charakterart von Sandgebieten: Sand-Magerrasen, Binnendünen, Flugsandfelder, Sandheiden, sonnige Waldwege, Sandgruben. Ebmer (mündl. Mitt.) fand die Art in Österreich auch auf verwittertem Granit.
Nistweise: Nistet in selbstgegrabenen Hohlräumen in der Erde, bevorzugt in Feinsanden.
Blütenbesuch: Streng oligolektische, auf *Jasione* (Campanulaceae) spezialisierte Art. Als Pollenquelle ist bisher nur die Berg-Sandrapunzel *(Jasione montana)* belegt.
Kuckucksbienen: Unbekannt.

Dufourea inermis ♀

Phänologie: Univoltin. Flugzeit von Anfang Juli bis Mitte August.

Dufourea paradoxa

(Morawitz 1867)

Verbreitung: Hochmontane west- und zentralpaläarktische Art; von der Sierra Nevada bis in die mittlere Mongolei. Die Nominatform in den Hochalpen, vom Wallis (Zermatt) bis Salzburg (Katschberg) (EBMER 1988). – Höchstwahrscheinlich kommt die Art auch in der Bundesrepublik Deutschland und dort in den bayrischen Alpen vor, da sie aus dem deutsch-österreichischen Grenzgebiet bereits bekannt ist.
Lebensraum: Alpine Bergwiesen und -hänge.
Nistweise: Nistet in selbstgegrabenen Hohlräumen in der Erde.
Blütenbesuch: Polylektische Art, von der mir aufgrund von Pollenanalysen *Asteraceae, Caryophyllaceae* und *Lamiaceae* als Pollenquellen bekannt wurden.
Phänologie: Univoltin. Flugzeit von Juli bis September.

Dufourea vulgaris

(Schenck 1861)

Verbreitung: Von den Pyrenäen bis zum südlichen Ural; nordwärts bis ins südliche Finnland (ELFVING 1968), in Italien bis in die Abruzzen; fehlt am Balkan (EBMER 1988). In den Schweizer Alpen bis

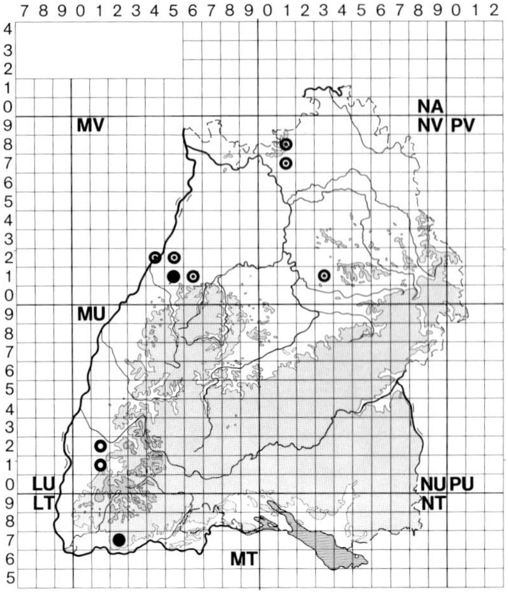

Dufourea vulgaris

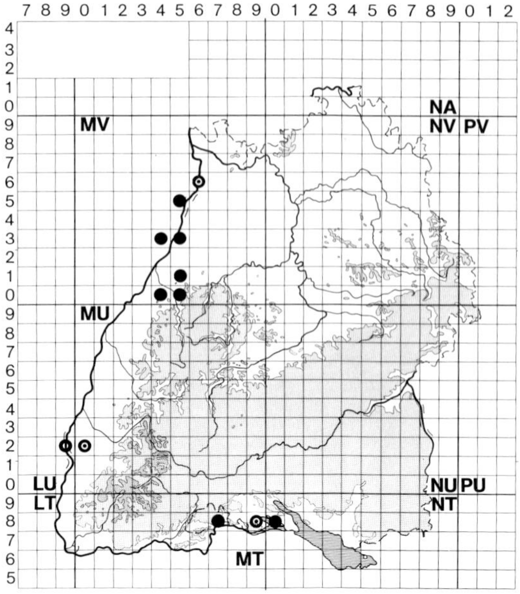

Epeoloides coecutiens

1800 m (EBMER 1984). – In der Bundesrepublik Deutschland keine Verbreitungsgrenze, auch im Norden (ALFKEN 1913, WAGNER 1938a). – In Baden-Württemberg nur vereinzelte Nachweise, v.a. im Schwarzwald, im Raum Karlsruhe und im Odenwald. Funddaten ab 1975: MT27 Görwihl 1♂ 7.1977 (G). MV51 Malsch 1♀ 11. 9. 1985 (D). Material: 12♂♂, 42♀♀.

Lebensraum: Waldränder, Waldlichtungen und Kahlschläge, Sandheiden. Nester meist an schütter bewachsenen, sandigen Stellen von Böschungen oder in Fußwegen.

Nistweise: Nistet in selbstgegrabenen Hohlräumen in der Erde, einzeln oder in Aggregationen (Nestansammlungen mit bisweilen Hunderten von Nestern). Das Nest ist ein Zweigbau. Brutzellen in ca. 20 cm Tiefe. (FRIESE 1898b, STOECKHERT 1954).

Blütenbesuch: Oligolektische, auf Asteraceae (Korbblütler), besonders Cichorieen spezialisierte Art. Pollenquellen: Habichtskraut *(Hieracium)*, Doldiges Habichtskraut *(Hieracium umbellatum)*, Herbst-Löwenzahn *(Leontodon autumnalis)*.

Kuckucksbienen: Wahrscheinlich *Biastes truncatus* (vgl. WARNCKE 1981:330).

Phänologie: Univoltin. Flugzeit von Ende Juli bis Anfang September (♂♂ 17. 7.–1. 9.; ♀♀ 17. 7.–19. 9.).

Bestandessituation: Zwar wurde die – auf das gesamte Land bezogen – ziemlich seltene Art nach 1960 noch von mehreren Fundorten bekannt, nach 1975 liegen jedoch nur noch zwei Funde vor. Allerdings ist zu berücksichtigen, daß zur artspezifischen (späten) Flugzeit in ihren Lebensräumen nur wenig gesammelt wurde. Es ist daher schwer abzuschätzen, ob die Art tatsächlich im Bestand zurückgegangen ist.

RL: Potentiell gefährdet (4).

Epeoloides Giraud 1863

Die artenarme Gattung *Epeoloides* ist offensichtlich nur in der Holarktis verbreitet. In der Bundesrepublik Deutschland ist sie nur mit der einen Art *E. coecutiens* vertreten. Schmuckbienen sind 9–10 mm groß. Die bereits einige Tage vor den Weibchen im Juli erscheinenden und recht kurzlebigen Männchen fallen im Feld durch ihre leuchtend türkisblauen Augen und ihr hellrotes, an den Seiten schwarz geflecktes Abdomen auf. Kopf und Thorax sind braungelb behaart. Das Bauchsegment 5 trägt am Rande lange, abstehende Wimperborsten, wie bei den Männchen von *Epeolus*. Die Weibchen haben einen kurzen und gedrungenen Körper. Kopf und Thorax sind kurz schwarz behaart mit weißen Haarflecken. Der Hinterleib ist fast kahl, die Segmente 1–3 sind rot, die übrigen schwarz mit weißen Binden, die Segmente 5 und 6 sind braunrot behaart.

Epeoloides coecutiens
(Fabricius 1775)

Verbreitung: Nord-, Mittel- und Osteuropa, nördliches Südeuropa (vgl. AUBERT 1954). – In der Bundesrepublik Deutschland keine Verbreitungsgrenze, auch im Norden (HAESELER 1977a, HOOP 1973, KETTNER 1947, RIEMANN 1985). – In Baden-Württemberg nur vereinzelte Funde in der nördlichen Oberrheinebene, im Kaiserstuhl und am westlichen Bodensee (vgl. GAUSS 1966, LAUTERBORN 1923). Funddaten ab 1975: MV40 Kuppenheim 1♀ 31. 8. 1987 (D). MV41 Rastatt 1♂ 5. 8. 1985 (D); Muggensturm 2♂♂ 19. 7. 1985 (D). MV43 Knielingen 1♂ 18. 8. 1984 (S). MV50 Hörden 1♀ 4. 7. 1986 (D); 1♀ 25. 7. 1985 (D). MV51 Malsch 1♀ 3. 8. 1984 (D). MV53 Eggenstein 1♀ 25. 8. 1976 (S). MV55 Rheinsheim 1♂ 25. 7. 1983 (W); 3♂♂,1♀ 23. 7. 1984 (W); 1♀ 3. 8. 1984 (W). NT08 Radolfzell, Mindelsee 1♀ 19. 7. 1976 (G). NV74 Crailsheim 1♀ 27. 7. 1981 (Schrameyer). Material: 11♂♂,14♀♀.
Wirte: *Macropis labiata* (u.a. STOECKHERT 1933, eig. Beob.), möglicherweise auch *Macropis fulvipes*.
Blütenbesuch: Als (austauschbare) Nektarquellen dienen verschiedenste Pflanzenarten, z.B. Blutweiderich *(Lythrum salicaria)*, Hasen-Klee *(Trifolium*

Epeoloides coecutiens ♂

Epeoloides coecutiens ♀

arvense), Weißklee *(Trifolium repens)*, Berg-Sandrapunzel *(Jasione montana)*, Heidekraut *(Calluna vulgaris)*, Brombeere *(Rubus fruticosus)*, Wald-Weidenröschen *(Epilobium angustifolium)*, Wiesen-Knautie *(Knautia arvensis)*, Wiesen-Schafgarbe *(Achillea millefolium)*, Kleines Habichtskraut *(Hieracium pilosella)*.
Phänologie: Univoltin. Flugzeit von Mitte Juli bis Ende August.
Bestandessituation: SCHMIEDEKNECHT (1930:834) hält *E. coecutiens* für »sicherlich die seltenste aller im Gebiet vorkommenden Bienenarten«. Dies trifft für Südwestdeutschland keineswegs zu. Auch für Nordwestdeutschland ist diese Angabe nicht haltbar (HAESELER 1977a). Dennoch braucht man viel Glück, die recht kurzlebigen ♂♂ zu entdecken, während die ♀♀ überall dort zu finden sein dürften, wo *M. labiata* in größeren Beständen auftritt. Die Art ist derzeit noch nicht gefährdet.

Epeolus Latreille 1802

Die Gattung *Epeolus* ist schwerpunktmäßig holarktisch verbreitet, reicht aber bis Südafrika (MICHENER 1979). *Triepeolus* Robertson umfaßt überwiegend Arten der Neuen Welt und wird von einigen Autoren als eigene Gattung gewertet (vgl. BISCHOFF 1930, MICHENER 1979). Die Übereinstimmung mit *Epeolus* in nahezu allen Merkmalen mit Ausnahme des Baus des 7. Sternits der ♀♀ legt nahe, *Triepeolus* nur als Untergattung von *Epeolus* zu betrachten (vgl. WARNCKE 1982b). In Mitteleuropa ist dieses Taxon nur mit einer Art (*E. tristis* Smith 1854) vertreten, die bisher aus der Bundesrepublik Deutschland nicht bekannt ist. Die Gattung *Epeolus* umfaßt in der Bundesrepublik Deutschland 3 Arten.
Die heimischen *Epeolus*-Arten sind kleine bis mittelgroße Bienen (5–8 mm) von gedrungener Gestalt, die durch ihre aus anliegenden weißen Haaren gebildeten Flecken (Name!) des Abdomens auffallen. Der Körper ist überwiegend schwarz, während die Beine ganz oder teilweise rot gefärbt sind. Beim Weibchen sind meist auch das Schildchen gerötet und manchmal auch die Bauchsegmente. Beide Geschlechter haben ein buckliges, beiderseits mit einem Zahn versehenes Schildchen. Beim Männchen sind die Bauchsegmente 4–5 mit Borsten wimperartig besetzt.
Im Feld ist zwar die Gattung als solche gut zu erkennen, die einzelnen Arten lassen sich aber nur bei stärkerer Vergrößerung bestimmen. Die Weibchen sind leichter zu trennen als die Männchen. Zur Bestimmung der deutschen Arten bietet die überholte und schwierig zu benutzende Tabelle in SCHMIEDEKNECHT (1930:832ff) lediglich gewisse Anhaltspunkte. Zur Ergänzung benutze man die Arbeiten von NIEMELÄ (1947) und RICHARDS (1937). Ein neuer Schlüssel ist dringend notwendig.

Epeolus alpinus

Friese 1893
Syn.: *E. glacialis* Alfken 1913; *E. alpinus* Bischoff 1930; *E. montanus* Bischoff 1930; *E. pilosus* Bischoff 1930 (vgl. NIEMELÄ 1947, WARNCKE 1986c).

Verbreitung: Nordeuropa, Küstengebiete der Nord- und Ostsee, Alpen. – In der Bundesrepublik Deutschland bisher nur aus dem Küstenbereich bekannt: Borkum, Juist (ALFKEN 1913, HAESELER 1978c), St. Peter-Ording in Schleswig-Holstein (HOOP 1977). – In Baden-Württemberg nicht zu erwarten.
Wirte: *Colletes impunctatus* (ALFKEN 1913, LEFEBER 1979a); *Colletes floralis* (NIEMELÄ 1947).
Blütenbesuch: Als (austauschbare) Nektarquellen dienen verschiedenste Pflanzenarten, z.B. Silber-Fingerkraut *(Potentilla argentea)*, Scharfer Mauerpfeffer *(Sedum acre)*, Thymian *(Thymus)*, Wald-Weidenröschen *(Epilobium angustifolium)*, Weißklee *(Trifolium repens)*, Hasen-Klee *(Trifolium arvense)*, Wiesen-Flockenblume *(Centaurea jacea)*, Kleines Habichtskraut *(Hieracium pilosella)*.
Phänologie: Univoltin. Flugzeit von Anfang Juni bis Ende Juli.

Epeolus cruciger

(Panzer 1799)
Syn.: *E. laevifrons* Bischoff 1930; *E. marginatus* Bischoff 1930; *E. similis* Höppner 1899 (vgl. NIEMELÄ 1947, WARNCKE 1986c, WESTRICH 1984a).

Verbreitung: Süd- und Mitteleuropa, England, nordwärts bis Finnland. – In der Bundesrepublik Deutschland keine Verbreitungsgrenze. – In Baden-Württemberg nur vereinzelte Nachweise, mit einer deutlichen Häufung der Funde in der nördlichen Oberrheinebene. Funddaten ab 1960: LU92 Mondhalde 1♀ 8. 7. 1960 (G). MV43 Knielingen, Langengrund 1♂ 3. 8. 1984 (S); 1♀ 28. 8. 1984 (S) (WESTRICH & SCHMIDT 1985b). MV66 Ketsch, Insel 1♂ 28. 7. 1964 (G); Hockenheim 1♀ 3. 8. 1962 (G). Material: 14♂♂, 29♀♀.

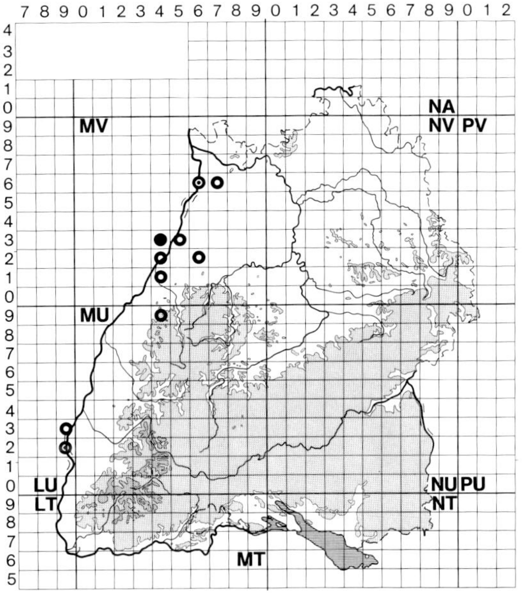

Epeolus cruciger

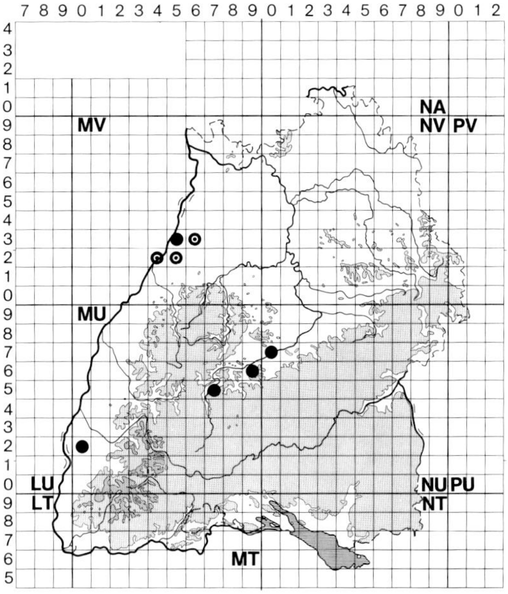

Epeolus variegatus

Wirte: Überwiegend *Colletes succinctus* (vgl. HÖPPNER 1899c); eine etwas kleinere Form schmarotzt bei *Colletes marginatus*.
Blütenbesuch: Als (austauschbare) Nektarquellen dienen verschiedenste Pflanzenarten, z. B. Heidekraut *(Calluna vulgaris)*, Berg-Sandrapunzel *(Jasione montana)*, Hasen-Klee *(Trifolium arvense)*, Rainfarn *(Tanacetum vulgare)*.
Phänologie: Univoltin. Flugzeit von Anfang Juli bis Mitte September.
Bestandessituation: Sammlungsmaterial wie Geländearbeit belegen einen deutlichen Rückgang der auch in früheren Jahrzehnten nicht gerade häufigen Art. Seit 1964 wurde sie nur noch an einer Stelle aufgefunden. Auch die Wirte sind im Bestand stark rückläufig. Die Erhaltung kann nur durch einen strengen Schutz der Lebensräume der Wirte erreicht werden.
RL: Vom Aussterben bedroht (1).

Epeolus variegatus

(Linnaeus 1758)
Syn.: *E. productus* Thomson 1870 (vgl. RICHARDS 1935).

Verbreitung: Süd- und Mitteleuropa, England, nordwärts bis Südfinnland. – In der Bundesrepublik Deutschland keine Verbreitungsgrenze. – In Baden-Württemberg nur sehr zerstreute Nachweise in der nördlichen Oberrheinebene, im Kaiserstuhl, im Mittleren Albvorland und im Raum Oberer Neckar. Funddaten ab 1975: MU02 Oberbergen 1♀ 22. 7. 1988 (W). MU75 Sulz, Albeck 1♂,1♀ 16. 7. 1982 (W). MU96 Bietenhausen 1♀ 24. 6. 1981 (W); 1♂ 20. 6. 1982 (W); 1♀ 6. 7. 1982 (W) (WESTRICH 1983c). MV53 Karlsruhe, Nordweststadt 1♀ 5. 8. 1978 (S); 1♀ 24. 7. 1979 (S); 1♀ 30. 7. 1981 (W). NU07 Tübingen, Spitzberg 1♂ 15. 6. 1978 (W) (WESTRICH 1983c); 1♂ 9. 7. 1985 (W); 1♂,1♀ 5. 7. 1988 (W). Material: 6♂♂,20♀♀.
Wirte: *Colletes daviesanus* (BLAIR 1920, HOOP 1961, LEFEBER 1979a, NIEMELÄ 1947, RIEMANN 1987a, TORKA 1935, eig. Beob.), *Colletes fodiens* und *Colletes similis* (eig. Beob.); außerdem *Colletes halophilus* (GUICHARD 1974).
Blütenbesuch: Als (austauschbare) Nektarquellen dienen v. a. verschiedene Asteraceae, die Pollenquellen der Wirte, z. B. Rainfarn *(Tanacetum vulgare)*, Wiesen-Schafgarbe *(Achillea millefolium)*, Färber-Kamille *(Anthemis tinctoria)*, aber auch andere Pflanzenarten, z. B. Berg-Sandrapunzel *(Jasione montana)*, Wiesen-Knautie *(Knautia arvensis)*.
Phänologie: Univoltin. Flugzeit von Mitte Juni bis Mitte August.
Bestandessituation: Die Zahl der Fundorte ist zwar insgesamt geringer als bei *E. cruciger*, die Zahl der Nachweise seit 1975 aber höher. Dies hat sicher seine Ursache in den Wirten von *E. variegatus*, die

Epeolus variegatus, Männchen auf *Tanacetum vulgare*.

Epeolus variegatus, Weibchen frontal.

teils noch häufig, zumindest aber nicht so stark im Bestand rückläufig sind wie die Wirte der verwandten Art. Bei *C. daviesanus*, der noch die vergleichsweise beste Bestandessituation unter den Wirten hat, findet man *E. variegatus* allerdings auch nur gelegentlich und bei dem wesentlich selteneren *C. similis* fand ich die Art in Baden-Württemberg auch nur zweimal. Da letztere Art im Bestand bedroht ist, ist auch der doch recht seltene *E. variegatus* zumindest als gefährdet zu betrachten. Schutzmaßnahmen müssen auf die Erhaltung der Lebensgrundlagen der Wirte abzielen.
RL: Gefährdet (3).

Eucera Scopoli 1770

Die ungemein artenreiche Gattung *Eucera* ist vor allem in den Steppengebieten Europas und Asiens zahlreich vertreten. In der Bundesrepublik Deutschland kommen allerdings nur 4 Arten vor. Wie der deutsche Gattungsname schon ausdrückt, sind Langhornbienen durch die langen Fühler der Männchen charakterisiert. Clypeus und Labrum sind bei diesen meist gelb gefärbt. Die Weibchen haben oft einen plumpen Hinterleib mit breiten, niedergedrückten Endrändern. Die Segmente sind meist durch helle Haar- oder Filzbinden gekennzeichnet. Im Feld läßt sich die Gattung – zumindest bei den heimischen Vertretern – ohne Probleme erkennen, die Unterscheidung der einzelnen Arten ist oft jedoch ohne optische Hilfsmittel nicht möglich. Zur Bestimmung der heimischen Arten muß immer noch die Tabelle von Schmiedeknecht (1930: 792ff) verwendet werden, da es an neuerer Bestimmungsliteratur mangelt. Vergleiche auch die Vorbemerkungen bei der Gattung *Tetralonia*!

Eucera cinerea
Lepeletier 1841

Verbreitung: Südosteuropa bis zum Kaukasus, sehr vereinzelt in Mitteleuropa in Österreich, in der Tschechoslowakei und in Deutschland (BRD). – In der Bundesrepublik Deutschland bislang nur ein Nachweis bei Fürth (1♂ 11. 7. 1954) (Warncke 1986a). – In Baden-Württemberg nicht zu erwarten.
Lebensraum: In Südosteuropa und im österreichischen Burgenland kommt die Art in Steppengebieten vor. Bei dem bayrischen Fundort handelt es sich um Trockenrasen auf pleistozänen Flugsanden.

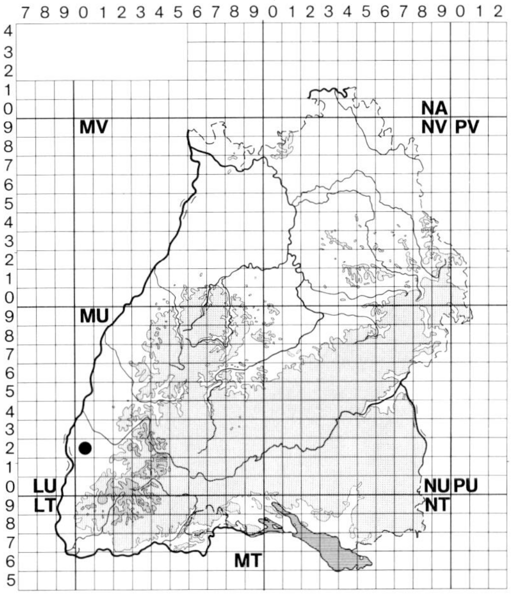

Eucera interrupta

Nistweise: Nistet in selbstgegrabenen Hohlräumen in der Erde.
Blütenbesuch: Vermutlich oligolektisch an Fabaceae (Schmetterlingsblütler).
Phänologie: Univoltin. Flugzeit im südöstlichen Mitteleuropa in den Monaten Juni bis August.

Eucera interrupta
Baer 1850

Verbreitung: Süd- und Osteuropa, vereinzelt in Mitteleuropa; nordwärts bis Thüringen (Weißenfels, Jena) (Blüthgen 1925) und Brandenburg (Buckow) (Schirmer 1911); Kaukasusländer, Kleinasien (Tkalců 1984). – In der Bundesrepublik Deutschland nur wenige Nachweise in Rheinland-Pfalz (Warncke 1986b), Bayern (Erlangen, Starnberg) (Stoeckhert 1933) und Baden-Württemberg. – In Baden-Württemberg bisher nur zwei Nachweise im Kaiserstuhl. Funddaten: MU02 Oberbergen 1♂ 6. 7. 1934 (NK); 1♂ 1987 (Z). Friese (1895a) hatte die Art bereits vom Kaiserstuhl gemeldet.
Lebensraum: Magerrasen und Ruderalstellen trockenwarmer Standorte.
Nistweise: Nistet in selbstgegrabenen Hohlräumen in der Erde.
Blütenbesuch: Oligolektische, auf Fabaceae (Schmetterlingsblütler) spezialisierte Art. Pollen-

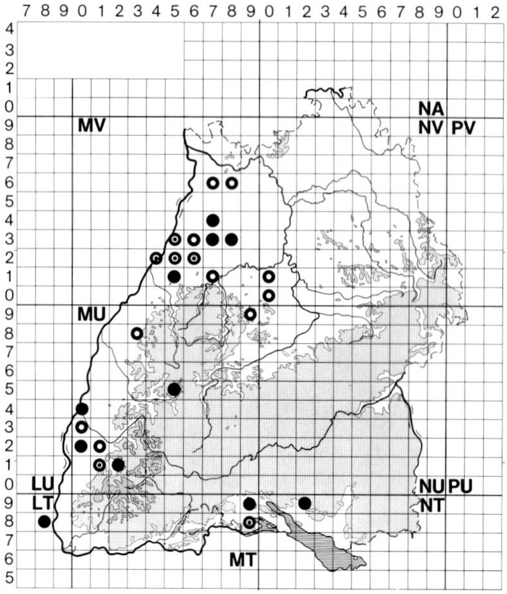

Eucera longicornis

quellen: Gewöhnlicher Hornklee *(Lotus corniculatus)*, Vogel-Wicke *(Vicia cracca)*, Knollen-Platterbse *(Lathyrus tuberosus)*, Weißklee *(Trifolium repens)*.

Kuckucksbienen: Wahrscheinlich *Nomada sexfasciata.*

Phänologie: Univoltin. Flugzeit von Mai bis Juli.

Bestandessituation: Die in Baden-Württemberg äußerst seltene und wärmeliebende Art ist hier vom Aussterben bedroht. Der Schutz aller Magerrasenkomplexe des Kaiserstuhls kann wesentlich zur Erhaltung beitragen.

RL: Vom Aussterben bedroht (1).

Eucera longicornis

(Linnaeus 1758)

Verbreitung: Ganz Europa (mit Ausnahme des hohen Nordens und der Gebirge), England (Tkalců 1984, Yarrow 1968). Eine Verbreitungskarte geben Kullenberg et al. (1984:38). – In der Bundesrepublik keine Verbreitungsgrenze, auch im Norden, z.B. auf Helgoland (Engel 1963). – In Baden-Württemberg zerstreute Nachweise, durchweg aus Lagen unter 500 m. Material: 59♂♂,26♀♀.

Lebensraum: Die meisten Funde stammen von Magerrasen trockenwarmer Standorte oder von magerem Wirtschaftsgrünland. Auch auf Hochwasserdämmen, auf Binnendünen, auf Luzernefeldern und in einer alten Lehmgrube. Nester an schütter bewachsenen Stellen ebener Flächen oder in Böschungen. Besiedelt sowohl Sandboden (Flugsand, Verwitterungssande) als auch lehmige Böden (v.a. Lößlehm).

Nistweise: Nistet in selbstgegrabenen Hohlräumen in der Erde, bisweilen in großen Aggregationen. Die Nester sind Zweigbauten und enthalten bis zu 7, innen geglättete Brutzellen mit einem recht flüssigen Futterbrei, auf dem das Ei schwimmt. Gelegentlich benutzen 2 ♀♀ einen gemeinsamen Eingang. (Alfken 1900b, Åkerberg & Lesins 1949, Baer 1903, Friese 1919b).

Blütenbesuch: Oligolektische, auf Fabaceae (Schmetterlingsblütler) spezialisierte Art. Pollenquellen: Zaun-Wicke *(Vicia sepium)*, Vogel-Wicke *(Vicia cracca)*, Gewöhnlicher Hornklee *(Lotus corniculatus)*, Roter Wiesenklee *(Trifolium pratense)*, Mittlerer Klee *(Trifolium medium)*, Weißklee *(Trifolium repens)*, Luzerne *(Medicago sativa)*, Wiesen-Platterbse *(Lathyrus pratensis)*, Wald-Platterbse *(Lathyrus sylvestris)*, Knollen-Platterbse *(Lathyrus tuberosus)*. – Die ♂♂ patrouillieren um blühende Fabaceen.

Kuckucksbienen: *Nomada sexfasciata.*

Phänologie: Univoltin. Flugzeit von Mitte Mai bis Mitte Juli (♂♂ 8. 5.–28. 7.; ♀♀ 14. 5.–22. 7.). Ausgeprägte Proterandrie von ca. 3 Wochen. Hauptnistaktivität von Mitte Juni bis Mitte Juli. Die Art erscheint deutlich später als *Eucera tuberculata.* Überwinterung als Imago (Müller 1944).

Bestandessituation: Die Art ist in Baden-Württemberg weitaus seltener als *Eucera tuberculata* und zeigt im Gegensatz zu dieser einen deutlichen Bestandsrückgang. Als Grund hierfür ist vor allem die intensivierte Landwirtschaft zu sehen. So fallen die Nistaktivitäten der Weibchen heutzutage gerade in die Zeit, wenn die Wiesen zum ersten Mal gemäht werden oder bereits gemäht sind. Der dadurch sich ergebende Nahrungsmangel und der Rückgang an Nistplätzen sind die Hauptgefährdungsursachen dieser Art, die seit 1975 nur noch an wenigen Stellen nachgewiesen wurde. Wichtigste Erhaltungsmaßnahmen sind eine extensivere Landnutzung, die Förderung strukturreicher Feld- und Wiesenfluren mit Hecken, blütenreichen Feldrainen, Brachen und Ruderalstellen, eine zeitlich und räumlich versetzte Mahd der Hochwasserdämme und die konsequente Unterschutzstellung aller noch vorhandenen Magerrasen in Lagen unter 500 m. Die Art ist derzeit aus keinem einzigen Naturschutzgebiet bekannt.

RL: Gefährdet (3).

Eucera tuberculata, nektarsaugendes Männchen an *Vicia sepium*.

Eucera tuberculata ♀

Eucera tuberculata

(Fabricius 1793)

Verbreitung: Süd- und Mitteleuropa; England (YARROW 1968). Eine Verbreitungskarte geben KULLENBERG et al. (1984:38). – In der Bundesrepublik keine Verbreitungsgrenze, im Norden jedoch nur vereinzelt. – In Baden-Württemberg weit verbreitet in Lagen unter 500 m, nur vereinzelt auch in Lagen zwischen 500 und 800 m. Material: 240♂♂, 87♀♀.

Lebensraum: In erster Linie dort anzutreffen, wo sich reiche Bestände der Zaun-Wicke finden; Siedlungsschwerpunkt daher in Fettwiesen, insbesondere in zweischürigen Streuobstwiesen der Hanglagen des Hügellandes und der Mittelgebirgsvorländer sowie auf den Hochwasserdämmen der Oberrheinebene; auch in warmen Gebüsch- und Waldsäumen. Nester an schütter bis dichter bewachsenen Stellen meist mehr oder weniger geneigter Flächen. Besiedelt sowohl Sandboden (Flugsand, Schwemmsande, Verwitterungssande, Molasse) als auch lehmige Böden (Lößlehm, Lehmböden mittleren Tongehalts).

Nistweise: Nistet in selbstgegrabenen Hohlräumen in der Erde.

Blütenbesuch: Oligolektische, auf Fabaceae (Schmetterlingsblütler) spezialisierte Art. Hauptpollenquelle im Untersuchungsgebiet ist die Zaunwicke *(Vicia sepium)*. Weitere Pollenquellen: Vogel-Wicke *(Vicia cracca)*, Wiesen-Platterbse *(Lathyrus pratensis)*, Roter Wiesenklee *(Trifolium pratense)*, Weißklee *(Trifolium repens)*, Luzerne *(Medicago sativa)*. – Die ♂♂ patrouillieren bevorzugt an den Blütenständen der Zaun-Wicke.

Kuckucksbienen: *Nomada sexfasciata* ist regelmäßig an den Nistplätzen zu beobachten.

Phänologie: Univoltin. Fliegt von Anfang Mai bis Mitte Juni (♂♂ 9. 4.–14. 7.; ♀♀ 27. 4.–16. 6.). Die Art zeigt eine ausgesprochene Proterandrie von 3–4 Wochen und erscheint mindestens 2 Wochen vor *E. longicornis*.

Bestandessituation: Die Art wurde aufgrund gezielter Suche an Beständen von *Vicia sepium* seit 1975 in über 60 Rasterquadraten nachgewiesen. Daher erscheint sie derzeit noch nicht gefährdet. In den meisten Fällen handelte es sich bei den Fundstellen aber um Reste historisch gewachsener Kulturlandschaften. Da der gegenwärtige Siedlungsschwerpunkt in den Streuobstwiesen der Hanglagen liegt, ist die Art langfristig durch Änderungen der althergebrachten Nutzung gefährdet. Hierzu zählen besonders die häufigere Mahd (z. B. durch Rasenmäher!), die Umstellung auf Beweidung, das Brachfallen und erst recht der Wiesenumbruch. Für die Erhaltung dieser Langhornbiene ist daher in erster Linie eine Fortführung der traditionellen zweischürigen Wiesennutzung notwendig. Wo die Art in warmen, nährstoffreichen Wald- und Gebüschsäumen fliegt, erleidet sie durch Aufforstungen und Flurbereinigungsmaßnahmen Bestandseinbrüche.

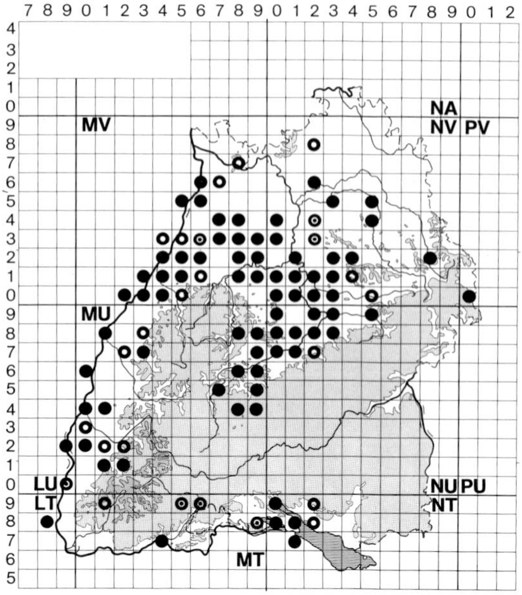

Eucera tuberculata

Bemerkungen: Nach TKALCŮ (1984) soll die seit Jahrzehnten unter dem Namen *Eucera tuberculata* gut bekannte Art in *Eucera nigrescens* Pérez 1879 umbenannt werden, wobei die vom westlichen Mittelmeerraum bis nach Mitteleuropa und England verbreiteten Populationen eine eigene, von Tkalců benannte ssp. *continentis* darstellen sollen.

Halictus Latreille 1804

Die Gattung *Halictus* ist vorwiegend paläarktisch verbreitet und insbesondere in Eurasien mit einem großen Artenreichtum vertreten. *Halictus*-Arten gibt es aber auch in Afrika, Indien, Südostasien, in Nord- und Mittelamerika und in Brasilien (1 Art) (MICHENER 1979). Das relativ kleine Verbreitungsgebiet der Gattung *Halictus* deutet auf ein spätes Erscheinen im Verlauf der Bienenevolution hin. Von Eurasien erreichten nur wenige Arten Nordamerika. *H. rubicundus* und *H. confusus* sind die beiden einzigen Arten der Gattung, die auf beiden

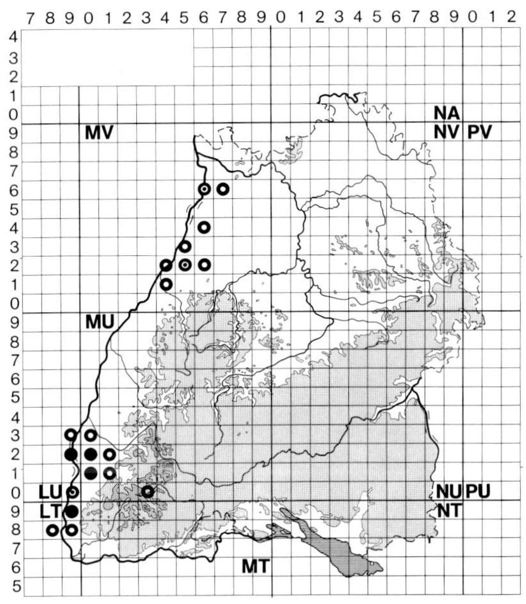

Halictus confusus

Kontinenten zu finden sind. *H. rubicundus* ist wahrscheinlich über die Beringstraße von Asien her eingewandert (Knerer 1980c). Taxonomisch ist die Gattung sehr homogen und hebt sich von anderen Halictiden gut ab.

Halictus, Lasioglossum und andere nah verwandte Gruppen werden in der Unterfamilie Halictinae (Furchenbienen) zusammengefaßt, die im angloamerikanischen Sprachgebrauch auch »Schweißbienen« (sweat bees) genannt werden, weil sie in heißen Klimaten gern den Schweiß von der Haut des Menschen lecken. Während bei den paläarktischen Halictinae die Selbständigkeit der Gattungen *Nomioides* und *Sphecodes* unbestritten ist, wird die Trennung der früheren Großgattung *Halictus* in die beiden Gattungen *Halictus* und *Lasioglossum* noch nicht allgemein anerkannt. Jüngst hat sich Ebmer (1987) erneut mit diesem Problem befaßt und die seit langem von Michener (1944, 1978) vertretene Auffassung bekräftigt. Bisher ist weltweit keine Art bekannt, die ein Verbindungsglied zwischen den beiden Gattungen darstellt.

Ebmer (1987) gliedert wie Blüthgen (1961d) und Michener (1978) die Gattung *Halictus* in die drei Untergattungen *Halictus* s. str., *Seladonia* Robertson und *Vestitohalictus* Blüthgen, von denen die letztere in der Bundesrepublik Deutschland allerdings nicht vertreten ist.

Wahrscheinlich sind die Furchenbienen zahlenmäßig die häufigsten Bienen der Welt, sieht man von der Honigbiene einmal ab. Aus ganz Europa sind bisher 63 *Halictus*-Arten bekannt geworden (Ebmer 1987), aus der Bundesrepublik Deutschland 14 Arten. Wie bei der nahverwandten Gattung *Lasioglossum* haben die *Halictus*-Weibchen auf ihrem letzten Hinterleibstergit eine furchenartige Behaarung (Name!), unterscheiden sich aber von den *Lasioglossum*-Weibchen hauptsächlich durch die dichten Haarbinden auf den Hinterleibstergiten und nicht reduziertes Flügelgeäder. Die meisten Arten sind braun bis schwarz, manche auch metallisch grün. Die Größe schwankt in der Regel zwischen 7 und 15 mm. Die Mundteile sind meistens kurz und wenig differenziert.

Zur Bestimmung empfehle ich Ebmer (1969–1971, 1974b, 1987). Als Ergänzung und zur Absicherung der eigenen Bestimmung kann bei den deutschen Arten auch die *Halictus*-Tabelle von Blüthgen in Schmiedeknecht (1930) hilfreich sein. Dort fehlen allerdings die östlichen Arten Mitteleuropas.

Halictus confusus

Smith 1853

Verbreitung: Holarktisch. Nominatform in der östlichen Nearktis. In Mitteleuropa zwei Unterarten: ssp. *alpinus* Alfken 1907 im inneren und westlichen Teil der Alpen, jedoch weit bis ins bayrische Alpenvorland (Augsburg) vorkommend (Blüthgen 1949, 1952b, Stoeckhert 1954) und in der Hohen Tatra; ssp. *perkinsi* Blüthgen 1926 von den Pyrenäen und Südengland bis zum Ural, nordwärts bis Schweden und Finnland (Ebmer 1988). – In der Bundesrepublik Deutschland keine Verbreitungsgrenze. – In Baden-Württemberg liegt der Schwerpunkt der Verbreitung in der nördlichen und südlichen Oberrheinebene. Ein Nachweis stammt aus dem Höllental bei Hinterzarten im Schwarzwald. Funddaten ab 1975: LT99 Steinenstadt 1♂ 21. 8. 1984 (W). LU92 Ihringen 1♀ 21. 8. 1985 (W). MU01 Tuniberg 1♀ 27. 7. 1984 (W); 1♀ 25. 8. 1984 (Schmid-Egger). MU02 Oberbergen 2♀,27♂♂ 1981 u. 1982 (LZB) (Düweke 1988). MV30 Rastatt 1♀ 31. 8. 1987 (D). Material: 14♂♂,67♀♀.

Lebensraum: Da die Art bevorzugt im Sand nistet, regional auch in Lockerlöß (Kaiserstuhl), kommt sie vorwiegend in blütenreichen Sandgebieten vor, wie Flußauen, Binnendünen, Flugsandfelder oder Sandgruben, im Kaiserstuhl auch auf Großböschungen oder am Rande von Weinbergen. Nester an vegetationsfreien oder nur schütter bewachsenen Stellen an Wegrändern und Böschungen.

Nistweise: Nistet in selbstgegrabenen Hohlräumen

Halictus eurygnathus ♂

in der Erde. Die nordamerikanischen Populationen wurden als sozial erkannt. (Dolphin nach Sakagami 1974, Marikovskaya 1972).

Blütenbesuch: Polylektische Art (5 Pflanzenfamilien). Pollenquellen: Asteraceae: Rainfarn *(Tanacetum vulgare)*, Wiesen-Löwenzahn *(Taraxacum officinale)*; Brassicaceae: Raps *(Brassica napus)*, Wiesen-Schaumkraut *(Cardamine pratensis)*, Weißer Senf *(Sinapis alba)*; Campanulaceae: Berg-Sandrapunzel *(Jasione montana)*; Fabaceae: Weißer Steinklee *(Melilotus alba)*, Weißklee *(Trifolium repens)*; Rosaceae: Frühlings-Fingerkraut *(Potentilla verna)*, Brombeere *(Rubus fruticosus)*.

Kuckucksbienen: Möglicherweise *Sphecodes cristatus*.

Phänologie: Die überwinterten ♀♀ erscheinen ab Anfang April, die ♂♂ fliegen ab Ende Juli bis Mitte September.

Bestandessituation: Die Nachweise dieser nur regional verbreiteten und derzeit nur noch selten aufzufindenden Art haben in den letzten Jahrzehnten deutlich abgenommen. Auch wegen ihrer Bindung an Sand oder Lockerlöß als Nistsubstrate ist die Art als gefährdet zu betrachten. Bisher ist kein Vorkommen in einem Naturschutzgebiet gesichert. Schutzmaßnahmen müssen in erster Linie auf die Erhaltung offener und blütenreicher Sandgebiete, Sandgruben eingeschlossen, abzielen. Im Kaiserstuhl können auch schütter bewachsene, südexponierte Großböschungen ein geeigneter Nistplatz sein, sofern das Umfeld blütenreich ist (Verzicht auf Herbizide in den Weinbergen).

RL: Stark gefährdet (2).

Halictus eurygnathus

Blüthgen 1931

Verbreitung: Von Südengland bis Kirgisien, die Nominatform allerdings nur bis zur Wolga; in Europa nordwärts bis Gotland und Leningrad (Ebmer 1988). – In der Bundesrepublik Deutschland keine Verbreitungsgrenze. – In Baden-Württemberg vermutlich in Lagen unter 400 m weit verbreitet, aber aufgrund der schwierigen Zuordnung der ♀♀ und von nur 5 aus der Oberrheinebene vorliegenden ♂♂ ist das Verbreitungsmuster noch unklar. Daher wurde auf eine Verbreitungskarte verzichtet.

Bemerkungen: Über bevorzugte Lebensräume, Nestbau und Blütenbesuch sind aufgrund der schwierigen Zuordnung der ♀♀ derzeit keine näheren Angaben möglich. Es ist zu erwarten, daß ähnliche Verhältnisse wie bei *Halictus simplex* vorliegen.

Halictus gavarnicus
Pérez 1903

Verbreitung: Westpaläarktische (Gebirgs)-Steppenart, deren Nominatform aus den Pyrenäen beschrieben wurde. Die östliche, aus dem Kaukasus beschriebene ssp. *tataricus* Blüthgen 1933 ist von Süddeutschland über die östlichen Steppengebiete Österreichs bis Baschkirien, im östlichen Kaukasus und in der Nordost-Türkei verbreitet. – Aus der Bundesrepublik Deutschland wurde bisher nur ein Fundort in Bayern bekannt, der durch starke Überweidung gefährdet ist (3♀♀ 29. 5.und 3. 6. 1982, ♂♂ 23. 7. 1983, Fröttmaninger Heide am Nordrand von München, vgl. Warncke 1986a). – In Baden-Württemberg dürfte die Art kaum vorkommen.
Bemerkungen: Über Biologie, Blütenbesuch und Phänologie ist mir derzeit nichts bekannt.

Halictus langobardicus
Blüthgen 1944

Verbreitung: Warmes Mitteleuropa und zentrales Südeuropa, von Mittelfrankreich bis bulgarische Schwarzmeerküste, vom Main-Gebiet bis Sizilien (Ebmer 1988). – In der Bundesrepublik Deutschland eindeutige Belege nur aus Bayern (Blüthgen 1944, Stoeckhert 1954), Rheinland-Pfalz (Brechtel 1986) und Baden-Württemberg (Westrich 1980). – In Baden-Württemberg nur wenige gesicherte Nachweise von ♂♂ im Oberen Neckartal, im Neckarbecken, im Bauland und in der Oberrheinebene. Verbreitungsmuster unklar. Auf eine Karte wird verzichtet.
Bemerkungen: Nestbau, Blütenbesuch und mögliche Gefährdung aufgrund der schwierigen Zuordnung der ♀♀ unbekannt. Mir begegnete die offensichtlich wärmeliebende Art auf Weinbergbrachen. Die Phänologie dürfte der von *Halictus simplex* entsprechen.

Halictus leucaheneus
Ebmer 1972
Syn.: *H. fasciatus* auct. nec Nylander 1848.

Verbreitung: Nominatform vom Balchasch-See bis in die Mandschurei, europäische ssp. *arenosus* Ebmer 1976 im gemäßigten Europa bis 57° n. Br., nach Süden bis zu den Pyrenäen und bis Makedonien (Ebmer 1988). – In der Bundesrepublik Deutschland keine Verbreitungsgrenze. – In Baden-Württemberg liegt der Verbreitungsschwerpunkt in der nördlichen und südlichen Oberrheinebene; weitere Nachweise im Kraichgau und am Bodensee. Funddaten ab 1975: MV40 Sandweier 1♂ 21. 8. 1986 (D). MV41 Muggensturm 1♀ 17. 6. 1986 (D); 1♂ 27. 7. 1986 (D); Durmersheim 1♀ 21. 8. 1987 (D). MV53 Karlsruhe, Nordweststadt 1♀ 16. 7. 1985 (S). MV65 Wiesental 2♀♀ 18. 6. 1984 (W). NT17 Konstanz 1♀ 5. 9. 1986 (Z). Material: 12♂♂,63♀♀.

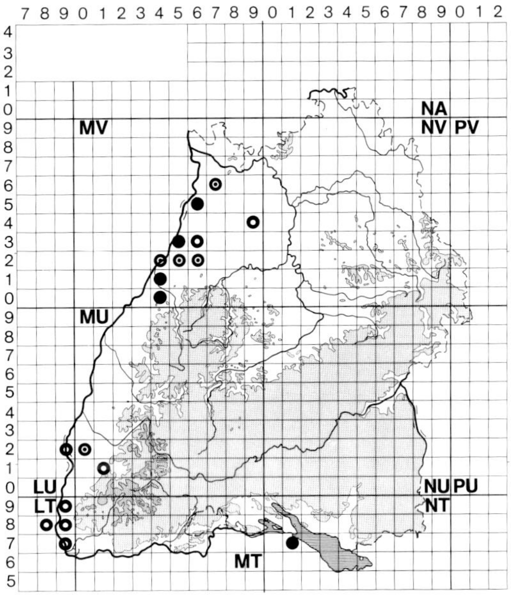

Halictus leucaheneus

Lebensraum: Da die Art bevorzugt in sandigem Substrat (z. B. Flugsand, Verwitterungssand, Molasse) nistet, kommt sie überwiegend in Sandgebieten vor, insbesondere auf Binnendünen und Flugsandfeldern, in Sandgruben und Sandheiden sowie an sandigen Ruderalstellen. Vereinzelt wird auch sandiger Lockerlöß als Nistsubstrat gewählt. Nester vorwiegend an vegetationsfreien Stellen horizontaler oder schwach geneigter Flächen.
Nistweise: Nistet in selbstgegrabenen Hohlräumen in der Erde. Nestarchitektur und Sozialverhalten unbekannt.
Blütenbesuch: Polylektische Art (7 Pflanzenfamilien). Pollenquellen: Asteraceae: Rispen-Flockenblume *(Centaurea paniculata)*, Kleines Habichtskraut *(Hieracium pilosella)*, Wiesen-Löwenzahn *(Taraxacum officinale)*, Herbst-Löwenzahn *(Leon-*

Halictus leucaheneus, Weibchen auf *Senecio*.

todon autumnalis); Brassicaceae: Graukresse *(Berteroa incana)*, Raps *(Brassica napus)*, Acker-Senf *(Sinapis arvensis)*; Campanulaceae: Berg-Sandrapunzel *(Jasione montana)*; Ericaceae: Heidekraut *(Calluna vulgaris)*; Lamiaceae: Wiesen-Salbei *(Salvia pratensis)*; Rosaceae: Sand-Fingerkraut *(Potentilla arenaria)*, Blutwurz *(Potentilla erecta)*; Scrophulariaceae: Gamander-Ehrenpreis *(Veronica chamaedrys)*.

Kuckucksbienen: Unbekannt.

Phänologie: Die überwinterten ♀♀ erscheinen ab Mitte April, die ♂♂ fliegen von Ende Juli bis Mitte September.

Bestandessituation: Bestandessituation, Gefährdung und Schutzmaßnahmen ähnlich wie bei *H. confusus*. Nach 1975 wurde nur ein Vorkommen aus einem Naturschutzgebiet bekannt. Sand- und Kiesgruben sowie sandige Ruderalstellen aller Art in niederen Lagen sind besonders wichtige Refugien für diese Art.

RL: Stark gefährdet (2).

Halictus maculatus

Smith 1848

Verbreitung: Fast ganz Europa, nordwärts bis 60° n.Br., im mediterranen Raum vielfach fehlend; England. In Österreich in den Mittelgebirgen bis 800 m, in den Alpen nur in den Tallagen (EBMER 1988). – In der Bundesrepublik Deutschland keine Verbreitungsgrenze. – In Baden-Württemberg dürfte die Art im gesamten Land einschließlich der Mittelgebirge verbreitet sein. Aufgrund der bisherigen Nachweise liegt der Schwerpunkt der Verbreitung aber in Lagen unter 500 m. Material: 171♂♂,334♀♀.

Lebensraum: Waldränder, Streuobstwiesen, Hochwasserdämme, Magerrasen, Schafweiden, Weinbergbrachen, Lehmgruben, Ruderalstellen. Nester an vegetationsfreien oder nur sehr schütter bewachsenen Stellen auf ebenen oder schwach geneigten Flächen, in Steilwänden (Löß) oder in Abbruchkanten von Wegen. Bei der Wahl des Nistsubstrates besteht keine Bevorzugung bestimmter Bodenarten, doch werden lehmiger Sand und Löß(lehm) besonders gern besiedelt. Ebmer (brief. Mitt.) fand in Nordtirol eine Nestansammlung in einem stark verwitterten, mit Erde durchsetzten Baumstrunk.

Nistweise: Nistet in selbstgegrabenen Hohlräumen in der Erde, meist in großen Aggregationen (Ansammlungen von mehreren hundert Nestern). Die Nester bestehen aus aus einem senkrechten, 20–30 cm langen Gang, an dem die geschlossenen Brutzellen unmittelbar anliegen. Die Art ist sozial. Bis zu 10 begattete Jungweibchen überwintern gemeinsam im Geburtsnest. Die Nestgründung erfolgt polygyn (2–3 ♀♀). Die während des Sommers

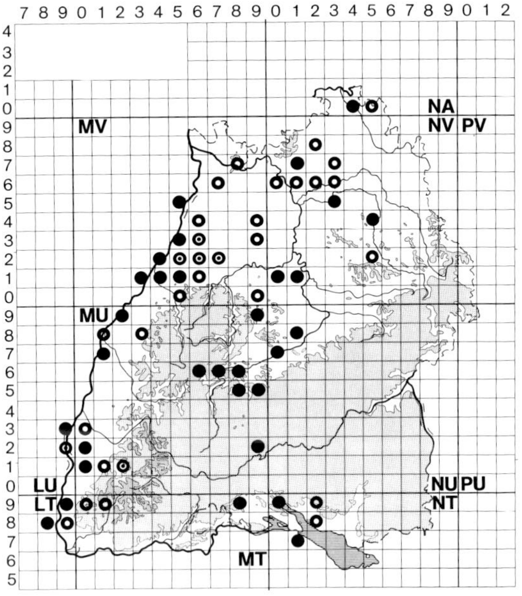

Halictus maculatus

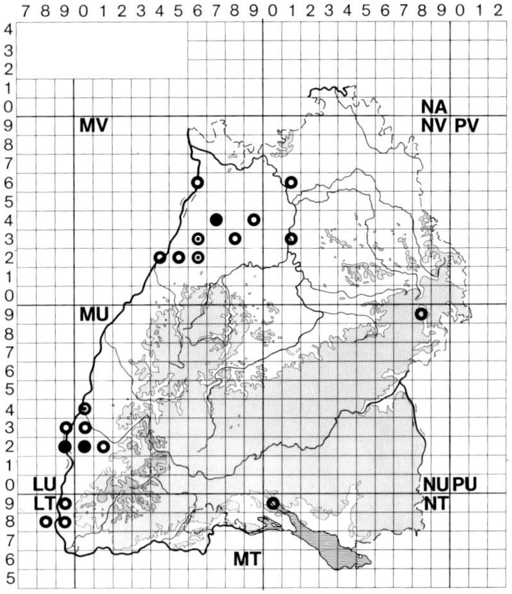

Halictus quadricinctus

erzeugten Weibchen (Arbeiterinnen) sind durchschnittlich etwas kleiner als ihre überwinterten Mütter, denen sie bei der weiteren Brutversorgung helfen. Arbeiterinnen werden von den seltenen Sommermännchen gelegentlich begattet und beteiligen sich oft an der sozialen Eiablage. (BONELLI 1964b, GRANDI 1954, KNERER 1968, 1969c, KNERER & PLATEAUX-QUÉNU 1966b, MARIKOVSKAYA 1972, NOLL 1931, PERKINS 1919a, STOECKHERT 1923).

Blütenbesuch: Polylektische Art (9 Pflanzenfamilien). Pollenquellen: Apiaceae: Wilde Möhre *(Daucus carota)*, Wiesen-Bärenklau *(Heracleum sphondylium)*; Asteraceae: Margerite *(Leucanthemum vulgare)*, Straußblütige Wucherblume *(Chrysanthemum corymbosum)*, Rainfarn *(Tanacetum vulgare)*, Wiesen-Schafgarbe *(Achillea millefolium)*, Färber-Kamille *(Anthemis tinctoria)*, Echte Kamille *(Matricaria chamomilla)*, Gewöhnliche Kratzdistel *(Cirsium vulgare)*, Wiesen-Flockenblume *(Centaurea jacea)*, Skabiosen-Flockenblume *(Centaurea scabiosa)*, Wiesen-Löwenzahn *(Taraxacum officinale)*, Wiesen-Pippau *(Crepis biennis)*, *Kleines Habichtskraut (Hieracium pilosella)*, Gewöhnliches Bitterkraut *(Picris hieracioides)*; Brassicaceae: Raps *(Brassica napus)*, Weißer Senf *(Sinapis alba)*; Campanulaceae: Berg-Sandrapunzel *(Jasione montana)*; Fabaceae: Weißer Steinklee *(Melilotus alba)*, Weißklee *(Trifolium repens)*; Liliaceae: Ästige Graslilie *(Anthericum ramosum)*; Ranunculaceae: Knolliger Hahnenfuß *(Ranunculus bulbosus)*, Kriechender Hahnenfuß *(Ranunculus repens)*; Rosaceae: Frühlings-Fingerkraut *(Potentilla verna)*, Blutwurz *(Potentilla erecta)*, Weißdorn *(Crataegus)*, Brombeere *(Rubus fruticosus)*, Süß-Kirsche *(Prunus avium)* ; Salicaceae: Weiden *(Salix)*.

Kuckucksbienen: Regelmäßig kann man *Sphecodes rufiventris* an den Nestern beobachten (vgl. BLÜTHGEN 1923, 1935, 1934, KNERER 1980c, STOECKHERT 1933). Auch *Sphecodes ephippius* kommt in Betracht (vgl. BLÜTHGEN 1923, STOECKHERT 1933).

Phänologie: Die überwinterten ♀♀ erscheinen ab Anfang April, die ♂♂ fliegen von Mitte Juli bis Anfang Oktober.

Bestandessituation: Die Art ist überall noch relativ häufig anzutreffen und nach 1975 aus mehreren Naturschutzgebieten bekannt. Eine Gefährdung ist derzeit nicht erkennbar.

Halictus quadricinctus

(Fabricius 1776)

Verbreitung: Transpaläarktisch; von Marokko bis in die Mandschurei, in Europa nordwärts bis ins südliche Finnland (EBMER 1988). – In der Bundesrepublik Deutschland keine Verbreitungsgrenze. – In Baden-Württemberg nur zerstreute und durchweg ältere Nachweise in den Sand- und Lößgebie-

Halictus quadricinctus ♂

ten in Lagen unter 500 m. Funddaten ab 1975: LU92 Mondhalde 1♀ 15. 5. 1988 (beob.). MU02 Vogtsburg 3♂♂ 5. 9. 1978 (W); 3♀♀ 1987 (beob.); 1♂ 22. 7. 1988 (W). MV74 Zeutern 1♀ 9. 7. 1980 (Kunz) (KUNZ 1981). Material: 71♂♂,82♀♀.

Lebensraum: Blütenreiches Offenland, Sand- und Lehmgruben, Hohlwege, Ruderalstellen. Nester meist in Steilwänden, aber auch in Abbruchkanten und bisweilen auch an vegetationsarmen Stellen von horizontalen Flächen. Besiedelt vorwiegend lehmiges Substrat (Löß, Lößlehm), aber auch sandigen Boden, wenn dieser nur eine gewisse Bindigkeit aufweist.

Nistweise: Nistet in selbstgegrabenen Hohlräumen in der Erde, meist in kleineren bis größeren Aggregationen. Der Wabenbau dieser größten heimischen Furchenbiene ist schon lange bekannt. Ein meist 8–10 cm langer Hauptgang führt zu einer Grabwabe, die in der Regel 15–20 Brutzellen enthält und von einem Hohlraum umgeben ist. Die Art lebt solitär. Das Weibchen ist aber so langlebig, daß es einige Wochen mit seinen neugeschlüpften Nachkommen im Nest zusammenlebt. (BISCHOFF 1927, BREITENBACH 1878, BUTTEL-REEPEN 1903b, EVERSMANN 1846, MARIKOVSKAYA 1972, SCHOLZ 1912, SÉMICHON 1906, VASIĆ 1967, VERHOEFF 1891, 1897, WESENBERG-LUND 1916).

Blütenbesuch: Polylektische Art (8 Pflanzenfamilien). Pollenquellen: Asteraceae: Gewöhnliche Kratzdistel *(Cirsium vulgare)*, Nickende Distel *(Carduus nutans)*, Wiesen-Flockenblume *(Centaurea jacea)*, Skabiosen-Flockenblume *(Centaurea scabiosa)*, Rispen-Flockenblume *(Centaurea paniculata)*, Sonnwend-Flockenblume *(Centaurea solstitialis)*, Wegwarte *(Cichorium intybus)*, Gewöhnliches Bitterkraut *(Picris hieracioides)*, Wiesen-Löwenzahn *(Taraxacum officinale)*, Kleines Habichtskraut *(Hieracium pilosella)*, Herbst-Löwenzahn *(Leontodon autumnalis)*, Gewöhnliches Ferkelkraut *(Hypochoeris radicata)*, Acker-Gänsedistel *(Sonchus arvensis)*; Boraginaceae: Gewöhnlicher Natterkopf *(Echium vulgare)*; Convolvulaceae: Acker-Winde *(Convolvulus arvensis)*; Dipsacaceae: Wiesen-Knautie *(Knautia arvensis)*; Oleaceae: Liguster *(Ligustrum vulgare)*; Papaveraceae: Klatsch-Mohn *(Papaver rhoeas)*; Ranunculaceae: Kriechender Hahnenfuß *(Ranunculus repens)*; Valerianaceae: Gemeiner Baldrian *(Valeriana officinalis)*.

Kuckucksbienen: Mehrfach konnte ich im Kaiserstuhl recht große Exemplare von *Sphecodes gibbus* an den Nestern beobachten (vgl. auch BLÜTHGEN 1919a, 1923, 1934, BREITENBACH 1878, STOECKHERT 1933).

Halictus rubicundus ♀

Phänologie: Die überwinterten ♀♀ erscheinen im April, die ♂♂ fliegen von Mitte Juli bis Anfang September.
Bestandessituation: Die auch in früheren Jahrzehnten nicht häufige Art ist durch die Beseitigung ihrer Nistplätze (Hohlwege, Lößwände) stark im Bestand zurückgegangen und derzeit nur noch von wenigen Stellen im Kaiserstuhl und im Kraichgau bekannt. Keines dieser Vorkommen liegt in einem Naturschutzgebiet. Die Erhaltung von Steilwänden mit einem blütenreichen Umfeld während der ganzen Vegetationsperiode (lange Flugzeit) in den heutigen und ehemaligen Verbreitungsräumen ist zur Bestandessicherung notwendig. Lößwände, in denen die Art noch nistend festgestellt wird, sind als Naturdenkmale auszuweisen.
RL: Stark gefährdet (2).

Halictus rubicundus

(Christ 1791)

Verbreitung: Gemäßigte Zone der Holarktis. In Mitteleuropa weit verbreitet, nordwärts bis 68° n. Br., in Südeuropa nur in höheren Lagen (Ebmer 1974a). – In der Bundesrepublik Deutschland keine Verbreitungsgrenze. – In Baden-Württemberg weit verbreitet von der Ebene bis in die höheren Lagen der Mittelgebirge (ca. 800 m). Material: 73♂♂, 189♀♀.
Lebensraum: Waldränder, Streuobstwiesen, Hochwasserdämme, Magerwiesen, brachgefallene Schafweiden (Wacholderheiden), Weinbergbrachen, Kahlschläge, Sand-, Kies- und Lehmgruben, vereinzelt auch im Siedlungsbereich. Nester fanden sich in festem, schütter bewachsenen Boden am Rande eines Feldweges sowie in sandigem Untergrund von gepflasterten Wegen. Keine Bevorzugung bestimmter Bodenarten.
Nistweise: Nistet in selbstgegrabenen Hohlräumen in der Erde. Die Art lebt sozial. In einem Nest sind mehrere ♀♀ tätig, bei denen auch Arbeitsteilung vorliegt. Die Nesteingänge werden bewacht. Die Nestgründerin erzeugt eine Arbeiterinnenbrut. Im Spätsommer werden ♂♂ und ♀♀ produziert, von denen die letzteren begattet überwintern. (Alfken 1915a, Batra 1968, Haeseler 1982b, Knerer 1980c, Marikovskaya 1972, Schneider 1898).
Blütenbesuch: Polylektische Art (9 Pflanzenfamilien). Pollenquellen: Asteraceae: Frühlings-Greiskraut *(Senecio vernalis)*, Margerite *(Leucanthemum vulgare)*, Rainfarn *(Tanacetum vulgare)*, Gewöhnliche Kratzdistel *(Cirsium vulgare)*, Acker-Kratzdistel *(Cirsium arvense)*, Wiesen-Flockenblume *(Centaurea jacea)*, Skabiosen-Flocken-

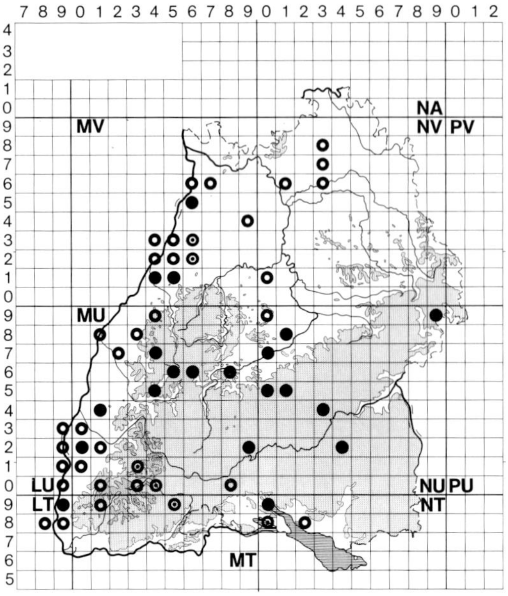

Halictus rubicundus

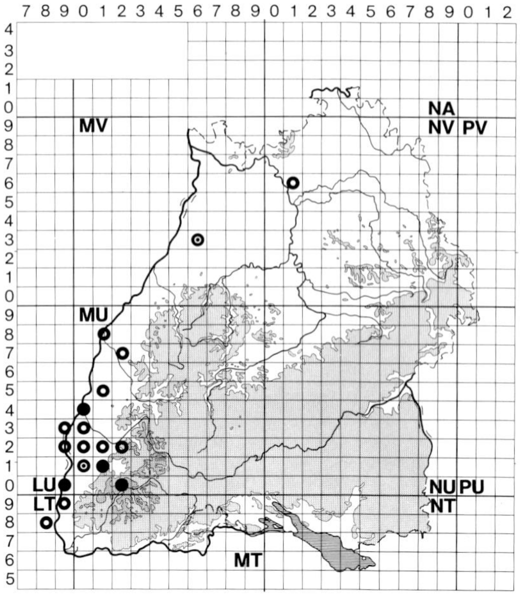

Halictus scabiosae

blume *(Centaurea scabiosa)*, Wegwarte *(Cichorium intybus)*, Wiesen-Löwenzahn *(Taraxacum officinale)*, Kleines Habichtskraut *(Hieracium pilosella)*, Herbst-Löwenzahn *(Leontodon autumnalis)*, Acker-Gänsedistel *(Sonchus arvensis)*, Gewöhnliches Ferkelkraut *(Hypochoeris radicata)*; Brassicaceae: Raps *(Brassica napus)*, Weißer Senf *(Sinapis alba)*, Acker-Senf *(Sinapis arvensis)*; Campanulaceae: Berg-Sandrapunzel *(Jasione montana)*; Dipsacaceae: Gewöhnlicher Teufelsabbiß *(Succisa pratensis)*; Fabaceae: Weißer Steinklee *(Melilotus alba)*, Weißklee *(Trifolium repens)*; Geraniaceae: Wald-Storchschnabel *(Geranium sylvaticum)*; Ranunculaceae: Scharfer Hahnenfuß *(Ranunculus acris)*; Rosaceae: Brombeere *(Rubus fruticosus)*, Kriechendes Fingerkraut *(Potentilla reptans)*, Garten-Apfelbaum *(Malus domestica)*, Birne *(Pyrus communis)* ; Salicaceae: Kriech-Weide *(Salix repens)*.

Kuckucksbienen: Bisher ist nur *Sphecodes gibbus* bekannt geworden (ALFKEN 1912b, BLÜTHGEN 1934, STOECKHERT 1933).

Phänologie: Die überwinterten ♀♀ erscheinen ab Anfang April, die ♂♂ und jungen ♀♀ ab Ende Juli.

Bestandessituation: Die seit 1975 in verschiedenen Landesteilen regelmäßig angetroffene und nicht seltene Art ist in Baden-Württemberg nicht gefährdet.

Halictus scabiosae

(Rossi 1790)

Verbreitung: Westpaläarktisch; von Marokko bis Rhodos und Bosporus, vereinzelt in Mitteleuropa, nordwärts bis Belgien (PAULY 1978, EBMER 1988). – In der Bundesrepublik Deutschland nur in den südlichen Bundesländern, dort nur zerstreut, nordwärts bis zum Nahegau (Rotenfels bei Bad Münster a.St.) (SCHMIDT & WESTRICH 1985). – In Baden-Württemberg liegt der Schwerpunkt der Verbreitung in der südlichen Oberrheinebene und den angrenzenden Schwarzwaldvorbergen, weitere Nachweise gibt es von der nördlichen Oberrheinebene, vom Bauland und vom Feldberggebiet. Funddaten ab 1975: LU90 Buggingen 1♀ 29. 9. 1986 (W). MU11 Freiburg 9♂♂,32♀♀ 1987 (BIUF) (KLATT 1988). MU20 Feldberg 1♀ 1.–7. 6. 1984 (W). Material: 32♂♂, 135♀♀.

Lebensraum: Die jüngeren Nachweise stammen von Ruderalstellen trockenwarmer Standorte, besonders aus Sand- und Lehmgruben und vom Umfeld extensiv genutzter Weinberge, vereinzelt auch von warmen Waldrändern, Hochwasserdämmen und Ruderalstellen im Siedlungsbereich (Güterbahnhöfe). Nester bevorzugt auf vegetationsarmen horizontalen Flächen und in Böschungen. Bevorzugt als Nistsubstrate Sand oder Lößlehm.

Nistweise: Nistet in selbstgegrabenen Hohlräumen in der Erde, unter günstigen Bedingungen in größe-

Halictus scabiosae ♂

Halictus scabiosae ♀

ren Aggregationen. Die Nester bestehen aus einem oder mehreren kurzen Gängen, in die die geschlossenen Brutzellen unmittelbar münden. Frühlingsnester liegen 13–20 cm, Sommernester 20–33 cm tief. Begattete Weibchen überwintern gemeinschaftlich in ihrem Geburtsnest und formen polygyne Gemeinschaften im folgenden Frühling (nicht vor Ende April). Eins der ♀♀ übernimmt die Rolle der Eierlegerin, während die anderen ♀♀ zu Hilfsweibchen werden. Der Nesteingang wird vom Hauptweibchen bewacht. Wenn sich solche Frühlings-Gemeinschaften, ausgelöst durch die starke Nestbewachung dieses Hauptweibchens, auflösen, gründen die Hilfsweibchen eigene Nester. Sie graben entweder eigene Gänge oder sie benützen die Nester anderer Arten. Dieser fakultative Parasitismus wurde z. B. gegenüber *Lasioglossum nigripes* beobachtet und reichte von reiner Nestbesetzung bis zur Tötung der Nesteigentümerin und zur Eiablage in die bereits verproviantierten Zellen. (Batra 1966a, Fabre 1879–1880, Fahringer 1914, Grandi 1954, 1961, Knerer 1968, 1980c, Knerer & Plateaux-Quénu 1967d, Poursin & Plateaux-Quénu 1982).

Blütenbesuch: Polylektische Art (3 Pflanzenfamilien). Pollenquellen: Asteraceae: Gewöhnliche Kratzdistel *(Cirsium vulgare)*, Wiesen-Flockenblume *(Centaurea jacea)*, Skabiosen-Flockenblume *(Centaurea scabiosa)*, Rispen-Flockenblume *(Centaurea paniculata)*, Sonnwend-Flokkenblume *(Centaurea solstitialis)*, Kornblume *(Centaurea cyanus)*, Kugeldistel *(Echinops sphaerocephalus)*, Wegwarte *(Cichorium intybus)*, Gewöhnliches Bitterkraut *(Picris hieracioides)*, Gewöhnliches Ferkelkraut *(Hypochoeris radicata)*, Grüner Pippau *(Crepis capillaris)*; Convolvulaceae: Acker-Winde *(Convolvulus arvensis)*, Zaun-Winde *(Calystegia sepium)*; Dipsacaceae: Wiesen-Knautie *(Knautia arvensis)*, Tauben-Skabiose *(Scabiosa columbaria)*.

Kuckucksbienen: Unbekannt.

Phänologie: Die überwinterten ♀♀ erscheinen Ende April, die ♂♂ fliegen ab Mitte Juli.

Bestandessituation: Die Art war in Baden-Württemberg schon immer recht selten, wenn sie auch an manchen Stellen in größerer Individuenzahl anzutreffen war. Die meisten der früheren Bestände sind zwischenzeitlich erloschen, so daß nach 1975 kaum noch Nachweise vorliegen. Nur ein Vorkommen stammt aus einem Naturschutzgebiet. Auch auf den Abraumhalden des ehemaligen Kalibergwerks Buggingen konnte ich die Art auffinden. Dieses Gebiet sollte – auch wegen des Vorkommens weiterer gefährdeter Arten – als Naturschutzgebiet ausgewiesen werden. Die jüngst an Ruderalstellen in Freiburg entdeckten Vorkommen sind durch Straßenbaumaßnahmen bereits wieder vernichtet. Die Schonung und Förderung trockenwarmer Ruderalstellen ist für eine Erhaltung dieser Art unverzichtbar. Nur in Ausnahmefällen ist eine Unterschutzstellung des Lebensraum möglich bzw. sinnvoll.
RL: Stark gefährdet (2).

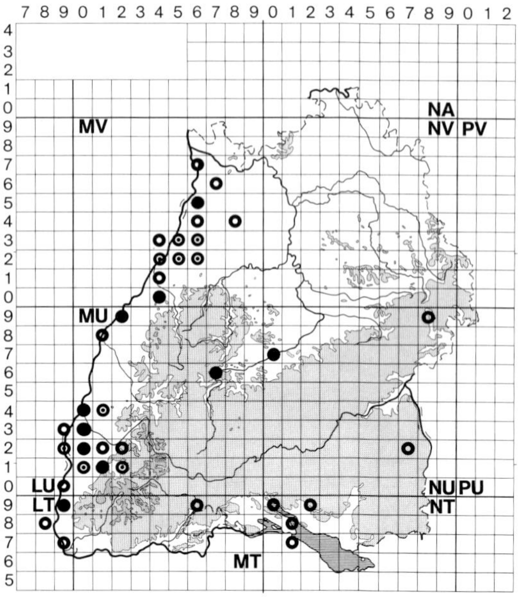

Halictus sexcinctus

Halictus sexcinctus
(Fabricius 1775)

Verbreitung: Die Nominatform von der Iberischen Halbinsel bis zum Ural, von Südschweden bis Kreta (Ebmer 1988). – In der Bundesrepublik Deutschland keine Verbreitungsgrenze. – In Baden-Württemberg liegt der Schwerpunkt der Verbreitung in der gesamten Oberrheinebene. Aus anderen Teilen des Landes liegen nur vereinzelte Nachweise vor. Fast alle Vorkommen stammen aus Lagen unter 500 m. Material: 114♂♂, 138♀♀.

Lebensraum: Waldränder, Binnendünen, Flugsandfelder, trockene Fettwiesen, Sand-, Kies- und Lehmgruben, Großböschungen im Kaiserstuhl, extensiv genutzte Weinberge. Nester in Steilwänden (Sand, Löß, Lehm), in horizontalen Flächen (z. B. festgetretene Fußwege) und in schütter bewachsenen Böschungen. Sand wird als Nistsubstrat bevorzugt, lehmige Böden werden aber auch besiedelt.

Halictus sexcinctus ♂

Halictus sexcinctus, grabendes Weibchen vorm Nesteingang.

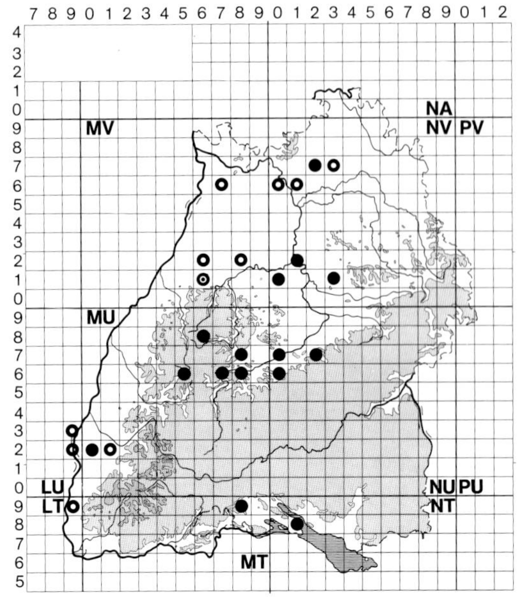

Halictus simplex

Nistweise: Nistet in selbstgegrabenen Hohlräumen in der Erde, oft in größeren Aggregationen. Vom verzweigten Hauptgang führen kurze Seitengänge von 11–18 mm Länge zu den geschlossenen, horizontalen Brutzellen. Die in der Literatur irrtümlich als sozial bezeichnete Art lebt solitär. Gelegentlich benützen mehrere ♀♀ einen gemeinsamen Nesteingang. Die langlebigen ♀♀ erleben oft das Schlüpfen der Nachkommen. Die Art erzeugt eine einzige Generation von ♂♂ und ♀♀, von denen die letzteren überwintern. Vom Hochsommer bis zum Herbst fliegen die Männchen (bei großen Aggregationen zu Tausenden) um die Nester und begatten die neu geschlüpften Weibchen, vielfach unter der Erde. (Aerts 1949, Armbruster 1923, Bonelli 1965b, Grandi 1937, 1961, Knerer 1968, 1980c, Verhoeff 1891, 1892a, 1897, Stoeckhert 1923).

Blütenbesuch: Polylektische Art (4 Pflanzenfamilien). Pollenquellen: Asteraceae: Echter Alant *(Inula helenium)*, Gewöhnliche Kratzdistel *(Cirsium vulgare)*, Acker-Kratzdistel *(Cirsium arvense)*, Sumpf-Kratzdistel *(Cirsium palustre)*, Wiesen-Flockenblume *(Centaurea jacea)*, Skabiosen-Flockenblume *(Centaurea scabiosa)*, Rispen-Flokkenblume *(Centaurea paniculata)*, Wegwarte *(Cichorium intybus)*, Wiesen-Löwenzahn *(Taraxacum officinale)*, Herbst-Löwenzahn *(Leontodon autumnalis)*, Kleines Habichtskraut *(Hieracium pilosella)*, Gewöhnliches Ferkelkraut *(Hypochoeris radicata)*, Gewöhnliches Bitterkraut *(Picris hieracioides)*; Convolvulaceae: Acker-Winde *(Convolvulus arvensis)*; Dipsacaceae: Wiesen-Knautie *(Knautia arvensis)*, Tauben-Skabiose *(Scabiosa columbaria)*, Gewöhnlicher Teufelsabbiß *(Succisa pratensis)*; Papaveraceae: Klatsch-Mohn *(Papaver rhoeas)*.

Kuckucksbienen: An den Nestern kann man recht große Exemplare von *Sphecodes gibbus* beobachten (vgl. Stoeckhert 1933).

Phänologie: Die überwinterten ♀♀ erscheinen Ende April, die ♂♂ Anfang bis Mitte Juli.

Bestandessituation: Obwohl die Art noch vergleichsweise häufiger ist als die verwandten *H. quadricinctus* und *H. scabiosae*, wird sie wie alle großen *Halictus*-Arten zunehmend seltener. Dies dürfte in erster Linie auf die Struktur- und Blütenverarmung der Offenlandlebensräume in der Oberrheinebene zurückzuführen sein.

RL: Gefährdet (3).

Halictus simplex

Blüthgen 1923

Syn.: *H. ibex* Warncke 1973; *H. marchali* Vachal sensu Warncke 1986c.

Verbreitung: Von Iberien bis Kleinasien, nördlich sporadisch bis in die norddeutsche Tiefebene und zur polnischen Niederweichsel (Ebmer 1988). – In der Bundesrepublik Deutschland keine Verbreitungsgrenze. – In Baden-Württemberg wahrscheinlich im gesamten Land verbreitet, die genaue Verbreitung ist aber nur durch ♂♂ ermittelbar, da die ♀♀ kaum von denen der verwandten Arten *H. eurygnathus* und *H. langobardicus* zu trennen sind. Die Verbreitungskarte basiert daher nur auf Nachweisen von ♂♂. Material: 58♂♂.

Lebensraum: Die bisherigen eindeutigen Nachweise stammen von trockenwarmen Ruderalstellen, Magerwiesen, Weinbergbrachen, Binnendünen sowie Sand- und Kiesgruben. Eine Bevorzugung bestimmter Bodenarten ist nicht erkennbar.

Nistweise: Nistet in selbstgegrabenen Hohlräumen in der Erde. Der Nesteingang setzt sich über der Erdoberfläche in einer bis zu 15 mm hohen Erdröhre fort. Vermutlich lebt die Art solitär. (Knerer 1980c).

Blütenbesuch: Polylektische Art, von der bisher aufgrund der schwierigen Bestimmung nur die folgenden Pollenquellen belegt sind, die aber sicherlich zahlreiche weitere Pflanzenarten als Pollenquellen nutzt. Asteraceae: Wiesen-Flockenblume *(Centaurea jacea)*, Wegwarte *(Cichorium intybus)*; Dipsacaceae: Wiesen-Knautie *(Knautia arvensis)*.

Kuckucksbienen: Wahrscheinlich *Sphecodes gibbus*.

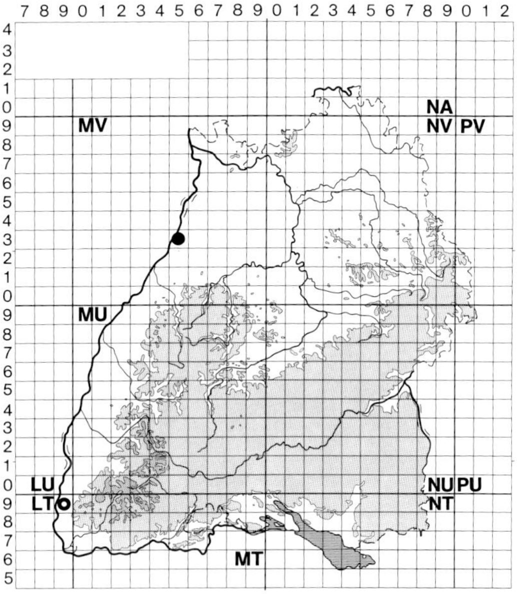

Halictus smaragdulus

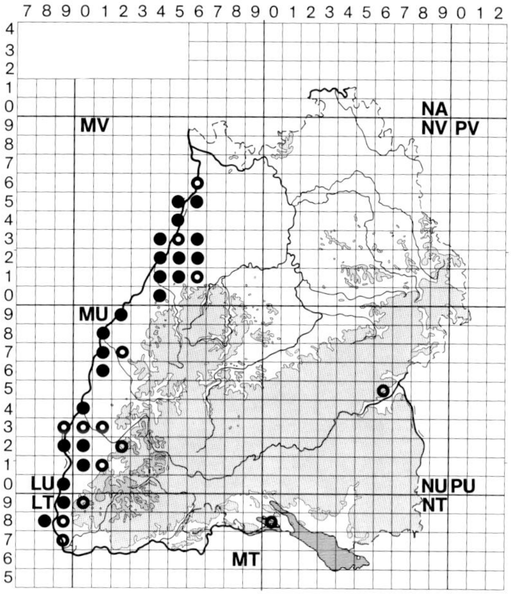

Halictus subauratus

Phänologie: Die überwinterten ♀♀ erscheinen im April, die ♂♂ ab Ende Juni.

Bestandessituation: Die seit 1975 noch in verschiedenen Landesteilen angetroffene und vermutlich noch recht häufige Art halte ich in Baden-Württemberg für nicht gefährdet.

Halictus smaragdulus

Vachal 1895

Verbreitung: Wärmere Westpaläarktis, von Marokko bis Kirgisien, nur vereinzelt im südlichen Mitteleuropa (Ebmer 1988). – In der Bundesrepublik Deutschland bisher nur aus Rheinland-Pfalz und Baden-Württemberg bekannt. In Rheinland-Pfalz vereinzelt im Nahegau aufgefunden (Blüthgen 1944, Schmidt & Westrich 1985). Aus Baden-Württemberg gibt es nur wenige gesicherte Nachweise: LT99 Müllheim 1♀ 7. 1937 (NK) (Blüthgen 1944), Neuenburg 1♀ 7. 8. 1927 (MNF); MV53 Karlsruhe 1♂ 28. 9. 1982 (S) (Westrich & Schmidt 1985b). Außerdem lagen mir noch 2♀♀ aus den Jahren 1950 und 1952 aus der südlichen Oberrheinebene vor, der exakte Fundort war nicht zu ermitteln.

Lebensraum: Die offensichtlich sehr wärmeliebende Art wurde in Südwestdeutschland nur in Lebensräumen mit hoher Wärmegunst festgestellt und zwar in Magerrasen auf Löß und verwittertem Rhyolith sowie auf einer Binnendüne.

Nistweise: Nistet in selbstgegrabenen Hohlräumen in der Erde. Die Art ist sozial. Eine große Königin lebt mit 3–6, bis zu einem Drittel kleineren Arbeiterinnen in kleinen Kolonien. (Ebmer 1976a).

Blütenbesuch: Polylektische Art (2 Pflanzenfamilien). Pollenquellen: Apiaceae: Wilde Möhre *(Daucus carota)*; Asteraceae: Scabiosen-Flockenblume *(Centaurea scabiosa)*.

Kuckucksbienen: Unbekannt.

Phänologie: Die überwinterten ♀♀ erscheinen vermutlich im April, die ♂♂ im Hochsommer.

Bestandessituation: Die überaus seltene Art ist in Baden-Württemberg vom Aussterben bedroht und nur durch strengen Schutz ihrer Lebensräume zu erhalten. Das einzige derzeit bekannte Vorkommen befindet sich auf einem Binnendünenrest nordwestlich von Karlsruhe. Dieses Gebiet ist nicht gesichert und der Bestand ist akut bedroht. Sollten weitere Fundorte bekannt werden, sind die entsprechenden Lebensräume als Naturschutzgebiete auszuweisen. RL: Vom Aussterben bedroht (1).

Bemerkungen: Die Art wird sehr leicht mit *H. subauratus* verwechselt!

Halictus subauratus

(Rossi 1792)

Verbreitung: Wärmere Westpaläarktis; von Marokko bis Sibirien und Indisch-Kaschmir; in Eu-

Halictus subauratus, Weibchen auf *Eryngium*.

ropa nordwärts bis zum Baltikum (57° n. Br.) (EBMER 1988). Auch in der DDR (BALDOVSKI 1983). – In der Bundesrepublik Deutschland nordwärts bis Krefeld gemeldet (AERTS 1960), jedoch nur bis zur Loreley (Nordrhein-Westfalen) sicher belegt (AERTS 1949, coll. Museum Alexander-König Bonn); außerdem nachgewiesen in Rheinland-Pfalz (SCHMIDT & WESTRICH 1985, WARNCKE 1986b) und in Bayern (BISCHOFF & STADLER 1954, ENSLIN 1922, STOECKHERT 1933, 1954). – In Baden-Württemberg fast ausschließlich in der gesamten Oberrheinebene bis zu den Schwarzwaldvorbergen, zwei Einzelnachweise auch aus dem nordwestlichen Bodenseegebiet und dem Hochsträß südwestlich von Ulm. Die meisten Fundorte liegen unter 200 m, einzelne reichen bis ca. 500 m. Material: 59♂♂, 190♀♀.

Lebensraum: Magerrasen, Hochwasserdämme, Sand- und Kiesgruben, Ruderalstellen, Großböschungen im Kaiserstuhl. Nester bevorzugt an vegetationsfreien oder nur schütter bewachsenen Stellen auf horizontalen oder schwach geneigten Flächen, bisweilen auch in Steilwänden (Sand, Löß). Besiedelt vorwiegend Sandboden oder Löß(lehm).

Nistweise: Nistet in selbstgegrabenen Hohlräumen in der Erde, meist in kleinen Aggregationen. Die Nester bestehen aus geschlossenen Brutzellen, die normalerweise unmittelbar in den senkrechten, 10–15 cm langen Hauptgang münden. In feuchterem Sand wurden aber auch Zellgruppen gefunden, die von einem Hohlraum umgeben waren. Die Art ist sozial. Vier bis fünf unbegattete Sommerweibchen bleiben im Nest ihrer Mutter und helfen ihr bei der Brutversorgung. (KNERER 1968, 1980c, KNERER & SCHWARZ 1976).

Blütenbesuch: Polylektische Art (4 Pflanzenfamilien). Pollenquellen: Apiaceae: Wilde Möhre *(Daucus carota)*; Asteraceae: Rainfarn *(Tanacetum vulgare)*, Gewöhnliche Kratzdistel *(Cirsium vulgare)*, Acker-Kratzdistel *(Cirsium arvense)*, Wiesen-Flockenblume *(Centaurea jacea)*, Skabiosen-Flockenblume *(Centaurea scabiosa)*, Rispen-Flockenblume *(Centaurea paniculata)*, Wegwarte *(Cichorium intybus)*, Habichtskraut *(Hieracium)*, Gewöhnliches Ferkelkraut *(Hypochoeris radicata)*; Cistaceae: Gewöhnliches Sonnenröschen *(Helianthemum nummularium)*; Convolvulaceae: Acker-Winde *(Convolvulus arvensis)*.

Kuckucksbienen: Bisher wurde nur *Sphecodes cristatus* bekannt (vgl. WESTRICH 1985a).

Phänologie: Die überwinterten ♀♀ erscheinen im Frühjahr, die Sommerweibchen Anfang Juni, die

neue Generation von ♂♂ und ♀♀ von der ersten Juli-Hälfte an.
Bestandessituation: Die in der Oberrheinebene häufige und v.a. auf den Hochwasserdämmen und im Kaiserstuhl regelmäßig anzutreffende Art ist entgegen früherer Vermutungen (vgl. WESTRICH & SCHMIDT 1985) nicht gefährdet.

Halictus tumulorum

(Linnaeus 1758)
Syn.: *H. fasciatus* Nylander 1848 (vgl. EBMER 1976c).

Verbreitung: Transpaläarktisch; die westliche Nominatform von Irland bis Baschkirien, in Europa nordwärts bis 67° n. Br., im Süden in Gebirgen bis zu den Pyrenäen und den Monti Parteni bei Neapel, Nordgriechenland. In den Alpen primär in Tallagen; in Südtirol bis 1300 m (EBMER 1988). – In der Bundesrepublik Deutschland keine Verbreitungsgrenze. – In Baden-Württemberg im gesamten Land, von der Ebene bis in die höchsten Lagen der Mittelgebirge. Material: 128♂♂,248♀♀.
Lebensraum: Ausgesprochener Ubiquist, der auf trockenwarmen Magerrasen ebenso wie auf kühleren Waldlichtungen zu finden ist und auch im Siedlungsbereich in Parkanlagen und Gärten regelmäßig auftritt (synanthrope Art). Nester an vegetationsarmen Stellen meist horizontaler Flächen. Nimmt mit allen möglichen Bodenarten, auch mit humosem Boden, vorlieb.
Nistweise: Nistet in selbstgegrabenen Hohlräumen in der Erde. Die Art ist sozial und ähnelt in ihrem Sozialverhalten und in ihrer Nestkonstruktion *Halictus subauratus*. (KNERER 1987, SAKAGAMI 1974).
Blütenbesuch: Ausgesprochen polylektische Art (14 Pflanzenfamilien). Pollenquellen: Asteraceae: Margerite *(Leucanthemum vulgare)*, Gänseblümchen *(Bellis perennis)*, Garten-Ringelblume *(Calendula officinalis)*, Rainfarn *(Tanacetum vulgare)*, Gewöhnliche Kratzdistel *(Cirsium vulgare)*, Acker-Kratzdistel *(Cirsium arvense)*, Wiesen-Flockenblume *(Centaurea jacea)*, Skabiosen-Flockenblume *(Centaurea scabiosa)*, Kugeldistel *(Echinops sphaerocephalus)*, Wegwarte *(Cichorium intybus)*, Wiesen-Löwenzahn *(Taraxacum officinale)*, Herbst-Löwenzahn *(Leontodon autumnalis)*, Kleines Habichtskraut *(Hieracium pilosella)*, Gewöhnliches Ferkelkraut *(Hypochoeris radicata)*, Acker-Gänsedistel *(Sonchus arvensis)*; Brassicaceae: Raps *(Brassica napus)*, Weißer Senf *(Sinapis alba)*, Graukresse *(Berteroa incana)*; Campanulaceae: Wiesen-Glockenblume *(Campanula patula)*, Nesselblättrige Glockenblume *(Campanula trachelium)*, Berg-Sandrapunzel *(Jasione montana)*; Caryophyllaceae: Große Sternmiere *(Stellaria holostea)*, Kuckucks-Lichtnelke *(Lychnis flos-cuculi)*; Convolvulaceae: Acker-Winde *(Convolvulus arvensis)*; Fabaceae: Weißklee *(Trifolium repens)*; Hypericaceae: Tüpfel-Hartheu *(Hypericum perforatum)*; Lythraceae: Blut-Weiderich *(Lythrum salicaria)*; Papaveraceae: Klatsch-Mohn *(Papaver rhoeas)*; Ranunculaceae: Scharfer Hahnenfuß *(Ranunculus acris)*, Kriechender Hahnenfuß *(Ranunculus repens)*; Resedaceae: Garten-Resede *(Reseda odorata)*; Rosaceae: Brombeere *(Rubus fruticosus)*, Frühlings-Fingerkraut *(Potentilla verna)*, Kriechendes Fingerkraut *(Potentilla reptans)*, Gänse-Fingerkraut *(Potentilla anserina)*, Garten-Apfelbaum *(Malus domestica)*; Salicaceae: Grau-Weide *(Salix cinerea)*, Sal-Weide *(Salix caprea)*, Ohr-Weide *(Salix aurita)*, Kriech-Weide *(Salix repens)*; Scrophulariaceae: Gamander-Ehrenpreis *(Veronica chamaedrys)*.
Kuckucksbienen: *Sphecodes ephippius.*
Phänologie: Die überwinterten ♀♀ erscheinen Mitte April, die ♂♂ ab Anfang oder Mitte Juli.
Bestandessituation: Die ubiqitäre Art gehört zu den häufigsten heimischen Bienenarten und ist in Baden-Württemberg nicht gefährdet.

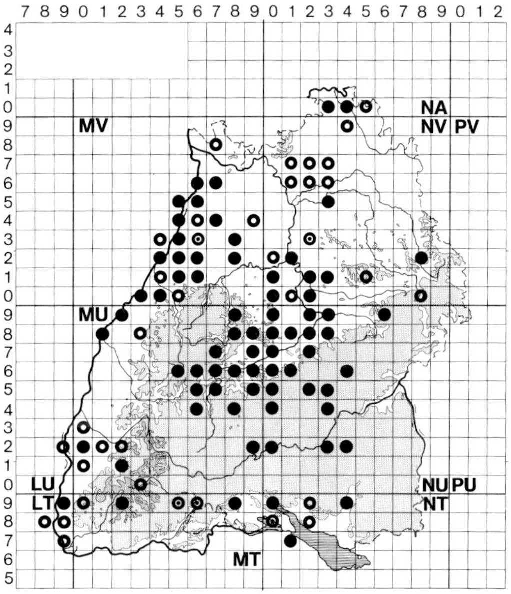

Halictus tumulorum

Heriades Spinola 1808

Die Gattung *Heriades* ist u.a. in der gesamten Holarktis, in Mittelamerika sowie in der Orientalischen Region weit verbreitet und hat ihren größten Artenreichtum in Afrika einschließlich Madagaskar (MICHENER 1979). In der Bundesrepublik Deutschland gibt es nur die beiden Arten *H. crenulatus* und *H. truncorum*.
Ihre deutschen Namen hat die Gattung wohl von dem emsigen Suchen nach zur Nestanlage geeigneten Käferfraßgängen in Baumstämmen, Pfosten und Balken. Die beiden heimischen Löcherbienen sind schwarz mit greiser Behaarung und 6–8 mm groß. Auch wenn es recht unscheinbare Bienchen sind, kann man doch zumindest die Gattung im Feld gut erkennen, wenn man sich den typischen Habitus einmal eingeprägt hat. Mit einer Lupe kann man auch die Arten unterscheiden. In den meisten Fällen dürfte es sich aber ohnehin um *H. truncorum* handeln. Eine Bestimmungstabelle findet sich in SCHMIEDEKNECHT (1930:822).

Heriades crenulatus
Nylander 1856

Verbreitung: Südeuropa, zerstreut in Mitteleuropa; nordwärts angeblich bis Berlin (MARKOWSKY 1944). – In der Bundesrepublik Deutschland nur aus Rheinland-Pfalz (BRECHTEL 1986, WARNCKE 1986b) und Baden-Württemberg bekannt (WESTRICH 1983a). – In Baden-Württemberg liegt der Verbreitungsschwerpunkt in der Oberrheinebene und im Kaiserstuhl, einzelne Vorkommen wurden auch aus dem Kraichgau und dem Stuttgarter Raum bekannt. Alle Funde stammen aus Lagen unter 300 m. Material: 78♂♂,120♀♀.
Lebensraum: Meist an Waldrändern und auf Streuobstwiesen mit altem Baumbestand, aber auch in der offenen Flur, sofern dort alte Pfähle als Nistplätze vorhanden sind; vereinzelt auch im Siedlungsbereich (z.B. in den Großstädten Freiburg, Karlsruhe und Stuttgart).
Nistweise: Nistet in vorhandenen Hohlräumen, in der Regel in Käferfraßgängen in altem Holz. Besiedelt auch Nisthilfen, z.B. Bohrungen in Holz, Bam-

Heriades crenulatus, Männchen auf *Anthemis*.

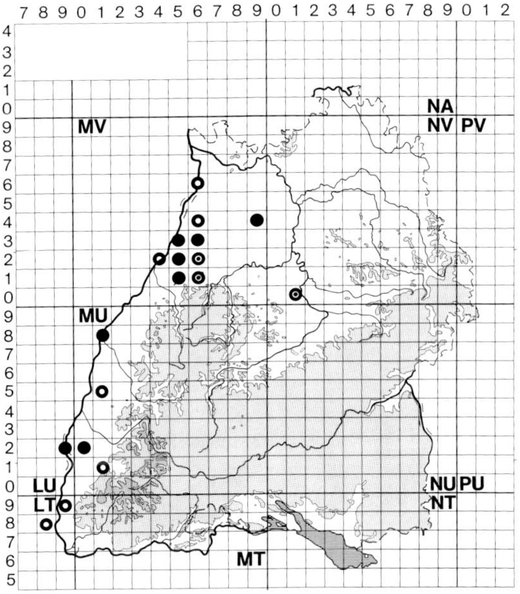

Heriades crenulatus

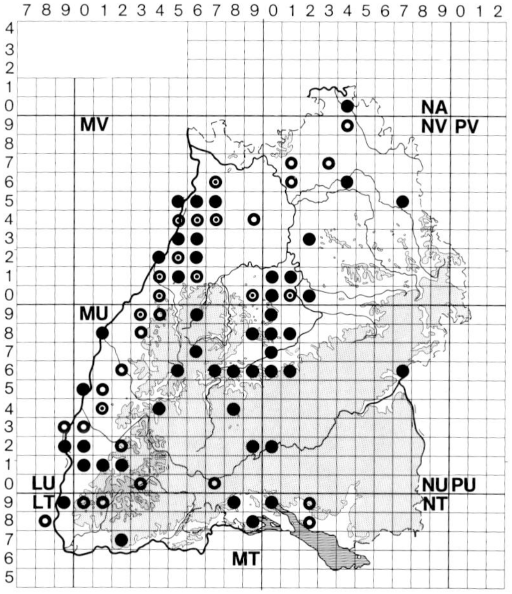

Heriades truncorum

busröhrchen, Schilfhalme (Innendurchmesser 3–4 mm). Die Nester sind Linienbauten, die von denen von *Heriades truncorum* nicht zu unterscheiden sind. Baumaterial für die Zellzwischenwände und den Nestverschluß ist Harz. (BRECHTEL 1986, GRANDI 1934a, 1957, 1961).

Blütenbesuch: Oligolektische, auf Asteraceae (Korbblütler) spezialisierte Art. Pollenquellen: Weiden-Alant *(Inula salicina)*, Gewöhnliche Kratzdistel *(Cirsium vulgare)*, Eselsdistel *(Onopordum acanthium)*, Skabiosen-Flockenblume *(Centaurea scabiosa)*, Rispen-Flockenblume *(Centaurea paniculata)*, Gewöhnliches Bitterkraut *(Picris hieracioides)*. – Auch die ♂♂ bevorzugen Korbblütler zum Nektarsaugen.

Kuckucksbienen: Vermutlich *Stelis breviuscula.*

Phänologie: Univoltin. Flugzeit von Ende Juni bis Ende August, bei günstiger Witterung bis Anfang September (♂♂ 21. 6.–29. 8.; ♀♀ 20. 6.–15. 8.). Überwinterung als Ruhelarve im Kokon.

Bestandessituation: Die in Baden-Württemberg ziemlich seltene und wärmeliebende Art wurde nach 1975 noch in 8 Rasterfeldern nachgewiesen. Dennoch ist sie zumindest lokal durch die Beseitigung von besonnten Totholzstrukturen (Rodung von Obstbäumen, Beseitigung von abgestorbenen Ästen aus Sicherheitsgründen) im Bestand bedroht. Im Gegensatz zum Nistplatz sind die Pollenquellen meist noch ausreichend vorhanden.

RL: Gefährdet (3).

Heriades truncorum

(Linnaeus 1758)

Verbreitung: Europa. In den Alpen bis 1600 m. – In der Bundesrepublik Deutschland keine Verbreitungsgrenze. – In Baden-Württemberg weit verbreitet, von der Ebene bis in die höheren Lagen der Mittelgebirge. Sicherlich wesentlich weiter verbreitet, als aus der Karte ersichtlich, vor allem im Bauland, im Kocher-Jagst-Gebiet und im Tauberland dürfte sie flächendeckend vorkommen. Material: 135♂♂,230♀♀.

Lebensraum: Vor allem an Waldrändern, auf Waldlichtungen und Kahlschlägen, in Streuobstwiesen mit altem Baumbestand, in Hecken und Feldgehölzen, in alten Weinbergbrachen, regelmäßig auch im Siedlungsbereich.

Nistweise: Nistet in Höhlungen in totem Holz (Insektenfraßgänge) oder in hohlen Pflanzenstengeln, v.a. von Brombeeren *(Rubus fruticosus)*. Besiedelt auch Nisthilfen, z.B. Bohrungen in Holz, Schilf- und Bambusrohr (Innendurchmeser bevorzugt 3–3,5 mm). Die Nester sind Linienbauten mit 1–10, durchschnittlich 4 Brutzellen. Baumaterial für Zellzwischenwände und Nestverschluß ist Harz von Nadel- oder von Laubhölzern. (BONELLI 1967f, BRECHTEL 1986, CORREIA 1976a, 1976b, 1977, 1980, 1981, ENSLIN 1933, FAHRINGER 1922, GRANDI 1934a, 1935, 1961, KÄPYLÄ 1978b, LABOULBÈNE 1873, WESTRICH 1979, 1983a, 1983e).

Blütenbesuch: Oligolektische, auf Asteraceae (Korbblütler) spezialisierte Art (vgl. CORREIA 1980, KÄPYLÄ 1978b). Pollenquellen: Echter Alant *(Inula helenium)*, Rauher Alant *(Inula hirta)*, Weiden-Alant *(Inula salicina)*, Schwert-Alant *(Inula ensifolia)*, Wiesen-Alant *(Inula britannica)*, Ruhr-Flohkraut *(Pulicaria dysenterica)*, Weidenblättriges Ochsenauge *(Buphthalmum salicifolium)*, Telekie *(Buphthalmum speciosum)*, Färber-Kamille *(Anthemis tinctoria)*, Acker-Hundskamille *(Anthemis arvensis)*, Wiesen-Schafgarbe *(Achillea millefolium)*, Gold-Garbe *(Achillea filipendulina)*, Rainfarn *(Tanacetum vulgare)*, Geruchlose Kamille *(Tripleurospermum inodorum)*, Jakobs-Greiskraut *(Senecio jacobaea)*, Gewöhnliches Greiskraut *(Senecio vulgaris)*, Garten-Ringelblume *(Calendula officinalis)*, Gewöhnliche Kratzdistel *(Cirsium vulgare)*, Krause Distel *(Carduus crispus)*, Rispen-Flockenblume *(Centaurea paniculata)*, Wegwarte *(Cichorium intybus)*, Gewöhnliches Ferkelkraut *(Hypochoeris radicata)*, Gewöhnliches Bitterkraut *(Picris hieracioides)*, Acker-Gänsedistel *(Sonchus arvensis)*, Grüner Pippau *(Crepis capillaris)*. – Die Blütenstetigkeit beim Pollensammeln ist gering. Auch KÄPYLÄ (1978b) fand zahlreiche Mischladungen. Pollen vom *Achillea*- und *Helianthus*-Typ (Gattungen *Achillea, Tanacetum, Inula, Buphthalmum*) hat den größten Anteil in den Pollenladungen und im Larvenproviant der Brutzellen. Cichorieen (Gattungen *Cichorium, Picris* etc.) sind relativ wenig vertreten. Auch Cynareen (z.B. Gattungen *Cirsium, Centaurea*) werden nur vereinzelt genutzt, was auch KÄPYLÄ bestätigt fand. – Die ♂♂ bevorzugen zum Nektarsaugen ebenfalls Korbblütler.

Kuckucksbienen: *Stelis breviuscula* ist regelmäßig an den Nestern anzutreffen.

Phänologie: Univoltin. Flugzeit von Mitte Juni bis Mitte September (♂♂ 9. 6.–2. 9.; ♀♀ 2. 6.–5. 10.). Hauptnistaktivität von Anfang Juli bis Ende August, in sonnenreichen Spätsommern noch bis Ende September. Überwinterung als Ruhelarve im Kokon.

Bestandessituation: Die Art ist weit weniger wärmeliebend als ihre nahe Verwandte und in Baden-Württemberg durchaus häufig. Ab 1975 wurde sie noch in verschiedensten Landesteilen und an zahlreichen Orten festgestellt. Sie läßt sich problemlos durch Nisthilfen auch im Garten oder auf dem Balkon ansiedeln, sofern geeignete Korbblütler in der Nähe der Nester blühen. Ihre Pollenquellen lassen sich sogar im Balkonkasten kultivieren. Außerhalb des Siedlungsbereichs allerdings sind besonnte Totholzstrukturen und alte Brombeerhecken für die Art wichtig. Durch deren Beseitigung erleidet die Art immer wieder lokale Verluste. Der begrenzende Faktor für das Vorkommen liegt demnach im Nistplatz, weniger in den Pollenquellen, die sich meist noch in genügender Menge finden.

Hylaeus Fabricius 1793

Die Gattung *Hylaeus* (= *Prosopis* Fabricius) ist weltweit verbreitet und erreicht in Australien ihre höchste Artenzahl (MICHENER 1979). In der Bundesrepublik Deutschland gibt es 30 Arten.

Ihren deutschen Namen hat die Gattung von den weißen oder gelben Gesichtsflecken, die beim Männchen meist die ganze untere Gesichtshälfte einnehmen, während sie beim Weibchen auf zwei kleine seitliche Flecken reduziert sind oder (selten) ganz fehlen. Die durchweg recht kleinen, nur 4–10 mm großen, heimischen Maskenbienen haben fast alle den gleichen Habitus. Ihr durchweg glänzender, eintönig schwarzer Körper besitzt nur am Kopf (Gesicht, Fühlerschaft), am Thorax und an den Beinen kleine gelbliche oder weiße Zeichnungen und mitunter an den Seiten des Abdomens winzige, weiße Tergitfransen. *H. variegatus* fällt durch sein teilweise rotes Abdomen auf. Bei den Männchen ist der Fühlerschaft oft mächtig verbreitert und verdickt. Die Maskenbienen sind nahezu unbehaart, weswegen sie bisweilen mit Grabwespen v.a. der Gattung *Crossocerus* verwechselt werden. Im Feld kann man – auch bei einiger Übung – nur wenige bis auf die Art ansprechen, so z.B. den relativ großen *H. nigritus* mit elfenbeinfarbigem, glänzendem Gesicht und *H. signatus* wegen seiner glasklaren Flügel. Für diese beiden Arten sowie für *H. punctulatissimus* ist auch die Beachtung des Blütenbesuchs bei der Erkennung nützlich.

Hylaeus hat eine relativ kurze Zunge, die breiter als lang und stumpf ist. Bienen mit kurzen, abgestumpften Zungen werden allgemein zur Familie Colletidae gestellt (MICHENER 1944). Diese Familie wurde bis in die jüngste Zeit als ein primitives Taxon aufgefaßt, weil die Zungenmerkmale sehr an die der Wespen, insbesondere der Grabwespen (Sphecidae), erinnern, von denen sie deswegen abstammen sollen (MALYSHEV 1968, MICHENER 1974). Dies wird jedoch durch MCGINLEY (1980, 1981) neuerdings in Frage gestellt, der die Larven der Colletidae verglich und die Mundteile der Adulten erneut untersuchte. Er fand, daß die stumpfen Zungen dieser Bienen nur oberflächlich denen der Spheciden ähneln. Außerdem konnte er zeigen, daß die besonderen Merkmale der Zunge von Colletidae (Ausnahme Stenotritinae) offensichtlich abgeleitet sind und daher auf einen monophyletischen Ursprung der Familie hinweisen. Da die Stenotritinae diese und andere Merkmale von Colletiden nicht besitzen, stellte McGINLEY dieses Taxon in eine eigene Familie (Stenotritidae). Auch die Untersuchungen von TORCHIO (1984) zur Embryogenese von *Hylaeus leptocephalus* (= *bisinuatus*) liefern deutliche Hinweise auf abgeleitete Verhältnisse. Auch MICHENER (1981) hält es neuerdings für möglich, daß nicht die Colletidae, sondern die Melittidae an die Basis der Bienen zu stellen sind.

Der Gattungsname der Maskenbienen hat immer wieder Anlaß zu kontroversen Diskussionen gegeben (z.B. DATHE 1979a, 1980, WARNCKE 1972c). Hinsichtlich Gattungs- und Artnamen folge ich DATHE (1980).

Zur Bestimmung der Arten der Bundesrepublik Deutschland ist nach wie vor in den meisten Fällen der Schlüssel von BLÜTHGEN in SCHMIEDEKNECHT (1930:876ff) brauchbar, er enthält jedoch keinerlei Zeichnungen. Als sehr hilfreich erweisen sich deshalb die Abbildungen der Köpfe und Genitalien in der Arbeit von DATHE (1980), in der alle europäischen Arten berücksichtigt sind. Ein Großteil der deutschen Arten ist auch bei KOSTER (1986a) enthalten, der die niederländischen Arten bearbeitet hat und einen (in englischer Sprache abgefaßten) Bestimmungsschlüssel der Arten Nordwest-Europas einschließt, der ebenfalls durch Kopf- und Genitalzeichnungen illustriert ist.

Hylaeus alpinus

(Morawitz 1867)

Verbreitung: Alpen, Pyrenäen, Balkan (DATHE 1980). – In der Bundesrepublik Deutschland nur aus dem bayerischen Alpengebiet bekannt: Riedbergpaß bei Balderschwang 1♂ 27. 7. 1968 in 1400 m Höhe (WESTRICH 1984a); Königsee bei Berchtesgaden 1♀ 11. 7. 1982; Mittenwald 1♂ 16. 7. 1983, in 1880 m Höhe, 1♂ 17. 7. 1983 in 1800–2000 m Höhe (WARNCKE 1986a). – In Baden-Württemberg nicht zu erwarten.

Bemerkungen: Über die Biologie ist mir nichts Näheres bekannt.

Hylaeus angustatus

(Schenck 1861)

Verbreitung: Ganz Europa, nordwärts bis Finnland (ELFVING 1951); Kaukasus; im Hochgebirge bis

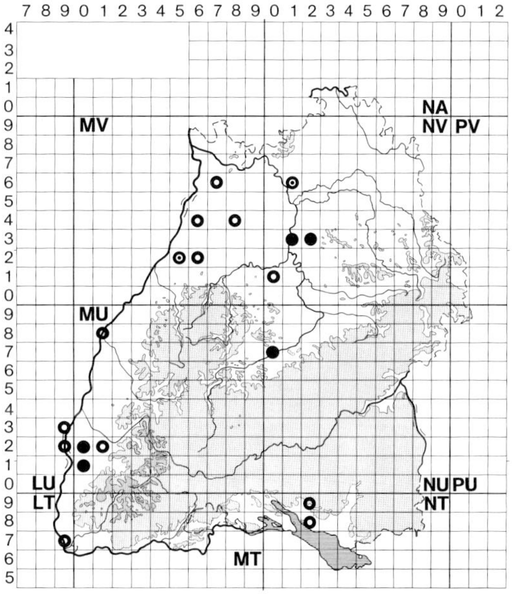

Hylaeus angustatus

über 2000 m (DATHE 1980). – In der Bundesrepublik Deutschland keine Verbreitungsgrenze. – In Baden-Württemberg zerstreute Nachweise, bisher nur in Lagen unter 500 m. Die Art dürfte aber auch in höheren Lagen vorkommen. Material: 20♂♂, 25♀♀.

Lebensraum: Waldränder, Feldhecken, Sand- und Kiesgruben, Ruderalstellen, gelegentlich auch im Siedlungsbereich.

Nistweise: Nistet in vorhandenen Hohlräumen, z.B. in Käferfraßgängen in altem Holz, auch in dürren markhaltigen Stengeln, z.B. von Königskerzen (*Verbascum*) oder Disteln (*Cirsium, Onopordum*), sowie in verlassenen Eichen-Gallen von *Andricus kollari*. (BENOIST 1959, FÖRSTER 1871).

Blütenbesuch: Höchstwahrscheinlich polylektische Art, deren ♀♀ an folgenden Pflanzen beobachtet wurden: Apiaceae: Wald-Engelwurz (*Angelica sylvestris*), Wilde Möhre (*Daucus carota*), Feld-Mannstreu (*Eryngium campestre*), Wiesen-Bärenklau (*Heracleum sphondylium*); Brassicaceae: Wildkresse (*Rorippa sylvestris*), Orientalische Rauke (*Sisymbrium orientale*); Campanulaceae: Berg-Sandrapunzel (*Jasione montana*); Crassulaceae: Fetthenne- (*Sedum-*)Arten; Fabaceae: Weißer Steinklee (*Melilotus alba*); Resedaceae: Wilde Resede (*Reseda lutea*), Färber-Resede (*Reseda luteola*), Garten-Resede (*Reseda odorata*); Rosaceae: Brombeeren und Himbeeren (*Rubus*), Fingerkraut (*Potentilla*). – Die ♂♂ wurden ebenfalls an unterschiedlichsten Pflanzen angetroffen.

Hylaeus angustatus, Männchen im Blütenstand von *Allium moly*.

Phänologie: Univoltin. Flugzeit von Anfang Juni bis Mitte August (♂♂ 22. 5.–9. 8.; ♀♀ 30. 5.–14. 9.). Überwinterung als Ruhelarve.

Bestandessituation: Wenn die unscheinbare Art auch wegen ihrer geringen Größe nur selten aufgefunden wird, so halte ich sie dennoch für nicht gefährdet.

Hylaeus annularis

(Kirby 1802)
Syn.: *H. dilatatus* (Kirby 1802); *H. cervicornis* (Costa 1858).

Verbreitung: Ganz Europa, nordwärts bis Süd-Schweden und Süd-Finnland (62° n. Br.); Kaukasus (Dathe 1980). Eine Verbreitungskarte gibt Koster (1986a). – In der Bundesrepublik Deutschland keine Verbreitungsgrenze. – In Baden-Württemberg stammen die meisten Nachweise aus der südlichen und nördlichen Oberrheinebene und dem Kaiserstuhl. Aber auch in anderen Landesteilen wurde die Art vereinzelt nachgewiesen. Die überwiegende Zahl der Fundorte liegt unterhalb 500 m. Material: 32♂♂, 86♀♀.

Lebensraum: Binnendünen, Flugsandfelder, Sandheiden, Weinbergbrachen, brachgefallene Schafweiden (Wacholderheiden), Brombeerhecken, Ruderalstellen, Sand- und Lehmgruben, Waldränder, Hochwasserdämme.

Nistweise: Nistet in vorhandenen Hohlräumen, z. B. in Fraßgängen in altem Holz, in verlassenen Stechimmen-Bauten. Nestgänge auch selbstgenagt im Mark dürrer Stengel, z. B. von Brombeeren *(Rubus)* oder von Beifuß *(Artemisia vulgaris)*. (Benoist 1959, Enslin 1922, 1933, Höppner 1902a).

Blütenbesuch: Höchstwahrscheinlich polylektische Art, deren ♀♀ an folgenden Pflanzenarten beobachtet wurden: Apiaceae: Giersch *(Aegopodium podagraria)*, Bärenklau *(Heracleum sphondylium)*; Asteraceae: Rainfarn *(Tanacetum vulgare)*, Geruchlose Kamille *(Tripleurospermum inodorum)*, Wiesen-Flockenblume *(Centaurea jacea)*, Herbst-Löwenzahn *(Leontodon autumnalis)*; Boraginaceae: Gewöhnlicher Natterkopf *(Echium vulgare)*; Brassicaceae: Grau-Kresse *(Berteroa incana)*; Campanulaceae: Berg-Sandrapunzel *(Jasione montana)*; Crassulaceae: Fetthenne- *(Sedum-)* Arten; Rosaceae: Kriechendes Fingerkraut *(Potentilla reptans)*; Lamiaceae: Gewöhnlicher Dost *(Origanum vulgare)*. – Die ♂♂ wurden ebenfalls an den unterschiedlichsten Pflanzen angetroffen.

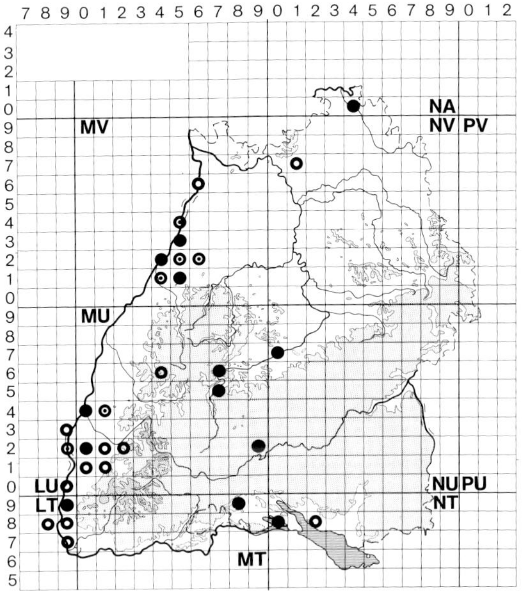

Hylaeus annularis

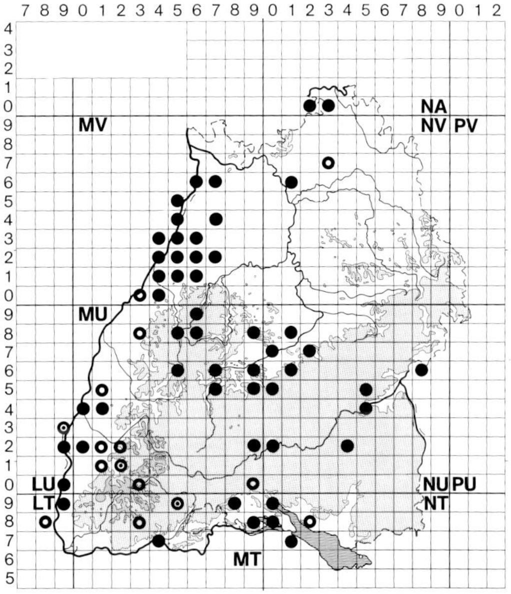

Hylaeus brevicornis

Phänologie: Univoltin. Flugzeit von Anfang Juni bis Ende September (♂♂ 5. 6.–30. 7.; ♀♀ 12. 6.–23. 9.). Überwinterung als Ruhelarve.
Bestandessituation: Die regelmäßig nachzuweisende Art erscheint mir derzeit nicht gefährdet.

Hylaeus annulatus

(Linnaeus 1758)
Syn.: *H. borealis* Nylander 1852.

Verbreitung: Nordeuropa (überschreitet dort den Polarkreis), mitteleuropäische Hochgebirge (Alpen bis 2000 m), Pyrenäen (DATHE 1980, ELFVING 1951, PETERS 1975). – In der Bundesrepublik Deutschland nur im Alpengebiet nachgewiesen, aber auch außerhalb der Alpen zu erwarten.
Bemerkungen: Über die Biologie liegen mir keine verwertbaren Daten vor.

Hylaeus brevicornis

Nylander 1852

Verbreitung: Ganz Europa, nordwärts bis Finnland (64° n. Br.) (ELFVING 1951); In den Alpen und Pyrenäen bis 1900 m (DATHE 1980). Eine Verbreitungskarte gibt KOSTER (1986a).- In der Bundesrepublik Deutschland keine Verbreitungsgrenze. – In Baden-Württemberg weit verbreitet, von der Ebene bis in die höheren Lagen der Mittelgebirge. Material: 164♂♂,194♀♀.
Lebensraum: Lichte Auwälder, Waldlichtungen, Kahlschläge, Waldränder, Feldhecken, Brombeergebüsche, aufgelassene Sand-, Kies- und Lehmgruben, Steinbrüche, Streuobstwiesen, trockenwarme Ruderalstellen; regelmäßig auch im Siedlungsbereich in Gärten, Parks und auf Ruderalflächen (synanthrope Art).
Nistweise: Nistet in dürren Zweigen von Brombeeren und Himbeeren *(Rubus)* und in Käferfraßgängen in altem Holz. Die Nester enthalten 2–7 Brutzellen. (DANKS 1971a, 1971b, ENSLIN 1933, JANVIER 1972, VERHOEFF 1892a).
Blütenbesuch: Polylektische Art. DANKS (1971a) fand in den Brutzellen Pollen von Fabaceae, außerdem von Apiaceae und von Ampfer *(Rumex)* (Polygonaceae). Die ♀♀ wurden auf folgenden Pflanzen beobachtet: Apiaceae: Bärenklau *(Heracleum sphondylium)*, Wilde Möhre *(Daucus carota)*; Campanulaceae: Berg-Sandrapunzel *(Jasione montana)*; Crassulaceae: Fetthenne- *(Sedum-)* Arten; Rosaceae: Brombeeren *(Rubus)*. – Die ♂♂ besuchen ebenfalls vielerlei Blüten.
Phänologie: In Südwestdeutschland vermutlich nur partiell bivoltin, während die Art in Frankreich nach JANVIER (1972) bi- oder trivoltin ist. Flugzeit von Anfang Juni bis Anfang September (♂♂ 21. 5.–3. 9.; ♀♀ 26. 5.–3. 10.). Überwinterung als Ruhelarve.

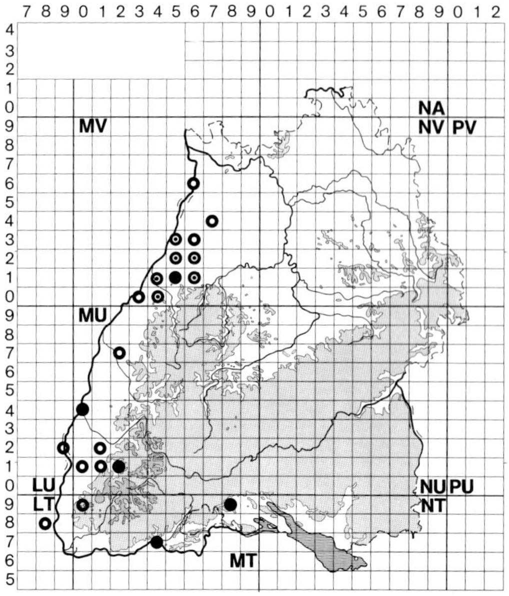

Hylaeus clypearis

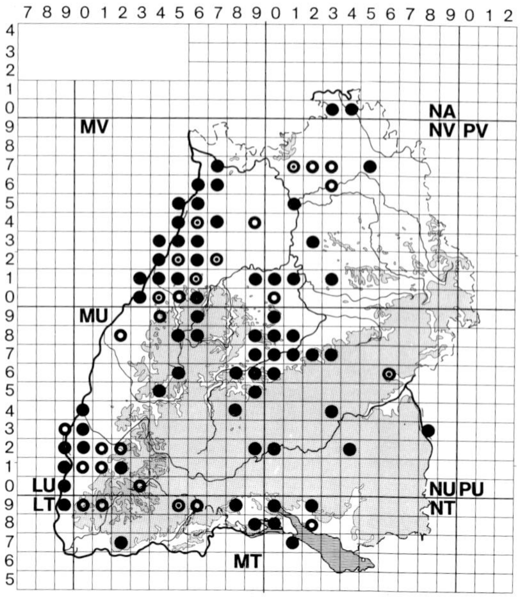

Hylaeus communis

Bestandessituation: Als ubiquitäre Art mit geringen ökologischen Ansprüchen nicht gefährdet.
Bemerkungen: Es fehlt nach wie vor an geeignetem Zuchtmaterial zur zweifelsfreien Klärung, ob *Hylaeus gredleri* Förster 1871 identisch ist mit dem in Färbung und plastischen Merkmalen als außerordentlich variabel geltenden *H. brevicornis.*

Hylaeus clypearis
(Schenck 1853)

Verbreitung: Süd-, West- und Mitteleuropa, nordwärts bis Dänemark; Süd-Ukraine (Dathe 1980). Eine Verbreitungskarte gibt Koster (1986a). – In der Bundesrepublik Deutschland auch im Norden (Alfken 1913, Wagner 1938a, Haeseler 1973). – In Baden-Württemberg liegen die Verbreitungsschwerpunkte in der nördlichen und südlichen Oberrheinebene. Weitere Nachweise gibt es im Bereich der Schwarzwaldvorbergzone, im Südschwarzwald und am Hohentwiel. Aus den anderen Landesteilen liegen bisher keine Funde vor. Material: 24♂♂, 33♀♀.
Lebensraum: Waldränder, Feldhecken, Brombeergebüsche, Weinbergbrachen, Ruderalstellen.
Nistweise: Nistet in Insektenfraßgängen in altem Holz sowie in dürren Stengeln von Brombeeren *(Rubus)* und Rosen *(Rosa).* (Benoist 1959, Blüthgen 1925, Janvier 1969).

Blütenbesuch: Wahrscheinlich polylektische Art, deren ♀♀ an folgenden Pflanzen beobachtet wurden: Apiaceae: Große Bibernelle *(Pimpinella major),* Wiesen-Bärenklau *(Heracleum sphondylium),* Feld-Mannstreu *(Eryngium campestre)*; Boraginaceae: Gewöhnlicher Natterkopf *(Echium vulgare)*; Campanulaceae: Pfirsichblättrige Glockenblume *(Campanula persicifolia),* Berg-Sandrapunzel *(Jasione montana)*; Resedaceae: Wilde Resede *(Reseda lutea).* – Auch die ♂♂ besuchen vielerlei Blüten.
Phänologie: Univoltin. Flugzeit von Mitte Juni bis Ende August (♂♂ 29. 6.–7. 8.; ♀♀ 20. 6.–3. 10.). Überwinterung wahrscheinlich als Ruhelarve.
Bestandessituation: Die wegen ihrer geringen Größe leicht zu übersehende und meist nur einzeln anzutreffende Art halte ich derzeit für nicht gefährdet.

Hylaeus communis
Nylander 1852

Verbreitung: Ganz Europa, nordwärts bis Finnland (Elfving 1951); in den Alpen bis 1600 m; Kaukasus (Dathe 1980). Eine Verbreitungskarte gibt Koster (1986a). – In der Bundesrepublik Deutschland keine Verbreitungsgrenze. – In Baden-Württemberg weit verbreitet, von der Ebene bis in die höheren Lagen der Mittelgebirge. Material: 179♂♂, 289♀♀.

Lebensraum: Als ausgesprochener Ubiquist kommt die Art in verschiedensten Lebensräumen vor, z. B. an Waldrändern, auf Waldlichtungen und Kahlschlägen, in Feldhecken, in Brombeergebüschen, in Sand-, Kies- und Lehmgruben, an Bahndämmen, regelmäßig auch im Siedlungsbereich in Gärten, Parks und auf Ruderalflächen (synanthrope Art).
Nistweise: Nistet in vorhandenen Hohlräumen (Insektenfraßgänge in altem Holz, verlassene Grabwespen-Nester, Mörtelfugen, Risse im Verputz von Hauswänden, Hohlräume in alten Fensterrahmen); in markhaltigen Stengeln, Ranken und Zweigen, z. B. Brombeere *(Rubus)*, Holunder *(Sambucus)*, Heckenrosen *(Rosa)*; in verlassenen Eichen-Gallen von *Andricus*; in alten Schilfgallen von *Lipara lucens*, auch in Nisthilfen (Bohrungen in Holz, Durchmesser 2–4 mm, bevorzugt 3 mm; Schilfstengel). (Brechtel 1986, Danks 1971a, Diakonoff 1937, Giraud 1866, Haeseler 1972, Malyshev 1968, Müller 1944, Westrich 1979, 1980).
Blütenbesuch: Ausgesprochen polylektische Art, deren ♀♀ u. a. an folgenden Pflanzenarten beobachtet wurden: Apiaceae: Wilde Möhre *(Daucus carota)*, Giersch *(Aegopodium podagraria)*; Asteraceae: Acker-Kratzdistel *(Cirsium arvense)*, Gewöhnliche Kratzdistel *(Cirsium vulgare)*, Wiesen-Schafgarbe *(Achillea millefolium)*, Gold-Schafgarbe *(Achillea filipendulina)*, Rainfarn *(Tanacetum vulgare)*, Kanadische Goldrute *(Solidago canadensis)*, Wiesen-Pippau *(Crepis biennis)*, Herbst-Löwenzahn *(Leontodon autumnalis)*; Boraginaceae: Gewöhnlicher Natterkopf *(Echium vulgare)*; Brassicaceae: Acker-Senf *(Sinapis arvensis)*; Campanulaceae: Rundblättrige Glockenblume *(Campanula rotundifolia)*; Crassulaceae: Felsen-Fetthenne *(Sedum reflexum)*; Lamiaceae: Schmalblättriger Hohlzahn *(Galeopsis angustifolia)*; Liliaceae: Kugel-Lauch *(Allium sphaerocephalon)*, Küchenlauch *(Allium porrum)*, Küchenzwiebel *(Allium cepa)*; Lythraceae: Blutweiderich *(Lythrum salicaria)*; Resedaceae: Wilde Resede *(Reseda lutea)*, Färber-Resede *(Reseda luteola)*. – Auch die ♂♂ besuchen vielerlei Blüten.
Phänologie: Wie in Norddeutschland so auch in Süddeutschland zumindest partiell bivoltin. Flugzeit von Mitte oder Ende Mai bis Anfang September (♂♂ 14. 5.–2. 9.; ♀♀ 20. 5.–5. 10.). Eine partielle 2. Generation ab Anfang August bis September.
Bestandessituation: Da die Art nach 1975 noch zahlreich nachgewiesen werden konnte, sie keine hohen Ansprüche an ihren Lebensraum stellt und durch Nisthilfen und blütenreiche Gärten auch im Siedlungsbereich gefördert werden kann, ist sie nicht gefährdet. Im Untersuchungsgebiet ist sie ohnehin die häufigste und am weitesten verbreitete Maskenbiene.

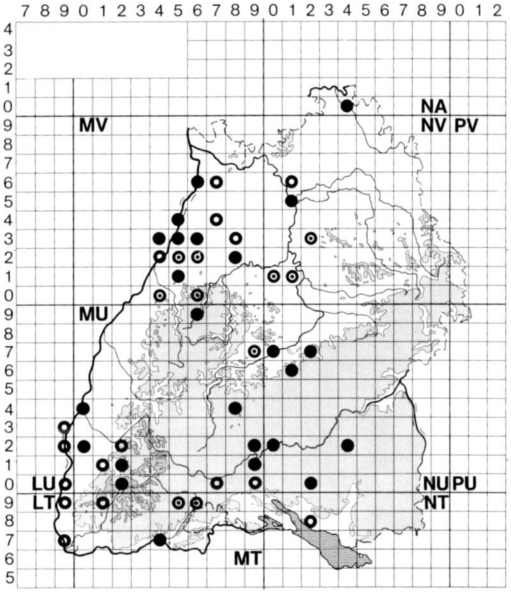

Hylaeus confusus

Hylaeus conformis
Förster 1871
Syn.: *H. pilosulus* (Pérez 1903).

Verbreitung: Westeuropa, stellenweise nach Mitteleuropa vordringend (Dathe 1980). – In der Bundesrepublik Deutschland bisher lediglich ein Fund bei Castrop in Westfalen (Blüthgen 1944). Die Art ist auch in Baden-Württemberg zu erwarten, da sie auch aus dem Osten Frankreichs bekannt ist.
Nistweise: Ferton (1897b) fand die Nester in Mauerfugen.
Blütenbesuch: Lefeber (1973) beobachtete die Art in Holland auf Wilder Resede *(Reseda lutea)*.
Phänologie: Univoltin. Fliegt im Früh- und Hochsommer.

Hylaeus confusus
Nylander 1852

Verbreitung: Ganz Europa, nordwärts bis Mittel-Finnland (Elfving 1951); Kaukasus; in den Alpen bis 2000 m (Dathe 1980). Eine Verbreitungskarte gibt Koster (1986a). – In der Bundesrepublik Deutschland keine Verbreitungsgrenze. In Baden-

Württemberg weit verbreitet, von der Ebene bis in die höchsten Lagen der Mittelgebirge (Feldberg). Material: 102♂♂,126♀♀.

Lebensraum: Waldränder, Kahlschläge, Streuobstwiesen, Hochwasserdämme in Kontakt mit Auwäldern, Schilfröhrichte, Sandheiden, Sand- und Lehmgruben, Weinberge, Ruderalstellen.

Nistweise: Nistet in Fraßgängen in altem Holz, in dürren Brombeer-Ranken *(Rubus)* oder in alten Eichen-Gallen von *Andricus kollari.* (Benoist 1959, Enslin 1933, Grandi 1961, Wiering 1954).

Blütenbesuch: Höchstwahrscheinlich polylektische Art, deren ♀♀ an folgenden Pflanzenarten beobachtet wurden: Asteraceae: Wiesen-Schafgarbe *(Achillea millefolium)*; Campanulaceae: Berg-Sandrapunzel *(Jasione montana)*, Rundblättrige Glockenblume *(Campanula rotundifolia)*; Fabaceae: Weißer Steinklee *(Melilotus alba)*; Resedaceae: Wilde Resede *(Reseda lutea)*; Rosaceae: Brombeere *(Rubus fruticosus)*. – Auch die ♂♂ besuchen vielerlei Blüten.

Phänologie: Partiell bivoltin. Flugzeit von Ende Mai bis Ende August (♂♂ 4. 5.–5. 9.; ♀♀ 20. 5.–14. 9.).

Bestandessituation: Die nach wie vor häufige Art ist in Baden-Württemberg nicht gefährdet.

Hylaeus cornutus

Curtis 1831

Verbreitung: Südeuropa, zerstreut in Mitteleuropa, nordwärts bis Dänemark; in den Alpen bis 1500 m (Dathe 1980). Eine Verbreitungskarte gibt Koster (1986b). Die Art hat in den vergangenen 20 Jahren ihr Areal zunehmend erweitert. So meldet Koster (1986b) eine starke Ausbreitung entlang von Eisenbahndämmen im Süden der Niederlande. – In der Bundesrepublik Deutschland gibt es Nachweise in Bayern (mehrere Fundorte nach Blüthgen 1952b, Enslin 1922, Stoeckhert 1954 und Warncke 1982), Rheinland-Pfalz (Nieder-Lahnstein) und Baden-Württemberg. – In Baden-Württemberg vereinzelte Nachweise in der Oberrheinebene (mit Kaiserstuhl, Tuniberg und Isteiner Klotz), am Kraichgau-Rand, am Oberen Neckar, im Bereich der Oberen Donau, im Hegau und am Bodensee. Die Fundorte liegen alle unter 800 m. Funddaten: LT88 Istein 1♀ 1926 (LNK) (Leininger 1927). LU92 Burkheim 1♂ 31. 5. 1981 (W). MT89 Singen, Hohentwiel 1♀ 4. 8. 1981 (W). MU01 Tuniberg 1♂ 7. 7. 1984 (Schmid-Egger). MU76 Horb 1♀ 7. 8. 1986 (T). MU92 Irndorf 1♀ 27. 7. 1970 (G). MV51 Malsch 1♀ 29. 6. 1986 (D). MV53 Eggenstein 3♂♂. 1♀

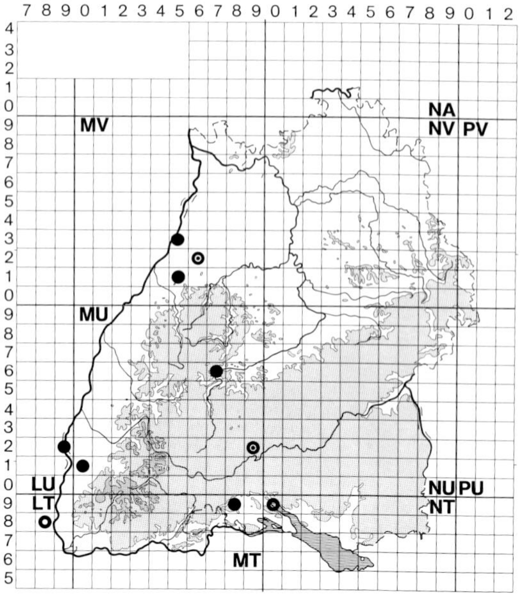

Hylaeus cornutus

7.–12. 8. 1976 (S); 1♂ 17. 6. 1982 (S); Karlsruhe, Nordweststadt 1♀ 28. 8. 1976 (S); 1♀ 23. 7. 1979 (S). MV62 Grötzingen 1♀ 9. 6. 1966 (LNK). NT09 Sipplingen 1♀ 5.1929 (MNF). Nicht belegt ist die Angabe »Osterburken« (Balles 1927).

Lebensraum: Hochwasserdämme in Kontakt mit Auwaldrändern, Bahndämme, Weinbergbrachen, Sandgruben, Ruderalstellen. Die Fundstellen weisen alle einen mehr oder weniger xerothermen Charakter auf.

Nistweise: Nistet in dürren Pflanzenstengeln, z. B. Brombeere *(Rubus)*, Beifuß *(Artemisia)*, Ampfer *(Rumex)*, auch in alten Gallen an Feld-Mannstreu *(Eryngium campestre)* und in Höhlungen in Lößwänden. (Benoist 1959, Förster 1871, Lefeber 1984).

Blütenbesuch: Vermutlich polylektische Art, deren ♀♀ an folgenden Pflanzenarten beobachtet wurden: Apiaceae: Wilde Möhre *(Daucus carota)*, Wald-Engelwurz *(Angelica sylvestris)*, Feld-Mannstreu *(Eryngium campestre)*; Asteraceae: Wiesen-Schafgarbe *(Achillea millefolium)*, Riesen-Goldrute *(Solidago gigantea)*. – Auch die ♂♂ wurden an verschiedensten Blüten angetroffen.

Phänologie: Univoltin. Flugzeit von Anfang Juni bis Mitte August (♂♂ 31. 5.–12. 8.; ♀♀ 9. 6.–28. 8.).

Bestandessituation: Da die Art offensichtlich in Ausbreitung begriffen ist – auch in Baden-Württemberg liegen die meisten Nachweise aus den Jahren nach 1960 vor – halte ich sie für nicht gefährdet.

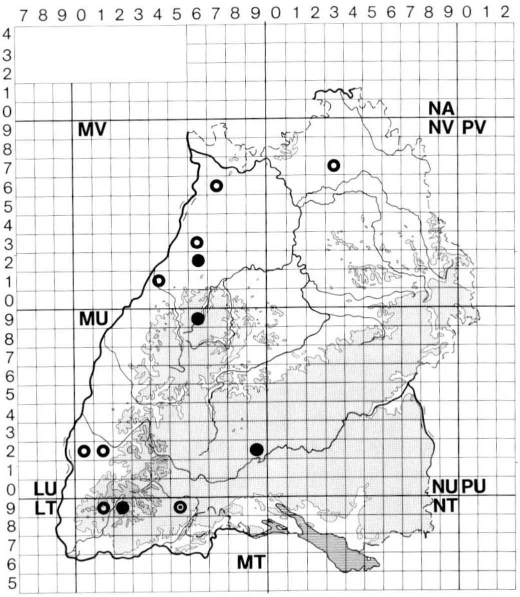

Hylaeus difformis

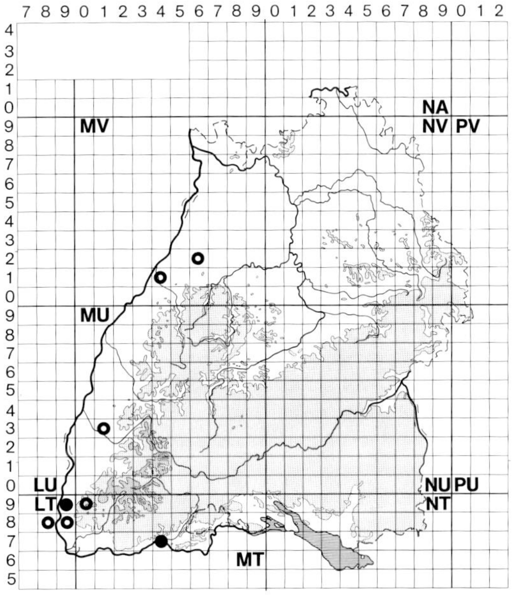

Hylaeus duckei

Hylaeus difformis

(Eversmann 1852)

Verbreitung: Ganz Europa, nordwärts bis Süd-Schweden und Lettland; Kaukasus (DATHE 1980). Eine Verbreitungskarte gibt KOSTER (1986a). – In der Bundesrepublik Deutschland keine Verbreitungsgrenze, auch im Norden (WAGNER 1938a). – In Baden-Württemberg zerstreute Nachweise in der Oberrheinebene, im Kraichgau, im Schwarzwald, auf der Schwäbischen Alb und im Bauland. Die Fundorte liegen zwischen 100 und 800 m. Funddaten ab 1960: MT29 Brandenberg 2♂♂ 12. 7. 1983 (W). MT59 Wutach 1♀ 10. 9. 1960 (G); Münchingen 1♀ 8. 8. 1961 (LNK). MU69 Enzklösterle 1♀ 19. 7. 1976 (S); 1♀ 16. 7. 1977 (S). MU92 Bärenthal 2♂♂ 7. 7. 1976 (Schwammberger). MV62 Nöttingen 1♂ 12. 8. 1963 (LNK). 13♂♂, 14♀♀.

Lebensraum: Noch unvollständig bekannt. Angetroffen wurde die Art an Waldrändern und auf Waldlichtungen, in einer Lehmgrube sowie auf einer Binnendüne.

Nistweise: Nistet in vorhandenen Hohlräumen, z. B. in verlassenen Bauten der solitären Faltenwespe *Odynerus spinipes* in Lehmwänden, in Käferfraßgängen in altem Holz, in dürren markhaltigen Pflanzenstengeln, auch in Nisthilfen (Bohrungen in Holz). (STOECKHERT 1922, BRECHTEL 1986).

Blütenbesuch: Polylektische Art, von der Pollenbesuche an folgenden Pflanzen belegt sind: Asteraceae: Kanadische Goldrute *(Solidago canadensis)*; Boraginaceae: Gewöhnlicher Natterkopf *(Echium vulgare)*; Campanulaceae: Rundblättrige Glockenblume *(Campanula rotundifolia)*; Lamiaceae: Quirlblättriger Salbei *(Salvia verticillata)*; Rosaceae: Brombeere *(Rubus fruticosus)*. – Beobachtet wurden die ♀♀ auch an Kohl *(Brassica)* (Brassicaceae), Felsen-Fetthenne *(Sedum reflexum)* (Crassulaceae) und Lauch *(Allium)* (Liliaceae). – Die ♂♂ besuchen vielerlei Blüten.

Phänologie: Univoltin. Flugzeit von Mitte Juni bis Ende August (♂♂ 7. 6.–16. 8.; ♀♀ 22. 6.–10. 9.).

Bestandessituation: Die Art ist zwar recht selten, die bisherigen Funde lassen aber nicht auf eine Gefährdung schließen.

RL: Potentiell gefährdet (4).

Hylaeus duckei

(Alfken 1904)

Verbreitung: Südeuropa, vereinzelt in Mitteleuropa, ostwärts bis an die Karpaten (DATHE 1980). – In der Bundesrepublik Deutschland nur bekannt aus Bayern (Humprechtsau) (WARNCKE 1986a), Rheinland-Pfalz (Niederlahnstein) (leg. Risch) und Baden-Württemberg (BALLES 1925, 1927, BLÜTHGEN 1961a, STROHM 1925, LEININGER 1927). – In Baden-Württemberg nur vereinzelte Nachweise in der Oberrheinebene, im Bereich der Schwarzwaldvorbergzone, im Kraichgau und am Hochrhein. Die Fundorte liegen alle unter 500 m. Funddaten: LT88 Istein 2♀♀ 16.–21. 6. 1931 (NK). LT98 Huttingen 1♀ 18. 7. 1926 (MNF); Rheinweiler 1♀ 18. 7. 1926 (MNF). LT99 Innerberg 1♀ 18. 8. 1953 (MNF); Müllheim 2♀♀ 22. 7. 1984 (Schmid-Egger). MT09 Oberweiler 1♂ 26. 9. 1925 (MNF); Sulzburg 1♀ 24. 7. 1926 (MNF). MT47 Küssaberg 1♀ 10. 8. 1980 (S) (Westrich & Schmidt 1985b). MU13 Emmendingen 1♀ 1954 (ZMB). MV41 Rastatt 1♀ 23. 6. 1931 (NK). MV62 Durlach 1♀ 8.1930 (NK); Söllingen 1♀ 5. 8. 1931 (NK). Die Angaben »Wasenweiler« (Strohm 1933), »Hopfengarten« u. »Oberachern« (Balles 1925, 1927) waren nicht überprüfbar. Material: 2♂♂,13♀♀.

Lebensraum: Mir wurde die Art bekannt von einem mit Magerrasen und Gebüschen durchsetzten felsigen Trockenhang, von Weinbergbrachen und einer Ruderalstelle.

Blütenbesuch: Vermutlich polylektische Art, deren ♀♀ an folgenden Pflanzen beobachtet wurden: Apiaceae: Wald-Engelwurz *(Angelica sylvestris)*, Wilde Möhre *(Daucus carota)*; Crassulaceae: Scharfer Mauerpfeffer *(Sedum acre)*.

Phänologie: Univoltin. Flugzeit von Juni bis Ende August (♂♂ 8. 6.–26. 9.; ♀♀ 23. 6.–21. 8.).

Bestandessituation: Die in Baden-Württemberg und auch außerhalb sehr seltene Art ist wegen ihrer Seltenheit und ihrer gleichzeitigen Bevorzugung trockenwarmer Lebensräume gefährdet. Bis zur Ermittlung weiterer Daten zur Ökologie der Art müssen Maßnahmen zur Erhaltung v.a. auf Flächenschutz abzielen. Bisher liegen keine Nachweise aus einem Naturschutzgebiet vor.

RL: Stark gefährdet (2).

Hylaeus gibbus

Saunders 1850

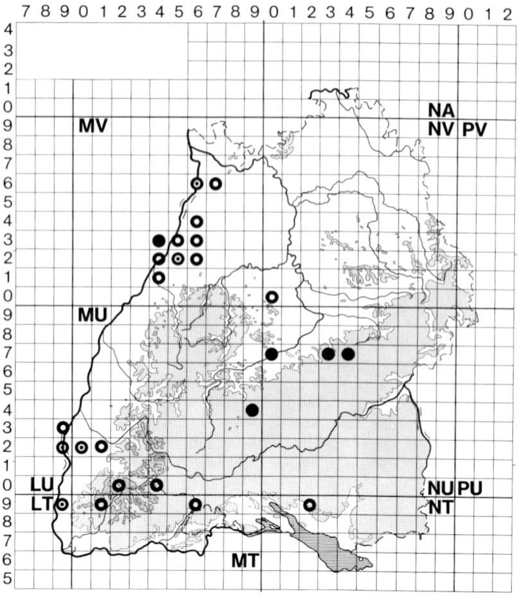

Hylaeus gibbus

Verbreitung: Ganz Europa, nordwärts bis Finnland; Kaukasus; in den Alpen und Pyrenäen bis 1900 m (Dathe 1980). Eine Verbreitungskarte gibt Koster (1986a). – In der Bundesrepublik Deutschland keine Verbreitungsgrenze. – In Baden-Württemberg weit verbreitet, von der Ebene bis in die höheren Lagen der Mittelgebirge, aber insgesamt etwas seltener als *H. confusus*. Material: 25♂♂,42♀♀.

Lebensraum: Waldränder, Hochwasserdämme, Weinbergbrachen, brachgefallene Schafweiden (Wacholderheiden), auch im Siedlungsbereich.

Nistweise: Nistet in vorgefundenen Hohlräumen, z.B. in Käferfraßgängen in altem Holz, in dürren Brombeerranken *(Rubus)* und in Nisthilfen (Bohrungen in Holz mit Durchmesser 3 mm). (Alfken 1900d, Benoist 1959, Enslin 1933, Westrich 1979).

Blütenbesuch: Höchstwahrscheinlich polylektische Art, deren ♀♀ an folgenden Pflanzenarten beobachtet wurden: Apiaceae: Wiesen-Kerbel *(Anthriscus sylvestris)*, Wald-Engelwurz *(Angelica sylvestris)*, Wilde Möhre *(Daucus carota)*, Feld-Mannstreu *(Eryngium campestre)*; Asteraceae: Acker-Kratzdistel *(Cirsium arvense)*, Kanadische Goldrute *(Solidago canadensis)*, Wiesen-Schafgarbe *(Achillea millefolium)*, Rainfarn *(Tanacetum vulgare)*, Habichtskraut *(Hieracium)*; Brassicaceae: Wildkresse *(Rorippa sylvestris)*, Orientalische Rauke *(Sisymbrium orientale)*; Campanulaceae: Berg-Sandrapunzel *(Jasione montana)*; Fabaceae: Weißer Steinklee *(Melilotus alba)*; Resedaceae: Wilde Resede *(Reseda lutea)*; Rosaceae: Silber-Fingerkraut *(Potentilla argentea)*, Kriechendes Fingerkraut *(Potentilla reptans)*, Brombeere *(Rubus fruticosus)*. – Auch die ♂♂ besuchen vielerlei Blüten.

Phänologie: Wahrscheinlich zumindest partiell bivoltin. Flugzeit von Ende Mai bis Mitte August (♂♂ 31. 5.–4. 8.; ♀♀ 9. 6.–16. 8.).

Bestandessituation: Die Art ist zwar nicht häufig, dürfte aber in Baden-Württemberg nicht gefährdet sein.

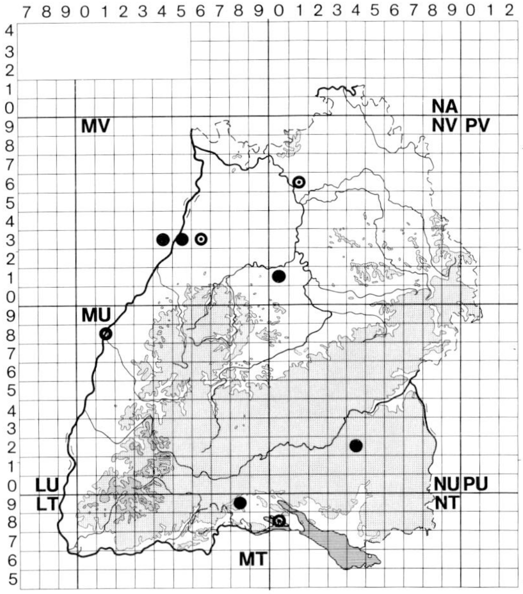

Hylaeus gracilicornis

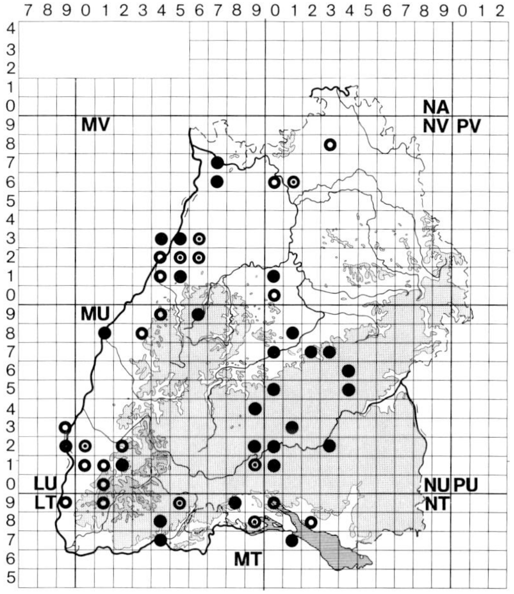

Hylaeus hyalinatus

Hylaeus gracilicornis
(Morawitz 1867)

Verbreitung: Von Frankreich bis zur Mongolei, in Europa nordwärts bis Schweden und Finnland (Dathe 1980, Elfving 1951, Erlandsson 1984). Eine Verbreitungskarte für Europa geben Warncke (1981:283) und Koster (1986a). – In der Bundesrepublik Deutschland keine Verbreitungsgrenze, auch im norddeutschen Flachland (Haeseler 1984, Riemann 1987a). In Süddeutschland aus Bayern (Blüthgen 1952b, Warncke 1982a), Rheinland-Pfalz (Brechtel 1986, Schmidt & Westrich 1985, Warncke 1986b) und Baden-Württemberg bekannt. – In Baden-Württemberg vereinzelte Nachweise in verschiedenen Landesteilen, meist in der Ebene, aber auch in Lagen über 600 m. Funddaten: MT89 Singen, Hohentwiel 1♀ 4.1984 e.l. (W). MU18 Kehl 6♀♀ 17. 7. 1944 (LNK). MV43 Maxau 1♀ 3. 6. 1984 (S). MV53 Neureut 1♂ 10. 6. 1932 (NK); Karlsruhe, Waldstadt 3♀♀ 4.1975 e.l. (Zmudzinski). MV63 Hagsfeld 1♀ 6. 8. 1964 (LNK). NT08 Mindelsee 1♀ 22. 8. 1974 (Z). NU42 Federsee, Wildes Ried 1♀ 26. 6. 1984 (W). NV01 Markgröningen 1♂ 27. 5. 1982 (W) (Westrich 1983d). NV16 Mosbach 1♀ 20. 8. 1982 (LNK).

Lebensraum: Waldränder, Feldhecken, Brombeergebüsche, Weinbergbrachen, Schilfröhrichte, Bahndämme, Ruderalstellen.

Nistweise: Nistet in dürren markhaltigen Pflanzenstengeln z.B. von Brombeeren *(Rubus)*, Disteln *(Carduus, Onopordum)* oder vom Weiden-Spierstrauch *(Spiraea salicifolia)* sowie in Schilfgallen von *Lipara lucens*. (Benoist 1959, Elfving 1951, Müller 1944).

Phänologie: Univoltin. Flugzeit von Anfang Juni bis Mitte August.

Bestandessituation: Die wegen ihrer geringen Größe leicht zu übersehende Art liegt nach 1975 aus 3 Naturschutzgebieten vor. Auch wenn sie nur selten aufgefunden wird, so halte ich sie dennoch wegen ihrer relativ weiten ökologischen Valenzen für nicht gefährdet.

Hylaeus hyalinatus
Smith 1842

Verbreitung: Nord- und Mitteleuropa, nordwärts bis Finnland (Elfving 1951); Südeuropa (Dathe 1980); in den Alpen bis 1800 m (Beaumont 1958). Eine Verbreitungskarte gibt Koster (1986a). – In der Bundesrepublik Deutschland keine Verbreitungsgrenze. – In Baden-Württemberg weit verbreitet, von der Ebene bis in die höheren Lagen der Mittelgebirge. Sicher noch wesentlich weiter verbreitet, als aus der Karte ersichtlich. Material: 138♂♂, 133♀♀.

Lebensraum: Sand-, Kies- und Lehmgruben, mit Trockenmauern oder Lößwänden durchsetzte

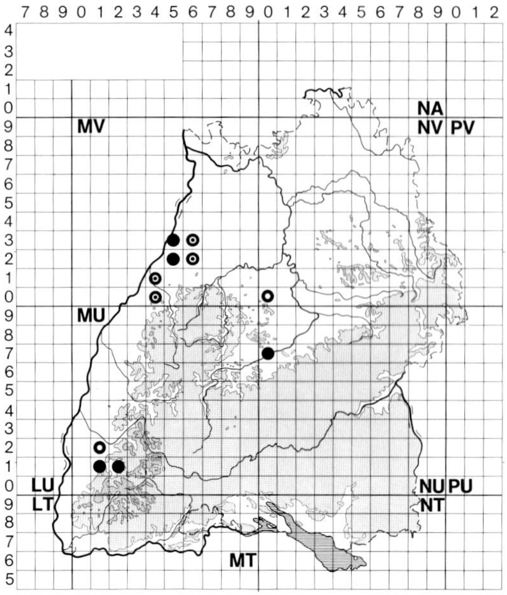

Hylaeus leptocephalus

Weinberge und Obstwiesen, Waldränder, Ruderalstellen, Siedlungsbereich (synanthrope Art). Nistplätze sind vor allem Steilwände aller Art wie Sand-, Löß- und Lehmwände, Abbruchkanten sowie Hauswände (bis 16 m über dem Erdboden), gelegentlich auch alte Brombeerhecken und dürres Holz.

Nistweise: Nistet in den verschiedensten Hohlräumen, z. B. in Höhlungen in Sand-, Löß- und Lehmwänden; in Mauerritzen und Mörtelfugen; in verlassenen Bauten von Mörtelbienen *(Megachile parietina)*; in alten Bauten der Grabwespe *Trypoxylon* in Lehmwänden; gelegentlich auch in dürren Brombeerranken *(Rubus)* und in altem Holz. (AERTS 1949, ALFKEN 1902b, ALFKEN 1913, BENOIST 1959, FERTON 1901, HAESELER 1972, MEHELY 1935, STOECKHERT 1933).

Blütenbesuch: Höchstwahrscheinlich polylektische Art, deren ♀♀ u. a. an folgenden Pflanzen beobachtet wurden: Apiaceae: Giersch *(Aegopodium podagraria)*, Wilde Möhre *(Daucus carota)*; Asteraceae: Gewöhnliche Kratzdistel *(Cirsium vulgare)*, Wiesen-Schafgarbe *(Achillea millefolium)*, Mutterkraut *(Tanacetum parthenium)*; Brassicaceae: Acker-Senf *(Sinapis arvensis)*, Graukresse *(Berteroa incana)*, Sophienrauke *(Sisymbrium sophia)*; Campanulaceae: Berg-Sandrapunzel *(Jasione montana)*; Crassulaceae: Felsen-Fetthenne *(Sedum reflexum)*, Scharfer Mauerpfeffer *(Sedum acre)*; Resedaceae: Wilde Resede *(Reseda lutea)*; Rosaceae: Brombeere und Himbeere *(Rubus fruticosus, R. idaeus)*, Gänse-Fingerkraut *(Potentilla anserina)*. – Auch die ♂♂ besuchen vielerlei Blüten.

Phänologie: Zumindest partiell bivoltin. Flugzeit von Ende Mai bis Anfang September (♂♂ 12. 5.–5. 9.; ♀♀ 27. 5.–2. 10.).

Bestandessituation: Die nach wie vor durchaus häufige Art ist in Baden-Württemberg nicht gefährdet.

Bemerkungen: ERLANDSSON (1987) beschreibt das bisher unbekannte Weibchen des bei WARNCKE (1972c) und DATHE (1980) als Synonym von *H. hyalinatus* geführten Taxons *H. decipiens* Förster 1871, das er für eine selbstständige Art hält. Der Holotypus dieses Taxons stammt aus Gotting in Bayern. Unter den von ERLANDSSON ausgewählten und fälschlich als »Paratypen« bezeichneten Exemplaren stammt keines aus der Bundesrepublik Deutschland. Die Abtrennung als eigene Art erscheint mir äußerst fragwürdig.

Hylaeus leptocephalus

(Morawitz 1871)

Syn.: *H. bisinuatus* Förster 1871.

Verbreitung: Ganz Europa, nordwärts bis Lettland; Kaukasus (DATHE 1980). Eine Verbreitungskarte gibt KOSTER (1986a). Die Art kommt auch in Nordamerika vor, wo sie vermutlich eingeschleppt wurde (vgl. TORCHIO 1984). – In der Bundesrepublik Deutschland keine Verbreitungsgrenze, auch im Norden (ALFKEN 1913). – In Baden-Württemberg nur zerstreute Nachweise aus Lagen unter 500 m. Der größte Teil der Funde stammt aus dem Großraum Karlsruhe. Material: 22♂♂,26♀♀.

Lebensraum: Waldränder, Feldhecken, Weinbergbrachen, Ruderalstellen, auch im Siedlungsbereich in Parkanlagen und an Ruderalstellen.

Nistweise: Nistet in vorhandenen Hohlräumen wie z. B. alten Bauten von Grabwespen der Gattung *Diodontus* oder von Furchenbienen *(Lasioglossum)* in Steilwänden und Abbruchkanten, in alten Kokons der Blattschneiderbiene *Megachile rotundata*, in dürren Brombeerranken *(Rubus)*, In Käferfraßgängen in altem Holz, in Nisthilfen (Papiertrinkhalme, Bohrungen in Holz). In den Nestern liegen die einzelnen (1–14) Brutzellen entweder direkt hintereinander (Linienbau) oder sind unregelmäßig verteilt. (BARROWS 1975a, ENSLIN 1922, 1933, MEHELY 1935, TEPEDINO 1980, TORCHIO 1984)

Blütenbesuch: Vermutlich polylektische Art, deren ♀♀ u. a. an folgenden Pflanzenarten beobachtet wurden: Apiaceae: Wilde Möhre *(Daucus carota)*, Wiesen-Kerbel *(Anthriscus sylvestris)*. Wald-Engel-

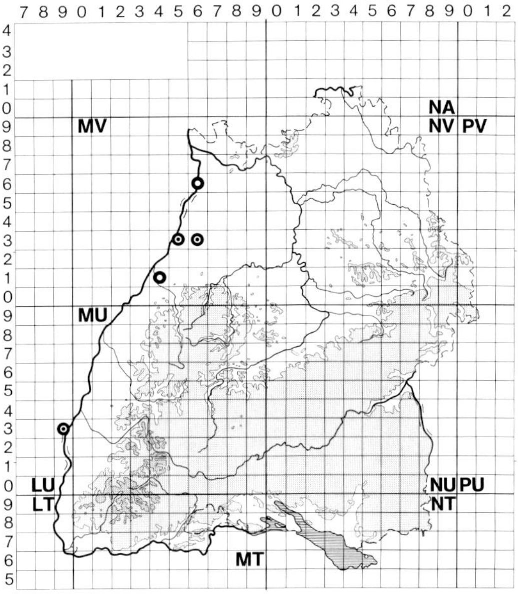

Hylaeus lineolatus

wurz *(Angelica sylvestris)*; Asteraceae: Riesen-Goldrute *(Solidago gigantea)*, Färber-Kamille *(Anthemis tinctoria)*; Brassicaceae: Raps *(Brassica rapa)*; Campanulaceae: Berg-Sandrapunzel *(Jasione montana)*; Fabaceae: Weißer Steinklee *(Melilotus alba)*; Rosaceae: Brombeere und Himbeere *(Rubus fruticosus, R. idaeus)*. – Auch die ♂♂ besuchen vielerlei Blüten.

Phänologie: In der Regel univoltin, zumindest partiell bivoltin. Flugzeit von Mitte Juni bis Ende August (♂♂ 7. 6.–15. 9.; ♀♀ 29. 5.–5. 9.).

Bestandessituation: Wegen ihrer geringen Größe wird die Art leicht übersehen. Im Raum Karlsruhe wurde sie regelmäßig auch im Siedlungsbereich nachgewiesen, weswegen ich sie für nicht gefährdet halte.

Hylaeus lineolatus

(Schenck 1859)

Verbreitung: Südeuropa, bis Mitteleuropa vordringend (Dathe 1980). – In der Bundesrepublik Deutschland nur von folgenden Bundesländern bekannt: Bayern (Main-Dreieck, Nürnberg-Erlanger-Sandgebiete) (E. Stoeckhert 1919, F.K. Stoeckhert 1954); Nordrhein-Westfalen (Aerts 1949); Hessen (Wiesbaden) (Schenck 1861a), Rheinland-Pfalz (Schmidt & Westrich 1985, Warncke 1986b) und Baden-Württemberg. – In Baden-Württemberg nur sehr vereinzelte Nachweise in der Oberrheinebene. Funddaten: LU93 Limburg 1♀ 25. 5. 1960 (G). MV41 Rastatt 1♀ 17. 6. 1931; 1♀ 10. 7. 1931 (NK). MV66 Oftersheim 1♂ 8. 7. 1951 (LNK); Schwetzingen 1♀ 10. 7. 1931 (NK). MV53 Karlsruhe 1♂ 3. 8. 1963 (LNK). MV63 Karlsruhe-Hagsfeld 1♀ 4. 8. 1962; 2♀♀ 5. 7. 1963; 2♀♀ 21. 7. 1963 (LNK).

Lebensraum: Die mir bekannten Funde stammen von Binnendünen, aufgelassenen Sandgruben und sonnigen Waldrändern.

Nistweise: Nistet in dürren Brombeerranken *(Rubus)* und verlassenen Gallen von *Andricus kollari*. (Stoeckhert 1933).

Blütenbesuch: Vermutlich polylektische Art, von der bisher nur wenige Beobachtungen an Blüten vorliegen: Apiaceae: Wald-Engelwurz *(Angelica sylvestris)*; Campanulaceae: Berg-Sandrapunzel *(Jasione montana)*.

Phänologie: Möglicherweise partiell bivoltin. Flugzeit von Mitte Juni bis Anfang September (♂♂ 19. 6.–3. 8.; ♀♀ 26. 5.–16. 9.).

Bestandessituation: Die ziemlich wärmeliebende und durchweg sehr seltene Art wurde in Baden-Württemberg zuletzt im Jahre 1963 gefunden. Ein Teil der früheren Fundorte ist zwischenzeitlich zerstört, so daß die Art in ihrem Bestand stark gefährdet ist. Flächenschutzmaßnahmen dürften daher das einzige Mittel der Arterhaltung sein.

RL: Stark gefährdet (2).

Hylaeus moricei

(Friese 1898)

Syn.: *H. moricellus* (Bischoff 1954).

Verbreitung: Mittel-, Süd- und Osteuropa; Kaukasus (Dathe 1980). In der DDR eine Reihe von Nachweisen (Rahnsdorf, Berlin, Kleinsaubernitz, Limsdorf) (Baldovski 1983). – In der Bundesrepublik Deutschland nur sehr vereinzelte Nachweise in Bayern (Schießen 1♀ 27. 8. 1986 leg. K. Schmid) und Baden-Württemberg. – In Baden-Württemberg wurde die Art erst 1976 entdeckt und später im Raum Karlsruhe an einigen weiteren Stellen aufgefunden. Funddaten: MV42 Fritschlach 3♂♂ 6. 6. 1985 (Krüss, W). MV43 Karlsruhe-Maxau 2♂♂ 15. 8. 1984 (S, W). MV51 Ettlingen-Oberweier 1♀ 6. 9. 1986 (D). MV53 Eggenstein 1♀ 28. 7. 1976 (Warncke) (Westrich & Schmidt 1985b); 1♂ 15. 8. 1984 (Warncke) (Westrich & Schmidt 1985c, Warncke 1986c).

Lebensraum: Die bisherigen Funde stammen von Flußauen, Altwasserarmen, Seeufern und einer mit

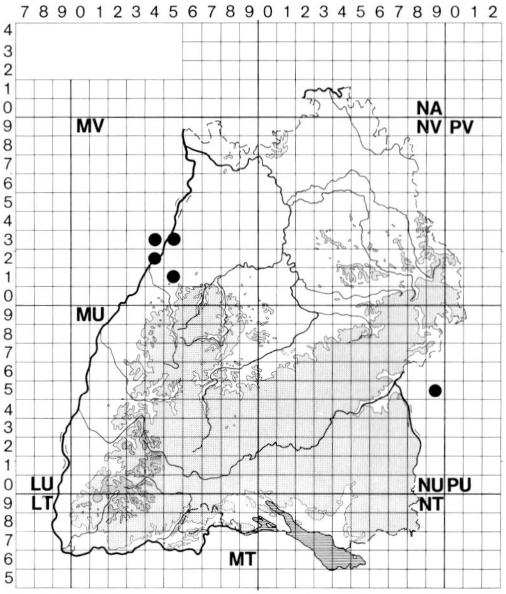

Hylaeus moricei

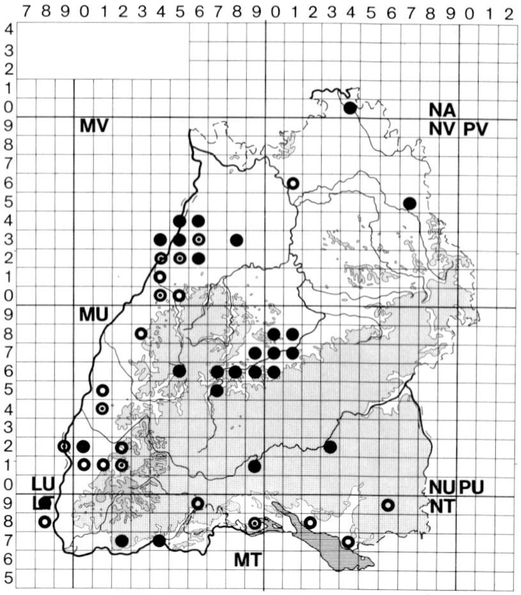

Hylaeus nigritus

Schilfröhricht bestandenen Sandgrube. Stets wuchs Schilf *(Phragmites australis)* in der Nachbarschaft der Pflanzen, auf deren Blüten die Tiere gefangen wurden oder die Tiere wurden direkt im Schilf gestreift. Es ist daher zu vermuten, daß die Art in offenen Schilfhalmen (Internodien) oder in alten Schilfgallen nistet, aus denen sie bisher allerdings noch nicht gezogen wurde.
Nistweise: Unbekannt.
Blütenbesuch: Aufgrund der bisherigen nur spärlichen Beobachtungen wahrscheinlich polylektische Art, die als Besucher folgender Pflanzen festgestellt wurde: Apiaceae: Wiesenkerbel *(Anthriscus sylvestris)*, Pastinak *(Pastinaca sativa)*; Asteraceae: Sumpf-Kratzdistel *(Cirsium palustre)*; Brassicaceae: Schleifenblume *(Iberis)*; Rosaceae: Brombeere *(Rubus fruticosus)*.
Phänologie: Vermutlich univoltin. Flugzeit von Juni bis August (siehe obige Funddaten).
Bestandessituation: Die in Mitteleuropa sehr seltene Art wurde wahrscheinlich in Baden-Württemberg erst durch veränderte Fangmethoden (Abstreifen von Schilf, gezieltes Suchen am Rande von Röhrichten) so spät entdeckt. Da sie offensichtlich an Schilfröhrichte gebunden ist, nur lokal vorkommt und keines der wenigen Vorkommen durch Flächenschutz gesichert ist, ist die Art im Bestand bedroht. Feuchtgebiete, in denen die Art nachgewiesen wurde, sollten – falls noch nicht geschehen – als Naturschutzgebiete ausgewiesen werden, weil dies das einzige Mittel der Erhaltung sein dürfte.
RL: Stark gefährdet (2).
Bemerkungen: Nach DATHE (1980) in Mitteleuropa in der ssp. *luteifrons* (Strand 1909). WARNCKE (1986c) hat nach 1♂ und 1♀ aus dem Raum Karlsruhe sowie 2♀♀ aus Spanien und 1♀ aus Italien eine eigene Unterart unter dem Namen *Prosopis nigrifacies rhenana* beschrieben.

Hylaeus nigritus
(Fabricius 1798)

Verbreitung: Ganz Europa, nordwärts bis Finnland; Kaukasus; in den Alpen bis 1600 m (DATHE 1980). – In der Bundesrepublik Deutschland keine Verbreitungsgrenze. – In Baden-Württemberg weit verbreitet von der Ebene bis in die höheren Lagen der Mittelgebirge. Die Häufung von Funden im Raum Tübingen ist lediglich auf eine gezielte Kontrolle von Dorfgärten zurückzuführen, die – auch aufgrund des übrigen Datenmaterials – den Schluß zuläßt, daß die Art landesweit verbreitet ist. Material: 71♂♂,105♀♀.
Lebensraum: Sand-, Kies- und Lehmgruben, Steinbrüche, Abwitterungshalden, von Trockenmauern oder Lößwänden durchsetzte Weinberge, Ruderalstellen, regelmäßig im Siedlungsbereich in Gärten und Parks (synanthrope Art).
Nistweise: Die Nester, die in der Regel aus 5–20 in

Hylaeus nigritus, Männchen auf *Achillea millefolium*.

einer Ebene dicht nebeneinander liegenden Brutzellen bestehen, werden in Gesteinsspalten, in Ritzen von Steilwänden und Abbruchkanten, zwischen aufeinander liegenden Steinen von Trockenmauern sowie in Rissen von Betonmauern angelegt. (BENOIST 1959, BISCHOFF 1927, MANEVAL 1929, METZ 1911).

Blütenbesuch: Oligolektische, auf Asteraceae (Korbblütler) spezialisierte Art, für die folgende Pollenquellen von hoher Bedeutung sind: Rainfarn *(Tanacetum vulgare)*, Mutterkraut *(Tanacetum parthenium)*, Margerite *(Leucanthemum vulgare)*, Färberkamille *(Anthemis tinctoria)*, Wiesen-Schafgarbe *(Achillea millefolium)*, Goldgarbe *(Achillea filipendulina)*. Vereinzelt werden auch andere Korbblütler besucht wie z.B. Geruchlose Kamille *(Tripleurospermum inodorum)*, Acker-Hundskamille *(Anthemis arvensis)*, Kanadische Goldrute *(Solidago canadensis)* oder Skabiosen-Flockenblume *(Centaurea scabiosa)*.

Phänologie: Univoltin. Flugzeit von Mitte Juni bis Mitte August (♂♂ 3. 6.–11. 8.; ♀♀ 3. 6.–28. 8.). Überwinterung als Ruhelarve.

Bestandessituation: Die Art hat ihren Siedlungsschwerpunkt deutlich in den Dörfern und Städten, wo man sie im Hochsommer regelmäßig und in Anzahl auf der Goldgarbe und verwandten Korbblütlern beobachten kann. Durch das Anpflanzen ihrer Pollenquellen in den Gärten und durch Schonung von Rainfarn-Beständen (Verzicht auf Mahd während der Vegetationsperiode) im Siedlungsbereich kann sie leicht gefördert werden. In Baden-Württemberg ist sie nicht gefährdet.

Hylaeus nivalis

(Morawitz 1867)

Verbreitung: Hochgebirge: Pyrenäen, Alpen. Vom Ural gemeldet, aber fraglich. In Höhen von 1500 bis 2500 m (DATHE 1977, 1979b, 1980). – In der Bundesrepublik Deutschland Nachweise von Einödsbach im Allgäu (ENSLIN 1952), von Oberstdorf (BLÜTHGEN 1952b, 1961a) und von Mittenwald (WARNCKE 1986a). – In Baden-Württemberg nicht zu erwarten.

Bemerkungen: Über die Biologie liegen mir keine verwertbaren Daten vor.

Hylaeus pectoralis

Förster 1871

Syn.: *H. kriechbaumeri* Förster 1871.

Verbreitung: Von England bis zum Schwarzen Meer; von Mittelfrankreich nordwärts bis Schweden und Finnland (DATHE 1980, ERLANDSSON 1984, LOMHOLDT 1980). Eine Verbreitungskarte gibt KOSTER (1986a). – In der Bundesrepublik Deutschland keine Verbreitungsgrenze, auch im

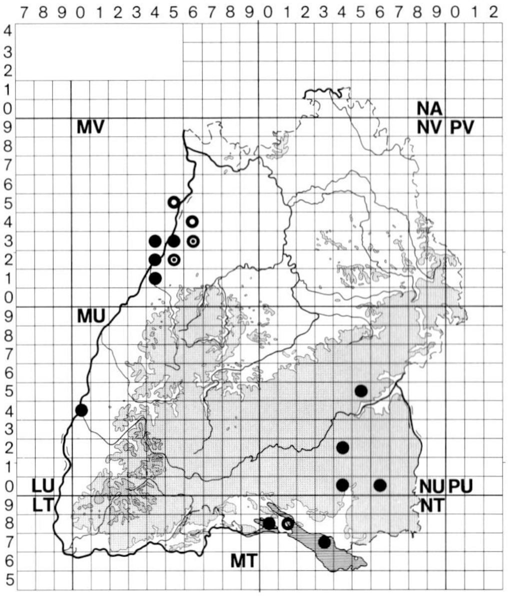

Hylaeus pectoralis

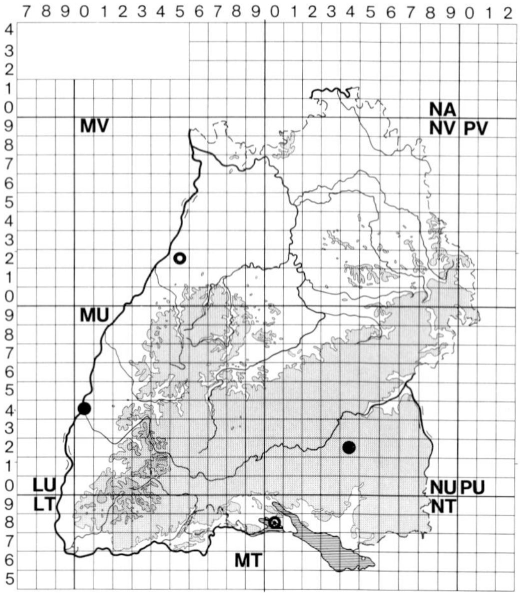

Hylaeus pfankuchi

Norden (vgl. HAESELER 1973). – In Baden-Württemberg liegt der Verbreitungsschwerpunkt in den nordbadischen Rheinauen, darüber hinaus gibt es zerstreute Vorkommen in den Landesteilen mit größeren Feuchtgebiets-Komplexen. Material: 68♂♂, 85♀♀.

Lebensraum: Flußauen, Seeufer, Großröhrichte. Als Nistplätze dienen lockere, schwachwüchsige Schilfbestände auf mäßig feuchtem bis trockenerem Untergrund. Nahrungsräume sind benachbarte Hochstaudenfluren oder Feuchtwiesen.

Nistweise: Nistet fast ausschließlich in vorjährigen, verlassenen Gallen der Schilfgallenfliege *Lipara lucens* an Schilfrohr *(Phragmites australis)*. Nester mit 1–8 (durchschnittlich 4–5) Brutzellen. Selten nistet die Art auch in offenen Schilfhalmen (Internodien) oder in dürren Brombeerranken (ALFKEN 1902b, BRECHTEL 1986, FÖRSTER 1871, FRIESE 1923, GRÜNWALDT 1937, HÖPPNER 1901c, MÜLLER 1918, WAGNER 1907, WAITZBAUER 1969).

Blütenbesuch: Polylektische Art, die die jeweils in der Umgebung der Nistbereiche gerade blühenden Pflanzen besucht. Als Pollenquellen belegt sind: Asteraceae: Acker-Kratzdistel *(Cirsium arvense)*, Sumpf-Kratzdistel *(Cirsium palustre)*; Lythraceae: Blut-Weiderich *(Lythrum salicaria)*; Rosaceae: Brombeere und Himbeere *(Rubus fruticosus, R. idaeus)*, Fingerkraut *(Potentilla)*; Scrophulariaceae: Geflügelte Braunwurz *(Scrophularia nodosa)* – Auch die ♂♂ besuchen vielerlei Blüten.

Phänologie: Univoltin. Flugzeit von Mitte Juni bis Anfang September (♂♂ 17. 6.–4. 9.; ♀♀ 7. 6.–29. 9.). Überwinterung als Ruhelarve.

Bestandessituation: Aufgrund der spezifischen Nistplatz-Ansprüche kann die Art nur durch den vollständigen Schutz aller Großröhrichte im Bodenseeraum, in Oberschwaben und im Oberrheingraben unter Einbeziehung benachbarter Hochstaudenfluren oder Streuwiesen erhalten werden. Die meisten der nach 1975 bekannt gewordenen Vorkommen liegen in Naturschutzgebieten, so daß der größte Teil der Bestände derzeit gesichert erscheint. Bei weiteren Nachweisen in noch nicht flächenhaft geschützten Feuchtgebieten sollten die entsprechenden Lebensräume ebenfalls unter Schutz gestellt werden. Besonders in den Naturschutzgebieten Oberschwabens und des Bodenseeraums dürfen zur Erhaltung der Art Teilbereiche der Landschilfbestände nur im Abstand von mindestens vier Jahren gemäht werden.

RL: Gefährdet (3).

Hylaeus pfankuchi

(Alfken 1919)

Verbreitung: Frankreich, Niederlande, Bundesrepublik Deutschland, Schweiz, Ungarn, Schweden, Ukraine (DATHE 1980, ERLANDSSON 1984, KOSTER 1986a). Eine Verbreitungskarte gibt KOSTER

Hylaeus pectoralis ♂

(1986a). – In der Bundesrepublik Deutschland nur von folgenden Bundesländern bekannt: Schleswig-Holstein (ALFKEN 1919), Bayern (BLÜTHGEN 1952b, WARNCKE 1972c) und Baden-Württemberg. – In Baden-Württemberg wurde die Art nur sehr vereinzelt in der Oberrheinebene und im Alpenvorland nachgewiesen. Funddaten: MU04 Kappel, Taubergießen 1♂ 23. 5., 1♀ 11. 7. 1986 (leg. Kratochwil, BIUF). MV52 Karlsruhe 1♂ 21. 6. 1944 (LNK). NT08 Mindelsee 1♀ 4. 6. 1928 (LNK); 1♀ 22. 8. 1974 (W); Wollmatinger Ried 1♂ 28. 7.–2. 8. 1930 (LNK). NU42 Federsee 2♂♂ 15.u.19. 6. 1984 (leg. Jansen, W); 1♂,2♀♀ 6. 7. 1984 (leg. Jansen, W). Die Meldungen von BALLES (1933, 1949) waren nicht überprüfbar.

Lebensraum: Die Art scheint wie *Hylaeus pectoralis* ihren Siedlungsschwerpunkt in Großröhrichten zu haben.

Nistweise: Noch unbekannt. Das Nest wird vielleicht in offenen Schilfhalmen (Internodien) oder in Schilfgallen angelegt.

Blütenbesuch: Mögliche Pollenquellen wurden mir bisher nicht bekannt.

Phänologie: Siehe obige Funddaten.

Bestandessituation: Die durchweg sehr seltene Art ist durch ihre offensichtliche Bindung an Schilfröhrichte im Bestand bedroht. Nach 1975 wurde sie in einem Naturschutzgebiet aufgefunden. Bei weiteren Neufunden sind Flächenschutzmaßnahmen zu ergreifen.

RL: Stark gefährdet (2).

Hylaeus pictipes
Nylander 1852

Verbreitung: Ganz Europa; Kaukasus (DATHE 1980). Eine Verbreitungskarte gibt KOSTER (1986a). – In der Bundesrepublik Deutschland keine Verbreitungsgrenze, auch im Norden (ALFKEN 1913). – In Baden-Württemberg zerstreute Nachweise mit einem gewissen Schwerpunkt in der nördlichen Oberrheinebene. Die Fundorte liegen in Höhen zwischen 100 und 600 m. Material: 29♂♂,23♀♀.

Lebensraum: Flußufer, Waldränder, Streuobstwiesen, Lehmgruben, Ruderalstellen, vereinzelt im Siedlungsbereich (Karlsruhe).

Nistweise: Nistet in vorhandenen Hohlräumen, z. B. in Höhlungen in Lehmwänden, in Mauerfugen und Löchern im Mörtel von Hauswänden; außerdem in dürren Brombeerranken. (BENOIST 1959, BLÜTHGEN 1916, SCHELOSKE 1974).

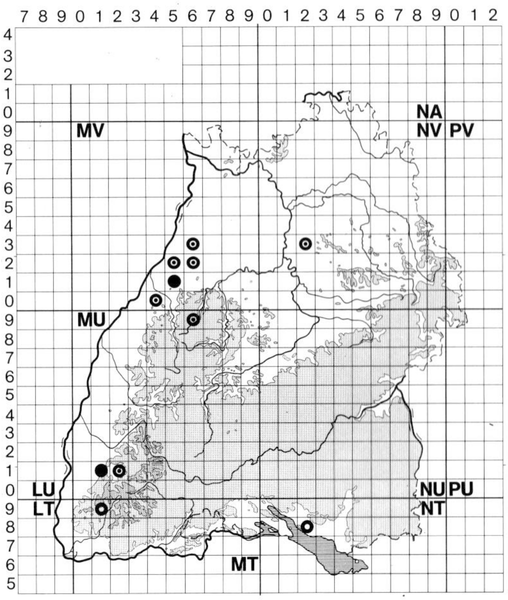

Hylaeus pictipes

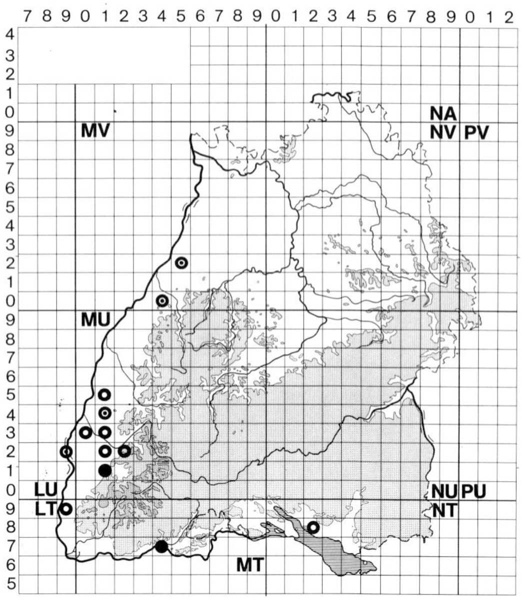

Hylaeus punctatus

Blütenbesuch: Höchstwahrscheinlich polylektische Art, deren ♀♀ an folgenden Pflanzen beobachtet wurden: Apiaceae: Bärenklau *(Heracleum sphondylium)*, Wald-Engelwurz *(Angelica sylvestris)*, Wilde Möhre *(Daucus carota)*, Kleine Bibernelle *(Pimpinella saxifraga)*, Feld-Mannstreu *(Eryngium campestre)*; Asteraceae: Rainfarn *(Tanacetum vulgare)*, Acker-Hundskamille *(Anthemis arvensis)*; Boraginaceae: Gewöhnlicher Natterkopf *(Echium vulgare)*; Campanulaceae: Berg-Sandrapunzel *(Jasione montana)*; Liliaceae: Küchenzwiebel *(Allium cepa)*; Resedaceae: Wilde Resede *(Reseda lutea)*, Färber-Resede *(Reseda luteola)*; Rosaceae: Brombeere *(Rubus fruticosus)*. – Auch die ♂♂ besuchen vielerlei Blüten.
Phänologie: Univoltin. Flugzeit von Mitte Juni bis Mitte August (♂♂ 3. 6.–28. 7.; ♀♀ 9. 6.–20. 8.).
Bestandessituation: Wenn die Art auch nicht gerade häufig ist, so erscheint sie mir aufgrund des vorliegenden Datenmaterials dennoch nicht gefährdet.

Hylaeus punctatus

(Brullé 1832)

Verbreitung: Südeuropa, vereinzelt in Mitteleuropa (Dathe 1980). Eine unvollständige Verbreitungskarte gibt Papp (1965). Neuerdings auch in der DDR bei Görlitz nachgewiesen (Baldovski 1983). – In der Bundesrepublik nur bekannt aus Rheinland-Pfalz (Warncke 1986b), Bayern (Warncke 1986a) und Baden-Württemberg. – In Baden-Württemberg liegt der Verbreitungsschwerpunkt in der Oberrheinebene und der Schwarzwaldvorbergzone; darüber hinaus liegen vereinzelte Nachweise vom Hochrhein und vom Bodensee vor. Funddaten ab 1975: MT47 Küssaberg 1♂ 15. 8. 1980 (S). Die Angaben von Balles (1926) und Leininger (1927) konnten nicht bestätigt werden. Material: 12♂♂, 22♀♀.
Lebensraum: Die jüngeren Nachweise stammen von Waldrändern, Ruderalstellen und aus dem Siedlungsbereich.
Nistweise: Nistet vermutlich in vorhandenen Hohlräumen.
Blütenbesuch: Höchstwahrscheinlich polylektische Art, deren ♀♀ an folgenden Pflanzen beobachtet wurden: Apiaceae: Giersch *(Aegopodium podagraria)*, Wald-Engelwurz *(Angelica sylvestris)*, Wilde Möhre *(Daucus carota)*, Pastinak *(Pastinaca sativa)*, Feld-Mannstreu *(Eryngium campestre)*; Asteraceae: Margerite *(Leucanthemum vulgare)*; Brassicaceae: Wildkresse *(Rorippa sylvestris)*; Crassulaceae: Fetthennen *(Sedum)*; Resedaceae: Wilde Resede *(Reseda lutea)*. – Auch die ♂♂ wurden an verschiedensten Blüten angetroffen.
Phänologie: Univoltin. Flugzeit von Anfang Juni bis Mitte August (♂♂ 26. 6.–13. 7.; ♀♀ 26. 6.–20. 8.).
Bestandessituation: Die Art ist zwar – auf das gesamte Bundesland bezogen – selten, wird aber in ihrem Verbreitungsgebiet mehr oder weniger regel-

mäßig angetroffen. Auch die Funddaten lassen nicht auf eine konkrete Gefährdung schließen, zumal die Art auch im Siedlungsbereich ausreichende Existenzmöglichkeiten vorfindet.

Hylaeus punctulatissimus
Smith 1842

Verbreitung: Fast ganz Europa; Kaukasus (Dathe 1980). Verbreitungskarten geben Papp (1965) und Koster (1986a). – In der Bundesrepublik Deutschland keine Verbreitungsgrenze. – In Baden-Württemberg weit verbreitet, aber mit offensichtlichem Schwerpunkt in Lagen unter 500 m. Die Häufung von Funden im Raum Tübingen ist auf eine gezielte Kontrolle blühender Lauch-Bestände in den Dörfern zurückzuführen. Material: 29♂♂,49♀♀.
Lebensraum: Die Art hat zwei Siedlungsschwerpunkte: zum einen besiedelt sie Binnendünen, Felsfluren und Weinberge, zum anderen den Siedlungsbereich (synanthrope Art). Als Nistplätze dienen Steilwände, Felsen, lehmverfugtes Gemäuer sowie alte Holzpfosten und -schuppen. Nahrungsräume sind im Außenbereich Trockenrasen, in den Dörfern und Städten Lauch- und Zwiebelfelder sowie Zier- und Gemüsegärten.
Nistweise: Nistet in vorhandenen Hohlräumen, z. B. Käferfraßgängen in altem Holz. Besiedelt auch Nisthilfen (Bohrungen in Holz, Durchmesser 4 mm).
Blütenbesuch: Oligolektische, auf *Allium* (Liliaceae) spezialisierte Art. Als Pollenquellen kommen nur im Sommer blühende *Allium*-Arten in Frage (Phänologie!), unter denen Arten mit kugeligen Blütenständen bevorzugt werden: Kugel-Lauch *(Allium sphaerocephalon)*, Riesen-Lauch *(Allium giganteum)*, Runder Lauch *(Allium rotundum)*, Berg-Lauch *(Allium montanum)*, Küchenzwiebel *(Allium cepa)*, Küchen-Lauch *(Allium porrum)*. – Die Pollenquellen bieten ♀♀ und ♂♂ auch Nektar, der der Larvennahrung reichlich beigemengt wird.
Phänologie: Univoltin. Mitte Juni bis Ende Juli (♂♂ 25. 5.–20. 7.; ♀♀ 24. 5.–18. 8.). Überwinterung als Ruhelarve.
Bestandessituation: Außerhalb des Siedlungsbereichs ist die Art sehr selten und wurde bisher nur in Trockengebieten mit Vorkommen von *Allium sphaerocephalon* oder *Allium montanum* angetroffen. In diesen Gebieten ist sie gefährdet und nur durch den Schutz dieser Lauch-Arten und ihrer Standorte (Felsfluren) zu erhalten. In Dörfern und Städten bestehen allerdings durch den Anbau von Lauch-Arten in Gemüse- und in der jüngeren Zeit

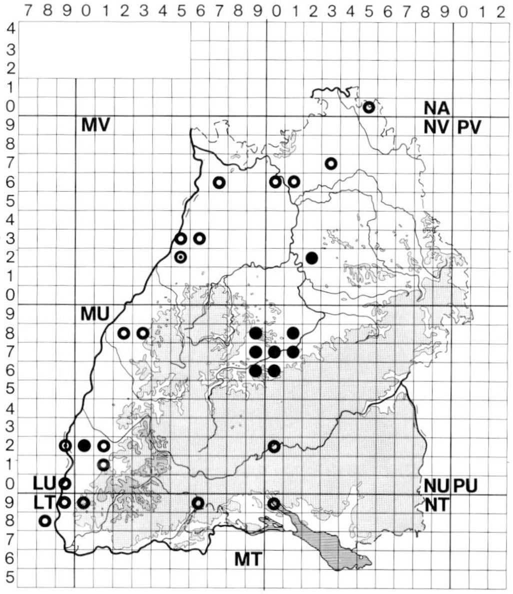

Hylaeus punctulatissimus

auch in Ziergärten günstige Nahrungsbedingungen. Hier ist sie auf einfache Weise durch das Blühenlassen von Zwiebeln oder Küchenlauch oder durch das Anpflanzen von Kugellauch sowie durch Nisthilfen zu fördern.
RL: Gefährdet (3).

Hylaeus rinki
(Gorski 1852)

Verbreitung: Mitteleuropa einschließlich der Alpen, Osteuropa, Frankreich, Schweden, Finnland (Dathe 1980, Elfving 1951). Verbreitungskarten geben Wolf (1982c) und Koster (1986a). – In der Bundesrepublik Deutschland keine Verbreitungsgrenze, auch im Norden (Alfken 1913). – In Baden-Württemberg nur sehr vereinzelte, über das Land verstreute Nachweise in niederen wie in höheren Lagen. Funddaten: MT59 Boll 1♀ 20. 8. 1961 (LNK). MU13 Teningen 1♀ 13. 6. 1960 (G). MU38 Achern 1♂ 29. 5. 1922 (LNK) (Balles 1925). MU49 Schönbüch 1♀ 10.–20. 6. 1932 (NK). MV52 Karlsruhe 1♂ 21. 6. 1934 (NK). NU02 Hausen i.T. 1♀ 28. 7. 1970 (W). NU07 Bühl 1♂ 30. 6. 1984 (W). NU42 NSG Federsee 2♂♂ 26. 6. 1984 (leg. Jansen, W); 1♀ 21. 8. 1984 (leg. Jansen, W).
Lebensraum: Die Art hat ihren Siedlungsschwerpunkt auf Waldlichtungen, Kahlschlägen und an Waldrändern.

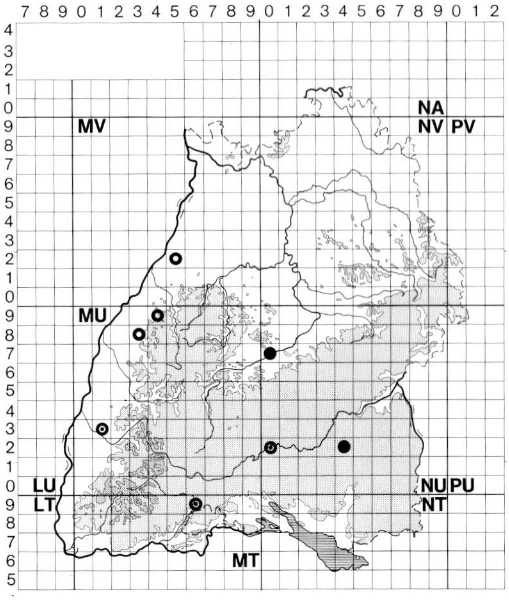

Hylaeus rinki

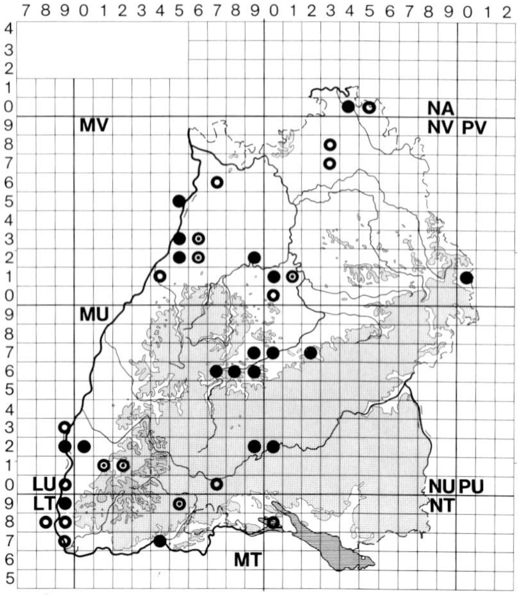

Hylaeus signatus

Nistweise: Nistet in selbstgenagten Gängen in dürren Stengeln von Brombeeren und Himbeeren *(Rubus)*. Die Querwände zwischen den bis zu 12 Brutzellen pro Nest bestehen aus Markpartikeln (ALFKEN 1913, BENNO 1952, 1957, 1958, ELFVING 1951, ENSLIN 1922, HÖPPNER 1904, 1909).

Blütenbesuch: Höchstwahrscheinlich polylektische Art, deren ♀♀ an folgenden Pflanzen beobachtet wurden: Apiaceae: Bärenklau *(Heracleum sphondylium)*, Wilde Möhre *(Daucus carota)*; Asteraceae: Acker-Kratzdistel *(Cirsium vulgare)*; Rosaceae: Blutwurz *(Potentilla erecta)*, Brombeere *(Rubus fruticosus)*.

Phänologie: Univoltin. Flugzeit von Ende Juni bis Mitte August (♂♂ 29. 5.–30. 6.; ♀♀ 13. 6.–21. 8.). Überwinterung als Ruhelarve.

Bestandessituation: Auch wenn die Art nur selten aufgefunden wird, so sind ihre wichtigsten Requisiten noch ausreichend vorhanden. Daher halte ich die Art nicht für gefährdet.

Hylaeus signatus

(Panzer 1798)

Syn.: *H. pratensis* (Geoffroy in Fourcroy 1785); *H. bipunctatus* (Fabricius 1798).

Verbreitung: Iberische Halbinsel, Südeuropa, Frankreich, Mitteleuropa, Schweden, Kaukasus (DATHE 1980, ERLANDSSON 1984). Eine Verbreitungskarte gibt KOSTER (1986a). – In der Bundesrepublik Deutschland keine Verbreitungsgrenze. – In Baden-Württemberg weit verbreitet, von der Ebene bis in die höheren Lagen der Mittelgebirge. Material: 188♂♂,140♀♀.

Lebensraum: Bevorzugt an gestörten Stellen, wo ihre Nahrungspflanzen wachsen: aufgelassene Sand- und Lehmgruben, Steinbrüche, Weinberge, Hochwasserdämme, Bahndämme, Feldraine, Großböschungen im Kaiserstuhl, Straßenböschungen, regelmäßig auch im Siedlungsbereich (synanthrope Art) an Ruderalstellen und in Gärten. Als Nistplätze dienen Steilwände und Abbruchkanten (Sand, Löß, Lehm), lehmverfugtes Gemäuer und Totholzstrukturen.

Nistweise: Nistet in vorhandenen Hohlräumen in der Erde (Ritzen, verlassene Stechimmenbauten), in Gemäuer, in Käferfraßgängen, in dürren Stengeln von Brombeeren *(Rubus)* und Rosen *(Rosa)*, auch in alten, oberirdisch angelegten Nestern der Mauerbiene *Osmia adunca*. (GRAEFFE 1902, JANVIER 1972, KOSTER 1986a, TORKA 1913).

Blütenbesuch: Streng oligolektische, auf *Reseda* (Resedaceae) spezialisierte Art (vgl. KOSTER 1981). Hauptpollenquellen sind die Wilde Resede *(Reseda lutea)* und die Färber-Resede *(Reseda luteola)*. Im Siedlungsbereich wird in den Ziergärten auch die Wohlriechende Resede *(Reseda odorata)* besucht. In südlicheren Gefilden wird auch die Weiße Resede *(Reseda alba)* genutzt. – Die *Reseda*-Arten

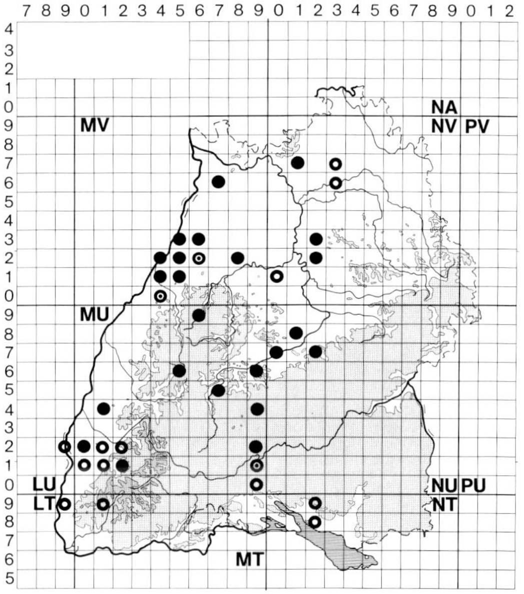

Hylaeus sinuatus

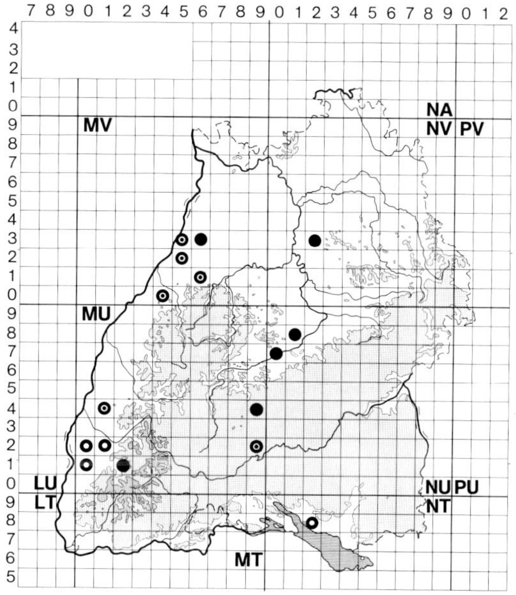

Hylaeus styriacus

dienen beiden Geschlechtern auch als bevorzugte Nektarquellen und Rendezvous-Plätze.
Phänologie: Univoltin. Flugzeit von Anfang Juni bis Mitte August (♂♂ 27. 5.–24. 9.; ♀♀ 4. 6.–29. 8.).
Bestandessituation: Die meisten Bestände blühender Reseden, die seit 1975 von mir kontrolliert wurden, wiesen zumindest einige Individuen dieser Art auf. Diese große Maskenbiene kann durch gezieltes Kultivieren von Reseden auch im Garten und selbst auf dem Balkon gefördert werden. Die Nahrungspflanzen sind auch im Außenbereich noch relativ zahlreich vorhanden. Wichtig ist dort die Förderung trockenwarmer Ruderalstellen. Ich halte die Art derzeit nicht für gefährdet.

Hylaeus sinuatus

(Schenck 1853)
Syn.: *H. minutus* (Fabricius) sensu Blüthgen (1930b), Hedicke (1930), Benoist (1959).

Verbreitung: Ganz Europa, nordwärts bis Schweden (Dathe 1980, Erlandsson 1984). – In der Bundesrepublik Deutschland keine Verbreitungsgrenze. – In Baden-Württemberg ziemlich weit verbreitet, von der Ebene bis in die höheren Lagen der Mittelgebirge. Material: 94♂♂, 85♀♀.
Lebensraum: Waldränder, Waldlichtungen, Kahlschläge, Feldhecken und -gehölze, Brombeergebüsche, Schilfröhrichte, Ruderalstellen.

Nistweise: Nistet in vorhandenen Hohlräumen, z. B. in Käferfraßgängen in altem Holz und in dürren markhaltigen Pflanzenstengeln. (Blüthgen 1925).
Blütenbesuch: Höchstwahrscheinlich polylektische Art, deren ♀♀ an folgenden Pflanzen beobachtet wurden: Apiaceae: Wilde Möhre *(Daucus carota)*, Wald-Engelwurz *(Angelica sylvestris)*, Petersilie *(Petroselinum crispum)*; Asteraceae: Wiesen-Schafgarbe *(Achillea millefolium)*, Mutterkraut *(Tanacetum parthenium)*; Campanulaceae: Berg-Sandrapunzel *(Jasione montana)*. – Auch die ♂♂ besuchen vielerlei Blüten.
Phänologie: Univoltin. Flugzeit von Ende Juni bis Ende August (♂♂ 25. 5.–12. 9.; ♀♀ 7. 7.–2. 9.).
Bestandessituation: Die leicht zu übersehende Art wird regelmäßig in verschiedenen Landesteilen festgestellt. Sie ist nicht gefährdet.

Hylaeus styriacus

Förster 1871

Verbreitung: Niederlande, Frankreich, Mitteleuropa, Südosteuropa, Ukraine (Dathe 1980). Eine Verbreitungskarte gibt Koster (1986a). – In der Bundesrepublik Deutschland vereinzelt auch im Norden. – In Baden-Württemberg zerstreute Nachweise, von der Ebene bis in die höheren Lagen der Mittelgebirge. Material: 19♂♂, 12♀♀.

Lebensraum: Waldlichtungen, Kahlschläge, Waldränder, Feldgehölze, Weinbergbrachen, Brombeergebüsche, Ruderalstellen.
Nistweise: Nistet in Hohlräumen (Käferfraßgängen) und in dürren markhaltigen Stengeln.
Blütenbesuch: Höchstwahrscheinlich polylektische Art, deren ♀♀ an folgenden Pflanzen beobachtet wurden: Apiaceae: Wiesen-Bärenklau *(Heracleum sphondylium)*, Wilde Möhre *(Daucus carota)*, Giersch *(Aegopodium podagraria)*, Wiesen-Kerbel *(Anthriscus sylvestris)*, Petersilie *(Petroselinum crispum)*; Asteraceae: Echte Kamille *(Matricaria chamomilla)*; Brassicaceae: Acker-Senf *(Sinapis arvensis)*; Liliaceae: Küchenzwiebel *(Allium cepa)*, Küchen-Lauch *(Allium porrum)*. – Auch die ♂♂ besuchen vielerlei Blüten.
Phänologie: Univoltin. Flugzeit von Ende Juni bis Mitte August (♂♂ 14. 6.–30. 7.; ♀♀ 12. 7.–18. 8.).
Bestandessituation: Die Art ist leicht zu übersehen und wird daher auch nur relativ selten festgestellt. Aufgrund des vorliegenden Datenmaterials halte ich die Art für nicht gefährdet.

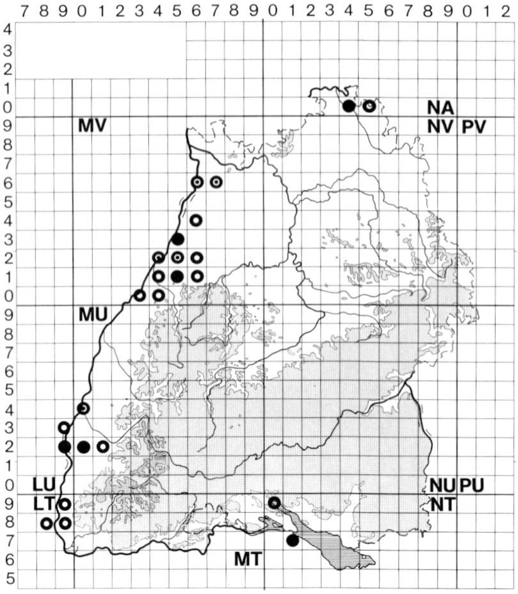

Hylaeus variegatus

Hylaeus variegatus
(Fabricius 1798)

Verbreitung: Fast ganz Europa, fehlt lediglich auf den Britischen Inseln und in Skandinavien (Dathe 1980). Eine Verbreitungskarte gibt Koster (1986a). – In der Bundesrepublik Deutschland keine Verbreitungsgrenze, auch im Norden (Alfken 1913, Wagner 1938a). – In Baden-Württemberg liegt der Verbreitungsschwerpunkt in der Oberrheinebene und im Kaiserstuhl. Weitere Vorkommen gibt es am Bodensee und im Tauber-Gebiet. Alle Fundorte liegen unter 500 m. Material: 31♂♂,68♀♀.
Lebensraum: Waldränder, Binnendünen, Flugsandfelder, Sandheiden, Sand-, Kies- und Lehmgruben, Hochwasserdämme, Ruderalstellen.
Nistweise: Die Art nimmt im Vergleich mit anderen mitteleuropäischen *Hylaeus*-Arten insofern eine Sonderstellung ein, als sie ausschließlich in der Erde nistet, ihre Nestgänge aber nicht selbst gräbt. Sie nistet vor allem in verlassenen Bauten von Furchenbienen *(Halictus, Lasioglossum)* und anderen Stechimmen sowie in verlassenen Regenwurm-Gängen. Die bis zu 6 Brutzellen pro Nest liegen dicht nebeneinander. Linienbauten sind die Regel. (Benoist 1959, Ferton 1897b, 1901, 1910, Malyshev 1936, Mehely 1935, F. K. Stoeckhert 1922).
Blütenbesuch: Höchstwahrscheinlich polylektische Art, deren ♀♀ an folgenden Pflanzen beobachtet wurden: Apiaceae: Wilde Möhre *(Daucus carota)*, Wiesen-Kerbel *(Anthriscus sylvestris)*, Wiesen-Bärenklau *(Heracleum sphondylium)*, Feld-Mannstreu *(Eryngium campestre)*; Asteraceae: Wiesen-Schafgarbe *(Achillea millefolium)*, Gewöhnliche Wucherblume *(Leucanthemum vulgare)*, Geruchlose Kamille *(Tripleurospermum inodorum)*, Einjähriger Feinstrahl *(Erigeron annuus)*, Kanadische Goldrute *(Solidago canadensis)*, Wiesen-Flockenblume *(Centaurea jacea)*, Acker-Kratzdistel *(Cirsium arvense)*, Gewöhnliche Kratzdistel *(Cirsium vulgare)*; Campanulaceae: Rundblättrige Glockenblume *(Campanula rotundifolia)*, Berg-Sandrapunzel *(Jasione montana)*; Onagraceae: Wald-Weidenröschen *(Epilobium angustifolium)*; Rosaceae: Brombeere *(Rubus fruticosus)*, Kriechendes Fingerkraut *(Potentilla reptans)*. – Die ♂♂ bilden Schlafgesellschaften an Blütenständen und sind ebenfalls im Blütenbesuch nicht wählerisch.
Phänologie: In Süddeutschland in heißen und langen Sommern partiell bivoltin. Flugzeit von Ende Juni bis Anfang September (♂♂ 17. 6.–20. 8.; ♀♀ 2. 6.–3. 10.). Überwinterung als Ruhelarve.
Bestandessituation: Die ziemlich wärmeliebende Art zeigt in den letzten 20 Jahren einen deutlichen Rückgang, wenn sie auch noch in manchen Gebieten regelmäßig anzutreffen ist. Einige dieser Gebiete sind aber von der Zerstörung (Straßenbau, Siedlungsausweitung) bedroht. Nach 1975 liegen nur aus 2 Naturschutzgebieten Belege vor.
RL: Gefährdet (3).

Hylaeus variegatus, Weibchen auf *Tanacetum*.

Lasioglossum Curtis 1833

Die Gattung *Lasioglossum* ist mit der Gattung *Halictus* nah verwandt, als deren Untergattung sie auch heute noch von manchen Autoren betrachtet wird (vgl. WARNCKE 1986c). Die hier vorgelegte Auffassung folgt MICHENER (1974, 1978) und EBMER (1976b, 1987), nach denen eine Trennung der beiden Gattungen auf weltweiter Basis möglich ist und Übergänge nicht vorhanden sind (vgl. auch BLÜTHGEN 1961d). Von manchen Autoren wird *Evylaeus* Robertson 1902 als eigene Gattung abgetrennt. Wie bei MICHENER (1944) und EBMER (1987) wird hier *Evylaeus* nur als Untergattung von *Lasioglossum* aufgefaßt. In der Bundesrepublik Deutschland sind nur die beiden Untergattungen *Lasioglossum* s. str. und *Evylaeus* vertreten. Zu beachten ist, daß im Gegensatz zu dem männlichen Namen *Halictus* der Name *Lasioglossum* sächlich ist, so daß die meisten Artnamen mit -um enden, wenige auch mit -e, *L. xanthopus* und *L. leucopus* haben ebenfalls abweichende Endungen, da sie sich von den griechischen Wörtern xanthos = gelb bzw. leucos = weiß und pus = Fuß herleiten.
Die Gattung *Lasioglossum* ist weltweit verbreitet und in vielen Gebieten nicht nur sehr arten- sondern auch individuenreich. Aus der Bundesrepublik Deutschland wurden 71 Arten bekannt.

Die *Lasioglossum*-Arten sind unscheinbar und in der Regel dunkel gefärbt. Manche sind allerdings metallisch grün oder blau, von denen *L. morio* die weitaus häufigste ist. Die Weibchen aller Arten haben wie bei *Halictus* auf dem letzten Hinterleibssegment eine furchenartige Behaarung, der deutlichste Unterschied liegt in dem Fehlen von dichten Haarbinden auf den Hinterleibstergiten. Meist sind es kleine bis mittelgroße Bienen (3,5–11 mm). Kaum eine Art erreicht die Größe der Honigbiene. Nur wenige Arten, wie z.B. *L. xanthopus*, lassen sich bei einiger Übung und Erfahrung im Feld exakt ansprechen. Bei den meisten Arten ist eine vorherige Präparation, bei den Männchen auch der Genitalien, sowie ein gutes Stereomikroskop notwendig.
Zur Bestimmung seien die gleichen Tabellen empfohlen, die bei *Halictus* aufgeführt sind.

Lasioglossum aeratum

(Kirby 1802)
Syn.: *L. semiaeneum* (Brullé 1832); *L. viridiaeneum* (Blüthgen 1918).

Verbreitung: Eurosibirisch, jedoch südlicher als *L. leucopus*; von Iberien und England bis Kirgisien; nordwärts bis Süd-Finnland (61° n.Br.), südwärts bis Hermon (EBMER 1988). – In der Bundesrepu-

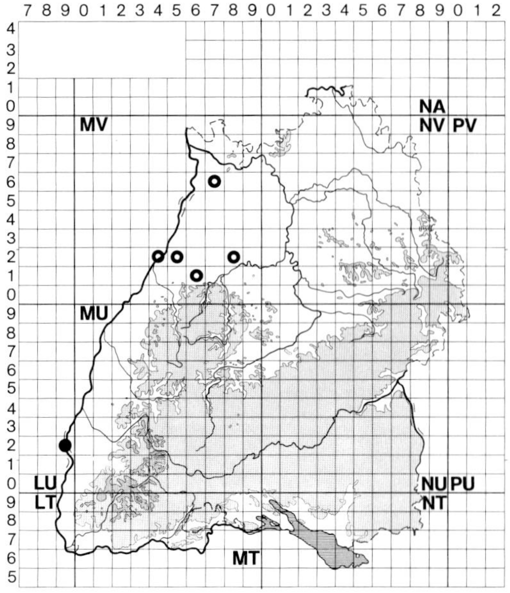

Lasioglossum aeratum

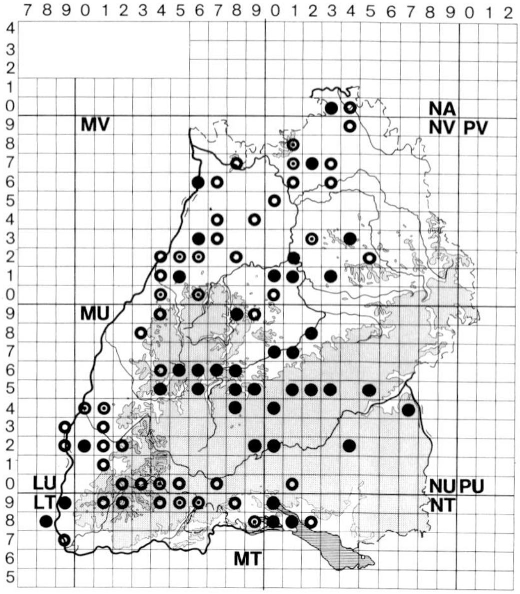

Lasioglossum albipes

blik Deutschland keine Verbreitungsgrenze, auch im Norden (vgl. WAGNER 1938a), im allgemeinen aber recht selten. – In Baden-Württemberg nur vereinzelte Nachweise in der nördlichen Oberrheinebene, im Kraichgau und im Kaiserstuhl. Funddaten: LU92 Oberrotweil 1♂,1♀ 6.1982 (LZB) (DÜWEKE 1988). MV43 Durmersheim 1♀ 28. 6. 1931 (NK). MV52 Karlsruhe 1♀ 28. 3. 1935 (NK). MV61 Ittersbach 1♀ 5. 6. 1933 (NK). MV76 Sandhausen 1♀ 20.–30. 8. 1930 (NK). MV82 Kieselbronn 1♀ 2.–9. 9. 1942 (NK). Die Angaben »Osterburken« und »Oberachern« (BALLES 1925, 1927) waren nicht überprüfbar.

Lebensraum: Bevorzugt Sandboden zur Nestanlage, daher v.a. auf Binnendünen (Mainzer Sand) und Flugsandfeldern, in Sandgruben sowie an sandigen Ruderalstellen anzutreffen; besiedelt gelegentlich aber auch sandigen Löß, im alpinen Raum nach Ebmer (briefl. Mitt.) auch verwitterten Granitgrus.

Nistweise: Nistet in selbstgegrabenen Hohlräumen in der Erde. Sozialverhalten und Nestkonstruktion unbekannt.

Blütenbesuch: Polylektische Art, von der folgende Pollenquellen belegt sind: Apiaceae: Wilde Möhre *(Daucus carota)*; Asteraceae: Gewöhnliches Greiskraut *(Senecio vulgaris)*, Wiesen-Schafgarbe *(Achillea millefolium)*.

Kuckucksbienen: Unbekannt.

Phänologie: Im Gebiet unklar. In Oberösterreich erscheinen die ♀♀ relativ spät, etwa Ende Mai, die ♂♂ ab Ende Juli.

Bestandessituation: Die offensichtlich sehr seltene Art wurde in Baden-Württemberg seit 1942 nur einmal nachgewiesen. In den Sandgebieten Nordbadens kommt die durch ihre geringe Größe leicht zu übersehende Art möglicherweise heute noch vor. Sie wurde daher in der Roten Liste nicht höher eingestuft.

RL: Stark gefährdet (2).

Lasioglossum albipes

(Fabricius 1781)

Verbreitung: Transpaläarktisch; gemäßigte Zone von Irland bis Japan, in Südeuropa montan, nordwärts bis Nord-Schweden (66° n.Br.) (EBMER 1988). In den Zentralalpen (Ortlermassiv) bis 2200 m und eine der am höchsten vorkommenden Arten der Gattung (Ebmer briefl. Mitt.). – In der Bundesrepublik Deutschland keine Verbreitungsgrenze. – In Baden-Württemberg weit verbreitet, von der Ebene bis in die höchsten Lagen der Mittelgebirge. Material: 145♂♂,186♀♀.

Lebensraum: Bevorzugt in Waldnähe, besonders an Waldrändern und auf Waldrandwiesen der Ebene wie der Bergregionen; aber auch außerhalb des Waldes auf Streuobstwiesen, Magerrasen, alten Weinbergbrachen und Hochwasserdämmen. Nester an vegetationsfreien bis schütter bewachsenen Stellen auf horizontalen oder schwach geneigten Flächen. Nimmt mit allen Bodenarten vorlieb.

Nistweise: Nistet in selbstgegrabenen Hohlräumen in der Erde, oft in kleinen Aggregationen. Das Sozialverhalten der Art wurde noch nicht näher untersucht. Nach Knerer ähnelt die Art *Lasioglossum calceatum* im Aussehen, wenn auch nicht im Verhalten, da sie anscheinend nur eine einzige Generation im Jahr erzeugt. (Knerer 1987, Verhoeff 1897).

Blütenbesuch: Polylektische Art (8 Pflanzenfamilien). Pollenquellen: Apiaceae: Wilde Möhre *(Daucus carota)*, Wiesen-Kerbel *(Anthriscus sylvestris)*, Wiesen-Bärenklau *(Heracleum sphondylium)*; Asteraceae: Gänseblümchen *(Bellis perennis)*, Wiesen-Schafgarbe *(Achillea millefolium)*, Gewöhnliche Kratzdistel *(Cirsium vulgare)*, Wiesen-Flokkenblume *(Centaurea jacea)*, Skabiosen-Flockenblume *(Centaurea scabiosa)*, Rispen-Flockenblume *(Centaurea paniculata)*, Wegwarte *(Cichorium intybus)*, Wiesen-Löwenzahn *(Taraxacum officinale)*, Herbst-Löwenzahn *(Leontodon autumnalis)*, Habichtskraut *(Hieracium)*, Gewöhnliches Ferkelkraut *(Hypochoeris radicata)*, Niedrige Schwarzwurzel *(Scorzonera humilis)*; Campanulaceae: Rundblättrige Glockenblume *(Campanula rotundifolia)*; Caryophyllaceae: Große Sternmiere *(Stellaria holostea)*; Dipsacaceae: Wiesen-Knautie *(Knautia arvensis)*, Tauben-Skabiose *(Scabiosa columbaria)*; Plantaginaceae: Mittlerer Wegerich *(Plantago media)*; Ranunculaceae: Scharfer Hahnenfuß *(Ranunculus acris)*; Rosaceae: Schlehe *(Prunus spinosa)*, Strauch-Fingerkraut *(Potentilla fruticosa)*.

Kuckucksbienen: *Sphecodes monilicornis* (Alfken 1913).

Phänologie: Die überwinterten ♀♀ erscheinen ab Mitte April, die ♂♂ ab Anfang Juli.

Bestandessituation: Die nach wie vor regelmäßig in allen Landesteilen anzutreffende, durchaus häufige Art ist nicht gefährdet.

Lasioglossum albocinctum

(Lucas 1846)

Syn.: *L. albomaculatum* auct. nec (Lucas 1846)

Verbreitung: Westmediterran; von Marokko bis Italien, ganz selten in Nordgriechenland, nordwärts bis in die Südwestschweiz und Südwestdeutschland (Ebmer 1988). – In der Bundesrepublik Deutschland nur in Baden-Württemberg, wo die Art ausschließlich im Kaiserstuhl-Gebiet vorkommt (vgl.

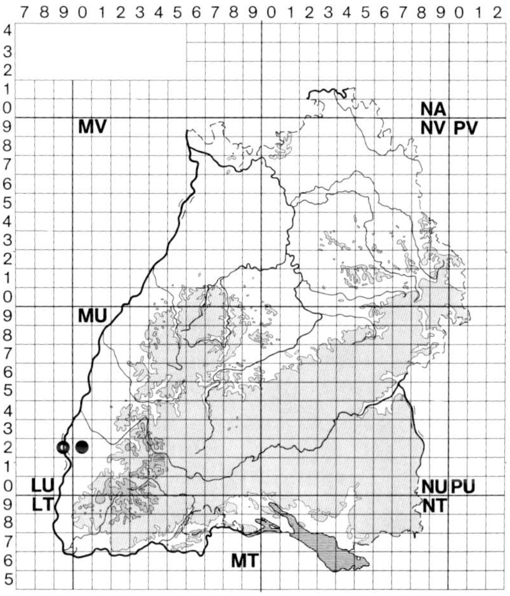

Lasioglossum albocinctum

Strohm 1924, 1925, Leininger 1927, Westrich & Schmidt 1985b). Funddaten ab 1975: LU92 Oberrotweil 13. 6. 1986 (W). MU02 Oberbergen, Badberg 20♀♀ 6.1987 (W, beob.); 1♀ 15. 5. 1988 (beob.); Schelingen, Ohrberg 1♀ 13. 6. 1986 (W). Vogtsburg 1♀ 13. 6. 1986 (W). Material: 15♂♂,17♀♀.

Lebensraum: Im Kaiserstuhl fliegt die Art auf Magerrasen und an trockenwarmen Ruderalstellen. Nester fand ich in festgetretenen Fußwegen in Lößlehm.

Nistweise: Nistet in selbstgegrabenen Hohlräumen in der Erde, auch in kleineren Aggregationen. Das Nest ist ein einfacher Zweigbau mit einem türmchenförmigen Nesteingang (eig. Beob.). Die Art lebt solitär.

Blütenbesuch: Polylektische Art, die im Kaiserstuhl das Gewöhnliche Sonnenröschen *(Helianthemum nummularium)* während dessen Blütezeit deutlich bevorzugt, aber auch Skabiosen-Flockenblume *(Centaurea scabiosa)* und Gewöhnlichen Natterkopf *(Echium vulgare)* als Pollenquellen nutzt. In Südeuropa wird nach Ebmer (briefl. Mitt.) *Centaurea* bevorzugt.

Kuckucksbienen: An den Nestern konnte ich keine potentiellen Schmarotzer beobachten.

Phänologie: Die überwinterten ♀♀ erscheinen recht spät, erst etwa Anfang bis Mitte Mai, die ♂♂ fliegen ab Anfang August.

Bestandessituation: Im Kaiserstuhl ist die Art meist nur einzeln, stellenweise aber auch in Beständen

Lasioglossum albocinctum ♀

von 20–30 Individuen anzutreffen. Das größte mir bekannte Vorkommen im Kaiserstuhl befindet sich in einem Naturschutzgebiet, wo der begrenzende Faktor nicht im Blütenangebot, sondern eher in den Nistmöglichkeiten liegt. Die meisten Nester fanden sich in einem Fußweg, der durch das Schutzgebiet führt. Der vorwiegend an Sonn- und Feiertagen erfolgende Begang durch Spaziergänger ist für die Art eher förderlich, da hierdurch die Vegetation etwas lückig gehalten und der Boden etwas verdichtet wird. Vereinzelt kann man die Art auf Magerrasen und an ruderalen Böschungen im gesamten Kaiserstuhl feststellen.
RL: Vom Aussterben bedroht (1).
Bemerkungen: Die Art wurde verschiedentlich mit *L. majus* verwechselt, z. B. von LEININGER (1927), der die Art für Istein angibt.

Lasioglossum alpigenum
(Dalla Torre 1877)

Verbreitung: Nur im Alpengebiet, vom Ortler-Massiv bis zum Warscheneck in Oberösterreich, isoliert davon ein alter Fund von Montenegro (EBMER 1988). Die Art steigt unter den *Lasioglossum*-Arten mit am höchsten in den Alpen hinauf, im Ortler-Gebiet bis 2200 m (EBMER 1970:61).- In der Bundesrepublik Deutschland nur in Bayern: Walchensee, Bayrisch Zell (EBMER 1970, STOECKHERT 1954 als *L. tirolense*). – In Baden-Württemberg nicht zu erwarten.
Lebensraum: Anscheinend nicht so stark an Kalkböden gebunden wie *L. bavaricum* oder *L. cupromicans*, auch auf kristallinem Gestein (Ebmer briefl. Mitt.).
Nistweise: Nistet wahrscheinlich in selbstgegrabenen Hohlräumen in der Erde. Sozialverhalten unbekannt.
Blütenbesuch: Vor allem an gelbblühenden Asteraceae (Korbblütler). Pollenanalysen fehlen.
Kuckucksbienen: Unbekannt.
Phänologie: Unklar.
Bemerkungen: Die Art ist im ♀ von *L. bavaricum* nur schwer zu unterscheiden (vgl. EBMER 1974b).

Lasioglossum angusticeps
(Perkins 1895)

Verbreitung: Südliche Westpaläarktis; von Marokko bis Kurdistan, von Süd-England bis Rumä-

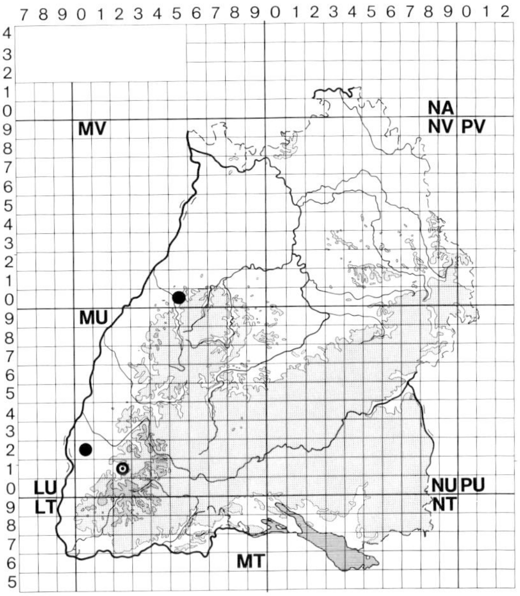

Lasioglossum bluethgeni

nien, aber nur vereinzelt in Mitteleuropa (EBMER 1988); (unvollständige) Verbreitungskarte bei WARNCKE (1981). – In der Bundesrepublik nur sehr wenige Nachweise. Hessen: bei Frankfurt a.M. (1♀ 19. 4. 1962, 2♂♂ 1. 8. 1961, 1♀ 5. 8. 1961 leg. Wolf); Rheinland-Pfalz: Mainz-Mombach (1♂ 3. 8. 1961 leg. Wolf) (vgl. EBMER 1975b, WESTRICH 1984a); Bayern: Gössenheim im Main-Spessartkreis (1♀ 6. 5. 1985 leg. Bausewein) (WARNCKE 1986c). – In Baden-Württemberg bisher nicht nachgewiesen, aber zu erwarten, da die Art auch im benachbarten Elsaß bei Bischenberg festgestellt wurde (STOECKHERT 1954).

Lebensraum: Der bayrische Fund stammt aus einem alten Weinberg-Gelände.

Nistweise: Nistet wahrscheinlich in selbstgegrabenen Hohlräumen in der Erde. Sozialverhalten unbekannt.

Blütenbesuch: Keine Beobachtungen.

Phänologie: Siehe obige Funddaten.

Lasioglossum bavaricum

(Blüthgen 1930)

Verbreitung: Nur in den Alpen und in Makedonien (alpin-dinarisch) (EBMER 1974a). In der Nominatform von der West-Schweiz bis zur Tatra, von Bayern bis Istrien (EBMER 1988). – In der Bundesrepublik Deutschland nur in den bayerischen Alpen (BLÜTHGEN 1952b, STOECKHERT 1954). – In Baden-Württemberg nicht zu erwarten.

Lebensraum: Ebmer fand die Art auf kleinen Felshängen ausschließlich auf feingrusigem Kalkboden.

Nistweise: Nistet in selbstgegrabenen Hohlräumen in der Erde. Nester fanden sich in leicht verfestigtem Kalkschutt. Sozialverhalten unbekannt. (EBMER 1970:60).

Blütenbesuch: Die Art wurde an Minze *(Mentha)*, Alpen-Distel *(Carduus defloratus)*, Greiskraut *(Senecio)* und Glockenblumen *(Campanula)* beobachtet, jedoch sind diese Pflanzen als Pollenquellen bisher nicht belegt.

Kuckucksbienen: Unbekannt.

Phänologie: Je nach Höhenlage erscheinen die überwinterten ♀♀ schon Ende Mai (in alpinen Tallagen) bis Mitte Juli, die ♂♂ wurden ab Anfang August festgestellt.

Bemerkungen: EBMER (1974b, 1976c) führt *L. bavaricum* als selbständige Art, während WARNCKE (1986c) dieses Taxon als Unterart zu *L. alpigenum* stellt.

Lasioglossum bluethgeni

Ebmer 1971

Verbreitung: Westasiatisch-balkanische Steppenart, die bis zu den Pyrenäen streut und nordwärts bis Kiew, ostwärts bis Kurdistan verbreitet ist (EBMER 1988). Unvollständige Verbreitungskarte bei WARNCKE (1981). – In der Bundesrepublik Deutschland nur sehr vereinzelte Nachweise in Baden-Württemberg, dort im Kaiserstuhl und im Bereich der Schwarzwaldvorberge: MU02 Schelingen (Scheibenbuck) 1♂ 29. 8. 1979 (BIUF) (KRATOCHWIL 1983); MU21 Wittental 1♀ 9. 3. 1966 (W); MV51 Malsch 1♀ 1. 6. 1985 (vid. Ebmer, coll. D); MV50 Gaggenau-Hörden, 250 m, 1♂ 30. 8. 1985 (vid. Ebmer, coll. D).

Lebensraum: Von drei Funden ist die Herkunft näher bekannt: sie stammen von einem versaumten Halbtrockenrasen auf Löß, von einer Tal-Fettwiese sowie von einem extrem windgeschützten, südexponierten und daher ausgesprochen warmen Trockenhang auf Rotliegendem im Nordschwarzwald.

Nistweise: Nistet vermutlich in der Erde. Sozialverhalten unbekannt.

Blütenbesuch: Bisher keine Beobachtungen.

Kuckucksbienen: Unbekannt.

Phänologie: Siehe obige Funddaten.

Bestandessituation: Die Nachweise in Baden-Württemberg sprechen für die disjunkte Verbreitung in Mitteleuropa und lassen auf Reliktpopulationen

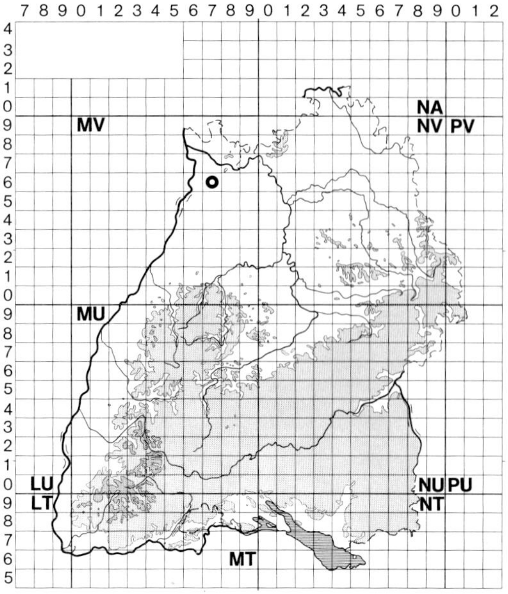

Lasioglossum brevicorne

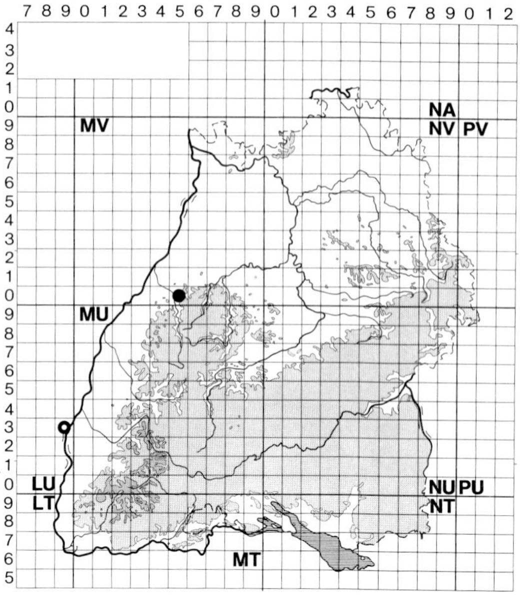

Lasioglossum buccale

schließen (Wärmezeitrelikte). Flächenschutz und Offenhaltung der jeweiligen Lebensräume durch Pflegemaßnahmen (Sicherung des trockenwarmen Kleinklimas) sind bei der Seltenheit dieser Art als Erhaltungsmaßnahmen notwendig. Insbesondere der Scheibenberg bei Gaggenau sollte wegen seiner interessanten Fauna zumindest teilweise unter Schutz gestellt werden.
RL: Vom Aussterben bedroht (1).

Lasioglossum brevicorne
(Schenck 1868)

Verbreitung: Westpaläarktisch; von Marokko bis Afghanistan, von England bis zum Don, nordwärts bis Süd-Schweden (56° n. Br.) (Ebmer 1988). – In der Bundesrepublik Deutschland keine Verbreitungsgrenze, auch im Norden (Alfken 1913, Wagner 1938a); auch in Rheinland-Pfalz nachgewiesen (Warncke 1986b). – Aus Baden-Württemberg ist mir bisher nur folgender Nachweis bekannt geworden: MV76 Sandhausen 1♂ 28. 7. 1938 (NK). Die von Balles (1925, 1927) gemeldeten Funde waren nicht überprüfbar.
Lebensraum: In Deutschland überwiegend in Sandgebieten, v.a. auf Binnendünen, in Sandgruben, in Sandheiden und an sandigen Ruderalstellen; kommt aber nach Beobachtungen von Ebmer auch in Gebieten ohne Sand vor: in Tirol auf Kalkgrus, in Südeuropa (Sierra de Guaderrama, Spanien) auf Granitgrus.
Nistweise: Nistet in selbstgegrabenen Hohlräumen in der Erde. Sozialverhalten unbekannt.
Blütenbesuch: Ob oligolektisch oder polylektisch, ist noch nicht endgültig geklärt. Bisher sind ausschließlich folgende Asteraceae (Korbblütler) als Pollenquellen belegt: Kleines Habichtskraut *(Hieracium pilosella)*, Wiesen-Löwenzahn *(Taraxacum officinale)*, Herbst-Löwenzahn *(Leontodon autumnalis)*. Ebmer beobachtete die Art noch an anderen gelbblühenden Asteraceen.
Kuckucksbienen: Von Grandi (1931) und Stoeckhert (1933) wird *Sphecodes puncticeps* genannt, der auch bei dem *L. brevicorne* ähnlichen *L. villosulum* parasitiert.
Phänologie: Unklar.
Bestandessituation: Da der einzige Nachweis aus dem Jahre 1938 stammt, gilt die Art in Baden-Württemberg als verschollen. Möglicherweise kommt sie in den nordbadischen Sandgebieten heute noch vor.
RL: Ausgestorben oder verschollen (0).

Lasioglossum breviventre
(Schenck 1853)

Verbreitung: Europäisch-montan; von Zentral-Iberien bis Nord-Griechenland, nordwärts bis Holland

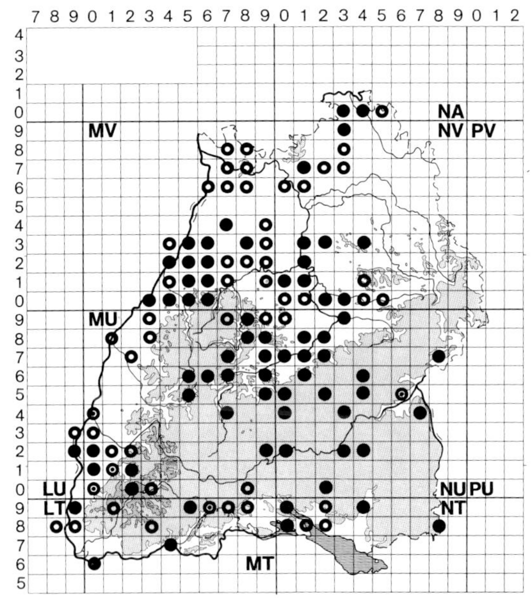

Lasioglossum calceatum

(EBMER 1988). – In der Bundesrepublik Deutschland letzter mir bekannter Fund im Jahre 1917 bei Erlangen (STOECKHERT 1933, vgl. WESTRICH 1984a). – In Baden-Württemberg bisher nicht nachgewiesen, ein Vorkommen ist aber nicht völlig auszuschließen.
Lebensraum: In Deutschland unbekannt. Ebmer (briefl. Mitt.) fand die Art am Olymp (Griechenland) auf einer Hochalm mit Wiesen, in der Sierra de Guadarrama (Spanien) in grusig verwitterten Rinnen im Granitgebirge.
Blütenbesuch: Vermutlich polylektische Art, von der mir lediglich aus Nord-Griechenland Brassicaceae (Kreuzblütler) und Lamiaceae (Lippenblütler) als Pollenquellen von 3♀♀ bekannt sind.
Nistweise: Nistet in selbstgegrabenen Hohlräumen in der Erde. Vermutlich solitär.
Kuckucksbienen: Unbekannt.
Phänologie: Unbekannt.
Bemerkungen: Ob spezielle ökologische Ansprüche für die große Seltenheit der Art verantwortlich sind, ist unbekannt.

Lasioglossum buccale
(Pérez 1903)

Verbreitung: Südliche Westpaläarktis; von Iberien bis zum Don (ein isolierter Fund im westlichen Iran), nordwärts bis Elsaß, Südwestdeutschland, Oberösterreich und Ukraine (Kiew) (EBMER 1988). – In der Bundesrepublik Deutschland nur zwei Nachweise in Baden-Württemberg: LU93 Limburg bei Sasbach 1♀ 23. 5. 1926 (MNF); MV50 Gaggenau-Hörden, 250 m, 1♀ 4. 7. 1986 (vid. Ebmer, coll. D). Die Art wurde auch aus den Vogesen von Colmar bekannt (BLÜTHGEN 1944).
Lebensraum: Einer der beiden Fundorte ist ein extrem trockenwarmer Südhang im Nordschwarzwald, auf dem noch weitere ausgesprochen xerothermophile Bienenarten nachgewiesen wurden.
Nistweise: Nistet vermutlich in der Erde. Sozialverhalten unbekannt.
Blütenbesuch: Keine Beobachtungen.
Kuckucksbienen: Unbekannt.
Phänologie: Siehe obige Funddaten.
Bestandessituation: Das einzige aktuelle Vorkommen ist nach derzeitigem Kenntnisstand nur durch eine Unterschutzstellung des Fundortes zu sichern. Mit einer Ausweisung als Naturschutzgebiet und einer entsprechenden Pflege können auch andere seltene Bienenarten langfristig erhalten werden.
RL: Vom Aussterben bedroht (1).

Lasioglossum calceatum
(Scopoli 1763)

Verbreitung: Transpaläarktisch; gemäßigte Zone von Irland bis Japan, in Südeuropa montan, nordwärts bis Nord-Finnland (68° n. Br.) (EBMER 1988). In den Schweizer Alpen bis 1800 m (BEAUMONT 1958), in den österreichischen Zentralalpen bis maximal 2000 m (Ebmer briefl. Mitt.). – In der Bundesrepublik Deutschland keine Verbreitungsgrenze. – In Baden-Württemberg weit verbreitet, von der Ebene bis in die höchsten Lagen der Mittelgebirge. Material: 450♂♂, 503♀♀.
Lebensraum: Als ausgesprochener Ubiquist kommt die Art in den unterschiedlichsten Lebensräumen vor und wird auf trockenwarmen Magerrasen ebenso angetroffen wie auf feuchtkühlen Waldlichtungen. Nester an schütter, manchmal auch dichter bewachsenen Stellen von horizontalen Flächen oder Böschungen. Nimmt mit allen Bodenarten vorlieb.
Nistweise: Nistet in selbstgegrabenen Hohlräumen in der Erde. Die Art ist sozial. Die Nestgründerin erzeugt eine Sommerbrut von Arbeiterinnen. Im Vorsommer gibt es eine inaktive Phase. ♂♂ und zukünftige Nestgründerinnen werden im Hochsommer bis Herbst produziert. Die Brutzellen werden nach der Eiablage verschlossen. Die Sommer-Weibchen sind kleiner als ihre Mutter und bewachen das

Lasioglossum calceatum ♀

Nest. ♂♂ resultieren manchmal aus den von der Königin gebauten, meist aber aus den von den Arbeiterinnen verproviantierten Brutzellen. Die ♂♂ begatten die ♀♀ innerhalb der Nester. Begattete ♀♀ überwintern gemeinsam. In kälteren Klimaten verhält sich die Art solitär und erzeugt keine Arbeiterinnenbrut. (BONELLI 1965a, 1968b, FABRE 1879–1880, KNERER 1968, KNERER & PLATEAUX-QUÉNU 1967b, PLATEAUX-QUÉNU 1963, 1973, 1974, 1979, POURSIN & PLATEAUX-QUÉNU 1982, SAKAGAMI & MUNAKATA 1972, VLEUGEL 1961).

Blütenbesuch: Ausgesprochen polylektische Art (15 Pflanzenfamilien) (vgl. SAKAGAMI & MUNAKATA 1972). Pollenquellen: Apiaceae: Wiesen-Bärenklau *(Heracleum sphondylium)*, Flachblättriger Mannstreu *(Eryngium planum)*; Asteraceae: Gänseblümchen *(Bellis perennis)*, Margerite *(Leucanthemum vulgare)*, Einjähriger Feinstrahl *(Erigeron annuus)*, Wiesen-Schafgarbe *(Achillea millefolium)*, Rainfarn *(Tanacetum vulgare)*, Gewöhnliche Kratzdistel *(Cirsium vulgare)*, Wiesen-Flockenblume *(Centaurea jacea)*, Skabiosen-Flockenblume *(Centaurea scabiosa)*, Wegwarte *(Cichorium intybus)*, Huflattich *(Tussilago farfara)*, Wiesen-Löwenzahn *(Taraxacum officinale)*, Herbst-Löwenzahn *(Leontodon autumnalis)*, Gewöhnliches Bitterkraut *(Picris hieracioides)*, Kleines Habichtskraut *(Hieracium pilosella)*; Brassicaceae: Raps *(Brassica napus)*, Weißer Senf *(Sinapis alba)*, Wiesen-Schaumkraut *(Cardamine pratensis)*; Caryophyllaceae: Große Sternmiere *(Stellaria holostea)*; Dipsacaceae: Wiesen-Knautie *(Knautia arvensis)*; Ericaceae: Glockenheide *(Erica tetralix)*; Geraniaceae: Ruprechtskraut *(Geranium robertianum)*; Hypericaceae: Tüpfel-Hartheu *(Hypericum perforatum)*; Lamiaceae: Quirlblütiger Salbei *(Salvia verticillata)*; Liliaceae: Acker-Gelbstern *(Gagea villosa)*, Ästige Graslilie *(Anthericum ramosum)*; Plantaginaceae: Spitz-Wegerich *(Plantago lanceolata)*; Primulaceae: Punkt-Gilbweiderich *(Lysimachia punctata)*; Ranunculaceae: Scharbockskraut *(Ranunculus ficaria)*, Scharfer Hahnenfuß *(Ranunculus acris)*, Berg-Hahnenfuß *(Ranunculus montanus)*, Frühlings-Adonisröschen *(Adonis vernalis)*, Gewöhnliche Waldrebe *(Clematis vitalba)*; Rosaceae: Brombeere *(Rubus fruticosus)*, Frühlings-Fingerkraut *(Potentilla verna)*, Kriechendes Fingerkraut *(Potentilla reptans)*, Garten-Apfelbaum *(Malus domestica)*; Salicaceae: Grau-Weide *(Salix cinerea)*, Sal-Weide *(Salix caprea)*, Ohr-Weide *(Salix aurita)*, Kriech-Weide *(Salix repens)*; Scrophulariaceae: Gamander-Ehrenpreis *(Veronica* *chamaedrys)*. – Die ♂♂ bilden Schlafgemeinschaften (bis zu 13 Tiere) auf Blüten- oder dürren Fruchtständen.

Kuckucksbienen: *Sphecodes monilicornis.*

Phänologie: Die überwinterten ♀♀ erscheinen bereits im März oder April, die ♂♂ kann man bereits Anfang Juli und bis in den Oktober hinein beobachten.

Bestandessituation: Die durchweg anspruchslose Art ist nach wie vor eine der häufigsten Bienenarten und nicht gefährdet.

Lasioglossum clypeare

(Schenck 1853)

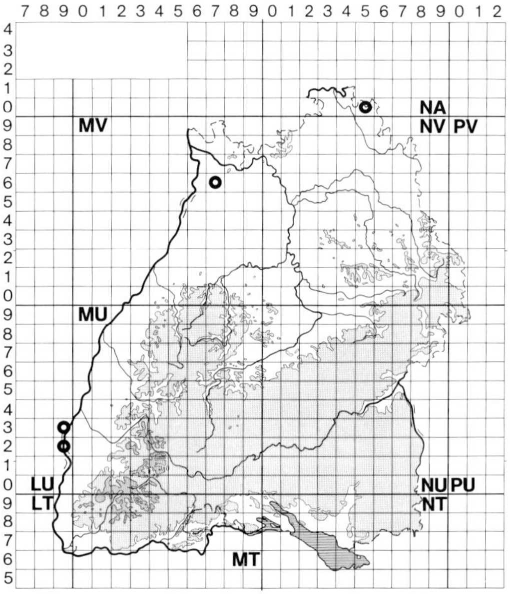

Lasioglossum clypeare

Verbreitung: Westpaläarktisch; von Algerien bis zum Iran, von Iberien bis Kirgisien, nordwärts bis Mitteldeutschland (Ebmer 1988). – In der Bundesrepublik Deutschland nur aus den südlichen Bundesländern Hessen (Schenck 1861a), Rheinland-Pfalz (Warncke 1986b), Bayern (Stoeckhert 1933, 1954) und Baden-Württemberg bekannt. – In Baden-Württemberg nur sehr vereinzelte, durchweg ältere Nachweise im Kaiserstuhl, in der nördlichen Oberrheinebene und im Tauber-Gebiet. Funddaten: LU92 Burkheim 1♂ 15. 8. 1936 (MNF); LU93 Sasbach 1♀ 10. 6. 1923 (MNF) (Strohm 1933), Limburg bei Sasbach 1♀ 12. 5. 1925, 1♀ 17. 5. 1925, 2♀♀ 23. 5. 1925 (MNF); MV76 Sandhausen 1♀ 28. 6. 1932 (NK); NA50 Wenkheim 1♀ 17./18. 7. 1927 (NK). Nicht überprüfbare Angaben: »Freiburg« u. »Sasbach« (Strohm 1924) sowie »Möckmühl« (Balles 1927).

Lebensraum: Einige der süddeutschen Funde stammen von Trockenhängen, doch dürften auch andere Lebensräume des Offenlandes besiedelt werden.

Nistweise: Nistet in selbstgegrabenen Hohlräumen in der Erde. Sozialverhalten unbekannt.

Blütenbesuch: Polylektische Art (4 Pflanzenfamilien), die besonders gern Lamiaceae (Lippenblütler) besucht. Pollenquellen: Asteraceae: Wiesen-Flokkenblume *(Centaurea jacea)*, Skabiosen-Flockenblume *(Centaurea scabiosa)*, Kornblume *(Centaurea cyanus)*; Boraginaceae: Gewöhnlicher Natterkopf *(Echium vulgare)*; Lamiaceae: Aufrechter Ziest *(Stachys recta)*, Schwarznessel *(Ballota nigra)*; Salicaceae: Weiden *(Salix)*.

Kuckucksbienen: Unbekannt.

Phänologie: Siehe obige Funddaten.

Bestandessituation: Der letzte Nachweis stammt aus dem Jahre 1936, so daß die Art in Baden-Württemberg als verschollen gilt. Bei eventuellen Wiederfunden ist eine Unterschutzstellung des betreffenden Lebensraumes anzustreben.

RL: Ausgestorben oder verschollen (0).

Lasioglossum convexiusculum

(Schenck 1853)

Verbreitung: Westpaläarktisch; von Iberien bis zum Iran, südliches Belgien bis südlicher Ural, nur vereinzelt in Mitteleuropa, nordwärts bis 55° n.Br. (Ebmer 1988). – In der Bundesrepublik Deutschland liegen die nördlichsten bekannten Vorkommen in Hessen: Lahngebiet (Stoeckhert 1954) und Nassau (Blüthgen 1920); außerdem kommt die Art in Rheinland-Pfalz (Mombach) (Schenck 1853), in Bayern (Enslin 1922, Stoeckhert 1933) und in Baden-Württemberg vor. – In Baden-Württemberg nur sehr vereinzelte und durchweg ältere Nachweise, meist im Kaiserstuhl-Gebiet und in der Freiburger Vorbergzone. Funddaten ab 1960: NU07 Tübingen, Spitzberg 1♀ 29. 5. 1978 (W) (Westrich 1980). Material: 2♂♂, 20♀♀.

Lebensraum: Mir ist die Art nur von trockenwarmen Lebensräumen (Magerrasen, alte Weinbergbrachen) bekannt.

Blütenbesuch: Polylektische Art (4 Pflanzenfamilien). Pollenquellen: Asteraceae: Skabiosen-Flokkenblume *(Centaurea scabiosa)*, Kornblume *(Centaurea cyanus)*, Gewöhnliches Bitterkraut *(Picris*

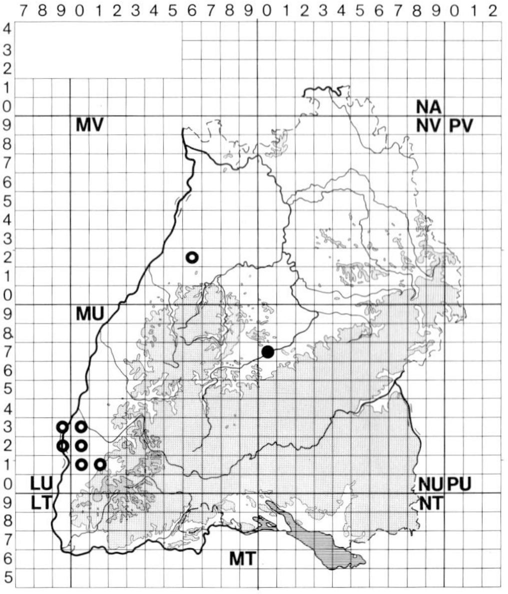

Lasioglossum convexiusculum

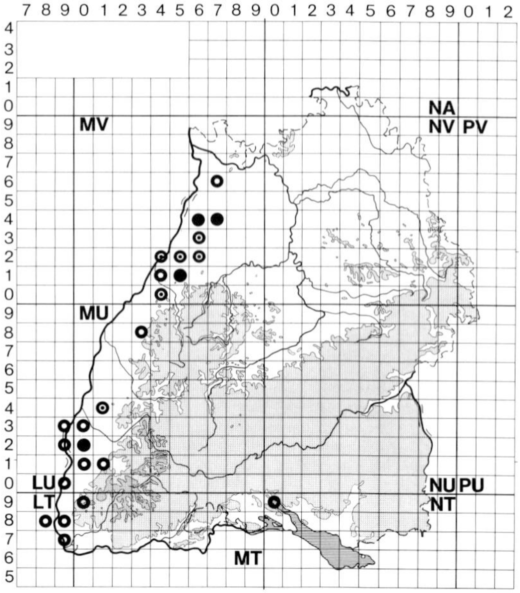

Lasioglossum costulatum

hieracioides); Campanulaceae: Rundblättrige Glockenblume *(Campanula rotundifolia)*; Lamiaceae: Wiesen-Salbei *(Salvia pratensis)*; Rubiaceae: Echtes Labkraut *(Galium verum)*. – Eine Spezialisierung auf *Salvia*, wie verschiedentlich vermutet, liegt demnach nicht vor, wenn auch *Salvia pratensis* gerne zum Pollensammeln aufgesucht wird.

Kuckucksbienen: Unbekannt.

Phänologie: Die überwinterten ♀♀ erscheinen Anfang Mai, die ♂♂ wurden ab Mitte Juli beobachtet.

Bestandessituation: Mit Ausnahme des einen Fundes im Jahre 1978 stammen alle Nachweise aus den Jahren vor 1939. Die Art muß zumindest in früheren Jahrzehnten im Kaiserstuhl-Gebiet häufiger gewesen sein. Möglicherweise gibt es dort noch eine Restpopulation, wenn auch alle Aufsammlungen der letzten Jahre keinen Nachweis erbracht haben. Die Art muß daher in Baden-Württemberg als vom Aussterben bedroht angesehen werden. Das einzige aktuelle Vorkommen liegt in einem Naturschutzgebiet.

RL: Vom Aussterben bedroht (1).

Lasioglossum corvinum
(Morawitz 1878)

Verbreitung: Südliche Westpaläarktis; von Marokko bis Armenien, von Frankreich (48° n. Br.) bis zur Ukraine, nordwärts bis Süddeutschland (EBMER 1988). – In der Bundesrepublik Deutschland nur ein einzelner Nachweis bei Bamberg vermutlich im Juni 1930 (BLÜTHGEN 1951, WESTRICH 1984a, WARNCKE 1986c). – In Baden-Württemberg kaum zu erwarten.

Nistweise: Nistet in selbstgegrabenen Hohlräumen in der Erde. Sozialverhalten unbekannt.

Bemerkungen: Über Blütenbesuch, Kuckucksbienen und Phänologie liegen aus dem mittteleuropäischen Raum keine Beobachtungen vor.

Lasioglossum costulatum
(Kriechbaumer 1873)

Verbreitung: Westpaläarktisch; von Marokko bis Iran, nordwärts bis Dänemark (JØRGENSEN 1921), ostwärts bis zum südlichen Ural (EBMER 1988). – In der Bundesrepublik Deutschland vorwiegend im Süden. Aus dem Norden lediglich eine nicht überprüfbare Fundmeldung von Hannover (WAGNER 1938a). Auch Ebmer (briefl. Mitt.) kennt keine Funde aus Norddeutschland, der nördlichste, ihm bekannte Fundort ist Görlitz in der DDR. – In Baden-Württemberg fast ausschließlich in der südlichen und nördlichen Oberrheinebene, im Kaiserstuhl und in der Schwarzwaldvorbergzone. Alle Fundorte liegen unter 500 m. Material: 15♂♂, 70♀♀.

Lebensraum: Waldränder, Magerrasen, Sand- und Kiesgruben, Bahndämme, Ruderalstellen. Bevor-

zugt als Nistsubstrate Sand oder Lößlehm.
Nistweise: Nistet in selbstgegrabenen Hohlräumen in der Erde. Solitäre Lebensweise.
Blütenbesuch: Es liegt nahe, die Art als oligolektisch und auf *Campanula* (Campanulaceae) spezialisiert zu bezeichnen, da von 26 untersuchten Pollenladungen (aus Deutschland, Österreich, Schweiz, Polen, Griechenland, Türkei) 21 ausschließlich *Campanula*-Pollen enthielten. Weitere 4 wiesen außer *Campanula* einen hohen Anteil von *Galium* (Labkraut), einer Rubiaceae, auf. 1 weitere Pollenladung enthielt nur Pollen zweier verschiedener Asteraceae vom *Taraxacum*-Typ. Ob diese Abweichungen durch einen Mangel an *Campanula* bedingt waren, war nicht zu klären. Folgende *Campanula*-Arten sind als Pollenquellen belegt: Acker-Glockenblume *(Campanula rapunculoides)*, Pfirsichblättrige Glockenblume *(Campanula persicifolia)*, Nesselblättrige Glockenblume *(Campanula trachelium)*, Knäuel-Glockenblume *(Campanula glomerata)*, Rapunzel-Glockenblume *(Campanula rapunculus)*, Rundblättrige Glockenblume *(Campanula rotundifolia)*, Sibirische Glockenblume *(Campanula sibirica)*.
Kuckucksbienen: Unbekannt.
Phänologie: Die überwinterten ♀♀ erscheinen Ende April/Anfang Mai, die ♂♂ fliegen von Mitte Juli bis Anfang Oktober.
Bestandessituation: Die Art wurde vor 1970 noch regelmäßig nachgewiesen, dagegen wurde sie aus der Zeit nach 1975 nur noch von wenigen Fundorten bekannt. Aufgrund ihrer nur regionalen Verbreitung, besonders ihres Siedlungsschwerpunktes in Sand- und Lößgebieten sowie ihrer offensichtlichen Bevorzugung von Glockenblumen ist sie stark gefährdet. Schutzmaßnahmen müssen in erster Linie die Erhaltung von Glockenblumen-Beständen in der freien Landschaft, die Sicherung von Sand- und Kiesgruben für Zwecke des Naturschutzes sowie die Schonung von sandigen Ruderalstellen beinhalten.
RL: Stark gefährdet (2).

Lasioglossum cupromicans
(Pérez 1903)

Verbreitung: Westpaläarktisch; montan bis hochmontan, von Iberien bis Kurdistan, nordwärts bis Irland und Schottland. Für Mitteleuropa kommen in Frage die Nominatform (= *alpigenum* auct. partim), die von den Pyrenäen über das Massiv Central und die Westalpen bis zum unteren Engadin verbreitet ist. Zwischen Ofen-Paß und Münstertal gibt es Übergangsformen zur ssp. *tirolense* (Blüthgen 1944), die vom Ortler-Gebiet (hier bis 2200 m) über die ganzen Ost-Alpen bis zur Tatra und den Karpaten verbreitet ist (EBMER 1988). – In der Bundesrepublik Deutschland nur wenige Funde im Voralpengebiet: Veldensteiner Forst (ENSLIN 1922), Mittenwald (BLÜTHGEN 1944), bei München und Bad Kreuth (STOECKHERT 1954, EBMER 1970:56). – In Baden-Württemberg kaum zu erwarten.
Lebensraum: Im alpinen Raum nach Ebmer (briefl. Mitt.) auf steinigen, blumenreichen Südhängen, vorzugsweise auf feingrusig verwittertem Kalk.
Nistweise: Nistet in selbstgegrabenen Hohlräumen in der Erde. Sozialverhalten unbekannt.
Blütenbesuch: Bisher liegen nur Beobachtungen an folgenden Pflanzen vor, die aber nicht als Pollenquellen belegt sind: Glockenblumen *(Campanula)*, Alpen-Steinquendel *(Acinos alpinus)*, Augentrost *(Euphrasia)*.
Kuckucksbienen: Unbekannt.
Phänologie: Noch unklar.
Bemerkungen: Zur Unterscheidung von *L. alpigenum* und *L. bavaricum* vgl. EBMER (1974a).

Lasioglossum euboeense
(Strand 1909)
Syn.: *L. kirschbaumi* (Blüthgen 1918).

Verbreitung: Westpaläarktische Steppenart; von Algerien bis Iran, südlich bis in den Libanon, von Iberien bis zur mittleren Wolga, in Polen nordwärts bis zur Ostseeküste (EBMER 1988). In Mitteleuropa in Deutschland (BRD, DDR), in Österreich, in der Schweiz und in der Tschechoslowakei. – In der Bundesrepublik Deutschland soll die Art nicht vorkommen, da sich alle bisherigen Meldungen als Fehlbestimmungen erwiesen hätten (WARNCKE 1986c:65). Die Syntypen des Synonyms stammen nach Blüthgen von Wiesbaden. Durch die Fundortetiketten an den Exemplaren kann dies jedoch nicht zweifelsfrei belegt werden. Die beiden Exemplare von Marktheidenfeld und Freiburg, leg. Heinrich (WESTRICH 1984a:44) waren falsch bestimmt. Jedoch fand Ebmer bei der Revision der Senckenberg-Sammlung ein ♀ von Worms, 9. 8. 1924 leg. Habermehl, das von Friese irrtümlich als *H. calceatus* determiniert war. Diese Fundortangabe ist nach meiner Kenntnis der Sammlung Habermehl korrekt. Daher kam diese seltene Art doch in der Bundesrepublik Deutschland vor. – In Baden-Württemberg ist zumindest ein Vorkommen in früherer Zeit nicht auszuschließen.

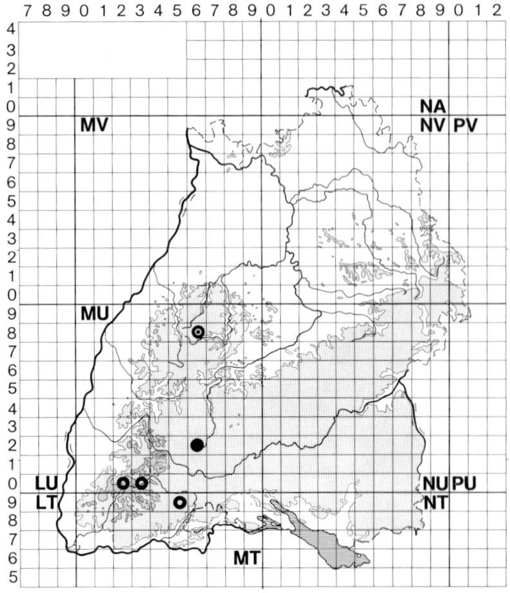

Lasioglossum fratellum

Lebensraum: Ebmer (briefl. Mitt.) fand die Art im Burgenland in trockenen, sandig-festen, kaum bewachsenen Steppenwiesen.
Nistweise: Nistet in selbstgegrabenen Hohlräumen in der Erde. Sozialverhalten unbekannt.
Blütenbesuch: Vermutlich polylektische Art.
Phänologie: Unklar.

Lasioglossum fratellum

(Pérez 1903)
Syn.: *L. nigrum* auct. nec (Viereck 1903).

Verbreitung: Die Populationen des Untersuchungsgebiets gehören zur westlichen Nominatform, die von England bis zu den Karpaten verbreitet ist; in Mitteleuropa vor allem in den Gebirgen (am Alpenhauptkamm bis 2200 m), nordwärts bis Nord-Finnland (69° n. Br.), in Südeuropa nur in höheren Gebirgen (Ebmer 1974a). Verbreitungskarte bei Svensson et al. (1977). – In der Bundesrepublik Deutschland keine Verbreitungsgrenze. – In Baden-Württemberg bisher nur vereinzelte Funde, wobei alle Nachweise aus dem Schwarzwald und der Baar aus Höhen zwischen 500 m und 1400 m stammen. Funddaten: MT59 Wutach, Gutachbrücke 1♂ 7.1942 (LNK); Wutach, Schattenmühle 1♀ 20. 4. 1960 (G). MU20 Feldberg 1♂ 10. 8. 1922 (MNF). MU30 Hinterzarten 1♂ 27. 7. 1929 (MNF); 1♀ 21. 6. 1935 (NK). MU62 Schwenninger Moos 2♂♂ 3. 9. 1984 (W). MU68 Enzklösterle 1♂ 18. 7. 1973 (S, det. Ebmer).
Lebensraum: In Südwestdeutschland bisher nur in feuchtkühlen Lebenräumen wie Wald- und Moorgebieten festgestellt, jedoch nicht im geschlossenen Wald, sondern an Waldwegen, Waldrändern und auf Lichtungen. In Norddeutschland in degenerierten Hochmoorresten. Eine Bevorzugung bestimmter Bodenarten ist nicht zu erkennen. Möglicherweise nistet die Art auch in zersetztem Torf.
Nistweise: Nistet in selbstgegrabenen Hohlräumen in der Erde. Sozialverhalten unbekannt.
Blütenbesuch: Vermutlich polylektische Art, von der bisher aber nur folgende Ericaceae als Pollenquellen belegt sind: Heidelbeere *(Vaccinium myrtillus)* und Preiselbeere *(Vaccinium vitis-idaea)*.
Kuckucksbienen: Unbekannt.
Phänologie: Die überwinterten ♀♀ erscheinen im April, die ♂♂ im Juli.
Bestandessituation: Wenn die Art auch bisher nur selten nachgewiesen wurde, so halte ich sie dennoch in Baden-Württemberg aufgrund ihres Vorkommens in den großen Waldgebieten derzeit für nicht gefährdet. Ein aktuelles Vorkommen liegt in einem Naturschutzgebiet. Bei intensiverer Nachsuche dürften sich v. a. im Schwarzwald noch weitere Vorkommen auffinden lassen.

Lasioglossum fulvicorne

(Kirby 1802)

Verbreitung: Die Populationen des Untersuchungsgebiets gehören zur westlichen Nominatform, die von Nordwest-Iberien und England bis zum südlichen Ural, nordwärts bis Schweden und Finnland (64° n. Br.) verbreitet ist; am Alpenhauptkamm bis 1600 m (Ebmer 1988). – In der Bundesrepublik Deutschland keine Verbreitungsgrenze. – In Baden-Württemberg weit verbreitet, von der Ebene bis in die höheren Lagen der Mittelgebirge. Die Art dürfte in allen Landesteilen vorkommen. Material: 134♂♂, 178♀♀.
Lebensraum: Als ausgesprochener Ubiquist in allen möglichen Lebensräumen: Waldrändern, Flugsandfelder, Magerwiesen, brachgefallene Wacholderheiden, Streuobstwiesen, Hochwasserdämme, alte Weinbergbrachen, Sand- und Lehmgruben, Straßenränder, Siedlungsbereich. Eine Bevorzugung bestimmter Bodenarten zur Nestanlage ist nicht feststellbar, selbst krümelige Alb-Rendzinen werden besiedelt. Nester meist an nicht oder nur schütter bewachsenen Stellen ebener oder schwach geneigter Flächen.

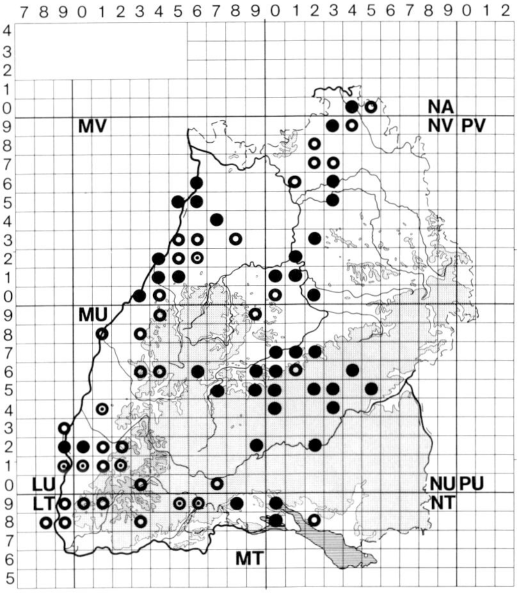

Lasioglossum fulvicorne

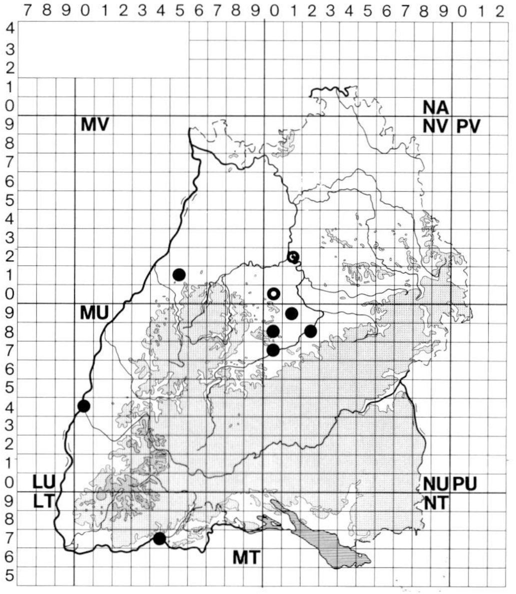

Lasioglossum glabriusculum

Nistweise: Nistet in selbstgegrabenen Hohlräumen in der Erde, bisweilen in kleinen bis größeren Aggregationen. Sozialverhalten unbekannt, vermutlich solitär. (STOECKHERT 1933).
Blütenbesuch: Polylektische Art (5 Pflanzenfamilien). Pollenquellen: Asteraceae: Rainfarn *(Tanacetum vulgare)*, Kanadische Goldrute *(Solidago canadensis)*, Wegwarte *(Cichorium intybus)*, Wiesen-Löwenzahn *(Taraxacum officinale)*; Brassicaceae: Raps *(Brassica napus)*; Ericaceae: Heidekraut *(Calluna vulgaris)*; Rosaceae: Frühlings-Fingerkraut *(Potentilla verna)*, Kriechendes Fingerkraut *(Potentilla reptans)*, Strauch-Fingerkraut *(Potentilla fruticosa)*, Garten-Apfelbaum *(Malus domestica)*; Salicaceae: Weiden *(Salix)*.
Kuckucksbienen: *Sphecodes ferruginatus* und *Sphecodes hyalinatus*.
Phänologie: Die überwinterten ♀♀ erscheinen Ende März/Anfang April, die ♂♂ fliegen von Anfang Juli bis Mitte August.
Bestandessituation: Die in bezug auf Nistplatz und Nahrungsquellen anspruchlose und nach wie vor sehr häufige Art ist nicht gefährdet. Sie ist – besonders in den höheren Lagen – deutlich häufiger als *L. laticeps*.

Lasioglossum glabriusculum
(Morawitz 1872)

Verbreitung: Die Populationen des Untersuchungsgebiets gehören zur Nominatform, die von Iberien bis in den Iran, in Europa nordwärts bis zum Main und Kiew (Ukraine) verbreitet ist (EBMER 1988). – In der Bundesrepublik Deutschland nordwärts bis zum Maingebiet, vielleicht auch bis zum Lahntal. – In Baden-Württemberg nur vereinzelte Nachweise aus Lagen unter 500 m. Funddaten: MT47 Küssaberg 1♀ 10. 8. 1980 (S). MU04 Kappel, Taubergießen 1♀ 3. 5. 1983; 1♀ 7. 5., 1♀ 18. 6. 1985; 1♀ 23. 5., 1♀ 7. 6., 2♀♀ 16. 7. 1986 (BIUF). MV51 Malsch 1♀ 22. 7. 1987 (D). NU07 Tübingen, Spitzberg 1♂ 31. 8. 1984 (W). NU08 Dettenhausen 1♀ 26. 5. 1984 (W). NU28 Neckarhausen 1♂, 1♀ 8. 9. 1983 (W). NV00 Stuttgart 1♀ 1. 9. 1907 (SMNS). NV12 Murr 3♀♀ 19. 5. 1970 (Schwammberger). Die von BALLES (1925, 1927) gemeldeten und von Alfken bestimmten Funde von Achern, Korb und Neudenau waren nicht überprüfbar.
Lebensraum: Die mir bekannten Funde stammen von Kies- und Lehmgruben, von Streuobstwiesen, von einem Feldrain und von einem Trockenrasen. Nester an schütter bewachsenen Stellen auf ebenen oder schwach geneigten Flächen. Sand- und Lehmböden werden gleichermaßen besiedelt.
Nistweise: Nistet in selbstgegrabenen Hohlräumen in der Erde. Die Nesteingänge bilden kleine Ein-

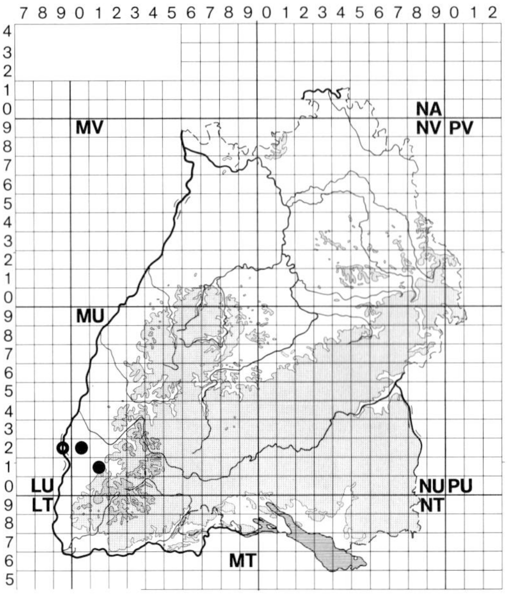

Lasioglossum griseolum

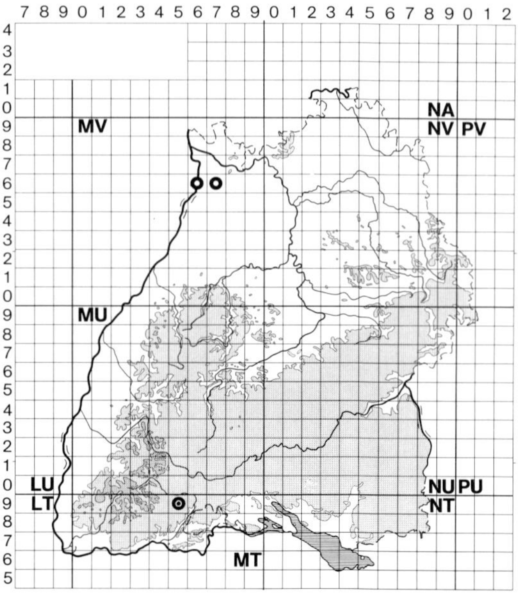

Lasioglossum intermedium

gangsröhren. Die Art ist sozial. Die Nestgründung erfolgt polygyn. Es wird eine Arbeiterinnenbrut erzeugt. (Grandi 1937, Knerer 1969a, Knerer & Schwarz 1976).

Blütenbesuch: Vermutlich polylektische Art, von der bisher aber keine Analysen von Pollenladungen oder Beobachtungen über das Pollensammeln vorliegen.

Kuckucksbienen: Vermutlich *Nomada sheppardana.*

Phänologie: Die überwinterten ♀♀ wurden ab Anfang Mai beobachtet, möglicherweise fliegen sie aber auch schon im April, die ♂♂ fand ich im August und September.

Bestandessituation: Bisher liegen zwar nur wenige Nachweise dieser wegen ihrer geringen Größe leicht zu übersehenden Art vor. Es ist aber schwer abzuschätzen, ob und wie die Art gefährdet ist. Nach 1975 wurde nur ein Vorkommen aus einem Naturschutzgebiet bekannt.

Lasioglossum griseolum

(Morawitz 1872)

Verbreitung: Die Populationen des Untersuchungsgebiets gehören zur mediterran-asiatischen Nominatform, die von Iberien bis Afghanistan verbreitet ist, in Mitteleuropa aber nur vereinzelt auftritt (Ebmer 1988). Die nördlichsten Nachweise liegen im Gebiet des Kyffhäusers in der DDR (Blüthgen 1961a). – In der Bundesrepublik Deutschland außer einer nicht bestätigten Meldung von Nassau (Buddeberg 1895) mehrere Nachweise in Bayern (Enslin 1922, Westrich 1984a) und in Baden-Württemberg. – In Baden-Württemberg ist die Art bisher nur aus dem Kaiserstuhl-Gebiet und aus Freiburg bekannt. Alle Fundorte liegen unter 400 m. Funddaten: LU02 Burkheim, Burgberg 1♀ 25. 4. 1936 (MNF). MU02 Horberig 1♀ 25. 7. 1953 (MNF); 1♀ Schelingen, Scheibenbuck 1♀ 1. 4. 1985 (BIUF); Vogtsburg, Haselschacherbuck 1♀ 26. 5. 1985 (W); Oberbergen, Badberg 1♀ 13. 6. 1987 (D). MU11 Freiburg 1♀ 17. 7. 1980 (BIUF).

Lebensraum: Mehrfach wurde die Art in trockenwarmen Lebensräumen (Magerrasen, Abwitterungshalden) aufgefunden. Ein Nachweis stammt aus dem Siedlungsbereich (Freiburg).

Nistweise: Nistet in selbstgegrabenen Hohlräumen in der Erde. Sozialverhalten unbekannt.

Blütenbesuch: Vermutlich polylektische Art, von der bisher (wohl eher zufällig) lediglich die Kugel-Teufelskralle *(Phyteuma orbiculare)* (Campanulaceae) als Pollenquelle belegt ist.

Kuckucksbienen: Unbekannt.

Phänologie: Siehe obige Funddaten.

Bestandessituation: Wegen ihrer offensichtlichen Vorliebe für xerotherme Lebensräume und ihrer Seltenheit halte ich diese mediterrane Art für stark gefährdet. Da der Verbreitungsschwerpunkt in Magerrasen des Kaiserstuhls zu liegen scheint, muß

sich der Schutz zunächst vorwiegend auf die Erhaltung dieser Lebensräume konzentrieren. Möglicherweise sind auch trockenwarme Ruderalstellen für die Art bedeutsam.
RL: Stark gefährdet (2).

Lasioglossum intermedium
(Schenck 1868)

Verbreitung: Westpaläarktisch; von Iberien bis Nord-Iran, nordwärts bis Lettland (58° n. Br.) (Ebmer 1988). – In der Bundesrepublik Deutschland keine Verbreitungsgrenze, auch im Norden (Alfken 1913). – In Baden-Württemberg nur sehr vereinzelte Nachweise in der nördlichen Oberrheinebene und im Wutachgebiet. Funddaten: MV66 Oftersheim 1♀ 19. 8. 1930 (NK). MV76 Sandhausen 1♀ 21. 5. 1931 (NK). MT59 Wutach, Flüheweg 1♀ 15. 6. 1960 (G); Bad Boll 1♀ 16. 7. 1960 (G). Nicht nachprüfbare Angaben: »Dörnishof« und »Ilmensee« (Balles 1926, 1927), »Karlsruhe« (Stoeckhert 1954).
Lebensraum: Bevorzugt in Sandgebieten, vereinzelt auch in Gebieten mit anderen Bodenarten. Nistplätze wurden mir nicht bekannt.
Blütenbesuch: Vermutlich polylektische Art, von der bisher nur folgende Pollenquellen belegt sind: Asteraceae: Wiesen-Löwenzahn *(Taraxacum officinale)*; Salicaceae: Weiden *(Salix)*.
Kuckucksbienen: Unbekannt.
Phänologie: Die überwinterten ♀♀ erscheinen im April, die ♂♂ ab Anfang Juli.
Bestandessituation: Der letzte Nachweis dieser sehr seltenen Art stammt aus dem Jahre 1960. Möglicherweise kommt sie aber im Wutachgebiet noch vor. Aufgrund der geringen Kenntnisse ist eine Gefährdung schwer abzuschätzen.
RL: Potentiell gefährdet (4).

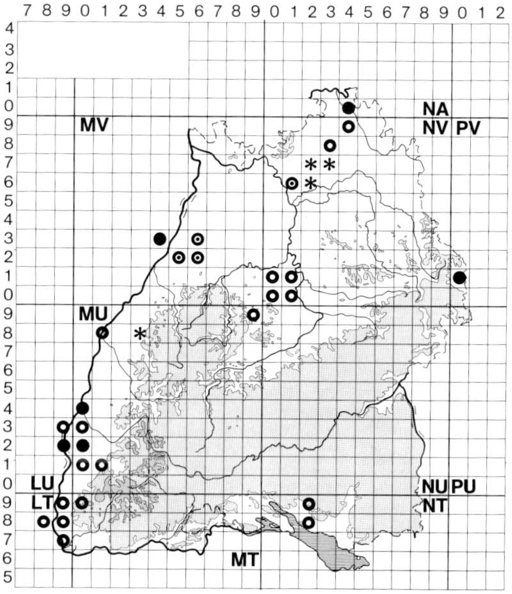

Lasioglossum interruptum

Lasioglossum interruptum
(Panzer 1798)

Verbreitung: Die Populationen des Untersuchungsgebiets gehören zur Nominatform, die von Marokko bis Ägypten, von Iberien bis zur Wolga, nordwärts bis Norddeutschland verbreitet ist. Eine Verbreitungskarte gibt Ebmer (1985). – In der Bundesrepublik Deutschland keine Verbreitungsgrenze (vgl. Wagner 1938a). – In Baden-Württemberg liegt der Verbreitungsschwerpunkt in der südlichen Oberrheinebene, aber auch aus den nördlichen Landesteilen und dem Bodenseegebiet liegen zerstreute Funde vor. Alle Vorkommen stammen aus Lagen unter 500 m. Funddaten ab 1975: LU92 u. MU02 Oberrotweil u. Oberbergen 5♂♂, 45♀♀ 1981 u. 1982 (LZB) (Düweke 1988). MU04 Kappel, Taubergießen 1♀ 4. 7., 1♀ 16. 7. 1986 (BIUF). MV43 Karlsruhe, Rheinhafen 2♀♀ 17. 6. 1984 (W). NA40 Werbach 1♀ 6. 7. 1983 (W); 1♂ 1. 10. 1984 (Schrameyer). PV01 Bopfingen 2♀♀ 27. 6. 1984 (W). Material: 42♂♂, 112♀♀.
Lebensraum: Wärmeliebende Art; überwiegend auf Trockenrasen, Magerwiesen, Hochwasserdämmen, sandigen Bahndämmen und an Ruderalstellen. Nester an schütter bewachsenen Stellen auf ebenen Flächen oder auf Böschungen. Sandiger Untergrund und Lößlehm werden als Nistsubstrate bevorzugt.
Nistweise: Nistet in selbstgegrabenen Hohlräumen in der Erde. Der Nesteingang setzt sich als gebogene Röhre 1 bis 2 cm über der Erdoberfläche fort. Die Brutzellen werden in Waben gebaut. Die Art ist sozial. Frühjahrsnester sind oft polygyn. (Knerer 1968, Knerer & Plateaux-Quénu 1966b).
Blütenbesuch: Polylektische Art (5 Pflanzenfamilien): Pollenquellen: Asteraceae: Wiesen-Schafgarbe *(Achillea millefolium)*, Wiesen-Löwenzahn *(Taraxacum officinale)*; Boraginaceae: Gewöhnlicher Natterkopf *(Echium vulgare)*; Brassicaceae: Raps *(Brassica napus)*; Crassulaceae: Scharfer Mauerpfeffer *(Sedum acre)*; Rosaceae: Frühlings-Fingerkraut *(Potentilla verna)*.

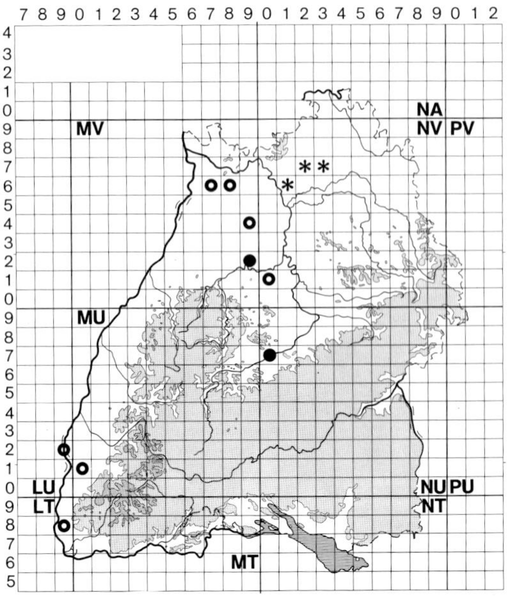

Lasioglossum laeve

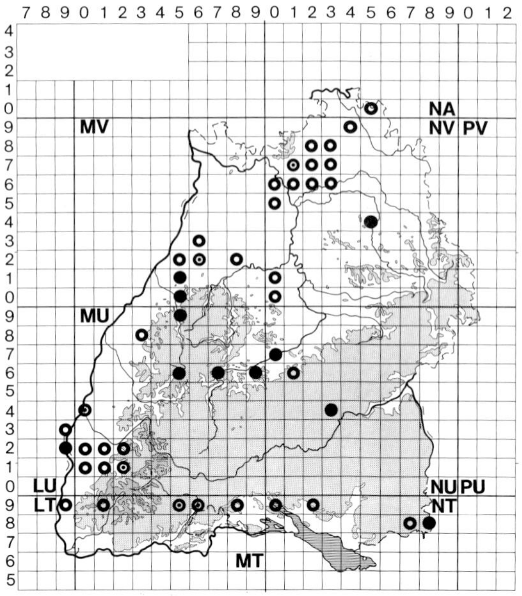

Lasioglossum laevigatum

Kuckucksbienen: Vermutlich *Sphecodes croaticus.*
Phänologie: Die überwinterten ♀♀ erscheinen Anfang bis Mitte April, die ♂♂ fliegen von Ende Juli bis Anfang Oktober.
Bestandessituation: Die Bestände haben in den letzten 20 Jahren deutlich abgenommen, so daß die Art zunehmend seltener gefunden wird. Eines der mir bekannten Vorkommen ist nach 1984 durch Asphaltierungsmaßnahmen der Deutschen Bundesbahn zerstört worden, ein weiteres im Taubertal ist akut bedroht. Drei der nach 1975 festgestellten Vorkommen liegen in Naturschutzgebieten. Günstig für die Erhaltung ist auch eine auf die Blütenbesucher abgestimmte Pflege der Hochwasserdämme in der Oberrheinebene. Möglicherweise hat die Art auch auf den Großböschungen im Kaiserstuhl noch eine Chance.
RL: Gefährdet (3).

Lasioglossum laeve

(Kirby 1802)

Verbreitung: Gemäßigte Westpaläarktis; von England bis zum Ural, im Süden montan von Zentral-Iberien bis Israel und Iran (Ebmer 1988). – In der Bundesrepublik Deutschland keine Verbreitungsgrenze, auch im Norden (Wagner 1938a). – In Baden-Württemberg nur vereinzelte Nachweise in der südlichen und nördlichen Oberrheinebene sowie im Neckar- und Enzgebiet. Alle Fundorte liegen unter 500 m. Funddaten nach 1960: MU97 Wurmlingen 1♂ 22. 7. 1983 (W). MV92 Roßwag 1♀ 1. 6. 1984 (W). Material: 5♂♂, 10♀♀.
Lebensraum: Die wenigen mir bekannten Funde dieser Offenlandsart stammen von einem Magerrasen und einer Ruderalstelle. Eine Bevorzugung bestimmter Bodenarten zur Nestanlage scheint nicht vorzuliegen. Nistplätze wurden mir nicht bekannt.
Nistweise: Nistet in selbstgegrabenen Hohlräumen in der Erde. Die Art lebt vermutlich solitär.
Blütenbesuch: Polylektische Art (3 Pflanzenfamilien). Pollenquellen: Apiaceae: Wilde Möhre *(Daucus carota)*; Asteraceae: Wegwarte *(Cichorium intybus)*, Wiesen-Löwenzahn *(Taraxacum officinale)*, Herbst-Löwenzahn *(Leontodon autumnalis)*; Dipsacaceae: Gewöhnlicher Teufelsabbiß *(Succisa pratensis)*.
Kuckucksbienen: Unbekannt.
Phänologie: Noch unklar. Die frühesten ♀♀ wurden Anfang Mai beobachtet, die ♂♂ wurden ab Mitte Juli gefunden.
Bestandessituation: Die Art wird nur sehr selten gefunden. Die beiden mir derzeit bekannten Fundorte sind nicht akut bedroht, liegen aber auch nicht innerhalb eines Naturschutzgebietes. Es ist schwer abzuschätzen, ob die Art gefährdet ist.
RL: Potentiell gefährdet (4).

Lasioglossum laevigatum ♀

Lasioglossum laevigatum
(Kirby 1802)

Verbreitung: Westpaläarktisch; von Zentral-Iberien bis Nord-Iran, von England bis zum Ural, in Mitteleuropa nordwärts bis 55° n. Br. (Ebmer 1988). In den Alpen bis 1200 m. – In der Bundesrepublik Deutschland keine Verbreitungsgrenze, auch im Norden (Wagner 1938a). – In Baden-Württemberg weit verbreitet, von der Ebene bis in die höheren Lagen (800 m) des Schwarzwaldes, der Schwäbischen Alb und des Allgäus (Schwarzer Grat). Material: 63 ♂♂, 105♀♀.
Lebensraum: Waldränder, Waldlichtungen, Trokkenrasen, Magerwiesen, Weinbergbrachen, brachgefallene Schafweiden (Wacholderheiden), Streuobstwiesen, mäßig gedüngtes Wirtschaftsgrünland. Die Art scheint Löß- und Lehmböden gegenüber (Flug)Sandböden zur Nestanlage zu bevorzugen. Nester an schütter bis mäßig dicht bewachsenen Stellen auf ebenen oder schwach geneigten Flächen.
Nistweise: Nistet in selbstgegrabenen Hohlräumen in der Erde. Die Art lebt solitär. Überwinterte ♀♀ erzeugen eine Generation von ♂♂ und ♀♀, von denen die letzteren begattet überwintern.
Blütenbesuch: Polylektische Art (9 Pflanzenfamilien). Pollenquellen: Apiaceae: Wiesen-Kerbel *(Anthriscus sylvestris)*, Wiesen-Bärenklau *(Heracleum sphondylium)*; Asteraceae: Margerite *(Leucanthemum vulgare)*, Acker-Kratzdistel *(Cirsium arvense)*, Wiesen-Löwenzahn *(Taraxacum officinale)*; Brassicaceae: Raps *(Brassica napus)*, Hederich *(Raphanus raphanistrum)*; Caryophyllaceae: Große Sternmiere *(Stellaria holostea)*; Cornaceae: Roter Hartriegel *(Cornus sanguinea)*; Ranunculaceae: Scharfer Hahnenfuß *(Ranunculus acris)*; Rosaceae: Brombeere *(Rubus fruticosus)*, Kriechendes Fingerkraut *(Potentilla reptans)*, Wald-Erdbeere *(Fragaria vesca)*; Salicaceae: Weiden *(Salix)*; Scrophulariaceae: Gamander-Ehrenpreis *(Veronica chamaedrys)*.
Kuckucksbienen: Unbekannt.
Phänologie: Die überwinterten ♀♀ erscheinen Ende März/Anfang April, die ♂♂ fliegen von Ende Juli bis Ende September.
Bestandessituation: Die Art ist im gesamten Land in ihren Beständen rückläufig. Die meisten aktuellen Nachweise stammen von nicht oder nur extensiv genutzten Flächen. Nach 1975 wurden zwei Vorkommen aus Naturschutzgebieten bekannt. Die Erhaltung der Art ist offensichtlich stark von einer extensiven Land- insbesondere Wiesennutzung abhängig.
RL: Gefährdet (3).

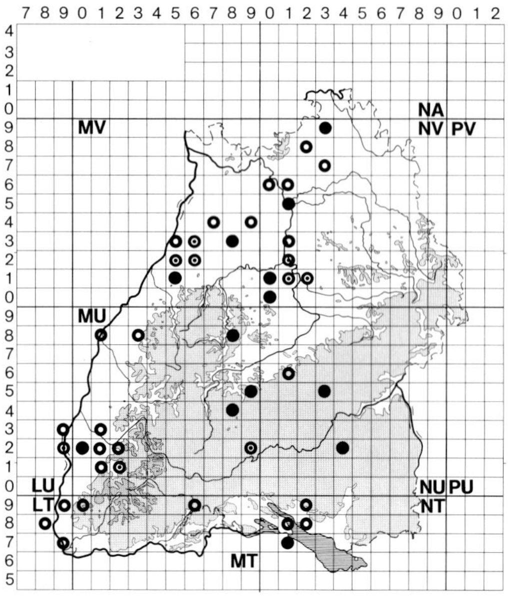

Lasioglossum laticeps

Lasioglossum laticeps
(Schenck 1868)

Verbreitung: Westpaläarktisch; von England bis zur Ukraine, von Iberien bis Bulgarien, nordwärts bis 55° n. Br. (EBMER 1988). – In der Bundesrepublik Deutschland keine Verbreitungsgrenze. – In Baden-Württemberg weit verbreitet, von der Ebene bis in die höheren Lagen der Mittelgebirge. Material: 67♂♂, 245♀♀.
Lebensraum: Waldränder, extensiv genutzte Weinberge und Weinbergbrachen, extensiv genutzte oder brachgefallene Schafweiden (Wacholderheiden), Lehmgruben, Ruderalstellen, auch im Siedlungsbereich. Nester in Rissen in lehmigem Boden, in lehmgefüllten Fugen von Trockenmauern, auch zwischen den Fugen von Gehwegplatten. Sandige Böden werden allerdings ebenfalls besiedelt.
Nistweise: Nistet in selbstgegrabenen Hohlräumen in der Erde, oft in großen Aggregationen. Kamine wurden nicht beobachtet. Die Brutzellen sowohl der Frühlings- als auch der Sommerbrut werden in einer Wabe gebaut, wobei vermutlich jede Zelle einzeln aus Erde gefertigt wird. Nach Verproviantierung und Eiablage werden die Brutzellen verschlossen. Nestanlagen der ersten Brut liegen normalerweise in 6–10 cm, die der zweiten Brut in 8–15 cm Tiefe. Die Art zeigt ein primitives eusoziales Verhalten. Die Nestgründung erfolgt monogyn und resultiert in der Produktion von Arbeiterinnen, die nur wenig kleiner sind als ihre Mutter (7%). In dieser Brut gibt es einen hohen Anteil von ♂♂ (24%). Arbeiterinnen sind zu 18% begattet und 53% zeigen eine gewisse Entwicklung ihrer Ovarien. Die ♀♀ überwintern nicht im Geburtsnest. (EBMER 1971:99, PACKER 1983).
Blütenbesuch: Polylektische Art (6 Pflanzenfamilien). Pollenquellen: Apiaceae: Wiesen-Kerbel *(Anthriscus sylvestris)*, Wilde Möhre *(Daucus carota)*; Asteraceae: Wiesen-Löwenzahn *(Taraxacum officinale)*; Brassicaceae: *Raps (Brassica napus)*, Wiesen-Schaumkraut *(Cardamine pratensis)*; Ranunculaceae: Scharfer Hahnenfuß *(Ranunculus acris)*; Rosaceae: Frühlings-Fingerkraut *(Potentilla verna)*, Wald-Erdbeere *(Fragaria vesca)*, Garten-Apfelbaum *(Malus domestica)*; Salicaceae: Weiden *(Salix)*.
Kuckucksbienen: PACKER (1983) beobachtete *Sphecodes ephippius* an einer Nestansammlung. Vermutlich kommt nach meinen Beobachtungen auch *Sphecodes ferruginatus* in Frage.
Phänologie: Die überwinterten ♀♀ erscheinen im März oder April, die ♂♂ fliegen von Ende Juni oder Anfang Juli bis Ende August.
Bestandessituation: Die nach wie vor durchaus häufige Art ist in Baden-Württemberg nicht gefährdet.

Lasioglossum lativentre
(Schenck 1853)

Verbreitung: Westpaläarktisch; von Irland und Iberien bis zum Iran, nordwärts bis Süd-Schweden (EBMER 1988). – In der Bundesrepublik Deutschland keine Verbreitungsgrenze. – In Baden-Württemberg liegt der Schwerpunkt der Verbreitung in der Oberrheinebene, während aus den übrigen Landesteilen nur sehr vereinzelte Nachweise vorliegen. Die Fundorte liegen überwiegend unter 500 m. Fundaten ab 1975: MT89 Singen, Hohentwiel 1♀ 30. 6. 1985 (Z). LU92 u. MU02 Oberrotweil u. Oberbergen 1♂, 9♀♀ 1981 u. 1982 (LZB) (DÜWEKE 1988). MV51 Malsch 1♀ 8. 5. 1987 (D); 1♀ 5. 7. 1987 (D); 1♀ 13. 7. 1987 (D); Schöllbronn 1♀ 3. 7. 1987 (D). NU07 Tübingen, Spitzberg 1♀ 11. 6. 1978 (W) (WESTRICH 1980). NA30 Reicholzheim 1♀ 4. 7. 1983 (W). Material: 22♂♂, 41♀♀.
Lebensraum: Waldränder, Streuobstwiesen, Magerrasen und mageres Wirtschaftsgrünland, Ruderalstellen. Eine Bevorzugung bestimmter Bodenarten zur Nestanlage ist nicht erkennbar. Nistplätze sind mir nicht bekannt. Ökologische Ansprüche offensichtlich weiter als bei *L. quadrinotatum*, der nah verwandten Art.

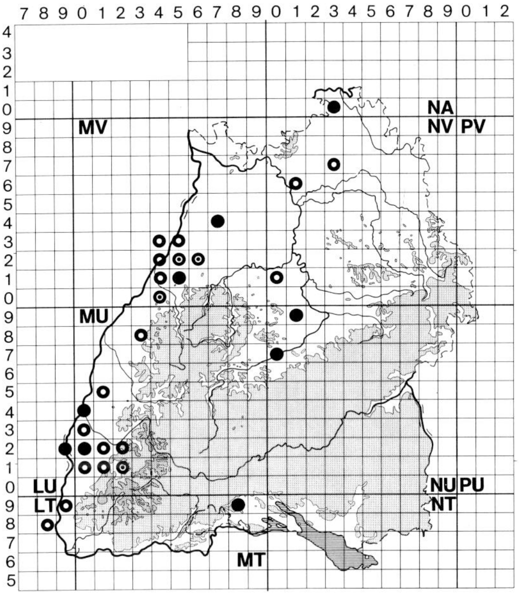

Lasioglossum lativentre

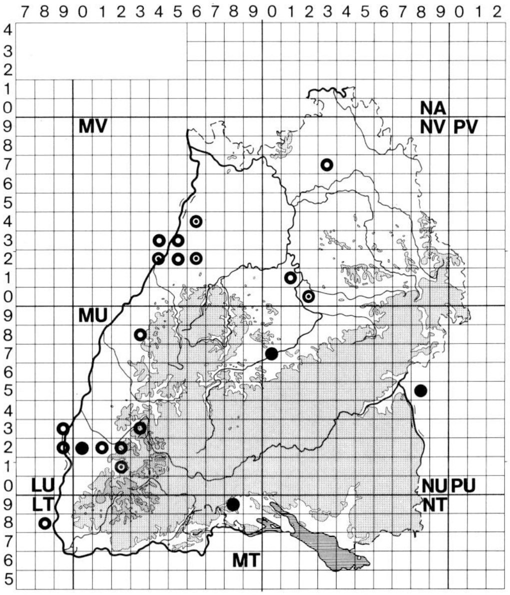

Lasioglossum leucopus

Nistweise: Nistet in selbstgegrabenen Hohlräumen in der Erde. Solitäre Lebensweise.
Blütenbesuch: Polylektische Art (4 Pflanzenfamilien). Pollenquellen: Asteraceae: Huflattich *(Tussilago farfara)*, Wiesen-Löwenzahn *(Taraxacum officinale)*; Fabaceae: Weißklee *(Trifolium repens)*, Roter Wiesenklee *(Trifolium pratense)*, Hornklee *(Lotus corniculatus)*; Plantaginaceae: Breit-Wegerich *(Plantago major)*; Ranunculaceae: Scharfer Hahnenfuß *(Ranunculus acris)*.
Kuckucksbienen: Unbekannt.
Phänologie: Die überwinterten ♀♀ erscheinen Anfang April, die ♂♂ fliegen von Mitte Juli bis Anfang September.
Bestandessituation: Die Art war zwar auch in früheren Jahrzehnten nicht gerade häufig, hat aber dennoch erkennbar im Bestand abgenommen. Nach 1975 wurden nur noch einzelne Tiere gefunden, davon stammen zwei aus Naturschutzgebieten. Erhaltungsmaßnahmen liegen v.a. in einer extensiveren Grünlandnutzung.
RL: Stark gefährdet (2).

Lasioglossum leucopus
(Kirby 1802)

Verbreitung: Euro-sibirisch; von Irland bis Sibirien, nordwärts bis Mittel-Finnland (64° n.Br), im Süden montan: Norden Iberiens, in Griechenland bis Chelmos auf Peloponnes, nach Osten bis in den nördlichen Iran (EBMER 1988). – In der Bundesrepublik Deutschland keine Verbreitungsgrenze, auch im Norden (RIEMANN 1987a). – In Baden-Württemberg zerstreute Nachweise ohne erkennbaren Verbreitungsschwerpunkt. Die Angabe von EBMER (1970:65), wonach es sich hier um eine boreo-alpine Art handelt, ist zweifelhaft, stammen doch die meisten Funde in Baden-Württemberg aus warmen Lagen unter 500 m, jedoch wurde die Art auch in höheren Lagen des Schwarzwaldes (Rohrhardsberg) nachgewiesen. Funddaten ab 1975: MT89 Singen, Hohentwiel 1♂ 4. 8. 1981 (W). MU02 Oberbergen 1♀ 1981 (LZB) (DÜWEKE 1988). NU07 Tübingen, Spitzberg 1♂ 26. 6. 1976 (W) (WESTRICH 1980). Material: 18♂♂,25♀♀.
Lebensraum: Sand- und Kiesgruben, Magerrasen, Kahlschläge und Waldlichtungen, Waldränder, vereinzelt im Siedlungsbereich. Eine Bevorzugung bestimmter Bodenarten zur Nestanlage ist nicht erkennbar. Nistplätze wurden mir nicht bekannt.
Nistweise: Nistet in selbstgegrabenen Hohlräumen in der Erde. Sozialverhalten unbekannt, vermutlich solitär.
Blütenbesuch: Vermutlich polylektische Art, von der bisher nur folgende Pollenquellen belegt sind: Asteraceae: Wiesen-Löwenzahn *(Taraxacum officinale)*, Herbst-Löwenzahn *(Leontodon autumnalis)*; Rosaceae: Frühlings-Fingerkraut *(Potentilla verna)*.

Lasioglossum leucozonium, pollenbeladenes Weibchen.

Kuckucksbienen: Vermutlich *Sphecodes geoffrellus*.
Phänologie: Die überwinterten ♀♀ erscheinen ab Mitte April, die ♂♂ fliegen von Ende Juni bis Ende September.
Bestandessituation: Die Art liegt nach 1975 aus zwei Naturschutzgebieten vor. Ob die durchweg seltene, aber wegen ihrer geringen Größe leicht zu übersehende Art im Bestand gefährdet ist, vermag ich derzeit nicht zu beurteilen.

Lasioglossum leucozonium
(Schrank 1781)

Verbreitung: Holarktisch; die europäische Nominatform von England bis Sibirien, von Zentral-Iberien bis Ost-Bulgarien, nordwärts bis Mittel-Finnland (63° n. Br.) (EBMER 1988) – In der Bundesrepublik Deutschland keine Verbreitungsgrenze. – In Baden-Württemberg weit verbreitet und häufig, von der Ebene bis in die höheren Lagen der Mittelgebirge. Material: 162♂♂, 260♀♀.
Lebensraum: Als ausgesprochener Ubiquist findet sich die Art in allen möglichen Lebensräumen, z. B. auf Kahlschlägen, auf Binnendünen, auf Magerwiesen und auf Straßenböschungen sowie im Siedlungsbereich. Nester an vegetationsfreien oder nur ganz schütter bewachsenen Stellen ebener Flächen. Eine Bevorzugung bestimmter Bodenarten zur Nestanlage ist nicht erkennbar, sandige Böden werden ebenso besiedelt wie Löß oder Lehmböden.
Nistweise: Nistet in selbstgegrabenen Hohlräumen in der Erde, bisweilen in kleinen Aggregationen. Das Nest ist ein Zweigbau. Von einem ca. 15 cm langen Hauptgang gehen seitlich etwa 2–4 cm lange Gänge ab, an deren Ende die einzelnen Brutzellen liegen. Die Nesteingänge werden meist um die Mittagszeit verschlossen. Die Art lebt solitär. Die Frühjahrs-♀♀ erzeugen von Mai bis Juli eine einzige Generation von ♂♂ und ♀♀, von denen die letzteren begattet überwintern. Im Hochsommer können alte, abgeflogene ♀♀ gleichzeitig mit den jungen ♂♂ und ♀♀ angetroffen werden. (BONELLI 1954b, GROZDANIĆ 1971, KNERER 1969c, E. T. NIELSEN 1934, POURSIN & PLATEAUX-QUÉNU 1982).
Blütenbesuch: Ausgesprochen polylektische Art (10 Pflanzenfamilien). Pollenquellen: Asteraceae: Wiesen-Schafgarbe *(Achillea millefolium)*, Rainfarn *(Tanacetum vulgare)*, Einjähriger Feinstrahl *(Erigeron annuus)*, Krause Distel *(Carduus crispus)*, *Wiesen-Flockenblume (Centaurea jacea)*, Blauer Lattich *(Lactuca perennis)*, Wiesen-Bocksbart

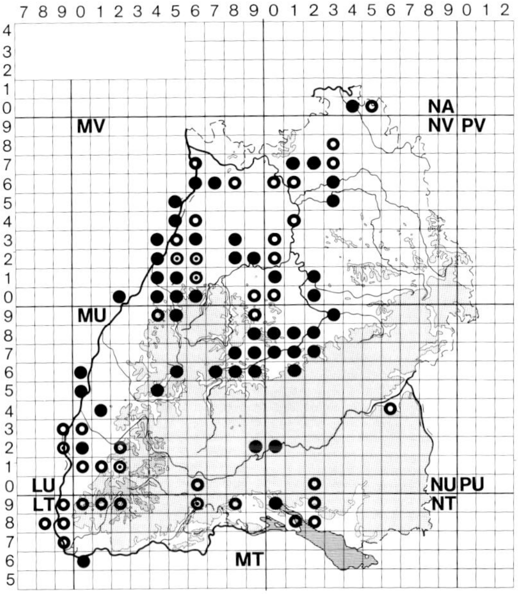

Lasioglossum leucozonium

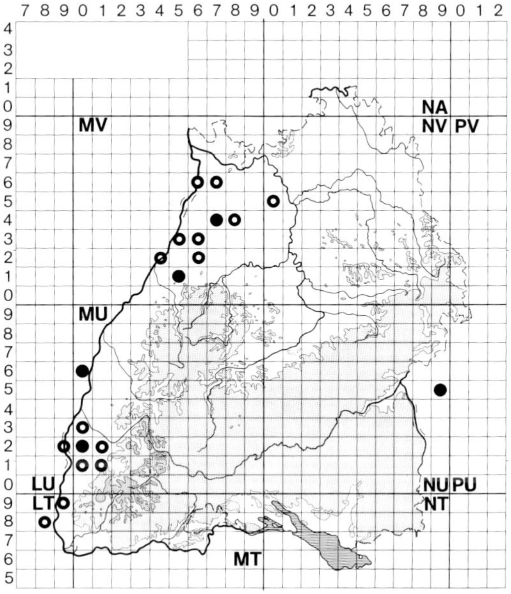

Lasioglossum limbellum

(Tragopogon pratensis), *Wegwarte (Cichorium intybus)*, Wiesen-Löwenzahn *(Taraxacum officinale)*, Rauher Löwenzahn *(Leontodon hispidus)*, Herbst-Löwenzahn *(Leontodon autumnalis)*, Wiesen-Pippau *(Crepis biennis)*, Kleines Habichtskraut *(Hieracium pilosella)*, Doldiges Habichtskraut *(Hieracium umbellatum)*, Gewöhnliches Bitterkraut *(Picris hieracioides)*, Gewöhnliches Ferkelkraut *(Hypochoeris radicata)*; Campanulaceae: Wiesen-Glockenblume *(Campanula patula)*, Nesselblättrige Glockenblume *(Campanula trachelium)*; Cistaceae: Gewöhnliches Sonnenröschen *(Helianthemum nummularium)*; Convolvulaceae: Acker-Winde *(Convolvulus arvensis)*; Dipsacaceae: Wiesen-Knautie *(Knautia arvensis)*; Geraniaceae: Ruprechtskraut *(Geranium robertianum)*; Hypericaceae: Tüpfel-Hartheu *(Hypericum perforatum)*; Plantaginaceae: Spitz-Wegerich *(Plantago lanceolata)*; Ranunculaceae: Scharfer Hahnenfuß *(Ranunculus acris)*; Rosaceae: Brombeere *(Rubus fruticosus)*.

Kuckucksbienen: *Sphecodes ephippius.*

Phänologie: Die überwinterten ♀♀ erscheinen Mitte bis Ende April, die ♂♂ fliegen von Anfang August bis spät in den Oktober.

Bestandessituation: Die nach wie vor häufige Art stellt nur geringe ökologische Ansprüche und ist in Baden-Württemberg nicht gefährdet.

Lasioglossum limbellum

(Morawitz 1876)

Verbreitung: Die Nominatform vom Osten Österreichs bis China (Kansu); die westliche (im Untersuchungsgebiet vorkommende) ssp. *ventrale* (Pérez 1903) in der wärmeren Westpaläarktis, ostwärts bis etwa 15° ö.L.; von Marokko bis Malta, von Nordwest-Spanien bis Oberösterreich (Linzer Becken), nordwärts bis zur Kanal-Insel Guernsey und bis in den Raum Köln (Ebmer 1988). – In der Bundesrepublik Deutschland nordwärts bis zum Ahrtal (Stoeckhert 1954) und zur Kölner Bucht (Aerts 1949, Museum Alexander-König Bonn). Außerdem in Rheinland-Pfalz (Warncke 1986b), Bayern (Stoeckhert 1954) und in Baden-Württemberg. – In Baden-Württemberg liegen die Verbreitungsschwerpunkte in der Oberrheinebene, im Kaiserstuhl und im Kraichgau. Die Funde stammen durchweg aus Lagen unterhalb 500 m. Funddaten ab 1975: MU02 Vogtsburg 1♂ 14. 8. 1979 (W); 2♀♀ 23. 10. 1976 (W) (Miotk 1979a). MU06 Ottenheim 1♀ 19. 6. 1984 (W). MV74 Zeutern 1♀ 11. 6., 1♂ 20. 6., 1♀ 29. 6. 1980 (Kunz). Material: 29♂♂, 50♀♀.

Lebensraum: Sand-, Kies- und Lehmgruben, von Steilwänden und Hohlwegen durchzogene Weinberge und Feldfluren; Flußufer. Als Nistplätze dienen bevorzugt Steilwände (Löß, sandiger Lehm, Sand).

Nistweise: Nistet in selbstgegrabenen Hohlräumen in der Erde. Die Art lebt vermutlich solitär.
Blütenbesuch: Polylektische Art (2 Pflanzenfamilien). Pollenquellen: Asteraceae: Habichtskraut *(Hieracium)*, Wegwarte *(Cichorium intybus)*, Wiesen-Löwenzahn *(Taraxacum officinale)*, Gewöhnliches Bitterkraut *(Picris hieracioides)*; Salicaceae: Weiden *(Salix)*.
Kuckucksbienen: Unbekannt.
Phänologie: Die überwinterten ♀♀ erscheinen etwa Mitte April, die ♂♂ Anfang August.
Bestandessituation: Der begrenzende Faktor für das Vorkommen der Art sind in erster Linie Steilwände, unter natürlichen Bedingungen sind dies Flußuferabbrüche. In früheren Jahrzehnten wurde die Art durch die Entstehung von Hohlwegen in den vom Löß geprägten Kulturlandschaften gefördert. Die Nistplätze haben in den vergangenen 30 Jahren aber durch Rebflurbereinigungen, durch die Auffüllung von Hohlwegen und die Verfüllung oder Rekultivierung von Sand- und Lehmgruben stark abgenommen, so daß die Art im Bestand deutlich rückläufig ist. Die Kaiserstuhl-Population scheint derzeit noch die stärkste in Baden-Württemberg zu sein. Schutzmaßnahmen müssen in erster Linie auf die Erhaltung von vertikalen, besonders südexponierten Strukturen in der Landschaft, auch in Sand-, Kies- und Lehmgruben, abzielen. Dabei ist für ein blütenreiches Umfeld während der gesamten Vegetationsperiode zu sorgen.
RL: Gefährdet (3).

Lasioglossum lineare

(Schenck 1868)

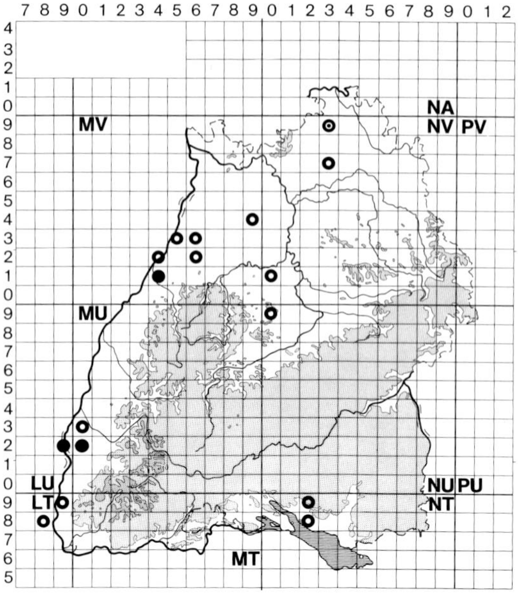

Lasioglossum lineare

Verbreitung: Westpaläarktisch, jedoch den Westen des Faunengebietes nicht erreichend; von Frankreich bis zum Iran, von Norddeutschland bis Israel (Ebmer 1988). – In der Bundesrepublik Deutschland keine Verbreitungsgrenze. – In Baden-Württemberg nur zerstreute Nachweise in der Oberrheinebene, im Kraichgau, im Bauland, im Neckarland und im Bodenseeraum. Alle Fundorte liegen unter 500 m. Funddaten ab 1960: LU92 u. MU02 Oberrotweil u. Oberbergen 3♂♂, 17♀♀ 1981 u. 1982 (LZB) (Düweke 1988). MU02 Schelingen, Scheibenbuck 1♀ 22. 3., 1♀ 30. 3. 1985; 1♀ 9. 4. 1986 (BIUF). MV41 Elchesheim 1♂ 25. 7. 1983 (W). NV39 Schweinsberg 3♀♀ 13.–14. 6. 1971 (SMNS). Material: 23♂♂, 58♀♀.
Lebensraum: Trockenhänge, Sand- und Lehmgruben, extensiv genutzte Weinberge, Hochwasserdämme und Ruderalstellen. Nester an vegetationsfreien oder nur schütter bewachsenen Stellen, auch in festgetretenen Feldwegen. Sandboden und Löß(lehm) werden als Nistsubstrate bevorzugt.
Nistweise: Nistet in selbstgegrabenen Hohlräumen in der Erde, bisweilen in großen Aggregationen (Nestansammlungen von mehreren hundert Nestern). Der Nesteingang setzt sich über der Erdoberfläche in einer Röhre fort, die gelegentlich nur angedeutet ist und im Frühling kleiner ist als im Sommer. Nach der Verproviantierung der Brutzellen der Sommerbrut wird der Nesteingang verschlossen. Die Brutzellen, die 15–30 cm tief liegen, werden in Waben gebaut und bleiben durchweg offen. Exuvien und Kot werden daraus ständig entfernt. Die Art ist sozial. Die Nester können monogyn oder polygyn sein. Im April enthalten sie manchmal bis zu sechs überwinterte Weibchen, von denen jedoch nur eines zur Haupteierlegerin wird, während die restlichen Nestinsassen wie Arbeiterinnen Pollen und Nektar eintragen. Die kleinen Sommerweibchen erscheinen Anfang Juni, bleiben unbegattet bei Abwesenheit oder nur geringer Anzahl (ca. 1 %) von Sommermännchen und haben reduzierte Ovarien. Als echte Arbeiterinnen gründen sie keine selbständigen Nester, sondern erledigen die Brutversorgung für die Herbstgeneration, die bereits ab Juli erscheint. Die daraus resultierenden ♀♀ überwintern begattet. (Knerer 1968, 1969c, 1969d, 1980c, 1983, Poursin & Plateaux-Quénu 1982).

Blütenbesuch: Polylektische Art (4 Pflanzenfamilien). Pollenquellen: Asteraceae: Wiesen-Schafgarbe *(Achillea millefolium)*, Wegwarte *(Cichorium intybus)*, Wiesen-Löwenzahn *(Taraxacum officinale)*, Kleines Habichtskraut *(Hieracium pilosella)*; Brassicaceae: Raps *(Brassica napus)* Ranunculaceae: Knolliger Hahnenfuß *(Ranunculus bulbosus)*; Rosaceae: Kriechendes Fingerkraut *(Potentilla reptans)*; Salicaceae: Weiden *(Salix)*.
Kuckucksbienen: Unbekannt.
Phänologie: Die überwinterten ♀♀ erscheinen bereits Mitte bis Ende März, zu den ♂♂ siehe oben unter »Nistweise«.
Bestandessituation: Die Offenlandsart ist im gesamten heimischen Verbreitungsgebiet im Bestand rückläufig. Nach 1970 wurden nur noch drei Fundorte bekannt, von denen einer in einem Naturschutzgebiet liegt. Als typische Offenlandsart ist *L. lineare* vor allem durch die intensivierte Landwirtschaft und durch Flurbereinigungen gefährdet. Eine Erhaltung ist wie bei vielen anderen gefährdeten Arten nur durch eine extensivere Landnutzung bei gleichzeitiger Strukturverbesserung möglich.
RL: Stark gefährdet (2).

Lasioglossum lissonotum
(Noskiewicz 1925)

Verbreitung: Mitteleuropäisch-balkanische (montane) Steppenart, die von den Alpes Maritimes bis zu den Karpaten, von Mitteldeutschland bis zum Peloponnes verbreitet ist (Ebmer 1988). – In der Bundesrepublik Deutschland nur vereinzelte Nachweise in Rheinland-Pfalz (Blüthgen 1944), Bayern (Stoeckhert 1933, 1954, Warncke 1982a) und Baden-Württemberg. – In Baden-Württemberg wurde die Art nur von drei Fundorten im Leudelsbachtal bei Markgrönigen und in den Oberen Gäuen bekannt. Funddaten: NV01 Markgröningen, Rotenacker 3♀♀ 24.–25. 5. 1931; 1♀ 21. 5. 1933; 2♀♀ 4. 6. 1933 (SMNS) (Westrich 1983d). MU76 Horb, Osterhalde 1♀ 29. 6. 1986 (T). MU88 Sulz 1♀ 18. 4. 1985 (Schwenninger). Die Angabe »Waldkirch« (Stoeckhert 1933) war nicht überprüfbar.
Lebensraum: Bevorzugt offensichtlich trockenwarme Lebensräume, da in Mitteleuropa vorwiegend auf Magerrasen oder Geröllhalden anzutreffen. Die baden-württembergischen Vorkommen stammen von Trockenhängen auf Muschelkalk.
Blütenbesuch: Vermutlich polylektische Art, von der mir bisher allerdings nur eine Pollenladung mit Glockenblumen-Pollen *(Campanula)* vorlag.

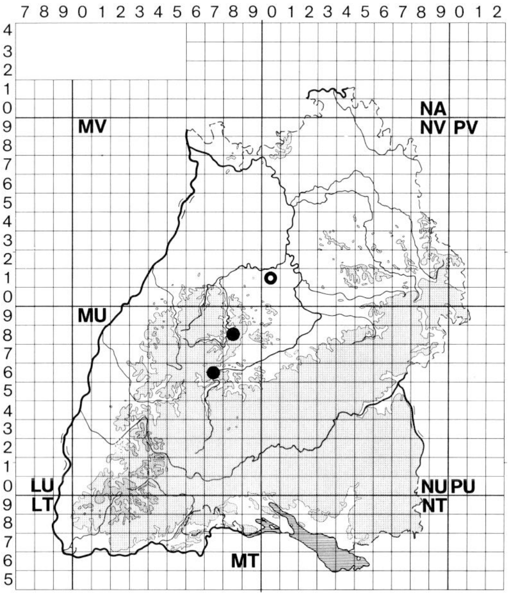

Lasioglossum lissonotum

Kuckucksbienen: Unbekannt.
Phänologie: Siehe obige Funddaten.
Bestandessituation: Die in ganz Süddeutschland sehr seltene und nur inselhaft verbreitete Art ist vermutlich vom Aussterben bedroht. In Baden-Württemberg ist sie nur durch strengen Schutz ihrer Lebensräume zu erhalten.
RL: Vom Aussterben bedroht (1).
Bemerkungen: Die Art wurde mehrfach mit *Lasioglossum nitidulum* verwechselt (z.B. Aerts 1949, 1960).

Lasioglossum lucidulum
(Schenck 1861)

Verbreitung: Eurosibirisch; von Marokko bis in die Mongolei, nordwärts bis Mittel-Finnland (65° n.Br.) (Ebmer 1988). – In der Bundesrepublik Deutschland keine Verbreitungsgrenze. – In Baden-Württemberg weit über das Land verstreute Nachweise, überwiegend aus Lagen unter 500 m. Funddaten ab 1975: MU02 Vogtsburg 1♂ 11. 7. 1982 (W). MU19 Leutesheim 1♀ 15. 8. 1983 (W). MU88 Sulz am Eck 1♀ 24. 6. 1985 (Schwenninger). MU96 Bietenhausen, Kapfhalde 1♀ 30. 8. 1982 (W). MV40 Sandweier 1♀ 29. 7. 1986 (D). MV74 Zeutern 1♀ 22. 7. 1980 (Kunz) (Kunz 1981). NT09 Sipplingen 1♀ 6. 6. 1980 (W) (Westrich 1984b). NT17 Konstanz 1♀ 25. 5. 1985; 1♀ 27. 6. 1986 (Z). NU19 Wald-

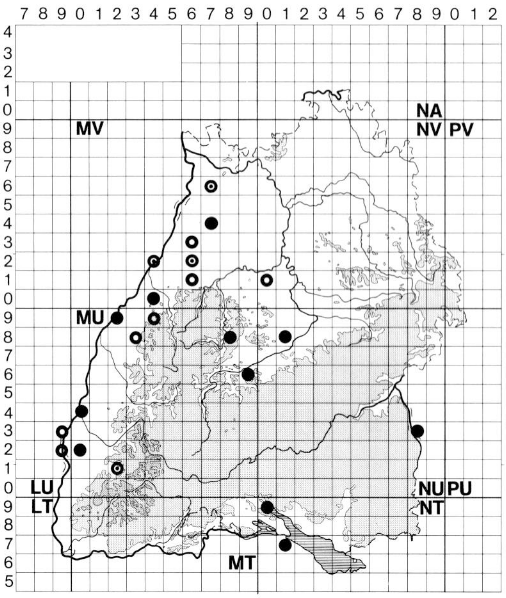

Lasioglossum lucidulum

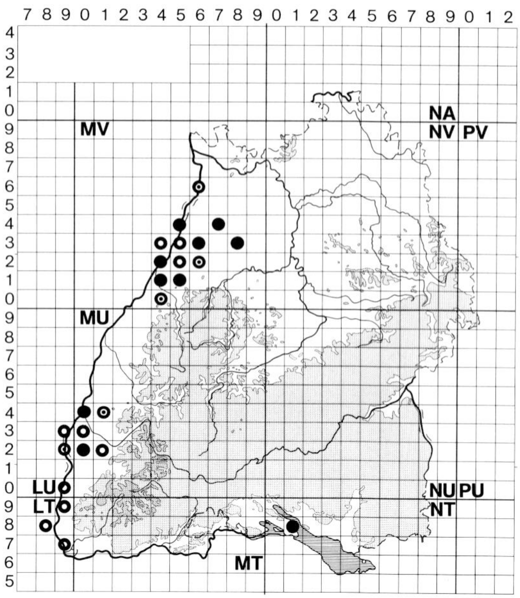

Lasioglossum majus

dorf 1♀ 12. 6., 1♀ 26. 6. 1979 (W) (Westrich 1980). Material: 3♂♂, 17♀♀.

Lebensraum: Streuobstwiesen, mageres Wirtschaftsgrünland, Magerrasen, Binnendünen und Flugsandfelder, Sand-, Kies- und Lehmgruben, sandige Ruderalstellen, Waldränder. Nester an schütter bewachsenen Stellen. Sandboden scheint für die Nestanlage bevorzugt zu werden, Lößlehm wird aber gleichfalls besiedelt.

Blütenbesuch: Polylektische Art (4 Pflanzenfamilien). Pollenquellen: Apiaceae: Wilde Möhre *(Daucus carota)*; Asteraceae: Wiesen-Schafgarbe *(Achillea millefolium)*, Wiesen-Flockenblume *(Centaurea jacea)*, Wiesen-Löwenzahn *(Taraxacum officinale)*, Rauher Löwenzahn *(Leontodon hispidus)*; Brassicaceae: Raps *(Brassica napus)*; Rosaceae: Blutwurz *(Potentilla erecta)*.

Kuckucksbienen: Wahrscheinlich *Sphecodes niger*, möglicherweise auch *Nomada sheppardana*.

Phänologie: Die überwinterten ♀♀ erscheinen offensichtlich erst recht spät, da die Art in Südwestdeutschland nicht vor Anfang Mai festgestellt wurde. Die ♂♂ fliegen ab Mitte Juli.

Bestandessituation: Ein Rückgang der schon immer relativ seltenen Art ist aufgrund des Sammlungsmaterials nicht feststellbar. Einige der wenigen derzeit bekannten Fundorte sind aber von unmittelbarer Zerstörung bedroht (Straßenbau, Überbeweidung, Rekultivierung). Da die Art aber leicht zu übersehen ist, wurde auf eine Aufnahme in die Rote Liste verzichtet. Nach 1975 wurden nur zwei Vorkommen in Naturschutzgebieten festgestellt.

Lasioglossum majus
(Nylander 1852)

Verbreitung: Westpaläarktisch; von Iberien bis zum südlichen Ural, von Tunesien bis ins norddeutsche Flachland (Ebmer 1988). – In der Bundesrepublik Deutschland nordwärts bis Westfalen (Blüthgen 1920). – In Baden-Württemberg fast ausschließlich in der nördlichen und südlichen Oberrheinebene und im Kaiserstuhl verbreitet; lediglich ein Nachweis am Bodensee. Alle Funde stammen aus Lagen unter 500 m. Material: 49♂♂, 118♀♀.

Lebensraum: Magerrasen, Hochwasserdämme, mageres Wirtschaftsgrünland, trockenwarme Ruderalstellen. Nester an schütter oder mäßig dicht bewachsenen Stellen von Fußwegen, Wegrändern, Wiesen oder Böschungen. Sandboden und Lößlehm werden als Nistsubstrate bevorzugt.

Nistweise: Nistet in selbstgegrabenen Hohlräumen in der Erde, meist in kleineren Aggregationen. Solitäre Lebensweise.

Blütenbesuch: Polylektische Art (7 Pflanzenfamilien). Pollenquellen: Asteraceae: Wiesen-Löwenzahn *(Taraxacum officinale)*, Skabiosen-Flockenblume *(Centaurea scabiosa)*; Boraginaceae: Gewöhnlicher Natterkopf *(Echium vulgare)*;

Lamiaceae: Weiße Taubnessel *(Lamium album)*, Wiesen-Salbei *(Salvia pratensis)*; Plantaginaceae: Breit-Wegerich *(Plantago major)*; Ranunculaceae: Knolliger Hahnenfuß *(Ranunculus bulbosus)*; Rosaceae: Birne *(Pyrus communis)*; Valerianaceae: Gemeiner Baldrian *(Valeriana officinalis)*.
Kuckucksbienen: Unbekannt.
Phänologie: Die überwinterten ♀♀ erscheinen ab Ende April, die ♂♂ fliegen von Anfang Juli bis Anfang September.
Bestandessituation: Die meisten jüngeren Nachweise stammen von extensiv oder nicht genutzten Flächen, daher ist die Art durch jegliche Form der Intensivierung gefährdet. Für ihre Erhaltung sind eine auf die Blütenbesucher abgestimmte Pflege der Hochwasserdämme, eine extensive Nutzung der in der Oberrheinebene noch vorhandenen Wiesen und eine Schonung bzw. Förderung trockenwarmer Ruderalstellen notwendig.
RL: Gefährdet (3).
Bemerkungen: Der Artname muß laut freundlicher Mitteilung von Ebmer vom männlichen *major* ins sächliche *majus* geändert werden, da der Gattungsname sächlich ist.

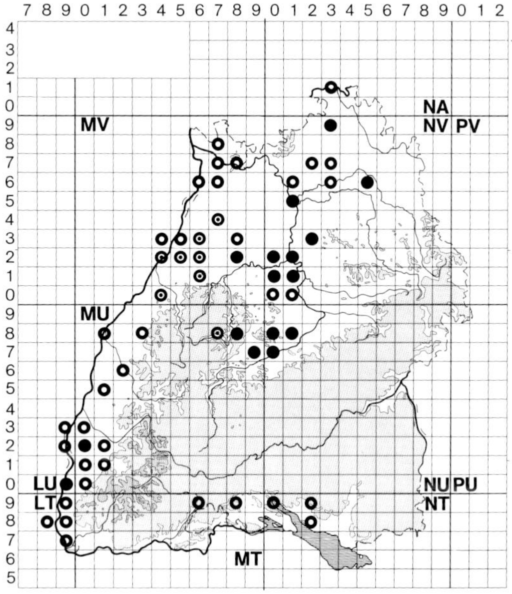

Lasioglossum malachurum

Lasioglossum malachurum
(Kirby 1802)

Verbreitung: Westpaläarktisch; von den Azoren bis zum Iran, von Iberien bis zur mittleren Wolga (Uljanovsk), in Polen nordwärts bis zur Ostseeküste (Ebmer 1988). – In der Bundesrepublik Deutschland keine Verbreitungsgrenze. – In Baden-Württemberg weit verbreitet in Lagen unter 500 m. Aus dem Schwarzwald und der Schwäbischen Alb liegen bisher kaum Funde vor. Material: 76♂♂, 329♀♀.
Lebensraum: Überwiegend in Löß- und Lehm-, aber auch in Sandgebieten, dort meist in den Feldfluren, auf Erddeponien, in Lehm- und Tongruben, an sonnigen Waldrändern und im Siedlungsbereich. Nester an vegetationsfreien, gelegentlich auch schütter bewachsenen Stellen auf ebenen Flächen (Wege, Plätze), die meist stark verdichtet sind (z. B. durch Begehen oder Befahren).
Nistweise: Nistet in selbstgegrabenen Hohlräumen in der Erde, in der Regel in größeren Aggregationen (Nestansammlungen von mehreren hundert oder tausend Nestern). Die Art steht – verglichen mit verwandten Arten – auf einer sehr hohen Stufe des Sozialverhaltens. Begattete Weibchen (Königinnen) überwintern in ihren Geburtsnestern oder außerhalb. Die Nestgründung erfolgt monogyn. Jedes ♀ beginnt im April für sich allein mit dem Ausschachten eines neuen oder Reinigen eines vorjährigen Hauptgangs. 3–6, seltener 7–8 offene Brutzellen werden in einer Wabe gebaut, die 10–15 cm tief unmittelbar am Hauptgang liegt und in der sich die im Vergleich zur Nestgründerin kleineren Arbeiterinnen entwickeln. Im Juni ziehen diese Sommerweibchen eine weitere Brut von Arbeiterinnen mit einigen Männchen heran. Diese entwickeln sich in den bis zu 50 offenen Brutzellen (aber ohne Wabe) bis Juli. Diese zweite Nestanlage liegt 25–30 cm tief. Die Brutzellen befinden sich in diesem Fall in einfacher oder doppelter Reihe an dem nach unten verlängerten Hauptgang. Erst dann werden in einer dritten Versorgungsphase die großen Männchen und Königinnen produziert. Die Zellen der dritten Brut liegen 10–15 cm, gelegentlich bis 50 cm tief. Zwischen den einzelnen Bruten gibt es Flugpausen, während denen der Nesteingang mit einem Erdpfropfen verschlossen ist. Im August enthalten die Nester unter günstigen Umständen 100–200 offene Brutzellen mit heranwachsender Brut. Die Brutzellen liegen, ohne Wabenbau, dicht nebeneinander entlang zahlreicher Gänge. Männchen fehlen in der Sommerbrut und erscheinen erst in der zweiten Brut in reduzierter Zahl. Arbeiterinnen sind selten begattet, in großen Nestern legen sie aber etwa ein Drittel der Eier, aus denen Männchen entstehen. Im nördlichen Verbreitungsgebiet (z. B. in Deutschland) gibt es nur zwei Versorgungsphasen, also nur eine Arbeiterinnen-

Lasioglossum malachurum ♂

Lasioglossum malachurum, Königin.

brut. Die Paarung erfolgt außerhalb des Nestes. Nestgründerinnen leben in der Regel 12–13 Monate. (Aptel 1931, Armbruster 1916, 1923, Aurivillius 1896, Ayasse 1987, Bohrer 1987, Bonelli 1948, Bott 1937, Fabre 1879–1880, Ferton 1898, Grandi 1961, Grozdanić & Vasić 1970, Knerer 1968, 1969c, 1969d, 1973, 1980b, 1983, Knerer & Plateaux-Quénu 1966a, Legewie 1922, 1925a, 1925c, May 1970, Noll 1931, Plateaux-Quénu 1960b, Poursin & Plateaux-Quénu 1982, Smith & Ayasse 1987, Stoeckhert 1923, Weller 1986).

Blütenbesuch: Ausgesprochen polylektische Art (12 Pflanzenfamilien). Pollenquellen: Apiaceae: Wiesen-Kerbel *(Anthriscus sylvestris)*, Wiesen-Bärenklau *(Heracleum sphondylium)*; Asteraceae: Margerite *(Leucanthemum vulgare)*, Rainfarn *(Tanacetum vulgare)*, Wiesen-Schafgarbe *(Achillea millefolium)*, Gewöhnliche Kratzdistel *(Cirsium vulgare)*, Wiesen-Flockenblume *(Centaurea jacea)*, Jakobs-Greiskraut *(Senecio jacobaea)*, Wegwarte *(Cichorium intybus)*, Wiesen-Löwenzahn *(Taraxacum officinale)*, Herbst-Löwenzahn *(Leontodon autumnalis)*, Gewöhnliches Bitterkraut *(Picris hieracioides)*, Gewöhnliches Ferkelkraut *(Hypochoeris radicata)*; Brassicaceae: Raps *(Brassica napus)*, Weißer Senf *(Sinapis alba)*, Acker-Senf *(Sinapis arvensis)*; Campanulaceae: Berg-Sandrapunzel *(Jasione montana)*; Caryophyllaceae: Große Sternmiere *(Stellaria holostea)*; Convolvulaceae: Acker-Winde *(Convolvulus arvensis)*; Fabaceae: Steinklee Weißklee *(Trifolium repens)*; Geraniaceae: Ruprechtskraut *(Geranium robertianum)*; Lamiaceae: Wiesen-Salbei *(Salvia pratensis)*; Ranunculaceae: Scharfer Hahnenfuß *(Ranunculus acris)*, Kriechender Hahnenfuß *(Ranunculus repens)*, Gewöhnliche Waldrebe *(Clematis vitalba)*; Rosaceae: Brombeere *(Rubus fruticosus)*, Kriechendes Fingerkraut *(Potentilla reptans)*, Wald-Erdbeere *(Fragaria vesca)*; Salicaceae: Sal-Weide *(Salix caprea)*.

Kuckucksbienen: Hauptsächlich *Sphecodes monilicornis* (Ferton 1898–1880, Knerer 1973, Stoeckhert 1933, eig. Beob.), den man regelmäßig an den Nestern beobachten kann, nach Bonelli (1948) angeblich auch *Sphecodes puncticeps*, was ich aber bezweifle.

Phänologie: Die überwinterten ♀♀ erscheinen ab Anfang April, die ♂♂ fliegen von Ende Juli bis Ende Oktober.

Bestandessituation: Die Nistplätze der regelmäßig in verschiedenen Landesteilen noch anzutreffenden Art werden durch menschliche Aktivitäten (mäßiges Begehen oder Befahren) gefördert, so daß die Art nicht im Bestand gefährdet ist. Zahlreiche ihrer Vorkommen sind aber durch die Asphaltierung und Verschotterung von Feldwegen oder Plätzen zerstört worden. Wo immer sich Nestansammlungen dieser und anderer Bienenarten in Wegen oder auf Plätzen befinden, dürfen sie nicht durch Befestigungsmaßnahmen vernichtet werden.

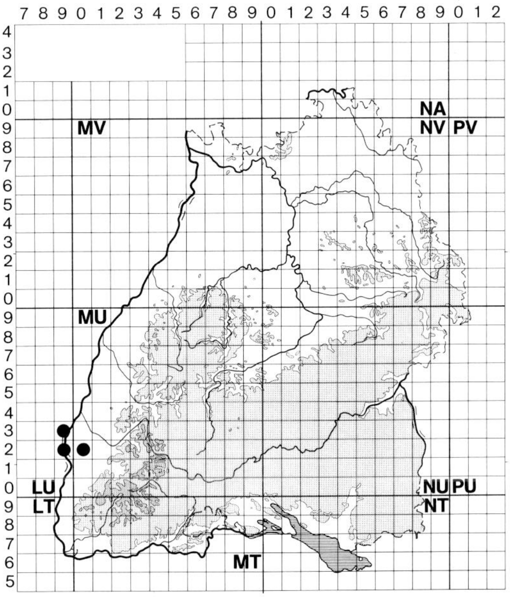

Lasioglossum marginatum

Lasioglossum marginatum
(Brullé 1832)

Verbreitung: Südliche Westpaläarktis; von Iberien bis Tienshan, in Europa nordwärts bis Südwest-Deutschland, Ober- und Niederösterreich, Mähren, mittlere Wolga (Ebmer 1988). – In der Bundesrepublik Deutschland nur in Baden-Württemberg, wo die Art nach wie vor ausschließlich im Kaiserstuhl-Gebiet vorkommt (vgl. Strohm 1924, 1925, 1933). Meldungen, wonach die Art auch im Bereich vom Isteiner Klotz vorkommen soll (Schäfer 1966), haben sich nicht bestätigt. Das den Angaben zur Illustration beigefügte Foto einer Lößwand zeigt mit Sicherheit keine Brutröhren von *L. marginatum*. Material: 29♂♂, 114♀♀.

Lebensraum: Im Kaiserstuhl fand ich zahlreiche Nester in der schütteren Vegetation eines Magerrasens auf Löß. Vom Nistplatz flogen die ♀♀ v. a. in die Auwälder und auf die Hochwasserdämme zur Nahrungssuche. Auch in anderen Gegenden wird offensichtlich Löß oder Lehm als Nistsubstrat bevorzugt. Auch festgetretene Wege werden besiedelt.

Nistweise: Nistet in selbstgegrabenen Hohlräumen in der Erde, in der Regel in mehr oder weniger großen Aggregationen (Nestansammlungen mit teils über hundert Nestern). Die Nesteingänge bestehen aus auffälligen, senkrechten Eingangsröhren. Das Nest ist ein traubenförmiger Zweigbau. Ältere Nester, die mehrere hundert Brutzellen enthalten, haben eher die Form eines Labyrinths und wurden in einer Tiefe von 80–90 cm gefunden. Nach der Verproviantierung werden die Nester geschlossen und erst im nächsten Frühjahr wieder geöffnet. Die Brutzellen bleiben stets offen. Die Eiablage erfolgt erst, wenn alle Brutzellen mit Pollen und Nektar versorgt sind. Die Art ist sozial und unterscheidet sich von anderen Arten der Gattung dadurch, daß die Königinnen 5–6 Jahre leben. Während dieser Zeit werden 4 zunehmend umfangreichere Bruten von Arbeiterinnen erzeugt, die sich morphologisch nicht von den Königinnen unterscheiden und 12–15 Monate leben. Im ersten Jahr erzeugt die Königin 2–6 Arbeiterinnen. Im zweiten Jahr fliegen diese aus, graben Zellen, versorgen sie mit Pollen, während die Königin im Nest bleibt, Eier legt und Brutzellen pflegt. Im zweiten Jahr enthält die Nestgemeinschaft 6–18 Arbeiterinnen. Im dritten Jahr wächst sie auf 18–54, im vierten auf 54–162 Arbeiterinnen heran. Erst im fünften Jahr der Nestgemeinschaft mit 162–486 oder auch im sechsten Jahr mit 486–1458 Bewohnern werden Männchen und zukünftige Königinnen erzeugt. Letztere verlassen im Herbst jedoch nicht ihre Geburtszellen, sondern werden unterirdisch von umherstreifenden, fremde Nester aufsuchenden Männchen, in der Regel mehrfach, begattet. (GROZDANIĆ 1956, 1966, 1969b, HOHNDORF 1932, KNERER 1968, QUÉNU 1955, 1957b, 1957c, 1958a, 1958b, 1960, PLATEAUX-QUÉNU 1959, 1960a, 1960b, 1960c, 1962, 1972, POURSIN & PLATEAUX-QUÉNU 1982, SAKAGAMI & MICHENER 1962, TUNKL 1932, VASIĆ 1966, 1970).

Blütenbesuch: Polylektische Art (7 Pflanzenfamilien). Pollenquellen: Aceraceae: Berg-Ahorn *(Acer pseudoplatanus)*; Asteraceae: Wiesen-Löwenzahn *(Taraxacum officinale)*; Brassicaceae: Berg-Steinkraut *(Alyssum montanum)*, Raps *(Brassica napus)*, Acker-Senf *(Sinapis arvensis)*; Ranunculaceae: Scharfer Hahnenfuß *(Ranunculus acris)*, Knolliger Hahnenfuß *(Ranunculus bulbosus)*, Kriechender Hahnenfuß *(Ranunculus repens)*; Rosaceae: Frühlings-Fingerkraut *(Potentilla verna)*; Salicaceae: Purpur-Weide *(Salix purpurea)*; Scrophulariaceae: Gamander-Ehrenpreis *(Veronica chamaedrys)*. – Eigene Pollenanalysen widerlegen die Angabe von POURSIN (1982), wonach die Art ausschließlich auf *Ranunculus* sammelt. Da die Verproviantierungsphase nur wenige Wochen dauert, nutzen die Königinnen bzw. Arbeiterinnen die Blüten solcher Pflanzen, die jeweils in der Umgebung der Nester blühen und ergiebige Pollenquellen darstellen.

Kuckucksbienen: KNERER (1968) vermutet *Sphecodes ruficrus*, was mir zweifelhaft erscheint. Mir begegneten an den von mir beobachteten Nestern im Kaiserstuhl und in Südeuropa bisher keine Kuckucksbienen.

Phänologie: Die überwinterten ♀♀ bzw. die Arbeiterinnen erscheinen Ende März und fliegen bis etwa Ende Mai, dann sind sie für den Rest des Jahres nicht mehr zu erblicken; die ♂♂ erscheinen recht spät und fliegen von Mitte September bis Ende Oktober, in manchen Jahren erscheinen sie schon Ende August.

Bestandessituation: Die Art muß in früheren Jahrzehnten aufgrund des Sammlungsmaterials und den Angaben von STROHM (1925) an verschiedenen Stellen des Kaiserstuhls sehr häufig gewesen sein. Derzeit sind mir nur noch 3 Stellen bekannt, an denen man die Art regelmäßig beim Blütenbesuch beobachten kann, aber nur an einem Fundort fand ich nach mehreren Jahren der Suche 1986 eine Ansammlung von ca. 100 Nestern, die sich glücklicherweise in einem Naturschutzgebiet befindet. Für diese Population ist ein reiches Blütenangebot in der Umgebung außerhalb des Schutzgebietes in den Monaten März bis Mai notwendig, da im Frühjahr auf den Trockenrasen des Naturschutzgebietes nur wenig blüht.

RL: Vom Aussterben bedroht (1).

Lasioglossum marginellum

(Schenck 1853)

Verbreitung: Pontisch-mediterrane Steppenart, von der Süd-Schweiz bis zum Don, von Mitteldeutschland bis Makedonien (EBMER 1988). – In der Bundesrepublik Deutschland nur zerstreute Nachweise, nordwärts bis Bodenwerder an der Weser (STOECKHERT 1954). Südlich davon bekannt aus Hessen (Wiesbaden) (SCHENCK 1853), Rheinland-Pfalz (Bad Kreuznach) (STOECKHERT 1954), Bayern (Fürth, Zirndorf, Aschaffenburg, Einig) (ENSLIN 1922, STOECKHERT 1954) und Baden-Württemberg. – In Baden-Württemberg wurde die Art nur von 3 Fundorten im nördlichen Landesteil bekannt. Funddaten: MV86 Neckarmühlbach 1♀ 25. 5. 1926 (LNK). NV03 Brackenheim 1♂ 13. 9. 1934 (W). NV10 Stuttgart-Münster 3♀♀ 1. 6. 1902 (W).

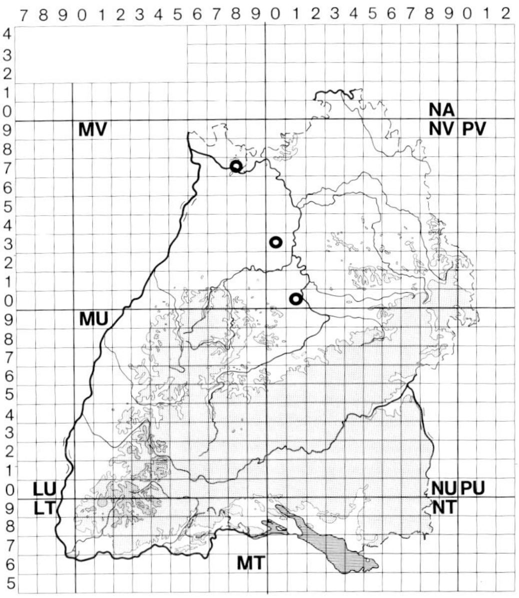

Lasioglossum marginellum

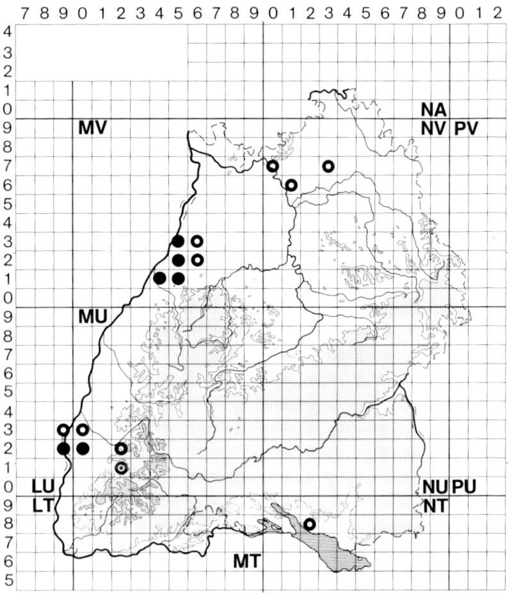

Lasioglossum minutissimum

Lebensraum: Wärmeliebende Offenlands-Art. Die Nester werden in Löß- und Lehmwänden angelegt.
Nistweise: Nistet in selbstgegrabenen Hohlräumen in der Erde. Sozialverhalten unbekannt. (BLÜTHGEN 1925).
Blütenbesuch: Vermutlich polylektische Art, von der mir aber bisher nur 3 Pollenladungen mit Pollen einer Klee-Art *(Trifolium)* (Fabaceae) vorlagen.
Kuckucksbienen: Nach STOECKHERT (1943) *Nomada bluethgeni.*
Phänologie: Siehe obige Funddaten.
Bestandessituation: Der letzte Fund der im gesamten Mitteleuropa sehr seltenen Art stammt aus dem Jahre 1934, so daß die Art in Baden-Württemberg als verschollen gilt. Schutzmaßnahmen können somit zum gegenwärtigen Zeitpunkt nicht vorgeschlagen werden.
RL: Ausgestorben oder verschollen (0).

Lasioglossum minutissimum
(Kirby 1802)

Verbreitung: Streng westpaläarktisch, mit größter Nord-Süd-Verbreitung, von den Azoren bis Israel, vom Hoggar-Gebirge in Algerien bis nach Süd-Schweden (58° n. Br.) (EBMER 1988). – In der Bundesrepublik Deutschland keine Verbreitungsgrenze. – In Baden-Württemberg nur zerstreute Nachweise, durchweg in Lagen unter 500 m. Funddaten ab 1975: LU92 »Oberrotweil« (LZB) (DÜWEKE 1988). MU02 Schelingen 1♀ 11. 4. 1980 (BIUF); Wasenweiler 1♂ 29. 9. 1986 (W). MV41 Muggensturm 1♀ 25. 8. 1986 (D). MV51 Malsch 1♀ 1. 5. 1987 (D). MV52 Karlsruhe 1♀ 20. 6. 1979 (W); Neuforchheim 1♀ 29. 8. 1984 (W). MV53 Karlsruhe, Nordweststadt 1♀ 28. 7. 1981 (W). Material: 4♂♂,27♀♀.
Lebensraum: Sand-, Kies- und Lehmgruben, Flugsandfelder, trockene Wiesen, Kahlschläge, vereinzelt im Siedlungsbereich auf Ruderalflächen. Nester gern in schütter bewachsenen, sandigen Böschungen oder in Lehmwänden.
Nistweise: Nistet in selbstgegrabenen Hohlräumen in der Erde. Die Art lebt vermutlich solitär. (KNERER & SCHWARZ 1976).
Blütenbesuch: Polylektische Art (2 Pflanzenfamilien). Pollenquellen: Asteraceae: Gänseblümchen *(Bellis perennis)*, Wiesen-Löwenzahn *(Taraxacum officinale)*, Kleines Habichtskraut *(Hieracium pilosella)*; Lamiaceae: Wiesen-Salbei *(Salvia pratensis)*.
Kuckucksbienen: *Sphecodes longulus* (ALFKEN 1909b).
Phänologie: Die überwinterten ♀♀ erscheinen ab Anfang April, die ♂♂ fliegen von Ende Juli bis Ende September.
Bestandessituation: Es fällt schwer, die Bestandessituation der im allgemeinen nur selten anzutreffen-

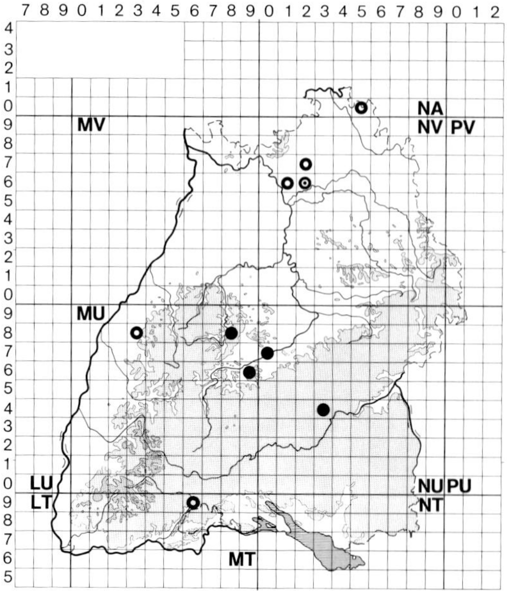

Lasioglossum minutulum

den, aber wegen der geringen Größe leicht zu übersehenden Art abzuschätzen. Alle jüngeren Funde stammen aus teils von der Zerstörung bedrohten Sandgebieten.

Lasioglossum minutulum
(Schenck 1853)

Verbreitung: Europäisch; gemäßigte Zone; von Nord-Iberien bis zum Don, nordwärts bis Lettland, südwärts bis Griechenland (Phokis) (EBMER 1988). – In der Bundesrepublik Deutschland ist die Verbreitung noch unzureichend bekannt, nordwärts wurde die Art bis zum Rheinland gemeldet (BLÜTHGEN 1920), insgesamt gibt es aber nur recht zerstreute Nachweise. – In Baden-Württemberg nur sehr vereinzelte, über das Land verstreute Nachweise in Lagen zwischen 200 m und 800 m. Funddaten: MT69 Wutach 2♀♀ 5.1939 (LNK, NK). MU38 Achern 1♂ 1922 (NK). MU88 Sulz am Eck 1♂,1♀ 1. 9. 1985 (Schwenninger). MU96 Bietenhausen, Kapfhalde 1♀ 9. 6. 1982 (W); Hemmendorf 2♂♂ 28. 8. 1983 (W). NU07 Tübingen, Spitzberg 1♀ 24. 5. 1976 (W) (WESTRICH 1980). NU34 Hayingen 1♀ 10. 6. 1982 (W). NV16 Neudenau 1♀ 10. 7. 1925 (LNK). NV26 Roigheim 1♀ 1. 7. 1969 (Schwammberger). NV27 Tollnaishof 1♀ 12. 8. 1925 (LNK). NA50 Wenkheim 1♀ 1927 (NK). Weitere Angaben von BALLES (1925, 1927) waren nicht überprüfbar.

Lebensraum: Mir begegnete die Art auf Weinbergbrachen, Schafweiden (Wacholderheiden), gemähten und brachgefallenen Magerrasen. Ein Nest fand ich an einer unbewachsenen Stelle an einem Wegrand. Offensichtlich besteht keine Bevorzugung bestimmter Bodenarten.
Nistweise: Nistet in selbstgegrabenen Hohlräumen in der Erde. Vermutlich solitäre Lebensweise.
Blütenbesuch: Polylektische Art (5 Pflanzenfamilien). Pollenquellen: Apiaceae: Wiesen-Kerbel *(Anthriscus sylvestris)*; Asteraceae: Wiesen-Löwenzahn *(Taraxacum officinale)*; Ranunculaceae: Scharfer Hahnenfuß *(Ranunculus acris)*; Rhamnaceae: Faulbaum *(Rhamnus frangula)*; Salicaceae: Weiden *(Salix)*.
Kuckucksbienen: Unbekannt.
Phänologie: Die überwinterten ♀♀ erscheinen ab Anfang April, die ♂♂ wurden ab Anfang August festgestellt.
Bestandessituation: Die in Baden-Württemberg wie im übrigen Mitteleuropa recht seltene Art erscheint mir durch ihr überwiegendes Auftreten in extensiv genutzten Lebensräumen gefährdet. Nach 1975 wurden zwei Vorkommen aus Naturschutzgebieten bekannt. Möglicherweise gibt es auf der Schwäbischen Alb noch weitere Vorkommen.
RL: Gefährdet (3).

Lasioglossum morio
(Fabricius 1793)

Verbreitung: Nominatform von Iberien bis zum Ural und Kausasus, nordwärts bis Skandinavien (60° n. Br.). Auf den Azoren und in Nordafrika eigene Unterarten (EBMER 1988). – In der Bundesrepublik Deutschland keine Verbreitungsgrenze. – In Baden-Württemberg weit verbreitet, von der Ebene bis in die höchsten Lagen der Mittelgebirge (Feldberg). Material: 238♂♂, 365♀♀.
Lebensraum: Als ausgesprochener Ubiquist kommt die Art in den verschiedensten Lebensräumen vor. Regelmäßig ist sie auch im Siedlungsbereich in Gärten, Parks, an Straßenböschungen und auf Ruderalflächen anzutreffen. Nester im Mörtel von Fachwerkbauten, in Lehmwänden und Böschungen und vielfach an vegetationsfreien Stellen. Auch bei der Wahl des Nistsubstrats zeigt sich die Art sehr anpassungsfähig.
Nistweise: Nistet in selbstgegrabenen Hohlräumen in der Erde, oft in kleineren Aggregationen. Vermutlich ist die Art sozial und hat eine Sommerbrut von Arbeiterinnen. (KNERER 1968, 1969a).
Blütenbesuch: Polylektische Art (9 Pflanzenfami-

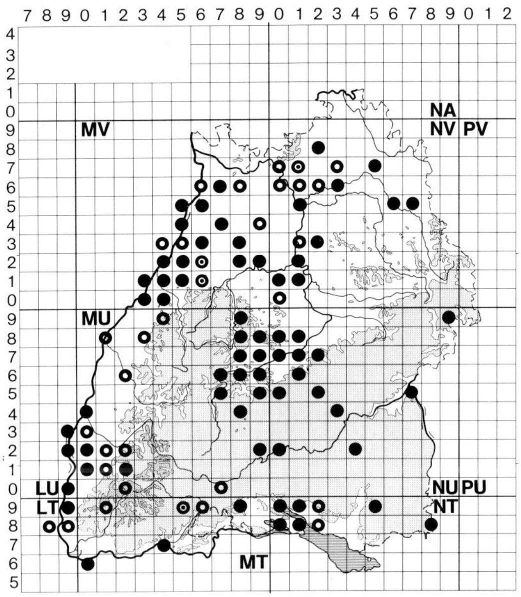

Lasioglossum morio

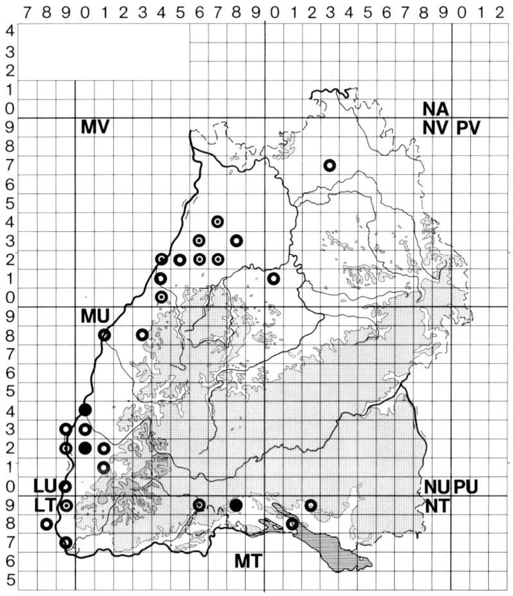

Lasioglossum nigripes

lien). Pollenquellen: Margerite *(Leucanthemum vulgare)*, Gänseblümchen *(Bellis perennis)*, Wiesen-Schafgarbe *(Achillea millefolium)*, Wegwarte *(Cichorium intybus)*, Wiesen-Löwenzahn *(Taraxacum officinale)*, Kleines Habichtskraut *(Hieracium pilosella)*; Boraginaceae: Gewöhnlicher Natterkopf *(Echium vulgare)*; Brassicaceae: Raps *(Brassica napus)*, Gemüse-Kohl *(Brassica oleracea)*, Weißer Senf *(Sinapis alba)*, Silberkraut *(Lobularia maritima)*, Graukresse *(Berteroa incana)*; Campanulaceae: Berg-Sandrapunzel *(Jasione montana)*, Rundblättrige Glockenblume *(Campanula rotundifolia)*, Schwarze Teufelskralle *(Phyteuma nigrum)*; Caryophyllaceae: Tag-Lichtnelke *(Melandrium rubrum)*; Convolvulaceae: Acker-Winde *(Convolvulus arvensis)*; Hypericaceae: Tüpfel-Hartheu *(Hypericum perforatum)*; Lythraceae: Blut-Weiderich *(Lythrum salicaria)*; Ranunculaceae: Scharfer Hahnenfuß *(Ranunculus acris)*, Gewöhnliche Küchenschelle *(Pulsatilla vulgaris)*; Rosaceae: Frühlings-Fingerkraut *(Potentilla verna)*, Kriechendes Fingerkraut *(Potentilla reptans)*, Garten-Apfelbaum *(Malus domestica)*.

Kuckucksbienen: *Sphecodes miniatus* (ALFKEN 1913). Mehrfach konnte ich *Sphecodes niger* an den Nestern beobachten. Vermutlich kommen auch *Sphecodes geoffrellus* und *Nomada furva* in Frage.

Phänologie: Die überwinterten ♀♀ erscheinen ab Anfang April, die ♂♂ ab Anfang Juli.

Bestandessituation: Die durchweg anspruchslose Art gehört zu den häufigsten Furchenbienen und ist in Baden-Württemberg nicht gefährdet.

Lasioglossum nigripes

(Lepeletier 1841)

Verbreitung: Westpaläarktisch; Nominatform von Iberien bis zum Iran, nordwärts bis zur unteren Weichsel, Verbreitungsgrenze bei 53° n. Br. (EBMER 1988). – In der Bundesrepublik Deutschland nur in den südlichen Bundesländern. – In Baden-Württemberg liegen die Verbreitungsschwerpunkte in der Oberrheinebene, im Kaiserstuhl und im Kraichgau; zerstreut auch im Hegau, am Bodensee, im Neckarbecken und auf den Kocher-Jagst-Ebenen. Die Funde stammen fast alle aus Lagen unter 500 m. Funddaten ab 1975: MT89 Singen, Hohentwiel 1♀ 13. 5. 1975 (G). MU02 Gottenheim 2♀♀ 13. 7. 1983 (W). Material: 52♂♂, 157♀♀.

Lebensraum: Mir begegnete die Art in Sand- und Kiesgruben, auf Bahndämmen, auf Magerrasen und an Ruderalstellen. Im Kaiserstuhl-Gebiet fand ich sie auch an einem Dorfrand. Nester an schütter bewachsenen Stellen auf ebenen oder schwach geneigten Flächen. Sand und Lößlehm werden offensichtlich als Nistsubstrate bevorzugt.

Nistweise: Nistet in selbstgegrabenen Hohlräumen in der Erde, meist in nur kleinen Aggregationen (Ansammlungen von 2–6 Nestern). Die Art steht

Lasioglossum nitidulum, Weibchen auf *Erysimum crepidifolium.*

auf einer relativ hohen Stufe des Sozialverhaltens. Begattete Königinnen überwintern in den vorjährigen Nestern. Die Nestgründung erfolgt oft polygyn. Erst spät im Frühjahr (Mai/Juni) wird das Nest mit einem Wabenbau von 5–15 Brutzellen versehen. Die daraus entstehende Sommerbrut erscheint im Juli und besteht aus kleineren Arbeiterinnen und wenigen Männchen. Die unbegatteten Arbeiterinnen bleiben im mütterlichen Nest, bewachen aber das Nest nicht und helfen mit bei der Versorgung von 30–60 Brutzellen. In diesen, nach der Eiablage verschlossenen Zellen entwickelt sich eine Herbstgeneration von großen Männchen und Königinnen. Die Eiablage ist unregelmäßig, da sie nicht immer unmittelbar nach der Verproviantierung der Zelle erfolgt. Die Begattung findet oft in den Nestern statt, da die Männchen fremde Nester aufsuchen und einige Zeit darin verweilen. (KNERER 1968, 1969c, KNERER & PLATEAUX-QUÉNU 1966b, 1970, PLATEAUX-QUÉNU 1965a, 1965b, POURSIN & PLATEAUX-QUÉNU 1982).

Blütenbesuch: Polylektische Art (4 Pflanzenfamilien). Pollenquellen: Asteraceae: Margerite *(Leucanthemum vulgare)*, Wiesen-Flockenblume *(Centaurea jacea)*, Wegwarte *(Cichorium intybus)*, Wiesen-Löwenzahn *(Taraxacum officinale)*, Herbst-Löwenzahn *(Leontodon autumnalis)*, Gewöhnliches Bitterkraut *(Picris hieracioides)*, Gewöhnliches Ferkelkraut *(Hypochoeris radicata)*; Brassicaceae: Raps *(Brassica napus)*, Weißer Senf *(Sinapis alba)*; Convolvulaceae: Acker-Winde *(Convolvulus arvensis)*; Fabaceae: Gewöhnlicher Hornklee *(Lotus corniculatus)*.

Kuckucksbienen: Nach KNERER & PLATEAUX-QUÉNU (1970) *Sphecodes alternatus*, der aus der Bundesrepublik Deutschland noch nicht bekannt ist. GRANDI (1931) beobachtete angeblich *Sphecodes pellucidus*(?) beim Eindringen in das Nest.

Phänologie: Die überwinterten ♀♀ erscheinen erst Ende April/Anfang Mai, die ♂♂ fliegen von Anfang August bis Ende Oktober.

Bestandessituation: Zwar wurde die Art zwischen 1960 und 1965 noch an vielen Stellen nachgewiesen, seither wurde sie aber nur noch zweimal angetroffen und ist inzwischen in ihrem Bestand gefährdet. Als typische Offenlandsart ist sie durch alle Maßnahmen, die zur Strukturverarmung und zur Nahrungsverknappung in der Kulturlandschaft führen, gefährdet. Aufgrund ihres sozialen Verhaltens benötigt die Art von Mai bis zum Herbst ein lückenloses Blütenangebot.

RL: Gefährdet (3).

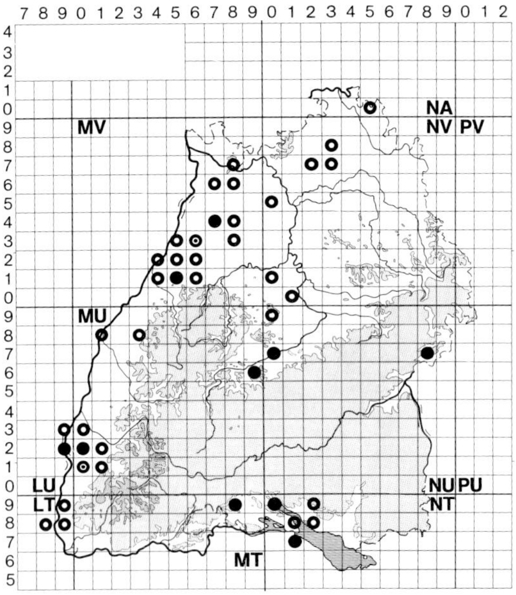

Lasioglossum nitidiusculum

Lasioglossum nitidiusculum

(Kirby 1802)

Verbreitung: Westpaläarktisch; von Irland bis zum Ural, von Marokko bis zum Ost-Iran, nordwärts bis Mittel-Finnland (65° n. Br.). (Ebmer 1988). Verbreitungskarte bei Ebmer & Sakagami (1985). – In der Bundesrepublik Deutschland keine Verbreitungsgrenze. – In Baden-Württemberg weit verbreitet in Lagen unterhalb 500 m und mit einem Verbreitungsschwerpunkt in den Sand- und Lößgebieten. Aus dem Schwarzwald und der Schwäbischen Alb liegen bisher keine Funde vor. Material: 43♂♂, 233♀♀.

Lebensraum: Waldränder, Streuobstwiesen, Flugsandfelder, Sandgruben, Weinberge, Magerrasen, Ruderalstellen. Nester in sandigen oder lehmigen Böschungen und in Steilwänden.

Nistweise: Nistet in selbstgegrabenen Hohlräumen in der Erde, oft in großen Aggregationen. Solitäre Lebensweise.

Blütenbesuch: Polylektische Art (6 Pflanzenfamilien). Pollenquellen: Apiaceae: Wiesen-Kerbel *(Anthriscus sylvestris)*, Wilde Möhre *(Daucus carota)*; Asteraceae: Wiesen-Flockenblume *(Centaurea jacea)*, Wiesen-Löwenzahn *(Taraxacum officinale)*, Herbst-Löwenzahn *(Leontodon autumnalis)*, Gewöhnliches Ferkelkraut *(Hypochoeris radicata)*; Boraginaceae: Gewöhnlicher Natterkopf *(Echium vulgare)*; Brassicaceae: Raps *(Brassica napus)*, Weißer Senf *(Sinapis alba)*, Berg-Steinkraut *(Alyssum montanum)*; Salicaceae: Weiden *(Salix)*; Scrophulariaceae: Gamander-Ehrenpreis *(Veronica chamaedrys)*.

Kuckucksbienen: *Sphecodes crassus, Sphecodes geoffrellus, Sphecodes miniatus, Nomada sheppardana.*

Phänologie: Die überwinterten ♀♀ erscheinen ab Mitte April, die ♂♂ fliegen von Ende Juli bis Mitte September.

Bestandessituation: Wie die Verbreitungskarte bereits andeutet und das Sammlungsmaterial belegt, ist nach 1960 ein Rückgang der früher nicht seltenen Art vor allem in der Rheinebene und in der nördlichen Landeshälfte festzustellen. Nach 1975 liegt die Art nur aus einem Naturschutzgebiet vor. Geeignete Schutzmaßnahmen liegen vor allem in einer extensiveren Landnutzung und einer Erhaltung bzw. Förderung von Kleinstrukturen (Abbruchkanten, Steilwände, Ruderalstellen etc.) in den Feld- und Wiesenfluren.

RL: Gefährdet (3).

Lasioglossum nitidulum

(Fabricius 1804)

Syn.: *L. continentale* (Blüthgen 1944).

Verbreitung: Die Nominatform von Belgien bis zur Tatra, südwärts in Italien bis Kalabrien, nordwärts bis Süd-Schweden (Ebmer 1988). – In der Bundesrepublik Deutschland nördliche Verbreitungsgrenze aufgrund der großen Ähnlichkeit mit *L. smeathmanellum* unklar. – In Baden-Württemberg dürfte die Art im gesamten Land verbreitet sein. Darauf lassen die jüngeren Funde schließen, die ergaben, daß die Art auch in den Mittelgebirgen vorkommt. Material: 134♂♂, 179♀♀.

Lebensraum: Außerhalb des Siedlungsbereichs trifft man die Art in erster Linie auf felsigen Trockenhängen und in Weinbergen, die mit Trockenmauern oder von Steilwänden durchzogen sind. Regelmäßig kommt sie auch im Siedlungsbereich vor. Vertikale Strukturen werden zur Nestanlage bevorzugt, daher finden sich die Nester überwiegend in erdgefüllten Ritzen von Felsen bzw. in den Fugen von Trockenmauern und Häuserwänden oder in Steilwänden. Vereinzelt nistet die Art aber auch in horizontalen Flächen, in Städten sogar in Blumenkästen.

Nistweise: Nistet in selbstgegrabenen Hohlräumen in der Erde. Vermutlich solitäre Art.

Blütenbesuch: Ausgesprochen polylektische Art (12 Pflanzenfamilien). Pollenquellen: Apiaceae: Wiesen-Kerbel *(Anthriscus sylvestris)*; Asteraceae:

Margerite *(Leucanthemum vulgare)*, Schwert-Alant *(Inula ensifolia)*, Gewöhnliche Kratzdistel *(Cirsium vulgare)*, Wiesen-Flockenblume *(Centaurea jacea)*, Wegwarte *(Cichorium intybus)*, Wiesen-Löwenzahn *(Taraxacum officinale)*, Gewöhnliches Bitterkraut *(Picris hieracioides)*, Kleines Habichtskraut *(Hieracium pilosella)*; Boraginaceae: Gewöhnlicher Natterkopf *(Echium vulgare)*; Brassicaceae: Raps *(Brassica napus)*, Weißer Senf *(Sinapis alba)*, Färberwaid *(Isatis tinctoria)*, Felsen-Steinkraut *(Alyssum saxatile)*, Berg-Steinkraut *(Alyssum montanum)*, Orientalische Zackenschötchen *(Bunias orientalis)*; Campanulaceae: Ranken-Glockenblume *(Campanula poscharskyana)*, Berg-Sandrapunzel *(Jasione montana)*, Ausdauernde Sandrapunzel *(Jasione laevis)*; Cistaceae: Gewöhnliches Sonnenröschen *(Helianthemum nummularium)*; Lamiaceae: Gewöhnliche Katzenminze *(Nepeta cataria)*, Hain-Salbei *(Salvia nemorosa)*; Liliaceae: Küchenlauch *(Allium porrum)*; Papaveraceae: Klatsch-Mohn *(Papaver rhoeas)*; Ranunculaceae: Scharfer Hahnenfuß *(Ranunculus acris)*, Kriechender Hahnenfuß *(Ranunculus repens)*, Acker-Rittersporn *(Consolida regalis)*; Rosaceae: Kriechendes Fingerkraut *(Potentilla reptans)*; Scrophulariaceae: Kleinblütige Königskerze *(Verbascum thapsus)*.

Kuckucksbienen: Unbekannt.

Phänologie: Die überwinterten ♀♀ erscheinen bereits Ende März oder Anfang April, die ♂♂ kann man schon ab Anfang Juli beobachten.

Bestandessituation: Die Art findet derzeit noch ausreichende Existenzmöglichkeiten im Siedlungsraum und wird nicht selten auch in der freien Landschaft angetroffen, so daß ich sie in Baden-Württemberg für nicht gefährdet halte.

Bemerkungen: Das von Ebmer als selbständige Art betrachtete Taxon wird vielfach mit *Lasioglossum smeathmanellum* vermengt. Die Unterscheidung der beiden Formen bereitet auch mir Schwierigkeiten.

Lasioglossum pallens

(Brullé 1832)

Verbreitung: Westpaläarktisch; von Marokko bis zum Iran, nur vereinzelt in Mitteleuropa, wo die nördliche Verbreitungsgrenze bei 52° n. Br. liegt (Ebmer 1988). – Während die Art in der DDR bis zum Kyffhäuser nachgewiesen wurde (Blüthgen 1925, Müller 1944), ist sie in der Bundesrepublik Deutschland nordwärts nur bis Nassau in Hessen (Blüthgen 1920) verbreitet. Südlich davon wurde sie nur vereinzelt festgestellt in Rheinland-Pfalz (Rotenfels bei Bad Münster am Stein) (Schmidt & Westrich 1985), Bayern (Stoeckhert 1954) und Baden-Württemberg. – In Baden-Württemberg wurde die Art nur sehr vereinzelt nachgewiesen. Die Funde liegen weit verstreut in Lagen unter 500 m. Funddaten: LT88 Istein 1♀ 14. 4. 1926 (MNF). LT98 Bellingen 1♀ 17. 5. 1924 (MNF) (Strohm 1924). MT98 Bohlingen 1♂ 1. 5. 1985 (W). LU93 Burkheim 2♂♂ 23. 4. 1983 (W) (Westrich & Schmidt 1985b). MU02 Oberbergen 1♀ 5.1981 (LZB) (Düweke 1988). MV62 Durlach 1♂ 26. 4. 1951 (LNK). NV35 Sindringen 1♂ 5. 5. 1985 (Schrameyer).

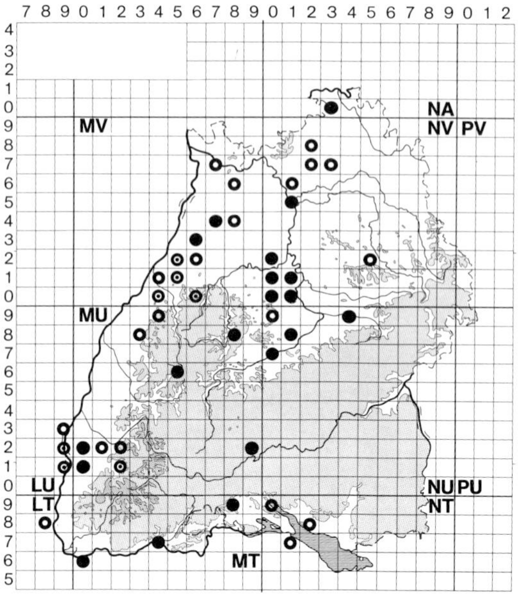

Lasioglossum nitidulum

Lebensraum: Die mir bekannten Funde stammen von Trockenhängen, strukturreichen Feld- und Weinbergfluren, Streuobstwiesen sowie einem Hochwasserdamm und liegen in Sand- und Lößgebieten. Nester wahrscheinlich an vegetationsarmen Stellen.

Nistweise: Nistet in selbstgegrabenen Hohlräumen in der Erde. Die Art lebt solitär. Der Lebenszyklus ähnelt dem vieler *Andrena*-Arten: Im Frühling werden die Brutzellen für die Nachkommen gebaut, die erst im darauffolgenden Jahr ihre Nester verlassen.

Blütenbesuch: Vermutlich polylektische Art, von der mir nur 2 Pollenladungen vorlagen, die Pollen von Brassicaceae, Rosaceae, *Stellaria* und *Ranunculus* enthielten.

Kuckucksbienen: *Sphecodes majalis*.

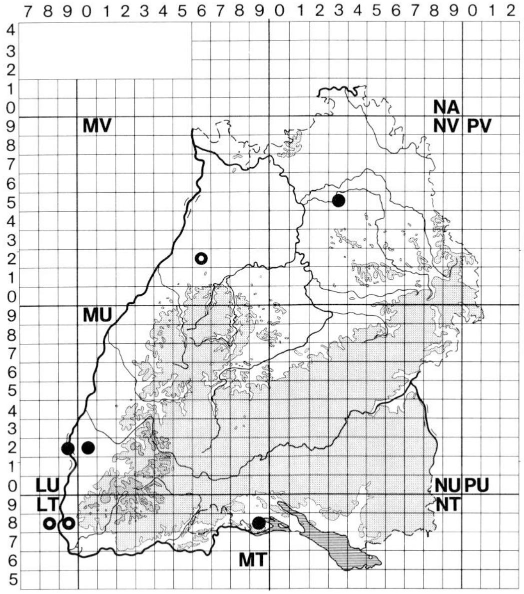

Lasioglossum pallens

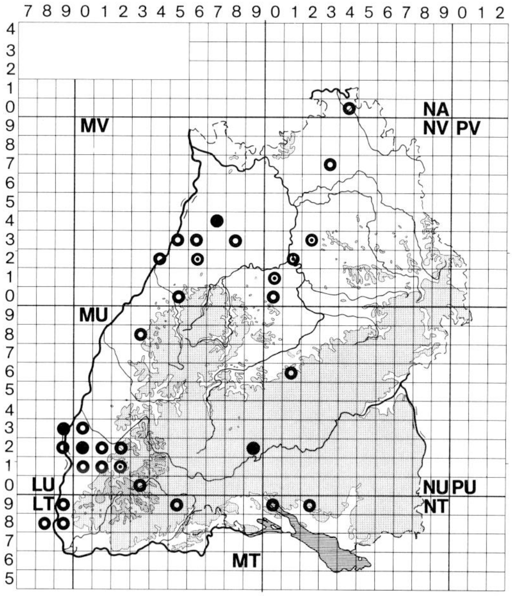

Lasioglossum parvulum

Phänologie: Als einzige mitteleuropäische *Lasioglossum*-Art fliegen beide Geschlechter im Frühjahr (April, Mai). Daher sind ♂♂ im Herbst nicht zu beobachten. ♂♂ und ♀♀ überwintern als Imagines.
Bestandessituation: Eine mögliche Gefährdung der wärmeliebenden und in Baden-Württemberg ausgesprochen seltenen Art ist derzeit schwer abzuschätzen.
RL: Potentiell gefährdet (4).

Lasioglossum parvulum

(Schenck 1853)
Syn.: *Melitta minuta* sec. Kirby 1802, nec *Apis minuta* Schrank 1781, nec *Hylaeus minutus* Fabricius 1798; *Halictus minutus* sensu SCHMIEDEKNECHT (1930); *Apis minuta* Schrank 1781 ist ein *Hylaeus*. Zur Namensproblematik vgl. EBMER (1974a: 117–118, 1988: 657–658).

Verbreitung: Westpaläarktisch; von Iberien bis zum Iran, von Süd-England bis Polen (Kiev), nordwärts bis Süd-Schweden (56° n. Br.) (EBMER 1988). Verbreitungskarte bei EBMER & SAKAGAMI (1985). – In der Bundesrepublik Deutschland keine Verbreitungsgrenze, auch im Norden (RIEMANN 1987a). – In Baden-Württemberg weit verstreute Nachweise, von der Ebene bis in die höheren Lagen des Schwarzwaldes und der Schwäbischen Alb. Material: 9♂♂, 89♀♀.

Lebensraum: Kahlschläge, Trockenhänge, strukturreiche Weinberge, Streuobstwiesen, Sand- und Kiesgruben. Nester gerne in Steilwänden (Löß), aber auch in ebenen Flächen. Eine Bevorzugung bestimmter Bodenarten ist nicht erkennbar.
Nistweise: Nistet in selbstgegrabenen Hohlräumen in der Erde. Vermutlich solitäre Art.
Blütenbesuch: Polylektische Art (4 Pflanzenfamilien). Pollenquellen: Asteraceae: Margerite *(Leucanthemum vulgare)*, Huflattich *(Tussilago farfara)*, Wiesen-Löwenzahn *(Taraxacum officinale)*, Gewöhnliches Bitterkraut *(Picris hieracioides)*; Campanulaceae: Rundblättrige Glockenblume *(Campanula rotundifolia)*; Ranunculaceae: Knolliger Hahnenfuß *(Ranunculus bulbosus)*; Salicaceae: Weiden *(Salix)*.
Kuckucksbienen: Vermutlich *Nomada distinguenda*.
Phänologie: Die überwinterten ♀♀ erscheinen Mitte April, die auffällig seltenen ♂♂ ab Anfang Juli.
Bestandessituation: Die Art war auch in früheren Jahrzehnten nicht gerade häufig. Nach 1975 liegen nur wenige Nachweise vor. In der Agrarlandschaft ist die Art vor allem durch die Zerstörung ihrer Nistplätze gefährdet. Schutzmaßnahmen bestehen daher in erster Linie in der Erhaltung und Förderung von Steilwänden, Abbruchkanten und offenen Bodenstellen in der offenen Landschaft.
RL: Gefährdet (3).

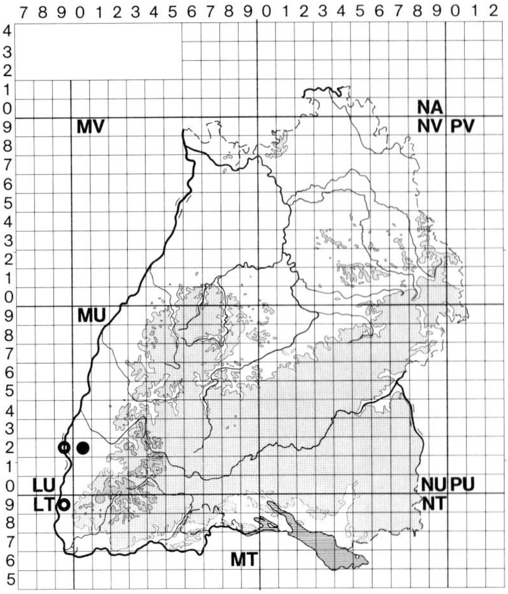

Lasioglossum pauperatum

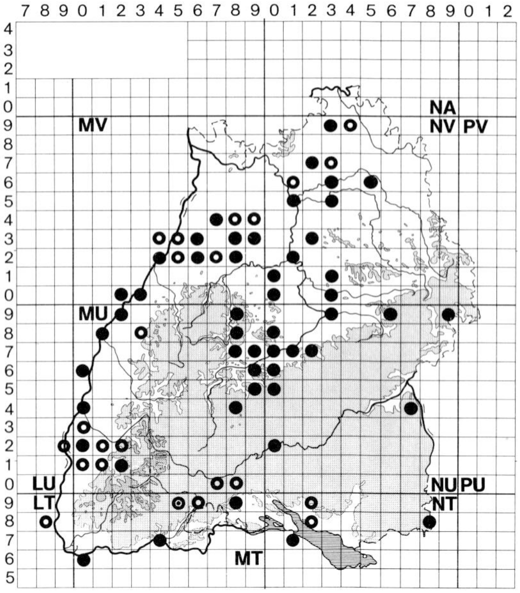

Lasioglossum pauxillum

Lasioglossum pauperatum
(Brullé 1832)

Verbreitung: Atlanto-mediterran; von Marokko bis Kleinasien, in Westeuropa nordwärts bis Süd-England (EBMER 1988). Von PAULY (1978) aber weder aus Belgien noch aus dem südlich anschließenden Gebiet Nordfrankreichs gemeldet. – In der Bundesrepublik Deutschland nur sehr vereinzelte Nachweise und mit eher südlicher Verbreitung. Hessen: Bad Nauheim (BLÜTHGEN 1920), Lahntal (leg. Wolf), Darmstadt (STOECKHERT 1933), Bergen bei Frankfurt (WESTRICH 1984a); Rheinland-Pfalz: Mainz (BLÜTHGEN 1944, SCHMIDT & WESTRICH 1988), Stromberg im Hunsrück (BLÜTHGEN 1944, AERTS 1949, coll. Museum Alexander-König Bonn); Bayern: Aschaffenburg (STOECKHERT 1954, WESTRICH 1984a). – In Baden-Württemberg wurden bisher nur sechs Funde bekannt, die alle aus dem Kaiserstuhl und der südlichen Schwarzwaldvorbergzone stammen. Funddaten: LT99 Oberweiler, Innerberg 1♀ 5. 8. 1953 (MNF). LU92 Burkheim, Burgberg 1♀ 25. 4. 1936 (MNF). MU02 Oberbergen, Badberg 1♂ 12. 8., 1♀ 21. 8. 1935 (ZMB) (BLÜTHGEN 1944); Oberbergen 1♀ 8.1981 (LZB) (DÜWEKE 1988); Lilienthal 1♀ 19. 4. 1937 (ZMB). Die Angabe »Oberachern« (BALLES 1927) war nicht überprüfbar.

Lebensraum: Die baden-württembergischen Funde stammen von Trockenhängen und aus einem durch Wege und Böschungen strukturreichen Weinberggelände.

Nistweise: Nistet in selbstgegrabenen Hohlräumen in der Erde. Sozialverhalten unbekannt.

Blütenbesuch: Vermutlich polylektische Art.

Kuckucksbienen: Unbekannt.

Phänologie: Siehe obige Funddaten.

Bestandessituation: Die offensichtlich wärmeliebende Art erscheint durch ihre große Seltenheit und ihr ausschließliches Auftreten in nur extensiv genutzten Lebensräumen gefährdet. Sie ist nur durch deren Schutz zu erhalten. Bisher ist im Kaiserstuhl noch kein Vorkommen in einem Naturschutzgebiet bekannt.

RL: Vom Aussterben bedroht (1).

Lasioglossum pauxillum
(Schenck 1853)

Verbreitung: Westpaläarktisch; von Marokko bis in den Iran, von Süd-England bis zum Süd-Ural (EBMER 1988). – In der Bundesrepublik Deutschland keine Verbreitungsgrenze. – In Baden-Württemberg in allen Landesteilen weit verbreitet, von der Ebene bis in die höheren Lagen der Mittelgebirge. Material: 84♂♂, 150♀♀.

Lebensraum: Ein Ubiquist, der in allen möglichen Lebensräumen anzutreffen ist; regelmäßig auch im Siedlungsbereich. Nester an vegetationsfreien, schütter bewachsenen oder kurzrasigen Stellen, die auch durch Befahren oder Begehen verdichtet sein können. Eine gewisse Bevorzugung lehmiger Böden ist erkennbar.

Nistweise: Nistet in selbstgegrabenen Hohlräumen in der Erde, oft in kleineren, bisweilen auch in großen Aggregationen (Ansammlungen von mehreren hundert Nestern). Die Art ist sozial. Die überwinterten Königinnen (forma »*immarginatum*« Schenck) erscheinen sehr zeitig im Frühjahr. Die Nestgründung kann monogyn oder polygyn sein. Die Königin zieht eine Sommerbrut von 3–25, im Vergleich zur Nestgründerin kleineren Arbeiterinnen (forma *pauxillum*) auf. Die ersten Brutzellen liegen bisweilen in einer Art Wabe. Larvenexkremente werden aus den nicht verschlossenen Brutzellen entfernt und an anderer Stelle im Nest deponiert. Das Nest bleibt zwischen den zwei Versorgungsphasen geschlossen. (Grandi 1954, Knerer 1968, Knerer & Plateaux-Quénu 1966a, 1966b, Stoeckhert 1923).

Blütenbesuch: Ausgesprochen polylektische Art (17 Pflanzenfamilien) (vgl. Braun 1985). Pollenquellen: Aceraceae: Feld-Ahorn *(Acer campestre)*; Apiaceae: Giersch *(Aegopodium podagraria)*; Asteraceae: Margerite *(Leucanthemum vulgare)*, Einjähriger Feinstrahl *(Erigeron annuus)*, Geruchlose Kamille *(Tripleurospermum inodorum)*, Rainfarn *(Tanacetum vulgare)*, Gewöhnliche Kratzdistel *(Cirsium vulgare)*, Acker-Kratzdistel *(Cirsium arvense)*, Wegwarte *(Cichorium intybus)*, Wiesen-Löwenzahn *(Taraxacum officinale)*, Herbst-Löwenzahn *(Leontodon autumnalis)*, Gewöhnliches Bitterkraut *(Picris hieracioides)*; Brassicaceae: Raps *(Brassica napus)*, Weißer Senf *(Sinapis alba)*, Wiesen-Schaumkraut *(Cardamine pratensis)*; Caryophyllaceae: Große Sternmiere *(Stellaria holostea)*, Kuckucks-Lichtnelke *(Lychnis floscuculi)*; Cistaceae: Gewöhnliches Sonnenröschen *(Helianthemum nummularium)*; Fabaceae: Gewöhnlicher Hornklee *(Lotus corniculatus)*, Hopfenklee *(Medicago lupulina)*; Geraniaceae: Wiesen-Storchschnabel *(Geranium pratense)*; Hypericaceae: Tüpfel-Hartheu *(Hypericum perforatum)*; Lamiaceae: Wiesen-Salbei *(Salvia pratensis)*; Liliaceae: Doldiger Milchstern *(Ornithogalum umbellatum)*; Linaceae: Zarter Lein *(Linum tenuifolium)*; Ranunculaceae: Scharfer Hahnenfuß *(Ranunculus acris)*, Kriechender Hahnenfuß *(Ranunculus repens)*, Acker-Rittersporn *(Consolida regalis)*; Resedaceae: Wilde Resede *(Reseda lutea)*; Rosaceae: Frühlings-Fingerkraut *(Potentilla verna)*, Kriechendes Fingerkraut *(Potentilla reptans)*; Rubiaceae: Wiesen-Labkraut *(Galium mollugo)*.

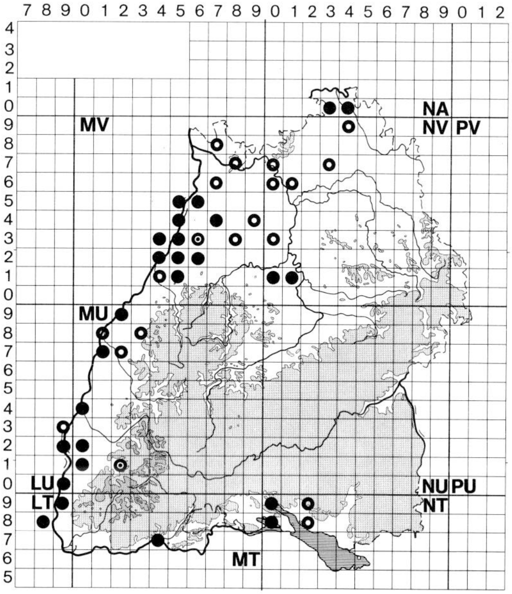

Lasioglossum politum

Kuckucksbienen: *Sphecodes crassus* ist regelmäßig an den Nestern anzutreffen (Stoeckhert 1933, eig. Beob.). Vermutlich kommt auch *Sphecodes ferruginatus* in Frage.

Phänologie: Die überwinterten ♀♀ erscheinen ab Ende März, die ♂♂ fliegen von Anfang Juli bis Mitte September.

Bestandessituation: Die ziemlich anspruchslose und nach wie vor häufige Art ist in Baden-Württemberg nicht gefährdet.

Lasioglossum politum

(Schenck 1853)
Syn.: *L. pygmaeum* (Fabricius 1804) sensu Warncke (1973a).

Verbreitung: Transpaläarktisch; Nominatform von Iberien bis zum Ural, nordwärts bis Berlin. – In der Bundesrepublik Deutschland nordwärts bis zur Lahn. – In Baden-Württemberg liegt der Verbreitungsschwerpunkt in den Sand- und Lößgebieten, besonders der Oberrheinebene, wo die Art weit verbreitet ist. Alle Nachweise stammen aus Lagen unter 500 m. Material: 88♂♂, 295♀♀.

Lebensraum: Kahlschläge, Hochwasserdämme, Magerrasen und mageres Wirtschaftsgrünland, strukturreiche Weinberge, Sand- und Kiesgruben, in Sandgebieten auch im Siedlungsbereich. Nester an vegetationsfreien oder nur schütter bewachsenen

Stellen auf ebenen oder schwach geneigten Flächen. Sandböden und Lößlehm werden als Nistsubstrate bevorzugt.
Nistweise: Nistet in selbstgegrabenen Hohlräumen in der Erde, bisweilen in großen Aggregationen. Der Nesteingang besteht aus einer oft 2 cm langen Erdröhre. Die Brutzellen werden nach der Eiablage geschlossen und sind nicht in einer Wabe konzentriert. Die Art ist sozial. Sie hat eine Sommerbrut von Arbeiterinnen, die im mütterlichen Nest bleiben und deutlich kleinere Köpfe haben als die Nestgründerin. Eine Arbeiterin verschließt als »Wächterin« mit ihrem Kopf den Nesteingang. (KNERER 1968).
Blütenbesuch: Polylektische Art (9 Pflanzenfamilien). Pollenquellen: Apiaceae: Wiesen-Kerbel *(Anthriscus sylvestris)*, Wilde Möhre *(Daucus carota)*; Asteraceae: Margerite *(Leucanthemum vulgare)*, Rainfarn *(Tanacetum vulgare)*, Wiesen-Schafgarbe *(Achillea millefolium)*, Wegwarte *(Cichorium intybus)*, Gewöhnliches Bitterkraut *(Picris hieracioides)*, Wiesen-Löwenzahn *(Taraxacum officinale)*, Kleines Habichtskraut *Hieracium pilosella)*; Boraginaceae: Gewöhnliches Natterkopf *(Echium vulgare)*; Brassicaceae: Raps *(Brassica napus)*, Weißer Senf *(Sinapis alba)*; Campanulaceae: Berg-Sandrapunzel *(Jasione montana)*; Lythraceae: Blut-Weiderich *(Lythrum salicaria)*; Ranunculaceae: Vielblütiger Hahnenfuß *(Ranunculus polyanthemos)*; Rosaceae: Kriechendes Fingerkraut *(Potentilla reptans)*, Garten-Apfelbaum *(Malus domestica)*; Scrophulariaceae: Gamander-Ehrenpreis *(Veronica chamaedrys)*.
Kuckucksbienen: Unbekannt.
Phänologie: Die überwinterten ♀♀ erscheinen Anfang April, die ♂♂ fliegen von Anfang Juli bis Ende September.
Bestandessituation: Die nach wie vor häufige Art ist in Baden-Württemberg nicht gefährdet.

Lasioglossum prasinum

(Smith 1848)
Syn.: *L. haemorrhoidale* (Schenck 1853).

Verbreitung: Subatlantische Art; von Marokko über England bis zur polnischen Ostseeküste, ostwärts lokal bis zum westlichen Peloponnes (EBMER 1988). – In der Bundesrepublik Deutschland nach Südosten bis Bayern; Abendsberg östlich Neustadt an der Donau ist der bisher östlichste Fund; im norddeutschen Küstenbereich vergleichsweise häufiger als im Süden (vgl. EMEIS 1960, HAESELER 1984). – In Baden-Württemberg kommt die Art nur

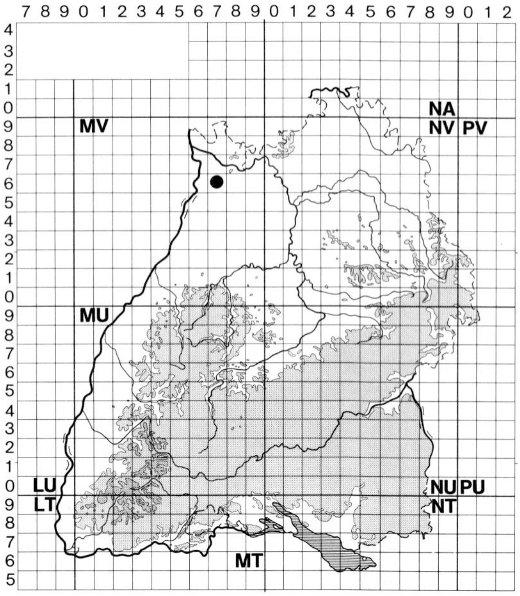

Lasioglossum prasinum

im nordbadischen Flugsandgebiet bei Sandhausen vor, wo sie allerdings offensichtlich sehr selten ist, da sie bisher trotz der hohen Sammelintensität nur einmal nachgewiesen wurde: MV76 Sandhausen, Pflege Schönau 1♂ 14. 7. 1982 (WESTRICH & SCHMIDT 1985b) (W). Das von Achern gemeldete ♂ (BALLES 1925) war nicht überprüfbar.
Lebensraum: Da die Art ausschließlich lockere Sande zum Nisten wählt, ist sie eine Charakterart von Binnendünen, Flugsandfeldern und Sandheiden. In Norddeutschland kommt sie auch in Küstendünen vor.
Nistweise: Nistet in selbstgegrabenen Hohlräumen in der Erde, bisweilen in großen Aggregationen. HAESELER (1984) fand auf der Ostfriesischen Insel Wangerooge eine Ansammlung von über 10000 Nestern mit einer Nestdichte von 164 Nestern pro Quadratmeter. Die Art lebt solitär.
Blütenbesuch: Polylektische Art, von der Vertreter der Caryophyllaceae, Cistaceae und Ericaceae als Pollenquellen belegt sind. In Sandheiden wird die Glockenheide *(Erica tetralix)* deutlich bevorzugt.
Kuckucksbienen: Unbekannt.
Phänologie: Im Gebiet unklar.
Bestandessituation: In Baden-Württemberg ist die Art aufgrund ihrer Bindung an Flugsande hochgradig gefährdet. Sie ist nur durch strengen Schutz aller Binnendünen und deren Reste zu erhalten. Als zusätzliche Hilfsmaßnahme sollten in der nördlichen Oberrheinebene Dünen oder Flugsandfelder,

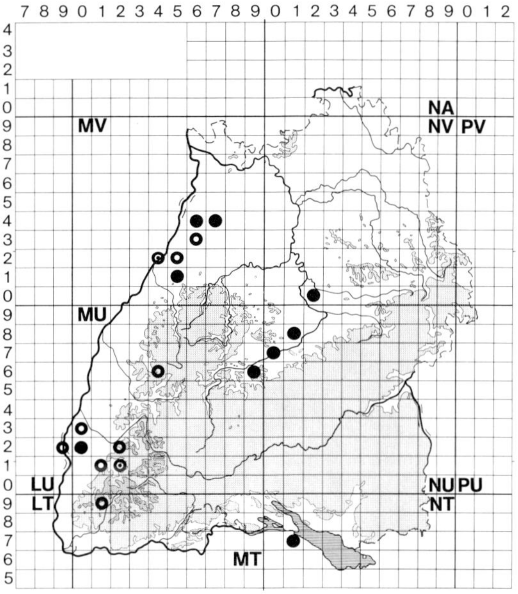

Lasioglossum punctatissimum

die in früherer Zeit aufgeforstet wurden, teilweise wieder ausgestockt und als offene Waldlichtungen erhalten werden.

RL: Vom Aussterben bedroht (1).

Bemerkungen: Die früher als mitteleuropäische ssp. *haemorrhoidale* (Schenck 1853) aufgefaßte Form ist nach jüngeren Untersuchungen nicht deutlich abgrenzbar (Ebmer 1988).

Lasioglossum punctatissimum

(Schenck 1853)

Verbreitung: Westpaläarktisch; von Marokko bis zum Iran, von Irland bis zum Ural, nordwärts bis Süd-Schweden (Blüthgen 1958) und Süd-Finnland (62° n. Br.) (Ebmer 1988). – In der Bundesrepublik Deutschland keine Verbreitungsgrenze. – In Baden-Württemberg bisher nur zerstreute Nachweise, von der Ebene bis in die höheren Lagen der Mittelgebirge. Vor allem in Lagen unter 500 m sicher viel weiter verbreitet, als aus der Karte ersichtlich. Material: 7♂♂, 40♀♀.

Lebensraum: Mir begegnete die Art auf Weinbergbrachen, auf Trockenhängen über Muschelkalk und Löß, in strukturreichen Weinbergen, an Straßenböschungen, in Streuobstwiesen, gelegentlich auch im Siedlungsbereich. Nester fand ich in lehmgefüllten Fugen einer Trockenmauer. Vermutlich nistet die Art aber auch in ebenen Flächen und Böschungen. Eine Bevorzugung bestimmter Bodenarten als Nistsubstrate ist nicht erkennbar.

Nistweise: Nistet in selbstgegrabenen Hohlräumen in der Erde. Sozialverhalten unbekannt.

Blütenbesuch: Polylektische Art (6 Pflanzenfamilien). Pollenquellen: Asteraceae: Rainfarn *(Tanacetum vulgare)*, Gold-Schafgarbe *(Achillea filipendulina)*, Wegwarte *(Cichorium intybus)*, Wiesen-Löwenzahn *(Taraxacum officinale)*, Habichtskraut *(Hieracium)*; Eriacaceae: Heidelbeere *(Vaccinium myrtillus)*; Fabaceae: Gewöhnlicher Hornklee *(Lotus corniculatus)*, Weißklee *(Trifolium repens)*; Liliaceae: Küchenzwiebel *(Allium cepa)*; Ranunculaceae: Scharfer Hahnenfuß *(Ranunculus acris)*; Rosaceae: Kriechendes Fingerkraut *(Potentilla reptans)*, Brombeere *(Rubus fruticosus)*; Scrophulariaceae: Gamander-Ehrenpreis *(Veronica chamaedrys)*.

Kuckucksbienen: *Sphecodes crassus, Nomada furva.*

Phänologie: Die überwinterten ♀♀ erscheinen ab Anfang April, die ♂♂ fliegen von Mitte Juli bis Anfang Oktober.

Bestandessituation: Auch wenn die Art bisher nicht sehr häufig gefunden wurde, so ist dennoch für mich in Baden-Württemberg keine Gefährdung erkennbar.

Lasioglossum puncticolle

(Morawitz 1872)

Verbreitung: Westpaläarktisch; von Iberien bis zum Iran, von England über Mitteldeutschland bis zum südlichen Ural (Ebmer 1988). – In der Bundesrepublik Deutschland nur vereinzelte Nachweise in Bayern (Stoeckhert 1933, 1954) und Baden-Württemberg. – In Baden-Württemberg wurde die Art nur von wenigen Orten bekannt, wobei die meisten Nachweise aus dem Wutachgebiet stammen. Funddaten: MT69 Aselfingen und Blumberg 12♀♀ 1924–1938 (LNK, NK) (vgl. Balles 1927). NU18 Walddorf 1♀ 30. 6. 1978 (W) (Westrich 1980). NV26 Möckmühl 1♀ 10. 7. 1925 (LNK). Weitere von Balles (1927) und von Morawitz (1872) gemeldete Funde waren nicht überprüfbar.

Lebensraum: Mir begegnete die Art an einem Waldrand, der an Fettwiesen angrenzte. Die wenigen Nester, die bisher gefunden wurden, waren an der Wand einer alten Lehmgrube und in einem Hohlweg angelegt. Offensichtlich wird harter Lehmboden als Nistsubstrat bevorzugt.

Nistweise: Nistet in selbstgegrabenen Hohlräumen in der Erde, meist in großen Aggregationen. Die Art soll sozial sein und eine Sommerbrut von Ar-

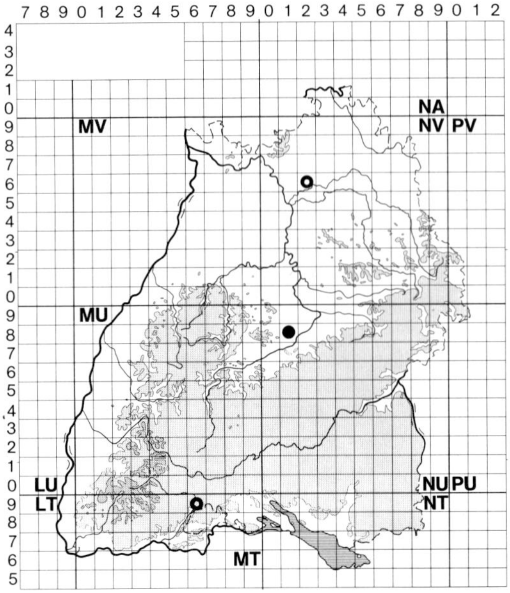

Lasioglossum puncticolle

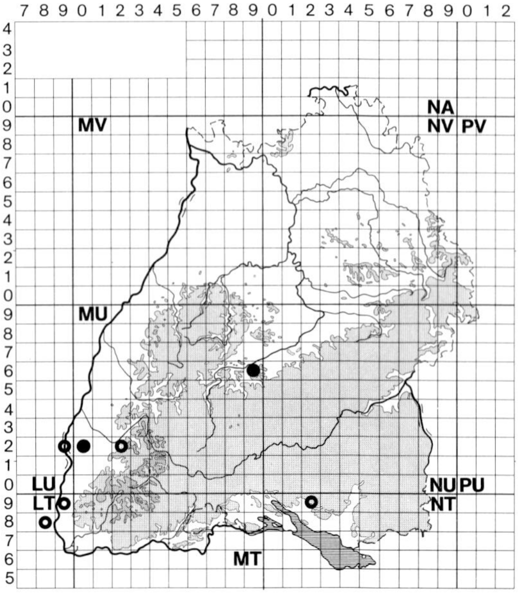

Lasioglossum pygmaeum

beiterinnen haben, die sich nicht von den Nestgründerinnen unterscheiden sollen. Das Sozialverhalten ist zu überprüfen. (STOECKHERT 1923, 1943).

Blütenbesuch: Polylektische Art, von der bisher außer Hahnenfuß *(Ranunculus)* (Ranunculaceae) nur folgende Asteraceae als Pollenquellen belegt sind: Gewöhnliche Kratzdistel *(Cirsium vulgare)*, Wiesen-Löwenzahn *(Taraxacum officinale)*, Herbst-Löwenzahn *(Leontodon autumnalis)*, Kleines Habichtskraut *(Hieracium pilosella)*.

Kuckucksbienen: STOECKHERT (1933) fand an den Nistplätzen stets *Nomada kohli* in Anzahl.

Phänologie: Die überwinterten ♀♀ erscheinen ab Anfang Mai, die ♂♂ ab Mitte August.

Bestandessituation: Die Art ist in Baden-Württemberg sehr selten. Möglicherweise kommt sie auch heute noch im Wutachgebiet vor.

RL: Potentiell gefährdet (4).

Lasioglossum pygmaeum

(Schenck 1853)

Syn.: *L. distinctum* (Schenck 1868).

Verbreitung: Westpaläarktisch; die Nominatform von Iberien bis zum Don, nordwärts bis in südliche Holland. Die östliche ssp. *patulum* (Vachal 1905) mit zerstreuterer Punktierung vom Balkan bis Israel und Afghanistan (EBMER 1988). – In der Bundesrepublik Deutschland nur aus Hessen (SCHENCK 1853), Rheinland-Pfalz (WARNCKE 1986b), Bayern (STOECKHERT 1933) und Baden-Württemberg bekannt. – In Baden-Württemberg nur vereinzelte Nachweise, überwiegend im Kaiserstuhl und der südlichen Oberrheinebene, aber auch in anderen Landesteilen. Die Fundorte liegen durchweg unter 500 m. Funddaten: LT88 Istein 1♀ 8.1926 (LNK). LT99 Niederweiler 1♀ 4. 5. 1925 (MNF). LU92 Burkheim, Burgberg 1♀ 14. 6. 1926 (MNF); 1♂ 26. 7. 1936 (MNF); 1♀ 18. 4. 1952 (MNF). MU02 Oberbergen, Badberg 1♀ 1. 5. 1924 (MNF); Oberbergen 1♀ 1981 (LZB) (DÜWEKE 1988). MU22 Waldkirch 1♀ 30. 6. 1924 (NK). MU96 Bietenhausen, Kapfhalde 1♀ 20. 6. 1982 (W) (WESTRICH 1983c). NT29 Mimmenhausen 1♀ 30. 6. 1952 (SMNS). Weitere Meldungen von STROHM (1924, 1933) und BALLES (1933) waren nicht überprüfbar.

Lebensraum: Die meisten Funde stammen von Magerrasen und extensiv genutzten Weinbergen. Ein Nest fand ich auf einem Trockenhang in der Abbruchkante eines Weges.

Nistweise: Nistet in selbstgegrabenen Hohlräumen in der Erde. Sozialverhalten unbekannt.

Blütenbesuch: Vermutlich polylektische Art, von der bisher nur wenige Pollenquellen belegt sind. Betulaceae: Birken *(Betula)*; Fabaceae: Futter-Esparsette *(Onobrychis viciifolia)*; Lamiaceae: Wiesen-Salbei *(Salvia pratensis)*.

Kuckucksbienen: Unbekannt.

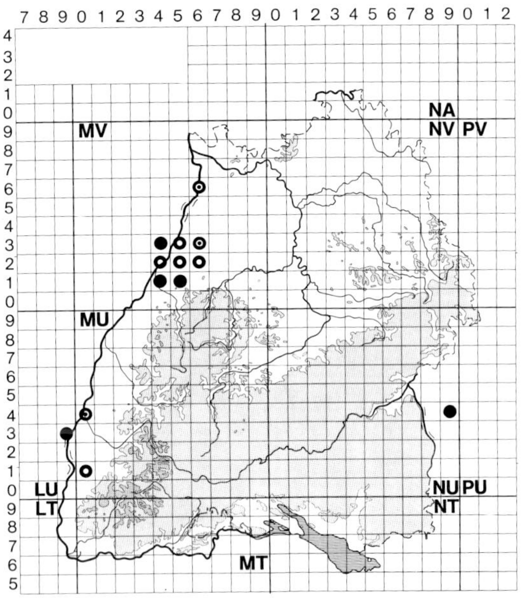

Lasioglossum quadrinotatulum

Phänologie: Die bisherigen Funde deuten auf ein spätes Erscheinen der überwinterten ♀♀, da die frühesten Tiere Anfang Mai gefunden wurden, ♂♂ wurden im Juli beobachtet.

Bestandessituation: Die Art ist in Baden-Württemberg selten und liegt nach 1975 nur von einem Naturschutzgebiet vor. Sie scheint vorwiegend in extensiv genutzten Gebieten vorzukommen.

RL: Potentiell gefährdet (4).

Bemerkungen: Die mittel- und westeuropäischen Populationen haben im männlichen Geschlecht meist ein schwarzes Clypeusende und nur vereinzelt gelbe Aufhellungen, die bei der östlichen Unterart die Regel werden. (EBMER 1975b:242, 1976a:403, 1988:642–644).

Lasioglossum quadrinotatulum

(Schenck 1861)

Verbreitung: Eurosibirisch; von Frankreich bis Baikal, südwärts bis zur Toskana und bis Kleinasien, nordwärts bis Süd-Finnland (62° n.Br.) (EBMER 1988). – In der Bundesrepublik Deutschland keine Verbreitungsgrenze. – In Baden-Württemberg liegt der Verbreitungsschwerpunkt in der nördlichen Oberrheinebene, weitere Funde gibt es in der südlichen Oberrheinebene. Außerhalb der Rheinebene wurde die Art bisher nicht gefunden. Bayrische Nachweise nahe der Grenze zu Baden-Württemberg lassen vermuten, daß die Art auch im Donau-Iller-Gebiet vorkommt. Funddaten ab 1960: LU93 Limburg 1♀ 23. 4. 1983 (W). MU04 Taubergießen 2♀♀ 9. 6. 1968 (G). MV41 Muggensturm 1♀ 10. 8. 1987 (D). MV43 Knielingen 1♀ 19. 4. 1984 (W). MV63 Friedrichsthal 1♀ 30. 7. 1960 (LNK). MV66 Ketsch 1♂ 4. 8. 1965 (G); 2♂♂ 31. 7. 1969 (G). Material: 10♂♂, 14♀♀.

Lebensraum: Charakterart von Sandgebieten: Flugsandfelder, Sand- und Kiesgruben, sandige Ruderalflächen, Sandheiden. Im Kaiserstuhl auch am Rande von Weinbergen auf sandigem Lockerlöß. Nester in Steilwänden, aber auch in vegetationsfreien horizontalen Flächen.

Nistweise: Nistet in selbstgegrabenen Hohlräumen in der Erde, bisweilen in größeren Aggregationen (Ansammlungen von mehreren hundert Nestern). Vermutlich solitär. (WARNCKE 1981).

Blütenbesuch: Vermutlich polylektische Art, von der mir bisher keine Pollenanalysen vorliegen.

Kuckucksbienen: *Sphecodes hyalinatus, Sphecodes ephippius.*

Phänologie: Die überwinterten ♀♀ erscheinen Mitte April, die ♂♂ fliegen von Ende Juli bis Anfang Oktober.

Bestandessituation: Durch ihre Bindung an Sandboden als Nistsubstrat ist die in Baden-Württemberg nur noch vereinzelt anzutreffende Art gefährdet. Nach 1975 wurde kein Vorkommen aus einem Naturschutzgebiet bekannt. Wichtigste Schutzmaßnahmen sind die Sicherung und Offenhaltung von Sandgruben und die Erhaltung und Förderung sandiger Ruderalflächen.

RL: Stark gefährdet (2).

Lasioglossum quadrinotatum

(Kirby 1802)

Verbreitung: Westpaläarktisch; von Iberien bis zum Iran und Kasachstan, in Europa ostwärts bis zum Ural, nordwärts bis Öland (EBMER 1988). – In der Bundesrepublik Deutschland keine Verbreitungsgrenze, auch aus dem Norden gemeldet (WAGNER 1938a), doch insgesamt nur sehr zerstreute Funde. – In Baden-Württemberg nur sehr zerstreute Nachweise in Lagen unter 500 m. Funddaten: LU92 Ihringen 1♀ 3. 5. 1925 (MNF). MU02 Wasenweiler 1♀ 3. 8. 1924 (MNF). MU22 Waldkirch 1♀ 31. 7. 1913 (MNF). MV52 Karlsruhe 1♂ 30. 7. 1962 (LNK); 1♀ 1. 5. 1965 (LNK). MV62 Grötzingen 1♀ 29. 5. 1954 (LNK). MV63 Weingarten 1♀ 8. 6. 1983 (S). NV37 Hopfengarten 1♀ 18. 4. 1925 (NK) (BALLES 1925, 1927). Die Angaben »Osterburken, Dörnishof,

Oberkessach« (BALLES 1927) und »Oppenau« (FRIESE 1895a) waren nicht überprüfbar.

Lebensraum: Alle Funde stammen aus Sand- und Lößgebieten. (Auch in Österreich wurde die Art nur in Gebieten mit Sand- und Lößaufschlüssen gefunden.) Mit Ausnahme einer Beobachtung auf einer Fettwiese liegen aus dem südwestdeutschen Raum keine jüngeren Erkenntnisse über die Lebensräume vor.

Nistweise: Nistet in selbstgegrabenen Hohlräumen in der Erde. Vermutlich solitär.

Blütenbesuch: Vermutlich polylektische Art, von der mir bisher nur 2 Pollenladungen mit Asteraceae und Brassicaceae vorlagen.

Kuckucksbienen: Unbekannt.

Phänologie: Überwinterte ♀♀ wurden ab Mitte April beobachtet, erscheinen aber vielleicht auch schon im März. ♂♂ wurden Ende Juli nachgewiesen.

Bestandessituation: Die in Baden-Württemberg sehr seltene Art ist aus keinem Naturschutzgebiet bekannt. Aufgrund der geringen Kenntnisse sind konkrete Gefährdungsursachen oder Schutzmaßnahmen derzeit nicht zu benennen.

RL: Potentiell gefährdet (4).

Lasioglossum quadrisignatum

(Schenck 1853)

Verbreitung: Westpaläarktisch; von Iberien bis Kurdistan, vereinzelt in Mitteleuropa, nordwärts bis Mitteldeutschland (EBMER 1988). – In der Bundesrepublik Deutschland nur sehr vereinzelte Nachweise in den südlichen Bundesländern (vgl. STOECKHERT 1954). Nordwärts früher zumindest bis Weilburg verbreitet (SCHENCK 1875). – In Baden-Württemberg nur sehr vereinzelte Nachweise in der südlichen Oberrheinebene, im Kaiserstuhl, in der Schwarzwaldvorbergzone und im Nördlinger Ries. Funddaten: LT99 Innerberg 1♀ 2. 8. 1926 (MNF); 1♀ 6. 4. 1927 (MNF). LU92 Achkarren 1♀ 20. 6. 1925 (MNF); Hochbuck 3♀♀ 26. 6. 1926 (MNF); 1♀ 24. 6. 1952 (MNF); Burkheim, Burgberg 1♀ 17. 7. 1936 (MNF). LU93 Limburg 1♀ 23. 5. 1925 (MNF); Sasbach 1♀ 6. 9. 1924 (MNF) (STROHM 1924); Faule Waag 1♀ 2. 6. 1925 (LEININGER 1927). MU02 Oberbergen 1♀ 26. 8. 1930 (MNF); Wasenweiler 1♀ 10.–11. 7. 1932 (ZMB). MU21 Kirchzarten 1♀ 30. 6. 1967 (G). NV01 Bopfingen, Goldberg 1♀ 24. 5. 1985 (W). Die Angaben »Leibenstadt, Möckmühl« (BALLES 1927) waren nicht überprüfbar.

Lebensraum: Die meisten mir bekannten Funde stammen von Magerrasen und einem Waldrand.

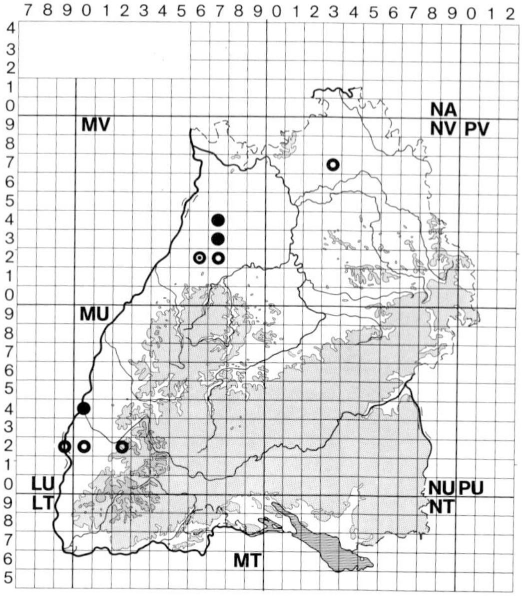

Lasioglossum quadrinotatum

Nistweise: Nistet in selbstgegrabenen Hohlräumen in der Erde. Sozialverhalten unbekannt.

Blütenbesuch: Polylektische Art, von der bisher nur wenige Pollenquellen belegt sind. Boraginaceae: Gewöhnlicher Natterkopf *(Echium vulgare)*; Crassulaceae: Felsen-Fetthenne *(Sedum reflexum)*; Fabaceae: Futter-Esparsette *(Onobrychis viciifolia)*, Weiß-Klee *(Trifolium repens)*.

Kuckucksbienen: Unbekannt.

Phänologie: Die überwinterten ♀♀ erscheinen ab Anfang April, die Flugzeit der ♂♂ ist mir nicht bekannt.

Bestandessituation: Die Art war in Baden-Württemberg schon immer sehr selten und wurde nach 1960 nur zweimal nachgewiesen. Nach 1975 liegt ein Fund aus einem Naturschutzgebiet vor.

RL: Potentiell gefährdet (4).

Lasioglossum rufitarse

(Zetterstedt 1838)

Verbreitung: Holarktisch; in der Paläarktis von England bis Kamtschatka, im Süden von den Pyrenäen bis zum Elburs, in Europa nordwärts bis Nord-Finnland (67° n. Br.) (EBMER 1988). Verbreitungskarte bei EBMER & SAKAGAMI (1985). – In der Bundesrepublik Deutschland keine Verbreitungsgrenze. – In Baden-Württemberg stammen die meisten der bisherigen Funde aus dem Schwarzwald

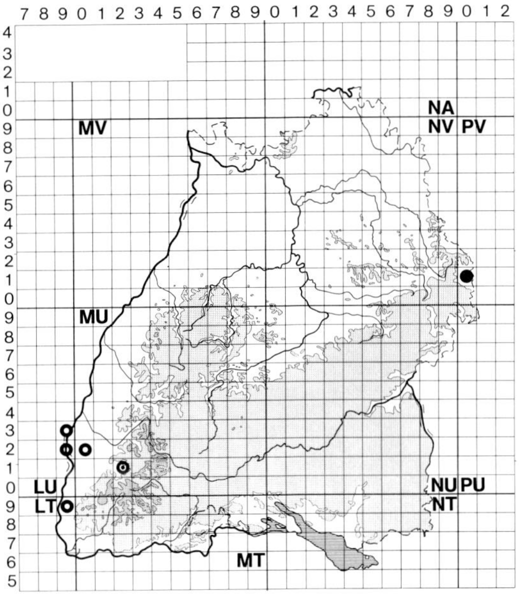

Lasioglossum quadrisignatum

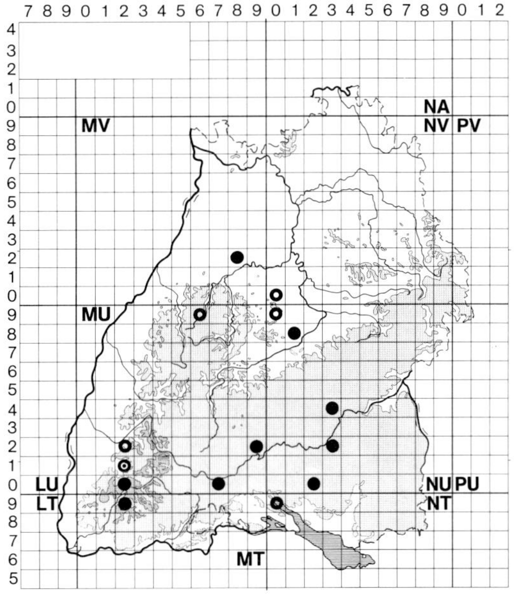

Lasioglossum rufitarse

und von der Schwäbischen Alb aus Lagen über 500 m. Vermutlich kommt die Art aber auch in anderen größeren und kleineren Waldgebieten (z. B. Odenwald, Schwäbisch-Fränkische Waldberge) vor. Material: 8♂♂, 20♀♀.

Lebensraum: Charakterart der Waldgebiete der Gebirge, aber auch der Ebene; dort meist an Waldrändern oder auf Waldlichtungen und Kahlschlägen; regelmäßig auch in Moorgebieten (degenerierte Hochmoore). Keine Bevorzugung bestimmter Bodenarten als Nistsubstrate. Nester an schütter bewachsenen Stellen, z. B. an Waldrändern.

Nistweise: Nistet in selbstgegrabenen Hohlräumen in der Erde. Solitäre Art. (KNERER & SCHWARZ 1976).

Blütenbesuch: Polylektische Art (4 Pflanzenfamilien). Pollenquellen: Asteraceae: Kleines Habichtskraut *(Hieracium pilosella)*; Ericaceae: Heidelbeere *(Vaccinium myrtillus)*, Preiselbeere *(Vaccinium vitis-idaea)*; Ranunculaceae: Scharfer Hahnenfuß *(Ranunculus acris)*; Rosaceae: Brombeere *(Rubus fruticosus)*.

Kuckucksbienen: Unbekannt.

Phänologie: Die überwinterten ♀♀ erscheinen ab Ende April, die ♂♂ fliegen von Mitte Juli bis Mitte September.

Bestandessituation: Da die Art eine typische Bewohnerin des Waldes und seiner Randbereiche ist und in bezug auf ihre Pollenquellen nicht spezialisiert ist, halte ich sie trotz ihrer Seltenheit für nicht gefährdet. Durch Aufforstungen vor alten Waldrändern erleidet die Art aber vielerorts vermeidbare Verluste.

Lasioglossum semilucens
(Alfken 1914)

Verbreitung: Eurosibirisch; im Süden montan, von Zentral-Iberien bis Kirgisien, in Europa nordwärts bis Mittel-Schweden (60° n. Br.) (EBMER 1988). In den Alpen nur in den Tallagen. – In der Bundesrepublik Deutschland keine Verbreitungsgrenze. – In Baden-Württemberg wurde die Art bisher nur aus dem Kaiserstuhl-Gebiet und der Schwarzwaldvorbergzone bekannt. Die Fundorte liegen alle unter 500 m. Funddaten: LU92 Achkarren 1♀ 20. 6. 1925 (MNF). LU92 Limburg 1♀ 26. 5. 1928 (MNF). MU02 Vogtsburg 1♀ 13. 5. 1931 (ZMB); Oberbergen, Badberg 1♀ 13. 7. 1932 (ZMB); Oberbergen 1♀ 1981 (LZB) (DÜWEKE 1988). MU22 Waldkirch 1♂ 16. 8. 1913 (MNF); 1♀ 20. 4. 1914 (MNF). MV51 Malsch 1♀ 20. 4. 1985 (D); 1♀ 1. 6. 1985 (D); 1♀ 22. 5. 1987 (D); 1♀ 3. 9. 1987 (D). Die Angaben »Hopfengarten, Hainstadt, Oberachern« (BALLES 1925, 1927) waren nicht überprüfbar.

Lebensraum: Die meisten Funde stammen von Magerrasen, einige auch von Weinbergböschungen und aus einer Lehmgrube. Außerhalb Baden-Württembergs wurde die Art auch im Siedlungsbereich

gefunden. Ebmer traf sie an steinigen Hängen, Aufschlüssen und Wegböschungen auf Granitgrus mit spärlichem Pflanzenwuchs.
Nistweise: Nistet in selbstgegrabenen Hohlräumen in der Erde. Sozialverhalten unbekannt. (EBMER 1971:123).
Blütenbesuch: Vermutlich polylektische Art.
Kuckucksbienen: Unbekannt.
Phänologie: Die überwinterten ♀♀ erscheinen ab Anfang April, die ♂♂ wurden im August beobachtet.
Bestandessituation: Bei der geringen Größe ist schwer abzuschätzen, ob die nur selten aufgefundene und leicht zu übersehende Art gefährdet ist. Möglicherweise ist sie in Baden-Württemberg weiter verbreitet, als aus der Karte ersichtlich.

Lasioglossum setulosum
(Strand 1909)

Verbreitung: Eurasische Steppenart; vom Rhein über Mitteldeutschland (Kyffhäuser) bis zur Mandschurei (EBMER 1988). – In der Bundesrepublik Deutschland bereits von BLÜTHGEN (1924) von Wiesbaden gemeldet. WARNCKE (1986c) führt einen weiteren Fund aus einem Sandgebiet östlich Eining, Kreis Kelheim (3♂♂ 6. 8. 1982) an. – In Baden-Württemberg bisher nicht nachgewiesen, ein Vorkommen ist aber nicht auszuschließen.
Bemerkungen: Über die Biologie und Ökologie der mitteleuropäischen Populationen liegen keine Beobachtungen vor.

Lasioglossum sexmaculatum
(Schenck 1853)

Verbreitung: Europäisch-montan, von Belgien über die Karpaten (Siebenbürgen) bis Jakutien, von NW-Iberien bis Süd-Schweden (58° n.br.) (EBMER 1988). – In der Bundesrepublik Deutschland nur sehr vereinzelte Nachweise: Schleswig-Holstein (Süderhastedt) (HOOP 1941b); Niedersachsen: Hannover (GEHRS 1910), Oldenburg (HAESELER 1978a); Nordfriesische Inseln: Amrum (HAESELER 1976); Hamburg (WAGNER 1920, 1938a); Bremen (ALFKEN 1913); Rheinland-Pfalz: Mombach (SCHENCK 1853); Bayern: mehrere Fundorte (ENSLIN 1922, STOECKHERT 1933). – In Baden-Württemberg bisher nicht nachgewiesen. Ein Vorkommen ist nicht auszuschließen.
Lebensraum: In Norddeutschland kommt die Art in Flugsandgebieten (Küstendünen) und Sandheiden vor.

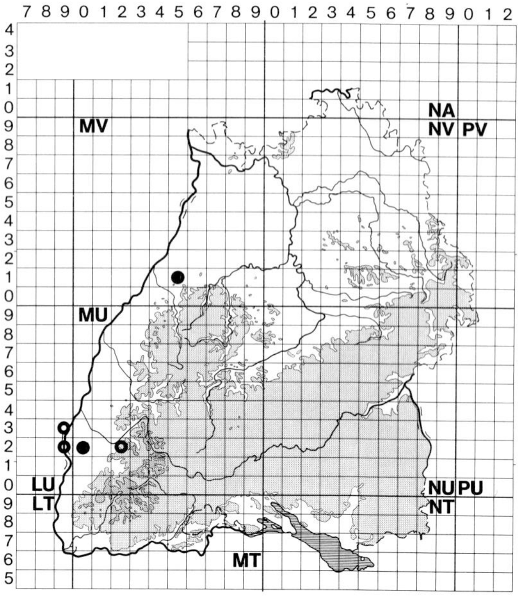

Lasioglossum semilucens

Nistweise: Nistet in selbstgegrabenen Hohlräumen in der Erde. Vermutlich solitäre Lebensweise.
Blütenbesuch: Vermutlich polylektische Art.
Kuckucksbienen: Unbekannt.
Phänologie: Vermutlich wie bei anderen Arten der Untergattung *Lasioglossum*.
Bemerkungen: WARNCKE (1986c) stellt *L. sexmaculatum* lediglich als Unterart zu *L. sexnotatulum* (Nylander 1852). Von BLÜTHGEN (1958) und EBMER (1988) werden beide Taxa als eigene Arten aufgefaßt. *L. sexnotatulum* ist eine boreale Art, die von Süd-Norwegen bis Sibirien und von der polnischen Ostseeküste bis Mittel-Finnland verbreitet ist.

Lasioglossum sexnotatum
(Kirby 1802)
Syn.: *L. nitidum* (Panzer 1798) nec (Müller 1776).

Verbreitung: Eurosibirisch; von Iberien und Süd-England bis zur Mongolei, nordwärts bis Dänemark (EBMER 1988). – In der Bundesrepublik Deutschland keine Verbreitungsgrenze, auch im Norden (WAGNER 1938a). – In Baden-Württemberg zerstreute Nachweise in Lagen unter 500 m, mit gewissen Verbreitungsschwerpunkten in der südlichen und nördlichen Oberrheinebene. Funddaten ab 1975: MU02 »Oberbergen« 1981 (LZB) (DÜWEKE 1988). MV51 Malsch 1♀ 16. 6. 1984 (D). Material: 63♂♂, 265♀♀.

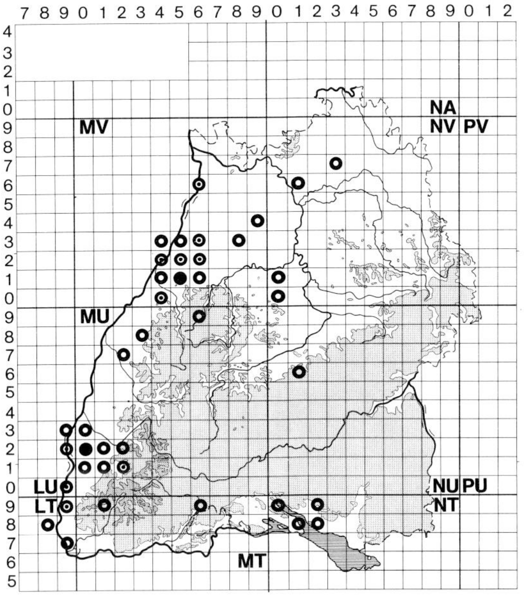

Lasioglossum sexnotatum

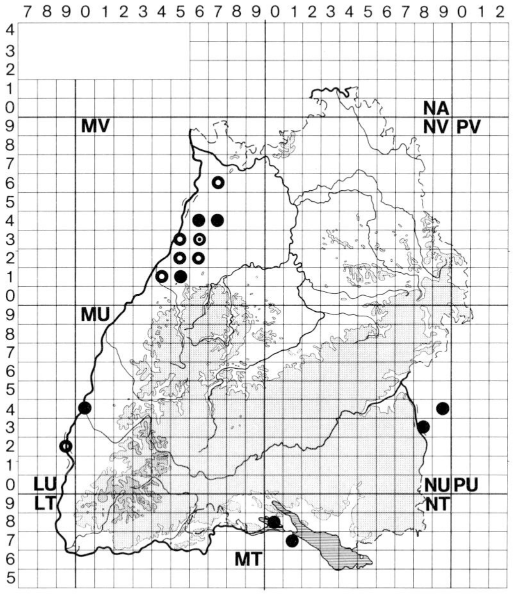

Lasioglossum sexstrigatum

Lebensraum: Die meisten mir bekannten Funde stammen von trockenwarmen Stellen der Sand- und Lößgebiete, besonders von Magerrasen, Weinbergen, Wegböschungen und Ruderalstellen. Nistplätze wurden mir nicht bekannt.

Nistweise: Nistet in selbstgegrabenen Hohlräumen in der Erde. Vermutlich solitäre Lebensweise.

Blütenbesuch: Polylektische Art (8 Pflanzenfamilien). Pollenquellen: Asteraceae: Wiesen-Schafgarbe *(Achillea millefolium)*, Wiesen-Flockenblume *(Centaurea jacea)*, Wiesen-Löwenzahn *(Taraxacum officinale)*; Brassicaceae: Gewöhnliches Barbarakraut *(Barbarea vulgaris)*; Liliaceae: Gewöhnlicher Spargel *(Asparagus officinalis)*; Lythraceae: Blut-Weiderich *(Lythrum salicaria)*; Ranunculaceae: Scharfer Hahnenfuß *(Ranunculus acris)*; Rosaceae: Brombeere *(Rubus fruticosus)*; Salicaceae: Weiden *(Salix)*; Scrophulariaceae: Gamander-Ehrenpreis *(Veronica chamaedrys)*, Knotige Braunwurz *(Scrophularia nodosa)*, Mehlige Königskerze *(Verbascum lychnitis)*.

Kuckucksbienen: Unbekannt.

Phänologie: Die überwinterten ♀♀ erscheinen manchmal schon im April, meist aber erst im Mai, die (meist seltenen) ♂♂ fliegen von Mitte Juli bis Ende September.

Bestandessituation: Der starke Rückgang der durch ihre Größe kaum zu übersehenden Art in den vergangenen Jahrzehnten wird auch aus der Verbreitungskarte deutlich erkennbar. Während die Art in den 60er Jahren noch regelmäßig gefunden wurde, liegen nach 1975 nur noch zwei Nachweise vor. Nach den Funden zu schließen, leidet die Art besonders stark unter der intensivierten landwirtschaftlichen Nutzung von Wiesen und der Beseitigung von sogenanntem »Ödland« in den Feldfluren. Nach Mitteilung von Ebmer ist auch in Österreich ein starker Rückgang zu verzeichnen.

RL: Stark gefährdet (2).

Lasioglossum sexstrigatum

(Schenck 1868)

Verbreitung: Westpaläarktischer Exponent einer sehr artenreichen ostpaläarktischen Gruppe. Westgrenze in Europa noch unsicher, von Belgien bis zum südlichen Ural, von der Südwest-Schweiz bis Armenien, nördlich bis Litauen (Ebmer 1988). – In der Bundesrepublik Deutschland keine Verbreitungsgrenze, jedoch im Norden etwas häufiger als im Süden (vgl. Riemann 1987a). – In Baden-Württemberg liegt der Verbreitungsschwerpunkt in der nördlichen Oberrheinebene, weitere Funde stammen aus dem Kaiserstuhl, dem Bodenseeraum und den Iller-Auen. Funddaten ab 1975: MV51 Malsch 1♀ 16. 6. 1984 (D). MV64 Graben 1♀ 1986 (Kunz). MV74 Zeutern 1♀ 24. 9. 1980 (Kunz) (Kunz 1981). NT08 Mindelsee 1♀ 25. 5. 1986 (Z). NT17 Konstanz 4♀♀ 25.–26. 5. 1985 (Z). Material: 9♂♂, 43♀♀.

Lebensraum: Überwiegend in Sandgebieten, daher v.a. auf Flugsandfeldern und Binnendünen, in Sandgruben, auf sandigen Ruderalflächen, gelegentlich in lichten Wäldern, auch im Siedlungsbereich. Nester an schütter bewachsenen Stellen auf ebenen Flächen, im Siedlungsbereich im aufgeschütteten Sand von gepflasterten Wegen.
Nistweise: Nistet in selbstgegrabenen Hohlräumen in der Erde, meist in kleineren bis größeren Aggregationen (bis 34 Nester pro Quadratmeter). Die Art lebt solitär. (HAESELER 1982b).
Blütenbesuch: Polylektische Art (4 Pflanzenfamilien). Pollenquellen: Asteraceae: Gewöhnliches Ferkelkraut *(Hypochoeris radicata)*; Cucurbitaceae: Zweihäusige Zaunrübe *(Bryonia dioica)*; Rosaceae: Frühlings-Fingerkraut *(Potentilla verna)*, Gänse-Fingerkraut *(Potentilla anserina)*, Kriechendes Fingerkraut *(Potentilla reptans)*, Garten-Apfelbaum *(Malus domestica)*, Birne *(Pyrus communis)*, Aprikose *(Prunus armeniaca)*; Salicaceae: Grau-Weide *(Salix cinerea)*, Sal-Weide *(Salix caprea)*, Ohr-Weide *(Salix aurita)*.
Kuckucksbienen: *Nomada sheppardana* (HAESELER 1982b, VEGTER 1971).
Phänologie: Die überwinterten ♀♀ erscheinen Anfang April, die ♂♂ ab Ende Juni.
Bestandessituation: Die Art ist in Baden-Württemberg im Vergleich zu manchen anderen Sandbewohnern vergleichsweise selten, wenn sie auch lokal höhere Populationsdichten erreichen kann. Aufgrund ihrer Bindung an sandige Lebensräume, die gleichzeitig ein reiches Blütenangebot aufweisen müssen, halte ich die Art für gefährdet. Die größte Chance für die Arterhaltung liegt in der Sicherung von Sandgruben für Zwecke des Naturschutzes und in der Erhaltung und Förderung von Ruderalflächen in den Sandgebieten.
RL: Gefährdet (3).
Bemerkungen: WARNCKE (1986c) trennt von *L. sexstrigatum* eine Form ab, die er als neue Art unter dem Namen *Halictus sabulosus* kaum nachvollziehbar beschreibt und deren Locus typicus Lochhausen bei München ist. Die Artberechtigung erscheint mir zweifelhaft. EBMER (1988:659–660) synonymisiert die neue »Art«.

Lasioglossum smeathmanellum
(Kirby 1802)

Verbreitung: Atlanto-mediterran; von den Azoren bis Westdeutschland (unterer Main), von Marokko nordwärts bis Irland und südliches England. In Mitteleuropa nur im nordwestlichen Teil (EBMER 1988). – In der Bundesrepublik Deutschland aufgrund der leichten Verwechslung mit *L. nitidulum* noch wenig bekannt. Nach EBMER im Rhein-Main-Neckar-Gebiet. – In Baden-Württemberg bisher nicht nachgewiesen.
Bemerkungen: Die Art lebt offensichtlich ähnlich wie *L. nitidulum* und dürfte auch wie diese polylektisch sein. Nähere Beobachtungen liegen mir nicht vor. Die Validität der Art bekräftigen BLÜTHGEN (1944) und EBMER (1976b, 1988). Nach den bisherigen Untersuchungen treten keine Übergangsformen zwischen *L. smeathmanellum* und *L. nitidulum* auf.

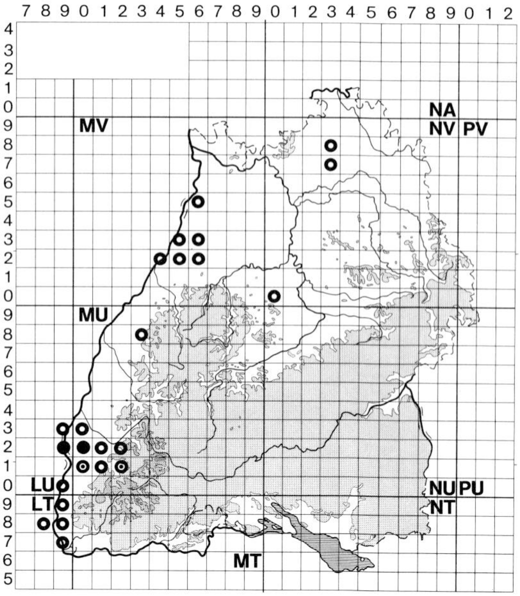

Lasioglossum subfasciatum

Lasioglossum subfasciatum
(Imhoff 1832)

Verbreitung: Wärmere Westpaläarktis; von Spanien bis zum Iran, nordwärts bis Mitteldeutschland (EBMER 1988). – In der Bundesrepublik Deutschland nordwärts bis zum Harz. – In Baden-Württemberg liegen die Verbreitungsschwerpunkte in der nördlichen und südlichen Oberrheinebene und im Kaiserstuhl; sonst nur sehr vereinzelte Funde. Alle Fundorte liegen unter 500 m. Funddaten ab 1960: LU92 Achkarren 1♂ 11. 7. 1964 (G); 1♀ 13. 9. 1969 (G). MU01 Tuniberg 2♀♀ 4. 4. 1965 (G). LU92 u. MU02 Oberrotweil u. Oberbergen 2♂♂,136♀♀ 1981 u. 1982 (LZB) (DÜWEKE 1988). MU02 Ober-

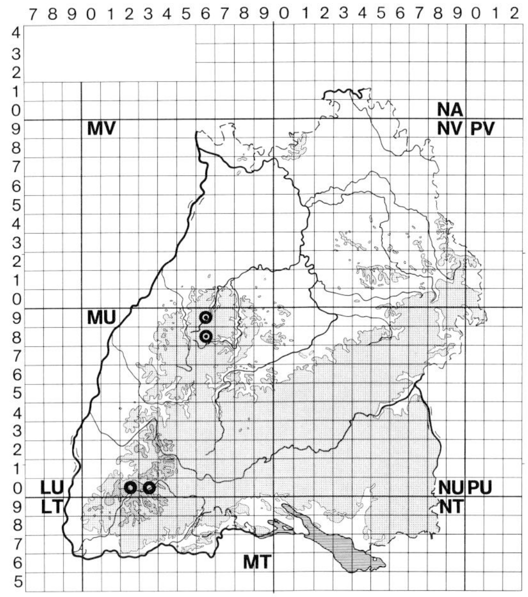

Lasioglossum subfulvicorne

bergen 1♀ 20. 5. 1964 (LNK). MU21 Wittental 1♀ 21. 3. 1966 (G); 1♀ 5. 4. 1966 (G). Material: 17♂♂,335♀♀.

Lebensraum: Die Art wurde mir v.a. von Magerrasen, von Böschungen im Rebgelände und von trokkenwarmen Ruderalstellen bekannt.

Nistweise: Nistet in selbstgegrabenen Hohlräumen in der Erde. Vermutlich solitäre Lebensweise.

Blütenbesuch: Polylektische Art (9 Pflanzenfamilien). Pollenquellen: Aceraceae: Berg-Ahorn *(Acer pseudoplatanus)*; Apiaceae: Wiesen-Kerbel *(Anthriscus sylvestris)*; Asteraceae: Skabiosen-Flokkenblume *(Centaurea scabiosa)*, Wiesen-Löwenzahn *(Taraxacum officinale)*; Brassicaceae: Raps *(Brassica napus)*, Wiesen-Schaumkraut *(Cardamine pratensis)*; Dipsacaceae: Wiesen-Knautie *(Knautia arvensis)*; Oleaceae: Liguster *(Ligustrum vulgare)*; Rosaceae: Frühlings-Fingerkraut *(Potentilla verna)*, Wald-Erdbeere *(Fragaria vesca)*; Salicaceae: Silber-Weide *(Salix alba)*; Valerianaceae: Gemeiner Baldrian *(Valeriana officinalis)*.

Kuckucksbienen: Unbekannt.

Phänologie: Die überwinterten ♀♀ erscheinen ab Ende März, die ♂♂ fliegen von Mitte Juli bis Mitte September.

Bestandessituation: Wie die Verbreitungskarte verdeutlicht, zeigt die Art einen starken Bestandsrückgang seit 1960. Nach 1975 wurde sie nur noch im Kaiserstuhl nachgewiesen, aber nicht innerhalb eines Naturschutzgebietes. Möglicherweise hat die Art im Kaiserstuhl auf den südexponierten Großböschungen eine Chance zum Fortbestehen. Ansonsten sind in diesem Gebiet weitere Unterschutzstellung von Magerrasen-Gebieten und ein schonender Umgang mit Ruderalstellen unumgänglich. RL: Vom Aussterben bedroht (1).

Lasioglossum subfulvicorne

(Blüthgen 1934)

Verbreitung: Die Nominatform in China (Kansu) und Nordkorea; die westliche ssp. *austriacum* Ebmer 1974 von Frankreich (Massif Central) bis zum Kaukasus; die Nordgrenze in Skandinavien ist mangels ♂♂ noch nicht sicher, nach ♀♀ bis Süd-Schweden (60° n. Br.) (EBMER 1988). Verbreitungskarte bei SVENSSON et al. (1977). – In der Bundesrepublik Deutschland nur sehr vereinzelte Nachweise in Baden-Württemberg, dort ausschließlich im Schwarzwald. Funddaten: MU22 Feldberg 2♂♂ 6. 8. 1952 (LNK) (WESTRICH & SCHMIDT 1985b). MU30 Hinterzarten 1♂ 27. 7. 1929 (MNF). MU68 Enzklösterle, Simmersfeld 1♀ 29. 7. 1973 (det. Ebmer, coll. W). MU69 Enzklösterle, Lappachtal 1♂ 20. 7. 1973 (det. Ebmer, coll. W) (WESTRICH 1984a).

Lebensraum: Die wenigen Nachweise aus Baden-Württemberg stammen aus Waldgebieten, jedoch kein Waldbewohner, sondern auf Lichtungen, entlang von Waldwegen und an Waldrändern. Auch in den Alpen nicht über der Waldgrenze.

Nistweise: Nistet vermutlich in selbstgegrabenen Hohlräumen in der Erde. Sozialverhalten unbekannt.

Blütenbesuch: Vermutlich polylektische Art, die an Greiskraut *(Senecio)*, Gewöhnlicher Goldrute *(Solidago virgaurea)* und an *Vaccinium* beobachtet wurde.

Kuckucksbienen: Unbekannt.

Phänologie: Siehe obige Funddaten.

Bemerkungen: Nächstverwandt zu *Lasioglossum fratellum* und vor allem im Weibchen sehr schwer von dieser Art zu unterscheiden. Zum Artstatus vergleiche EBMER (1974b), SVENSSON, EBMER & SAKAGAMI (1977).

Lasioglossum subhirtum

(Lepeletier 1841)
Syn.: *L. malachurops* (Cockerell 1937).

Verbreitung: Westmediterran; Maghreb, Iberien bis Südwest-Deutschland (EBMER 1988). – In der Bundesrepublik Deutschland nur im Südwesten. In Rheinland-Pfalz ein Fund bei Neustadt (WARNCKE 1986b). – In Baden-Württemberg wurde die Art nur an 3 Stellen nachgewiesen: MU11 Freiburg 1♂ 20. 8. 1962 (det. Ebmer, coll. Senckenberg-Museum Frankfurt a.M.). MV62 Eppingen 1♂ 23. 8. 1934 (NK) (BLÜTHGEN 1944). MV62 Durlach 1♂ 17. 8. 1927 (NK) (STOECKHERT 1933, BLÜTHGEN 1944). Die Angabe »Kehl« (BLÜTHGEN 1944) war nicht überprüfbar.

Lebensraum: Unbekannt.

Nistweise: Nistet vermutlich in selbstgegrabenen Hohlräumen in der Erde. Sozialverhalten unbekannt.

Blütenbesuch: Polylektische Art, von der mir bisher lediglich Pollenladungen aus dem Mittelmeergebiet vorlagen, die Pollen von Asteraceae (*Cirsium*- und *Helianthus*-Typ), Brassicaceae und Cistaceae enthielten.

Kuckucksbienen: Unbekannt.

Phänologie: Siehe obige Funddaten.

Bestandessituation: Der letzte Nachweis dieser sehr seltenen Art stammt aus dem Jahre 1962.

RL: Potentiell gefährdet (4).

Lasioglossum tarsatum

(Schenck 1868)

Verbreitung: Eurasien; von Belgien und der Südwest-Schweiz bis Südwest-Afghanistan, von Makedonien bis Süd-Finnland (61° n. Br.) (EBMER 1988). Verbreitungskarte bei WARNCKE (1981). – In der Bundesrepublik Deutschland keine Verbreitungsgrenze, im Norden (Ostfriesische Inseln, Schleswig-Holstein) offenbar etwas häufiger als im Süden (vgl. HAESELER 1978b, 1978c, 1982d, HOOP 1941a, WAGNER 1938a), insgesamt aber nur sehr vereinzelt. Weitere Nachweise bei Köln (Königsforst) (AERTS 1949, coll. Museum Alexander-König Bonn), Lippstadt und Recklinghausen (SCHENCK 1868, EBMER 1975b) und Aschaffenburg (STOECKHERT 1954). – In Baden-Württemberg zwar von BALLES (1925, 1927) von Oberachern und Osterburken gemeldet, Belegtiere waren aber nicht auffindbar. In der nördlichen Oberrheinebene zu erwarten.

Lebensraum: Charakterart von Sandgebieten, daher auf Flugsandfeldern, in Sand- und Kiesgruben, im Norden in Küstendünen.

Nistweise: Nistet in selbstgegrabenen Hohlräumen in der Erde. Sozialverhalten unbekannt.

Blütenbesuch: Vermutlich polylektische Art, von der bisher allerdings nur folgende Asteraceae als

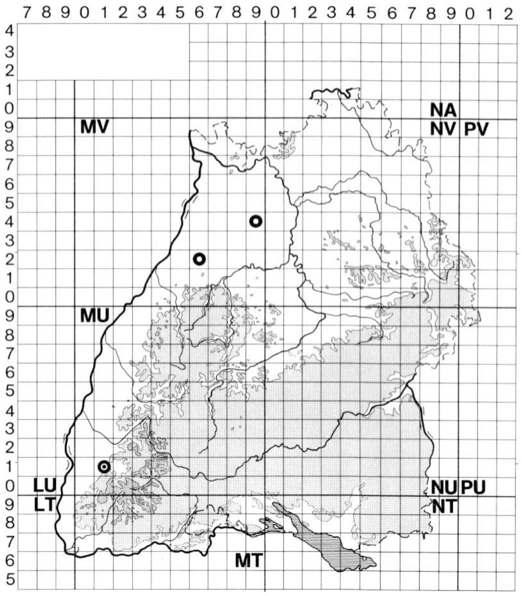

Lasioglossum subhirtum

Pollenquellen belegt sind: Huflattich *(Tussilago farfara)*, Wiesen-Löwenzahn *(Taraxacum officinale)*, Herbst-Löwenzahn *(Leontodon autumnalis)*, Gewöhnliches Ferkelkraut *(Hypochoeris radicata)*.

Kuckucksbienen: Unbekannt.

Phänologie: Wohl ähnlich wie bei *L. sexstrigatum*.

Lasioglossum tricinctum

(Schenck 1874)

Verbreitung: Submediterran; von Iberien bis Syrien, nur vereinzelt in Mitteleuropa (EBMER 1988); nordwärts bis zum Saaletal in der DDR (51° n. Br.) (BLÜTHGEN 1925). – In der Bundesrepublik Deutschland nur in den südlichen Teilen, nordwärts bis zum Koppelstein bei Niederlahnstein. Hessen: Weilburg (SCHENCK 1874); Rheinland-Pfalz: Bad Münster am Stein (SCHMIDT & WESTRICH 1985), Niederlahnstein (leg. et coll. Risch); Bayern: Karlstadt am Main, Thüngersheim am Main (STOECKHERT 1954). – In Baden-Württemberg nur sehr vereinzelte Nachweise in verschiedenen Landesteilen, aber stets unter 500 m. Funddaten: LT97 Efringen 1♀ 20. 4. 1924 (MNF) (STROHM 1924). LU92 Burkheim 1♀ 13. 9. 1965 (S). LU93 Sasbach 1♀ 22. 5. 1926 (MNF). MU02 Oberbergen 1♀ 6.1981 (LZB) (DÜWEKE 1988). NU07 Tübingen, Spitzberg 1♀ 18. 4. 1978 (W) (WESTRICH 1980). NV01 Markgröningen 3♂♂ 31. 8. 1930 (SMNS)

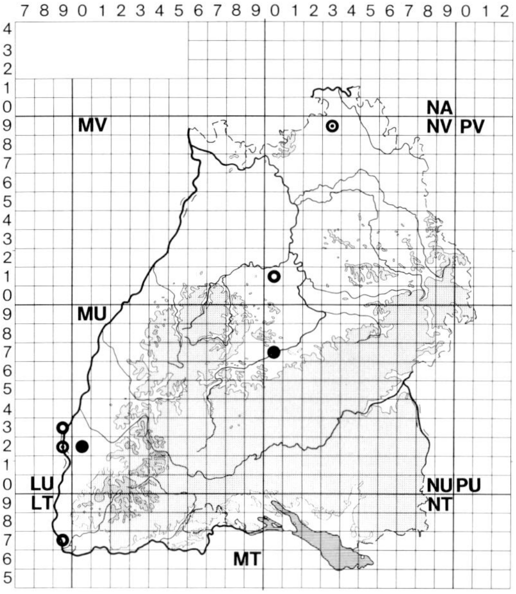

Lasioglossum tricinctum

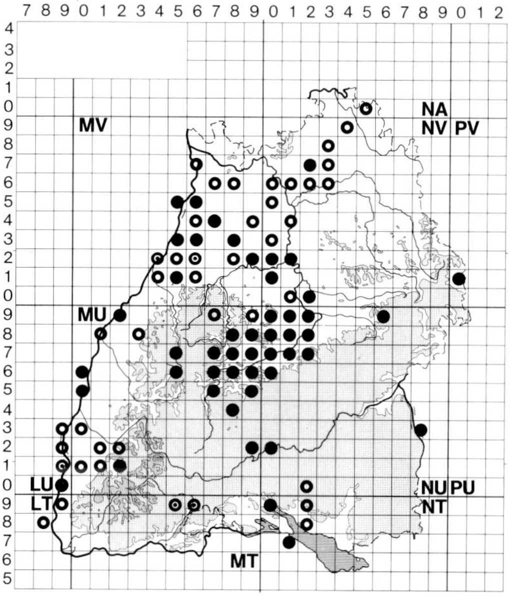

Lasioglossum villosulum

(WESTRICH 1983d). NV39 Schweinberg 2♀♀ 13.–14. 6. 1971 (SMNS).

Lebensraum: Mir ist die Art nur von südexponierten Trockenhängen im Weinbauklima bekannt.

Nistweise: Nistet in selbstgegrabenen Hohlräumen in der Erde. Sozialverhalten unbekannt.

Blütenbesuch: Vermutlich polylektische Art.

Kuckucksbienen: Unbekannt.

Phänologie: Die überwinterten ♀♀ erscheinen im April, die ♂♂ im Juli oder August.

Bestandessituation: Aufgrund ihrer ausgesprochenen Wärmeliebe und ihrer Seltenheit ist die Art stark gefährdet. Keines der neueren Vorkommen liegt in einem Naturschutzgebiet. Nach dem gegenwärtigen Kenntnisstand ist die Art aber nur durch die Ausweisung ihrer Lebensräume als Naturschutzgebiete und deren sachgerechte Pflege zu erhalten.

RL: Stark gefährdet (2).

Lasioglossum villosulum

(Kirby 1802)

Verbreitung: Transpaläarktisch; die Nominatform von den Azoren bis zur Mongolei, von den Kanarischen Inseln bis Arabien, nordwärts bis Mittel-Finnland (EBMER 1988). – In der Bundesrepublik Deutschland keine Verbreitungsgrenze, auch im Norden häufig (RIEMANN 1987a). – In Baden-Württemberg weit verbreitet und häufig, schwerpunktmäßig in Lagen unter 500 m, aber vereinzelt auch in Lagen zwischen 500 und 800 m. In den niederen Lagen dürfte die Art flächendeckend verbreitet sein. Material: 88♂♂,225♀♀.

Lebensraum: Ziemlich ubiquitäre Art, die in trockenen Wiesen, auf Hochwasserdämmen, an Waldrändern, an Ruderalstellen, auf Feldrainen, auf Weg- und Straßenböschungen vorkommt und regelmäßig auch im Siedlungsbereich auftritt. Nester an schütter bewachsenen Stellen, auf horizontalen Flächen und auf Böschungen. Keine Bevorzugung bestimmter Bodenarten als Nistsubstrate.

Nistweise: Nistet in selbstgegrabenen Hohlräumen in der Erde, oft in großen Aggregationen. Die Nester bestehen aus einem senkrechten Hauptgang, der durch engere Seitengänge mit den geschlossenen Brutzellen in Verbindung steht. Die Art lebt solitär, hat aber als einzige bisher bekannte Furchenbiene zwei unabhängige Generationen im Jahr. Die Nestgründerinnen erscheinen nach der Überwinterung während des ganzen Frühjahrs. Das Erscheinen der ersten ♂♂ deckt sich mit dem Schlüpfen der Individuen der ersten Generation. Die ♀♀, die zusammen mit den ♂♂ erzeugt werden, werden alle begattet, sammeln Pollen und zeigen entwickelte Ovarien. Im Herbst erscheinen neue ♀♀, die begattet werden, aber nicht mehr zur Brutversorgung übergehen. Sie gehören zur zweiten Generation, die überwintert und in der ebenfalls ♂♂ erzeugt werden.

Lasioglossum xanthopus, Weibchen auf *Knautia arvensis*.

Während einer kurzen Zeitspanne können ♀♀ beider Generationen beobachtet werden. (Knerer 1968, Knerer & Schwarz 1976, Plateaux-Quénu & Plateaux 1981, 1985, 1986, Poursin & Plateaux-Quénu 1982).

Blütenbesuch: Polylektische Art (5 Pflanzenfamilien), die Asteraceae deutlich bevorzugt (vgl. Poursin 1982). Pollenquellen: Asteraceae: Margerite *(Leucanthemum vulgare)*, Wiesen-Flockenblume *(Centaurea jacea)*, Jakobs-Greiskraut *(Senecio jacobaea)*, Wegwarte *(Cichorium intybus)*, Gewöhnliches Bitterkraut *(Picris hieracioides)*, Wiesen-Pippau *(Crepis biennis)*, Wiesen-Löwenzahn *(Taraxacum officinale)*, Herbst-Löwenzahn *(Leontodon autumnalis)*, Gewöhnliches Ferkelkraut *(Hypochoeris radicata)*, Kleines Habichtskraut *(Hieracium pilosella)*, Doldiges Habichtskraut *(Hieracium umbellatum)*; Boraginaceae: Gewöhnlicher Natterkopf *(Echium vulgare)*; Convolvulaceae: Acker-Winde *(Convolvulus arvensis)*; Ranunculaceae: Scharfer Hahnenfuß *(Ranunculus acris)*; Scrophulariaceae: Königskerzen *(Verbascum)*.

Kuckucksbienen: Regelmäßig kann man *Sphecodes puncticeps* an den Nestern beobachten; außerdem *Nomada distinguenda*.

Phänologie: Bivoltin. Siehe unter Nistweise.

Bestandessituation: Die nach wie vor ausgesprochen häufige Art stellt nur geringe Ansprüche an ihren Lebensraum und ist in Baden-Württemberg nicht gefährdet.

Lasioglossum xanthopus

(Kirby 1802)

Verbreitung: Eurasien; von Marokko bis zur Mongolei, in Europa nordwärts bis Süd-Schweden, im Orient bis Israel (Ebmer 1988). – In der Bundesrepublik Deutschland keine Verbreitungsgrenze. – In Baden-Württemberg zerstreute, über das gesamte Bundesland verteilte Nachweise, überwiegend Lagen unter 500 m, nur vereinzelt in den Mittelgebirgen bis ca. 700 m. Material: 9♂♂, 78♀♀.

Lebensraum: Waldränder, Magerrasen, brachgefallene Schafweiden (Wacholderheiden), trockene Fettwiesen, Streuobstwiesen in Hanglagen, alte Weinbergbrachen. Nester fand ich in schütter bewachsenen Böschungen. Eine Bevorzugung bestimmter Bodenarten als Nistsubstrate liegt offensichtlich nicht vor.

Nistweise: Nistet in selbstgegrabenen Hohlräumen in der Erde. Die Art lebt solitär. Beide Geschlechter

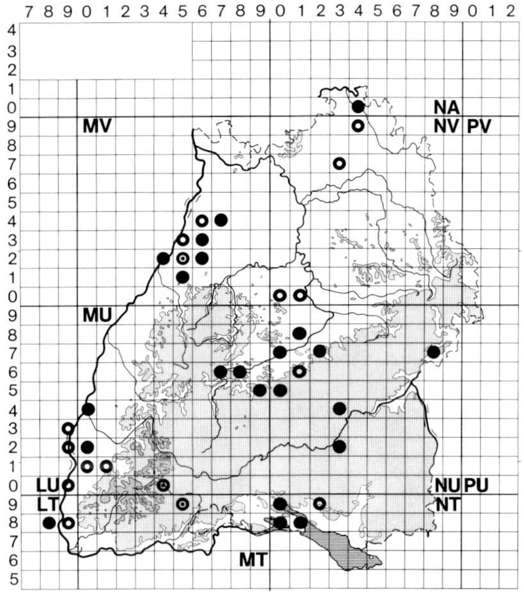

Lasioglossum xanthopus

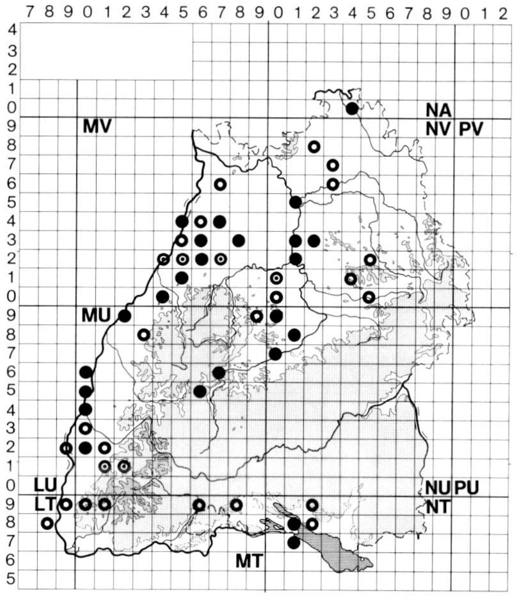

Lasioglossum zonulum

erscheinen im gemäßigten Mitteleuropa im Spätsommer oder Herbst. Die ♀♀ überwintern nach der Paarung und beginnen erst im Frühling mit dem Bau der Brutzellen, aus denen die Herbsttiere (♂♂ und ♀♀) schlüpfen.

Blütenbesuch: Polylektische Art (5 Pflanzenfamilien), die besonders gern *Salvia pratensis* besucht (vgl. BRAUN 1985). Pollenquellen: Asteraceae: Margerite *(Leucanthemum vulgare)*; Boraginaceae: Gewöhnlicher Natterkopf *(Echium vulgare)*; Brassicaceae: Raps *(Brassica napus)*; Campanulaceae: Wiesen-Glockenblume *(Campanula patula)*; Lamiaceae: Wiesen-Salbei *(Salvia pratensis)*.

Kuckucksbienen: *Sphecodes spinulosus.*

Phänologie: Die überwinterten ♀♀ erscheinen Anfang bis Mitte April, die ♂♂ aber sehr spät im Jahr, meist erst im September und Oktober, im südöstlichen Mitteleuropa gelegentlich auch erst im Frühjahr (vgl. FRIESE 1895a:200).

Bestandessituation: Aufgrund ihres Siedlungsschwerpunktes in extensiv bewirtschafteten Lebensräumen ist die Art gefährdet. Schutzmaßnahmen müssen daher in erster Linie auf eine extensive Landnutzung abzielen.

RL: Gefährdet (3).

Lasioglossum zonulum
(Smith 1848)

Verbreitung: Nominatform holarktisch; in der Westpaläarktis von Nordwest-Iberien bis zur Nord-Türkei und bis ins Transbaikal, von England bis zum Ural, nordwärts bis Mittel-Finnland (64° n. Br.) (EBMER 1988). – In der Bundesrepublik Deutschland keine Verbreitungsgrenze. – In Baden-Württemberg weit verbreitet, v. a. in niederen Lagen. Material: 41♂, 124♀♀.

Lebensraum: Die typische Offenlandart kommt v. a. auf trockenen Wiesen, Hochwasserdämmen und an Ruderalstellen vor. Nester an spärlich bewachsenen Stellen, auch in hartem Boden. Eine Bevorzugung bestimmter Bodenarten als Nistsubstrate ist nicht erkennbar.

Nistweise: Nistet in selbstgegrabenen Hohlräumen in der Erde. Solitäre Art.

Blütenbesuch: Ausgesprochen polylektische Art (11 Pflanzenfamilien) (vgl. BRAUN 1985). Pollenquellen: Asteraceae: Margerite *(Leucanthemum vulgare)*, Wiesen-Schafgarbe *(Achillea millefolium)*, Kanadische Goldrute *(Solidago canadensis)*, Wiesen-Löwenzahn *(Taraxacum officinale)*, Wiesen-Pippau *(Crepis biennis)*, Acker-Gänsedistel *(Sonchus arvensis)*, Gewöhnliches Bitterkraut *(Picris hieracioides)*, Kleines Habichtskraut *(Hieracium pilosella)*, Wegwarte *(Cichorium intybus)*, Jakobs-Greiskraut *(Senecio jacobaea)*; Brassicaceae: Raps

(Brassica napus); Campanulaceae: Rundblättrige Glockenblume *(Campanula rotundifolia)*; Cistaceae: Gewöhnliches Sonnenröschen *(Helianthemum nummularium)*; Dipsacaceae: Wald-Knautie *(Knautia dipsacifolia)*; Hypericaceae: Tüpfel-Hartheu *(Hypericum perforatum)*; Liliaceae: Gewöhnlicher Spargel *(Asparagus officinalis)*; Papaveraceae: Schöllkraut *(Chelidonium majus)*; Plantaginaceae: Mittlerer Wegerich *(Plantago media)*; Ranunculaceae: Scharfer Hahnenfuß *(Ranunculus acris)*; Rosaceae: Kriechendes Fingerkraut *(Potentilla reptans)*.

Kuckucksbienen: *Sphecodes monilicornis*, wahrscheinlich auch *Sphecodes scabricollis*.

Phänologie: Die überwinterten ♀♀ erscheinen ab Ende April, die ♂♂ fliegen von Mitte Juli bis Ende September.

Bestandessituation: Die meist nur einzeln zu beobachtende, aber nach wie vor regelmäßig in verschiedenen Landesteilen anzutreffende Art ist in Baden-Württemberg nicht gefährdet.

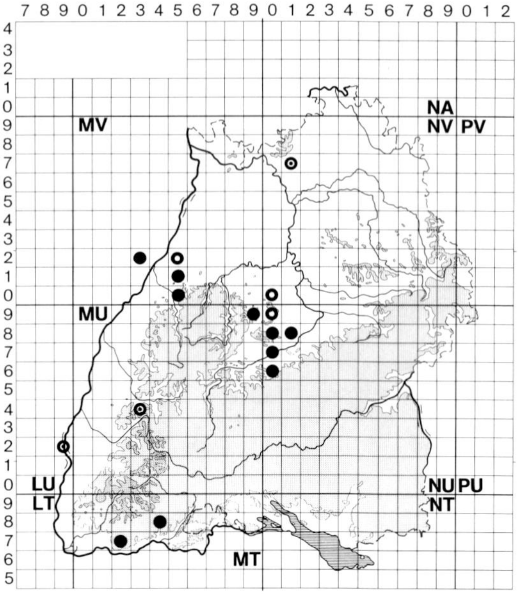

Macropis fulvipes

Macropis Panzer 1809

Die rund 15 bekannten Arten von *Macropis* sind holarktisch verbreitet. In Eurasien reicht ihre Verbreitung von der Iberischen Halbinsel über ganz Europa bis nach China. Auch aus Nordafrika (Algier) liegt ein Nachweis vor. In Nordamerika reicht das Areal südlich bis Florida und Colorado, westlich bis zum Staate Washington (Vogel 1986). In der Bundesrepublik Deutschland gibt es nur die beiden Arten *M. fulvipes* und *M. labiata*. Der deutsche Gattungsname dürfte von den stark verdickten Beinen der Männchen herrühren. Das wie poliert glänzende, fast kahle und nur an den Segmenträndern mit schmalen Fransen versehene, schwarze Abdomen findet sich in ähnlicher Weise nur noch bei einigen Furchenbienen der Gattung *Lasioglossum*. Im Feld lassen sich noch am ehesten die ♀♀ an der Farbe ihrer Scopa auf Artebene unterscheiden, während die gelbgesichtigen Männchen auch aufgrund ihrer Patrouillenflüge zumindest als Vertreter der Gattung *Macropis* erkannt werden können. Die Größe beträgt bei allen Arten ca. 10 mm. Zur Artbestimmung verwende man den Schlüssel in Schmiedeknecht (1930:777).

Macropis fulvipes
(Fabricius 1804)

Verbreitung: Ganz Europa mit Ausnahme der Britischen Inseln, nordwärts bis Süd-Finnland (Vogel 1986). – In der Bundesrepublik Deutschland keine Verbreitungsgrenze. – In Baden-Württemberg nur sehr zerstreute Nachweise. Material: 17♂♂, 33♀♀.

Lebensraum: Siedlungsschwerpunkt in Waldgebieten: Waldlichtungen, Kahlschläge, Waldinnen- und -außenränder, Bachauen in Waldgebieten. Nester wurden gefunden in einer senkrechten Lehmwand, an einer mit dichter, grasig-krautiger Vegetation bewachsenen Grabenböschung mit humusreichem, bröckligem Boden sowie auf einem leicht nach Süden geneigten, gemähten Wiesenhang nicht weiter als 70 cm von Gilbweiderichstauden entfernt. Eine Bevorzugung bestimmter Bodenarten zur Nestanlage ist nicht zu erkennen.

Nistweise: Nistet in selbstgegrabenen Hohlräumen in der Erde, bei höherer Populationsdichte vermutlich in Aggregationen. Das Nest besteht aus einem Hauptgang mit 1–3 Verzweigungen (bisweilen unverzweigt?), an deren Ende die Brutzellen liegen. Diese enthalten je einen aus Pollen und Blumenöl geformten Futterballen und sind mit einer wachsähnlichen, wasserabweisenden Substanz versiegelt, deren Herkunft (Eigenprodukt der Biene oder Derivat des Blumenöls) noch ungeklärt ist. (Blüthgen 1919a, Malyshev 1929, Vogel 1986).

Macropis fulvipes ♀

Blütenbesuch: Streng oligolektische, auf Ölblumen der Gattung *Lysimachia* (Primulaceae) spezialisierte Art. Aufgrund des Siedlungsschwerpunkts der Art in Waldgebieten ist in Südwestdeutschland das Pfennigkraut *(Lysimachia nummularia)* die Hauptquelle für Pollen und Öl, was sich auch mit den Feldbeobachtungen von MALYSHEV (1929) in Rußland deckt. Dort, wo im Aktionsbereich der ♀♀ der Gewöhnliche Gilbweiderich *(Lysimachia vulgaris)* wächst, wird auch er genutzt. In Südosteuropa wird hauptsächlich der Punkt-Gilbweiderich *(Lysimachia punctata)* besucht, an dem man aber auch in Mitteleuropa, insbesondere in waldnahen (Botanischen) Gärten, die ♀♀ beim Sammeln beobachten kann. – Da diese *Lysimachia*-Arten keinen Nektar bieten, müssen andere Pflanzenarten zur Eigenversorgung aufgesucht werden, in Waldgebieten z.B. Wald-Storchschnabel *(Geranium sylvaticum)*, Wald-Ziest *(Stachys sylvatica)* oder Brombeeren *(Rubus fruticosus)*. Eine Bindung an die (austauschbaren) Nektarwirte besteht nicht. Die ♂♂ bilden Schwarmbahnen an den Blütenständen von *Lysimachia*.

Kuckucksbienen: Vermutlich *Epeoloides coecutiens*.

Phänologie: Univoltin. Flugzeit von Ende Juni bis Mitte August (♂♂ 20. 6.–1. 8.; ♀♀ 29. 6.–28. 8.). Bei gleicher geographischer Lage erscheint die Art etwa 2–3 Wochen früher als *Macropis labiata*. Überwinterung im Kokon als Ruhelarve.

Bestandessituation: Trotz ihrer engen Bindung an *Lysimachia* und der im Vergleich mit *Macropis labiata* geringeren Zahl von Nachweisen halte ich diese seltene Art für nicht gefährdet. In den großen Waldgebieten ist sie nur mühsam und nur bei gezielter Suche an blühenden Beständen des unauffälligen Pfennig-Gilbweiderichs aufzufinden. In den Wäldern um Tübingen (Schönbuch, Rammert) wurde sie seit 1979 regelmäßig angetroffen. Das derzeit größte mir bekannte Vorkommen befindet sich im Botanischen Garten der Universität Tübingen.

Macropis labiata

(Fabricius 1804)

Syn.: *M. europaea* Warncke 1973.

Verbreitung: Ganz Europa einschließlich England, nordwärts bis Süd-Schweden und Süd-Finnland. Eine Verbreitungskarte gibt VOGEL (1986). – In der Bundesrepublik Deutschland keine Verbreitungsgrenze. – In Baden-Württemberg liegen die Verbrei-

Macropis labiata ♂

Macropis labiata ♀

tungsschwerpunkte in der Oberrheinebene und in der Schwarzwaldvorbergzone. In den übrigen Landesteilen kommt die Art nur mehr oder weniger zerstreut von der Ebene bis in die höheren Lagen des Schwarzwaldes (ca. 1000 m) vor. Material: 76♂♂, 74♀♀.

Lebensraum: Das Vorkommen wird überwiegend durch die Pollenquelle bestimmt, die an feuchten Standorten wächst, z.B. an Gräben, Ufern, Auwaldrändern oder in Niedermooren. In der Oberrheinebene werden die Nester gern in den Böschungen von Hochwasserdämmen angelegt. Außerhalb Süddeutschlands wurden Nester gefunden an einem Wegrand unter überhängendem Gras, an einer mit Moos bewachsenen Böschung unter einem Birkensämling sowie in torfigem Untergrund der Böschung eines mit Hochstauden bestandenen Wasserlochs.

Nistweise: Nistet in selbstgegrabenen Hohlräumen in der Erde. Die bis zu 8 Brutzellen pro Nest liegen bis zu 10 cm tief am Ende von Seitengängen, die von einem Hauptgang abzweigen. Sie werden wie bei *M. fulvipes* mit einer wasserabweisenden Substanz ausgekleidet. (Bouwman 1921, Lieftinck 1957, Malyshev 1929, Phipps 1948, Vogel 1986).

Blütenbesuch: Streng oligolektische, auf Ölblumen der Gattung *Lysimachia* (Primulaceae) spezialisierte Art. In den meisten Gegenden Süddeutschlands dient nur der Gewöhnliche Gilbweiderich *(Lysimachia vulgaris)* der Versorgung der Brutzellen, gelegentlich (Botanische Gärten) auch der Punkt-Gilbweiderich *(Lysimachia punctata)*. – Da die beiden *Lysimachia*-Arten keinen Nektar liefern, müssen innerhalb des Aktionsradius der Schenkelbienen zusätzlich Nektarquellen wachsen, die allerdings verschiedenen Pflanzenfamilien angehören können und gegenüber denen keine spezifische Bindung besteht. Zu den am häufigsten besuchten Nektarquellen gehören Blutweiderich *(Lythrum salicaria)*, Sumpf-Storchschnabel *(Geranium palustre)* und Sumpf-Kratzdistel *(Cirsium palustre)*. Der Schwarmflug der ♂♂ besteht in fast ständigen Patrouillen an den Blütenständen der potentiellen Pollen/Öl-Quellen der ♀♀. Auch die Kopula findet in der Regel auf *Lysimachia* statt.

Kuckucksbienen: *Epeoloides coecutiens*.

Phänologie: Univoltin. Flugzeit von Anfang Juli bis Anfang September (♂♂ 22. 6.–28. 8.; ♀♀ 3. 7.–11. 9.). Bei gleicher geographischer Lage erscheint die Art etwa 2–3 Wochen später als *Macropis fulvipes*. Überwinterung im Kokon als Ruhelarve.

Bestandessituation: Sicherlich ist die Art durch den allgemeinen Verlust an Feuchtgebieten in der Vergangenheit bereits zurückgegangen. Seit 1975 wurden aber noch zahlreiche, weit über das Land verstreute Vorkommen (auch in Naturschutzgebieten) festgestellt. Daher wurde vorläufig noch auf eine Aufnahme in die Rote Liste verzichtet. Aufgrund ihrer Bindung an *Lysimachia* kann aber die Mahd der Hochstaudenvegetation feuchter Standorte (z.B. Grabenränder, Bach- und Flußuferböschungen) während der Vegetationsperiode lokale Populationen völlig vernichten. Die Abwehr dieses Schadfaktors ist daher eine wesentliche Schutzmaßnahme. Im Umfeld der Pollenquellen ist außerdem für ein ausreichendes Angebot an geeigneten Nektarspendern zu sorgen.

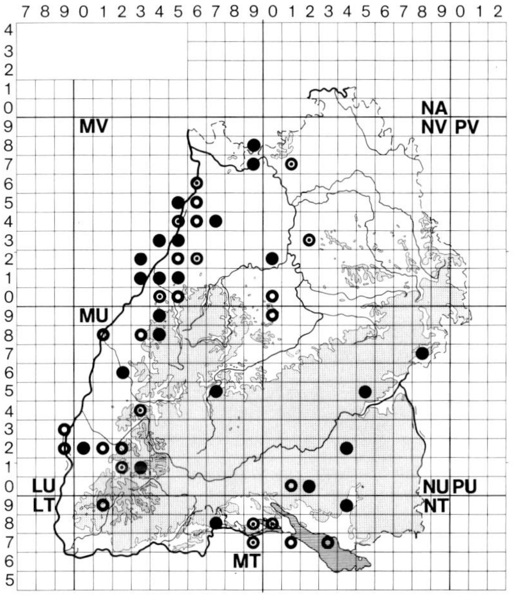

Macropis labiata

Megachile Latreille 1802

Lepeletier gründete 1841 wegen des von den übrigen *Megachile*-Arten (= Blattschneiderbienen) abweichenden Nestbaus auf *Megachile muraria* auct. und einigen verwandten Arten seine Gattung *Chalicodoma* (= Mörtelbienen). Dieser Bienengruppe wurde aber in der Folge nicht von allen Autoren der Rang einer eigenen Gattung zugesprochen. So wird sie z.B. von Friese (1894–1901, 1911) und Benoist (1935, 1940) nur als Untergattung zu *Megachile* gestellt. Von anderen Autoren (Schmiedeknecht 1930:806) wird *Chalicodoma* als Gattungsname gebraucht. Die Unsicherheit in der Zuord-

nung wird auch daraus deutlich, daß Arten, die später als *Chalicodoma* betrachtet werden, als *Megachile* beschrieben werden und umgekehrt.
So wird *Megachile ericetorum* von Lepeletier unter Unkenntnis der Biologie dieser Art noch als *Megachile* beschrieben, später von MICHENER (1962) zu *Chalicodoma* gestellt, da sie bei ihren Nestbauten Lehm verwendet. Lehm und Mörtel finden aber bei verschiedensten Stechimmen-Gattungen als Baumaterialien Verwendung. Dies gilt auch für Pflanzenmörtel und Harz, so daß die Verwendung solcher Baumaterialien als Kriterium für die verwandtschaftliche Zuordnung nicht geeignet erscheint. PASTEELS (1966) und MICHENER (1962, 1965) benutzen dennoch als Hauptargument zur Aufrechterhaltung einer eigenen Gattung *Chalicodoma* die abweichende Nestbauweise, nennen aber noch bisher nicht benutzte morphologische Unterscheidungsmerkmale. REBMANN (1970) hat die entsprechenden Argumente überprüft und mußte sich überzeugen, daß die Merkmale »bei einer Reihe von Arten nicht zutreffen, im übrigen sich als fließend erwiesen, was man schon aus den Bestimmungstabellen von PASTEELS und MICHENER, gewissermaßen zwischen den Zeilen, entnehmen kann«. TKALCŮ (1969) schließt sich, ebenso wie VAN DER ZANDEN (1982), MICHENER an, obwohl er dessen trennende Merkmale zwischen *Chalicodoma* und *Megachile* als »vage« bezeichnet. Die von REBMANN vorgebrachten Argumente sind für mich überzeugender, ich schließe mich daher ihm an und betrachte wie WARNCKE (1986c) *Chalicodoma* lediglich als Untergattung von *Megachile*.
Die Gattung *Megachile* ist fast weltweit verbreitet. Aus der Bundesrepublik Deutschland sind 20 Arten bekannt. Das Abdomen der *Megachile*-Arten ist bei den Weibchen flach. Bei den Männchen sind die Vordertarsen oft verbreitert und gefranst, das Endglied der Fühler flachgedrückt, die Endsegmente einwärts gekrümmt und meist gekerbt und gezähnelt. Die Größe schwankt von 9 mm (*M. alpicola*) bis 18 mm (*M. lagopoda*). Mit etwas Übung kann man einige Arten vor allem im weiblichen Geschlecht auch im Gelände ansprechen, z.B. *M. ericetorum*, *M. willughbiella* oder *M. rotundata*. Auch das Weibchen von *M. parietina* ist leicht zu erkennen: sein ganzer Körper ist schwarz behaart, nur die Bauchbürste ist braunrot; die Flügel sind schwarzblau. Die Männchen von *Megachile* sind bei den kleineren Arten oft schwer zu unterscheiden, solche mit verbreiterten Vordertarsen hingegen sind recht einfach zu trennen.
Zur Bestimmung kann man nach wie vor die Tabelle in SCHMIEDEKNECHT (1930:797ff, 806f) verwenden. BENOIST (1940) hat eine Tabelle in französischer Sprache abgefaßt. Hinweise zur besseren Bestimmung einzelner Arten geben auch BLÜTHGEN (1949) und REBMANN (1968). Einen illustrierten Bestimmungsschlüssel der mitteleuropäischen Arten enthält das jüngst erschienene Buch von DORN & WEBER (1988).

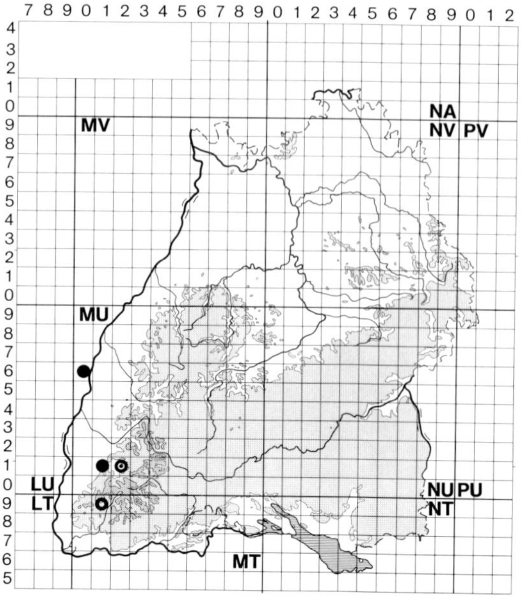

Megachile alpicola

Megachile alpicola
Alfken 1924

Verbreitung: Vereinzelt in Mitteleuropa; Nordeuropa (Süd-Finnland). In den Alpen bis 2000 m. – In der Bundesrepublik Deutschland keine Verbreitungsgrenze, auch im Norden (vgl. HAESELER 1977a), insgesamt aber nur zerstreute Nachweise. – In Baden-Württemberg bisher nur vier Funde im Hochschwarzwald und in der südlichen Oberrheinebene. Funddaten: MT19 Künaberg 1♂ 11. 6. 1943 (LNK) (STRITT 1968). MU06 Ottenheim 1♀ 19. 6. 1984 (W). MU21 Wittental 1♂ 15. 6. 1964 (G); 1♀ 1. 7. 1965 (G) (GAUSS 1967).
Lebensraum: Siedlungsschwerpunkt in Waldgebieten der Mittelgebirge: Waldränder, Waldlichtungen, Kahlschläge. Vereinzelt kommt die Art auch in der Ebene und dort sehr selten auch im Siedlungsbereich vor. Die Nistplätze sind überwiegend natürliche Totholzstrukturen oder verarbeitetes Holz.
Nistweise: Nistet in vorhandenen Hohlräumen, be-

Megachile alpicola, Weibchen auf *Senecio jacobaea*.

sonders in Fraßgängen in totem Holz (z.B. in Stümpfen einer Erle und einer Zirbelkiefer). Besiedelt auch Nisthilfen, z.B. Bohrungen in Holz, Schilfhalme oder Acrylglasröhrchen (Innendurchmesser 5 mm). Nach TORKA soll die Art auch in der Erde nisten und ihre Brutzellen aus Blattstücken der Wald-Erdbeere *(Fragaria vesca)* bauen. Nach BRECHTEL besteht der Nestverschluß aus lose in einander geschichteten »Tüten«-Blättern und einer Querwand aus Pflanzenmörtel. (BLÜTHGEN 1942, BRECHTEL 1986, NIEMELÄ 1936, SIEBER 1933, STOECKHERT 1954, TORKA 1913, 1927).

Blütenbesuch: Polylektische Art (4 Pflanzenfamilien). Pollenquellen: Asteraceae: Gewöhnliche Kratzdistel *(Cirsium vulgare)*, Rauher Löwenzahn *(Leontodon hispidus)*, Habichtskraut *(Hieracium)*; Fabaceae: Gewöhnlicher Hornklee *(Lotus corniculatus)*; Lamiaceae: Feld-Thymian *(Thymus pulegioides)*; Plantaginaceae: Mittlerer Wegerich *(Plantago media)*. – Die ♀♀ scheinen wenig blütenstet zu sein. Mir liegen Pollenladungen vor, die sich aus Pollen von 2–5 Pflanzenarten aus 2–4 Pflanzenfamilien zusammensetzen.

Kuckucksbienen: *Coelioxys inermis*, durch Zucht belegt.

Phänologie: Zumindest partiell bivoltin. Flugzeit der 1. Generation von Ende Mai bis Ende Juni. Die 2. Generation fliegt im August (September) (vgl. BRECHTEL 1986).

Bestandessituation: Eine mögliche Gefährdung der bisher nur sehr selten aufgefundenen Art ist schwer abzuschätzen. Bisher wurde sie in keinem Naturschutzgebiet festgestellt.

RL: Potentiell gefährdet (4).

Bemerkungen: Unterscheidungsmerkmale der ♀♀ von *M. alpicola* und *M. centuncularis* nennt TKALCŮ (1967).

Megachile analis
Nylander 1852

Verbreitung: Glazialrelikt. Nordeuropa (Schweden, Finnland), Westeuropa; in Mitteleuropa in den Alpen (AMIET 1977, WARNCKE 1981) und in den Mittelgebirgen (SIEBER 1933) sowie im nordwestlichen Küstenbereich; in Südeuropa nur in kühleren Lagen. In den Schweizer Alpen bis 2500 m (BEAUMONT 1958). Die mitteleuropäischen Populationen werden einer eigenen ssp. *künnemanni* Alfken 1897

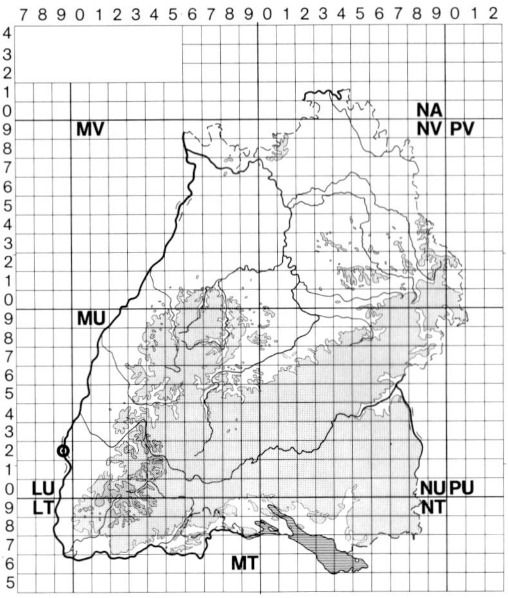

Megachile apicalis

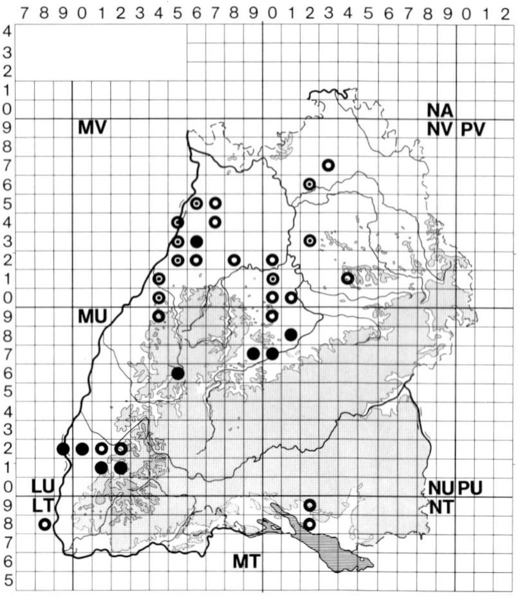

Megachile centuncularis

zugerechnet. – In der Bundesrepublik Deutschland überwiegend in der nördlichen Hälfte (vgl. EMEIS 1960, HAESELER 1976, 1980, HOOP 1982); mir auch aus der Eifel bekannt; aus dem Süden lediglich eine Meldung von Auerbach in der Oberpfalz (Bayern) (ENSLIN 1922). – In Baden-Württemberg bisher nicht nachgewiesen, auch kaum zu erwarten.

Lebensraum: In Norddeutschland in Sandheiden, in Sandgruben und in Küstendünen, in den Alpen auf Moränenschutthalden.

Nistweise: Nistet in selbstgegrabenen Hohlräumen in der Erde (v.a. in Sandboden). Die Brutzellen werden meist aus papierdünnen Rindenabschälungen von Birken *(Betula pendula, B. pubescens)* gebaut, aber auch aus Blättern von Weiden *(Salix aurita)* oder Eichen *(Quercus)*. (ALFKEN 1913, DUCKE 1898, FRIESE 1894–1901, 1923, HAESELER 1980, HÖPPNER 1899a, NIEMELÄ 1936, SAHLBERG 1893 nach FRIESE 1923, SCHÜTZE 1921).

Blütenbesuch: Polylektische Art (3 Pflanzenfamilien). Pollenquellen: Ericaceae: Moor-Glockenheide *(Erica tetralix)*; Campanulaceae: Rundblättrige Glockenblume *(Campanula rotundifolia)*; Fabaceae: Gewöhnlicher Hornklee *(Lotus corniculatus)*, Sumpf-Hornklee *(Lotus uliginosus)*, Berg-Esparsette *(Onobrychis montana)*, Inkarnat-Klee *(Trifolium incarnatum)*. – Die Art ist ein häufiger Nektarräuber an den Blüten von *Erica tetralix* (HAESELER 1980).

Kuckucksbienen: Unbekannt.

Phänologie: Univoltin. Flugzeit in Norddeutschland von Anfang Juli bis Ende August.

Megachile apicalis

Spinola 1808

Verbreitung: Südeuropa, vereinzelt in wärmeren Lagen Mitteleuropas, nordwärts bis zum baltischen Höhenzug (ALFKEN 1909a). In die Nearktis wurde die Art eingeschleppt. – In der Bundesrepublik Deutschland bisher nur aus Bayern (Eichstätt, Fürth) (BACHMANN 1912, STOECKHERT 1954) und Baden-Württemberg bekannt. – In Baden-Württemberg bisher nur im südlichen Kaiserstuhl nachgewiesen. Funddaten: LU92 Breisach 1♀ 11. 8. 1925 (MNF). LU92 Achkarren 1♀ 16. 8. 1925 (MNF) (STROHM 1925, 1933); 1♂ 17. 5. 1966 (G) (GAUSS 1967).

Lebensraum: In Süddeutschland wurde mir die Art nur von trockenwarmen Hanglagen bekannt, in der DDR kommt die Art auch in Parkanlagen (Botanischer Garten Halle) vor.

Nistweise: Nistet in vorhandenen Hohlräumen verschiedener Form und Größe. Nester fanden sich in Lehmmauern, in Rosenstengeln, in Schneckenhäusern, in verlassenen Nestern von Mörtelbienen *(Megachile sicula)* und in der Erde. Das Nestbauverhalten bedarf noch weiterer Untersuchungen.

Megachile centuncularis ♀

(Dorn & Weber 1988, Ferton 1905, 1908, Grandi 1937, 1961, Marikovskaya 1972, Sieber 1933).

Blütenbesuch: Polylektische Art (3 Pflanzenfamilien). Pollenquellen: Apiaceae: Feld-Mannstreu *(Eryngium campestre)*; Asteraceae: Rispen-Flokkenblume *(Centaurea paniculata)*, Gewöhnliche Kratzdistel *(Cirsium vulgare)*, Eselsdistel *(Onopordum acanthium)*; Fabaceae: Gewöhnlicher Hornklee *(Lotus corniculatus)*.

Kuckucksbienen: Bischoff (1927) nennt *Coelioxys afra* und *Coelioxys brevis*, nach Ferton (1905) soll auch *Coelioxys rufocaudata* als Schmarotzer in Frage kommen.

Bestandessituation: Der Fundort des letzten Nachweises in Baden-Württemberg (1966) wurde zwischenzeitlich durch Maßnahmen der Rebflurbereinigung zerstört, so daß die Art vielleicht bereits ausgerottet ist. Sollte die Art wider Erwarten erneut aufgefunden werden, sind Flächenschutzmaßnahmen zu ergreifen.

RL: Ausgestorben oder verschollen (0).

Megachile centuncularis

(Linnaeus 1758)

Verbreitung: Ganz Europa (einschließlich Großbritannien) mit Ausnahme des hohen Nordens. (Die Art kommt auch in Nordamerika vor.) – In der Bundesrepublik Deutschland keine Verbreitungsgrenze. – In Baden-Württemberg ist die Art sicher viel weiter verbreitet, als die bisherigen Nachweise erkennen lassen. Zwar stammen die meisten Funde aus Lagen unter 500 m, die Art dürfte aber auch in den höheren Lagen verbreitet sein, wie ein Fund aus dem Schwarzwald (ca. 800 m) andeutet. Material: 40♂♂, 60♀♀.

Lebensraum: Waldlichtungen, Waldränder, strukturreiche, alte Weinbergbrachen, Ruderalstellen, Feldhecken, auch im Siedlungsbereich (Gärten, Parks).

Nistweise: Nistet in vorhandenen Hohlräumen, z.B. in Baumstrünken, in Ritzen von Pfosten und Balken, in hohlen Stengeln von Heckenrosen *(Rosa)*, Schilf *(Phragmites)*, Königskerzen *(Ver-*

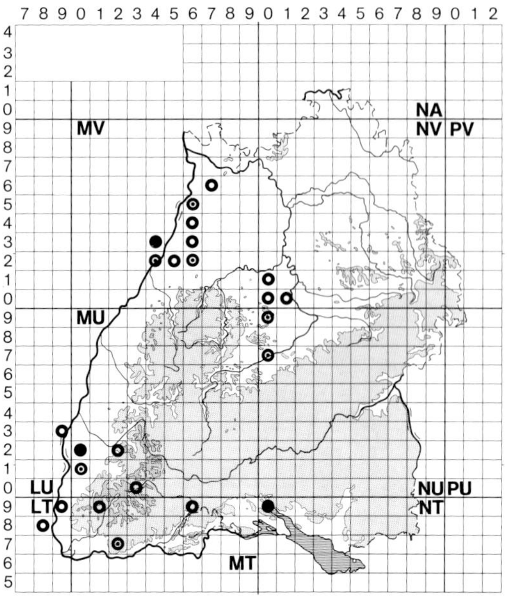

Megachile circumcincta

bascum), in dürren Brombeerranken *(Rubus fruticosus)*; auch in sonstigen Hohlräumen, z. B. in Fugen von Trockenmauern. Besiedelt auch Nisthilfen, z. B. Bohrungen in Holz, Bambusrohr, Papphülsen (Innendurchmesser 6 mm). Selten finden sich Nester auch in der Erde (z. B. in einem alten Nestgang von *Halictus maculatus*) oder unter Steinen. Die Brutzellen bestehen aus länglichen und rundlichen Stücken der Laubblätter verschiedener Sträucher und Bäume wie Heckenrosen *(Rosa)*, Schlehen *(Prunus spinosa)*, Robinien *(Robinia)*, Eschen *(Fraxinus)* und Buchen *(Fagus)*. Die Nestverschlüsse werden in der Regel aus 30–40 runden Blattstücken hergestellt. (Brechtel 1986, Buysson 1902, Enslin 1933, Ferton 1905, Giard 1893, Grandi 1934a, 1935, 1961, Hardouin 1948, Hasenkamp 1974, Holm & Skou 1972, Jacob-Remacle 1976, Krombein 1967, Lucas 1879, Markowsky 1933, Medler 1959, Michelbacher & Hurd 1954, Newport 1845, Prihoda 1946, Romasenko 1983b, Stoeckhert 1933, Walrecht 1937).

Blütenbesuch: Polylektische Art (3 Pflanzenfamilien). Pollenquellen: Asteraceae: Weiden-Alant *(Inula salicina)*, Gewöhnliche Kratzdistel *(Cirsium vulgare)*, Wiesen-Flockenblume *(Centaurea jacea)*, Rispen-Flockenblume *(Centaurea paniculata)*, Gold-Distel *(Carlina vulgaris)*, Wegwarte *(Cichorium intybus)*, Gewöhnliches Bitterkraut *(Picris hieracioides)*, Fabaceae: Gewöhnlicher Hornklee *(Lotus corniculatus)*, Wald-Platterbse *(Lathyrus sylvestris)*, Dornige Hauhechel *(Ononis spinosa)*, Kriechende Hauhechel *(Ononis repens)*; Hypericaceae: Tüpfel-Hartheu *(Hypericum perforatum)*.

Kuckucksbienen: *Coelioxys inermis, Coelioxys elongata* und *Coelioxys mandibularis*.

Phänologie: Zumindest partiell bivoltin. Flugzeit der 1. Generation ab Anfang Juni (♂♂ ab 27. 5.; ♀♀ ab 12. 6.); die 2. Generation fliegt ab Mitte August (♂♂ bis 2. 9.; ♀♀ bis 15. 10.). Überwinterung als Ruhelarve im Kokon.

Bestandessituation: Die Art wird auch heute wie in früheren Jahren an ihren Fundorten meist nur einzeln oder in geringer Zahl angetroffen. Tatsächlich ist sie aber in manchen Gegenden die vergleichsweise häufigste Art der Gattung. Ein Rückgang ist aufgrund des Sammlungsmaterials nicht zu erkennen. Die Art hat relativ weite ökologische Valenzen und kann bei ausreichendem Nahrungsangebot auch im Siedlungsbereich existieren. Ich halte sie derzeit für nicht gefährdet.

Megachile circumcincta
(Kirby 1802)

Verbreitung: Nord- und Mitteleuropa, Großbritannien, in Südeuropa nur in höheren Lagen. In den Schweizer Alpen bis 2100 m (Beaumont 1958). – In der Bundesrepublik Deutschland keine Verbreitungsgrenze. – In Baden-Württemberg nur zerstreut, von der Ebene bis in die höheren Lagen des Schwarzwaldes. Material: 20♂♂, 50♀♀.

Lebensraum: Der Siedlungsschwerpunkt der Art liegt in den Sandgebieten, in Löß- und Lehmgebieten kommt die Art aber ebenfalls vor. Mir begegnete sie in Sand-, Kies- und Lehmgruben, in alten Weinbergbrachen, auf Böschungen in der Feldflur, auf den Rebböschungen im Kaiserstuhl, auf Magerrasen und gelegentlich auch im Siedlungsbereich. Als Nistplätze dienen vegetationsfreie oder schütter bewachsene Stellen und Abbruchkanten an Böschungen mit sandigem oder lehmigem Boden, gelegentlich auch Plattenwege, Blumenbeete, alte Holzpfosten oder morsche Baumstrünke.

Nistweise: Nistet in selbstgegrabenen, selten verzweigten Gängen im Boden dicht unter der Erdoberfläche, unter Steinen oder in vorhandenen, oberirdischen Hohlräumen. Die Brutzellen werden mit ausgeschnittenen Stücken von Laubblättern verschiedenster Herkunft gebaut: Birken *(Betula)*, Linden *(Tilia)*, Heckenrosen *(Rosa)*, Hainbuche *(Carpinus betulus)*, Robinien *(Robinia)*, Glyzinie

(Wisteria sinensis), Akelei *(Aquilegia)*, Pelargonien *(Pelargonium)*. (BENNO 1945, BLÜTHGEN 1916, 1919a, BONELLI 1966c, 1969a, ERLANDSSON 1955, FERTON 1905, MÜLLER 1944, NIEMELÄ 1936, NIELSEN 1934, SIEBER 1925, 1933).

Blütenbesuch: Polylektische Art (4 Pflanzenfamilien). Pollenquellen: Campanulaceae: Glockenblumen *(Campanula)*; Fabaceae: Gewöhnlicher Hornklee *(Lotus corniculatus)*, Zaun-Wicke *(Vicia sepium)*, Vogel-Wicke *(Vicia cracca)*, Futter-Esparsette *(Onobrychis viciifolia)*, Roter Wiesenklee *(Trifolium pratense)*, Färber-Ginster *(Genista tinctoria)*, Bunte Kronwicke *(Coronilla varia)*; Liliaceae: Affodil *(Asphodelus cerasifer)*; Onagraceae: Wald-Weidenröschen *(Epilobium angustifolium)*. Nach BLÜTHGEN (1916) soll auch die Pfingstrose *(Paeonia)* als Pollenquelle genutzt werden. – Die Art wurde als Nektarräuber an den Blüten von *Vicia cracca* (HAESELER 1978b) und *Anthyllis vulneraria* (HAESELER 1980) beobachtet.

Kuckucksbienen: *Coelioxys mandibularis, Coelioxys quadridentata.*

Phänologie: Univoltin. Flugzeit von Ende Mai bis Anfang August (♂♂ 27. 5.–29. 6.; ♀♀ 23. 5.–17. 8.).

Bestandessituation: Die Art wird wie viele Blattschneiderbienen an ihren Fundorten meist nur einzeln angetroffen. Anhand des mir vorliegenden Datenmaterials ist ein Rückgang v.a. in der offenen Landschaft und in Lagen unter 500 m erkennbar, so daß sie zunehmend seltener wird. Ursachen der Gefährdung sind hauptsächlich der Verlust an Kleinstrukturen und damit der Nistplätze wie der Nahrungsräume in der Agrarlandschaft. Im Kaiserstuhl hat die Art derzeit den größten mir bekannten Bestand in Baden-Württemberg. Allerdings liegen aus Naturschutzgebieten keine aktuellen Nachweise vor.

RL: Gefährdet (3).

Megachile ericetorum

Lepeletier 1841

Verbreitung: Ganz Europa mit Ausnahme des hohen Nordens (nordwärts bis Mittelfinnland). – In der Bundesrepublik Deutschland keine Verbreitungsgrenze, auch im Norden (WAGNER 1938a, HAESELER 1970a). – In Baden-Württemberg zerstreute Nachweise, überwiegend in Lagen unter 500 m, nur sehr vereinzelt auch darüber. Material: 54♂♂, 36♀♀.

Lebensraum: Magerrasen, Sand- und Lehmgruben, Flugsandfelder, Großböschungen im Kaiserstuhl, strukturreiche, alte Weinbergbrachen, trocken-

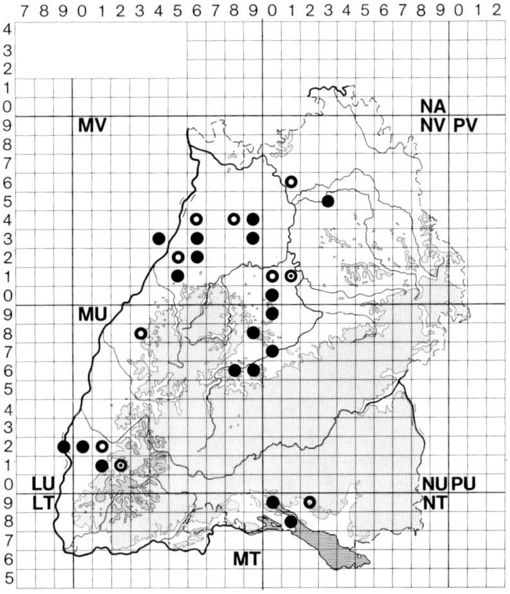

Megachile ericetorum

warme Ruderalstellen; in den Wärmegebieten regelmäßig auch im Siedlungsbereich (Ruderalstellen, Gärten). Als Nistplätze dienen v.a. Abbruchkanten, Steilwände und Gemäuer.

Nistweise: Nistet in vorhandenen Hohlräumen von Steilwänden und Abbruchkanten (Sand, Löß, Lehm), in verlassenen Nestern von Pelzbienen *(Anthophora quadrimaculata)*, in Hohlräumen in den Mörtelfugen von Gemäuern, in Ritzen von Trokkenmauern, in Hohlziegeln. BONELLI berichtet von einem Nest, dessen 14 Brutzellen in den verlassenen Kokons eines Nestes der Mauerbiene *Osmia mustelina* angelegt waren. Die Art soll nach FERTON auch in altem Schilfrohr nisten. Die zylinderförmigen, auffallend dickwandigen, in der Regel linear angeordneten Brutzellen werden aus Mörtel (Lehm, Sand) gebaut und (immer?) innen mit Harz ausgekleidet. (BELLEVOYE 1884, 1897b, BENOIST 1940, BONELLI 1969b, FERTON 1896, GERSTÄCKER 1869, GRANDI 1954, GROZDANIĆ & MUČALICA 1968, HÖPPNER 1899a, HOOP 1971, MALYSHEV 1936, NIEMELÄ 1936, SIEBER 1933, SCHÜTZE 1921).

Blütenbesuch: Oligolektische, auf Fabaceae (Schmetterlingsblütler) spezialisierte Art. Pollenquellen: Gewöhnlicher Hornklee *(Lotus corniculatus)*, Breitblättrige Platterbse *(Lathyrus latifolius)*, Verschiedenblättrige Platterbse *(Lathyrus heterophyllus)*, Wald-Platterbse *(Lathyrus sylvestris)*, Knollen-Platterbse *(Lathyrus tuberosus)*, Gartenwicke *(Lathyrus odoratus)*, Dornige Hauhechel

Megachile ericetorum ♂

Megachile ericetorum ♀

(Ononis spinosa), Kriechende Hauhechel *(Ononis repens)*, Bunte Kronwicke *(Coronilla varia)*, Weißer Steinklee *(Melilotus alba)*, Felderbse *(Pisum sativum)*, Feuerbohne *(Phaseolus coccineus)*. Sehr vereinzelt werden auch Lamiaceae als Pollenquellen genutzt. – Die ♀♀ verhalten sich meist blütenstet, wenn sie an *Lotus* oder *Lathyrus* sammeln. Gleiches gilt für *Ononis*. Da aber *Ononis* keinen Nektar bietet, enthalten die *Ononis*-Pollenladungen in geringer Menge (1–5%) Pollen eines Nektar bietenden Schmetterlingsblütlers, z.B. *Lathyrus*. Die ♂♂ patrouillieren oft Blütenstände von Lamiaceen, z.B. vom Aufrechten Ziest *(Stachys recta)* oder Woll-Ziest *(Stachys byzantina)*. Die Paarung findet beim ersten Nektarbesuch der ♀♀ statt, die außer Fabaceen auch Lamiaceen als Nektarquellen besuchen.
Kuckucksbienen: *Coelioxys aurolimbata.*
Phänologie: Univoltin. Flugzeit von Mitte Juni bis Ende Juli (♂♂ 8. 6.–22. 7.; ♀♀ 8. 6.–20. 8.).
Bestandessituation: Die auffällige und leicht kenntliche Art wurde seit 1975 noch in verschiedenen Landesteilen festgestellt. Ein Teil der Funde stammt allerdings aus dem Siedlungsbereich, wo sie in niederen Lagen ausreichende Existenzbedingungen finden kann, sofern ihr dort an Ruderalstellen oder in Gärten Schmetterlingsblütler, insbesondere *Lathyrus*-Arten, als Pollenquellen zur Verfügung stehen. Außerhalb des Siedlungsbereichs ist sie nur noch dort anzutreffen, wo Magerrasen oder ein Netz von Kleinstrukturen in Form von Ruderalstellen oder trockenwarmen Böschungen, Abbruchkanten und Rainen Nist- und Nahrungsmöglichkeiten bieten. Aus diesem Grunde haben ihre Bestände in weiten Teilen der Agrarlandschaft in der Vergangenheit abgenommen. Verbesserung des Strukturangebots in den Feldfluren ist daher die wichtigste Schutzmaßnahme für diese gefährdete Art.
RL: Gefährdet (3).

Megachile genalis
Morawitz 1880

Verbreitung: Verbreitungsgrenzen aufgrund der Seltenheit noch ungenügend bekannt. Nur sehr vereinzelt in Mitteleuropa. In der DDR von Jena (Blüthgen 1925, Sieber 1933), von der Insel Hiddensee (Oehlke & Dylewska 1975), von Zadel i.S. (Müller 1944), von Nordhausen i.Th. (Stoeckhert 1954) und jüngst von Halle an der Saale (Dorn & Weber 1988) gemeldet. Außerdem in Belgien, in Österreich und in der Tschechoslowa-

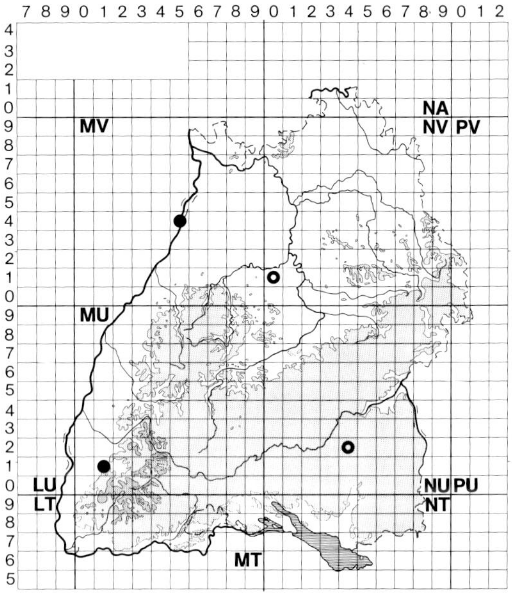

Megachile genalis

kei. – In der Bundesrepublik Deutschland sehr vereinzelte Nachweise in den südlichen Bundesländern. Bayern: Diessen am Ammersee (Sieber 1933), Streitberger Weiher, Krs. Weilheim (Warncke 1986a); Rheinland-Pfalz: Klingenmünster (leg. Braun im Jahre 1984). – In Baden-Württemberg nur von vier, weit über das Land verstreuten Fundorten bekannt. Funddaten: MU11 Freiburg, Flugplatz 1♀ 23. 9. 1986, 2♀♀ 1987 (BIUF) (Klatt 1988). MV42 Buchau 1♀ 8. 9. 1915 (SMNS) (Schwammberger 1969). MV54 Rußheim (NSG Rußheimer Altrhein) 1♀ 9. 6. 1976 (S). NV01 Markgröningen 1♀ 16. 9. 1934 (W) (Westrich 1983d). Nicht belegt ist die Angabe »Kehl« (Balles 1949).
Lebensraum: Die mir bekannten Funde stammen von einem Auwaldrand, von einem Trockenhang und von Ruderalstellen.
Nistweise: Noch kaum bekannt. Die wenigen bisher gefundenen Nester befanden sich in hoch abgeschnittenen Stengeln von Zwiebeln *(Allium cepa)* und enthielten bis zu 9 übereinander liegende Brutzellen aus Himbeerblattstücken *(Rubus)* sowie in Stengeln der Wald-Engelwurz *(Angelica sylvestris)*, der Kugeldistel *(Echinops sphaerocephalus)* und der Sumpf-Kratzdistel *(Cirsium palustre)*. (Benoist 1940, Dorn & Weber 1988, Friese 1923, Grandi 1954, 1957, 1961, Marikovskaya 1972).
Blütenbesuch: Mir lagen bisher nur 2 Pollenladungen (Markgröningen, Klingenmünster) vor von ♀♀, die an Asteraceen (Korbblütler) gesammelt hatten.

Die erste Pollenladung enthielt ausschließlich Pollen des *Helianthus*-Typs, die andere je zur Hälfte Pollen vom *Achillea*-Typ und vom *Taraxacum*-Typ. SIEBER (1933) fing 2♀♀ an der Krausen Distel *(Carduus crispus)*, WARNCKE (1986) nennt *Centaurea*.
Phänologie: Univoltin. Flugzeit von Juni bis September.
Bestandessituation: Aussagen über eine mögliche Gefährdung dieser sehr seltenen Art sind aufgrund der geringen Kenntnis ihrer Biologie derzeit nicht möglich. Die jüngsten Nachweise erfolgten 1986 und 1987 in Freiburg. 1976 wurde die Art auch in einem Naturschutzgebiet in Nordbaden gefunden.
RL: Potentiell gefährdet (4).
Bemerkungen: Die aus Frankreich beschriebene *Megachile buyssoni* Pérez 1890 wird von WARNCKE (1986a) als westliche Unterart der vermutlich eurosibirisch verbreiteten *M. genalis* aufgefaßt. Die Populationen in Baden-Württemberg, Bayern und Belgien werden dieser Subspezies zugerechnet.

Megachile lagopoda
(Linnaeus 1761)

Verbreitung: Süd- und Mitteleuropa, Schweden (ERLANDSSON 1955), Süd-Finnland (NIEMELÄ 1936). – In der Bundesrepublik Deutschland nördlich der Mittelgebirge fehlend, insgesamt nur sehr zerstreute Funde. – In Baden-Württemberg nur von wenigen Lokalitäten bekannt. Funddaten: MU64 Oberdorf 1♀ 13. 8. 1907 (SMNS). NU89 Heidenheim 4♂♂, 10♀♀ 26. 7.–4. 8. 1905 (SMNS) (SCHWAMMBERGER 1969). NV00 Stuttgart 1♀ 2. 9. 1916 (SMNS). NV01 Markgröningen 1♀ 12. 7. 1931 (SMNS); 1♂ 24. 6. 1934 (SMNS); 1♂ 16./17. 7. 1936 (SMNS); 1♂ 17. 7. 1938 (SMNS) (WESTRICH 1983d). NV10 Stuttgart 1♂ 8.1902 (SMNS); 1♂ 7. 6. 1907 (SMNS). Nicht belegt ist die Angabe von FRIESE (1895a) über einen Fund bei Oppenau.
Lebensraum: Die Funde lassen auf eine Bevorzugung von Trockengebieten schließen. Im östlichen Mitteleuropa wurde die Art auch im städtischen Bereich beobachtet.
Nistweise: Nistet in selbstgegrabenen und vorhandenen Hohlräumen in der Erde, unter Steinen, in Felsspalten sowie in sonnigen Löß- und Lehmwänden. (FERTON 1895, NIEMELÄ 1936, SIEBER 1933).
Blütenbesuch: Polylektische Art (4 Pflanzenfamilien) mit einer deutlichen Bevorzugung von Asteraceen. Pollenquellen: Asteraceae: Gewöhnliche Kratzdistel *(Cirsium vulgare)*, Krause Distel *(Carduus crispus)*, Gewöhnliche Eselsdistel *(Onopordum acanthium)*, Kugeldistel *(Echinops spaerocephalus)*, Skabiosen-Flockenblume *(Centaurea scabiosa)*, Weiden-Alant *(Inula salicina)*, Gewöhnliches Bitterkraut *(Picris hieracioides)*; Campanulaceae: Rundblättrige Glockenblume *(Campanula rotundifolia)*; Fabaceae: Gewöhnlicher Hornklee *(Lotus corniculatus)*, Dornige Hauhechel *(Ononis spinosa)*, Kriechende Hauhechel *(Ononis repens)*; Plantaginaceae: Wegerich *(Plantago)*. – Mir liegen 6 Pollenladungen vor, die sich aus Pollen von 2–4 Arten aus 1–2 Pflanzenfamilien zusammensetzen, z.B. *Plantago/Cirsium, Echinops/Cirsium, Centaurea/Picris, Campanula/Ononis/Lotus*.
Kuckucksbienen: *Coelioxys conoidea*.
Phänologie: Univoltin. Flugzeit von Anfang Juli bis Ende August.
Bestandessituation: Die in Mitteleuropa größte und sehr auffällige *Megachile*-Art wurde zuletzt im Jahre 1938 nachgewiesen. Sie ist daher verschollen und möglicherweise bereits ausgestorben.
RL: Ausgestorben oder verschollen (0).
Bemerkungen: Die Art wird besonders im weiblichen Geschlecht leicht mit *Megachile maritima* verwechselt, so daß nicht alle Literaturangaben zuverlässig sind.

Megachile lapponica
Thomson 1872

Verbreitung: Großbritannien, Finnland (NIEMELÄ 1936), Niederlande und Belgien (GROOT 1967, LEFEBER 1969, PETIT 1969, VEGTER 1960), DDR (Sachsen, Thüringen, Erzgebirge, Kyffhäuser, bei Berlin) (BLÜTHGEN 1949, 1954, MÜLLER 1944, SCHIRMER 1911, STOECKHERT 1954). – In der Bundesrepublik Deutschland bisher nur bekannt aus Schleswig-Holstein (HAESELER 1970a, HOOP 1973) und aus Niedersachsen, wo sie nach HAESELER (1977) im Raum Oldenburg die häufigste *Megachile*-Art ist. – In Baden-Württemberg bisher nicht nachgewiesen, ein Vorkommen dieser boreo-montanen Art im Schwarzwald ist aber nicht völlig auszuschließen.
Lebensraum: Im nördlichen Mitteleuropa auf Waldlichtungen und Kahlschlägen, an Waldrändern, auch im Randbereich von Dörfern und Städten. Als Nistplätze dienen alte Holzpfosten, abgestorbene Äste und Baumstümpfe.
Nistweise: Nistet in vorhandenen Hohlräumen, v.a. in Insektenfraßgängen in altem Holz. Die Brutzellen werden nach bisherigen Beobachtungen mit Blattstücken vom Wald-Weidenröschen *(Epilobium angustifolium)* gefertigt. (LEFEBER 1979b, MARIKOVSKAYA 1972, NIEMELÄ 1936, PETIT 1969, 1977, STOECKHERT 1954, VEGTER 1971).

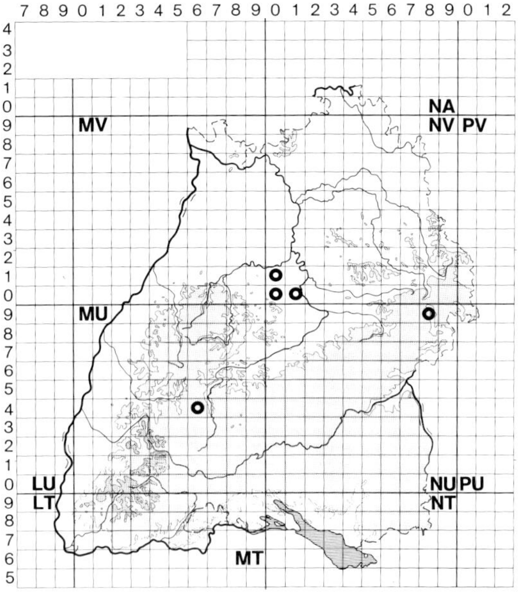

Megachile lagopoda

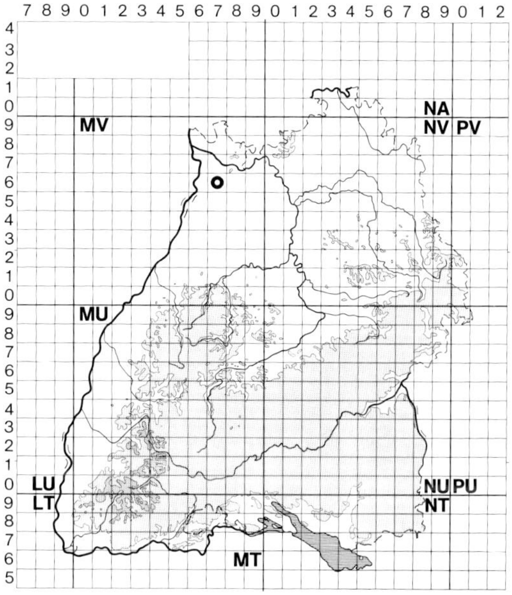

Megachile leachella

Blütenbesuch: Alle bisherigen Beobachtungen (PETIT 1977, Haeseler mündl. Mitt.) deuten darauf hin, daß die Art oligolektisch und auf Weidenröschen *(Epilobium)* (Onagraceae) spezialisiert ist. Belegt ist bisher nur das Wald-Weidenröschen *(Epilobium angustifolium)* als Pollenquelle. – ♂♂ und ♀♀ wurden nektarsaugend auch an Fabaceen, Compositen und *Rubus* beobachtet.
Kuckucksbienen: *Coelioxys inermis* wurde von LEFEBER (1979b) am Nistplatz beobachtet.
Phänologie: Univoltin. Flugzeit im nördlichen Mitteleuropa von Anfang Juni bis Mitte August.
Bemerkungen: Nach dem Bestimmungsschlüssel in SCHMIEDEKNECHT (1930:797ff) nicht zu identifizieren. Unterscheidungsmerkmale geben BLÜTHGEN (1949:84ff) und NIEMELÄ (1936).

Megachile leachella

Curtis 1828
Syn.: *M. argentata* auct. nec (Fabricius 1793) (vgl. HURD 1967 und REBMANN 1967).

Verbreitung: Europa, nordwärts bis Dänemark und Südschweden (ERLANDSSON 1960a); Großbritannien. – In der Bundesrepublik Deutschland nur im Küstenbereich (insbesondere auf den Ostfriesischen Inseln) und in süddeutschen Flugsandgebieten (Rheinland-Pfalz, Bayern, Baden-Württemberg). – In Baden-Württemberg nur in der nördlichen Oberrheinebene. Funddaten: MV76 Sandhausen 9♂♂, 6♀♀ 1929; 6♂♂, 2♀♀ 1930–1951; 1♂ 15. 6. 1953; 3♂♂, 1♀ 26. 7. 1953; 1♂, 1♀ 5. 8. 1953 (alle Exemplare LNK, MNF, NK).
Lebensraum: Im Norden Deutschlands, in Großbritannien und in Dänemark auf Küstendünen, im Binnenland auf Binnendünen und auf Flugsandfeldern, vereinzelt auch in aufgelassenen Sandgruben.
Nistweise: Nistet in selbstgegrabenen Hohlräumen im Dünensand, meist in kleinen Aggregationen. Die Art soll auch in oberirdischen Hohlräumen (z.B. hohlen Pflanzenstengeln) nisten. Zum Bau der Brutzellen werden Blattstücke verschiedenster Pflanzen verwendet, z.B. von Weiden *(Salix)*, Birken *(Betula)*, Ulmen *(Ulmus)*, Heckenrosen *(Rosa canina)*, Flieder *(Syringa)*, Goldregen *(Laburnum)*, Robinie *(Robinia)*, Wilder Wein *(Parthenocissus)*, Luzerne *(Medicago)*, Bittersüßer Nachtschatten *(Solanum dulcamara)*, Winden-Knöterich *(Polygonum convolvulus)*. (ALFKEN 1912a, BONELLI 1969a, FRIESE 1923, GRANDI 1928a, 1928b, 1931, 1961, HASENKAMP 1977, HOLM & SKOU 1972, HOOP 1977, LITH 1940b, MÜLLER 1872, NIELSEN 1902, TORKA 1913).
Blütenbesuch: Polylektische Art (3 Pflanzenfamilien) mit einer deutlichen Bevorzugung von Fabaceen. Pollenquellen: Fabaceae: Gewöhnlicher Hornklee *(Lotus corniculatus)*, Sumpf-Hornklee *(Lotus uliginosus)*, Dornige Hauhechel *(Ononis spinosa)*, Luzerne *(Medicago sativa)*, Weißer Stein-

klee *(Melilotus alba)*, Hasen-Klee *(Trifolium arvense)*, Weißklee *(Trifolium repens)*; Lamiaceae: Sand-Thymian *(Thymus serpyllum)*; Crassulaceae: Felsen-Fetthenne *(Sedum reflexum)*. – Nach MÓCZÁR (1959) in Ungarn der effektivste Bestäuber der Luzerne *(Medicago sativa)*.

Kuckucksbienen: Von HOLM & SKOU (1972) wurde *Coelioxys mandibularis* häufig an den Nestern beobachtet, aber nur einmal gezogen. BONELLI (1969a) gibt *Coelioxys quadrimaculata* und *Coelioxys elongata* an. ALFKEN (1912a) nennt *Coelioxys mandibularis*, MÜLLER (1918) außer derselben Art noch *Coelioxys afra* und *Coelioxys brevis*. *Coelioxys brevis* wurde von TORKA (1935) gezogen. SIEBER (1933) beobachtete *Coelioxys afra*, die von mir auch bei Mainz festgestellt wurde und früher bei Sandhausen regelmäßig als Schmarotzer auftrat (vgl. WESTRICH 1983a).

Phänologie: Univoltin. Flugzeit von Ende Juni bis Ende August. Überwinterung als Ruhelarve.

Bestandessituation: Die charakteristische Flugsand-Art wurde in früheren Jahrzehnten im Raum Sandhausen regelmäßig und in größerer Anzahl nachgewiesen, der letzte Fund datiert vom Jahre 1953. Die gezielte Suche an den bekannten Fundorten über mehrere Jahre hinweg erwies sich wie in anderen Sandgebieten als negativ, so daß die Art in Baden-Württemberg möglicherweise bereits ausgestorben ist. Hauptverursacher für das Verschwinden der Art dürften die Aufforstungen von Flugsandfeldern sowie die Bebauung und die Intensivierung der Landwirtschaft im unmittelbaren, ehemals blumenreichen Umfeld der Binnendünen sein. Im linksrheinischen Naturschutzgebiet »Mainzer Sand« kommt die Art derzeit noch vor, was Anlaß zur Hoffnung gibt, daß auch in der nördlichen Oberrheinebene noch eine bisher übersehene Restpopulation existiert. Die Ausstockung kleinerer Flächen in den Flugsandgebieten Nordbadens würde sich für diese wie für andere Flugsandbewohner sehr günstig auswirken.

RL: Ausgestorben oder verschollen (0).

Bemerkungen: Die Art wird leicht mit *Megachile pilidens* verwechselt, was zu verschiedenen Falschmeldungen (z. B. STROHM 1924 für den Kaiserstuhl) geführt hat.

Megachile ligniseca
(Kirby 1802)

Verbreitung: Nord-, Mittel- und Osteuropa. Verbreitungskarte bei PAPP (1965). – In der Bundesrepublik Deutschland keine Verbreitungsgrenze, aber

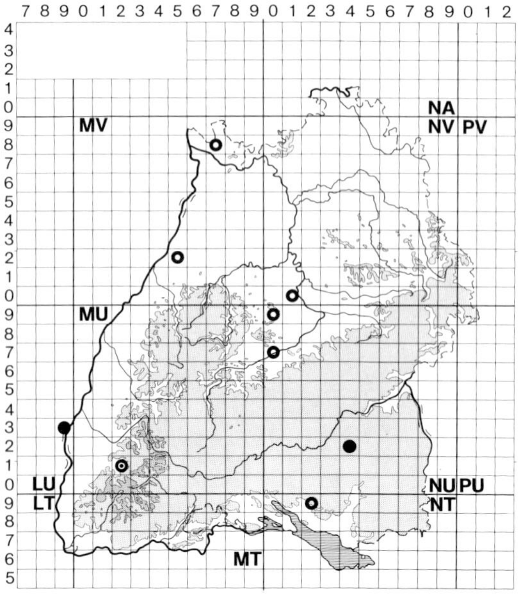

Megachile ligniseca

nur vereinzelte Nachweise. – In Baden-Württemberg nur vereinzelte, weit verstreute Nachweise in Lagen zwischen 100 und 600 m (vgl. FRIESE 1895a, SCHMIDT 1966, WESTRICH 1980, 1983d). Funddaten ab 1960: LU92 Limburg 1♀ 5. 9. 1978 (W). MU21 Wittental 1♂ 6. 6. 1966 (G). NU42 Bad Buchau (NSG Federsee, Wildes Ried) 1♂, 1♀ 14. 8. 1984 (leg. Jansen, W). Material: 6♂♂, 5♀♀.

Lebensräume: Besiedelt nach TKALCŮ (1974b) vor allem Waldgebiete der montanen Stufe und ist ausgesprochen kälteliebend. Die wenigen, mir bekannten Funde stammen von Waldrändern und einem teils bewaldeten Niedermoor. Die Art wird aber auch in der Ebene und im Siedlungsbereich angetroffen.

Nistweise: Nistet in vorhandenen Hohlräumen, besonders in solchen in morschem Holz, z. B. in alten Gängen des Weidenbohrers *(Cossus)*. Nach Amiet (mündl. Mitt.) werden in der Schweiz auch Nisthilfen (Bohrungen in Holz) angenommen. (NIEMELÄ 1936, ROMASENKO 1983a).

Blütenbesuch: Polylektische Art (5 Pflanzenfamilien). Pollenquellen: Asteraceae: Gewöhnliche Kratzdistel *(Cirsium vulgare)*, Skabiosen-Flockenblume *(Centaurea scabiosa)*; Dipsacaceae: Wiesen-Knautie *(Knautia arvensis)*; Fabaceae: Gewöhnlicher Hornklee *(Lotus corniculatus)*; Lamiaceae: Garten-Salbei *(Salvia officinalis)*; Plantaginaceae: Spitz-Wegerich *(Plantago lanceolata)*. – Die Art wurde als Nektarräuber beobachtet an den Blüten des Hohen Helmkrauts *(Scutellaria altissima)* (JANSSON 1918) und des Klebrigen Salbeis *(Salvia glutinosa)* (SCHREMMER 1941, dort als *»M. circumcincta«*).

Kuckucksbienen: *Coelioxys alata.*

Phänologie: Univoltin. Flugzeit von Ende Juni bis Ende August.

Bestandessituation: Die ausgesprochen seltene Art wurde seit 1975 nur zweimal nachgewiesen. Ihr tatsächlicher Bestand in den Waldgebieten ist schwer abzuschätzen. Eine Gefährdungsursache ist die Beseitigung geeigneter Nistplätze in den Wäldern und an deren Rändern.

RL: Potentiell gefährdet (4).

Megachile maritima

(Kirby 1802)

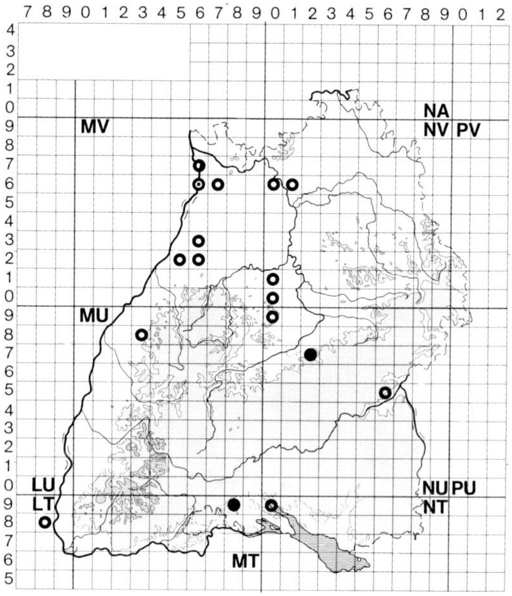

Megachile maritima

Verbreitung: Ganz Europa, auch in Großbritannien. Weit verbreitet in den Sandgebieten des mitteleuropäischen Tieflandes, aber auch in den Hochgebirgen vorkommend (BEAUMONT 1958). – In der Bundesrepublik Deutschland keine Verbreitungsgrenze. Im Norden vor allem auf den Inseln in manchen Jahren häufig. – In Baden-Württemberg weit über das Land verstreute Nachweise. Funddaten ab 1960: MT89 Singen, Hohentwiel 1♂ 18. 7. 1976 (G). MV66 Ketsch 1♂, 1♀ 29. 7. 1964 (G). NU27 Kohlberg, Jusi 1♂ 22. 6. 1978 (W); 1♀ 18. 7. 1982 (W). Material: 15♂♂,38♀♀.

Lebensraum: Siedlungsschwerpunkt in Sandgebieten: Binnendünen und Flugsandfelder (im Norden auch Küstendünen und Sandheiden), Sand- und Kiesgruben, Ruderalstellen, vereinzelt auch Trokkenhänge auf vulkanischem Untergrund mit feinkörnigem Verwitterungssand.

Nistweise: Nistet in selbstgegrabenen Hohlräumen in der Erde, bevorzugt zwischen Graswurzeln. Die Nester enthalten meist nur 12, gelegentlich auch 5–8 Brutzellen, dann mit verzweigtem Hauptgang. Zum Bau der Brutzellen, die nur wenige cm tief im Boden liegen, werden Blätter verschiedenster Sträucher und Bäume, aber auch krautiger Pflanzen verwendet: Ahorn *(Acer campestre, A. platanoides, A. pseudoplatanus)*, Schwarzerle *(Alnus glutinosa)*, Birken *(Betula pubescens, B. verrucosa)*, Weißdorn *(Crataegus)*, Liguster *(Ligustrum vulgare)*, Garten-Birnbaum *(Pyrus communis)*, Pappeln *(Populus alba, P.nigra, P.tremula)*, Gänse-Fingerkraut *(Potentilla anserina)*, Stachel- und Johannisbeeren *(Ribes uva-crispa, R.rubrum, R.nigrum)*, Robinie *(Robinia pseudacacia)*, Wild-Rosen *(Rosa canina, R.centifolia, R.rubiginosa, R.rugosa)*, Felsen-Kirsche *(Prunus mahaleb)*, Weiden *(Salix alba, S. fragilis, S.pentranda, S.viminalis)*, Holunder *(Sambucus nigra, S.racemosa)*, Vogelbeere *(Sorbus aucuparia)*, Flieder *(Syringa vulgaris)*, Linden *(Tilia)*, Berg-Ulme *(Ulmus glabra)*. (ALFKEN 1924a, ALTEVOGT 1955, BISCHOFF 1927, BONELLI 1964a, BUYSSON 1902, FERTON 1896, FRIESE 1926, GRANDI 1928a, 1957, 1961, HASENKAMP 1974, HÖPPNER 1901d, RAU 1934, SCHREMMER 1954, WALRECHT 1958).

Blütenbesuch: Polylektische Art (5 Pflanzenfamilien). Pollenquellen: Asteraceae: Gewöhnliche Kratzdistel *(Cirsium vulgare)*, Eselsdistel *(Onopordum acanthium)*, Skabiosen-Flockenblume *(Centaurea scabiosa)*, Rispen-Flockenblume *(Centaurea paniculata)*; Boraginaceae: Gewöhnlicher Natterkopf *(Echium vulgare)*; Fabaceae: Gewöhnlicher Hornklee *(Lotus corniculatus)*, Dornige Hauhechel *(Ononis spinosa)*, Kriechende Hauhechel *(Ononis repens)*, Vogel-Wicke *(Vicia cracca)*, Wald-Platterbse *(Lathyrus sylvestris)*; Onagraceae: Wald-Weidenröschen *(Epilobium angustifolium)*; Plantaginaceae: Mittlerer Wegerich *(Plantago media)*. – Die ♀♀ sammeln teils blütenstet, teils werden auf einem Pollensammelflug 2–3 Arten aus 1–2 Pflanzenfamilien genutzt, z.B. *Lathyrus/Ononis, Lotus/Epilobium, Lotus/Cirsium/Centaurea.*

Kuckucksbienen: *Coelioxys conoidea.*

Phänologie: Univoltin. Flugzeit von Mitte Juni bis Ende August.

Megachile maritima ♀

Bestandessituation: Die in früheren Jahrzehnten in den Sandgebieten weit verbreitete und regelmäßig anzutreffende Art ist seit 1960 vor allem aufgrund der Zerstörung ihrer Lebensräume durch Aufforstungen, Flurbereinigungen und Intensivierung der Landwirtschaft im Bestand extrem rückläufig. Seit 1975 wurde die Art nur noch an zwei Stellen in Naturschutzgebieten beobachtet. Sandgebiete (z.B. auch Sandgruben), in denen die Art noch festgestellt wird, sind als Naturschutzgebiete oder flächenhafte Naturdenkmale auszuweisen und durch gezielte Pflege offen zu halten. Dabei ist durch Vernetzung mit Ruderalstellen oder Magerrasen auf ein reiches Angebot an Pollenquellen zu achten.
RL: Stark gefährdet (2).

Megachile melanopyga

Costa 1863

Verbreitung: Süd- und Südosteuropa, nur vereinzelt in Mitteleuropa: Österreich, Schweiz, Tschechoslowakei; in der DDR von Zadel und Diesbar in Sachsen (SIEBER 1933) und von Meißen im Elbtal (STOECKHERT 1933) gemeldet. – In der Bundesrepublik Deutschland zweifelsfrei nur in Bayern (Eichstätt, Matting a.d.D.) nachgewiesen (BACHMANN 1912, STOECKHERT 1954). – In Baden-Württemberg soll die Art zwar am 17. 8. 1925 am Kaiserstuhl gefangen worden sein (STROHM 1925), ein Belegtier ist aber nicht vorhanden. Ganz auszuschließen ist ein (lokales) Vorkommen nicht.

Lebensräume: Im östlichen Mitteleuropa wurde die Art auf Schotter- und Steinhalden angetroffen (SIEBER 1933).

Nistweise: Kaum bekannt. Die Brutzellen sollen nach FRIESE (1911) locker im Grase angelegt werden.

Blütenbesuch: Polylektische Art (3 Pflanzenfamilien). Pollenquellen: Asteraceae: Skabiosen-Flockenblume *(Centaurea scabiosa)*, Rispen-Flockenblume *(Centaurea paniculata)*, Gewöhnliche Kratzdistel *(Cirsium vulgare)*; Fabaceae: Gewöhnlicher Hornklee *(Lotus corniculatus)*; Rosaceae: Fingerkraut *(Potentilla)*.

Kuckucksbienen: Unbekannt.

Phänologie: Univoltin. Flugzeit in Mitteleuropa etwa von Anfang Juli bis Ende August.

Bemerkungen: Die Fundmeldung von Kirn im Nahetal (AERTS 1960) stellte sich als Fehldetermination heraus. Das einzige ♀ in der Sammlung Aerts habe ich überprüft: es gehört zu *Megachile pilidens*.

Megachile nigriventris
Schenck 1870

Verbreitung: Boreo-montane Art mit Verbreitungsschwerpunkten in Nordeuropa und in den Alpen (bis ca. 2000 m); in Mitteleuropa nur zerstreut und vorwiegend in den Mittelgebirgen. – In der Bundesrepublik Deutschland in der norddeutschen Tiefebene fehlend. – In Baden-Württemberg nur vereinzelte Nachweise, überwiegend in Lagen über 500 m, teils auch zwischen 250 und 500 m. Funddaten: MU11 Günterstal 1♀ 7.1975 (Miotk). MU40 Kappel 1♂ 30. 6. 1974 (LNK). MU56 Freudenstadt, Forchenkopf 1♂ 24. 8. 1986 (T). MU92 Kolbingen 2♀♀ 15. 7. 1986 (T). NT18 Konstanz 1♀ 3. 6. 1983 (Z); 1♂ 15. 6. 1986 (Z). NU07 Tübingen 1♂, 1♀ 1979 e.l. (W) (Westrich 1980); 2♀♀ 25. 6. 1988 (beob.). NU18 Walddorfhäslach 1♂ 16. 6. 1980 (W). NU42 Bad Buchau 1♀ 7.1916 (SMNS) (Gerstner 1923). NU62 Ummendorfer Ried 1♀ 1917 (SMNS). NV00 Stuttgart 1♀ 25. 7. 1902 (SMNS); 2♀♀ 12. 6. 1905 (SMNS); 1♂ 15. 6. 1935 (SMNS). NV10 Stuttgart-Feuerbach 2♂♂ 3. 6. 1905 (SMNS).

Lebensraum: Siedlungsschwerpunkt in Waldgebieten, daher v.a. auf Waldlichtungen und an Waldrändern (auch der Au-, Bruch- Moorwälder); bisweilen auch außerhalb des Waldes, z.B. in Steinbrüchen oder am Rande von Dörfern und Städten, sofern geeignete Nistgelegenheiten vorhanden sind. Als Nistplätze dienen Baumstrünke, Holzpfosten und morsche Balken von Heustadeln.

Nistweise: Nistet in selbstgenagten Gängen in morschem Holz von Baumstümpfen und Ästen (Birken, Espen, Fichten) oder von Balken und Pfosten. Gelegentlich benutzen mehrere ♀♀ ein gemeinsames Flugloch. Zum Bau der Brutzellen werden Laubblattstücke verschiedener Pflanzen verwendet, z.B. von Spitz-Ahorn *(Acer platanoides)*, Berg-Ahorn *(Acer pseudoplatanus)*, Rotbuche *(Fagus sylvatica)*, Birken *(Betula)*, Heckenrose *(Rosa canina)*, Wald-Weidenröschen *(Epilobium angustifolium)*. Die innersten Blattschichten sind verklebt, die äußeren dagegen nicht. Die bis zu 15 Brutzellen pro Nest sind dicht hintereinander gereiht. Zum Blattschneiden fliegt das ♀ mitunter 100 m weit weg vom Nest. (Friese 1923, Micheli 1937, Sieber 1930, 1933, Westrich 1980).

Blütenbesuch: Vermutlich oligolektische, auf Fabaceae (Schmetterlingsblütler) spezialisierte Art. Pollenquellen: Gewöhnlicher Hornklee *(Lotus corniculatus)*, Zaun-Wicke *(Vicia sepium)*, Wiesen-Platterbse *(Lathyrus pratensis)*, Breitblättrige Platterbse *(Lathyrus latifolius)*, Weißklee *(Trifolium repens)*, Roter Wiesenklee *(Trifolium pratense)*, Luzerne *(Medicago sativa)*. – Die ♀♀ sammeln teils blütenstet, teils nutzen sie auf einem Ausflug 2–3 verschiedene Pflanzenarten.

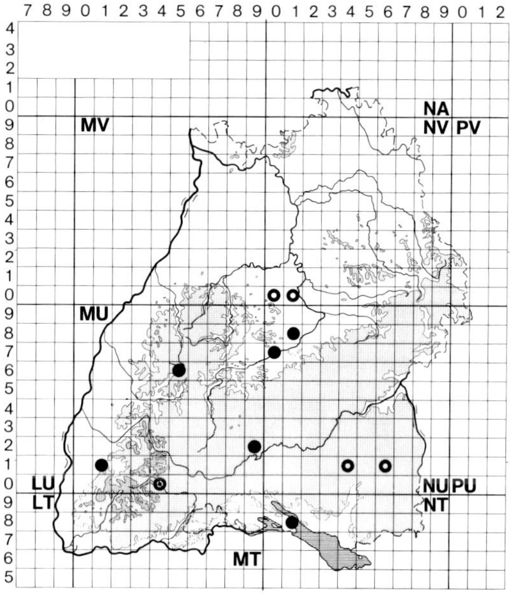

Megachile nigriventris

Kuckucksbienen: *Coelioxys lanceolata.*

Phänologie: Univoltin. Flugzeit von Mitte Juni bis Ende Juli. Überwinterung als Ruhelarve im Kokon.

Bestandessituation: Die auch in früheren Jahren nur sehr selten aufgefundene Art ist aufgrund ihrer gleichzeitigen Abhängigkeit von Morschholz und Schmetterlingsblütlern gefährdet. Schutzmaßnahmen beinhalten v.a. die Förderung von Totholzstrukturen und deren Vernetzung mit Beständen artspezifischer Pollenquellen, insbesondere an Waldrändern oder auf extensiv genutztem Grünland, das dem Waldrand vorgelagert ist.
RL: Gefährdet (3).

Megachile parietina
(Geoffroy in Fourcroy 1785)
Syn.: *M. muraria* auct. nec (Retzius 1783); *Chalicodoma parietina* auct.

Verbreitung: Südeuropa, zerstreut in wärmeren Lagen Mitteleuropas, nordwärts bis Mitteldeutschland (in der DDR bis Staßfurt, vgl. Parré 1964, Stoeckhert 1954). In den Alpen bis 2000 m. – In der Bundesrepublik Deutschland nur aus den südlichen Bundesländern Rheinland-Pfalz, Bayern und Baden-Württemberg bekannt. – In Baden-Würt-

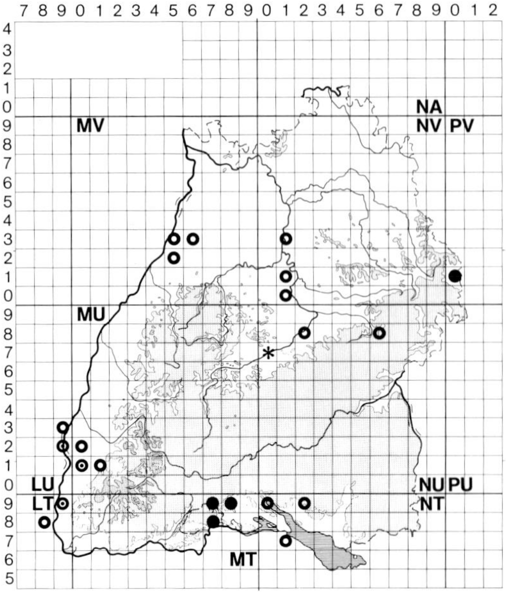

Megachile parietina

temberg weit über das Land verstreute Nachweise, überwiegend aus Lagen unter 500 m, teilweise auch bis 600 m. Funddaten ab 1960: LT99 Schliengen 1♀ 31. 5. 1964 (LNK). LU92 Bickensohl 1♀ 26. 6. 1963 (G). Achkarren 1♀ 31. 5. 1964 (G). MT79 u. MT89 Hegau 4♀♀ 5.1987 u. 3♀♀ 5.1988 (beob.). MU01 Tuniberg 1♂,1♀ 14. 4. 1965 (G). PV01 Bopfingen, Goldberg 2♀♀ 27. 6. 1984 (beob.). Material: 31♂♂,47♀♀.

Lebensraum: Siedlungsschwerpunkt auf Trockenhängen mit Felsbildungen, vereinzelt auch in alten Steinbrüchen und in aufgelassenen, blütenreichen Kiesgruben, in früheren Jahrzehnten regelmäßig, heute nur noch sehr vereinzelt auch im Siedlungsbereich. Als Nistplätze dienen Felswände, auch einzelne größere oder kleinere Gesteinsbrocken (Findlinge) oder Gemäuer (Hauswände, Trockenmauern, Uferbefestigungen, Brückenaufbauten).

Nistweise: Die Nester sind Freibauten in Vertiefungen von Felsen und Steinen oder auf deren Oberfläche, unter günstigen Umständen in kleineren Aggregationen (Ansammlungen von 10–30, selten mehr Nestern). Ältere Bauten werden meist wieder bezogen. Als Baumaterial für die innen geglätteten, fingerhutförmigen, bis zu 16 Brutzellen pro Nest dienen Mörtel (trockener Gesteinsgrus oder Sand, mit Speichel und Nektar durchfeuchtet) und Steinchen. Der fertige Nestkomplex ähnelt einem halbkugelförmigen, an das Gestein geworfenen und dort angetrockeneten Lehmballen. (BISCHOFF 1927, COBELLI 1888, FABRE 1879–1886, 1914, FREY-GESSNER 1897, FRIESE 1903, 1923, 1926, GOTSCH & STEINMANN 1968, GOUREAU 1840, GRANDI 1934a, 1961, HAUPT 1909, JEANNELL 1935, KHALILOV 1973, LAMPERT 1886, LICHTENSTEIN 1879b, LUCAS 1851, MARIKOVSKAYA 1972, MOLITOR 1934, PRIESNER 1981, RÉAUMUR 1748, REBMANN 1969, SCHAEFFER 1764, SCHENCK 1861a, SCHREMMER 1960, STOECKHERT 1954, STROJNY 1963, 1975, 1984).

Blütenbesuch: Polylektische Art (4 Pflanzenfamilien), die aber Fabaceen und Lamiaceen deutlich bevorzugt. Pollenquellen: Boraginaceae: Gewöhnlicher Natterkopf *(Echium vulgare)*; Fabaceae: Hufeisenklee *(Hippocrepis comosa)*, Gewöhnlicher Hornklee *(Lotus corniculatus)*, Futter-Esparsette *(Onobrychis viciifolia)*, Zaun-Wicke *(Vicia sepium)*, Roter Wiesenklee *(Trifolium pratense)*, Luzerne *(Medicago sativa)*; Lamiaceae: Wiesen-Salbei *(Salvia pratensis)*, Kriechender Günsel *(Ajuga reptans)*; Rosaceae: Durch Pollenanalyse belegt, aber Pflanzenart unbekannt. – Die ♀♀ verhalten sich teils blütenstet, teils nutzen sie auf einem Ausflug 2, gelegentlich auch 3 Pflanzenarten, z. B. *Lotus/Onobrychis/Vicia*. Die ♀♀ sammeln bei ungünstigem Nahrungsangebot im Nistbereich bis zu 300 m weit entfernt vom Nest.

Kuckucksbienen: Hauptsächlich *Stelis nasuta*, aber auch *Dioxys tridentata* (im südlichen Mitteleuropa und Südeuropa auch *Dioxys cincta*).

Phänologie: Univoltin. Flugzeit von Anfang Mai bis Ende Juni (♂♂ 1. 4.–15. 6.; ♀♀ 9. 5.–30. 6.). In Mitteleuropa teilweise zweijährige Entwicklung. Im Mai schlüpfende Tiere überwintern als Imagines im Kokon.

Bestandessituation: Die wärmeliebende und auffällige Art ist im gesamten Mitteleuropa seit Jahrzehnten im Bestand rückläufig. Schon BLÜTHGEN (1925, 1961) hat über ihren Rückgang in Mitteldeutschland (DDR) berichtet. In Baden-Württemberg war die Art früher ebenfalls in vielen Landesteilen verbreitet und kam auch in einer ganzen Reihe von Dörfern und Städten vor. Schon nach 1950 zeigte sie gravierende Rückgangserscheinungen. Alle Populationen mit Ausnahme derer am Tuniberg, im Kaiserstuhl und im Nördlinger Ries erloschen. Inzwischen ist die Art aber auch am Tuniberg und Kaiserstuhl verschwunden, nachdem im Naturschutzgebiet (!) »Badberg« Mineraliensammler regelmäßig die am Badfelsen befindlichen Nester zerstört haben. Während vor Jahrzehnten noch von großen Beständen an den Sprudelkalkfelsen des Goldbergs berichtet wurde (BISCHOFF & ULRICH 1929, ENSLIN 1922), sind dort heute nur noch

Megachile parietina ♂

Megachile parietina ♀

vereinzelte Tiere zu beobachten, so daß auch hier das völlige Erlöschen kaum aufzuhalten ist. Hier wäre dringend eine Beschränkung der Schafbeweidung notwendig und eine einschürige Mahd zumindest auf Teilflächen, um langfristig das Nahrungsangebot während der Flugzeit zu sichern. Im Naturschutzgebiet »Goldberg« liegt eben der begrenzende Faktor nicht im Nist- sondern im Nahrungsangebot. In den vergangenen Jahren wurden auch drei kleinere Vorkommen im Hegau entdeckt, einer davon sogar in einem mit Findlingen umgrenzten Garten. In Baden-Württemberg müssen sich daher die Erhaltungsmaßnahmen auf diese Hegau-Vorkommen konzentrieren, die bei Einsatz aller Möglichkeiten vielleicht noch längerfristig erhalten werden können. Vor allem Kiesgruben dieses Naturraums und im benachbarten, überwiegend schweizerischen Randen, in denen die Art heute noch vorkommt, sind unbedingt vor einer Rekultivierung (Aufforstung, Verfüllung) zu bewahren. Durch gezielte Pflegemaßnahmen ist ihre Offenhaltung zu gewährleisten. Befinden sich im Umfeld der Nistplätze Wiesen, so sind diese extensiv zu nutzen mit einem ersten Mähtermin nicht vor Ende Juni.

RL: Vom Aussterben bedroht (1).

Megachile pilidens

Alfken 1923

Verbreitung: Süd- und Osteuropa, wärmere Lagen Mitteleuropas. – In der Bundesrepublik Deutschland nordwärts bis zum Lahntal. – In Baden-Württemberg nur zerstreute Nachweise in der Oberrheinebene, im Kaiserstuhl, in der Vorbergzone des Schwarzwaldes, im Neckarbecken, im Mittleren Albvorland und im Taubertal. Funddaten ab 1960: LU90 Buckingen 1♀ 7.1986 (W). LU92 Achkarren 1♀ 11. 7. 1982 (W). Ihringen 1♀ 16. 8. 1984 (W)). MU02 Vogtsburg 2♀♀ 11. 7. 1982 (W); Oberbergen 1♀ 22. 7. 1988 (beob.). MV53 Karlsruhe 1♀ 10. 6. 1979 (S). NU07 Tübingen, Spitzberg 1♂ 22. 6. 1976 (W); 1♂ 23. 7. 1977 (W); 1♂ 11. 8. 1978 (W) (Westrich 1980); 3♀♀ 13.–16. 7. 1982 (W). NA40 Werbach, Höhberg 1♂ 6. 7. 1983 (W); Werbach, Apfelberg 1♂,1♀ 25. 7. 1985 (W). Material: 23♂♂, 78♀♀.

Lebensraum: Nur in ausgesprochen trockenwarmen Lebensräumen: südexponierte Abwitterungshalden im Muschelkalk und Jura, mit Felsbändern oder Steinhaufen durchsetzte Magerrasen, strukturreiche, von Trockenmauern durchzogene Weinberge und Weinbergbrachen, sonnendurchglühte Lehm- und Kiesgruben und Abraumhalden.

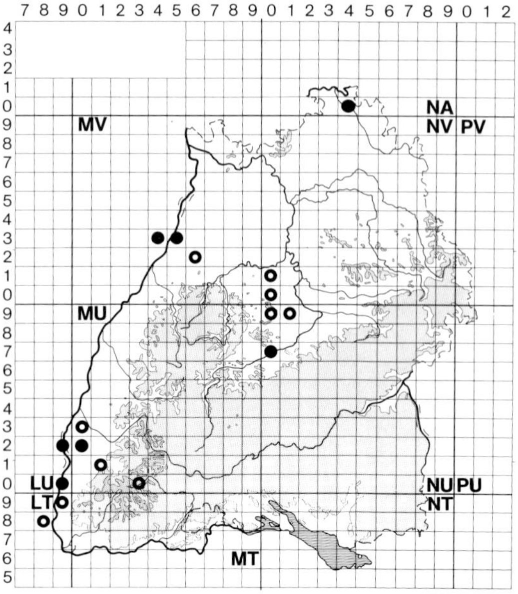

Megachile pilidens

Nistweise: Nistet in vorhandenen Hohlräumen, besonders unter Steinen, in Felsspalten, in Höhlungen im Boden oder in Fugen von Trockenmauern. Die einzelnen Blattstückchen der zylindrischen Brutzellen sind vermutlich mit Speichel verklebt. (Marikovskaya 1972, Schremmer 1954).

Blütenbesuch: Polylektische Art (3 Pflanzenfamilien), die Fabaceen (Schmetterlingsblütler) deutlich bevorzugt. Pollenquellen: Asteraceae: Gewöhnliche Kratzdistel *(Cirsium vulgare)*; Fabaceae: Gewöhnlicher Hornklee *(Lotus corniculatus)*, Luzerne *(Medicago sativa)*, Sichelklee *(Medicago falcata)*, Weißklee *(Trifolium repens)*, Dornige Hauhechel *(Ononis spinosa)*, Kriechende Hauhechel *(Ononis repens)*, Wald-Platterbse *(Lathyrus sylvestris)*; Crassulaceae: Felsen-Fetthenne *(Sedum reflexum)*.

Kuckucksbienen: Mehrfach konnte ich *Coelioxys afra* an den Nistplätzen beobachten.

Phänologie: Univoltin. Flugzeit von Ende Juni bis Mitte August.

Bestandessituation: Die ausgesprochen wärmeliebende und im Gelände durch ihren hohen Flugton auffällige Art wurde seit 1975 nur noch von wenigen, ausgesprochen warmen Stellen bekannt. Aufgrund ihrer Wärmeliebe ist sie auf Lebensräume angewiesen, die durch Rebflurbereinigungen, Gesteinsabbau, Aufforstungen und Rekultivierungen bereits stark zurückgedrängt wurden, so daß die Art stark in ihrem Bestand bedroht ist. Erhaltungs-

Megachile pilidens ♂

Megachile pilidens ♀

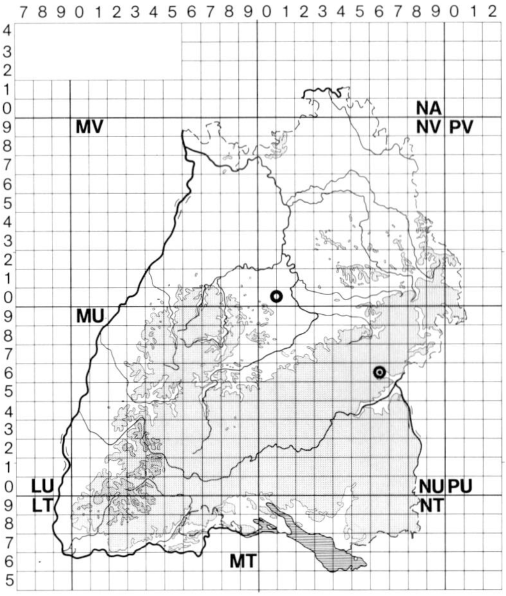

Megachile pyrenaea

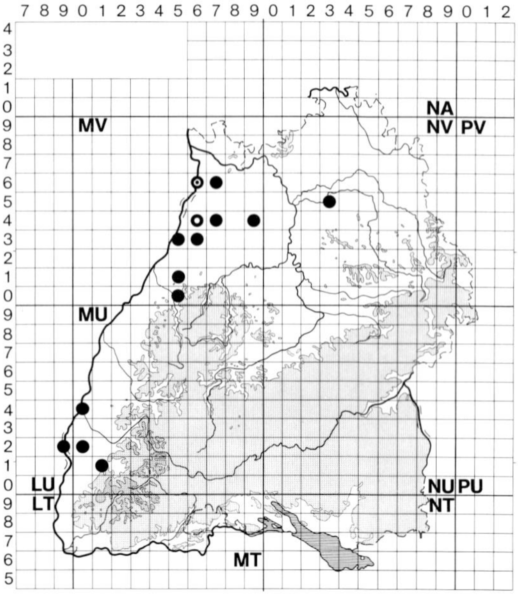

Megachile rotundata

maßnahmen müssen sich unbedingt auf den flächenhaften Schutz ihrer Lebensräume konzentrieren, die möglichst als Naturschutzgebiete auszuweisen sind.
RL: Stark gefährdet (2).

Megachile pyrenaea

Pérez 1890

Verbreitung: Noch ungenügend bekannt. Südeuropa, zerstreut in Mitteleuropa, Nordeuropa (vgl. Benoist 1940). In den Schweizer Alpen bis 2000 m (Beaumont 1958). – In der Bundesrepublik Deutschland bisher nur von wenigen bayrischen Lokalitäten (Stoeckhert 1933, 1954) und aus Baden-Württemberg bekannt. – In Baden-Württemberg nur ein älterer Fund im Raum Stuttgart und ein neuerer Nachweis auf der Schwäbischen Alb. Funddaten: NV00/10 Stuttgart 1♀ 1907 (SMNS) (Schwammberger 1969). NU66 Weidach 1♀ 4. 9. 1972 (Schwammberger) (Westrich 1983a).
Lebensraum: Offensichtlich bevorzugt die Art ausgesprochen trockenwarme Lebensräume, da sie mir bisher nur von Abwitterungshalden, Felshängen und Trockenrasen bekannt wurde.
Nistweise: Nach Crèvecoeur & Hoegarden und Niemelä nistet die Art in der Erde oder unter Steinen. Schwammberger (brief. Mitt. 1982) fand das »Nest unter einem dreieckigen, ungefähr 10 cm langen Stein«, was sich auch mit den Beobachtungen von Bonelli deckt. (Die Angabe von Ferton 1908:550, der von einem Nest in einem dürren Pflanzenstengel berichtet, bleibt zweifelhaft.) Als Baumaterial für die linear angeordneten Brutzellen wurden Laubblattausschnitte von Birken *(Betula)*, Rosen *(Rosa)* und Robinien *(Robinia)* festgestellt. (Bonelli 1964a, Crèvecoeur & Hoegarden 1950, Ferton 1896, Grandi 1928a, 1961, 1964, Niemelä 1936).
Blütenbesuch: Vermutlich polylektische Art, in deren Pollenladungen festgestellt wurden: Asteraceae vom *Taraxacum*-Typ, *Achillea*-Typ und *Centaurea jacea*-Typ; Dipsacaceae vom *Scabiosa*-Typ. Vermutlich werden auch Fabaceen zum Pollensammeln besucht.
Kuckucksbienen: van der Zanden (1982) nennt *Coelioxys elongata*, Stoeckhert (1933) und Bonelli (1967f) vermuten *Coelioxys mandibularis.*
Phänologie: Univoltin. Flugzeit von Juli bis September.
Bestandessituation: Die extrem seltene Art ist in Baden-Württemberg möglicherweise vom Aussterben bedroht. Obwohl ich regelmäßig potentielle Lebensräume aufgesucht habe, ist mir kein weiterer Nachweis gelungen.
RL: Potentiell gefährdet (4).
Bemerkungen: Nicht alle Angaben in der Literatur sind zuverlässig, da die Art gelegentlich mit *Megachile versicolor* verwechselt wurde.

Megachile rotundata ♀

Megachile rotundata

(Fabricius 1784)
Syn.: *M. pacifica* Panzer 1798 (Opinion 1093 aus dem Jahre 1977, vgl. auch Roberts 1978 u. Low 1979).

Verbreitung: Süd- und Mitteleuropa. nordwärts bis Süd-Finnland, aber nicht in Schweden (Elfving 1968, Erlandsson 1960a). Auch aus Berlin bekannt (Hedicke 1922). Vermutlich in den dreißiger oder vierziger Jahren dieses Jahrhunderts in die USA eingeschleppt (vgl. Krombein 1948). – In der Bundesrepublik Deutschland vor allem im Süden, aber auch im Norden, dort aber nur vereinzelt, aber zweifelsfrei nachgewiesen (Höppner 1901b, Wagner 1938a). In Bayern bei Nürnberg (Panzer 1798), Fürth (Enslin 1922) und Aschaffenburg (Stoeckhert 1954). In Rheinland-Pfalz an verschiedenen Stellen in der Rheinebene. – In Baden-Württemberg vor allem in der Oberrheinebene und im Kaiserstuhl, außerdem im Kraichgau, in der Schwarwaldvorbergzone und am Kocher. Material: 34♂♂, 66♀♀.

Lebensraum: Binnendünen, Sand- und Lehmgruben, Trockenhänge sowie Böschungen und Hohlwege im Weinbauklima, Hochwasserdämme in Kontakt zu Auwäldern, südexponierte und strukturreiche Waldränder, vereinzelt im Siedlungsbereich in Parkanlagen und an Ruderalstellen.

Nistweise: Nistet in vorhandenen, oberirdischen Hohlräumen, v.a. in Fraßgängen in totem Holz und hohlen Pflanzenstengeln; auch in Hohlräumen in Löß- und Lehmwänden. Besiedelt auch Nisthilfen, z.B. Bohrungen in Holz, Bambusrohr, Trinkhalme (Durchmesser 6 mm, Gangtiefe 8–10 cm). Ausgesprochen geselliges Nistverhalten, wodurch unter künstlichen Bedingungen eine außerordentlich große Populationsdichte erreicht werden kann. Als Baumaterial für die Brutzellen dienen sowohl Ausschnitte von Blüten- als auch von Laubblättern verschiedener Pflanzen, z.B. von *Pelargonium zonale*, *Hortensia*, aber auch Laubblätter von Wolfsmilch *(Euphorbia)*, Luzerne *(Medicago)*, Flieder *(Syringa)* und Weinrebe *(Vitis)*. Die Nester sind Linienbauten. Die ♀♀ zeigen eine hohe Reproduktionsrate und können maximal 39 Brutzellen versorgen. (u.a. Brechtel 1986, Dorn & Weber 1978, 1988, Ferton 1905, Grandi 1929, 1961, Holm & Skou 1972, Marikovskaya 1972, Morgner 1973, Niemelä 1936, Parker & Torchio 1980, Stephen 1961, 1962, Stephen & Torchio 1961).

Blütenbesuch: Polylektische Art (5 Pflanzenfamilien). Pollenquellen: Apiaceae: Feld-Mannstreu *(Eryngium campestre)*; Asteraceae: Ruhr-Flohkraut *(Pulicaria dysenterica)*; Crassulaceae: Felsen-Fetthenne *(Sedum reflexum)*; Fabaceae: Luzerne *(Medicago sativa)*, Gewöhnlicher Hornklee *(Lotus corniculatus)*, Weißer Steinklee *(Melilotus alba)*, Hasen-Klee *(Trifolium arvense)*, Weißklee *(Trifolium repens)*; Liliaceae: Kugel-Lauch *(Allium spaerocephalon)*. – Die Art ist zum bedeutendsten Bestäuber der Luzerne in den USA geworden. Nach einer Beobachtung von TEPEDINO (1983) sammelten die ♀♀ mindestens 500 m weit weg vom Nistplatz.
Kuckucksbienen: *Coelioxys rufocaudata*, auch durch Zuchten belegt.
Phänologie: Univoltin. Flugzeit von Ende Juni bis Mitte August.
Bestandessituation: Die Art konnte in den niederen Lagen Baden-Württembergs seit 1975 noch mehrfach und an ihren Fundorten regelmäßig nachgewiesen werden. In der Oberrheinebene läßt sie sich sogar in den Gärten durch Nisthilfen ansiedeln. Sie dürfte derzeit nicht im Bestand bedroht sein.

Megachile versicolor
Smith 1844

Verbreitung: Mitteleuropa, Großbritannien, Schweden, Finnland. – In der Bundesrepublik Deutschland keine Verbreitungsgrenze, auch im Norden (vgl. RIEMANN 1985). – In Baden-Württemberg weit verbreitet, von der Ebene bis in die höheren Lagen der Mittelgebirge. Material: 22♂♂, 30♀♀.
Lebensraum: Waldränder, Waldlichtungen, strukturreiche Weinbergbrachen, Trockenhänge, Ruderalstellen, Lehm- und Tongruben, Hohlwege, auch im Siedlungsbereich (Gärten und Parks). Als Nistplätze dienen v.a. Totholzstrukturen, dürre Pflanzenstengel oder Trockenmauern.
Nistweise: Nistet in vorhandenen Hohlräumen, z.B. in Fraßgängen in totem Holz, in Löchern poröser Industrieschlacken, in selbstgenagten oder vorgefundenen Gängen markhaltiger Stengel von Brombeeren *(Rubus fruticosus)*, Wildrosen *(Rosa)* oder Königskerzen *(Verbascum)*. Besiedelt auch Nisthilfen, z.B. Bohrungen in Holz oder Bambusrohr (Durchmesser 5–7 mm). Die linear angeordneten Brutzellen werden mit Blattstücken von Wildrosen *(Rosa)*, aber auch von Schlehen *(Prunus spinosa)* gebaut. Der Nestverschluß besteht aus mehreren Lagen von rundlichen Blattstücken und

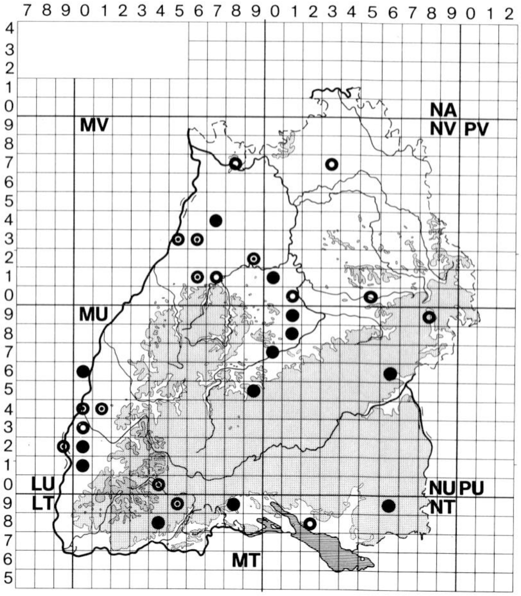

Megachile versicolor

aus Pflanzenmörtel. (BRECHTEL 1986, DANKS 1971a, GRANDI 1935, 1961, NIEMELÄ 1936, WOLF 1973).
Blütenbesuch: Polylektische Art (5 Pflanzenfamilien). Pollenquellen: Asteraceae: Weiden-Alant *(Inula salicina)*, Echter Alant *(Inula helenium)*, Gewöhnliche Kratzdistel *(Cirsium vulgare)*, Wiesen-Flockenblume *(Centaurea jacea)*, Gewöhnliches Bitterkraut *(Picris hieracioides)*; Boraginaceae: Gewöhnlicher Natterkopf *(Echium vulgare)*; Dipsacaceae: Wohlriechende Skabiose *(Scabiosa canescens)*; Fabaceae: Gewöhnlicher Hornklee *(Lotus corniculatus)*, Weißer Steinklee *(Melilotus alba)*, Wiesen-Platterbse *(Lathyrus pratensis)*; Plantaginaceae: Mittlerer Wegerich *(Plantago media)*. – Die ♀♀ verhalten sich nur selten blütenstet. Meist werden auf einem Sammelflug 2 Arten aus 1–2 Pflanzenfamilien genutzt, z.B. *Centaurea/Inula* oder *Picris/Echium*, gelegentlich auch 3–4 Arten aus 3–4 Pflanzenfamilien, z.B. *Plantago/Scabiosa/Lotus/Picris*.
Kuckucksbienen: *Coelioxys mandibularis*, durch Zucht belegt.
Phänologie: Zumindest partiell bivoltin, v.a. in der Oberrheinebene und im Neckartal. Flugzeit der 1. Generation: ♂♂ ab 21. 5.; ♀♀ ab 24. 6.; die 2. Generation fliegt im August und September (♀♀ bis 16. 9.). Die Tiere der 2. Generation überwintern als Ruhelarve im Kokon.
Bestandessituation: Die meist nicht seltene Art

Megachile versicolor ♂

Megachile versicolor ♀

wurde seit 1975 in verschiedenen Landesteilen, teils in Anzahl festgestellt. Auch das Sammlungsmaterial läßt keinen Rückgang erkennen. Aufgrund ihrer vergleichsweise weiten ökologischen Ansprüche ist die Art nicht in ihrem Bestand gefährdet.

Megachile willughbiella
(Kirby 1802)

Verbreitung: Südeuropa (dort nur in höheren Lagen), Mitteleuropa, Nordeuropa (mit Ausnahme des hohen Nordens). In den Alpen bis 2000 m. – In der Bundesrepublik Deutschland keine Verbreitungsgrenze. – In Baden-Württemberg weit verbreitet, von der Ebene bis in die höheren Lagen der Mittelgebirge. Sicherlich landesweit verbreitet. Material: 60♂♂, 45♀♀.
Lebensraum: Waldränder, Waldlichtungen, strukturreiche Weinbergbrachen, auch im Siedlungsbereich (Gärten und Parks). Als Nistplätze dienen morsche Baumstümpfe und Äste, morsche Balken von Holzschuppen, Lößwände und Trockenmauern.
Nistweise: Nistet in selbstgegrabenen Gängen in morschem Holz, aber auch in vorhandenen Hohlräumen, z. B. in Fraßgängen in totem Holz, unter Rinde, in verlassenen Nestern von Pelzbienen *(Anthophora)*, in Fugen von Fachwerkwänden und Trockenmauern. Gelegentlich benutzen mehrere ♀♀ das gleiche Einflugsloch. Besiedelt auch Nisthilfen, z. B. Bohrungen in Holz oder Bambusrohr (Innendurchmesser 6 mm). Die Brutzellen werden aus Blattstücken von Wildrosen *(Rosa)*, Hainbuche *(Carpinus betulus)*, Eiche *(Quercus)* oder Robinie *(Robinia)* gefertigt. (Blüthgen 1916, Buysson 1902, Grandi 1928a, 1961, Holm & Skou 1972, Stoeckhert 1933, Walrecht 1953).
Blütenbesuch: Polylektische Art (5 Pflanzenfamilien). Pollenquellen: Asteraceae: Gewöhnliche Kratzdistel *(Cirsium vulgare)*; Campanulaceae: Rundblättrige Glockenblume *(Campanula rotundifolia)*, Pfirsichblättrige Glockenblume *(Campanula persicifolia)*, Nesselblättrige Glockenblume *(Campanula trachelium)*, Marien-Glockenblume *(Campanula medium)*, *Campanula isophylla, Campanula poscharskyana*; Crassulaceae: Felsen-Fetthenne *(Sedum reflexum)*; Fabaceae: Gewöhnlicher Hornklee *(Lotus corniculatus)*, Dornige Hauhechel *(Ononis spinosa)*, Kriechende Hauhechel *(Ononis repens)*, Färber-Ginster *(Genista tinctoria)*, Knollen-Platterbse *(Lathyrus tuberosus)*, Wiesen-Platterbse *(Lathyrus pratensis)*, Breitblättrige Platterbse *(Lathyrus latifolius)*, Weißklee *(Trifolium repens)*;

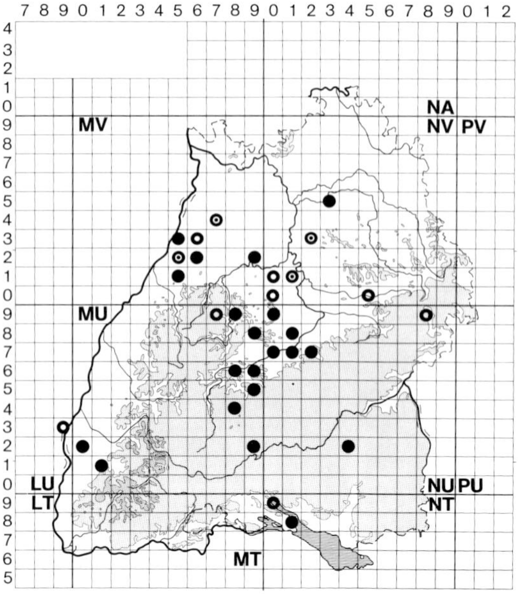

Megachile willughbiella

Onagraceae: Wald-Weidenröschen *(Epilobium angustifolium)*. – Die ♀♀ sammeln teils blütenstet, z. B. an *Epilobium, Campanula, Lathyrus, Sedum*, nutzen auf einem Ausflug aber auch 2–3 Arten aus 2 Pflanzenfamilien, z. B. *Campanula/Lathyrus* oder *Campanula/Cirsium/Crepis*. Außer *Ononis* bieten alle festgestellten Pollenquellen auch Nektar für den sehr zähflüssigen Larvenproviant.
Kuckucksbienen: *Coelioxys quadridentata*, vermutlich auch *Coelioxys elongata*.
Phänologie: Univoltin. In heißen und langen Sommern zumindest partiell bivoltin. Flugzeit von Ende Juni bis Ende August (♂♂ 20. 6.–27. 7.; ♀♀ 22. 6.–1. 8.). Die partielle 2. Generation fliegt in der Oberrheinebene, im Neckartal und im Bodenseebecken ab Mitte August. Überwinterung als Ruhelarve im Kokon.
Bestandessituation: Die in den meisten Gegenden durchaus häufige Art wurde seit 1975 noch an zahlreichen, weit über das Land verstreuten Stellen aufgefunden. Da sie regelmäßig auch in Dörfern und Städten anzutreffen ist, halte ich sie als eine der häufigsten *Megachile*-Arten für ungefährdet.

Megachile willughbiella ♂

Megachile willughbiella ♀

Melecta Latreille 1802

Die Gattung *Melecta* ist holarktisch verbreitet und am artenreichsten im Mittelmeerraum und nach Osten hin in den ariden Gebieten Asiens. In der Bundesrepublik Deutschland kommen nur die beiden Arten *M. luctuosa* und *M. punctata* vor. Die *Melecta*-Arten sind große und prächtige, sehr auffällige Bienen. Ihren deutschen Namen »Trauerbienen« tragen sie wegen der meist tiefschwarzen Behaarung, die reich mit weißhaarigen Flecken verziert ist (Ausnahme: *M. punctata*). Während der Großteil der Arten schwer zu bestimmen ist, sind die beiden heimischen Arten auch im Feld gut zu unterscheiden. Diagnosen der beiden Arten gibt SCHMIEDEKNECHT (1930:830). Die paläarktischen Arten hat LIEFTINCK (1980) revidiert.

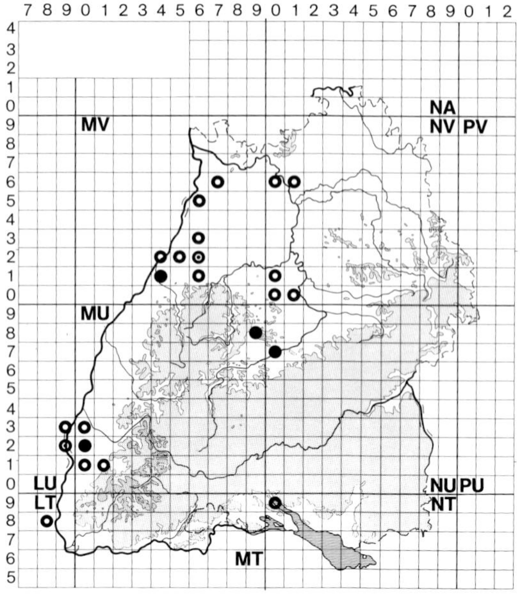

Melecta luctuosa

Melecta luctuosa

(Scopoli 1770)

Verbreitung: Süd- und Mitteleuropa. – In der Bundesrepublik keine Verbreitungsgrenze. – In Baden-Württemberg zerstreute Nachweise, durchweg aus Lagen unter 500 m. Funddaten ab 1975: MU02 Vogtsburg 2♀♀ 30. 5. 1978 (W). MU98 Breitenholz 1♀ 4. 6. 1983 (W). MV41 Bietigheim 1♂ 21. 5. 1988 (D). NU07 Tübingen, Spitzberg 1♀ 27. 5. 1986 (W); 1♀ 5.1988 (beob.). Material: 2♂, 64♀♀.

Wirte: Verschiedene *Anthophora*-Arten. Hauptwirt ist *Anthophora aestivalis*. Weitere Wirte sind *A. retusa, A. plagiata* (LIEFTINCK 1980, MEYER 1913) und *A. crinipes* (HAMANN 1960).

Blütenbesuch: Als (austauschbare) Nektarquellen dienen verschiedenste Pflanzenarten, z.B. Kriechender Günsel *(Ajuga reptans)*, Gundermann *(Glechoma hederacea)*, Wiesen-Salbei *(Salvia pratensis)*, Quirlblättriger Salbei *(Salvia verticillata)*, Katzenminze *(Nepeta)*, Gewöhnlicher Natterkopf *(Echium vulgare)*, Gewöhnliche Ochsenzunge *(Anchusa officinalis)*.

Phänologie: Univoltin. Fliegt von Ende April bis Ende Juni (♂♂ 4. 4.–4. 7.; ♀♀ 4. 4.–24. 7.). Überwinterung als Imago.

Bestandessituation: Bis 1960 muß die Art in der Oberrheinebene, im Kaiserstuhl und im Kraichgau ziemlich häufig gewesen sein. Danach zeichnet sich wie bei ihren Wirten ein deutlicher Rückgang ab. Ab 1975 wurde die Art nur noch am Kaiserstuhl und im Raum Tübingen und meist nur einzeln festgestellt. Da ihr Fortbestehen von entsprechenden Beständen ihrer Wirte abhängt, die durchweg alle im Bestand bedroht oder bereits verschollen sind, muß diese Trauerbiene zumindest als stark gefährdet bezeichnet werden. Nur bei konsequentem Schutz der Wirtsbienen hat diese hübsche Kuckucksbiene in Baden-Württemberg noch eine Erhaltungschance. Von den derzeit bekannten Vorkommen liegt nur eines in einem Naturschutzgebiet.

RL: Stark gefährdet (2).

Melecta punctata

(Fabricius 1775)

Syn.: *M. armata* (Panzer 1799).

Verbreitung: Weite Teile Europas, die nördlichen und östlichen Verbreitungsgrenzen aber noch unklar. – In der Bundesrepublik keine Verbreitungsgrenze. – In Baden-Württemberg bisher zwar nur weit über das Land verstreute Nachweise, sicher aber in allen Landesteilen verbreitet, v.a. in Lagen unter 500 m. Material: 36♂♂, 81♀♀.

Wirte: Verschiedene *Anthophora*-Arten. Hauptwirt ist *A. acervorum* (JOHNSON 1913, LITH 1947, eig. Beob.). Weitere Wirte sind *A. plagiata* (MEYER 1913, eig. Beob.) und *A. fulvitarsis* (FRIESE 1923, SEMICHON 1922).

Blütenbesuch: Als (austauschbare) Nektarquellen dienen verschiedenste Pflanzenarten, z.B. Rote Taubnessel *(Lamium purpureum)*, Weiße Taubnes-

Melecta luctuosa ♀

Melecta punctata ♂.

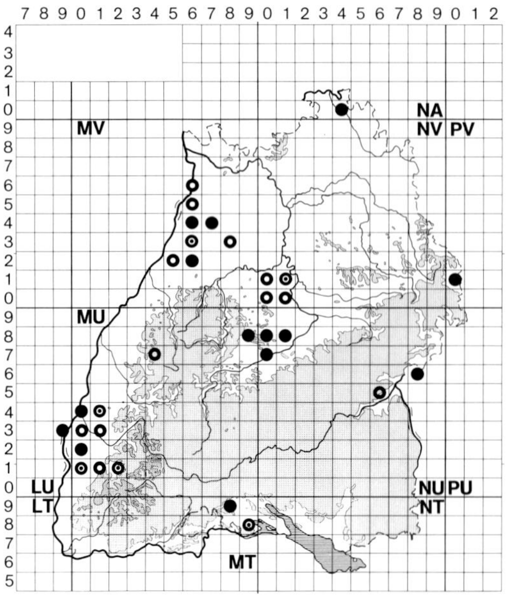

Melecta punctata

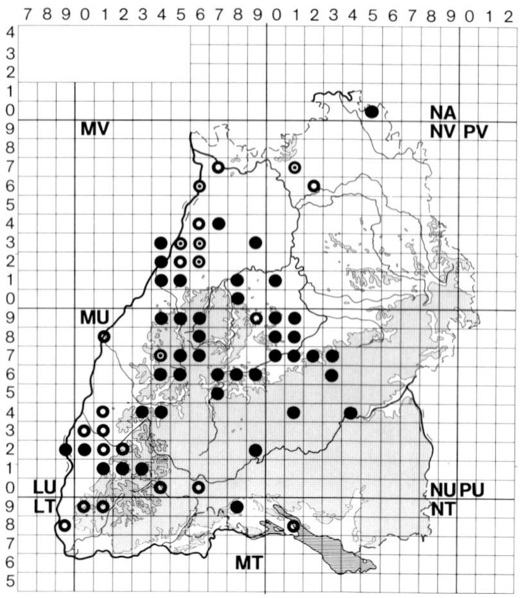

Melitta haemorrhoidalis

sel *(Lamium album)*, Gundermann *(Glechoma hederacea)*, Kriechender Günsel *(Ajuga reptans)*, Blaukissen *(Aubrieta deltoidea)*, Huflattich *(Tussilago farfara)*, Wiesen-Löwenzahn *(Taraxacum officinale)*.

Phänologie: Univoltin. Fliegt von Mitte April bis Anfang Juni (♂♂ 4. 4.–30. 5.; ♀♀ 4. 4.–27. 6.). Überwinterung als Imago.

Bestandessituation: Die Art zeigt in den vergangenen Jahrzehnten einen annähernd gleichbleibenden Bestand. Dort wo ihr Hauptwirt noch häufig ist, z. B. im Siedlungsbereich, kann man sie in manchen Jahren in vergleichsweise großer Zahl antreffen. Ich halte die Art derzeit für nicht gefährdet.

Bemerkungen: Nach Day & Fitton (1977) soll die gut bekannte Art umbenannt werden in *M. albifrons* (Forster 1771). Lieftinck (1980) hat sich diesen beiden Autoren angeschlossen.

Melitta Kirby 1802

Die artenarme Gattung *Melitta* (= *Cilissa* Leach) hat ihren Verbreitungsschwerpunkt in der Holarktis, in Nordamerika ist sie in geringerer Artenzahl als in Eurasien vertreten (Michener 1979). In der Bundesrepublik Deutschland wurden 6 Arten nachgewiesen. Der deutsche Gattungsname »Sägehornbienen« erklärt sich aus den Verdickungen der (»gesägten«) Antennenglieder, die die Männchen einiger Arten aufweisen (am deutlichsten bei *M. haemorrhoidalis*, nicht vorhanden bei *M. dimidiata*). Die Männchen sind in der Regel lang und zottig behaart (v. a. bei *M. leporina*). Vor allem die *Melitta*-Weibchen werden leicht mit Weibchen der Gattung *Andrena* verwechselt, ihnen fehlt aber im Vergleich mit den Sandbienen der Flocculus (Haarlocke) am Trochanter (Schenkelring). Die Größe der Sägehornbienen schwankt zwischen 10 und 14 mm. Bei einiger Übung und Berücksichtigung des typischen Blütenbesuchs kann man aber alle heimischen Arten auch im Feld erkennen. Erschwert werden kann die Bestimmung aber dadurch, daß lokal Formen mit schwarzbraun behaartem Thorax (v. a. bei *M. haemorrhoidalis* und *M. leporina*) vorkommen. Die deutschen Arten lassen sich mit Schmiedeknecht (1930:773) bestimmen, dort fehlt lediglich *M. wankowiczi*; ein Schlüssel der westpaläarktischen Arten findet sich bei Warncke (1973b).

Melitta dimidiata
Morawitz 1876

Verbreitung: Südeuropa, inselartig in Mitteleuropa, Süd-England. Eine (unvollständige) Verbreitungskarte gibt Baker (1965) (vgl. Warncke 1973b). – In der Bundesrepublik Deutschland bisher nur aus

Melitta haemorrhoidalis ♀

Bayern bekannt (Maingebiet: Karlstadt, Thüngersheim, Retzbach; Fränkischer Jura: Pappenheim) (ENSLIN 1922, FRIESE 1921a, STOECKHERT 1933, WESTRICH 1984a). – In Baden-Württemberg bisher nicht nachgewiesen, ein Vorkommen im Tauber-Gebiet ist nicht völlig auszuschließen.

Lebensraum: In Bayern kenne ich die Art von trokkenwarmen Muschelkalk- und Jurahängen. Im Wallis (Schweiz) fliegt sie an südexponierten Hängen unterhalb 1000 m. Als Nistplätze kommen insbesondere schütter bewachsene Stellen von Magerrasen, aber auch von Wegrändern in Frage. Die Art scheint sowohl in sandigem wie in lehmigem Boden zu nisten.

Nistweise: Nistet in selbstgegrabenen Hohlräumen in der Erde.

Blütenbesuch: Streng oligolektische, auf *Onobrychis* (Fabaceae) spezialisierte Art. Pollenquellen in Mitteleuropa sind Sand-Esparsette *(Onobrychis arenaria)* und Futter-Esparsette *(Onobrychis viciifolia)*. – Der Pollen wird mit Nektar angefeuchtet transportiert.

Kuckucksbienen: Unbekannt.

Phänologie: Univoltin. Flugzeit von Ende Mai bis Anfang Juli.

Bemerkungen: RADOSZKOWSKI (1891) und BAKER (1965) stellen *M. dimidiata* in eine eigene Gattung *Pseudocilissa*. MICHENER (1981) sieht hierfür keinen ausreichenden Grund und führt *Pseudocilissa* Radoszkowski 1891 als Synonym zu *Melitta*, während WARNCKE (1973b) dieses Taxon als Untergattung von *Melitta* auffaßt.

Melitta haemorrhoidalis

(Fabricius 1775)
Syn.: *M. haemorrhoidalis friesica* Zimmermann 1935.

Verbreitung: Fast ganz Europa, nordwärts bis Mittel-Finnland. Eine Verbreitungskarte gibt HOHMANN (1984). In den Alpen bis 2000 m. – In der Bundesrepublik Deutschland keine Verbreitungsgrenze. – In Baden-Württemberg weit verbreitet und nicht selten, von der Rheinebene bis in die höheren Lagen des Schwarzwaldes (1000 m) und der Schwäbischen Alb (700 m). Die Art wurde zwar noch nicht in allen Landesteilen nachgewiesen, dürfte aber in den Kartierungslücken ebenfalls verbreitet sein. Material: 128♂♂, 86♀♀.

Lebensraum: Vor allem sonnige bis mäßig schattige Waldränder, Waldlichtungen, Kahlschläge, Feld-

Melitta haemorrhoidalis, ruhendes Männchen.

hecken, mäßig beweidete oder brachliegende Wacholderheiden; vereinzelt auch im Siedlungsbereich in Parkanlagen (Botanische Gärten) oder in Gärten. Nester an vegetationslosen oder schütter bewachsenen, horizontalen oder schwach geneigten Stellen. Eine Bevorzugung bestimmter Bodenarten zur Nestanlage ist nicht erkennbar.
Nistweise: Nistet in selbstgegrabenen Hohlräumen in der Erde.
Blütenbesuch: Streng oligolektische, auf *Campanula* (Campanulaceae) spezialisierte Art (vgl. Westrich & Schmidt 1987). Pollenquellen: Rundblättrige Glockenblume *(Campanula rotundifolia)*, Pfirsichblättrige Glockenblume *(C. persicifolia)*, Acker-Glockenblume *(C. rapunculoides)*, Rapunzel-Glokkenblume *(C. rapunculus)*, Nesselblättrige Glokkenblume *(C. trachelium)*. *C. rotundifolia* und *C. trachelium* sind in Süddeutschland die wichtigsten Pollenquellen. – Der Pollen wird mit Nektar angefeuchtet transportiert. Die *Campanula*-Blüten dienen ♂♂ und ♀♀ auch als bevorzugte Nektarquellen, als Rendezvous-Plätze zur Partnerfindung sowie als Schlafstätten. Die ♂♂ schlafen gelegentlich auch in den Blüten von Malven *(Malva)* und Wegwarten *(Cichorium)*.
Kuckucksbienen: Aufgrund von Feldbeobachtungen vermutet Wolf (1950) *Nomada emarginata*, was ich bestätigen kann. Tengö & Bergström (1976) hingegen nennen *Nomada flavopicta*.
Phänologie: Univoltin. Flugzeit von Mitte Juli bis Anfang September (♂♂ 5. 7.–1. 9.; ♀♀ 5. 7.–22. 9.). Überwinterung vermutlich als Ruhelarve.
Bestandessituation: Die Art konnte seit 1975 regelmäßig in allen Landesteilen, in denen während ihrer Flugzeit kartiert wurde, und in mehreren Naturschutzgebieten nachgewiesen werden. Sie ist nach wie vor recht häufig und kann sogar entlang von stark befahrenen Straßen, die durch Waldgebiete führen, sowie in städtischen Parkanlagen und gelegentlich auch in Gärten noch existieren, sofern dort ausreichend Glockenblumen blühen. In Botanischen Gärten mit ihrer breiten Palette verschiedener Glockenblumen tritt sie in individuenreicheren Beständen auf. Sie ist derzeit noch ungefährdet.

Melitta leporina
(Panzer 1799)

Verbreitung: Südeuropa, Mitteleuropa, von England bis zum Kaukasus, nordwärts bis Süd-Finnland. – In der Bundesrepublik Deutschland keine Verbreitungsgrenze. – In Baden-Württemberg weit verbreitet, aber mit einem deutlichen Verbreitungsschwerpunkt in der nördlichen Oberrheinebene. Fast ausschließlich in Lagen unter 500 m, nur sehr vereinzelt auch bis ca. 600 m. Material: 121♂♂, 74♀♀.
Lebensraum: In der Regel trifft man die Art dort, wo in niederen Lagen alljährlich größere Bestände von Luzerne blühen. In Südwestdeutschland finden sich solche Verhältnisse in Sand-, Kies- und Lehmgruben, auf Flugsandfeldern, auf Hochwasser- und Bahndämmen, an Feldhecken mit krautigem Saum, auf Böschungen und breiten Rainen in Feldfluren, Weinbergen und Weinbergbrachen, sowie auf Luzernefeldern. Vereinzelt kommt die Art auch im Siedlungsbereich auf Ruderalflächen und Bauerwartungsland vor. Nester an schütter bis dicht bewachsenen Stellen ebener bis schwach geneigter Flächen. Eine Bevorzugung bestimmter Bodenarten ist nicht erkennbar.
Nistweise: Nistet in selbstgegrabenen Hohlräumen in der Erde. Die meist zerstreut und einzeln, oft am Grunde von Grasbüscheln angelegten Nester haben einen Eingangskrater, der meist durch die Vegetation beschattet wird. Der Hauptgang verzweigt sich im Boden. Die bis zu 15 Brutzellen wer-

Melitta leporina ♂

Melitta leporina ♀

den mit einem wachsähnlichen Sekret ausgekleidet und mit Erde verschlossen. (ÅKERBERG & LESINS 1949, GRANDI 1954, MALYSHEV 1923, 1935, SIMMELHAG 1954, TIRGARI 1968).

Blütenbesuch: Oligolektische, auf Fabaceae (Schmetterlingsblütler) spezialisierte Art mit einer deutlichen Bevorzugung von Luzerne *(Medicago sativa)*. Weitere Pollenquellen: Sichelklee *(Medicago falcata)*, Weißklee *(Trifolium repens)*, Roter Wiesenklee *(Trifolium pratense)*, Mittlerer Klee *(Trifolium medium)*, Echter Steinklee *(Melilotus officinalis)*, Weißer Steinklee *(Melilotus alba)*, Deutscher Backenklee *(Dorycnium germanicum)*. – Der Pollen wird mit Nektar angefeuchtet transportiert. Die ♂♂ patrouillieren um blühende *Medicago*-Büsche (Futterplatzbahnen).

Kuckucksbienen: *Nomada flavopicta.*

Phänologie: Univoltin. Flugzeit von Mitte Juli bis Ende August (♂♂ 27. 6.–23. 8.; ♀♀ 4. 7.–15. 9.). Überwinterung als Ruhelarve.

Bestandessituation: Wenn die recht wärmeliebende Art auch seit 1975 noch mehrfach (auch in Naturschutzgebieten) nachgewiesen wurde, so zeigt sie dennoch einen merklichen Rückgang. Durch Aufgabe des Luzerneanbaus und die Ausräumung der Agrarlandschaft im Rahmen von Flurbereinigungen (Verlust an Nistplätzen wie an Nahrungsräumen) ist die Art aus vielen Gebieten verdrängt worden. Struktur- und blütenarme Feldfluren bieten der ausgesprochenen Offenlandsart kaum noch Überlebensmöglichkeiten. Schutzmaßnahmen beinhalten daher neben einer Strukturbereicherung der bereits flurbereinigten Gebiete auch die Sicherung der derzeitigen Refugiallebensräume. Dies bedeutet insbesondere den Verzicht auf eine Rekultivierung alter Sand- und Lehmgruben in den wärmeren Landesteilen, eine zeitliche und räumlich versetzte Mahd der Hochwasserdämme in der Rheinebene und eine Schonung bzw. Förderung der Ruderalstellen trockenwarmer Standorte innerhalb wie außerhalb des Siedlungsbereichs.

RL: Gefährdet (3).

Melitta nigricans

Alfken 1905

Verbreitung: Südeuropa, Mitteleuropa, ostwärts bis zum Ural. Eine (unvollständige) Verbreitungskarte gibt PAPP (1965). – In der Bundesrepublik Deutsch-

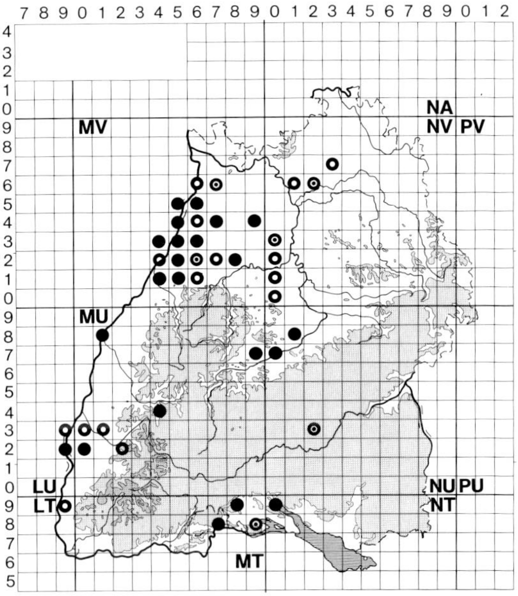

Melitta leporina

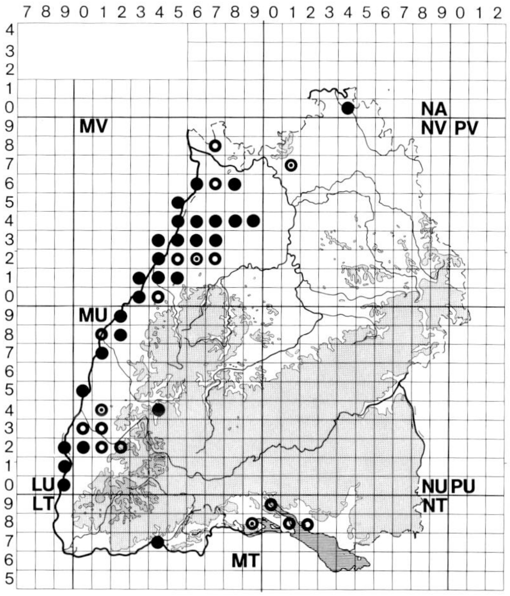

Melitta nigricans

land keine Verbreitungsgrenze, auch im Norden (vgl. RIEMANN 1985). – In Baden-Württemberg hat die Art einen deutlichen Verbreitungsschwerpunkt in den großen Flußsystemen des Rheins und des Mains und deren Zuflüsse. Die meisten Vorkommen liegen in der Oberrheinebene. Entlang der Zuflüsse erstrecken sich die Vorkommen auch mehr oder weniger weit ins Vorland, im Kinzigtal sogar bis in den Schwarzwald hinein (Gutach). Außerdem wurde die Art am Bodensee und im Taubertal festgestellt. Fast alle Vorkommen liegen unter 300 m, ganz vereinzelt bis etwa 400 m. Material: 89♂♂, 63♀♀.

Lebensraum: Die Art wird in den Flußauen, entlang von Gräben und Bächen sowie an Seeufern und auf Streuwiesen nur dort angetroffen, wo reiche Bestände des Blutweiderichs wachsen. Nester in Böschungen (z. B. von Hochwasserdämmen) und in kleinen Abbruchkanten, meist in sandigem Boden oder in Lößlehm.

Nistweise: Nistet in selbstgegrabenen Hohlräumen in der Erde.

Blütenbesuch: Streng oligolektische, auf *Lythrum* (Lythraceae) spezialisierte Art. Hauptpollenquelle in Mitteleuropa ist der Blut-Weiderich *(Lythrum salicaria)*. Im südöstlichen Mitteleuropa dürfte auch der Ruten-Weiderich *(Lythrum virgatum)* als Pollenquelle in Frage kommen. Ysop-Weiderich *(L. hyssopifolia)* und Binsen-Weiderich *(L. junceum)* sind bisher nicht als Nahrungspflanzen belegt. – Die ♀♀ sammeln beim Blütenbesuch sowohl den großen Pollen langer als auch den kleinen Pollen kurzer Staubfäden. Der Pollen wird mit Nektar angefeuchtet transportiert. Der Blut-Weiderich dient ♂♂ und ♀♀ auch als Nektarquelle. An seinen Büschen patrouillieren die ♂♂ oft in großer Zahl (Futterplatzbahnen).

Kuckucksbienen: Vielleicht doch *Nomada flavopicta*, obwohl ich an verschiedensten Orten, wo *M. nigricans* häufig war, vergeblich danach gesucht habe.

Phänologie: Univoltin. Flugzeit von Ende Juli bis Ende August (♂♂ 21. 7.–30. 8.; ♀♀ 26. 7.–30. 8.).

Bestandessituation: Nach 1975 wurde die Art noch regelmäßig nachgewiesen. Sie wird auch derzeit noch selbst in ziemlich ausgeräumten und intensivst genutzten Ackerfluren angetroffen, wenn dort noch *Lythrum*-Bestände vorhanden sind. Daher erscheint die Art v. a. in der Oberrheinebene derzeit nicht bedroht. Aktuelle Vorkommen sind nur aus zwei Naturschutzgebieten bekannt. Das Mähen der Hochstaudenvegetation entlang von Gräben oder Gewässern während des Hochsommers, also noch während der Blütezeit des Blutweiderichs, hat aber immer wieder einen Zusammenbruch lokaler Populationen zur Folge, da durch solche Eingriffe die alleinige Nahrungsgrundlage für die Brutversorgung entzogen wird. Wichtigste Schutzmaßnahme ist daher der Verzicht auf eine Mahd von Blutweiderichbeständen während der Vegetationsperiode.

Melitta nigricans ♂

Melitta tricincta, mit *Odontites*-Pollen beladenes Weibchen.

Melitta tricincta
Kirby 1802

Verbreitung: Süd- und Mitteleuropa, nordwärts bis 60° n. Br., England. – In der Bundesrepublik Deutschland keine Verbreitungsgrenze, zumindest in früherer Zeit vereinzelt auch im Norden (vgl. ALFKEN 1913, WAGNER 1938a). – In Baden-Württemberg nur sehr zerstreute Nachweise, durchweg in Lagen unter 600 m. Material: 16♂♂, 10♀♀.
Lebensraum: Die Art wird nur dort angetroffen, wo sich auch ein reiches Angebot von Rotem oder Gelbem Zahntrost findet. Mir begegnete die Art in Sand-, Kies- und Lehmgruben, auf Hochwasserdämmen, auf Binnendünen und Flugsandfeldern, auf extensiv genutzten Schafweiden, auf Brachen, auf Straßenböschungen, vereinzelt auch auf städtischen Ruderalflächen (Bauerwartungsland). Nester vermutlich an schütter bewachsenen Stellen ebener Flächen oder von Böschungen. Eine Bevorzugung bestimmter Bodenarten ist nicht erkennbar. Ich traf die Art sowohl auf Flugsand, auf Schwemmsand als auch auf Lehmböden mit hohem Tongehalt.
Nistweise: Nistet in selbstgegrabenen Hohlräumen in der Erde.
Blütenbesuch: Streng oligolektische, auf *Odontites* (Scrophulariaceae) spezialisierte Art. Hauptpollenquelle ist der Rote Zahntrost *(Odontites rubra)*, in den Flugsandgebieten (z. B. Sandhausen, Mainz) dient auch der Gelbe Zahntrost *(Odontites lutea)* als Pollenquelle. – Der Pollen wird mit Nektar angefeuchtet transportiert. ♂♂ und ♀♀ dienen die *Odontites*-Arten auch als Nektarquellen. Die ♂♂ patrouillieren um blühende *Odontites*-Pflanzen.
Kuckucksbienen: An mehreren Orten, wo kein anderer Wirt in Frage kam, konnte ich *Nomada flavopicta* beobachten.
Phänologie: Univoltin. Flugzeit von Anfang August bis Anfang September (♂♂ 20. 7.–2. 9.; ♀♀ 5. 7.–5. 9.).
Bestandessituation: Beurteilt man nur das Sammlungsmaterial, müßte die Art in den letzten Jahren häufiger geworden sein. Tatsächlich aber wurde die auch heute durchaus seltene Art in früheren Jahren vermutlich nur deshalb übersehen, weil den Sammlern die Hauptpollenquelle nicht bekannt war. Fast alle von mir aufgefundenen Vorkommen ergaben sich durch gezielte Kontrollen von Zahntrost-Beständen. Seit 1975 wurden allerdings nur zwei Vorkommen in Naturschutzgebieten bekannt. Schutzmaßnahmen müssen in erster Linie auf die Erhaltung der Pollenquellen abzielen. Auf Binnendünen und Flugsandfeldern sowie in wenigen anderen Gebieten mit Beständen des Gelben Zahntrosts ist der

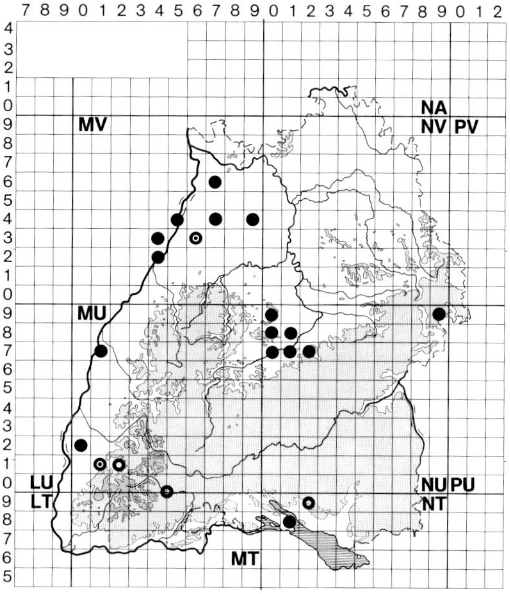

Melitta tricincta

Flächenschutz eine geeignete Erhaltungsmaßnahme für diese Bienenart. In der Oberrheinebene sind ältere Kiesgruben und damit die Wuchsorte des Roten Zahntrosts für Zwecke des Naturschutzes zu sichern. In den Lehmgebieten stellt sich der Rote Zahntrost oft nur vorübergehend auf Bauerwartungsland ein, wo die Humusdecke abgeschoben wurde und der Boden verdichtet ist. Durch Bepflanzung oder Baumaßnahmen verschwindet die Hauptpollenquelle und damit auch die Sägehornbiene, die dann bisweilen an neu entstandenen Wuchsorten des Roten Zahntrosts in der Umgebung zu beobachten ist. Die Art benötigt daher in den Lehmgebieten ein Netz von Ruderalstandorten. Auf Extensivweiden verschwindet die Pollenquelle durch Umstellung auf Wiesennutzung völlig. In einem mir bekannten Fall brach durch eine solche Nutzungsänderung die größte mir bekannte Population dieser Sägehornbiene zusammen.
RL: Stark gefährdet (2).

Melitta wankowiczi
(Radoszkowski 1891)

Verbreitung: Thüringer Becken ostwärts bis Weißrußland und Ukraine (WARNCKE 1973b). – In der Bundesrepublik Deutschland nur ein Nachweis in Baden-Württemberg: Bischoff fing 1♀ vom 19. bis 23.7.1932 im Kaiserstuhl (genaue Fundortangabe

fehlt auf dem Etikett) an *Lythrum salicaria* (ZMB) (STOECKHERT 1933, WESTRICH 1984a).
Lebensraum: Unbekannt.
Nistweise: Nistet in selbstgegrabenen Hohlräumen in der Erde.
Blütenbesuch Vermutlich oligolektische, auf *Lythrum* (Lythraceae) spezialisierte Art.
Bestandessituation: Da der einzige Nachweis in Baden-Württemberg außerhalb des eigentlichen Verbreitungsgebietes liegt und nie wieder bestätigt wurde, ist fraglich, ob die Art im Kaiserstuhl je bodenständig war.

Melitturga Latreille 1809

Die Gattung *Melitturga* ist mit nur wenigen Arten in der Alten Welt und dort vorwiegend in südlichen Steppengebieten verbreitet. Aus der Bundesrepublik Deutschland ist nur die eine Art *M. clavicornis* bekannt.
Kennzeichnend für die Gattung sind die kurzen, keulenförmigen Fühler bei beiden Geschlechtern und die großen Komplexaugen der Männchen, wodurch diese den Drohnen der Honigbiene ähneln. Der deutsche Gattungsname rührt von dem charakteristischen Flug der Männchen her. Das Abdomen der Weibchen ist ziemlich kahl, das der Männchen ist wie deren Thorax dicht behaart. Bei *M. clavicornis* ist der Clypeus sowohl der Männchen als auch der Weibchen bei der typischen Form gelb, bei den Weibchen kann er auch schwarz mit gelbem Längsstreif auf der Mitte sein. Die Art ist 13–15 mm groß und im Feld gut anzusprechen.

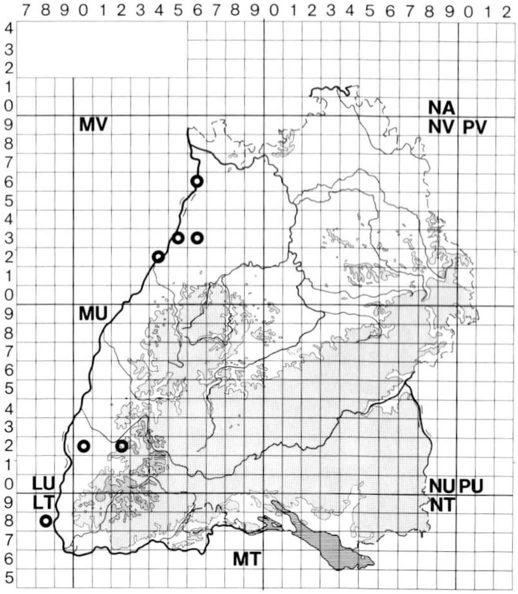

Melitturga clavicornis

Melitturga clavicornis

(Latreille 1806)
Syn.: *M. clavicornis* var. *thuringiaca* Friese 1895.

Verbreitung: Süd- und Osteuropa, vereinzelt in Mitteleuropa; nordwärts bis zum Baltikum (BISCHOFF 1952, WARNCKE 1972a). – In der Bundesrepublik Deutschland ist die Art außer einer nicht belegten Meldung aus Gießen (ALFKEN 1898) nur aus Baden-Württemberg bekannt, wo sie nur sehr vereinzelt in der nördlichen und südlichen Oberrheinebene, im Kaiserstuhl und im Kraichgau nachgewiesen wurde. Funddaten: LT88 Istein 1♂ 16.–21. 6. 1931 (LNK). MU02 Gagenhard 1♀ 6. 8. 1954 (MNF). MU22 Waldkirch 1♂, 7♀♀ 8. 1924 (NK) (LEININGER 1924). MV53 Karlsruhe 3♂♂ 9. 7. 1921 (LNK, NK); 1♀ 12. 8. 1923 (LNK) (LEININGER 1924). MV63 Jöhlingen 1♂ 15. 8. 1936 (NK). MV66 Oftersheim 1♂ 18. 8. 1930 (LNK).
Lebensraum: Binnendünen, Magerrasen, schütter bewachsene Ruderalstellen, Brachen, Gebüsch- und Waldsäume, Luzernekulturen. Bisher bekannt gewordene Nistplätze waren schütter bewachsene Stellen auf Böschungen oder auf ebenen Flächen. Der Boden kann offensichtlich durch Begehen verdichtet sein (in einem Fall nistete die Art auf einem Campingplatz). Sandiger Boden oder Lößlehm wird bevorzugt. Nistplatz und Nahrungsraum können weit voneinander entfernt liegen. So nennt BISCHOFF (1952) in einem Fall eine Entfernung von 1 km zwischen den Nestern und den Pollenquellen.
Nistweise: Nistet in selbstgegrabenen Hohlräumen in der Erde, bevorzugt in Aggregationen. Die am Grunde von Grasbüscheln oder zwischen krautigen Pflanzen befindlichen Nesteingänge, die gewöhnlich bei Abwesenheit des ♀ offen bleiben, haben in der Regel einen Eingangswall (Tumulus). Von der Erdoberfläche führt ein (manchmal verzweigter) Hauptgang 15–20 cm senkrecht oder auch gekniet in die Tiefe und verläuft dann horizontal weiter. An diesem horizontalen Gang finden sich die schräg im Boden stehenden, verschlossenen, bis zu 8 Brutzellen. Die älteste Zelle liegt dem senkrechten Hauptgang am nächsten. Die Brutzellen sind mit einem Sekret ausgekleidet. (BISCHOFF 1952, ?FERTON 1920, FRIESE 1919a, 1923, MALYSHEV 1925a, 1936, ROZEN 1965, TIRGARI 1965, 1968).

Melitturga clavicornis ♀

Blütenbesuch: Oligolektische, auf Fabaceae (Schmetterlingsblütler) spezialisierte Art. Hauptpollenquelle ist Luzerne *(Medicago sativa)*. Weitere belegte Pollenquellen: Roter Wiesenklee *(Trifolium pratense)*, Weiß-Klee *(Trifolium repens)*, Vogel-Wicke *(Vicia cracca)*, Wald-Platterbse *(Lathyrus sylvestris)*, Futter-Esparsette *(Onobrychis viciifolia)*, Gewöhnlicher Hornklee *(Lotus corniculatus)*, Weißer Steinklee *(Melilotus alba)*, Esparsetten-Tragant *(Astragalus onobrychis)*. – Alle Pollenquellen bieten auch Nektar, der zum Anfeuchten des Pollens benötigt wird, da die ♀♀ wie bei keiner anderen heimischen Art den angefeuchteten Pollen in der Form eines Muffs rings um die kurz und starr behaarten Hinterschienen speichern und zum Nest transportieren. Von den ♂♂ werden ebenfalls bevorzugt Schmetterlingsblütler besucht, gelegentlich auch Lippenblütler (z. B. *Salvia, Thymus*).

Kuckucksbienen: *Ammobatoides abdominalis*, der zwar in der DDR und in Österreich, aber im Gebiet der Bundesrepublik noch nicht nachgewiesen wurde.

Phänologie: Univoltin. Flugzeit von Ende Juni bis Mitte August. Überwinterung als Ruhelarve frei in der Brutzelle.

Melitturga clavicornis, Männchen frontal.

Bestandessituation: Die auch in früheren Jahren sehr seltene, ausgesprochen wärmeliebende Art wurde zuletzt im Kaiserstuhl im Jahre 1954 nachgewiesen. Dieser Fund war gleichzeitig der letzte in der Bundesrepublik. Seither wurde die Art trotz mehrfacher Nachsuche nicht wieder aufgefunden und gilt daher als verschollen. Auch im übrigen mitteleuropäischen Verbreitungsgebiet ist die Art sehr stark im Bestand rückläufig. So besteht die in der Literatur mehrfach erwähnte große Nestansammlung bei Artern in Thüringen (DDR) schon lange nicht mehr (BISCHOFF 1952). OLBERG (1972) berichtet über den Rückgang bei Niemegk (DDR). Lediglich im Wallis (Schweiz) kenne ich derzeit noch eine größere Population. Sollte die Art in Baden-Württemberg wiederentdeckt werden, sind geeignete Schutzmaßnahmen (Erhaltung der Nistplätze, Sicherung der Pollenquellen) zu ergreifen.
RL: Ausgestorben oder verschollen (0).

Nomada Scopoli 1770

Die Gattung *Nomada* ist auf allen Kontinenten mit zahlreichen Arten vertreten mit Ausnahme von Australien, wo nur wenige Arten vorkommen. In der Alten Welt ist sie häufig, aber auch aus Nordamerika sind fast 300 Arten bekannt (MICHENER 1979). In der Bundesrepublik Deutschland sind rund 60 Arten nachgewiesen. Wespenbienen sind nur wenig behaart und haben einen glänzenden und auffallend bunt gefärbten Hinterleib. Durch dieses Merkmal unterscheiden sie sich so sehr von anderen Bienen, daß sie von Laien oft mit Faltenwespen, von Anfängern in der Bienentaxonomie mit Grabwespen der Gattungen *Crabro* oder *Ectemnius* verwechselt werden.
Die Gattung ist auch im Feld meist gut zu erkennen. Von *Ammobates, Pasites* und *Biastes* unterscheidet sie sich durch die drei Cubitalzellen, von *Sphecodes* und *Epeoloides* durch die gleichgroßen Cubitalzellen 2 und 3, von *Sphecodes* außerdem durch die nicht gebogene Basalader. Die Weibchen erkennt man leicht an der dicht geschlossenen Haarfranse am Ende des 5. Rückensegments, im Gelände auch an ihrem typischen Suchflug.
Dagegen bereitet die Unterscheidung der einzelnen Arten selbst mit guten optischen Hilfsmitteln außerordentliche Schwierigkeiten, weil die Bestimmungsmerkmale oft unauffällig oder schwer zu erkennen sind. Man braucht schon viel Zeit und Übung für diese Bienengruppe. Viele Arten variieren außerdem je nach geographischer Lage und Wirtstieren in Größe und Zeichnung. Obendrein ist der taxonomische Status bei einer Reihe von Formen noch ungeklärt, insbesondere, ob diese als selbständige Arten aufzufassen sind oder nur als ökologische Rassen oder als Varietäten. Hierzu gehören u.a. *N. goodeniana* und *N. fulvicornis*, *N. fucata* und *N. bifasciata*, *N. alboguttata* und *N. baccata* sowie *N. panzeri* und *N. striata* mit ihren jeweiligen Verwandten.
Nach wie vor gibt es keinen neueren Bestimmungsschlüssel, der alle deutschen Arten enthält. So ist man gezwungen, weiterhin die nicht illustrierten Tabellen in SCHMIEDEKNECHT (1930:986ff) zu benutzen. Für einige Artengruppen sind folgende, teils neuere Arbeiten hilfreich: E. STOECKHERT (1922b, 1941, 1943a), SCHWARZ (1967, 1980).
Artenschutz bei *Nomada*-Arten setzt – wie bei anderen Kuckucksbienen auch – in erster Linie die Erhaltung und Förderung ihrer Wirte und deren Lebensraumschutz voraus. Flächenschutzmaßnahmen sind nur in Einzelfällen bei extrem seltenen oder vom Aussterben bedrohten Arten sinnvoll. Grundsätzlich orientiere man sich daher an der Bestandessituation der jeweiligen Wirtsart(en).

Nomada alboguttata
Herrich-Schäffer 1839
Syn.: *N. quinquespinosa* Thomson 1870.

Verbreitung: Weite Teile Europas. – In der Bundesrepublik Deutschland keine Verbreitungsgrenze. – In Baden-Württemberg nur in der Oberrheinebene, im Kaiserstuhl, im Kraichgau und am Bodensee. Funddaten ab 1975: LT88 Istein 1♀ 10. 6. 1984 (Schmid-Egger). LU92 Burkheim 2♀♀ 23. 4. 1983 (W). MV53 Karlsruhe, Nordweststadt 1♀ 10. 6. 1979 (S). MV55 Rheinsheim 2♀♀ 15. 4. 1983 (W). NT09 Sipplingen 1♀ 12. 5. 1982 (W) (WESTRICH 1984b). NT17 Konstanz 1♂ 25. 5. 1985 (Z); 2♀♀ 21. 6. 1985 (Z). Material: 19♂♂, 28♀♀.
Wirte: Hauptwirt ist *Andrena barbilabris* (POPOVA 1983, RIEMANN 1987a, STOECKHERT 1933, TSCHARNTKE 1984, eig. Beob.). Im April 1985 beobachtete ich in der Nähe von Karlsruhe Hunderte von ♂♂ einer etwas kleineren Form von *N. alboguttata* (det. Schwarz) zusammen mit Hunderten von ♂♂ der *Andrena ventralis* an blühenden Weiden, woraus ich schließe, daß auch diese Sandbiene zu den Wirten zu zählen ist; die als *N. baccata* bezeichnete Form schmarotzt bei der mit *A. barbilabris* verwandten *Andrena argentata* (ALFKEN 1913, MOESCHLER 1938, STOECKHERT 1954).
Blütenbesuch: Als (austauschbare) Nektarquellen

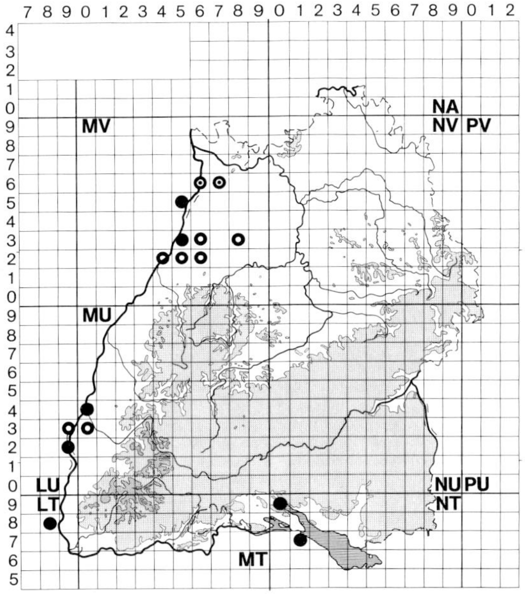

Nomada alboguttata

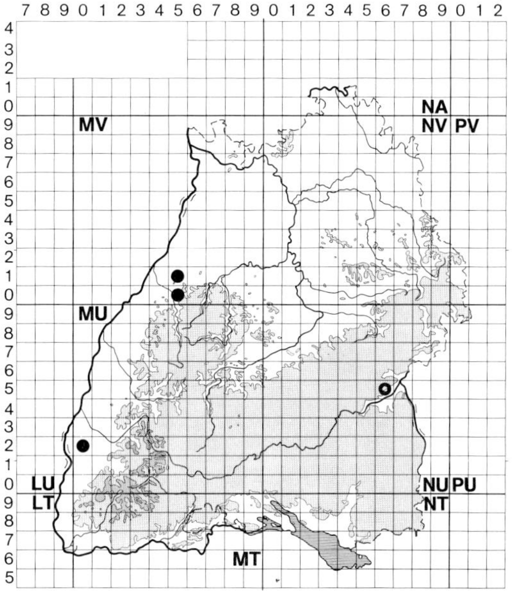

Nomada argentata

wurden u.a. folgende Pflanzenarten festgestellt: Weiden *(Salix)*, Wiesen-Löwenzahn *(Taraxacum officinale)*, Faulbaum *(Rhamnus frangula)*, Berg-Sandrapunzel *(Jasione montana)*, Teufelsabbiß *(Succisa pratensis)*.

Phänologie: Partiell bivoltin. Flugzeit von Anfang April bis Mitte Juni und von Ende Juli bis Ende September.

Bestandessituation: Wie ihre Wirte ist die Art vor allem durch den Verlust an offenen Sandflächen gefährdet.

RL: Gefährdet (3).

Bemerkungen: Daß *Nomada baccata* Smith 1844 nur eine Form der *N. alboguttata* ist, wird immer wieder vermutet. Schon SCHMIEDEKNECHT (1882–1884:181) hatte sich folgendermaßen dazu geäußert: »Auch ich war anfangs, als mir nur wenige Exemplare vorlagen, geneigt, der Meinung Thomson's zu folgen und zwei verschiedene Arten anzunehmen, sträubt man sich doch von selbst, eine ältere Meinung umzustürzen. Im Laufe des letzten Jahres fing ich so viele Mittelformen, daß eine Trennung mir absolut unmöglich wurde.« Auch ALFKEN (1913) hat sich damit auseinandergesetzt und bemerkt, daß sich die von Thomson zur Unterscheidung angegebenen Merkmale beim Vergleich eines größeren Materials als nicht stichhaltig erweisen. Von Stoeckhert als *N. baccata* determinierte Exemplare weisen teilweise nicht einmal die Merkmale auf, die er in seiner Tabelle in SCHMIEDEKNECHT (1930) als charakteristisch nennt. Diese Tiere kann ich nicht von denen trennen, die ich im Frühjahr zahlreich zusammen mit *A. ventralis* fing und die von Schwarz als *N. alboguttata* bestimmt wurden. Ich halte daher *N. baccata* nur für eine bei *A. argentata* lebende und daher bivoltine Form der *N. alboguttata*. Aus Baden-Württemberg liegen mir von der Sommerform nur zwei Nachweise in der nördlichen Oberrheinebene vor: MV66 Ketsch 1♀ 29. 7. 1965 (det. Schwarz 1966, coll. G). MV76 Sandhausen 2♂♂ 29. 7. 1964 (det. Schwarz 1966, coll. G).

Nomada argentata

Herrich-Schäffer 1839

Verbreitung: Europa mit Ausnahme des hohen Nordens. – In der Bundesrepublik Deutschland keine Verbreitungsgrenze, aber nur sehr zerstreut. – In Baden-Württemberg bisher nur wenige Nachweise im Kaiserstuhl, in der Schwarzwald-Vorbergzone und im Hochsträß südlich von Ulm. Funddaten: MU02 Amoltern 1♂, 1♀ 21. 8. 1984 (leg. Plant, coll. W). MV50 Gaggenau 1♀ 30. 8. 1987 (D). MV51 Malsch 2♀♀ 4. 9. 1987 (D). NU65 Ringingen 1♀ 22. 7. 1950 (G).

Wirte: Einziger Wirt ist *Andrena marginata* (ALFKEN 1913, STOECKHERT 1933, eig. Beob.).

Blütenbesuch: Bevorzugt zur Eigenversorgung in

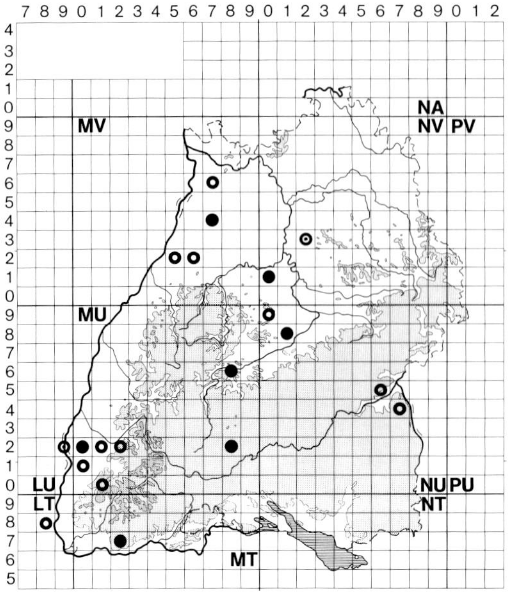

Nomada armata

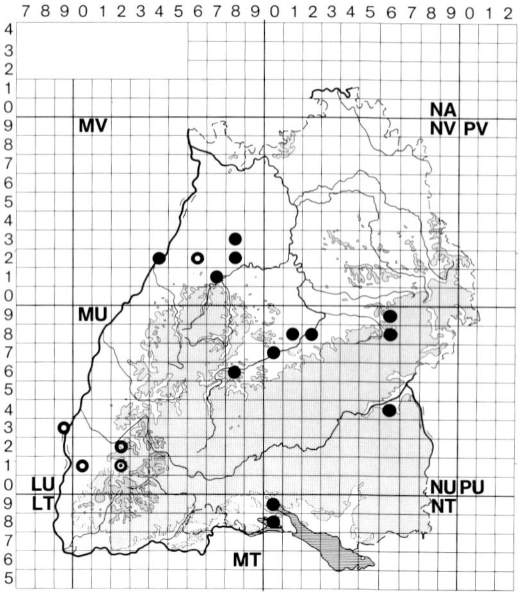

Nomada atroscutellaris

beiden Geschlechtern die Pollenquellen des Wirtes, besonders Tauben-Skabiose *(Scabiosa columbaria)* und Gewöhnlichen Teufelsabbiß *(Succisa pratensis)*.

Phänologie: Univoltin. Flugzeit von Ende Juli bis Ende September. Eine der am spätesten erscheinenden *Nomada*-Arten.

Bestandessituation: Die in Baden-Württemberg sehr seltene Art ist noch stärker gefährdet als ihr im Bestand rückläufiger Wirt. Eines der bekannten Vorkommen ist bereits erloschen, die anderen sind durch intensivierte Wiesennutzung stark bedroht. RL: Stark gefährdet (2).

Nomada armata
Herrich-Schäffer 1839

Verbreitung: Süd- und Mitteleuropa, nordwärts bis Finnland. – In der Bundesrepublik Deutschland keine Verbreitungsgrenze. – In Baden-Württemberg zerstreute, über den größten Teil des Landes verteilte Nachweise, von der Ebene bis auf die Hochfläche der Schwäbischen Alb (ca. 850 m). Funddaten ab 1975: MU82 Mahlstetten 1♂ 12. 7. 1984 (W). MU86 Sulzau 3♀♀ 12. 6. 1984 (W). MV74 Münzesheim 1♀ 19. 7. 1988 (Schwenninger). NU18 Walddorfhäslach 2♀♀ 12. 8. 1978; 2♂♂ 5. 7. 1979; 1♀ 28. 7. 1979 (W) (Westrich 1980); 1♂ 4. 7. 1982 (W). NV01 Markgröningen 1♂ 30. 6. 1982 (W) (Westrich 1983d). Material: 14♂♂, 35♀♀.

Wirte: Einziger Wirt ist *Andrena hattorfiana* (Stoeckhert 1933, eig. Beob.).

Blütenbesuch: Bevorzugt zur Eigenversorgung in beiden Geschlechtern die Pollenquellen des Wirtes, besonders Wiesen-Knautie *(Knautia arvensis)* und Tauben-Skabiose *(Scabiosa columbaria)*.

Phänologie: Univoltin. Flugzeit von Ende Mai bis Ende Juli.

Bestandessituation: Die Art wurde in Baden-Württemberg zwar seit 1975 noch mehrfach festgestellt, ist aber wie ihr Wirt landesweit gefährdet. Einzig sinnvolle Schutzmaßnahmen bestehen in der Sicherung der Lebensräume des Wirtes durch extensive Wiesennutzung. Derzeit ist kein Vorkommen innerhalb eines Naturschutzgebietes bekannt. RL: Gefährdet (3).

Nomada atroscutellaris
Strand 1921

Verbreitung: Süd-, Südost- und Mitteleuropa. – In der Bundesrepublik Deutschland nördlich des Mains nur von Weilburg bekannt (Wolf 1959). – In Baden-Württemberg zerstreute Nachweise, durchweg aus Lagen unter 500 m. Material: 10♂♂, 19♀♀.

Wirte: Einziger Wirt ist *Andrena viridescens* (Stoeckhert 1933, eig. Beob.), an deren Nistplätzen man die Art regelmäßig antreffen kann.

Nomada armata ♀

Blütenbesuch: Bevorzugt zur Eigenversorgung die Pollenquellen des Wirtes, besonders Gamander-Ehrenpreis *(Veronica chamaedrys)*. Vor allem die ♂♂ findet man am ehesten an dieser Pflanze.
Phänologie: Univoltin. Flugzeit von Anfang Mai bis Anfang Juni (♂♂ 27. 4.–2. 6.; ♀♀ 9. 5.–12. 6.).
Bestandessituation: Nach der Literatur gilt die Art als sehr selten. Durch gezielte Suche an größeren Beständen vom Gamander-Ehrenpreis konnte ich die Art seit 1975 jedoch in verschiedenen Landesteilen regelmäßig nachweisen. Sie war immer dort anzutreffen, wo auch der Wirt in größerer Individuenzahl vorkam. Dennoch ist die Art nicht gerade häufig, denn auch die Bestände des Wirtes nehmen landesweit durch veränderte Grünlandnutzung ab. Daher ist diese Wespenbiene zurecht als gefährdet zu betrachten.
RL: Gefährdet (3).

Nomada bifasciata

Olivier 1811
Syn.: *N. pusilla* Pérez et plur. auct. (vgl. SCHWARZ 1986a).

Verbreitung: Süd- und Mitteleuropa. – In der Bundesrepublik Deutschland keine Verbreitungsgrenze. – In Baden-Württemberg zerstreute Nachweise, mit einer durch höhere Erfassungsintensität bewirkten Fundorthäufung in der Oberrheinebene und im Mittleren Albvorland. Wahrscheinlich in allen Landesteilen und auch in höheren Lagen verbreitet.
Material: 15♂♂, 73♀♀.
Wirte: Einziger Wirt ist *Andrena gravida* (STOECKHERT 1933, eig. Beob.).
Blütenbesuch: Als (austauschbare) Nektarquellen dienen verschiedene Pflanzenarten, z. B. Weiden *(Salix)*, Frühlings-Fingerkraut *(Potentilla verna)*, Huflattich *(Tussilago farfara)*, Wiesen-Löwenzahn *(Taraxacum officinale)*.
Phänologie: Univoltin im Gegensatz zur bivoltinen *N. fucata*. Flugzeit von Anfang April bis Ende Mai (♂♂ 1. 4.–24. 4.; ♀♀ 1. 4.–31. 5.).
Bestandessituation: Die Art ist sicher häufiger, als die Nachweise seit 1975 vermuten lassen. Wie bei ihrem Wirt ist auch bei *N. bifasciata* in Baden-Württemberg keine Gefährdung ersichtlich.
Bemerkungen: SCHWARZ (1986a) betrachtet die in Frankreich und Mitteleuropa weit verbreitete *N. lepeletieri* auct. als Unterart der *N. bifasciata* und neigt zu der Ansicht, daß *N. bifasciata* mit ihrer ssp. *lepeletieri* artgleich mit *N. fucata* ist, mit der sie morphologisch weitgehend übereinstimmt, sich aber anhand der Färbung meist gut unterscheiden

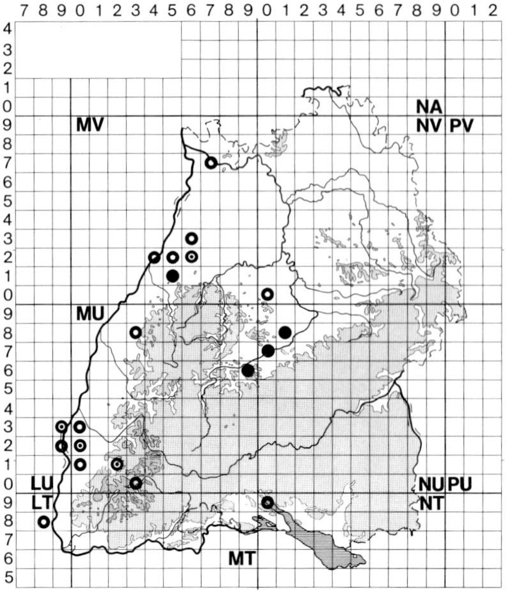

Nomada bifasciata

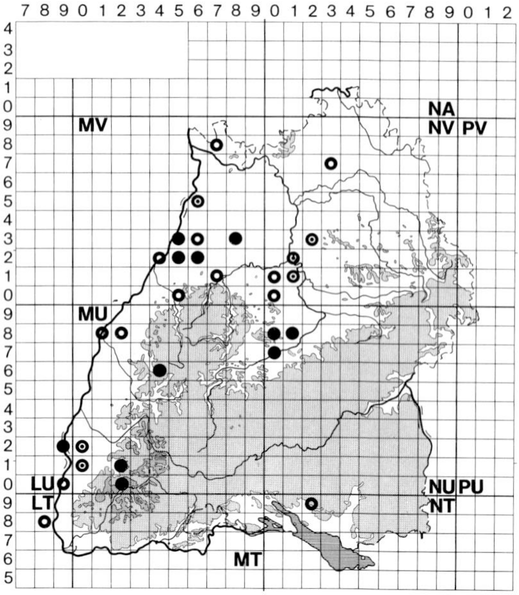

Nomada bifida

läßt. Da die mitteleuropäischen Populationen von *N. bifasciata* nur in einer Generation auftreten und offensichtlich ausschließlich bei *Andrena gravida* parasitieren, während *N. fucata* eindeutig bivoltin ist und bei der ebenfalls bivoltinen *Andrena flavipes* lebt, bleibe ich bei der Trennung der beiden Taxa.

Nomada bifida

Thomson 1872

Verbreitung: Süd- und Mitteleuropa, Nordeuropa. – In der Bundesrepublik Deutschland keine Verbreitungsgrenze. – In Baden-Württemberg zerstreute Nachweise, vorwiegend aus Lagen unterhalb 500 m, aber auch aus den höchsten Lagen des Schwarzwaldes (Feldberg). Sicherlich viel weiter verbreitet, als aus der Karte ersichtlich. Material: 127♂♂, 57♀♀.

Wirte: Einzig bekannter Wirt ist *Andrena haemorrhoa* (ALFKEN 1891b, 1913, PERKINS 1919b, STOECKHERT 1933, eig. Beob.).

Blütenbesuch: Besucht als (austauschbare) Nektarquellen die verschiedensten Pflanzenarten, z.B. Weiden *(Salix)*, Scharbockskraut *(Ranunculus ficaria)*, Wiesen-Löwenzahn *(Taraxacum officinale)*, Stachelbeere *(Ribes uva-crispa)*, Schlehe *(Prunus spinosa)*, Frühlings-Fingerkraut *(Potentilla verna)*.

Phänologie: Univoltin. Flugzeit von Anfang April bis Mitte Mai (♂♂ 22. 3.–18. 4.; ♀♀ 5. 4.–28. 5.).

Bestandessituation: Die Art zeigt in Baden-Württemberg keinen Bestandsrückgang. Sie ist stellenweise auch in größerer Zahl an den Nistplätzen des Wirtes anzutreffen und ist wie dieser nicht gefährdet.

Nomada bispinosa

Mocsary 1883

Verbreitung: Südeuropa, sehr vereinzelt in Mitteleuropa. Außer in Österreich und der Tschechoslowakei wurde die Art auch aus der Bundesrepublik Deutschland und dort nur aus Baden-Württemberg bekannt. Hier wurde sie nur viermal im nordwestlichen Kaiserstuhl und in der Oberrheinebene nachgewiesen. Funddaten: LU93 Limburg 1♀ 5. 5. 1923 (LNK) (STOECKHERT 1933); 1♂ 26. 5. 1960 (G). MU04 Kappel, Taubergießen 1♀ 23. 5. 1986 (leg. Kratochwil, BIUF). MV52 Karlsruhe 1♂ 5.1922 (LNK).

Wirte: Vielleicht *Andrena hypopolia*, vielleicht aber auch eine *Lasioglossum*-Art.

Blütenbesuch: Aus dem Untersuchungsgebiet sind mir keine Nektarquellen bekannt.

Phänologie: Außerhalb Südwestdeutschlands hat die Art wie der Wirt eine Frühjahrs- und eine Sommergeneration.

Bestandessituation: Die in Baden-Württemberg

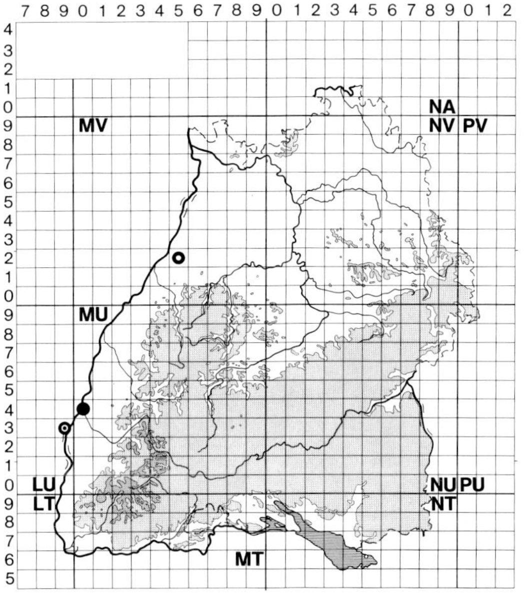

Nomada bispinosa

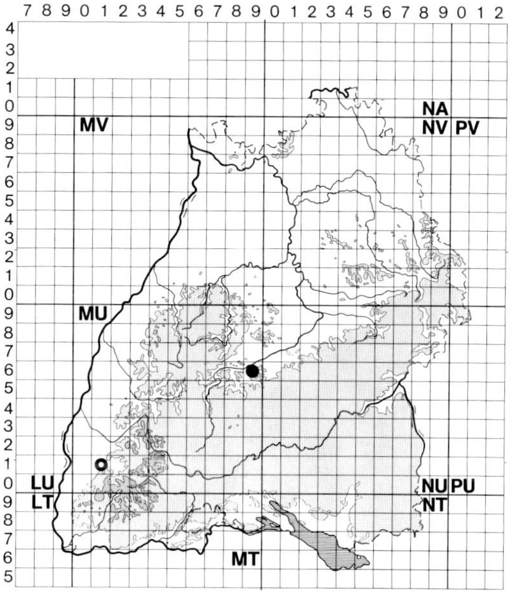

Nomada braunsiana

sehr seltene Art wurde zuletzt in den Jahren 1960 und 1986 nachgewiesen. Eine Gefährdung ist bei dem gegenwärtigen Kenntnisstand schwer einzuschätzen.
RL: Potentiell gefährdet (4).

Nomada bluethgeni
Stoeckhert 1943

Verbreitung: Italien, Tschechoslowakei, Ungarn, Bulgarien, Österreich, Deutschland. – Während die Art in der DDR am Kyffhäuser (STOECKHERT 1943a) nachgewiesen wurde, ist sie in der Bundesrepublik Deutschland bisher nur von einem Fundort in Bayern bekannt: 1♀ 18. 5. 1953 Marktheidenfeld/Main (WESTRICH 1984a). – In Baden-Württemberg ist die Art zu erwarten, da hier auch ihr Wirt festgestellt wurde.
Wirte: Einzig bekannter Wirt ist *Lasioglossum marginellum* (STOECKHERT 1943a).
Blütenbesuch: Unbekannt.
Phänologie: Nach STOECKHERT (1943a) ist die Art bivoltin. Die erste Generation fliegt im Mai und Juni, die zweite im Juli und August.
Bemerkungen: Die zur *N. furva*-Gruppe gehörende und zu *N. kohli* nächstverwandte Art ist in der Tabelle in SCHMIEDEKNECHT (1930) nicht enthalten. Zur Unterscheidung von den verwandten Arten vgl. STOECKHERT (1943a).

Nomada braunsiana
Schmiedeknecht 1882

Verbreitung: Süd- und Mitteleuropa. – In der Bundesrepublik Deutschland nordwärts bis zum Lahngebiet (Hessen) nachgewiesen (STOECKHERT 1954). Außerdem von mehreren Fundorten in Bayern (STOECKHERT 1933, 1954, WESTRICH 1984a) und aus Baden-Württemberg bekannt. – In Baden-Württemberg bisher nur zwei Nachweise in der Vorbergzone bei Freiburg und im Mittleren Albvorland. Funddaten: MU11 Freiburg, Wildtal 1♀ 9. 5. 1952 (MNF). MU96 Hemmendorf 1♀ 31. 5. 1983 (W) (WESTRICH 1983c). Die Angabe »Rippoldsau« von LEININGER (1927) war nicht überprüfbar.
Wirte: Hauptwirt ist *Andrena pandellei* (KOCOUREK 1966, H. MÜLLER 1944, E. STOECKHERT 1919, 1922b, F.K. STOECKHERT 1933, eig. Beob.), auch die nah verwandte *Andrena curvungula* kommt in Frage (vgl. TORKA 1935).
Blütenbesuch: Als (austauschbare) Nektarquellen sind mir bisher nur folgende Pflanzenarten bekannt: Knolliger Hahnenfuß *(Ranunculus bulbosus)*, Gamander-Ehrenpreis *(Veronica chamaedrys)*.
Phänologie: Univoltin. Flugzeit im zentralen Mitteleuropa von Mitte Mai bis Ende Juni.
Bestandessituation: Die Art ist in Baden-Württemberg sehr selten und vom Aussterben bedroht, da ihre Wirte im Bestand rückläufig sind und der ein-

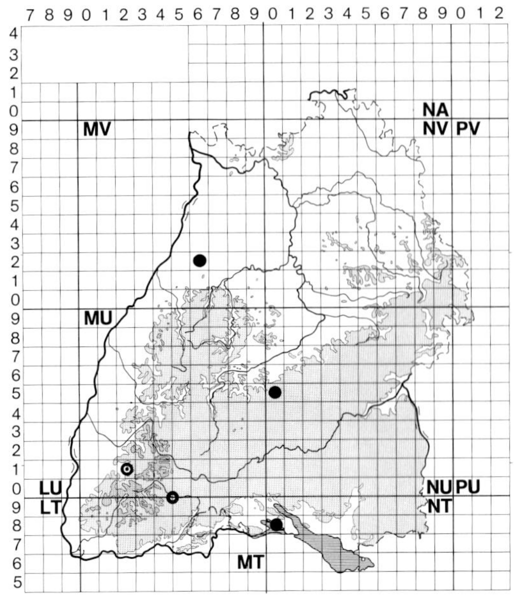

Nomada castellana

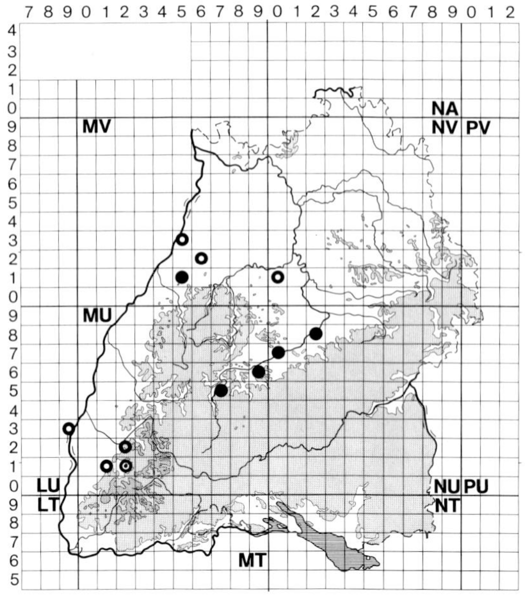

Nomada conjungens

zige derzeit bekannte Fundort (Südwesthänge des Rammerts) bereits stark durch Aufforstungen und Aufgabe der Wiesennutzung beeinträchtigt ist. Dieses Gebiet bedarf dringend einer Ausweisung als Naturschutzgebiet mit entsprechender Pflege (Fortführung der extensiven Wiesennutzung und Beibehaltung der historischen Waldrand-Struktur).
RL: Vom Aussterben bedroht (1).

Nomada castellana

Dusmet 1913
Syn.: *N. baeri* Stoeckhert 1930 (vgl. SCHWARZ 1986d).

Verbreitung: Süd-, Mittel- und Osteuropa (Schwarz, briefl. Mitt.). – In der Bundesrepublik Deutschland bisher nur aus Bayern ((WESTRICH 1984a) und Baden-Württemberg (GAUSS 1967) gemeldet. – In Baden-Württemberg bisher nur von wenigen Stellen bekannt, wobei die Mehrzahl der Funde aus Wittental im südlichen Schwarzwald stammt. Funddaten: MU21 Wittental 2♂♂, 9♀♀ 1965–1969 (det. Schwarz, coll. G) (GAUSS 1967). MT49/59 und MU30/40 Wutachtal 1♀ 8. 6. 1938 (LNK). MV62 Grötzingen 1♂ 30. 5. 1988 (vid. Schwarz, leg. et coll. Greiler). NT08 Mindelsee 1♂ 28. 6. 1986 (Z). NU05 Salmendingen 1♂ 14. 6. 1980 (det. Schwarz, coll. W).
Wirte: Noch unklar. STOECKHERT (1954) beobachtete die Art in Gesellschaft von *Andrena anthrisci.*
Blütenbesuch: Kaum bekannt. Nur eine Angabe: Schwalbenwurz (*Vincetoxicum officinale*).
Phänologie: Univoltin. Flugzeit: Mai bis Juni.
Bestandessituation: Ob die wegen ihrer geringen Größe leicht zu übersehende Art gefährdet ist, läßt sich derzeit nicht abschätzen.

Nomada conjungens

Herrich-Schäffer 1839

Verbreitung: Süd- und Mitteleuropa. – In der Bundesrepublik Deutschland keine Verbreitungsgrenze. – In Baden-Württemberg nur sehr zerstreute Nachweise. Funddaten seit 1975: MU75 Sulz 1♂ 25. 5. 1982 (W). MU96 Bietenhausen 3♀♀ 25. 5. 1982 (W); 1♀ 24. 6. 1982 (W). MV51 Ettlingen-Oberweier 1♂ 19. 5. 1985 (D). NU07 Tübingen 1♀ 28. 5. 1978 (W); 1♂, 1♀ 21. 5. 1979 (W); 1♀ 30. 5. 1979 (W) (WESTRICH 1980); 1♂ 29. 5. 1981 (W). NU28 Nürtingen 1♀ 19. 5. 1980 (W). Material: 7♂♂, 26♀♀.
Wirte: Einziger Wirt ist *Andrena proxima* (ALFKEN 1912a, ENSLIN 1922, PERKINS 1919b, STOECKHERT 1933, eig. Beob.).
Blütenbesuch: Als (austauschbare) Nektarquellen dienen verschiedenste Pflanzenarten, z.B. Zypressen-Wolfsmilch (*Euphorbia cyparissias*), Gamander-Ehrenpreis (*Veronica chamaedrys*), Faulbaum (*Rhamnus frangula*).

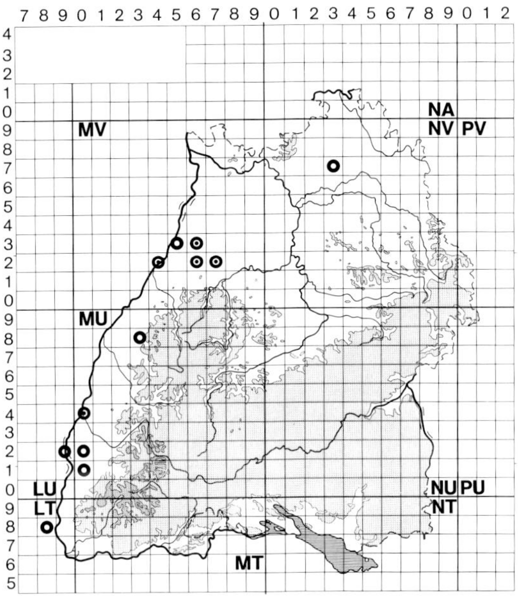

Nomada distinguenda

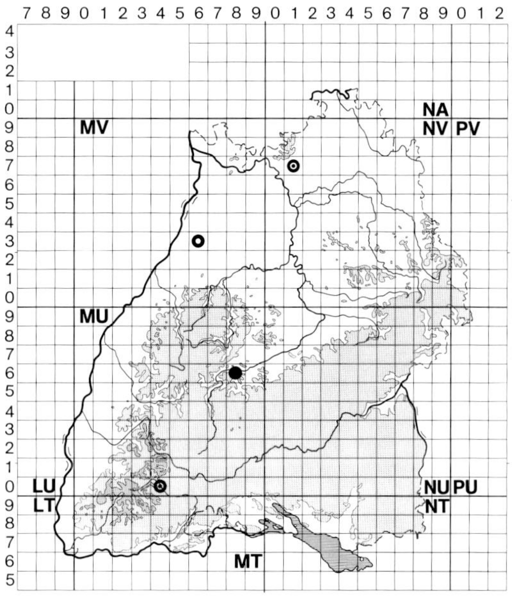

Nomada emarginata

Phänologie: Univoltin. Flugzeit von Anfang Mai bis Mitte Juni.
Bestandessituation: Auch wenn die Art in Baden-Württemberg recht selten ist, so erscheint sie mir derzeit dennoch nicht gefährdet zu sein, weil auch ihr Wirt nicht bestandsbedroht ist und auch an den mir bekannten Fundorten, die teils in Naturschutzgebieten liegen, Veränderungen, die zu einer Gefährdung führen könnten, derzeit nicht zu sehen sind.

Nomada distinguenda
Morawitz 1874

Verbreitung: Süd- und Mitteleuropa. – In der Bundesrepublik Deutschland keine Verbreitungsgrenze. – In Baden-Württemberg zerstreute, überwiegend aus der Oberrheinebene stammende Nachweise. Material: 2♂♂, 52♀♀.
Wirte: Kleinere Arten der Gattung *Lasioglossum*, besonders *L. villosulum* (E. Stoeckhert 1943a, F. K. Stoeckhert 1933), vermutlich gelegentlich auch *Lasioglossum parvulum* (Verhoeff 1891).
Blütenbesuch: Als (austauschbare) Nektarquellen dienen verschiedenste Pflanzenarten, z. B. Wiesen-Löwenzahn *(Taraxacum officinale)*, Jakobs-Greiskraut *(Senecio jacobaea)*, Frühlings-Fingerkraut *(Potentilla verna)*, Weg-Rauke *(Sisymbrium officinale)*, Acker-Winde *(Convolvulus arvensis)*.

Phänologie: Bivoltin. Flugzeit von Mai bis Juni und von Juli bis August.
Bestandessituation: Zwar wurde die in der Oberrheinebene in früheren Jahren regelmäßig festgestellte Art in Baden-Württemberg seit 1968 nicht mehr nachgewiesen. Da sie aber sehr klein und daher unauffällig ist, wurde sie vielleicht nur übersehen. Da ihr Hauptwirt eine durchaus befriedigende Bestandessituation aufweist, halte ich auch die Wespenbiene nicht für gefährdet.
Bemerkungen: Zur Unterscheidung von anderen Arten der *A. furva*-Gruppe siehe Stoeckhert (1943a).

Nomada emarginata
Morawitz 1877

Verbreitung: Gemäßigtes Europa. – In der Bundesrepublik Deutschland nordwärts bis zum Lahn-Dill-Sieg-Gebiet festgestellt (Stoeckhert 1954). Kommt vermutlich aber auch weiter nördlich noch vor. Im Süden der Bundesrepublik Deutschland von mehreren Fundorten in Bayern (Stoeckhert 1933, 1954) und aus Baden-Württemberg bekannt. – In Baden-Württemberg wurde die Art nur an wenigen, weit im Land verstreuten Orten nachgewiesen. Funddaten: MU40 Haslachtal 1♀ 19. 8. 1965 (LNK); 1♀ 7. 8. 1967 (LNK). MU96 Mühlen 1♂ 31. 7. 1988 (W). MV63 Friedrichsthal 1♂ 5. 8. 1923

(LNK) (LEININGER 1924). NV17 Trienz 1♂ 21. 8. 1962 (LNK); 3♀♀ 26. 8. 1962 (LNK).
Wirte: Die Angabe von WOLF (1950), *Melitta haemorrhoidalis* sei der Wirt, kann ich bestätigen. An dem einzigen mir bekannten Fundort kam nur diese eine Art als Wirt in Frage.
Blütenbesuch: Als (austauschbare) Nektarquellen dienen verschiedenste Pflanzenarten, z. B. Jakobs-Greiskraut *(Senecio jacobaea)*, Weißer Steinklee *(Melilotus alba)*, Wiesen-Knautie *(Knautia arvensis)*, Gewöhnlicher Dost *(Origanum vulgare)*, Feld-Thymian *(Thymus pulegioides)*, Wirbeldost *(Clinopodium vulgare)*.
Phänologie: Univoltin. Flugzeit von Juli bis August.
Bestandessituation: Die Art wurde in Baden-Württemberg trotz der Häufigkeit ihres Wirtes nur sehr selten und zuletzt 1967 und 1988 nachgewiesen. Ihre Bestandessituation ist schwer einzuschätzen. RL: Potentiell gefährdet (4).
Bemerkungen: Merkmale zur Unterscheidung von der nahverwandten *N. flavopicta* gibt SCHWARZ (1980).

Nomada errans
Lepeletier 1841

Verbreitung: Südeuropa, vereinzelt in Mitteleuropa; England. – In der Bundesrepublik Deutschland nordwärts bis zum Lahngebiet in Hessen (STOECKHERT 1954). Außerdem von mehreren Fundorten in Bayern (STOECKHERT 1933, 1954) und von Baden-Württemberg bekannt. – In Baden-Württemberg nur wenige Funde am westlichen Bodensee und im Hegau. Funddaten: MT89 Singen, Hohentwiel 1♀ 25. 8. 1972 (leg. Senf, coll. W). NU09 Sipplingen 2♂♂, 1♀ 2. 7. 1981 (W) (WESTRICH 1984b). Die Angaben von BALLES (1925, 1927) waren nicht überprüfbar.
Wirte: Hauptwirt ist *Andrena nitidiuscula* (ENSLIN 1922, SPOONER 1946, E. STOECKHERT 1919, F.K. STOECKHERT 1933, 1954); wahrscheinlich kommt auch die nächstverwandte *Andrena pallitarsis* als Wirt in Frage (ENSLIN 1922, E. STOECKHERT 1924).
Blütenbesuch: Bevorzugt als Nektarquellen Apiaceae (Doldenblütler), die Pollenquellen der Wirte, besonders Wilde Möhre *(Daucus carota)* und Pastinak *(Pastinaca sativa)*.
Phänologie: Univoltin. Flugzeit im Juli und August.
Bestandessituation: Die nicht nur in Baden-Württemberg sehr seltene Art ist vom Aussterben bedroht. Eines der beiden Vorkommen (Sipplingen) ist zwischenzeitlich durch intensive Schafbeweidung vermutlich erloschen, das zweite liegt in einem Naturschutzgebiet, das aber durch intensiven Weinbau und mangelnde Pflege stark beeinträchtigt ist. Auch einer der beiden Wirte ist in Baden-Württemberg vom Aussterben bedroht.
RL: Vom Aussterben bedroht (1).

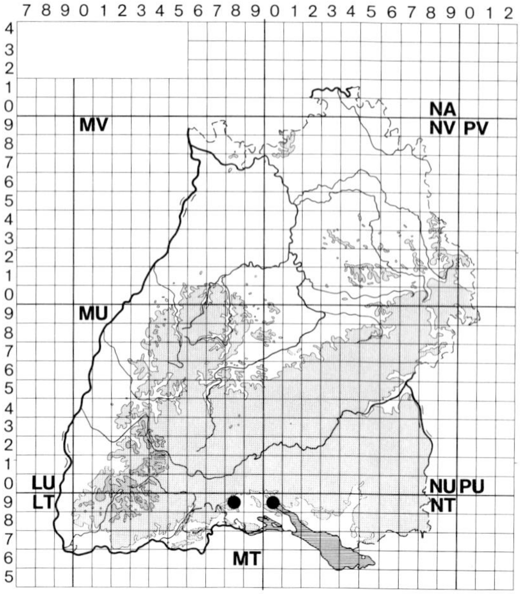

Nomada errans

Nomada fabriciana
(Linnaeus 1767)

Verbreitung: Weite Teile Europas. – In der Bundesrepublik Deutschland keine Verbreitungsgrenze. – In Baden-Württemberg weit verbreitet, von der Ebene bis in die höheren Lagen der Mittelgebirge (Albhochfläche, Feldberg). Sicherlich noch wesentlich weiter verbreitet, als aus der Karte ersichtlich. Material: 27♂♂, 76♀♀.
Wirte: Hauptwirt ist *Andrena bicolor* (ALFKEN 1913, STOECKHERT 1933, eig. Beob.). Weitere Wirte sind *Andrena chrysosceles* (ALFKEN 1913, STOECKHERT 1933, eig. Beob.) und *Andrena angustior* (TSCHARNTKE 1984).
Blütenbesuch: Als (austauschbare) Nektarquellen dienen verschiedenste Pflanzenarten, z. B. Weiden *(Salix)*, Frühlings-Fingerkraut *(Potentilla verna)*, Huflattich *(Tussilago farfara)*, Ochsenauge *(Buphthalmum salicifolium)*, Wiesen-Flockenblume

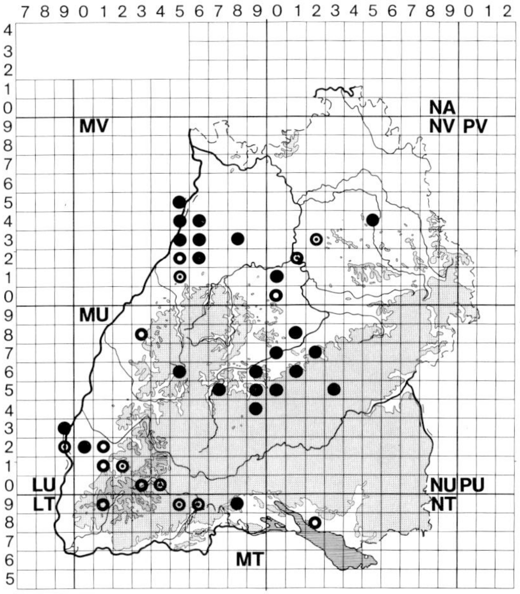

Nomada fabriciana

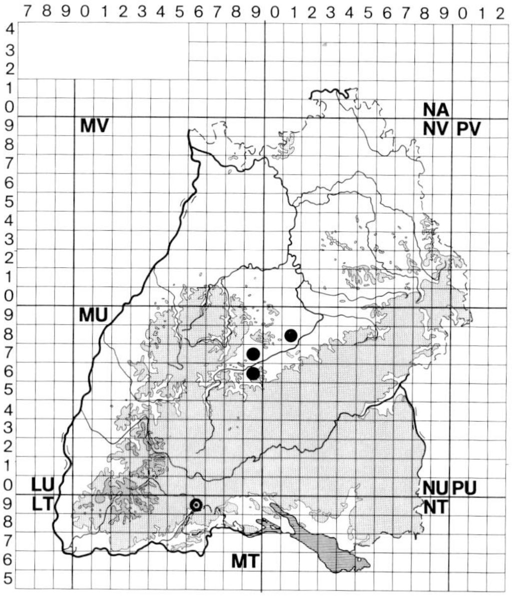

Nomada facilis

(Centaurea jacea), Wald-Weidenröschen *(Epilobium angustifolium)*, Natterkopf *(Echium vulgare)*.
Phänologie: Bivoltin. Flugzeit von Mitte März bis Ende Mai und von Mitte Juni bis Mitte August.
Bestandessituation: Die Art ist in Baden-Württemberg regelmäßig an den Nistplätzen von *Andrena bicolor* und *Andrena chrysosceles* anzutreffen und insgesamt recht häufig. Da diese beiden Wirtsarten eine durchaus befriedigende Bestandessituation aufweisen, ist *N. fabriciana* nicht gefährdet.

Nomada facilis

Schwarz 1967

Verbreitung: Süd- und Mitteleuropa. – In der Bundesrepublik Deutschland bisher nur recht vereinzelte Nachweise. Die nördlichsten Funde stammen von Weilburg und Marburg in Hessen (Schwarz 1967); außerdem wurde die Art bekannt aus Rheinland-Pfalz (Schmidt & Westrich 1985), Bayern (Warncke 1986c) und Baden-Württemberg. – In Baden-Württemberg bisher nur sehr vereinzelte Nachweise im Wutachgebiet und im Mittleren Albvorland. Funddaten: MT69 Wutach, Eichberg 1♀ 26. 5. 1965 (det. Schwarz, coll. G). MU96 Hemmendorf 4♀♀ 20. 5., 31. 5. und 2. 6. 1983 (W). MU97 Wendelsheim 1♀ 30. 6. 1983 (W). NU18 Walddorfhäslach 1♀ 30. 5. 1979 (W) (Westrich 1983c).
Wirte: An den wenigen Stellen, an denen ich die Art beobachtete, flog auch *Andrena humilis*.
Blütenbesuch: Unbekannt.
Phänologie: Univoltin. Zur Flugzeit siehe obige Funddaten.
Bestandessituation: An den wenigen bisher bekannten Fundorten ist die Art durchweg durch Aufforstungen und Nutzungsaufgabe gefährdet.
RL: Gefährdet (3).
Bemerkungen: Die Art ist in der Tabelle in Schmiedeknecht (1930) nicht enthalten, da sie erst später von *N. integra* abgetrennt wurde. Siehe daher die Originalbeschreibung bei Schwarz (1967).

Nomada femoralis

Morawitz 1869

Verbreitung: Südeuropa, vereinzelt in Mitteleuropa. – In der Bundesrepublik Deutschland nur sehr zerstreute Nachweise. – In Baden-Württemberg nur zerstreute Nachweise, durchweg in der Oberrheinebene und in der Vorbergzone des Schwarzwaldes. Material: 4♂♂, 24♀♀.
Wirte: Nach den Beobachtungen von Müller (1931b) und Stoeckhert (1954) soll *Andrena humilis* der Wirt sein. Vermutlich hat die Art noch einen anderen Wirt.
Blütenbesuch: Als Nektarquelle wurde mir bisher nur Scharfer Hahnenfuß *(Ranunculus acris)* be-

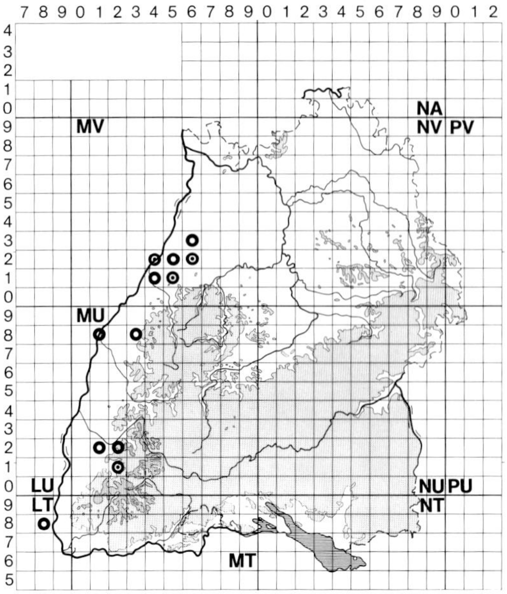

Nomada femoralis

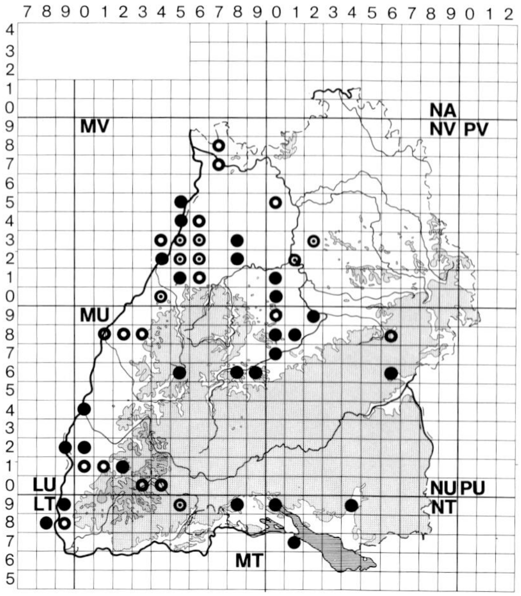

Nomada flava

kannt, mit Sicherheit besucht die Art aber auch andere Pflanzenarten zur Eigenversorgung.

Phänologie: Univoltin. Flugzeit von Mitte Mai bis Ende Juni (♂♂ 8. 5.–29. 5.; ♀♀ 2. 5.–1. 7.).

Bestandessituation: Der letzte Nachweis dieser in Baden-Württemberg seltenen Art stammt aus dem Jahre 1966. An den ehemaligen Fundorten wurde die Gattung *Nomada* seither aber kaum gesammelt. Es ist daher wohl nicht gerechtfertigt, die Art als verschollen zu bezeichnen. Ob die Art tatsächlich gefährdet ist, läßt sich anhand des bisherigen Datenmaterials nicht ermitteln.

RL: Potentiell gefährdet (4).

Nomada ferruginata

(Linnaeus 1767)
Syn.: *N. xanthosticta* (Kirby 1802).

Verbreitung: Nord- und Mitteleuropa, vereinzelt in Südeuropa. – In der Bundesrepublik Deutschland keine Verbreitungsgrenze, aber im Norden häufiger als im Süden. – Aus Baden-Württemberg liegt mir bisher kein zweifelsfreier Nachweis vor. Die Art ist aber zu erwarten, da sie 1986 in einem ♀ von Schmid im bayrischen Unterelchingen nahe der Grenze zu Baden-Württemberg gefangen wurde (Schmid 1987).

Wirte: Einzig bekannter Wirt ist *Andrena praecox* (Alfken 1913, Perkins 1919b, Stoeckhert 1933).

Blütenbesuch: Als Nektarquellen werden vor allem Weiden *(Salix)* besucht, aber auch andere Arten wie Frühlings-Fingerkraut *(Potentilla verna)* oder Huflattich *(Tussilago farfara)*.

Phänologie: Univoltin. Flugzeit von April bis Mai.

Nomada flava

Panzer 1798

Verbreitung: Nord- und Mitteleuropa. – In der Bundesrepublik Deutschland keine Verbreitungsgrenze. – In Baden-Württemberg weit verbreitet, von der Ebene bis in die höheren Lagen der Mittelgebirge. Sicherlich auch in den Landesteilen, aus denen aufgrund niedriger Erfassungsintensität noch kein Nachweis vorliegt. Material: 140♂♂, 171♀♀.

Wirte: Hauptwirte sind *Andrena nitida* und *Andrena jacobi*, wahrscheinlich kommt auch *Andrena nigroaenea* in Frage.

Blütenbesuch: Als (austauschbare) Nektarquellen dienen verschiedenste Pflanzenarten, z. B. Weiden *(Salix)*, Frühlings-Fingerkraut *(Potentilla verna)*, Wiesen-Löwenzahn *(Taraxacum officinale)*, Zwetschge *(Prunus domestica)*, Stachelbeere *(Ribes uva-crispa)*.

Phänologie: Univoltin. Flugzeit von Mitte April bis Anfang Juni (♂♂ 4. 4.–24. 5.; ♀♀ 4. 4.–12. 6.).

Bestandessituation: Die Art ist in Baden-Württem-

Nomada flava, Weibchen auf *Taraxacum officinale*.

Nomada flavopicta ♀

berg nach wie vor häufig und tritt stellenweise in sehr individuenreichen Populationen auf. So beobachtete ich einmal Hunderte von ♂♂ an einem blühenden Zwetschgenbaum. Die Art ist wie ihre Wirte nicht gefährdet.

Nomada flavoguttata
(Kirby 1802)

Verbreitung: Ganz Europa. – In der Bundesrepublik Deutschland keine Verbreitungsgrenze. – In Baden-Württemberg weit verbreitet, von der Ebene bis in die höheren Lagen der Mittelgebirge (Albhochfläche). Sicherlich auch in den Landesteilen, aus denen aufgrund niedriger Erfassungsintensität noch kein Nachweis vorliegt. Material: 105♂♂, 209♀♀.
Wirte: Arten der *Andrena minutula*-Gruppe: *Andrena minutula, A. minutuloides, A. subopaca, A. saundersella, A. falsifica* (ALFKEN 1913, STOECKHERT 1933, eig. Beob.).
Blütenbesuch: Als (austauschbare) Nektarquellen dienen verschiedenste Pflanzenarten, z.B. Weiden *(Salix)*, Frühlings-Fingerkraut *(Potentilla verna)*, Wald-Erdbeere *(Fragaria vesca)*, Huflattich *(Tussilago farfara)*, Gänseblümchen *(Bellis perennis)*, Zypressen-Wolfsmilch *(Euphorbia cyparissias)*, Gamander-Ehrenpreis *(Veronica chamaedrys)*, Schlehe *(Prunus spinosa)*, Wilde Möhre *(Daucus carota)*, Wiesen-Kerbel *(Anthriscus sylvestris)*.
Phänologie: Sehr lange Flugzeit von Anfang April bis in den August, wahrscheinlich je nach Wirt partiell bivoltin.
Bestandessituation: Die in Baden-Württemberg nach wie vor sehr häufige Art ist wie ihre Wirte nicht gefährdet. Stellenweise kann sie in großer Zahl an sonnigen Waldrändern antreffen.

Nomada flavopicta
(Kirby 1802)

Verbreitung: Europa. – In der Bundesrepublik Deutschland keine Verbreitungsgrenze. – In Baden-Württemberg zerstreute Nachweise, mit einer Häufung von Funden in der nördlichen Oberrheinebene. Mit einer Ausnahme stammen alle Nachweise aus Lagen unterhalb 500 m. Material: 67♂♂, 137♀♀.
Wirte: Hauptwirt ist *Melitta leporina* (BLÜTHGEN 1919a, STOECKHERT 1933, TENGÖ & BERGSTRÖM 1976a, WOLF 1950, YARROW 1941, eig. Beob.). Weitere Wirte sind *Melitta haemorrhoidalis* (HAESELER

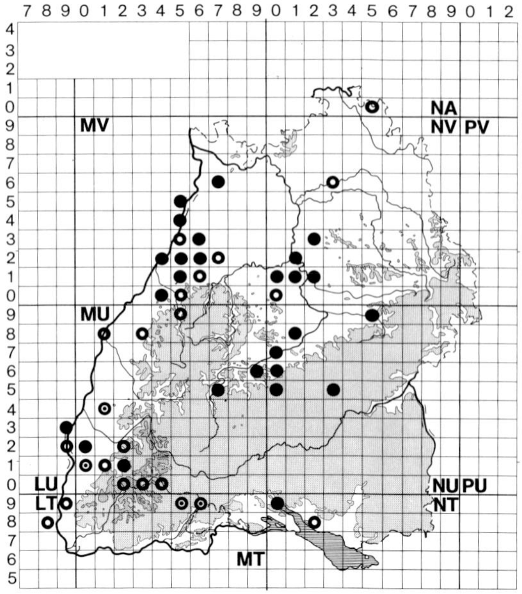

Nomada flavoguttata

1973, eig. Beob.) und *Melitta tricincta* (eig. Beob.). *Melitta nigricans* konnte bisher nicht als Wirt bestätigt werden, wenn auch eine Beobachtung von WOLF (1959) dies wahrscheinlich macht.
Blütenbesuch: Als (austauschbare) Nektarquellen dienen verschiedenste Pflanzenarten, z.B. Wiesen-Knautie *(Knautia arvensis)*, Tauben-Skabiose *(Scabiosa columbaria)*, Berg-Sandrapunzel *(Jasione montana)*, Feld-Thymian *(Thymus pulegioides)*, Gewöhnlicher Dost *(Origanum vulgare)*, Weißer Steinklee *(Melilotus alba)*, Weiden-Alant *(Inula salicina)*, Gewöhnliche Goldrute *(Solidago virgaurea)*, Jakobs-Greiskraut *(Senecio jacobaea)*.
Phänologie: Univoltin. Flugzeit von Mitte Juli bis Anfang September (♂♂ 2. 7.–28. 8.; ♀♀ 5. 7.–15. 9.).
Bestandessituation: Die durchaus nicht häufige Art wurde in Baden-Württemberg zwar seit 1975 noch in verschiedenen Landesteilen nachgewiesen, sie muß aber wie ein Teil ihrer Wirte ebenfalls als gefährdet betrachtet werden. Nur ein Nachweis seit 1975 stammt aus einem Naturschutzgebiet.
RL: Gefährdet (3).

Nomada fucata
Panzer 1798

Verbreitung: Ganz Europa. – In der Bundesrepublik Deutschland keine Verbreitungsgrenze. – In Baden-Württemberg liegt ein deutlicher Verbrei-

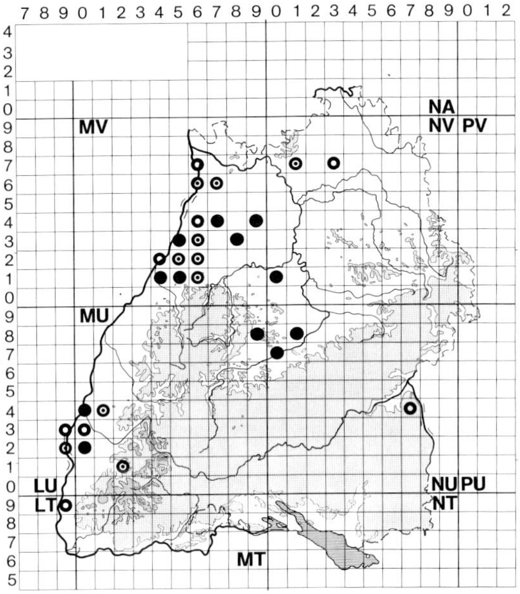

Nomada flavopicta

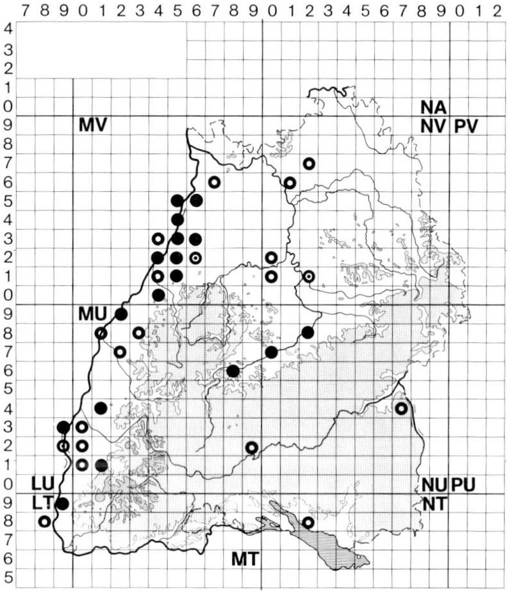

Nomada fucata

tungsschwerpunkt in der Oberrheinebene, aber auch in anderen Landesteilen wurde die Art zerstreut nachgewiesen. Nahezu alle Fundorte liegen unterhalb 500 m. Material: 25♂♂, 159♀♀.

Wirte: Einziger Wirt ist *Andrena flavipes* (ALFKEN 1913, HÖPPNER 1901a, PERKINS 1919b, STOECKHERT 1933, eig. Beob.).

Blütenbesuch: Als (austauschbare) Nektarquellen dienen verschiedenste Pflanzenarten, z. B. Weiden *(Salix)*, Frühlings-Fingerkraut *(Potentilla verna)*, Feld-Thymian *(Thymus pulegioides)*, Huflattich *(Tussilago farfara)*, Wiesen-Löwenzahn *(Taraxacum officinale)*, Wiesen-Schafgarbe *(Achillea millefolium)*, Jakobs-Greiskraut *(Senecio jacobaea)*.

Phänologie: Bivoltin. Flugzeit von Anfang April bis Ende Mai und von Anfang Juli bis Ende August.

Bestandessituation: Die Art wurde seit 1975 in verschiedenen Landesteilen nachgewiesen und konnte von mir v. a. auf den Hochwasserdämmen der Oberrheinebene stellenweise in großer Zahl angetroffen werden. Sie ist in Baden-Württemberg ebensowenig wie ihr Wirt gefährdet.

Nomada furva

Panzer 1798

Verbreitung: Süd- und Mitteleuropa. – In der Bundesrepublik Deutschland wurde mir als nördlichster Fundort Blomberg bei Detmold in Nordrhein-Westfalen bekannt (STOECKHERT 1943a). Außerdem in Bayern und Baden-Württemberg nachgewiesen. – In Baden-Württemberg bisher nur sehr vereinzelte Nachweise in der Oberrheinebene, im Kraichgau und im Mittleren Albvorland. Funddaten: MU04 Kappel, Taubergießen 1♀ 8. 6. 1968 (G). MU15 Lahr 2♀♀ 19. 5. 1946 (NK). MU96 Hemmendorf 1♀ 3. 6. 1983 (W) (WESTRICH 1983c). MV62 Durlach 1♀ 15. 5. 1931 (NK) (STOECKHERT 1954).

Wirte: Kleinere *Lasioglossum*-Arten: *Lasioglossum morio, L. leucopus, L. punctatissimum* (E. STOECKHERT 1943a, F. K. STOECKHERT 1933). Vermutlich kommen noch weitere *Lasioglossum*-Arten als Wirte in Frage.

Blütenbesuch: Als (austauschbare) Nektarquellen dienen verschiedenste Pflanzenarten, z. B. Wald-Erdbeere *(Fragaria vesca)*, Blutwurz *(Potentilla erecta)*, Gamander-Ehrenpreis *(Veronica chamaedrys)*, Wiesen-Bärenklau *(Heracleum sphondylium)*, Wiesen-Löwenzahn *(Taraxacum officinale)*, Kleines Habichtskraut *(Hieracium pilosella)*, Einjähriger Feinstrahl *(Erigeron annuus)*.

Phänologie: Bivoltin. Flugzeit von Ende April bis Mitte Juni und von Ende Juli bis Ende August.

Bestandessituation: Wenn die Art bisher nur vereinzelt aufgefunden wurde, so liegt dies sicher auch an ihrer geringen Größe. Daher ist sie leicht zu übersehen und eine mögliche Gefährdung ist schwer ein-

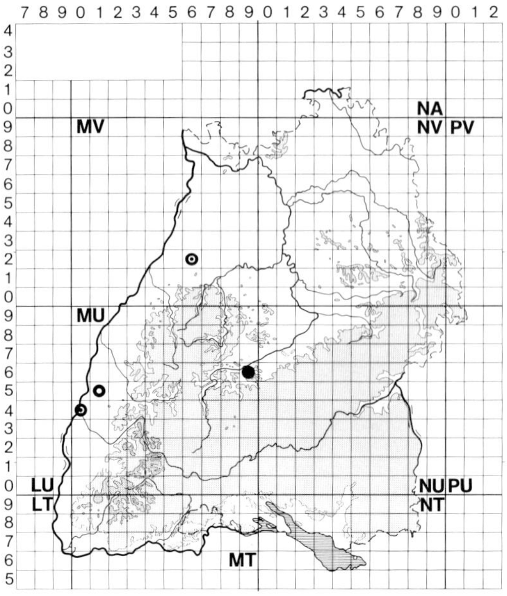

Nomada furva

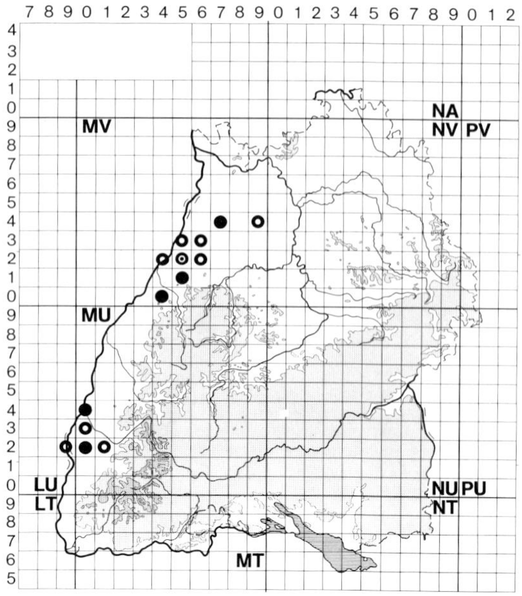

Nomada fuscicornis

zuschätzen. Ihre Hauptwirte sind jedenfalls derzeit nicht gefährdet.

Nomada fuscicornis
Nylander 1848

Verbreitung: Nord- und Mitteleuropa. – In der Bundesrepublik Deutschland keine Verbreitungsgrenze. – In Baden-Württemberg liegen die Verbreitungsschwerpunkte im Kaiserstuhl und in der nördlichen Oberrheinebene. Funddaten ab 1960: MU02 Vogtsburg 1♂, 4♀♀ 5. 9. 1978 (W). MU04 Herbolzheim 3♀♀ 22. 8. 1984 (Schmid-Egger). MV40 Kuppenheim 1♀ 31. 8. 1987 (D). MV51 Moosalbtal 1♀ 5. 8. 1963 (LNK); Malsch 2♀♀ 1. 8. 1988 (W). MV52 Karlsruhe 1♀ 10. 7. 1968 (LNK); 1♀ 15. 7. 1971 (LNK); 1♀ 17. 7. 1974 (LNK). MV74 Zeutern 2♂♂ 29. 7. u. 22. 8. 1980; 3♀♀ 13. 8., 18. 8. u. 5. 9. 1980 (Kunz) (KUNZ 1981). Material: 10♂♂, 35♀♀.
Wirte: Einzig bekannter Wirt in Mitteleuropa ist *Panurgus calcaratus* (ALFKEN 1913, FRIESE 1888, MOESCHLER 1938, eig. Beob.).
Blütenbesuch: Als (austauschbare) Nektarquellen dienen verschiedene Pflanzenarten, z. B. Gewöhnliches Bitterkraut *(Picris hieracioides)*, Doldiges Habichtskraut *(Hieracium umbellatum)*, Acker-Kratzdistel *(Cirsium arvense)*, Jakobs-Greiskraut *(Senecio jacobaea)*, Wiesen-Schafgarbe *(Achillea millefolium)*, Berg-Sandrapunzel *(Jasione montana)*.

Phänologie: Univoltin. Flugzeit von Mitte Juli bis Anfang September.
Bestandessituation: Die in Baden-Württemberg seltene Art wurde trotz gezielter Suche an Stellen, an denen der Wirt in großer Zahl vertreten war, seit 1975 nur noch von fünf Fundorten bekannt. Daher halte ich sie für gefährdet, auch wenn für den Wirt gegenwärtig noch keine direkte Bestandsbedrohung zu erkennen ist.
RL: Gefährdet (3).

Nomada goodeniana
(Kirby 1802)

Verbreitung: Weite Teile Europas. – In der Bundesrepublik Deutschland keine Verbreitungsgrenze. – In Baden-Württemberg weit verbreitet, überwiegend in Lagen unter 500 m, aber auch in den höheren Lagen der Schwäbischen Alb (Kuppenalb) und des Schwarzwaldes (Feldberg). Die Art dürfte in der nördlichen Landeshälfte sicher noch an zahlreichen weiteren Stellen vorkommen. Material: 75♂♂, 141♀♀.
Wirte: *Andrena tibialis* (ALFKEN 1913, HÖPPNER 1896b, STOECKHERT 1933), *Andrena nigroaenea* (HÖPPNER 1896b, PERKINS 1919b), *Andrena nitida* (ALFKEN 1913), *Andrena thoracica* (ALFKEN 1925c, PERKINS 1919b), *Andrena cineraria* (GEBHARDT & RÖHR 1987).

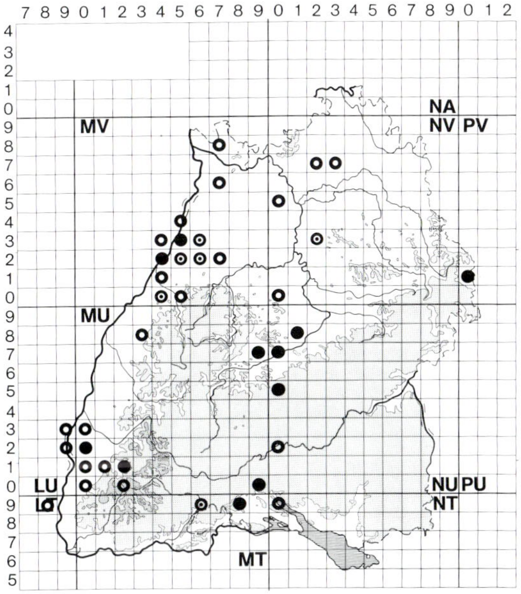

Nomada goodeniana

Blütenbesuch: Als (austauschbare) Nektarquellen dienen verschiedenste Pflanzenarten, z.B. Weiden (*Salix*), Wiesen-Löwenzahn (*Taraxacum officinale*), Raps (*Brassica napus*), Heidelbeere (*Vaccinium myrtillus*).

Phänologie: Normalerweise univoltin und mit einer recht langen Flugzeit von Anfang April bis Mitte Juni. ALFKEN (1925c) berichtet von einer 2. Generation (Sommergeneration) bei der bivoltinen *Andrena thoracia*.

Bestandessituation: Die Art wurde seit 1975 noch in verschiedenen Landesteilen und stellenweise in großer Zahl angetroffen. Sie ist in Baden-Württemberg wie die meisten ihrer Wirte nicht gefährdet.

Nomada guttulata

Schenck 1861

Verbreitung: Ganz Europa. – In der Bundesrepublik Deutschland keine Verbreitungsgrenze. – In

Nomada goodeniana ♀

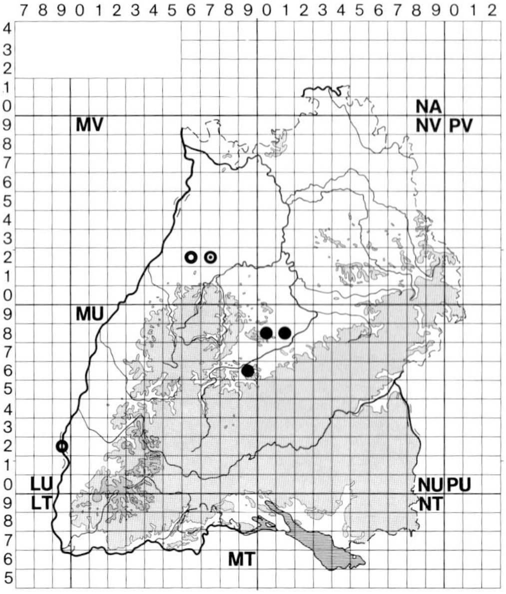

Nomada guttulata

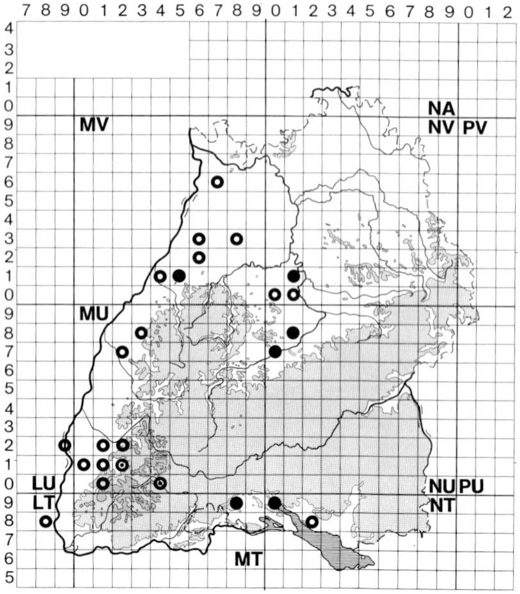

Nomada integra

Baden-Württemberg nur sehr vereinzelte und weit verstreute Nachweise. Funddaten: LU92 Südlicher Kaiserstuhl 1♀ 30. 4. 1926 (MNF). MU96 Bietenhausen 1♀ 9. 6. 1982 (leg. Westrich, coll. Riemann). MV62 Durlach 1♂ 29. 4. 1930 (NK). MV72 Stein 1♀ 12. 6. 1963 (LNK). NU08 Dettenhausen 1♀ 1. 6. 1984 (W). NU18 Walddorfhäslach 1♀ 29. 5. 1979 (W) (WESTRICH 1980). Die Angaben »Oppenau« (FRIESE 1895a) und »Obersasbach« (BALLES 1925) waren nicht überprüfbar.

Wirte: Hauptwirt ist *Andrena labiata* (ALFKEN 1913, PERKINS 1919b, STOECKHERT 1933, eig. Beob.). Möglicherweise lebt die Art auch bei *Andrena potentillae*.

Blütenbesuch: Als Nektarquellen wurden mir nur folgende Pflanzenarten bekannt: Frühlings-Fingerkraut *(Potentilla verna)*, Gamander-Ehrenpreis *(Veronica chamaedrys)*.

Phänologie: Univoltin. Flugzeit von Ende April bis Anfang Juni.

Bestandessituation: Die Art ist in Baden-Württemberg sehr selten, obwohl die Wirtsbiene viel häufiger ist. Ich halte sie für stark gefährdet, da zum einen auch die Wirtsbiene bereits im Bestand rückläufig ist und die jüngst festgestellten Vorkommen durch Zerstörung der Nistplätze (Feldweg-Befestigung) und Entzug der Nahrungsgrundlage des Wirtes (Nutzungsintensivierung, Aufforstung) erloschen sein dürfte.

RL: Stark gefährdet (2).

Nomada hirtipes

Pérez 1884

Syn.: *N. bucephalae* Perkins 1917.

Verbreitung: England, Frankreich, Österreich, Schweiz, Tschechoslowakei, Deutschland (BRD). – In der Bundesrepublik Deutschland bisher nur aus Bayern bekannt: Pappenheim, Starnberg (STOECKHERT 1933, 1954). – In Baden-Württemberg zu erwarten, da auch der Wirt nachgewiesen wurde. Jüngst im grenznahen Schweizer Randen aufgefunden.

Wirte: Der vermutlich einzige Wirt ist *Andrena bucephala* (KOCOUREK 1966, PERKINS 1919b).

Blütenbesuch: Als (austauschbare) Nektarquellen wurden mir folgende Pflanzenarten bekannt: Weiden *(Salix)*, Weißdorn *(Crataegus)*, Schlehe *(Prunus spinosa)*, Feld-Ahorn *(Acer campestre)*, Berberitze *(Berberis vulgaris)*.

Phänologie: Univoltin. Flugzeit von April bis Mai.

Nomada integra

Brullé 1832

Syn.: *N. ferruginata* auct. nec. (Linnaeus 1767); *N. ferruginata* var. *cinctiventris* Friese 1920; *N. cinctiventris* in SCHWARZ (1967) et plur. auct. (vgl. SCHWARZ 1986d).

Verbreitung: Süd- und Mitteleuropa, nordwärts bis Finnland; England. – In der Bundesrepublik

Deutschland keine Verbreitungsgrenze. – In Baden-Württemberg zerstreute Nachweise, überwiegend aus Lagen unter 500 m. Funddaten ab 1975: MT89 Hattingen 1♀ 3. 6. 1979 (G). MV51 Malsch 1♀ 25. 5. 1985 (D). NT09 Sipplingen 1♀ 20. 5. 1981 (W) (WESTRICH 1984b). NU07 Tübingen, Spitzberg 1♀ 31. 5. 1978 (W); 1♀ 9. 6. 1979 (W) (WESTRICH 1980); 1♂ 2. 6. 1984 (W). NU18 Walddorfhäslach 2♀♀ 24. 5. 1979 (W) (WESTRICH 1980). Material: 8♂♂, 46♀♀.

Wirte: Zumindest der Haupt-, wenn nicht sogar der einzige Wirt ist *Andrena humilis* (ALFKEN 1913, FRIESE 1895a, HÖPPNER 1901a, PITTIONI & SCHMIDT 1943, STOECKHERT 1933, eig. Beob.).

Blütenbesuch: Als (austauschbare) Nektarquellen besucht die Art u.a. Frühlings-Fingerkraut *(Potentilla verna)*, Wiesen-Schafgarbe *(Achillea millefolium)*, Kleines Habichtskraut *(Hieracium pilosella)*, Gamander-Ehrenpreis *(Veronica chamaedrys)*.

Phänologie: Univoltin. Flugzeit von Ende April bis Ende Juni (♂♂ 9. 4.–20. 6.; ♀♀ 12. 4.–11. 7.).

Bestandessituation: Zwar wurde die in Baden-Württemberg eher seltene Art seit 1975 noch mehrfach festgestellt, einige der Fundorte sind jedoch durch Aufforstungen, Nutzungsaufgabe oder Intensivierung der Nutzung starken Veränderungen unterworfen. Daher ist die Art wie ihr Wirt gefährdet. Nur eines der bekannten Vorkommen liegt in einem Naturschutzgebiet, wo es derzeit ungefährdet ist. Der alleinige Schutz dieser Art besteht in der Erhaltung und Förderung ihres Wirtes.

RL: Gefährdet (3).

Nomada italica
Dalla Torre & Friese 1894

Verbreitung: Südeuropa; nur sehr vereinzelt in Mitteleuropa: Deutschland (DDR, BRD). – In der Bundesrepublik Deutschland nur in Bayern nachgewiesen: Erlangen (in den Jahren 1912, 1953, 1955), Hallstadt bei Bamberg (im Jahr 1948) (STOECKHERT 1954, WESTRICH 1984a). – In Baden-Württemberg nicht zu erwarten.

Wirte: Einziger Wirt ist *Andrena assimilis* (STOECKHERT 1933, 1954).

Blütenbesuch: Als (austauschbare) Nektarquellen wurden folgende Pflanzenarten festgestellt: Acker-Winde *(Convolvulus arvensis)*, Wiesen-Knautie *(Knautia arvensis)*, Feld-Thymian *(Thymus pulegioides)*, Wiesen-Löwenzahn *(Taraxacum officinale)*, Frühlings-Greiskraut *(Senecio vernalis)*.

Phänologie: Bivoltin. Flugzeit von April bis Mai und von Juli bis August.

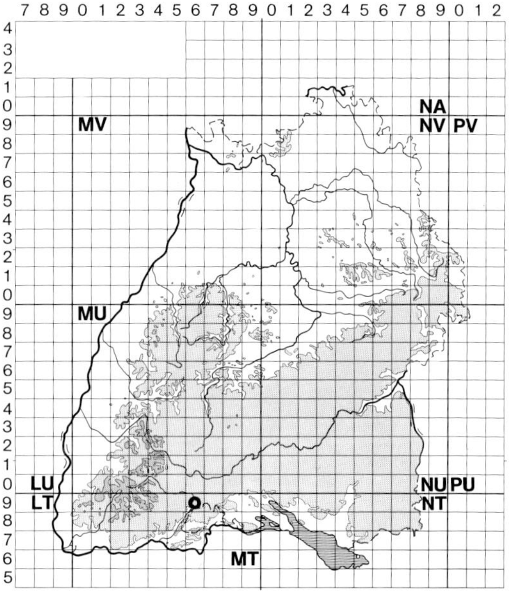

Nomada kohli

Nomada kohli
Schmiedeknecht 1882

Verbreitung: Südeuropa, vereinzelt in Mitteleuropa. – In der Bundesrepublik Deutschland nur bekannt aus Hessen (Niedergründau nach WOLF 1959), Bayern (mehrere Fundorte nach STOECKHERT 1933) und Baden-Württemberg. – In Baden-Württemberg nur ein zweifelsfreier Nachweis im Wutachgebiet: MT69 Aselfingen 2♀♀ 26. 5. 1934 (NK) (STOECKHERT 1943a). Die Angabe »Ihringen« (LEININGER 1927) war nicht überprüfbar.

Wirte: Bisher einzig bekannter Wirt ist *Lasioglossum puncticolle* (E. STOECKHERT 1919, F.K. STOECKHERT 1933).

Blütenbesuch: Nur selten auf Blüten. Als Nektarquellen wurden folgende Pflanzenarten festgestellt: Wiesen-Schafgarbe *(Achillea millefolium)*, Margerite *(Leucanthemum vulgare)*, Kleines Habichtskraut *(Hieracium pilosella)*.

Phänologie: Partiell bivoltin. Flugzeit von Ende April bis Ende Juni und von Ende Juli bis Ende August. Überwinterung als Imago (STOECKHERT 1933).

Bestandessituation: Der einzige Fund dieser in Baden-Württemberg außerordentlich seltenen Art stammt aus dem Jahre 1934. Möglicherweise kommt die Art heute noch zusammen mit ihrem Wirt im Wutachgebiet vor.

RL: Potentiell gefährdet (4).

Nomada lathburiana, Weibchen an *Salix*.

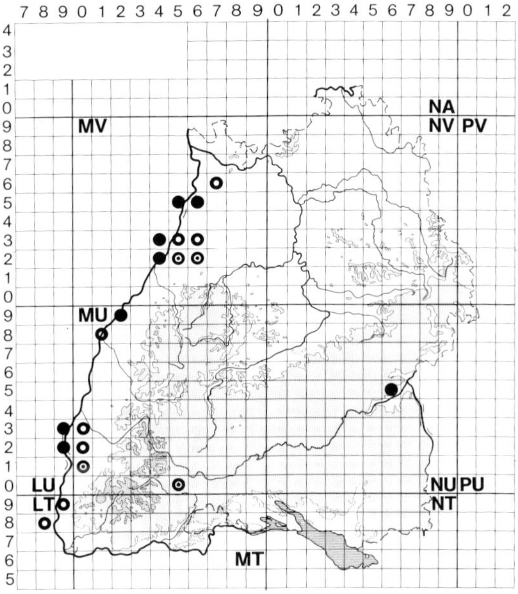

Nomada lathburiana

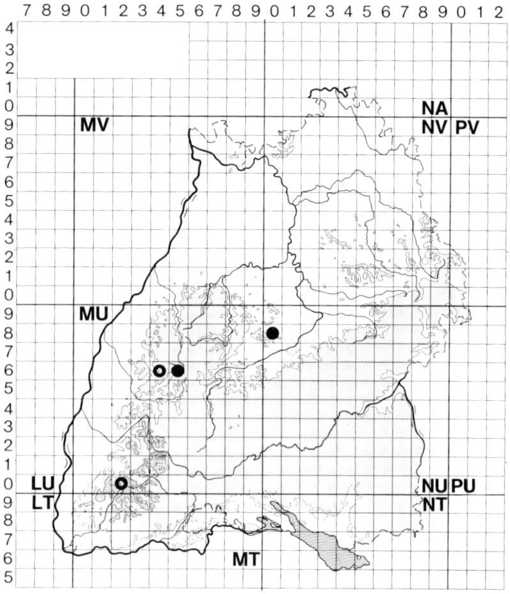

Nomada leucophthalma

Bemerkungen: Zur Unterscheidung von den verwandten Arten der *N. furva*-Gruppe vgl. STOECKHERT (1943a).

Nomada lathburiana

(Kirby 1802)

Verbreitung: Ganz Europa. – In der Bundesrepublik Deutschland keine Verbreitungsgrenze, auch im Norden (HAESELER 1984). – In Baden-Württemberg liegt der Verbreitungsschwerpunkt in der Oberrheinebene, außerhalb dieses Gebietes wurde die Art nur sehr vereinzelt nachgewiesen. Material: 24♂♂,87♀♀.

Wirte: Hauptwirt ist *Andrena vaga*, an deren Nestern man die Art regelmäßig beobachten kann (vgl. ALFKEN 1912b, 1913, MOESCHLER 1938, PEUS 1927). Als weiterer Wirt ist *Andrena cineraria* zu nennen (ALFKEN 1902a, GEBHARDT & RÖHR 1987, STOECKHERT 1933, eig. Beob.).

Blütenbesuch: Am häufigsten werden verschiedene Weiden- *(Salix-)*Arten besucht. Aber auch andere Pflanzenarten dienen als (austauschbare) Nektarquellen, z.B. Frühlings-Fingerkraut *(Potentilla verna)*, Huflattich *(Tussilago farfara)*, Wiesen-Löwenzahn *(Taraxacum officinale)*, Große Sternmiere *(Stellaria holostea)*.

Phänologie: Univoltin. Flugzeit von Ende März bis Anfang Juni. Zwar wurden vereinzelte Exemplare im August festgestellt (vgl. HAESELER 1984), doch bleibt noch zu klären, ob fakultativ oder partiell eine 2. Generation auftritt und bei welchem Wirt.

Bestandessituation: Die v.a. im Oberrheingebiet nicht seltene Art wurde seit 1975 noch mehrfach und stellenweise in großer Zahl beobachtet, so daß kein Rückgang festzustellen ist. Solange die derzeit großen Bestände von *Andrena vaga* nicht abnehmen, dürfte diese Wespenbiene zumindest im Oberrheingebiet nicht gefährdet sein. Außerhalb dieses Raumes ist sie aber viel seltener und ganz auf gute Bestände der zweiten Wirtsart *Andrena cineraria* angewiesen.

Nomada leucophthalma

(Kirby 1802)

Verbreitung: Nord- und Mitteleuropa. – In der Bundesrepublik Deutschland keine Verbreitungsgrenze. – In Baden-Württemberg bisher nur vereinzelte Nachweise im Schwarzwald und im Schönbuch. Funddaten: MU20 Feldberg 1♂ 4. 6. 1952 (LNK). MU46 Rippoldsau 1♀ 6.1925 (NK). MU56 Wittlensweiler 1♂ 17. 4. 1985; 1♀ 30. 4. 1986; 2♀♀ 1. 5. 1986; 1♀ 12. 5. 1986 (T, W). Die Angabe »Hopfengarten« (BALLES 1925, 1927) war nicht überprüfbar.

Wirte: Hauptwirt ist *Andrena clarkella* (CHAMBERS 1968, FRIESE 1888, GEBHARDT & RÖHR 1987,

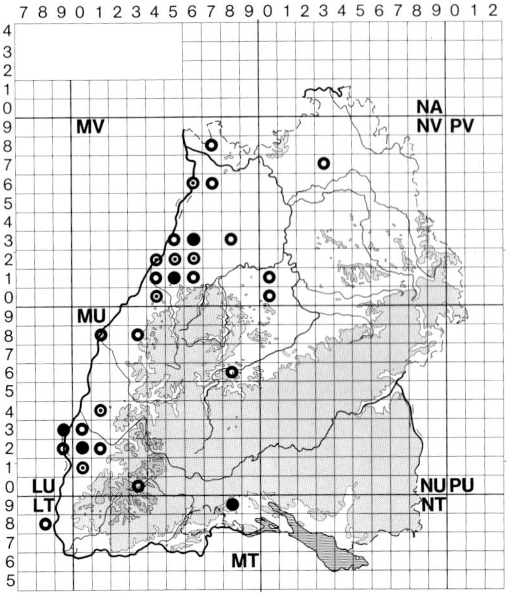

Nomada lineola

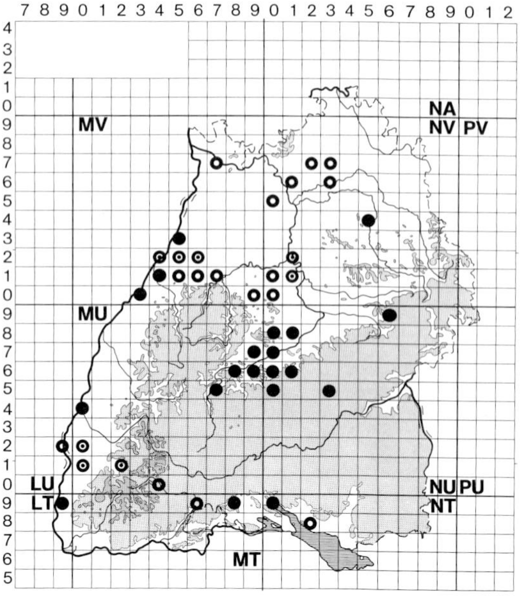

Nomada marshamella

MOESCHLER 1938, PEUS 1927, STOECKHERT 1933, eig. Beob.). Weitere Wirte sind *Andrena apicata* (ALFKEN 1913, CHAMBERS 1968, RIEMANN 1987a, TORKA 1913) und *Andrena nycthemera* (FRIESE 1888, 1923).

Blütenbesuch: Als Nektarquellen wurden verschiedene Weiden- *(Salix-)*Arten bekannt.

Phänologie: Univoltin. Flugzeit von Ende März bis Mitte Mai.

Bestandessituation: Die früher nur sehr selten in Baden-Württemberg aufgefundene Art konnte seit 1985 regelmäßig an zwei Waldrändern beobachtet werden, wo auch der Hauptwirt in größerer Anzahl flog. Es ist zu vermuten, daß die Art noch an anderen Stellen im Schwarzwald vorkommt. Wie der Hauptwirt ist auch die Wespenbiene v.a. durch die Zerstörung historischer Waldränder in den Mittelgebirgen als Folge von Aufforstungen und indirekt durch Aushieb von Weiden gefährdet.

RL: Gefährdet (3).

Nomada lineola

Panzer 1798

Syn.: *N. fulvicornis* Fabricius 1793 (vgl. SCHWARZ 1974).

Verbreitung: Weite Teile Europas, nordwärts bis Finnland (ELFVING 1968). – In der Bundesrepublik Deutschland keine Verbreitungsgrenze. – In Baden-Württemberg liegen die Verbreitungsschwerpunkte in der Oberrheinebene, im Kaiserstuhl und im westlichen Kraichgau. Außerhalb dieser Gebiete wurde die Art nur vereinzelt nachgewiesen. Material: 59♂♂, 133♀♀.

Wirte: Hauptwirte dürften *Andrena carbonaria* und *Andrena tibialis* sein (ALFKEN 1913, 1940, BLÜTHGEN 1916, KOCOUREK 1966). Als weitere Wirte kommen *Andrena agilissima* (MÜLLER 1944, STOECKHERT 1933), *Andrena bimaculata* (KOCOUREK 1966) und *Andrena thoracica* (ALFKEN 1913, KOCOUREK 1966) in Frage.

Blütenbesuch: Als (austauschbare) Nektarquellen dienen verschiedenste Pflanzenarten, z.B. Weiden *(Salix)*, Schlehe *(Prunus spinosa)*, Weißdorn *(Crataegus)*, Frühlings-Fingerkraut *(Potentilla verna)*, Raps *(Brassica napus)*, Gewöhnliches Barbarakraut *(Barbarea vulgaris)*, Berberitze *(Berberis vulgaris)*, Berg-Sandrapunzel *(Jasione montana)*, Wiesen-Löwenzahn *(Taraxacum officinale)*.

Phänologie: Bivoltin. Flugzeit im April und Mai sowie im Juli und August.

Bestandessituation: Die in früheren Jahren regelmäßig nachgewiesene Art zeigt aufgrund des Sammlungsmaterials einen deutlichen Rückgang besonders in den vergangenen 15 Jahren. Da auch die Bestände eines der beiden Hauptwirte stark rückläufig sind, muß diese Wespenbiene als gefährdet angesehen werden.

RL: Gefährdet (3).

Nomada leucophthalma ♀

Nomada marshamella

(Kirby 1802)

Verbreitung: Weite Teile Europas. – In der Bundesrepublik Deutschland keine Verbreitungsgrenze. – In Baden-Württemberg weit verbreitet, von der Ebene bis in die höheren Lagen der Mittelgebirge. Sicherlich noch viel weiter verbreitet, als aus der Karte ersichtlich. Material: 14♂♂, 110♀♀.

Wirte: Hauptwirt ist *Andrena jacobi* (TENGÖ 1984, eig. Beob.), Nebenwirt *Andrena eximia*. Leys (mündl. Mitt.) und YARROW & GUICHARD (1941) beobachteten die Art auch an den Nestern von *Andrena ferox*. In England parasitiert die Art auch bei *Andrena trimmerana*. STOECKHERT (1933) gibt außerdem *Andrena nigroaenea* an. Nach ALFKEN (1902a) soll auch *Andrena nitida* in Frage kommen, was ich aber bezweifle.

Blütenbesuch: Als (austauschbare) Nektarquellen dienen verschiedenste Pflanzenarten, z. B. Weiden *(Salix)*, Frühlings-Fingerkraut *(Potentilla verna)*, Huflattich *(Tussilago farfara)*, Gänseblümchen *(Bellis perennis)*, Wiesen-Löwenzahn *(Taraxacum officinale)*.

Phänologie: Univoltin. Flugzeit von Mitte April bis Ende Mai. Einzelne Tiere wurden auch im Juli und August beobachtet. Deren Wirt ist im Untersuchungsgebiet vermutlich *Andrena rosae*, in England die 2. Generation von *Andrena trimmerana*.

Bestandessituation: Eine Gefährdung der in Baden-Württemberg durchaus häufigen Art ist nicht zu erkennen.

Nomada mauritanica

Lepeletier 1841
Syn.: *Nomada manni* Morawitz 1871 (vgl. SCHWARZ 1980)

In Mitteleuropa wurde die Art von den hessischen Fundorten Eberstadt bei Darmstadt (FRIESE 1921a), Bickenbach und Frankfurt (FRIESE 1923) sowie aus dem baden-württembergischen Heidelberg (FRIESE 1921a) gemeldet. Zweifelsfreie Belegexemplare für diese Angaben fehlen. Im Senckenberg-Museum Frankfurt befindet sich lediglich 1♀, das aus der Sammlung Roose stammt, die um 1870 in den Besitz des Museums kam. Die Herkunft des Tieres bleibt jedoch ungeklärt, auch wenn auf der Nadel ein Etikett mit dem Fundort »Eberstadt« ohne Sammler- und Datumsangaben steckt. Im gesamten Mitteleuropa wurde die Art nie beobachtet

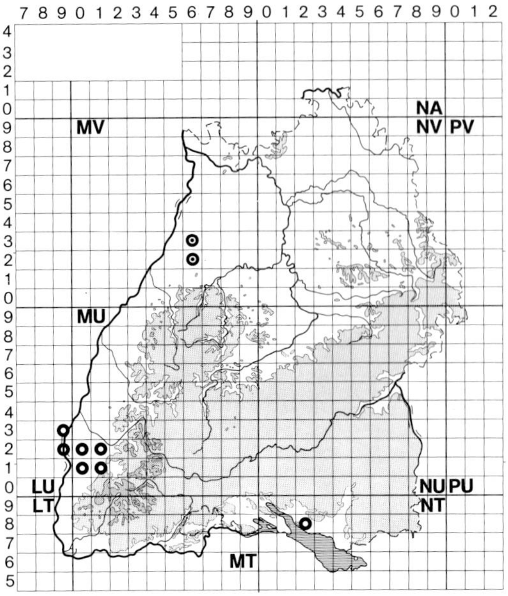

Nomada melathoracica

(Schwarz, mündl. Mitt.), obwohl die auch in Baden-Württemberg früher nachgewiesene *Andrena morio*, ihr Wirt, auch im östlichen Mitteleuropa vorkommt. Eine Fehletikettierung ist wahrscheinlich. Die Art sollte aus der Liste der deutschen Bienen gestrichen werden.

Nomada melathoracica
Imhoff 1834

Verbreitung: Südeuropa, vereinzelt in Mitteleuropa. – In der Bundesrepublik Deutschland mir bisher nur aus Bayern (Stoeckhert 1954) und Baden-Württemberg bekannt. – In Baden-Württemberg nur sehr zerstreute Nachweise, mit einer Häufung von Funden im Kaiserstuhl und dessen Umgebung (vgl. Leininger 1927, 1951, Strohm 1933). Funddaten: LU92 Ihringen 1♀ 26. 5. 1926 (MNF); 1♂ 26. 6. 1926 (MNF); 2♀♀ 16. 6. 1927 (MNF); Achkarren 1♂ 1930 (MNF). LU93 Limburg 1♂, 1♀ 26. 5. 1928 (MNF); 3♂♂ 7. 6. 1930 (MNF). MU01 Munzingen 1♂ 5. 6. 1922 (LNK). MU02 Wasenweiler 1♀ 5. 6. 1930 (MNF); Hessleterbuck 1♂ 5. 6. 1951 (MNF). MU11 Lehen 1♂, 2♀♀ 20. 5. 1926 (MNF). MU12 Buchholz 1♂ 6.1924 (LNK). MV62 Grötzingen 1♀ 6. 6. 1930 (NK) (Leininger 1951); 3♂♂ 21. 5. 1965 (LNK); 1♀ 14. 7. 1965 (LNK). MV63 Jöhlingen 1♀ 3. 7. 1963 (LNK); 1♀ 30. 5. 1966 (LNK). NT28 Hagnau 1♂ 19. 5. 1931 (LNK).

Wirte: Einzig bekannter Wirt ist *Andrena agilissima* (Petit 1975b, Strohm 1933).
Blütenbesuch: Als Nektarquellen wurden folgende Pflanzenarten festgestellt: Acker-Senf *(Sinapis arvensis)*, Faulbaum *(Rhamnus frangula)*, Schwalbenwurz *(Vincetoxicum officinale)*.
Phänologie: Univoltin. Flugzeit von Mitte Mai bis Ende Juni.
Bestandessituation: Zum letzten Mal wurde diese auch in früheren Jahren sehr seltene Art 1966 im Kraichgau festgestellt, wo durch Flurbereinigungen (Zerstörung der Nistplätze) und Intensivierung der Landwirtschaft auch der Wirt weitgehend ausgerottet wurde. An den wenigen derzeit noch bekannten Nistplätzen von *Andrena agilissima* wurde die Art nicht mehr beobachtet, so daß sie zumindest als verschollen zu gelten hat. Wenn die Art überhaupt noch eine Chance in Baden-Württemberg hat, müssen alle noch vorhandenen Vorkommen des Wirtes nicht nur vollumfänglich gesichert, sondern auch gezielt gefördert werden.
RL: Ausgestorben oder verschollen (0).

Nomada moeschleri
Alfken 1925

Verbreitung: Von Nordeuropa über die Ostseeküste bis zum Alpenvorland (Warncke 1986b). – In der Bundesrepublik Deutschland neben einem gesicherten Nachweis bei Elberfeld (bei Wuppertal?) (Stoeckhert 1933, Westrich 1984a) auch von einer Reihe von Fundorten im bayrischen Alpenvorland bekannt (Warncke 1986b, Westrich 1984a). – In Baden-Württemberg bisher nicht nachgewiesen, ein Vorkommen ist aber nicht auszuschließen.
Wirte: Unbekannt.
Blütenbesuch: Unbekannt.
Phänologie: Univoltin. Flugzeit aufgrund der mir vorliegenden Fangdaten von Ende April bis Mitte Juni.

Nomada mutabilis
Morawitz 1871

Verbreitung: Süd- und Mitteleuropa. – In der Bundesrepublik Deutschland keine Verbreitungsgrenze, auch im Norden (Hoop 1941b, Wagner 1938a), insgesamt aber nur sehr zerstreut. – In Baden-Württemberg wurde die Art bisher nur von einem einzigen Fundort im Kaiserstuhl bekannt. Funddaten: MU02 Wasenweiler 3♂♂ 2. 8. u. 3. 8. 1924 (det.

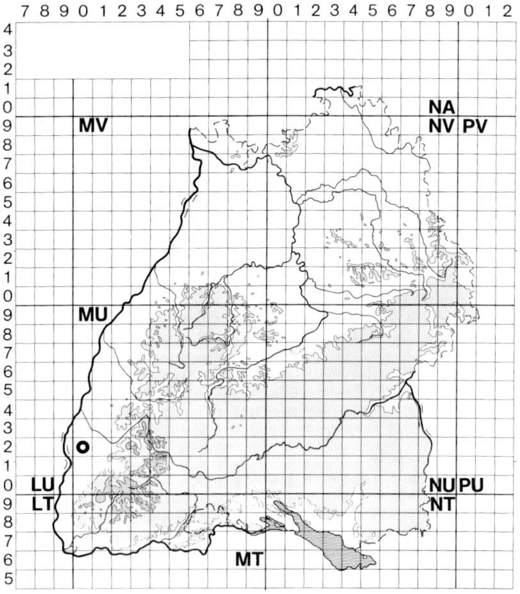

Nomada mutabilis

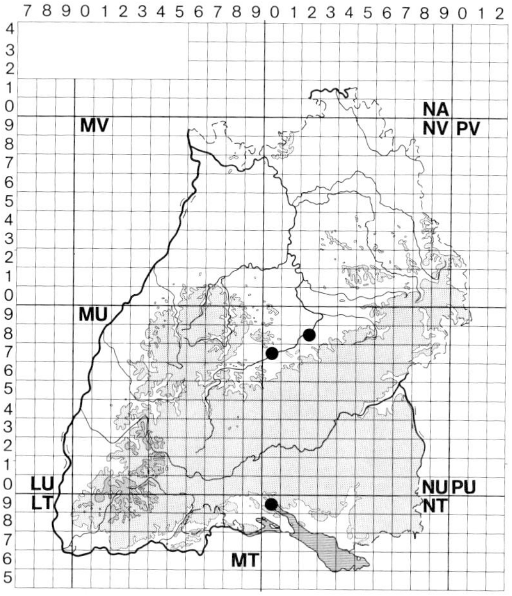

Nomada mutica

Stoeckhert, coll. MNF) (Das Fangdatum erscheint mir fraglich. Etikettierfehler?).

Wirte: Einziger Wirt ist *Andrena chrysopyga* (ALFKEN 1913, ENSLIN 1922, LEFEBER 1984, KOCOUREK 1966, MOESCHLER 1938, STOECKHERT 1933), nach KOCOUREK (1966) und MOESCHLER (1938) angeblich auch *Andrena labialis*.

Blütenbesuch: Als (austauschbare) Nektarquellen dienen verschiedene Pflanzenarten, z.B. Wiesen-Knautie *(Knautia arvensis)*, Kleines Habichtskraut *(Hieracium pilosella)*, Silber-Fingerkraut *(Potentilla argentea)*, Färber-Kamille *(Anthemis tinctoria)*.

Phänologie: Univoltin. Flugzeit von Mai bis Juni.

Bestandessituation: Die Art wurde in Baden-Württemberg seit 1924 nicht mehr nachgewiesen, ihr Wirt ist von hier überhaupt noch nicht bekannt. Daher steht es schlecht um diese Art, die in Baden-Württemberg vermutlich bereits ausgestorben ist. RL: Ausgestorben oder verschollen (0).

Nomada mutica

Morawitz 1872

Verbreitung: Süd- und Mitteleuropa. – In der Bundesrepublik Deutschland nur vereinzelte Funde in Hessen (Gießen) (FRIESE 1923), Nordrhein-Westfalen (Raum Köln) (AERTS 1949), Rheinland-Pfalz (Bad Kreuznach) (MORAWITZ 1872), Bayern (Ebelsbach bei Bamberg) (STOECKHERT 1954) und Baden-Württemberg. – In Baden-Württemberg nur insgesamt drei Nachweise am Westlichen Bodensee und im Mittleren Albvorland. Funddaten: NT09 Sipplingen 1♀ 12. 5. 1980 (W) (WESTRICH 1984b). NU07 Tübingen 1♀ 20. 5. 1979 (W) (WESTRICH 1980). NU28 Neckarhausen 1♀ 18. 5. 1984 (W). Die Meldung von Heidelberg (FRIESE 1923) war nicht überprüfbar.

Wirte: Einzig bekannter Wirt ist *Andrena ferox* (STOECKHERT 1933).

Blütenbesuch: Als Nektarquellen wurden mir bisher nur folgende Pflanzenarten bekannt: Frühlings-Fingerkraut *(Potentilla verna)*, Zweigriffliger Weißdorn *(Crataegus laevigata)*.

Phänologie: Univoltin. Flugzeit von Ende April bis Anfang Juni.

Bestandessituation: Die durchweg sehr seltene Art wurde in Baden-Württemberg merkwürdigerweise dreimal, ihr Wirt jedoch erst einmal festgestellt, wobei sich die Fundorte der beiden Arten nicht decken. Nur eines der Vorkommen stammt aus einem Naturschutzgebiet, die beiden anderen aus Gebieten, für die eine zukünftige Beeinträchtigung zum Nachteil der Art nicht auszuschließen ist. Daher ist die Art zweifellos in Baden-Württemberg vom Aussterben bedroht.

RL: Vom Aussterben bedroht (1).

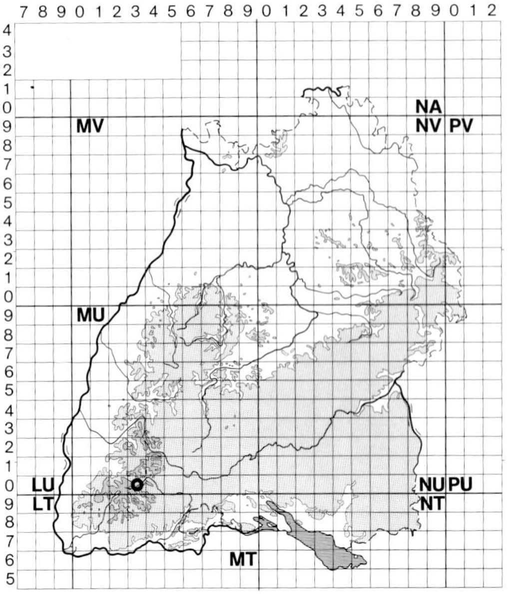

Nomada obscura

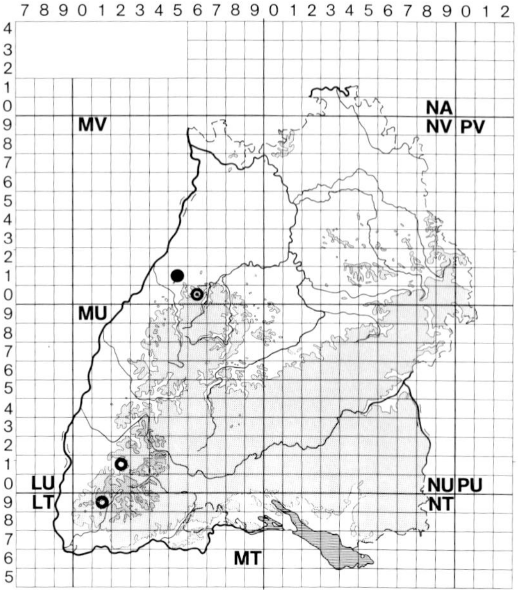

Nomada obtusifrons

Nomada obscura

Zetterstedt 1838

Verbreitung: Nordeuropa, vereinzelt in Mitteleuropa. Nach STOECKHERT (1933) ein Glazialrelikt. – In der Bundesrepublik Deutschland keine Verbreitungsgrenze, auch im Norden (vgl. RIEMANN 1987a), insgesamt aber nur vereinzelt. – In Baden-Württemberg bisher nur ein Nachweis im südlichen Schwarzwald: MU30 Höllsteig 1♀ 1. 4. 1929 (MNF).

Wirte: Einzig bekannter Wirt ist *Andrena ruficrus* (BENNO 1948, H. MÜLLER 1944, PERKINS 1919b, STOECKHERT 1933).

Blütenbesuch: Als Nektarquellen werden vor allem frühblühende Weiden- *(Salix-)*Arten genutzt, aber auch andere (austauschbare) Pflanzenarten, z.B. Huflattich *(Tussilago farfara)*, Wiesen-Löwenzahn *(Taraxacum officinale)*.

Phänologie: Univoltin. Flugzeit von Ende März bis Ende April.

Bestandessituation: Bei der Seltenheit des Wirtes in Baden-Württemberg ist es erklärlich, daß die Art bisher nur einmal aufgefunden wurde. Da auch der Wirt in den Waldgebieten meist nur durch Zufall nachzuweisen ist, bleibt zu hoffen, daß die Art heute noch in Baden-Württemberg vorkommt, ein Wiederfund dürfte aber ebenfalls stark zufallsbedingt sein.

RL: Potentiell gefährdet (4).

Nomada obtusifrons

Nylander 1848

Verbreitung: Nord-, Mittel- und Osteuropa. – In der Bundesrepublik Deutschland keine Verbreitungsgrenze. – In Baden-Württemberg bisher nur drei Nachweise aus dem südlichen und nördlichen Schwarzwald. Funddaten: MT19 Belchen 1♀ 6. 8. 1923 (MNF). MU21 Eschbach 1♀ 24. 7. 1956 (G). MV60 Calmbach 1♀ 13. 7. 1966 (LNK). MV51 Malsch 1♂ 4. 7. 1987 (D). Die Angabe »Oppenau« (FRIESE 1895a) war nicht überprüfbar.

Wirte: *Andrena coitana* (ALFKEN 1913, FRIESE 1888, 1895a, PETIT 1969, SCHMIEDEKNECHT 1882–1884, STOECKHERT 1933), nach PERKINS (1919b) angeblich auch *Andrena tarsata*.

Blütenbesuch: Nur wenig an Blüten anzutreffen. Als (austauschbare) Nektarquellen dienen verschiedenste Pflanzenarten, z.B. Heidekraut *(Calluna vulgaris)*, Feld-Thymian *(Thymus pulegioides)*, Berg-Sandrapunzel *(Jasione montana)*, Blutwurz *(Potentilla erecta)*, Wiesen-Storchschnabel *(Geranium pratense)*, Acker-Kratzdistel *(Cirsium arvense)*, Wegwarte *(Cichorium intybus)*, Habichtskraut *(Hieracium)*, Gewöhnliche Goldrute *(Solidago virgaurea)*.

Phänologie: Univoltin. Flugzeit in den Monaten Juli und August.

Bestandessituation: Die seltene Art wurde seit 1966 in Baden-Württemberg nicht mehr aufgefunden.

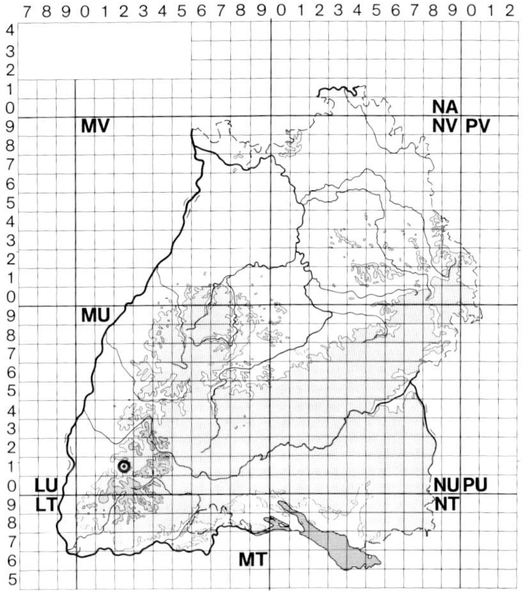

Nomada opaca

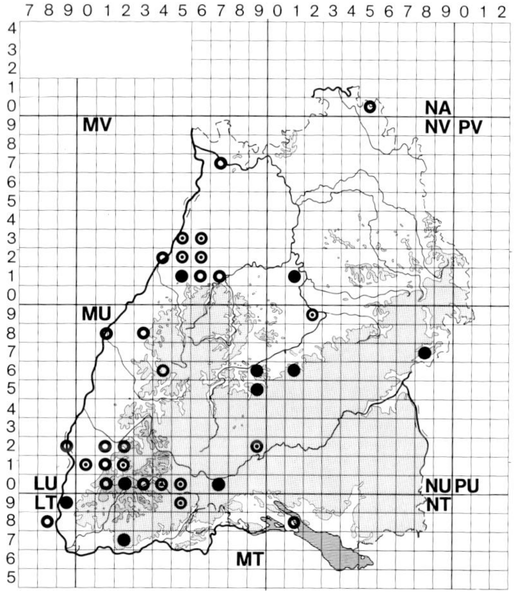

Nomada panzeri

Da im Falle des Wirtes aber kein Bestandsrückgang festzustellen ist, halte ich auch diese doch recht unscheinbare und an Waldrändern leicht zu übersehende Wespenbiene nicht für gefährdet.

Nomada opaca

Alfken 1913

Verbreitung: Bundesrepublik Deutschland, Norditalien, Frankreich (Bas-Rhin), Schweiz (Vaud), Schweden (Schwarz, briefl. Mitt.). – In der Bundesrepublik Deutschland keine Verbreitungsgrenze, aber überall sehr selten. Fundmeldungen von Niedersachsen (ALFKEN 1913, STOECKHERT 1933), Hessen (WESTRICH 1984a), Bayern (STOECKHERT 1933, WESTRICH 1984a) und Baden-Württemberg (LEININGER 1951). – In Baden-Württemberg bisher nur ein Nachweis im südlichen Schwarzwald: MU21 Wittental 1♂ 11. 6. 1965 (det. Schwarz, coll. G). Die Angabe »Durlach« (LEININGER 1951) war nicht überprüfbar.

Wirte: Einzig bekannter Wirt ist *Andrena fulvida* (KOCOUREK 1966, STOECKHERT 1933).

Blütenbesuch: Als Nektarquelle wurde mir nur Heidelbeere *(Vaccinium myrtillus)* bekannt.

Phänologie: Univoltin. Flugzeit in den Monaten Mai und Juni.

Bestandessituation: Die Art ist erwartungsgemäß noch seltener als ihr in Baden-Württemberg nur sehr vereinzelt festgestellter Wirt. Wie bei diesem ist auch eine Gefährdung der Wespenbiene schwer einzuschätzen.

RL: Potentiell gefährdet (4).

Nomada panzeri

Lepeletier 1841

Syn.: *N. ruficornis* auct. nec (Linnaeus 1758); *N. glabella* Thomson 1870 (vgl. SCHWARZ 1986e).

Verbreitung: Nord-, West- und Mitteleuropa. – In der Bundesrepublik Deutschland keine Verbreitungsgrenze. – In Baden-Württemberg weit verbreitet, von der Ebene bis in die höchsten Lagen der Mittelgebirge (Feldberg). Die Art dürfte in den meisten Landesteilen vertreten sein. Material: 46♂♂, 43♀♀.

Wirte: Arten der *Andrena varians*-Gruppe: *A. varians, A. helvola, A. synadelpha, A. fucata, A. lapponica* (vgl. RICHARDS 1946, STOECKHERT 1933, eig. Beob.).

Blütenbesuch: Als (austauschbare) Nektarquellen dienen verschiedenste Pflanzenarten, z.B. Weiden *(Salix)*, Berberitze *(Berberis vulgaris)*, Johannisbeere *(Ribes grossularia)*, Wald-Erdbeere *(Fragaria vesca)*, Pestwurz *(Petasites hybridus)*, Huflattich *(Tussilago farfara)*, Wiesen-Löwenzahn *(Taraxacum officinale)*, Heidelbeere *(Vaccinium myrtillus)*.

Phänologie: Univoltin. Flugzeit je nach Höhenlage von Ende März bis Anfang Juni.
Bestandessituation: Die durchaus nicht seltene Art ist wie ihre Wirte in Baden-Württemberg nicht gefährdet.
Bemerkungen: Verschiedentlich wird *Nomada glabella* als eigene Art aufgefaßt (u.a. HOOP 1977, LEFEBER 1969b, SCHMIEDEKNECHT 1930, STOECKHERT 1933, WAGNER 1938a, RIEMANN 1985). Diese meist etwas dunklere Form der *N. panzeri* trifft man auch in Baden-Württemberg im Schwarzwald zusammen mit ihrem Wirt *Andrena lapponica* an. Bereits SCHMIEDEKNECHT (1882–1884:167) schreibt: »Die *Nomada glabella* Thomson würde ich kaum als Varietät angeführt haben, so sehr gleicht sie der Stammform«. SCHWARZ (1986e) bemerkt: »Diese Art (*Nomada panzeri*) unterliegt einer großen Variabilität hinsichtlich Größe und Färbung. So gibt schon Thomson, 1872:192, ein Größenverhältnis von 7–10 mm an. Ebenso weist er dort auf die reduzierte Gelbfärbung des Abdomens hin.« Einige Zeilen weiter schreibt SCHWARZ: »In der Regel sind die Tiere aus Nordeuropa und den höher gelegenen Teilen Mitteleuropas dunkler gefärbt, was besonders an der reduzierten Rotfärbung von Kopf und Thorax auffällt. Es gibt praktisch alle erdenklichen Übergänge.«

Nomada piccioliana

Magretti 1883
Syn.: *N. jurassica* Stoeckhert 1941.

Verbreitung: Südeuropa, vereinzelt in Mitteleuropa. – In der Bundesrepublik Deutschland bisher nur aus Bayern, dort allerdings von einer Reihe von Fundorten bekannt (E. STOECKHERT 1941, F.K. STOECKHERT 1954). – In Baden-Württemberg zu erwarten, da auch der Wirt vorkommt.
Wirte: Einzig bekannter Wirt ist *Andrena combinata* (E. STOECKHERT 1941, F.K. STOECKHERT 1954).
Blütenbesuch: Als Nektarquelle wurde mir nur Schwalbenwurz (*Vincetoxicum officinale*) bekannt, zweifellos werden auch andere Pflanzenarten besucht.
Phänologie: Univoltin. Flugzeit von Ende Mai bis Anfang Juli.

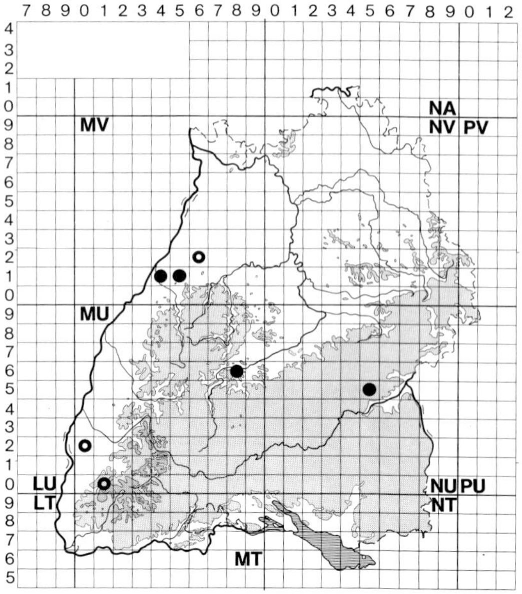

Nomada pleurosticta

Nomada pleurosticta

Herrich-Schäffer 1839
Syn.: *N. major* Morawitz 1872.

Verbreitung: Süd- und Mitteleuropa. – In der Bundesrepublik Deutschland wohl nur in der südlichen Hälfte. – In Baden-Württemberg nur vereinzelte, weit verstreute Nachweise. Funddaten: MU02 Wasenweiler 1♀ 28. 7. 1927 (MNF). MU10 St. Ulrich 1♀ 7. 7. 1951 (MNF). MU86 Börstingen 1♀ 14. 7. 1984 (W). MV41 Gaggenau-Oberweier 2♂♂ 7. 8. 1987 (D). MV51 Malsch 3♂♂ 12. 7. 1985 (D); 1♀ 7. 9. 1985 (D); 4♀♀ 2. 8. 1986 (D, W). MV62 Berghausen 1♂ 17. 7. 1952 (NK). NU55 Schmiechen 1♂ 1983 (W). Die Angabe »Pforzheim« (LEININGER 1927) war nicht überprüfbar.
Wirte: Einziger Wirt ist *Andrena polita* (ALFKEN 1913, ENSLIN 1922, MORAWITZ 1872, MÜLLER 1944, STOECKHERT 1933, eig. Beob.).
Blütenbesuch: Als Nektarquellen wurden mir folgende Pflanzenarten bekannt: Färber-Kamille (*Anthemis tinctoria*), Weidenblättriges Ochsenauge (*Buphthalmum salicifolium*), Gewöhnliches Bitterkraut (*Picris hieracioides*).
Phänologie: Univoltin. Flugzeit von Anfang Juli bis Mitte August.
Bestandessituation: Die in Baden-Württemberg sehr seltene Art wurde 1985 und 1986 in einer recht starken Population in einer Lehmgrube bei Malsch zusammen mit zahlreichen Individuen von *Andrena*

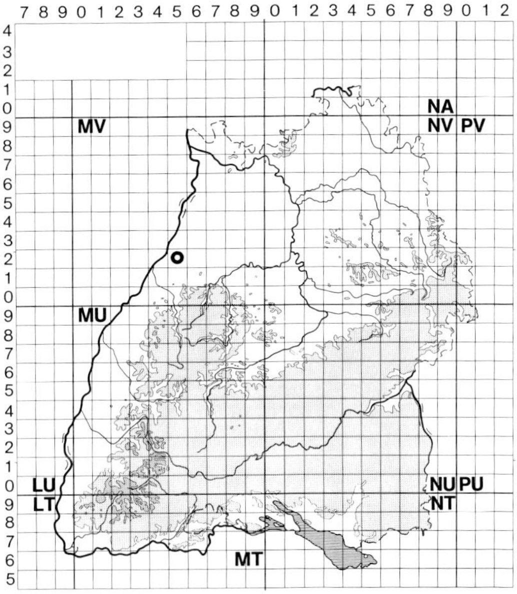

Nomada posthuma

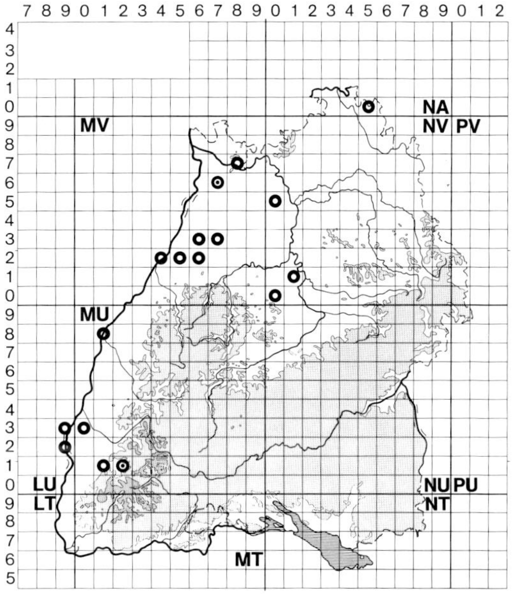

Nomada rhenana

polita festgestellt. Zum gleichen Zeitpunkt hatte ein Imker mehrere Magazine in der Grube aufgestellt. Im Jahr danach war kein Tier mehr festzustellen, vermutlich aufgrund des durch die Honigbienen ausgeübten Konkurrenzdrucks. Ein weiteres Vorkommen im Oberen Neckartal ist ebenfalls erloschen, in diesem Fall durch Vernichtung der Pollenquellen des Wirtes (mehrfache Mahd einer Ruderalstelle). Der hierdurch erlittene Bestandsrückgang ist gravierend. Somit ist diese Wespenbiene noch stärker gefährdet als ihr Wirt.
RL: Stark gefährdet (2).

Nomada posthuma

Blüthgen 1949
Syn.: *N. mixtella* Noskiewicz 1959 (vgl. SCHWARZ 1986d).

Verbreitung: Bundesrepublik Deutschland, Österreich, Ungarn, Europäische UdSSR (Schwarz, briefl. Mitt.). – In der Bundesrepublik Deutschland bisher nur zwei Nachweise in Bayern und Baden-Württemberg. Der bayrische Fundort ist Ismaning bei München (1♀ 1941, Holotypus) (BLÜTHGEN 1949). Aus Baden-Württemberg wurde nur folgender Fund bekannt: MV52 Karlsruhe 1♂ 23. 5. 1929 (coll. Schwarz) (WARNCKE 1986c).
Wirte: Unbekannt. Möglicherweise kommt *Lasioglossum glabriusculum* in Frage, an dessen Nistplatz Schwarz (briefl. Mitt.) die Art gefangen hat.
Blütenbesuch: Unbekannt.
Phänologie: Unbekannt.
Bestandessituation: Über die in Baden-Württemberg nur einmal festgestellte Art ist so wenig bekannt, daß über mögliche Gefährdungsursachen keine Aussagen möglich sind.

Nomada rhenana

Morawitz 1872

Verbreitung: Süd- und Mitteleuropa. – In der Bundesrepublik Deutschland keine Verbreitungsgrenze. – In Baden-Württemberg zerstreute Nachweise, ausschließlich in Lagen unterhalb 500 m. Funddaten ab 1960: MU21 Wittental 1♂ 21. 5. 1965 (G). MV76 Sandhausen 1♂ 29. 7. 1965 (G); 1♀ 3. 8. 1966 (G). Material: 12♂♂, 27♀♀.
Wirte: *Andrena ovatula* (E. STOECKHERT 1941, F.K. STOECKHERT 1933, 1954).
Blütenbesuch: Als (austauschbare) Nektarquellen dienen verschiedenste Pflanzenarten, z.B. Faulbaum *(Rhamnus frangula)*, Heidekraut *(Calluna vulgaris)*, Feld-Thymian *(Thymus pulegioides)*, Wilde Möhre *(Daucus carota)*, Rainfarn *(Tanacetum vulgare)*, Kanadische Goldrute *(Solidago canadensis)*.
Phänologie: Bivoltin. Flugzeit von Mitte Mai bis Ende Juni und von Ende Juli bis Mitte September.

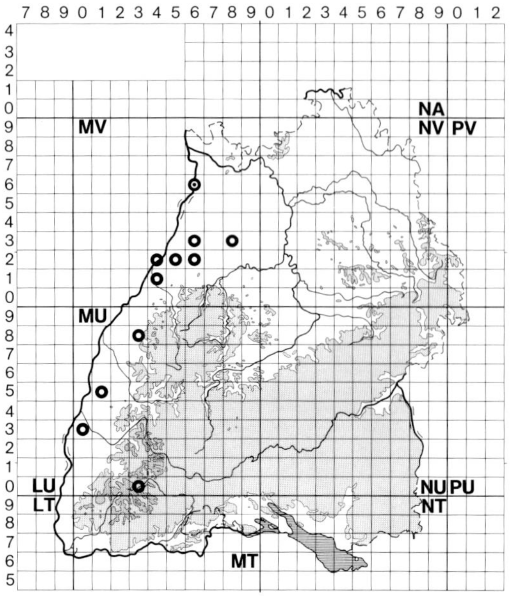

Nomada roberjeotiana

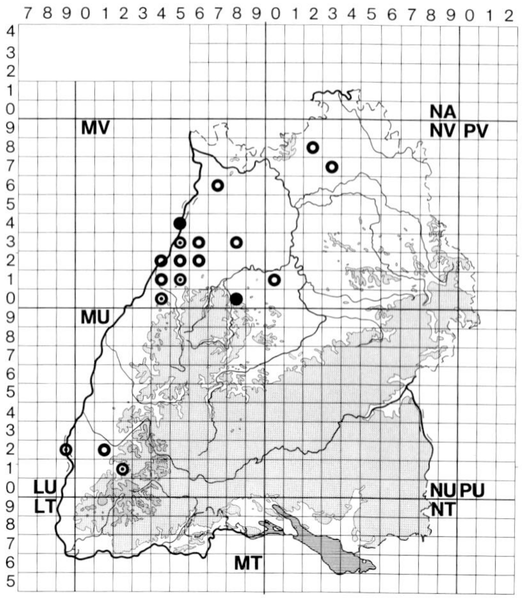

Nomada rufipes

Bestandessituation: Die kaum zu übersehende, früher regelmäßig v.a. in der Oberrheinebene festgestellte Art wurde zuletzt im Jahre 1966 nachgewiesen. In Baden-Württemberg ist mir die Art selbst nie begegnet, während sie in der jünsten Zeit noch jenseits des Rheins im Bienwald (Südpfalz) von mir beobachtet wurde. Dieser Rückgang ist mir nicht ganz erklärlich, da der Wirt nach wie vor regelmäßig anzutreffen und nicht gefährdet ist.

Nomada roberjeotiana

Panzer 1799
Syn.: *N. montana* (Mocsary 1894) nec (Scopoli 1763); *N. roberjeotiana tormentillae* Alfken 1901 (vgl. Schwarz 1986d).

Verbreitung: Nord- und Mitteleuropa. – In der Bundesrepublik Deutschland keine Verbreitungsgrenze, auch im Norden (vgl. Riemann 1985). – In Baden-Württemberg zerstreute Nachweise in der Oberrheinebene, im Kraichgau und im Schwarzwald. Funddaten ab 1960: MV66 Hockenheim 1♀ 28. 7. 1962 (G); 1♂ 1. 8. 1963 (G). Material: 49♂♂, 69♀♀.
Wirte: *Andrena tarsata* (Alfken 1901a, 1913, Forsius & Nordström 1921, Stoeckhert 1933, Tkalců 1974b, Warncke 1981), vielleicht auch *Andrena coitana* (vgl. Alfken 1913, Petit 1977). Da die meisten badischen Fundorte außerhalb des Verbreitungsgebietes dieser beiden *Andrena*-Arten liegen, ist zu vermuten, daß noch eine andere, bislang unbekannte Art als Wirt in Frage kommt.
Blütenbesuch: Als (austauschbare) Nektarquellen dienen verschiedenste Pflanzenarten, z.B. Rundblättrige Glockenblume *(Campanula rotundifolia)*, Berg-Sandrapunzel *(Jasione montana)*, Wald-Weidenröschen *(Epilobium angustifolium)*, Feld-Thymian *(Thymus pulegioides)*, Gewöhnlicher Dost *(Origanum vulgare)*, Blutwurz *(Potentilla erecta)*, Wilde Möhre *(Daucus carota)*, Felsen-Fetthenne *(Sedum reflexum)*, Gewöhnliche Kratzdistel *(Cirsium vulgare)*, Jakobs-Greiskraut *(Senecio jacobaea)*, Habichtskraut *(Hieracium)*.
Phänologie: Univoltin. Flugzeit von Juli bis September.
Bestandessituation: Der letzte Nachweis dieser seltenen, aber durchaus auffälligen Art in Baden-Württemberg stammt aus dem Jahre 1963.
RL: Potentiell gefährdet (4).

Nomada rufipes

Fabricius 1793
Syn.: *N. fennica* Alfken 1924.

Verbreitung: Ganz Europa. – In der Bundesrepublik Deutschland keine Verbreitungsgrenze. – In Baden-Württemberg nur zerstreute Nachweise, durchweg aus Lagen unter 500 m, mit einer deut-

Nomada rufipes, Weibchen auf *Solidago*.

Nomada sexfasciata, Weibchen auf *Thymus*.

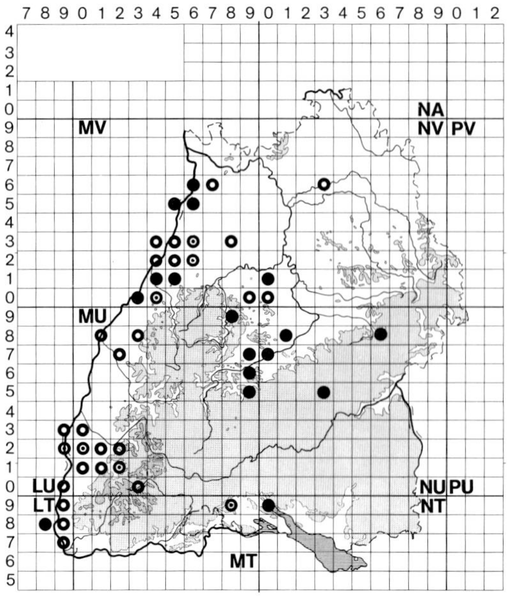

Nomada sexfasciata

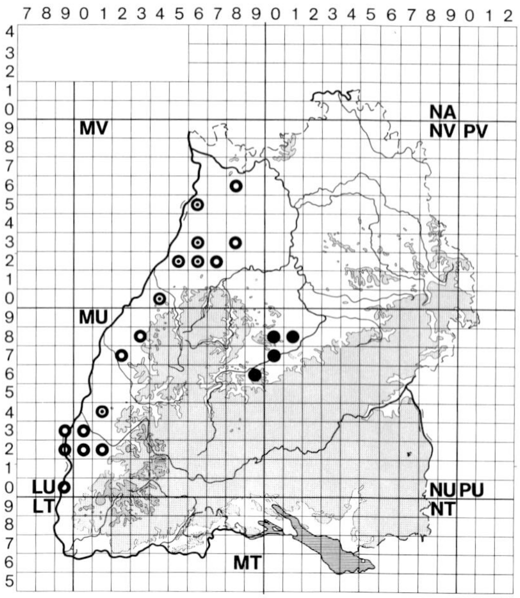

Nomada sheppardana

lichen Häufung von Fundorten (hohe Erfassungsintensität) in der nördlichen Oberrheinebene. Material: 27♂♂, 60♀♀.

Wirte: Hauptwirt ist *Andrena fuscipes* (ALFKEN 1913, FORSIUS & NORDSTRÖM 1921, FRIESE 1895a, STOECKHERT 1933, eig. Beob.). Als weiterer Wirt könnte *Andrena denticulata* in Frage kommen (BISCHOFF 1927, PERKINS 1919b), eine Vermutung, die durchaus mit den Beobachtungen in Baden-Württemberg in Einklang zu bringen ist.

Blütenbesuch: Als (austauschbare) Nektarquellen dienen verschiedenste Pflanzenarten, z. B. Heidekraut *(Calluna vulgaris)*, Berg-Sandrapunzel *(Jasione montana)*, Gewöhnlicher Dost *(Origanum vulgare)*, Skabiosen-Flockenblume *(Centaurea scabiosa)*, Acker-Kratzdistel *(Cirsium arvense)*, Kanadische Goldrute *(Solidago canadensis)*, Gewöhnliche Goldrute *(Solidago virgaurea)*, Sand-Thymian *(Thymus serpyllum)*, Blutwurz *(Potentilla erecta)*.

Phänologie: Univoltin. Flugzeit von Ende Juli bis Mitte September.

Bestandessituation: Da Haupt- und vermutlicher Nebenwirt in Baden-Württemberg im Bestand rückläufig sind, hat auch diese Wespenbiene als gefährdet zu gelten.

RL: Gefährdet (3).

Nomada sexfasciata
Panzer 1799

Verbreitung: Süd- und Mitteleuropa. – In der Bundesrepublik Deutschland keine Verbreitungsgrenze, auch im Norden (HOOP 1963a). – In Baden-Württemberg weit verbreitet in Lagen unterhalb 500 m, nur vereinzelt auch darüber. Die Art kommt mit Sicherheit auch im östlichen Kraichgau, im Kocher-Jagst-Gebiet und im Tauberland vor, wo die geringe Erfassungsintensität für die fehlenden Nachweise verantwortlich sein dürfte. Material: 33♂♂,158♀♀.

Wirte: Hauptwirte sind *Eucera tuberculata* und *Eucera longicornis* (eig. Beob.); auch *Eucera interrupta* kommt als Wirt in Betracht.

Blütenbesuch: Als (austauschbare) Nektarquellen dienen verschiedenste Pflanzenarten, z. B. Brombeere *(Rubus fruticosus)*, Wiesen-Knautie *(Knautia arvensis)*, Doldiger Milchstern *(Ornithogalum umbellatum)*, Habichtskraut *(Hieracium)*, Wiesen-Löwenzahn *(Taraxacum officinale)*.

Phänologie: Univoltin. Flugzeit von Ende April bis Mitte Juni (♂♂ 15. 4.–8. 6.; ♀♀ 21. 4.–22. 6.). Einzelne ♀♀ auch noch im Juli oder im August (1♀ 27. 8. 1984 Wasserstetten, Schwäbische Alb).

Bestandessituation: Die Art wurde seit 1975 durch gezielte Suche noch in verschiedenen Landesteilen nachgewiesen, doch stammen die meisten Funde von Resten gewachsener und reich strukturierter

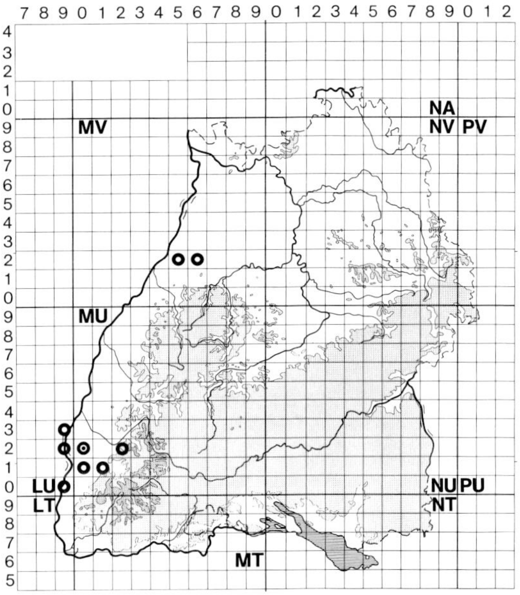

Nomada signata

Kulturlandschaften (Streuobstwiesen, Weinbergbrachen). Nur einer ihrer Wirte ist derzeit noch nicht im Bestand bedroht. Die Art ist ein potentieller Anwärter der Roten Liste.

Nomada sheppardana

(Kirby 1802)
Syn: *N. dalii* Curtis 1832.

Verbreitung: Süd- und Mitteleuropa, England. – In der Bundesrepublik Deutschland keine Verbreitungsgrenze. – In Baden-Württemberg bisher zwar nur zerstreute Nachweise aus Lagen unter 500 m, die Art dürfte aber v.a. in der nördlichen Landeshälfte wesentlich weiter verbreitet sein. Material: 36♂♂, 156♀♀.
Wirte: Kleine *Lasioglossum*-Arten: *Lasioglossum nitidiusculum* (ENSLIN 1922, STOECKHERT 1933, eig. Beob.), *Lasioglossum sexstrigatum* (HAESELER 1982b); wahrscheinlich kommen noch weitere *Lasioglossum*-Arten in Betracht.
Blütenbesuch: Als (austauschbare) Nektarquellen dienen verschiedenste Pflanzenarten, z.B. Große Sternmiere *(Stellaria holostea)*, Gänseblümchen *(Bellis perennis)*, Gamander-Ehrenpreis *(Veronica chamaedrys)*.
Phänologie: Bivoltin. Flugzeit von Anfang Mai bis Ende Juni und von Anfang Juli bis Ende August.
Bestandessituation: Die stellenweise häufige, aber durch ihre geringe Größe leicht zu übersehende Art ist in Baden-Württemberg nicht gefährdet.
Bemerkungen: Die auch von STOECKHERT als selbständige Art anerkannte *Nomada minuscula* Noskiewicz 1930 soll nach SCHWARZ (1986) aufgrund morphologischer Übergänge artgleich sein mit *Nomada sheppardana*, von der sie quasi eine Miniaturausgabe ist: »Untersucht man größere Serien beider Arten von den verschiedensten Fundorten, kommt man zur Erkenntnis, daß es keine klaren und konstanten Unterscheidungsmerkmale gibt.« Den kleineren Individuen mißt SCHWARZ den Status einer eigenen Unterart von *Nomada sheppardana* bei. Die beiden Formen kommen aber teilweise syntop vor (z.B. am Mainzer Sand), daher erscheint es mir nicht gerechtfertigt, *Nomada minuscula* als eigene Unterart zu betrachten. Diese kleine Form lebt bei *Lasioglossum glabriusculum* (NOSKIEWICZ 1930) und bei *Lasioglossum politum* (STOECKHERT 1943a), möglicherweise auch bei *Lasioglossum lucidulum* (BLÜTHGEN 1944).

Nomada signata

Jurine 1807

Verbreitung: Nord- und Mitteleuropa. – In der Bundesrepublik Deutschland keine Verbreitungsgrenze. – In Baden-Württemberg nur zerstreute Nachweise im Kaiserstuhl und dessen weiterer Umgebung sowie in der nördlichen Oberrheinebene. Funddaten ab 1960: MU02 Liliental 1♀ 2. 5. 1965 (G). Material: 7♂♂, 11♀♀.
Wirte: Einzig bekannter Wirt ist *Andrena fulva* (GUSENLEITNER 1985a, PERKINS 1919b, SCHROEDER 1921, STOECKHERT 1933, eig. Beob.).
Blütenbesuch: Als (austauschbare) Nektarquellen dienen verschiedenste Pflanzenarten, z.B. Weiden *(Salix)*, Frühlings-Fingerkraut *(Potentilla verna)*, Stachelbeere *(Ribes uva-crispa)*, Heidelbeere *(Vaccinium myrtillus)*, Kleines Habichtskraut *(Hieracium pilosella)*.
Phänologie: Univoltin. Flugzeit von Anfang April bis Mitte Mai.
Bestandessituation: Der letzte Nachweis dieser in Baden-Württemberg auch in früheren Jahrzehnten nur selten festgestellten Art stammt aus dem Jahre 1965. Dies ist um so merkwürdiger, da der Wirt nach wie vor regelmäßig in verschiedenen Landesteilen angetroffen wird und nicht gefährdet ist. Der offensichtliche Rückgang von *N. signata* ist mir nicht erklärlich. Möglicherweise ist die Art derzeit in einem Bestandstief unterhalb der Beobachtungsschwelle.

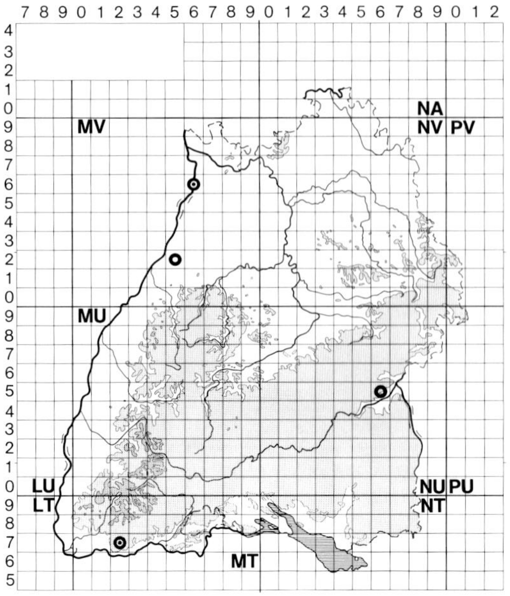

Nomada similis

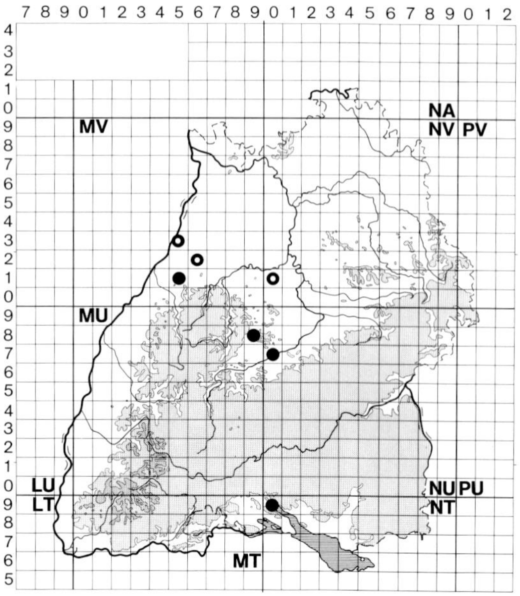

Nomada stigma

Nomada similis

Morawitz 1872

Verbreitung: Süd- und Mitteleuropa, nordwärts bis Südschweden (Öland) (Janzon & Svensson 1984). – In der Bundesrepublik Deutschland keine Verbreitungsgrenze, auch im Norden (Riemann 1987a). – In Baden-Württemberg nur sehr vereinzelte, weit über das Bundesland verstreute Nachweise. Funddaten: MT27 Hogschür 2♀♀ 2.–6. 7. 1972 (LNK). MV52 Karlsruhe 2♀♀ 21. 7. 1956 (G). MV66 Ketsch 3♀♀ 29. 7. 1964 (G). NU65 Ringingen 1♀ 22. 7. 1950 (G).

Wirte: Einziger Wirt ist *Panurgus banksianus* (Morawitz 1872, Stoeckhert 1933, eig. Beob.).

Blütenbesuch: Als Nektarquellen wurden mir folgende Pflanzenarten bekannt: Berg-Sandrapunzel *(Jasione montana)*, Blutwurz *(Potentilla erecta)*, Kleines Habichtskraut *(Hieracium pilosella)*, Einjähriger Feinstrahl *(Erigeron annuus)*.

Phänologie: Univoltin. Flugzeit von Ende Juni bis Anfang September.

Bestandessituation: Die in Baden-Württemberg nur selten anzutreffende und zuletzt 1972 festgestellte Art ist wie ihr Wirt gefährdet, selbst wenn sie im Schwarzwald an dessen Nistplätzen vereinzelt noch vorkommen dürfte.

RL: Gefährdet (3).

Nomada stigma

Fabricius 1804

Syn.: *N. cinnaberina* Morawitz 1870; *N. villipes* Stoeckhert 1930 (vgl. Schwarz 1967, Westrich 1983d).

Verbreitung: Ganz Europa. – In der Bundesrepublik Deutschland keine Verbreitungsgrenze. – In Baden-Württemberg nur sehr vereinzelte, weit über das Bundesland verstreute Nachweise. Funddaten: MU98 Breitenholz 1♂ 4. 6. 1983 (W). MV51 Oberweier 1♀ 7. 7. 1985 (D). MV53 Eggenstein 1♀ 27. 5. 1928 (NK). MV62 Grötzingen 1♀ 28. 5., 1♀ 30. 5. 1931 (NK) (Leininger 1951). NV02 Markgröningen 1♀ 17. 5., 2♂♂ 26. 7., 10♀♀ 2. 8., 8♀♀ 16. 8., 16♀♀ 30. 8., 1♀ 27. 9. 1931 (SMNS) (Westrich 1983d). NT09 Sipplingen 1♂ 20. 5. 1981 (W) (Westrich 1984b). NU07 1♀ 26. 5. 1979 (W) (Westrich 1980); 1♂ 22. 5. 1981 (W). Die Fundmeldungen von Balles (1925, 1949) und Leininger (1927) waren nicht überprüfbar.

Wirte: *Andrena labialis* (Enslin 1922, Moeschler 1938, Sowa & Mostowska 1978, Stoeckhert 1933, Westrich 1980) und *Andrena schencki* (Alfken 1913); die ziemlich helle Form *villipes* parasitiert bei *Andrena decipiens* (Balles 1949, Stoeckhert 1930, Westrich 1983d).

Blütenbesuch: Als Nektarquellen wurden mir folgende Pflanzenarten bekannt: Kriechendes Fingerkraut *(Potentilla reptans)*, Weißer Senf *(Sinapis*

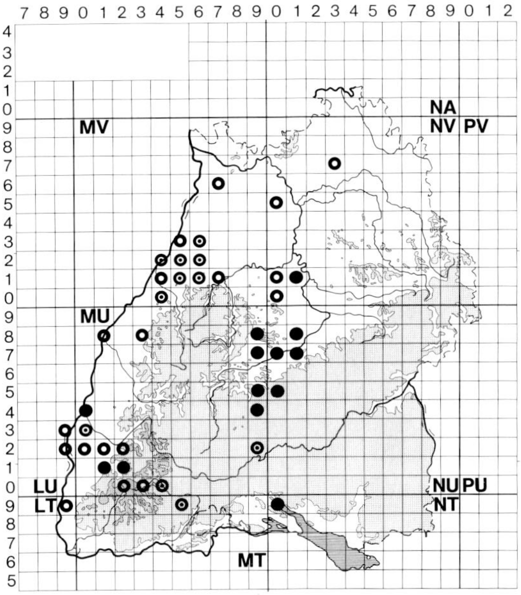

Nomada striata

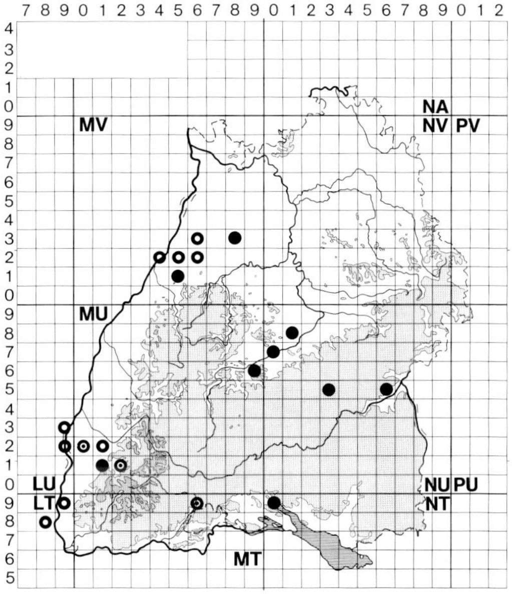

Nomada succincta

alba), Gewöhnliches Greiskraut *(Senecio vulgaris)*, Habichtskraut *(Hieracium)*.
Phänologie: Partiell bivoltin. Die bei der univoltinen *Andrena labialis* lebende Form ist univoltin, die bei der bivoltinen *Andrena decipiens* schmarotzende Form dagegen bivoltin.
Bestandessituation: Die in Baden-Württemberg sehr seltene Art wurde nur einmal (1931) in einer außergewöhnlichen Individuendichte gefunden. Trotz regelmäßiger Kontrollen an Nistplätzen der *A. labialis* wurde die Art von mir nur einzeln beobachtet. Da einer ihrer Wirte verschollen, der andere gefährdet ist, ist auch diese Wespenbiene zu den gefährdeten Arten zu zählen.
RL: Gefährdet (3).

Nomada striata

Fabricius 1793
Syn: *N. ochrostoma* (Kirby 1802); *N. hillana* (Kirby 1802); *N. dzieduszyckii* Noskiewicz 1924 (vgl. SCHWARZ 1986d).

Verbreitung: Weite Teile Europas. – In der Bundesrepublik Deutschland keine Verbreitungsgrenze. – In Baden-Württemberg weit verbreitet, von der Ebene bis in die höheren Lagen der Mittelgebirge. Material: 76♂♂, 86♀♀.
Wirte: Arten der *Andrena ovatula*-Gruppe: Hauptwirt ist *A. wilkella* (ALFKEN 1913, KOCOUREK 1966, STOECKHERT 1933, eig. Beob.). Weitere Wirte sind *A. ratisbonensis, A. gelriae, A. similis* und vermutlich *A. intermedia*; vielleicht auch *A. pandellei.*
Blütenbesuch: Als (austauschbare) Nektarquellen dienen verschiedenste Pflanzenarten, z.B. Weiden *(Salix)*, Brombeere *(Rubus fruticosus)*, Wald-Erdbeere *(Fragaria vesca)*, Preiselbeere *(Vaccinium vitis-idaea)*, Faulbaum *(Rhamnus frangula)*, Weißer Steinklee *(Melilotus alba)*, Gamander-Ehrenpreis *(Veronica chamaedrys)*, Berg-Sandrapunzel *(Jasione montana)*, Wiesen-Löwenzahn *(Taraxacum officinale)*.
Phänologie: Univoltin. Flugzeit von Mitte April bis Anfang Juli.
Bestandessituation: Da alle ihre Wirte im Bestand rückläufig sind, muß auch diese Kuckucksbiene als gefährdet betrachtet werden, auch wenn sie derzeit noch regelmäßig angetroffen wird.
RL: Gefährdet (3).

Nomada succincta

Panzer 1798
Syn.: *N. fulvicornis* auct. nec Fabricius 1793 (vgl. SCHWARZ 1986d).

Verbreitung: Süd- und Mitteleuropa. – In der Bundesrepublik Deutschland keine Verbreitungsgrenze. – In Baden-Württemberg weit verbreitet, von der Ebene bis in die Mittelgebirge, insgesamt aber we-

niger Nachweise als von *N. goodeniana*. Material: 26♂♂,42♀♀.
Wirte: Hauptwirt ist *Andrena nitida* (STOECKHERT 1933, eig. Beob.); als weiterer Wirt wurde *Andrena nigroaenea* festgestellt. Nach KOCOUREK (1966) soll auch *Andrena curvungula* in Frage kommen.
Blütenbesuch: Als (austauschbare) Nektarquellen dienen verschiedenste Pflanzenarten, z.B. Weiden *(Salix)*, Wiesen-Löwenzahn *(Taraxacum officinale)*, Faulbaum *(Rhamnus frangula)*. Vor allem die ♂♂ sind wenig blütenliebend.
Phänologie: Univoltin. Flugzeit von Ende April bis Ende Juni.
Bestandessituation: Die Art ist zwar nicht besonders häufig, wurde aber seit 1975 in verschiedenen Landesteilen regelmäßig angetroffen und ist ebenso wie ihre Wirte in Baden-Württemberg nicht gefährdet.
Bemerkungen: Es ist nach wie vor offen, ob *N. succincta* und *N. goodeniana* zwei selbständige Arten oder Formen ein und derselben Art sind. Bereits ALFKEN (1904c) hat sich mit dieser Frage auseinandergesetzt. Während sich die beiden Taxa in morphologischen Merkmalen (Dörnchenbildung der ♀♀, Haarlocken der ♂♂) nicht unterscheiden, sind sie in der Färbung konstant verschieden und lassen sich anhand dieses Merkmals gut trennen.

Nomada symphyti
Stoeckhert 1930

Verbreitung: Bundesrepublik Deutschland, Österreich, Norditalien, Tschechoslowakei, Ungarn, Türkei (Schwarz, briefl. Mitt.). – In der Bundesrepublik Deutschland sichere Nachweise nur in Bayern: Pappenheim, Starnberg, Thaldorf (STOECKHERT 1933). – Aus Baden-Württemberg bisher nicht bekannt, ein Vorkommen ist aber nicht völlig auszuschließen, der Nachweis für den Wirt steht allerdings ebenfalls noch aus.
Wirte: Einziger Wirt ist *Andrena symphyti* (KOCOUREK 1966, STOECKHERT 1933).
Blütenbesuch: Als Nektarquelle wurde der Knotige Beinwell *(Symphytum tuberosum)* festgestellt, die Hauptpollenquelle des Wirtes.
Phänologie: Univoltin. Flugzeit von Mai bis Juni.

Nomada trapeziformis
Schmiedeknecht 1882

Verbreitung: In Europa bisher nur aus der Bundesrepublik Deutschland und Österreich bekannt

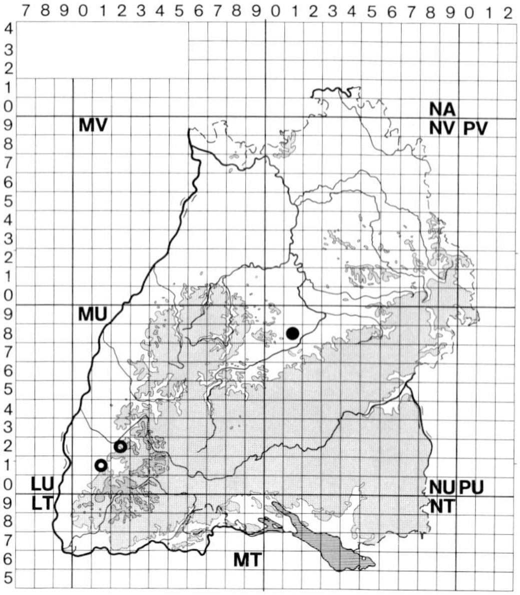

Nomada villosa

(Schwarz, briefl. Mitt.). – In der Bundesrepublik Deutschland bisher nur in Bayern nachgewiesen: Aholming, Wasserburg, Abendsberg, Erlangen (KNOERZER 1941, STOECKHERT 1933, 1954, WESTRICH 1984a) – In Baden-Württemberg bisher nicht nachgewiesen, aber zu erwarten.
Wirte: STOECKHERT (1954) und KOCOUREK (1966) vermuten *Andrena limata*.
Blütenbesuch: Als Nektarquellen wurden mir folgende Pflanzenarten bekannt: Gewöhnliches Bitterkraut *(Picris hieracioides)*, Gewöhnlicher Dost *(Origanum vulgare)*.
Phänologie: Bivoltin. Flugzeit von Anfang April bis Mitte Mai und von Ende Juli bis Anfang September.

Nomada villosa
Thomson 1870

Verbreitung: Nord- und Mitteleuropa. – In der Bundesrepublik Deutschland keine Verbreitungsgrenze. – In Baden-Württemberg nur drei Nachweise. Funddaten: MU11 Freiburg 1♂ 8. 5. 1923 (det. Stoeckhert, coll. MNF). MU22 Waldkirch 1♀ 30. 4. 1913 (det. Stoeckhert, coll. MNF). NU18 Walddorf 1♂ 23. 5. 1979 (det. Warncke, coll. W).
Wirte: Wahrscheinlich *Andrena lathyri* (STOECKHERT 1933).
Blütenbesuch: Als Nektarquellen wurden mir fol-

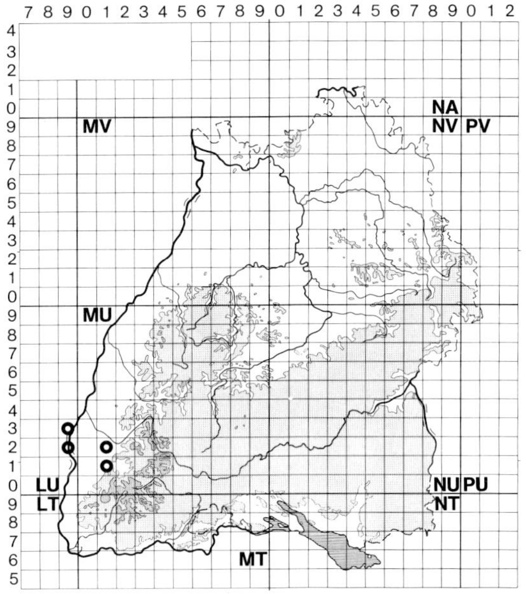

Nomada zonata

gende Pflanzenarten bekannt: Weiden *(Salix)*, Wiesen-Löwenzahn *(Taraxacum officinale)*.
Phänologie: Univoltin. Flugzeit von Mitte April bis Ende Mai.
Bestandessituation: Trotz der weiten Verbreitung des Wirtes wird die Art offensichtlich nur sehr vereinzelt aufgefunden. Aufgrund der problematischen Taxonomie wird auf eine Aufnahme in die Rote Liste verzichtet.
Bemerkungen: Mir fällt es nach wie vor schwer, *N. villosa* von *N. striata* zu trennen. Auffallend ist die große »Seltenheit« der Funde von *N. villosa* trotz der meinerseits vielen Beobachtungen des Wirtes. SCHWARZ (1986e) hält an der bereits von STOECKHERT (1922b) vertretenenen Auffassung zweier Arten fest.

Nomada zonata

Panzer 1798

Verbreitung: Süd- und Mitteleuropa. – In der Bundesrepublik Deutschland keine Verbreitungsgrenze, auch im Norden (vgl. STOECKHERT 1941). – Aus Baden-Württemberg sind mir nur wenige Exemplare bekannt, die ich dieser Art zurechne. Funddaten: LU92 Hochbuck 2♀♀ 19. 4. 1953 (MNF). LU93 Lützelberg 1♀ 24. 4. 1951 (MNF). MU11 Bohl 1♀ 20. 4. 1951. MU12 Wildtal 1♀ 19. 4. 1951 (MNF). Alle übrigen als *N. zonata* gemeldeten Funde (BALLES 1927, 1933, LEININGER 1922, STROHM 1924) erwiesen sich als zu *N. rhenana* gehörig (STOECKHERT 1941).
Wirte: Noch unklar. Nach BLÜTHGEN (1951) eindeutig *Andrena dorsata*, nach KOCOUREK (1966) auch *Andrena congruens*, was ebenfalls wahrscheinlich ist. Andere Wirtsangaben wie *Andrena ovatula* oder *Halictus maculatus* (ENSLIN 1922, STOECKHERT 1941) dürften unzutreffend sein.
Blütenbesuch: Als (austauschbare) Nektarquellen dienen verschiedenste Pflanzenarten, z.B. Weiden *(Salix)*, Frühlings-Fingerkraut *(Potentilla verna)*, Faulbaum *(Rhamnus frangula)*, Scharfer Mauerpfeffer *(Sedum acre)*, Gewöhnlicher Dost *(Origanum vulgare)*, Weißer Steinklee *(Melilotus alba)*, Echter Steinklee *(Melilotus officinalis)*, Gewöhnliche Kratzdistel *(Cirsium vulgare)*, Wiesen-Löwenzahn *(Taraxacum officinale)*.
Phänologie: Bivoltin. Flugzeit von Mitte April bis Mitte Juni und von Mitte Juli bis Anfang September.
Bestandessituation: Wenn die Art bisher auch nur selten nachgewiesen wurde, so habe ich aufgrund der Nichtgefährdung des vermuteten Wirtes auf eine Aufnahme in die Rote Liste verzichtet.

Nomioides Schenck 1867

Die Gattung *Nomioides* ist über weite Teile der Alten Welt verbreitet: Kanarische Inseln, gesamter Mittelmeerraum, Mitteleuropa, Afrika mit Madagaskar, besonders artenreich in Zentralasien, Nordaustralien (MICHENER 1979, EBMER 1987). In Mitteleuropa gibt es nur zwei Arten, *N. minutissimus* (Rossi 1790) und *N. variegatus* (Olivier 1789), von denen nur die erstere Art auch in der Bundesrepublik Deutschland vorkommt. Der wissenschaftliche Gattungsname ist irreführend, da keine Ähnlichkeit mit *Nomia* vorliegt. *N. minutissimus* gehört mit einer Größe von nur 3–4 mm zu den kleinsten heimischen Bienen. Die Weibchen haben einen grün gefärbten Kopf und Thorax, ihr Abdomen trägt hellgelbe Zeichnungen. Die Männchen sind durchweg dunkelgrün bis schwarz, ihre Fühler sind verhältnismäßig lang. An den wenigen Stellen, wo die Art in Süddeutschland vorkommt, ist sie, v.a. im weiblichen Geschlecht, leicht zu erkennen.

Nomioides minutissimus

(Rossi 1790)

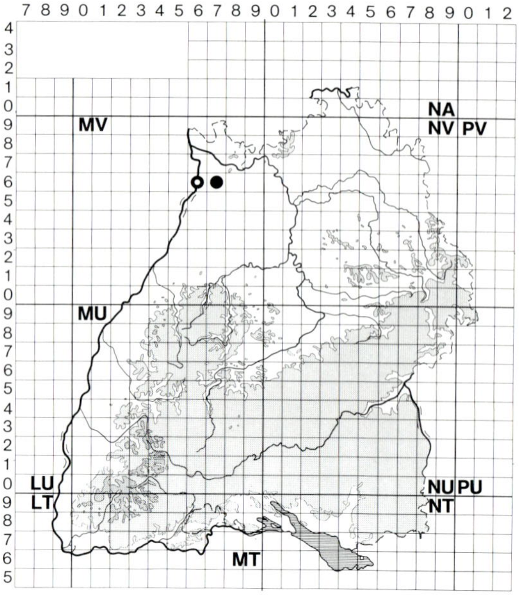

Nomioides minutissimus

Verbreitung: Westpaläarktische, mediterran-asiatische Steppenart; von Marokko bis Sinkiang, südwärts bis zum Sudan und Persischen Golf, nordwärts bis in die wärmsten Teile Mitteleuropas (Karpatenbecken, Oberrhein- und Maingebiet) (Ebmer 1988). – In der Bundesrepublik Deutschland nur von wenigen süddeutschen Binnendünengebieten bekannt. Rheinland-Pfalz: Mombach bei Mainz (Schenck 1861a); Hessen: Schwanheim und Sandhof bei Frankfurt a.M. (Schenck 1861a), Eberstädter Düne bei Darmstadt (leg. Wolf im Jahre 1956); Sandgebiete bei Kahl a.M. (Heinrich 1942). – In Baden-Württemberg nur bei Sandhausen südlich Heidelberg, wo die Art von mir zuletzt in den Jahren 1984 bis 1986 beobachtet wurde (vgl. Westrich & Schmidt 1985b). Material: 33♂♂, 119♀♀.

Lebensraum: Ausschließlich offene und sommerheiße Binnendünen, die gleichzeitig als Nistplätze und Nahrungsräume dienen. Nester meist auf nahezu vegetationsfreien, horizontalen Flächen, oft im lockeren Sand.

Nistweise: Nistet in selbstgegrabenen Hohlräumen in der Erde, meist in Aggregationen. Solitäre Art, bei der jedes ♀ seinen eigenen Gang gräbt. (Batra vermutet allerdings eine kommunale Lebensweise). Während Schlechtwetterperioden wird der Nesteingang verschlossen. Der Hauptgang reicht 13–22 cm tief und ist nicht geglättet. In einer Tiefe von 5–18 cm liegen seitlich 6–10, sich teils wieder verzweigende Gänge, die ebenfalls nicht geglättet sind und an ihrem Ende die Brutzellen enthalten. Ein Nest kann bis zu 20 Brutzellen aufweisen, die oval und ausgekleidet sind. Der Larvenproviant ist ein mit Nektar leicht angefeuchteter Pollenballen. (Radchenko 1979, Batra 1966b).

Nomioides minutissimus , Weibchen auf *Thymus*-Blüte.

Blütenbesuch: Polylektische Art (5 Pflanzenfamilien). Pollenquellen: Asteraceae: Jakobs-Greiskraut *(Senecio jacobaea)*, Flockenblume *(Centaurea)*, Einjähriger Feinstrahl *(Erigeron annuus)*; Brassicaceae: Orientalische Rauke *(Sisymbrium orientale)*; Campanulaceae: Berg-Sandrapunzel *(Jasione montana)*; Crassulaceae: Felsen-Fetthenne *(Sedum reflexum)*; Lamiaceae: Sand-Thymian *(Thymus serpyllum)*.

Kuckucksbienen: Bisher wurde nur *Sphecodes nomioidis* Pesenko bekannt, der aber in Mitteleuropa noch nicht nachgewiesen wurde (Pesenko 1979).

Phänologie: Univoltin. Flugzeit von Ende Juni bis Anfang August (♂♂ 9. 6.–6. 8.; ♀♀ 9. 6.–17. 8.).

Bestandessituation: Durch ihre Bindung an Flugsand, besonders an Binnendünen, ist die als Wärmezeit-Relikt zu betrachtende Art in Baden-Württemberg äußerst selten und hochgradig gefährdet. Sie ist nur durch strengen Schutz ihres Lebensraums zu erhalten. Zwar stehen die größten Binnendünen unter Naturschutz, durch allzu häufiges Betreten werden dort jedoch die Nahrungspflanzen beeinträchtigt und die Nistplätze stark in Mitleidenschaft gezogen. Der in seinen Beständen stark

rückläufige Sand-Thymian ist als wichtigste Pollenquelle neben anderen Arten der typischen Trockenrasen-Vegetation auf den Dünen dringend zu fördern, wenn diese Steppenbiene in Baden-Württemberg vor dem Aussterben bewahrt werden soll. Vorübergehende Einzäunungen der Kernbereiche der Dünen sind hierzu unumgänglich.
RL: Vom Aussterben bedroht (1).

Osmia Panzer 1806

Die Gattung *Osmia* wird hier im Sinne der alten Großgattung aufgefaßt, in der die von manchen Autoren (u.a. MICHENER, TKALCŮ, VAN DER ZANDEN) als eigene Gattungen abgetrennten Taxa *Hoplitis* Klug, *Anthocopa* Lepeletier und *Metallinella* Tkalcû enthalten sind.
Osmia ist mit zahlreichen Arten vorwiegend holarktisch verbreitet, aber auch in Indien und in Afrika bis zum Kap vertreten (MICHENER 1979). In der Bundesrepublik Deutschland kommen 37 Arten vor.
Osmien sind meist kleine bis mittelgroße Bienen. Viele Arten fallen durch ihren gedrungenen Körperbau und ihre starke Behaarung auf. Die Grundfarbe ist oft schwarz, doch gibt es auch metallisch blau, grün oder kupfern gefärbte Arten. Bei *O. andrenoides* ist der Hinterleib rot. Manche kleineren und schlanken Arten, z.B. *O. leucomelana*, können im Feld mit *Heriades* oder *Chelostoma* verwechselt werden. Eine ganze Reihe von Osmien läßt sich aber im Feld gut bis zur Art ansprechen, hierbei kann auch der Blütenbesuch ein wichtiges Hilfsmittel der Arterkennung sein (oligolektische Arten). Bei den Weibchen bieten der charakteristisch gefärbte Pelz und die Farbe der Bauchbürste brauchbare Anhaltspunkte. Einige Arten haben zudem hörnerartige Fortsätze an der Basis der Mandibeln (z.B. *O. cornuta*, *O. rufa*). Bei der Bestimmung mit optischen Hilfsmitteln achte man auch auf den Vorderrand des Clypeus (Kopfschild), der ein zusätzliches, gutes Merkmal darstellt. Die Männchen haben oft am Bauch und am Hinterleibsende verschiedenartigste Fortsätze (Dornen, Zähne) oder Ausbuchtungen; manchmal ist auch das letzte Fühlerglied verlängert und zugespitzt. Heimische Mauerbienen sind zwischen 6 mm (*O. versicolor*) und 16 mm (*O. cornuta*) groß, wobei die meisten in etwa die Größe einer Honigbiene haben.
Zur Bestimmung kann man nach wie vor die Tabelle in SCHMIEDEKNECHT (1930:808) verwenden. Zur Ergänzung kann man auch den (französischen) Schlüssel von BENOIST (1931) heranziehen. Zur Determination der *O. fulviventris*-Gruppe sowie der Arten mit schwarzer Bauchbürste (*Melanosmia*) sind die Arbeiten von TKALCŮ (1975, 1983) hilfreich.

Osmia acuticornis
Dufour & Perris 1840

Verbreitung: Südeuropa, wärmere Lagen Mitteleuropas, nordwärts angeblich bis Berlin (GERSTÄCKER 1869:352), jüngst aus Luxemburg gemeldet (PETIT 1986). – In der Bundesrepublik Deutschland bisher nur aus Bayern bekannt, dort an verschiedenen Orten im Main-Tal zwischen Wertheim und Würzburg nachgewiesen. Im Juni 1985 erneut von mir bei Homburg a.Main festgestellt. – In Baden-Württemberg bisher nicht nachgewiesen, im Taubertal aber zu erwarten.
Lebensräume: In Bayern kommt die Art auf Trokkenhängen im Weinbauklima vor. Als Nistplätze dienen vorwiegend alte Brombeerhecken.
Nistweise: Nistet in relativ dicken, dürren, abgebrochenen oder gekappten Brombeerranken (*Rubus fruticosus*), auch in anderen markhaltigen Pflanzenstengeln, z.B. dürren Weinranken (*Vitis*). Die Nester sind Linienbauten und enthalten 1–11 tonnenförmige Brutzellen. Zwischen den einzelnen Brutzellen befindet sich eine halsartige Einschnürung. Der Nestgang wird vom ♀ selbst ausgenagt. Die Zellzwischenwände und der Nestverschluß werden nur aus Markmulm gefertigt, einzelne Individuen verwenden aber zum Verschluß auch zerkaute Blätter (Pflanzenmörtel). Die Kokons gleichen denen von *Osmia tridentata*, sind aber glänzender und eher bernsteinfarben. (BENOIST 1931, DUFOUR & PERRIS 1840, ENSLIN 1925, GIRAUD 1866, GRANDI 1957, 1961, STOECKHERT 1954).
Blütenbesuch: Sehr wahrscheinlich oligolektische, auf Fabaceae (Schmetterlingsblütler) spezialisierte Art, die *Vicia* und *Lathyrus* deutlich bevorzugt. Pollenquellen: Zottel-Wicke (*Vicia villosa*), Knollen-Platterbse (*Lathyrus tuberosus*), Wald-Platterbse (*Lathyrus sylvestris*), Gewöhnlicher Hornklee (*Lotus corniculatus*), Luzerne (*Medicago sativa*), Klee (*Trifolium*). – Die ♀♀ verhalten sich überwiegend blütenstet, gelegentlich werden aber auch zwei Pflanzenarten auf einem Sammelflug genutzt.
Kuckucksbienen: *Stelis ornatula*.
Phänologie: Univoltin. Flugzeit von Anfang Juni bis Ende Juli. Überwinterung als Ruhelarve im Kokon (ENSLIN 1925).

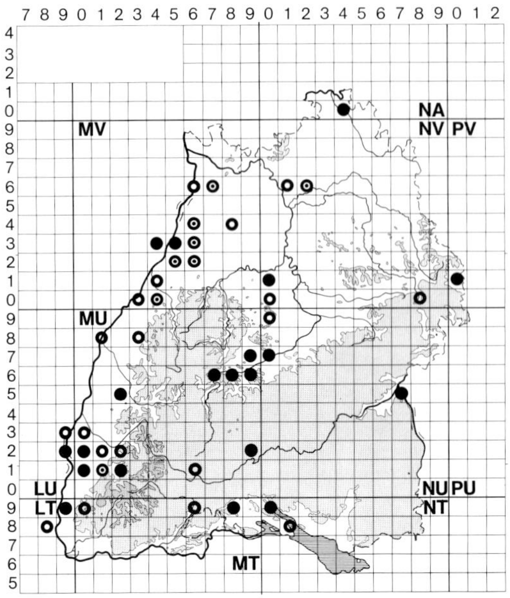

Osmia adunca

Osmia adunca

(Panzer 1798)

Verbreitung: Süd- und Mitteleuropa. In den Alpen bis 2100 m. – In der Bundesrepublik Deutschland v.a. im Süden, im Norden nur vereinzelt (vgl. HAESELER 1984, RIEMANN 1985). – In Baden-Württemberg weit verbreitet, vor allem in Lagen unter 500 m; im Wutachgebiet, im Hegau und im Oberen Donautal jedoch auch in höheren Lagen bis ca. 800 m. Material: 150♂, 174♀♀.

Lebensräume: Das Vorkommen der Art wird von ausreichend großen *Echium*-Beständen (Nahrungsraum) bestimmt, die mit günstigen Nistplätzen (Felswände, Steinmauern, Wände alter Fachwerkgebäude, Löß- und Lehmwände, Totholzstrukturen in Form abgestorbener Bäume oder alter Holzpfosten) vernetzt sind. Daher trifft man die Art am ehesten auf Felsfluren und Abwitterungshalden, in aufgelassenen Kiesgruben und Steinbrüchen, in reich strukturierten Weinbergbrachen, in Bahn- und Hafenanlagen, auf steinigen Böschungen, an trockenwarmen Ruderalstellen und vereinzelt auch im Siedlungsbereich (Botanische Gärten, Ruderalstellen). Nistplatz und Nahrungsraum können miteinander eng verzahnt, aber auch räumlich weit auseinander liegen.

Nistweise: Nistet in vorhandenen Hohlräumen, z.B. in Fraßgängen in altem Holz, in hohlen Pflanzenstengeln, in verlassenen Nestern von Seidenbienen *(Colletes)*, Mörtelbienen *(Megachile parietina)*, Pelzbienen *(Anthophora)* und Lehmwespen (*Odynerus*), in alten Kokons der Mauerbiene *Osmia mustelina* sowie in Löchern von Lehmwänden oder angewitterten Felswänden. Besiedelt ausgesprochen gern Nisthilfen (Bambusrohr, Schilfhalme, Bohrungen in Holz; Durchmesser 5–7 mm, bevorzugt 6 mm; 1–7 Brutzellen/Nest). Als Baumaterial dient ein Mörtel aus lehmigem Sand oder sandigem Lehm und kleinen Steinchen, der nach dem Trocknen (durch Speichel als Bindemittel?) sehr hart wird. (ALFKEN 1913, BENOIST 1931, BLÜTHGEN 1916, BRECHTEL 1986, FRIESE 1923, 1926, GRANDI 1935, 1961, 1954, HOHMANN 1978, MALYSHEV 1937, MANEVAL 1929, 1932, MÓCZÁR 1977, MÜLLER 1907, POPOVICI-BASNOZANU 1909, STOECKHERT 1933, WESTRICH 1983a, WOLF 1973).

Blütenbesuch: Streng oligolektische, auf *Echium* (Boraginaceae) spezialisierte Art. Einzige Pollenquelle ist nahezu im gesamten mitteleuropäischen Verbreitungsgebiet der Gewöhnliche Natterkopf *(Echium vulgare)* als meist einziger Vertreter der Gattung *Echium*. Von den seltenen und unbeständigen, eingeschleppten Arten *Echium plantagineum* und *Echium italicum* ist die erste als Pollenquelle belegt und wird im Gegensatz zur zweiten eifrig besucht. Aufgrund ihrer Seltenheit spielen sie aber in Mitteleuropa als Nahrungspflanzen kaum eine Rolle. – *Echium vulgare* dient gleichzeitig als fast ausschließliche Nektarquelle für beide Geschlechter. Die ♂♂ patrouillieren Territorien, die sie teils gegen arteigene ♂♂ verteidigen. Das Territorium besteht aus einer Natterkopf-Pflanze sowie aus Steinen oder kahlen Bodenstellen als Rastplätze. Der hell bläulich-graue Pollen von *Echium vulgare* wird von den ♀♀ trocken in der Bauchbürste transportiert. Durch Zugabe von Nektar erhält der mäßig feuchte Larvenproviant in der Brutzelle eine dunkelviolette Farbe.

Kuckucksbienen: *Stelis punctulatissima* ist regelmäßig an den Wirtsnestern anzutreffen. *Dioxys tridentata* soll ebenfalls in Frage kommen.

Phänologie: Univoltin. Flugzeit von Mitte Juni bis Ende Juli, in manchen Jahren und bei günstigen Nahrungsbedingungen auch noch bis September (♂♂ 5. 6.–16. 8.; ♀♀ 5. 6.–12. 9.). Erscheint etwas später als *Osmia anthocopoides* und fliegt etwas länger. Überwinterung als Ruhelarve in einem seidigen, weißlichen Kokon. Ein Teil der Ruhelarven überliegt (BRECHTEL 1986, eig. Beob.).

Bestandessituation: Die Art ist noch regelmäßig dort anzutreffen, wo größere Bestände von *Echium* blühen und geeignete Nistplätze vorhanden sind. Sie tritt dann bisweilen auch in größerer Zahl auf.

Osmia adunca ♂

Osmia adunca ♀

Da sie im Gegensatz zu *Osmia anthocopoides* vorgefundene Hohlräume verschiedenster Art zur Nestanlage nutzt, ist sie in erster Linie dort bedroht, wo Bestände oder Wuchsplätze ihrer Nahrungspflanze vernichtet werden (Mahd, Herbizidbehandlung, Beseitigung, Aufforstung oder künstliche Begrünung von »Ödland«). Da aber die früher weit verbreiteten Natterkopf-Fluren vielerorts verschwunden sind (z. B. im Umfeld von Bahnhöfen) hat sie in den vergangenen zwei Jahrzehnten ebenfalls einen Rückgang erlitten. Die Duldung und Förderung der Pioniervegetation trockenwarmer Standorte ist demnach für die Erhaltung unverzichtbar. Künstliche Nisthilfen werden gut angenommen. Nach 1975 wurde die Art in mehreren Naturschutzgebieten nachgewiesen.
RL: Gefährdet (3).

Osmia andrenoides
Spinola 1808

Verbreitung: Südeuropa, südliches Osteuropa, Mitteleuropa. Eine Verbreitungskarte geben Popov (1954) und Papp (1965). Nordwärts bis nach Thüringen (Saaletal) in der DDR. – In der Bundesrepublik Deutschland nordwärts bis zum Rand der Mittelgebirge. – In Baden-Württemberg nur sehr zerstreute Nachweise, von der Ebene bis in die höheren Lagen der Schwäbischen Alb (ca. 900 m): Südliche Oberrheinebene, Kaiserstuhl, Bodenseebecken, Hegau, Wutachgebiet, Oberes Donautal, Schwäbische Alb, Mittleres Albvorland, Taubergebiet. Funddaten ab 1960: MT89 Singen, Hohentwiel 1♂ 30. 6. 1985 (Z); 1♂, 1♀ 27. 6. 1986 (Z). MU02 Oberbergen, Badberg 2♂♂ 5. 6. 1968 (Haeseler); 1♂ 19. 6. 1984 (W); 2♀ 15. 5.und 22. 7. 1988 (beob.); Schelingen 1♂ 17. 6. 1970 (G). MU96 Bietenhausen, Kapfhalde 1♀ 11. 7. 1984 (beob.). NU58 Geislingen, Wasserberg 1♂ 3. 6. 1985 (W). NU66 Blaustein, Schloßhalde 1♂ 27. 6. 1982 (W). NA40 Werbach, Höhberg 1♀ 6. 7. 1983 (W); Werbach, Apfelberg 2♀ 25. 7. 1985 (W). Material: 17♂♂,8♀♀.

Lebensräume: Bevorzugt ausgesprochen steinige Lebensräume, die durch ihre Südexposition besonders trocken und während der Flugzeit sehr heiß sind. In Süddeutschland liegt der Siedlungsschwerpunkt auf Abwitterungshalden (Gamander-Halden) und Felshängen (Muschelkalk, Weißjura, Tephrit, Phonolit) der Mittelgebirge; in der südlichen Oberrheinebene werden auch Kiesschotterfluren besiedelt; im Kaiserstuhl nimmt die Art auch mit kleineren Felsaufschlüssen in Kontakt zu Trokkenrasen vorlieb.

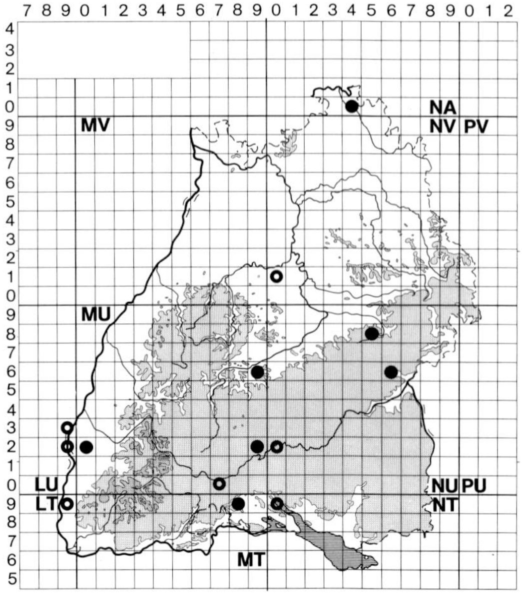

Osmia andrenoides

Nistweise: Nistet in leeren Schneckenhäusern, in Süddeutschland vermutlich in solchen der Großen Vielfraßschnecke *(Zebrina detrita)* oder der Heideschnecke *(Helicella itala)*. In den französischen Seealpen wählte die Art Schneckenhäuser, die unter Steinen lagen. Als Baumaterial dienten dort zerkaute Blätter von Sonnenröschen *(Helianthemum)*. Nestbauverhalten noch unbekannt. (Benoist 1931, Fabre 1886, Ferton 1894, 1908).

Blütenbesuch: Oligolektische, auf (kleinblütige) Lamiaceae (Lippenblütler) spezialisierte Art. Pollenquellen: Edel-Gamander *(Teucrium chamaedrys)*, Berg-Gamander *(Teucrium montanum)*, Genfer Günsel *(Ajuga genevensis)*, Steinquendel *(Acinos arvensis)*, Aufrechter Ziest *(Stachys recta)*, Salbei *(Salvia)*. – In der Regel sammeln die ♀♀ blütenstet, bisweilen werden auch 2 Pflanzenarten während eines Ausflugs genutzt.

Kuckucksbienen: Unbekannt.

Phänologie: Univoltin. Flugzeit von Anfang Juni bis Mitte Juli (♂♂ 21. 5.–30. 6.; ♀♀ 10. 6.- 15. 7.).

Bestandessituation: Aufgrund hoher ökologischer Ansprüche (Bindung an Trockenbiotope, Pollenquellen und bestimmte Schneckenhäuser zur Nestanlage) ist das Angebot an geeigneten Lebensräumen sehr beschränkt. Die daher auch recht seltene Art ist v.a. durch Lebensraumzerstörung als Folge von Aufforstungen oder Gesteinsabbau gefährdet. »Ersatzlebensräume« sind für diese Art so gut wie nicht schaffbar. Daher sind ihre Lebensräume aus-

Osmia andrenoides ♀

nahmslos als Naturschutzgebiete oder flächenhafte Naturdenkmale auszuweisen, soweit nicht schon geschehen. Derzeit ist die Art aus vier Naturschutzgebieten bekannt.
RL: Stark gefährdet (2).

Osmia anthocopoides
Schenck 1853
Syn.: *O. caementaria* Gerstäcker 1869.

Verbreitung: Süd- und Mitteleuropa. – In der Bundesrepublik Deutschland keine Verbreitungsgrenze, im Norden aber nur sehr vereinzelt (ALFKEN 1913). – In Baden-Württemberg weit über das Land verstreute Nachweise, überwiegend in Lagen unter 500 m, vereinzelt aber auch in den höheren Lagen der Mittelgebirge (bis ca. 800 m). Funddaten ab 1960: MT89 Hegau 1♀ 15. 7. 1986 (Z). MU02 Oberbergen, Badberg 1♂, 1♀ 28. 5. 1966 (LNK); 3♂♂ 2. 6. 1968 (Haeseler); 1♂ 5. 6. 1968 (Haeseler); 1♂ 14. 7. 1969 (Haeseler); 1♂, 1♀ 19. 6. 1984 (W). MV43 Karlsruhe, Rheinhafen 1♂ 17. 6.84 (W). NU66 Blaustein, Schloßhalde 7.1983 (W). NA40 Werbach, Apfelberg 1♂ 6. 7. 1983 (W). PV01 Bopfingen, Goldberg ♂♂,♀♀ 27. 6. 1984 (W). Material: 37♂♂,44♀♀.

Lebensräume: Felshänge, Abwitterungshalden, aufgelassene Steinbrüche, vereinzelt im Güterbahnhofsbereich und auf steinigen Straßenböschungen. Als Nistplätze dienen in der Regel Felswände, gelegentlich auch Mauern und einzelne, größere oder kleinere Steine. Die Gesteinsart spielt für die Wahl des Nistplatzes keine Rolle. Außer den Gesteinsstrukturen ist ein ausreichend großer Natterkopf-Bestand Voraussetzung für ein Vorkommen der Art. Nistplatz und Nahrungsraum sind in der Regel eng miteinander verzahnt.
Nistweise: Die Nester sind Freibauten in Vertiefungen von Steinen und Felsen. Als Baumaterial dient ein Mörtel aus Sand und kleinen Steinchen, der zu großer Festigkeit erhärtet. Alte Brutzellen werden wieder benützt, bevor neue gebaut werden. Jedes Nest enthält 1–33 Brutzellen. Prinzipiell ist die Art solitär, aber gelegentlich benützen gleichzeitig mehrere ♀♀ alte Zellen in ein und demselben Nest. (AERTS 1949, 1960, BENOIST 1931, BONELLI 1971, EICKWORT 1971, 1973, 1975a, 1975b, 1977, EICKWORT & GINSBERG 1980, FRIESE 1921, 1923, GERSTÄCKER 1869, 1872a, HAUPT 1909, HEDICKE 1922, JOKER 1942, MOCSARY 1879, MOESCHLER 1938, H. MÜLLER 1872, M. MÜLLER 1944, NIELSEN 1902, SCHMIEDEKNECHT 1882–1884, STROJNY 1963, TORKA 1913).

Osmia anthocopoides ♀

Blütenbesuch: Streng oligolektische, auf *Echium* (Boraginaceae) spezialisierte Art (vgl. STRICKLER 1979, 1982). In Deutschland dient ausschließlich der Gewöhnliche Natterkopf *(Echium vulgare)* als Pollenquelle. Die ♂♂ patrouillieren Territorien, in deren Mittelpunkt *Echium*-Pflanzen stehen sowie Steine oder kahle Bodenstellen als Rastplätze.
Kuckucksbienen: Mit großer Wahrscheinlichkeit *Dioxys tridentata.*
Phänologie: Univoltin. Flugzeit von Anfang Juni Bis Mitte Juli (♂♂ 28. 5.–7. 7.; ♀♀ 28. 5.–26. 7.). Überwinterung als Ruhelarve im Kokon.
Bestandessituation: Aufgrund ihrer spezifischen Nistweise war die Art schon immer seltener als *Osmia adunca*. Stellenweise ist sie zwar unter günstigen Bedingungen noch in größerer Zahl anzutreffen, insgesamt haben ihre Bestände aber im ganzen Land eine rückläufige Tendenz, einige der früheren Vorkommen sind zwischenzeitlich erloschen. Selbst die wenigen heute noch bestehenden Vorkommen sind durch direkte Zerstörung der Nester (z.B. durch Mineraliensammler im Naturschutzgebiet Badberg) oder durch Beeinträchtigung ihrer Pollenquellen (z.B. durch Pferchung von Schafen auf den Wuchsorten des Natterkopfs, Versiegelung, Mahd, Bepflanzung) bedroht. Seit 1975 wurde die Art nur aus vier Naturschutzgebieten bekannt. Nach Möglichkeit sind alle Gebiete, in denen die Art noch vorkommt, unter Schutz zu stellen.
RL: Stark gefährdet (2).

Osmia aurulenta
(Panzer 1799)

Verbreitung: Süd- und Mitteleuropa, nordwärts bis 57° n.Br. (WARNCKE 1988). In den Alpen bis 2000 m (BEAUMONT 1958). – In der Bundesrepublik Deutschland keine Verbreitunggrenze, auch im Norden, dort aber nur sehr vereinzelt. – In Baden-Württemberg weit verbreitet, von der Ebene bis in die höheren Lagen der Mittelgebirge (ca. 900 m). Im Nordosten des Landes (Kocher-Jagst-Gebiet) kommt die Art mit Sicherheit ebenfalls vor. Kaum oder gar nicht besiedelt scheinen weite Teile des Schwarzwalds, Oberschwaben und das Voralpine Hügelland. Material: 86♂♂, 190♀♀.
Lebensräume: Binnendünen, Felshänge, Abwitterungshalden, extensiv beweidete oder brachgefallene Wacholderheiden, alte Weinbergbrachen, strukturreiche Waldränder, aufgelassene Steinbrüche, im Bereich der Schwäbischen Alb auch steinige

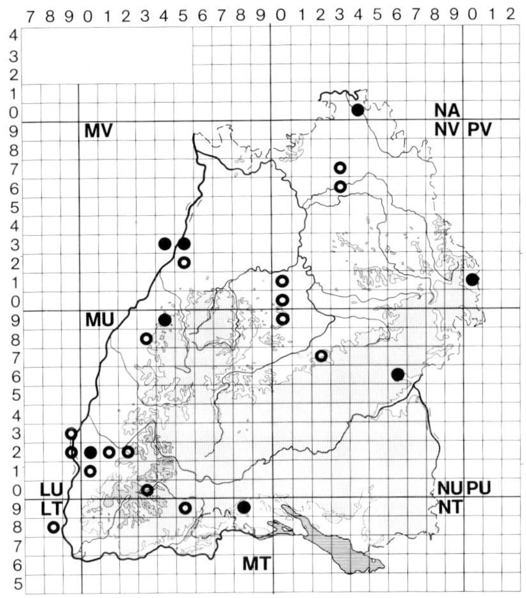

Osmia anthocopoides

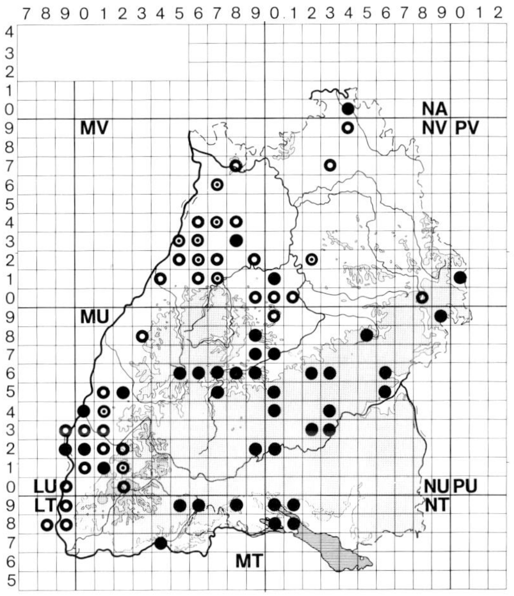

Osmia aurulenta

und schütter bewachsene Straßenböschungen, in den Mittelgebirgen ganz vereinzelt auch im Siedlungsbereich.

Nistweise: Nistet in leeren, mittelgroßen bis großen Schneckenhäusern *(Helix pomatia, Arianta arbustorum, Cepaea hortensis, Cepaea vindobonensis, Helicella obvia)*. Die Nester enthalten meist mehrere (1–12) Brutzellen. In *Helix*-Gehäusen weichen die Nester von regulären Linienbauten ab: bei größerer Gangweite liegen die Brutzellen nebeneinander. Zur Mündung schließen sich eine oder mehrere leere Kammern an. Die Mündung des Schneckenhauses wird von einer weiteren Wand abgeschlossen. Bereits vor der Verproviantierung wird die Abschlußwand jeder Brutzelle vorbereitet. Das Schneckenhaus wird niemals bewegt. Als Baumaterial zum »Bekleben« des Schneckenhauses, für die Zellzwischenwände und den Nestverschluß dienen zerkaute Pflanzenteile (Pflanzenmörtel) verschiedener Pflanzen, z.B. von der Wald-Erdbeere *(Fragaria vesca)* oder vom Sonnenröschen *(Helianthemum nummularium)*. (Bellmann 1981, 1983, Bonelli 1971, 1972, Friese 1891a, 1898a, 1926, Hamann 1960, Maréchal 1926).

Blütenbesuch: Polylektische Art (6 Pflanzenfamilien), die Fabaceae (Schmetterlingsblütler) bevorzugt. Pollenquellen: Asteraceae: Weidenblättriges Ochsenauge *(Buphthalmum salicifolium)*, Rauher Alant *(Inula hirta)*, Weg-Distel *(Carduus acanthoides)*, Gewöhnliche Eselsdistel *(Onopordum acanthium)*; Boraginaceae: Gewöhnlicher Natterkopf *(Echium vulgare)*; Cistaceae: Gewöhnliches Sonnenröschen *(Helianthemum nummularium)*; Fabaceae: Hufeisenklee *(Hippocrepis comosa)*, Gewöhnlicher Hornklee *(Lotus corniculatus)*, Zaunwicke *(Vicia sepium)*, Knollen-Platterbse *(Lathyrus tuberosus)*, Wiesen-Platterbse *(Lathyrus pratensis)*, Futter-Esparsette *(Onobrychis viciifolia)*, Roter Wiesenklee *(Trifolium pratense)*, Berg-Klee *(Trifolium montanum)*, Weißklee *(Trifolium repens)*, Dornige Hauhechel *(Ononis spinosa)*, Kriechende Hauhechel *(Ononis repens)*, Luzerne *(Medicago sativa)*, Sichelklee *(Medicago falcata)*, Weißer Steinklee *(Melilotus alba)*, Lupine *(Lupinus polyphyllos)*, Flügel-Ginster *(Chamaespartium sagittale)*, Färber-Ginster *(Genista tinctoria)*, Spargelerbse *(Tetragonolobus maritimus)*; Lamiaceae: Wiesen-Salbei *(Salvia pratensis)*, Rote Taubnessel *(Lamium purpureum)*, Kriechender Günsel *(Ajuga reptans)*, Gundermann *(Glechoma hederacea)*, Berg-Gamander *(Teucrium montanum)*, Aufrechter Ziest *(Stachys recta)*; Plantaginaceae: Mittlerer Wegerich *(Plantago media)*. – Mischladungen zeigen, daß sich die ♀♀ oft nicht blütenstet verhalten, sondern bis zu 4 Arten aus 3 Pflanzenfamilien auf einem Sammelflug nutzen.

Kuckucksbienen: Nach allen bisherigen Beobachtungen keine.

Phänologie: Univoltin. Flugzeit von Anfang April bis Ende Juni (♂♂ 27. 3.–6. 6.; ♀♀ 27. 3.–9. 8.). Die

Osmia aurulenta ♀

♂♂ erscheinen rund 14 Tage vor den ♀♀. Nestbaubeginn etwa Ende Mai. Überwinterung als Imago im Schneckenhaus.

Bestandessituation: Die Art läßt sich derzeit noch in einigen Landesteilen regelmäßig nachweisen. Aufgrund ihrer Abhängigkeit von störungsfreien Bereichen für die Nestanlage in Verbindung mit blütenreicher Vegetation ist sie durch jede Form intensivierter Nutzung gefährdet. Nach 1975 wurde sie in einigen Naturschutzgebieten nachgewiesen. Sie dürfte in allen unter Schutz stehenden Trockengebieten zumindest in kleinen Beständen vorkommen. Die Karte verdeutlicht, daß die Art seit 1975 vor allem noch auf der Schwäbischen Alb, im Mittleren Albvorland, am Oberen Neckar, im Wutach-Gebiet, im Hegau, im Taubergebiet und im Kaiserstuhl regelmäßig aufgefunden wurde, während sie in den übrigen Landesteilen, insbesondere in niederen Lagen nicht mehr bestätigt wurde. Dort ist sie auch zweifellos gefährdet, während in den Mittelgebirgen die Bestandessituation derzeit noch einigermaßen zufriedenstellend ist. Auf die Aufnahme in die Rote Liste wurde vorerst noch verzichtet.

Bemerkungen: Tkalců (1970b) und Warncke (1988) betrachten *O. aurulenta* als Unterart der nordafrikanischen *Osmia tunensis* (Fabricius 1787).

Osmia bicolor
(Schrank 1781)

Verbreitung: Nördliche Teile Südeuropas, Mitteleuropa, südliche Teile Nordeuropas. Eine Verbreitungskarte gibt Papp (1965). In den Alpen bis 2000 m. – In der Bundesrepublik Deutschland keine Verbreitungsgrenze, auch im Norden, dort aber nur sehr vereinzelt. – In Baden-Württemberg weit verbreitet, von der Ebene bis in die höheren Lagen der Mittelgebirge (auf der Schwäbischen Alb bis 950 m). Material: 26♂♂, 103♀♀.

Lebensräume: Strukturreiche Waldränder, Felshänge, Abwitterungshalden, extensiv beweidete oder brachgefallene Wacholderheiden, gemähte Magerrasen in Kontakt mit Hecken oder Steinriegeln, alte Weinbergbrachen, sonnige Kiesrücken in Auwäldern, im Bereich der Schwäbischen Alb auch steinige Straßenböschungen, vereinzelt auch im Siedlungsbereich auf Brachflächen und in strukturreichen Parks.

Nistweise: Nistet in leeren Schneckenhäusern von *Cepaea nemoralis, C. hortensis, C. vindobonensis, Arianta arbustorum, Bradybaena fruticum* und *Helix pomatia*. Die Nester sind meist einzellig, selten werden mehrere (bis 4) Brutzellen pro Schnec-

Osmia bicolor ♀

kenhaus angelegt. Zum »Bekleben« des Schneckenhauses sowie für den Bau der Querwände und den Nestverschluß wird Pflanzenmörtel aus zerkauten Blattstücken verschiedener Pflanzen verwendet, z.B. von Frühlings-Fingerkraut *(Potentilla verna)*, Kriechendem Fingerkraut *(Potentilla reptans)*, Kleinem Wiesenknopf *(Sanguisorba minor)*, Heckenrose *(Rosa canina)*, Winden-Knöterich *(Polygonum convolvulus)*. Der Abschlußpfropf besteht aus einer oder mehreren mit Steinchen, Erd- und Holzstückchen gefüllten Kammern. Nach Fertigstellung wird das Schneckenhaus gedreht und der Untergrund entsprechend bearbeitet, bis die Mündung der Bodenoberfläche dicht aufliegt. Anschließend wird das Haus mit Hunderten von trockenen Grashalmen oder Kiefernnadeln von 1–15 cm Länge abgedeckt, wobei ein ei- bis faustgroßer Streuhaufen entsteht. (AMIET 1973a, BELLMANN 1981, 1983, BENOIST 1931, BLÜTHGEN 1926, FERTON 1894, FRIESE 1897, 1898a, 1923, 1926, GIRAUD 1861, GOUREAU 1840, GROSZDANIĆ & VASIĆ 1965, HAMANN 1960, HOFFER 1887, HUBER 1824, MICHELI 1929, TRABER 1946).

Blütenbesuch: Ausgesprochen polylektische Art (13 Pflanzenfamilien). Pollenquellen: Apiaceae: Wiesen-Kerbel *(Anthriscus sylvestris)*; Asteraceae: Huflattich *(Tussilago farfara)*, Wiesen-Löwenzahn *(Taraxacum officinale)*; Boraginaceae: Gewöhnliches Lungenkraut *(Pulmonaria officinalis)*; Brassicaceae: Raps *(Brassica napus)*; Cistaceae: Gewöhnliches Sonnenröschen *(Helianthemum nummularium)*; Fabaceae: Hufeisenklee *(Hippocrepis comosa)*, Gewöhnlicher Hornklee *(Lotus corniculatus)*, Zaunwicke *(Vicia sepium)*, Kriechende Hauhechel *(Ononis repens)*, Besenginster *(Cytisus scoparius)*; Lamiaceae: Kriechender Günsel *(Ajuga reptans)*, Genfer Günsel *(Ajuga genevensis)*, Wiesen-Salbei *(Salvia pratensis)*; Liliaceae: Nickender Blaustern *(Scilla siberica)*; Ranunculaceae: Gewöhnliche Küchenschelle *(Pulsatilla vulgaris)*, Busch-Windröschen *(Anemone nemorosa)*, Scharfer Hahnenfuß *(Ranunculus acris)*, Knolliger Hahnenfuß *(Ranunculus bulbosus)*, Wolliger Hahnenfuß *(Ranunculus lanuginosus)*, Kriechender Hahnenfuß *(Ranunculus repens)*; Rosaceae: Wald-Erdbeere *(Fragaria vesca)*, Schlehe *(Prunus spinosa)*, Heckenrose *(Rosa canina)*; Salicaceae: Sal-Weide *(Salix caprea)*; Saxifragaceae: Stachel-Beere *(Ribes uva-crispa)*; Violaceae: Rauhhaariges Veilchen *(Viola hirta)*. – Die ♀♀ verhalten sich selten blütenstet und nutzen 2 oder 3 Pflanzenarten aus bis zu drei Familien auf einem Sammelflug.

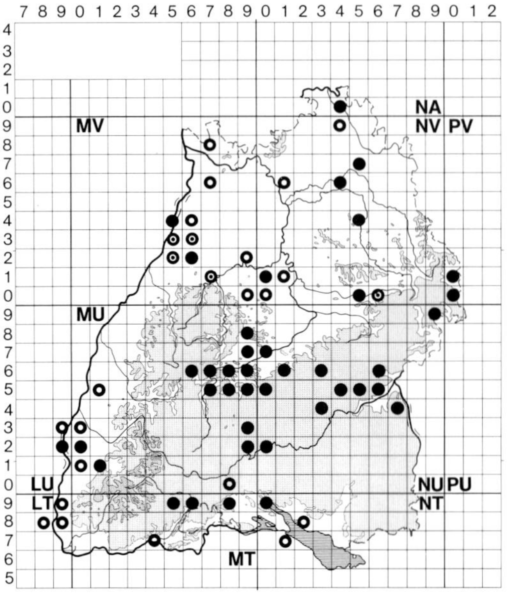

Osmia bicolor

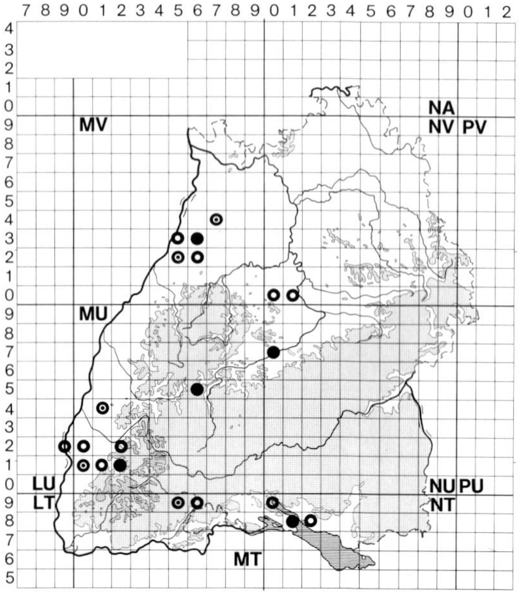

Osmia brevicornis

Kuckucksbienen: Nach allen bisherigen Beobachtungen keine.

Phänologie: Univoltin. Flugzeit von Mitte März bis Mitte Juni (♂♂ 3. 3.–9. 6.; ♀♀ 4. 4.–9. 7.). Die ♂♂ erscheinen etwa 14 Tage vor den ♀♀. Nestbaubeginn etwa Ende April. Überwinterung als Imago im Schneckenhaus.

Bestandessituation: Die Art ist heute noch in verschiedenen Landesteilen regelmäßig und relativ häufig anzutreffen, die meisten jüngeren Nachweise stammen vom Albvorland und von der Schwäbischen Alb. In niederen Lagen ist sie allerdings selten (geworden). Aufgrund ihrer Abhängigkeit von störungsfreien Bereichen für die Nestanlage in Verbindung mit blütenreicher Vegetation ist sie wie *Osmia aurulenta* durch jede Form intensivierter Nutzung gefährdet. Nach 1975 wurde sie in einigen Naturschutzgebieten nachgewiesen. Sie dürfte in allen unter Schutz stehenden Trockengebieten zumindest in kleinen Beständen vorkommen. Auf eine Aufnahme in die Rote Liste wurde vorerst noch verzichtet.

Bemerkungen: Verschiedentlich werden die ♀♀ mit den ebenfalls schwarzroten ♀♀ der *Osmia cornuta* verwechselt. Diese hat aber einen »gehörnten« Clypeus und eine gänzlich andere Lebensweise.

Osmia brevicornis

(Fabricius 1798)
Syn.: *O. atrocoerulea* Schilling 1849, *O. panzeri* Morawitz 1869 (vgl. Tkalců 1970b).

Verbreitung: Süd- und Mitteleuropa, nordwärts bis etwa 55° n. Br. – In der Bundesrepublik Deutschland offensichtlich keine Verbreitungsgrenze; von Wagner (1938a) von Niedersachsen (Wetmar, Hannover) gemeldet (mir auch aus Berlin bekannt). – In Baden-Württemberg bisher nur zerstreute und meist einzelne Nachweise, vor allem in Lagen unter 500 m, vereinzelt (Wutachgebiet) aber auch bis 800 m. Material: 38♂, 88♀♀.

Lebensraum: Das Vorkommen wird bestimmt durch ein ausreichendes Angebot großblütiger Cruciferen in Verbindung mit Totholzstukturen in Form ganz oder teilweise abgestorbener Bäume, alter Zaunpfähle oder alter Holzschuppen. Man findet die Art daher vorwiegend an Waldrändern oder in alten Streuobstbeständen, gelegentlich auch im Siedlungsbereich (Gärten, Parks). Nistplatz und Nahrungsraum liegen oft räumlich weit auseinander.

Nistweise: Nistet in vorhandenen Hohlräumen, besonders in Fraßgängen in totem Holz. Besiedelt auch Nisthilfen, z. B. Bohrungen in Holz, Bambusrohr oder Schilfhalme (Innendurchmesser 5 mm). Der Nestbau ist unter den bisher bekannten europäischen Bienen einzigartig. Die zur Nestanlage gewählten röhrenförmigen Hohlräume werden durchgehend, ohne Zellzwischenwände, mit Pollen gefüllt. Die Eier werden nach und nach mitten in den sehr trockenen Proviant gelegt. Die Nester sind je nach dem zur Verfügung stehenden Raum unterschiedlich lang und können 8–23 Larven enthalten. Der Nestverschluß besteht aus Pflanzenmörtel, der in kleinen Päckchen mit den Mandibeln zum Nest getragen wird, und sitzt stets 5–10 mm tief im Nesteingang. (BRECHTEL 1986, BLÜTHGEN 1916, FRIESE 1923, GERSTÄCKER 1869, GRANDI 1961, RADCHENKO 1978, WESTRICH 1979, 1983a, WESTRICH & SCHMIDT 1987).

Blütenbesuch: Oligolektische, auf Brassicaceae (Kreuzblütler) spezialisierte Art (vgl. WESTRICH & SCHMIDT 1987). Pollenquellen: Rübsen *(Brassica rapa)*, Raps *(Brassica napus)*, Schwarzer Senf *(Brassica nigra)*, Gemüse-Kohl *(Brassica oleracea)*, Acker-Senf *(Sinapis arvensis)*, Garten-Silberblatt *(Lunaria annua)*, Wildes Silberblatt *(Lunaria rediviva)*, Goldlack *(Cheiranthus cheiri)*, Orientalische Rauke *(Sisymbrium orientale)*, Gewöhnliche Nachtviole *(Hesperis matronalis)*, Bleicher Schöterich *(Erysimum crepidifolium)*, Schweizer Schöterich *(Erysimum helveticum)*. – *Erysimum*-Arten werden stark bevorzugt; kleinblütige Brassicaceen werden nach bisherigen Beobachtungen nicht genutzt. Die ♀♀ sammeln auf einem Ausflug oft an zwei verschiedenen Brassicaceen.

Kuckucksbienen: Nach einer Beobachtung von MOESCHLER (1938) soll *Stelis phaeoptera* in Frage kommen, was ich für fraglich halte. An den von mir beobachteten Nestern konnte ich nie eine Kuckucksbiene beobachten.

Phänologie: Univoltin. Flugzeit von Ende April bis Mitte Juni Juni (♂♂ 6. 4.–28. 5.; ♀ 25. 4.–5. 7.). Einzelne ♀♀ sind bis zu 6 Wochen und länger nistaktiv. Überwinterung als Imago im Kokon.

Bestandessituation: Die Art ist derzeit nur von wenigen Lokalitäten bekannt. Aufgrund des Museumsmaterials muß sie in früheren Jahrzehnten im Siedlungsbereich häufiger gewesen sein. Durch ihre Abhängigkeit von Totholzstrukturen in Verbindung mit einem ausreichenden Angebot (lange Blühzeitfolge) an Kreuzblütlern ist sie gefährdet. Durch Nisthilfen und die Kultur entsprechender Pollenquellen läßt sie sich bisweilen auch in Gärten ansiedeln.

RL: Stark gefährdet (2).

Bemerkungen: TKALCŮ (1966) hat für diese isoliert stehende Art eine eigene Gattung *Metallinella* aufgestellt. Die morphologische Sonderstellung wird auch in biologischer Hinsicht durch das (vermutlich stark abgeleitete) Nestbauverhalten untermauert.

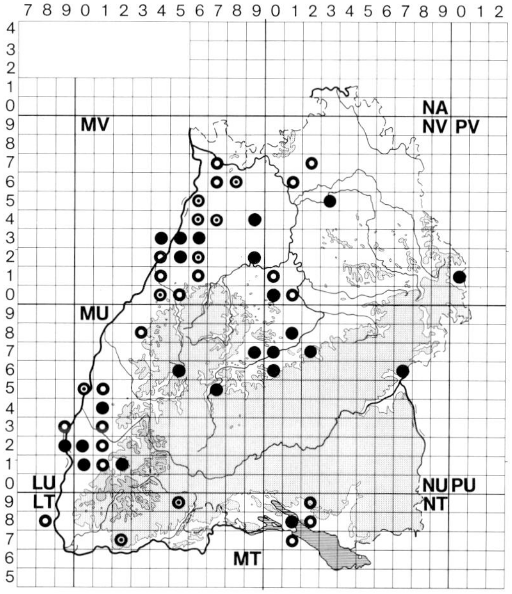

Osmia caerulescens

Osmia caerulescens

(Linnaeus 1758)
Syn.: *O. aenea* (Linnaeus 1761).

Verbreitung: Ganz Europa mit Ausnahme des hohen Nordens. In den Alpen bis 2000 m (BEAUMONT 1958). – In der Bundesrepublik Deutschland keine Verbreitungsgrenze. – In Baden-Württemberg weit verbreitet, vor allem in Lagen unter 500 m, im Wutachgebiet auch bis 800 m. Material: 68♂♂, 108♀♀.

Lebensraum: Waldränder, Waldlichtungen, Streuobstwiesen, ausgedehnte Weinbergbrachen, aufgelassene Steinbrüche, regelmäßig im Siedlungsbereich (synanthrope Art). Als Nistplätze dienen Baumstrünke, abgestorbene Äste, Brombeerhekken, Felswände, Löß- und Lehmwände, Trockenmauern, Reetdächer oder Hauswände.

Nistweise: Nistet in vorhandenen Hohlräumen verschiedenster Art: Fraßgänge in altem Holz; verlassene Nester von Pelzbienen *(Anthophora)* in Steilwänden oder in der Erde; sonstige Hohlräume in Löß- und Lehmwänden, in Gestein und in Pflanzenstengeln. Besiedelt auch Nisthilfen, z. B. Bohrungen in Holz, Bambusrohr, Schilfstengel, Papphülsen (Innendurchmesser 4–5 mm). Die Nester sind Linienbauten und enthalten 1–7 Brutzellen. Baumaterial für Zellzwischenwände und Nestverschluß ist Pflanzenmörtel aus zerkauten Teilen verschiedener Pflanzen, z. B. Laubblätter von

Osmia caerulescens ♂

Osmia caerulescens ♀

Schwarzerle *(Alnus glutinosa)*, Herzgespann *(Leonurus cardiaca)*, Esparsette *(Onobrychis)*, Luzerne *(Medicago sativa)* oder Hornklee *(Lotus)*, außerdem Blüten- und Laubblätter von Moschus-Malve *(Malva moschata)* und Mohn *(Papaver)*. Alte Nester werden regelmäßig wieder benützt. (BENOIST 1938, BONELLI 1967b, 1968a, BRECHTEL 1986, FRIESE 1911, GERSTÄCKER 1869, GRANDI 1954, 1959, 1961, KROMBEIN 1967, MALYSHEV 1936, 1937, MÜLLER 1944, NIELSEN 1902, PARKER 1981b, SMITH 1844b, TASEI 1972, 1976, TORKA 1926, WESTRICH 1979).

Blütenbesuch: Polylektische Art (7 Pflanzenfamilien) (vgl. RAW 1974, TASEI 1976), die Fabaceae und Lamiaceae bevorzugt. Pollenquellen: Boraginaceae: Gewöhnlicher Natterkopf *(Echium vulgare)*; Fabaceae: Gewöhnlicher Hornklee *(Lotus corniculatus)*, Weißklee *(Trifolium repens)*, Roter Wiesenklee *(Trifolium pratense)*, Luzerne *(Medicago sativa)*, Weißer Steinklee *(Melilotus alba)*, Futter-Esparsette *(Onobrychis viciifolia)*, Zaun-Wicke *(Vicia sepium)*, Vogel-Wicke *(Vicia cracca)*, Bunte Kronwicke *(Coronilla varia)*; Hypericaceae: Echtes Johanniskraut *(Hypericum perforatum)*; Lamiaceae: Wiesen-Salbei *(Salvia pratensis)*, Gundermann *(Glechoma hederacea)*, Kriechender Günsel *(Ajuga reptans)*, Weiße Taubnessel *(Lamium album)*, Rote Taubnessel *(Lamium purpureum)*, Kleine Brunelle *(Prunella vulgaris)*, Aufrechter Ziest *(Stachys recta)*, Wirbeldost *(Clinopodium vulgare)*, Lauch-Gamander *(Teucrium scorodonia)*; Ranunculaceae: Scharfer Hahnenfuß *(Ranunculus acris)*, Kriechender Hahnenfuß *(Ranunculus repens)*. Außerdem sind Asteraceae und Brassicaceae ohne Kenntnis der jeweiligen Art durch Pollenanalysen belegt.

Kuckucksbienen: *Stelis ornatula.*

Phänologe: Partiell bivoltin (vgl. BRECHTEL 1986, HAESELER 1972, TASEI 1972, WESTRICH 1979). Die erste Generation fliegt von Mai bis Mitte Juli (♂♂ ab 24. 3., ♀♀ ab 20. 4.), eine partielle zweite, weniger fruchtbare Generation von Anfang Juli bis Mitte August. (1987 konnte ich noch am 10. Oktober ein bauendes ♀ beobachten.) Überwinterung als Imago im Kokon.

Bestandessituation: Die auch in Dörfern und Städten regelmäßig vorkommende Art wurde seit 1975 in verschiedenen Landesteilen nicht selten angetroffen. Sie ist daher nicht gefährdet. Im Garten und auf dem Balkon läßt sie sich durch Anbieten entsprechender Nisthilfen ansiedeln.

Osmia cerinthidis

Morawitz 1875

Verbreitung: Verbreitungsgrenzen noch unzureichend bekannt. Die Nordgrenze verläuft durch die Tschechoslowakei, durch Polen (Krakau) und die Ukraine. Weiterhin nachgewiesen in Italien, Ost-Frankreich, Deutschland (BRD), Österreich, Griechenland, im Osten im Kaukasus-Gebiet, in der Türkei und im Iran. Eine Verbreitungskarte gibt PETERS (1978). – In der Bundesrepublik Deutschland nur aus Bayern bekannt: München (1857, 1858, 1872, 1885, 1887), Hohenaschau (1873), Starnberg (1858), Geiselgasteig (1872), Erlangen (1943), Gögging (1936), Kallmünz/Regensburg (1982) (vgl. WARNCKE 1986a). – In Baden-Württemberg bisher nicht nachgewiesen, ein Vorkommen ist aber im Einzugsgebiet der Iller nicht völlig auszuschließen.

Lebensraum: Vermutlich Waldränder in Kontakt mit Ruderalstellen.

Nistweise: Nistet vermutlich in vorhandenen Hohlräumen, besonders in Fraßgängen in totem Holz.

Blütenbesuch: Streng oligolektische, auf *Cerinthe* (Boraginaceae) spezialisierte Art (vgl. WESTRICH & SCHMIDT 1987). Hauptpollenquelle im mitteleuropäischen Verbreitungsgebiet ist die Kleine Wachsblume *(Cerinthe minor)*. Eine weitere Pollenquelle ist die Große Wachsblume *(Cerinthe major)*. Vermutlich wird auch die Alpen-Wachsblume *(Cerinthe glabra)* genutzt.

Kuckucksbienen: Unbekannt.

Phänologie: Univoltin. Flugzeit in Bayern und Oberösterreich von Anfang Mai bis Mitte Juni.

Bemerkungen: Vorübergehend als Varietät von *Osmia rufa* betrachtet. Zweifellos aber eine selbständige Art, was auch von NOSKIEWICZ (1929), HAMANN (1965) und PETERS (1978) bestätigt wird.

Osmia claviventris

(Thomson 1872)

Syn.: *O. leucomelana* auct. nec (Kirby 1802) (vgl. YARROW 1970).

Verbreitung: Südliche Teile Nordeuropas, Mittel- und Osteuropa. In den Alpen bis 2000 m. – In der Bundesrepublik Deutschland keine Verbreitungsgrenze. – In Baden-Württemberg weit verbreitet, von der Ebene bis in die höheren Lagen der Mittelgebirge (im Wutachgebiet bei 800 m). Material: 12♂♂,37♀♀.

Lebensraum: Waldränder, Waldlichtungen, Feldhecken, Ruderalstellen, Kies- und Lehmgruben,

Osmia claviventris ♂

Güterbahnhöfe, Siedlungsbereich. Begrenzender Faktor für das Vorkommen ist der Nistplatz.

Nistweise: Nistet in markhaltigen, dürren Stengeln, z. B. von Brombeeren *(Rubus fruticosus)*, Himbeeren *(Rubus idaeus)*, Holunder *(Sambucus)*, Königskerzen *(Verbascum)*, Disteln *(Cirsium, Onopordum)* und Kletten *(Arctium)*. Das Mark wird vom ♀ selbst ausgeräumt. Die Nester sind Linienbauten, die denen von *Osmia tridentata* ähneln. Die Zellzwischenwände und der Nestverschluß werden aus zerkauten Pflanzenteilen (Pflanzenmörtel) hergestellt. (Benoist 1931, Blüthgen 1919a, 1925, Borries 1897, Ducke 1898, Enslin 1925, 1933, Frey-Gessner 1908–1912, Friese 1891b, Grandi 1935, 1961, Höppner 1904, 1908, 1910, Micheli 1930, Smith 1844b, Stoeckhert 1933, Verhoeff 1892a, 1892c).

Blütenbesuch: Polylektische Art (6 Pflanzenfamilien), die aber *Lotus corniculatus* deutlich bevorzugt. Pollenquellen: Asteraceae: Wiesen-Flockenblume *(Centaurea jacea)*; Boraginaceae: Gewöhnlicher Natterkopf *(Echium vulgare)*; Crassulaceae: Felsen-Fetthenne *(Sedum reflexum)*; Fabaceae: Gewöhnlicher Hornklee *(Lotus corniculatus)*, Sumpf-Hornklee *(Lotus uliginosus)*, Zaun-Wicke *(Vicia sepium)*, Vogel-Wicke *(Vicia cracca)*, Schmalblättrige Wicke *(Vicia tenuifolia)*, Knollen-Platterbse *(Lathyrus tuberosus)*, Futter-Esparsette *(Onobrychis viciifolia)*, Bunte Kronwicke *(Coronilla varia)*, Weißklee *(Trifolium repens)*, Roter Wiesenklee *(Trifolium pratense)*, Echter Steinklee *(Melilotus officinalis)*, Weißer Steinklee *(Melilotus alba)*; Hypericaceae: Echtes Johanniskraut *(Hypericum perforatum)*; Rosaceae: Brombeere *(Rubus fruticosus)*. – Die ♀♀ sammeln teils blütenstet, oft werden zwei bis drei verschiedene Pflanzenarten (meist Fabaceen) während eines Ausflugs besucht.

Kuckucksbienen: *Stelis minuta, Stelis ornatula.*

Phänologie: Univoltin. Flugzeit von Mitte Juni bis Ende August (♂♂ 1. 5.–20. 6.; ♀♀ 11. 5.–23. 9.). Überwinterung als Ruhelarve in einem gelblichen, etwas glänzenden Kokon.

Bestandessituation: Die Art kann wie *Osmia leucomelana* aus Brombeerranken gezogen werden, ist aber seltener als diese und wird in der Regel nur einzeln angetroffen. Durch Anschneiden dürrer Ranken an Brombeerhecken und Aufstellen von verblühten und gekappten Königskerzenstengeln und sonstiger markhaltiger Pflanzenstengel kann man auf einfache Weise das Angebot an Nistmöglichkeiten erweitern. Die Art ist derzeit nicht gefährdet.

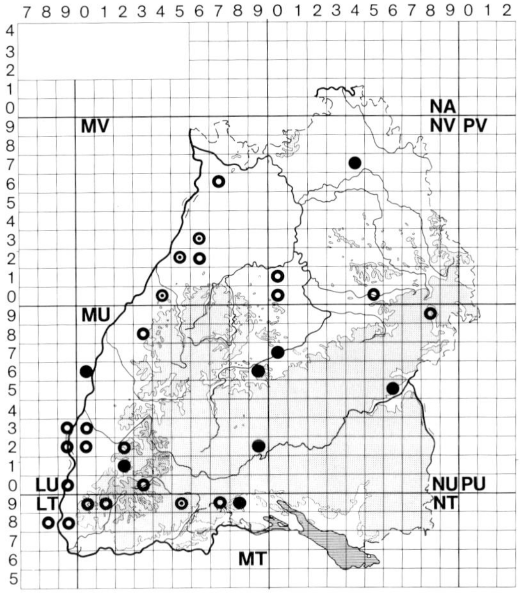

Osmia claviventris

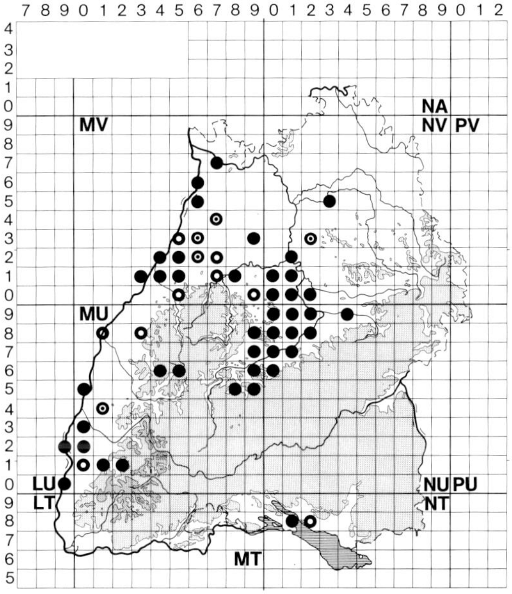

Osmia cornuta

Osmia cornuta
(Latreille 1805)

Verbreitung: Die Nominatrasse in weiten Teilen Europas, der Verbreitungsschwerpunkt umfaßt Frankreich, die Schweiz, Süddeutschland, Österreich und Norditalien. In Mitteleuropa nordwärts bis zu den Niederlanden, bis Norddeutschland, Berlin und Krakau (Polen). Eine Verbreitungskarte gibt PETERS (1978). – In der Bundesrepublik Deutschland vor allem im Süden, vereinzelt aber auch im Norden (vgl. HAESELER 1984). – In Baden-Württemberg derzeit sicher noch wesentlich weiter verbreitet, als aus der Karte der bisherigen Nachweise ersichtlich, jedoch fast ausschließlich in wärmeren Lagen unter 500 m, nur sehr vereinzelt auch höher (z. B. Freudenstadt, 728 m). Vor allem in der nördlichen Landeshälfte dürfte die Art flächendekkend verbreitet sein. Die Fundorthäufungen in der südlichen und nördlichen Oberrheinebene und im Großraum Stuttgart beruhen auf einer höheren Erfassungsintensität. Material: 126♂♂, 115♀♀.

Lebensraum: Da die Art ein zeitiges, mildes Frühjahr benötigt, kommt sie fast ausschließlich im Siedlungsbereich vor, wo das entsprechende Kleinklima und das meist reiche Angebot an frühblühenden Kräutern und Bäumen ihren Ansprüchen entgegenkommt. Die in Südwestdeutschland wohl charakteristischste synanthrope Art ist sogar in den Zentren von Großstädten (z. B. Stuttgart, Karlsruhe, Freiburg) zu finden, wo sie die zum Verkauf angebotenen Primeln und Hyazinthen umschwärmt. Im Siedlungsbereich wählt die Art zum Nisten fast ausschließlich großflächige Strukturen, besonders Hauswände. Wo die Art in wärmeren Lagen auch außerhalb von Ortschaften vorkommt, besiedelt sie ausschließlich sonnenexponierte Löß- und Lehmwände. Dies und die Beobachtung ihres Verhaltens bei der Nistplatzsuche lassen den Schluß zu, daß ihr ursprünglicher Nistplatz Steilwände an Flußufern waren.

Nistweise: Nistet in vorhandenen Hohlräumen verschiedener Form und Größe: Mauerritzen, Löcher im Wandverputz, Abflußröhrchen und Ritzen von Fensterrahmen, Vertiefungen in Steinen, alte Nester von Pelzbienen *(Anthophora acervorum, A. fulvitarsis)*. Besiedelt auch Nisthilfen (z. B. Bohrungen in Holz, Bambusrohr, bevorzugter Innendurchmesser 8–9 mm, Länge 20–25 cm), sofern diese unmittelbar an der Hauswand oder sonstigen größeren Flächen angebracht sind. Die Nester sind meist Linienbauten mit bis zu 12 Brutzellen. In größeren Höhlungen werden die Brutzellen gelegentlich aber auch unregelmäßig aneinander gebaut. Als Baumaterial dient bevorzugt an Gewässerrändern gesammelte feuchte Erde oder Lehm. Wenn der Boden oberflächlich sehr trocken ist, sammeln oft zahlreiche ♀♀ an der gleichen Stelle, wobei sie Risse im Boden aufsuchen oder mitunter mehrere cm tiefe Löcher in das Erdreich graben, um an

Osmia cornuta ♀

feuchtes Baumaterial zu gelangen. Der Mörtel wird mit Speichel vermischt. (AERTS 1960, BENOIST 1966, BRECHTEL 1986, COBELLI 1888, COUTIN & DESMIER DE CHENON 1983, DESCY 1968, FRIESE 1891a, 1923, 1926, GEIST 1931, HEROIN-DELAUNEY 1966, JACOB-REMACLE 1976, MADDOCKS & PAULUS 1987, MALYSHEV 1937, MARÉCHAL 1932, MIOTK 1979a, 1979b, MÜLLER 1944, PETERS 1978, POPOVICI-BAZNOSANU 1910, TASEI 1973a, 1973b, VERHOEFF 1891, 1892, ZIMMERMANN 1972).

Blütenbesuch: Ausgesprochen polylektische Art (13 Pflanzenfamilien) (vgl. TASEI 1973a, WESTRICH & SCHMIDT 1987). Pollenquellen: Aceraceae: Spitz-Ahorn *(Acer platanoides)*, Berg-Ahorn *(Acer pseudoplatanus)*, Feld-Ahorn *(Acer campestre)*; Aquifoliaceae: Stechpalme *(Ilex aquifolium)*; Asteraceae: Wiesen-Löwenzahn *(Taraxacum officinale)*; Berberidaceae: Sockenblume *(Epimedium pinnatum)*; Brassicaceae: Raps *(Brassica napus)*; Fabaceae: Roter Wiesenklee *(Trifolium pratense)*, Weißklee *(Trifolium repens)*; Fagaceae: Eichen *(Quercus)*; Liliaceae: Nickender Blaustern *(Scilla siberica)*, Garten-Tulpen *(Tulipa)*; Papaveraceae: Hohler Lerchensporn *(Corydalis cava)*, Fester Lerchensporn *(Corydalis solida)*, Gelber Lerchensporn *(Corydalis lutea)*; Primulaceae: Hohe Schlüsselblume *(Primula elatior)*; Ranunculaceae:

Osmia cornuta ♂. Beachte das weiß behaarte Gesicht!

Scharfer Hahnenfuß *(Ranunculus acris)*, Knolliger Hahnenfuß *(Ranunculus bulbosus)*, Kriechender Hahnenfuß *(Ranunculus repens)*; Rosaceae: Schlehe *(Prunus spinosa)*, Aprikose *(Prunus armeniaca)*, Sauerkirsche *(Prunus cerasus)* Kirschpflaume *(Prunus cerasifera)*, Garten-Birne *(Pyrus communis)*, Garten-Apfel *(Malus domestica)*, Eingriffliger Weißdorn *(Crataegus monogyna)*; Salicaceae: Sal-Weide *(Salix caprea)*, Purpur-Weide *(Salix purpurea)*. – Erreicht eine pollenspendende Pflanze in unmittelbarer Umgebung der Nistbereiche eine hohe Blütendichte, verhalten sich die ♀♀ meist blütenstet. In den von mir untersuchten Pollenladungen und Brutzellen aus Süddeutschland hatten *Salix, Acer* und *Prunus* die höchsten Anteile, in Frankreich (Tasei 1973a) überwog *Prunus*.

Kuckucksbienen: Keine.

Phänologie: Univoltin. Flugzeit von Mitte März bis Anfang Mai (♂♂ 3. 3.–23. 4.; ♀♀ 7. 3.–3. 6.). Die Art erscheint ungefähr gleichzeitig mit dem Aufblühen von *Scilla* und zeigt eine schwache Proterandrie von 4–12 Tagen. Nistaktivität ab Mitte April, deren Maximum in Durchschnittsjahren Ende April/Anfang Mai. Überwinterung als Imago im Kokon.

Bestandessituation: Die frühere Vermutung, *O. cornuta* ginge in Mitteleuropa zurück (Stoeckhert 1933), trifft sicherlich nicht zu. Im Gegenteil, die Art zeigt in den letzten Jahrzehnten eine deutliche Ausbreitungstendenz, auch nach Norden hin. Die Sammlungen belegen eindeutig eine Zunahme der auffälligen und nicht zu übersehenden Art in den letzten drei bis vier Jahrzehnten. Da diese Mauerbiene hinsichtlich Nistgelegenheiten und Nahrung nur geringe Ansprüche stellt, ist sie nicht gefährdet. Durch Nisthilfen und ein reiches Angebot an frühblühenden Kräutern und Gehölzen in den Dörfern und Städten kann sie leicht gefördert werden.

Osmia fulviventris

(Panzer 1798)

Verbreitung: Die Nominatrasse in den südlichen Teilen Nordeuropas (mit Ausschluß von Finnland), in Mittel- und Südeuropa einschließlich Sizilien (Tkalců 1975). In den Alpen bis 2000 m. – In der Bundesrepublik Deutschland keine Verbreitungsgrenze. – In Baden-Württemberg weit verbreitet, von der Ebene bis in die höheren Lagen der Schwäbischen Alb. Material: 39♂, 81♀♀.

Lebensraum: Waldränder, Streuobstbestände, Viehweiden, gelegentlich im Siedlungsbereich. Als

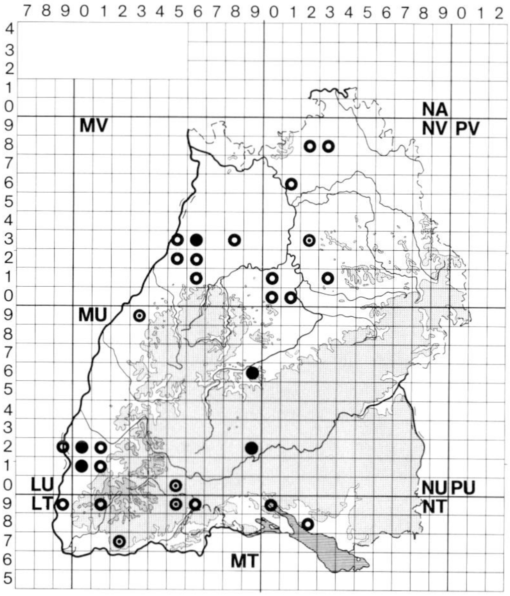

Osmia fulviventris

Nistplätze dienen in erster Linie Totholzstrukturen, besonders tote Äste und Baumstrünke, alte Holzpfosten und Holzschuppen; vereinzelt werden auch Hauswände und Mauern als Nistplatz gewählt. Die Nistplätze müssen mit trockenwarmen Ruderalstellen vernetzt sein, in denen die artspezifischen Pollenquellen wachsen.

Nistweise: Nistet in vorhandenen Holzräumen, besonders in Fraßgängen in totem Holz, aber auch in Hohlräumen in Gestein. Besiedelt auch Nisthilfen, z.B. Bohrungen in Holz, Bambusrohr (Innendurchmesser 3,5–5 mm). Die Nester sind Linienbauten mit 2–6 Brutzellen. Als Baumaterial werden zerkaute Teile krautiger Pflanzen (Pflanzenmörtel) verwendet. (Benoist 1931, Brechtel 1986, Enock 1900, Verhoeff 1891).

Blütenbesuch: Oligolektische auf Asteraceae (Korbblütler) spezialisierte Art, die innerhalb dieser Familie deutlich Cynareen bevorzugt. Pollenquellen: Gewöhnliche Kratzdistel *(Cirsium vulgare)*, Acker-Kratzdistel *(Cirsium arvense)*, Krause Distel *(Carduus crispus)*, Nickende Distel *(Carduus nutans)*, Gewöhnliche Eselsdistel *(Onopordum acanthium)*, Wiesen-Flockenblume *(Centaurea jacea)*, Skabiosen-Flockenblume *(Centaurea scabiosa)*, Rispen-Flockenblume *(Centaurea paniculata)*, Kugeldistel *(Echinops sphaerocephalus)*, Gewöhnliches Bitterkraut *(Picris hieracioides)*. – Die ♀♀ verhalten sich überwiegend blütenstet. Nur rund 20% der untersuchten Pollenladungen waren Mischladungen aus

dem Pollen von zwei Asteraceen, nur in einer Pollenladung fand ich Pollen von drei Asteraceen mit jeweils gleichen Anteilen. Nach WESTERKAMP (1978) beginnen die ♀♀ erst in den Mittagsstunden zu sammeln, wenn die tägliche Pollenmenge freigesetzt wird. Sie besuchen nur Blüten im männlichen Stadium. Auch wenn gelegentlich sowohl Pollen als auch Nektar gesammelt wird, ist meist eine Trennung in Pollen- und Nektarsammelflüge festzustellen.
Kuckucksbienen: *Stelis phaeoptera*, vielleicht auch *Stelis punctulatissima*.
Phänologie: Univoltin. Flugzeit von Anfang Juni bis Mitte Juli (♂♂ 7. 5.–2. 7.; ♀♀ 23. 5.–24. 8.). Zumindest teilweise zweijährige Entwicklung, indem ein Teil der Brut als Ruhelarve überliegt, der andere als Imago überwintert (vgl. BRECHTEL 1986).
Bestandessituation: Die Art ist seit 1960 im Bestand rückläufig und wird nur noch vereinzelt angetroffen. Seit 1975 liegt sie nur noch von fünf Fundorten vor. Innerhalb und außerhalb des Siedlungsbereichs sind die Hauptgefährdungsursachen die veränderte, intensivere und einseitigere Landnutzung als auch die »Ordnungsliebe« in der Bevölkerung, die beide zum Verlust geeigneter Nistplätze wie der Pollenquellen führen. Schutzmaßnahmen bestehen vor allem in der Erhaltung und Förderung von Totholzstrukturen und trockenwarmer Ruderalstellen. Beide Formen von Erhaltungsmaßnahmen sind kaum durch traditionellen Flächenschutz (Naturschutzgebiete) gewährleistet, viel eher durch eine extensive, vielfältige, und dadurch den Strukturreichtum fördernde Landnutzung.
RL: Gefährdet (3).

Osmia gallarum
Spinola 1808

Verbreitung: Südeuropa, zerstreut in Mitteleuropa, nordwärts vermutlich nur bis 50° n. Br. – In der Bundesrepublik Deutschland nur zerstreute Nachweise in den südlichen Bundesländern. Rheinland-Pfalz: u.a. Rotenfels bei Bad Münster am Stein (SCHMIDT & WESTRICH 1985); Bayern: Maintal, Altmühltal (ENSLIN 1922, STOECKHERT 1933). – In Baden-Württemberg nur vereinzelte Nachweise in folgenden Gebieten: Markgräfler Hügelland, Kaiserstuhl, Freiburger Bucht, Hardtebene, Kraichgau, Schurwald, Neckarbecken und Schönbuch. Alle Fundorte liegen unter 500 m. Funddaten ab 1960: LU92 Achkarren 1♂ 2. 5. 1965 (G). MU02 Oberbergen 1♂ 2. 6. 1968 (Haeseler); Oberbergen, Badberg 1♂ 26. 5. 1985 (W); Vogtsburg, Haselschacherbuck 1♀ 7. 7. 1978 (W); 1♀ 26. 5. 1985 (W).

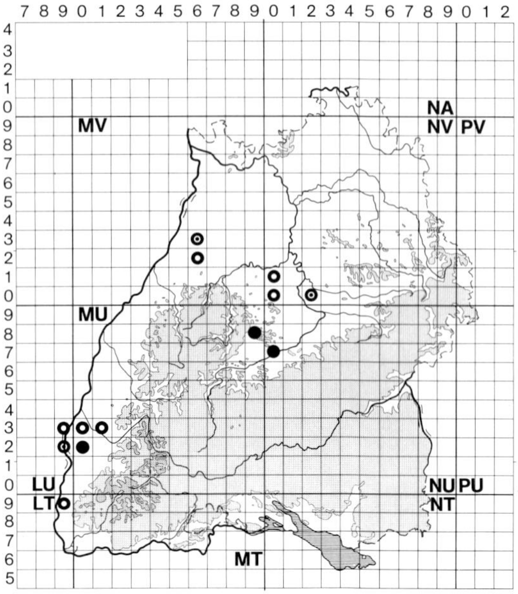

Osmia gallarum

MV63 Untergrombach, Michelsberg 2♀♀ 17. 5. 1966 (LNK). MV98 Breitenholz 1♀ 4. 6. 1983 (W). NU07 Tübingen, Spitzberg 3♂♂, 3♀♀ 1978–1980 (W) (WESTRICH 1980). NV20 Endersbach 2♂♂ 12. 5. 1969 (SMNS). Material: 26♂♂, 48♀♀.
Lebensraum: Siedlungsschwerpunkt in trockenwarmen Lebensräumen: Trockenhänge im Weinbauklima, strukturreiche, alte Weinbergbrachen, warme Waldränder in Kontakt mit Magerrasen. Als Nistplätze dienen Totholzstrukturen in Form abgestorbener Äste, Baumstrünke oder alter Holzpfosten, sowie Brombeer- und Holunderhecken, aber auch mit alten Gallen besetzte Eichen.
Nistweise: Nistet in vorhandenen Hohlräumen, v.a. in Fraßgängen in totem Holz, in hohlen Pflanzenstengeln, z.B. von Brombeeren *(Rubus fruticosus)* oder von Holunder *(Sambucus)* sowie in verlassenen, großen Eichengallen von *Andricus kollari*. Besiedelt gelegentlich auch Nisthilfen, z.B. Bohrungen in Holz, Bambusröhrchen (bevorzugter Innendurchmesser 3–3,5 mm). Die Nester sind meist Linienbauten mit 6–11 Brutzellen. In Eichengallen wurden 10–24 Zellen beobachtet. Als Baumaterial für Zellzwischenwände und Nestverschluß dienen zerkaute Pflanzenteile (Pflanzenmörtel), wobei beim Nestbau in markhaltigen Pflanzenstengeln auch Markmulm mit verwendet wird. (DUFOUR & PERRIS 1840, ENSLIN 1925, 1933, FRIESE 1891a, 1923, GIRAUD 1866, SPINOLA 1808, STOECKHERT 1922, WESTRICH 1979).

Blütenbesuch: Oligolektische, auf Fabaceae (Schmetterlingsblütler) spezialisierte Art. Hauptpollenquelle ist der Hufeisenklee *(Hippocrepis comosa)*. Weitere Pollenquellen: Gewöhnlicher Hornklee *(Lotus corniculatus)*, Futter-Esparsette *(Onobrychis viciifolia)*, Weißklee *(Trifolium repens)*. – Nur bei rund der Hälfte der untersuchten Sammelflüge verhielten sich die ♀♀ blütenstet, im übrigen sammelten sie auf einem Ausflug an 2 Fabaceen *(Hippocrepis/Lotus, Hippocrepis/Onobrychis)*. Die ♂♂ patrouillieren an Blütenständen von *Hippocrepis* und *Lotus* (Futterplatzbahnen).
Kuckucksbienen: *Stelis minuta.*
Phänologie: Univoltin. Flugzeit von Mitte Mai bis Anfang Juli (♂♂ 29. 4.–15. 6.; ♀♀ 15. 5.–17. 7.). Überwinterung als Imago im Kokon.
Bestandessituation: Die ausgesprochen wärmeliebende und seltene Art wurde seit 1975 nur noch von drei Lokalitäten im Kaiserstuhl und am Oberen Neckar und dessen Einzugsgebiet bekannt, von denen zwei in Naturschutzgebieten liegen. Sie benötigt strukturreiche Trockenhänge, die möglichst als Naturschutzgebiete auszuweisen sind. Rebflurbereinigungen sowie natürliche Sukzession oder Aufforstung von Trockenhängen im Weinbauklima bilden die Hauptrückgangsursachen dieser stark gefährdeten Art. In ausgedehnteren Weinbergbrachen sind einzelne Brombeerhecken bei Pflegemaßnahmen zu schonen.
RL: Stark gefährdet (2).

Osmia inermis
(Zetterstedt 1838)

Verbreitung: Nordeuropa, Schottland, in Mitteleuropa außerhalb der Alpen nur sehr vereinzelte Vorkommen in Mittelgebirgen. In den Alpen bis in Höhen von 2300–2600 m. – In der Bundesrepublik Deutschland nur in Bayern, dort sehr lokal im Fränkischen Jura. STOECKHERT (1933) bezeichnet die boreal-alpine Art als Glazialrelikt. – In Baden-Württemberg bisher nicht nachgewiesen, ein Vorkommen auf der Schwäbischen Alb ist nicht auszuschließen.
Lebensraum: Alpine Grasheiden, Geröllflächen, im Fränkischen Jura auf Abwitterungshalden.
Nistweise: Gemeinschaftsnester unter flachen, dem Boden unmittelbar aufliegenden, ca. 15x25 cm großen Steinen. Die Nester enthalten 30–50, aber auch bis zu 200 Brutzellen. Als Baumaterial dienen zerkaute Blätter (Pflanzenmörtel). Jedes der bis zu 12 ♀♀ dieser kommunalen Art baut und versorgt seine eigenen Brutzellen. (FRIESE 1891a, 1891b, GRANDI 1962, MÜLLER & SIEBER 1929, PRIESNER 1981, SCHEDL 1982, SMITH 1851, 1852, 1855, STOECKHERT 1933, 1954, ZETTERSTEDT 1838).
Blütenbesuch: Eingeschränkt polylektische Art, die Fabaceae (Schmetterlingsblütler) bevorzugt, aber auch an Ericaceen (Heidekrautgewächsen) sammelt. Pollenquellen: Gewöhnlicher Hornklee *(Lotus corniculatus)*, Hufeisenklee *(Hippocrepis comosa)*, Futter-Esparsette *(Onobrychis viciifolia)*, Heidelbeere *(Vaccinium myrtillus)*, Preiselbeere *(Vaccinium vitis-idaea)*. – Die ♀♀ verhalten sich überwiegend blütenstet. Vereinzelt konnte in untersuchten Pollenladungen auch Pollen von zwei Pflanzenarten aus einer oder zwei Pflanzenfamilien nachgewiesen werden: *Lotus/Hippocrepis, Hippocrepis/Onobrychis, Lotus/Vaccinium.*
Kuckucksbienen: Unbekannt.
Phänologie: Univoltin. Flugzeit von Anfang Mai bis Ende Juni. Überwinterung als Imago im Kokon. Einzelne Individuen haben einen zweijährigen Entwicklungszyklus (SMITH 1852).
Bemerkungen: Die Art ist im Habitus leicht mit *Osmia uncinata* zu verwechseln (vgl. TKALCŮ 1983).

Osmia leaiana
(Kirby 1802)
Syn.: ? *O. ventralis* (Panzer 1798) (vgl. TKALCŮ 1975, VAN DER ZANDEN 1988).

Verbreitung: Die Nominatform im südlichen Nordeuropa, in Mitteleuropa und in den höheren Lagen Südeuropas (TKALCŮ 1975). In den Alpen bis 2100 m. – In der Bundesrepublik Deutschland keine Verbreitungsgrenze, auch im Norden. – In Baden-Württemberg zerstreut, von der Ebene bis in höhere Lagen (800 m) des Schwarzwaldes und der Schwäbischen Alb. Material: 40♂,36♀♀.
Lebensraum: Waldränder, Streuobstbestände, strukturreiche, alte Weinbergbrachen, gelegentlich im Siedlungsbereich. Als Nistplätze dienen Totholzstrukturen verschiedener Art, Reetdächer, Felswände und Trockenmauern. Die Nistplätze müssen mit trockenwarmen Ruderalstellen vernetzt sein, in denen die artspezifischen Pollenquellen wachsen.
Nistweise: Nistet in vorhandenen Hohlräumen, v.a. in Fraßgängen in totem Holz, aber auch in Löchern von Steinen oder in Schilfhalmen. Besiedelt auch Nisthilfen, z.B. Bohrungen in Holz, Bambusröhrchen (Innendurchmesser 5 mm). Als Baumaterial werden zerkaute Blätter (Pflanzenmörtel) verwendet. (ALFKEN 1913, BENOIST 1931, NIELSEN 1901, SMITH 1855).

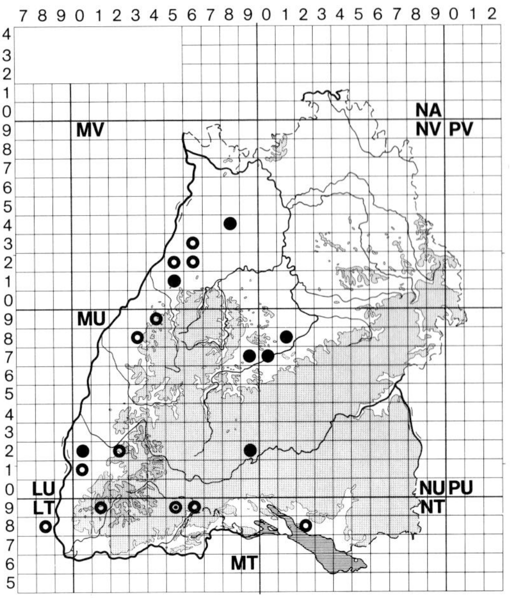

Osmia leaiana

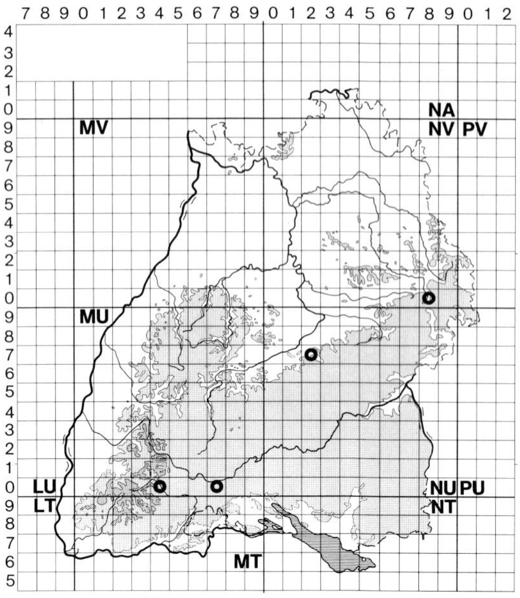

Osmia lepeletieri

Blütenbesuch: Oligolektische, auf Asteraceae (Korbblütler), besonders Cynareen und Cichorieen spezialisierte Art (vgl. RAW 1974). Pollenquellen: Gewöhnliche Kratzdistel *(Cirsium vulgare)*, Acker-Kratzdistel *(Cirsium arvense)*, Krause Distel *(Carduus crispus)*, Nickende Distel *(Carduus nutans)*, Gewöhnliche Eselsdistel *(Onopordum acanthium)*, Wiesen-Flockenblume *(Centaurea jacea)*, Kugeldistel *(Echinops sphaerocephalus)*, Jakobs-Greiskraut *(Senecio jacobaea)*, Wegwarte *(Cichorium intybus)*, Wiesen-Pippau *(Crepis biennis)*, Grüner Pippau *(Crepis capillaris)*, Gewöhnliches Ferkelkraut *(Hypochoeris radicata)*, Gewöhnliches Bitterkraut *(Picris hieracioides)*, Habichtskraut *(Hieracium)*. – Die ♀♀ verhalten sich nur selten blütenstet. Die Pollenladungen enthalten regelmäßig eine Mischung aus Pollen von zwei Korbblütler-Arten.
Kuckucksbienen: *Stelis phaeoptera.*
Phänologie: Univoltin. Flugzeit von Anfang Juni bis Ende Juli (♂♂ 14. 5.–30. 6.; ♀♀ 27. 5.–7. 9.). RAW (1974) beobachtete eine zweijährige Entwicklung, wobei die erste Überwinterung als Ruhelarve erfolgte, die zweite als Imago.
Bestandessituation: Die ziemlich seltene Art wird nur noch vereinzelt angetroffen. Seit 1975 liegen fünf Funde vor, von denen einer aus einem Naturschutzgebiet stammt. Auch wenn sie gelegentlich im Siedlungsbereich vorkommt, so ist sie doch wie ihre Verwandte *O. fulviventris* aufgrund ihrer engen ökologischen Ansprüche im Bestand bedroht. Hauptgefährdungsursachen sind die intensivere und einseitigere Landnutzung als auch die »Ordnungsliebe« in der Bevölkerung, die beide zu einer Strukturverarmung und damit zum Verlust geeigneter Nistplätze wie der Pollenquellen führen. Schutzmaßnahmen bestehen vor allem in der Erhaltung und Förderung von Totholzstrukturen und trockenwarmer Ruderalstellen. Durch traditionellen Flächenschutz ist die Art langfristig nicht zu erhalten.
RL: Gefährdet (3).

Osmia lepeletieri

Pérez 1879

Verbreitung: Schwerpunkt der Verbreitung im gesamten Alpenraum (Deutschland, Österreich, Schweiz) in Höhen bis 2100 m; sehr vereinzelt auch außerhalb in süddeutschen Mittelgebirgen. – In der Bundesrepublik Deutschland außerhalb der Alpen nur in Bayern und in Baden-Württemberg. – In Baden-Württemberg nur von vier Fundorten im Wutachgebiet, in der Baar-Alb, in der Mittleren Kuppenalb und in der Ries-Alb bekannt. Funddaten: MU40 Kappel 1♀ 16. 7. 1925; 4♀♀ 29. 6. 1930; 2♂♂ 3. 7. 1933; 2♀♀ 18. 7. 1943; 1♂ 7.–20. 7. 1944 (LNK, NK) (LEININGER 1927, STRITT 1962). MU70 Geisingen 1♀ 23. 7. 1952 (NK). NU27 Hohenneuffen bei Metzingen 1♀ 29. 6. 1918 (ZMB) (BLÜTHGEN 1951). NV80 Oberkochen 4♀♀ 7.1923 (NK).

Osmia lepeletieri ♀

Lebensraum: Überwiegend auf Felshängen und Abwitterungshalden. Als Nistplätze dienen Felswände, einzelne Felsblöcke oder größere Steine, im Alpenraum auch Mauern von Viehställen oder von Heustadeln.
Nistweise: Die Nester sind Freibauten ähnlich denen von *Osmia anthocopoides* auf oder in Vertiefungen von Felsen und Steinen. Ein Nest fand sich an einem eisernen Weggeländer. Als Baumaterial dient ein Mörtel aus Lehm und kleinen Steinchen. Alte Brutzellen werden wieder benützt. Fertige Zellen werden mit einer Mörtelschicht überzogen. (Bonelli 1969, Ferton 1901, 1902, Friese 1911, Micheli 1933, Stritt 1962).
Blütenbesuch: Streng oligolektische, auf *Echium* (Boraginaceae) spezialisierte Art. Einzige Pollenquelle im mitteleuropäischen Verbreitungsgebiet ist der Gewöhnliche Natterkopf *(Echium vulgare)*. – Die ♂♂ patrouillieren um blühende *Echium*-Pflanzen.
Kuckucksbienen: Unbekannt.
Phänologie: Univoltin. Flugzeit von Ende Juni bis Ende Juli. Überwinterung als Ruhelarve im Kokon.
Bestandessituation: Die in Baden-Württemberg höchst seltene Art wurde zuletzt 1952 bei Geisingen nachgewiesen und gilt als verschollen. Möglicherweise kommt sie auch heute noch im Wutachgebiet vor, obwohl Stritt (1962) sie trotz zahlreicher Besuche nach 1944 an den alten Fundstellen nicht mehr angetroffen hat. Auch meine eigene Nachsuche an allen bekannten Fundorten während der Blütezeit des Natterkopfs blieb ergebnislos.
RL: Ausgestorben oder verschollen (0).

Osmia leucomelana

(Kirby 1802)
Syn.: *O. parvula* Dufour & Perris 1840 (vgl. Yarrow 1970).

Verbreitung: Mittel- und Osteuropa. – In der Bundesrepublik Deutschland keine Verbreitungsgrenze, auch im Norden (Haeseler 1984). In den Alpen bis 1600 m. – In Baden-Württemberg weit verbreitet, von der Ebene bis in die höheren Lagen der Mittelgebirge. Die Art ist mit Sicherheit wesentlich weiter verbreitet, als aus der Karte ersichtlich. Material: 93♂♂, 118♀♀.
Lebensraum: Waldränder, Waldlichtungen, Kahlschläge, Feldhecken, Brachflächen, Röhrichte, Siedlungsbereich. Als Nistplätze dienen v.a. Brombeerhecken, Ruderalstellen sowie Schilfröhrichte.
Nistweise: Nistet in dürren, markhaltigen Pflanzenstengeln v.a. von Brombeeren und Himbeeren

Osmia leucomelana ♀

(Rubus), aber auch von Königskerzen *(Verbascum)*, Heckenrosen *(Rosa canina)*, Sommerflieder *(Buddleya)*, Beifuß *(Artemisia)*, Pfeifenstrauch *(Philadelphus)*, Haselnuß *(Corylus)*, Esche *(Fraxinus)*. Nester fanden sich auch in leeren Zigarren-Gallen der Schilfgallenfliege *(Lipara lucens)*. In markhaltigen Stengeln wird das Mark selbst ausgeräumt. Zellzwischenwände und Nestverschluß werden aus zerkauten Pflanzenteilen (Pflanzenmörtel) gebaut. In der Regel sind die Nester Linienbauten mit 1–17 Brutzellen. (Aerts 1960, Blüthgen 1919a, Bonelli 1971, Danks 1971a, Dufour & Perris 1840, Enslin 1925, 1933, Friese 1891a, Giraud 1863, 1866, Grandi 1935, 1961, Höppner 1903c, 1904, 1908, Malyshev 1937, Müller 1872, Torka 1935, Verhoeff 1892a, Waitzbauer 1969, Westrich 1979).

Blütenbesuch: Polylektische Art (6 Pflanzenfamilien), die *Lotus* deutlich bevorzugt. Pollenquellen: Asteraceae: Gewöhnliches Bitterkraut *(Picris hieracioides)*; Crassulaceae: Felsen-Fetthenne *(Sedum reflexum)*; Fabaceae: Gewöhnlicher Hornklee *(Lotus corniculatus)*, Weißklee *(Trifolium repens)*, Kleiner Klee *(Trifolium dubium)*, Weißer Steinklee *(Melilotus alba)*, Echter Steinklee *(Melilotus officinalis)*, Wald-Platterbse *(Lathyrus sylvestris)*, Knollen-Platterbse *(Lathyrus tuberosus)*; Lamiaceae: Gewöhnlicher Dost *(Origanum vulgare)*; Lythraceae: Blutweiderich *(Lythrum salicaria)*; Rosaceae: Brombeere *(Rubus fruticosus)*. – Die ♀♀ sammeln selten blütenstet. Meist werden 2, gelegentlich auch 3 Arten aus 1–2 Pflanzenfamilien auf einem Sammelflug genutzt.

Kuckucksbienen: Hauptsächlich *Stelis ornatula*, aber auch *Stelis minuta*.

Phänologie: Univoltin. Flugzeit von Anfang Juni bis Anfang August (♂♂ 20. 5.–16. 7.; ♀♀ 2. 6.–2. 9.). Überwinterung als Ruhelarve im Kokon.

Bestandessituation: Die in bezug auf Wärme und Nahrung wenig anspruchsvolle Art wird im Freiland leicht übersehen und ist sicher häufiger als bisweilen angenommen. Begrenzender Faktor für ihr Vorkommen sind lediglich geeignete Nistgelegenheiten, die aber im ganzen Bundesland häufig sind. Daher halte ich die obendrein leicht zu übersehende Art für nicht gefährdet. Durch Anschneiden von dürren Ranken oder Zweigen z.B. an Waldrändern oder Hecken kann man das Nistplatzangebot erweitern. Vor allem aus eingetragenen Brombeerranken kann die Art leicht gezogen werden. (Fast die Hälfte der Sammlungsexemplare stammt aus Zuchten). Bei mir siedelt die Art sogar

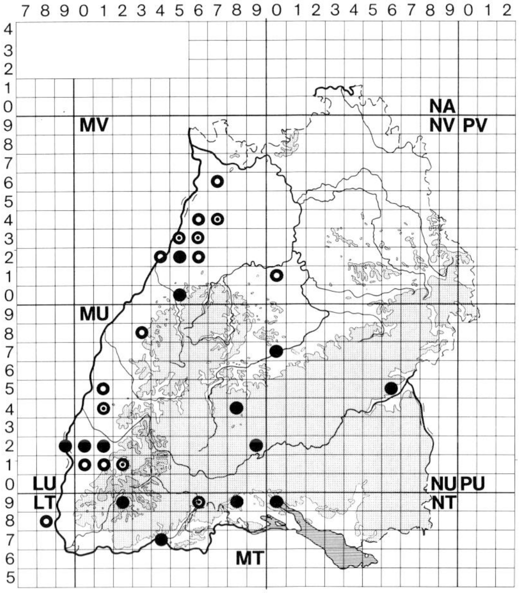

Osmia leucomelana

in Brombeerstengeln, die aufrecht in den Balkonkasten gesteckt wurden. Seit 1975 wurde die Art in mehreren Naturschutzgebieten festgestellt.

Osmia loti

Morawitz 1867

Verbreitung: Im gesamten Alpenraum, meist nur oberhalb 1000 m (in Österreich und der Schweiz bis 2000 m Höhe). – In der Bundesrepublik Deutschland soll die Art im Rheingau (Niederwald, 1♂) nachgewiesen worden sein (BLÜTHGEN 1920); daß die Art dort tatsächlich vorkam, möchte ich aber bezweifeln. Jüngst wurde die Art aus dem bayrischen Alpengebiet vom Friedergries bei Griesen gemeldet (WARNCKE 1986a). – In Baden-Württemberg ist die Art nicht zu erwarten.

Lebensraum: Im Alpenraum ist mir die Art von felsigen Hängen und von Schutthalden bekannt. Als Nistplätze dienen Felsen, einzelne Steine oder das Gemäuer von Viehställen und Heustadeln.

Nistweise: Die Nester sind Freibauten auf oder in Vertiefungen von Steinen oder Felsen und ähneln denen von *Osmia anthocopoides*. Verlassene Brutzellen von *Osmia lepeletieri* werden ebenfalls genutzt. (MICHELI 1931).

Blütenbesuch: Vermutlich oligolektische, auf Fabaceae (Schmetterlingsblütler) spezialisierte Art. Hauptpollenquelle ist Gewöhnlicher Hornklee *(Lotus corniculatus)*. Weitere Pollenquellen: Berg-Esparsette *(Onobrychis montana)*, Klee *(Trifolium)*.

Kuckucksbienen: Unbekannt.

Phänologie: Univoltin. Flugzeit in den Monaten Juni und Juli.

Osmia maritima

Friese 1885

Verbreitung: Im Küstenbereich der Nord- und Ostsee, vereinzelt auch weiter im Binnenland (vgl. HAESELER 1978c, 1982a). – In der Bundesrepublik Deutschland auf den Ostfriesischen Inseln (Borkum, Juist, Norderney, Spiekeroog, Wangerooge), auf den Nordfriesischen Inseln (Amrum, Sylt) sowie im Binnenland von Schleswig-Holstein bei Översee und Wallsbüll (EMEIS 1954a, 1968) und bei Bremen (leg. Hohmann).

Lebensraum: Vorwiegend Küstendünen, vereinzelt Binnendünen der Geest. Als Nistplätze werden auf den Ostfriesischen Inseln südexponierte Abbruchkanten der durch Windaufriß beschädigten Dünen des Tertiärdünenbereichs bevorzugt, dort insbesondere Abschnitte mit Moos- bzw. Grasbeständen.

Nistweise: Nistet in selbstgegrabenen Hohlräumen im Dünensand, meist in kleinen Aggregationen. Die Brutzellen liegen am Ende leicht geneigter Stollen von 1,3–3 cm Länge. Sie werden aus mit Sand vermengten Blattstückchen zwischen abgestorbenen Wurzeln gebaut, die in die Wandungen der Brutzellen eingearbeitet sind. Hauptlieferanten von Baumaterial waren nach bisherigen Beobachtungen Nachtkerze *(Oenothera ammophila)* und Hunds-Veilchen *(Viola canina)*. (ALFKEN 1891b, FRIESE 1891a, 1891b, 1895, HAESELER 1982a, MALYSHEV 1937, NIELSEN 1902, SCHNEIDER 1898).

Blütenbesuch: Polylektische Art (4 Pflanzenfamilien). Pollenquellen: Asteraceae: Kleines Habichtskraut *(Hieracium pilosella)*; Brassicaceae: Gemüse-Kohl *(Brassica oleracea)*; Fabaceae: Gewöhnlicher Hornklee *(Lotus corniculatus)*, Schmalblättrige Wicke *(Vicia angustifolia)*, Roter Wiesenklee *(Trifolium pratense)*; Rosaceae: Bibernell-Rose *(Rosa pimpinellifolia)*, Gänse-Fingerkraut *(Potentilla anserina)*.

Kuckucksbienen: *Stelis ornatula*, durch Zucht belegt (HAESELER 1982a).

Phänologie: Univoltin. Flugzeit in Norddeutschland von Ende Mai bis Anfang Juli (♂♂ 10. 5.–10. 8.; ♀♀ 9. 5.–6. 8.). Überwinterung als Imago im Kokon (HAESELER 1982a).

Bemerkungen: *Osmia alticola* Benoist 1922 wurde nach Tkalců (1983) längere Zeit als selbständige Art verkannt und zeitweise mit *Osmia maritima* vermengt. Sie ist bisher nur aus den Ost-Pyrenäen und den Alpen (Österreich, Schweiz, Frankreich) bekannt. Die Nistweise ähnelt sehr der von *O. maritima*: In einer Tiefe von 6–7 cm liegt eine Brutzelle, die aus zerkauten Blattstückchen gefertigt und außen mit Wurzelteilchen verwoben ist (Benoist 1922, 1931).

Osmia melanogaster

Spinola 1808
Syn.: *O. aterrima* Morawitz 1892.

Verbreitung: Südeuropa, vereinzelt in Mitteleuropa. – In der Bundesrepublik Deutschland bisher nur aus Rheinland-Pfalz (Leistadt) und Bayern (Arnsberg bei Eichstätt) bekannt (Warncke 1986a). – In Baden-Württemberg lediglich eine Angabe von Emmendingen (Strohm 1924). Dieser Fund ist aufgrund des fehlenden Belegtiers zwar nicht überprüfbar (vgl. Westrich 1983a), ein Vorkommen in Baden-Württemberg ist aber nicht auszuschließen, da die Art in den benachbarten Bundesländern festgestellt wurde.
Lebensräume: Unbekannt.
Nistweise: Nistet vermutlich in vorhandenen oberirdischen Hohlräumen.
Blütenbesuch: Vermutlich oligolektische, auf Asteraceae (Korbblütler) spezialisierte Art.
Phänologie: Vermutlich univoltin. Flugzeit von Juni bis August.

Osmia mitis

Nylander 1852
Syn.: *O. montivaga* Morawitz 1872.

Verbreitung: Südeuropa (Pyrenäen), Mittel- und Nordeuropa, in den Alpen bis 2000 m. – In der Bundesrepublik Deutschland außerhalb der Alpen nur zerstreut, auch in tieferen und wärmeren Lagen. Rheinland-Pfalz: im Nahegau, an der Mosel und im Rheingau (Aerts 1950a, Morawitz 1872, Schmidt & Westrich 1985) ; Bayern: im Pegnitz- und Maintal, bei Regensburg und München (Enslin 1922, Knoerzer 1941, Stoeckhert 1933, Warncke 1982a), außerdem am Starnberger See. – In Baden-Würtemberg bisher nur sehr vereinzelte Nachweise im Markgräfler Hügelland und im Kaiserstuhl, jeweils zwischen 300 m und 500 m. Funddaten: LT99 Niederweiler, Innerberg 1♀ 10. 7.

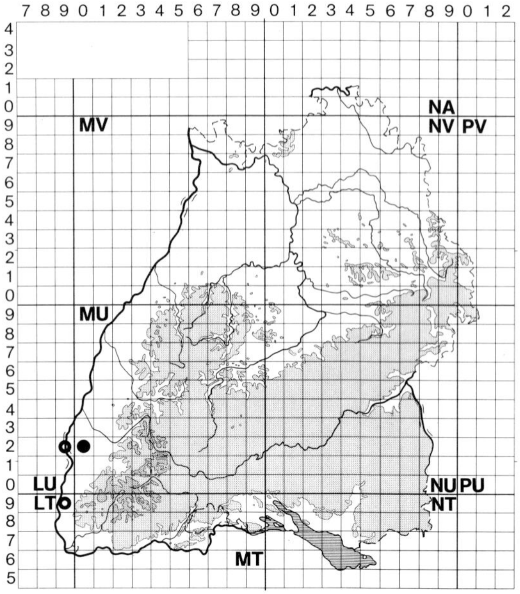

Osmia mitis

1925 (MNF). LU92 Achkarren 1♂ 11. 6. 1924; 1♀ 16. 6. 1925 (MNF); Ihringen 1♂ 12. 6. 1924; 1♂ 16. 7. 1926 (MNF) (Strohm 1924, 1925). MU02 Schelingen 1♂ 12. 6. 1933 (NK). Oberbergen, Badberg 1♀ 25. 7. 1932 (ZMB); 1♂ 7. 6. 1943 (ZMB); 1♂ 30. 7. 1956 (G) (Gauss 1966). Vogtsburg, Haselschacherbuck 1♀ 14. 8. 1979 (W); 1♀ 11. 7. 1982 (W) (Westrich 1983a).
Lebensraum: Bei den süddeutschen Fundorten handelt es sich durchweg um Trockengebiete: Felshänge, südexponierte Abwitterungshalden, Schotterflächen, Magerrasen in Kontakt zu Lößwänden, Feldhecken und Felsaufschlüssen. Auch im Alpenraum kenne ich die Art nur von xerothermen Gebieten. Die Angabe von Stoeckhert (1933), die Art sei außerhalb der Alpen ein Glazialrelikt, ist meines Erachtens nicht haltbar.
Nistweise: Nistet in vorhandenen Vertiefungen oder Hohlräumen unterschiedlicher Form und Größe. Die Nester bestehen aus 1–12 Brutzellen und werden in Steinspalten, in Vertiefungen von Felsen, unter hohl aufliegenden Steinen oder in Hohlräumen von Steilwänden angelegt. Nester fanden sich auch in einer Astgabel und in einem Haufen trockener Blätter. Als Baumaterial dienen abgebissene Blattstücke vermutlich verschiedener Pflanzen, unter denen offensichtlich das Gewöhnliche Sonnenröschen *(Helianthemum nummularium)* am meisten Verwendung findet. Weiterhin werden genannt: Besenginster *(Cytisus scoparius)*, Kriechen-

des Fingerkraut *(Potentilla reptans)*, Wald-Erdbeere *(Fragaria vesca)*, Habichtskraut *(Hieracium)*. Die Blattstückchen werden rosettenartig ineinander gefügt, wodurch die Brutzelle einem kleinen Kiefernzapfen ähnelt. (BONELLI 1967f, KOLLER & HAMANN 1950, MANEVAL 1925, WARNCKE 1982a).

Blütenbesuch: Streng oligolektische, auf *Campanula* (Campanulaceae) spezialisierte Art. Pollenquellen: Rundblättrige Glockenblume *(Campanula rotundifolia)*, Wiesen-Glockenblume *(Campanula patula)*, Nesselblättrige Glockenblume *(Campanula trachelium)*, Acker-Glockenblume *(Campanula rapunculoides)*, Büschel-Glockenblume *(Campanula glomerata)*, im Alpenraum Ährige Glockenblume *(Campanula spicata)*. – Beide Geschlechter schlafen in den Blüten der Glockenblumen, die ♀♀ während der Verproviantierung auch in der Brutzelle.

Kuckucksbienen: Unbekannt.

Phänologie: Univoltin. Flugzeit von Ende Juni bis Mitte August (♂♂ 7. 6.–30. 7.; ♀♀ 16. 6.–14. 8.). Überwinterung als Ruhelarve.

Bestandessituation: In zwei der drei Fundquadrate konnte die Art seit 1960 nicht mehr bestätigt werden. Die derzeit einzigen bekannten Vorkommen in Baden-Württemberg liegen im Kaiserstuhl und sind vor allem durch Einflüße des intensiven Weinbaus und Flurbereinigungen hochgradig gefährdet. Alle Gebiete, in denen die Art derzeit noch vorkommt oder in Zukunft noch aufgefunden wird, sind als Naturschutzgebiete auszuweisen (z.B. Haselschacherbuck bei Vogtsburg). Darüber hinaus dürfte langfristig die Erhaltung bzw. Förderung möglichst aller Glockenblumen-Arten des Kaiserstuhls die wichtigste Schutzmaßnahme sein. Da vermutlich auch Lößwände als Nistplatz in Frage kommen, ist eine weitere Zerstörung dieses auch für zahlreiche andere Wildbienen unverzichtbaren Landschaftselements zu verhindern.

RL: Vom Aussterben bedroht (1).

Osmia mustelina

Gerstäcker 1841

Syn.: *O. emarginata* auct. nec Lepeletier 1841.

Verbreitung: Die Nominatrasse in Mitteleuropa, in Italien (außer Sizilien), in Südost-Europa und West-Anatolien. Eine Verbreitungskarte gibt PETERS (1978). Das nördlichste bisher bekannte Vorkommen liegt in Polen (Sopot bei Danzig). In den Schweizer Alpen bis 2000 m. – In der Bundesrepublik Deutschland nordwärts bis zum Mittelrhein. Rheinland-Pfalz: Gerolstein (AERTS 1949), Kirn/

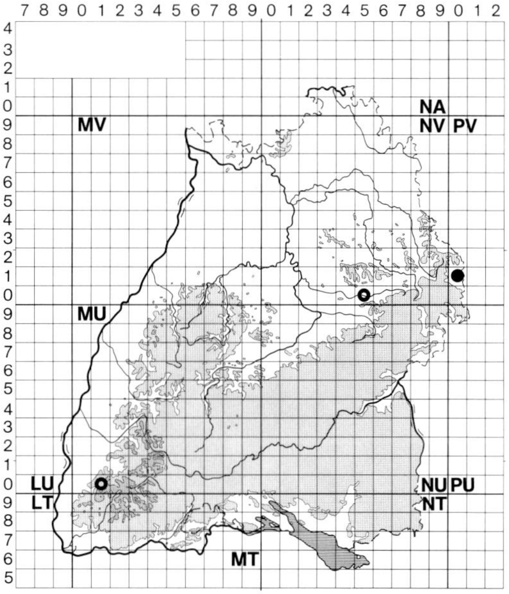

Osmia mustelina

Nahe (AERTS 1960); Hessen: Nassau (BUDDEBERG 1895); Bayern: mehrere Fundorte im Fränkischen Jura und Muschelkalk (ENSLIN 1922, STOECKHERT 1933). – Aus Baden-Württemberg nur von drei Fundorten im Hochschwarzwald, im Mittleren Albvorland und im Nördlinger Ries bekannt. Funddaten: MU10 Gießhübel 1♀ 19. 5. 1952 (MNF). NV50 Schwäbisch Gmünd 1♀ 17. 5. 1908 (ZMB). PV01 Bopfingen, Goldberg 3♀♀ 27. 6. 1984 (beob.); 2♂♂, 2♀♀ 24. 5. 1985 (W, beob.) (WESTRICH & SCHMIDT 1985b).

Lebensraum: Felshänge, stillgelegte Steinbrüche, früher auch strukturreiche, von Trockenmauern durchzogene Weinberghänge. Als Nistplätze dienen Felswände oder Trockenmauern.

Nistweise: Nistet in Spalten und Vertiefungen von Felsen, auch in Fugen von Trockenmauern, ausnahmsweise auch in verlassenen Brutzellen der Mörtelbiene *(Megachile parietina)*. Die Gesteinsart spielt für die Nestanlage keine Rolle. Als Material zum Bau der bis zu 23 Brutzellen pro Nest dienen zerkaute grüne Blattstücke (Pflanzenmörtel), die Zellen werden innen mit einer Lage von Blütenblattausschnitten ausgekleidet. Die Art lebt in der Regel solitär. DELEURANCE, GRANDI, MOLITOR wie auch ich haben bis zu 5 ♀♀ beobachtet, die an einem Nest nebeneinander arbeiteten, wobei jedoch jedes ♀ seine eigenen Brutzellen baute und versorgte. Die ♂♂ übernachten gern gemeinsam in Löchern von Felsen. (AERTS 1960, BONELLI 1967c,

Osmia mustelina ♀

1969b, DELEURANCE 1949, ENSLIN 1922, FERTON 1901, FRIESE 1891a, 1895, 1898a, 1923, GRANDI 1964, MALYSHEV 1937, MOLITOR 1937, MORAWITZ 1872, SCHMIEDEKNECHT 1882–1884, STOECKHERT 1933, STROJNY 1963, TKALCŮ 1971, VERHOEFF 1892a).

Blütenbesuch: Polylektische Art (5 Pflanzenfamilien). Pollenquellen: Boraginaceae: Gewöhnlicher Natterkopf *(Echium vulgare)*; Cistaceae: Gewöhnliches Sonnenröschen *(Helianthemum nummularium)*; Dipsacaceae: Tauben-Skabiose *(Scabiosa columbaria)*; Fabaceae: Hufeisenklee *(Hippocrepis comosa)*, Gewöhnlicher Hornklee *(Lotus corniculatus)*, Futter-Esparsette *(Onobrychis viciifolia)*, Wicken *(Lathyrus)*; Lamiaceae: Kriechender Günsel *(Ajuga reptans)*. – Die ♀♀ sammeln auf einem Ausflug bisweilen an 2–3 Arten aus 1–2 Pflanzenfamilien (z.B. *Lotus/Helianthemum*).

Kuckucksbienen: *Stelis franconica* (vgl. WESTRICH 1984c).

Phänologie: Univoltin. Flugzeit von Mitte Mai bis Anfang Juli (♂♂ ab 3. 5.; ♀♀ 10. 5.–15. 7.). Überwinterung als Imago im Kokon.

Bestandessituation: Von der in Südwestdeutschland ausgesprochen seltenen Art ist derzeit in Baden-Württemberg nur noch ein Vorkommen bekannt, das sich zwar in einem Naturschutzgebiet (NSG »Goldberg«) befindet, das aber deshalb nicht minder gefährdet ist. Die als Pflegemaßnahme praktizierte Beweidung durch Schafe erweist sich dann als bestandsbedrohend, wenn während der Monate Mai bis Juli eine alle Magerrasenflächen erfassende Beweidung zugelassen wird. Nicht nur für diese, sondern auch für andere gefährdete Bienenarten, z.B. *Megachile parietina* besteht der begrenzende Faktor für die Bestandsentwicklung in diesem Gebiet nicht im Nistbereich (die Sprudelkalk-Felsen bieten optimale Nistmöglichkeiten), sondern im Angebot an blühenden (!) Pollenquellen, insbesondere Schmetterlingsblütlern. Zumindest in einem ausgewählten Teil des Naturschutzgebietes sollte auf die Beweidung völlig verzichtet werden. Diese Fläche sollte statt dessen mechanisch gepflegt und einmal im Jahr im Hoch- oder Spätsommer gemäht und abgeräumt werden.

RL: Vom Aussterben bedroht (1).

Bemerkungen: TKALCŮ (1971) betrachtet *O. mustelina* und die westmediterrane *O. emarginata* Lepeletier 1841 als zwei getrennte Arten. Auch PETERS (1978) hat sich TKALCŮ angeschlossen, obwohl man die beiden Formen statt als zwei selbständige Arten auch als (nach bisherigem Kenntnisstand) allopatrisch verbreitete Unterarten auffassen könnte (vgl. VAN DER ZANDEN 1988: 115).

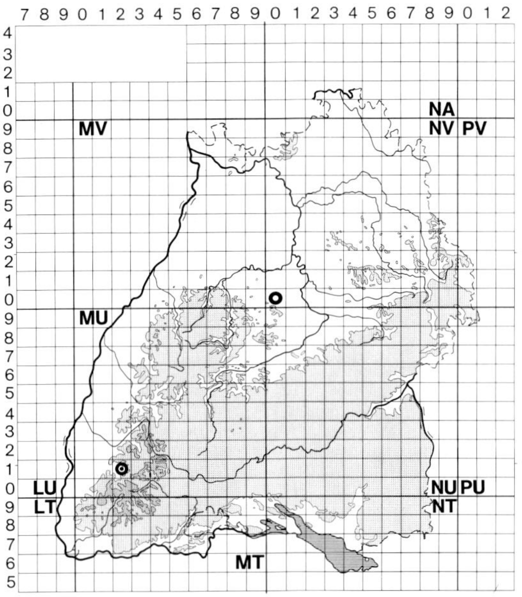

Osmia nigriventris

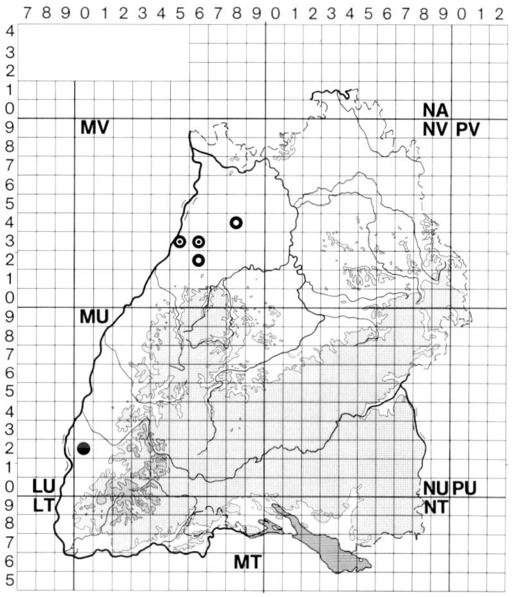

Osmia papaveris

Osmia nigriventris
(Zetterstedt 1838)

Verbreitung: Nordeuropa, vereinzelt in Mitteleuropa, v.a. in den Alpen (bis 2200 m) und in den Mittelgebirgen. – In der Bundesrepublik Deutschland nur sehr zerstreute Nachweise in Bayern (Riedenburg, Pappenheim) (STOECKHERT 1933) und Baden-Württemberg (WESTRICH 1983a). – In Baden-Württemberg bisher nur zwei Nachweise im Hochschwarzwald und bei Stuttgart. Funddaten: MU21 Zarten 1♀ 7. 6. 1961 (G) (als *»inermis«* bei GAUSS 1967). NV00 Stuttgart 1♀ 6.1920 (SMNS) (als *»xanthomelaena«* bei SCHWAMMBERGER 1969) (vgl. auch WESTRICH 1983a).

Lebensraum: Besiedelt vor allem lichte Wälder und Waldränder. Als Nistplätze dienen Totholzstrukturen.

Nistweise: Nistet in totem Holz. Nester fanden sich in morschen Baumstämmen, in einer im Gras liegenden morschen Kiefernrinde und in der dicken Rinde eines am Waldrand stehenden Kiefernstokkes. Die Nestgänge werden nach Amiet (mündl. Mitt.) zumindest teilweise ausgenagt. (FRIESE 1891b, FREY-GESSNER 1879, STOECKHERT 1933).

Blütenbesuch: Polylektische Art (3 Pflanzenfamilien). Pollenquellen: Ericaceae: Heidelbeere *(Vaccinium myrtillus)*, Preiselbeere *(Vaccinium vitis-idaea)*; Fabaceae: Hufeisenklee *(Hippocrepis comosa)*, Gewöhnlicher Hornklee *(Lotus corniculatus)*, Wicken *(Vicia)*; Rosaceae: Fingerkraut *(Potentilla)*. – *Vaccinium* wird deutlich bevorzugt. Wenn die Beerensträucher verblühen, nutzen die ♀♀ auch andere Pflanzen als Pollenquellen. Mir liegen neben reinen *Vaccinium*-Ladungen auch Mischladungen folgender Zusammensetzung vor: *Vaccinium/Lotus, Vaccinium/Lathyrus, Vaccinium/Potentilla, Hippocrepis/Lotus.*

Kuckucksbienen: Unbekannt.

Phänologie: Univoltin. Flugzeit von Ende April bis Ende Juni.

Bestandessituation: Die Gefährdung dieser bei uns sehr seltenen Art ist anhand des vorliegenden Datenmaterials schwer abzuschätzen. Weitere Vorkommen in den großen Waldgebieten Baden-Württembergs sind nicht auszuschließen. Günstig wirkt sich für die Art sicher die Erhaltung von Totholzstrukturen in lichten Wäldern aus.

RL: Potentiell gefährdet (4).

Osmia papaveris
(Latreille 1799)

Verbreitung: West-, Mittel- und Osteuropa. – In der Bundesrepublik keine Verbreitungsgrenze, aber nur sehr vereinzelt. Die aus dem Norden gemeldeten Funde (ALFKEN 1939, WAGNER 1920), werden durch Nachweise in Holland wahrscheinlich. – In Baden-Württemberg nur sehr vereinzelte Nachweise in der Hardtebene, im Kraichgau, im Bauland und im Kaiserstuhl. Alle Funde stammen aus Lagen unter 500 m. Funddaten: MU02 Oberbergen 1♂ 28. 5. 1966 (LNK); 1♂ 2. 6. 1968 (Haeseler); 1♂ 6. 6. 1968 (Haeseler). Schelingen 1♂,1♀ 21. 6. 1970. Vogtsburg, Haselschacherbuck 1♂ 19. 6. 1984 (W). MV53 Karlsruhe-Hagsfeld 3♀♀ 5. 6. 1964 (LNK). MV62 Grötzingen 1♂ 7. 6. 1930 (LNK). MV63 Untergrombach 1♂ 9. 6. 1931 (LNK). Jöhlingen 2♀♀ 29. 6. u. 3. 7. 1931; 2♀♀ 17. 6. 1933 (NK); 2♀♀ 3. 7. u. 24. 7. 1963; 3♂♂ 30. 5. 1966 (LNK). MV84 Menzingen 1♀ 9. 6. 1934 (NK). Nicht überprüfbare Angaben: »Markgröningen« (SCHWAMMBERGER 1969), »Adelsheim« (BALLES 1927).

Lebensraum: Flugsandfelder, Sandgruben, Ruderalstellen auf Sand oder Löckerlöß. Nester in vegetationsarmen Wegen und Böschungen an Stellen, wo der Boden zumindest etwas verfestigt (festgetreten oder -gefahren) ist. Sandiger Untergrund wird bevorzugt, doch kommt die Art auch in Lößgebieten vor.

Nistweise: Nistet in selbstgegrabenen Hohlräumen in der Erde, einzeln oder in kleinen Aggregationen. Die Brutzellen liegen meist einzeln (gelegentlich zu mehreren) in einer flaschenförmigen Vertiefung unmittelbar unter der Erdoberfläche. Sie werden austapeziert mit Blütenblättern verschiedener Pflanzen, bevorzugt von Klatschmohn *(Papaver rhoeas)*, gelegentlich aber auch von Kornblume *(Centaurea cyanus)*, Moschus-Malve *(Malva moschata)*, Sonnenröschen *(Helianthemum)* oder Färber-Ginster *(Genista tinctoria)*. Als tütenförmiger Nesteingang schauen die Blattstücke aus der Erde heraus. Nach Verproviantierung und Eiablage werden die hervorstehenden Ränder nach innen geschlagen und dadurch wie eine Tüte geschlossen. Der Eingang soll mit Erde überdeckt werden. (AERTS 1939, 1949, BENNO 1943, BENOIST 1931, BLÜTHGEN 1925, BUTTEL-REEPEN 1903b, 1907, FERTON 1895, 1902, FRIESE 1923, 1926, GERSTÄKKER 1869, HELDMANN 1935, LATREILLE 1802, MÜLLER 1907, RÉAUMUR 1748, STOECKHERT 1933).

Blütenbesuch: Polylektische Art (6 Pflanzenfamilien). Pollenquellen: Asteraceae: Kornblume *(Centaurea cyanus)*, Wiesen-Flockenblume *(Centaurea jacea)*, Skabiosen-Flockenblume *(Centaurea scabiosa)*, Wegwarte *(Cichorium intybus)*, Gewöhnliches Bitterkraut *(Picris hieracioides)*, Kleines Habichtskraut *(Hieracium pilosella)*; Campanulaceae: Rundblättrige Glockenblume *(Campanula rotundifolia)*; Caryophyllaceae: durch Pollenanalyse belegt, Pflanzenart aber nicht ermittelbar; Cistaceae: Gewöhnliches Sonnenröschen *(Helianthemum nummularium)*; Convolvulaceae: Acker-Winde *(Convolvulus arvensis)*; Papaveraceae: Klatschmohn *(Papaver rhoeas)*. – Die ♀♀ sammeln nur gelegentlich blütenstet. In der Regel werden 2–3 Pflanzenarten aus bis zu 3 Pflanzenfamilien auf einem Ausflug genutzt. Die ♂♂ schlafen gerne in Glockenblumen.

Kuckucksbienen: Nach BLÜTHGEN (1925) *Coelioxys mandibularis*, nach STOECKHERT (1933) möglicherweise auch *Coelioxys inermis*.

Phänologie: Univoltin. Flugzeit von Anfang Juni bis Mitte August (♂♂ 28. 5.–24. 6.; ♀♀ 5. 6.–13. 8.).

Bestandessituation: In Baden-Württemberg ist diese sehr seltene Art unmittelbar vom Aussterben bedroht. Die größten bekannt gewordenen Vorkommen in den Sandgruben von Karlsruhe-Hagsfeld und im Lößgebiet von Jöhlingen sind durch Überbauung und intensivierte landwirtschaftliche Nutzung offensichtlich erloschen (letzter Nachweis trotz Nachsuche 1966). Im Kaiserstuhl besteht in der Umgebung von Oberbergen/Vogtsburg offensichtlich noch eine Restpopulation, da ich dort 1984 ein einzelnes ♂ feststellen konnte. Da aber bisher die Nistplätze nicht auffindbar waren, können derzeit keine gezielten Schutzmaßnahmen vorgeschlagen werden. Die Ausweisung des »Haselschacherbucks« als Naturschutzgebiet dürfte aber zweifellos zur Erhaltung beitragen.

RL: Vom Aussterben bedroht (1).

Osmia parietina

Curtis 1828

Verbreitung: Nord-, Mittel- und Osteuropa. In Südeuropa nur in höheren Lagen. In den Alpen bis 2100 m. – In der Bundesrepublik Deutschland keine Verbreitungsgrenze. – In Baden-Württemberg nur sehr zerstreute Nachweise in folgenden Gebieten: Hochschwarzwald, Wutachgebiet, Kaiserstuhl, Kraichgau, Mittleres Albvorland, Mittlere Kuppenalb und Tauberland. Die Fundorte liegen teils zwar unterhalb 500 m, überwiegend aber in höheren Lagen der Mittelgebirge. Funddaten: MT59 Boll 2♂♂ 2. 6. u. 9. 6. 1962 (LNK). MU02 Oberbergen, Badberg 1♂ 15. 8. 1959 (G); 1♂ 22. 5. 1963 (LNK). MU20 Hinterzarten 1♀ 2. 4. 1926 (MNF). MV63 Untergrombach, Michelsberg 1♂ 3. 6. 1930 (LNK). MU96 Hemmendorf 1♀ 3. 6. 1983 (W). NU37 Böhringen 1♀ 8. 7. 1977 (Schwammberger). NU76 Ulm 1♀ 1978; 1♀ 3. 6.–4. 6. 1978 (als *»uncinata«* bei THIEDE 1981). NA40 Werbach, Apfelberg 1♀ 6. 7. 1983 (W) (vgl. WESTRICH 1983a).

Lebensraum: Siedlungsschwerpunkt in Waldgebie-

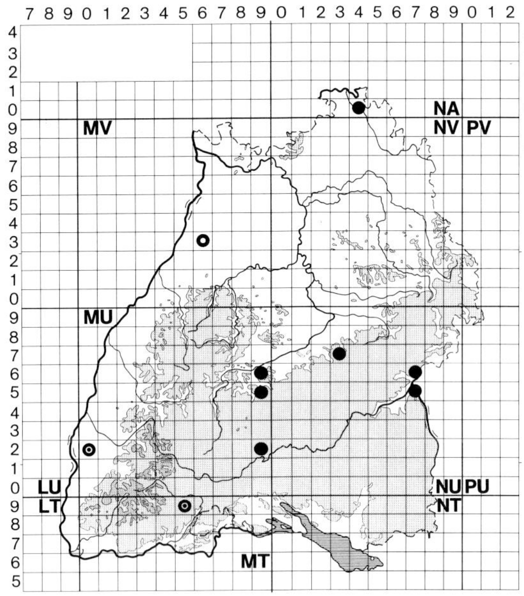

Osmia parietina

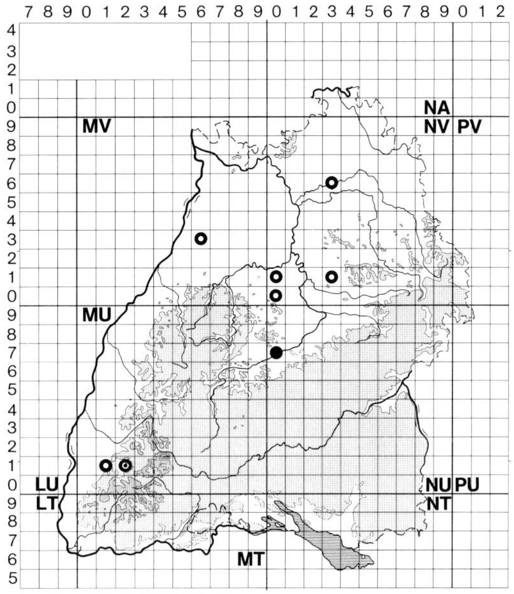

Osmia pilicornis

ten. Lichte Wälder, Waldränder, Waldlichtungen und Kahlschläge. Bisweilen auch außerhalb des Waldes. Als Nistplätze dienen Totholzstrukturen wie Baumstrünke, abgestorbene Äste oder alte Holzpfosten.

Nistweise: Nistet in vorhandenen Hohlräumen, besonders in Fraßgängen in totem Holz, gelegentlich auch in verlassenen Nestern anderer Stechimmen. Besiedelt auch Nisthilfen, z. B. Bohrungen in Holz. Zellzwischenwände und Nestverschluß werden aus zerkauten Blättern (Pflanzenmörtel) hergestellt, z. B. von Erdbeeren *(Fragaria)*. (BLÜTHGEN 1952, FRIESE 1923, MICHELI 1929, PETIT 1986, STOECKHERT 1933, THIEDE 1981).

Blütenbesuch: Polylektische Art, die offensichtlich Fabaceae (Schmetterlingsblütler) bevorzugt, aber auch an Vertretern anderer Pflanzenfamilien sammelt: Fabaceae: Hufeisenklee *(Hippocrepis comosa)*, Gewöhnlicher Hornklee *(Lotus corniculatus)*; Crassulaceae: Felsen-Fetthenne *(Sedum reflexum)*. Die Angaben von BLÜTHGEN (1952) lassen vermuten, daß auch Erdbeeren *(Fragaria)*, Gamander-Ehrenpreis *(Veronica chamaedrys)* und Roter Wiesenklee *(Trifolium pratense)* als Pollenquellen in Frage kommen.

Kuckucksbienen: Unbekannt.

Phänologie: Univoltin. Flugzeit von Mitte Mai bis Ende Juli (♂♂ 9. 5.–15. 8.; ♀♀ 3. 6.–23. 7.).

Bestandessituation: Eine Gefährdung dieser meist nur einzeln anzutreffenden Waldart in Baden-Württemberg ist derzeit nicht erkennbar. Die Beseitigung abgestorbener Bäume an Waldinnen- oder -außenrändern wirkt sich zumindest lokal bestandsgefährdend aus. Begünstigt wird die Art durch einen mit Totholzstrukturen durchsetzten Waldrand, der unmittelbar an mageres Grünland grenzt. Lediglich ein Nachweis seit 1975 stammt aus einem Naturschutzgebiet.

Osmia pilicornis

Smith 1846

Verbreitung: Nord-, Mittel- und Osteuropa. Eine Verbreitungskarte gibt PAPP (1965). – In der Bundesrepublik Deutschland keine Verbreitungsgrenze. – In Baden-Württemberg nur sehr vereinzelte und weit verstreute Nachweise. Funddaten: MU40/50 Wutach 1♂, 1♀ 5.1939 (NK). MU11 Freiburg 2♀♀ 12. u. 26. 4. 1923 (MNF). MU21 Wittental 1♀ 4. 5. 1968 (G). MV63 Weingarten 1♀ 14. 5. 1928 (NK). NV00 Stuttgart 1♀ 20. 6. 1903; 1♂ 20. 4. 1907; 2♀♀ 9. 6. 1907; 1♀ 1911 (SMNS); 1♀ 21. 5. 1914 (als »*xanthomelaena*« bei SCHWAMMBERGER 1969). NV01 Markgröningen 1♂ 26. 4. 1931 (SMNS). NV31 Weissach 1♀ 19. 5. 1917 (SMNS) (SCHWAMMBERGER 1969). NV36 Oberkessach 1♀ 25. 4. 1948 (LNK). NU07 Tübingen 1♀ 27. 4. 1983 (W); 1♀ 1. 6. 1983 (W). Nicht überprüfbare Angaben: »Oberachern« und »Hopfengarten« (BALLES 1925).

Lebensraum: Siedlungsschwerpunkt in Waldgebieten, daher v.a. in lichten Wäldern, an Waldrändern und auf Waldlichtungen. Als Nistplätze dienen vermutlich hauptsächlich Baumstrünke und sonstige Totholzstrukturen.
Nistweise: Wenig bekannt. BLÜTHGEN erwähnt ein Nest in einem Buchenstubben. Ob vorhandene Hohlräume (Fraßgänge) zum Nisten benutzt werden, oder ob auch Nestgänge in morschem Holz genagt werden, muß offen bleiben. Auch über Baumaterialien liegen keine Beobachtungen vor. (BLÜTHGEN 1919a).
Blütenbesuch: Polylektische Art (4 Pflanzenfamilien). Pollenquellen: Boraginaceae: Gewöhnliches Lungenkraut *(Pulmonaria officinalis)* und andere *Pulmonaria*-Arten; Fabaceae: Hufeisenklee *(Hippocrepis comosa)*, Frühlings-Platterbse *(Lathyrus vernus)*, Berg-Platterbse *(Lathyrus linifolius)*, Zaun-Wicke *(Vicia sepium)*; Lamiaceae: Kriechender Günsel *(Ajuga reptans)*, Wiesen-Salbei *(Salvia pratensis)*; Rosaceae: Frühlings-Fingerkraut *(Potentilla verna)*. – *Pulmonaria* wird deutlich bevorzugt, besonders in Jahren, in denen die ♀♀ bereits im April Brutzellen versorgen können. Die ♀♀ sammeln überwiegend blütenstet (insbesondere an *Pulmonaria*), mir liegen aber auch Mischladungen vor, die aus 2 oder 3 Pflanzenarten aus 2 oder 3 Pflanzenfamilien zusammengesetzt sind (z.B. *Pulmonaria/Vicia, Hippocrepis/Salvia/Potentilla*). Die ♂♂ sind offensichtlich kaum an Blüten anzutreffen.
Kuckucksbienen: Unbekannt.
Phänologie: Univoltin. Flugzeit von Mitte März bis Anfang Juni (♂♂ 3. 3.–26. 4.; ♀♀ 15. 3.–14. 6.).
Bestandessituation: Die ausgesprochen seltene Art wurde in Baden-Württemberg in den vergangenen 50 Jahren nur in drei Exemplaren (1968, 1983) nachgewiesen. Dennoch ist eine konkrete Gefährdung derzeit nicht zu erkennen. Wie andere Waldarten ist sie aber nur schwer zu beobachten und daher in den großen Waldgebieten sicher auch heute noch weiter verbreitet. Günstig auswirken dürfte sich die Förderung von Totholzstrukturen an Waldrändern.
RL: Potentiell gefährdet (4).

Osmia ravouxi

Pérez 1902
Syn.: *O. brachyceros* Blüthgen 1920.

Verbreitung: Süd- und Mitteleuropa, nordwärts bis Mitteldeutschland; in Ost-Belgien bis knapp über 51° n.Br. (Lefeber briefl. Mitt.). – In der Bundesrepublik Deutschland nordwärts höchstens bis zum

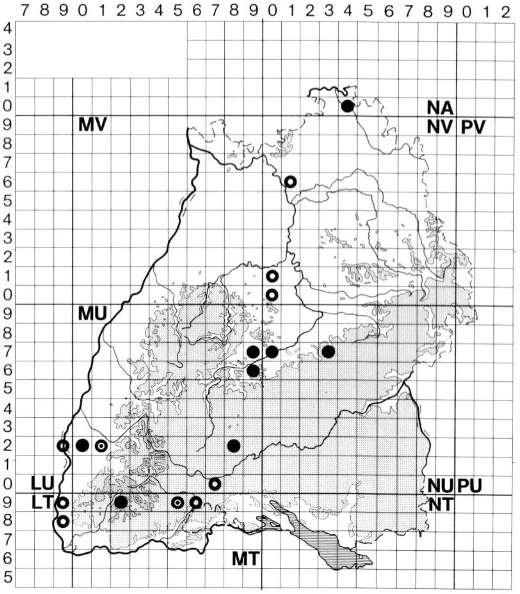

Osmia ravouxi

Rand der Mittelgebirge. – In Baden-Württemberg zerstreute Nachweise im Hügelland und in den Mittelgebirgen. Funddaten ab 1960: MT29 Bernau 1♀ 13. 8. 1987 (T). MT59 Dietfurt 1♂ 11. 6. 1960 (G). Boll 1♂ 5. 6. 1968 (LNK). MU02 Oberbergen 1♂ 2. 6. 1968 (Haeseler), 2♂♂ 6. 1987 Vogtsburg (W). MU12 Schönberg 1♂ 18. 5. 1974 (G). MU96 Bietenhausen, Kapfhalde 2♂♂,1♀ 7. 7. 1984 (W). NU07 Tübingen, Hirschauer Berg 2♀♀ 6. 6. u. 14. 6. 1978; 1♀ 16. 7. 1978 (W); 1♀ 14. 6. 1978 (S) (WESTRICH 1980). NA40 Werbach, Apfelberg 1♀ 25. 7. 1985 (W). Material: 9♂♂,16♀♀.
Lebensraum: Felshänge, Abwitterungshalden, von Trockenmauern durchzogene, extensiv genutzte Weinberghänge oder alte Weinbergbrachen. Als Nistplätze dienen ausschließlich Felswände, einzelne größere Gesteinstrümmer oder Trockenmauern. Die Art benötigt außerdem ein ausreichendes Angebot an kleinblütigen Fabaceen, vor allem an Hornklee.
Nistweise: Die Nester sind Freibauten aus 2–8 Brutzellen in Vertiefungen von Steinen oder Felsen. Als Baumaterial dient ein Mörtel aus Lehm oder lehmigem Sand und kleinen Steinchen. Das Nest wird in ähnlicher Weise wie bei *Osmia anthocopoides* gebaut, gewisse Unterschiede im Nestbauverhalten sind jedoch unverkennbar. Alte Nester werden gelegentlich wieder benützt. (BENOIST 1931, BLÜTHGEN 1916, 1920, WESTRICH 1980).
Blütenbesuch: Oligolektische Art, die auf Fabaceae

(Schmetterlingsblütler) spezialisiert ist. Hauptpollenquelle ist der Gewöhnliche Hornklee (*Lotus corniculatus*). Falls bei beginnender Brutversorgung noch der Hufeisenklee (*Hippocrepis comosa*) blüht, wird auch an ihm gesammelt, aber nur vereinzelt. Wahrscheinlich kommt auch noch der Weißklee (*Trifolium repens*) als Pollenquelle in Frage. – Die ♀♀ sammeln an den genannten Pflanzen auch Nektar, nicht nur für die Anreicherung des Larvenproviants, sondern auch, um beim Bau der Brutzellen das zunächst trockene Baumaterial zu befeuchten. Die ♂♂ patrouillieren neben *Hippocrepis* und *Lotus* auch potentielle Nistplätze der ♀♀.

Kuckucksbienen: *Dioxys tridentata*. PETIT (1970) vermutet *Coelioxys mandibularis*, was ich aufgrund der unterschiedlichen Größe bezweifeln möchte.

Phänologie: Univoltin. Flugzeit von Anfang Juni bis Mitte Juli (♂♂ 18. 5.–7. 7.; ♀♀ 25. 5.–21. 7.). Überwinterung als Ruhelarve im Kokon.

Bestandessituation: Die auch in früheren Jahren ziemlich seltene Art wurde seit 1975 nur noch an wenigen Stellen aufgefunden. Da sie nur sehr lokal vorkommt und ausgesprochen wärmeliebend ist, kann sie nur durch die Unterschutzstellung ihrer Lebensräume erhalten werden. Seit 1975 wurde sie aus vier Naturschutzgebieten bekannt.

RL: Stark gefährdet (2).

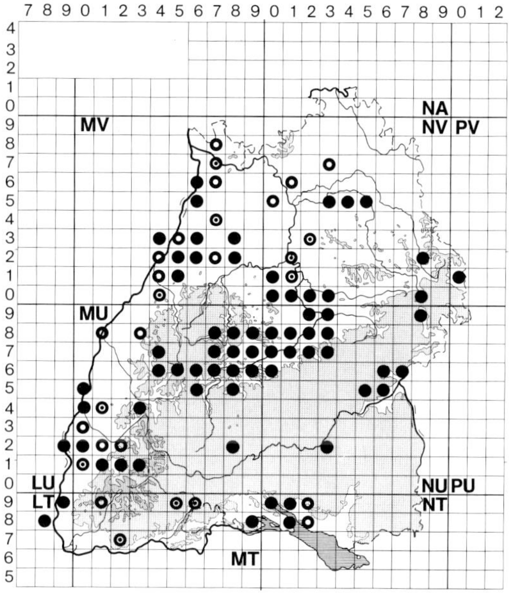

Osmia rufa

Osmia rufa

(Linnaeus 1758)
Syn.: *O. bicornis* Linnaeus 1758.

Verbreitung: Drei Rassen in weiten Teilen Europas und Nordafrikas: die Nominatrasse in Dänemark, Südschweden, England, auf der Iberischen Halbinsel, auf Sardinien und Korsika; die ssp. *cornigera* (Rossi 1790) in Mitteleuropa und weiten Teilen Süd- und Osteuropas; die ssp. *fracticornis* Pérez 1895 in Nordafrika und auf Mallorca. Zwischen *r. rufa* und *r. cornigera* gibt es breite Bastardierungszonen. Eine Verbreitungskarte gibt PETERS (1978). – In der Bundesrepublik Deutschland keine Verbreitungsgrenze. – In Baden-Württemberg weit verbreitet, von der Ebene bis in die höheren Lagen der Mittelgebirge (im Schwarzwald bis 1055 m). Die Art dürfte nahezu flächendeckend verbreitet sein. Material: 225♂♂,164♀♀.

Lebensraum: Waldränder, Waldlichtungen, Kahlschläge, Streuobstwiesen, Feldhecken, strukturreiche Weinbergbrachen, regelmäßig im Siedlungsbereich (synanthrope Art). Als Nistplätze dienen Löß- und Lehmwände, Trockenmauern, Totholzstrukturen, Brombeerhecken mit dürren Ranken, alte Holzschuppen, Gebäude. Nistplätze und Nahrungsräume sind in der Regel räumlich getrennt.

Nistweise: Nistet in vorhandenen Hohlräumen verschiedenster Form und Größe. Keine andere Mauerbiene weist in der Wahl ihres Nistplatzes eine ähnlich hohe Flexibilität auf. Folgende Hohlräume zur Anlage des Nestes wurden bekannt: Insektenfraßgänge in Holz, Ritzen im Wandverputz, Ritzen von Fensterrahmen, Löcher in Löß- und Lehmwänden, alte Nester von Pelzbienen (*Anthophora acervorum, A. fulvitarsis*), Schilfrohr von Reetdächern, Löcher von Strangfalzziegeln, eine leere Streichholzschachtel, eine Patronenhülse, eine Tapetenrolle, ein zusammengelegter Papierbogen, ein Türschloß, eine Flöte, ein Gummischlauch. Bei länger geöffneten Fenstern oder Türen werden bisweilen auch Löcher in Bücherregalen als Nistplatz gewählt. Besiedelt sehr schnell Nisthilfen, z.B. Bohrungen in Holz, Bambusröhrchen, Schilfhalme, Papphülsen (Innendurchmesser 5–6 mm). In Bohrgängen und Pflanzenstengeln sind die Nester Linienbauten mit bis zu 20 Brutzellen. In größeren Hohlräumen dagegen können oft bis zu 30 Brutzellen recht unregelmäßig aneinander gebaut sein. Als Baumaterial dienen an Gewässerrändern oder sonstigen feuchten Stellen gesammelte Erde oder Lehm. Der Mörtel wird mit Speichel durchmischt. (AERTS 1960, ALFKEN 1913, BELLEVOYE 1897b, BONELLI 1966b, 1967c, 1968a, BRECHTEL 1986, DESCY 1968, EHINGER 1919, FREE & WILLIAMS 1970,

Osmia rufa ♂. Mittelbrust und Flügel mit Milben besetzt.

Osmia rufa ♀

Friese 1891a, 1923, Grandi 1935, 1937, 1957, 1961, Hamm 1924, Haverhorst 1916, Holm 1973, Jacob-Remacle 1976, Julliard 1947, 1948, Losinski 1936, Maddocks & Paulus 1987, Malyshev 1937, Maneval 1929, Maréchal 1932, May 1927, H. Müller 1944, M. Müller 1907, Noll 1933, Oudemans 1901, Popovici-Baznosanu 1910, Rapp 1945, Raw 1972, 1976, Raw & O'Toole 1979, Schmiedeknecht 1882–1884, Smith 1876, Steinmann 1973, 1976, 1979, 1981, Tasei 1973a, 1973b, Thiede 1981, Vleugel 1952, Westrich 1979).

Blütenbesuch: Ausgesprochen polylektische Art (18 Pflanzenfamilien). Pollenquellen: Aceraceae: Spitz-Ahorn *(Acer platanoides)*, Feld-Ahorn *(Acer campestre)*, Berg-Ahorn *(Acer pseudoplatanus)*; Aquifoliaceae: Stechpalme *(Ilex aquifolium)*; Berberidaceae: Sockenblume *(Epimedium pinnatum)*; Betulaceae: Hainbuche *(Carpinus betulus)*; Boraginaceae: Gewöhnlicher Natterkopf *(Echium vulgare)*, Gewöhnlicher Beinwell *(Symphytum officinale)*; Brassicaceae: Raps *(Brassica napus)*, Acker-Senf *(Sinapis arvensis)*, Goldlack *(Cheiranthus cheiri)*; Caryophyllaceae: Große Sternmiere *(Stellaria holostea)*; Cistaceae: Gewöhnliches Sonnenröschen *(Helianthemum nummularium)*; Fabaceae: Hufeisenklee *(Hippocrepis comosa)*, Futter-Esparsette *(Onobrychis viciifolia)*, Zaun-Wicke *(Vicia sepium)*, Weißklee *(Trifolium repens)*, Roter Wiesenklee *(Trifolium pratense)*; Fagaceae: Stiel-Eiche *(Quercus robur)*; Juglandaceae: Walnuß *(Juglans regia)*; Lamiaceae: Gefleckte Taubnessel *(Lamium maculatum)*, Kriechender Günsel *(Ajuga reptans)*, Genfer Günsel *(Ajuga genevensis)*, Wiesen-Salbei *(Salvia pratensis)*; Papaveraceae: Saat-Mohn *(Papaver dubium)*, Sand-Mohn *(Papaver argemone)*, Schlaf-Mohn *(Papaver somniferum)*; Plantaginaceae: Spitz-Wegerich *(Plantago lanceolata)*; Ranunculaceae: Scharfer Hahnenfuß *(Ranunculus acris)*, Knolliger Hahnenfuß *(Ranunculus bulbosus)*, Kriechender Hahnenfuß *(Ranunculus repens)*, Scharbockskraut *(Ranunculus ficaria)*; Resedaceae: Wilde Resede *(Reseda lutea)*; Rosaceae: Schlehe *(Prunus spinosa)*, Weißdorn *(Crataegus)*, Brombeere *(Rubus fruticosus)*, Himbeere *(Rubus idaeus)*, Garten-Apfel *(Malus domestica)*, Garten-Birne *(Pyrus communis)*, Hecken-Rose *(Rosa canina)*, Chinesische Rose *(Rosa hugonis)*, Feuerdorn *(Pyracantha coccinea)*; Salicaceae: Weiden *(Salix)*. – Die Analysen der aus Süddeutschland stammenden Pollenladungen und Brutzellen ergaben hohe Anteile von *Acer-*, *Quercus-* und *Ranunculus*-Pollen; in einem Fall war ein Nest vollständig mit dem Pollen von *Carpinus betulus* verproviantiert. Free & Williams (1970), Raw (1974) und Brechtel (1986) fanden in den von ihnen untersuchten Brutzellen ebenfalls hohe Anteile von *Ranunculus*, außerdem von *Quercus* und *Rubus*. Daraus darf allerdings keine Bindung an diese Pflanzengattungen abgeleitet werden. Die von mir untersuchten Brutzellen bestätigten, daß *O. rufa* eine hohe Blütenstetigkeit zeigen kann, wenn gute Pollenspender in unmittelbarer Umgebung des Nestes eine hohe Blütendichte erreichen. So fand ich auch Nester, deren sämtliche Zellen fast ausschließlich Pollen von *Rosa hugonis* oder *Papaver dubium* enthielten. Die Brutzellen enthalten oft Pollen mehrerer Pflanzenarten, was in der Regel schon durch die unterschiedlichen Pollenfarben ersichtlich wird. Da der Larvenproviant nur sehr wenig Nektar enthält, spielen Nektarquellen für die Brutversorgung nur eine geringe Rolle.

Kuckucksbienen: Keine.

Phänologie: Univoltin. Anfang April bis Mitte Juni (♂♂29. 3.–15. 5.,♀♀4. 4.–28. 6.).Haupt-Nistaktivität von Anfang Mai bis Mitte Juni. Überwinterung als Imago im Kokon.

Bestandessituation: Aufgrund ihrer Anspruchlosigkeit kommt die Art in den verschiedensten Lebensräumen vor und ist insbesondere im Siedlungsbereich häufig. Sie dürfte sich in jedem Dorf und in jeder Stadt Süddeutschlands auffinden lassen. Sie ist mit einfachen Mitteln anzusiedeln und zu vermehren. Die Bestandessituation ist in Baden-Württemberg ausgesprochen befriedigend, so daß diese häufigste *Osmia*-Art nicht gefährdet ist.

Osmia rufohirta

Latreille 1811

Verbreitung: Süd- und Mitteleuropa, nordwärts bis nach Mitteldeutschland (Thüringen). – In der Bundesrepublik Deutschland nur in den südlichen Bundesländern. – In Baden-Württemberg weit verbreitet, von der Ebene bis in die höheren Lagen der Mittelgebirge (ca. 800 m). Insgesamt etwas seltener als *O. aurulenta* und *O. bicolor*. Material: 17♂♂, 67♀♀.

Lebensraum: Binnendünen, Felshänge, Abwitterungshalden, extensiv beweidete oder brachgefallene Wacholderheiden, strukturreiche, alte Weinbergbrachen, aufgelassene Steinbrüche, im Bereich der Schwäbischen Alb auch ausgedehnte, nicht künstlich begrünte, steinige Straßenböschungen.

Nistweise: Nistet in leeren Schneckenhäusern der Heideschnecken *Helicella itala* und *Helicella obvia*, in Italien auch von *Helicella ammonis* und *Cyclostoma elegans*. Zum Bekleben des Schneckenhauses

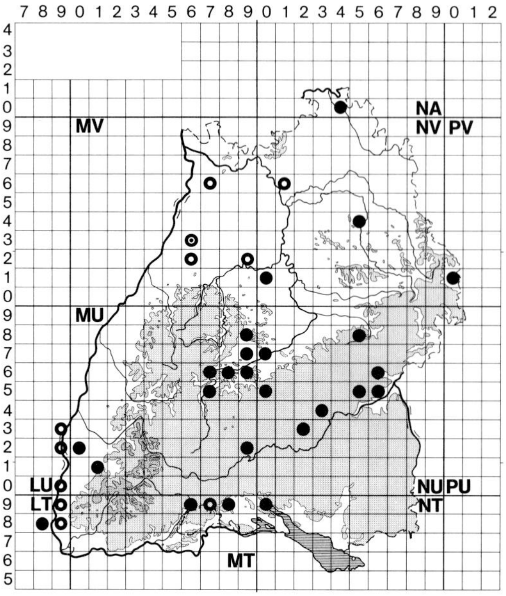

Osmia rufohirta

und für den Bau der Verschlußwand werden zerkaute Pflanzenteile (Pflanzenmörtel) und (nur für den Nestverschluß) Steinchen und Erdbrocken verwendet. In jedem Schneckenhaus befindet sich nur eine Brutzelle. Nach der Wahl eines Schneckenhauses und nach Fertigstellung der Brutzelle und des Nestverschlusses wird das Schneckenhaus an einen anderen Ort »gerollt«. (BELLMANN 1981, BONELLI 1971, 1972, GRANDI 1937, 1957, 1961, GROZDANIĆ 1969, FERTON 1894, 1897, 1901, 1905).

Blütenbesuch: Polylektische Art (2 Pflanzenfamilien). Pollenquellen: Cistaceae: Gewöhnliches Sonnenröschen *(Helianthemum nummularium)*; Fabaceae: Hufeisenklee *(Hippocrepis comosa)*, Gewöhnlicher Hornklee *(Lotus corniculatus)*, Futter-Esparsette *(Onobrychis viciifolia)*. Fabaceae werden etwas bevorzugt.

Kuckucksbienen: Vermutlich keine.

Phänologie: Univoltin. Flugzeit von Mitte Mai bis Anfang Juli (♂♂ 30. 4.–16. 7.; ♀♀ 5. 5.–3. 9.). Überwinterung als Imago im Kokon im Schneckenhaus.

Bestandessituation: Vor allem auf der Schwäbischen Alb und am Oberen Neckar konnte die Art seit 1975 noch an zahlreichen Orten und in mehreren Naturschutzgebieten angetroffen werden. In diesen Gebieten ist sie derzeit wenig bedroht, dagegen ist sie in niederen Lagen, wo sie auch schon früher seltener war, im Bestand rückläufig und durch Lebensraumverlust gefährdet.

RL: Gefährdet (3).

Osmia spinulosa

(Kirby 1802)

Verbreitung: Europa von England bis zum Ural mit Ausschluß des hohen Nordens. In Mitteleuropa weit, aber vielfach nur inselartig verbreitet und auf die wärmeren Lagen beschränkt. In den Alpen bis 2000 m. In Südeuropa vor allem in höheren Lagen (TKALCŮ 1974). – In der Bundesrepublik Deutschland keine Verbreitungsgrenze, aber im Norden nur vereinzelt. – In Baden-Württemberg weit verbreitet, vor allem im Hügelland und in den Mittelgebirgen. Material: 45♂, 69♀♀.

Lebensraum: Siedlungsschwerpunkt in trockenwarmen Lebensräumen: Binnendünen und Flugsandfelder, Abwitterungshalden, stillgelegte Steinbrüche, brachgefallene Schafweiden (Wacholderheiden), warme Waldsäume, strukturreiche, alte Weinbergbrachen, einmähdige Magerwiesen, selten auch trockenwarme Ruderalstellen.

Nistweise: Nistet in Schneckenhäusern der Heideschnecken *Helicella itala* und *H. obvia* sowie der Hainzirkelschnecke *Cepaea nemoralis*, vermutlich auch anderer kleinerer Schneckenarten, z. B. der Vielfraßschnecke *Zebrina detrita*. Als Baumaterial dienen zerkaute Pflanzenteile (Pflanzenmörtel) und nicht wie früher von GEHRS aufgrund einer Fehldeutung vermutet, Hasenlosung oder Schafdung. Einzelheiten des Nestbauverhaltens noch unbekannt. (ALFKEN 1913, FRIESE 1893b, GEHRS 1902, GRANDI 1957, STOECKHERT 1919).

Blütenbesuch: Oligolektische, auf Asteraceae (Korbblütler) spezialisierte Art. Eine Bevorzugung bestimmter Korbblütler ist nicht erkennbar. Pollenquellen: Färber-Kamille *(Anthemis tinctoria)*, Acker-Kamille *(Anthemis arvensis)*, Rauher Alant *(Inula hirta)*, Weiden-Alant *(Inula salicina)*, Schwert-Alant *(Inula ensifolia)*, Weidenblättriges Ochsenauge *(Buphthalmum salicifolium)*, Ruhr-Flohkraut *(Pulicaria dysenterica)*, Herbst-Aster *(Aster amellus)*, Jakobs-Greiskraut *(Senecio jacobaea)*, Kugeldistel *(Echinops spaerocephalus)*, Gewöhnliche Kratzdistel *(Cirsium vulgare)*, Acker-Kratzdistel *(Cirsium arvense)*, Krause Distel *(Carduus crispus)*, Gewöhnliche Flockenblume *(Centaurea jacea)*, Skabiosen-Flockenblume *(Centaurea scabiosa)*, Wegwarte *(Cichorium intybus)*, Gewöhnliches Bitterkraut *(Picris hieracioides)*, Herbst-Löwenzahn *(Leontodon autumnalis)*, Kleines Habichtskraut *(Hieracium pilosella)*. – Auf der Schwäbischen Alb hat *Buphthalmum* eine hohe Bedeutung als Pollenquelle. Die ♀♀ sind wenig blütenstet; während eines Ausflugs besuchen sie regelmäßig bis zu 4 verschiedene Asteraceen (z. B. *Hiera-*

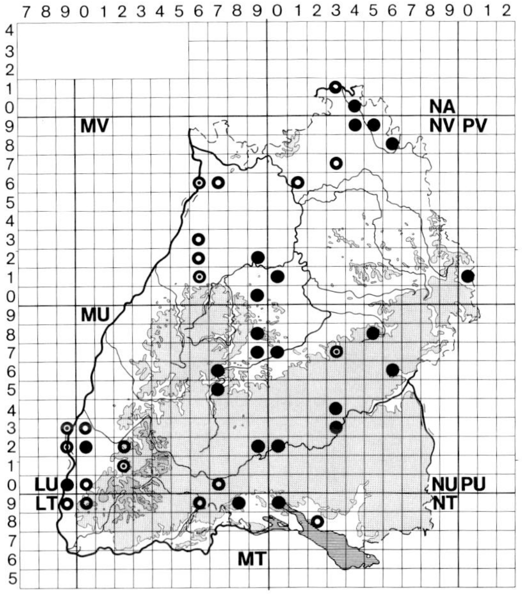

Osmia spinulosa

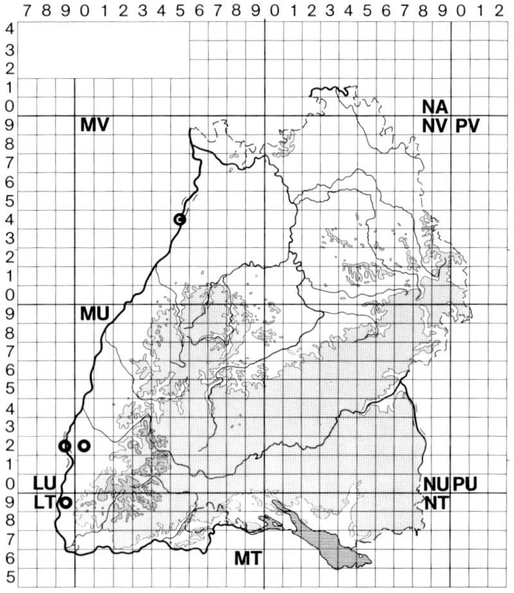

Osmia submicans

cium/Centaurea/Anthemis/Echinops). Die genannten Pflanzenarten dienen auch als Nektarquellen.
Kuckucksbienen: *Stelis odontopyga.*
Phänologie: Univoltin. Flugzeit von Anfang Juni bis Mitte August (♂♂ 25. 5.–29. 7.; ♀♀ 30. 5.–16. 9.). Überwinterung als Ruhelarve im Schneckenhaus.
Bestandessituation: Die Art kommt heute noch zerstreut in den Muschelkalkgebieten und auf der Schwäbischen Alb vor. Da sie überwiegend in extensiv oder nicht genutzten Trockenbiotopen vorkommt, ist sie durch jegliche Form intensiverer Nutzung, durch Aufforstungen oder natürliche Sukzession (Wiederbewaldung von Magerrasen) gefährdet. Der Rückgang ist in niederen Lagen stärker als in den Mittelgebirgen. Seit 1975 wurde sie in mehreren Naturschutzgebieten festgestellt.
RL: Gefährdet (3).

Osmia submicans
Morawitz 1871

Verbreitung: Südeuropa, zerstreut in Mitteleuropa. – In der Bundesrepublik nur vereinzelte Nachweise. Rheinland-Pfalz: Martinstein im Nahetal (Schoop 1951), Mainzer Raum; Bayern: verschiedene Orte im Maintal. – In Baden-Württemberg nur sehr vereinzelte Nachweise im Markgräfler Hügelland, im Kaiserstuhl und in der nördlichen Oberrheinebene.

Funddaten: LT99 Niederweiler, Innerberg 1♂, 2♀♀ 1925–1927; 2♂♂, 3♀♀ 1936 (MNF) (Strohm 1925). LU92 Achkarren, Ihringen, Burkheim, Bickensohl 9♀♀ 1923–1926 (MNF) (Lauterborn 1924, Strohm 1924, 1925, 1933). MU02 Oberbergen, Hessleterbuck 1♀ 20. 6. 1935 (MNF). MV54 Rußheim, Altrhein 1♂ 17. 5. 1969 (S) (Westrich 1983a).
Lebensraum: Die bisherigen Funde lassen auf eine gewisse Bevorzugung trockenwarmer Lebensräume schließen. Als Nistplätze dienen Totholzstrukturen wie teilweise oder ganz abgestorbene Bäume und alte Holzpfosten, Brombeerhecken, Löß- und Lehmwände, Felswände, Trockenmauern.
Nistweise: Nistet in vorhandenen Hohlräumen, besonders in Fraßgängen in totem Holz, auch in verlassenen Nestern der Mörtelbiene *(Megachile parietina)*, in Hohlräumen von Felsen, vielleicht auch in dürren Brombeerranken. Besiedelt auch Nisthilfen, z.B. Bohrungen in Holz. Als Baumaterial dienen zerkaute Pflanzenteile (Pflanzenmörtel) und kleine Sandkörnchen. (Benoist 1931, Ferton 1908, Giraud 1866, Maneval 1939, Wafa & El Berry 1971a, 1971b).
Blütenbesuch: Wahrscheinlich polylektisch, wenn auch in Süddeutschland bisher nur Fabaceae (Schmetterlingsblütler) als Pollenquellen nachgewiesen sind. Hauptpollenquellen dürften Hufeisenklee *(Hippocrepis comosa)* und Gewöhnlicher Hornklee *(Lotus corniculatus)* sein.
Kuckucksbienen: Unbekannt.

Osmia tridentata ♂

Phänologie: Univoltin. Flugzeit von Mai bis Juni (♂♂ 20. 4.–21. 5.; ♀♀ 3. 5.–29. 6.).
Bestandessituation: Die in Baden-Württemberg sehr seltene Art wurde in den vergangenen 50 Jahren nur einmal (1969) im Einzugsbereich des Naturschutzgebiets »Rußheimer Altrhein« nachgewiesen. Möglicherweise existiert diese Population noch, da sie in diesem Gebiet ungefährdet sein dürfte. Die früheren Vorkommen in Südbaden, besonders im Kaiserstuhl, sind vermutlich erloschen. RL: Potentiell gefährdet (4).

Osmia tridentata

Dufour & Perris 1840

Verbreitung: Südeuropa; in Mitteleuropa nordwärts bis Berlin (Gerstäcker 1869, Markowsky 1929, 1938b, Schirmer 1911). – In der Bundesrepublik Deutschland bis zum Mittelrhein. – In Baden-Württemberg nur zerstreut in der südlichen und nördlichen Oberrheinebene, im Neckarbecken, am Oberen Neckar und im Schwarzwald. Alle bisherigen Fundorte liegen unterhalb 500 m, nur einer liegt ca. 700 m hoch (Freudenstadt). Funddaten ab 1960: LU92 Burkheim 1♂ 1. 6. 1968 (Haeseler). LU92 Ihringen 7.1985 (beob.). MU02 Oberbergen, Badberg 1♀ 7.1987 (beob.). MU86 Bieringen 25. 7. 1985 (W). MV65 Philippsburg 7.1985 (beob.). MV66 Ketsch 1♂ 29. 7. 1964 (G). NU07 Tübingen, Spitzberg zahlreiche ♂♂, ♀♀ 1978–1988 (W, beob.) (Westrich 1980). Material: 15♂♂, 28♀♀.
Lebensraum: Siedlungsschwerpunkt an Ruderalstellen trockenwarmer Standorte, darüber hinaus auch in strukturreichen, alten Weinbergbrachen, auf Bahndämmen und an warmen Waldrändern.
Nistweise: Nistet in selbstgenagten Hohlräumen in markhaltigen, dicken, dürren Stengeln von Königskerzen *(Verbascum)*, Beifuß *(Artemisia)*, Karden *(Dipsacus)* und Feinstrahl *(Erigeron)* oder in Ranken von Brombeeren *(Rubus)*. Einzelne, aufrecht stehende Stengel werden gegenüber Brombeerranken, die mit ihrem Ende nach unten gerichtet sind, bevorzugt. Der Nesteingang befindet sich entweder am Ende des abgebrochenen oder abgeschnittenen Stengels, wo das Mark frei zugänglich ist, oder auf der Seite des Stengels, indem durch die verholzte Stengelwand ein Loch (Durchmesser 5–6 mm) genagt wird. Die Nester sind Linienbauten und enthalten bis zu 34 Brutzellen. Als Baumaterial für die Zellzwischenwände und den Nestverschluß dienen zerkaute Pflanzenteile (Pflanzenmörtel), dabei wer-

Osmia tridentata ♀

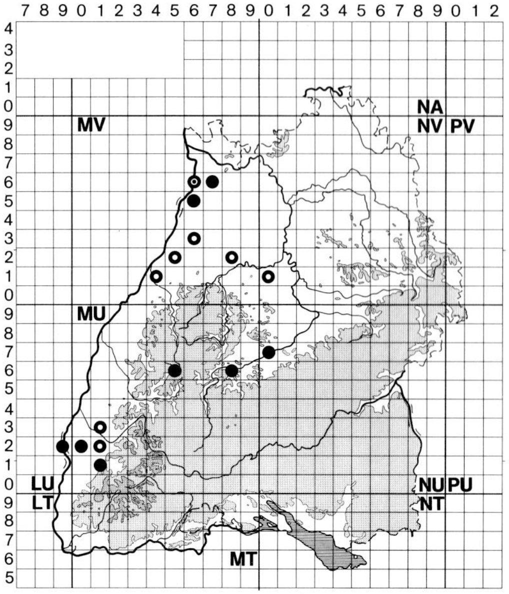

Osmia tridentata

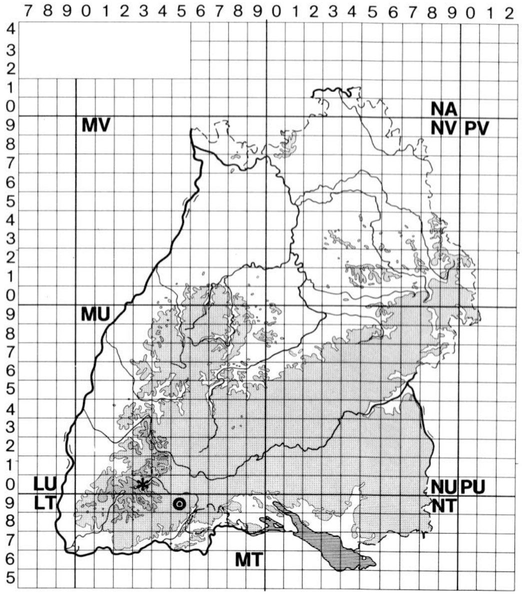

Osmia tuberculata

den v.a. für den Nestverschluß, teils auch für die Zwischenwände, zusätzlich Markpartikel verwendet. Die ♂♂ patrouillieren dürre Stengel als potentielle Schlüpforte der ♀♀. Beim Schlüpfen nagen sich die Tiere oft ein kreisrundes Loch seitlich durch die Stengelwand. (DUFOUR & PERRIS 1840, ENSLIN 1925, FABRE 1879–1886, FRIESE 1891a, GOUREAU 1858, GRANDI 1954, MALYSHEV 1936, 1937, MARKOWSKY 1940b, MÜLLER 1844, VERHOEFF 1892b).

Blütenbesuch: Oligolektische, auf Fabaceae (Schmetterlingsblütler) spezialisierte Art. Pollenquellen: Gewöhnlicher Hornklee *(Lotus corniculatus)*, Futter-Esparsette *(Onobrychis viciifolia)*, Luzerne *(Medicago sativa)*, Weißer Steinklee *(Melilotus alba)*, Wiesen-Platterbse *(Lathyrus pratensis)*, Wilde Platterbse *(Lathyrus sylvestris)*, Knollen-Platterbse *(Lathyrus tuberosus)*, Breitblättrige Platterbse *(Lathyrus latifolius)*. Gelegentlich weichen die ♀♀ auf Gewöhnlichen Natterkopf *(Echium vulgare)* aus. – Untersuchte Brutzellen enthielten Pollen von 2–3 Fabaceen. Auch in den Pollenladungen wurden meist Pollen von 2 Pflanzenarten nachgewiesen (z.B. *Lotus/Lathyrus*).

Kuckucksbienen: *Stelis minuta* und *Stelis ornatula.*

Phänologie: Univoltin. Flugzeit von Mitte Juni bis Anfang August (♂♂ 16. 5.–29. 7.; ♀♀ 11. 6.–2. 9.). Überwinterung als Ruhelarve im Kokon.

Bestandessituation: Der begrenzende Faktor für das Vorkommen dieser wärmeliebenden Offenlandsart ist ein dichtes Netz geeigneter Nistplätze, die in intensiv genutzten und strukturarmen Landschaften nicht mehr oder kaum noch vorhanden sind. Gleichzeitig müssen in der Umgebung des Nistplatzes ausreichend Schmetterlingsblütler wachsen. Da die Kombination beider Requisiten immer seltener wird, ist die Art gefährdet. Schutzmaßnahmen bestehen in erster Linie in einer Duldung und Förderung der Pioniervegetation. Günstig erweisen sich alte Brombeerhecken an warmen Waldrändern in Kontakt mit Magerrasen.
RL: Gefährdet (3).

Osmia tuberculata

(Nylander 1848)

Verbreitung: Die Nominatform von Schweden und Finnland über Nordost-Europa bis Sibirien; im mitteleuropäischen Verbreitungsgebiet die ssp. *cylindrica* Giraud 1857 (TKALCŮ 1977b). In den Alpen bis 2200 m. – In der Bundesrepublik Deutschland außerhalb der Alpen nur in Bayern (Voralpengebiet) und in Baden-Württemberg. – In Baden-Württemberg nur im Wutach- und Feldberggebiet nachgewiesen. Funddaten: MT59 Boll 3♀♀ 8. 6. 1960 (LNK) (STRITT 1962); Boll 3♂♂, 5♀♀ 9. 6.–16. 6. 1962; 3♂♂, 3♀♀ 2.–3. 6. 1963; 1♂, 1♀ 6.–16. 6. 1965 (LNK). Nicht belegte Angabe: »Falkau« (MÜLLER 1944).

Lebensraum: Aus dem Alpenraum ist mir die Art

vorwiegend von Waldrändern, Viehweiden und Sennen bekannt. Als Nistplätze dienen dort Baumstrünke, zerfressene Holzpfosten und Balken von Scheunen, Sennhütten und Holzschuppen, gelegentlich auch alte Holzklafter.

Nistweise: Nistet in vorhandenen Hohlräumen, besonders in Fraßgängen in totem Holz. Die Nester sind Linienbauten. Als Baumaterial für Zwischenwände und Nestverschluß dient Lehm. (Frey-Gessner 1908–1912, Friese 1891a, 1923, Gutbier 1916, Schmiedeknecht 1882–1884, Stoeckhert 1933, Stritt 1962, Trautmann 1918).

Blütenbesuch: Polylektische Art (6 Pflanzenfamilien) (vgl. Käpylä 1978b). Pollenquellen: Cistaceae: Gewöhnliches Sonnenröschen *(Helianthemum nummularium)*; Ericaceae: Heidelbeere *(Vaccinium myrillus)*; Fabaceae: Gewöhnlicher Hornklee *(Lotus corniculatus)*, Zaun-Wicke *(Vicia sepium)*, Frühlings-Platterbse *(Lathyrus vernus)*, Luzerne *(Medicago sativa)*, Weißklee *(Trifolium repens)*; Liliaceae: Maiglöckchen *(Convallaria majalis)*, Salomonssiegel *(Polygonatum odoratum)*; Ranunculaceae: Hahnenfuß *(Ranunculus)*; Rosaceae: Bach-Nelkenwurz *(Geum rivale)*. – Die ♀♀ sammeln teils blütenstet, teils werden auf einem Sammelflug 2 Pflanzenarten aus 1–2 Pflanzenfamilien genutzt.

Kuckucksbienen: *Stelis phaeoptera.*

Phänologie: Univoltin. Flugzeit von Anfang Juni bis Mitte Juli (♂♂ 15. 5.–16. 6.; ♀♀ 15. 5.–13. 7.). Überwinterung vermutlich als Ruhelarve im Kokon.

Bestandessituation: Wenn auch ein Nachweis nach 1965 aussteht, so ist nicht auszuschließen, daß die Art heute noch im Wutach- und Feldberggebiet vorkommt. Eine akute Gefährdung ist dort nicht zu erkennen, eher sogar eine gewisse Nistplatzerweiterung durch die in den Hochlagen zunehmend absterbenden Bäume. Möglicherweise gibt es noch weitere dealpine Vorkommen an anderen Stellen im Hochschwarzwald.

Osmia uncinata

Gerstäcker 1869

Verbreitung: Nord- und Mitteleuropa. In den Alpen bis 2000 m. – In der Bundesrepublik Deutschland keine Verbreitungsgrenze. – In Baden-Württemberg sehr zerstreute Nachweise, von der Ebene bis in die höheren Lagen der Mittelgebirge. Funddaten: LU92 Breisach 1♀ 5.1987 (W). MU00 Kirchhofen 1♂ 8. 4. 1934 (NK). MU40/50 Wutachgebiet 1♀ 7. 3. 1933 (NK). MU76 Horb 1♀ 20. 4.

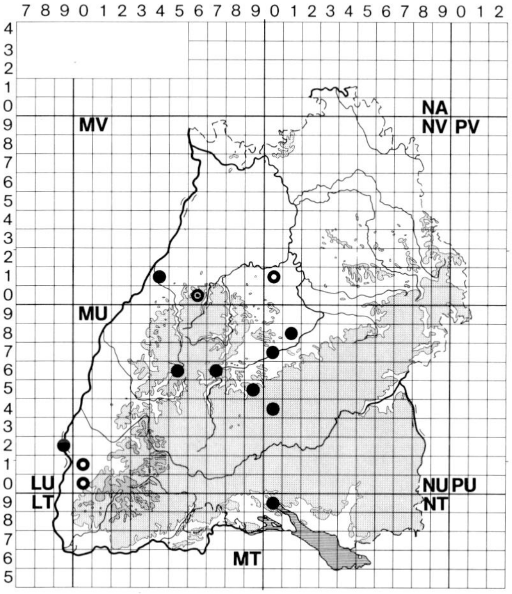

Osmia uncinata

1983 (W). MU95 Hechingen 1♀ 1984 (W). MV53 Eggenstein 1♂ 25. 4. 1924 (LNK) (Leininger 1927). MV60 Calmbach 1♂ 27. 5. 1964 (LNK). MV63 Untergrombach 1♂ 1. 5. 1976 (S). Friedrichsthal 1♀ 5. 7. 1919 (NK). NT09 Sipplingen 1♀ 20. 5. 1981 (W). NU07 Tübingen 1♀ 15. 6. 1978; 1♀ 9. 6. 1984 (W). NU18 Walddorfhäslach 1♂ 28. 5. 1979; 2♀♀ 14. 5. 1979; 1♀ 28. 5. 1979; 1♀ 30. 6. 1979 (W) (Westrich 1980). NV01 Markgröningen 1♀ 25. 5. 1931 (SMNS) (Schwammberger 1969).

Lebensraum: Siedlungsschwerpunkt in Waldgebieten, daher v.a. in lichten Wäldern, auf Waldlichtungen und an Waldrändern. Als Nistplätze dienen Totholzstrukturen wie abgestorbene Bäume, Baumstrünke, Kiefernstämme oder am Boden liegende Rindenstücke.

Nistweise: Noch wenig bekannt. Bisher gefundene Nester waren hinter der Rinde von Kiefernstrünken und Kiefernstämmen oder in am Boden liegender Rinde angelegt. Die Art nistet vermutlich auch in Fraßgängen in totem Holz. (Friese 1891a, Stoeckhert 1933).

Blütenbesuch: Polylektische Art (10 Pflanzenfamilien). Pollenquellen: Asteraceae: Wiesen-Löwenzahn *(Taraxacum officinale)*; Boraginaceae: Gewöhnliches Lungenkraut *(Pulmonaria officinalis)*; Cistaceae: Gewöhnliches Sonnenröschen *(Helianthemum nummularium)*; Cornaceae: Roter Hartriegel *(Cornus sanguinea)*; Ericaceae: Heidelbeere *(Vaccinium myrtillus)*, Rauschbeere *(Vaccinium uli-*

ginosum), Preiselbeere *(Vaccinium vitis-idaea)*; Fabaceae: Hufeisenklee *(Hippocrepis comosa)*, Gewöhnlicher Hornklee *(Lotus corniculatus)*, Frühlings-Platterbse *(Lathyrus vernus)*, Zaun-Wicke *(Vicia sepium)*, Futter-Esparsette *(Onobrychis viciifolia)*, Weißklee *(Trifolium repens)*, Roter Wiesenklee *(Trifolium pratense)*; Lamiaceae: Wiesen-Salbei *(Salvia pratensis)*, Gundermann *(Glechoma hederacea)*; Ranunculaceae: Scharfer Hahnenfuß *(Ranunculus acris)*; Rosaceae: Frühlings-Fingerkraut *(Potentilla verna)*, Brombeere *(Rubus fruticosus)*; Salicaceae: Sal-Weide *(Salix caprea)*. – Ein Großteil der Pollenladungen der ♀♀ sind Mischladungen aus dem Pollen von 2 Pflanzenarten aus 1 oder 2 Pflanzenfamilien.
Kuckucksbienen: Unbekannt.
Phänologie: Univoltin. Flugzeit von Ende April bis Anfang Juli (♂♂ 8. 4.–27. 5.; ♀♀ 26. 4.–3. 7.).
Bestandessituation: Für die »häufigste« der Wald-Osmien scheint derzeit noch keine akute Gefährdung zu bestehen. Die Beseitigung von Totholzstrukturen kann aber zumindest lokal zu Verlusten führen. Als besonders günstig für die Bestandesentwicklung erweisen sich strukturreiche Waldränder, die unmittelbar an magere Wiesen grenzen. Seit 1975 wurde die Art noch aus mehreren Naturschutzgebieten bekannt.

Osmia versicolor

Latreille 1811

Verbreitung: Südeuropa, nur sehr vereinzelt in Mitteleuropa. – In der Bundesrepublik Deutschland nur aus dem Süden bekannt. Rheinland-Pfalz: Neunhofen (Lauterborn 1925); Bayern: Eichstätt (Bachmann 1912). In Baden-Württemberg nur von insgesamt drei Fundorten im Kaiserstuhl, in der Baar und am nördlichen Bodensee bekannt. Funddaten: MU02 Badberg bei Oberbergen 1♀ 5. 6. 1938 (NK); Oberbergen 1♀ 14. 7. 1969 (Haeseler). MU70 Geisingen 1♀ 31. 5. 1925; 1♂ 28. 5. 1928 (MNF) (Strohm 1925). NT09 Sipplingen 1♀ 4. 6. 1925 (MNF) (Strohm 1925).
Lebensraum: Die bisher bekannten Funde dieser sehr mediterranen Art in Südwestdeutschland stammen alle von ausgesprochen trockenwarmen Lebensräumen.
Nistweise: Nistet in leeren Schneckenhäusern geringer Größe. Einzelheiten des Nestbauverhaltens noch unbekannt.
Blütenbesuch: Vermutlich polylektische Art, von der in Baden-Württemberg bisher aber nur folgende Fabaceae (Schmetterlingsblütler) als Pollen-

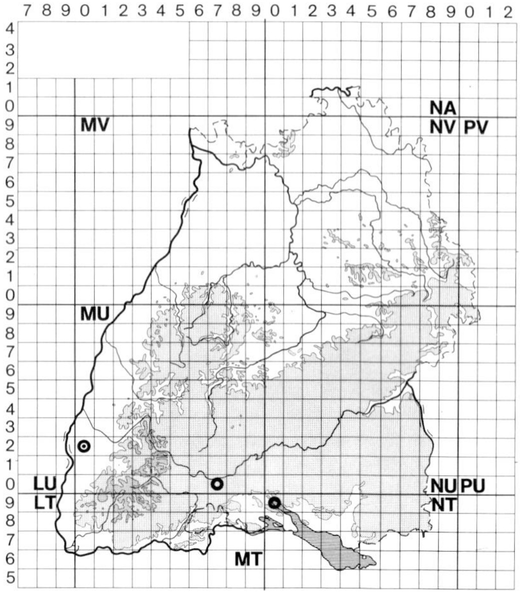

Osmia versicolor

quellen belegt sind: Gewöhnlicher Hornklee *(Lotus corniculatus)*, Futter-Esparsette *(Onobrychis viciifolia)*. Beobachtungen in Südeuropa lassen jedoch vermuten, daß die Art nicht auf Schmetterlingsblütler spezialisiert ist.
Kuckucksbienen: Unbekannt.
Phänologie: Univoltin. Flugzeit von Mitte Mai bis Mitte Juli.
Bestandessituation: Nach 1938 wurde die Art nur noch einmal im Jahre 1969 bei Oberbergen nachgewiesen. Möglicherweise kommt sie im Gebiet des Badbergs oder anderer Magerrasenkomplexe im Kaiserstuhl noch vor. Aufgrund ihrer Nistweise, ihrer Bindung an xerotherme Lebensräume und ihrer großen Seltenheit ist diese Art in Baden-Württemberg vom Aussterben bedroht.
RL: Vom Aussterben bedroht (1).

Osmia villosa

(Schenck 1853)
Syn.: *O. platycera* Gerstäcker 1869.

Verbreitung: West-, Mittel- und Osteuropa. In Mitteleuropa v. a. in den Alpen (bis 2100 m) und in den Mittelgebirgen. – In der Bundesrepublik Deutschland nur zerstreut und nordwärts wohl nur bis zum Rand der Mittelgebirge. – In Baden-Württemberg nur sehr vereinzelte Nachweise, überwiegend in Lagen oberhalb 500 m. Funddaten ab 1960: MU21

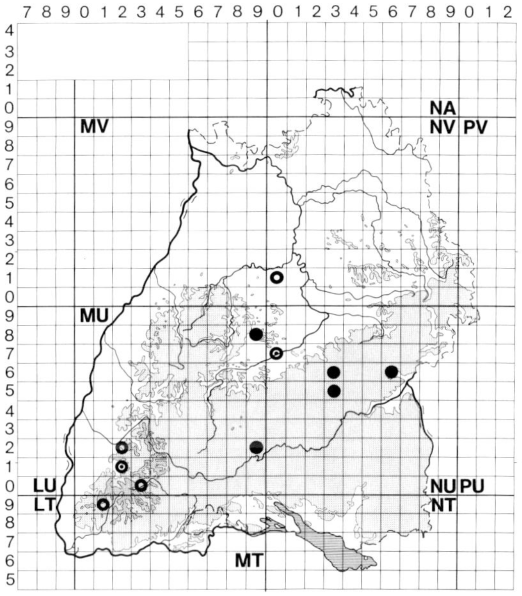

Osmia villosa

Wittental 1♂ 17. 5. 1962 (G); 1♀ 6. 7. 1964 (G) (Gauss 1967). MU92 Kolbingen 2♀♀ 19.–20. 7. 1986 (T). MU98 Breitenholz 1♂ 4. 6. 1984 (W). NU07 Tübingen 1♀ 27. 5. 1961 (W) (Schmidt 1966). NU35 Buttenhausen 1♀ 6. 7. 1977 (Schwammberger). NU36 Seeburg 1♀ 24. 6. 1983 (W). NU66 Blaustein 1♀ 27. 6. 1982 (W). Material: 4♂♂, 16♀♀.

Lebensraum: Siedlungsschwerpunkt auf Felshängen und Abwitterungshalden; auch in stillgelegten Steinbrüchen und in strukturreichen, von Trockenmauern durchzogenen Weinbergbrachen, gelegentlich auch an Bahndämmen und in Gleisanlagen. Als Nistplätze dienen v.a. Felsen und Mauern.

Nistweise: Nistet in Hohlräumen und Vertiefungen von Felsen oder größeren Steinen, zwischen aufeinander liegenden Steinen oder zwischen Rindenstükken. Nester fanden sich auch in den Vertiefungen der Schotterschlacken eines Gleisbettes sowie unter großen Bolzen von Gleisen. Meist liegen mehrere Brutzellen dicht nebeneinander. Diese bestehen hauptsächlich aus Ausschnitten von Blütenblättern verschiedener Pflanzen v.a. vom Wald-Storchschnabel *(Geranium sylvaticum)*. Verwendung finden aber auch Rosen *(Rosa)*, Sonnenröschen *(Helianthemum)*, Hahnenfuß *(Ranunculus)* und Mohn *(Papaver)*. Die Blattschichten werden mit einem Mörtel aus Sand oder Lehm verklebt. Offensichtlich können die Zellen auch nur aus Blütenblättern bestehen. (Benoist 1931, Ducke 1898, Enslin 1922, Friese 1893b, 1895b, Maneval 1932, Morawitz 1872, Müller 1907, Petit 1970, 1977).

Blütenbesuch: Oligolektische, auf Asteraceae (Korbblütler) spezialisierte Art, die überwiegend Cichorieen besucht. Pollenquellen: Rauher Löwenzahn *(Leontodon hispidus)*, Wiesen-Pippau *(Crepis biennis)*, Wegwarte *(Cichorium intybus)*, Gewöhnliches Bitterkraut *(Picris hieracioides)*, Kleines Habichtskraut *(Hieracium pilosella)*, Perücken-Flokkenblume *(Centaurea pseudophrygia)*, Gewöhnliche Kratzdistel *(Cirsium vulgare)*, Rainfarn *(Tanacetum vulgare)*. – Rund die Hälfte der untersuchten Pollenladungen waren Mischladungen aus dem Pollen von zwei Asteraceen.

Kuckucksbienen: Unbekannt.

Phänologie: Univoltin. Flugzeit von Ende Mai bis Mitte Juli (♂♂ ab 17. 5.; ♀♀ 27. 5.–21. 8.).

Bestandessituation: Aufgrund ihrer Nistweise und ihrer Nahrungsansprüche braucht die Art ein Requisitenangebot, das in der benötigten Kombination zunehmend rarer wird. Daher ist die ohnehin im Gebiet recht seltene und meist nur einzeln anzutreffende Art stark gefährdet. Der größte Teil der aktuellen Vorkommen kann nur durch die Unterschutzstellung ihrer Lebensräume erhalten werden. Dabei ist vor allem auf ein ausreichendes Angebot von frühsommerlichen Korbblütlern zu achten.

RL: Stark gefährdet (2).

Osmia xanthomelana

(Kirby 1802)

Verbreitung: Die Nominatform in Mitteleuropa einschließlich Süd-England bis Ost-Europa (Tkalců 1983). In den Alpen bis 2000 m. In den Pyrenäen in der von Tkalců 1983 beschriebenen ssp. *clarior*. – In der Bundesrepublik nur in den südlichen Bundesländern, dort vor allem in den Mittelgebirgen. – In Baden-Württemberg nur sehr vereinzelte Nachweise im Hochschwarzwald im Wutachgebiet, im Taubergießen, am Oberen Neckar, im Mittleren Albvorland und am Bodensee. Mit einer Ausnahme (Taubergießen) stammen alle Funde aus Lagen oberhalb 500 m. Funddaten: MT19 Künaberg 1♀ 1. 5. 1943 (NK). MU40/50 Wutach 2♀♀ 5.1943 (NK). MU04 Taubergießen 2♂♂,2♀♀ 8. 6. 1968 (G). MU30 Hinterzarten 1♂ 5. 6. 1962 (NK). MU76 Dettingen 1♀ 13. 6. 1984 (W). NT09 Sipplingen 3♂♂,1♀ 23. 5.29 (MNF). NU16 Pfullingen 1♂ 18. 5. 1981 (W) (vgl. auch Westrich 1983a). Nicht belegte Angabe: »Freiburg« (Strohm 1924).

Lebensraum: Siedlungsschwerpunkt an strukturrei-

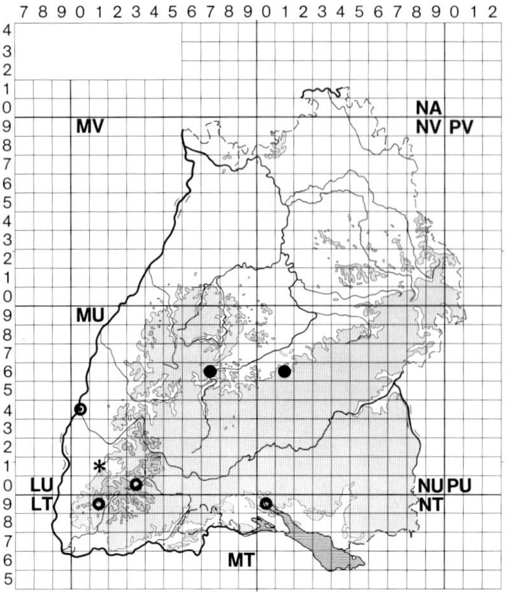

Osmia xanthomelana

chen, sonnigen Waldrändern, die an Magerrasen grenzen, und auf Trockenhängen. Als Nistplätze dienen trockene Stellen, in den Alpen auch die Südseiten von Ställen und Bargen.
Nistweise: Nistet in dürren Grasbüscheln oder im lockeren Genist dürrer Fichtennadeln, auch zwischen Graswurzeln in lockerem Erdreich; Nester fanden sich auch in einem mulmigem Baumstumpf sowie unter einem trockenen Kuhfladen und unter einem Brett. Gelegentlich nisten mehrere ♀♀ dicht beieinander. Die aufrecht stehenden 4–7 Brutzellen eines Nestes werden aus Lehm gebaut und sind teilweise mit den Grashalmen oder Wurzeln verbunden. Das Baumaterial wird an feuchten, lehmigen Stellen gesammelt, wobei eine Entfernung von 250 m vom Nest beobachtet wurde. (BUDDEBERG 1895, ENSLIN 1920, FRIESE 1891a, 1923, SCHMIEDEKNECHT 1882–1884, STEINMANN 1979, STOECKHERT 1933, WATERHOUSE 1844).
Blütenbesuch: Oligolektische, auf Fabaceae (Schmetterlingsblütler) spezialisierte Art, die offensichtlich nur die zwei folgenden Arten als Pollenquellen nutzt: Hufeisenklee *(Hippocrepis comosa)*, Gewöhnlicher Hornklee *(Lotus corniculatus)*. – Der überwiegende Teil untersuchter Pollenladungen enthielt ausschließlich Pollen von *Hippocrepis* oder *Lotus*. Nur ein kleiner Teil der Pollenladungen bestand aus gemischten Ladungen von beiden Pflanzenarten.
Kuckucksbienen: Unbekannt.

Phänologie: Univoltin. Flugzeit von Anfang Mai bis Ende Juni.
Bestandessituation: Die in Baden-Württemberg sehr seltene und seit 1975 nur zweimal festgestellte Art braucht in erster Linie strukturreiche Waldränder, die unmittelbar an Trockenrasen oder Magerwiesen grenzen. Da dieser Lebensraum durch Aufforstungen, natürliche Wiederbewaldung oder Nutzungsintensivierung vielerorts stark beeinträchtigt oder völlig vernichtet wurde, ist die Art als stark gefährdet zu betrachten.
RL: Stark gefährdet (2).

Panurginus Nylander 1848

Die Gattung *Panurginus*, die man auch wie WARNCKE (1972a, 1986c) als Untergattung zu *Panurgus* Panzer stellen könnte, ist vor allem in der Paläarktis und Nearktis verbreitet (MICHENER 1979). In der Bundesrepublik Deutschland gibt es nur die eine Art *P. montanus*. Aus Österreich und der DDR wurde *P. labiatus* (Eversmann 1852) bekannt. Die *Panurginus*-Arten ähneln im Habitus kleineren *Andrena*-Arten, an den zwei Cubitalzellen und der geringen Größe lassen sie sich aber von ihnen unterscheiden. Von *Panurgus* trennt sie die spärlich entwickelte und nur kurz behaarte Scopa (Schienenbürste). Der Clypeus (Kopfschild) ist beim Männchen der heimischen Arten gelb gefärbt.

Panurginus montanus
Giraud 1861

Verbreitung: Gesamtes Alpengebiet, Yugoslawien, Bulgarien, Kaukasus (WARNCKE 1972a). In den österreichischen Alpen bis 2200 m (SCHEDL 1982), in den Schweizer Alpen zwischen 1600 und 2200 m (BEAUMONT 1958). – In der Bundesrepublik Deutschland nur im bayerischen Allgäu nachgewiesen (BLÜTHGEN 1952b, ENSLIN 1952). – In Baden-Württemberg nicht zu erwarten.
Lebensraum: Alpine Matten.
Nistweise: Nistet in selbstgegrabenen Hohlräumen in der Erde. FRIESE (1897b) fand eine Nestansammlung auf einer mit Erde bedeckten, spärlich bewachsenen Steinmauer.
Blütenbesuch: Vermutlich oligolektische, auf Asteraceae, besonders Cichorieen, spezialisierte Art, von der bisher aber keine Pollenanalysen vorliegen.
Phänologie: Univoltin. Flugzeit von Ende Juni bis Ende August.

Osmia xanthomelana ♀

Panurgus Panzer 1806

Die Gattung *Panurgus* ist vorwiegend in der nördlich-gemäßigten Zone verbreitet, wobei Spanien und Nordafrika die größte Artenzahl erreichen dürften. In der Bundesrepublik Deutschland kommen 3 Arten vor. Zottelbienen haben einen sehr einheitlichen Habitus. Sie sind glänzend tiefschwarz, ziemlich kahl bis struppig und dunkel behaart. Die Fühler sind kurz und keulenförmig. Die Größe reicht von 6–13 mm. Die Männchen einiger Arten fallen durch ihren großen, kubischen Kopf auf. An den Femuren der Hinterbeine tragen diese manchmal auffallende Bildungen (»Zähne«). Die Arten sind im Feld kaum zu unterscheiden, lediglich *P. banksianus* ist an seiner Größe einigermaßen zu erkennen. Zur Bestimmung benutze man SCHMIEDEKNECHT (1930:770).

Panurgus banksianus
(Kirby 1802)

Verbreitung: Süd- und Mitteleuropa, England; nordwärts bis 61° n. Br. (WARNCKE 1981). In den Schweizer Alpen bis 2000 m (BEAUMONT 1958). – In der Bundesrepublik Deutschland keine Verbreitungsgrenze. – In Baden-Württemberg liegt der Verbreitungsschwerpunkt im Schwarzwald, wo die Art v. a. in Lagen zwischen 500 und 1000 m vorkommt; außerhalb des Schwarzwaldes nur vereinzelt. Material: 86♂♂, 44♀♀.

Lebensraum: In den Mittelgebirgen überwiegend an Waldrändern und auf Bergwiesen, in der Ebene v. a. in Sandgruben und an sandigen Ruderalstellen. Nester an vegetationsfreien oder nur schütter bewachsenen Stellen auf ebenen Flächen, z. B. Wegen oder auf mäßig geneigten Böschungen. Bevorzugt Sandboden als Nistsubstrat.

Nistweise: Nistet in der Erde, meist in kleineren oder größeren Aggregationen. Im Gegensatz zu *Panurgus calcaratus* lebt die Art solitär. Jedes ♀ gräbt seinen eigenen Gang in die Erde und versorgt seine eigenen Brutzellen, die in einer Tiefe von 6–14 cm liegen, mit einem rundlich geformten Larvenproviant. (MICHELI 1931, MEYER-HOLZAPFEL 1984, MÜNSTER-SWENDSON 1968, 1970, NIELSEN 1934).

Blütenbesuch: Oligolektische, auf Asteraceae (Korbblütler), besonders Cichorieen spezialisierte Art. Pollenquellen: Gewöhnliches Bitterkraut *(Pi-*

Panurgus banksianus, pollenbeladenes Weibchen auf *Hieracium*.

cris hieracioides), Wegwarte *(Cichorium intybus)*, Rauher Löwenzahn *(Leontodon hispidus)*, Herbst-Löwenzahn *(Leontodon autumnalis)*, Gewöhnliches Ferkelkraut *(Hypochoeris radicata)*, Wald-Habichtskraut *(Hieracium sylvaticum)*, Habichtskraut (*Hieracium* spec.). – Die ♂♂ ruhen oft in den Blütenköpfchen der Nahrungspflanzen. Die ♀♀ wurden 100–300 m weit weg vom Nest beim Sammeln beobachtet.

Kuckucksbienen: *Nomada similis.*

Phänologie: Univoltin. Flugzeit von Ende Juni bis Mitte August (♂♂ 14. 6.–22. 8.; ♀♀ 8. 6.–19. 8.). Überwinterung als Ruhelarve.

Bestandessituation: Da die Art ihren Siedlungsschwerpunkt in den Mittelgebirgen hat, erscheint sie auf den ersten Blick wenig gefährdet. Da dort aber ihre Hauptlebensräume, sonnenexponierte, alte Waldränder (Nistplatz), die mit Ruderalstellen oder Magerwiesen (Nahrungsräume) vernetzt sind, durch Aufforstungen und intensivierte landwirtschaftliche Nutzung zunehmend verschwinden, muß die Art als gefährdet angesehen werden. Dort wo die Art in niederen Lagen vorkommt, benötigt sie ein Netz sandiger Ruderalstellen. Nach 1975 wurde nur ein Vorkommen in einem Naturschutzgebiet bekannt.

RL: Gefährdet (3).

Panurgus calcaratus
(Scopoli 1763)

Verbreitung: Ganz Europa einschließlich England; nordwärts bis Finnland. – In der Bundesrepublik Deutschland keine Verbreitungsgrenze. – In Baden-Württemberg liegen die Verbreitungsschwerpunkte in der Oberrheinebene, im Kaiserstuhl und in der Vorbergzone des Schwarzwaldes; außerhalb dieser Gebiete nur sehr zerstreute Nachweise. Material: 133♂♂,188♀♀.

Lebensraum: Siedlungsschwerpunkt an Ruderalstellen trockenwarmer Standorte mit reichen Beständen von Bitterkraut; daher vor allem in Sand- und Kiesgruben, auf Hochwasserdämmen, auf Böschungen in Weinbergen und in der Feldflur, im Umfeld von Bahnhofs- und Industrieanlagen, gelegentlich auch im Siedlungsbereich. Als Nahrungsraum können auch Magerwiesen oder Parkrasen dienen. Nester an vegetationsfreien oder nur schütter bewachsenen Stellen von Böschungen, Wegen, Wegrändern, gelegentlich auch in Steilwänden, in sandigem, aber auch in lehmigem Boden (Lößlehm).

Nistweise: Nistet in selbstgegrabenen Hohlräumen in der Erde, meist in kleineren bis größeren Aggregationen. Kommunale Art, bei der 2–10 ♀♀ im glei-

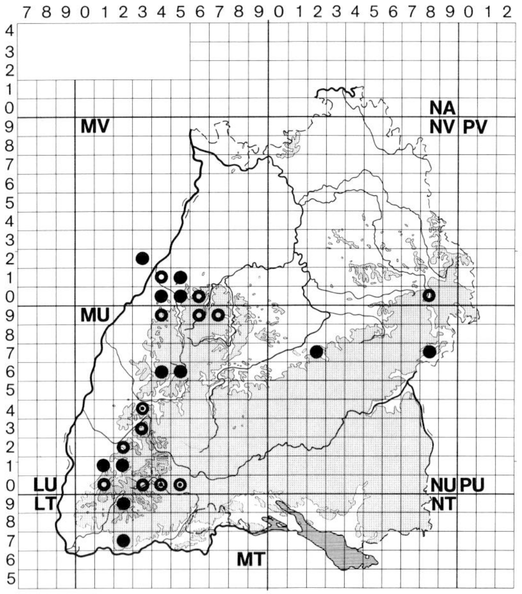

Panurgus banksianus

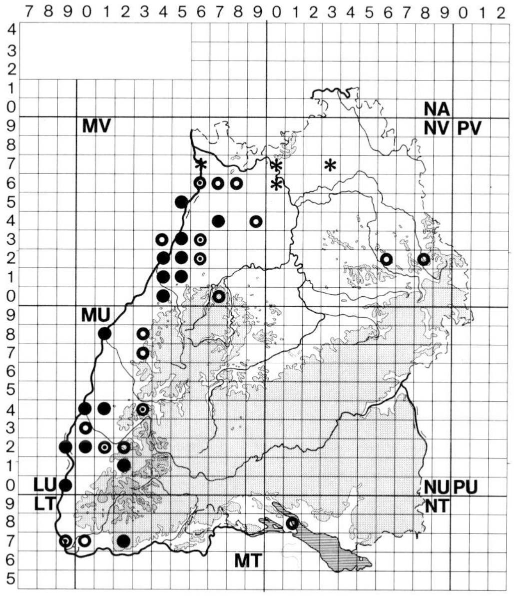

Panurgus calcaratus

chen Nest zusammenleben, ohne aber in der Bruttätigkeit zusammen zu arbeiten. Der Hauptgang gabelt sich nach einigen Zentimetern dergestalt, daß ein Nest meist 3–5 Seitengänge hat. Die mit Sekret ausgekleideten Brutzellen liegen am Ende von langen seitlichen Gängen und enthalten einen rundlich geformten Larvenproviant. Der Seitengang wird nach der Eiablage mit Erde gefüllt. (KNERER 1980a, MICHELI 1936, NIELSEN 1934).

Blütenbesuch: Oligolektische, auf Asteraceae (Korbblütler), besonders Cichorieen spezialisierte Art. Hauptpollenquelle ist das Gewöhnliche Bitterkraut *(Picris hieracioides)*. Weitere belegte Pollenquellen sind Gewöhnliche Wegwarte *(Cichorium intybus)*, Kleines Habichtskraut *(Hieracium pilosella)*, Doldiges Habichtskraut *(Hieracium umbellatum)*, Herbst-Löwenzahn *(Leontodon autumnalis)* und Gewöhnliches Ferkelkraut *(Hypochoeris radicata)*.

Kuckucksbienen: *Nomada fuscicornis.*

Phänologie: Univoltin. Flugzeit von Anfang Juli bis Mitte September (♂♂ 23. 6.–29. 9.; ♀♀ 28. 6.–7. 10.). Überwinterung als Ruhelarve.

Bestandessituation: Eine Gefährdung der seit 1975 noch an relativ vielen Orten der Oberrheinebene und des Kaiserstuhls festgestellten und meist in individuenreichen Populationen auftretenden Art liegt in Baden-Württemberg nur dann vor, wenn trockenwarme Ruderalstellen und mit ihnen die Pollenquellen und Nistmöglichkeiten weiterhin deutlich abnehmen. Vor allem im Siedlungsbereich erleidet die Art durch Bepflanzung ihrer Nahrungsräume und Nistplätze (»Verschönerungsaktionen«) oder durch Mahd von Ruderalstellen während des Hochsommers unnötige Verluste. RIEMANN (1987a) meldet den totalen Zusammenbruch der Populationen von *P. banksianus* und *P. calcaratus* durch Mahd der Pollenquellen während deren Blütezeit.

Panurgus dentipes

Latreille 1811

Verbreitung: Iberische Halbinsel, Frankreich, Belgien, Schweiz, Bundesrepublik Deutschland. Eine Verbreitungskarte für Europa gibt WOLF (1976b). – In der Bundesrepublik Deutschland fast ausschließlich im Rheingraben und seinen Nebentälern, darüber hinaus nur an wenigen, besonders wärmebegünstigen Stellen. Nordwärts reichen die Vorkommen bis zur Kölner Bucht (AERTS 1949, 1950a, 1960). Die absolute Nordostgrenze erreicht die Art auf dem Hangelberg bei Niederscheld (Dilltal), ihr westlichstes Vorkommen liegt im Neckartal am Spitzberg bei Tübingen (WESTRICH 1980). – In Baden-Württemberg stammen die meisten Nachweise aus der südlichen Oberrheinebene, aus dem Kaiserstuhl und der angrenzenden Vorbergzone. Die übrigen Funde verteilen sich auf die nördliche Oberrheinebene (nur ein Nachweis) und das obere

Panurgus calcaratus, Männchen und pollenbeladenes Weibchen auf *Cichorium*.

Neckartal bei Tübingen. Funddaten ab 1960: LT99 Müllheim 1♂ 22. 7. 1984 (Schmid-Egger). LU92 Achkarren 1♂, 2♀♀ 11. 7. 1964 (G); 1♂, 1♀ 23. 8. 1964 (G). MU02 Schelingen 1♂, 1♀ 27. 7. 1968 (G). Vogtsburg 2♂♂ 5. 9. 1978 (W); 1♂ 11. 7. 1982 (W); Gottenheim 1♂, 10♀♀ 13. 7. 1983 (W). LU92 u. MU02 Oberrotweil u. Oberbergen 2♂ 8.1982 (LZB) (Düweke 1988). MU11 »Freiburg« 33♂♂, 69♀♀ 1987 (BIUF) (Klatt 1988). MU97 Wurmlingen, Kapellenberg 1♂ 22. 7. 1983 (W); 8.1987 (mehrfach beob.). NU07 Tübingen, Spitzberg 3♂♂ 10.u. 11. 8. 1978 (W); 1♂, 1♀ 25. 8. 1978 (W) (Westrich 1980); 1♂ 31. 7. 1988 (W). Material: 117♂♂, 132♀♀.

Lebensraum: Siedlungsschwerpunkt der ausgesprochen wärmeliebenden Art an Ruderalstellen und auf Brachen in Gebieten mit Weinbauklima. Im Kaiserstuhl auf lückigen Böschungen in den Weinbergen und am Rande von Ortschaften, am Tübinger Spitzberg in alten Weinbergbrachen und an südexponierten Waldrändern. Nester an nicht oder nur schütter bewachsenen Stellen von Wegen oder Böschungen, in Sand, in sandigem Lehm oder in Löß.

Nistweise: Nistet in selbstgegrabenen Hohlräumen in der Erde, meist in mehr oder weniger großen Aggregationen. Vermutlich wie *P. calcaratus* kommunal.

Blütenbesuch: Oligolektische, auf Asteraceae (Korbblütler), besonders Cichorieen spezialisierte Art. Hauptpollenquelle ist das Gewöhnliche Bitterkraut *(Picris hieracioides)*. Weitere Pollenquellen: Gewöhnliche Wegwarte *(Cichorium intybus)*, Doldiges Habichtskraut *(Hieracium umbellatum)*, Savoyer Habichtskraut *(Hieracium sabaudum)*, Herbst-Löwenzahn *(Leontodon autumnalis)*, Gewöhnliches Ferkelkraut *(Hypochoeris radicata)*, Grüner Pippau *(Crepis capillaris)*.

Kuckucksbienen: *Nomada panurgina* Morawitz, die aber in Deutschland noch nicht nachgewiesen wurde.

Phänologie: Univoltin. Flugzeit von Anfang Juli bis Anfang September (♂♂ 11. 7.–6.9; ♀♀ 11. 7.–7. 9.). Überwinterung als Ruhelarve.

Bestandessituation: Die Art war in Baden-Württemberg schon immer sehr selten. Auch nach 1975 wurde sie nur an wenigen Stellen nachgewiesen, wo sie in erster Linie durch die Beseitigung von Ruderalstellen (Mahd, Bepflanzung) gefährdet ist. Im Kaiserstuhl und Freiburger Raum gibt es derzeit noch ein ausreichendes Angebot an Pollenquellen und Nistplätzen. Am Tübinger Spitzberg liegt der

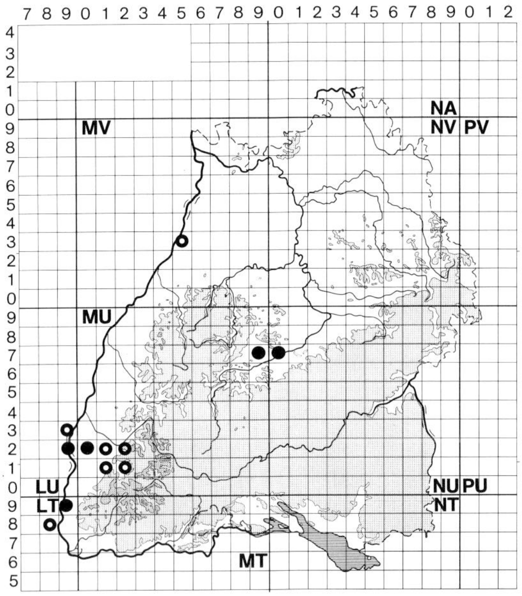

Panurgus dentipes

begrenzende Faktor eindeutig in den Pollenquellen. Hier sind vor allem Bitterkraut und Wegwarte zu fördern und eine extensivere Wiesennutzung anzustreben.

RL: Stark gefährdet (2).

Pseudapis Kirby 1900

Für die zur Familie Halictidae gestellte Unterfamilie Nomiinae fehlt eine umfassende Revision auf weltweiter Basis, so daß eine Gliederung in Gattungen und Untergattungen noch Probleme bereitet (EBMER 1987). Während MICHENER (1944) und WARNCKE (1976d, 1980d) nur eine Gattung *Nomia* Latreille 1804 annehmen, gliedert EBMER (1987), dem ich hier folge, die Nomiinae in mehrere Gattungen, von denen in Europa lediglich *Pseudapis* Kirby 1900 vorkommt, nicht jedoch *Nomia*. Daher gehören nach EBMER alle bisher aus Europa bekannten Nomiinae zu *Pseudapis*. Aus der Bundesrepublik Deutschland ist zweifelsfrei nur eine Art, *P. femoralis*, bekannt. Eine weitere Art, *P. diversipes* Latreille soll nach einer alten Angabe, die auf Panzer zurückgeht, bei Mannheim gefunden worden sein, im übrigen Mitteleuropa ist sie vom Karpatenbecken bis in den Osten Österreichs, vom Südwesten her im Wallis und in Südtirol verbreitet (EBMER 1988).

Pseudapis femoralis

(Pallas 1773)

Verbreitung: Wärmere Westpaläarktis; vom Norden Spaniens und von Istrien-Norddalmatien nordwärts bis zur Ukraine und zum südlichen Ural, westwärts bis Irkutsk. In Mitteleuropa nur sehr vereinzelt in Deutschland (BRD), in Österreich und in der Tschechoslowakei (EBMER 1988, WARNCKE 1976d). – In der Bundesrepublik Deutschland soll laut FRIESE (1926) die Art bei Frankenthal in Rheinland-Pfalz und bei Mannheim in Baden-Württemberg gefunden worden sein. Für diese Angaben gibt es keine Belegtiere. BLÜTHGEN (1944) gibt den Raum zwischen Darmstadt und Griesheim in Hessen an, ohne Funddaten zu nennen. Seine Angaben werden durch Belegtiere bestätigt, die sich im Hessischen Landesmuseum Darmstadt befinden (1♂, 1♀ 5. 7. 1934; 3♀♀ 10. 7. 1934; 2♀♀ 7. 7. 1936). Der Fundort, der Griesheimer Exerzierplatz, ist zwischenzeitlich zerstört.

Lebensraum: In Südwestdeutschland unbekannt, sicher aber eine Offenlandsart.

Nistweise: Nistet in selbstgegrabenen Hohlräumen in der Erde.

Blütenbesuch: Vermutlich polylektische Art, von der mir bisher aber keine Pollenanalysen vorlagen.

Kuckucksbienen: *Pasites maculatus*, der in der Bundesrepublik Deutschland noch nicht nachgewiesen wurde.

Phänologie: Univoltin. Flugzeit in den Monaten Juni und Juli.

Psithyrus Lepeletier 1832

Die Gattung *Psithyrus* ist in ihrer Verbreitung auf die Holarktis beschränkt. Aus der Bundesrepublik Deutschland sind 9 Arten bekannt. Schmarotzerhummeln gleichen den »echten« Hummeln so sehr, daß der Anfänger oft Schwierigkeiten hat, besonders die Männchen zu unterscheiden. Den Weibchen fehlt als parasitisch lebende Bienen der Pollentransportapparat. Sie haben daher keine Körbchen wie die Hummeln, vielmehr sind ihre Hinterschienen gewölbt und auf der ganzen Fläche behaart. Außerdem haben sie auf dem letzten Bauchsegment eigentümliche Leisten. Beide Geschlechter sind außerdem recht träge, ihr Flug ist schwerfällig und zeigt ein tiefes Summen. Die Unterscheidung der *Psithyrus*- und *Bombus*-Männchen bereitet vor allem Unerfahrenen Schwierigkeiten. Die Behaarung der *Psithyrus*-Männchen ist aber meist strup-

piger als die der *Bombus*-Männchen. Auch im Bau der Genitalien weisen die beiden nahverwandten Gattungen Unterschiede auf.
Zur Bestimmung verwende man die Tabellen in SCHMIEDEKNECHT (1930:845) oder von MAUSS (1987) oder die (englische) Arbeit von LØKEN (1984).

Psithyrus barbutellus

(Kirby 1802)

Verbreitung: Eurosibirisch; von Westeuropa über Türkei, Kaukasus und Sibirien bis zur Mongolei. In Europa nordwärts bis 62° n. Br. (LØKEN 1984). – In der Bundesrepublik Deutschland keine Verbreitungsgrenze. – In Baden-Württemberg weit verbreitet, von der Ebene bis in die höheren Lagen der Mittelgebirge.
Wirte: Hauptwirt ist *Bombus hortorum* (CUMBER 1949, MÜLLER 1936, POSTNER 1952); *B. ruderatus* dürfte ebenfalls als Wirt in Betracht kommen.
Blütenbesuch: Als Nektarquellen werden von den ♀♀ Löwenzahn *(Taraxacum officinale)*, von den ♂♂ meist Disteln *(Cirsium, Carduus, Onopordum)*, Flockenblumen *(Centaurea)* und Skabiosen *(Scabiosa)* besucht.
Phänologie: Univoltin. Erscheint relativ früh im Jahr. Flugzeit der überwinterten ♀♀ von Ende April bis Ende Juli; Jung-♀♀ ab Mitte Juli; ♂♂ ab Mitte Juni.
Bestandessituation: Die nach wie vor häufige Art ist in Baden-Württemberg nicht gefährdet.

Psithyrus bohemicus

(Seidl 1837)
Syn.: *P. distinctus* Pérez 1884.

Verbreitung: Eurosibirisch; von den Britischen Inseln ostwärts bis zum Pazifik (LØKEN 1984). – In der Bundesrepublik Deutschland keine Verbreitungsgrenze. – In Baden-Württemberg weit verbreitet, von der Ebene bis in die höheren Lagen der Mittelgebirge.
Wirte: *Bombus lucorum* (CUMBER 1949, POUVREAU 1973, REINIG 1973, 1976, SLADEN 1912).
Blütenbesuch: Als Nektarquellen werden von den ♀♀ Löwenzahn *(Taraxacum officinale)*, von den ♂♂ meist Disteln *(Cirsium, Carduus, Onopordum)*, Flockenblumen *(Centaurea)* und Skabiosen *(Scabiosa)* besucht.
Phänologie: Univoltin. Flugzeit der überwinterten ♀♀ von Mitte April bis Mitte August; Jung-♀♀ von Mitte Juli bis Ende September; ♂♂ ab Mitte Juli bis Ende September.
Bestandessituation: Die nach wie vor regelmäßig zu beobachtende Art ist in Baden-Württemberg nicht gefährdet.

Psithyrus campestris

(Panzer 1801)

Verbreitung: Eurosibirisch; von Westeuropa bis zur Mandschurei; in Europa nordwärts bis Norwegen (63° n. Br.) (LØKEN 1984). – In der Bundesrepublik Deutschland keine Verbreitungsgrenze. – In Baden-Württemberg zerstreut.
Wirte: Hauptwirt im Gebiet wohl *Bombus pascuorum* (vgl. ALFORD 1975, CUMBER 1949, HOFFER 1889, POUVREAU 1973, RESSL 1974); außerdem *Bombus humilis* (HOFFER 1882a, 1888, 1889), *Bombus pomorum* (MAY 1937 nach LØKEN 1984), *Bombus pratorum* (POUVREAU 1973) und *B. ruderarius* (HOFFER 1888).
Blütenbesuch: Die ♀♀ besuchen als Nektarquellen im Frühjahr meist Löwenzahn *(Taraxacum officinale)*, die ♂♂ im Sommer meist Disteln *(Cirsium, Carduus, Onopordum)*, Flockenblumen *(Centaurea)* und Skabiosen *(Scabiosa)*.
Phänologie: Univoltin. Flugzeit der überwinterten ♀♀, die erst im späten Frühling erscheinen; Jung-♀♀ ab Mitte Juli; ♂♂ ab Anfang bis Mitte Juli.
Bestandessituation: Zwar findet man die Art nicht gerade häufig, da aber ihr Wirt weit verbreitet und keineswegs im Bestand bedroht ist, dürfte auch diese Schmarotzerhummel in Baden-Württemberg ungefährdet sein.

Psithyrus flavidus

(Eversmann 1852)
Syn.: *P. lissonurus* Thomson 1872.

Verbreitung: Von Nord-Spanien bis Kamtschatka subarktisch-subalpin disjunkt verbreitet (REINIG 1973). – In der Bundesrepublik Deutschland nur in den bayrischen Alpen, dort in der ssp. *alpium* Richards 1928 (STOECKHERT 1954). – In Baden-Württemberg nicht zu erwarten.
Wirte: *Bombus lapponicus* s.l. (= *B. lapponicus* und *B. monticola*) wurde verschiedentlich als Wirt diskutiert (PITTIONI 1942, 1943, REINIG 1973, RICHARDS 1928, TKALCŮ 1969), aufgrund der Tatsache, daß *B. lapponicus* und *P. flavidus* boreo-alpine Arten sind und beide lokal im gleichen Gebiet beobachtet wurden. PITTIONI (1942) und PEKKARINEN

et al. (1981) geben an, daß *P. flavidus* in Fennoskandien weiter verbreitet ist als *B. lapponicus* s.l.; während PITTIONI den nordeuropäischen *B. cingulatus* als Wirt vermutet, geben PEKKARINEN et al. *B. jonellus* als den wahrscheinlich einzigen Wirt in Finnland an. Daß diese Hummelart als Wirt in Frage kommt, wird auch durch eine Beobachtung von LØKEN (1984) gestützt.
Phänologie: Wohl univoltin. Flugzeit im Alpengebiet noch fraglich. In Skandinavien fliegen die überwinterten ♀♀ von Juni bis August, Jung-♀♀ und ♂♂ von Juli bis September.

Psithyrus norvegicus
Sparre-Schneider 1918

Verbreitung: Eurosibirisch; Mittel- und Nordeuropa, ostwärts bis Japan (LØKEN 1984). – In der Bundesrepublik Deutschland keine Verbreitungsgrenze (vgl. STOECKHERT 1954). – In Baden-Württemberg weit verbreitet, aber trotz der Häufigkeit des Wirtes ziemlich selten; von der Ebene bis in die höheren Lagen des Schwarzwaldes (Rötenbach, 930 m) und der Schwäbischen Alb (Baßgeige, 740 m).
Wirte: Ausschließlich *Bombus hypnorum* (CEDERBERG 1976, LØKEN 1984, PREUSS 1983, RÖSELER 1972, STOECKHERT 1954).
Blütenbesuch: Die ♀♀ besuchen als Nektarquellen im Frühjahr gerne Löwenzahn *(Taraxacum officinale)* oder Knautien *(Knautia arvensis)*, die ♂♂ im Sommer meist Disteln *(Cirsium, Carduus, Onopordum)*, Flockenblumen *(Centaurea)* und Skabiosen *(Scabiosa)*.
Phänologie: Univoltin. Flugzeit der überwinterten ♀♀ von Ende April bis Ende August; Jung-♀♀ und ♂♂ ab Juli.
Bestandessituation: Da der Wirt nicht im Bestand bedroht ist, dürfte auch diese Schmarotzerhummel in Baden-Württemberg nicht gefährdet sein.

Psithyrus quadricolor
Lepeletier 1832

Verbreitung: In Südeuropa nur in Gebirgen; Alpen; über ganz Mitteleuropa nordwärts bis Fennoskandien und bis ungefähr 62° n. Br. in der UdSSR (LØKEN 1984). – In der Bundesrepublik Deutschland keine Verbreitungsgrenze. Im äußersten Norden von Schleswig-Holstein (EMEIS 1941) und auf Sylt (KRÜGER 1939) (ebenso wie in Dänemark und Skandinavien) in der ssp. *globosus* Eversmann 1852, im übrigen Deutschland in der ssp. *meridionalis* Richards 1928. – In Baden-Württemberg nur sehr vereinzelt, vor allem im Schwarzwald und auf der Schwäbischen Alb.
Wirte: Vermutlich ausschließlich *Bombus soroeensis* (HOFFER 1889, REINIG 1970, 1976).
Blütenbesuch: Die Nektarquellen dürften wie bei den anderen Arten der Gattung austauschbar sein und vor allem zu den Korbblütlern oder Kardengewächsen gehören.
Phänologie: Univoltin. Flugzeit der überwinterten ♀♀ von Anfang Mai bis Anfang August; Jung-♀♀ und ♂♂ ab Ende Juli.
Bestandessituation: Die sehr seltene Art ist in Baden-Württemberg zumindest als stark gefährdet einzustufen, da auch ihr ohnehin schon recht seltener Wirt stark gefährdet ist.
RL: Stark gefährdet (2).

Psithyrus rupestris
(Fabricius 1793)

Verbreitung: Eurosibirisch; von Westeuropa über die europäische UdSSR, Türkei und Kaukasus bis zur nördlichen Mandschurei (LØKEN 1984). – In der Bundesrepublik Deutschland keine Verbreitungsgrenze. – In Baden-Württemberg weit verbreitet, von der Ebene bis in die höheren Lagen der Mittelgebirge (Albhochfläche).
Wirte: Hauptwirt ist *Bombus lapidarius* (vgl. ALFORD 1975, BACHMANN 1915, CUMBER 1949, HOFFER 1888, 1889, POUVREAU 1973, REINIG 1935, 1970, SLADEN 1912, eig. Beob.). Die Art wurde außerdem beobachtet in Nestern von *B. sylvarum* (HÖPPNER 1901b), *B. sicheli alticola* (BULLMANN 1953, MÓCZÁR 1977) und *B. pascuorum* (HAESELER 1970b).
Blütenbesuch: Die ♀♀ besuchen im Frühjahr Löwenzahn *(Taraxacum officinale)* oder Knautien *(Knautia arvensis)*, die ♂♂ im Sommer meist Disteln *(Cirsium, Carduus, Onopordum)*, Flockenblumen *(Centaurea)* und Skabiosen *(Scabiosa)*.
Phänologie: Univoltin. Flugzeit der überwinterten ♀♀ ab Mai, von Ende Mai bis Ende Juli; Jung-♀♀ ab August; ♂♂ ab Anfang August.
Bestandessituation: Die nach wie vor regelmäßig in verschiedenen Landesteilen zu beobachtende Art ist in Baden-Württemberg wie ihr Wirt nicht gefährdet.

Psithyrus sylvestris, Weibchen auf *Taraxacum*.

Psithyrus sylvestris

(Lepeletier 1832)
Syn.: *P. quadricolor* auct. nec Lepeletier 1832.

Verbreitung: Vor allem in Nordeuropa und Sibirien, jedoch weit nach Süden ausstrahlend; ostwärts bis zum Pazifik; in Südeuropa nur in höheren Gebirgen (Pyrenäen, Apenninen); ganz Mitteleuropa (LØKEN 1984, REINIG 1973). – In der Bundesrepublik Deutschland keine Verbreitungsgrenze. – In Baden-Württemberg weit verbreitet, in der Ebene und in den Mittelgebirgen.
Wirte: Hauptwirt ist *Bombus pratorum* (ALFORD 1975, HOFFER 1889, LØKEN 1984, POUVREAU 1973, REINIG 1973, RICHARDS 1928); einmal in einer Kolonie von *Bombus jonellus* beobachtet (RICHARDS 1928).
Blütenbesuch: Die ♀♀ besuchen im Frühjahr Löwenzahn *(Taraxacum officinale)* oder Knautien *(Knautia arvensis)*, die ♂♂ im Sommer meist Disteln *(Cirsium, Carduus, Onopordum)*, Flockenblumen *(Centaurea)* und Skabiosen *(Scabiosa)*.
Phänologie: Univoltin. Flugzeit der überwinterten ♀♀ von Ende April bis Ende Juli; Jung-♀♀ ab Juli; ♂♂ ab Mitte Juli.
Bestandessituation: Die Art ist zwar weitaus seltener als ihr Wirt, ich halte sie dennoch in Baden-Württemberg nicht für gefährdet.

Psithyrus vestalis

(Geoffroy in Fourcroy 1785)

Verbreitung: Von den Britischen Inseln ostwärts bis zum Nord-Iran; vom Mittelmeerraum nordwärts bis Schweden (LØKEN 1984). – In der Bundesrepublik Deutschland keine Verbreitungsgrenze. – In Baden-Württemberg nur zerstreut.
Wirte: Hauptwirt ist *Bombus terrestris* (POUVREAU 1973, VAN HONK et al. 1981, REINIG 1976, SLADEN 1912), vermutlich auch bei *B. lucorum* (vgl. HOFFER 1888).
Blütenbesuch: Als (austauschbare) Nektarquellen dienen Vertreter mehrerer Pflanzenfamilien, v.a. aber verschiedene Korbblütler (Astaeraceae).
Phänologie: Univoltin. Flugzeit der überwinterten ♀♀ im April, ab Mitte Mai; Jung-♀♀ Ende Juli; ♂♂ ab Mitte Juli.
Bestandessituation: Die Art ist zwar nicht gerade häufig, aufgrund der weiten Verbreitung und Häufigkeit des Wirtes dürfte sie aber nicht gefährdet sein.

Rhophitoides canus ♀

Rhophitoides Schenck 1859

Von der Gattung *Rhophitoides*, die von manchen Autoren (z.B. Warncke 1979) auch als Untergattung zu *Rophites* Spinola gestellt, von Ebmer (1987) jedoch als eigene Gattung beibehalten wird, sind im Gebiet von Marokko bis Anatolien bisher vier Arten bekannt geworden, davon zwei in Europa: *R. canus* (Eversmann) und *R. epiroticus* Schwammberger. In der Bundesrepublik Deutschland kommt nur die erstere vor.
Im Gegensatz zu *Rophites* tragen die Weibchen auf der Stirn keine Stacheln. Bei der Erkennung der nur 7–8 mm großen, locker hellgrau behaarten Art im Feld kann der typische Blütenbesuch behilflich sein.

Rhophitoides canus
(Eversmann 1852)

Verbreitung: Eurasische Steppenart; Süd- und Mitteleuropa, nordwärts bis zur belgischen Eifel (Petit 1977) und bis in die DDR. – In der Bundesrepublik Deutschland nur in warmen Lagen in Hessen (Nassau), Rheinland-Pfalz, Bayern und Baden-Württemberg. – In Baden-Württemberg liegen die Verbreitungsschwerpunkte in der nördlichen und in der südlichen Oberrheinebene, dort besonders im Kaiserstuhl-Gebiet; auch im Kraichgau und im Neckarbecken; alle Fundorte liegen unter 400 m. Funddaten ab 1960: LT88 Efringen-Kirchen, NSG Totengrien 1♂ 25. 6. 1988 (D). LU92 Burkheim 7♂♂, 1♀ 14. 7. 1969 (Haeseler). MU02 Wasenweiler 4♂♂, 2♀♀ 23.–25.7.1960; 7♂♂ 19.–27. 7. 1962 (Jahn); Oberbergen 2♂♂ 14. 7. 1969 (Haeseler); 1♀ 8.1982 (LZB) (Düweke 1988); Schelingen 6♂♂ 11. 8. 1980 (Gusenleitner) (Ebmer 1988); Vogtsburg 1♂ 13. 7. 1983 (W). MV55 Rheinsheim 1♀ 14. 8. 1984 (W). MV65 Philippsburg 3♂♂, 2♀♀ 4. 7. 1984 (W). NV03 Hausen 1♂ 8. 7. 1968 (SMNS) (Schwammberger 1969). Material: 71♂♂, 22♀♀.
Lebensraum: Ziemlich wärmeliebend. Hochwasserdämme, Wegböschungen, Feldfluren mit Luzerneanbau, Magerrasen. Alle Funde stammen aus Sand- oder Lößgebieten. Als Nistplatz wurde mir ein festgetretener Weg bekannt.
Nistweise: Nistet in selbstgegrabenen Hohlräumen in der Erde, bevorzugt in Aggregationen im Boden. An einen vertikalen, kreisrunden, geglätteten Hauptgang, der 20–30 cm tief reicht, schließen sich

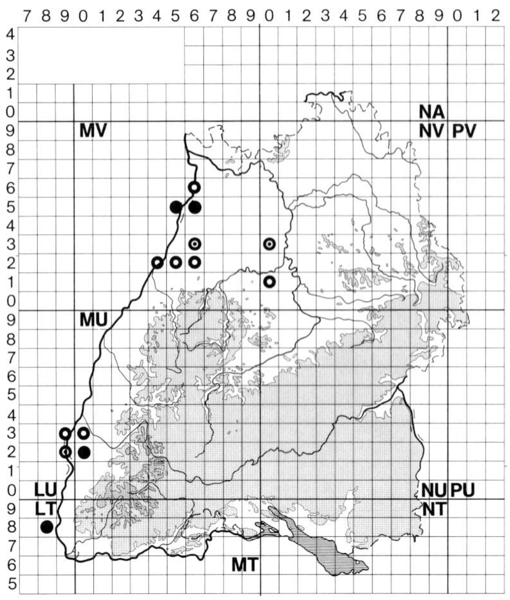

Rhophitoides canus

seitlich die innen geglätteten Brutzellen an. (Blüthgen 1916, Enslin 1921, Wilkaniec et al. 1985).

Blütenbesuch: Oligolektische, auf Fabaceae (Schmetterlingsblütler) spezialisierte Art. Hauptpollenquellen in Mitteleuropa sind Luzerne *(Medicago sativa)* und Sichelklee *(Medicago falcata)*, die gleichzeitig auch die wichtigsten Nektarquellen sind. – Die ♂♂ schlafen in den Blüten von Malven *(Malva)* und Glockenblumen *(Campanula)* sowie in den Köpfchen des Bitterkrauts *(Picris)*.

Kuckucksbienen: Unbekannt.

Phänologie: Univoltin. Flugzeit von Anfang Juli bis Mitte August (♂♂ 3. 6.–18. 8.; ♀♀ 7. 6.–18. 8.). Überwinterung im Kokon als Ruhelarve.

Bestandessituation: In Baden-Württemberg wie in anderen Gebieten Süddeutschlands ist die Art nur selten anzutreffen, kann aber lokal unter günstigen Bedingungen in größerer Zahl vorkommen. Aufgrund ihrer Wärmeliebe, ihrer offensichtlichen Bevorzugung von vegetationsarmen Sand- oder Lößflächen als Nistsubstrat sowie ihrer Abhängigkeit von geeigneten Pollenquellen ist die Art stark gefährdet.

RL: Stark gefährdet (2).

Rophites Spinola 1808

Die Gattung *Rophites* ist mit rund 14 Arten rein paläarktisch verbreitet, von Südfrankreich bis in die Mandschurei, mit Schwerpunkt im östlichen Mittelmeerraum und Anatolien (Ebmer 1987). Aus der Bundesrepublik Deutschland sind nur die beiden Arten *R. algirus* und *R. quinquespinosus* bekannt. Der Gattungsname ist vom griechischen Zeitwort rhopheo, ich schlürfe, abgeleitet. Von *Dufourea* und *Rhophitoides* unterscheidet sich *Rophites* durch eine Reihe von Merkmalen, die bei Ebmer & Schwammberger (1986) aufgeführt sind und von denen eines deswegen bemerkenswert ist, weil es bei keiner anderen heimischen Bienengattung bekannt ist: Die Stirn der Weibchen trägt zu Stacheln umgebildete Haare, eine Einrichtung zum Pollensammeln in kleinen Blüten von Lamiaceen. Schlürfbienen sind dicht gelblich behaart und auf dem Abdomen hellgebändert. Die Fühler sind beim Weibchen kurz, beim Männchen lang. Die heimischen *Rophites*-Arten sind so typisch, daß man sie eigentlich nicht mit anderen Bienen verwechseln kann, allerdings ist im Feld nur die Zugehörigkeit zur Gattung erkennbar. Zur Artbestimmung sind optische Hilfsmittel (Binokular) notwendig. Illustrierte Bestimmungstabellen aller Arten der Gattung finden sich bei Ebmer & Schwammberger (1986). Zur Unterscheidung der beiden deutschen Arten vgl. auch Warncke (1980a).

Rophites algirus
Pérez 1895

Verbreitung: Die Nominat-Unterart von Marokko über das nördliche Afrika bis Israel und Libanon; in Mitteleuropa die ssp. *trispinosus* Pérez 1903, die von Lyon ostwärts bis in den südlichen Ural, nordwärts bis Bromberg (Bydgoszcz) in Polen verbreitet ist (Ebmer 1988, Warncke 1980a). Eine Verbreitungskarte geben Ebmer & Schwammberger (1986). – In der Bundesrepublik Deutschland nordwärts bis zum Mittelrheingebiet (Loreley, coll. Wolf). Außerdem aus Bayern und Baden-Württemberg bekannt. – In Baden-Württemberg nur wenige Vorkommen im Kaiserstuhl, in der südlichen und nördlichen Oberrheinebene und im Kraichgau. Alle Fundorte liegen unter 500 m. Funddaten: LT99 Neuenburg 4♀♀ 15. 7. 1926 (MNF); 1♀ 22.–24. 6. 1929 (LNK). LU92 Ihringen 1♂ 10. 7. 1923 (MNF). MU02 Wasenweiler 1♂ 20. 7. 1923 (MNF); 1♀ 29. 6. 1924 (MNF); 1♂ 7. 7. 1925 (MNF). Vogtsburg 2♂♂

Rophites algirus, Weibchen an *Stachys recta*.

17. 7. 1978 (W); 1♀ 13. 7. 1983 (W); Schelingen 1♀ 29. 6. 1979 (BIUF) (KRATOCHWIL 1983, 1984); 2♂♂ 12.–13. 6. 1986 (W); Oberbergen, Badberg 3♂♂ 3. u. 5. 6. 1968 (Haeseler); 5♂♂, 1♀ 14. 7. 1969 (Haeseler); 1♂ 13. 6. 1974 (S); 1♂ 19. 6. 1984 (W). MU03 Hecklingen 2♀♀ 6. 7. 1924 (MNF). MU04 Herbolzheim 1♂ 26. 6. 1984 (Schmid-Egger). MV63 Weingarten 1♀ 5. 7. 1983 (S) (NUSSER 1984). MV66 Ketsch 1♂ 28. 7. 1970 (G). MV72 Königsbach-Stein 1♂, 1♀ 13. 7. 1985 (D).

Lebensraum: Wärmeliebende Art. Siedlungsschwerpunkt in Magerrasen sowie an Wegrändern, Böschungen und Brachen im Weinbauklima. Nester fand ich an schütter bewachsenen Stellen an Waldrändern und auf Böschungen, in Lößlehm oder in sandigem Boden.

Nistweise: Nistet in selbstgegrabenen Hohlräumen in der Erde, meist in kleinen Aggregationen. Der Nestbau ähnelt dem von *Rophites quinquespinosus.*

Blütenbesuch: Oligolektische, auf kleinblütige Lamiaceae (Lippenblütler) spezialisierte Art. Hauptpollenquelle in Mitteleuropa ist der Aufrechte Ziest *(Stachys recta)*. Nur ganz vereinzelt werden auch Heil-Ziest *(Stachys officinalis)* und Wirbeldost *(Clinopodium vulgare)* genutzt. – Die ♂♂ fand ich bei trübem Wetter und nachts an Ziest-Blüten hängend.

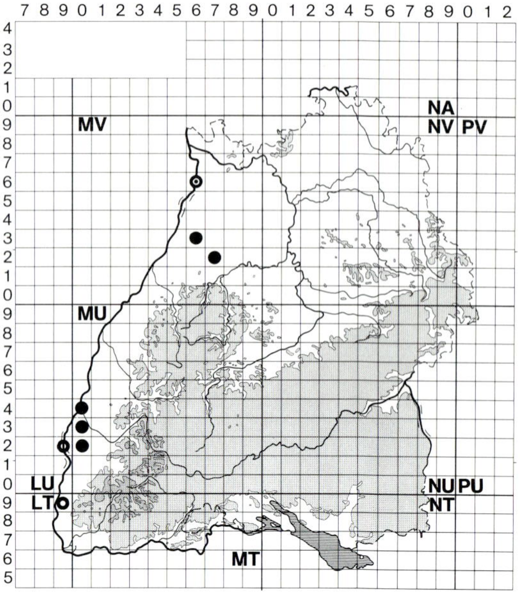

Rophites algirus

Rophites algirus, nektarsaugendes Männchen an *Stachys recta.*

Kuckucksbienen: *Biastes emarginatus.*

Phänologie: Univoltin. Flugzeit von Mitte Juni bis Mitte Juli (♂♂ 3. 6.–28. 7.; ♀♀ 15. 6.–15. 7.). Fliegt rund 4 Wochen früher als *Rophites quinquespinosus.*

Bestandessituation: Die Art kommt derzeit zwar noch regelmäßig in Magerrasen-Komplexen des Kaiserstuhls vor, doch befindet sich nur ein Teil der Vorkommen innerhalb von Naturschutzgebieten. Die wenigen, durchweg individuenschwachen Bestände sind durch die starke Abhängigkeit von *Stachys recta* als Pollenquelle gefährdet. Schutzmaßnahmen zielen in erster Linie auf die Unterschutzstellung aller im Verbreitungsgebiet noch vorhandenen Magerrasen und in einer Förderung der Bestände des Aufrechten Ziests, auch in sonnigen Gebüschen oder in Brachen, ab.

RL: Stark gefährdet (2).

Rophites quinquespinosus

Spinola 1808

Syn.: *R. moeschleri* Schwammberger 1971.

Verbreitung: Von Südosteuropa über Italien nordwärts bis Südschweden. Verbreitungskarte bei EBMER & SCHWAMMBERGER (1986). – In der Bun-

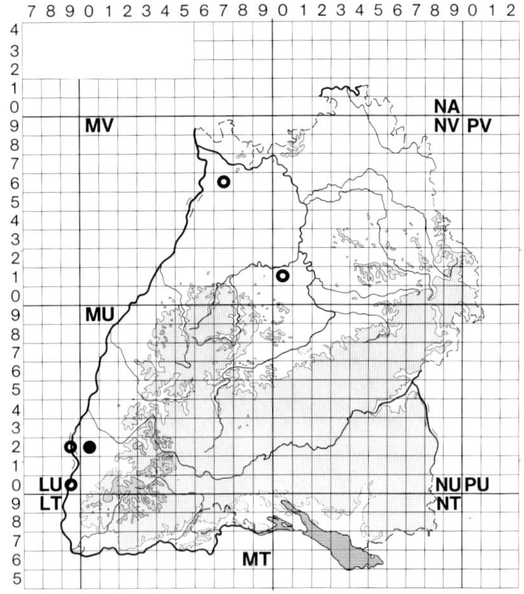

Rophites quinquespinosus

desrepublik Deutschland keine Verbreitungsgrenze; bekannt aus Schleswig-Holstein (Nord-Schleswig) (WAGNER 1938a), Hessen (Marburg) (coll. Wolf), Rheinland-Pfalz (WARNCKE 1986b), Bayern (STOECKHERT 1954, WARNCKE 1980a) und Baden-Württemberg. – In Baden-Württemberg nur sehr vereinzelte Nachweise im Kaiserstuhl, in der südlichen und nördlichen Oberrheinebene und im Nekkarbecken. Funddaten: LU92 Ihringen 1♂ 10. 7. 1923 (MNF); 1♂ 24. 7. 1923 (MNF); 1♂ 7. 8. 1923 (MNF); 1♂ 7. 7. 1925 (MNF); Burkheim 1♀ 23. 7. 1923 (MNF); Achkarren 1♂, 1♀ 30. 7. 1923 (MNF). MU02 Schelingen, Ohrberg 1♀ 17. 8. 1984 (S) (WESTRICH & SCHMIDT 1985b). LU92/MU02 Kaiserstuhl 1♂, 1♀ 7.1935 (ZMB). MV76 Sandhausen 1♀ 12. 7. 1929 (LNK). NV01 Markgröningen 1♂ 24. 6. 1934 (SMNS) (WESTRICH 1983d). Die Angaben von FRIESE (1895a) und LEININGER (1927) waren nicht überprüfbar.

Lebensraum: Bei den mir bekannten Fundstellen handelt es sich vorwiegend um trockenwarme Ruderalstellen, vereinzelt auch um Magerrasen. Nester fanden sich an schwach geneigten, schütter bewachsenen, sandigen oder lehmigen Stellen.

Nistweise: Nistet in selbstgegrabenen Hohlräumen in der Erde, in kleineren Aggregationen (Nestansammlungen mit bis zu 20 Nestern). Vertikaler, teils gebogener Hauptgang von 15–23 cm Länge, aber wegen seines schrägen Verlaufs nur 12–15 cm tief. Die 8–10 Brutzellen werden unregelmäßig seitlich des Hauptganges am Ende kurzer (5–7 mm) Seitengänge in einer Tiefe von 6–15 cm angelegt. Nach Versorgung werden die Brutzellen durch Erdpfropfen verschlossen. (STOECKHERT 1922a).

Blütenbesuch: Oligolektische, auf kleinblütige Lamiaceae (Lippenblütler) spezialisierte Art. Hauptpollenquelle ist die Schwarznessel *(Ballota nigra)*. Vereinzelt werden auch folgende Arten genutzt: Aufrechter Ziest *(Stachys recta)*, Gewöhnlicher Ziest *(Stachys officinalis)*, Sumpf-Ziest *(Stachys palustris)*, Wirbeldost *(Clinopodium vulgare)*. – Die ♂♂ ruhen meist an den Blüten der Pollenquellen, aber auch in *Campanula*-Blüten.

Kuckucksbienen: *Biastes emarginatus* (vgl. WARNCKE 1981:330, eig. Beob.).

Phänologie: Univoltin. Flugzeit von Mitte Juli bis Mitte August. Überwinterung im Kokon als Ruhelarve.

Bestandessituation: Die sehr seltene Art wurde in Baden-Würtemberg seit 1935 nur einmal und zwar im Jahre 1984 am Rande eines Naturschutzgebiets im nördlichen Kaiserstuhl nachgewiesen. Sie ist in Baden-Württemberg vom Aussterben bedroht.
RL: Vom Aussterben bedroht (1).

Sphecodes Latreille 1805

Die Gattung *Sphecodes* ist mit mehreren hundert Arten weltweit verbreitet, in Australien allerdings nur mit wenigen Arten (EBMER 1987). Aus der Bundesrepublik Deutschland sind 23 Arten bekannt. Blutbienen sind im allgemeinen leicht als zur Gattung gehörig zu erkennen. Der wie poliert glänzende, leuchtend rot gefärbte Hinterleib (Name!) zeichnet sie bestens aus, nur die Männchen einiger kleiner Arten haben manchmal ein ganz schwarzes Abdomen. Außerdem sind Kopf und Thorax von tiefschwarzer Farbe und und fein bis grob-runzlig punktiert. Im Feld lassen sich am ehesten *S. albilabris* und *S. gibbus* ansprechen. Die restlichen Arten sind nur bei stärkerer Vergrößerung (Binokular!) zu bestimmen und können vor allem dem Anfänger erhebliche Schwierigkeiten bereiten. Dies gilt vor allem für die Weibchen, während die Männchen anhand bestimmter Merkmale der Genitalien und der Fühler etwas leichter zu determinieren, aber immer noch schwierig genug sind. Die Größe reicht von 4–14 mm. Zur Bestimmung der deutschen Arten ist die Tabelle von BLÜTHGEN in SCHMIEDEKNECHT (1930:721ff) nach wie vor brauchbar, sie enthält aber nur die Merkmale der Weibchen. Da jedoch einige Arten fehlen, sei zusätzlich auf die

Sphecodes albilabris ♂

Sphecodes albilabris ♀

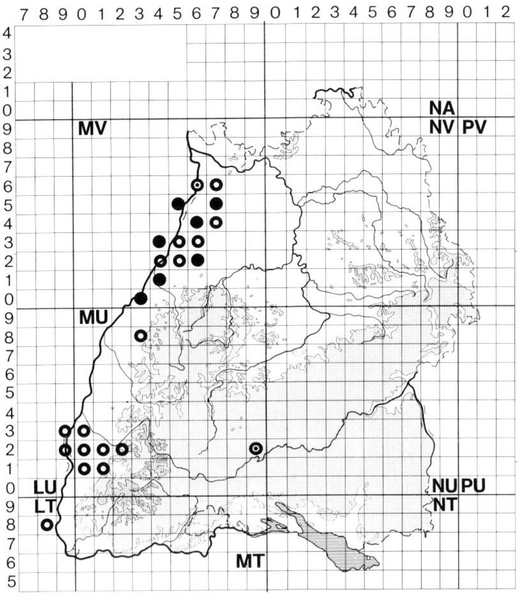

Sphecodes albilabris

illustrierte Arbeit von ŠUSTERA (1959) hingewiesen. Bei LOMHOLDT (1977) ist zu berücksichtigen, daß die in der Tabelle für *S. rufiventris* angegebenen Merkmale sich nicht auf diese Art, sondern auf *S. rubicundus* beziehen. Bei den Männchen ist ein Herauspräparieren der Genitalien für die Bestimmung unumgänglich. Auch die Befilzung der Fühlergeißelglieder ist ein wichtiges Bestimmungsmerkmal. Zeichnungen der Fühlergeißel einiger heimischer Arten finden sich bei ÅGREN & SVENSSON (1982). Ein ausreichend illustrierter Schlüssel für alle mitteleuropäischen Arten wird dringend benötigt.

Sphecodes albilabris

(Fabricius 1793)
Syn.: *S. fuscipennis* (Germar 1819).

Verbreitung: Süd-, Mittel- und Osteuropa, nordwärts bis Schweden und Finnland (vgl. NILSSON 1988). – In der Bundesrepublik Deutschland keine Verbreitungsgrenze, auch im Norden (vgl. RIEMANN 1987a). – In Baden-Württemberg liegt der Verbreitungsschwerpunkt in der gesamten Oberrheinebene; außerhalb dieses Raumes gibt es nur vereinzelte Vorkommen. Material: 40♂♂,52♀♀.
Wirte: Zweifelsfrei ist *Colletes cunicularius* der Wirt, was sich auch in Süddeutschland durch zahlreiche eigene Beobachtungen bestätigen ließ (BLÜTHGEN 1934, 1961b, MALYSHEV 1927b).
Blütenbesuch: Als (austauschbare) Nektarquellen dienen verschiedenste Pflanzenarten, z.B. Feld-Mannstreu *(Eryngium campestre)*, Skabiosen-Flockenblume *(Centaurea scabiosa)*, Rispen-Flokkenblume *(Centaurea paniculata)*, Acker-Kratzdistel *(Cirsium arvense)*, Doldiges Habichtskraut *(Hieracium umbellatum)*, Kanadische Goldrute *(Solidago canadensis)*, Acker-Gänsedistel *(Sonchus arvensis)*, Rainfarn *(Tanacetum vulgare)*, Geruchlose Kamille *(Tripleurospermum inodorum)*, Berg-Sandrapunzel *(Jasione montana)*, Sand-Thymian *(Thymus serpyllum)*. – Die ♀♀ sind allerdings nur selten auf Blüten anzutreffen.
Phänologie: Univoltin. Überwinterte ♀♀ von Mitte April bis Ende Mai (2. 4.–8. 6.); Sommertiere ab Ende Juli (♂♂ 26. 7.–28. 9.; ♀♀ 28. 7.–29. 8.).
Bestandessituation: Die auffällige und auch im Feld gut zu erkennende Art wurde seit 1975 überall dort aufgefunden, wo der Wirt noch in größeren Beständen vorkam. An dessen Nestansammlungen waren die ♀♀ regelmäßig anzutreffen. Dennoch ist diese Blutbiene wie ihr Wirt im Bestand gefährdet.
RL: Gefährdet (3).

Sphecodes crassus

Thomson 1870
Syn.: *S. variegatus* Hagens 1882.

Verbreitung: Ganz Europa, nordwärts bis Schweden und Finnland (ELFVING 1968). – In der Bundesrepublik Deutschland keine Verbreitungsgrenze. – In Baden-Württemberg weit verbreitet, von der Ebene bis in die höheren Lagen der Mittelgebirge. Die Art dürfte im gesamten Land noch wesentlich weiter verbreitet sein. Material: 30♂♂,63♀♀.
Wirte: Die unterschiedliche Größe einzelner Individuen läßt schon erkennen, daß die Art mehrere Wirte hat, bei denen es sich stets um kleinere *Lasioglossum*-Arten handelt. Hauptwirt ist *Lasioglossum pauxillum* (vgl. STOECKHERT 1933) neben *Lasioglossum punctatissimum* (WESTRICH 1980). Als weitere Wirte werden vermutet: *Lasioglossum nitidiusculum* (STOECKHERT 1933) und *Lasioglossum quadrinotatulum* (vgl. ALFKEN 1912b).
Blütenbesuch: Als (austauschbare) Nektarquellen dienen verschiedenste Pflanzenarten, z.B. Giersch *(Aegopodium podagraria)*, Feld-Mannstreu *(Eryngium campestre)*, Acker-Hundskamille *(Anthemis arvensis)*, Kleines Habichtskraut *(Hieracium pilosella)*, Herbst-Löwenzahn *(Leontodon autumnalis)*, Gewöhnlicher Löwenzahn *(Taraxacum officinale)*, Scharfer Mauerpfeffer *(Sedum acre)*, Wilde Resede *(Reseda lutea)*, Wald-Erdbeere *(Fragaria*

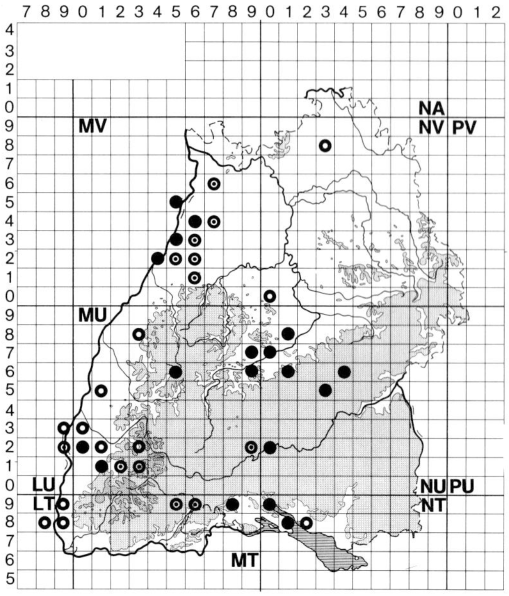

Sphecodes crassus

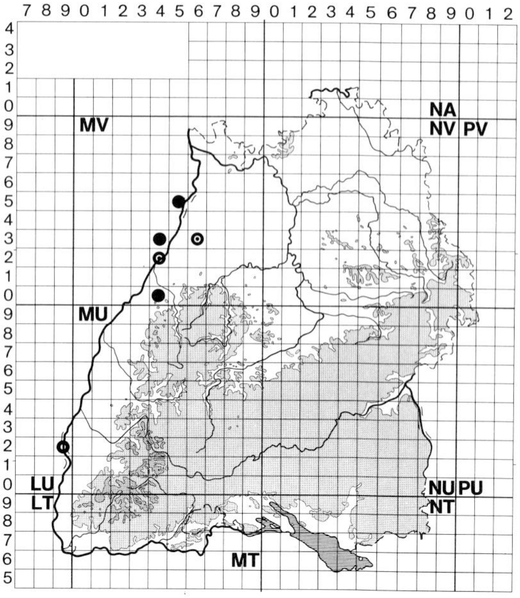

Sphecodes cristatus

vesca), Frühlings-Fingerkraut *(Potentilla verna)*, Gamander-Ehrenpreis *(Veronica chamaedrys)*.
Phänologie: Univoltin. Überwinterte ♀♀ von Mai bis Juni, Sommertiere von Juli bis September.
Bestandessituation: Die nach wie vor regelmäßig anzutreffende und durchaus häufige Art ist in Baden-Württemberg nicht gefährdet.

Sphecodes cristatus
Hagens 1882

Verbreitung: Unzureichend bekannt. Tschechoslowakei, Polen, Deutschland (BRD), Österreich, Schweiz, Schweden (Öland). – In der Bundesrepublik Deutschland nur vereinzelte Nachweise. Hessen: Eberstadt (Blüthgen 1949); Bayern: Kahl a.M. (Blüthgen 1949). – In Baden-Württemberg nur vereinzelte Nachweise im Kaiserstuhl und in der nördlichen Oberrheinebene. Funddaten: LU92 Achkarren 2♂♂ 31. 8. 1935 (ZMB) (Blüthgen 1949). MV40 Sandweier 1♀ 29. 7. 1986 (D). MV42 Forchheim 1♂ 22. 9. 1960 (LNK); 1♀ 5. 7. 1963 (LNK). MV43 Knielingen 1♂ 30. 7. 1984 (S). MV55 Rheinsheim 1♂ 25. 7. 1983 (W); 2♂♂, 2♀♀ 13. 8. 1983 (Ebmer, W) (Westrich & Schmidt 1985b). MV63 Karlsruhe, Hagsfeld 2♀♀ 27. 7., 1♀ 4. 8., 1♀ 18. 8., 1♀ 28. 8. 1962 (LNK); 3♂♂ 24. 9. 1962 (LNK); Jöhlingen 1♀ 20. 7. 1952 (LNK); 1♀ 6. 8. 1962 (LNK); 1♀ 3. 7. 1963 (LNK).
Wirte: *Halictus subauratus* dürfte zweifelsfrei einer der Wirte sein (Westrich 1985a), vermutlich kommen aber auch noch andere Arten der Untergattung *Seladonia* (z.B. *Halictus confusus*) in Frage. Die Vermutung von Blüthgen (1934), *Lasioglossum nigripes* sei der Wirt, konnte von mir nicht bestätigt werden.
Blütenbesuch: Keine Beobachtungen.
Phänologie: Univoltin. Zur Flugzeit siehe obige Funddaten.
Bestandessituation: Trotz der Häufigkeit des Hauptwirtes in der Oberrheinebene wurde die Art nur selten aufgefunden. Ich halte sie daher für gefährdet. Der Schutz dieser Blutbiene kann nur in der Erhaltung der Lebensgrundlagen des Wirtes liegen.
RL: Potentiell gefährdet (4).

Sphecodes croaticus
Meyer 1922

Verbreitung: Ungenügend bekannt. Ost-Frankreich, Tschechoslowakei, Österreich, Deutschland. – In der Bundesrepublik Deutschland nur vereinzelte Nachweise. Bayern: Karlstadt, Bamberg, Ebelsbach a.M. (Blüthgen 1944, Stoeckhert 1954). In Baden-Württemberg bisher nur ganz wenige Funde im Kaiserstuhl. Funddaten: MU02 Oberbergen, Badberg 2♂♂ 12. 8., 1♀ 21. 8. 1935;

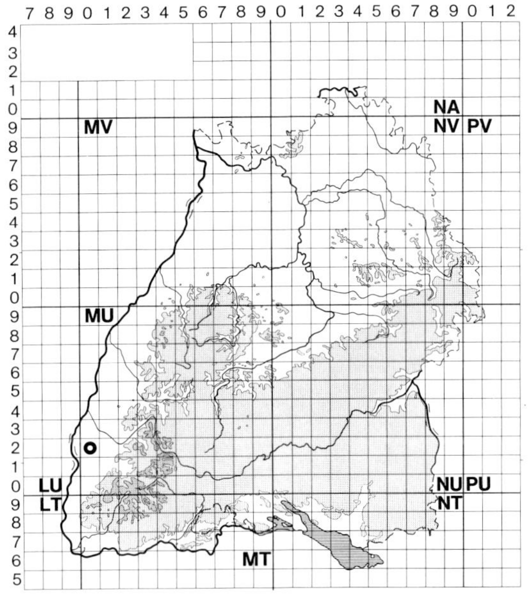

Sphecodes croaticus

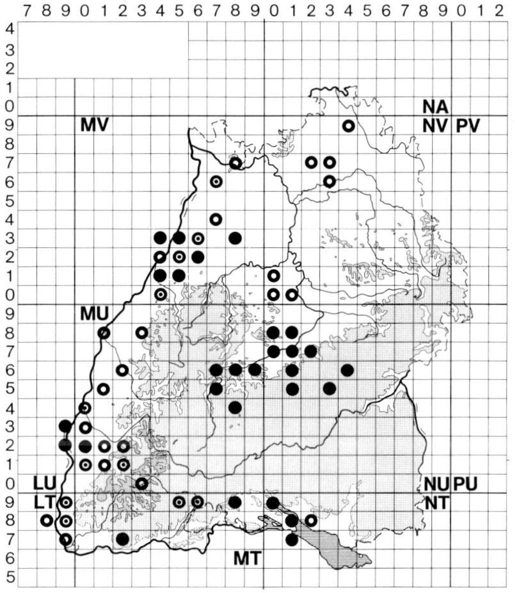

Sphecodes ephippius

Wasenweiler 2♂♂ 30. 8. 1935 (alle Exemplare det. Blüthgen, coll. ZMB) (Blüthgen 1944).

Wirte: Vermutlich *Lasioglossum interruptum* (vgl. Blüthgen 1944).

Blütenbesuch: Als (austauschbare) Nektarquellen wurden u. a. folgende Pflanzenarten festgestellt: Wilde Möhre *(Daucus carota)*, Acker-Hundskamille *(Anthemis arvensis)*, Wilde Resede *(Reseda lutea)*.

Phänologie: Univoltin. Zur Flugzeit siehe obige Funddaten. Außerhalb des Untersuchungsgebietes wurden die ♂♂ ab 19. 7. beobachtet.

Bestandessituation: Sollte *L. interruptum* der tatsächliche Wirt sein, überrascht die im Vergleich zu diesem große Seltenheit von *S. croaticus*. Trotz umfangreicher Aufsammlungen im Verbreitungsgebiet des vermutlichen Wirtes wurde die Art in Baden-Württemberg seit 1935 nicht mehr aufgefunden, so daß sie als verschollen gilt.

RL: Ausgestorben oder verschollen (0).

Sphecodes ephippius

(Linnaeus 1767)
Syn.: *S. divisus* (Kirby 1802).

Verbreitung: Ganz Europa, nordwärts bis Süd-Finnland (Elfving 1968). In den Schweizer Alpen bis 1800 m (Beaumont 1958). – In der Bundesrepublik Deutschland keine Verbreitungsgrenze, auch im Norden (vgl. Riemann 1987a). – In Baden-Württemberg weit verbreitet, von der Ebene bis in die höheren Lagen der Mittelgebirge. Material: 67♂♂, 392♀♀.

Wirte: Die Art hat verschiedene Wirte, was sich auch aus der unterschiedlichen Größe einzelner Individuen ergibt: *Lasioglossum leucozonium* (Stoeckhert 1933), *Lasioglossum quadrinotatulum* (Blüthgen 1934), *Halictus tumulorum* (Bischoff 1927). Nach Alfken (1913) soll auch *Andrena chrysopyga* in Frage kommen.

Blütenbesuch: Als (austauschbare) Nektarquellen dienen verschiedenste Pflanzenarten, z. B. Wilde Möhre *(Daucus carota)*, Wiesen-Bärenklau *(Heracleum sphondylium)*, Wiesen-Schafgarbe *(Achillea millefolium)*, Gänseblümchen *(Bellis perennis)*, Krause Distel *(Carduus crispus)*, Kleines Habichtskraut *(Hieracium pilosella)*, Margerite *(Leucanthemum vulgare)*, Kanadische Goldrute *(Solidago canadensis)*, Gewöhnlicher Löwenzahn *(Taraxacum officinale)*, Huflattich *(Tussilago farfara)*, Heidekraut *(Calluna vulgaris)*, Weißer Steinklee *(Melilotus alba)*, Frühlings-Fingerkraut *(Potentilla verna)*, Sal-Weide *(Salix caprea)*.

Phänologie: Univoltin. Überwinterte ♀♀ von Mitte März bis Juni, Sommertiere von Juli bis Oktober.

Bestandessituation: Die seit 1975 in verschiedenen Landesteilen regelmäßig angetroffene und nach wie vor durchaus häufige Art ist in Baden-Württemberg nicht gefährdet.

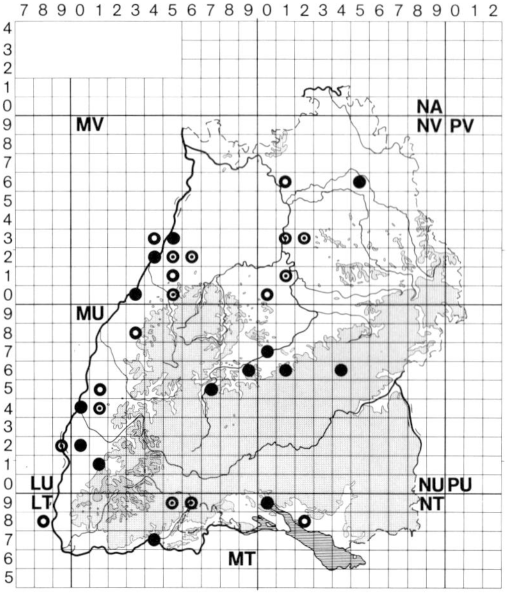

Sphecodes ferruginatus

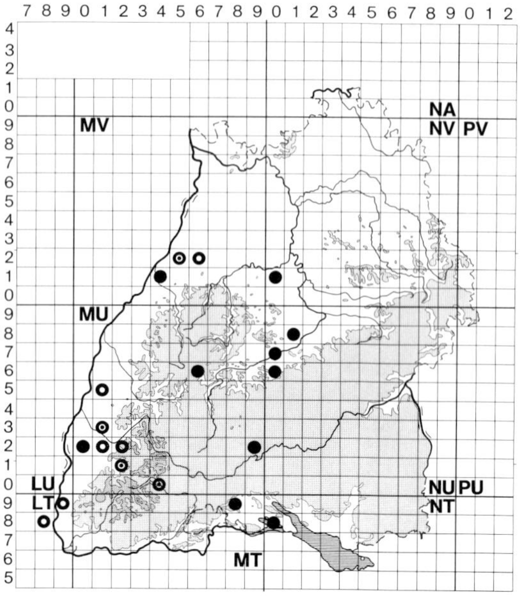

Sphecodes geoffrellus

Sphecodes ferruginatus

Hagens 1882

Verbreitung: Gemäßigtes Europa, auch in England, nordwärts bis Finnland (ELFVING 1968). In den Schweizer Alpen bis 2300 m (BEAUMONT 1958). – In der Bundesrepublik Deutschland keine Verbreitungsgrenze. – In Baden-Württemberg zerstreute Nachweise in Lagen unterhalb 500 m, vereinzelt auch bis 800 m. Material: 35♂♂, 30♀♀.
Wirte: Bei den Wirten dürfte es sich um mehrere Arten der *Lasioglossum calceatum*-Gruppe handeln: *Lasioglossum fulvicorne* (STOECKHERT 1933, Wolf nach STOECKHERT 1954), *Lasioglossum pauxillum* und *Lasioglossum laticeps* (STOECKHERT 1933, eig. Beob.).
Blütenbesuch: Als (austauschbare) Nektarquellen wurden folgende Pflanzenarten festgestellt: Wiesen-Bärenklau *(Heracleum sphondylium)*, Heidekraut *(Calluna vulgaris)*.
Phänologie: Univoltin. Überwinterte ♀♀ von Mai bis Juni, Sommertiere von Juli bis September.
Bestandessituation: Die Art ist zwar nicht gerade häufig, da aber ihre Wirte in Baden-Württemberg nicht gefährdet sind, ist auch für diese Blutbiene eine Gefährdung nicht anzunehmen.

Sphecodes geoffrellus

(Kirby 1802)
Syn.: *S. fasciatus* Hagens 1882.

Verbreitung: Ganz Europa mit Ausnahme des hohen Nordens. In den Schweizer Alpen bis 1700 m (BEAUMONT 1958). – In der Bundesrepublik Deutschland keine Verbreitungsgrenze. – In Baden-Württemberg bisher zwar nur zerstreute Nachweise, sicher aber viel weiter verbreitet. Material: 10♂♂, 18♀♀.
Wirte: Kleine Arten der Gattung *Lasioglossum*: *L. morio*, *L. leucopus*, *L. nitidiusculum* (ALFKEN 1912a).
Blütenbesuch: Als (austauschbare) Nektarquellen dienen verschiedenste Pflanzenarten, z.B. Wilde Möhre *(Daucus carota)*, Feld-Mannstreu *(Eryngium campestre)*, Wiesen-Schafgarbe *(Achillea millefolium)*, Acker-Hundskamille *(Anthemis arvensis)*, Kleines Habichtskraut *(Hieracium pilosella)*, Herbst-Löwenzahn *(Leontodon autumnalis)*, Gewöhnlicher Löwenzahn *(Taraxacum officinale)*, Scharfer Mauerpfeffer *(Sedum acre)*, Zypressen-Wolfsmilch *(Euphorbia cyparissias)*, Wilde Resede *(Reseda lutea)*, Frühlings-Fingerkraut *(Potentilla verna)*.
Phänologie: Univoltin. Überwinterte ♀♀ von April bis Juli, Sommertiere von Juli bis Oktober.
Bestandessituation: Die wegen ihrer geringen Größe leicht zu übersehende Art, die sicherlich

Sphecodes gibbus ♀

häufiger ist, als die Verbreitungskarte vermuten läßt, ist wie ihre Wirte in Baden-Württemberg nicht gefährdet.

Sphecodes gibbus

(Linnaeus 1758)

Verbreitung: Ganz Europa, nordwärts bis Schweden. In den Schweizer Alpen bis 1800 m (BEAUMONT 1958). – In der Bundesrepublik Deutschland keine Verbreitungsgrenze. – In Baden-Württemberg weit verbreitet, von der Ebene bis in die höheren Lagen der Mittelgebirge. Material: 93♂♂, 225♀♀.
Wirte: Verschiedene Arten der Gattung *Halictus* wurden durch zahlreiche Beobachtungen bestätigt: *H. rubicundus* (ALFKEN 1912b, BLÜTHGEN 1934, STOECKHERT 1933), *H. quadricinctus* (BLÜTHGEN 1919a, 1923, 1934, BREITENBACH 1878, STOECKHERT 1933, eig. Beob.), *H. sexcinctus* (STOECKHERT 1933), vermutlich auch *H. maculatus*. Möglicherweise kommt auch *Andrena vaga* in Frage, an deren Nestern ich die Art mehrfach antraf (vgl. MOESCHLER 1938). RIEMANN (1987a) beobachtete die Art an den Nestern von *Colletes cunicularius*.

Blütenbesuch: Als (austauschbare) Nektarquellen dienen verschiedenste Pflanzenarten, z. B. Giersch *(Aegopodium podagraria)*, Wiesen-Kerbel *(Anthriscus sylvestris)*, Wiesen-Bärenklau *(Heracleum sphondylium)*, Wilde Möhre *(Daucus carota)*, Feld-Mannstreu *(Eryngium planum)*, Acker-Kratzdistel *(Cirsium arvense)*, Kleines Habichtskraut *(Hieracium pilosella)*, Gewöhnlicher Löwenzahn *(Taraxacum officinale)*, Rainfarn *(Tanacetum vulgare)*, Berg-Sandrapunzel *(Jasione montana)*, Scharfer Mauerpfeffer *(Sedum acre)*, Heidekraut *(Calluna vulgaris)*, Preiselbeere *(Vaccinium vitis-idaea)*, Wiesen-Knautie *(Knautia arvensis)*, Zypressen-Wolfsmilch *(Euphorbia cyparissias)*, Weißer Steinklee *(Melilotus alba)*, Blut-Storchschnabel *(Geranium sanguineum)*, Wald-Weidenröschen *(Epilobium angustifolium)*, Wald-Erdbeere *(Fragaria vesca)*, Gänse-Fingerkraut *(Potentilla anserina)*, Sal-Weide *(Salix caprea)*, Purpur-Weide *(Salix purpurea)*, Gamander-Ehrenpreis *(Veronica chamaedrys)*.
Phänologie: Univoltin. Die überwinterten ♀♀ erscheinen ab Mitte April, die Sommertiere fliegen von Juni bis September.
Bestandessituation: Die seit 1975 in verschiedenen

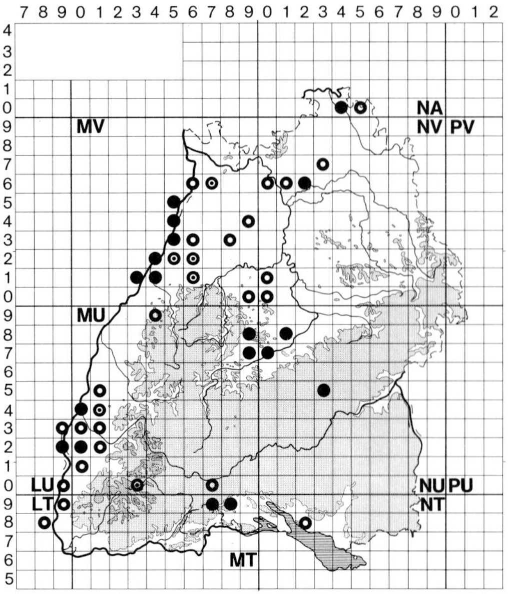

Sphecodes gibbus

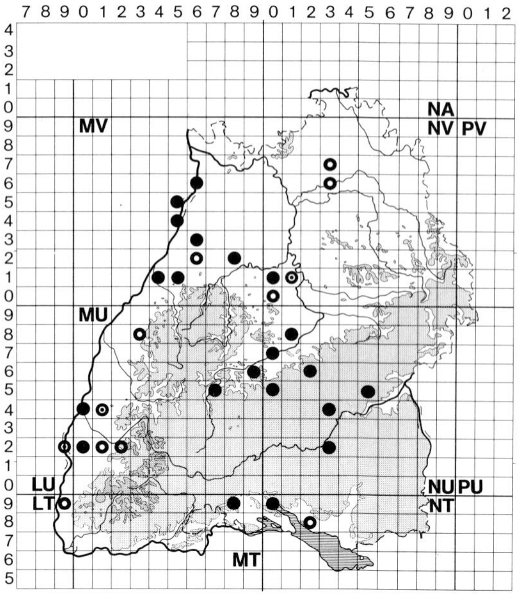

Sphecodes hyalinatus

Landesteilen regelmäßig angetroffene und stellenweise recht häufige Art ist in Baden-Württemberg nicht gefährdet.

Sphecodes hyalinatus

Hagens 1882

Verbreitung: Europa mit Ausnahme des Mittelmeerraumes, nordwärts bis Finnland (Elfving 1968). In den Schweizer Alpen bis 2000 m (Beaumont 1958). – In der Bundesrepublik Deutschland keine Verbreitungsgrenze. – In Baden-Württemberg bisher zwar nur verstreute Nachweise in der Ebene ebenso wie in den Mittelgebirgen, sicherlich aber viel weiter verbreitet. Material: 32♂♂, 35♀♀.
Wirte: Hauptwirt ist *Lasioglossum fulvicorne* (Perkins 1923, Stoeckhert 1933, eig. Beob.); vermutlich kommt auch die nahverwandte Art *Lasioglossum fratellum* in Frage (Blüthgen 1934, Perkins 1923).
Blütenbesuch: Als (austauschbare) Nektarquellen dienen verschiedenste Pflanzenarten, z. B. Wiesen-Kerbel *(Anthriscus sylvestris)*, Wiesen-Bärenklau *(Heracleum sphondylium)*, Wiesen-Schafgarbe *(Achillea millefolium)*, Wegwarte *(Cichorium intybus)*, Acker-Kratzdistel *(Cirsium arvense)*, Herbst-Löwenzahn *(Leontodon autumnalis)*, Acker-Winde *(Convolvulus arvensis)*, Scharfer Mauerpfeffer *(Sedum acre)*, Wiesen-Knautie *(Knautia arvensis)*, Wald-Erdbeere *(Fragaria vesca)*, Blutwurz *(Potentilla erecta)*, Gamander-Ehrenpreis *(Veronica chamaedrys)*.
Phänologie: Univoltin. Überwinterte ♀♀ von Mitte April bis Anfang Juni, Sommertiere von Mitte Juli bis Mitte September (♂♂ 1. 7.–9. 9.; ♀♀ 22. 7.–7. 9.).
Bestandessituation: Die recht häufige Art ist wie ihr Wirt in Baden-Württemberg nicht gefährdet.

Sphecodes longulus

Hagens 1882

Verbreitung: Ganz Europa, nordwärts bis Süd-Finnland (Elfving 1968). – In der Bundesrepublik Deutschland keine Verbreitungsgrenze, auch im Norden (vgl. Riemann 1987a). – In Baden-Württemberg zerstreute Nachweise mit einer Häufung von Fundorten in der nördlichen Oberrheinebene. Material: 30♂♂, 45♀♀.
Wirte: Hauptwirt ist *Lasioglossum minutissimum* (Alfken 1912b, Blüthgen 1923, 1934, Stoeckhert 1933); *Lasioglossum morio* und *Lasioglossum leucopus* sollen ebenfalls als Wirte in Frage kommen (Wolf nach Stoeckhert 1954); schließlich wurde die Art auch dort nachgewiesen, wo *L. minutissimum* nicht vorkommt.
Blütenbesuch: Als (austauschbare) Nektarquellen wurden u.a. folgende Pflanzenarten festgestellt: Dill *(Anethum graveolens)*, Wiesen-Kerbel *(An-*

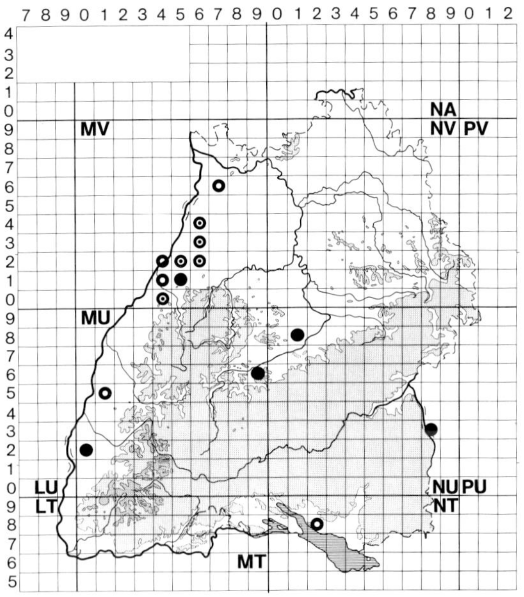

Sphecodes longulus

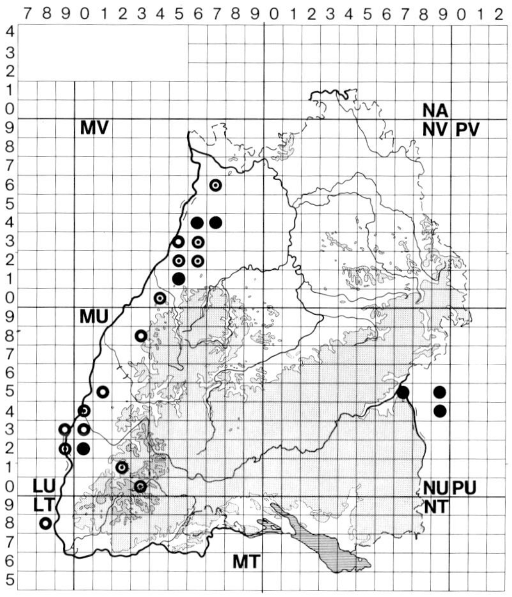

Sphecodes miniatus

thriscus sylvestris), Gewöhnlicher Löwenzahn *(Taraxacum officinale)*, Vogelmiere *(Stellaria media)*.
Phänologie: Univoltin. Überwinterte ♀♀ von Mai bis Juni, Sommertiere von Juli bis Oktober.
Bestandessituation: Die Art ist zwar nicht gerade häufig, sie ist aber durch ihre geringe Größe leicht zu übersehen. In Baden-Württemberg halte ich sie nicht für gefährdet.

Sphecodes majalis

Pérez 1903

Verbreitung: Südeuropa, sehr vereinzelt in Mitteleuropa: Deutschland (BRD), Österreich, Tschechoslowakei. – In der Bundesrepublik Deutschland bisher nur wenige Funde in Bayern: Ebelsbach/Main (STOECKHERT 1933, 1954, vgl. WESTRICH 1984a). – In Baden-Württemberg bisher nicht nachgewiesen, aber zu erwarten, da auch der Wirt vorkommt.
Wirte: Ausschließlich *Lasioglossum pallens* (STOECKHERT 1954).
Blütenbesuch: Als Nektarquelle wurde bisher nur Weißdorn *(Crataegus)* bekannt.
Phänologie: Univoltin. Beide Geschlechter fliegen im Frühjahr zusammen mit dem Wirt.

Sphecodes miniatus

Hagens 1882
Syn.: *S. dimidiatus* Hagens 1882, *S. marginatus* Hagens 1882.

Verbreitung: Gemäßigtes Europa, nordwärts bis Finnland (ELFVING 1968). – In der Bundesrepublik Deutschland keine Verbreitungsgrenze, auch im Norden (vgl. RIEMANN 1987a). – In Baden-Württemberg liegt der Verbreitungsschwerpunkt in der Oberrheinebene; in weiten Teilen des Landes scheint die Art zu fehlen. Material: 36♂♂, 60♀♀.
Wirte: Hauptwirt scheint *Lasioglossum nitidiusculum* zu sein (BLÜTHGEN 1934, STOECKHERT 1933), sehr wahrscheinlich kommen aber auch *Lasioglossum sexstrigatum* und *Lasioglossum politum* in Frage (eig. Beob.), nach ALFKEN (1913, 1939) auch *Lasioglossum morio*.
Blütenbesuch: Als (austauschbare) Nektarquellen wurden u.a. folgende Pflanzenarten festgestellt: Wiesen-Kerbel *(Anthriscus sylvestris)*, Wiesen-Schafgarbe *(Achillea millefolium)*, Geruchlose Kamille *(Tripleurospermum inodorum)*, Kleines Habichtskraut *(Hieracium pilosella)*, Gewöhnlicher Löwenzahn *(Taraxacum officinale)*.
Phänologie: Univoltin. Überwinterte ♀♀ von April bis Juni, Sommertiere von Juli bis September.
Bestandessituation: Das Sammlungsmaterial und die Nachweise seit 1975 belegen einen Rückgang der Art, ähnlich dem des Hauptwirtes. Schutzmaß-

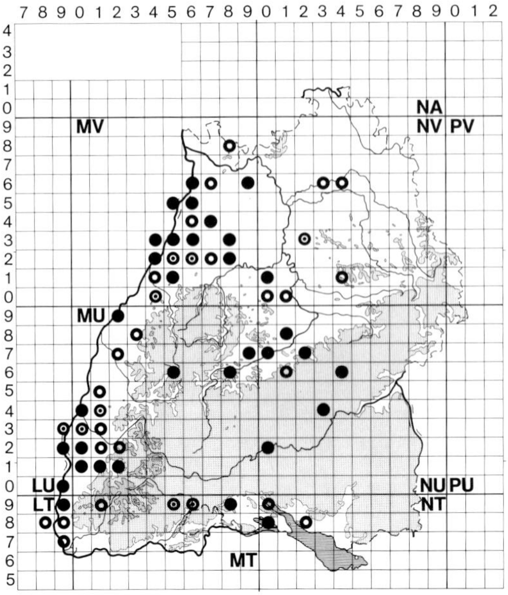

Sphecodes monilicornis

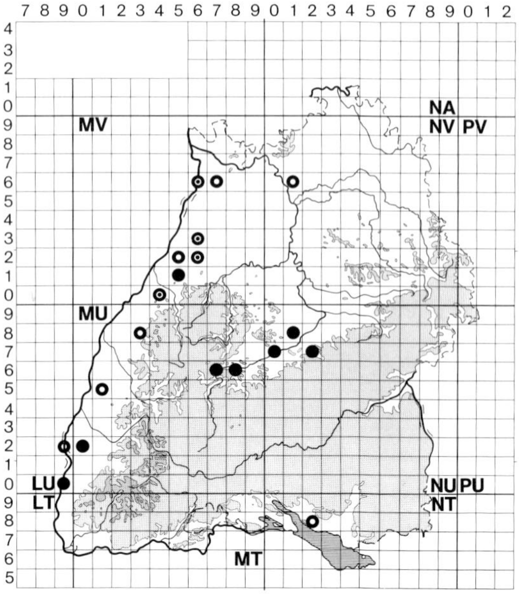

Sphecodes niger

nahmen bestehen v.a. in der Sicherung der Lebensgrundlagen aller Wirte. Da die Art aber mehrere Wirte hat und leicht zu übersehen ist, habe ich vorerst auf eine Aufnahme in die Rote Liste verzichtet.
Bemerkungen: Zumindest im Gebiet der Bundesrepublik Deutschland ist eine einwandfreie Trennung von *S. miniatus* und *S. marginatus* nicht möglich. Die Befilzung der Fühlerglieder der ♂♂ ist nicht konstant. Erst im Mittelmeerraum soll die Befilzung bis an den Rand der einzelnen Fühlerglieder reichen, weswegen WARNCKE (1986c) diese Form als eigene Unterart vorschlägt.

Sphecodes monilicornis
(Kirby 1802)

Verbreitung: Ganz Europa, nordwärts bis Finnland (ELFVING 1968). In den Schweizer Alpen bis 2000 m (BEAUMONT 1958). – In der Bundesrepublik Deutschland keine Verbreitungsgrenze. – In Baden-Württemberg weit verbreitet, von der Ebene bis in die höheren Lagen der Mittelgebirge. Material: 132♂♂,464♀♀.
Wirte: Mehrere Arten der *Lasioglossum calceatum*-Gruppe (vgl. BLÜTHGEN 1934). Hauptwirt ist *L. malachurum*, an deren Nistplätzen man die Art regelmäßig feststellen kann (BALLES 1923, FERTON 1898, 1905, LEGEWIE 1925c, STOECKHERT 1933, eig. Beob.). Weitere Wirte: *L. calceatum* u. *L. albipes*.
Blütenbesuch: Als (austauschbare) Nektarquellen dienen verschiedenste Pflanzenarten, z.B. Wilde Möhre *(Daucus carota)*, Wiesen-Schafgarbe *(Achillea millefolium)*, Acker-Hundskamille *(Anthemis arvensis)*, Acker-Kratzdistel *(Cirsium arvense)*, Gewöhnlicher Löwenzahn *(Taraxacum officinale)*, Habichtskraut *(Hieracium)*, Berg-Sandrapunzel *(Jasione montana)*, Heidekraut *(Calluna vulgaris)*, Wald-Erdbeere *(Fragaria vesca)*, Gamander-Ehrenpreis *(Veronica chamaedrys)*.
Phänologie: Univoltin. Überwinterte ♀♀ von April bis Juli, Sommertiere von Juli bis September.
Bestandessituation: Die seit 1975 in mehreren Landesteilen regelmäßig angetroffene und nach wie vor durchaus häufige Art ist wie ihre Wirte in Baden-Württemberg nicht gefährdet.

Sphecodes niger
Hagens 1882

Verbreitung: Gemäßigtes Europa, insbesondere Mitteleuropa, nördliches Südeuropa, Osteuropa. Verbreitungskarte bei WARNCKE (1981). – In der Bundesrepublik Deutschland keine Verbreitungsgrenze. – In Baden-Württemberg zerstreute Nachweise, überwiegend in Lagen unter 500 m. Material: 25♂♂, 9♀♀.
Wirte: Hauptwirt ist *Lasioglossum morio* (WOLF 1968, eig. Beob.). Als weiterer Wirt kommt *Lasio-*

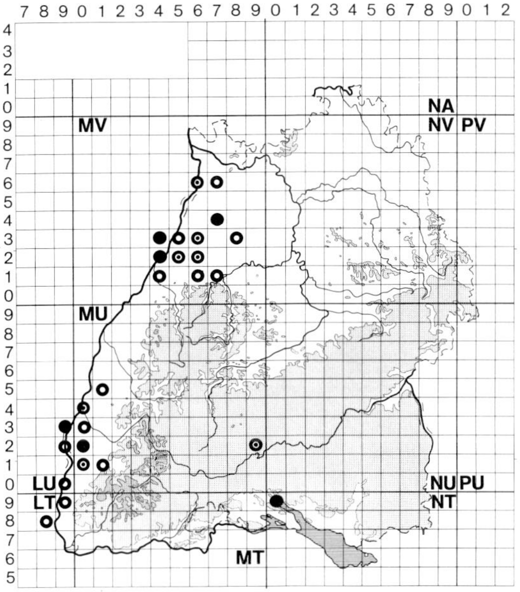

Sphecodes pellucidus

glossum lucidulum in Frage (ALFKEN 1912a, BLÜTHGEN 1934).

Blütenbesuch: Als (austauschbare) Nektarquellen wurden mir folgende Pflanzenarten bekannt: Wilde Möhre *(Daucus carota)*, Wiesen-Schafgarbe *(Achillea millefolium)*, Jakobs-Greiskraut *(Senecio jacobaea)*.

Phänologie: Univoltin. Überwinterte ♀♀ von Mai bis Juni, Sommertiere von Juli bis Oktober.

Bestandessituation: Die wegen ihrer geringen Größe leicht zu übersehende Art ist zwar bisher nur selten nachgewiesen worden, sie dürfte sich aber an den Nestern des sehr häufigen Hauptwirtes bei intensiver Suche vermehrt auffinden lassen. Ich halte sie in Baden-Württemberg für nicht gefährdet.

Sphecodes pellucidus

Smith 1845

Syn.: *S. pilifrons* Thomson 1870.

Verbreitung: Ganz Europa, nordwärts bis Süd-Schweden (ERLANDSSON 1960b) und Süd-Finnland (ELFVING 1968). – In der Bundesrepublik Deutschland keine Verbreitungsgrenze, auch im Norden (vgl. RIEMANN 1987a). – In Baden-Württemberg zerstreute Nachweise, von der Ebene bis in die höheren Lagen der Mittelgebirge, mit einer Häufung von Funden in der Oberrheinebene. Material: 15♂♂, 91♀♀.

Wirte: Mehrere Arten der Gattung *Andrena*. Hauptwirt ist zweifellos *A. barbilabris* (ALFKEN 1913, BLÜTHGEN 1919a, 1934, PERKINS 1919b, RIEMANN 1987a, STOECKHERT 1933, eig. Beob.). Auch *A. argentata*, *A. humilis* und *A. ventralis* dürften als Wirte in Frage kommen.

Blütenbesuch: Als (austauschbare) Nektarquellen dienen verschiedene Pflanzenarten, z.B. Acker-Hundskamille *(Anthemis arvensis)*, Gänseblümchen *(Bellis perennis)*, Geruchlose Kamille *(Tripleurospermum inodorum)*, Huflattich *(Tussilago farfara)*, Gewöhnlicher Löwenzahn *(Taraxacum officinale)*, Scharfer Mauerpfeffer *(Sedum acre)*, Ohr-Weide *(Salix aurita)*, Sal-Weide *(Salix caprea)*, Gamander-Ehrenpreis *(Veronica chamaedrys)*.

Phänologie: Univoltin. Möglicherweise bivoltin. Überwinterte ♀♀ von Ende März bis Juni, Sommertiere von Juli bis Oktober.

Bestandessituation: Die seit 1975 nur noch an wenigen Orten Baden-Württembergs aufgefundene, vorwiegend in Sandgebieten vorkommende Art ist wie die meisten ihrer Wirte gefährdet. Nur an größeren Nestansammlungen von *A. barbilabris* ist die Art noch zahlreicher zu beobachten. Ansonsten belegt auch das Sammlungsmaterial den Rückgang in den vergangenen zwei Jahrzehnten. In Norddeutschland scheint die Art noch häufiger zu sein (vgl. RIEMANN 1987a).

RL: Gefährdet (3).

Sphecodes pseudofasciatus

Blüthgen 1924

Verbreitung: Südeuropa, südliches Mitteleuropa, südliches Osteuropa. Verbreitungskarte bei WARNCKE (1981). – In der Bundesrepublik Deutschland nur sehr vereinzelte Nachweise. Bayern: Marktheidenfeld, Karlstadt (WESTRICH 1984a). – In Baden-Württemberg nur sehr vereinzelte Nachweise in der Oberrheinebene und im Taubertal. Funddaten: LT99 Schliengen 1♂, 1♀ 23. 8. 1935 (det. Blüthgen 1942, coll. LNK, NK) (STOECKHERT 1954). MU18 Kehl 1♂ 7. 9. 1942 (det. Blüthgen 1943, coll. LNK) (BALLES 1949). NV49 Tauberbischofsheim 1♀ 22. 5. 1940 (det. Blüthgen 1943, coll. LNK) (BLÜTHGEN 1944).

Wirte: Unbekannt.

Blütenbesuch: Keine Beobachtungen.

Phänologie: Siehe obige Funddaten.

Bestandessituation: Die bisher in Baden-Württemberg nur von drei Fundorten bekannt gewordene und offensichtlich auch in anderen Gebieten sehr

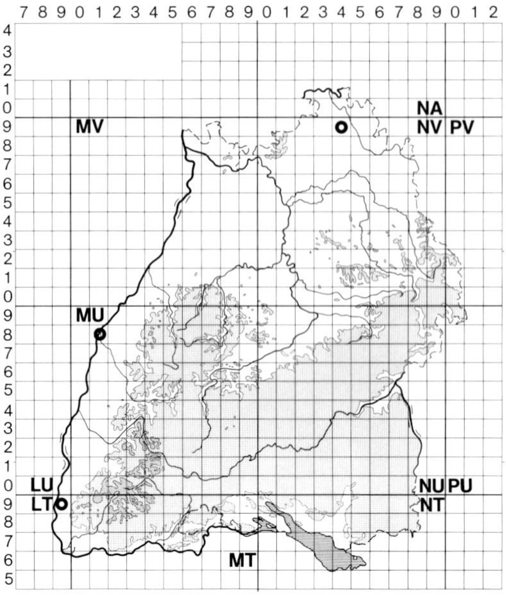

Sphecodes pseudofasciatus

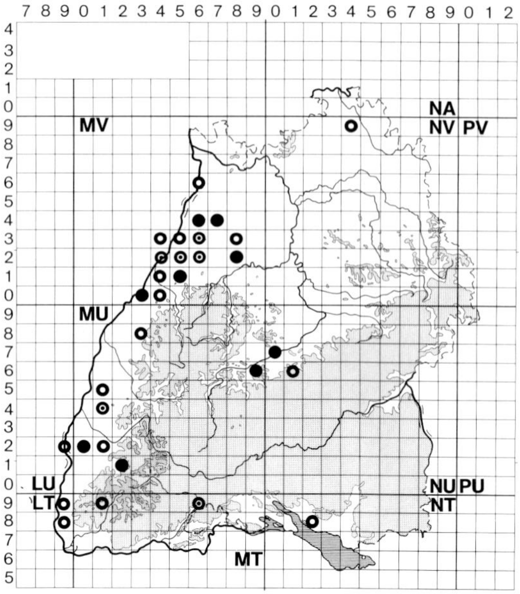

Sphecodes puncticeps

seltene Art wurde zuletzt 1940 nachgewiesen. Da über ihre Wirte bisher nichts bekannt ist, sind auch über den Grund der Seltenheit oder eine mögliche Rückgangsursache derzeit keine Angaben möglich. RL: Potentiell gefährdet (4).

Sphecodes puncticeps

Thomson 1870

Verbreitung: Ganz Europa; nordwärts bis Schweden und Süd-Finnland (ELFVING 1968). – In der Bundesrepublik Deutschland keine Verbreitungsgrenze, auch im Norden (vgl. RIEMANN 1987a). – In Baden-Württemberg weit verbreitet, bisher überwiegend in Lagen unter 500 m, vereinzelt auch darüber. Material: 53♂♂,106♀♀.

Wirte: Hauptwirt ist zweifellos *Lasioglossum villosulum* (ALFKEN 1913, BLÜTHGEN 1934, eig. Beob.). Auch *Lasioglossum brevicorne* soll in Frage kommen (BISCHOFF 1927).

Blütenbesuch: Als (austauschbare) Nektarquellen dienen verschiedenste Pflanzenarten, z.B. Wiesen-Schafgarbe *(Achillea millefolium)*, Kanadische Goldrute *(Solidago canadensis)*, Wiesen-Kerbel *(Anthriscus sylvestris)*, Wiesen-Bärenklau *(Heracleum sphondylium)* Acker-Kratzdistel *(Cirsium arvense)*, Wiesen-Löwenzahn *(Taraxacum officinale)*, Berg-Sandrapunzel *(Jasione montana)*, Wilde Reseda *(Reseda lutea)*.

Phänologie: Univoltin. Überwinterte ♀♀ von April bis Juli, Sommertiere von Juli bis September.

Bestandessituation: Die an den Wirtsnestern regelmäßig anzutreffende und nicht seltene Art ist in Baden-Württemberg wie ihr Wirt nicht gefährdet.

Sphecodes reticulatus

Thomson 1870

Verbreitung: Gemäßigtes Europa, England, nordwärts bis Schweden und Finnland. – In der Bundesrepublik Deutschland keine Verbreitungsgrenze, auch im Norden (vgl. RIEMANN 1987a). – In Baden-Württemberg zerstreute Nachweise, überwiegend in der Oberrheinebene und in der Schwarzwaldvorbergzone. Material: 13♂♂, 43♀♀.

Wirte: *Andrena barbilabris* (BISCHOFF 1927, BLÜTHGEN 1919a, 1934, POPOVA 1983, STOECKHERT 1933). Vielleicht auch noch andere Arten der Gattung *Andrena*.

Blütenbesuch: Als (austauschbare) Nektarquellen dienen verschiedenste Pflanzenarten, z.B. Wiesen-Schafgarbe *(Achillea millefolium)*, Einjähriger Feinstrahl *(Erigeron annuus)*, Acker-Kratzdistel *(Cirsium arvense)*, Kleines Habichtskraut *(Hieracium pilosella)*, Graukresse *(Berteroa incana)*, Heidekraut *(Calluna vulgaris)*.

Phänologie: Univoltin. Überwinterte ♀♀ von Mai bis Juli, Sommertiere von Juli bis Oktober.

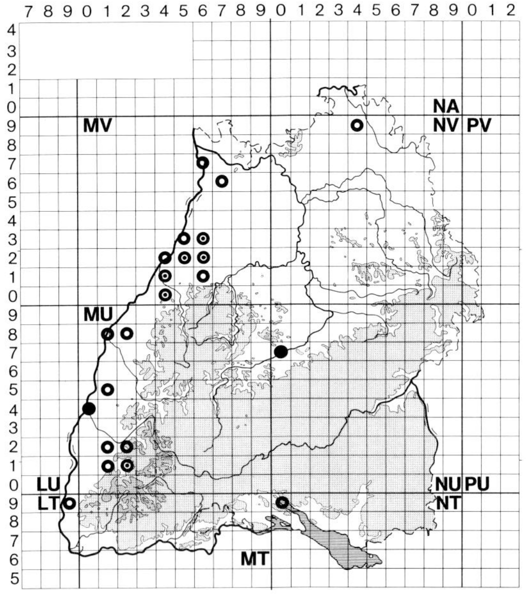

Sphecodes reticulatus

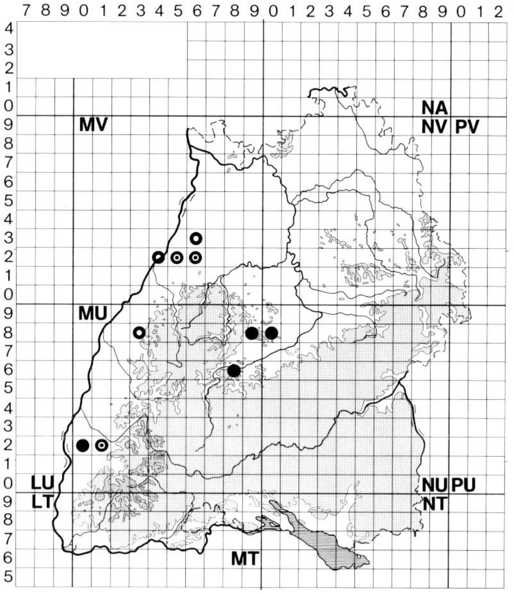

Sphecodes rubicundus

Bestandessituation: Die Art ist in ihrem Bestand stark rückläufig und wie ihr Wirt gefährdet.
RL: Gefährdet (3).

Sphecodes rubicundus

Hagens 1882

Verbreitung: Gemäßigtes Europa, England. – In der Bundesrepublik Deutschland keine Verbreitungsgrenze, auch im Norden (vgl. RIEMANN 1987a). – In Baden-Württemberg nur vereinzelte, weit verstreute Nachweise. Funddaten ab 1960: MU02 Vogtsburg 1♀ 19. 6. 1984 (W). MU12 Denzlingen 1♀ 29. 6. 1964 (LNK). MU86 Sulzau 1♀ 12. 6. 1984 (W). MU98 Kayh 1♀ 25. 6. 1982 (W). MV52 Karlsruhe 1♀ 30. 5. 1964 (LNK). MV62 Berghausen 1♀ 20. 6. 1962 (LNK). MV63 Jöhlingen 2♀♀ 30. 5. 1966 (LNK). NU08 1♂ 26. 5. 1984 (W). Material: 13♂♂, 16♀♀.

Wirte: Hauptwirt ist *Andrena labialis* (BLÜTHGEN 1934, MÜLLER 1931b, eig. Beob.), an deren Nistplätzen man die Art regelmäßig antreffen kann. TORKA (1925, 1926) beobachtete ♀♀ dieser Art an einer alten Mauer in Gesellschaft von *Andrena agilissima*.

Blütenbesuch: Als (austauschbare) Nektarquellen wurden folgende Pflanzenarten festgestellt: Wiesen-Schafgarbe *(Achillea millefolium)*, Weißklee *(Trifolium repens)*, Vogel-Wicke *(Vicia cracca)*.

Phänologie: Univoltin. Beide Geschlechter erscheinen wie bei *Sphecodes spinulosus* bereits im Frühjahr und fliegen bis Anfang Juli.

Bestandessituation: Die ziemlich seltene Art ist wie ihr Wirt als gefährdet anzusehen.
RL: Gefährdet (3).

Sphecodes ruficrus

(Erichson 1835)

Verbreitung: Südeuropa, vereinzelt im südlichen Mitteleuropa. – In der Bundesrepublik Deutschland nur ein Nachweis aus Baden-Württemberg aus der südlichen Oberrheinebene. Funddaten: MU01 Schallstadt 1♂ 5.1942 (NK) (BLÜTHGEN 1944).

Wirte: Vielleicht *Andrena decipiens*.

Blütenbesuch: Keine Beobachtungen.

Phänologie: Vermutlich ähnlich wie bei *S. rubicundus*.

Bestandessituation: Die Art wurde nur in einem einzigen Exemplar aufgefunden. Es bleibt somit ungeklärt, ob sie jemals in Baden-Württemberg bodenständig war.

Bemerkungen: WARNCKE (1986c) ordnet die beiden Taxa *S. ruficrus* und *S. rubicundus* einander als Unterarten zu, mit *S. ruficrus* als südlicher Nominatform. Da beide Taxa aber sympatrisch vorkommen, können sie einander nicht als Unterarten zugeordnet werden.

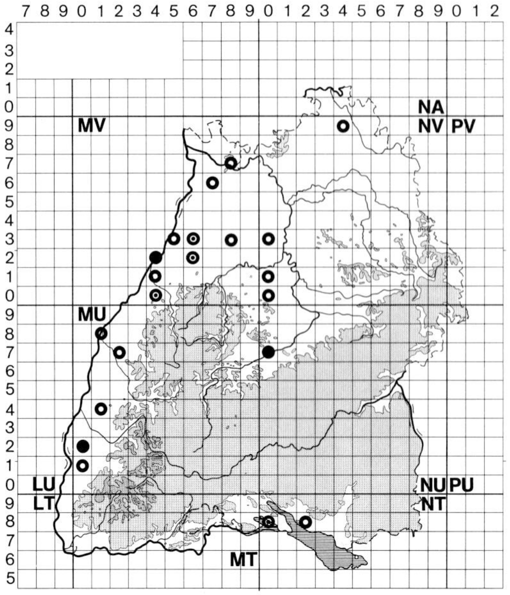

Sphecodes rufiventris

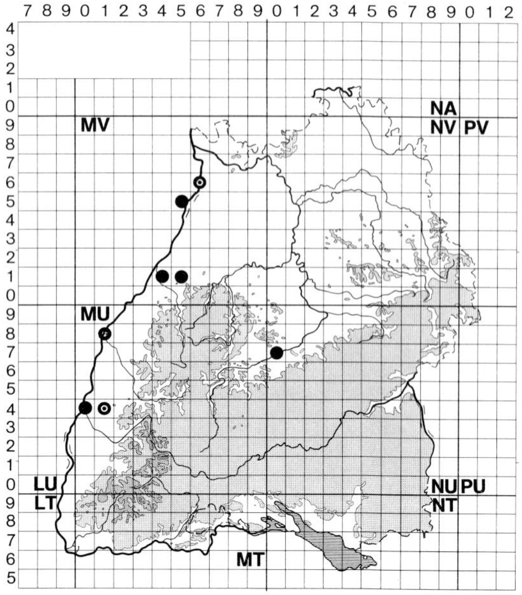

Sphecodes scabricollis

Sphecodes rufiventris

(Panzer 1798)

Syn.: *S. subovalis* Schenck 1853 (vgl. BLÜTHGEN 1949).

Verbreitung: Süd- und Mitteleuropa, nordwärts bis 57° n. Br. (WARNCKE 1981). – In der Bundesrepublik Deutschland ist die Verbreitung noch unzureichend bekannt, vermutlich im Norden fehlend. – In Baden-Württemberg zerstreute Nachweise, durchweg in Lagen unter 500 m. Material: 22♂♂,36♀♀.
Wirte: *Halictus maculatus*, an dessen Nistplätzen man die Art regelmäßig antreffen kann (BLÜTHGEN 1925, 1934, STOECKHERT 1933, eig. Beob.).
Blütenbesuch: Als (austauschbare) Nektarquellen dienen verschiedenste Pflanzenarten, z. B. Wilde Möhre *(Daucus carota)*, Wiesen-Schafgarbe *(Achillea millefolium)*, Wiesen-Löwenzahn *(Taraxacum officinale)*, Herbst-Löwenzahn *(Leontodon autumnale)*, Graukresse *(Berteroa incana)*, Weg-Rauke *(Sisymbrium officinale)*, Weißer Steinklee *(Melilotus alba)*, Wilde Resede *(Reseda lutea)*.
Phänologie: Univoltin. Frühjahrs-♀♀ von Mai bis Juni, Sommertiere von Juli bis September.
Bestandessituation: Wenn die Art auch nur recht selten aufgefunden wird, so dürfte sie dennoch nicht gefährdet sein, da ihr Wirt nach wie vor häufig und in seinem Bestand nicht bedroht ist.

Sphecodes scabricollis

Wesmael 1835

Verbreitung: Spanien, nördliche Teile Südeuropas, Mitteleuropa, England, nordwärts bis Süd-Finnland (ELFVING 1968). Verbreitungskarte bei WARNCKE (1981). – In der Bundesrepublik Deutschland keine Verbreitungsgrenze, auch im Norden (vgl. RIEMANN 1985), aber überall sehr selten. – In Baden-Württemberg nur vereinzelte Nachweise in der Oberrheinebene, in der Schwarzwaldvorbergzone und im Schönbuch. Funddaten: MU04 Kappel 1♀ 9. 6. 1968 (LNK). MU14 Ettenheim 1♀ 2. 9. 1968 (LNK). MU18 Kehl 5♂♂ 5.–18. 9. 1942 (LNK) (BALLES 1949). MV41 Muggensturm 1♀ 8. 7. 1985 (D); 1♂ 13. 9. 1987 (D); Gaggenau-Oberweier 1♀ 24. 8. 1985 (D). MV51 Malsch 1♂ 25. 9. 1983 (D); 1♂ 7. 9. 1985 (D). MV55 Rheinsheim 1♀ 14. 8. 1984 (W). MV66 Ketsch 1♀ 28. 7. 1964 (G). NU07 1♂ 1. 9., 1♂ 7. 9. 1977 (W). Nicht überprüfbare Angaben: »Kaiserstuhl« (STOECKHERT 1954), »Osterburken« (BALLES 1927).
Wirte: Wahrscheinlicher Wirt ist *Lasioglossum zonulum* (BLÜTHGEN 1934, 1952b).
Blütenbesuch: Als (austauschbare) Nektarquellen wurden bekannt: Wilde Möhre *(Daucus carota)*, Gewöhnliche Goldrute *(Solidago virgaurea)*, Kanadische Goldrute *(Solidago canadensis)*.
Phänologie: Noch unklar. Siehe obige Funddaten.
Bestandessituation: Ob die offensichtlich schon

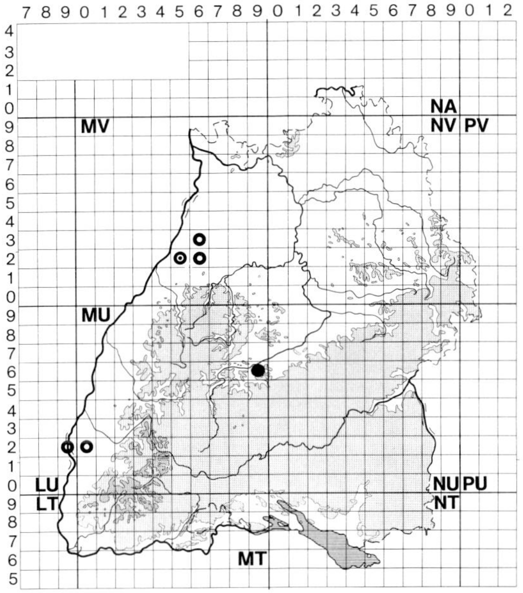

Sphecodes spinulosus

immer sehr selten gewesene Art im Bestand bedroht ist, vermag ich derzeit nicht einzuschätzen. An den mir bekannt gewordenen Fundorten jedenfalls ist die Art derzeit nicht gefährdet.
RL: Potentiell gefährdet (4).

Sphecodes spinulosus
Hagens 1875

Verbreitung: Süd-, Mittel- und Osteuropa. – In der Bundesrepublik Deutschland keine Verbreitungsgrenze, nach WAGNER (1938a) auch im Norden, aber insgesamt nur zerstreute Funde. – In Baden-Württemberg nur sehr vereinzelte Nachweise in der nördlichen Oberrheinebene, im Kaiserstuhl und im Mittleren Albvorland. Funddaten: LU92 Achkarren, Schneckenberg 1♀ 24. 5. 1927 (MNF). MU02 Oberbergen, Badberg 1♀ 26. 6. 1926 (MNF); Bötzingen 1♂ 17. 5. 1930 (MNF). MU96 Bietenhausen 1♀ 25. 5. 1982 (W). MV52 Karlsruhe 1♂ 5. 5. 1930 (NK); 1♂ 10. 5. 1931 (NK); 1♂ 25. 5. 1931 (NK); 2♂♂ 8. 5. 1935 (NK); 1♂ 25. 6. 1963 (LNK). MV62 Grötzingen 1♂ 26. 6. 1952 (LNK). MV63 Untergrombach 1♀ 23. 5. 1930 (NK).
Wirte: Einzig bekannter Wirt ist *Lasioglossum xanthopus* (MÜLLER 1944, STOECKHERT 1933, eig. Beob.).
Blütenbesuch: Als Nektarquelle wurde mir nur die Wiesen-Knautie *(Knautia arvensis)* bekannt.
Phänologie: Univoltin. Beide Geschlechter erscheinen bereits im Frühjahr und fliegen bis Anfang Juli. MÜLLER (1931:82) beobachtete die Kopula am 28.Mai.
Bestandessituation: Die Art ist trotz der weiten Verbreitung ihres Wirtes sehr selten. Da außerdem der Wirt im Bestand rückläufig ist, muß diese Blutbiene als stark gefährdet betrachtet werden.
RL: Stark gefährdet (2).

Stelis Panzer 1806

Die Gattung *Stelis* hat ihren Verbreitungsschwerpunkt in der nördlich gemäßigten Zone und ist in der Bundesrepublik Deutschland mit 10 Arten vertreten. Die Gattung erinnert im Habitus an *Osmia*, ist aber eng mit *Anthidium* verwandt, von der sie sich ableitet. *Stelis signata* und verwandte Arten, die ihren *Anthidium*-Wirten in Habitus und Färbung außerordentlich ähneln, lassen dies besonders deutlich erkennen. Die schönste Art dürfte *S. nasuta* sein, die durch ihre roten Beine und die weißen Flecken auf Tergit 2–4 auffällt. *S. punctulatissima* zeigt deutlich aufgehellte, fast weiße Tergitränder. Ansonsten sind die Arten schwarz gefärbt (Düsterbiene!) und ohne oder nur mit winzigen gelben oder weißen Zeichnungen. Auffallende Merkmale der Gattung sind beim Weibchen die kahle, fast flache Abdomen-Unterseite, beim Männchen ist diese stark eingedrückt und mit hellen Fransen versehen. Das geübte Auge kann den größten Teil der einheimischen Arten unterscheiden. Dabei kann die Beobachtung ihres Verhaltens für die Erkennung hilfreich sein. Die Größe reicht von 3–11 mm. Zur Bestimmung verwende man die Tabellen von BLÜTHGEN in SCHMIEDEKNECHT (1930:834ff).

Stelis breviuscula
(Nylander 1848)

Verbreitung: Fast ganz Europa, nordwärts bis 63° n.Br. – In der Bundesrepublik Deutschland keine Verbreitungsgrenze. – In Baden-Württemberg weit verbreitet, von der Ebene bis in die höheren Lagen der Mittelgebirge (ca. 800 m). Material: 40♂♂, 25♀♀.
Wirte: *Heriades truncorum* ist durch zahlreiche Zuchten als Hauptwirt bestätigt. In der Oberrheinebene beobachtete ich die Art aber auch zusammen mit *Heriades crenulatus* an einer Stelle, an der *Heriades truncorum* nicht aufgefunden wurde. Nach BISCHOFF (1927) und BENOIST (1929) soll

auch *Chelostoma fuliginosum* als Wirt in Frage kommen, was mir aber zweifelhaft erscheint.

Blütenbesuch: Als (austauschbare) Nektarquellen dienen verschiedenste Pflanzenarten, bevorzugt werden aber Asteraceae (Korbblütler), die Pollenquellen der Wirte: Weiden-Alant *(Inula salicina)*, Wiesen-Schafgarbe *(Achillea millefolium)*, Rainfarn *(Tanacetum vulgare)*, Geruchlose Kamille *(Tripleurospermum inodorum)*, Jakobs-Greiskraut *(Senecio jacobaea)*, Gewöhnliche Kratzdistel *(Cirsium vulgare)*, Acker-Gänsedistel *(Sonchus arvensis)*, Gewöhnliches Bitterkraut *(Picris hieracioides)*, Kleines Habichtskraut *(Hieracium pilosella)*, Berg-Sandrapunzel *(Jasione montana)*, Brombeere *(Rubus fruticosus)*, Wiesen-Knautie *(Knautia arvensis)*, Scharfer Mauerpfeffer *(Sedum acre)*.

Phänologie: Univoltin. Flugzeit von Juni bis August (♂♂ 10. 6.–9. 8.; ♀♀ 16. 6.–15. 9.). Überwinterung als Ruhelarve im Kokon.

Bestandessituation: Die Art ist regelmäßig (auch im Siedlungsbereich) an den Nistplätzen von *Heriades truncorum* zu beobachten, wird aber wegen ihrer geringen Größe und Ähnlichkeit mit dem Wirt leicht übersehen. Derzeit ist keine Gefährdung zu erkennen.

Stelis franconica
Blüthgen 1930

Verbreitung: Mir bisher nur bekannt aus Österreich, der Schweiz, der Tschechoslowakei und Deutschland (BRD). – In der Bundesrepublik Deutschland nur sehr vereinzelte Nachweise. Bayern: Beratzhausen, Riedenburg (Tkalců 1971,

Stelis breviuscula ♀

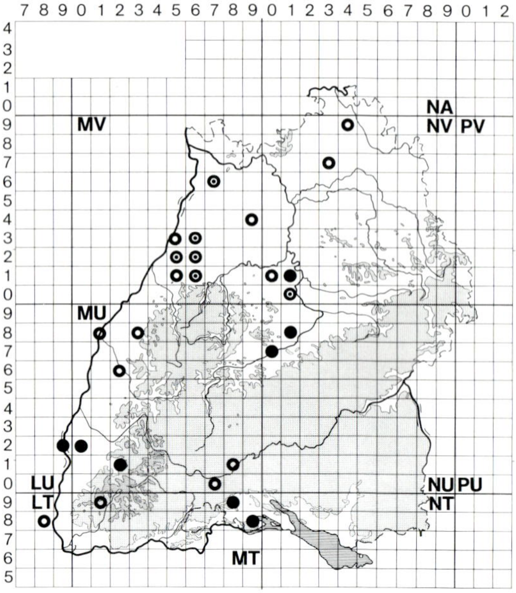

Stelis breviuscula

1974b, Westrich 1984c); Rheinland-Pfalz: 1♂, 1♀ 5.1949 Kirn/Nahe (leg. Schoop, coll. Museum Alexander-König Bonn). – In Baden-Württemberg bisher nicht nachgewiesen, die Art dürfte aber vorkommen, da auch ihr Wirt von hier bekannt ist.

Wirte: Gezogen wurde die Art aus Nestern von *Osmia mustelina* (Blüthgen 1930c, Stoeckhert 1933, Westrich 1984c).

Blütenbesuch: Es liegen nur wenige Beobachtungen über Nektarquellen vor. In Bayern beobachtete Enslin (nach Blüthgen 1930c) die Art an der Wiesen-Knautie *(Knautia arvensis)*, Tkalců (1974b) gibt für tschechoslowakische Funde zweier ♂♂ eine Distel *(Carduus collinus)* und die Silberscharte *(Jurinea mollis)* an.

Phänologie: Univoltin. Flugzeit von Mai bis Juni.

Bemerkungen: Ursprünglich von Blüthgen als Unterart von *Stelis phaeoptera* beschrieben, zweifellos aber eine selbständige Art (vgl. Westrich 1984c).

Stelis minima
Schenck 1861

Verbreitung: Vermutlich ganz Europa. – In der Bundesrepublik Deutschland keine Verbreitungsgrenze, auch im Norden (Alfken 1944). – Aus Baden-Württemberg sind erst wenige Funde aus dem Kaiserstuhl und der Schwarzwaldvorbergzone

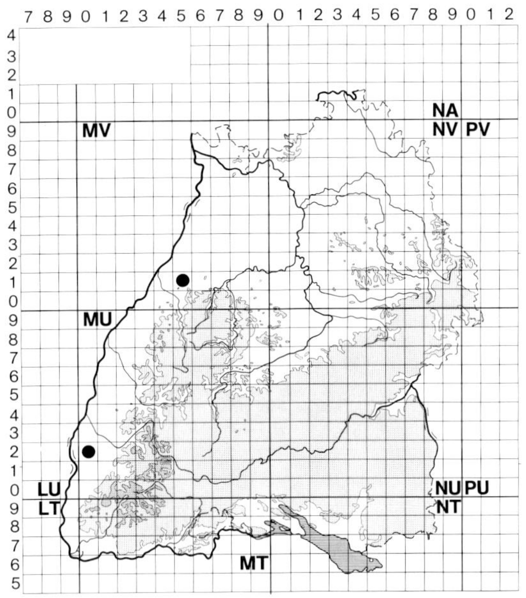

Stelis minima

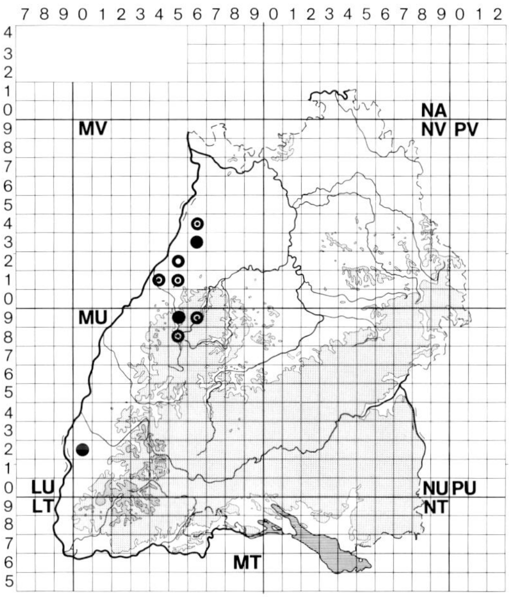

Stelis minuta

bekannt: MU02 Oberbergen 2♀♀ 7.1981; 1♂ 6.1981; 1♂ 6.1982 (sämtliche Tiere stammen aus Fensterfallen, coll. LZB, W) (DÜWEKE 1988). MV51 Malsch 1♀ 11. 9. 1988 (Totfund, coll. D).

Wirte: Hauptwirt ist zweifelsfrei *Chelostoma campanularum* (ALFKEN 1944, HÖPPNER 1898, 1899b, PITTIONI 1949), sicher parasitiert die Art auch bei *C. distinctum* (vgl. AERTS 1960, LEFEBER 1984).

Blütenbesuch: Als (austauschbare) Nektarquellen wurden bisher festgestellt: Berg-Sandrapunzel *(Jasione montana)*, Scharfer Mauerpfeffer *(Sedum acre)*, Wiesen-Schafgarbe *(Achillea millefolium)*, Rainfarn *(Tanacetum vulgare)*, Alant *(Inula)*, Habichtskraut *(Hieracium)*. An Glockenblumen *(Campanula)*, den Pollenquellen ihrer Wirte, wurde die Art bisher nicht beobachtet.

Phänologie: Univoltin. Flugzeit von Juni bis Juli.

Bestandessituation: Da die Wirte in Baden-Württemberg weit verbreitet und häufig sind, dürfte die winzige und daher leicht zu übersehende Art ebenfalls häufiger sein als bisher bekannt. Die Art ist daher vermutlich nicht in ihrem Bestand bedroht.

Stelis minuta

Lepeletier & Serville 1825

Verbreitung: Gemäßigtes Europa, nordwärts bis Finnland (64° n. Br.). In den Alpen bis 1800 m. – In der Bundesrepublik Deutschland keine Verbreitungsgrenze, auch im Norden (vgl. RIEMANN 1985). – In Baden-Württemberg bisher nur ganz vereinzelte Nachweise in der nördlichen Oberrheinebene, im Kraichgau, im Nordschwarzwald und im Kaiserstuhl. Funddaten: MU02 Oberbergen 1♀ 8.1982 (LZB) (DÜWEKE 1988). MU58 Enzklösterle, Rohnbachtal 1♂ 25. 7. 1971 (S). MU59 Forbach 1♀ 8. 8. 1987 (D). MU69 Enzklösterle, Sägewerk 1♀ 31. 7. 1971 (S). MV41 Rastatt 1♀ 7. 8. 1965 (LNK). MV52 Karlsruhe 1♀ 20. 7. 1940 (NK). MV63 Untergrombach 1♂ 25. 6. 1928 (NK). MV63 Stutensee 1♂ 9. 7. 1977 (S); 1♂ 2. 7. 1978 (W). MV64 Graben 1♂ 21. 6. 1961 (NK). Nicht überprüfbare Angaben: »Achern, Oberachern« (BALLES 1925).

Wirte: Der durch mehrere Zuchten nachgewiesene Hauptwirt ist *Osmia leucomelana* (vgl. BALLES 1925, ENSLIN 1922, MÜLLER 1944, STOECKHERT 1933, VERHOEFF 1891a, 1892a, 1892c). Weitere zweifelsfreie Wirte sind *Osmia claviventris, Osmia gallarum* und *Osmia tridentata* (DUFOUR & PERRIS 1840, ENSLIN 1925, 1933). *Heriades truncorum* wird aufgrund von Beobachtungen ebenfalls als Wirt vermutet (BLÜTHGEN 1925, MÜLLER 1944, eig. Beob.). Nach FRIESE (1888) soll die Art von Giraud auch aus Nestern von *Osmia anthocopoides* gezogen worden sein.

Blütenbesuch: Als (austauschbare) Nektarquellen wurden bisher bekannt: Wiesen-Löwenzahn *(Taraxacum officinale)*, Storchschnabel *(Geranium)*, Glockenblumen *(Campanula)*.

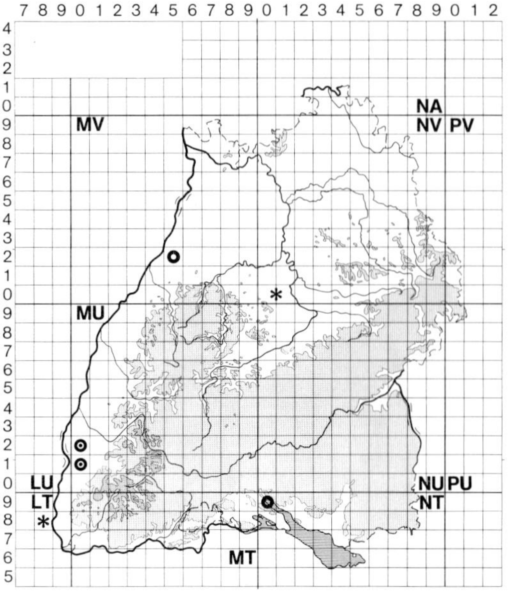

Stelis nasuta

Phänologie: Univoltin. Flugzeit von Mitte Juni bis Anfang August (♂♂ 21. 6.–15. 7.; ♀♀ 15. 6.–7. 8.).
Bestandessituation: In Baden-Württemberg wird die Art zwar nur selten festgestellt, aber wegen ihrer geringen Größe und unauffälligen Färbung dürfte die Art vielfach übersehen werden. Am ehesten ist sie noch aus Nestern der Wirtsbienen zu erhalten. Wie einige ihrer Wirte dürfte auch diese Düsterbiene nicht gefährdet sein.

Stelis nasuta
(Latreille 1809)

Verbreitung: Südeuropa; in Mitteleuropa nordwärts bis Thüringen (Goseck, Kösen, Naumburg). – In der Bundesrepublik nur aus den südlichen Bundesländern bekannt. Hessen: Weilburg/Lahn (FRIESE 1923); Bayern: Maintal (Gambach, Karlstadt, Thüngersheim). In Baden-Württemberg nur wenige, durchweg ältere Funde im Kaiserstuhl-Gebiet, am Bodensee, in Karlsruhe und bei Stuttgart. Funddaten: MU01 Tuniberg 2♂♂ 27. 6. 1962 (G). MU02 Oberbergen, Badberg 1♂ 8. 6. 1938; 1♂, 1♀ 22.–25. 6. 1942 (NK); 1♀ 8. 7. 1963 (G). MV52 Karlsruhe (Fasanerie) 1♂ 15. 6. 1965 (G). NT09 Sipplingen 1♀ 4. 6. 1925 (MNF) (STROHM 1925). Nicht überprüfbare Angaben: »Isteiner Klotz« (STROHM 1925) und »Bei Stuttgart« (FRIESE 1926).
Wirte: Einziger Wirt im Gebiet ist *Megachile parietina* (FRIESE 1888, 1923, LAMPERT 1886, MANEVAL 1937, STOECKHERT 1933). In Südeuropa dienen auch die nahverwandten *Megachile sicula* und *M. pyrenaica* als Wirte.
Blütenbesuch: Als Nektarquellen wurden bisher nur Lamiaceae (Lippenblütler) bekannt: Aufrechter Ziest *(Stachys recta)*, Genfer Günsel *(Ajuga genevensis)*, Berg-Gamander *(Teucrium montanum)*, Edel-Gamander *(Teucrium chamaedrys)*, Feld-Thymian *(Thymus pulegioides)*.
Phänologie: Univoltin. Flugzeit in den Monaten Juni und Juli.
Bestandessituation: Obwohl ihr Wirt in früherer Zeit weiter verbreitet war, wurde die Art nur von wenigen Stellen bekannt. Da nahezu alle Wirtsvorkommen erloschen sind, bestehen kaum noch Chancen für die Erhaltung dieser Düsterbiene in Baden-Württemberg. Möglicherweise ist sie bereits ausgestorben. Zuletzt wurde sie 1963 am Badberg (Kaiserstuhl) nachgewiesen, wo sie heute kaum noch vorkommen dürfte, da auch die Mörtelbiene seit Jahren dort nicht mehr festgestellt werden konnte. An den derzeit noch existierenden Vorkommen des Wirtes konnte ich *S. nasuta* nicht auffinden.
RL: Ausgestorben oder verschollen (0).

Stelis odontopyga
Noskiewicz 1925

Verbreitung: Noch ungenügend bekannt. In Mitteleuropa bisher nordwärts bis Thüringen nachgewiesen (BLÜTHGEN 1926, 1929, 1937), an der Westküste Belgiens bis Koksijde (PETIT 1975). – In der Bundesrepublik Deutschland erst an wenigen Orten in Bayern aufgefunden: Thüngersheim a.Main, Hersbruck im Fränk. Jura (STOECKHERT 1933), Kissing-Lechkiesbänke (BLÜTHGEN 1952b). Nach einer Angabe von GEHRS (1902) wahrscheinlich auch bei Göttingen in Niedersachsen. – In Baden-Württemberg wurde die Art trotz gezielter Nachsuche bisher noch nicht aufgefunden; sie ist aber zu erwarten, da auch ihr Wirt vorkommt.
Wirte: Einziger Wirt ist *Osmia spinulosa* (NOSKIEWICZ 1925, BLÜTHGEN 1929, STOECKHERT 1933).
Blütenbesuch: Als Nektarquellen wurden bisher bekannt: Weidenblättriges Ochsenauge *(Buphthalmum salicifolium)*, Jakobs-Greiskraut *(Senecio jacobaea)*.
Phänologie: Univoltin. Flugzeit von Juni bis August.

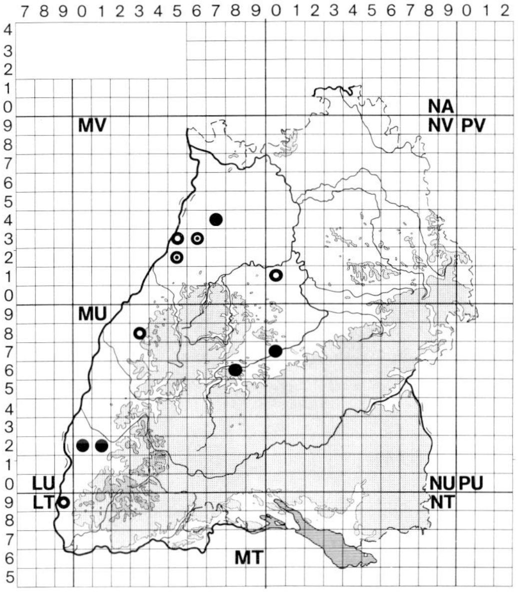

Stelis ornatula

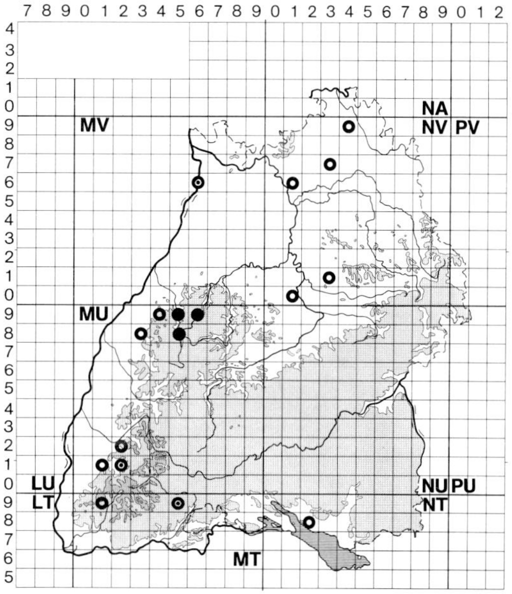

Stelis phaeoptera

Stelis ornatula
(Klug 1807)

Verbreitung: Europa zwischen 40° u. 62° n. Br. Eine Verbreitungskarte gibt WARNCKE (1981). In den Walliser Alpen bis 2000 m. – In der Bundesrepublik Deutschland keine Verbreitungsgrenze. – Aus Baden-Württemberg liegen bisher zwar nur zerstreute Nachweise vor, sicher ist die Art aber viel weiter verbreitet. Material: 23♂♂, 24♀♀.
Wirte: Der durch zahlreiche Zuchten belegte Hauptwirt ist *Osmia claviventris*, Nebenwirte sind *Osmia leucomelana, Osmia tridentata* und *Osmia maritima* (u.a. BALLES 1925, 1927, ENSLIN 1925, 1933, HAESELER 1982a, HÖPPNER 1903c, 1904, JANZON & SVENSSON 1983, MICHELI 1935, WESTRICH 1980) sowie *Osmia caerulescens* (eig. Beob.). Nach FRIESE (1888) soll auch *Ceratina cucurbitina* in Frage kommen, was mir aber recht zweifelhaft erscheint.
Blütenbesuch: Als (austauschbare) Nektarquellen dienen verschiedenste Pflanzenarten, z. B. Gewöhnliches Bitterkraut *(Picris hieracioides)*, Rainkohl *(Lapsana communis)*, Gewöhnliches Ferkelkraut *(Hypochoeris radicata)*, Herbst-Löwenzahn *(Leontodon autumnalis)*, Doldiges Habichtskraut *(Hieracium umbellatum)*, Gewöhnlicher Hornklee *(Lotus corniculatus)*, Brombeeren *(Rubus fruticosus)*, Fingerkraut *(Potentilla)*, Gamander-Ehrenpreis *(Veronica chamaedrys)*.
Phänologie: Univoltin. Flugzeit von Anfang Juni bis Mitte Juli (♂♂ 12. 5.–31. 7.; ♀♀ 14. 6.–22. 7.). Überwinterung als Ruhelarve im Kokon.
Bestandessituation: Im Freiland wird die Art nur wenig beobachtet. Sie dürfte aber überall dort vorkommen, wo auch ihre Wirte leben. Am ehesten ist sie aus Nestern der Wirtsbienen in Brombeerstengeln zu erhalten. In Baden-Württemberg ist sie jedenfalls nicht gefährdet.

Stelis phaeoptera
(Kirby 1802)

Verbreitung: Ganz Europa, nordwärts bis Mittel-Finnland (66° n. Br.). – In der Bundesrepublik Deutschland keine Verbreitungsgrenze. – In Baden-Württemberg nur zerstreute Nachweise, von der Ebene bis in die höheren Lagen der Mittelgebirge (im Schwarzwald bis ca. 800 m). Funddaten ab 1975: MU58 Enzklösterle 1♂ 4. 8.74 (S). MU59 Forbach 1♀ 8. 8. 1987 (D). MU69 Enzklösterle, Rohnbachtal 1♀ 25. 7. 1971 (S). Material: 26♂♂, 25♀♀.
Wirte: Hauptwirte sind *Osmia fulviventris* und *Osmia leaiana* (ALFKEN 1913, BLÜTHGEN 1919a, FRIESE 1895, HÖPPNER 1899b, STOECKHERT 1933) und wahrscheinlich auch *Osmia tuberculata* (eig. Beob.). MÜLLER (1931a) beobachtete die Art am Nest von *Anthidium manicatum*. Nach BISCHOFF

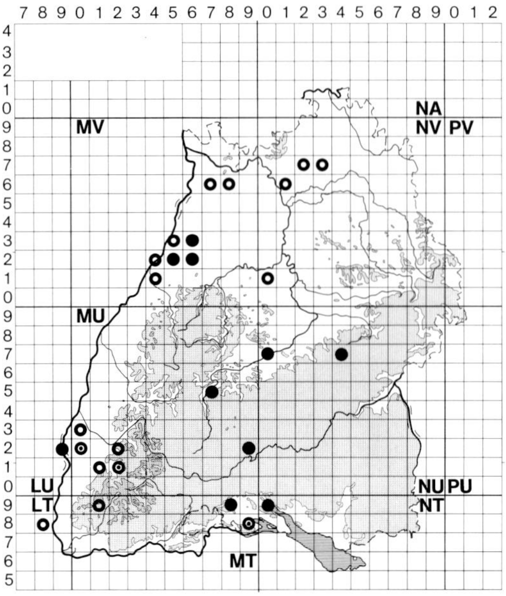

Stelis punctulatissima

(1927) soll auch *Osmia anthocopoides* als Wirt in Frage kommen, was mir ziemlich zweifelhaft erscheint.
Blütenbesuch: Als (austauschbare) Nektarquellen dienen vorwiegend Asteraceae (Korbblütler), die Pollenquellen der Hauptwirte, z. B. Gewöhnliche Kratzdistel *(Cirsium vulgare)*, Krause Distel *(Carduus crispus)*, Eselsdistel *(Onopordum acanthium)*, Wiesen-Flockenblume *(Centaurea jacea)*, Skabiosen-Flockenblume *(Centaurea scabiosa)*, Kleines Habichtskraut *(Hieracium pilosella)*, Wiesen-Pippau *(Crepis biennis)*.
Phänologie: Univoltin. Flugzeit von Ende Mai bis Mitte August (♂♂ 14. 5.–11. 8.; ♀♀ 24. 5.–20. 9.). Überwinterung als Ruhelarve im Kokon.
Bestandessituation: Anhand des Sammlungsmaterials läßt sich ein Rückgang der im allgemeinen seltenen Art belegen. Seit 1975 wurde sie nur noch dreimal beobachtet. Wie ihre beiden Wirte ist auch diese Düsterbiene als gefährdet zu betrachten.
RL: Gefährdet (3).

Stelis punctulatissima
(Kirby 1802)
Syn.: *S. aterrima* (Panzer 1798) nec (Christ 1791) (vgl. Tkalců 1970a).

Verbreitung: Ganz Europa. – In der Bundesrepublik Deutschland keine Verbreitungsgrenze. – In Baden-Württemberg weit verbreitet. Material: 41♂♂, 36♀♀.
Wirte: Hauptwirt ist *Osmia adunca* (Alfken 1913, Müller 1907, eig. Beob.). Als weitere Wirte werden vermutet: *Osmia fulviventris* (Bischoff 1927, Enock 1900), *Osmia leaiana* (Alfken 1913) und *Osmia brevicornis* (Blüthgen 1916). Leininger (1924) fand ein totes ♀ in einer geschlossenen Brutzelle von *Megachile parietina*. *Anthidium manicatum* dürfte ebenfalls als Wirt in Frage kommen (Blüthgen 1919a, Brechtel 1986, Verhoeff 1892a, eig. Beob.).
Blütenbesuch: Als (austauschbare) Nektarquellen dienen verschiedenste Pflanzenarten, doch ist eine gewisse Bevorzugung von Asteraceae (Korbblütlern) erkennbar: Gewöhnliche Kratzdistel *(Cirsium vulgare)*, Acker-Kratzdistel *(Cirsium arvense)*, Krause Distel *(Carduus crispus)*, Eselsdistel *(Onopordum acanthium)*, Wiesen-Flockenblume *(Centaurea jacea)*, Wiesen-Schafgarbe *(Achillea millefolium)*, Herbst-Löwenzahn *(Leontodon autumnalis)*, Habichtskraut *(Hieracium)*, Küchen-Zwiebel *(Allium cepa)*, Brombeere *(Rubus fruticosus)*, Feld-Thymian *(Thymus pulegioides)*, Weißklee *(Trifolium repens)*, Felsen-Fetthenne *(Sedum reflexum)*, Scharfer Mauerpfeffer *(Sedum acre)*.
Phänologie: Univoltin. Flugzeit von Juni bis August (♂♂ 12. 6.–7. 8.; ♀♀ 15. 6.–2. 9.).
Bestandessituation: Die im allgemeinen nicht seltene, aber meist nur einzeln anzutreffende Art wurde seit 1975 in verschiedenen Landesteilen und Höhenstufen nachgewiesen. Anhand des Sammlungsmaterials ist kein Rückgang erkennbar. In Baden-Württemberg ist die Art nicht gefährdet.

Stelis signata
(Latreille 1809)

Verbreitung: Süd- und Mitteleuropa, nordwärts bis Süd-Finnland (62° n. Br.). Eine Verbreitungskarte gibt Warncke (1981). – In der Bundesrepublik Deutschland keine Verbreitungsgrenze. In Baden-Württemberg nur vereinzelte Nachweise in der nördlichen Oberrheinebene, im Schwarzwald, am Bodensee, auf der Schwäbischen Alb und im Mittleren Albvorland. Funddaten: MU21 Wittental 1♂ 12. 7. 1963 (G); 2♀♀ 16.–18. 6. 1964 (G); 3♂♂ 9.–18. 6. 1964 (G); 1♀ 26. 7. 1965 (G); 1♂ 14. 7. 1965 (G). MV52 Karlsruhe 1♂ 20. 7. 1940 (NK). MV76 Sandhausen 1♂ 12. 6. 1964 (LNK). NT28 Hagnau 1♂ 6. 8. 1951 (SMNS). NU07 Tübingen, Bühler Tal 1♂ 9. 7. 1985 (W); Tübingen, Spitzberg 1♀ 25. 6. 1988 (W). NU13 Veringendorf 1♂ 9. 7.

Stelis punctulatissima ♂

Stelis signata ♀

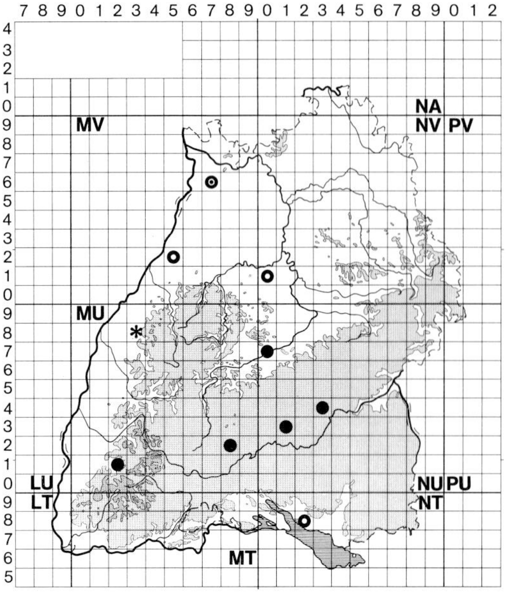

Stelis signata

1976 (Schwammberger). NU34 Hayingen, Digelfeld 1♀ 13. 9. 1984 (W). NV01 Markgröningen 1♂ 22. 6. 1930; 1♂ 10. 6. 1934 (SMNS) (WESTRICH 1983d). Nicht überprüfbar war die Angabe »Oberachern« (BALLES 1949).

Wirte: Einziger Wirt ist *Anthidium strigatum* (BELLMANN 1981, FRIESE 1888, 1923, STOECKHERT 1933, eig. Beob.).

Blütenbesuch: Als (austauschbare) Nektarquellen wurden folgende Pflanzenarten festgestellt: Feld-Thymian *(Thymus pulegioides)*, Berg-Sandrapunzel *(Jasione montana)*, Felsen-Fetthenne *(Sedum reflexum)*, Wilde Resede *(Reseda lutea)*, Brombeere *(Rubus fruticosus)*, Habichtskraut *(Hieracium)*, Wald-Weidenröschen *(Epilobium angustifolium)*.

Phänologie: Univoltin. Flugzeit von Mitte Juni bis Ende August (♂♂ 9. 6.–9. 8.; ♀♀ 16. 6.–13. 9.).

Bestandessituation: Die Art ist meist seltener als ihr Wirt und wird auch aus Wirtsnestern nur vereinzelt gezogen. Sie ist außerdem leicht zu übersehen, da sie ihrem Wirt in Färbung und Größe täuschend ähnelt. Ich halte sie ebensowenig wie ihren Wirt derzeit für gefährdet. Am leichtesten kann man sie in den Abend- oder frühen Morgenstunden schlafend in Nisthilfen für Hohlraumbewohner finden, die man im Lebensraum des Wirtes aufgehängt hat.

Systropha Illiger 1805

Die Gattung *Systropha* ist artenarm und nur in der alten Welt, u.a. in Europa, Afrika, Vorder-, Mittel- und Südostasien verbreitet (MICHENER 1979). Für Europa kommen nur zwei Arten in Frage, die beide auch in der Bundesrepublik Deutschland nachgewiesen wurden. Die *Systropha*-Arten sind von schwarzer Farbe mit sehr sparsamer grauer Behaarung. Lediglich die Tergite der ♀♀ sind seitlich dicht und lang behaart (Pollentransporteinrichtung). Charakteristisch ist auch der kleine Kopf. Beim Weibchen sind die Fühler keulenförmig, beim Männchen hingegen sind die letzten fünf Glieder der Fühlergeißel verkleinert und dreieckig eingekrümmt, ein außergewöhnliches Kennzeichen, das der Gattung zu ihrem deutschen Namen verholfen hat. Bei den Männchen sind das 2. und 3. Bauchsegment mit dorn- oder zahnartigen Bildungen ausgestattet. Spiralhornbienen haben eine Körperlänge von 8–11 mm. Zumindest die Gattung läßt sich im Feld problemlos erkennen, die beiden Arten sind aber dort, wo sie zusammen vorkommen, ohne optische Hilfsmittel kaum zu unterscheiden. Zu den Unterschieden zwischen den beiden Arten siehe die Bestimmungsschlüssel in SCHMIEDEKNECHT (1930: 776) und WARNCKE (1976c, 1980).

Systropha curvicornis

(Scopoli 1770)
Syn.: *S. spiralis* (Olivier 1789).

Verbreitung: Wärmeres Europa und Westasien; von Spanien bis ins südliche Litauen, nach Osten über die Ukraine bis in die südlichen Ausläufer des Ural (EBMER 1988). – Für das Gebiet der Bundesrepublik Deutschland wurde zwar »*Systropha spiralis*« von Nassau (SCHENCK 1861a) und Franken (FUNK 1864) gemeldet. Für diese Angaben gibt es aber keine Belegtiere. Zweifelsfrei wurde sie aber in Baden-Württemberg nachgewiesen: MV76 Oftersheim 1♀ 3. 8. 1966 (G).

Lebensraum: Feldfluren, Weinberge. Im südlichen Mitteleuropa fand ich die Nester an vegetationsfreien oder nur schütter bewachsenen Stellen an Böschungen und Wegrändern.

Nistweise: Nistet in selbstgegrabenen Hohlräumen in der Erde, bevorzugt in Aggregationen, auch mit *Systropha planidens* gemeinsam. Der Nestbau dürfte ähnlich dem von *Systropha planidens* sein. (MALYSHEV 1925c).

Blütenbesuch: Streng oligolektische, auf *Convolvu-*

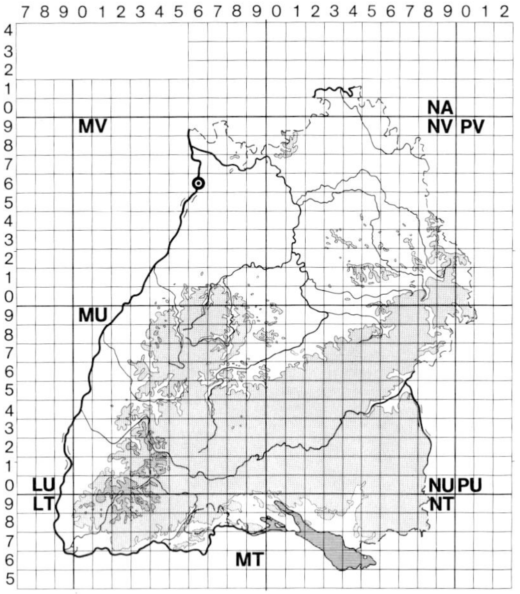

Systropha curvicornis

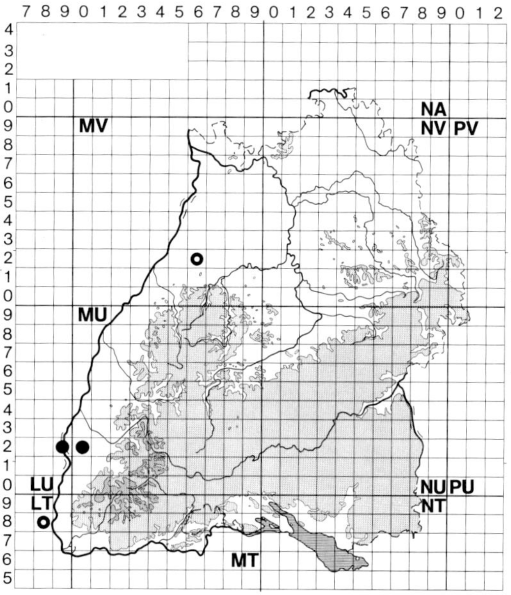

Systropha planidens

lus (Convolvulaceae) spezialisierte Art. In Mitteleuropa ist bisher als Pollenquelle nur die Acker-Winde *(Convolvulus arvensis)* belegt. Beide Geschlechter schlafen auch in den Winden-Blüten.
Kuckucksbienen: *Biastes brevicornis.*
Phänologie: Univoltin. Hochsommerart, deren Flugzeit sich in Mitteleuropa v.a. auf die Monate Juli und August erstreckt. Überwinterung im Kokon als Ruhelarve.
Bestandessituation: Der einzige sichere Nachweis dieser Art in Baden-Württemberg liegt über 20 Jahre zurück. Auch wenn die Art möglicherweise im Oberrhein-Gebiet noch vorkommt, muß sie als vom Aussterben bedroht eingestuft werden. Wie die verwandte *S. planidens* benötigt sie ein alljährliches ausreichendes Angebot an blühenden Ackerwinden (Pollenquellen) in Kombination mit vegetationsfreien Stellen (Nistplatz).
RL: Vom Aussterben bedroht (1).

Systropha planidens
Giraud 1861

Verbreitung: Die Nominatform von Süddeutschland nach Osten über die Ukraine bis in den südlichen Ural, Balkan, relativ häufig in Griechenland (EBMER 1988); die ssp. *grandimargo* Pérez 1905 in Spanien und Südfrankreich (WARNCKE 1976c). – In der Bundesrepublik Deutschland nur bekannt aus Rheinland-Pfalz (vgl. LAUTERBORN 1922), Hessen (dort liegt nach FRIESE 1921a der nördlichste Fundort Großkarben bei Frankfurt), Bayern (vgl. ENSLIN 1922, STOECKHERT 1933, 1954) und Baden-Württemberg. – In Baden-Württemberg wurde die Art nur aus den folgenden Naturräumen bekannt: Kaiserstuhl, Markgräfler Hügelland und Kraichgau. Funddaten ab 1960: LU92 Ihringen/Achkarren 1♀ 27. 7. 1960 (Jahn). MU02 Oberbergen, Badberg 2♂♂ 21. 6. 1960 (G). LU92 u. MU02 Oberrotweil u. Oberbergen 2♂♂ 7.1981 (LZB) (DÜWEKE 1988). Material: 48♂♂, 32♀♀.
Lebensraum: *Convolvulus*-reiche, von Erdwegen durchzogene Feldfluren und Weinberge. Als Nistplätze dienen vor allem unbefestigte Feldwege (Nester auch in verdichtetem Boden) und schütter bewachsene Böschungen (auf Sand, Lockerlöß oder verwittertem, feinkörnigem Gesteinsgruß).
Nistweise: Nistet in selbstgegrabenen Hohlräumen in der Erde, meist in Aggregationen. Das Nest ist ein Zweigbau. Die einzelnen Brutzellen befinden sich außerhalb des bis zu 50 cm tiefen Hauptganges und verfügen jede über einen eigenen, kurzen Gang. Der Hauptgang und die ovalen Brutzellen sind innen glatt und durch Sekretauskleidung glänzend. (GROZDANIĆ & VASIĆ 1968b, MALYSHEV 1925c, STROHM 1925).
Blütenbesuch: Streng oligolektische, auf *Convolvulus* (Convolvulaceae) spezialisierte Art. Hauptpollenquelle in Mitteleuropa ist die Acker-Winde

Systropha planidens, Männchen in *Convolvulus*-Blüte.

Systropha planidens, mit weißem *Convolvulus*-Pollen beladenes Weibchen.

(*Convolvulus arvensis*), in Südeuropa auch die Kantabrische Winde (*Convolvulus cantabrica*). Die von GROZDANIĆ & MUČALICA (1966) und GROZDANIĆ & VASIĆ (1968b) als Pollenquelle angegebene Gewöhnliche Wegwarte (*Cichorium intybus*) ist pollenanalytisch nicht belegbar. Die Angabe beruht vermutlich auf einer Verwechslung des weißen *Cichorium*-Pollens mit dem ebenfalls weißen *Convolvulus*-Pollen. Wahrscheinlich handelt es sich bei allen Besuchen der Art an *Cichorium* um reine Nektarbesuche. Beide Geschlechter ruhen nachts und bei schlechtem Wetter in *Convolvulus*-Blüten.
Kuckucksbienen: *Biastes brevicornis*.
Phänologie: Univoltin. Flugzeit von Mitte Juni bis Ende Juli (♂♂4. 6.–5. 8.; ♀♀26. 6.–18. 8.). Überwinterung im Kokon als Ruhelarve.
Bestandessituation: Die in früheren Jahrzehnten regelmäßig belegten Vorkommen im Kraichgau sind offensichtlich alle erloschen. Im Kaiserstuhl wurde die Art zuletzt 1981 bei Oberbergen nachgewiesen, so daß dort noch eine Restpopulation existiert, deren Individuenzahl aber praktisch an der Nachweisgrenze liegt. Ursache des Rückgangs ist höchstwahrscheinlich die Zerstörung der Nistplätze durch Asphaltierung der Feldwege, kombiniert mit der mechanischen oder chemischen Beseitigung der Pollenquellen. Durch konservierenden Flächenschutz ist die Art jedenfalls nicht zu erhalten, eher durch eine extensive Landnutzung und Verzicht auf Herbizide oder mechanische »Unkraut«bekämpfung.
RL: Vom Aussterben bedroht (1).

Tetralonia Spinola 1838

Die Gattung *Tetralonia* unterscheidet sich von der Gattung *Eucera* nur durch die Zahl der Cubitalzellen (3), so daß beide Taxa von manchen Autoren (FRIESE 1894–1901, WARNCKE 1986c) auch in einer Gattung *Eucera* zusammengefaßt werden mit *Tetralonia* als Untergattung. TKALCŮ (1984), dem ich mich anschließe, bleibt bei *Tetralonia* als eigenständiger Gattung. Schließt man die nearktischen Vertreter mit ein, dann ist *Tetralonia* im wesentlichen holarktisch verbreitet. Aus der Bundesrepublik Deutschland sind nur 3 Arten bekannt geworden. Die *Tetralonia*-Arten sind wie bei *Eucera* durch die langen Fühler der Männchen charakterisiert. Clypeus und Labrum sind bei diesen meist gelb gefärbt. Die Weibchen haben oft einen plumpen Hinterleib mit breiten, niedergedrückten Endrändern. Die Segmente sind meist mit hellen Haar- oder

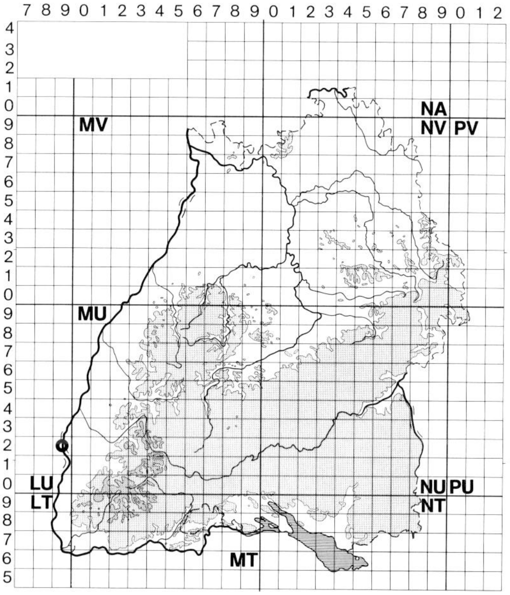

Tetralonia alticincta

Filzbienen geschmückt. Im Feld läßt sich die Gattung – allerdings nur bei den heimischen Vertretern – erkennen, die Berücksichtigung des Blütenbesuchs ist bei der Artbestimmung hilfreich. Zur Determination der heimischen Arten muß nach wie vor der Schlüssel in SCHMIEDEKNECHT (1930:788) verwendet werden.

Tetralonia alticincta

(Lepeletier 1841)
Syn.: *T. ruficornis* auct. nec (Fabricius 1804) (vgl. TKALCŮ 1979).

Verbreitung: Spanien, Frankreich, Italien, Deutschland (BRD), Österreich, Schweiz, Tschechoslowakei, Ungarn, Jugoslawien, Albanien, Rumänien, Bulgarien (TKALCŮ 1979, dort findet sich auch eine Verbreitungskarte). – In der Bundesrepublik Deutschland wurde die in Mitteleuropa nur sehr zerstreut vorkommende Art lediglich in Baden-Württemberg und dort nur im südlichen Kaiserstuhl nachgewiesen. Funddaten: LU92 Burkheim 1♀10. 8. 1924; 1♀30. 7. 1925; 1♀8. 8. 1925; 4♂♂, 4♀♀ 14. 8. 1926; 1♀ 24. 8. 1926 (MNF, G); Breisach 1♀ 4. 8. 1925 (vid. Tkalců, coll. MNF) (STROHM 1925, 1933).
Lebensraum: Aus Mitteleuropa liegen keine verwertbaren Angaben vor. In Südeuropa kenne ich die Art von Fluß- und Bachauen, wo an etwas

feuchteren Stellen ihre Hauptpollenquelle wächst. Nistplätze wurden mir nicht bekannt.
Nistweise: Nistet in selbstgegrabenen Hohlräumen in der Erde.
Blütenbesuch: Oligolektische, auf Asteraceae (Korbblütler) spezialisierte Art (vgl. WESTRICH & SCHMIDT 1987). Als Pollenquelle ist bisher an verschiedenen Fundorten Mittel- und Südeuropas lediglich das Große Flohkraut *(Pulicaria dysenterica)* belegt. Möglicherweise kommen aufgrund einzelner Beobachtungen auch Deutscher Alant *(Inula germanica)* und Schwert-Alant *(Inula ensifolia)* in Frage. Zum Nektarsaugen besuchen beide Geschlechter ebenfalls fast ausschließlich Korbblütler.
Kuckucksbienen: Unbekannt.
Phänologie: Univoltin. Fliegt von Ende Juli bis Anfang September.
Bestandessituation: Die Art wurde nur wenige Male im Kaiserstuhl festgestellt. Der letzte Fund stammt aus dem Jahre 1926. Trotz der über mehrere Jahre verteilten Nachsuche wurde die Art weder an den früheren Fundorten noch in benachbarten potentiellen Lebensräumen, wo das Flohkraut heute noch vorkommt, aufgefunden. Mit hoher Wahrscheinlichkeit ist sie in Baden-Württemberg und damit in der Bundesrepublik Deutschland ausgestorben.
RL: Ausgestorben oder verschollen (0).
Bemerkungen: »Die bislang irrtümlich als *T. ruficornis* gedeuteten europäischen Vertreter gehören zu vier anderen, untereinander sehr nahe verwandten und auch habituell recht ähnlichen, dennoch nachweislich validen Arten« (TKALCŮ 1979). Die wohl am weitesten verbreitete ist *T. alticincta*, während *T. ruficornis* eine ausschließlich westmediterrane Art ist.

Tetralonia dentata
(Klug 1835)

Verbreitung: Südost- und Osteuropa; nordwärts über die DDR bis zum Baltikum. – Während die Art aus der DDR von einer ganzen Reihe von Fundorten und aus Berlin bekannt wurde (u.a. Buckow, Mittenwalde, Roßleben, Benkendorf, Zerbst, Artern, Spandau) (FRIESE 1921a, HEDICKE 1918, 1922, STOECKHERT 1954), liegt aus dem Gebiet der Bundesrepublik Deutschland lediglich eine nicht überprüfbare Meldung durch MORAWITZ (1872) von Bad Kreuznach in Rheinland-Pfalz vor. Ein Vorkommen in Baden-Württemberg ist nicht völlig auszuschließen, aber doch unwahrscheinlich. Die nächsten mir bekannten Vorkommen liegen in der Südschweiz (Wallis).
Lebensraum: Mir begegnete die Art außerhalb Baden-Württembergs vor allem an sandigen Ruderalstellen. Nester wurden an einer südexponierten Böschung mit sandigem Untergrund gefunden.
Nistweise: Nistet in selbstgegrabenen Hohlräumen in der Erde. Der Nestaufbau ist ähnlich dem von *Tetralonia macroglossa*. Die Brutzellen liegen in einer Tiefe von 12 und mehr cm. (MALYSHEV 1924a).
Blütenbesuch: Oligolektische, auf Asteraceae (Korbblütler) spezialisierte Art. Pollenquellen: Rispen-Flockenblume *(Centaurea paniculata)*, Skabiosen-Flockenblume *(Centaurea scabiosa)*, Weg-Distel *(Carduus acanthoides)*, Esels-Distel *(Onopordum acanthium)*.
Kuckucksbienen: Nach STOECKHERT (1933) *Epeolus tristis* Smith, der zwar in Österreich und der Schweiz, nicht aber in der Bundesrepublik Deutschland nachgewiesen wurde.
Phänologie: Univoltin. Fliegt von Juli bis August.

Tetralonia macroglossa
(Illiger 1806)
Syn.: *T. malvae* auct. nec (Rossi 1790) (vgl. BISCHOFF & HEDICKE 1931).

Verbreitung: Südeuropa, vereinzelt in Mitteleuropa, nordwärts reichen die Meldungen bis zum Kyffhäuser und bis zu den Orten Benkendorf bei Halle und Berlin (MÜLLER 1918, STOECKHERT 1954). – In der Bundesrepublik Deutschland nur sehr vereinzelte Nachweise: Rheinland-Pfalz: Kirn/Nahe (AERTS 1960); Hessen: Pfungstadt (FRIESE 1921a), Weiterstadt (HELDMANN 1935), Griesheim (WESTRICH 1984a), Eberstadt. In Baden-Württemberg bisher nur im Kaiserstuhl-Gebiet nachgewiesen. Funddaten: LU92 Ihringen 4♀♀ 10. 8. 1935 (ZMB). MU02 Bötzingen 1♂ 16. 8. 1984 (W); Wasenweiler 4♂♂, 8♀♀ 26.–29. 7. 1960; 1♂ 1. 8. 1960; 9♂♂, 6♀♀ 23.–29. 7. 1962 (Jahn); 4♂♂ 17. 8. 1984 (W, S); 2♀♀ 23. 9. 1987 (beob.). MU03 Riegel 1♀ 14. 8. 1932 (NK) (LEININGER 1927). Die von STROHM (1933) gesammelten Tiere sind durch Museumskäfer zerstört.
Lebensraum: In Süddeutschland wurde die Art an Ruderalstellen auf (Flug)Sand und Lößlehm angetroffen. Als Nistplätze wurden außerhalb des Kaiserstuhls festgestellt: ebene sandige Flächen; eine durch Kieferngebüsch geschützte, mit wenig Grasbüscheln bestandene, ungefähr 10 Quadratmeter große Sandstelle; ein lehmiger, schütter bewachse-

Tetralonia dentata, pollensammelndes Weibchen auf *Centaurea*.

ner Steilhang, ein Uferabbruch. Im Kaiserstuhl selbst konnte ich die Nester bisher nicht auffinden.
Nistweise: Nistet in selbstgegrabenen Hohlräumen in der Erde, bevorzugt in kleineren Aggregationen (Ansammlungen von ca. 100 Nestern). Das Nest besteht aus einem steilen, blind endenden, 13–18 cm tiefen Hauptgang, von dem in ca. 12 cm Tiefe 3–4 bogenförmige Seitengänge abgehen, in denen die mehr oder weniger aufrechten Brutzellen liegen. Diese sind lackartig ausgekleidet und enthalten einen reichlich mit Nektar durchtränkten Pollenbrei, über dem eine 1–2 mm dünne Schicht aus (reinem?) Nektar steht. Der Deckel der Zellen wird aus Erde gebaut. Alte Nestgänge werden wieder benutzt. (Alfken 1912a, Friese 1891a, 1894–1901, 1923, Grandi 1954, Heldmann 1935, Malyshev 1930a, Móczár 1946).
Blütenbesuch: Oligolektische, auf Malvaceae (Malvengewächse) spezialisierte Art (vgl. Malyshev 1930a). Pollenquellen: Gewöhnlicher Eibisch *(Althaea officinalis)*, Thüringer Strauchpappel *(Lavatera thuringiaca)*, Rosen-Malve *(Malva alcea)*, Moschus-Malve *(Malva moschata)*, Wilde Malve *(Malva sylvestris)*. – Die ♂♂ ruhen nachts und bei schlechtem Wetter in den Blüten der Malvengewächse.

Tetralonia macroglossa; mit einzelnen *Malva*-Pollen behaftetes Männchen, an Stengel ruhend.

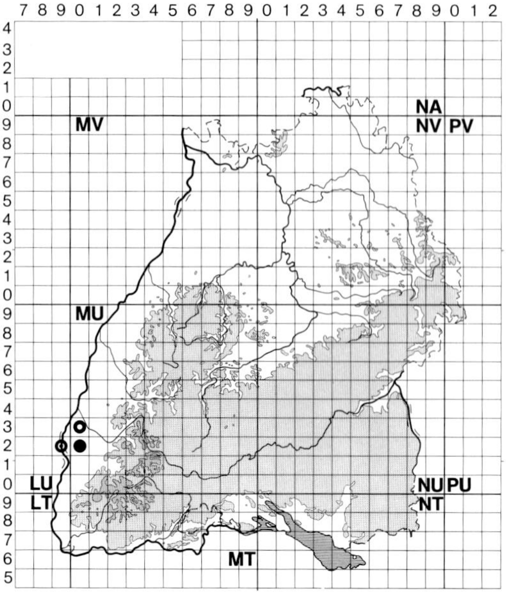

Tetralonia macroglossa

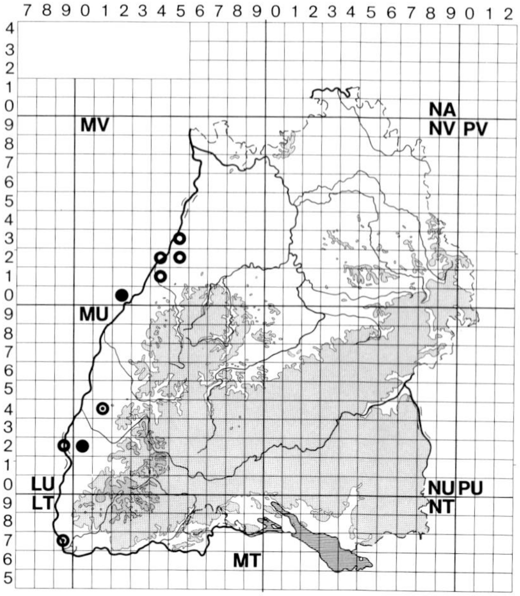

Tetralonia salicariae

Kuckucksbienen: *Epeolus tristis* (SCHMIEDEKNECHT 1930).
Phänologie: Univoltin. Fliegt von Mitte Juli bis Ende August (♂♂ 24. 7.–6. 8.; ♀♀ 16. 7.–23. 9.). Überwinterung als Ruhelarve (MALYSHEV 1930a).
Bestandessituation: Aufgrund des aufschlußreichen Tagebuchs von Jahn konnte ich durch gezielte Suche die seit 1962 verschollene Art im Kaiserstuhl an verschiedenen Stellen wiederentdecken und zuletzt im Jahre 1987 in beiden Geschlechtern beobachten. Dennoch ist die von mir festgestellte Population derart individuenarm, daß sie nur knapp über der Beobachtungsgrenze liegt. Die vorläufig dringlichsten Schutzmaßnahmen bestehen in der Erhaltung und Förderung von Malven-Arten im gesamten Kaiserstuhl. Dies bedeutet vor allem, daß blühende Malven auf Reb- und Straßenböschungen keinesfalls vor der Fruchtreife gemäht werden dürfen. Notfalls können sie bei der Mahd als »Inseln« stehen gelassen werden.
RL: Vom Aussterben bedroht (1).

Tetralonia salicariae
(Lepeletier 1841)

Verbreitung: Süd- und Mitteleuropa. – In der Bundesrepublik Deutschland nur aus Rheinland-Pfalz (BRECHTEL 1986), Bayern (WARNCKE 1986c) und Baden-Würtemberg bekannt. – In Baden-Württemberg kommt die Art nur in der Oberrheinebene und im Kaiserstuhl vor. Funddaten ab 1960: LT97 Efringenkirchen 1♀ 20. 7. 1966 (G). MU02 Wasenweiler 4♂♂, 1♀ 24.–30. 7. 1960 (Jahn); 8♂♂, 1♀ 28. 7. 1962 (Jahn); 2♂♂, 3♀♀ 17.–21. 8. 1984 (W); 1♀ 29. 8. 1984 (W). MU14 1♂ 28. 7. 1969 (LNK). MV20 Greffern 1♀ 29. 8. 1984 (W). Material: 74♂♂, 53♀♀.
Lebensraum: Die recht wärmeliebende Offenlandsart hat ihren Siedlungsschwerpunkt in Fluß- und Bachauen, wo sie meist an ihren Nahrungspflanzen anzutreffen ist. Vereinzelt kommt sie auch in alten Sand- und Kiesgruben vor. Nester an vegetationsfreien bis schütter bewachsenen Stellen horizontaler bis schwach geneigter Flächen, am Oberrhein vermutlich in Hochwasserdämmen. Sand und Lößlehm werden als Niststubstrat bevorzugt.
Nistweise: Nistet in selbstgegrabenen Hohlräumen in der Erde.
Blütenbesuch: Oligolektische, auf *Lythrum* (Lythraceae) spezialisierte Art. Hauptpollenquelle in Mitteleuropa ist der Blut-Weiderich *(Lythrum salicaria)*. Im südöstlichen Mitteleuropa dürfte auch der Ruten-Weiderich *(Lythrum virgatum)* als Pollenquelle in Frage kommen.
Kuckucksbienen: MOLITOR (1936) nennt *Epeolus tristis*.
Phänologie: Univoltin. Fliegt von Mitte Juli bis Ende August (♂♂ 13. 7.–28. 8.; ♀♀ 30. 7.–15. 9.).
Bestandessituation: Das Sammlungsmaterial belegt für die Zeit ab 1960 einen deutlichen Rückgang der

Tetralonia salicariae ♀

Tetralonia salicariae, Männchen an *Lythrum salicaria*.

früher in der Oberrheinebene und im Kaiserstuhl regelmäßig festgestellten Art. Nach 1975 wurde sie trotz intensiver Suche an Blutweiderich-Beständen nur noch in zwei Gebieten angetroffen. Das individuenreichste Vorkommen gibt es derzeit im südlichen Kaiserstuhl. Wichtigste Schutzmaßnahmen sind die Erhaltung von Kleinstrukturen (Abbruchkanten, Böschungen, Steilwände) und von ausgedehnten Blutweiderich-Beständen, die keinesfalls während der Vegetationsperiode gemäht werden dürfen.
RL: Stark gefährdet (2).

Thyreus Panzer 1806

Die Gattung *Thyreus* (= *Crocisa* Jurine), die von Warncke (1986c) als Untergattung zu *Melecta* gestellt wird, ist in der südlichen Paläarktis, in Afrika und in der orientalischen Region weit verbreitet und reicht südostwärts bis zu den Salomon-Inseln und Australien (Michener 1979). Aus der Bundesrepublik Deutschland sind nur 2 Arten bekannt. Das Schildchen (Scutellum), dessen Form sich von dem der nah verwandten *Melecta* unterscheidet, ist ganz flach und ragt weit nach hinten vor, der End-

Thyreus histrionicus ♂

rand ist tief ausgeschnitten und weiß behaart. Die schwarz-weiße Behaarung gibt den Fleckenbienen ein charakteristisches Aussehen. Die einzelnen Arten sind schwer zu unterscheiden. Zur Bestimmung der heimischen Arten ist die Tabelle in SCHMIEDEKNECHT (1930:832) ausreichend, eine ausführliche Beschreibung der einzelnen Arten gibt LIEFTINCK (1968). Die Arten Frankreichs behandelt BEAUMONT (1940).

Thyreus histrionicus

(Illiger 1806)
Syn.: *T. major* Morawitz 1875.

Verbreitung: Südeuropa, südliches Mitteleuropa, nordwärts bis in die DDR (FRIESE 1923, MÜLLER 1944, STOECKHERT 1954). – In der Bundesrepublik Deutschland bisher nur aus Bayern bekannt: Pleinfeld, Alterlangen, Erlangen, St. Johann, Dechsendorf, Abensberg, Aschaffenburg (STOECKHERT 1954), Kahl a.M. (HEINRICH 1942). – In Baden-Württemberg kaum zu erwarten, da auch der Wirt bisher nicht nachgewiesen wurde.
Wirte: In Mitteleuropa ist *Anthophora quadrifasciata* der einzige Wirt (vgl. STOECKHERT 1954, eig. Beob.).

Blütenbesuch: Als (austauschbare) Nektarquellen dienen verschiedenste Pflanzenarten, z.B. Gewöhnlicher Natterkopf *(Echium vulgare)*, Gewöhnliche Ochsenzunge *(Anchusa officinalis)*, Sand-Thymian *(Thymus serpyllum)*, Wiesen-Knautie *(Knautia arvensis)*, Wiesen-Flockenblume *(Centaurea jacea)*, Sand-Strohblume *(Helichrysum arenarium)*, Minze *(Mentha)*, Aufrechter Ziest *(Stachys recta)*.
Phänologie: Univoltin. Flugzeit von Juli bis August.

Thyreus orbatus

Lepeletier 1841
Syn.: *T. scutellaris* auct. nec (Fabricius 1781).

Verbreitung: Südeuropa, zerstreut in Mitteleuropa. – In der Bundesrepublik Deutschland bisher nur bekannt aus Nordrhein-Westfalen, Hessen, Rheinland-Pfalz, Bayern und Baden-Württemberg. – In Baden-Württemberg nur sehr zerstreute Nachweise, durchweg aus Lagen unter 500 m. Funddaten ab 1960: MU21 Wittental 1♂, 1♀ 23. 7., 1♀ 27. 7. 1962; 1♀ 16. 7., 2♀♀ 19. 7., 1♀ 2. 8. 1963; 1♀ 20. 6. 1964; 1♀ 10. 8. 1971 (alle vorgenannten Exemplare coll. G und Forstl. Versuchsanstalt Wittental).

Trachusa byssina; Weibchen, das sich zum Schlafen an einem Grashalm festgebissen hat.

NU07 Tübingen 1♀ 18. 8. 1984 (beob.); 8.1987 (beob.). Material: 7♂♂, 25♀♀.

Wirte: Hauptwirt ist *Anthophora quadrimaculata* (STOECKHERT 1933, eig. Beob.). STOECKHERT (1954) beobachtete die Art auch an den Nestern von *Anthophora borealis*. Nach SCHMIEDEKNECHT (1930) kommt auch *Anthophora plagiata* als Wirt in Frage.

Blütenbesuch: Als (austauschbare) Nektarquellen dienen verschiedenste Pflanzenarten, z. B. Schwarznessel *(Ballota nigra)*, Kriechender Günsel *(Ajuga reptans)*, Gewöhnliche Katzenminze *(Nepeta cataria)*, Aufrechter Ziest *(Stachys recta)*, Bocksdorn *(Lycium barbarum)*, Gewöhnlicher Natterkopf *(Echium vulgare)*, Wiesen-Knautie *(Knautia arvensis)*.

Phänologie: Univoltin. Flugzeit von Anfang Juli bis Mitte August (♂♂ 23. 6.–31. 7.; ♀♀ 20. 6.–2. 9.).

Bestandessituation: Sammlungsmaterial und Kartierung belegen einen deutlichen Rückgang der auch in früheren Jahren ziemlich seltenen, aber sehr auffälligen Art. Ab 1975 wurde sie nur noch am Spitzberg bei Tübingen beobachtet. Da der Hauptwirt in jüngster Zeit noch an mehreren Stellen festgestellt wurde, ist zu hoffen, daß es noch weitere Vorkommen gibt.

RL: Stark gefährdet (2).

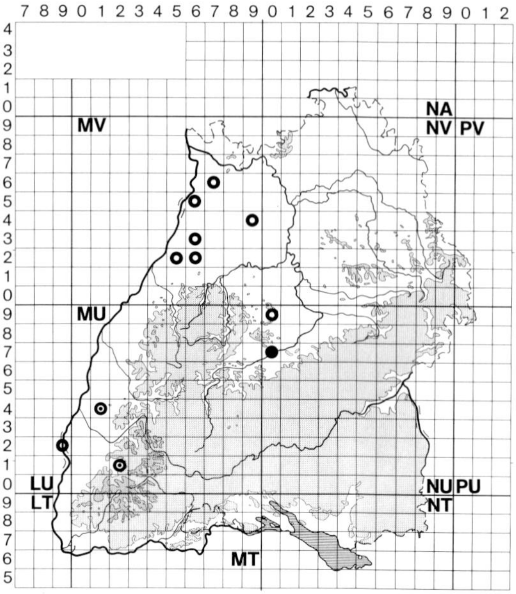

Thyreus orbatus

Trachusa Panzer 1804

Die artenarme Gattung *Trachusa*, die WARNCKE (1980b) als Untergattung zu *Anthidium* stellt, ist holarktisch verbreitet. In Mitteleuropa einschließlich der Bundesrepublik Deutschland ist sie nur mit der einen Art *T. byssina* vertreten. In ihrem Aussehen erinnert die Art eher an *Megachile*, in der Lebensweise zeigt sie sowohl Anklänge an *Megachile* als auch an *Anthidium*, was der Gattung wahrscheinlich den deutschen Namen eingebracht hat. Die spärlich graugelbe Behaarung auf dem sonst schwarzen Körper, die schwachen Binden an den Segmenträndern und die weiße Bauchbürste lassen die Weibchen kaum auffallen. Die Männchen haben ein gelbgefärbtes Gesicht, ihr Abdomenende ist nicht bewehrt wie bei vielen *Anthidium*-Arten. Beide Geschlechter sind 11–12 mm groß.

Trachusa byssina

(Panzer 1798)

Verbreitung: Höhere Lagen Südeuropas, Mitteleuropa, südliche Teile Nordeuropas (bis 64° n. Br.). In den Schweizer Alpen bis 2300 m (BEAUMONT 1958). – In der Bundesrepublik Deutschland keine Verbreitungsgrenze. – In Baden-Württemberg weit verbreitet, von der Ebene bis in die höheren Lagen der Mittelgebirge (900 m). Material: 60♂♂, 38♀♀.

Lebensraum: Vorwiegend in den Mittelgebirgen und dort an südexponierten Waldrändern, die unmittelbar an Magerwiesen grenzen oder die einen breiten, krautigen Saum besitzen; auch auf breiten, sonnigen Waldwegen oder -lichtungen mit größeren *Lotus*-Beständen; außerdem auf Binnendünen, in Sandheiden, in alten Weinbergbrachen, auf extensiv beweideten oder brachgefallenen Schafweiden (Wacholderheiden) sowie in aufgelassenen Sandgruben und Steinbrüchen; oft syntop mit *Anthidium strigatum*. Nester bevorzugt an leicht geneigten, mehr oder weniger südexponierten Stellen, die nicht oder nur schütter bewachsen sind und wo der Boden zumindest etwas verfestigt ist (z. B. durch Tritt, Moos, Graswurzeln). Nimmt mit verschiedenen Bodenarten vorlieb und nistet auch in humosem Boden, am häufigsten werden aber sandiger Boden oder Lößlehm besiedelt. In der Nähe des Nistplatzes müssen Nadelbäume, besonders Kiefern *(Pinus sylvestris)* und Laubgehölze als Lieferanten von Baumaterial wachsen. Die ♀♀ sammeln bisweilen 100–200 m vom Nistplatz entfernt.

Nistweise: Nistet in selbstgegrabenen Hohlräumen in der Erde, einzeln oder in kleinen Aggregationen (Ansammlungen von 10–50 Nestern). Das Nest ist

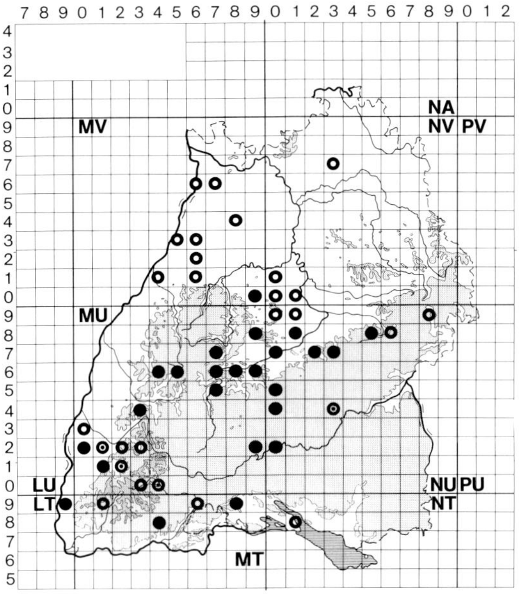

Trachusa byssina

eine sich verzweigende Erdröhre von 10–15 cm Länge. Die Brutzellen werden mit ausgeschnittenen Blattstücken von Birken *(Betula)*, Weißdorn *(Crataegus)*, Weidenröschen *(Epilobium)*, Rotbuchen *(Fagus sylvatica)*, Stiel-Eichen *(Quercus robur)*, Rosen *(Rosa)* oder Brombeeren *(Rubus fruticosus)* gefertigt und innen mit Harz meist von Kiefern *(Pinus sylvestris)*, möglicherweise auch von Fichten *(Picea abies)* überzogen. (ADLERZ 1904, BELLMANN 1974, 1981, BOHEMAN 1852, BONELLI 1964a, 1968a, FERTON 1897, FRIESE 1923, 1926, HACHFELD 1926, HUBER 1824, PASTEELS 1977, SAHLBERG 1890).

Blütenbesuch: Oligolektische, auf Fabaceae (Schmetterlingsblütler) spezialisierte Art. Hauptpollenquelle ist der Gewöhnliche Hornklee *(Lotus corniculatus)*. Insbesondere dort, wo dieser nur vereinzelt oder gar nicht blüht, wird auch an anderen Fabaceen Pollen gesammelt. Belegt sind: Sumpf-Hornklee *(Lotus uliginosus)*, Futter-Esparsette *(Onobrychis viciifolia)*, Kriechende Hauhechel *(Ononis repens)*, Dornige Hauhechel *(Ononis spinosa)*, Vogel-Wicke *(Vicia cracca)*, Verschiedenblättrige Platterbse *(Lathyrus heterophyllus)*, Wald-Platterbse *(Lathyrus sylvestris)*, Knollen-Platterbse *(Lathyrus tuberosus)*, Wiesen-Platterbse *(Lathyrus pratensis)*, Luzerne *(Medicago sativa)*, Bunte Kronwicke *(Coronilla varia)*. – Die ♀♀ zeigen meist eine hohe Blütenstetigkeit, insbesondere wenn sie an *Lotus* sammeln, oft werden aber auch zwei, gelegentlich drei Pflanzenarten während eines Sammelfluges genutzt. Alle genannten Pollenquellen außer *Ononis* und *Coronilla* bieten den ♀♀ auch Nektar, der dem Larvenproviant reichlich beigemischt wird. Die ♂♂ patrouillieren an *Lotus*.

Kuckucksbienen: *Coelioxys quadridentata* konnte mehrfach an den Nistplätzen beobachtet werden (BLÜTHGEN 1916, 1919a, FRIESE 1923, 1926, ALFKEN 1913, eig. Beob.). Vermutlich kommt auch *Dioxys tridentata* in Frage (vgl. PETIT 1986).

Phänologie: Univoltin. Flugzeit von Anfang Juni bis Mitte August (♂♂ und ♀♀ 19. 5.–24. 8.). Überwinterung als Ruhelarve im Kokon.

Bestandessituation: Die Art zeigt einen deutlichen Rückgang in Lagen unter 400 m, während sie in den Mittelgebirgen seit 1975 noch an zahlreichen Stellen angetroffen wurde. Sie ist durch die zunehmende Zerstörung ihrer bevorzugten Nistplätze und Nahrungsräume (reich strukturierte Waldränder) durch Anlegen von Wirtschaftswegen, durch Aufforstung oder durch Heranführen der Ackernutzung bis direkt an den Waldrand hin gefährdet. Eine wichtige Schutzmaßnahme ist daher die Erhaltung historisch gewachsener Waldränder sowie der Aufbau neuer Waldrandstrukturen bei gleichzeitiger Sicherung oder Neuschaffung von unmittelbar angrenzenden blütenreichen Säumen oder extensiv genutzten Wiesen. Die Hornklee-Bestände entlang von breiten, stark besonnten Waldwegen dürfen während der Vegetationsperiode nicht gemäht werden.

RL: Gefährdet (3).

Xylocopa Latreille 1802

Die Gattung *Xylocopa* ist mit zahlreichen Arten in den Tropen und Subtropen der Alten und der Neuen Welt verbreitet. In die gemäßigten Zonen strahlt sie nur mit vergleichsweise wenigen Arten aus. Aus der Bundesrepublik Deutschland sind nur die beiden Arten *X. iris* und *X. violacea* bekannt geworden. Ihren deutschen Namen hat die Gattung dadurch erhalten, daß ihr häufigster Vertreter *X. violacea* im Holz nistet. Auch der wissenschaftliche Name weist auf die Nistweise dieser Art hin, denn *Xylocopa* heißt so viel wie »die Holz Schneidende«. Diese Bezeichnungen sind aber nicht für alle Xylocopen zutreffend, schließlich gibt es Arten, die andere Nistweisen haben. Holzbienen sind besonders auffällige Bienen, die jedem Südeuropa-Reisenden mit Sicherheit schon häufig begegnet sind, in Deutschland allerdings viel seltener vorkommen.

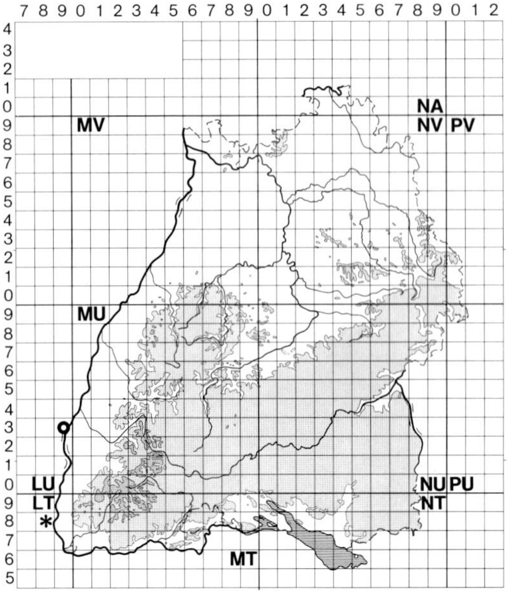

Xylocopa iris

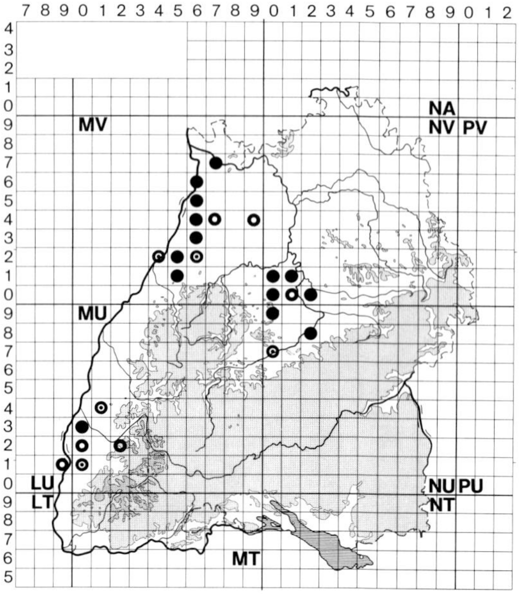

Xylocopa violacea

Sie zeichnen sich durch einen großen, hummelartigen Körper und meist blauschwarze Flügel aus und sind daher auch im Feld selbst im Flug sofort als Holzbienen zu erkennen. Die kleinste Art ist *X. iris* mit 14–16 mm, daran schließt sich *X. violacea* mit 20–23 mm an. Die eher östliche *X. valga*, die in der Bundesrepublik Deutschland noch nicht nachgewiesen wurde, aber in Österreich und der Schweiz vorkommt, wird sogar 28 mm lang. Holzbienen scheinen heftig stechen zu können, jedenfalls wird dies von einigen Arten berichtet. Unsere heimischen Arten sind jedoch keineswegs so stechlustig wie einige afrikanische Arten, die ihr Nest durch Stiche verteidigen. Diagnosen der einzelnen Arten gibt SCHMIEDEKNECHT (1930:778).

Xylocopa iris

(Christ 1791)
Syn.: *X. cyanescens* Brullé 1832.

Verbreitung: Südeuropa, sehr vereinzelt in Mitteleuropa: Tschechoslowakei, Österreich, Schweiz, Deutschland (BRD) – In der Bundesrepublik Deutschland nur in Baden-Württemberg nachgewiesen. Von dort lag nur ein Belegtier aus dem nördlichen Kaiserstuhl vor. Funddaten: LU93 1♀ 18. 7. 1957 (leg. Strohm, coll. G). Nach LAUTERBORN (1924) wurde die Art auch am Isteiner Klotz gefunden, »wo Herr Dr. Schröder am 3.Juni 1923 ein Weibchen fing, das in einem hohlen Staudenstengel zu nisten versuchte«. Diese Meldung ist durch die Angabe über die Nistweise durchaus glaubhaft.

Lebensraum: Aus dem Untersuchungsgebiet liegen keine Beobachtungen vor. In Südeuropa eine Art des Offenlandes.

Nistweise: Nistet in markhaltigen dürren Stengeln oder Zweigen. Als Nistplätze wurden bekannt: Disteln *(Carduus)*, Elsässer Haarstrang *(Peucedanum alsaticum)*, Wiesen-Bärenklau *(Heracleum sphondylium)*, Gewöhnliche Sonnenblume *(Helianthus annuus)* und Zwerg-Holunder *(Sambucus ebulus)*. Vorjährige Stengel mit einem Durchmesser von 11–16 mm werden bevorzugt. Die Nester sind Linienbauten aus meist 5–7 Brutzellen, die durch Querwände aus abgenagten Markpartikeln von einander getrennt sind. Auch der Nestpfropf besteht aus Mark. (FAGNIEZ 1946, FAHRINGER 1922, GRANDI 1954, 1957, 1961, GROOT 1973, MALYSHEV 1931, 1933, 1936, 1947).

Blütenbesuch: Polylektische Art, die besonders Fabaceae (Schmetterlingsblütler) und Lamiaceae (Lippenblütler) besucht. Als Pollenquellen sind bisher belegt: Fabaceae: Mittlerer Klee *(Trifolium medium)*, Bunte Kronwicke *(Coronilla varia)*; Lamiaceae: Aufrechter Ziest *(Stachys recta)*, Genfer Günsel *(Ajuga genevensis)*, Wiesen-Salbei *(Salvia pratensis)*.

Kuckucksbienen: Keine.

Xylocopa violacea ♂

Phänologie: Univoltin. Flugzeit im südlichen Mitteleuropa von Ende April bis August.
Bestandessituation: Es ist kaum anzunehmen, daß die einzigen, zeitlich weit auseinander liegenden Nachweise auf einer Einschleppung beruhen. Möglicherweise ist diese mediterrane Art in früherer Zeit in den wärmsten Gegenden Süddeutschlands regelmäßig vorgekommen. Wahrscheinlich ist sie in Baden-Württemberg inzwischen ausgestorben.
RL: Ausgestorben oder verschollen (0).

Xylocopa violacea

(Linnaeus 1758)

Verbreitung: Süd- und Mitteleuropa. Verbreitungskarte bei POPOV (1947). – In der Bundesrepublik Deutschland liegt der Verbreitungsschwerpunkt in den warmen Flußtälern, besonders im Rheintal bis Bonn, im Lahntal bis Gießen, im Neckartal bis Tübingen, im Maintal bis Würzburg; nordwärts aber bis Krefeld (AERTS 1950b) bzw. Leopoldshöhe bei Lippe in Westfalen (DUDLER 1986). – In Baden-Württemberg liegen die Verbreitungsschwerpunkte in der Oberrheinebene, im Kaiserstuhl und im westlichen Kraichgau. Einzelne Vorkommen reichen bis in das obere Neckartal und dessen Randbereiche. Alle Fundorte dieser wärmeliebenden Art liegen unter 500 m. 27♂♂, 26♀♀.
Lebensraum: Das Vorkommen der Art wird durch ein ausreichendes Angebot an Totholz in sonnenexponierten Lagen bestimmt. Der Siedlungsschwerpunkt in Südwestdeutschland liegt in Streuobstbeständen, in Gärten und Parkanlagen. Die Art kommt sowohl außerhalb des Siedlungsbereichs vor, als auch innerhalb von Dörfern und Städten. Die Nester werden in vertikalen oder horizontalen Totholz-Strukturen natürlicher oder anthropogener Herkunft (Äste, Stämme, Pfähle, Gebälk) angelegt.
Nistweise: Nistet in selbstgenagten Hohlräumen in abgestorbenem Holz, das trocken und ausreichend mürb, aber noch recht hart, also nicht ausgesprochen morsch ist. Das Nest besteht aus einem oder mehreren Gängen, in denen mehrere Brutzellen in linearer Anordnung liegen. Die Trennwände bestehen aus abgenagten, mit Speichel verklebten Holzpartikeln. (AERTS 1939b, 1951, FRIESE 1894–1901, 1925, GRANDI 1934a, 1961, 1962, LEPELETIER 1841, LITH 1955a, LUCAS 1868, MALYSHEV 1931 (dort weitere Literatur), 1935, PÉREZ 1889, RÉAUMUR 1748, SCHUSTER 1903, 1907).

Blütenbesuch: Polylektische Art (3 Pflanzenfamilien). Pollenquellen: Asteraceae: Nickende Distel *(Carduus nutans)*; Boraginaceae: Gewöhnlicher Natterkopf *(Echium vulgare)*; Fabaceae: Luzerne *(Medicago sativa)*, Glyzinie *(Wistaria sinensis)*; Lamiaceae: Rote Taubnessel *(Lamium purpureum)*, Weiße Taubnessel *(Lamium album)*, Garten-Salbei *(Salvia officinalis)*, Aufrechter Ziest *(Stachys recta)*. – BERTKAU (1884) und SCHEDL (1967) berichten über Nektarraub, z. B. an *Jasminum nudiflorum*.

Kuckucksbienen: Keine.

Phänologie: Univoltin. Beide Geschlechter erscheinen im Spätsommer und überwintern unverpaart in Höhlungen von Löß- und Lehmwänden und in Mauerspalten. Die Paarung erfolgt erst im folgenden Frühling. Ende April beginnen die ♀♀ mit dem Brutgeschäft, das sich bisweilen bis in den Hochsommer hinzieht.

Bestandessituation: Die wärmeliebende und in Baden-Württemberg durchaus seltene Art wurde seit 1975 vor allem in der nördlichen Oberrheinebene und im Großraum Stuttgart nachgewiesen, wo sie meist nur noch einzeln beobachtet wurde. Sie ist vor allem durch den Verlust ihrer Nistplätze gefährdet. Schutzmaßnahmen müssen sich in erster Linie auf die Erhaltung alter Bäume mit Totholzpartien in sonnigen Lagen (z. B. in Streuobstbeständen und an Waldaußenrändern) konzentrieren, bei gleichzeitiger Vernetzung mit blütenreicher Vegetation vom Frühjahr bis zum Herbst. Alle Nistplätze, auch im Siedlungsbereich, die bekannt werden, sind unbedingt vor Zerstörung zu schützen.

RL: Stark gefährdet (2).

14 Literatur

Die gesamte bei der Bearbeitung des Manuskripts berücksichtigte Literatur wird aufgeführt, also auch zahlreiche Publikationen faunistischen oder taxonomisch-systematischen Inhalts, die im Text nicht eigens zitiert werden.
Die meisten der angeführten Bücher, Zeitschriften und Veröffentlichungen sind in kommunalen öffentlichen Bibliotheken, z.B. Stadtbüchereien nicht vorhanden. Man wende sich daher an die nächste Universitäts- bzw. Landesbibliothek oder versuche, über die nächste öffentliche Bibliothek die Schrift (oder eine Fotokopie davon) per Fernleihe zu erhalten.

ABT, K.H. (1985): Die Auswirkungen der Rebflurbereinigung am Lenzenberg in Stuttgart-Hedelfingen auf die Vegetation, die Laufkäfer und den Bodenabtrag. – Diplomarbeit Inst. f. Landeskultur u. Pflanzenökologie Univ. Stuttgart-Hohenheim.

ADLERZ, G. (1904): Om Cellbyggnad och Tjufbin hos Trachusa serratulae Panz. – Ent. Tidskr., 25: 121–129.

AERTS, W. (1939a): Hymenopteren als Bewohner einer Lößwand im Vorgebirge bei Köln. – Decheniana, 98b: 119–137.

– (1939b): Das Nest der blauen Holzbiene. – Rheinischer Naturfreund, 2: 84–86.

– (1941): Hymenopteren von Gerolstein in der Eifel. – Decheniana, 100B: 41–46.

– (1949): Die Bienenfauna der Kölner Bucht. – Wiss. Mitt. Ver. Natur- u. Heimatkde. Köln, 2: 3–35.

– (1950a): Ein hymenopterologischer Ausflug zur Loreley. – Westdeutscher Naturwart, 1: 19–26.

– (1950b): Hymenopteren des Rheidter Wertchens bei Köln. – Decheniana, 104: 33–59.

– (1951): Das Vorkommen der blauen Holzbiene (Xylocopa violacea L.) am Niederrhein. – Niederrhein. Jahrb. Ver. Link. Niederrhein. 3: 150–151.

– (1956): Ein entomologischer Ausflug an den Mittelrhein. – Decheniana, 109: 77–81.

– (1960): Die Bienenfauna des Rheinlandes. – Decheniana, 112: 181–208.

ÅGREN, L., B. KULLENBERG & T. SENSENBAUGH (1984): Congruences in Pilosity between Three Species of Ophrys (Orchidaceae) and their Hymenopteran Pollinators. – Nova Acta Reg. Soc. Sci. Upsaliensis, Ser. V:C, 3: 15–25.

ÅGREN, L. & B.G. SVENSSON (1982): Flagellar Sensilla of Sphecodes Bees (Hymenoptera, Halictidae). – Zoologica Scripta, 11: 45–54.

AICHHORN, A. (1976): Beitrag zur Hummelzucht und zur Biologie von Bombus mendax. – Ber. Haus d. Natur Salzburg, 7: 13–29.

ÅKERBERG, E. & K. LESINS (1949): Insect pollinating alfalfa in central Sweden. – Ann. R. Agric. College Sweden, 16: 630–643.

ALBANS, K.R., R.T. APLIN, J. BREHCIST, J.F. MOORE & C. O'Toole (1980): Dufour's Gland and its Role in Secretion of Nest Cell Lining in Bees of the Genus Colletes (Hymenoptera: Colletidae). – J. Chem Ecol., 6: 549–563.

ALCOCK, J., E.M. BARROWS, G. GORDH, L.J. HUBBARD, L. KIRKENDALL, D.W. PYLE, T.L. PONDER & F.G. ZALOM (1978): The ecology and evolution of male reproductive behaviour in the bees and wasps. – Zool. J. Linn. Soc., 64: 293–326.

ALCOCK, J., C.E. JONES & S.L. BUCHMANN (1976): Location before emergence of the female bee, Centris pallida, by its male (Hym., Anthophoridae). – J. Zool., 179: 189–199.

ALFKEN, J.D. (1889): Hymenopterologische Beobachtungen. Zwei neue Farbvarietäten von Bombus soroeensis Fabr. – Abh. Naturwiss. Ver. Bremen, 10: 553–555.

– (1891a): Beiträge zur Insekten-Fauna der Nordsee-Insel Juist. – Verh. Ges. dt. Naturf. u. Ärzte, 63. Vers. Bremen, 1890: 136–142; Leipzig.

– (1891b): Mittheilungen über das Leben einiger Apiden: Bombus, Andrena, Nomada und Osmia. – Verh. Ges. Dt. Naturf. Ärzte, 63. Vers. Bremen., 1890: 160–162; Leipzig.

– (1891c): Erster Beitrag zur Insektenfauna der Nordsee-Insel Juist. – Abh. Naturwiss. Ver. Bremen, 12: 97–130.

– (1892): Biologische Beobachtungen an Hymenopteren. – Ent. Nachr., 18: 209–211.

– (1898a): Ein blütenbiologischer Ausflug in der nordwestdeutschen Tiefebene am 9. April 1898. – Ill. Z. Ent., 3: 131–133.

– (1898b): Ein Beitrag zur Bienenfauna von Gießen. – Ill. Z. Ent., 3: 292–294, 342–344.

– (1898c): Zwei neue Färbungen von Bombus pratorum L. – Ent. Nachr., 24: 158.

– (1898d): Nomada flavoguttata K. var. höppneri. – Ent. Nachr., 24: 158–159.

– (1899a): Andrena afzelliella Kirby und Verwandte. – Ent. Nachr., 25: 102–106.

– (1899b): Halictus tumulorum L. und seine Verwandten. – Ent. Nachr., 25: 114–126.

– (1900a): Die Gruppe der Andrena nigriceps Kirby. – Ent. Nachr., 26: 3–7.

– (1900b): Über Leben und Entwicklung von Eucera difficilis Duf. – Ent. Nachr., 26: 157–159.

– (1900c): Bombus soroeensis F., Form. proteus Gerst. und seine Farben-Variationen. – Ent. Nachr., 26: 184–190.
– (1900d): Die nordwestdeutschen Prosopis-Arten. – Ent. Nachr., 26: 233–244.
– (1901a): Nomada roberjeotiana Panz., eine in zwei Formen auftretende Art. – Z. syst. Hym. Dipt., 1: 221–222.
– (1901b): Nomada zonata Panz. und N. rhenana Mor. – Z. syst. Hym. Dipt., 1: 363–365.
– (1902a): Die Nomada-Arten Nordwest-Deutschlands als Schmarotzer. – Z. syst. Hym. Dipt., 2: 5–10.
– (1902b): Die nordwestdeutschen Prosopis-Arten. (Hym.). Berichtigungen und Ergänzungen. – Z. syst. Hym. Dipt., 2: 65–91; Teschendorf.
– (1904a): Beitrag zur Synonymie der Apiden. – Z. syst. Hym. Dipt., 4: 1–3.
– (1904b): Andrena curvungula Thoms. und A. pandellei (Pér.) Saund. (Hym.). – Z. syst. Hym. Dipt., 4: 320–321.
– (1904c): Zur Kenntnis einiger nordwestdeutscher Bienen. – Abh. naturwiss. Ver. Bremen, 18: 69–76.
– (1904d): Die Förstersche Monographie der Bienen-Gattung Hylaeus F. (Latr.) = Prosopis F. und die Prosopis-Sammlung Försters. – Abh. Naturwiss. Ver. Bremen, 18: 108–124.
– (1904e): Über einige Bienen-Arten Thomson's. – Abh. Naturwiss. Ver. Bremen, 18: 125–128.
– (1904f): Die Gruppe der Andrena varians K. – Abh. Naturwiss. Ver. Bremen, 18: 129–131.
– (1905a): Die Gruppe der Andrena Afzeliella Kirby. – Z. syst. Hym. Dipt., 5: 89–91.
– (1905b): Melitta nigricans n. sp., eine neue deutsche Biene. – Z. syst. Hym. Dipt., 5: 95–96.
– (1909a): Beitrag zur Kenntnis der Apidenfauna von Westpreußen (Sammelbericht). – 31. Ber. Westpreuß. Bot.-Zool. Ver., S. 101–123; Danzig.
(1909b): Beitrag zur Kenntnis der Apidenfauna von Ostpreußen (Sammelbericht). – Schr. Phys.-ökon. Ges. Königsberg, 50: 320–345.
– (1912a): Die Bienenfauna von Westpreußen. – 34. Ber. Westpreuß. Bot.-Zool. Ver., S. 1–93; Danzig.
– (1912b): Die Bienenfauna von Ostpreußen. – Schr. Phys.-Ökon. Ges. Königsberg, 53: 114–182.
– (1913): Die Bienenfauna von Bremen. – Abh. Nat. Ver. Bremen, 22: 1–220.
– (1915a): Beitrag zur Bienenfauna von Ostfriesland. – Festschrift naturforsch. Ges. Emden, 1915: 197–241.
– (1914): Halictus minutissimus K. und seine Verwandten. – Dt. ent. Z., 58: 281–282.
– (1915b): Andrena angustior W.K., eine deutsche Biene. – Dt. Ent. Z., 60: 606–607.
– (1916): Über 2 Arten der Andrena parvula-Gruppe. – Dt. ent. Z., 60: 606–607.
– (1919): Prosopis Pfankuchi, eine neue deutsche Prosopis-Art. – Abh. naturw. Ver. Bremen, 29 (1918): 269–270.
– (1921a): Andrena enslini, eine neue deutsche Andrena-Art. – Abh. naturwiss. Ver. Bremen, 25: 63–64.
– (1921b): Eine neue deutsche Halictus-Art. – Abh. naturwiss. Ver. Bremen, 25: 87–88.
– (1924a): Die vier großen Megachile-Arten Deutschlands. – Konowia, 3: 210–215.
– (1924b): Beitrag zur Kenntnis einiger Bienen Finnlands. – Notulae Ent., 4: 33–40.
– (1924c): Die Insekten des Memmert. Zum Problem der Besiedlung einer neuentstehenden Insel. – Abh. naturwiss. Ver. Bremen, 25: 358–481.
– (1925a): Nomada moeschleri Alfk. – Dt. ent. Z., 69: 126–128.
– (1925b): Eine neue deutsche Andrena-Art aus der A. parvula-Gruppe. – Mitt. bad. ent. Ver., 1: 165–166.
– (1925c): Apiden aus Nordschleswig. In: Pfankuch, Ein Beitrag zur Ichneumonidenfauna Nordschleswig. VII. – Z. wiss. InsBiol., 20: 180–182.
– (1926): Über einige schwedische Bienen. – Ent. Tidskr., 47: 200–202.
– (1927): Über einige schwedische Bienen. 2. Abhandlung. – Ent. Tidskr., 48: 137–142.
– (1930): Die Insekten-Fauna der Mellum. Nochmals zum Problem der Besiedlung einer neuentstehenden Insel. – Abh. naturwiss. Ver. Bremen, 28: 31–56.
– (1932): Eine neue deutsche Heriades-Art. – Konowia, 11: 113–114.
– (1935): Die Bienen Nordwestdeutschlands als Blütenbesucher. – Abh. naturw. Ver. Bremen, 29: 193–206.
– (1936): Über die Färbungsveränderlichkeit von Anthidium strigatum. – Stett. ent. Ztg., 97: 189–194.
– (1939): Die Bienenfauna von Bremen. 2. Aufl. – Mitt. ent. Ver. Bremen, 26: 6–30.
– (1940): Die Insekten des Naturschutzparkes der Lüneburger Heide I. Die Bienen (Apidae). – Abh. naturwiss. Ver. Bremen, 31: 750–762.
– (1943): Zweiter Beitrag zur Kenntnis der Andrena rogenhoferi F. Mor. – Mitt. Münch. ent. Ges., 33: 597–598.
– (1944): Über die Färbungen der Stelis minima Schck. – Mitt. Dt. Ent. Ges., 12 (1943): 22–23.
Alford, D.V. (1968) The biology and immature stages of Syntretus splendidus (Marshall) (Hymenoptera: Braconidae, Euporinae), a parasite of adult bumblebees. – Trans. R. ent. Soc. London, 120: 375–393.
– (1969): A study of the hibernation of bumblebees (Hymenoptera: Bombidae) in Southern England. – J. Anim Ecol., 38: 149–170; Oxford/Edinburgh.
– (1970: The incipient stages of development of bumblebee colonies. – Insectes Sociaux, 17: 1–10.
– (1973): Syntretus splendidus attacking Bombus pascuorum in Hampshire. – Bee World, 54: 176.
– (1975): Bumblebees. – 352 S., London (D. Poynter).
Altevogt, R. (1955): Zur Technik der Blattschneidebienen Megachile bicolor F. und M. maritima Schck. – Beitr. Ent., 5: 152–165.
Amiet, F. (1973a): Beobachtungen an Osmia bicolor Schrank (Hymenoptera, Apoidea). – Mitt. Schweiz. Ent. Ges., 46: 123–124.
– (1973b): Untersuchung über den Einfluß der Landwirtschaft auf die Bienenfauna. – Naturw. Ges. Solothurn, 26: 382–384.

– (1977): Die Bienenfauna in der Umgebung von Solothurn. – Mitt. Schweiz. Ent. Ges., 50: 307–320.
ANASIEWICZ, A. (1971) Observations on the bumble-bees in Lublin. – Ekologia Polska, Ser.A, 19: 401–417.
– (1975): The bees (Apoidea, Hymenoptera) on alfalfa (Medicago media pers.) plantations. – Ekologia Polska, Ser. A, 23: 129–162.
– (1976): Die Wildbienen (Apoidea, Hymenoptera) in der Lebensgemeinschaft des blühenden Rotklees. – Polskie Pismo Ent., 46: 154–154 (in polnisch mit deutscher Zusammenfassung).
ANASIEWICZ, A. & Z. WARAKOMSKA (1969): Occurence of bumble-bees on Alfalfa (Medicago media Pers.) in the province of Lublin and pollen analysis of their pollen loads. – Ekologia Polska, Ser.A., 17: 587–609.
ANASIEWICZ, A. & Z. WARAKOMSKA (1971): Analysis of pollen collected by wild Apoidea from fruit trees and bushes. – Ekologia Polska, Ser.A, 19: 509–523.
ANDER, K. (1965): Über die Verbreitung der Hummeln in Schweden (Hym. Apidae). – Opusc. ent., 30: 135–139.
APTEL, E. (1931): Étude sur les nidifications de l'Halictus malachurus K. (forma longulus) génération d'été. – Bull. Soc. Ent. France, 1931: 219–222.
ARMBRUSTER, L. (1914): Probleme des Hummelstaates. – Biol. Centralbl., 34: 685–707.
– (1916): Zur Phylogenie der Geschlechtsbestimmungsweise bei Bienen. – Zool. Jb. Syst., 40: 328–388.
– (1923): Eine Einschränkung der DZIERZONschen Regel bei Bienen. Beobachtungen zur Fortpflanzungsweise einer Urbiene der Schmalbiene Halictus. – Arch. Bienenkunde, 5: 278–305.
ARRETZ, P. & R. MACFARLANE (1986): The introduction of Bombus ruderatus to Chile for red clover pollination. – Bee World, 67: 15–22.
ATWAL, A.S. & O.P. SHARMA (1971): The dominance of Apis mellifera over Apis indica. – Amer. Bee J., 111: 343.
AUBERT, J.F. (1954): Ďecouverte d'une nouvelle colonie d'Epeoloides coecutiens F. – Bull. Soc. ent. France, 59: 76–78.
AUBURY, R.G. & H.H. ROGERS (1971): The use of Megachile rotundata F. as a pollinator of lucerne in glasshouses. – J. Brit. Grassland Soc., 26: 91–94.
AURIVILLIUS, C. (1896): Über Zwischenformen zwischen socialen und solitären Bienen. – Zool. Studien, Festschr. Wilhelm Lilljeborg, S. 67–77; Uppsala.
AYASSE, M. (1987): Wie beeinflussen Weibchen-Pheromone die Partnerwahl bei männlichen Furchenbienen? Paarungsstrategien bei Lasioglossum malachurum (Hymenoptera: Halictidae). – Diplomarbeit Fakultät f. Biologie Univ. Tübingen, 106 S.
BACHMANN, M. (1911): Beobachtungen über blütenbesuchende Insekten in der Eichstätter Alb. – Mitt. Münch. Ent. Ges., 2: 74–80, 91–94.
– (1912): Beobachtungen über blütenbesuchende Insekten in der Eichstätter Alb. – Mitt. Münch. Ent. Ges., 3: 28–32, 41–48, 59–64, 96–105.
– (1915): Biologische Beobachtungen an Hummeln. – Mitt. Münch. Ent. Ges., 6: 71–111.
BÄHRMANN, R. (1985): Apoidea. In: MÜLLER, H.J. (Hrsg.), Bestimmung wirbelloser Tiere im Gelände. – Jena (VEB G. Fischer).
BAER, L. (1903): Zur Apidenfauna der Kurischen Nehrung. – Allg. Z. Ent., 8: 157–161.
– (1904): Zur Apidenfauna der preussischen Oberlausitz. – Abh. Naturf. Ges. Görlitz, 24: 107–121.
BAKER, D.B. (1965): Two bees new to Britain (Hym., Apoidea). – Ent. Monthly Mag., 100: 279–286.
– (1978): Changes of Name Affecting Apoidea (Hym.) on the British List. – Ent. Monthly Mag., 113 (1977): 137–138.
BAKER, H.G. & P.D. HURD (1968): Intrafloral ecology. – Ann. Rev. Ent., 13: 385–414.
BAKER, J.R. (1971): Development and sexual dimorphism of larvae of the bee genus Coelioxys. – Kans. Ent. Soc., 44: 225–235.
BALDOVSKI, G. (1983): Unsere Wildbienen – ein Beitrag zu ihrer Erforschung in der östlichen Oberlausitz (Hymenoptera, Apoidea partim). – Abh. Ber. Naturkundemus. Görlitz, 57: 1–32.
BALFOUR-BROWNE, F. (1922): On the life-history of Melittobia acasta Walk., a chalcid parasite of bees and wasps. – Parasitology, 14: 349–370.
– (1925): Concerning the habits of Insects. – Cambridge (Cambrige University Press).
BALLES, L. (1923): Ein erneuter Beweis für die Schmarotzernatur der Buckelbiene Sphecodes monilicornis W.K. – Mitt. Landesver. Naturk. Naturschutz, N.F. 1: 270.
– (1925): Beiträge zur Kenntnis der Hymenopterenfauna Badens I. – Mitt. bad. Landesver. Naturk. Naturschutz, N.F. 1: 437–461.
– (1926): Beiträge zur Kenntnis der Hymenopterenfauna Badens II. – Mitt. bad. Landesver. Naturk. Naturschutz, N.F. 2: 32–38.
– (1927): Beiträge zur Hymenopterenfauna Badens III und IV. – Arch. Insektenk. Oberrheingeb., 2: 161–198, 199–203.
– (1933): Beiträge zur Kenntnis der Hymenopterenfauna Badens V. – Beitr. naturw. Erforsch. Badens, 12: 189–196.
– (1939): Hymenopterologische Beiträge zur Bienenfauna Badens. 7. Zur Kenntnis der Biologie einiger badischer Ceratina-Arten. – Mitt. bad. Landesver. Naturk. Naturschutz, N.F. 4: 105–119.
– (1949): Beiträge zur Kenntnis der Hymenopterenfauna Badens VIII. – Mitt. bad. Landesver. Naturk. Naturschutz, N.F. 5: 57–62.
BANASZAK, J. (1969): Observations on fauna of Hymenoptera nesting in loamy walls of country houses in Great Poland. – Badania Fizjograficzne nad Polska zachodnia, (B) 23: 231–233; Poznan.
– (1971): Observations on Anthophora parietina Fabr. (Hymenoptera, Apoidea). – Polskie Pismo Ent., 41: 371–381; Wroclaw (in polnisch mit englischer Zusammenfassung).
BARROWS, E.M. (1975a): Occupancy by Hylaeus of subterranean halictid nest (Hymenoptera: Apoidea). – Psyche, 82: 74–77.

– (1975b): Territoriality in Male Bees (Hymenoptera: Apoidea). – New York Ent. Soc., 83: 280–281.
Barrows, E.M., M.R. Chabot, C.D. Michener & T.P. Snyder (1976): Foraging and mating behavior in Perdita texana (Hymenoptera: Andrenidae). – J. Kansas Ent. Soc., 49: 275–279.
Barth, F.G. (1982): Biologie einer Begegnung. Die Partnerschaft der Insekten und Blumen. – 304 S., Stuttgart (Deutsche Verlags-Anstalt).
Bartsch, J. & M. (1940): Vegetationskunde des Schwarzwaldes. – Pflanzensoziol., 4, 229 S.; Jena (G. Fischer).
Batra, S.W. T. (1966a): Nesting behavior of Halictus scabiosae in Switzerland. – Insectes Sociaux, 13: 87–92.
– (1966b): Nests and social behavior of halictine bees of India (Hymenoptera, Halictidae). – Indian J. Ent., 28: 375–393.
– (1968): Behavior of some social and solitary halictine bees within their nests: a comparative study (Hymenoptera, Halictidae). – J. Kansas Ent. Soc., 41: 120–133.
– (1972): Some properties of the nest-building secretions of Nomia, Anthophora, Hylaeus and other bees. – J. Kansas Ent. Soc., 45: 208–219.
– (1980): Ecology, Behavior, Pheromones, Parasites and Management of the Sympatric Vernal Bees Colletes inaequalis, C. thoracicus and C. validus. – J. Kansas Ent. Soc., 53: 509–538.
– (1984): Solitary Bees. – Scientific American, 250: 86–93.
Bauer, M. (1985): Verbesserung der Trachtsituation für Bienenvölker in der Feldflur. – Bienenpflege, 1985, Heft 1, S.7–14.
– (1987): Bienenweide in der Feldflur: Maßnahmen zur Trachtverbesserung und die Trachtnutzung durch Carnica-Völker. – Dissertation Fakultät f. Biol., Univ. Tübingen, 292 S.
Beaumont, J. de (1940): Les Crocisa de la Faune Française. – Ann. Soc. ent. France, 109 (1939): 161–171.
– (1958): Les Hyménoptères Aculéates du Parc National Suisse et des régions limitrophes. In: Ergebnisse d. wiss. Untersuch. d. schweiz. Nationalparks, 6 (N.F.): 145–236.
Bellevoye, A. (1870): (Osmia bicornis vivant dans diverses espèces d'Helix). – Ann. Soc. ent. France, 10: 36. (Fehldetermination!)
– (1884): Observations sur le Chalicodoma muraria, le Megachilus centuncularis et l'Osmia bicornis aux environs de Metz. – Bull. Soc. Hist. Natur. Metz, 16: 113–131.
– (1897a): Sur quelques curieux nids d'Hyménoptères. – Bull. Soc. Ent. France, 1897: 286–287. – (1897b): Sur quelques abeilles maconnes. – Bull. Soc. Sci. Nat. Reims, 6: 111–113.
Bellmann, H. (1974): Brutfürsorge solitärer Bienen und Wespen. – Kosmos, 70: 293–297.
– (1977): Beobachtungen zum Brutverhalten der Harzbiene Anthidiellum strigatum (Hymenoptera: Megachilidae). – Ent. Germ., 3: 356–361.
– (1981): Zur Ethologie mitteleuropäischer Bauchsammlerbienen (Hymenoptera, Megachilidae): Osmia bicolor, O. aurulenta, O. rufohirta, Anthidium punctatum, Anthidiellum strigatum, Trachusa byssina. – Veröff. Naturschutz Landschaftspflege Bad.-Württ., 53/54: 477–540.
– (1983): Übereinstimmung und Abwandlungen im Brutverhalten bei drei Bienenarten der Gattung Osmia (Hymenoptera, Megachilidae). – Verh. Dtsch. Zool. Ges., 1983: 245.
Benedek, P. (1968): The Flight Period of Wild Bees (Hymenoptera, Apoidea) Pollinating Lucerne, and its Plant Protection Aspects. – Acta Phytopath. Acad. Sci. Hung., 3: 59–71.
– (1969a): Examinations on lucerne pollinating wild bees (Hym., Apoidea) in the Hungarian Great Plain. – Folia ent. hung., 22: 101–115.
– (1969b): Flower visiting habits of lucerne pollinating wild bees and the increasing of wild bee populations by providing unbroken feeding possibilities. – Z. ang. Ent., 63: 186–199.
– (1971): Flower visiting habits of colletid and mellitid bees based on data originating from Hungary. – Mushi, 45: 65–79.
– (1973): Relationship between the tripping rate and the tongue length of lucerne pollinating wild bees. – Z. angew. Ent., 73: 113–116.
– (1974): Struktur und Herkunft der Wildbienen-Populationen auf Feldern der Zottelwicke in Ungarn. Ein Vergleich mit Populationen in anderen Gebieten Europas und in anderen Futterleguminosen. – Apidologie, 5: 371–384.
– (1975): Specific structure and pollen gathering of hymenopterous visitors of blooming seed onion field and their food plant relationships. – Folia ent. hung., 28: 249–261; Budapest (in ungarisch mit ausführlicher englischer Zusammenfasssung).
Benedek, P., L. Bank & J. Komlodi (1973): Behavior of wild bees on hairy vetch (Vicia villosa Roth.) flowers. – Z. angew. Ent., 74: 80–85.
Benedek, P. & V.E. Jaszai (1971): On the Useability of the »Museum Method« for studying the Seasonal Activity of Insects. – Z. angew. Ent., 67: 201–209.
Benedek, P., E. Wilhelm & J. Komodli (1975): Data on apoids (Hymenoptera: Apoidea) pollinating Hungarian vetch (Vicia pannonica Cr.). – Növenytermeles, 24: 127–132 (in ungarisch mit englischer Zusammenfassung).
Benest, G. (1976): Relations interspécifiques et intraspécifiques entre butineuses de Bombus sp. et d'Apis mellifica L. – Apidologie, 7: 113–127.
Benno, P. (1943): Over een kolonie van het papaverbijtje (Osmia papaveris Latr.) en eenige andere zeldzame Aculeaten in de Lymers. – Entomologische Berichten, 11: 64–69.
– (1945): Aanteekeningen bij de nestbouw van Megachile circumcincta K. (Hym. Apidae). – Entomologische Berichten, 11: 279–280.
– (1948): Aantekeningen over bijen en wespen II. Twee voor Nederland nieuwe en enige zeldzamere Bijensoor-

ten uit de Deurnese Peel (Hym. Apidae). – Entomologische Berichten, 12: 281–286.
– (1949): Aantekeningen over bijen en wespen IV. Zeldzame bijensoorten zit Oost-Brabant (Hym. Apidae). – Entomologische Berichten, 12: 434–435.
– (1952): Aantekeningen over bijen en wespen VI. Enkele zeldzame bijensoorten (Hym. Apidae). – Entomologische Berichten, 14: 33–35.
– (1957): Aantekeningen bij de rubicole Aculeaten-fauna in Nederland (Hymenoptera: Vespidae, Sphecidae, Apidae, Chrysididae). – Entomologische Berichten, 17: 143–146.
– (1958) Aantekeningen bij de rubicole Aculeaten-fauna in Nederland 2 (Hymenoptera: Vespidae, Sphecidae, Apidae, Chrysididae). – Entomologische Berichten, 18: 127–130.
– (1959): De Nederlandse bijen (Apoidea). – Wetenschappelijke Mededelingen van de Koninklijke Nederlandse Natuurhistorische Vereniging, 18: 1–32.
BENOIST, R. (1922): Hyménoptères Mellifères nouveaux pour la faune française. – Bull. Soc. Ent. France, 1922: 322–324.
– (1929): Les Heriades de la Faune Française (Hymenoptera, Apidae). – Ann. Soc. ent. France, 98: 131–141.
– (1931): Les Osmies de la Faune Française (Hym. Apidae). – Ann. Soc. ent. France, 100: 23–60.
– (1935): Remarques sur quelques espèces du genre Megachile (Hym. Apidae). – Ann. Soc. ent. France, 104: 97–108.
– (1938): Osmia coerulescens L. – Rev. Sci. du Bourbonn., 1938: 84–86.
– (1946): Les Apides (Hymenopt.) des Campanules. – L'Entomologiste, 2: 90–93.
– (1940): Remarques sur quelques espèces de Mégachiles principalement de la Faune Française. – Ann. Soc. ent. France, 109: 41–88.
– (1959): Les Prosopis de France. – Cahiers de Naturalistes. Bull. N.P., N.S.15: 75–87.
BERGMARK, L., A.K. BORG-KARLSON & J. TENGÖ (1984): Female Characteristics and Odour Cues in Mate Recognition in Dasypoda altercator (Hym., Melittidae). – Nova Acta Reg. Soc. Sci. Upsaliensis, Ser. V:C, 3:137–143.
BERGSTRÖM, G. (1974): Macrocyclic lactones in the Dufour gland secretion of the solitary bees Colletes cunicularius L. and Halictus calceatus Scop. (Hymenoptera, Apidae). – Chemica Scripta, 5: 39–46.
BERGSTRÖM, G., M. APPELGREEN, B.G. SVENSSON, L. ÅGREN, C. DESCOINS, B. FREROT, M. GALLOIS & M. LETTERE (1985): Marking pheromones of Megabombus sylvarum (L.) and M. ruderarius (Müller) males (Hymenoptera: Apidae). – Apidologie, 16: 57–68.
BERGSTRÖM, G. & J. TENGÖ (1973): Geranial and neral as main components in cephalic secretions of four species of Prosopis (Hym., Apidae). – Zoon, Suppl., 1: 55–99.
BERGSTRÖM, G. & J. TENGÖ (1974): Farnesyl and geranyl esters as main volatile constituents of the secretion from Dufour's gland in 6 species of Andrena (Hymenoptera, Apidae). – Chemica Scripta, 5: 28–38.
BERGSTRÖM, G. & J. TENGÖ (1977): Cleptoparasitism and Odor Mimetism in Bees: Do Nomada Males imitate the Odor of Andrena females? – Science, 196: 1117–1119.
BERGSTRÖM, G. & J. TENGÖ (1978): Linanool in mandibular gland secretion of Colletes bees (Hymenoptera: Apoidea). – J. Chem. Ecol., 4: 437–449.
BERGSTRÖM, G. & J. TENGÖ (1979): C24-, C22-, C20- and C18macrocyclic lactones in halictide bees. – Acta Chem. Scand., Ser. B, 29: 390.
BERGSTRÖM, G., J. TENGÖ, W. REITH & W. FRANKE (1982): Multicomponent Mandibular Gland Secretions in Three Species of Andrena Bees (Hym., Apoidea). – Z. Naturforsch., 37c: 1124–1129.
BERNER, U. (1979): Die Bienenweide. 3.Aufl., 222 S., Stuttgart (E. Ulmer).
BERTKAU, P. (1884): Xylocopa violacea als Honigräuber. – Verh. naturhist. Ver. preuß. Rheinl. Westf., 41: 350–352.
BERTSCH, A. (1975): Blüten – lockende Signale. – 143 S.; Ravensburg (O. Maier).
BETTS, A.D. (1920a): Nosema in humblebees. – Bee World, 1: 171.
– (1920b): The constancy of the pollen collecting bee. – Bee World, 2: 10–11.
BEUTHIN, H. (1875): Erster Beitrag zur Kenntnis der Hymenopteren der Umgebung von Hamburg. – Verh. Ver. Naturwiss. Unterhaltung, 1: 129–136.
– (1876): Zweiter Beitrag zur Kenntnis der Hymenopteren Hamburgs. – Verh. Ver. naturwiss. Unterhaltung, 2: 225–234.
– (1879): Dritter Beitrag zur Kenntnis der Hymenopteren der Umgebung von Hamburg. – Verh. Ver. naturwiss. Unterhaltung, 4: 239–241.
BISCHOFF, D. & R.-U. ROESLER (1982): Untersuchungen zur Ökofaunistik der Gattungen Bombus (Hummeln) und Psithyrus (Schmarotzerhummeln) (Hymenoptera) im Bienwald. In: Das Landschaftsschutzgebiet Bienwald in der Südpfalz. – Pollichia-Buch Nr. 3: 215–242; Bad Dürkheim.
BISCHOFF, H. (1922a): Der Formenkreis der Andrena gallica (Pérez i.l.) Schmdkn. (Hym. Ap.). – Dt. Ent. Z., 1922: 288–291.
– (1922b): Eine neue Form der Andrena vaga Pz. – Dt. Ent. Z., 1922: 428–429.
– (1927): Biologie der Hymenopteren. – VIII + 598 S.; Berlin (J. Springer).
– (1930): Beitrag zur Kenntnis paläarktischer Arten der Gattung Epeolus (Hym. Apid.). – Dt. Ent. Z., 1930: 1–15.
– (1943): Über das Variieren der Dasypoda argentata Pz. In: PITTIONI, B. & SCHMIDT, R., Die Bienen des südöstlichen Niederdonau II. – Niederdonau/Natur u. Kultur, 24: 84–89.
– (1952): Über das Vorkommen der Schmarotzerbiene Ammobatoides abdominalis (Ev.) in Deutschland und Bemerkungen zu ihrem Wirt: Melitturga clavicornis Latr. – Nachr. Nat. Mus. Aschaffenburg, 35: 55–68.

Bischoff, H. & H. Hedicke (1931): Über einige von Illiger beschriebene Apiden (Hym.). – Sitz.ber. Ges. naturforsch. Freunde, 1931: 385–392.

Bischoff, H. & H. Stadler (1954): Die Hauptflügler (!) des Rombergs (ohne Ameisen, Schlupf- und Blattwespen). – Nachrbl. Bayer. Ent., 3: 125–128.

Bischoff, H. & W. Ulrich (1929): Über einen Gynander der Mauerbiene (Chalicodoma muraria Retz.). – Z. Morph. Ökol., 15: 213–216.

Blab, J. (1985): Zur Machbarkeit von »Natur aus zweiter Hand« und zu einigen Aspekten der Anlage, Gestaltung und Entwicklung von Biotopen aus tierökologischer Sicht. – Natur u. Landschaft, 60: 136–140.

– (1986): Grundlagen des Biotopschutzes für Tiere. – Schriftenreihe für Landschaftspflege und Naturschutz, 24, 257 S.; Greven (Kilda).

Blab, J., E. Nowak, W. Trautmann & H. Sukopp (Hrsg.) (1984): Rote Liste der gefährdeten Tiere und Pflanzen in der Bundesrepublik Deutschland. 270 S.; Greven (Kilda).

Blair, K.G. (1920): Bombylius minor L. and some other parasites or inquilines of Colletes daviesana Sm. – Ent. Monthly Mag., 56: 200–202.

Blüthgen, P. (1914): Abweichende Färbungen bei einigen paläarktischen Bienen. Eine neue Andrena (A. molhusina nov. spec.) (Hym.). – Ent. Mitt., 3: 153–156.

– (1916): Ein Beitrag zur Bienenfauna Nordwestthüringens. – Mitt. Ent. Ges. Halle, 10: 10–40.

– (1919a): Die Bienenfauna Pommerns. – Stettiner Ent. Ztg., 80: 65–131.

– (1919b): Zur Kenntnis der Bienenfauna Nordthüringens. – Mitt. Ent. Ges. Halle, 12: 19–36.

– (1919c): (Berichtigungen und Ergänzungen der märkischen Bienen). – Dt. Ent. Z., 1919: 210–211.

– (1920): Beiträge zur Kenntnis deutscher Bienen. – Stettiner Ent. Ztg., 81: 29–42.

– (1923): Zur Biologie der Bienengattung Sphecodes Latr. – Z. wiss. InsBiol., 18: 19–23.

– (1924): Beiträge zur Systematik der Bienengattung Halictus Latr. (Hym.) II. Die Gruppe des Hal. albipes F. – Konowia, 3: 53–64, 76–95, 253–284.

– (1925): Beiträge zur Kenntnis der Hymenopterenfauna des Saaletales. – Stettiner Ent. Ztg., 85: 137–171.

– (1926): Stelis odontopyga Nosk. (Hym. Apidae). – Dt. Ent. Z., 1926: 192.

– (1930a): Megachile Latr. In: Schmiedeknecht, O., Die Hymenopteren Nord- und Mitteleuropas. 2. Aufl., S. 797–806; Jena.

– (1930b): Prosopis Fabr. In: Schmiedeknecht, O., Die Hymenopteren Nord- und Mitteleuropas. 2. Aufl., S. 876–888; Jena.

– (1930c): Stelis phaeoptera K. subsp. nov. franconica (Hym.Apidae). – Arch. Insektenk. Oberrheingeb., 2: 277–278.

– (1930d): Revision der schweizerischen Colletes-Arten (Hym. Apidae). – Mitt. Schweiz. ent. Ges., 14: 191–196.

– (1934): Die Wirte der paläarktischen Sphecodes-Arten (Hym. Apidae. Halictinae). – Z. wiss. InsBiol., 27: 33–42, 61–66.

– (1941): Bemerkungen zu Otto Rapps »Die Bienen Thüringens usw.« (Erfurt 1938). – Mitt. Dt. Ent. Ges., 10: 26–31.

– (1942): Die Bienenfauna Pommerns. (2. Nachtrag). – Stettiner Ent. Ztg., 103: 81–91.

– (1944): Neue oder für Deutschland neue Bienen und Wespen und neue deutsche Fundorte einiger Arten (Hym. Apid. Sphecid. Vespid.). – Mitt. Dt. Ent. Ges., 12: 24–31.

– (1949): Neues oder Wissenswertes über mitteleuropäische Aculeaten und Goldwespen. – Beitr. taxon. Zool., 1: 77–100.

– (1951): Neues oder Wissenswertes über mitteleuropäische Aculeaten und Goldwespen II. – Bonner zool. Beitr., 2: 229–234.

– (1952a): Verhalten einiger parasitierender Hymenoptera. – Nachr. Naturw. Mus. Stadt Aschaffenburg, 37: 33–44.

– (1952b): Bemerkenswerte Aculeatenfunde aus Schwaben, insbesondere aus dem Allgäu. – 5. Ber. Naturf. Ges. Augsburg, S. 125–130.

– (1954): Neues oder Wissenswertes über mitteleuropäische Aculeaten und Goldwespen III. – Bonner Zool. Beitr., 5: 139–155.

– (1956): Über Andrena lepida Schck. 1859 (Hym., Apoidea). – Zool. Anz., 156: 320–321.

– (1958): Ergänzungen der Fauna Schwedens an Arten der Gattung Halictus Latr. (Hym., Apoidea, Halictinae). – Opusc. Ent., 23: 192–195.

– (1961a): Neues oder Wissenswertes über mitteleuropäische Aculeaten und Goldwespen IV. – Nachrbl. Bayer. Ent., 10: 29–31, 35–39, 67–70.

– (1961b): Bei welcher Wirtsbiene schmarotzt Sphecodes fuscipennis (Germar, 1819). – Mitt. Dt. Ent. Ges., 20: 54–58, 78–80.

– (1961c): Über den Rückgang der Mörtelbiene (Chalicodoma parietina (Geoffr. 1785) (muraria auct.) in Mitteldeutschland. – Mittbl. Insektenkunde, 5: 49–52, 73–77.

– (1961d): Ergebnisse der Deutschen Afghanistan-Expedition 1956 der Landessammlungen für Naturkunde Karlsruhe. Diploptera und Apoidea (partim) (Hymenoptera). – Beitr. naturk. Forsch. SW-Deutschl., 19: 277–287.

Blume, D. (1967): Unterrichtliche Arbeiten an Hummeln (Bombus L.). – Der Biologieunterricht, 3(2): 35–55.

Bogenrieder, A. (1982): Die Flora der Weidfelder, Moore, Felsen und Gewässer. In: Der Feldberg im Schwarzwald. – Natur- u. Landschaftsschutzgebiete Bad.-Württ., 12: 244–316.

Bohart, G.E. (1957): Pollination of alfalfa and red clover. – Ann. Rev. Ent., 2: 355–380.

– (1962): How to Manage the Alfalfa Leaf-Cutting Bee (Megachile rotundata Fabr.) for Alfalfa Pollination. – Circ. Utah agric. Exp. Stn., Nr. 144: 1–7.

– (1971): Management of Habitats for Wild Bees. – Proc. Tall Timbers Conf., No. 3, S. 253–266; Tallahassee, Fla.
– (1972): Management of Wild Bees for the Pollination of Crops. – Ann. Rev. Ent., 17: 287–312.
BOHART, G. E. & N. N. YOUSSEF (1976): The biology and behavior of Evylaeus galpinsiae Cockerell (Hym.: Halictidae). – Wasman J. Biol., 34: 185–234.
BOHART, G. E. & M. W. PEDERSEN (1963): The Alfalfa Leaf-Cutting Bee, Megachile rotundata (F.), for Pollination of Alfalfa in Cages. – Crop Science, 3: 183–184; Madison, Wis.
BOHEMAN, C. H. (1852): Utvecklingen af en Bi-art (Trachusa serratulae). – Öfvers. K. Vet. Akad. Förh., 187–188.
BOHRER, K. (1987): Larvenernährung und Kastendifferenzierung bei Lasioglossum malachurum (Hymenoptera: Halictidae). – Diplomarbeit Fakultät f. Biologie Univ. Tübingen, 87 S.
BOLWIG, N. (1938): Nogle Undersogelser over den Maade, hvorpaa de enigle Bier samler Pollen. – Ent. Meddr., 20: 67–79.
BONELLI, P. B. (1948): Osservazione biologiche sull' Halictus malachurus K. – Boll. Ist. Ent. Univ. Bologna, 17: 22–42.
– (1954a): Osservazione biologiche sull'Halictus minutus Sch. – Boll. Soc. ent. ital., 84: 18–21.
– (1954b): Osservazione biologiche sull'Halictus leucozonius Sch. – Boll. Soc. ent. ital., 84: 72–78.
– (1964a): Osservazione biologiche sugli imenotteri melliferi e predatori della Val di Fiemme. 5. – Boll. Ist. Ent. Univ. Bologna, 27: 1–32.
– (1964b): Osservazione biologiche sugli imenotteri melliferi e predatori della Val di Fiemme. 6. Halictus maculatus Sm. – Boll. Ist. Ent. Univ. Bologna, 27: 33–48.
– (1965a): Osservazione biologiche sugli imenotteri melliferi e predatori della Val di Fiemme. Halictus calceatus Scop. (sin. Lasioglossum cylindricum F.). – Studi Trentini Science Naturali, (B) 42: 5–54.
– (1965b): Osservazione biologiche sugli imenotteri melliferi e predatori della Val di Fiemme. 8. Halictus sexcinctus F. – Studi Trentini Science Naturali, (B) 42: 97–122.
– (1966a): Osservazione biologiche sugli imenotteri melliferi e predatori della Val di Fiemme. 13. Andrena schencki M., Anthophora bimaculata (Pz.). – Studi Trentini Science Naturali, (B) 43: 34–45.
– (1966b): Osservazione biologiche sugli Imenotteri melliferi e predatori della Val di Fiemme. 14. Osmia rufa L. – Studi Trentini Science Naturali, (B) 43: 46–56.
– (1966c): Osservazione biologiche sugli Imenotteri melliferi e predatori della Val di Fiemme. 15. Megachile circumcincta Kirby. – Studi Trentini Science Naturali, (B) 43: 57–66.
– (1966d): Osservazione biologiche sugli Imenotteri melliferi e predatori della Val di Fiemme. 16. Halictus eurygnathus Blüthgen. – Studi Trentini Science Naturali, (B) 43: 66–75.
– (1966e): Osservazione biologiche sugli Imenotteri melliferi e predatori della Val di Fiemme. 17. Halictus subauratus Rossi. – Studi Trentini Science Naturali, (B) 43: 76–98.
– (1967a): Osservazione biologiche sugli Imenotteri melliferi e predatori della Val di Fiemme. 18. Chelostoma maxillosum L. – Studi Trentini Science Naturali, (B) 44: 14–29.
– (1967b): Osservazione biologiche sugli Imenotteri melliferi e predatori della Val di Fiemme. 19. Osmia coerulescens L. – Studi Trentini Science Naturali, (B) 44: 30–43.
– (1967c): Osservazione biologiche sugli Imenotteri melliferi e predatori della Val di Fiemme. 22. – Studi Trentini Science Naturali, (B) 44: 71–84.
– (1967d): Osservazione biologiche sugli Imenotteri melliferi e predatori della Val di Fiemme. 23. Halictus rubicundus Christ. – Studi Trentini Science Naturali, (B) 44: 85–96.
– (1967e): Osservazione biologiche sugli Imenotteri melliferi e predatori della Val di Fiemme. 24. Xylocopa cyanescens Brullé (iris Christ). – Boll. Ist. Ent. Univ. Bologna, 28: 253–263.
– (1967f): Osservazione biologiche sugli Imenotteri melliferi e predatori della Val di Fiemme. 26. – Boll. Ist. Ent. Univ. Bologna, 28: 305–317.
– (1968a): Osservazione biologiche sugli Imenotteri melliferi e predatori della Val di Fiemme. 27. – Studi Trentini Science Naturali, (B) 45: 31–41.
– (1968b): Osservazione biologiche sugli Imenotteri melliferi e predatori della Val di Fiemme. 28. Halictus calceatus Scop. – Studi Trentini Science Naturali, (B) 45: 42–47.
– (1969a): Osservazione biologiche sugli Imenotteri melliferi e predatori della Val di Fiemme. 34. – Boll. Ist. Ent. Univ. Bologna, 29: 189–196.
– (1969b): Osservazione biologiche sugli Imenotteri melliferi e predatori della Val di Fiemme. 35. – Boll. Ist. Ent. Univ. Bologna, 29: 197–206.
– (1971): Osservazione biologiche sugli Imenotteri melliferi e predatori della Val di Fiemme, 38. – Boll. Ist. Ent. Univ. Bologna, 30: 77–87.
– (1972): Osservazone biologiche sugli Imenotteri melliferi e predatori della Val di Fiemme. 39. – Boll. Ist. Ent. Univ. Bologna, 31: 1–11.
BORRIES, H. (1897): Om Osmia claviventris. – Vidensk. meddel. naturh. Foren., 1897: 144–152.
BOTT, R. (1937): Der Nestbau der Furchenbiene (Halictus malachurus Kirby). – Natur u. Volk, 67: 73–83.
BOUWMAN, B. E. (1921): De slobkousbij en haar nest. – Levende Natuur, 25: 3–9.
BOX, L. A. (1919): Hibernating Andrenas. – Ent. Monthly Mag., 55:89.
BRADLEY, R. C. (1894): Andrena cineraria and fulva in the imago state in December. – Ent. Monthly Mag., 30: 63.
BRANDES, D. (1979a): Notiz über die Bedeutung aufgelassener Steinbrüche für Flora und Vegetation. – Mitt. flor.-soz. Arbeitsgem., N. F. 21: 29–30.

– (1979b): Bahnhöfe als Untersuchungsobjekte der Geobotanik. – Mitt. Techn. Univ. Carolo-Wilhemina Braunschweig, 14 (3/4): 49–59.
– (1984): Vielfalt statt Einheit. In: KÖHLER, P. (Hrsg.), Naturraum Menschenlandschaft, S. 127–134; München (Meyster).
BRAUE, A. (1913): Die Pollensammelapparate der beinsammelnden Bienen. – Z. Naturw., 50: 1–96.
BRAUN, J. (1985): Blütenökologische Untersuchungen an einem aufgelassenen Weinberg und einer Fettwiese bei Klingenmünster/Pfalz. – Zulassungsarbeit Zool. Inst. Univ. Karlsruhe.
BRECHTEL, F. (1985): Naturschutzbezogene Erfassung der Stechimmenfauna des Bienwaldes und seiner Randbereiche (Südpfalz) unter besonderer Berücksichtigung der Ökologie kunstnestbewohnender Arten. – Dissertation Univ. Karlsruhe, 437 S.
– (1986): Die Stechimmenfauna des Bienwaldes und seiner Randbereiche (Südpfalz) unter besonderer Berücksichtigung der Ökologie kunstnestbewohnender Arten. – Pollichia-Buch Nr.9, 282 S.; Bad Dürkheim.
– (1987a): Konzeptionelle Überlegungen zu einem Biotopsystem »Rheinhessische Flugsande« unter besonderer Berücksichtigung des Naturschutzgebietes »Mainzer Sand«. – Mainzer Naturw. Archiv, 25: 559–582.
– (1987b): Zur Bedeutung der Rheindämme für den Arten- und Biotopschutz, insbesondere als Bestandteil eines vernetzten Biotopsystems, am Beispiel der Stechimmen (Hymenoptera aculeata) und Orchideen (Orchidaceae) unter Berücksichtigung der Pflegesituation. – Natur u. Landschaft, 62: 459–464.
BREITENBACH, W. (1878): Über Halictus quadricinctus F. und Sphecodes gibbus L. – Stettiner ent. Ztg., 39: 241–243.
BRIAN, A.D. (1954): The Foraging of Bumblebees. – Bee World, 35: 61–67, 81–91.
– (1957): Differences in the flowers visited by four species of bumble-bees and their causes. – J. Anim. Ecol., 26: 71–98.
BRITTAIN, W.H. (1933): Field studies in the role of insects in apple pollination. – Bull. Dep. Agric. Can., N.S. 162: 91–157.
BUDDEBERG, C.D. (1895): Die bei Nassau beobachteten Bienen. – Jb. Nass. Ver. Naturkunde, 48: 101–125.
BULLMANN, O. (1953): Psithyrus rupestris F. als Schmarotzer bei Bombus alticola Kriechb. – Mitt. Naturw. Ver. Steiermark, 83: 193–194.
BURNHAM, L. (1978): Survey of Social Insects in the Fossil Record. – Psyche, 85: 85–133.
BUTLER, C.G. (1965): Sex attraction in Andrena flavipes Panzer, with some observations on nest-site restriction. – Proc. R. Ent. Soc. London, Ser.A., 40: 77–80.
BUTTEL-REEPEN, H. VON (1903a): Die stammesgeschichtliche Entstehung des Bienenstaates. – XII + 138 S.; Leipzig (G. Thieme).
– (1903b): Die phylogenetische Entstehung des Bienenstaates sowie Mitteilungen zur Biologie der solitären und sozialen Apiden. – Biol. Centralbl., 23: 4–31, 89–108, 129–154, 183–195.
– (1904): Die Lebensweise der Hummeln. – Naturw. Wochenschr., N.F. 3: 299–300.
– (1907a): Psychologische und biologische Beobachtungen an Ameisen, Bienen und Wespen. – Naturw. Wochenschr. N.F. 6: 465–478.
– (1907b) Zur Psychobiologie der Hummeln. I. – Biol. Centralbl., 27: 579–587, 604–613.
– (1914): Dysteleologen in der Natur. Zur Psychobiologie der Hummeln II. – Biol. Centralbl., 34: 664–684.
– (1915): Leben und Wesen der Bienen. – XIV + 300 S.; Braunschweig (F. Vieweg u. Sohn).
BUYSSON, R. DU (1902): Nidification de quelques Mégachiles. – Ann. Soc. ent. France, 71: 751–755.
CAMARGO, J.M. F., G. GOTTSBERGER & J. SILBERBAUER-GOTTSBERGER (1984): On the Phenology and Flower Visiting Behavior of Oxaea flavescens (Klug) (Oxaeinae, Andrenidae, Hymenoptera) in Sao Paulo, Brazil. – Beitr. Biol. Pflanzen, 59: 159–179.
CANE, J.H. (1981): Dufour's gland secretion in the cell linings of bees (Hymenoptera: Apoidea). – J. Chem. Ecol., 7: 403–410.
CANE, J.H., G.C. EICKWORT, F.R. WESLEY & J. SPIELHOLZ (1983): Foraging, Grooming and Mate-seeking Behaviors of Macropis nuda (Hymenoptera, Melittidae) and Use of Lysimachia ciliata (Primulaceae) Oils in Larval Provisions and Cell Linings. – American Midland Naturalist, 110: 257–264.
CANE, J.H. & J. TENGÖ (1981): Pheromonal cues direct mateseeking behavior of male Colletes cunicularius (Hymenoptera: Colletidae). – J. Chem. Ecol., 7: 427–436.
CARRÉ, S. (1980): Biologie de deux prédateurs de l'abeille solitaire Meg. rotundata F. (= pacifica Panz.) (Hym. Megachilidae): Trichodes alvearius F. et Trichodes apiarius L. (Col. Cleridae). – Apidologie, 11: 255–295.
CARRÉ, S. & J.P. PY (1981): Coelioxys rufocaudata Sm. (Hymenoptera, Megachilidae) cleptoparasite de Megachile rotundata F. (Hymenoptera, Megachilidae) pollinisateur de la luzerne. – Apidologie, 12: 303–317.
CASPERS, N. & P. GERSTBERGER (1979): Floristische Untersuchungen auf den Bahnhöfen des Lahntals. – Decheniana, 132: 3–9.
CEDERBERG, B. (1976): Snylthumlan Psithyrus norvegicus Sp. Schn., boparasit hos hushumlan Bombus hypnorum L. (Hym. Apidae). – Ent. Tidskr., 97: 90–91.
– (1983): The role of trail pheromones in host selection by Psithyrus rupestris (Hymenoptera, Apidae). – Ann. Ent. Fenn., 49: 11–16.
CEDERBERG, B., B.G. SVENSSON, G. BERGSTRÖM, M. APPELGREN & J. GROTH (1984): Male Marking Pheromones in North European Cuckoo Bumble Bees, Psithyrus (Hymenoptera, Apidae). – Nova Acta Regiae Soc. Sci. Upsaliensis, Ser. V:C, 3:161–166.
CHAMBERS, V.H. (1945): British Bees and Wind-Borne Pollen. – Nature, 155 (3927): 145.
– (1946): An examination of the pollen loads of Andrena: the species that visit fruit trees. – J. Anim. Ecol., 15: 9–21.

– (1968): Pollens collected by species of Andrena (Hymenoptera: Apidae). – Proc. R. ent. Soc. Lond., (A) 43: 155–160.

CHANSIGAUD, J. (1972): Repartition des vols d'abeilles sauvages dans quelques vergers de la région parisienne au cours des années 1969 et 1970. (Verteilung der Flüge von Wildbienen in einigen Obstanlagen des Pariser Raumes in den Jahren 1969 und 1970). – Apidologie, 3: 263–273.

– (1975): Étude du comportement d'Andrena carantonica Pérez au cours de la floraison des pommiers de la varieté Golden Delicious. (Verhaltensstudien an Andrena carantonica Pérez während der Blütezeit von Golden delicious Apfelbäumen). – Apidologie, 6: 341–359.

CHEVALLERI, H. DE LA (1986): Die hummelmordende Silberlinde. – Gartenamt, 35: 248.

CHEVRIER, F. (1872): Hyménoptères divers du Bassin du Leman. – Mitt. Schweiz. Ent. Ges., 3: 488–510.

CHMIELEWSKI, W. (1971): The mites (Acarina) found on Bumble-Bees (Bombus Latr.) and in their nests. – Ekologia Polska, Ser. A, 19: 57–71.

CHRIST, I.L. (1791): Naturgeschichte, Klassification und Nomenclatur der Insekten vom Bienen-, Wespen- und Ameisengeschlecht. – 535 S.; Frankfurt am Main (Hermann).

COBELLI, R. (1888): Note biologiche sugli apidi Chalicodoma muraria L. Chalicodoma Lefebvrei Gerst. Osmia cornuta Latr. e Xylocopa violacea Poda. – Mus. Civ. Rovereto, 14: 1–56.

COCKERELL, T.D.A. (1909): Some European Bees. – Entom. Record, 21 (12): 1–2.

CORREIA, M. MACIEL DE ALMEIDA (1973): Étude morphologique et morphométrique des pièces buccales des principaux genres d'Apoidea. – Publ. Inst. Zool. »Dr. Augusto Nobre«, Faculté des Sciences de Porto; 117 S.

– (1976a): Notes sur la biologie d'Heriades truncorum L. (Hymenoptera, Megachilidae). – Apidologie, 7: 169–187.

– (1976b): Fluctuations de Populations Naturelles chez les Genres Chelostoma et Heriades (Hymenoptera, Megachilidae). – Apidologie, 7: 189–195.

– (1977): Sur l'origine des résines employées par Heriades truncorum L. (Hymenoptera, Megachilidae) pour la construction de ses nids. – Apidologie, 8: 101–109.

– (1980): Contribution a l'étude de la biologie d'Heriades truncorum L. (Hym., Apoidea, Megachilidae) I. Aspect biologique et morphologique. – Apidologie, 11: 309–333.

– (1981): Contribution a l'étude de la biologie d'Heriades truncorum L. (Hym., Apoidea, Megachilidae) II. Aspect écologique. – Apidologie, 12: 3–30.

COUTIN, R. & R. DESMIER DE CHENON (1983): Biologie et comportement de Cacoxenus indagator Loew (Dipt., Drosophilidae) cleptoparasite d'Osmia cornuta Latr. (Hym., Megachilidae). – Apidologie, 14: 233–240.

CRANE, E. (1977): Dead bees unter lime trees. – Bee World, 58: 129–130.

CRÈVECOEUR, A. (1925): Les Osmies de Belgique. – Bull Ann. Soc. ent. Belg., 65: 183–194.

CRÈVECOEUR, A. & A. VAN HOEGAERDEN (1950): Note sur la nification de Megachile pyrenaea Pérez. – Bull. Ann. Soc. ent. Belg., 86: 233–235.

CULLINEY, T.W. (1983): Origin and evolutionary history of the honeybees Apis. – Bee world, 64 (1): 29–38.

CUMBER, R.A. (1949): Humble-bee parasites and commensals found within a thirty mile radius of London. – Proc. R. Ent. Soc., London, 24: 119–127.

DAFNY, A., Y. IVRI & N.B. BRANTJES (1981): Pollination of Serapias vomeracea Briq. (Orchidaceae) by imitation of holes for sleeping solitary male bees (Hymenoptera). – Acta Bot. Neerl., 30: 69–73.

DALLA TORRE, K.W. (1889): Die Hymenopteren von Helgoland. – Wiener ent. Ztg., 8: 46–48.

– (1896a): Catalogus Hymenopterorum hucusque descriptorum systematicus et synonymicus. Vol. X: Apidae (Anthophila). – VIII + 643 pp. Lipsiae Sumptibus Guilelmi Engelmann.

– (1896b): (Nestbau von Anthidium montanum). – Ber. naturwiss.med. Ver. Innsbruck, 22: XIX.

– (1902): Interessante Nestanlagen von Odynerus parietum L. und Anthidium oblongatum Latr. – Wiener ent. Ztg., 21: 21–22.

DALY, H.V. (1983): Taxonomy and ecology of Ceratinini of North Africa and the Iberian Peninsula (Hymenoptera: Apoidea). – Syst. Ent., 8: 29–62.

DANESCH, E. & O. (1975): Die Hochzeitswochen der Langhornbienen. – Kosmos, 71: 232–237.

DANKS, H.V. (1971a): Biology of some stem-nesting aculeate Hymenoptera. – Trans. R. ent. Soc. London, 122: 323–399.

– (1971b): Populations and nesting-sites of some aculeate Hymenoptera nesting in Rubus. – J. Anim. Ecol., 40: 63–77.

– (1971c): Nest mortality factors in stem-nesting aculeate Hymenoptera. – J. Anim. Ecol., 40: 79–82.

DARWIN, C. (1859): The origin of species by means of natural selection. London.

– (1876): The Effects of Cross and Self-Fertilization in the Vegetable Kingdom. London (Murray).

– (1886): Über die Wege der Hummelmännchen. In: KRAUSE, E., Gesammelte kleinere Schriften von Charles Darwin. Ein Supplement zu seinen größeren Werken. Vol. 2; Leipzig.

DATHE, H. (1969): Zur Hymenopterenfauna im Tierpark Berlin I. – Milu, 2: 430–443.

– (1971): Zur Hymenopterenfauna im Tierpark Berlin II. – Milu, 3: 231–241.

– (1977): Diagnosen zu den europäischen Arten der Hylaeus nivalis-Gruppe (Hymenoptera: Apoidea, Colletidae). – Mitt. Zool. Mus. Berlin, 53: 303–306.

– (1979a): Der Gattungsname der Maskenbienen: Hylaeus versus Prosopis (Apoidea, Colletidae). – Linzer biol. Beitr., 11: 147–154.

– (1979b): Zum Vorkommen von Hylaeus F.-Arten im Gebirge nebst Festlegung von Lectotypen (Hymenoptera: Apoidea: Colletidae). – Linzer biol. Beitr., 11: 155–168.

– (1980): Die Arten der Gattung Hylaeus in Europa (Hymenoptera: Apoidea, Colletidae). – Mitt. zool. Mus. Berlin, 56: 207–294.
DAY, M.C. (1979): The species of Hymenoptera described by Linnaeus in the genera Sphex, Chrysis, Vespa, Apis and Mutilla. – Biol. J. Linn. Soc., 12: 45–84; London.
DAY, M.C. & M.G. FITTON (1977): Discovery in the Linnaean collection of typematerial of insects described by Johann Reinhold Forster, with notes on the Hymenoptera. – Biol. J. Linn. Soc., 9: 31–43.
DAY, M.C. & M.G. FITTON (1978): Re-curation of the Linnaean Hymenoptera (Insecta), with a reassessment of the taxonomic importance of the collection. – Biol. J. Linn. Soc., 10: 181–198.
DELAUDE, A. & J.-N. TASEI (1972): Premières observations sur la pollinisation et la coulure des fleurs de luzerne en Charentes (Medicago sativa L.). (Erste Beobachtungen über die Bestäubung und das Abfallen der Blüten bei der Luzerne Medicago sativa L. in Charentes). – Apidologie, 2: 79–97.
DELEURANCE, E.P. (1949): Phénomène social chez Osmia emarginata Lep. (Hym. Apidae). – Bull. Soc. Ent. France, 54: 9–10.
DELMAS, R. (1976): Contribution a l'étude de la faune française des Bombinae (Hymenoptera, Apoidea, Bombidae). – Ann. Soc. ent. France, N.S. 12 (2): 247–290.
– (1981): Systematics and geographical variation in the Bombinae. In: HOWSE, P.E. & J.-L. CLÉMENT (Hrsg.): Biosystematics of social insects. Systematics Association Special Volume No. 19, S. 223–229; London, New York (Academic Press).
DEML, R. (1977): Morphologische und faunistische Untersuchungen an in Württemberg vorkommenden Bombus- und Psithyrus-Arten (Insecta Hymenoptera). – Zulassungsarbeit Biol. Institut Univ. Stuttgart, 96 S.
DEMOLL, R. (1908) Die Mundteile der solitären Apiden. – Z. wiss. Zool., 91: 1–51.
DESCY, A. (1968): Observations et expériences en vue de modifier le comportement de certains Hyménoptères. – Bull. Biol., 102: 391–431.
Deutsche Generalkarte 1:200 000. – Stuttgart (Mair).
DIAKONOFF, A. (1937): De fauna van Lipara-Gallen. – Entomologische Berichten, 9: 241–242.
DIAS, D. (1958): Contribuiçao para o conhecimento da bionomia de Bombus incarum (Franklin) da Amazonia (Hym., Bombidae). – Rev. Brasil. Ent., 8: 1–20.
DIERSSEN, B. & K. DIERSSEN (1984): Vegetation und Flora der Schwarzwaldmoore. – Beih. Veröff. Naturschutz Landschaftspflege Bad.-Württ., 39: 1–512.
DINGEMANS-BAKELS, F.N. (1972): The pollen-collecting activities of some Andrenid bees. – Zool. Meded., 47: 465–467.
DOBSON, H.E. (1984a) The contribution of pollen chemistry to flower fragrance and its possible role in host selection by solitary bees. – Amer. J. Bot., 71: 76.
– (1984b): Pollen lipids in bee-visited flowers. – 5. Symp. Intern. sur la Pollinisation, Versailles. INRA Publ. 1984, S. 61–64.
– (1985): Role of volatile pollen oils in host plant recognition by solitary bees (abstract). – Amer. J. Bot., 72: 850.
– (1987): Role of flower and pollen aromas in host-plant recognition by solitary bees. – Oecologia, 72: 618–623.
– (1988): Survey of pollen and pollenkitt lipids – chemical cues to flower visitors. – Amer. J. Bot., 75: 170–182.
DÖHRING, E. (1961): Über einige im Wohnbereich des Menschen auftretende Wespen- und Bienenarten. – Der prakt. Schädlingsbekämpfer, 13: 141–145.
DÖTTLINGER, S. (1966): Einrichtungen zur experimentellen Hummelhaltung. – Verh. Zool.-Bot. Ges. Wien, 105/106: 70–93.
– (1967): Beiträge zur Biologie der Hummeln. – Verh. Zool.-Bot. Ges. Wien, 107: 29–41.
DONATH, H. (1984): Die Hummelfauna eines Bahndammes bei Luckau. – Biol. Stud. Luckau, 13: 37–39.
– (1985): Gefährdung und Schutz unserer Hummeln. – Naturschutzarbeit in Berlin und Brandenburg, 21: 1–5.
DORN, M. (1977): Ergebnisse faunistisch-ökologischer Untersuchungen an solitären Apoidea (Hymenoptera) im Botanischen Garten der Martin-Luther-Universität in Halle (Saale). I. – Hercynia, N.F. 14: 196–211.
– (1982): Zur Rolle der Wildbienen bei der Erhaltung und Nutzung des Genreservoirs pflanzenzüchterisch bedeutsamer Florenelemente. – Beih. Naturschutzarbeit Bez. Halle u. Magdeburg, 19: 90–96.
DORN, M., N. BENECKE & D. WEBER (1981): Aktivitätsrhythmen und Zeitstrukturen im Reproduktionsprozeß bei Solitärbienen (Apoidea; Hymenoptera). – Abh. Akad. Wiss. DDR, Abt. Math. Naturw. Techn., 1979: 411–417.
DORN, M. & D. WEBER (1978): Zur Bedeutung der Solitärbienen für die Saatgutproduktion. – VVB Saat- u. Pflanzgut, 19: 140–143.
DORN, M. & D. WEBER (1988): Die Luzerne-Blattschneiderbiene. – Neue Brehm-Bücherei 582; 110 S., Wittenberg (A. Ziemsen).
DOUGLAS, J.M. (1973): Double Generations of Bombus jonellus subborealis Rich. (Hym., Apidae) in an Arctic Summer. – Ent. Scand., 4: 283–284.
DRACHENFELS, O. VON (1982): Grundlagen eines Hilfsprogramms für Wildbienen, Falten-, Weg- und Grabwespen. Diplomarbeit Institut f. Landschaftspflege u. Naturschutz Univ. Hannover.
DRACHENFELS, O. VON, H. MEY & P. MIOTK (1984): Naturschutzatlas Niedersachsen. – Naturschutz u. Landschaftspflege Niedersachsen, Heft 13, 267 S.
DRESCHER, W. (1974): Die Hummelfauna der Mellum. – Abh. Naturwiss. Ver. Bremen, 38: 197–199.
DUCKE, A. (1898): Die Bienenfauna österreichisch Schlesiens. – Ent. Nachr., 24: 129–145.
– (1900a): Die Bienengattung Osmia Latr. – Ber. nat.-med. Ver. Innsbruck, 25: 1–323.
– (1900b): Nachtrag zur Bienenfauna österreichisch Schlesiens. – Ent. Nachr., 1: 8–11.
DUDLER, H. (1986): Nachweis der Blauen Holzbiene (Xylocopa violacea L., 1758) in Westfalen (Hymen-

optera, Anthophoridae). – Mitt. Arbeitsgem. ostwestf.-lipp. Ent., 3 (Nr.36): 104.
DÜWEKE, P. (1988): Die Bienen, Grab- und Wegwespen (Hym.: Apoidea, Sphecidae, Pompilidae) in einer ursprünglichen und in einer flurbereinigten Rebanlage des Kaiserstuhls. – Mitt. bad. Landesver. Naturkunde Naturschutz, (im Druck).
DUFFIELD, R.M., S.E. HARRISON, D. MAGLOTT, F.O. AYORINDE & J.W. WHEELER (1983): Exocrine secretions of bees. V. Terpenoid esters in the Dufour's secretions of Panurginus bees (Hymenoptera: Andrenidae). – J. Chem. Ecol., 9:277–283.
DUFFIELD, R.M., J.W. WHEELER & G.C. EICKWORT (1984): Sociochemicals of Bees. In: W.J. BELL & R.T. CARDÉ (Hrsg.), Chemical Ecology of Insects, S. 387–428; London (Chapman and Hall).
DUFOUR, L. (1835): Études entomologiques VII – Hyménoptères. – Ann. Soc. ent. France, 54: 594–607.
DUFOUR L. & E. PERRIS (1840): Mémoire sur les Insectes Hyménoptères qui nichent dans l'intérieur des tiges sèches de la ronce. – Ann. Soc. ent. France, 9 (1839): 3–53.
DUSMET, J.M. (1913): Los Apidos de España IV. Gen. Nomada Fabr. – Mem. R. Soc. esp. Hist. nat., 9: 203–395.
DYLEWSKA, M. (1970): The role of insects of the Apoidea family on alfalfa seed plantation. – Wszechswiat, 52: 264–266 (in polnisch).
– (1987): Die Gattung Andrena Fabricius (Andrenidae, Apoidea) in Nord- und Mitteleuropa. – Acta Zool. Cracov., 3: 359–708.
EBMER, A.W. (1969–1971): Die Bienen des Genus Halictus Latr. s.l. im Großraum von Linz (Hymenoptera, Apidae). – Naturkundl. Jb. Stadt Linz, 1969: 133–183; 1970: 19–82; 1971: 63–156.
– (1972): Neue westpaläarktische Halictidae (Halictinae, Apoidea). – Mitt. Zool. Mus. Berlin, 48: 225–263.
– (1974a): Die Halictidae Makedoniens (Hymenoptera: Apoidea). – Acta Musei Macedoni Scient. Natural., 14: 45–66.
– (1974b): Die Bienen des Genus Halictus Latr. s.l. im Großraum von Linz (Hymenoptera, Apidae). Nachtrag und zweiter Anhang. – Naturkundl. Jb. Stadt Linz, 1973: 123–158.
– (1975a): Neue westpaläarktische Halictidae (Halictinae, Apoidea) Teil III. – Linzer biol. Beitr., 7: 41–118.
– (1975b): Von Schenck beschriebene Halictidae (Ins.: Hymenoptera: Apoidea). – Senckenbergiana biol., 56: 233–246.
– (1976a): Halictus und Lasioglossum aus Marokko. – Linzer biol. Beitr., 8: 205–266.
– (1976b): Liste der mitteleuropäischen Halictus- und Lasioglossum-Arten. – Linzer biol. Beitr., 8: 395–405.
– (1976c): Revision der von W. Nylander und J. Kriechbaumer beschriebenen Halictidae (Apoidea). – Nachrbl. Bayer. Ent., 25: 1–6.
– (1984): Die westpaläarktischen Arten der Gattung Dufourea Lepeletier 1841 mit illustrierten Bestimmungstabellen (Insecta: Hymenoptera: Apoidea: Halictidae: Dufoureinae). – Senckenbergiana biol., 64: 313–379.
– (1985): Halictus und Lasioglossum aus Marokko (Hymenoptera, Apoidea, Halictidae). Erster Nachtrag. – Linzer biol. Beitr., 17: 271–293.
– (1987): Die europäischen Arten der Gattungen Halictus Latreille 1804 und Lasioglossum Curtis 1833 mit illustrierten Bestimmungstabellen (Insecta: Hymenoptera: Apoidea: Halictidae: Halictinae). 1. Allgemeiner Teil, Tabelle der Gattungen. – Senckenbergiana biol., 68:59–148. Nach Abschluß des Manuskripts erschien noch 1988 der zweite Teil: »2. Die Untergattung Seladonia Robertson 1918«. – Senckenbergiana biol., 68: 323–375 (1987).
– (1988): Kritische Liste der nicht-parasitischen Halictidae Österreichs mit Berücksichtigung aller mitteleuropäischen Arten (Insecta: Hymenoptera: Apoidea: Halictidae). – Linzer biol. Beitr., 20: 527–711.
EBMER, A.W. & S.F. SAKAGAMI (1985): Taxonomic Notes on the Palaearctic Species of the Lasioglossum nitidiusculum Group, with Description of L. allodalum sp. nov. (Hymenoptera, Halictidae). – Kontyu, 53: 297–310.
EBMER, A.W. & K.H. SCHWAMMBERGER (1986): Die Bienengattung Rophites Spinola 1808 (Insecta: Hymenoptera: Apoidea: Halictidae: Dufoureinae). Illustrierte Bestimmungstabellen. – Senckenbergiana biol., 66: 271–304.
EHINGER, M. (1919): Une visite inattendue. Observations entomologiques. – Bull. Soc. vaud. Sci. Nat. 52: 209–218.
EHRENDORFER, F. (Hrsg.), W. GUTERMANN, unter Mitwirkung von H. NIKFELD (1973): Liste der Gefäßpflanzen Mitteleuropas. 2., erweiterte Auflage. – XII u. 318 Seiten; Stuttgart (G. Fischer).
EICKWORT, G.C. (1971): Hoplitis anthocopoides, a European Mason Bee Established in New York State (Hymenoptera: Megachilidae). – Psyche, 77: 190–201.
– (1973): Biology of the European Mason Bee Hoplitis anthocopoides (Hymenoptera, Megachilidae) in New York State. – Search (Corn. Univ. agric. Exp. Stn. Ithaca), 3(2): 1–31.
– (1975a) Nest building behavior of the Mason Bee Hoplitis anthocopoides (Hymenoptera: Megachilidae). – Z. Tierpsychol., 37: 237–254.
– (1975b): Gregarious nesting of the Mason Bee Hoplitis anthocopoides and the Evolution of Parasitism and Sociality among Megachilid Bees. – Evolution, 29: 142–150.
– (1977): Male territorial behaviour in the Mason Bee Hoplitis anthocopoides (Hymenoptera: Megachilidae). – Anim. Behav., 25: 542–554.
EICKWORT, G.C. & J. ABRAMS (1980): Parasitism of sweat bees in the genus Agapostemon by cuckoo bees in the genus Nomada. – Pan. Pac. Ent., 56: 144–152.
EICKWORT, G.C. & K.R. EICKWORT (1972): Aspects of the biology of Costa Rican Halictine bees, III. Sphecodes kathleenae, a social cleptoparasite of Dialictus umbripennis (Hymenoptera: Halictidae). – J. Kansas Ent. Soc., 45: 529–541.

EICKWORT, G.C. & H.S. GINSBERG (1980): Foraging and mating behavior in Apoidea. – Ann. Rev. Ent., 25: 421–446.

EICKWORT, G.C., P.F. KUKUK & F.R. WESLEY (1986): The nesting biology of Dufourea novaeangliae (Hymenoptera: Halictidae) and the systematic position of the Dufoureinae based on behavior and development. – J. Kansas Ent. Soc., 59: 103–120.

ELFVING, R. (1951): Die Gattung Prosopis Fabr. in Finnland. – Notulae Ent., 67–92.

– (1960): Die Hummeln und Schmarotzerhummeln Finnlands. – Fauna Fennica, 10: 1–43.

– (1968): Die Bienen Finnlands. – Fauna Fennica, 21: 1–69; Helsinki.

ELLENBERG, H. (1986): Vegetation Mitteleuropas mit den Alpen. 989 S.; Stuttgart (E. Ulmer).

EMEIS, W. (1935): Die Hummelarten Schleswig-Holsteins. – Heimat, S. 69–74.

– (1940): Zur Erforschung der schleswig-holsteinischen Bienenfauna.. – Heimat, 50: 206.

– (1941): Über einige seltenere Hummeln und Kuckuckshummeln Schleswig-Holsteins. – Sitz.-Ber. Ges. naturforsch. Freunde Berlin, 11: 288–293.

– (1947): 311. (Hymenopt. Apidae). Psithyrus norvegicus Sp. Schn. – Bombus, 1: 172.

– (1948a): Hymenoptera – Apidae (Hummeln), Bombus terrestris L. u. B. lucorum L. – Mitt. Faun. Arbeitsgem. S.-H., N.F. 1: 23–24.

– (1948b): Schleswig-Holstein als »melanisierende Region«. – Mitt. Faun. Arbeitsgem. S.-H., N.F. 1: 48–50.

– (1949: Neufunde von Bienen und Wespen in Schleswig-Holstein, Mitt. Faun. Arbeitsgem. S.-H., N.F. 2: 11–12.

– (1954a): Bemerkenswerte Bienenfunde aus dem schleswigschen Gebiet. – Faun. Mitt. Norddeutschl., 4:1–2.

– (1954b): Zur lauenburgischen Bienenfauna. – Faun. Mitt. Norddeutschl., 1: 2–3.

– (1954c): Beobachtungen über Paarungsflüge der männlichen Bienen. – Faun. Mitt. Norddeutschland, 1: 43–45.

– (1955a): Das Ausbleiben der Wildbienen im Sommer 1955. – Mitt. Faun. Arb.-Gem. Schlesw.-Holst., Hamburg u. Lübeck, 8: 98–100.

– (1955b): Auffällig gehäuftes Auftreten der Erdbiene Andrena thoracica F. im Dünengebiet der Insel Amrum. – Bonner Zool. Beitr., 6: 212–219.

– (1960): Übersicht über die gegenwärtige Zusammensetzung der Wildbienenfauna Schleswig-Holsteins. – Schr. Naturw. Ver. Schlesw.-Holst., 31: 66–74.

– (1964): Beobachtungen über den Rückgang häufiger Bienenarten in Schleswig-Holstein. – Faun. Mitt. Norddeutschl., 2: 152–154.

– (1967): Nachträge zum Verzeichnis aculeater Hymenopteren des Reher Kratts. – Faun.-ökol. Mitt., 3: 183.

– (1968): Die Bienenwelt der schleswigschen Geest. – Jb. Schlesw. Geest, 16: 84–103.

ENGEL, H. (1894): Sechster Beitrag zur Kenntnis der Hymenopteren der Umgebung von Hamburg. – Verh. Ver. naturwiss. Unterhaltung, 8: 52–56.

ENGEL, H. (1938): Beiträge zur Flora und Fauna der Binnendünen bei Bellinchen (Oder). – Märkische Tierwelt, 3: 230–294.

ENGEL, H. (1963): Langhorn- und Sandbienen auf Helgoland (Hym., Apoidea). – Nachrbl. Bayer. Ent., 12: 96.

ENOCK, F. (1900): (Stelis aterrima, Parasit in den Nestern von Osmia fulviventris). – The Entomologist, 33: 314.

ENSLIN, E. (1920): Beitrag zur Biologie der Osmia xanthomelaena K. (fuciformis Latr.). – Z. wiss. InsBiol., 16: 127–132.

– (1921): Beiträge zur Kenntnis der Hymenopteren (1. Biologie von Rhophites canus Evers.). – Dt. Ent. Z., 1921: 59–64.

– (1922): Über Bienen und Wespen aus Nordbayern. – Arch. Naturgesch., 88A (5): 233–248.

– (1923): Beiträge zur Kenntnis der Hymenopteren III. (5. Nestbau von Anthidium lituratum Panz.). – Dt. Ent. Z., 1923: 169–187.

– (1925): Beiträge zur Kenntnis der Hymenopteren IV. (7. Die Rubus-bewohnenden Osmien Deutschlands). – Dt. Ent. Z., 1925: 177–210.

– (1933): Die Bewohner der Brombeerstengel. – Ent. Jb., 42: 134–148.

– (1952): Alpine Hymenopterenfunde aus dem Allgäu. – Nachr.-Bl. bayer. Ent., 1: 31.

ERLANDSSON, S. (1954): Ceratina cyanea Kirby, eine thermophile Art der fennoskandischen Fauna (Hym. Apidae). – Opusc. Ent., 19: 2–3.

– (1955): Die schwedischen Arten der Gattung Coelioxys Latr. (Hym. Apidae). – Opusc. Ent., 20: 174–191.

– (1960a): The occurence of Megachile argentata F. and rotundata F. in the Scandinavian countries. – Ent. Tidskr., 81: 25–29.

– (1960b): Notes on Hymenoptera. – Ent. Tidskr., 81: 123–130.

– (1975): Notiser om svenska Apiders utbredning (Hym.). – Entomologen, 4: 52–54.

– (1976): Notiser om svenska Apiders utbredning (Hym.). – Entomologen, 5: 19–23.

– (1984): Fem för Sverige nya stinkbin av släktet Hylaeus. – Ent. Tidskr., 105: 103.

– (1987): The description of the hitherto unknown female of Hylaeus (Spatulariella) decipiens Förster, 1871 (Hymenoptera, Apidae, Hyalinae). – Entomofauna, 8:341–350.

ERZ, W. (1986): Ökologie oder Naturschutz. Überlegungen zur terminologischen Trennung und Zusammenführung. – Ber. Akad. Naturschutz Landschaftspflege, 10: 11–17; Laufen.

EVERSMANN, E. (1846) Die Brutstellen des Hylaeus quadricinctus Fabr. – Bull. Soc. Nat. Moscou, 19: 188–193; Moskau.

FABER, A. (1934): Pflanzensoziologische Untersuchungen in württembergischen Hardten. – Jb. Ver. vaterl. Naturk. Württ., 89 (IV): 36–54.

FABER, H. (1953): Die Bedeutung solitärer Apiden und Fliegen für die Bestäubung der Obstbäume nach Untersuchungen im Alten Land. – Mitt. Mitgl.

ObstbVersRings Alt. Land u. Arbeitsgem. Baumsch., 1951: 29–39, 39–40.
FABRE, J.H. (1879–1880): Étude sur les moeurs et parthénogenèse des Halictes. – Ann. Sci. Nat. Zool., (6), 9 (4): 27 S. – Ebenso publ. (1880) in C.R. Acad. Sci., 89: 1079–1081.
– (1879–1886): Souvenirs entomologiques. Études sur l'instinct et les moeurs des insectes. – Paris (Librairie Ch. Delagrave).
– (1914): The mason-bees (Translated by A.T. de Mattos). – London (Hodder & Stoughton).
FAEGRI, K. & J. Iversen (1975): Textbook of pollen analysis. 3.rd. ed., Kopenhagen (Munksgaard).
FAEGRI, K. & L. VAN DER PIJL (1979): The Principles of Pollination Ecology. 3rd ed., Oxford (Pergamon).
FAESTER, K. & K. HAMMER (1970): Systematik der mittel- und nordeuropäischen Bombus und Psithyrus (Hym. Apidae). – Ent. Meddr., 38: 257–302.
FAGNIEZ, C. (1946): Un Ichneumonide parasite du »Xylocopa cyanescens Brullé«. – Revue Fr. Ent., 13 (3): 119.
FAHRINGER, J. (1914): Über den Nestbau zweier Bienen. – Z. wiss. InsBiol., 10: 16–18.
– (1922): Hymenopterologische Ergebnisse einer Studienreise nach der Türkei und Kleinasien. – Arch. Naturgesch., 88A (9): 149–222.
FARKAS, J. & L. SZALAY (1985): Controlling of insect-parasites of Alfalfa leafcutting bees (Megachile rotundata F., Hymenoptera, Megachilidae). – Apidologie, 16: 171–180.
FERTON, C. (1890): L'évolution de l'instinct chez les Hyménoptères. – Revue Scient., 45: 496.
– (1892): Sur les moeurs de quelques espèces d'Hyménoptères de la Provence du genre Osmia. – Actes Soc. Linn. Bordeaux, 45: 231.
– (1894): Seconde note sur les moeurs de quelques Hyménoptères du genre Osmia Panzer principalement de la Provence. – Actes Soc. Linn. Bordeaux, 47 (4): 203–214.
– (1896): Nouvelles observation sur l'instinct des Hyménoptères gastrilégides de la Provence. – Actes Soc. Linn. Bordeaux, 48 (1895): 241–249.
– (1897a): Nouvelle observation sur l'instinct des Hyménoptères gastrilégides de la France et de Corse. – Actes Soc. Linn. Bordeaux, 52: 37–50.
– (1897b): Remarques sur les moeurs de quelques espèces de Prosopis Fabr. – Bull. Soc. ent. France, 1897: 58–61.
– (1898): Sur les moeurs des Specodes Latr. et des Halictus Latr. – Bull. Soc. ent. France, 1898: 75–78.
– (1901): Notes détachées sur l'instinct des Hyménoptères mellifères et ravisseurs avec la description de quelques espèces. – Ann. Soc. ent. France, 70: 83–148.
– (1902): Notes détachées sur l'instinct des Hyménoptères mellifères et ravisseurs avec la description de quelques espèces. – Ann. Soc. ent. France, 71: 499–505.
– (1905): Notes détachées sur l'instinct des Hyménoptères mellifères et ravisseurs avec la description de quelques espèces (3.). – Ann. Soc. ent. France, 74: 56–104.
– (1908): Notes détachées sur l'instinct des Hyménoptères mellifères et ravisseurs avec la description de quelques espèces. 4. – Ann. Soc. ent. France, 77: 534–568.
– (1909): Notes détachées sur l'instinct des Hyménoptères mellifères et ravisseurs. – Ann. Soc. ent. France, 78: 401–422.
– (1910): Notes détachées sur l'instinct des Hyménoptères mellifères et ravisseurs. – Ann. Soc. ent. France, 79: 145–147.
– (1920): Notes détachées sur l'instinct des Hyménoptères mellifères et ravisseurs. 9. – Ann. Soc. ent. France, 89: 329–375.
– (1923): La vie des Abeilles et des Guêpes. 376 S., Paris.
FEZER, F. (1979): Topographischer Atlas Baden-Württemberg. – 259 S., Neumünster (K. Wachholtz).
FEZER, F. & U. MUUS (1971): Luftbildatlas Baden-Württemberg. – 177 S.; Neumünster (K. Wachholtz).
FISCHER, A. (1982): Hohlwege im Kaiserstuhl. Bestandsaufnahme, Bewertung, ökologische Bedeutung. – Natur u. Landschaft, 57: 115–119.
FITTON, M.G., M.W. R. DE V. GRAHAM, Z.R. J. BOUCEK, N.D. M. FERGUSSON, T. HUDDLESTON, J. QUINLAN & O.W. RICHARDS (1978): A Check List of British Insects. 4. Hymenoptera. – Handbk. Ident. Br. Insects, 11: 1–159; London (R. Entomological Society).
FÖRSTER, A. (1860): Eine Centurie neuer Hymenopteren. – Verh. naturhist. Ver. preuss. Rheinl., 17: 93–153.
– (1971): Monographie der Gattung Hylaeus F. (Latr.). – Verh. zool.-bot. Ges. Wien, 21: 873–1084.
FONSCOLOMBE, B. DE (1838): Sur l'Anthophora parietina. – Ann. Soc. ent. France, 7: LI.
FORSIUS, R. &7. NORDSTRÖM (1921): Verzeichnis der aus Finnland bisher bekannten Apiden. – Not. Ent., 1: 70–77.
FRANK, A. (1941): Eigenartige Flugbahnen bei Hummelmännchen. – Z. vergl. Physiol., 28: 467–484.
FRANZ, H. (1982): Die Hymenopteren des Nordostalpengebietes und seines Vorlandes. I. Teil. – Österreich. Akad. Wiss., Denkschriften, 124: 1–370.
FRASER, H.M. (1951): Beekeeping in Antiquity. 2nd. ed., London (University of London Press).
FREE, J.B. (1955): The collection of food by bumblebees. – Insectes Sociaux, 2: 303–311.
– (1958): The defence of bumblebee colonies. – Behaviour, 12: 233–242.
– (1967): Factors determing the collection of pollen by honeybee foragers. – Anim. Behaviour, 15: 134–144.
– (1970): Insect pollination of crops. – 544 S.; London (Academic Press).
– (1982): Bees and Mankind. – 155 S.; London (Allan & Unwin).
FREE, J.B. & C.G. BUTLER (1959): Bumblebees. – 208 S.; London (Collins).
FREE, J.B. & I.-H. WILLIAMS (1970): Preliminary investigations on the occupation of artificial nests by Osmia rufa L. (Hym. Megachilidae), – J. appl. Ecol., 7: 559–566.
FREE, J.B. & I.-H. WILLIAMS (1972): The transport of pollen on the body hairs of honeybees (Apis mellifera

L.) and bumblebees (Bombus spp. L.). – J. appl. Ecol., 9: 609–615.
FREY-GESSNER, E. (1879): Exkursionen im Sommer 1879. – Mitt. Schweiz. Ent. Ges., 5: 515–540.
– (1881): Meine Excursionen im Sommer 1880 (Hymenoptera). – Mitt. Schweiz. Ent. Ges., 6: 105–118.
– (1897): Nester von Chalicodoma muraria Linn. – Mitt. Schweiz. Ent. Ges., 9 (1894): 147–150.
– (1899–1907): Fauna insectorum helvetiae. Hymenoptera Apidae. Vol. I; Schaffhausen.
– (1908–1912): Fauna insectorum helvetiae. Hymenoptera Apidae. Vol. II; Schaffhausen.
FRIESE, H. (1882): Beitrag zur Biologie der Andrena pratensis Nyl. (ovina Kl.). – Ent. Nachr., 8: 317–319.
– (1883): Beitrag zur Hymenopterenfauna des Saalthals. – Z. Naturw., 55: 185–218.
– (1885): Über einige seltene, zum Theil neue Apiden. – Ent. Nachr., 11: 81–87.
– (1888): Die Schmarotzerbienen und ihre Wirte. – Zool. Jb. Syst., 3: 847–870.
– (1891a): Beiträge zur Biologie der solitären Blumenwespen (Apidae). – Zool. Jb. Syst., 5:751–860.
– (1891b): Osmien-Studien. – Ent. Nachr., 17: 257–267.
– (1893a): Die Bienenfauna von Deutschland und Ungarn. – 80 S.; Berlin (Friedländer).
– (1893b): Osmienstudien II. – Ent. Nachr., 19: 353–357.
– (1894–1901): Die Bienen Europas (Apidae europaeae) nach ihren Gattungen, Arten und Varietäten auf vergleichend morphologisch-biologischer Grundlage. Bd. 1–6.
– (1895a): Beitrag zur Bienenfauna von Baden und dem Elsaß. – Ber. naturforsch. Ges. Freiburg, 9: 194–220.
– (1895b): Osmienstudien III. – Ent. Nachr., 21: 131–136.
– (1896): Monographie der Bienengattung Ceratina (Latr.) (Palaearktische Formen). – Termesz. Füz., 19: 34–65.
– (1897a): Der Nestbau der Osmia bicolor Schrk. – Ent. Nachr., 23: 113–115.
– (1897b): Monographie der Bienengattung Panurginus (Nyl.). – Mitt. Schweiz. ent. Ges., 10: 9–33.
– (1898a): Über Osmien-Nester. – Ill. Z. Ent., 3: 193–195; Neudamm.
– (1898b): Zur Biologie alpiner Bienen-Arten. – Ill. Z. Ent., 3: 33–35; Neudamm.
– (1898c): Beiträge zur Bienenfauna von Aegypten. – Termesz. Füz., 21: 303–313.
– (1899): Eine neue Nestanlage von Anthidium lituratum Pz. – Ill. Z. Ent., 4: 116.
– (1903): Über eine Koloniebildung bei der Mörtelbiene (Chalicodoma muraria). – Allg. Z. Ent., 8: 313–315.
– (1911): Apidae I. Megachilinae. In: Das Tierreich, 440 S.; Berlin.
– (1912): Die Seidenbienen (Colletes) von Zentral-Europa. – Arch. Naturgesch., 78, Abt. A.: 149–161.
– (1915): Über den Nestbau des Anthidium strigatum Pz. (Harzbiene, Hym. Apidae). – Mitt. Zool. Mus. Berlin, 8: 25–30.
– (1919a): Meliturga clavicornis, die Solbiene von Artern. – Dt. Ent. Z., 1919: 56–60.
– (1919b): Die Langhornbiene Eucera difficilis (Duf.) Pérez und ihr Nestbau bei Artern. – Dt. Ent. Z., 1919: 61–62.
– (1920): Über die Lebensweise der Grabwespenbiene Sphecodes Latr. – Z. wiss. InsBiol., 15: 175–178.
– (1921a): Über einige für Deutschland weniger bekannte Bienen und eine Grabwespe (Hym.). – Z. wiss. InsBiol., 16: 161–163.
– (1921b): Ein lehrreiches Nest von Andrena (Sandbiene)? labialis K. (Hym.). – Z. wiss. InsBiol., 16: 201–202.
– (1921c): Ein großes Nest der Mauerbiene ? Osmia caementaria Gerst. – Z. wiss. InsBiol., 16: 203.
– (1923): Die europäischen Bienen (Apidae). – 456 S.; Berlin u. Leipzig.
– (1926): Die Bienen, Wespen, Grab- und Goldwespen. In: SCHRÖDER C. (Hrsg.), Die Insekten Mitteleuropas insbesondere Deutschlands, I, Hymenopteren, 1.Teil; 192 S.; Stuttgart.
– (1949a): Über das Einsammeln von Blütenstaub bei der Schenkel-Biene Macropis. – Ent. Tidskr., 70: 103–105.
– (1949b): Über die Riesenformen der Männchen bei den Sandbienen (Andrena) (Apidae-Hym.). – Ent. Tidskr., 70: 106–108.
FRIESE, H. & F. VON WAGNER (1909): Zoologische Studien an Hummeln. I. Die Hummeln der deutschen Fauna. – Zool. Jb. Syst., 29: 1–104.
– (1912): Zoologische Studien an Hummeln. II. Die Hummeln der Arktis, des Hochgebirges und der Steppe. – Zool. Jb. Syst., Suppl., 15: 155–210.
FRISCH, K. VON (1918): Beitrag zur Kenntnis sozialer Instinkte bei solitären Bienen. – Biol. Zentralbl., 38: 183–187.
– (1946): Die Tänze der Bienen. – Österr. Zool. Z., 1: 1–48.
– (1951): Orientierungsvermögen und Sprache der Bienen. – Naturwissensch., 38: 105–112.
– (1952): Hummeln als unfreiwillige Transportflieger. – Natur u. Volk, 82: 171–174.
– (1965): Tanzsprache und Orientierung der Bienen. – 579 S.; Berlin, Heidelberg, New York (Springer).
– (1969): Aus dem Leben der Bienen. – Berlin, Heidelberg, New York (Springer).
FRISON, T.H. (1926): Experiments of Rearing Queen Bumblebees to Artificial Domiciles. – J. Econ. Ent., 19: 149–155.
– (1927a): Experiments of Rearing Colonies of Bumblebees in Artificial Nests. – Biol. Bull., 52: 51–67.
– (1927b): The Fertilization and Hibernation of Queen Bumblebees under Controlled Conditions. – J. Econ. Ent., 20: 522–526.
FRÖMEL, R. (1980): Die Verbreitung im Schilf überwinternder Arthropoden im westlichen Bodenseegebiet und ihre Bedeutung für Vögel. – Die Vogelwarte, 30: 218–254.
FROST, S.W. (1943): An Observation Box for Solitary Bees and Wasps. – J. econ. Ent., 36: 803–804.

FRY, C.H. (1983): Honeybee predation by bee-eaters with economic consideration. – Bee World, 64(2): 65–78.
FUNK, M. (1864): Die Bienen und Wespen der Umgebung Bambergs. – Ber. Naturf. Ges. Bamberg, 7: 143–155.
FYE, R.E. (1965): Biology of Apoidea taken in trap nests in Northwestern Ontario. – Can. Ent., 97: 863–877.
FYE, T.B. & J.T. MEDLER (1954): Field Domiciles for Bumblebees. – J. Econ. Ent., 47: 672–676.
GAUCKLER, K. (1950): Pflanzenwelt und Tierleben in den Landschaften um Nürnberg-Erlangen. – Abh. Naturhist. Ges. Nürnberg, Jubiläumsband, 27a (1951): 1–51.
– (1957): Die Gipshügel in Franken, ihr Pflanzenkleid und ihre Tierwelt. – Abh. Naturhist. Ges. Nürnberg, 29 (1): 1–92.
– (1962): Regensburger Sandbiene, Regensburger Heufalter und Regensburger Geißklee in ihrem süddeutschen Lebensraum. – Denkschr. Regensb. Bot. Ges., 25, N.F. 19: 26–34.
– (1963): Die Verbreitung montaner, kontinentaler, mediterraner und lusitanischer Tiere in nordbayrischen Landschaften. – Mitt. Fränk. Geogr. Ges., 10: 168–175.
– (1971): Die Wildbienenfauna der Nürnberger Gärten (Apoidea in hortis Norimbergae). – Mitt. Naturhist. Ges. Nürnberg, 1970: 1–12.
– (1974): Tierleben und Pflanzengesellschaften in den Landschaften um Regensburg. – Hoppea, Denkschr. Regensb. Bot. Ges., 33: 315–318.
GAULLE, J. DE (1903): Sur les Hyménoptères parasites. – Ann. Assoc. natur. de Levallois-Perret, 9: 7–17
GAUSS, R. (1959): Zum Parasitismus der Fächerflügler (Strepsiptera). – Mitt. bad. Landesver. Naturk. Naturschutz, N.F. 7: 331–347.
– (1966): Bemerkenswerte badische Funde aculeater Hymenopteren. – Mitt. bad. Landesver. Naturk. Naturschutz, N.F.9: 65–71.
– (1967): Verzeichnis der im badischen Gebiet bekanntgewordenen Hautflügler und Goldwespen (Hymenoptera) sowie von stylopisierten Arten. – Mitt. bad. Landesver. Naturk. Naturschutz, N.F. 9: 529–587.
– (1971): Stechimmen sowie Schlupf- und Gallwespen (Hymenoptera, Aculeata und Terebrantes) des Wutachgebietes. In: Die Wutach. – Natur- u. Landschaftsschutzgebiete Bad.-Württ., 6: 415–419.
– (1974): Im Taubergießengebiet ermittelte Hautflügler (Hymenoptera ohne Symphyta) und Netzflügler (Neuroptera). In: Das Taubergießengebiet. – Natur- u. Landschaftsschutzgebiete Bad.-Württ., 7: 570–579.
– (1978): Zur Problematik des Artenschutzes von Wirbellosen (Invertebraten), besonders von Insekten, durch Faunenlisten und Kartierung sowie deren Auswertung für »Rote Listen gefährdeter Tiere«. – Beih. Veröff. Naturschutz Landschaftspflege Bad.-Württ., 11: 303–312.
GAUSS, R. & W. PERRAUDIN (1970): Neufunde, Nachträge und Berichtigungen zur Hautflüglerfauna im badischen Gebiet. – Mitt. bad. Landesver. Naturk. Naturschutz, N.F. 10: 355–363.
GEBHARDT, M. & G. RÖHR (1987): Zur Bionomie der Sandbienen Andrena clarkella (Kirby), A. cineraria (L.), A. fuscipes (Kirby) und ihrer Kuckucksbienen (Hymenoptera: Apoidea). – Drosera, 87: 89–114.
GEHRS, C. (1902): Über den Nestbau von Osmia spinulosa K. – Z. syst. Hym. Dipt., 2: 4.
– (1910): Dritter Beitrag zur Erforschung der Tierwelt des Hannoverlandes. – Jahresber. Niedersächs. zool. Ver., 1: 11–40.
GEISER, F. (1988): Wildbienen, Wehrhafte Blumenkinder. 135 S.; Hannover (Landbuch-Verlag).
GEIST, G.P. (1931): Mauerbienen in der Großstadt. – Natur u. Museum, 61: 185–186.
GERMAN, R. (1980): Felsen der mittleren Schwäbischen Alb und die Bedeutung natürlicher und künstlicher Felswände für Naturschutz und Landschaftspflege. – Veröff. Naturschutz Landschaftspflege Bad.-Württ., 51/52: 167–182.
GERNER, W. (1972): Blüteneinbruch durch Apiden. – Zool. Anz., 189: 33–44.
GERSTÄCKER, A. (1869): Beiträge zur näheren Kenntnis einiger Bienen-Gattungen. – Ent. Ztg. Ent. Ver. Stettin, 30: 139–184, 315–367.
– (1872a): Über Brutstätten verschiedener Bienen-Gattungen. – Sitz.ber. Ges. naturf. Freunde Berlin, 1872: 44–45.
– (1872b): Hymenopterologische Beiträge. 3. Die Europäischen Arten der Gattung Xylocopa. – Stettiner ent. Ztg., 33: 269–282.
– (1872c): Hymenopterologische Beiträge. 4. Nachträgliches über Bombus. – Stettiner ent. Ztg., 33: 282–298.
– (1872d): Hymenopterologische Beiträge. 5. Die Europäischen Arten der Gattung Nomia Latr. – Stettiner ent. Ztg., 33: 298–308.
GERSTNER, K. (1923): Hautflügler (Hymenoptera). In: Das Naturschutzgebiet am Federsee in Württemberg. – Beitr. Naturdenkmalpflege, 8: 396–402.
GEYER, O.F. & M.P. GWINNER (1986): Geologie von Baden-Württemberg. – 472 S.; Stuttgart (Schweizerbart'sche Verlagsbuchhandlung).
GIARD, A. (1893): Megachile centuncularis. – Bull. Soc. ent. France, 1893: CCXCVII-CCXCVIII.
GIBLIN, R.M. & H.K. KAYA (1984): Associations of Halictid Bees with the Nematodes Aduncospiculum halicti (Diplogasteria: Diplogasteroididae) and Bursaphelenchus kevini (Aphelenchia: Aphelenchoididae). – J. Kansas Ent. Soc., 57:92–99.
GILLIAM, M., S.L. BUCHMANN, B.J. LORENZ & D.W. ROUBIK (1985): Microbiology of the Larval Provisions of the Stingless Bee, Trigona hypogea, an Obligate Necrophage. – Biotropica, 17: 28–31.
GINSBERG, H. (1979): Year to year differences in the foraging patterns of honeybees (Apis mellifera L.). – Proc. IVth Int. Symp. on Pollination, Md. Agric. Exp. Sta. Spec. Misc. Publ., 1: 367–374.
– (1983): Foraging ecology of bees in an old field. – Ecology, 64: 165–175.

GIRAUD, J. (1857): Description de quelques Hyménoptères nouveaux ou rares. – Verh. zool.-bot. Ges. Wien, 7: 163–184.
– (1863): Mémoire sur les Insectes qui vivent sur le Roseau commun, Phragmites communis Trin. (Arundo phragmites L.) et plus spécialement sur ceux de l'ordre des Hyménoptères. – Verh. zool.-bot. Ges. Wien, 13: 1251–1288.
– (1866): Mémoire sur les Insectes qui habitent les tiges sèches de la Ronce. – Ann. Soc. ent. France, 6: 443–500.
GÖRS, S. (1966): Die Pflanzengesellschaften der Rebhänge am Spitzberg. In: Der Spitzberg. – Natur- u. Landschaftsschutzgebiete Bad.-Württ., 3: 476–534.
– (1974): Die Wiesengesellschaften des Taubergießen. In: Das Taubergießengebiet, eine Rheinauenlandschaft. – Natur- u. Landschaftsschutzgebiete Bad.-Württ., 7: 355–399.
GOETSCH, W. (1953): Vergleichende Biologie der Insektenstaaten. – Probleme der Biologie, 4; Leipzig.
GÖTTLICH, K. (Hrsg.) (1980): Moor- und Torfkunde. – 338 S.; Stuttgart (Schweizerbart'sche Verlagsbuchhandlung).
GONTARSKI, H. (1960): Der Honig als Nahrung der Biene und seine Entstehung. In: BÜDEL, A. & E. HEROLD (Hrsg.), Biene und Bienenzucht. 2. Aufl., S. 181–190; München (Ehrenwirth).
GOTSCH, G. & E. STEINMANN (1968): Festigkeitsmessungen an Nestern der Mörtelbiene Chalicodoma parietina Geoffr. (Hymenoptera, Apoidea). – Mitt. Schweiz. ent. Ges., 41: 202–204.
GOUREAU, M. (1840): Notes pour servir a l'histoire des abeilles maçonnes et a celle de leurs parasites. – Ann. Soc. ent. France, 9: 117–124.
– (1858): Note sur les Hyménoptères qui se trouvent dans l'interieur des tiges de la Ronce. – Bull. Soc. Ent. France, 1858: XXXIX.
GRABOWY, A. (1985): Systematische Hummelaufzucht als Grundlage zur Untersuchung der akuten Toxizität von 2 insektiziden Pflanzenschutzmitteln unterschiedlicher Wirkstoffklassen. – 110 S., Diplomarbeit Univ. Karlsruhe.
GRADMANN, R. (1950): Das Pflanzenleben der Schwäbischen Alb. 1–2, 4. Aufl.; Stuttgart.
– (1956): Süddeutschland. 1–2; Darmstadt (H. Gentner).
GRAEFFE, E. (1902): Die Apiden-Fauna des österreichischen Küstenlandes. – Verhandl. Zool.-Bot. Ver. Wien, 52: 113–135.
GRAENICHER, S. (1927): On the Biology of the Parasitic Bees of the Genus Coelioxys (Hymen., Megachilidae). – Ent. News, 38: 231–235, 273–276.
GRANDI, G. (1928a): Contributi alla conoscenza biologica e morfologica degli Imenotteri melliferi e predatori. VI. – Boll. Lab. Ent. R. Ist. sup. agr. Bologna, 1: 1–31.
– (1928b): Contributi alla conoscenza biologica e morfologica degli Imenotteri melliferi e predatori. VII. – Boll. Lab. Ent. R. Ist. sup. agr. Bologna, 1: 258–326.
– (1929): Contributi alla conoscenza biologica e morfologica degli Imenotteri melliferi e predatori. IX. – Boll. Lab. Ent. R. Ist. sup. agr. Bologna, 2: 255–291.
– (1931): Contributi alla conoscenza biologica e morfologica degli Imenotteri melliferi e predatori. XII. – Boll. Lab. Ent. R. Ist. sup. agr. Bologna, 4: 19–72.
– (1934a): Contributi alla conoscenza degli Imenotteri melliferi e predatori. XIII. – Boll. Lab. Ent. R. Ist. sup. agr. Bologna., 7: 1–144.
– (1934b): La costituzione morfologica delle larve di alcuni Vespidi ed Apidi sociali; suoi rapporti con le modalita di assunzione del cibo e con altri comportamenti etologici. – Mem. R. Accad. Sci. Ist. Bologna, Cl. Sci., fis., s. IX, 1: 73–79.
– (1935): Contributi alla conoscenza degli Imenotteri Aculeati. XV. – Boll. Ist. Ent. R. Univ. Bologna, 8: 27–121.
– (1937): Contribui alla conoscenza degli Imenotteri Aculeati. XVI. – Boll. Ist. Ent. Univ. Bologna, 9: 253–346.
– (1954): Contributi alla conoscenza degli Imenotteri Aculeati XXVI. – Boll. Ist. Ent. Univ. Bologna, 20: 81–255.
– (1957): Contributi alla conoscenza degli Imenotteri Aculeati. XXVII. – Boll. Ist. Ent. Univ. Bologna, 22: 307–398.
– (1958): Campagna di ricerche dell'Istituto di Entomologia dell'Universita di Bologna nel Parco Nazionale d'Abruzzo. I. Sguardo d'insieme ai resultati della Campagna. – Boll. Ist. Ent. Univ. Bologna, 23: 133–166.
– (1959): Contributi alla conoscenza degli Imenotteri Aculeati. XXVIII. – Boll. Ist. Ent. Univ. Bologna, 23: 239–292.
– (1961): Studi di un Entomologo sugli Imenotteri Superiori. – Boll. Ist. Ent. Univ. Bologna, 25: XV + 659 S.
– (1962): Contributi alla conoscenza degli Imenotteri Aculeati. XXXI. – Boll. Ist. Ent. Univ. Bologna, 26: 55–102.
– (1964): Studio sull'Osmia emarginata Lepel. – Boll. Ist. Ent. Univ. Bologna, 27: 127–144.
GREEN, E.E. (1921): Note on the habits of the bee Anthidium manicatum. – Proc. R. Ent. Soc. London, 1921: 72–73.
GREGORY, D.P. (1963): Hawkmoth pollination in the genus Oenothera. – Aliso, 5: 357–384, 385–419.
GROOT, W. DE (1967): Megachile lapponica Thms. (Hym. Aculeata Apidae). – Entomologische Berichten, 27: 165.
– (1973): Waarnemingen aan Hymenoptera-nesten II Ceratina chalcites Latr. (Apidae), Xylocopa cyanescens Brullé (Apidae) en Gymnomerus laevipes Schuck. (Vespidae). – Entomologische Berichten, 33: 103–109.
GROZDANIĆ, S. (1928): Winter sympaedium of Osmia bicornis. – Glasnik hrw. prirodose. Dr., 39/40: 81–84 (in serbokroatisch).
– (1950): Observation sur un nid de Halictus sexcinctus. – Trav. Acad. Serb. Sci., Inst. Ec. Biogeogr., 1: 173–176 (in serbokroatisch mit französischer Zusammenfassung).

– (1956): Halictus marginatus Brulle, kao prelazna forma izmedju solitarnih i socijalnih pcela. – Zbornik Matice sprske, ser. prirodnih nauka, 10: 1–12 (in serbokroatisch).
– (1965): Nest of Osmia bicolor Schr. (Hymenoptera). – Zborn. Matice Srp. ser. prirodnih ñauka, 29: 100–106 (in serbokroatisch).
– (1966): Nouvelles recherches concernant certaines espèces du genre Halictus (Hymenoptera). – Zborn. Rad. biol. Inst. N.R. Srb., 10, 15: 1–29 (in serbokroatisch mit ausführlicher französischer Zusammenfassung).
– (1968): Biologische Untersuchungen an einigen Arten der Gattung Ceratina Latr. (Apoidea, Hymenoptera). – Bull. Mus. Hist. Nat. Belgrade, 23(B): 113–123.
– (1969a): Biologische Untersuchungen an den Bienen (Apoidea) – Osmia rufhirta Latr. – Bull. Mus. Hist. Nat. Belgrade, 24(B): 63–71 (in serbokroatisch mit deutscher Zusammenfassung).
– (1969b): Recherches zoosociologiques sur certaines espèces du genre Halictus (Hyménoptères), effectivées en 1965. – Glasn. srp. Akad. Nauka (Otdel Prir.-mat. Nauk.), 32: 9–23 (in serbokroatisch mit französischer Zusammenfassung).
– (1971): Biologische Untersuchungen an den Bienen (Apoidea, Hymenoptera). – Dt. Ent. Z., N.F., 18: 217–226.
– (1972): Biologische Untersuchungen an den Bienen Halictus maculatus Sm. und Halictus asperulus Pz. (Apoidea, Hymenoptera). – Bull. Mus. Hist. Nat. Belgrade, 27(B): 71–83 (in serbokroatisch mit deutscher Zusammenfassung).
Grozdanić, S. & Z. Mučalica (1966): Beobachtungen an solitären Bienen Systropha planidens Gir. und Systropha curvicornis Scop. (Apoidea, Hymenoptera). – Bull. Mus. Hist. Nat. Belgrade, 21(B): 133–136 (in serbokroatisch mit deutscher Zusammenfassung).
Grozdanić, S. & Z. Mučalica (1968): Über den Nestbauinstinkt bei Megachile ericetorum Lep. (Apoidea, Hymenoptera). – Arh. biol. Nauka, 20 (1–2): 7P-8P.
Grozdanić, S. & Z. Mučalica (1969): Biologische Untersuchungen an Anthophora crinipes Sm. (Apoidea, Hymenoptera). – Bull. Mus. Hist. Nat. Belgrade, 24(B): 137–141.
Grozdanić, S. & Z. Mučalica (1973): Prilog poznavanjo biologije ṗela drvenarica: Xylocopa violacea L., X. valga Gerst. i X. cyanescens Br. (Apoidea, Hymenoptera). – Bull. Mus. Hist. Nat. Belgrade, 28(B): 101–110 (in serbokroatisch mit deutscher Zusammenfassung).
Grozdanić, S. & V. Radivojević (1972): Biologische Untersuchungen an den Bienen – Osmia bidentata Mor. und Anthophora pubescens F. (Apoidea, Hymenoptera). – Bull. Mus. Hist. Nat. Belgrade, 27(B): 63–69 (in serbo-kroatisch mit deutscher Zusammenfassung).
Grozdanić, S. & A. Stevanović (1967): Beobachtungen an einer Kolonie von Anthophora parietina Fabr. (Hymenoptera). – Bull. Acad. serbe Sci. Cl. Sci. math.-nat., 39: 19–20.
Grozdanić, S. & Z. Vasić (1965a): Untersuchungen über die Lebensweise der Pelzbienen Anthophora acervorum L., A. parietina F. und A. crinipes Sm. (Apoidea, Hymenoptera). – Bull. Mus. Hist. Nat. Belgrade, 20(B): 197–216 (in serbo-kroatisch mit deutscher Zusammenfassung).
Grozdanić, S. & Z. Vasić (1965b): Beitrag zur Kenntnis der Lebensweise von Osmia bicolor Schr. (Hymenoptera). – Bull. Mus. Hist. Nat. Belgrade, 20(B): 185–195 (in serbokroatisch mit deutscher Zusammenfassung).
Grozdanić, S. & Z. Vasić (1968a): Beitrag zur Biologie der Grabwespe Cerceris rybyensis L. (Sphegidae, Hymenoptera). – Bull. Mus. Hist. Nat. Belgrade, 23(B): 151–161 (in serbokroatisch mit deutscher Zusammenfassung).
Grozdanić, S. & Z. Vasić (1968b): Biologische Beobachtungen an Systropha planidens Gir. (Apoidea, Hymenoptera). – Bull. Mus. Hist. Nat. Belgrade, 23(B): 169–178 (in serbokroatisch mit deutscher Zusammenfassung).
Grozdanić, S. & Z. Vasić (1970): Biologische Untersuchungen an den Bienen – Halictus malachurus K. – (Apoidea, Hymenoptera). – Bull. Mus. Hist. Nat. Belgrade, 25(B): 271–303 (in serbokroatisch mit deutscher Zusammenfassung).
Grünwaldt, W. (1937): Zur Apiden-Fauna Lettlands I. Die Gattung Prosopis F. – Korrespondenzbl. Naturforsch.-Ver. Riga, 62: 97–101.
– (1939): Zur Apiden-Fauna Lettlands II. Die Unterfamilie Megachilinae. – Korrespondenzblatt Naturforsch.-Ver. Riga, 63: 87–95.
– (1979): Die postglaziale Besiedlung Mitteleuropas durch die Bienengattung Andrena F. (Hymenoptera, Apoidea). – Verh. VII. Int. Symp. Entomofaunistik Mitteleuropa Leningrad 1977, S. 206–208; Leningrad.
Grünwaldt, W. & E. (1939): Zur Verbreitung und Ökologie von Andrena fulvago Chr. (Hym. Apid.). – Korrespondenzbl. Naturforsch.-Ver. Riga, 63: 97–98.
Grütte, E. (1935): Zur Abstammung der Kuckucksbienen (Hymenopt. Apid.). – Arch. Naturgesch., 4: 449–534.
Guichard, K.M. (1974): Colletes halophila Verhoeff (Hym., Apidae) and its Epeolus parasite at Swanscombe in Kent, with a key to the British species of Colletes Latreille. – Entomologist's Gazette,25: 195–199.
Gusenleitner, F. (1984): Faunistische und morphologische Angaben zu bemerkenswerten Andrena-Arten aus Österreich (Insecta: Hymenoptera: Apoidea: Andrenidae). – Linzer biol. Beitr., 16: 211–276.
– (1985a): Nestanlagen von Andrena fulva (Müller, 1776) im Stadtzentrum von Linz. – Naturkundl. Jb. Stadt Linz, 29 (1983): 129–141.
– (1985b): Angaben zur Kenntnis der Bienengattung Andrena in Nordtirol (Österreich) (Insecta: Hymenoptera, Apoidea, Andrenidae). – Ber. nat.-med. Verein Innsbruck, 72: 199–221.
– (1986): Wildbienen im »Schatten« der Honigbiene. – Öko-L, 8 (2/3): 42–48.

GUTBIER, A. (1916): Essai sur la classification et sur le développement des nids des Guêpes et des Abeilles. – Horae Soc. Ent. Ross., 41: 1–57 (in russisch).
HAAS, A. (1946): Neue Beobachtungen zum Problem der Flugbahnen bei Hummelmännchen. – Z. Naturforschung, 1: 596–600.
– (1949a): Arttypische Flugbahnen von Hummelmännchen. – Z. vergl. Physiol., 31: 281–307.
– (1949b): Gesetzmäßiges Flugverhalten der Männchen von Psithyrus silvestris Lep. und einiger solitärer Apiden. – Z. vergl. Physiol., 31: 671–683.
– (1952): Die Mandibeldrüse als Duftorgan bei einigen Hymenopteren. – Naturwissenschaften, 39: 484.
– (1960): Vergleichende Verhaltensstudien zum Paarungsschwarm solitärer Apiden. – Z. f. Tierpsychol., 17: 402–416.
– (1961): Das Rätsel des Hummeltrompeters: Lichtalarm. 1. Bericht über Verhaltensstudien an einem kleinen Nest von Bombus hypnorum mit Arbeiter-Königin. – Z. f. Tierpsychol., 18: 129–138.
– (1962): Phylogenetisch bedeutungsvolle Verhaltensabänderungen bei Hummeln. – Z. f. Tierpsychol., 19: 356–370.
– (1967): Vergleichende Verhaltensstudien zum Paarungsschwarm der Hummeln (Bombus) und Schmarotzerhummeln (Psithyrus) 1. Teil. – Z. f. Tierpsychol., 24: 257–277.
– (1976) Paarungsverhalten und Nestbau der alpinen Hummelart Bombus mendax (Hymenoptera: Apidae). – Ent. Germ., 3: 248–259.
HABER, W. (1986): Umweltschutz – Landwirtschaft – Boden. – Ber. ANL, 10: 19–26.
HABERMANN, E. (1968): Biochemie, Pharmakologie und Toxikologie der Inhaltsstoffe von Hymenopterengiften. – Ergebnisse d. Physiol., 60: 220–325.
HACHFELD, G. (1926): Zur Biologie der Trachusa byssina Pz. (Hym., Apid. Megach.). – Z. wiss. InsBiol., 21: 63–84
– (1928): Über die Biologie und Metamorphose einer bei Trachusa serratulae Pz. schmarotzenden Meloide. – Z. wiss. InsBiol., 23: 177–190.
HACKER, L. (1902): Zur Biologie von Megachile maritima, einer Blattschneiderbiene. – Natur u. Offenbarung, 48: 94–97 (Fehlbestimmung! Vermutlich M. willughbiella)
HAESELER, V. (1970a): Beitrag zur Kenntnis der Aculeaten- und Chrysididenfauna Schleswig-Holsteins und angrenzender Gebiete (Hymenoptera). – Schr. Naturw. Ver. Schlesw.-Holst., 40: 71–77.
– (1970b): Zur Wirtswahl des Psithyrus rupestris (Fabr.) (Hymenoptera: Apidae). – Faun.-Ökol. Mitt., 3: 296–298.
– (1972): Anthropogene Biotope (Kahlschlag, Kiesgrube, Stadtgärten) als Refugien für Insekten, untersucht am Beispiel der Hymenoptera Aculeata. – Zool. Jb.Syst., 99: 133–212.
– (1973): Zur Kenntnis der Aculeaten- und Chrysididenfauna Schleswig-Holsteins und angrenzender Gebiete (Hymenoptera). – Schr. Naturw. Ver. Schlesw.-Holst., 43: 51–60.
– (1974a): Aculeate Hymenopteren über Nord- und Ostsee nach Untersuchungen auf Feuerschiffen. – Ent. scand., 5: 123–136.
– (1974b): Markierungsergebnisse und Beobachtungen an Völkern (insbesondere jungen Königinnen) von Bombus terrestris L. (Hym.Apidae) in Schleswig-Holstein (BRD). – Zool. Jb. Syst., 101: 397–416.
– (1976): Zur Aculeatenfauna der Nordfriesischen Insel Amrum (Hymenoptera). – Schr. Naturw. Ver. Schlesw.-Holst., 46: 59–78.
– (1977a): Für die Bundesrepublik neue und seltene Hautflügler (Hymenoptera Aculeata). – Drosera, 77: 21–28.
– (1977): Der Bienenwolf Philanthus triangulum Fabricius in Nordwestdeutschland (Hym. Sphecidae). – Allg. Dt. Imkerzeitung, 1977: 289–292.
– (1978a): Zum Auftreten aculeater Hymenopteren in gestörten Hochmoorresten des Fintlandmoores bei Oldenburg. – Drosera, 78: 57–76.
– (1978b): Zur Fauna der aculeaten Hymenopteren der Nordseeinsel Mellum. Ein Beitrag zur Besiedlung küstennaher Inseln. – Zool. Jb. Syst., 105: 368–385.
– (1978c): Die von F. und R. Struve in den Jahren 1932 bis 1942 auf Borkum gesammelten aculeaten Hymenopteren. – Oldenburger Jb., 75/76: 183–202.
– (1979): Landschaftsökologischer Stellenwert von Zaunpfählen am Beispiel der Nistgelegenheiten für solitäre Bienen und Wespen (Hym. Aculeata). – Natur u. Landschaft, 54: 8–13.
– (1980): Megachile analis Nylander, ein Nektarräuber an den Blüten von Erica tetralix Linnaeus (Hymenoptera: Apoidea: Megachilidae). – Zool. Anz., 205: 273–279.
– (1981): Über weitere Hymenoptera Aculeata von der Nordfriesischen Insel Amrum. – Schr. Naturw. Ver. Schlesw.-Holst., 51: 37–58.
– (1982a): Zur Bionomie der Küstendünen bewohnenden Biene Osmia maritima Friese (Hymenoptera: Apoidea: Megachilidae). – Zool. Jb. Syst., 109: 117–144.
– (1982b): Ameisen, Wespen und Bienen als Bewohner gepflasterter Bürgersteige, Parkplätze und Straßen (Hymenoptera: Aculeata). – Drosera, 82: 17–32.
– (1982c): Solitäre Wespen und Bienen als Transporteure der Wandernymphen von Uropodiden. – Mikrokosmos, 1982 (8): 227–229.
– (1982d): Über die weitere Besiedlung der Nordseeinsel Mellum durch Wespen, Ameisen und Bienen (Hymenoptera). – Schr. Naturwiss. Ver. Schlesw.-Holst., 52: 57–67.
– (1984): Mimumesa sibiricana R. Bohart, eine für die Bundesrepublik Deutschland neue Grabwespe, und weitere für Norddeutschland seltene Hautflügler (Hymenoptera: Aculeata s.l.). – Drosera, 84: 103–116.
– (1985a): Zum Auftreten von Wespen und Bienen in einem abgestorbenen Birkenbestand im Östlichen Hügelland Schleswig-Holsteins (Hymenoptera: Aculeata). – Faun.-ökol. Mitt., 5: 345–363.
– (1985b): Zum Paarungsverhalten der ♂♂ der solitären Biene Eucera elongatula Vachal und anderer solitärer

Bienen (Hymenoptera: Apoidea). – Mitt. dtsch. Ges. allg. angew. Ent., 4: 295.

– (1985c): Nord- und Ostfriesische Inseln als »Reservate« thermophiler Insekten am Beispiel der Hymenoptera Aculeata. – Mitt. dtsch. Ges. allg. angew. Ent., 4: 447–452.

– (1987a): Ameisen, Wespen und Bienen des Ipweger Moores bei Oldenburg i. O. (Hymenoptera: Aculeata). – Braunschw. Naturk. Schr., 2: 663–683.

– (1987b): Insekten-Besiedlung der Insel Mellum. S. 266–280. In: GERDES, G. et al. (Hrsg.), Mellum, Portrait einer Insel, 344 S.; Frankfurt a.M. (W. Kramer).

HAGEN, E. VON (1984): Die umfassende ökologische Bedeutung der Hummeln – Erhaltungs- und Schutzmaßnahmen. – Praxis d. Naturwiss., Biologie, 6: 176–183.

– (1986): Hummeln bestimmen, ansiedeln, vermehren, schützen. – 221 S.; Melsungen (Neumann-Neudamm).

HAGEN, H.H. VON (1975): Zur Einbürgerung und Haltung von Hummeln in Nistkästen. – Praxis der Naturwiss., Biologie, 24 (2): 29–38.

HALLAS, T., H. MOURIER & O. WINDING (1977): Seasonal variation and trends for some indoor insects in Denmark. – Entom. Medd., 45: 77–88.

HAMANN, H.H. F. (1954): Großkolonien der Anthophora crinipes Sm. in Bauernhäusern der Linzer Umgebung (Hymenopt., Apidae). – Naturkundl. Mitt. Oberösterr., 2: 18–22.

– (1960): Der Mönchgraben vor dem Bau der Autobahn. – Naturkundl. Jb. Stadt Linz, 1960: 113–244.

– (1965): Drei Beiträge zur Linzer Wildbienenfauna. – Naturkundl. Jb. Stadt Linz, 1965: 257–282.

HAMANN, H.H. F. & F. KOLLER (1956): Die Wildbienen der Linzer Umgebung und ihre Flugpflanzen. – Naturkundl. Jb. d. Stadt Linz, 1956: 327–361.

HAMM, A. (1924): Ptinus sexpunctatus Panzer, bred from the cells of the bee Osmia rufa L., in Oxford. – Ent. Monthly Mag., 60: 29–31.

HAMMER, K. & S.N. HOLM (1970): Danske humlebier og snyltehumler. – Natur og Museum, 14, Nr. 2–3, 22 S.

HAMPICKE, U. (1988): Extensivierung der Landwirtschaft für den Naturschutz – Ziele, Rahmenbedingungen und Maßnahmen. – Schriftenr. Bayer. Landesamt f. Umweltschutz, Heft 84, S. 9–35.

HARDER, L.D.: (1983): Functional differences of the proboscides of short- and long-tongued bees (Hymenoptera, Apoidea). – Can. J. Zool., 61: 1580–1586.

HARDOUIN, R. (1948): La vie des Abeilles solitaires. – 263 S.; Paris (Gallimard).

HARMS, K.H., G. PHILIPPI & S. SEYBOLD (1983): Verschollene und gefährdete Pflanzen in Baden-Württemberg. – Beih. Veröff. Naturschutz Landschaftspflege Bad.-Württ., 32: 1–160.

HARNISCHMACHER, M. (1988): Möglichkeiten und Durchführung extensiver Nutzungs- und Pflegeformen auf Trockenhängen der Südlichen Frankenalb aus der Sicht des Naturschutzes. – Schriftenr. Bayer. Landesamt f. Umweltschutz, Heft 84, S. 115–123.

HARZ, K. (1965): Zur Land-Fauna von Wangerooge. – Veröff. Inst. Meeresforschung Bremerhaven, 9: 210–231.

HASENKAMP, K.-R. (1974): Ökophysiologische und ökoethologische Untersuchungen an Blattschneidebienen. – forma et functio, 7: 139–178.

HASSELROT, T.B. (1952): A New Method for Starting Bumblebee Colonies. – Agr. J., 44: 218–219.

– (1960): Studies on Swedish bumblebees (Genus Bombus Latr.). Their domestication and biology. – Opusc. Ent., Suppl. 17, 99 S.

HAUCK, E., K. KÜTTE, K. STUTE & O. WAHL (1979): Giftschäden an Bienenvölkern. – 160 S.; München (Ehrenwirth).

HAUPT, H. (1909): Zur Kenntnis der Bienen und Wespen. – Z. Naturw., 81: 200–204.

HAVELKA, P. (1980a): Gefährdung des flugunfähigen Ölkäfers Meloe violaceus durch den Straßenverkehr. – Veröff. Naturschutz Landschaftspflege Bad.-Württ., 51/52: 399–410.

– (1980b): Eine interessante Ölkäferart (Meloe violaceus) (Coleoptera, Meloinae) an einem Trockenstandort im Rheinvorland bei Eggenstein. – Pfälzer Heimat, 31: 110–112.

– (1984): Ölkäfer (Meloe spp.), ihre Bedeutung und ihr Schutz. – Veröff. Naturschutz Landschaftspflege Bad.-Württ., 57/58: 181–202.

HAVERHORST, P. (1916): De Gehoornde Metselbij (Osmia bicornis). – Levende Natuur, 21: 1–6.

HAYDAK, M.H. (1970): Honeybee nutrition. – Ann. Rev. Ent., 15: 143–156.

HEDICKE, H. (1918): (Über die ökologischen und floristischen Verhältnisse der pontischen Hügel der Mark). – Dt. Ent. Z., 1918: 401–403.

– (1922): Die Hymenopterenfauna des Gr. Machnower Weinbergs bei Mittenwalde (Mark). – Dt. Ent. Z., 1922: 249–287.

– (1930): Hautflügler, Hymenoptera. In: BROHMER, P., P. EHRMANN & G. ULMER (Hrsg.), Die Tierwelt Mitteleuropas. Insekten. 2. Teil, S. 144–244; Leipzig (Quelle & Meyer).

HEFETZ, A. (1987): The role of Dufour's gland secretions in bees. – Physiol. Entomology, 12: 243–253.

HEFETZ, A., G. BERGSTRÖM & J. TENGÖ (1986): Species, individual and kin specific blends in Dufour's gland secretions of Halictine bees. – J. Chem. Ecol., 12: 197–208.

HEFETZ, A., M.S. BLUM, G.C. EICKWORT & J.W. WHEELER (1978): Chemistry of the Dufour's gland secretion of halictine bees. – J. Comp. Biochem. Physiol., (B) 61: 129–132.

HEFETZ, A., H.M. FALES & S.W. T. BATRA (1979): Natural Polyesters: Dufour's Gland Macrocyclic Lactones Form Brood Cells Laminesters in Colletes Bees. – Science, 204: 415–417.

HEGI, G. (Hrsg.) (1906ff): Illustrierte Flora von Mitteleuropa. – 1., 2. u. 3.Aufl.; München.

HEIN, D. (1987): Holzbiene Xylocopa violacea L. – Mitt. Ent. Ver. Stuttgart, 22: 94.

Heinrich, B. (1976): Resource partitioning among some eusocial insects: Bumblebees. – Ecology, 57: 874–889.

– (1979a): Bumble-Bee Economics. – 245 S.; Cambridge, Massachusetts (Harvard Univ. Press).

– (1979b): »Majoring« and »minoring« in bumblebees: an experimental analysis. – Ecology, 60: 245–255.

Heinrich, J. (1942): Die Hymenopteren der Kahler Sandfelder. – Beitr. Flora Fauna Aschaffenburg, 3: 70–71.

– (1966): Beitrag zur Hymenopteren-Fauna des westlichen Unterfranken, 2. Teil. – Nachr. naturwiss. Mus. Aschaffenburg, 73: 1–34.

Heldmann, G. (1935): Über einige Hymenopteren in den Sandgebieten der hessischen Bergstraße. – Ent. Rundschau, 53: 102–104.

Heroin-Delauney, Y. (1966): Étude des constructions d'Osmia cornuta (Hym. Apoidea) après injections de produits marqués. – C.R. Soc. Biol., 160: 2027–2030.

Hess, D. (1983): Die Blüte. Eine Einführung in Struktur und Funktion, Ökologie und Evolution der Blüten. Mit Anleitungen zu einfachen Versuchen. – 458 S.; Stuttgart (E. Ulmer).

Hess, W. (1881): Beiträge zu einer Fauna der Insel Spiekerooge. – Abh. naturw. Ver. Bremen, 7: 133–138.

Hesse, M. (1984): Pollenkitt is lacking in Gnetatae: Ephedra and Welwitschia; further proof for its restriction to the angiosperms. – Pl. Syst. Evol., 144: 9–16.

Heydemann, B. (1980): Terrestrische Habitate und ihre Typisierung in Mitteleuropa. – Natur u. Landschaft, 55: 5–7.

Heydemann, B. & J. Müller-Karch (1980): Biologischer Atlas Schleswig-Holstein. – 263 S., Neumünster (K. Wachholtz).

Heydemann, B. & E. Nowak (1980): Katalog der zoologisch bedeutsamen Biotope (Ökosysteme) Mitteleuropas. – Natur u. Landschaft, 55: 7–9.

Hintermeier, H. (1987): Bienen schützen und erhalten die Landschaft. – Sonderdruck in: Unterricht Biologie, Heft 124, 11. Jahrgang, 16 S.

Hirschfelder, H. (1956): Das Auftreten des Bienenwolfs (Philanthus triangulum F.) in Franken und seine Bekämpfung. – Z. Bienenforschung, 3: 96–102.

Hobbs, G.A., W.O. Nummi & J.F. Virostek (1962): Managing Colonies of Bumble Bees (Hymenoptera: Apidae) for Pollination Purposes. – Can. Ent., 94: 1121–1132.

Hobbs, S.N., J.F. Virostek & W.O. Nummi (1960): Establishment of Bombus ssp. (Hymenoptera: Apidae) in Artificial Domiciles in Southern Alberta. – Can. Ent., 92: 868–872.

Hobohm, C. & A. Schwabe (1985): Bestandsaufnahme von Feuchtvegetation und Borstgrasrasen bei Freiburg im Breisgau – ein Vergleich mit dem Zustand von 1954/1955. – Ber. naturforsch. Ges. Freiburg i.Br., 75: 5–51.

Hölzinger, J. (1981): Die Vögel Baden-Württembergs: Folienkarten. Avifauna Bad.-Württ., Bd.4, 66 S. + 36 Folienkarten.

– (1987) (Hrsg.): Die Vögel Baden-Württembergs. Avifauna Bad.-Württ., Bd.1, Gefährdung und Schutz. – 1796 S.; Stuttgart (E. Ulmer).

Hoeppner, H. (1897a) Über zwei unbekannte oder weniger bekannte Hummelnester. – Ent. Nachr., 23: 313–316.

– (1897b): Über die bei Freisenbüttel vorkommenden Farbenvarietäten des Bombus soroensis F. – Ent. Nachr., 23: 329–331.

– (1898): Stelis minima Schenck. – Ent. Nachr., 24: 306–309.

– (1899a): Zur Biologie nordwestdeutscher Hymenopteren. – Illustr. Z. Ent., 4: 374–378.

– (1899b): Nordwestdeutsche Schmarotzerbienen. – Jahrb. Ver. Naturkde. Unterweser für 1898, S. 18–56.

– (1899c): Epeolus similis nov. sp. – Ent. Nachr., 25: 355–356.

– (1900): Nordwestdeutsche Schmarotzerbienen. Nachtrag. – Jahrb. Ver. Naturkde. Unterweser für 1899, S. 59–66.

– (1901a): Weitere Beiträge zur Biologie nordwestdeutscher Hymenopteren. I. Über Nester von Bombus soroeensis F. var. proteus Gerst., II. Über das Vorkommen mehrerer Bombus-Arten in einem Nest. – Allg. Z. Ent., 6: 33–35, 132–134.

– (1901b): Beiträge zur Bienenfauna der Lüneburger Heide. – Jahrb. Ver. Naturkde. Unterweser für 1900, S. 9–22.

– (1901c): Weitere Beiträge zur Biologie nordwestdeutscher Hymenopteren. III. Prosopis kriechbaumeri Förster. – Allg. Z. Ent., 6: 291–293.

– (1901d): Die Bienenfauna der Dünen und Weserabhänge zwischen Uesen und Baden. – Abh. naturw. Ver. Bremen, 15: 231–255.

– (1901e): Zur Biologie der Gattung Prosopis. – Jb. Ver. Naturk. Unterweser, 1900: 56–58.

– (1902a): Weitere Beiträge zur Biologie nordwestdeutscher Hymenopteren. IV. Wird der Deckel der Prosopis-Zelle von den Larven oder den Müttern hergestellt? – Allg. Z. Ent., 7: 134–136.

– (1902b): Weitere Beiträge zur Biologie nordwestdeutscher Hymenopteren. VI. Über einige Nestbauten des Bombus soroeensis F. var. proteus Gerst. – Allg. Z. Ent., 7: 298–301.

– (1903a): Weitere Beiträge zur Biologie nordwestdeutscher Hymenopteren. – Allg. Z. Ent., 8: 194–202.

– (1903b): Weitere Beiträge zur Bienenfauna der Lüneburger Heide und Mitteilungen über das Vorkommen einiger Gold- und Faltenwespen daselbst. – Jahrb. Ver. Naturkde. Unterweser für 1901 und 1902, S. 17–27.

– (1903c): Beiträge zur Biologie nordwestdeutscher Hymenopteren. – Jahrb. Ver. Naturkde. Unterweser für 1901 und 1902, S. 36–38.

– (1904): Zur Biologie der Rubus-Bewohner. – Allg. Z. Ent., 9: 97–103, 129–134, 161–171.

– (1908): Zur Biologie der Rubus-Bewohner. – Z. wiss. InsBiol., 4: 176–180, 368–375.

– (1909): Beiträge zur Biologie niederrheinischer Rubusbewohner. – Verh. naturhist. Ver. preuß. Rheinl. Westf., 66: 264–275.

– (1910): Zur Biologie der Rubus-Bewohner. – Z. wiss. InsBiol., 6: 93–97; 133–136; 161–167; 219–224.
– (1912): Beitrag zur Biologie niederrheinischer Rubus-Bewohner. – SitzBer. Naturhist. Ver. preuss. Rheinl. Westf., 1912: 20–24.
HOFFER, E. (1882a): Biologische Beobachtungen an Hummeln und Schmarotzerhummeln. – Mitth. Naturw. Ver. Steiermark, 1881: 68–92.
– (1882b): Beschreibung eines instructiven Nestes von Bombus confusus. – Mitth. Naturw. Ver. Steiermark, 1881: 93–105.
– (1882c): Einige merkwürdige Hummelnester. – Naturhistoriker, 4: 121–123.
– (1882/1883): Die Hummeln Steiermarks. Lebensgeschichte und Beschreibung derselben. Teil 1 u. 2; Graz.
– (1884): Einige bisher unbekannte oder wenig bekannte Hummelnester. – Kosmos, 1: 114–119.
– (1885): Neue Hummelnester von den Hochalpen. – Kosmos, 1885: 291–300.
– (1886a): Zur Biologie der Mutilla europaea L. – Zool. Jb., 1: 679–686.
– (1886b): Wunderbares Erinnerungsvermögen der Hummeln. Ein Beitrag zur Tierpsychologie. – Kosmos, 1886: 111, 115.
– (1888): Beiträge zur Hymenopterenkunde Steiermarks und der angrenzenden Länder. – Mitt. naturw. Ver. Steiermark, 1887: 65–100.
– (1889): Die Schmarotzerhummeln Steiermarks. Lebensgeschichte und Beschreibung derselben. – Mitt. Naturw. Ver. Steiermarks, 25 (1888): 82–158.
HOFFRICHTER, O. & K. WESTERMANN (1969): Eine Brut des Bienenfressers (Merops apiaster) im Kaiserstuhl. – Mitt. bad. Landesver. Naturk. Naturschutz, N.F. 10: 205–207.
HOFMANN, E. (1882): Insekten. In: Das Königsreich Württemberg. S. 508–531; Stuttgart.
HOFMEISTER, H. & E. GARVE (1986): Lebensraum Acker. 272 S.; Hamburg u. Berlin (P. Parey).
HOHMANN, H. (1978): Zur Bionomie der Mörtelbiene Chalicodoma sicula (ROSSI) (Hym. Megach.) auf Ibiza: Nestbau und Proviantierung. – Veröff. Überseemus. Bremen, Reihe A, 5: 123–179.
– (1984): Bees and wasps on Eivissa: faunistic notes on Hymenoptera Aculeata. In: KUHBIER, H., J.A. ALCOVER & T. GUERAU D'ARELLANO (Hrsg.), Biogeography and Ecology of the Pityusic Islands. S. 303–341; The Hague (W. Junk).
– (1986): Nisthilfen und Nahrungsangebote für Wildbienen – ein Beitrag zum praktischen Naturschutz im Garten. – Siedlung u. Eigenheim, 1986: 216–217.
HOHNDORF, A. (1931): Ein frontaler Zwitter von Halictus tumulorum L. (Hym. Apid.). – Mitt. Dt. Ent. Ges., 2: 25.
– (1932): Bemerkungen zum Artikel des Freiherrn von Tunkel »Über die Nestgemeinschaft von Halictus marginatus Brulle und Andrena albicans Müller (Hym.)«. – Ent. Z., 46: 82–84; Frankurt a. M.
HOLM, S.N. (1960): Experiments on the Domestication of Bumblebees, in Particular B. lapidarius L. and B. terrestris L. – R. Vet. Agr. College Yearbook, 1960: 1–19.
– (1966): The utilization and management of Bumble bees for red clover and alfalfa seed production. – Ann. Rev. Ent., 11: 155–182.
– (1972): Weight and Life Length of Hibernating Bumble Bee Queens (Hymenoptera: Bombidae) under Controlled Conditions. – Ent. scand., 3: 313–320.
– (1973): Osmia rufa L. (Hym. Megachilidae) as a Pollinator of Plants in Greenhouses. – Ent. scand., 4: 217–224.
HOLM, S.N. & H. HAAS (1961): Erfahrungen und Resultate dreijähriger Domestikationsversuche mit Hummeln (Bombus Latr.). – Albrecht-Thaer-Archiv, 5: 282–304.
HOLM, S.N. & J.P. SKOU (1972): Studies on Trapping, Nesting, and Rearing of some Megachile Species (Hymenoptera, Megachilidae) and on their Parasites in Denmark. – Ent. scand., 3: 169–180.
HOLMES, F.O. (1961): The domination of bumblebees by honeybees. – Amer. Bee J., 101: 88–89.
HONK, C. VAN, P.-F. RÖSELER, H. VELTHUIS & M. MALOTAUX (1981): The conquest of a Bombus terrestris colony by a Psithyrus vestalis female. – Apidologie, 12: 57–67.
HOOP, M. (1941): Beitrag zur Hymenopterenfauna. – Bombus, 1: 68–69.
– (1941b): Hymenopteren aus Westholstein. – Bombus, 1: 69–70.
– (1961): Holsteinische Goldwespen und Stechimmen (Chrysididen und Aculeaten). – Schr. Naturw. Ver. Schlesw.-Holst., 32: 58–71.
– (1963a) Weitere holsteinische Goldwespen und Stechimmen (Chrysididen und Aculeaten). – Schr. Naturw. Ver. Schlesw.-Holst.,34:3–11.
– (1963b): Aculeate Hymenopteren des Reher Kratts. – Faun. Mitt. Norddeutschl., 2: 71–74.
– (1967a): Zweite Ergänzung zur Verbreitung der holsteinischen Goldwespen und Stechimmen. – Schr. Naturw. Ver. Schlesw.-Holst., 37: 36–43.
– (1967b): Die Aculeaten der Insel Helgoland. – Schr. Naturw. Ver. Schlesw. – Holst., 37: 44–45.
– (1967c): Nachtrag zur Hymenopterenfauna des Reher Kratts. – Faun.-ökol. Mitt., 3: 187–191.
– (1970): Die Aculeaten und Symphyten des holsteinischen Ostseestrandes. – Schr. Naturw. Ver. Schlesw.-Holst., 40: 57–70.
– (1971): Zur Verbreitung der holsteinischen Goldwespen und Stechimmen (Dritte Ergänzung). – Schr. Naturw. Ver. Schlesw.-Holst., 41: 81–87.
– (1973): Zur Verbreitung der holsteinischen Goldwespen und Stechimmen (Vierte Ergänzung). – Schr. Naturw. Ver. Schlesw.-Holst., 43: 46–50.
– (1977): Schleswig-holsteinische Aculeaten und Symphyten; weitere bemerkenswerte Funde. – Schr. Naturw. Ver. Schlesw.-Holst., 47: 71–82.
– (1982): Schleswig-holsteinische Aculeaten und Symphyten, Schlußbeitrag (Hymenoptera). – Schr. Naturw. Ver. Schlesw.-Holst., 52: 47–55.

– (1986): Aculeaten und Symphyten des Dosenmoors in Holstein (Hymenoptera) – Ein Beitrag zur Insektenfauna von Hochmoorresten. – Drosera, 86: 109–113.

Hopkins, J. (1914): History of the bumblebee in New Zealand: its introduction and results. – Bull. New Zealand Depart. Agric., N.S. 46: 1–28.

Horber, E. (1961): Beitrag zur Domestikation der Hummeln. – Viertelj.schr. Naturforsch. Ges. Zürich, 106: 424–447.

Horn, H. (1974): Die Sanddünen in der Umgebung von Heidelberg unter besonderer Berücksichtigung der faunistischen Ökologie im NSG der Sanddüne Pflege Schönau. – Zulassungarbeit Univ. Heidelberg, 64 S.

Huber, A. (1916): Die wärmeliebende Tierwelt der weitern Umgebung Basels. – Arch. Naturgesch., 82, Abt. A. (7), S. 1–120.

Huber, P. (1824): Histoire du Trachuse dore (Apis aurulenta Panzer). – Mém. Soc. phys. Hist. Nat. Genève, 2:145–160.

Hügin, G. (1962): Wesen und Werden der Landschaft am Oberrhein. – Beitr. Landespflege, 1: 186–250.

– (1974): Der Oberrheinausbau und seine Folgen für Natur und Landschaft. In: Das Taubergießengebiet, eine Rheinauenlandschaft. – Natur- u. Landschaftsschutzgebiete Bad.-Württ., 7: 173–176.

Hulkkonen, O. (1928): Zur Biologie der südfinnischen Hummeln. – Ann. Univ. Aboensis (A) 3 (1): 1–81.

Hurd, P.D. (1967): The identity of Megachile rotundata (Fabricius) and M. argentata (Fabricius) (Hymenoptera: Apoidea). – Ent. Meddr., 35: 1–10.

Hurd, P.D. & E.G. Linsley (1963): Pollination of the unicorn plant (Martiniaceae) by an oligolectic corolla cutting bee (Hymenoptera: Apoidea). – J. Kansas Ent. Soc., 36: 248–252.

Huttenlocher, F. (1968): Baden-Württemberg. Kleine geographische Landeskunde. – 3.Aufl., 214 S.; Karlsruhe (G. Braun).

Illiger, K. (1806): William Kirby's Familien der bienenartigen Insekten, mit Zusätzen, Nachweisungen und Bemerkungen. – Magazin f. Insektenkunde, 5, 175 S.; Braunschweig.

Inouye, D.W. (1980): The Terminology of Floral Larceny. – Ecology, 61: 1251–1253.

Internationale Kommission für Bienenbotanik der IUBS (1970): Methodik der Melissopalynologie. – Apidologie, 1: 193–209, 211–227.

Invrea, F. (1964): Mutillidae – Myrmosidae. – 302 S.; Bologna (Calderini).

Iuga, V.G. (1968): Le complexe labio-maxillaire des Apoides (Hym.). – Trav. Mus. Hist. Nat. Grigore Antipa, 8: 909–926.

Iwata, K. (1939): Biology of Coelioxys elongata Lepeletier. – Mushi, 12: 34–40.

Jacob-Remacle, A. (1976): Une opération nichoirs artificiels pour Hyménoptères dans trois jardins de Liège. – Bull. Ann. Soc. r. belge Ent., 112: 219–242.

Jacob-Remacle, A. & J.-P. Jacob (1983): Hyménoptères Aculéates de la Fagne de Spa-Malchamps (Hautes-Fagnes). – Bull. Ann. Soc. r. belge Ent., 119: 234–256.

Jacob-Remacle, A. & J. Leclerq (1980): Hyménoptères Aculéates piégés dans trois jardins de Liège »intra muros«. – Bull. Soc. r. Sci. Liège, 49: 186–198.

Jander, R. (1976): Grooming and pollen manipulation in bees (Apoidea): the nature and evolution of movements involving the foreleg. – Physiol. Ent., 1: 179–194.

Jansson, A. (1918): Jaktagelser över Megachile-honans blombesök och beteende i och för pollen- och honunginsamlung. – Ent. Tidskr., 39: 206–215.

Janvier, H. (1972): Note sur les Hylaeus de l'île d'Oléron, avec la description d'une espèce nouvelle (Hym. Apidae). – Entomologiste, 27:107–114.

Janzen, D.H. (1968): Notes on the nesting and foraging behavior of Megalopta (Hym., Halictidae) in Costa Rica. – J. Kansas Ent. Soc., 41: 342–349.

– (1971): Euglossine bees as long-distance pollinators of tropical plants. – Science, 171: 203–205.

Janzon, L.-A. (1983a): Pollination studies of Campanula persicifolia (Campanulaceae) in Sweden. – Grana, 22: 153–165.

– (1983b): Aculeate Hymenoptera and other flower visiting insects of the Great Alvar of Öland. – Ent. Tidskr., 104: 169–182 (in schwedisch mit englischer Zusammenfassung).

Janzon, L.-A. & B.G. Svensson (1984): Aculeate Hymenoptera from a Sandy Area on the Island of Öland, Sweden. – Nova Acta Regiae Societatis Scientiarium Upsaliensis, Ser. V: C, 3: 181–188.

Janzon, L.-A. & B.G. Svensson (1988): 110 years with the carpenter bee Ceratina cyanea (Hym., Anthophoridae) in Sweden. – Ent. Tidskr., 109: 19–23 (in schwedisch mit englischer Zusammenfassung).

Jaycox, E.R. (1967): An adventive Anthidium in New York State (Hymenoptera: Megachilidae). – J. Kansas Ent. Soc., 40: 124–126.

Jeannell, R. (1935): Une curieuse aberration de l'instinct chez un Chalicodome. – Revue Fr. Ent., 2: 191–193.

Jentsch, J. (1974): Die Chemie des Bienengifts Melittin. – Chemie in unserer Zeit, 8: 177–183.

Jørgensen, L. (1921): Bier. – Danmarks Fauna Nr. 25., 268 S.; Copenhagen (Gads).

Joger, H. (1988): Untersuchungen über die Tierwelt einer Stadtmauer. – Zool. Jb. Syst., 115: 69–91.

Johansen, C.A. (1977): Pesticides and Pollinators. – Ann. Rev. Ent., 22: 177–192.

Johansen, C.A., D.F. Mayer & J.D. Eves (1978): Biology and management of the alkali bee, Nomia melanderi Cockerell (Hymenoptera: Halictidae). – Melanderia, 28: 23–46.

Johnson, J.C. (1913): A case of parasitism of Melecta armata on Anthophora acervorum. – Zoologist, (4) 17: 427–429.

Joker, A. (1942): Iagttagelser af Osmia caementaria's Redebygningsforhold. – Ent. Meddr., 22: 210–214.

Jones, H.P. (1930): Mating habits of Andrena argentata. – Entomologist's Record and Journal of Variation, 42: 139.

Jonghe, R. de & P. Rasmont (1983): Kreuzungsexperiment mit Hummeln des Genus Bombus Latreille sensu stricto (Hymenoptera, Apidae). – Phegea, 11: 7–10.
Juillard, C. (1947): Cacoxenus indagator Loew (Dipt. Drosophilidae). Contribution à la biologie d'un parasite d'Osmia rufa. – Mitt. Schweiz. ent. Ges., 20: 587–593.
– (1948): Le comportement des larves de Cacoxenus indagator dans les nids de l'Osmia rufa. – Mitt. Schweiz. ent. Ges., 21: 547–554.
Jussila, R. & M. Käpylä (1975): Observations on Townesia tenuiventris (Hlmgr.) (Hym., Ichneumonidae) and its hosts Chelostoma maxillosum (L.) (Hym., Megachilidae) and Trypoxylon figulus (L.) (Hym., Sphecidae). – Ann. Ent. Fenn., 41: 81–86.
Käpylä, M. (1978a): Foraging distance of a small solitary bee, Chelostoma maxillosum. – Ann. Ent. Fenn., 44: 63–64.
– (1978b): Bionomics of five wood-nesting solitary species of bees (Hym., Megachilidae), with emphasis on flower relationships. – Biol. research reports. Univ. Jyväskylä, 5: 3–89.
Kalmus, H. (1941): Defence of Source of Food by Bees. – Nature, 148:228.
Kaule, G. (1974): Die Übergangs- und Hochmoore Süddeutschlands und der Vogesen. – Diss. Bot., 27: 1–345; Lehre (J. Cramer).
– (1986): Arten- und Biotopschutz. – 461 S.; Stuttgart (E. Ulmer).
Kemper H. & Döhring (1967): Die sozialen Faltenwespen Mitteleuropas. – 180 S.; Berlin u. Hamburg (P. Parey).
Kerfoot, W.B. (1967a): Correlations between ocellar size and the foraging activities of Bees (Hymenoptera: Apoidea). – Amer. Naturalist, 101 (917): 65–70.
– (1967b): The lunar periodicity of Sphecodogastra texana, a nocturnal bee. – Anim. Behav., 15: 479–486.
Kettner, F.W. (1947a): Hym. (Apid.). – Bombus, 1: 163.
– (1947b): 315. (Hym. Apidae). Andrena synadelpha Perk. – Bombus, 1: 176.
– (1947c): Bemerkenswerte Funde der letzten Jahre als Beitrag zur Hymenopterenfauna. – Bombus, 41: 178–179.
– (1968a): (Hym. Apidae). Abweichender Nesthügelbau bei Sandbienen. – Bombus, 2: 168.
– (1968b): 193. (Hym., Apidae). Gemeinschaftsbau bei solitären Bienen. – Bombus, 2: 172.
Kevan, P.G. & H.G. Baker (1983): Insects as flower visitors and pollinators. – Ann. Rev. Ent., 28: 407–453.
Kinzelbach, R. (1969a): 78. Familie: Stylopidae, Fächerflügler (= Ordnung: Strepsiptera). In: Freude, H., W. Harde & G.A. Lohse (Hrsg.), Die Käfer Mitteleuropas. Bd. 8, S. 139–159; Krefeld (Göcke & Evers).
– (1969b): Die Fächerflügler. In: Grzimeks Tierleben, Bd. 2, Insekten, S. 285–288; Zürich (Kindler).
Kirchner, O. von (1911): Blumen und Insekten. – 436 S.; Leipzig u. Berlin (Teubner).
Kirner, B. (1979): Pflanzengesellschaften am Isteiner Klotz. – Veröff. Naturschutz Landschaftspflege Bad.-Württ., 49/50: 525–532.
Kirschbaum, C.L. (1871): Nest von Anthidium strigatum. – Jb. Nass. Ver. Naturkunde, 25: 446–447.
Klatt, M. (1988): Insektengemeinschaften an städtischer Ruderalvegetation (Hymenoptera, Apoidea; Diptera, Syrphidae; Lepidoptera, Rhopalocera, Hesperiidae, Zygaenidae). – Diplomarbeit Fakultät f. Biologie Univ. Freiburg i.Br.; 153 S.
Klausnitzer, B. (1976): Nestkolonie von Andrena fulva Schrank, im Stadtgebiet von Dresden (Hym.). – Ent. Nachr. 20: 99.
Klein, E. (1899): Die Rosenblattbiene (Megachile centuncularis). – Fauna, Soc. nat. Luxembourg, 9: 76–86.
Klein, W. (1981): Quantitative Untersuchungen zur Farbenpräferenz blütenbesuchender Insekten (Apoidea, Syrphidae) in einem Halbtrockenrasen im Kaiserstuhl. – Staatsex.arbeit Univ. Freiburg i.Br.
Klima-Atlas von Baden-Württemberg (1953): Deutscher Wetterdienst; Bad Kissingen.
Klug, B. (1964): Faunistisch-ökologische Untersuchungen an Hymenopteren in extremen Biotopen des Oberrheintales. – Verh. Dt. Zool. Ges., Zool. Anz., 27, Suppl.: 426–430.
– (1965): Die Hymenopteren am Tuniberg, im Mooswald und Rieselfeld; eine vergleichend faunistisch-ökologische Untersuchung dreier extremer Biotope des südlichen Oberrheintales. – Ber. naturf. Ges. Freiburg, 55: 5–225.
Klug, M. (1984): Der Beitrag solitärer Bienen zur Bestäubung der Kernobstblüten in Südhannover. – Dissertation Univ. Hannover, 110 S.
Knapp, R. (1961): Vegetations-Einheiten der Wegränder und der Eisenbahn-Anlagen in Hessen und im Bereich des unteren Neckar. – Ber. Oberhess. Ges. Natur- und Heilkunde Gießen, N.F., Naturwiss. Abt., 31: 122–154.
– (1970): Änderungen der Vegetation durch Anwendung von Herbiziden und Kennzeichnung einiger artenarmer Pflanzengesellschaften. – Ber. Oberhess. Ges. Natur- u. Heilkunde Gießen, N.F. Naturwiss. Abt., 37: 125–130.
Knerer, G. (1968): Zur Bienenfauna Niederösterreichs: Die Unterfamilie Halictinae. – Zool. Anz., 181: 82–117.
– (1969a): Synergistic Evolution of Halictine Nest Architecture and Social Behavior. – Can. J. Zool., 47: 925–930.
– (1969b): Brood Care in Halictine Bees. – Science, 164: 429–430.
– (1969c): Stones, Cement and Guards in Halictine Nest Architecture and Defense. – Ent. News, 80: 141–147.
– (1969d): Sozialstruktur und ihre Rolle in der Populationsdynamik von Furchenbienen (Apoidea: Halictinae). – Proc. VI. Congr. IUSSI Bern, 1969: 101–107; Bern.
– (1973): Periodizität und Strategie der Schmarotzer einer sozialen Schmalbiene, Evylaeus malachurus (K.) (Apoidea: Halictidae). – Zool. Anz., 190: 41–63.

– (1980a): Panurgus calcaratus Scopoli (Hymenoptera, Andrenidae), eine kommunale Biene in Europa. – Zool. Anz., 1/2: 64–68.
– (1980b): Evolution of Halictine Castes. – Naturwissenschaften, 67: 133–135.
– (1980c): Biologie und Sozialverhalten von Bienenarten der Gattung Halictus Latreille (Hymenoptera; Halictidae). – Zool. Jb. Syst., 107: 511–536.
– (1983): The Biology and Social Behaviour of Evylaeus linearis (Schenck) (Apoidea; Halictinae). – Zool. Anz., 211: 177–186.
– (1987): Zur Bienenfauna Niederösterreichs. Die Unterfamilie Halictinae. Nachtrag (Hymenoptera, Apoidea, Halictinae). – Linzer Biol Beitr., 19: 195–200.
Knerer, G. & P. Mackay (1969): Bionomic notes on the solitary Evylaeus oenotherae (Stevens) (Hymenoptera: Halictinae) a matinal summer bee visiting cultivated Onagraceae. – Can. J. Zool., 47: 289–294.
Knerer, G. & C. Plateaux-Quénu (1966a): Sur l'importance de l'ouverture des cellules à couvains dans l'évolution des Halictinae (Insectes Hyménoptères) sociaux. – C.R. Acad. Sc., 263: 1622–1625.
– (1966b): Sur la polymorphisme des femelles chez quelques Halictinae (Insectes Hyménoptères) paléarctiques. – C.R. Acad. Sc., 263: 1759–1761.
– (1966c): Sur la polygynie chez les Halictinae (Insectes Hyménoptères). – C.R. Acad. Sc., 263: 2014–2017.
– (1967a): Sur la production continue ou periodique de couvain chez les Halictinae (Insectes Hyménoptères). – C.R. Acad. Sc., 264: 651–653.
– (1967b): Sur la production de mâles chez les Halictinae (Insectes Hyménoptères) sociaux. – C. R. Acad. Sc., 264: 1096–1099.
– (1967c): Comparaison de la construction et de l'architecture de quelques nids d'Evylaeus (Hym., Halictidae) a rayon de cellules. – C. R. Acad. Sc., 265: 455–458.
– (1967d): Usurpation de nids étrangers et parasitisme facultativ chez Halictus scabiosae (Rossi) (Insecte Hyménoptère). – Insectes Sociaux, 14: 47–50.
– (1970): The life cycle and social level of Evylaeus nigripes (Hymenoptera: Halictinae), a mediterranean Halictine bee. – Can. Ent., 102: 185–196.
Knerer, G. & M. Schwarz (1976): Halictine Social Evolution: The Australian Enigma. – Science, 194: 445–448.
Knoerzer, A. (1941): Bemerkenswerte Hymenopterenfunde in Südbayern. – Mitt. Münch. Ent. Ges., 31: 934–937.
Knuth, P. (1898–1899): Handbuch der Blütenbiologie. 1–3; Leipzig (Engelmann).
Kocourek, M. (1966): Prodromus der Hymenopteren der Tschechoslowakei, Pars 9: Apoidea, 1. – Acta faun. ent. Mus. nat. Pragae, 12: 1–122.
Königsmann, E. (1974): Hymenoptera, Hautflügler. In: rororo Tierwelt. Das Urania Tierreich in 18 Bänden. Insekten, 2: 287–395; Hamburg.
Kohler, A. (1960): Ökologische Untersuchungen an Pflanzengesellschaften des Landschaftsschutzgebietes Spitzberg bei Tübingen. Dissertation Univ. Tübingen.
Koller, F. (1955): Die Meloiden als Parasiten bei Wildbienen. – Naturkundl. Jb. Stadt Linz, 1955: 295–302.
– (1958): Beiträge zur Kenntnis der Schmarotzerbienen des Linzer Raumes und Oberösterreichs. – Naturkundl. Jb. Stadt Linz, 1958: 243–264.
– (1959): Beitrag zur Kenntnis der parasitären Bienen des Linzer Raumes und Oberösterreichs, II. – Naturkundl. Jb. Stadt Linz, 1959: 65–80.
Koller, F. & H.H. F. Hamann (1950): Nestbau von Osmia mitis Nyl. (= montivaga Mor.) (Hymenopt., Apidae). – Naturkundl. Mitt. Oberösterr., 2: 16–17.
Kopelke, J.P. (1982): Funktion der Genitalstrukturen bei Bombus-Arten am Beispiel von B. lapidarius (Linnaeus 1758) und deren Bedeutung für die Systematik (Insecta: Hymenoptera: Apidae). – Senckenbergiana biol., 62 (1981): 267–286.
Korneck, D. (1974): Xerothermvegetation in Rheinland-Pfalz und Nachbargebieten. – Schr.-R. Vegetationskunde, 7, 196 S.
Korneck, D. & P. Pretscher (1984): Pflanzengesellschaften des Naturschutzgebietes »Mainzer Sand« und Probleme ihrer Erhaltung. – Natur u. Landschaft, 59: 307–315.
Koster, A. (1981): Hylaeus bipunctatus and its relation to Reseda in the Netherlands (Hym., Apoidea). – Nieuwsbrief European Invertebrate Survey – Netherland, 10:45–46.
– (1986a): Het genus Hylaeus in Nederland (Hymenoptera, Colletidae). – Zoologische Bijdragen, Nr. 36, 120 S.
– (1986b): Sterke uitbreiding van de Gehoornde maskerbij (Hylaeus cornutus Curtis, 1831) lang het spoor in Zuid-Limburg. – Naturhistorisch Maandblad, 75:235–238.
Kratochwil, A. (1983): Zur Phänologie von Pflanzen und blütenbesuchenden Insekten (Hymenoptera, Lepidoptera, Diptera, Coleoptera) eines versaumten Halbtrockenrasens im Kaiserstuhl – ein Beitrag zur Erhaltung brachliegender Wiesen als Lizenz-Biotope gefährdeter Tierarten. – Beih. Veröff. Naturschutz Landschaftspflege Bad.-Württ.,34: 57–108.
– (1984) Pflanzengesellschaften und Blütenbesucher-Gemeinschaften: biozönologische Untersuchungen in einem nicht mehr bewirtschafteten Halbtrockenrasen (Mesobrometum) im Kaiserstuhl (Südwestdeutschland). – Phytocoenologia, 11: 455–669.
– (1985): Beobachtungen zur Blütenbesucher-Gemeinschaft (Hymenoptera, Lepidoptera, Diptera, Coleoptera) eines aufgelassenen Halbtrockenrasens im Kaiserstuhl (Südbaden) – ein Beitrag zur Bedeutung brachliegender Wiesen für den Naturschutz. – Mitt. dtsch. Ges. allg. angew. Ent., 4: 453–456.
– (1986): Blütenökologische Beobachtungen. In: A. Schwabe, Schwarzwurzel- (Scorzonera humilis-) und Bachkratzdistel- (Cirsium rivulare-) reiche Vegetationstypen im Schwarzwald: Ein Beitrag zur Erhaltung selten werdender Feuchtwiesen-Typen. – Veröff. Naturschutz Landschaftspflege Bad.-Württ., 61: 313–319.
– (1987): Zoologische Untersuchungen auf pflanzensoziologischem Raster – Methoden, Probleme und Bei-

spiele biozönologischer Forschung. – Tuexenia, 7: 13–51.

KRATOCHWIL, A. & A. SCHWABE (1984a): Lebensraum Trockenrasen. – WWF, 1984 (2): 3–8; Frankfurt a.M. (World Wildlife Fund)

– (1984b): Trockenstandorte und ihre Lebensgemeinschaften in Mitteleuropa: Ausgewählte Beispiele. In: Ökosysteme III, Fernlehrgang Ökologie und ihre biologischen Grundlagen. 161 S.; Tübingen.

KRAUSE, A. (1979): Lößhohlwege – Schutzwürdige Biotope im Bonner Stadtgebiet. – Natur u. Landschaft, 54: 14–16.

KRAUSE, W. (1974): Das Taubergießengebiet. Beispiel jüngster Standortgeschichte in der Oberrheinaue. In: Das Taubergießengebiet, eine Rheinauenlandschaft. – Natur- u. Landschaftsschutzgebiete Bad.-Württ., 7: 147–171.

KREBS, A. & H. WILDERMUTH (1975): Kiesgruben als schützenswerte Lebensräume seltener Pflanzen und Tiere. – Mitt. naturwiss. Ges. Winterthur, 35: 1–35.

KREMER, B.P. (1984): Bauerngärten – vernachläßigtes ländliches Kulturgut. – Natur u. Museum, 114: 121–127.

KRIECHBAUMER, J. (1873): Hymenopterologische Beiträge. – Verh. zool.-bot. Ges. Wien, 23: 49–69.

KROGERUS, R. (1932): Über die Ökologie und Verbreitung der Arthropoden der Triebsandgebiete an den Küsten Finnlands. – Acta zool. fenn., 12: 308 S.

KROMBEIN, K.V. (1948): An adventive Megachile in Washington D.C. (Hymenoptera, Megachilidae). – Proc. Ent. Soc. Wash., 50: 14.

– (1967): Trap-nesting Wasps and Bees: Life Histories, Nests and Associates. – 570 S.; Washington D.C. (Smithsonian Press).

KRÜGER, E. (1920): Beiträge zur Systematik und Morphologie der mitteleuropäischen Hummeln. – Zool. Jb. Syst., 42: 289–464.

– (1939): Die Hummeln und Schmarotzerhummeln von Sylt und dem benachbarten Festland. – Schr. naturwiss. Ver. Schlesw.-Holst., 23: 28–123.

– (1941): Über die Farbenvariationen der Hummelart Bombus variabilis. – Z. Morph. Ökol. Tiere, 37: 276–386.

– (1942): Eine neue Rasse des B. lucorum aus der Umgebung von Hamburg. – Schr. Naturw. Ver. Schlesw.-Holst., 23: 253–254.

– (1949): 443. (Hym. Acul.). Hummelbeobachtungen von der Insel Sylt. – Bombus, 1: 247–248.

– (1951): Über die Bahnflüge der Männchen der Gattungen Bombus und Psithyrus (Bombidae Hymenopt.). – Z. f. Tierpsychol., 8: 61–75.

KRÜGER, H. (1983): Dachbegrünung – ein Beitrag zur Verbesserung unserer Umweltbedingungen. – Veröff. Naturschutz Landschaftspflege Bad.-Württ., 55/56: 239–296.

KRÜSS, A. & C. LANGE (1986): Zur Aculeatenfauna der Nordseeinsel Helgoland (Hymenoptera). – Seevögel, 6 (1985): 42–47 (Festschrift Vauk).

KRUSEMANN, G. (1947): Tabellen tot het bepalen van de Nederlandse soorten der Genera Bombus Latr. en Psithyrus Lep. – Tijdschr. Ent., 88: 173–188.

KÜHL, A. (1979): Untersuchungen zum Blüteneinbruch durch Hummeln. – Zulassungsarbeit Fachbereich Biologie Univ. Tübingen; 159 S.

KUGLER, H. (1936): Die Ausnutzung der Saftmalsumfärbung bei den Roßkastanienblüten durch Bienen und Hummeln. – Ber. Dt. Bot. Ges., 54: 394–400.

– (1960): Wechselbeziehungen zwischen Blumen und Insekten. – Naturwiss. Rundschau, 4: 130–133.

– (1970): Einführung in die Blütenökologie. – 2. Aufl., 345 S.; Stuttgart.

– (1972): Zur Bestäubung von Salvia sclarea L. durch Holzbienen (Xylocopa violacea L.). – Österr. Bot. Z., 120: 77–85.

KULIKE, H. (1982): Untersuchungen zur Frage des Alarmierung- und Abwehrverhaltens von Honigbienen (Apis mellifera L.) gegenüber Hornissen (Vespa crabro F.). – Apidologie, 13: 85–86.

KULIKE, H. & B. STRAUSS (1987): Zur Struktur und Funktion des Hymenopterenstachels. – Amts- und Mitteilungsblatt Bundesanstalt f. Materialprüfung, 16 (4): 519–550.

KULLENBERG, B. (1961): Studies in Ophrys pollination. – Zool. Bidr. Uppsala, 34: 1–340.

– (1973): New observations on the pollination in Ophrys. – Zoon, Suppl., 1: 9–14.

KULLENBERG, B., G. BERGSTRÖM, B. BRINGER, B. CARLSBERG & B. CEDERBERG (1973): Oberservations on scent marking by Bombus Latr. and Psithyrus Lep. males (Hym., Apidae) and localization of site of production of the secretion. – Zoon, Suppl. 1: 23–30.

KULLENBERG, B., G. BERGSTRÖM & S. STÄLLBERG-STENHAGEN (1970): Volatile components of the marking secretion of male bumble-bees. – Acta Chem. Scand., 24: 1481–1482.

KULLENBERG, B., H. BÜEL & B. TKALCŮ (1984): Übersicht von Beobachtungen über Besuche von Eucera- und Tetralonia-Männchen auf Ophrys-Blüten (Orchidaceae). – Nova Acta Reg. Soc. Sci. Upsaliensis, Ser. V:C, 3:27–39.

KUNZ, P. (1981): Aculeate Hymenopteren in Lößhohlwegen bei Zeutern/Baden. – Zulassungsarbeit Zool. Inst. Univ. Karlsruhe, 66 S.

KURTAK, B.H. (1973): Aspects of the biology of the European bee Anthidium manicatum in New York State. – Ms Thesis Cornell Univ., Ithaca.

LABOULBÈNE, A. (1873): Note sur la nidification de l'Heriades truncorum et sur l'Anthrax aethiops parasite de cet Hyménoptère. – Ann. Soc. ent. France, 3: 57–60.

LAMPERT, K. (1886): Die Maurerbiene und ihre Schmarotzer. – Jahresh. Ver. vaterl. Naturk. Württ., 42: 89–101.

– (1895): Tierreich. In: Beschreibung des Oberamts Cannstatt, S. 116–140; Stuttgart.

LANG, G. (1963): Die Vegetation des westlichen Bodenseegebiets. – Pflanzensoziol, 17, 451 S.; Jena (G. Fischer).

LARSEN, O., G. GLEFFE & J. TENGÖ (1986): Vibration and sound communication in solitary bees and wasps. – Physiol. Entomology. 11: 287–296

LATREILLE, P.A. (1802): Observations sur l'abeille tapissière de Réaumur. In: Histoire Naturelle des Fourmis etc., S. 297–307; Paris.

– (1804): Observations sur l'abeille parietine (Anthophora parietina F.). – Ann. Mus. Hist. Nat., 3: 251.

LATTIN, G. DE (1967): Grundriß der Zoogeographie. 602 S.; Stuttgart (G. Fischer).

LAUTERBORN R. (1921a): Zur Charakteristik der Pflanzenwelt am nordwestlichen Bodensee. – Mitt. bad. Landesver. Naturk. Naturschutz, N.F. 1: 202–204.

– (1921b): Faunistische Beobachtungen aus dem Gebiete des Oberrheins und des Bodensees. 1. u. 2. Reihe. – Mitt. bad. Landesver. Naturk. Naturschutz, N.F. 1: 113–124, 196–201.

– (1922): Faunistische Beobachtungen aus dem Gebiete des Oberrheins und des Bodensees. 3. Reihe. – Mitt. bad. Landesver. Naturk. Naturschutz, N.F. 1: 241–248.

– (1924): Faunistische Beobachtungen aus dem Gebiete des Oberrheins und des Bodensees. 3. Reihe. – Mitt. bad. Landesver. Naturk. Naturschutz, N.F. 1: 284–290.

– (1925): Faunistische Beobachtungen aus dem Gebiete des Oberrheins und des Bodensees. 5. Reihe. – Mitt. bad. Landesver. Naturk. Naturschutz, N.F. 1: 353–358.

LECLERCQ, J. (1982): Inventaire des abeilles et des guêpes solitaires (Hymenoptera Aculeata) trouvées dans le centre urbain de Liège. – Bull. Soc. R. Sci. Liège, 51: 121–130.

LECLERCQ, J. & A. JACOB-REMACLE (1982): Andrena barbareae Panzer dans le sud du Luxembourg belge et sa voisine cineraria (L.) en Belgique. – Lambillionea, 81: 79–85.

LECOMTE, J. (1955): Observations sur le comportement d'abeilles vivant en serres chaudes durant l'hiver. – Apiculteur (sect. sci.), 5: 39–42.

LEFEBER, V. (1969a): Interessante vangsten van Hymenoptera Aculeata in 1967 en 1968. – Entomologische Berichten, 29: 77–80.

– (1969b): De Aculeaten van de St. Pietersberg, met inbegrip van Louwberg en Jekerdal. – Entomologische Berichten, 29: 224–240.

– (1973): Interessante vangsten van Hymenoptera Aculeata in 1971. – Entomologische Berichten, 33: 149–154.

– (1974):Interessante vangsten van Hymenoptera Aculeata in 1972. – Entomologische Berichten, 34: 74–78.

– (1979a): Onze Zijdebijtjes en hun parasieten. – Natuurhist. Maandbl., 68: 189–199.

– (1979b): Een nest van de Lapse behangersbij (Megachile lapponica Thomson) en enkele aantekeningen over onze Nederlandse Behangersbijen. – Natuurhist. Maandbl., 68: 49–52.

– (1983a): De Aculeaten van ons Waddendistrict I. De bijen (Hym., Apoidea). – Entomologische Berichten, 43: 33–39.

– (1983b): Bijen en wespen (Hymenoptera, Aculeata) binnen de stedelijke bebouwing van Maastricht. – Natuurhist. Maandbl., 72: 143–146; 253–255.

– (1984): De invertebratenfauna van de Zuidlimburgse kalkgraslanden. Bijen (Hymenoptera Apoidea). – Natuurhist. Maandbl., 73: 231–237.

LEGEWIE, H. (1922): Beiträge zur Biologie der Bienengattung Halictus. – Mitt. bad. Landesver. Naturk. Naturschutz, 1: 235–237.

– (1925a): Zur Theorie der Staatenbildung. 1. Die Biologie der Furchenbiene Halictus malachurus K. – Z. Morph. Ökol. Tiere, 3: 619–684.

– (1925b): Zur Theorie der Staatenbildung. 2. – Z. Morph. Ökol. Tiere, 4: 246–300.

– (1925c): Zum Problem des tierischen Parasitismus. I. Die Lebensweise der Schmarotzerbiene Sphecodes monilicornis K. (= subquadratus Sm.) (Hym. Apid). – Z. Morph. Ökol. Tiere, 4: 430–464.

– (1927): Hauptprobleme des Insektenstaates. I. Geschlechtsbestimmung, Verwandtschaftsverhältnisse und Staatenbildung. – Dt. Ent. Z., 1927: 1–25.

LEHMANN, W. (1961): Über die Verwendung von Gelbschalen zur Ermittlung der Apidenfauna des Rapsfeldes. – Biol. Beitr., 1: 119–126.

LEHMENSICK, R. (1956): Erfolgreiche Versuche zur Hummelzucht in geschlossenen Räumen. – Zool. Anz., 157: 110–113.

LEHMENSICK, R. & G. STEIN (1958): Biologische Beobachtungen an einem polygynen Nest von Bombus hypnorum L. – Zool. Jb. Syst., 86: 71–84.

LEININGER, M. (1921): Über einige bemerkenswerte Tier- und Pflanzenfunde. – Mitt. bad. Landesver. Naturk. Naturschutz, N.F. 1: 127–129.

– (1922): Beiträge zur Kenntnis der badischen Insektenfauna I. u. II. – Verh. naturforsch. Ges. Karlsruhe, 28: 81–98.

– (1924): Hymenopterologische Beiträge zur Fauna Badens. – Mitt. bad. ent. Ver., 1: 64–67; 116–123.

– (1927) Beiträge zur Kenntnis der badischen Insektenfauna. V. – Arch. Insektenkde. Oberrheingebiet, 2: 203–210.

– (1951): Über Bienen, Grab-, Weg-, Faltenwespen und Ameisen aus dem badischen Oberrheingebiet (Hym. Aculeata). – Beitr. naturkl. Forsch. Südw.-Dtl., 10: 113–136.

– (1953): Über einige bemerkenswerte Bienen, Wespen und Ameisen aus Baden. – Mitt. bad. Landesver. Naturk. Naturschutz, N.F. 6: 17–21.

LELLO, E. DE (1971): Adnexal glands of the sting apparatus of bees: Anatomy and histology, I (Hym., Colletidae and Andrenidae), II (Hym., Halictidae). – J. Kansas Ent. Soc., 44: 5–13, 14–20.

LEPNITZ, M. (1987): Holzbienen: Xylocopa violacea L. u. Xylocopa valga Gerst. Eine Seltenheit oder nur ein Irrgast in unserem Raum? – Mitt. Ent. Ver. Stuttgart, 21: 89.

LEYDIG, F. (1867): Thierreich. In: Beschreibung des Oberamts Tübingen, S. 41–84; Stuttgart.

LEYS, L. (1978): On the biology of Andrena ferox Smith (Hymenoptera, Aculeata; Andrenidae). – Entomologische Berichten, 38: 38–60.
LICHTENSTEIN, M.J. (1979a): (Colletes et Sitaris). – Bull. Soc. ent. France, 1879: XXV.
– (1879b): (Nidification du Chalicodoma). – Bull. Soc. ent. France, 9: XXXV.
LIEFTINCK, M.A. (1934): Megachile centuncularis L. en hare nestbekleeding. – Entomologische Berichten, 9: 42–45.
– (1957): De slobkousbij en haar gewoonten. – Levende Natuur, 60: 121–128.
– (1968): A review of Old World species of Thyreus Panzer (= Crocisa Jurine) (Hym., Apoidea, Anthophoridae) Part 4. Palearctic species. – Zool. Verh., 98: 1–139.
– (1980): Prodrome to a monograph of the Palaearctic species of the genus Melecta Latreille 1802 (Hymenoptera, Anthophoridae). – Tijdschr. Ent., 123: 129–349.
LIN, N. (1964): Increased parasitic pressure as a major factor in the evolution of social behavior in halictine bes. – Insectes Sociaux, 11: 187–192.
LINCK, O. (1954): Der Weinberg als Lebensraum. – Öhringen (Hohenlohe'sche Buchhandlung).
– (1965) Muß am Ende unserer Historischen Weinberglandschaft eine reine »Rebensteppe« stehen? – Schwäb. Heimat, 16: 164–179.
LIND, H. (1968): Nest-provisioning cycle and daily routine of behaviour in Dasypoda plumipes (Hym., Apidae). – Ent. Meddr., 36: 343–372.
LINDAUER, M. (1951): Bienentänze in der Schwarmtraube. – Naturwiss., 38: 509–513.
– (1955): Schwarmbienen auf Wohnungssuche. – Z. vergl. Physiol., 37: 263–324.
– (1975): Verständigung im Bienenstaat. – Stuttgart (G. Fischer).
LINSLEY, E.G. (1958): The ecology of solitary bees. – Hilgardia, 27: 543–599.
– (1963): The colletid Ptiloglossa arizonensis Timberlake, a matinal pollinator of Solanum. – Pan-Pac. Ent., 38: 75–82.
LINSLEY, E.G. & J.W. MACSWAIN (1955): The habits of Nomada opacella Timberlake with notes on other species (Hym., Anthophoridae). – Wasman J. Biol., 13: 253–276.
LINSLEY, E.G. & J.W. MACSWAIN (1957): The nesting habits, flower relationships and parasites of some North American species of Diadasia. – Wasman J. Biol., 15: 199–235.
LINSLEY, E.G., J.W. MACSWAIN & P.H. RAVEN (1963–1964): Comparative behavior of bees and Onagraceae I–III. – Univ. Calif. Publ Ent., 33 (1): 1–24, 25–58; 33 (2): 59–98.
LINSLEY, E.G., J.W. MACSWAIN, P.H. RAVEN & R.W. THORP (1973): Comparative behavior of bees and Onagraceae V. – Univ. Calif. Publ Ent., 71: 1–68.
LINSLEY, E.G., J.W. MACSWAIN & R.F. SMITH (1955): Observations on the nesting habits and flower relationships of some species of Melandrena (Hym., Andrenidae). – Pan-Pac. Ent., 31: 173–185.
LITH, J.P. VAN (1937a): Het zijdebijtje en haar nest. – Levende Natuur, 41: 305–308.
– (1937b): Enkele nieuwe bijen en wespen voor de Nederlandse fauna. – Levende Natuur, 42: 209–213.
– (1939: Onze hoornbijen. – Levende Natuur, 44: 20–22.
– (1940a): De wolbijen. – Levende Natuur, 44: 285–287.
– (1940b): Megachile argentata (= leachella). – Levende Natuur, 44: 345.
– (1947): A Note on the Biology of Anthophora acervorum L. (Hym. Apid.). – Entomologische Berichten, 12: 197–200.
– (1949): Epeolus rozenburgensis nov. spec. – Tijdschr. Ent., 91: 105–112.
– (1955a): Een nest van Xylocopa violacea L. – Entomologische Berichten, 15: 452–452.
– (1955b): Biologie van Melittobia acasta Walker (Hymenoptera, Chalcidoidea). – Tijdschr. Ent., 98: 29–42.
– (1956): Notes on Epeolus (Hymenoptera Aculeata, Apidae). – Tijdschr. Ent., 99: 31–46.
– (1957): On the biology of Chelostoma florisomne (L.) (Apidae, Megachilinae) and its parasite Sapyga clavicornis (L.) (Sapygidae, Sapyginae) (Hymenoptera). – Tijdschr. Ent., 100: 115–123.
LITZELMANN, E. (1966): Die Pflanzenwelt des Isteiner Klotz. In: Der Isteiner Klotz. – Natur. u. Landschaftsschutzgebiete Bad.-Württ., 4: 117–245.
LÖHRL, H. (1960): Vogelschutz in Haus und Hof. – Kosmos, 1960: 460–461.
LØKEN, A. (1961): Bombus consobrinus Dahlb., an oligolectic bumble bee (Hymenoptera, Apidae). – Trans. 11th Intern. Congr. Ent. 1960, I, S. 598–603.
– (1973): Studies in Scandinavian bumble-bees (Hymenoptera, Apidae). – Norsk Ent. Tidskr., 20: 1–218.
– (1977): The biology and seasonal activity of the tundra species in the Scandinavian bumble bee fauna (Hym., Apidae). – Norw. J. Ent., 24: 153–157.
– (1981): Flower-visiting insects and their importance as pollinators. – Bee World, 62: 130–140.
– (1984): Scandinavian species of the genus Psithyrus Lepeletier (Hymenoptera: Apidae). – Ent. scand. Suppl., 23: 1–45.
LOEW, W. (1884): Beobachtungen über den Blumenbesuch von Insekten an Freilandpflanzen des Botanischen Gartens zu Berlin. – Jb. königl. bot. Garten Berlin, 3: 69–118, 253–296.
LOHMANN, M. (1986): Naturinseln in Dorf und Stadt. Vergessene Lebensgemeinschaften erkennen, schützen und fördern. – 191 S., München, Wien, Zürich (BLV).
LOHMEYER, W. (1975a): Rheinische Höhenburgen als Refugien für nitrophile Pflanzen. – Natur u. Landschaft, 50: 311–318.
– (1975b): Zur Kenntnis der anthropogenen Flora und Vegetation des Tomberges bei Rheinbach im Rhein-Siegkreis. – Beitr. naturk. Forsch. Südw.-Dtl., 34: 209–213.
– (1983): Liste der schon vor 1900 in Bauerngärten der Gebiete beiderseits des Mittel- und südlichen Niederrheins kultivierten Pflanzen (mit 3 Gartenplänen). – Aus Liebe zur Natur, 3: 109–132; Bonn.

LOHMEYER, W. & P. PRETSCHER (1982): Zur Kenntnis der Flora, Vegetation und Fauna eines schützenswerten Lößhohlweges am Hauptterrassenabhang in Bonn-Bad Godesberg. – Natur u. Landschaft, 57: 195–204.
LOMHOLDT, O. (1977): De danske blodbier, Sphecodes (Hymenoptera, Apidae). – Ent. Meddr., 45: 99–108.
– (1980): Hylaeus pectoralis Förster, 1871 – en ny dansk bi (Hymenoptera: Apidae). – Ent. Meddr., 48: 15–16.
– (1982): On the origin of the bees (Hymenoptera: Apidae, Sphecidae). – Ent. scand., 13: 185–190.
LOUVEAUX, J., A. MAURIZIO & G. VORWOHL (1978): Methods of Melissopalynology. – Bee World, 59: 139–157.
LOWE, D.G. (1979): Megachile rotundata reinstated. – Bee World, 60 (4): 187–188.
LOZINSKI, P. (1911): Über einen eigentümlichen Nestbau von Osmia bicornis L. – Z. wiss. InsBiol., 7: 223–230, 316–322.
LUCAS, H. (1851): (Sur le nid de la Chalicodoma muraria F.). – Bull. Soc. ent. France, 2: XLIV. – (1868): Étude pour servir a l'histoire naturelle de la vie évolutive Xylocopa violacea. – Ann. Soc. ent. France, 8: 727–736.
– (1879): (Nidification de Megachile centuncularis.). – Bull. Soc. ent. France, 9: XXXV.
MAA, T. (1954): The 3rd Danish Expedition to Central Asia. Zoological Results 14. The Xylocopine Bees (Insecta) of Afghanistan. – Vidensk. Medd. Dansk. naturhist. Foren., 116: 189–231.
MABELIS, A. (1987): Gevolgen van het uitzetten van bijenvolken voor andere bloembezoekers. – Bijentelt, 89: 95–97.
MACFARLANE, R.P. (1988): Bombus terrestris (L.) – Does a change in its useage really serve science? – Melissa, 3; 7–9.
MACFARLANE R.P. & R.P. GRIFFIN (1985): An assessment of bumble bees and honey bees als pollinators of red clover. – Proc. 4th Australasian Conf. on Grassland Invert. Ecol., Lincoln College, Canterbury, 1985, S. 114–120.
MACIOR, L.W. (1978): Pollination ecology of vernal angiosperms. – Oikos, 30: 452–460.
MADDOCKS R. & H.F. PAULUS (1987): Quantitative Aspekte der Brutbiologie von Osmia rufa L. und Osmia cornuta Latr. (Hymenoptera, Megachilidae): Eine vergleichende Untersuchung zu Mechanismen der Konkurrenzminderung zweier nahverwandter Bienenarten. – Zool. Jb. Syst., 114: 15–44.
MADEL, G. (1977): Vergiftungen von Hummeln durch den Nektar der Silberlinde Tilia tomentosa Moench. – Bonn. Zool. Beitr., 28: 149–154.
MADER, D. (1980): Zur Substrat-Gebundenheit von Nestbauten der solitären Urbiene Colletes daviesanus (Hymenoptera: Colletidae). – Ent. Gen., 6: 57–63.
– (1981a): Beiträge zur Substrat-Gebundenheit von Nestbauten der solitären Urbiene Colletes daviesanus (Hymenoptera: Colletidae) in quartären Sedimenten im Norden der Bundesrepublik Deutschland. – Zool. Jb. Syst., 108: 84–93.
– (1981b): Beiträge zur Substrat-Gebundenheit von Nestbauten der solitären Urbiene Colletes daviesanus (Hymenoptera: Colletidae) im Buntsandstein der Südeifel. – Zool. Jb. Syst., 108: 165–177.
– (1982): Lokale Substratselektion und Auswahl gesteinsspezifischer Standorte zur Anlage von Nestbauten der solitären Urbiene Colletes daviesanus (Hymenoptera: Colletidae). – Zool. Jb. Syst., 109: 521–544.
MADER, H.J. (1980): Die Verinselung der Landschaft aus tierökologischer Sicht. – Natur u. Landschaft, 55: 91–96.
– (1982): Die Tierwelt der Obstwiesen und intensiv bewirtschafteten Obstplantagen im quantitativen Vergleich. – Natur u. Landschaft, 57: 371–377; Stutgart.
MAETA, Y. & T. KITAMURA (1964): Studies on the apple pollination by Osmia (1) Idea and present condition in utilizing Osmia as pollinators of the apples in Japan. – Tohoku Konchu Kenkyu, 1: 45–52 (in japanisch mit englischer Zusammenfassung).
MAETA, Y. & T. KITAMURA (1965): Studies on the apple pollination by Osmia 2. Characteristics and underlying problems in utilizing Osmia. – Kontyu, 3391: 17–34 (in japanisch mit englischer Zusammenfassung).
MALEC, F. (1986): Auffällige Großinsekten als Indikator-Arten für nordhessische Halbtrockenrasen. – Naturschutz in Nordhessen, 1986 (9): 73–91.
MALYSHEV, S.I. (1913): Life and instinct of some Ceratina-bees. – Horae Soc. Ent. Ross., 40: 1–58.
– (1916): Approvisionnement des alvéoles par les abeilles solitaires. – C.R. Soc. Biol., 79: 241–243.
– (1921): Sur la classification des nids des abeilles et des guêpes. – Revue Russe Ent., 17 (1917): 1–19 (in russisch mit französischer Zusammenfassung).
– (1923a): The nesting habits of Melitta leporina Panz. (Hym., Apidae). – Bull. Inst. Sci. Lesshaft, 6: 64–70 (in russisch mit englischer Zusammenfassung).
– (1923b): La nidification des Colletes Latr. (Hymenoptera Apodea). – Revue Russe Ent., 18: 103–124; Moskau (in russisch).
– (1924a): The nesting habits of long-horned bees of the subgenus Macrocera (Hymenoptera Apodea). – Bull. Inst. Sci. Lesshaft, 8: 264–266.
– (1924b): The nesting habits of Panurginus Nyl. – Bull. Inst. Sci. Lesshaft, 9: 196–200.
– (1925a): The nesting habits of Meliturga Latr. – Bull. Inst. Sci. Lesshaft, 11: 67–73 (in russisch mit englischer Zusammenfassung).
– (1925b): The nesting habits of Rhophites Spin. – Revue Russe Ent., 19: 105–110.
– (1925c): The nesting habits of spiral-horned bees, Systropha Latr. – Revue Russe Ent., 19: 21–26.
– (1925d): The nesting habits of Anthophora Latr. (Hymenoptera, Apodea). – Trav. Soc. Natur. Leningrad, 55: 137–183 (in russisch mit englischer Zusammenfassung).
– (1926): The nesting habits of Andrena F. (Hymenoptera, Apoidea). – Trav. Natural. Leningrad, Sec. Zool. Physiol., 56 (2): 25–78 (in russisch mit englischer Zusammenfassung).
– (1927a): The nesting habits of Dasypoda Latr. (Hymenoptera, Apoidea). – Trav. Soc. Nat. Leningrad, 57: 123–146.

– (1927b): Lebensgeschichte des Colletes cunicularius L. – Z. Morph. Ökol. Tiere, 9: 390–409.
– (1928): Lebensgeschichte der Anthophora acervorum L. – Z. Morph. Ökol. Tiere, 11: 763–781.
– (1929): The nesting habits of Macropis Pz. (Hym. Apoidea). – Eos, 5: 97–109.
– (1930a): Lebensgeschichte der Tetralonia malvae Rossi. – Z. Morph. Ökol. Tiere, 16: 541–558.
– (1930b): Nistgewohnheiten der Steinbienen, Lithurgus Latr. (Apoidea). – Z. Morph. Ökol. Tiere, 19: 116–134.
– (1931): Lebensgeschichte der Holzbienen, Xylocopa Latr. – Z. Morph. Ökol. Tiere, 23: 754–809.
– (1936): The nesting habits of solitary bees. – Eos, 11: 201–309.
– (1937): Lebensgeschichte der Osmien (Osmia Latr. (Hymen. Apoidea). – Zool. Jb. Syst., 69: 107–176.
– (1938): Sammeln und Erforschung der Bienen- und Wespennester. In: ABDERHALDEN, E., Handbuch der biologischen Arbeitsmethoden. IX, 7, S. 329–388; Berlin u. Wien.
– (1947): The life and instincts of the Dwarf Carpenter Bee Xylocopa iris Christ (Hymenoptera, Apoidea). – Bull. Acad. Sci. URSS, Ser. biol., 1: 53–77.
– (1965): Lebensweise und Instinkte der primitiven Schlupfwespen Gasteruptiidae (Hymenoptera). – Zool. Jb. Syst., 92: 239–288.
– (1968): Genesis of the Hymenoptera and the phases of their evolution. 319 S.; London (Methuen).
MANEVAL, H. (1925): Nidification de l'Osmia mitis Nyl. (Hym. Apidae). – Bull Soc. ent. France, 1925: 199–200.
– (1929): Notes sur quelques Hyménoptères. – Ann. Soc. ent. France, 98: 289–300.
– (1932): Notes recueillies sur les Hyménoptères. – Ann. Soc. ent. France, 101: 85–110.
– (1937): Notes sur les Hyménoptères. 5. – Revue Fr. Ent., 4: 162–181.
– (1939): Notes sur les Hyménoptères. 6. – Ann. Soc. ent. France, 108: 103–108.
MARCHAL, P.(1890): Formation d'une espèce par le parasitisme. Étude sur le Sphecodes gibbus. – Revue Scient., 45: 199.
– (1894): Combats entre Sphecodes subquadratus et Halictus malachurus. – Bull. Soc. Ent. France, 1894: 115.
MARÉCHAL, P. – (1926): Étude biologique de l'Osmia aurulenta Panz). – Bull. Biol. France Belg., 60: 561–592.
– (1932): Recherches sur deux Osmies communes: O. cornuta Latr. et O. rufa L. (Hymenoptera Apidae). – Ann. Soc. ent. France, Livre du Centenaire, 1932: 505–512.
– (1933): Sur quelques habitants des chaumes des toitures. Eriades maxillosus L. et ses parasites principalement Trichodes alvearius F. (Col. Cleridae). – Bull. Ann. Soc. ent. Belg., 1933: 227–257.
MARÉCHAL, P. & J. PETIT (1970): Note sur trois Hyménoptères aculéates nouveaux pour la Faune Belge. – Lambillionea, 68: 89–94.
MARIKOVSKAYA, T.P. (1968): New data on the biology of some species of social bees (Hymenoptera, Megachilidae) from southeast Kazakhstan. – Ent. Review, 47: 487–491.
– (1972): K biologii pchelinykh (Apoidea) yugovostochnogo kazakhstana. – Tr. Vsesoyuz. Entomol. Obshch., 55: 187–216.
MARKOWSKY, H. (1929): Zwei Vorkommen von Osmia tridentata Duf. et Perr. bei Berlin. (Hym. Apid.). – Dt. Ent. Z., 1929: 72.
– (1933): Einige seltenere Bienen aus der Umgebung Berlins und ein bemerkenswertes Nest von Megachile centuncularis L. (Hym. Apid.). – Mitt. Dt. Ent. Ges., 4: 105–106.
– (1937): Einige seltenere Bienen aus der Umgebung Berlins und eine Varietät von Ceratina cyanea K. (Hym. Apid.). – Mitt. Dt. Ent. Ges., 8: 74–76.
– (1939): Einige seltenere Bienen aus der Umgebung Berlins, die ich im Jahre 1936 erbeutete. (Hym. Apid.). – Mitt. Dt. Ent. Ges., 9: 65–66.
– (1940a): Einige seltenere Bienen aus der Umgebung Berlins. – Mitt. Dt. Ent. Ges., 9: 110–111.
– (1940b): Beobachtungen an einem Nest von Osmia tridentata Duf. & Perr. – Mitt. Dt. Ent. Ges., 9: 111–112.
– (1944): Einige seltenere Bienen aus der Umgebung Berlins. – Mitt. Dt. Ent. Ges., 12 (1943): 34–35.
MATTERN, H., R. WOLF & J. MAUK (1979): Die Bedeutung von Wacholderheiden im Regierungsbezirk Stuttgart sowie Möglichkeiten zu ihrer Erhaltung. – Veröff. Naturschutz Landschaftspflege Bad.-Württ., 49/50: 9–29.
MAURIZIO, A. & I. GRAFL (1982): Das Trachtpflanzenbuch. 3. Aufl., 364 S., München (Ehrenwirt).
MAUSS, V. (1987): Bestimmungsschlüssel für die Hummeln der Bundesrepublik Deutschland. – 50 S.; Hamburg (Deutscher Jugendbund für Naturbeobachtung).
MAY, D.G. K. (1970): Brood Care in Halictid Bees. – Science, 170: 651–652; New York.
MAY, E. (1927): Ein Bienennest in einem Reagenzglas. – Natur u. Museum, 57: 209–217.
MAYER, D.F. & C.A. JOHANSEN (1978): Bionomics of Meloe niger Kirby (Coleoptera: Meloidae) a predator of the Alkali bee, Nomia melanderi Cockerell (Hymenoptera: Halictidae). – Melanderia, 28: 1–22.
MAYET, V. (1875): Moeurs du Colletes succinctus. – Ann. Soc. ent. France, 5: 77–80.
MAYR, E. (1967): Artbegriff und Evolution. – 617 S.; Hamburg, Berlin (P. Parey).
– (1975): Grundlagen der zoologischen Systematik. – 370 S.; Hamburg, Berlin (P. Parey).
MCGINLEY, R.J. (1980): Glossal morphology of the Colletidae and recognition of the Stenotritidae at the family level (Hymenoptera, Apoidea). – J. Kansas Ent. Soc., 53: 539–552.
– (1981): Systematics of the Colletidae based on mature larvae with phenetic analysis of apoid larvae (Hymenoptera; Apoidea). – Univ. Calif. Press, 91: 1–307.

MEDLER, J.T. (1959): A note on Megachile centuncularis (Linn.) (Hymenoptera: Megachilidae) in Wisconsin. – Can. Ent., 91: 113–115.
– (1964): Anthophora (Clisodon) terminalis Cresson in Trap-nests in Wisconsin (Hymenoptera: Anthophoridae). – Can. Ent., 96: 1332–1336.
MEDVEDEVA, G.S. (1978): The identification of the insects of of the European part of the USSR. Vol. 3. Hymenoptera. Part one.– Oprodelitely Faune SSSR, No. 119: 3–584 (in russisch).
MEEUSE, B. & S. MORRIS (1984): Blumen-Liebe. Sexualität und Entwicklung der Pflanzen. 152 S.; Köln (DuMont).
MEHELY, L. (1935): Naturgeschichte der Urbienen. – Jena (G. Fischer).
MEIDELL, O. (1945): Notes on the pollination of Melampyrum pratense and the »honey stealing« of bumblebees and bees. – Bergens Mus. Arb., 11: 5–12.
– (1958): A terrarium to investigate solitary and parasitic bees in an artificial climate. – Univ. Bergen, Arb. naturvitenskapelig rekke, 5: 1–16; Bergen.
– (1967) Notes on Stylops males and the biology of the host, Andrena wilkella (Kirby) (Streps., Hym). – Opusc. Entom., 32: 97–98.
– (1968): Bombus jonellus (Kirby) (Hym., Apidae) has Two Generations in a Season. – Norsk. ent. Tidskr., 15: 31–32.
MEISEL, K. (1985): Gefährdete Ackerwildkräuter – historisch gesehen. – Natur u. Landschaft, 60: 62–66.
MEISEL, K. & A. VON HÜBSCHMANN (1973): Grundzüge der Vegetationsentwicklung auf Brachflächen. – Natur u. Landschaft, 48: 70–74.
MELANDER, A.L. & C.T. BRUES (1903): Guests and parasites of the burrowing bee Halictus. – Biol. Bull., 5: 1–27.
MENZEL, R., J. ERBER & T. MASUHR (1974): Learning and Memory in the Honeybee. In: BROWNE (Hrsg.), Experimental Analysis of Insect Behaviour, S. 195–217; Berlin, Heidelberg, New York (Springer).
METZ, C.W. (1911): A revision of the Genus Prosopis in North America. – Trans. Amer. Ent. Soc., 37: 85–156.
METZGER, A. (1891): Nachträge zur Fauna von Helgoland. – Zool. Jb. Syst., 5: 907–919.
MEYER, H. (1913): Biologische Verhältnisse einheimischer Hymenopteren zur Winterzeit. – Verh. nat. Ver. Rheinl.-Westf., 69 (1912): 341–390.
MEYER, K.O. (1958): Ergänzungen zur Apidenfauna des Naturschutzgebietes Lüneburger Heide. – Bombus, 2: 34.
MEYER, R. (1921): Die Pollensammelapparate der bauchsammelnden Bienen (Gastrilegidae). – Jenaische Z. Naturwiss., 57: 229–268.
MEYER-HOLZAPFEL, M. (1984): Zur Ethologie des Männchens der Trugbiene (Panurgus banksianus Kirby) (Hymenoptera, Apidae). Feldbeobachtungen und -experimente. – Z. f. Tierpsychol., 64: 221–252.
MICHELBACHER, A.E. & P.D. HURD (1954): Monodontomerus montivagus Ashmead, a parasite of Megachile centuncularis (Linnaeus). – Pan-Pacific Ent., 30: 146.
MICHELI, L. (1929): Note biologiche e morphologiche sugli Imenotteri. 1. – Boll. Soc. ent. ital., 61: 34–43.
– (1930): Note biologiche e morphologiche sugli Imenotteri. 2. – Mem. Soc. ent. ital., 9: 46–66.
– (1931): Note biologiche e morfologiche sugli Imenotteri. 3. – Atti Soc. Ital. Sci. Nat. Mus. Civ. Storia Nat., 70: 19–28.
– (1933): Note biologiche e morfologiche sugli Imenotteri. 4. – Mem. Soc. Ent. Ital., 12: 5–15.
– (1934): Note biologiche e morphologiche sugli Imenotteri. 5. – Boll. Soc. Ent. Ital., 66: 246–252.
– (1935): Note biologiche e morfologiche sugli Imenotteri 7. – Boll. Soc. venez. Storia Naturale, 1: 126–134.
– (1936): Note biologiche e morphologiche sugli Imenotteri. 6. – Atti Soc. ital. Sci. nat., 75: 5–16.
– (1937): Note biologiche e morphologiche sugli Imenotteri. 8. Megachile nigriventris Schenck (Apidi) – Solierella xambeui Gir. (Sfegidi). – Atti Soc. ital. Sci. nat., 76: 280–290.
MICHENER, C.D. (1944): Comparative external morphology, phylogeny and a classification of the bees (Hymenoptera). – Bull. Am. Mus. nat. Hist., 82: 151–326.
– (1962): Observations on the classification of the bees commonly placed in the genus Megachile (Hymenoptera: Apoidea). – J. New York ent. Soc., 70: 17–29.
– (1965): A classification of the bees of the Australian and South Pacific Regions. – Bull. Amer. Mus. Nat. Hist., 130: 1–362.
– (1969): Comparative social behavior of bees. – Ann. Rev. Ent., 14: 299–342.
– (1974): The Social Behavior of the Bees. A Comparative Study. – XII + 404 S.; Cambridge, Mass. (Harvard University Press).
– (1978): The classification of Halictine bees: tribes and old world nonparasitic genera with strong venation. – Univ. Kansas Sci. Bull., 51: 501–538.
– (1979): Biogeography of the bees. – Ann. Missouri Bot. Gard., 66: 277–347.
– (1981): Classification of the bee family Melittidae with a review of species of Meganomiinae. – Contrib. Amer. Ent. Inst., 18; 135 S.; Ann Arbor.
– (1983): Lasioglossum umbripenne. In: JANZEN, D.H. (Hrsg.), Costa Rican Natural History. S. 732–733; Chicago (Chicago Univ. Press).
MICHENER, C.D. & R.W. BROOKS (1984): A comparative study of the glossae of bees (Apoidea). – Contr. Amer. Ent. Inst., 22 (1): 1–73.
MICHENER, C.D. & L. GREENBERG (1980): Ctenoplectridae and the origin of long-tongued bees. – Zool. J. Linn. Soc., 69: 183–203.
MICHENER, C.D. & W.E. LABERGE (1954): A large Bombus nest from Mexico. – Psyche, 61 (2): 63–67.
MICHENER, C.D. & C.W. RETTENMEYER (1956): The Ethology of Andrena erythronii with Comparative Data on Other Species (Hymenoptera, Andrenidae). – Univ. Kansas Sci. Bull., 37: 645–684.
MINGO, E. & A. COMPTE (1963): Los Scolioidea de Baleares (Himenoptera). – Bol. R. Soc. Esp. Hist. Nat. (B), 61: 69–96.

MIOTK, P. (1979a): Das Lößwandökosystem im Kaiserstuhl. – Veröff. Naturschutz Landschaftspflege Bad.-Württ., 49/50: 159–198.
– (1979b): Die Lößwand im Kaiserstuhl – Werden und Vergehen einer Biozönose. – Ber. Int. Symp. Int. Ver. Vegetationskde. (TÜXEN, Hrsg.): Werden und Vergehen von Pflanzengesellschaften, S. 617–630; Vaduz (J. Cramer).
– (1981–1982): Zur Fauna des Naturschutzgebietes »Hainholz«. – Ber. natur-hist. Ges. Hannover, 124 (1981): 113–154; 125 (1982):229–249.
– (1983): Das Eriskircher Ried – Ein Führer durch das bedeutendste Naturschutzgebiet am nördlichen Bodenseeufer. – Führer Natur- und Landschaftsschutzgebiete Bad.-Württ., 6: 1–188.
MITCHELL, T.B. (1960): Bees of the eastern United States. – Tech. Bull. North Carolina Agr. Exp. Station, 141: 1–538.
MOCSARY, A. (1884): Charakteristische Daten zur Hymenopterenfauna Siebenbürgens. – Termesz. Füz., 8: 218–226.
– (1894): E Fauna Apidarum Hungariae. – Termesz. Füz., 17: 34–37.
MÓCZÁR, L. (1938): Zur Ökologie zweier Apiden. – Zool. Anz., 123: 90–95.
– (1946): Megfigyelesek a Tihany-felsziget partszakadekain. (Beobachtungen bei Uferabstürzen der Halbinsel Tihany). – Rovart. Közlem, 1: 35–46 (in ungarisch mit deutscher Zusammenfassung).
– (1954a): Systematik, Verbreitung und Ökologie der Gattungen Eucera Latr. und Tetralonia Spin. (Hym.). – Ann. Hist.-Nat. Mus. Nat. Hung., 5: 367–386.
– (1954b): Flower-Visiting on a Meadow and a Lucerne Field. – Ann. Hist. Nat. Mus. Nat. Hung., 5: 387–399.
– (1959): The activity of the wild bees (Hym., Apoidea) in Hungarian lucerne fields. – Acta Agron. Acad. Sci. Hung., 9: 237–289.
– (1961a): Gemeinsame Nester verschiedener Hymenopteren (Trypoxylon, Odynerus, Anthoph. sp.). – Zool. Anz., 167: 448–455.
– (1961b): Beiträge zum Nestbau der Anthophora parietina var. fulvocinerea Dours (Hym., Apoidea). – Folia Ent. Hung., 14 (Nr.19): 318–326 (in ungarisch mit deutscher Zusammenfassung).
– (1961c): The distribution of wild bees in the lucerne fields of Hungary – Hymenoptera, Apoidea. – Ann. Hist. Nat. Mus. Nat. Hung., 53: 451–461.
– (1970): Ethologische Ergebnisse an Hymenopteren. – Acta Biol. Szeged, 16: 15–23.
– (1973): Eindringen solitärer Hymenopteren in das Nest fremder Arten (Fam.: Eumenidae, Sphecidae, Megachilidae). – Acta biol. Szeged, 19: 143–146.
– (1977): Das Nest von Bombus alticola Kriechbaumer (Hymenoptera: Apidae). – Acta biol. Szeged, 23: 133–138.
MÓCZÁR, L. & M. SCHWARZ (1968): A Nomada-, Ammobates-, Pasites- es Parammobates nemek faunakatalogusa (Cat. Hym., XXIII). – Folia Ent. Hung., 21: 338–360.
– (1970): A Sphecodes Latr. fajok faunakatalogusa (Cat. Hym. XXIV). – Folia Ent. Hung., 23: 209–219.
MÓCZÁR, L. & K. WARNCKE (1972): Faunenkatalog der Gattung Andrena Fabricius (Cat. Hym. XXVI.). – Acta Biol. Szeged., 18: 185–221.
MOESCHLER, A. (1938): Ein Beitrag zur Bienenfauna in Ostpreußen, insbesondere der Kurischen Nehrung. – Schr. Physik.-ökon. Ges. Königsberg, 70: 243–288.
MOLDENKE, A.R. (1976): Evolutionary history and diversity of the bee faunas of Chile and Pacific North America. – Phytologia, 34: 147–178.
– (1979): Host plant co-evolution and the diversity of bees in relation to the flora of North America. – Phytologia, 43: 357–419.
MOLITOR, A. (1934): Beiträge zur Ökologie und Ethologie der Hymenopteren. I. – Boll. Ent. Bologna, 6 (1933): 151–163.
– (1936): Experimentelle Beiträge zur Ethologie der Hymenopteren. – Biol. Zentralbl., 56: 518–532.
– (1937): Zur vergleichenden Psychobiologie der akuleaten Hymenopteren auf experimenteller Grundlage. (Mit besonderer Berücksichtigung der Sphegiden). – Biol. gen., 13: 294–333.
MOORE, P.D. & J.A. WEBB (1978): An illustrated Guide to Pollen Analysis. 133 S.; London (Hodder and Stoughton).
MORAWITZ, F. (1867): Ein Beitrag zur Hymenopteren-Fauna des Oberengadins. – Horae Soc. Ent. Ross., 5: 39–71.
– (1871): Beitrag zur Bienenfauna Rußlands. – Horae Soc. Ent. Ross., 7 (1870): 305–333.
– (1872): Ein Beitrag zur Bienenfauna von Deutschland. – Verh. zool.-bot. Ges. Wien, 22: 355–388.
– (1876): Zur Bienenfauna der Caucasusländer. – Horae Soc. Ent. Ross., 12: 3–69.
MORGAN, P. & M. PERCIVAL (1967): The Rearing and Management of Bumble Bees for Students of Biology. – Bee World, 48: 48–58, 100–109.
MORGNER, F. (1973): Aufzucht von Hummelvölkern (Bombus spp.) und Blattschneiderbienen (Megachile rotundata) und ihr Einsatz zur Bestäubung kleiner Vermehrungseinheiten. – Z. Pflanzenzüchtung, 70: 246–258.
MORICE, F.D. (1901): Observations on Sphecodes. – Ent. Monthly Mag., 37: 53–58.
MORSE, G. (1977a): Resource partitioning in bumble bees: The role of behavioral factors. – Science, 197: 678–680.
– (1977b): Foraging of bumblebees: The effect of other individuals. – J. New York Ent. Soc., 85: 240–248.
– (1978): Interactions among bumble bees on roses. – Insectes Sociaux, 25: 365–371.
– (1982): Behaviour and Ecology of Bumble Bees. In: HERMANN (Hrsg.), Social Insects. Bd.3, S. 246–322.
MOURE, J.S., C.M. HURD & P.D. HURD (1987): An annotated catalog of the halictid bees of the Western Hemisphere (Hymenoptera, Halictidae). – VII + 405 S.; Washington (Smithsonian Institution Press).
MÜLLER, H. (1869): Über die Anwendung der Darwin'schen Theorie auf Blumen und blumen-besuchende In-

sekten. – Verh. naturhist. Ver. preuss. Rheinl. Westph., 26: 43–66.
– (1872): Anwendung der Darwinschen Lehre auf Bienen. – Verh. naturhist. Ver. preuss. Rheinl. Westph., 29: 1–96.
– (1873): Die Befruchtung der Blumen durch Insekten und die gegenseitigen Anpassungen beider. Leipzig (W. Engelmann).
– (1878): Weitere Beobachtungen über Befruchtung der Blumen durch Insekten. – Verh. naturhist. Ver. preuss. Rheinl. Westf., 35: 272–329.
– (1879a): Weitere Beobachtungen über Befruchtung der Blumen durch Insekten. – Verh. naturhist. Ver. preuss. Rheinl. Westf., 36: 198–267.
– (1879b): Bombus mastrucatus, ein Disteleolog unter den alpinen Blumenbesuchern. – Kosmos, 3: 422.
– (1881): Alpenblumen, ihre Befruchtung durch Insekten und ihre Anpassungen an dieselben. Leipzig (W. Engelmann).
– (1884): Ein Beitrag zur Lebensgeschichte der Dasypoda hirtipes. – Verh. naturhist. Ver. preuß. Rheinl. Westf., 41: 1–52.
MÜLLER, H. (1944): Beiträge zur Kenntnis der Bienenfauna Sachsens (Hym. Apid.). – Mitt. Dt. Ent. Ges., 13: 65–108.
MÜLLER, H. & M. SIEBER (1929): Die Bienenfauna des oberen sächsischen Erzgebirges. – Z. wiss. InsBiol., 24: 50–57.
MÜLLER, H.J. (Hrsg.) (1984): Ökologie. – 395 S.; Jena (VEB Gustav Fischer).
MÜLLER H.J. (Hrsg.) (1985): Bestimmung wirbelloser Tiere im Gelände. – 147 Tafeln u. 2. Abb.; Jena (VEB Gustav Fischer).
MÜLLER, M. (1904): Unsere Erdhummel und ihre Varietäten. – Naturw. Wochenschr., N.F. 3: 935–937.
– (1907): Zur Biologie unserer Apiden, insbesondere der märkischen Osmien. – Z. wiss. InsBiol., 3: 247–252; 280–285.
– (1911): Hymenopteren in Lipara-Gallen mit besonderer Berücksichtigung der Raubwespen Cemonus. – Ent. Rundschau, 28: 105–107, 113–114.
– (1918): Über seltene märkische Bienen und Wespen in ihren Beziehungen zur heimischen Scholle. – Dt. Ent. Z., 1918: 113–132.
– (1921): Über seltene märkische Bienen und Wespen. – Arch. Naturgesch., 87A (2): 167–169.
– (1931a): Zur Biologie unserer Wollbienen (Anthidium F.). – Z. wiss. InsBiol., 26: 141–148.
– (1931b): Über seltene märkische Bienen (Apid. Hym.). – Mitt. Dt. Ent. Ges., 2: 82–84.
MÜLLER, M. (1936): Psithyrus barbutellus Kirby und P. maxillosus Klug (Apid., Hym.). – Mitt. Dt. Ent. Ges., 6 (1935): 73–76.
MÜLLER, T. (1966): Die Wald-, Gebüsch-, Saum-, Trokken- und Halbtrockenrasengesellschaften des Spitzbergs. In: Der Spitzberg. – Natur- und Landschaftsschutzgebiete Bad.-Württ., 3: 278–475.
– (1987): Wacholderheiden und Halbtrockenrasen. Hinweise zur Pflege aus der Sicht des Pflanzensoziologen. – Bund Naturschutz Alb-Neckar, 13: 68–80; Reutlingen.
MÜLLER, T. & E. OBERDORFER (1974): Die potentielle natürliche Vegetation von Baden-Württemberg. – Beih. Veröff. Naturschutz Landschaftspflege Bad.-Württ., 6: 1–46.
MÜLLER, U.G. (1987): Dimorphic Males in the European Wool-Carder Bee Anthidium manicatum (Megachilidae: Hymenoptera). – MA Thesis, Cornell University, Ithaca. U.S.A.
MÜNSTER-SWENDSEN, M. (1968): On the Biology of the Solitary Bee Panurgus banksianus Kirby (Hymenoptera, Apidae), Including some ecological Aspects. – Arsskrift Kongelige Veterinaer og Landboh., 1968: 215–241; Kopenhagen.
– (1970): The nesting behaviour of the bee Panurgus banksianus Kirby (Hymenoptera, Andrenidae, Panurginae). – Ent. scand., 1: 93–101.
MUSALL, H. (1978): Zur historisch-geographischen Entwicklung der Rheinniederung bei Rußheim. In: Der Rußheimer Altrhein, eine nordbadische Auenlandschaft. – Natur- und Landschaftsschutzgebiete Bad.-Württ., 10: 15–47.
NADIG A. & E. STEINMANN (1972): Orthopteren (Gradflügler) und Apoiden (Bienen) am Fuße des Calanda im Churer Rheintal. – Jahresber. Naturforsch. Ges. Graubünden, 95: 1–88.
NELSON, M. (1975): Colletes cunicularius and other aculeate Hymenoptera from Sandscale Dunes, North Lancashire. – Entom. Gazette., 26: 133–134.
NEUMANN, W. (1954): Neuere Untersuchungen über die Giftstoffe von Bienen und Schlangen. – Naturwiss., 41: 322–436.
NEWPORT, G. (1845): On the Habits of Megachile centuncularis. – Trans. ent. Soc. London, 4: 1–3.
NEVINSON, E.B. (1904): Aculeate Hymenoptera at Lyme Regis. – Ent. Monthly Mag., 4: 13–124.
NIELSEN, E.T. (1934): Sur les habitudes des Hyménoptères aculéates-solitaires. IV. – Ent. Meddr., 18: 421–472.
NIELSEN, I.C. (1901): Biologische Studien über einige Grabwespen und solitäre Bienen. – Allg. Z. Ent., 6: 307–308.
– (1902): Biologiske Studier over danske enlige Bier og derer Snyltere. – Ent. Meddr., 1902: 75–106.
– (1903): Über die Entwicklung von Bombylius pumilis Meig., eine Fliege, welche bei Colletes daviesanus Sm. schmarotzt. – Zool. Jb. Syst., 18: 647–658.
NIEMEYER-LÜLLWITZ, A. (1987): Hummelsterben unter der Silberlinde. – LÖLF-Mitteilungen, 1987, Heft 3, S. 41–42.
NIEMELÄ, P. (1936): Mitteilungen über die Apiden (Hym.) Finnlands. 1. Die Gattung Megachile Latr. – Ann. Ent. Fenn., 2: 86–96, 140–149.
– (1947): Mitteilungen über die Apiden (Hym.) Finnlands. 2. Die Gattung Epeolus Latr. – Ann. Ent. Fenn., 13: 35–43.
– (1949): Mitteilungen über die Apiden (Hym.) Finnlands. – Ann. Ent. Fenn., 15: 101–120.

NILSSON, G. (1986): New records of Hymenoptera Aculeata from Swedish provinces, with a check list of Fennoscandian Dryinidae. – Ent. Tidskr., 107: 85–90 (in schwedisch mit englischer Zusammenfassung).
– (1988): Swedish provincial records of Hymenoptera Aculeata, with Evagetes subnudus new to Northern Europe and Sphecodes albilabris recovered from Scania. – Ent. Tidskr., 109: 97–100; (in schwedisch mit englischer Zusammenfassung).
NILSSON, L.A. (1983): Anthecology of Orchis mascula (Orchidaceae). – Nord. J. Bot., 3: 157–179.
NOLL, J. (1931): Untersuchungen über die Zeugung und Staatenbildung des Halictus malachurus Kirby. – Z. Morph. Ökol. Tiere, 23: 285–368.
– (1933): Nestbau der Mauerbiene Osmia bicornis L. – Natur u. Museum, 63: 251–252.
NORDEN, B.B. (1984): Nesting Biology of Anthophora abrupta (Hymenoptera: Anthophoridae). – J. Kansas Ent. Soc., 57: 243–262.
NORDEN, B.B., S.W. BATRA, H.M. FALES, A. HEFETZ & G.J. SHAW (1980): Anthophora Bees: Unusual Glycerides from Maternal Dufour's Glands Serve al Larval Food and Cell Lining. – Science, 207: 1095–1097.
NOSKIEWICZ, J. (1924): Nomada dzieduszyckii n. sp. (Apidae, Hymenoptera). – Polskie Pismo Ent., 3: 34–37.
– (1925): Neue europäische Bienen. – Polskie Pismo Ent., 4: 230–237.
– (1929): Einige Bemerkungen über Osmia cerinthidis F. Mor. – Polskie Pismo Ent., 8: 88–91.
– (1930): Drei neue Bienen aus Polen. – Polskie Pismo Ent., 9: 260–267.
– (1936): Die palaearktischen Colletes-Arten. – Prace naukowe; wydawnictwo Towarzystwa naukowego we Lwowie, (2),3: 1–532.
– (1959): Nomada mixtella n. sp. (Hym., Apidae). – Polskie Pismo Ent., 29: 131–134.
NUSSER, F. (1984): Blütenökologische Untersuchungen an zwei Halbtrockenrasen bei Weingarten. – Zulassungsarbeit Zool. Inst. Univ. Karlsruhe, 82 S.
OBERDORFER, E. (Hrsg.) (1977–1983) Süddeutsche Pflanzengesellschaften. I-III. Stuttgart (G. Fischer).
– (1983): Pflanzensoziologische Exkursionsflora. – 1051 S.; Stuttgart (E. Ulmer).
OBRECHT, E. & A. SCHOLL (1984): Bombus lucorum auct. ein Artenkomplex. – Enzymelektrophoretische Befunde (Hymenoptera, Bombidae). – Verh. dt. zool. Ges., 77: 266.
OEHLKE, J. (1969): Beiträge zur Insektenfauna der DDR: Hymenoptera – Bestimmungstabellen bis zu den Unterfamilien. – Beitr. Ent., 19: 753–801.
– (1974): Beiträge zur Insektenfauna der DDR: Hymenoptera, Scolioidea. – Beitr. Ent., 24: 279–300.
OEHLKE, J. & M. DYLEWSKA (1975): Zur Bienenfauna der Insel Hiddensee. – Beitr. Ent., 25: 39–48.
OERTEL, E. (1963): Greater wax moth develops on bumble bee cells. – J. Econ. Ent., 56: 543–544.
OLBERG, G. (1959): Das Verhalten der solitären Wespen Mitteleuropas. – 402 S.; Berlin.
– (1972): Beobachtungen über den Rückgang südlicher Bienen- und Wespenarten in der Umgebung von Niemgk, Kreis Belzig (Fläming). – Veröff. Bezirksheimatmus. Potsdam, 25/26: 41–70.
OSCHE, G. (1979): Ökologie. – 143 S.; Freiburg i. Br. (Herder).
OSTEN, T. (1987): Anmerkungen zum Vorkommen der Holzbiene Xylocopa violacea (L.) in Baden-Württemberg. – Mitt. Ent. Ver. Stuttgart, 21: 89.
OSYČNJUK, G.Z. (1970): Bdžoli – Koletidi (Apoidea, Colletidae). – Fauna Ukrainy, 12, 4; Kiev.
– (1977): Bdžoli – Andrenidi (Apoidea, Andrenidae). – Fauna Ukrainy, 12, 5; Kiev.
– (1978): Andrena F. In: MEDVEDEV, G.S., Opredelitel' nasekomych evropejskočasti SSSR. III. Perepončatokrylye, 584 S.; Leningrad.
O'TOOLE, C. (1974): A new subspecies of the vernal bee, Colletes cunicularius (L.) (Hymenoptera, Colletidae). – J. Ent., (B) 42: 163–169.
OUDEMANS, J. (1901): Zwei merkwürdige Hymenopteren-Nester von Lasius fuliginosus Latr. und von Osmia rufa L. – Allg. Z. Ent., 6: 179–181.
PAARMANN, W. (1977): Untersuchungen zur Bedeutung von Hummeln (Bombus spp.) für die Bestäubung blühender Obstbäume. – Z. angew. Ent., 84: 164–178.
PACKER, L. (1983): The nesting biology and social organisation of Lasioglossum (Evylaeus) laticeps (Hymenoptera, Halictidae) in England. – Insectes Sociaux, 30: 367- 375.
PAPP, J. (1965): Contribution to the Hymenopterous Fauna of the Mts. Balcony (West-Hungary), III. Apoidea. – Folia ent. hung., (Sn) 18: 305–358.
PARKER, F.D. (1981a): Sunflower Pollination: Abundance, Diversity and Seasonality of Bees and their Effect on Seed Yiels. – J. apicult. Res., 20: 49–61.
– (1981b): A Candidate Red Clover Pollinator Osmia coerulescens (L.). – J. apicult. Res., 20: 62–65.
PARKER, F.D. & D.R. FROHLICH (1983): Hybrid sunflower pollination by a manageable composite specialist: The sunflower leafcutter bee (Hymenoptera: Megachilidae). – Environ. Entomol., 12: 576–581.
PARKER, F.D. & P.F. TORCHIO (1980): Management of wild bees. Beekeeping in the United States. – U.S. Dept. Agric., Agric. Hdbk. No. 335, S. 144–160; Washington D.C.
PARRÉ, F. (1964): Bienen aus Staßfurt und ein neuer Fundort zweier seltener Hymenopteren-Arten aus Sachsen-Anhalt. – Ent. Z., 74: 97–100.
PASTEELS, J.J. (1966): Megachilidae (genres Creightonella, Megachile et Chalicodoma) peu connues ou nouvelles de région paléarctique et africaine. – Bull. Ann. Soc. r. ent. Belg., 102: 1–19.
– (1969): La systématique générique et subgénérique des Anthidiinae (Hymenoptera, Apoidea, Megachilidae) de l'Ancien Monde. – Mem. Soc. R. Ent. Belg., 31: 3–148.
– (1977): Une révue comparative de l'éthologie des Anthidiinae nidifications de l'Ancien Monde (Hymenoptera, Megachilidae). – Ann. Soc. ent. France, N.S. 13: 651–667.

PASTEELS, J.J. & J.M. PASTEELS (1979): Étude au microscope électronique à balayage des scopas collectrices de pollen chez les Andrenidae (Hym., Apoidea, Andrenidae). – Arch. Biol., 90: 113–130.
PATTON, W.H. (1879): Observations on the genus Macropis. – Ann. Mag. Nat. Hist., (5) 4: 286–290.
PATTRI, H.O. (1936): Sind Hymenopteren und Orthopteren an bestimmte geologische Formationen gebunden. – Ber. Oberhess. Ges. Natur- und Heilkunde Gießen, Naturw. Abt., 17: 109–113.
PAULUS, H.F. (1978): Co-Evolution zwischen Blüten und ihren tierischen Bestäubern. – Sonderbd. naturwiss. Ver. Hamburg, 2: 51–81.
– (1980): Einige Vorschläge für Hilfsprogramme unserer gefährdeten Käfer. – Natur u. Landschaft, 55: 28–32.
– (1987): Blüten animieren ihre Bestäuber. – Naturmagazin »draußen«, Nr. 49 (Oberrhein, Kaiserstuhl), S. 45–57.
PAULUS H. & C. GACK (1985): Andrena flavipes (Andrenidae). – Pseudokopulation auf Ophrys fusca (Orchidaceae), Pollinienentnahme und Pollination. – IWF-Film, 11 Min.; Göttingen.
PAULY, A. (1978, 1982): Atlas provisoire des insectes de Belgique, Halictidae; 1978, cartes 1102–1153, 1982, cartes 1781–1782f. – Cartographie des Invertébrés européens. Fac. Sci. agron. Zool. gén. Faun.; Gembloux.
PEARSON, J.F. W. (1933): Studies on the ecological relation of bees in the Chicago reagion. – Ecol. Monogr., 3: 375–441.
PECHUMAN, L.L. (1967): Observations on the Behavior of the Bee Anthidium manicatum (L.). – J. New York Ent. Soc., 75: 68–73.
PEDERSEN, M.W. & G.E. BOHART (1950): Using bumblebees in cages as pollinators for small seed pots. – Agronomy Journal, 42: 523.
PÉREZ, J. (1884): Contribution a la faune des Apiaires de France. – Act. Soc. Linn. Bordeaux, 37: 325–378.
– (1889): Les Abeilles. 348 S.; Hachette.
– (1895): Sur la prétendu parthénogenèse des Halictes. – Act. Soc. Linn. Bordeaux, 48: 145–157.
PERKINS, R.C. L. (1917): Andrena bucephala Steph. and Nomada bucephalae Perk. in Devonshire, and notes on their habits. – Ent. Monthly Mag., 53: 198–199.
– (1919a): Note on a peculiarity in the burrows on Halictus maculatus Sm. – Ent. Monthly Mag., 55: 160–161.
– (1919b): The British species of Andrena and Nomada. – Trans. ent. Soc. London, 1919: 218–319.
– (1922): Note on Nomada hillana Kirby. – Ent. Monthly. Mag., 58: 252–254.
– (1925): The British species of Megachile, with descriptions of some new varieties from Ireland, and of a species new to Britain in F. Smith's collection. – Ent. Monthly Mag., 60: 95–101.
– (1928): A Note on Mr. Ward's observations on Anthidium manicatum L. – Entomologist, 61: 273.
PERKINS, V.R. (1884): Curious habit of Osmia bicolor Schk. – Ent. Monthly Mag., 21: 38.
– (1891): On the habits of Osmia bicolor Schk. – Ent. Monthly Mag., 27: 193–194.
PESENKO, YU. A. (1971): On the fauna and ecology of Apoidea (Hymenoptera) of the steppes of the Lower Don. 1. The Family Megachilidae. – Ent. Review, 50: 38–47.
– (1972a): Data on the fauna and ecology of the bees (Hymenoptera, Apoidea) of the steppes of the Lower Don. 2. The family Halictidae. – Ent. Review, 51: 170–179.
– (1972b): Materials on the fauna and ecology of Apoidea in the Lower Don flow. 3. Phenology and trophical relationships of Andrenidae. – Zool. Zhournal, 51(8): 1196–1200 (in russisch mit englischer Zusammenfassung).
– (1974a): On the fauna and ecology of Apoidea (Hymenoptera) of the Lower Don. 4. The family Anthophoridae. – Ent. Review, 52(2): 60–68.
– (1974b): Materials on the fauna and ecology of Apoidea (Hymenoptera) in the Lower Don flow. 5. Distribution by habitats and formation of population in Apoidea in secondary biocoenoses. – Zool. Zhournal, 53(6): 882–887.
– (1975): On the fauna and ecology of Apoidea (Hymenoptera) of the Lower Don. 6. A review of the trophic links. – Ent. Review, 54 (3): 53–59.
– (1979): A new species of the genus Sphecodes Latr. from the nest of Nomioides minutissimus (Rossi) (Hymenoptera – Halictidae). – Ent. Review, 58 (4): 136. – (1984): A subgeneric classification of bees of the genus Halictus sensu stricto (Hymenoptera, Halictidae). – Ent. Obozr., 63 (2): 340–357.
PESENKO, Y.A. & J.M. KERZHNER (1981): Nomioides Schenck, 1866: Proposed Designaton of Type Species (Insecta, Hymenoptera, Halictidae). Z.N. (S.) 2178. – Bull. Zool. Nom., 38: 225–226.
PETERS, D.S. (1973): »Nistkästen« für Insekten. – Natur u. Museum, 103: 162–165.
– (1974a): Über Schwierigkeiten der phylogenetischen Rekonstruktion – erläutert am Beispiel einiger Mauerbienen. – Natur u. Museum, 104; 219–226.
– (1974b): Über die Untergattung Haetosmia Popov 1952. – Senckenbergiana biol., 55: 293–309.
– (1975): Vespoidea, Sphecoidea und Apoidea (Hymenoptera) von Messaure. – Ent. Tidskr., 96: 116–120.
– (1978): Systematik und Zoogeographie der westpaläarktischen Arten von Osmia Panzer 1806 s.str., Monosmia Tkalců 1974 und Orientosmia n. subgen. (Insecta: Hymenoptera: Megachilidae). – Senckenbergiana biol. 58: 287–346.
– (o.J.) Nistkästen für Insekten. – Ökologische Arbeitsblätter, (2). Max-Himmelheber-Stiftung, Am Eichenkamp 1, 4150 Krefeld.
PETERS, G. (1967): Ein Frühsommeraspekt der Hummelfauna von Mönchgut auf Rügen. – Dt. Ent. Z., N.F. 14: 125–137.
PETERS, H. (1960): Über den Begriff der Synanthropie. – Z. angew. Zool., 47: 35–42.
PETIT, J. (1969): Notes sur quelques Hyménoptères rares recoltés en Haute Belgique. – Lambillionea, 67: 54–58, 69–74, 85–87, 104–109; 68: 10–19.

– (1970): Note sur la nidification et le comportement d'Osmia platycera Gerst. – Lambillionea, 70: 14–21.
– (1975a): Hyménoptères Aculéates interessants pour la Faune de la Belgique et des régions limitrophes. – Lambillionea, 75: 5–10, 34–42.
– (1975b): Abeilles solitaires nouvelles pour la Faune Belge. – Lambillionea, 85: 109–115.
– (1977): Hyménoptères Aculéates interessants pour la Faune de la Belgique et des régions limitrophes. – Lambillionea, 77: 39–46.
– (1983): Hyménoptères Aculéates interessants pour la Faune de la Belgique et des régions limitrophes. – Lambillionea, 82:72–78.
– (1986): Sur les Mégachilides du Grand-Duche de Luxemburg (Hymenoptera Megachilidae). – Lambillionea, 86: 31–39.
PEUS, F. (1926): Andrena nycthemera Imhoff im Münsterlande (Hym. Apid.). – Dt. Ent. T., 1926: 101–103.
– (1932): Die Tierwelt der Moore unter besonderer Berücksichtigung der europäischen Hochmoore. – In: Handbuch der Moorkunde 3, 277 S.; Berlin.
– (1927): Notizen zur Bienenfauna Westfalens (Hym., Apid.). – Z. wiss. InsBiol., 22: 92–97.
– (1928): Beiträge zur Kenntnis der Tierwelt nordwestdeutscher Hochmoore. Eine ökologische Studie. Insekten, Spinnentiere (teilw.), Wirbeltiere. – Z. Morph. Ökol. Tiere, 12: 533–683.
PHILIPPI, G. (1971): Sandfluren, Steppenrasen und Saumgesellschaften der Schwetzinger Hardt (nordbadische Rheinebene) unter besonderer Berücksichtigung der Naturschutzgebiete bei Sandhausen. – Veröff. Landesstelle Naturschutz Landschaftspflege Bad.-Württ., 39: 67–130.
– (1973): Sandfluren und Brachen kalkarmer Flugsande des mittleren Oberrheingebietes. – Veröff. Landesstelle Naturschutz Landschaftspflege Bad.-Württ., 41: 24–62.
– (1984): Trockenrasen, Sandfluren und thermophile Saumgesellschaften des Tauber-Main-Gebietes. – Veröff. Naturschutz Landschaftspflege Bad.-Württ., 57/58 (1983): 533–618.
PHIPPS, J. (1948): The nest of Macropis labiata (F.) (Hym., Apidae). – Ent. Monthly Mag., 84: 56.
PITTIONI, B. (1939): Die Hummeln und Schmarotzerhummeln der Balkan-Insel. II. – Mitt. K. natur. Inst. Sofia, 12: 49–115.
– (1942): Die boreoalpinen Hummeln und Schmarotzerhummeln (Hymen., Apidae, Bombinae). I. – Mitt. K. natur. Inst. Sofia, 15: 155–218.
– (1943): Die boreoalpinen Hummeln und Schmarotzerhummeln (Hymen., Apidae, Bombinae). II. – Mitt. K. natur. Inst. Sofia, 16: 1–77.
– (1948): Andrena (Andrenella) enslinella Stckht. und ihre Verwandten. Beiträge zur Kenntnis paläarktischer Apiden II. – Ann. Naturhist. Mus. Wien, 56: 130–149.
– (1949): Stelis minima Schck., eine seltene und wenig bekannte Schmarotzerbiene. – Z. Wiener Ent. Ges., 34: 29–39.
– (1952) Über Variabilität und Verbreitung der westpaläarktischen Arten der Gattung Spatulariella Pop. (Hym, Apoidea). – Z. Wiener ent. Ges., 37. Jg., 63: 187–204.
PITTIONI, B. & R. SCHMIDT (1942): Die Bienen des südöstlichen Niederdonau. I. Apidae, Podaliriidae, Xylocopidae und Ceratinidae. – Niederdonau/Natur u. Kultur, 19: 1–69.
– (1943): Die Bienen des südöstlichen Niederdonau. II. Andrenidae und isoliert stehende Gattungen. – Niederdonau/Natur und Kultur, 24: 1–83.
PLACHTER, H. (1983): Die Lebensgemeinschaften aufgelassener Abbaustellen. – Schr.R. Bayer. Landesamt für Umweltschutz, 56: 109 S.; München.
– (1985): Faunistisch-ökologische Untersuchungen auf Sandstandorten des unteren Brombachtales (Bayern) und ihre Bedeutung aus der Sicht des Naturschutzes. – Ber. Arbeitsgemeinschaft Naturschutz u. Landschaftspflege, 9: 45–92; Laufen.
PLATEAU, F. (1899): La vision chez l'Anthidium manicatum L. – Ann. Soc. Ent. Belge, 43: 452–456.
PLATEAUX-QUÉNU, C. (1959): Un nouveau type de société d'insectes: Halictus marginatus Brullé (Hym., Apoidea). – Ann. Biol., 35: 325–444.
– (1960a): Un nouveau type de société d'insectes: Halictus marginatus Brullé (Hym., Apoidea). – Thèse Fac. Sc. Univ. Paris, A, 3357: 323–444.
– (1960b): Utilisation d'un nid de Halictus marginatus par une fondatrice de Halictus malachurus. – Insectes Sociaux, 7: 349–352.
– (1960c): Nouvelle preuve d'un déterminisme imaginal des castes chez Halictus marginatus Brullé. – C.R. Acad. Sc., 250: 4465–4466.
– (1962): Biology of Halictus marginatus Brullé. – J. Apicult. Res., 1: 41–51.
– (1963): Sur les femelles d'été de Halictus calceatus Scopoli. – C.R. Acad. Sc., 256: 2247–2248.
– (1964): Sur quelques traits de la biologie de Halictus calceatus Scopoli. – Insectes Sociaux., 11: 91–96.
– (1965a): Sur le cycle biologique de Halictus nigripes Lep. – C.R. Acad. Sc., 260: 2331–2333.
– (1965b): Sur la succession des activités de la fondatrice de Halictus nigripes Lep. – C.R. Acad. Sc., 260: 2609–2612.
– (1972): La biologie des abeilles primitives. – Les Grandes Problèmes de la Biologie, Monographie 11, 200 S.; Paris (Masson & Cie.)
– (1973): Construction et évolution annuelle du nid d'Evylaeus calceatus Scopoli (Hym., Halictinae) avec quelques considération sur la division du travail dans les sociétés monogynes et digynes. – Insectes Soc., 2: 299–322.
– (1974): Comportement de sociétés orphelines d'Evylaeus calceatus (Scop.) (Hym., Halictidae). – Insectes Sociaux, 21: 5–12.
– (1985): Seconde couvée d'Evylaeus calceatus (Scop.) (Hym., Halictinae). Les fondatrices sont-elles seules capables d'engendrer des fondatrices? – Ann. Sci. Nat., Zool., 13 Sér., 7: 13–21.
PLATEAUX-QUÉNU, C. & G. KNERER (1968): Regulation sociale dans les sociétés orphelines d'Evylaeus nigripes

(Lep.) (Hym., Halictidae). – Insectes Sociaux, 15: 31–35.

Plateaux-Quénu, C. & L. Plateaux (1979): Action de la température sur la taille des ouvrières d'Evylaeus calceatus (Scop.) (Hym., Halictinae) (1). – Ann. Sci. Nat., Zool., 13. Sér., 1: 63–67.

Plateaux-Quénu, C. & L. Plateaux (1981): La variation individuelle d'Evylaeus villosulus (K.), espèce solitaire (Hym., Halictinae). I. Fondatrices de printemps. – Ann. Sci. Nat., Zool., 13. Sér., 3: 249–258.

Plateaux-Quénu, C. & L. Plateaux (1985): La variation individuelle d'Evylaeus villosulus (K.), espèce solitaire (Hym., Halictinae). Comparaison des fondatrices de printemps et de leur filles, appartenant à la première génération. – Act. Coll. Ins. Soc., 2: 293–302.

Plateaux-Quénu, C. & L. Plateaux (1986): Alternance de générations chez Evylaeus villosulus (K.) (Hym., Halictinae). – Act. Coll. Ins. Soc., 3: 73–82.

Plowright, R.C. & T.M. Laverty (1984): The ecology and sociobiology of bumble bees. – Ann. Rev. Ent., 29: 175–199.

Pniewski, Z. (1962): Intersujace stanowisko porobnicy murarki – Anthophora plagiata Ill. w Poznania. – Przyr. Pol. Zach., Poznan, 19–22: 82–85 (in polnisch mit englischer Zusammenfassung).

Poinar, G.O. & P.A. van der Laan (1972): Morphology and Life History of Sphaerularia bombi (Dufour) (Nematoda). – Nematologica, 18: 239–252.

Popov, V.B. (1931): Zur Kenntnis der paläarktischen Schmarotzerhummeln (Psithyrus Lep.). – Eos, 7: 131–209.

– (1932): On the palaearctic forms of the tribe Stelidini Roberts. – Trav. Inst. Zool. Acad. Sci. URSS, 1: 375–414.

– (1933): Notes on the parasitic bees allied to the genus Biastes Panz. – Trav. Inst. Zool. Acad. Sci. URSS, 2: 51–75.

– (1935): Beitrag zur Kenntnis der paläarktischen Stelis-Arten (Hymenoptera, Apoidea). – Folia zool. hydrobiol., 7: 216–221.

– (1947): Zoogeographical characters of some palaearctic species of the bee genus Xylocopa Latr. (Hymenoptera, Apoidea) and their interrelations with melittophilous plants. – Bull. Acad. Sci. URSS, Ser. biol., 1: 29–48.

– (1952): The significance of bees (Hymenoptera, Apoidea) in the pollination of Alfalfa. – All-Union Ent. Soc., 43: 65–82 (in russisch mit englischer Zusammenfassung).

– (1956): Bees, their relations to the melittophilous plants and their problem of the alfalfa pollination. – Ent. Obozr., 35: 582–598 (in russisch mit englischer Zusammenfassung).

– (1958): Peculiar features of correlated evolution of two genera of bees – Macropis and Epeoloides (Hymenoptera, Apoidea) – and a plant genus Lysimachia (Primulaceae). – Ent. Obozr., 37: 499–519.

– (1964): On the genera Trachusa Panzer and Trachusomimus, Gen. N. (Hymenoptera, Megachilidae). – Rev. Ent. URSS., 43: 407–417.

Popova, L.M. (1983): A Contribution to the Knowledge of Andrenid Bees Biology in the Middle Volga Area. – Vestnik Zoologii, 1983 (3): 46–50.

Popovici-Basnozanu, A. (1909): Étude biologique comparative sur quelques espèces d'Osmia. – Arch. zool. exper. gen., 2: 1–26.

– (1910a): Experimentelle Studien über Osmia rufa L. – Z. wiss. InsBiol., 6: 224–228.

– (1910b): Relation entre la taille de l'adulte et la quantité de nouritture absorbée par les larves chez l'Osmia rufa et l'Osmia cornuta. – C.R. Soc. Biol. Paris, 68: 480–481.

– (1913): Recherches experimentales sur quelques Hyménoptères (Osmia). – Arch. zool. exper. gen., 53: 14–21.

Poppe, S.A. (1891): Beiträge zur Fauna der Insel Spiekerooge. – Abh. Naturwiss. Ver. Bremen, 12: 59–64.

Postner, M. (1951): Biologisch-ökologische Untersuchungen an Hummeln und ihren Nestern. – Veröff. Übersee-Mus. Bremen, (A) 2: 45–86.

– (1953): Kopulationsversuche bei den Gattungen Bombus und Psithyrus. – Zool. Anz., 151: 300–306.

Poursin, J.M. (1982): Niches écologiques de quelques Halictinae. II. Régimes alimentaires. – Apidologie, 13: 227–240

Poursin, J.M. & C. Plateaux-Quénu (1982): Niches écologiques de quelques Halictinae I. Comparaison des cycles annuelles. – Apidologie, 13: 215–226.

Pouvreau, A. (1963): Observation sur l'accouplement de Bombus hypnorum L. (Hym., Apidae) en serre. – Insectes Sociaux, 10: 111–118.

– (1965): Sur une méthode d'élevage des Bourdons á partir de reines capturées dans la nature. – Ann. Abeille, 8: 147–159.

– (1967): Contribution à l'étude morphologique et biologique d'Aphomia sociella L. (Lepidoptera, Heteroneura, Pyralidoidea, Pyralididae), parasite des nids de Bourdons (Hymenoptera, Apoidea, Bombus). – Insectes Sociaux, 14: 57–72.

– (1970): Données écologiques sur l'hibernation contrôlée des reines de Bourdons. – Apidologie, 1: 73–95.

– (1973): Les ennemies de bourdons. I. Étude d'une zoocenose: le nid de bourdons. – Apidologie, 4: 103–125; (deutsche Übersetzung S. 126–148).

– (1974): Les ennemies des bourdons. II. Organismes affectant les adultes. – Apidologie, 5: 39–62.

– (1985): Biologie et écologie des bourdons. – In: Pesson, P. & J. Louveaux (Hrsg.), Pollinisation et productions végétales. S. 595–630; Paris (INRA).

Povolný, D. (1962): Versuch einer Klärung des Begriffs der Synanthropie von Tieren. – Folia Zool., 25: 105–112. – (1963): Einige Erwägungen über die Beziehungen zwischen den Begriffen »Synanthrop« und »Kulturfolger«. – Beitr. Ent., 13: 439–444.

Precht, H. (1940): Ein Beitrag zur Biologie der Triungulinuslarven von Meloe. – Zool. Anz., 132: 245–254.

Preuss, G. (1980): Voraussetzungen und Hilfsmöglichkeiten zur Erhaltung und Förderung von Stechimmen in der Bundesrepublik Deutschland. – Natur u. Landschaft, 55: 20–26.

– (1982): Bienen. In: Naturschutz-Handbuch I. Geschützte Tiere in Rheinland-Pfalz (Herausg.: Ministerium f. Soziales, Gesundheit u. Umwelt). S. 198–223; Mainz.
– (1983): Psithyrus norvegicus Sparre-Schneider, 1918 – Erstnachweis für die Rheinpfalz und Rheinland-Pfalz. – Pfälzer Heimat, 34:38.
PRIESNER, E. (1973): Reaktionen von Riechrezeptoren männlicher Solitärbienen auf Inhaltsstoffe von Ophrys-Blüten. – Zoon, Suppl, 1: 43–54.
– (1981): Beobachtungen zur Nistbiologie der Alpen-Mauerbiene Osmia inermis Zett. (Hymenoptera: Apoidea: Megachilidae). – Carinthia II, 171/91: 349–356.
PROBST, G. (1983): Die Bienenweide – Pflege und Verbesserung. Der Ratgeber für Imker. 119 S., Stuttgart (Pietsch).
PRŶS-JONES, O. E. & S. A. CORBET (1987): Bumblebees. – Naturalists' handbooks, 6, 86 S; Cambridge.
PULAWSKI, W. (1963): Klucze Do Oznaczania Owadów Polski 24 Hymenoptera. Sapygidae, Scoliidae, Tiphiidae, Methocidae, Myrmosidae, Mutillidae. – Polski Zwiazek Ent., 39: 3–66.
PUNT, W. (Hrsg.) (1976): The Northwest European Pollen Flora. I. Amsterdam, Oxford, New York (Elsevier).
PUNT, W. & G. C. S. CLARKE (Hrsg.) (1980): The Northwest European Pollen Flora. II. Amsterdam, Oxford, New York (Elsevier).
PUNT, W. & G. C. S. CLARKE (Hrsg.) (1981): The Northwest European Pollen Flora. III. Amsterdam, Oxford, New York (Elsevier).
PUNT, W. & G. C. S. CLARKE (Hrsg.) (1984): The Northwest European Pollen Flora. IV. Amsterdam, Oxford, New York, Tokyo (Elsevier).
QUELLE, F. (1935): Eine für Deutschland neue Anthophora Ltr.-Art. – Mitt. Dt. Ent. Ges., 6: 55.
QUÉNU, C. (1955): Sur le cycle biologique de Halictus marginatus (Brullé) (Insecte Hyménoptère). – C. R. Acad. Sci., 241: 1512–1514.
– (1957a): Sur les femelles d'été de Halictus scabiosae (Rossi) (Insecte Hyménoptère). – C. R. Acad. Sci., 244: 1073–1076.
– (1957b): Sur la fondation du nid chez Halictus marginatus (Brullé) (Insecte Hyménoptère). – C. R. Acad. Sci., 244: 1416–1418.
– (1957c): Sur quelques traits de la biologie de Halictus marginatus (Brullé) (Insecte Hyménoptère). – C. R. Acad. Sci., 244: 1548–1550.
– (1958a): Sur la possibilité d'une inhibition des ouvrières par la reine chez Halictus marginatus (Brullé) (Insecte Hyménoptère). – C. R. Acad. Sci., 246: 1102–1104; Paris.
– (1958b): Sur l'existence de castes chez Halictus marginatus (Brullé) (Insecte Hyménoptère). – C. R. Acad. Sci., 246: 1294–1296.
RABAUD, E. (1922): Sur la nidification de Ceratina callosa F. – Ann. Soc. ent. France, 41: 277–280.
RABELER, W. (1941): Die Tiergesellschaft der trockenen Callunaheiden in Norddeutschland. – 24.–28. Jber. Naturhist. Ges. Hannover, S. 357–375.
RADCHENKO, V. G. (1978): A new type of nest without cells in Metallinella atrocaerulea (Hymenoptera, Megachilidae). – Ent. Obozr., 57: 515–519. (Ent. Review, 57: 353–355).
– (1979): Nesting of Nomioides minutissimus bees (Hymenoptera, Halictidae). – Ent. Obozr., 58: 762–765. (Ent. Review, 58 (4): 71–74).
RADOSZKOWSKI, O. (1891): Révision des armures copulatrices des mâles des genres Cilissa et Pseudocilissa. – Horae Soc. Ent. Rossicae, 25:236–243.
RAPP, O. (1945): Die Bienen Thüringens unter besonderer Berücksichtigung der faunistisch-oekologischen Tiergeographie. 2. Aufl., 149 S., Erfurt.
RAJOTTE, E. G. (1979): Nesting, Foraging and Pheromone Response of the Bee Colletes validus Cresson and Its Association with Lowbush Blueberries. (Hymenoptera: Colletidae) (Ericaceae: Vaccinium). – J. Kansas Ent. Soc., 52: 349–361.
RASMONT, P. (1981):Redescription d'une espèce méconnue de bourbon d'Europe: Bombus lucocryptarum Ball, 1914 n. status (Hymenoptera, Apidae, Bombinae). – Bull. Ann. Soc. r. ent. Belg., 117: 149–154.
– (1983a): Notes taxonomiques sur les bourdons (Hymenoptera, Apidae). – Bull. Ann. Soc. r. ent. Belg., 119: 167–170.
– (1983b): Catalogue commenté des Bourdons de la région ouest-paléarctique (Hymenoptera, Apoidea, Apidae). – Notes Faun. Gembloux, 7: 1–71; Gembloux.
– (1984): Les bourdons du genre Bombus Latreille sensu stricto en Europe occidentale et centrale. – Spixiana, 7: 135–160.
RASMONT, P., A. SCHOLL, R. DE JONGHE, E. OBRECHT & A. ADAMSKI (1986): Identité et variabilité des mâles de bourdons du genre Bombus Latreille sensu stricto en Europe occidentale et centrale (Hymenoptera, Apidae, Bombinae). – Revue suisse Zool., 93: 661–682.
RAW, A. (1972): The biology of the solitary bee Osmia rufa (L.) (Megachilidae). – Trans. R. Ent. Soc. London, 124: 213–229.
– (1974): Pollen preferences of three Osmia species (Hymenoptera). – Oikos, 25: 54–60.
– (1976): The behaviour of males of the solitary bee Osmia rufa (Megachilidae) searching for females. – Behaviour, 56: 279–285.
– (1985): The ecology of Jamaican bees (Hymenoptera). – Revta. Bras. Ent., 29: 1–16.
RAW, A. & C. O'TOOLE (1979): Errors in the sex of eggs laid by the solitary bee Osmia rufa (Megachilidae). – Behaviour, 70: 168–171.
RÉAUMUR, R. A. F. DE (1737–1748): Mémoires pour servir à l'histoire des insectes. 1–6; Paris (Imprim. Royale). (Wildbienen in vol. 6).
REBMANN, O. (1967): 2. Beitrag zur Kenntnis der Gattung Megachile Latr. (Hym. Apidae). Was ist »Megachile argentata auct.« und »Megachile rotundata auct.«?. – Ent. Z., 77: 169–171.
– (1968): 3. Beitrag zur Kenntnis der Gattung Megachile Latr. (Hym. Apidae). Subgenus Eutricharaea und seine bisher bekanntgewordenen Arten. – Dt. Ent. Z., N. F. 15: 21–48.

– (1969): Zur Nestbauweise von Megachile (Chalicodoma) parietina Fourcroy (Hym., Apidae). – Ent. Z., 79: 138–139.
– (1970): 6. Beitrag zur Kenntnis der Gattung Megachile Latr. (Apidae). – Nachrbl. Bayer. Ent., 19: 37–47.
REICHHOLF, J. (1973): Die Bedeutung nicht bewirtschafteter Wiesen für unsere Tagfalter. – Natur u. Landschaft, 48: 80–81.
REINIG, W.F. (1935): On the Variation of Bombus lapidarius L. and its Cuckoo, Psithyrus rupestris Fabr. with Notes on Mimetic Similarity. – J. Genetics, 30: 321–356.
– (1939): Die Evolutionsmechanismen, erläutert an den Hummeln. – Zool. Anz., Suppl. 12: 170–206.
– (1960): Können Hummeln stechen? – Kosmos, 56: 310–313.
– (1965): Die Verbreitungsgeschichte zweier für die Apenninen neuer boreoalpiner Hummelarten mit einem Versuch der Gliederung boreoalpiner Verbreitungsformen. – Zool. Jb. Syst., 92: 103–142.
– (1970): Bastardierungszonen und Mischpopulationen bei Hummeln (Bombus) und Schmarotzerhummeln (Psithyrus). – Mitt. Münch. Ent. Ges., 59: 1–89.
– (1972): Ökologische Studien an mittel- und südosteuropäischen Hummeln (Bombus Latr., 1802) (Hym., Apidae). – Mitt. Münch. Ent. Ges., 60 (1970): 1–56.
– (1973): Zur Kenntnis der Hummeln und Schmarotzerhummeln des Saarlandes und der Pfalz (Hym., Bombidae). – Abh. Arbeitsgem. tier- u. pflanzengeogr. Heimatforsch. Saarland, 4: 1–28.
– (1976): Über die Hummeln und Schmarotzerhummeln von Nordrhein-Westfalen (Hymenoptera, Bombidae). – Bonner Zool. Beitr., 27: 267–299.
– (1981): Synopsis der in Europa nachgewiesenen Hummel- und Schmarotzerhummelarten. – Spixiana, 4: 159–164.
RESSL, F. (1974): Beirag zur Kenntnis der Hummel-Fauna des südwestlichen Niederösterreich (Hymenoptera: Apidae). – Beitr. Ent., 24: 67–71.
RETZLAFF, H. & H. WOYDAK (1969): Beitrag zur Hymenopteren-Fauna des Regierungsbezirks Detmold mit besonderer Berücksichtigung der Senne. – Mit. Arbeitsgem. ostwestf.-lipp. Ent., 1 (Nr.12): 1–3.
RICHARDS, O.W. (1926): Studies on the Ecology of English Heaths. III. Animal Communities of the Felling and Burn Successions of Oxshott Heath, Surrey. – J. Ecol., 14: 244–281.
– (1935): Notes on the nomenclature of the Aculeate Hymenoptera, with special reference to British genera and species. – Trans. R. Ent. Soc. London, 83: 143–176.
– (1937): A study of the British species of Epeolus Latr. and their races, with a key to the species of Colletes (Hymen., Apidae). – Trans. Soc. Brit. Ent., 4: 89–130.
– (1946): Nomada flava Panzer and the strains of N. panzeri Lepeletier (Hymenoptera, Apidae). – Proc. R. Ent. Soc. London, (B) 15: 17–26.
– (1977): Hymenoptera. Introduction and key to families. 2nd ed. – Handbooks for the Identification of British Insects, Vol. 6, Part 1, 100 S.; London.
– (1978): The Hymenoptera Aculeata of the Channel Islands. – Report Trans. La Société Guernesiaise, 1978: 389–424.
RICCIARDELLI D'ALBORE, G.C. (1986): Les insectes pollinisateurs de quelques ombellifères d'intérêt agricole et condimentaire (Angelica archangelica L., Carum carvi L., Petroselinum crispum A.W. Hill., Apium graveolens L., Pimpinella anisum L., Daucus carota L., Foeniculum vulgare Miller v. azoricum Thell.). – Apidologie, 17: 107–124.
RIEMANN, H. (1985): Beitrag zur Chrysididen- und Aculeatenfauna des westlichen Norddeutschlands (Hymenoptera). – Drosera, 85: 17–28.
– (1987a): Die Bienen, Wespen und Ameisen (Hymenoptera Aculeata) der Naturschutzgebiete »Dünengebiet bei Neumühlen« und »Voßberge« unter Berücksichtigung weiterer Binnendünenareale. – Beih. Naturschutz Landschaftspflege Niedersachsen, Heft 17, 79 S.; Hannover.
– (1987b): Bienen, Wespen und Ameisen (Hymenoptera Aculeata) als Besiedler von Böschungen an tiefliegenden Entwässerungsgräben. – Abh. Naturw. Ver. Bremen, 4: 336–346.
– (1988): Beitrag zur Stechimmenfauna niedersächsischer Sandgruben (Hymenoptera Aculeata). – Braunschweiger Naturkundl. Schriften, 3: 213–242.
RIETSCHEL, S. (1987): Berühren verboten, vernichten erlaubt. – Carolinea, 45: 5–6.
RINGLER, A. (1987): Gefährdete Landschaft. Lebensräume auf der Roten Liste. Eine Dokumentation in Bildvergleichen. 193 S., 160 Farbabb.; München (BLV).
ROBERT, R.B. (1978): Megachile rotundata (Fabricius), not Megachile pacifica (Panzer), is the name of the alfalfa leafcutting bee (Hymenoptera: Megachilidae). – Bull. Ent. Soc. Amer., 24:392.
ROBERTSON, C. (1925): Heterotropic bees. – Ecology, 6: 412–436.
RODE, H. (1962): Solitärbienen als Schädlinge an Mauerwerk. – Anz. Schädlingskunde, 35: 72–73.
ROCHOW, M. VON (1951): Die Pflanzengesellschaften des Kaiserstuhls. – Pflanzensoziol., 8, 140 S..
RÖSELER, P.-F. (1967): Untersuchungen über das Auftreten der 3 Formen im Hummelstaat. – Zool. Jb. Physiol., 74: 178–197.
– (1969): Die Entstehung, die Tätigkeiten und der Drüsenzustand der verschiedenen Formen im Hummelstaat. – Freiburger Universitätsblätter, 8 (24): 63–66.
– (1972): Beobachtungen über die Schmarotzerhummel Psithyrus norvegicus Sparre-Schn. in einem Nest der Hummel Bombus hypnorum (L.) (Hymenoptera, Apidae). – Mitt. bad. Landesver. Naturk. Naturschutz, N.F. 10: 579–581.
– (1973): Die Anzahl der Spermien im Receptaculum seminis von Hummel-Königinnen (Hym., Apoidea, Bombinae). – Apidologie, 4: 267–274.
– (1974): Vergleichende Untersuchungen zur Oogenese bei weiselrichtigen und weisellosen Arbeiterinnen der Hummelart Bombus terestris (L.). – Insectes Sociaux, 21: 249–274.

– (1977): Juvenile hormone control of oogenesis in bumblebee workers, Bombus terrestris. – J. Insect Physiol, 23: 985–992.
– (1985): A Technique for year-round rearing of Bombus terrestris (Apidae, Bombini) colonies in captivity. – Apidology, 16: 165–170.
ROLLER, H. (1936): Faunistisch-ökologische Studien an den Lößwänden der Südosthänge des Bisamberges. – Z. Morph. Ökol. Tiere, 31: 294–327.
ROMASENKO, L.P. (1983a): Peculiarities of Megachile ligniseca K. (Hymenoptera, Megachilidae) Nesting. – Vestnik Zoologii, 1983 (2): 76–78.
– (1983b): A Study of Megachile centuncularis Biology. – Vestnik Zoologii, 1984 (4): 31–34.
ROUBIK, D.W. (1978): Competitive interactions between Neotropical pollinators and Africanized honey bees. – Science, 201: 1030–1032.
– (1981): Comparative foraging behavior in Apis mellifera and Trigona corvina (Hym. Apidae) on Baltimora recta (Comp.). – Revta. Biol. Trop., 29: 177–183.
– (1982a) Obligate Necrophagy in a Social Bee. – Science, 217: 1059–1060.
– (1982b): Ecological impact of Africanized honey bees on native neotropical pollinators. – S. 233–247 in: JAISSON, P. (Hrsg.): Social insects in the tropics, Vol. 1. Paris (Presses de l'Univ. Paris-Nord).
– (1983): Experimental community studies: time-series tests of competition between African and neotropical bees. – Ecology, 64: 971–978.
ROUBIK, D.W., S.F. SAKAGAMI & J. KUDO (1985): A note on distribution of the Himalayan honeybee Apis laboriosa Smith (Hymenoptera: Apidae). – J. Kansas Ent. Soc., 58: 746–749.
ROZEN, J.G. (1958): Monographic study of the genus Nomadopsis Ashmead.- Univ. Calif. Publ. Ent., 15: 1–202.
– (1965): The Biology and Immature Stages of Melitturga clavicornis (Latreille) and of Sphecodes albilabris (Kirby) and the Recognition of the Oxaeidae at the Family Level (Hymenoptera, Apoidea). – American Museum Novitates, 2224: 1–18.
– (1977): Immature stages of and ethological observations on the cleptoparasitic bee tribe Nomadini (Apoidea, Anthophoridae). – American Museum Novitates, 2638: 1–16.
– (1986): The natural history of the Old World nomadine parasitic bee Pasites maculatus (Anthophoridae, Nomadinae) and its host Pseudapis diversipes (Halictidae, Nomiinae). – Am. Mus. Novitates, 2861, 8 S.
ROZEN, J.G. & M.S. FAVREAU (1967): Biological Notes on Dioxys pomonae pomonae and on its Host, Osmia nigrobarbata (Hymenoptera, Megachilidae). – J. New York Ent. Soc., 75: 197–203.
ROZEN, J.G. & N.R. JACOBSON (1980): Biology and Immature Stages of Macropis nuda, Including Comparisons to Related Bees (Apoidea, Melittidae). – American Museum Novitates, 2702: 1–11.
RUDOW, F. (1872): Die Hymenoptera anthophila (Blumenwespen) des Unterharzes. – Stettiner ent. Ztg., 33: 414–429.
– (1897): Brombeerstengel und ihre Bewohner. – Ill. Wochenschr. Ent., 2: 209–213, 235–238.
– (1900): Die Wohnungen der Hautflügler Europas mit Berücksichtigung der wichtigen Ausländer. – Berl. Ent. Z., 45: 1–115.
RÜHL, D. (1977): Rote Liste gefährdeter Tierarten in der Bundesrepublik Deutschland. Teil II – Wirbellose; 2. Hautflügler, Hymenoptera (Insekten) – Überfamilie Stechimmen und Goldwespen Aculeata (1. Fassung). – Natur u. Landschaft, 52: 99–104.
– (1978): Untersuchungen an Hymenopteren eines naturnahen Lebensraumes, einer Brachfläche sowie je eines alternativ und konventionell bewirtschafteten Obstgutes (Hymenoptera: Symphyta, Aculeata). – Inst. landwirtsch. Zool. Bienenkde., 4: 1–220.
RUST, R. W (1974): The systematics and biology of the genus Osmia, subgenera Osmia, Chalcosmia and Cephalosmia (Hymenoptera: Megachiidae). – Wasmann J. Biol., 32: 1–93.
RUTTNER, F. (1987): Biogeography and Taxonomy of Honeybees. – 284 S.; Berlin, Heidelberg, New York (Springer).
SAAGER, H. (1970): Hymenopteren des Lübecker Naturhistorischen Museum. – Ber. Ver. »Natur u. Heimat« u. Naturhist. Mus. Lübeck, 11: 65–87.
SAHLBERG, J. (1890): Nya bidrag till kännedom om solitära Biarters arkitektur. – Meddel. Soc. Fauna Flora fenn., 17: 1–4.
SAKAGAMI, S.F. (1959): Some interspecific relations between Japanese and European honeybees. – J. Anim. Ecol., 28: 51–68.
– (1974): Sozialstruktur und Polymorphismus bei Furchen- und Schmalbienen (Halictinae). In: SCHMIDT, G.H., Sozialpolymorphismus bei Insekten, S. 257–297; Stuttgart (Wiss. Verlagsgesellschaft)
SAKAGAMI, S.F. & A.W. EBMER (1979): Halictus (Seladonia) tumulorum higashii ssp. nov. from the Northeastern Palaearctics (Hymenoptera: Apoidea: Halictidae); – Kontyu, 47: 543–459.
SAKAGAMI, S.F. & Y. MAETA (1984): Multifemale Nest and Rudimentary Castes in the Normally Solitary Bee Ceratina japonica (Hymenoptera: Xylocopinae). – J. Kansas Ent. Soc., 57: 639–656.
SAKAGAMI, S.F., T. MATSUMURA & K. ITO (1980): Apis laboriosa in Himalaya, the little known world largest honeybee (Hymenoptera, Apidae). – Insecta Matsumurana, (N.S.) 19: 47–77.
SAKAGAMI, S.F. & C.D. MICHENER (1962): The nest architecture of the sweat bees (Halictinae): A comparative study of behavior. 135 S., Lawrence (Univ. of Kansas Press).
SAKAGAMI, S.F. & M. MUNAKATA (1972): Distribution and Bionomics of a Transpalaearctic Eusocial Halictine Bee, Lasioglossum (Evylaeus) calceatum, in Northern Japan, with Reference to Its Solitary Life Cycle at High Altitude. – J. Fac. Sc. Hokkaido Univ., Ser. 6, Zool., 18: 411–439; Sapporo.
SAUER, F. (1985): Bienen, Wespen und Verwandte. 112 S.; Karlsfeld (Fauna-Verlag).

SAUNDERS, E. (1908): Note on the nesting habits of Dasypoda hirtipes, Latr. – Ent. Monthly Mag., 44: 235.
SAWYER, R.W. (1981): Pollen identification for Beekeepers. – 111 S.; Cardiff (Univ. College Cardiff Press).
SCHÄFER, H. (1966): Hautflügler. In: SCHÄFER, H. & O. WITTMANN (Hrsg.), Der Isteiner Klotz. – Natur- und Landschaftsschutzgebiete Bad.-Württ., 4: 333–336.
SCHAEFFER, J.C. (1764): Abhandlungen von Insekten. 2. Bd. Die Maurerbiene, S. 1–64; Regensburg.
SCHEDL, W. (1967): Blütenbiologische Beobachtungen an Jasminum nudiflorum Lindl. in Nordtirol (Nektarraub). – Ber. Nat.-Med. Ver. Innsbruck, 55: 139–14.
– (1982): Über aculeate Hautflügler der zentralen Ötztaler Alpen (Tirol, Österreich) (Insecta: Hymenoptera). – Ber. nat. – med. Ver. Innsbruck, 69: 95–117.
SCHEDLER, J. (1978): Floristische Untersuchungen in einem Gebiet der »Historischen Weinberglandschaft« bei Obersulm, Kreis Heilbronn. – Veröff. Naturschutz Landschaftspflege Bad.-Württ., 47/48: 317–338.
– (1979): Verlust einer »Historischen Weinberglandschaft« bei Obersulm, Kreis Heilbronn. – Veröff. Naturschutz Landschaftspflege Bad.-Württ., 49/50: 145–157.
SCHEFFER, F. & P. SCHACHTSCHABEL (1976): Lehrbuch der Bodenkunde. 9. Aufl., 394 S.; Stuttgart (F. Enke).
SCHELOSKE, H. – W. (1973): Die Seidenbiene Colletes daviesanus Sm., ein Gebäudeschädling. – Anz. Schädlingskde. Pflanzen-Umweltschutz, 46: 113–117; Berlin u. Hamburg.
– (1974): Untersuchungen über das Vorkommen, die Biologie und den Nestbau der Seidenbiene Colletes daviesanus Sm. – Zool. Jb. Syst., 101: 153–182.
SCHENCK, A. (1851): Beschreibung Nassauischer Bienenarten. – Jb. Ver. Naturk. Nassau, 7: 1–106.
– (1853): Nachtrag zu der Beschreibung nassauischer Bienenarten. – Jb. Ver. Naturk. Nassau, 9: 88–306.
– (1861a): Die nassauischen Bienen. Revision und Ergänzung der früheren Bearbeitungen. – Jb. Ver. Naturk. Nassau, 14 (1859): 1–414.
– (1861b): Zusätze und Berichtigungen zu der Beschreibung der nassauischen Grabwespen, Goldwespen, Bienen und Ameisen. – Jb. Ver. Naturk. Nassau, 16: 137–206.
– (1866): Verzeichnis der nassauischen Hymenoptera aculeata mit Hinzufügung der übrigen deutschen Arten. – Berl. Ent. Z., 10: 317–369.
– (1869): Beschreibung der nassauischen Bienen. Zweiter Nachtrag. – Jb. Ver. Naturk. Nassau, 21–22 (1867–1868): 269–382.
– (1871a): Über einige streitige und zweifelhafte Bienenarten. – Berl. ent. Z., 17: 243–259.
– (1871b): Mehrere seltene, zum Theil neue Hymenopteren. – Stettiner ent. Ztg., 32: 253–257.
– (1874): Aus der Bienenfauna Nassaus. – Berl. Ent. Z., 18: 161–173.
– (1875): Aus der Bienenfauna Nassaus. – Dt. Ent. Z., 19: 321–332.
SCHENKEL, G. & E. FREY (1985): Die Lößhohlwege des Kraichgaus. – Kraichgau, Beitr. z. Landschafts- u. Heimatforschung, 9: 103–119.
SCHERRER, H.U. & E. SURBER (1978): Behandlung von Brachland in der Schweiz. – Eidgen. Anstalt forstl. Versuchswesen, Ber. 189, 122 S.; Birmensdorf.
SCHIEFER, J. (1981): Vegetationsentwicklung und Pflegemaßnahmen auf Brachflächen in Baden-Württemberg. – Natur u. Landschaft, 56: 263–268.
– (1984): Möglichkeiten der Aushagerung von nährstoffreichen Grünlandflächen. – Veröff. Naturschutz Landschaftspflege Bad.-Württ., 57/58 (1983): 33–62.
SCHIRMER, C. (1912): Beiträge zur Kenntnis der Hymenopterenfauna der Provinz Brandenburg. – Berl. Ent. Z., 56 (1911): 153–171.
– (1915): Nachtrag zu »Beiträge zur Kenntnis der Hymenopterenfauna der Provinz Brandenburg«. – Dt. Ent. Z., 1915: 454–457.
SCHLECHTENDAL, D.H. R. VON (1872): Beschreibung der Zellen von Anthidium strigatum Ltr. und einer davon abweichenden Form. – Jahresber. Ver. Naturkunde Zwickau, 1871: 12–14.
SCHLETTERER, A. (1889): Monographie der Bienen-Gattungen Chelostoma Latr. und Heriades Spin. – Zool. Jb. Syst., 4: 591–691.
SCHLISING, R.A. (1972): Foraging and nest provisioning behavior of the oligolectic bee, Diadasia bituberculata (Hymenoptera: Anthophoridae). – Pan-Pacific Ent., 48: 175–188.
SCHMELZER, B., A. BEZZENBERGER, G. VORWOHL & P. WESTRICH (1985): Landschaft als Lebensraum. Pflanzenkatalog für Vorhaben in der freien Landschaft und im Siedlungsraum zur Verbesserung der Bienenweide und des Artenreichtums. – Ministerium f. Ernährung, Landwirtschaft, Umwelt und Forsten Bad.-Württ. (Hrsg.), 98 S.; Stuttgart.
SCHMID, K. (1987): Zur Faunistik und Ökologie aculeater Hymenopteren in Sand- und Kiesgruben der Region Donau-Iller. – Diplomarbeit math.-naturwiss. Fakultät Univ. Ulm; 103 S.
SCHMIDT, E. (1925): Aus dem Leben und Treiben wilder Bienen und Wespen in den Obstanlagen der Geisenheimer Lehranstalt. – Die Gartenwelt, 29 (8/10): 1–12.
SCHMIDT, H. (1918): Biologisches über die Erdhummel. – Z. wiss. InsBiol., 14: 14–15.
SCHMIDT, K. (1966): Einige Hymenopteren vom Spitzberg und aus der näheren Umgebung von Tübingen. In: Der Spitzberg bei Tübingen. – Natur- u. Landschaftsschutzgebiete Bad.-Württ., 3: 931–945.
– (1969): Beiträge zur Kenntnis der Hymenopterenfauna des Mittelrheingebietes, insbesondere des Mainzer Sandes. – Mainzer naturw. Archiv, 8: 292–302.
– (1970): Die Grabwespenfauna des Naturschutzgebietes »Mainzer Sand« und des Gonsenheimer Waldes (Hymenoptera, Sphecidae). – Mainzer Naturw. Archiv, 9: 15–63.
– (1979a): Materialien zur Aufstellung einer Roten Liste der Sphecidae (Grabwespen) Baden-Württembergs I. Philanthinae und Nyssoniae. – Veröff. Naturschutz Landschaftspflege Bad.-Württ., 49/50: 271–369.
– (1979b): Zur Kenntnis der Gasteruptionidae Badens (Hymenoptera, Evanoidea). – Beitr. naturk. Forsch. SüdwDtl., 38: 117–123.

– (1980): Materialien zur Aufstellung einer Roten Liste der Sphecidae (Grabwespen) Baden-Württembergs II. Crabronini. – Veröff. Naturschutz Landschaftspflege Bad.-Württ., 51/52: 309–398.
– (1981): Materialien zur Aufstellung einer Roten Liste der Sphecidae (Grabwespen) Baden-Württembergs. III. Oxybelini, Larrinae (außer Trypoxylon), Astatinae, Sphecinae und Ampulicinae. – Veröff. Naturschutz Landschaftspflege Bad.-Württ., 53/54: 155–234.
SCHMIDT, K. & P. WESTRICH (1985): Die Stechimmenfauna des Rotenfels bei Bad Münster am Stein (Hymenoptera Aculeata außer Bethyloidea und Formicoidea). – Mitt. Pollichia, 70 (1982): 235–248.
SCHMIDT, K. & P. WESTRICH (1987): Stechimmen (Hymenoptera: Aculeata) des Mainzer Sandes und des Gonsenheimer Waldes. – Mainzer naturw. Archiv, 25: 351–407.
SCHMIDT, W. (1984) Der Einfluß des Mulchens auf die Entwicklung von Ackerbrachen – Ergebnisse aus 15jährigen Dauerflächenbeobachtungen. – Natur u. Landschaft, 59: 47–55.
SCHMIEDEKNECHT, O. (1878): Monographie der in Thüringen vorkommenden Arten der Hymenopteren-Gattung Bombus. – Jenaische Z. f. Naturw., 12: N.F. 5 (3): 303–430.
– (1882–1884): Apidae Europaeae (Die Bienen Europas). I. II. – 1071 S., Gumperda u. Berlin.
– (1930): Die Hymenopteren Nord- und Mitteleuropas. – 2. Aufl., 1062 S.; Jena.
SCHMOLL, G. (1988): Untersuchungen zur interspezifischen Territorialität von Anthidium manicatum L. (Hymenoptera: Megachilidae). – Diplomarbeit Fakultät f. Biologie Univ. Freiburg i.Br.; 146 S.
SCHNEIDER, O. (1898): Die Tierwelt der Nordsee-Insel Borkum, unter Berücksichtigung der von den übrigen Ostfriesischen Inseln bekannten Arten. – Abh. Naturw. Ver. Bremen, 16: 1–174.
SCHOLL, A. & E. OBRECHT (1983): Enzymelektrophoretische Untersuchungen zur Artabgrenzung im Bombus lucorum-Komplex (Apidae, Bombini). – Apidologie, 14: 65–78.
SCHOLZ, E.J. R. (1912): Nestbau des Halictus quadricinctus F. – Jahresh. Ver. Schles. Insektenk., 5: 18–19; Breslau.
– (1913): Bienen und Wespen, ihre Lebensgewohnheiten und Bauten. – 208 S.; Leipzig (Quelle u. Meyer).
SCHOOP, T. (1951): Die Bienenfauna der Nahe. – Westdeutscher Naturwart, 2: 20–28, 50–62.
– (1963):Die solitären Bienen im Nahegebiet. – Dhauner Echo; 17 S.; Dhaun.
SCHRECK, E. & W. SCHEDL (1979): Die Bedeutung des Wildbienenanteils bei der Bestäubung von Apfelblüten an einem Beispiel in Nordtirol (Österreich). – Ber. nat.-med. Ver. Innsbruck, 66: 95–107.
SCHREIBER, K.F. (1980): Brachflächen in der Kulturlandschaft. – S. 61–93 in: Daten und Dokumente zum Umweltschutz, Sonderreihe Umwelttagung, Nr. 30, »Ökol. Probleme in Agrarlandschaften«, Jan. 1980, Univ. Hohenheim 1980.
SCHREMMER, F. (1941): Eine Bauchsammlerbiene (Megachile circumcincta) als Zerstörerin der Blüten von Salvia glutinosa. – Zool. Anz., 133: 230–232. (Korrektur: M. ligniseca).
– (1953): Blütenbiologische Beobachtungen an Labiaten (Nektar- und Pollendiebstahl). – Österr. Bot. Z., 100: 8–24.
– (1954): Ergänzende und neue Beobachtungen über den Nestbau bei Blattschneiderbienen der Gattung Megachile Latr. (Hymenoptera, Apidae). – Zool. Anz., 153: 281–288.
– (1955a): Beobachtungen über die Nachtruhe bei Hymenopteren, insbesondere die Männchenschlafgesellschaften von Halictus. – Österr. Zool. Z., 6: 70–89.
– (1955b): Über anormalen Blütenbesuch und das Lernvermögen blütenbesuchender Insekten. – Österr. Bot. Z., 102: 551–571.
– (1960a): Mörtelbiene – Nestbau und Brutfürsorgeverhalten der Chalicodoma muraria und Chalicodoma manicata. – IWF-Film.
– (1960b): Acanthus mollis, eine europäische Holzbienenblume. – Österr. Bot. Z., 107: 84–105.
– (1961): Morphologische Anpassungen von Tieren – insbesondere von Insekten – an die Gewinnung von Blumennahrung. – Verh. Dtsch., Zool. Ges. Saarbrükken 1961: 375–401; Leipzig (Akad. Verlagsges.)
– (1963) Gezielter Abwurf getarnter Eier bei Wollschwebern (Dipt. Bombyliidae). – Verh. Dt. Zool. Ges., 1963: 291–303.
– (1972a): Der Stechsaugrüssel, der Nektarraub, das Pollensammeln und der Blütenbesuch der Holzbienen (Xylocopa) (Hymenoptera, Apidae). – Z.Morph. Tiere, 72: 263–294.
– (1972b): Beobachtungen zum Paarungsverhalten der Männchen von Bombus confusus Schenck. – Z. f. Tierpsychol., 31: 503–512.
– (1982): Blütenökologie und Umweltverständnis. – Öko-L, 4:3–8.
– (1985): Eine Grabwespe nistet in Eichengallen, die vom Gallenerzeuger noch bewohnt sind (Hymenoptera, Sphecidae/Cynipidae). – Entomofauna, 6: 397–415.
SCHROEDER, J.D. (1922): Beitrag zur Lebensweise und Verbreitung von Andrena fulva Schr. – Jahresber. Ent. Ver. Bremen, 5–9 (1917–1921): 13–14.
SCHÜTTE, H. (1906): Bemerkungen über das Mellum-Eiland und dessen Tierleben. – Abh. naturw. Ver. Bremen, 18: 372–375.
SCHULZE, P. (1918): Die Neuheiten der märkischen Insektenfauna 1917 (einschließlich Eriophyiden und Ixodiden). – Dt. Ent. Z., 1918: 277–292.
SCHUMACHER, W. (1980): Schutz und Erhaltung gefährdeter Ackerwildkräuter durch Integration von landwirtschaftlicher Nutzung und Naturschutz. – Natur u. Landschaft, 55: 447–452.
– (1983): Über die Neubegründung von Ruderalgesellschaften im rheinischen Freilichtmuseum in Kommern. – Aus Liebe zur Natur. Schr.reihe der Stiftung z. Schutz gefährdeter Pfl., 3: 11–20.

– (1984): Gefährdete Ackerwildkräuter können auf ungespritzten Feldrändern erhalten werden. Dreijährige Modelluntersuchung liefert Beweis. – LÖLF-Mitt., 9: 14–20.

SCHUSTER, L. (1903): Das Verbreitungsgebiet der Violettflügeligen Holzbiene (Xylocopa violacea) in Deutschland. – Zool. Garten, 44: 28–29; Frankfurt a. M.

– (1907): Der Riese unter den deutschen Bienen. – Kosmos, 4: 125–126.

SCHWAB, H. (1986): Die Auswirkungen der Rebflurbereinigung und Humuswirtschaft auf Vegetation, Bodenabtrag und Regenwurmpopulation der Keuper-Weinberge im Raum Stuttgart. – Diplomarbeit Institut f. Landeskultur u. Pflanzenökologie Univ. Stuttgart-Hohenheim.

SCHWABE, A. & A. KRATOCHWIL (1984): Vegetationskundliche und blütenökologische Untersuchungen in Salzrasen der Nordseeinsel Borkum. – Tuexenia, 4: 125–152.

SCHWABE-BRAUN, A. (1979): Werden und Vergehen von Borstgrasrasen im Schwarzwald. In: WILMANNS O. & R. TÜXEN (Hrsg.): Werden und Vergehen von Pflanzengesellschaften. – Ber. intern. Sympos. internat. Ver. Veget.-Kde (Rinteln 1978), S. 387–405; Vaduz (I. Cramer).

– (1980): Wirtschaftsbedingte Vegetationstypen auf Extensivweiden im Schwarzwald. – Ber. naturforsch. Ges. Freiburg, 70: 57–95.

SCHWAMMBERGER, K.H. (1969): Interessante Bienenfunde aus Südwestdeutschland (Hymenoptera, Apoidea). – Veröff. Naturschutz Landschaftspflege Bad. – Württ., 37: 213–220.

SCHWARZ, M. (1967): Die Gruppe der Nomada cinctiventris Fr. (=stigma auct. nec. F.) (Hymenoptera, Apoidea). – Polski Pismo Ent., 37: 263–339.

– (1974a): Zwei neue Arten aus der Gruppe der Nomada fuscicornis Nyl. und Beschreibung des noch unbekannten Männchens der Nomada rufoabdominalis Schwarz (Hym., Apidae). – Polskie Pismo Ent., 44: 257–266.

– (1974b): Über die von J. Ch. Fabricius beschriebenen Nomada-Arten mit Bemerkungen zu seiner Privatsammlung und der von ihm bearbeiteten Sehestedt-Lund-Sammlung (Hym., Apidae). – Polskie Pismo Ent., 44: 723–729.

– (1980): Zur Kenntnis einiger von F. Morawitz beschriebener Nomada-Arten (Hymenoptera, Apoidea). – Entomofauna, 1: 1–27.

– (1986a): Zur Klärung der Nomenklatur und Synonymie der Nomada pusilla Lepeletier, 1841 (Hymenoptera, Apoidea). – Entomofauna, 7: 425–430.

– (1986b): Zwei neue, europäische Nomada-Arten (Hymenoptera, Apoidea). – Entomofauna, 7: 433–442.

– (1986c): Ergebnisse der Untersuchungen der von Zetterstedt 1838 in Insecta Lapponica beschriebenen Nomada-Arten (Hymenoptera, Apoidea). – Entomofauna, 7: 445–450.

– (1986d): Zur Kenntnis der Gattung Nomada Scopoli. 2. (Hymenoptera, Apoidea). – Entomofauna, 7: 453–467.

– (1986e): Revision der Nomada-Arten der Sammlung C.G. Thomson (Hymenoptera, Apoidea). – Entomofauna, 7: 469–484.

SCHWENNINGER, H.-R. (1987): Beitrag zur Bienenfauna (Hym., Apoidea) in Feuchtbrachen des »Südlichen Pfälzerwaldes«. In: Grünlandbrachen im Südlichen Pfälzerwald, Pollichia Buch Nr.12, S.241–259; Bad Dürkheim.

SEELEY, T.D. (1985): Honeybee Ecology. A Study of Adaptation in Social Life. – 201 S.; Princeton, New Jersey (Princeton Univ. Press.).

SEMICHON, L. (1906): Recherches morphologiques et biologiques sur quelques mellifères solitaires. – Bull. scient. Fr. et Belg., 40: 281–439.

– (1912): Parasitisme provoqué entre deux larves d'Halictus quadricinctus Fabr. – Bull. Soc. ent. France, 1912: 90–92.

– (1922): Sur la nymphe de Melecta armata Panzer (Hym. Apidae). – Bull. Soc. ent. France, 1922: 192–194.

SEVERINGHAUS, L.L., B.H. KURTAK & G.C. EICKWORT (1981): The Reproductive Behavior of Anthidium manicatum (Hymenoptera: Megachilidae) and the significance of Size for Territorial Males. – Behav. Ecol. Sociobiol., 9: 51–58.

SHETLER, S.G. (1979): Pollen-Collecting Hairs of Campanula (Campanulaceae) I: Historical review. – Taxon, 28: 205–215.

SICKMANN, F. (1887): Beiträge zur Hymenopteren-Fauna der Insel Spiekerooge. – Abh. naturw. Ver. Bremen, 9: 275–281.

SIEBER, M. (1925): Über die Verbreitung und Lebensweise der Blattschneiderbiene Megachile nigriventris Schck. – Abh. Naturw. Ges. Isis Dresden, 1925: 1–23.

– (1930): Die Blattschneiderbienen. – Aus der Heimat, 43: 211–217; Öhringen.

– (1933): Die Blattschneiderbienen (Gattung Megachile Latr.) im Freistaat Sachsen. – Sitz.-ber. Abh. naturw. Ges. Isis Dresden, 1932: 178–186.

SIMMELHAG, S. (1954): Et bidrag til Melitta leporina biologi. – Flora og Fauna, 60: 35–45 (in dänisch mit englischer Zusammenfassung).

SITOWSKI, L. (1947): Anthidium, as an exterminator of bees and bumblebees gathering honey. – Roczn. nauk. Rol. Lesn., Poznan, 49: 434–437 (in polnisch mit englischer Zusammenfassung).

SKOU, J.P., S.N. HOLM & H. HAAS (1963): Preliminary investigations on deseases in bumble-bees (Bombus Latr.). – Kgl. Vet.-og Landbohojsk. Aarsskr., 1963: 27–41.

SLADEN, F.W. L. (1912): The Humblebee – Its Life-history and How to Domesticate It. – 283 S.; London (MacMillan).

SMITH, B. & M. AYASSE (1987): Kin-based male mating preferences in two species of halictine bees. – Behav. Ecol. Sociobiol., 2: 313–318.

SMITH, F. (1842): Memoir on the genus Hylaeus, with descriptions of several new British species. – Trans. ent. Soc. London, 1842: 57–59.

– (1844a): Notes on Osmia tunensis and O. bicolor, bred from Snail-shells. – Zoologist, 21: 609.
– (1844b): Descriptions of the British Mason Bees (Osmia) with details of their Economy. – Zoologist, 21: 737–748.
– (1846): Description of the British species of bees compromised in the genera Colletes of Latreille and Macropis of Klug. – Zoologist, 4: 1274–1281.
– (1851): On the habits of Osmia parietina. – Zoologist, 9: 3253–3255. (= O. inermis).
– (1852): Notes on the development of Osmia parietina. – Trans. Ent. Soc. London, 2: 81; London. (= Osmia inermis).
– (1853): Catalogue of the hymenopterous insects in the Collection of the British Museum. – 195 S.; London.
SMITH, K.G. (1959): The distribution and habits of the British Conopidae (Dipt.). – Trans. Soc. Br. Ent., 13: 113–136.
– (1969): Diptera: Conopidae. – Handbk. Ident. Br. Insects, 10 (3a): 1–18.
SNELLING, R.R. (1970): Studies on North American Bees of the Genus Hylaeus. 5. The Subgenera Hylaeus, s. str. and Paraprosopis (Hymenoptera: Colletidae). – Los Angeles Co. Mus., Contrib. in Science, 180: 1–59.
– (1975): Taxonomic Notes on Some Colletid Bees of Western North America with Descriptions of New Species (Hymenoptera: Colletidae). – Los Angeles Co. Mus., Contrib. in Science, 267: 1–9.
SOLS, A., E. CADENAS & F. ALVARADO (1960): Enzymatic basis of mannose toxicity in honey bees. – Science, 131 (3306): 297–298.
SOWA, S. & J. MOSTOWSKA (1978): Contribution to the biology of Andrena labialis Kirby (Hym., Apoidea) in Olsztyn Province. – Polskie Pismo Ent., 48: 439–444 (polnisch mit englischer Zusammenfassung).
SOWA, S., J. MOSTOWSKA & S. WRONA (1976): Studies on the biology of Andrena labialis Kirby (Hym., Apoidea) in the Olsztyn district. – Polskie Pismo Ent., 46: 127–143.
SOWIG, P. & H.-F. PAULUS (1988): Beobachtungen zu Artenzusammensetzung und Sammelstrategien in Hummelgemeinschaften an Beinwell (Symphytum officinale). – Mitt. Dt. Ges. allgem. angew. Ent., 6: 109–115.
SPINOLA, M. (1808): Insectorum Liguriae. Genua.
SPOONER, G.M. (1946): Nomada errans Lep., a bee new to Britain. – Ent. Monthly Mag., 82: 105–106.
SPRENGEL, C.K. (1793): Das entdeckte Geheimnis der Natur im Bau und in der Befruchtung der Blumen. – Berlin (F. Vieweg).
Staatsministerium Baden-Württemberg: Baden-Württemberg. Dynamisches Land im Südwesten. 87 S.
STADLER, H. & K. GLÄSSEL (1956): Die Hautflügler des Naturschutzgebietes Romberg – See von Sendelbach. – Nachrbl. Bayer. Ent.,5: 109–111.
STADTLER, H. (1924): Einiges über die Tierwelt Unterfrankens. II. Beitrag. – Arch. Naturgesch., 90A (1): 169–201.
STÄHLIN, A., L. STÄHLIN & K. SCHÄFER (1973): Zur Frage des Eingriffs in die Entwicklung der Pflanzenbestände auf aufgelassenem Kulturland. – Natur u. Landschaft, 48: 63–69.
STANLEY, R.G. & H.F. LINSKENS (1974): Pollen. Biology, biochemistry, management. Berlin (Springer).
STAUDENMEYER, T. (1939): Die Giftigkeit der Mannose für Bienen und andere Insekten. – Z. vergl. Physiol., 26: 644–668.
STEFFNY, H., A. KRATOCHWIL & A. WOLF (1984): Zur Bedeutung verschiedener Rasengesellschaften für Schmetterlinge (Rhopalocera, Hesperiidae, Zygaenidae) und Hummeln (Apidae, Bombus) im Naturschutzgebiet Taubergießen (Oberrheinebene) – Transect-Untersuchungen als Entscheidungshilfe für Pflegemaßnahmen. – Natur u. Landschaft, 59: 435–443.
STEIN, G. (1956): Beiträge zur Biologie der Hummel (B. terrestris L., B. lapidarius L. u.a.). – Zool. Jb. Syst., 84: 439–462.
STEIN, G. & E. LOHMAR (1972): Über die Infektion verschiedener Hummelarten mit Sphaerula bombi Leon Dufour 1873 im Raum Bonn, Frühjahr 1970. – Decheniana, 124: 135–140.
STEINMANN, E. (1973): Über die Nahorientierung der Einsiedlerbienen Osmia bicornis L. und Osmia cornuta Latr. (Hymenoptera, Apoidea). – Mitt. Schweiz. Ent. Ges., 46: 119–122.
– (1976): Über die Nahorientierung solitärer Hymenopteren: Individuelle Markierung der Nesteingänge. – Mitt. Schweiz. Ent. Ges., 49: 253–258.
– (1979): Die erstaunlichen Fähigkeiten der Einsiedlerbienen. – Bündner Jb. 1979: 71–79.
– (1981): Über die Nahorientierung solitärer Hymenopteren: Wahlversuche mit Eingangsmasken. – Mitt. Schweiz. Ent. Ges., 54: 215–220.
– (1983): Ställe und Bargen als Nistplätze für solitäre Hautflügler (Apoidea, Sphecidae, Eumenidae, Sapygidae). – Jahresber. Naturforsch. Ges. Graubünden, 100: 157–165.
– (1986): Die Wand-Pelzbiene Anthophora plagiata (Illiger) (Hymenoptera: Apoidea). – Jber. Natf. Ges. Graubünden, 102 (1985): 137–142.
STEPHEN, W.P. (1955): Alfalfa Pollination in Manitoba. – J. econ. Ent., 48: 543–548.
– (1961): Artificial Nesting Sites for the Propagation of the Leaf-Cutter Bee, Megachile (Eutricharaea) rotundata, for Alfalfa Pollination. – J. econ. Entom., 54: 989–993.
– (1962): Propagation of the Leaf-Cutter Bee for Alfalfa Seed Production. – Stn. Bull. Oregon agric. Exp. Stn., Nr. 586: 1–16; Corvallis.
STEPHEN, W.P. , G.E. BOHART & P.F. TORCHIO (1969): The Biology and External Morphology of Bees. – Agric. Exp. Station Oregon State Univ.; 140 S.; Corvallis.
STEPHEN, W.P. & C. OSGOOD (1965): Influence of Tunnel Size and Nesting Medium on Sex Ratio in the Leaf-Cutter Bee Megachile rotundata. – J. econ. Ent., 58: 965–968.
STEPHEN, W.P. & P.F. TORCHIO (1961): Biological Notes on the Leaf-Cutter Bee, Megachile (Eutricharaea) rotundata (Fabr.). – Pan-Pacific Ent., 37: 85–93.

STOECKHERT, E. (1919): Beiträge zur Kenntnis der Hymenopterenfauna Frankens. – Mitt. Münch. Ent. Ges., 9: 4–12, 17–32, 37–49.
– (1922a): Über die Lebensweise von Rhophites 5-spinosus Spin. (Hym. Apid.). – Dt. Ent. Z., 1922: 381–392.
– (1922b): Nomada ochrostoma K. und ihre deutschen Verwandten (Hym.). – Konowia, 1: 113–124; 161–172.
– (1922c): Andrena franconica n. sp., eine neue deutsche Biene (Hym.). – Ent. Mitt., 11: 99–105.
– (1923): Über Entwicklung und Lebensweise der Bienengattung Halictus Latr. und ihrer Schmarotzer (Hym.). – Konowia, 2: 48–64, 146–165, 216–247.
– (1924): Über einige neue deutsche Andrena-Arten (Hym.). – Arch. Naturgesch., 90A (1): 165–179.
– (1928): Andrena strohmella n.sp., eine neue deutsche Biene (Hym.). – Arch. Insektenk. Oberrheingeb., 2: 243–248.
– (1930a): Andrena F. In: SCHMIEDEKNECHT, O., Die Hymenopteren Mitteleuropas, (2. Aufl.), S. 897–986; Jena.
– (1930b): Nomada F. In: SCHMIEDEKNECHT, O., Die Hymenopteren Mitteleuropas, (2. Aufl.), S. 986–1053; Jena.
– (1935): Über einige neue deutsche Arten der Andrena minutula-Gruppe. – Dt. Ent. Z., 1935: 65–85.
– (1941): Über die Gruppe der Nomada zonata Panz. (Hym. Apid.). – Mitt. Münch. Ent. Ges., 31: 1072–1122.
– (1943a): Über die Gruppe der Nomada furva Panz. (Hym. Apid.). – Dt. Ent. Z., 1943: 89–126.
– (1943b): Andrena F. und Nomada Scop. partim. In: PITTIONI B. & R. SCHMIDT, Die Bienen des südöstlichen Niederdonau. II. Andrenidae und isoliert stehende Gattungen. – Niederdonau/Natur u. Kultur, 24: 1–84.
STOECKHERT, F.K. (1922): Zur Biologie von Prosopis variegata F. (Hym.). – Konowia, 1: 39–58.
– (1933): Die Bienen Frankens (Hym. Apid.). Eine ökologisch-tiergeographische Untersuchung. – Beih. Dt. Ent. Z.,1932, 294 S.
– (1954): Fauna Apoideorum Germaniae. – Abh. bayer. Akad. Wiss., N.F.65: 1–87.
STRAND, E. (1910): Neue Beiträge zur Arthropoden-Fauna Norwegens nebst gelegentlichen Bemerkungen über deutsche Arten. I-V. – Nyt Mag. Naturvidensk., 48: 307–343; Kristiania.
– (1915): Beiträge zur Systematik und insbesondere zur Verbreitung der Apidae. – Arch. Naturgesch., 81A (12): 124–139.
– (1917): Über einige Apidae des Deutschen Entomologischen Museums. – Arch. Naturgesch., 83A (11): 57–71.
– (1918): Notizen zur Hymenopterenfauna Deutschlands. – Ent. Z., 32: 2–4.
– (1921a): Apidologisches, insbesondere über paläarktische Andrena-Arten, aufgrund von Material des Deutschen Entomologischen Museums. – Arch. Naturgesch., 87A (3): 266–304.
– (1921b): Notizen zur Hymenopterenfauna Deutschlands. – Ent. Z., 35: 32.
STRESEMANN, E. (1978): Exkursionsführer. Bd. 2/1. Wirbellose. 506 S.; Berlin (Volk u. Wissen).
STRICKLER, K. (1979): Specialization and foraging efficiency of solitary bees. – Ecology, 60: 998–1009.
– (1982): Parental investment per offspring by a specialist bee: does it change seasonally? – Evolution, 36: 1098–1100.
STRIE, B. (1980): Die Zusammensetzung der Pollenhöschen verschiedener Hummelarten im Kaiserstuhl. – Staatsexamensarbeit Univ. Freiburg i.Br.
STRITT, W. (1962): Einige bemerkenswerte Hautflügler (Hymenoptera) aus dem Wutachgebiet. – Beitr. naturkdl. Forsch. Südw.-Dtl.,21: 49–50.
– (1968): Ergänzungen zur Hautflüglerfauna Badens (Hymenoptera Aculeata und Chrysidoidea). – Beitr. naturkdl. Forsch. Südw.-Dtl., 27: 109–112.
– (1969): Seltenere Stechimmen und Goldwespen im Stadtgebiet von Karlsruhe (Hymenoptera). – Beitr. naturkdl. Forsch. Südw.-Dtl., 28: 131.
– (1971): Wartehäuschen als Lichtfallen für Hautflügler (Hymenoptera). – Dt. Ent. Z., N.F. 18: 99–112.
STROHM, K. (1924): Beitrag zur Kenntnis der Bienenfauna von Baden. – Mitt. bad. ent. Ver., 1: 123–137.
– (1925): Insekten der badischen Fauna. 1. Beitrag. – Mitt. bad. ent. Ver., 1: 104–220.
– (1933): Die Insekten; Tiergeographische Charakterisierung des Kaiserstuhls. In: Der Kaiserstuhl, S. 285–366; Freiburg i.Br.
STROJNY, W. (1961): Z biologii obrostki murówki, Chalicodoma muraria (Fab.). – Wszechswiat, 9: 225–226.
– (1963): Chalicodoma muraria (Fab.) (Hymenoptera, Apidae) in nature preservation »Skalki Stoleckie« near Zabkowice Sla – Polskie Pismo Ent., 33: 199–219.
– (1975): The actual population state of Chalicodoma muraria (Fab.) (Hymenoptera, Apidae) in the nature reservation Skalki Stoleckie near Zabkowice Slaskie. – Polskie Pismo Ent., 45: 415–422.
– (1981): Stan polskiej kolonii obrostki murowki – Chalicodoma muraria (F.) w rezerwacie Skalki Stolecki pod Zabkowicami Slaskimi w latach 1975–1979 (Hymenoptera, Apidae). – Polskie Pismo Ent., 51: 147–151 (in polnisch).
– (1984): The Polish Colony of Chalicodoma muraria in the natural reserve Skalki Stolecki near Zabkowice Slaskie during 1980–1983. – Polskie Pismo Ent., 54: 377–383 (in polnisch).
STRUVE, F. (1938): Beitrag zur Hymenopterenfauna der Nordseeinsel Borkum. – Abh. Naturwiss. Ver. Bremen, 30: 131–151.
SUBBA REDDI, C. & E.U. B. REDDI (1984): Bee-flower interactions and pollination potential. – Proc. Indian Acad. Sci. (Anim. Sci.), 93: 373–390.
SUGDEN, E.A. (1982): Apis mellifera as a bumbling bee: despelling a myth (abstr.). – S. 41 in: BREED, M.D., C. D: MICHENER & H.E. EVANS (Hrsg.): The biology of social insects. Boulder (Westview Press).
ŠUSTERA, O. (1958): Übersicht des Systems der paläarktischen und mitteleuropäischen Gattungen der Superfamilie Apoidea (Hymenoptera). – Acta Ent. Mus. Nat. Pragae, 32: 443–463.

– (1959): Bestimmungstabelle der Tschechoslowakischen Arten der Bienengattung Sphecodes Latr. – Acta Soc. Ent. Cechosl., 56: 169–180.
SVENSSON, B.G. (1974): Bin (Hymenoptera, Apoidea) fångade i fällor vid Messaure ekologiska station, Lule Lappmark, med anmärking om numlornas fenologi. – Ent. Tidskr., 95: 122–124.
– (1979): Pyrobombus lapponicus auct., in Europe recognized as two species: P.lapponicus (Fabricius, 1793) and P.monticola (Smith, 1849). – Ent. scand., 10: 275–296.
– (1980a) Patrolling behaviour of bumblebee males in subalpine/alpine aerea, Swedish Lapland. – Zoon, 7: 67–94.
– (1980b): Species isolating mechanisms in male bumblebees (Hymenoptera; Apidae). – Abstr. Uppsala Diss. Fac. Sci., 549: 1–42.
– (1982): Blodbiet Sphecodes cristatus ny för Nordvästeuropa. – Ent. Tidskr., 103: 23–24.
SVENSSON, B.G. & G. BERGSTÖM (1977): Volatile marking secretions from the labial gland of north Europeans Pyrobombus D.T. males (Hymenoptera, Apidae). – Insectes Sociaux, 24: 213–224.
SVENSSON, B.G. & G. BERGSTÖM (1979): Marking pheromones of Alpinobombus males (Hymenoptera, Apoidea, Bombinae). – J. Chem Ecol., 5: 603–615.
SVENSSON, B.G. & J. TENGÖ (1976): Andrena (Hym., Apoidea) on the Island of Öland, Sweden, with Key to Species. I. Subgenus Andrena (s.s.) Fabricius. – Ent. Tidskr., 97: 78–89.
SVENSSON, B.G., A.W. EBMER & S.F. SAKAGAMI (1977): Lasioglossum (Evylaeus) boreale, a new Halictinae (Hymenoptera, Apoidea) species found in northern Sweden and in Hokkaido, Japan, with notes on its biology. – Ent. scand., 8: 219–229.
SZABADOS, M. (1986): Interspezifische Territorialität bei der solitären Biene Anthidium manicatum (Hymenoptera, Megachilidae). – Zulassungsarbeit, Zool. Institut d. Universität Freiburg, 78 S.
TASCHENBERG, E.H. (1866): Die Hymenopteren Deutschlands nach ihren Gattungen und theilweise nach ihren Arten. Leipzig.
TASEI, J.-N. (1971): Influence de la date de la précoupe de la luzerne (Medicago sativa L.) sur la pollinisation. (Der Einfluss des Zeitpunktes, zu dem der Frühschnitt erfolgt, auf die Bestäubung der Luzerne Medicago sativa L.). – Apidologie, 2: 173–195.
– (1972): Observations préliminaires sur la biologie d'Osmia (Chalcosmia) coerulescens L. (Hymenoptera Megachilidae), pollinisatrice de la luzerne (Medicago sativa L.). – Apidologie, 3: 149–165.
– (1973a): Le comportement de nidification chez Osmia (Osmia) cornuta Latr. et Osmia (Osmia) rufa L. (Hymenoptera Megachilidae). – Apidologie, 4: 195–225.
– (1973b): Observation sur le development d'Osmia cornuta Latr. et Osmia rufa L. (Hymenoptera Megachilidae),. – Apidologie, 4: 295–315.
– (1975): Le problème de l'adaptation de Megachile (Eutricharea) pacifica Panz. (Megachilidae) americain en France. Zur Frage der Anpassung der aus Amerika stammenden Megachile (Eutricharaea) pacifica Panz. (Megachilidae) in Frankreich. – Apidologie, 6: 1–57.
– (1976): Recolte des pollens et approvisionnement du nid chez Osmia coerulescens L. – Apidologie, 7: 277–300.
– (1977): Possibilité de multiplication du pollinisateur de la luzerne Megachile pacifica Pz. en France. – Apidologie, 8:: 61–82.
– (1984): Biologie et écology des mellifères sauvages solitaires. – In: PESSON P. & J. LOUVEAUX (Hrsg.), Pollinisation et productions végétales, S. 577–593; Paris (INRA).
TASEI, J.-N., J. CAPOU & D. MICHAUD (1977): Action de quelques insecticides sur une abeille solitaire: Megachile pacifica Pz. (Hymenoptera, Megachilidae). – Apidologie, 8: 111–127.
TASEI, J.-N. & A. DELAUDE (1984): Efficacité pollinisatrice de Megachile rotundata F. (Hym. Megachilidae) utilisée sur luzerne (Medicago sativa L.). – Agronomie, 4: 653–662.
TENGÖ, J. (1979a): Chemical signals and odour-released behaviour in Andrena bees (Hymenoptera, Andrenidae). – Acta Univ. Uppsala, Abstracts Fac. of Science, 500, 30 S.
– (1979b): Odour-released behaviour in Andrena male bees (Apoidea, Hymenoptera). – Zoon, 7: 15–48.
– (1984): Territorial behaviour of the kleptoparasite reduces parasitic pressure in communally nesting bees. – Abstr. XVII Int. Congr. Entomology Hamburg 1984, S. 510.
TENGÖ, J. & G. BERGSTRÖM (1976a): Odour correspondence between Melitta females and males of their nest parasite Nomada flavopicta K. (Hymenoptera: Apoidea). – J. Chem. Ecol., 2: 57–65.
TENGÖ, J. & G. BERGSTRÖM (1976b): Comparativ analysis of lemonsmelling secretions from the heads of Andrena F. (Hymenoptera, Apoidea). – J. Comp. Biochem. Physiol., 55B: 179–188.
TENGÖ, J. & G. BERGSTRÖM (1977): Comparativ analyses of complex secretions from heads of Andrena bees (Hym., Apoidea). – J. Comp. Biochem. Physiol., 57B: 197–202.
TEPEDINO, V.J. (1980): Sex ratio of Hylaeus bisinuatus Forster (Hymenoptera: Colletidae). – J. Kansas Ent. Soc., 31: 805–810.
– (1983): An open-field test of Megachile rotundata as a potential pollinator in hybrid carrot seed fields. – J. apicult. Res., 22: 64–68.
TERRELL, E.E. & S.W.T. BATRA (1984): Insects collect pollen of eastern wildrice, Zizania aquatica (Poaceae). – Castanea, 49: 31–34.
THIEDE, U. (1981): Über die Verwendung von Acrylglasröhrchen zur Untersuchung der Biologie und Ökologie solitärer aculeater Hymenopteren (Hymenoptera). – Dt. Ent. Z., N.F.28: 45–53.
THIELKE, G. (1973): Brachland und Artenschutz. – Natur u. Landschaft, 48: 217–219.
THORP, R.W. (1969): Systematics and ecology of bees of the subgenus Diandrena (Hymenoptera, Andrenidae). – Univ. Calif. Publ. Ent., 52: 1146.

– (1979): Structural, behavioral and physiological aptations of bees (Apoidea) for collecting pollen. – Ann. Mo Bot. Gard, 66: 788–812.
THORP, R.W. & D.L. BRIGGS (1980): Bees Collecting Pollen from Other Bees (Hymenoptera: Apoidea). – J. Kansas Ent. Soc., 53: 166–170.
TIEDE, F. (1917): Über neue mecklenburgische Bienen und neue Fundstellen für seltene schon bekannte Formen in Mecklenburg. – Arch. Ver. Freunde Naturgesch. Mecklenburg, 71: 156–162.
TIRGARI, S. (1965): Observations sur un site de nidification de Meliturga clavicornis Latr. (Hymenoptera, Apoidea). – Annales de l'Abeille, 8: 109–111.
– (1968): Le choix du site de nidification par Melitta leporina (Panz.), Hym. Melittidae et Melitturga clavicornis (Latr.), Hym. Andrenidae. – Annales de l'Abeille, 11: 79–103.
TISCHLER, W. (1948): Biocönotische Untersuchungen an Wallhecken. – Zool. Jb. Syst., 77: 283–400.
– (1951): Ein biozönotischer Beitrag zur Besiedlung von Steilwänden. – Verh. Dtsch. Zool. Ges. Anz., Suppl. 15: 214–229.
– (1952): Biozönotische Untersuchungen an Ruderalstellen. (Ein Beitrag zur Agrarökologie). – Zool. Jb. Syst., 81: 122–174.
– (1966): Pflanzenstengel als Überwinterungsstellen für Tiere der Agrarlandschaft. – Faun.-Ökol. Mitt., 3: 73–77.
TKALCŮ, B. (1966): Metallinella gen. n. der Familie Megachilidae (Hymenoptera, Apoidea). – Acta ent. bohemoslov., 63: 200–202.
– (1967): Bemerkungen zur Taxonomie einiger paläarktischer Arten der Familie Megachilidae (Hymenoptera, Apoidea). – Acta ent. bohemoslov., 64: 91–104.
– (1969): Beiträge zur Kenntnis der Fauna Afghanistans. Chalicodoma Lep., Megachilidae, Apoidea, Hym. – Acta Mus. Mor., Sci. nat., Suppl, 54: 346–384.
– (1970a): Stelis moravica sp. n. aus der Tschechoslovakei, samt Bemerkungen zu den verwandten Arten (Megachilidae, Apoidea, Hym.). – Acta Mus. Morow., 55: 195–208.
– (1970b): Typenrevision der von J.C. Fabricius beschriebenen paläarktischen Arten der Tribus Osmiini (Hymenoptera, Apoidea, Megachilidae). – Ann.. Zool. Bot., 62: 1–15.
– (1971): Zur Identität zweier Osmia-Arten (Hymenoptera, Apoidea, Megachilidae). – Acta. ent. bohemoslov., 68: 222–230.
– (1974a): Revision und Klassifikation der bisher zur Untergattung Hoplosmia Thomson gestellten Anthocopa-Arten (Hymenoptera, Apoidea, Megachilidae). – Acta ent. bohemoslov., 71: 114–135.
– (1974b): Bemerkenswerte Bienenfunde in der Tschechoslowakei (Hymenoptera, Apoidea). – Acta ent. bohemoslov., 71: 205–208.
– (1974c): Ergebnisse der Albanien-Expedition 1961 des Deutschen Entomologischen Institutes. 89. Beitrag. Hymenoptera: Apoidea V. (Megachilidae). – Beitr. Ent., 24: 323–348.
– (1975): Revision der europäischen Osmia (Chalcosmia)-Arten der fulviventris-Gruppe (Hymenoptera: Apoidea: Megachilidae). – Vestnik Ceskosl. Spol. Zool., 39: 297–317.
– (1977a): Die Osmia-Arten der Untergattung Neosmia Tkalců (Hymenoptera, Apoidea, Megachilidae). – Acta ent. bohemoslov., 74: 85–102.
– (1977b): Taxonomisches zu einigen paläarktischen Bienenarten (Hymenoptera: Apoidea). – Vestnik Ceskosl. Spol. Zool., 41: 223–239.
– (1979): Revision der europäischen Vertreter der Artengruppe von Tetralonia ruficornis (Fabricius (Hymenoptera, Apoidea). – Acta Musei Moraviae, 64: 127–152.
– (1980): Melitturga clavicornis (Latreille) und M. taurica Friese, sp. revocata (Hymenoptera, Apoidea). – Acta ent. bohemoslov., 77: 236–241.
– (1983): Die europäischen Osmia-Arten der Untergattung Melanosmia (Hymenoptera,Apoidea, Megachilidae). – Vestnik Ceskosl. Spol. Zool., 47: 140–159.
– (1984): Systematisches Verzeichnis der westpaläarktischen Tetralonia- und Eucera-Arten, deren Männchen als Blütenbesucher verschiedener Ophrys-Arten festgestellt wurden. Mit Beschreibung neuer Taxa (Hymenoptera: Apoidea). – Nova Acta Reg. Soc. Sci. Upsaliensis, Ser. V:C, 3:57–77.
TORCHIO, P.F. (1972a): Sapyga pumila Cresson, a parasite of Megachile rotundata (F.) (Hymenoptera: Sapygidae: Megachilidae) I. Biology and description of immature stages. – Melanderia, 10: 1–22.
– (1972b): Sapyga pumila Cresson, a parasite of Megachile rotundata (F.) (Hymenoptera: Sapygidae: Megachilidae) II. Methods for control. – Melanderia, 10: 23–30.
– (1973): Relative Toxicity of Insecticides to the Honeybee, Alkalibee and Alfalfa Leafcutting Bee. – J. Kansas Ent. Soc., 46: 446–453.
– (1976): Use of Osmia lignaria Say (Hym. Apoidea, Megachilidae) as a pollinator in an apple and prune orchard. – J. Kansas Ent. Soc., 49: 475–482.
– (1981): Field experiments with Osmia lignaria propinqua Cresson as a pollinator in almand orchards: I, 1975 studies (Hymenoptera, Megachilidae). – J. Kansas Ent. Soc., 54: 815–823.
– (1982a): Field experiments with the pollinator species Osmia lignaria propinqua Cresson in apple orchards: I, 1975 studies (Hymenoptera, Megachilidae). – J. Kansas Ent. Soc., 55: 136–144.
– (1982b): Field experiments with the pollinator species Osmia lignaria propinqua Cresson in apple orchards: II, 1976 studies (Hymenoptera, Megachilidae). – J. Kansas Ent. Soc., 55: 759–778.
– (1984): The Nesting Biology of Hylaeus bisinuatus Forster and Development of its Immature Forms (Hymenoptera: Colletidae). – J. Kansas Ent. Soc., 57: 276–297.
TORCHIO, P.F., E. ASENSIO & R. THORP (1987): Introduction of the European bee Osmia cornuta into California USA almond orchards (Hymenoptera, Megachilidae). – Environ. Entomol., 16: 664–667.

TORCHIO, P.F. & D.J. BURDICK (1988): Comparative Notes on the Biology and Development of Epeolus compactus Cresson, a Cleptoparasite of Colletes kincaidii Cockerell (Hymenoptera: Anthophoridae, Colletidae). – Ann. Ent. Soc. Amer., 81: 626–636.

TORCHIO, P.F., J.G. ROZEN, Jr., G.E. BOHART & M.S. FAVREAU (1967): Biology of Dufourea and of its cleptoparasite, Neopasites (Hymenoptera: Apoidea). – J. New York Ent. Soc., 75: 132–146.

TORCHIO, P.F., G.E. TROSTLE & D.J. BURDICK (1988): The Nesting Biology of Colletes kincaidii Cockerell (Hymenoptera: Colletidae) and Development of Its Immature Forms. – Ann. Ent. Soc. Amer., 81: 605–625.

TORKA, V. (1913): Die Bienen der Provinz Posen. – Dt. Ges. Kunst. u. Wissensch. Posen, Z. Naturwiss. Abt., 20: 97–181.

– (1917): Goldwespen aus Posen. – Z. naturw. Ver. Posen, 23 (4): 25.

– (1926): Zur Bienenfauna Oberschlesiens. – Int. Ent. Z., 20: 125–130; Guben.

– (1935): Nachträge zu meiner Veröffentlichung über »Die Bienen der Provinz Posen«. – Dt. Wiss. Z. f. Polen, 26: 83–94.

TOWNES, H. (1972): A light-weight Malaise trap. – Ent. News, 83: 239–247.

TRABER, H.A. (1946): Die Mauerbiene (Osmia bicolor). – IWF-Film.

TRAUTMANN, W. (1915a): Beitrag zur Kenntnis der Hummelfauna des deutschen Alpengebiets. – Int. Ent. Z., 9: 59, 62.

– (1915b): Die Hummelfauna von Mittelfranken. – Int. Ent. Z., 9: 95–96.

– (1916): Zur Biologie der Chrysis trimaculata. – Int. ent. Z., 10: 6.

– (1918): Beitrag zur Biologie von Chrysis hirsuta Gerst. – Z. wiss. InsBiol., 14: 165–166.

– (1922): Beitrag zur Goldwespenfauna Siziliens. – Ent. Jb., 31: 146–149.

– (1924): Beitrag zur Erforschung der Bienenfauna des Allgäus. – Z. wiss. Insbiol., 19: 224–225.

– (1927): Die Goldwespen Europas. 194 S., Lautawerk.

TRAUTMANN, G. & W. (1919): Die Goldwespenfauna Frankens. – Z. wiss. InsBiol., 15: 30–36.

TREIBER, J. (1980): Phänologie und Ökologie Akuleater Hymenopteren in einem Stadtgarten. – Zulassungsarbeit Zool. Inst. Univ. Karlsruhe.

TREIBER, R. (1988): Hummeln und Wespen des Landkreises Freudenstadt. – Naturkundl. Beitr. DJN, 19: 3–27.

TSCHARNTKE, T. (1984): Bienen (Hymenoptera, Apoidea) des Schnakenmoors in Hamburg. Ein Beitrag zur Landschaftspflege, Faunistik und Ökologie. – Ent. Mitt. zool. Mus. Hamburg, 122: 7–20.

– (1985): Probleme des Biotopschutzes für Insekten. – Landschaft + Stadt, 17: 10–22.

TUNKL, F. Frh. VON (1932): Über die Nestgemeinschaft von Halictus marginalis Brullé und Andrena albicans Müller. (Hym.). – Ent. Z., 45: 286–287.

UFER, M. (1932): Beiträge zur Blütenbiologie der Luzerne. – Der Züchter, 4: 281–286.

ULLMANN, J. & B. HEINDL (1986): »Ersatzbiotop Straßenrand« – Möglichkeiten und Grenzen des Schutzes von basiphilen Trockenrasen an Straßenböschungen. – Ber. Arbeitsgemeinschaft Naturschutz u. Landschaftspflege, 10: 103–118; Laufen.

ULRICH, B. (1975): Bestandsgefährdung von Vogelarten im Ökosystem »Streuobstwiese« unter besonderer Berücksichtigung von Steinkauz Athene noctua und den einheimischen Würgerarten der Gattung Lanius. – Beih. Veröff. Naturschutz Landschaftspflege Bad.-Württ., 7: 90–110.

ULRICH, R. (1978): Zur Brutbiologie von Anthophora acervorum (L.) (Hymenoptera: Anthophoridae) unter besonderer Berücksichtigung quantitativer Aspekte. Diplomarbeit Univ. Freiburg, 125 S.

VANDENBERG, J.D. & W.P. STEPHEN (1983): Pathogenicity of Ascosphaera species for larvae of Megachile rotundata. – J. apicult. Res., 22: 57–63.

VASIĆ, Z. (1966): Einige Momente aus dem Leben von Halictus marginatus Brullé (Apoidea, Hymenoptera). – Bull. Mus. Hist. Nat. Belgrade, 21(B): 103–118 (in serbokroatisch mit deutscher Zusammenfassung).

– (1967): Halictus quadricinctus F. et le problème de la polygynie. – Bull. Mus. Hist. Nat. Belgrade, 22 (B): 181–187.

– (1970): Le rhythme du trafic journalier avec l'entourage des femelles auxiliaires Halictus marginatus Brullé (Hymenoptera, Halictidae). – Bull. Mus. Hist. Nat. Belgrade, 25 (B): 337–348 (in serbokroatisch mit französischer Zusammenfassung).

VECHT, J. VAN DER (1928): Hymenoptera Anthophila (Q XIIIm) A. Andrena. – Fauna van Nederland, 4: 1–144; Leiden.

VEGTER, K. (1960): Megachile lapponica Thoms. en andere behangersbijen in 1959 in Zuidoost-Drenthe. – Entomologische Berichten, 20: 154–156.

– (1971): Aculeaten in Drenthe (Hym.). – Entomologische Berichten, 31: 227–231.

– (1985): De tweede generatie van Andrena barbilabris in Drenthe (Hymenoptera: Apidae). – Entomologische Berichten, 45: 3–5.

VERHOEFF, C. (1890a): Ein Beitrag zur deutschen Hymenopteren-Fauna. – Ent. Nachr., 16: 329–336.

– (1890b): Zusätze zu den in No. 21 beschriebenen Hymenopteren. – Ent. Nachr., 16: 382–386.

– (1891a): Biologische Aphorismen über einige Hymenopteren, Dipteren und Coleopteren. – Verh. nat. Ver., 48: 1–80.

– (1891b): Biologische Beobachtungen auf der ostfriesischen Insel Norderney über Beziehungen zwischen Blumen und Insekten. – Abh. naturw. Ver. Bremen, 12: 65–88.

– (1892a): Beiträge zur Biologie der Hymenopteren. – Zool. Jb. Syst., 6: 680–754.

– (1892b): Einige Worte zu Friese's Osmien-Studien und über einen Bau von Osmia tridentata. – Ent. Nachr., 18: 225–228.

– (1892c): Über kämpfende und gesellige Bienenmännchen. – Ent. Nachr., 18: 244–248.
– (1892d): Zur Kenntnis der biologischen Verhältnisse zwischen Wirth- und Parasiten-Bienen-Larven. – Zool. Anz., 15: 41–43.
– (1893): Blumen und Insekten der Insel Norderney und ihre Wechselbeziehungen, ein Beitrag zur Insekten-Blumenlehre und zur Erkenntnis biologischer und geographischer Erscheinungen auf den deutschen Nordseeinseln. – Nova Acta Ksl. Leop.-Carol Dt. Akad. Naturf., 61 (2); 172 S.; Halle/Saale.
– (1897): Zur Lebensgeschichte der Gattung Halictus (Anthophila), insbesondere einer Übergangsform zu socialen Bienen. – Zool. Anz., 20: 369–393.
Verhoeff, P.M. F. (1943): Opmerkingen over Hymenoptera aculeata. – Tijdschr. Ent., 86: 39–42.
Visscher, P.K. & T.D. Seeley (1982): Foraging strategy of honeybee colonies in a temperate deciduous forest. – Ecology, 63: 1790–1801.
Vitzthum, H. (1943): Acarina. Bronns Klassen und Ordnungen des Tierreichs, 5, 4, 5; 1011 S.; Leipzig.
Vleugel, D.A. (1947): Waarnemingen aan het gedrag van de Grijze Graafbij (Andrena vaga Panz.) (Hym.). – Entomologische Berichten, 12: 185–192.
– (1952): Beobachtungen über den Revierbesitz bei der roten Mauerbiene (Osmia rufa L.). – Trans. 9th Int. Congr. Ent., 1: 402–408.
– (1961): Über die Zahl der Individuen in den Nestern der halbsozialen Biene Halictus calceatus Scop. und Verwandten in der ersten Generation. – XIth Int. Congr. Ent. 1960, 1: 586–588; Wien.
– (1973): Observations on the behaviour of the primitively social bee, Evylaeus (= Halictus) calceatus Scop. I. Preliminary report on the general life history. – Entomologische Berichte, 33: 121–127.
Vogel, R. (1930): Die Tierwelt. In: Beschreibung des Oberamts Leonberg, 1: 98–118; Stuttgart.
Vogel, S. (1972): Pollination von Orchis papilionacea L. in den Schwarmbahnen von Eucera tuberculata F. – JBer. Naturw. Ver. Wuppertal, 25: 67–74.
– (1974): Ölblumen und ölsammelnde Bienen. – Trop. Subtrop. Pflanzenwelt, 7: 283–547.
– (1975): Mutualismus und Parasitismus in der Nutzung von Pollenträgern. – Verh. Dt. Zool. Ges., 1975: 102–110.
– (1976): Lysimachia: Ölblumen der Holarktis. – Naturwiss., 63: 44–45.
– (1983): Ecophysiology of Zoophilic Pollination. In: Lange, O.L. et al. (Hrsg.): Encyclopedia of Plant Physiology, New Series, vol. 12, S. 559–624; Berlin, Heidelberg (Springer).
– (1984): The Diascia flower and its bee – an oil-based symbiosis in Southern Africa. – Acta Bot. Neerl., 33: 509–518.
– (1986): Ölblumen und ölsammelnde Bienen. Zweite Folge. Lysimachia und Macropis. – Trop. subtrop. Pflanzenwelt, 54: 147–312.
Vogel, S. & C.D. Michener (1985): Long Bee Legs and Oilproducing Floral Spurs, and a New Rediviva (Hymenoptera, Melittidae; Scrophulariaceae). – J. Kansas Ent. Soc., 58: 359–364.
Vogt, O. (1911): Studien über das Artproblem. 2. Mitteilung. Über das Variieren der Hummeln. 2. Teil (Schluß). – Sber. Ges. naturf. Freunde Berlin, 1911: 31–74.
Waddington, K.D. (1976): Foraging patterns of halictid bees at flowers of Convolvulus arvensis. – Psyche, 83: 112–119.
Wafa, A.K. & A.A. El-Berry (1971a): Nesting behaviour of Osmia latreilli Spin. and Osmia submicans Mor. – Bull. Soc. ent. Egypte, 55: 363–372.
– (1971b): Some Biological Aspects of two Local Wild Bees with Reference to the Immature Stages of Osmia submicans Mor. (Hymenoptera: Megachilidae). – Bull. Soc. ent. Egypte, 55: 379–392.
Wafa, A.K. & M.M. Mazeed (1973): Natural ennemies of pollinators belonging to family Megachilidae. – Agr. Res. Rev. Cairo, 51 (1): 129–137.
Wafa, A.K., A. Rashad & M.A. Moustafa (1972): On the nesting habits of Andrena ovatula (K.) in Egypt (Hym., Apoidea). – Dt. Ent. Z., N.F. 19: 303–306.
Wagner, A.C. W. (1914): Die Bienenfauna der Niederelbe. – Verh. Ver. naturwiss. Unterh., 15: 3–56.
– (1920): Die Hautflügler der Niederelbe. 3. Abt. Aculeata (Stechimmen). – Abh. Ver. naturw. Unterh., 16: 1–59.
– (1937): Andrena fulva Schrk., eine Kulturfolgerin im westlichen Norddeutschland. – Bombus, 2: 5–6.
– (1938a): Die Stechimmen (Aculeaten) und Goldwespen (Chrysididen s.l.) des westlichen Norddeutschland. – Ver. naturw. Heimatforschung Hamburg, 26 (1937): 94–153.
– (1938b): Nachtrag zur Aculeatenfauna Nordwestdeutschland. – Bombus, 6: 23–24.
– (1939): Verbreitungsgrenzen und Verbreitungswege der Stechimmen (Aculeaten) im westlichen Norddeutschland. – Ver. naturw. Heimatforschung Hamburg, 27: 1–14.
– (1940): Zweiter Nachtrag zum Verzeichnis der Stechimmen des westlichen Norddeutschland. – Bombus, 1: 53.
– (1941): Dritter Nachtrag zum Verzeichnis der Stechimmen des westlichen Norddeutschland. – Bombus, 18: 71–73.
Wagner, G. (1960): Einführung in die Erd- und Landschaftsgeschichte mit besonderer Berücksichtigung Süddeutschlands. 3. Aufl., 694 S.; Öhringen (Hohenlohe'sche Buchhandlung).
Wagner, R. (1969): Die Hummeln und Schmarotzerhummeln im Raum Cuxhaven. – Beitr. Naturkde. Niedersachsen, 22: 14–26.
– (1971): Die Veränderung der Hummelfauna Cuxhavens in diesem Jahrhundert. Der Versuch einer Deutung. – Ent. Mitt. Zool. Mus. Hamburg, 75: 207–232.
Wagner, W. (1907): Psychobiologische Untersuchungen an Hummeln mit Bezugnahme auf die Frage der Geselligkeit im Tierreiche. I u. II. – Zoologica, 19 (H. 46): 1–239.

WAGNER, W. (1907): Über die Gallen der Lipara lucens. – Verh. Ver. nat.-wiss. Unterh. Hamburg, 13 (1906): 120–135.

WAHA, M. (1984): Zur Ultrastruktur und Funktion pollenverbindender Fäden bei Ericaceae und andern Angiospermenfamilien. – Pl. Syst. Evol., 147: 189–203.

WAHL, O. (1982): Über den Wert von Pollenersatzmitteln und ihre Anwendung – eine Bestandsaufnahme. – Allg. deutsche Imkerzeitung, 16: 2–5.

WAITZBAUER, W. (1969): Lebensweise und Produktionsbiologie der Schilfgallenfliege Lipara lucens Mg. (Diptera, Chloropidae). – SitzBer. Österr. Akad. Wiss., Math.-nat. Kl., Abt. 1, 178: 175–242.

WALCKENAER, C.A. (1817): Mémoires pour servir à l'histoire des abeilles solitaires qui composent le genre halicte. 95 S., Paris (Didot).

WALRECHT, B. (1937): Enkele merkwaardige nesten van bijen en wespen. – Levende Natuur, 41: 249.

– (1953): Biologie van Meg. willughbiella. – Levende Natuur, 56: 199.

– (1958): Waarnemingen a. e. kolonie nesten van Meg. maritima. – Entomologische Berichten, 18: 138–139.

WARD, J.D. (1928): An unrecorded habit of the male of the bee Anthidium manicatum, L. – Entomologist, 61: 267–272.

WARNCKE, K. (1965): Beitrag zur Kenntnis der Bienengattung Andrena Fabricius in Griechenland. – Beitr. Ent., 15: 27–76.

– (1967): Beitrag zur Klärung paläarktischer Andrena-Arten (Hym. Apidae). – Eos, 43: 171–318.

– (1968): Die Untergattungen der westpaläarktischen Bienengattung Andrena F. – Mem. Est. Mus. Zool. Univ. Coimbra, 307: 1–111.

– (1972a): Westpaläarktische Bienen der Unterfamilie Panurginae (Hym., Apidae). – Polskie Pismo Ent., 42: 53–108.

– (1972b): Zwei neue Sandbienen aus der Ukraine und aus Ungarn (Hym. Apoidea). – Nachrbl. Bayer. Ent., 21: 123–127.

– (1972c): Beitrag zur Systematik und Verbreitung der Bienengattung Prosopis F. in der Westpaläarktis (Hymenoptera, Apoidea, Colletidae). – Bull. rech. Agron. Gembloux, N.S.5 (1970): 745–768.

– (1973a): Zur Systematik und Synonymie der mitteleuropäischen Furchenbienen Halictus Latreille (Hymenoptera, Apoidea, Halictidae). – Bull. Soc. R. Sci. Liège, 42: 277–295.

– (1973b): Die westpaläarktischen Arten der Bienenfamilie Melittidae (Hymenoptera). – Polskie Pismo Ent., 43: 97–126.

– (1973c): Beitrag zur Bienenfauna Mazedoniens (Colletidae, Andrenidae und Melittidae, Apoidea). – Mitt. Zool. Mus. Berlin, 49: 13–36.

– (1975a): Beitrag zur Systematik und Verbreitung der Furchenbienen in der Türkei (Hymenoptera, Apoidea, Halictus). – Polskie Pismo Ent., 45: 81–128.

– (1975b): Ergänzungen zu den Verbreitungskarten der Bienengattung Andrena in Frankreich (Hymenoptera, Andrenidae). – Ent. Z., 85: 133–136.

– (1976a): Die Bienengattung Andrena F., 1775 in Iberien (Hym. Apidae) Teil B. – Eos, 50: 119–223.

– (1976b): Bemerkungen zu der Arbeit von Ebmer über die als Apis beschriebenen Bienen der Gattung Halictus und ein Beitrag zur Namensklärung nordafrikanischer Bienen der gleichen Gattung (Hym., Apidae). – Nachrbl. Bayer. Ent., 25: 89–98.

– (1976c): Beitrag zur Bienenfauna des Iran. 2. Die Gattung Systropha Ill. – Boll. Mus. Civ. Storia Naturale Venezia, 28: 93–97.

– (1976d): Zur Systematik und Verbreitung der Bienengattung Nomia Latr. in der Westpaläarktis und dem turkestanischen Becken (Hymenoptera, Apoidea). – Reichenbachia, 16: 93–120.

– (1977a): Ideen zum natürlichen System der Bienen. – Mitt. Münch. Ent. Ges., 67: 39–63.

– (1977b): Beitrag zur Systematik der westpaläarktischen Bienengattung Dioxys Lep. & Serv. (Hymenoptera, Apoidea). – Reichenbachia, 16: 265–282.

– (1978a): Über die westpaläarktischen Arten der Bienengattung Colletes Latr. (Hymenoptera, Apoidea). – Polski Pismo Ent., 48: 329–370.

– (1978b): Bemerkungen zur Taxonomie u. Nomenklatur marokkanischer Andrena-Arten. – Linzer biol. Beitr., 10: 365–368.

– (1979): Beitrag zur Bienenfauna des Iran: 3. Die Gattung Rophites Spin., mit einer Revision der westpaläarktischen Arten der Bienengattung Rophites Spin. – Boll. Mus. Civ. Storia Naturale Venezia, 30: 111–155.

– (1980a): Rophites quinquespinosus Spinola und R. trispinosus Pérez eine oder zwei Bienenarten? (Apidae, Halictinae). – Entomofauna, 1: 37–52.

– (1980b): Die Bienengattung Anthidium Fabricius, 1804 in der Westpaläarktis und im turkestanischen Becken. – Entomofauna, 1: 119–210.

– (1980c): Zur Verbreitung der Bienengattung Andrena F. in Tunesien (Hymenoptera, Apidae). – Mitt. Münch. Ent. Ges., 70: 65–87.

– (1981): Die Bienen des Klagenfurter Beckens (Hymenoptera, Apidae). – Carinthia II 171/91: 275–348.

– (1982a): Die Trockenrasen vor dem Südrand des Allacher Forstes (München), ein ausgefallener Biotop für seltene Wildbienenarten. – Nachrbl. Bayer. Ent., 31: 1–3.

– (1982b): Zur Systematik der Bienen – Die Unterfamilie Nomadinae (Hymenoptera, Apidae). – Entomofauna, 3: 97–128.

– (1982c): Beitrag zur Bienenfauna des Iran 14 – Die Gattung Halictus Latr., mit Bemerkungen über bekannte und neue Halictus-arten in der Westpaläarktis und Zentralasien. – Boll. Mus. Civ. Venezia, 32 (1981): 67–166.

– (1983): Zur Kenntnis der Bienengattung Pasites Jurine, 1807, in der Westpaläarktis (Hymenoptera, Apidae, Nomadinae). – Entomofauna, 4: 261–347.

– (1986a): Elf Bienenarten neu für Bayern (Hymenoptera, Apidae). – Nachrbl. Bayer. Ent., 35: 25–28.

– (1986b): Beitrag zur Bienenfauna der Rheinpfalz. – Mitt. Pollichia, 72: 287–304.

– (1986c): Die Wildbienen Mitteleuropas, ihre gültigen Namen und ihre Verbreitung (Insecta: Hymenoptera). – Entomofauna, Suppl. 3, 128 S.
– (1988): Die Bienengattung Osmia Panzer, 1806, ihre Systematik in der Westpaläarktis und ihre Verbreitung in der Türkei 1. Untergattung Helicosmia Thomson, 1872 (Hymenoptera, Apidae). – Entomofauna, 9:1–45.
WARNCKE, K., R. DESMIER de CHENON & J. LECLERCQ (1974): Atlas provisoire des insectes de France. Hymenoptera Apoidea Andrenidae: Andrena F. – 9 S., 177 Karten; Gembloux/Versailles.
WARNCKE, K. & P. WESTRICH (1984): Rote Liste der Bienen (Apoidea). – In: Rote Liste der gefährdeten Tiere und Pflanzen in der Bundesrepublik Deutschland, S.50–52; Greven (Kilda).
WASER, N.M. (1986): Flower constancy: definition, cause and measurement. – American Naturalist, 127: 593–603.
WASNER, U. & R. WOLFF-STRAUB (1987): Ökologische Empfehlungen zur Mahd der Straßenränder. – Naturschutz Praktisch, Merkbl. Biotop- u. Artenschutz, Nr. 75; Recklinghausen (Landesanstalt für Ökologie, Landschaftsentwicklung und Forstplanung Nordrhein-Westfalen).
WATERHOUSE, G.R. (1844): Notes on the habits of Osmia atricapilla. – Zoologist, 2: 403–404.
WELLER, C. (1986): Zusammenhänge zwischen Pheromonabgabe, Größe und Verhalten bei Lasioglossum malachurum-Königinnen und -Arbeiterinnen (Hymenoptera: Halictidae). Diplomarbeit Fakultät f. Biologie Univ. Tübingen, 79 S.
WELLER, F., K. EBERHARD, H.-M. FLINSPACH & W. HOYLER (1986): Untersuchungen über die Möglichkeiten zur Erhaltung des landschaftsprägenden Streuobstbaus in Baden-Württemberg. 78 S.; Stuttgart (Ministerium für Ernährung, Landwirtschaft, Umwelt und Forsten Bad.-Württ.).
WERCKMEISTER, P. (1951): Die Blaue Holzbiene als Bestäuber. – Natur u. Volk, 81: 116–120.
WERNER, W. & G. KNEITZ (1978): Die Fauna der mitteleuropäischen Weinbaugebiete und Hinweise auf die Veränderungen durch Flurbereinigungsmaßnahmen und technisierte Bewirtschaftungsweisen – Ein Literaturbericht. – Bayer. landwirt. Jahrbuch, 55: 582–633.
WERTH, E. (1941): Über einige blütenbiologische Untersuchungen in den Alpen. – Ber. Dt. Bot. Ges., 58: 527–546.
WESENBERG-LUND, C. (1890): Traek af Linnes Vaegge-Bi's (Anthophora parietina Fabr.). Biologi of Anatomi. – Ent. Meddr., 2: 97–119.
WESTERKAMP, C. (1978): Zum Pollensammeln bauchsammelnder Bienen (Hymenoptera: Megachilidae) an Compositen. – Sitz.ber. Ges. Naturforsch. Freunde Berlin, N.F. 18: 71–79.
– (1987): Das Pollensammelverhalten der sozialen Bienen in Bezug auf die Anpassungen der Blüten. – Dissertation Fachbereich Biologie Univ. Mainz, 225 S.
WESTRICH, P. (1979): Faunistik und Ökologie der Hymenoptera Aculeata des Tübinger Gebiets, vor allem des Spitzbergs, unter besonderer Berücksichtigung der in Holz und Pflanzenstengeln nistenden Arten. – Dissertation Tübingen, 295 S.
– (1980): Die Stechimmen (Hymenoptera Aculeata) des Tübinger Gebiets mit besonderer Berücksichtigung des Spitzbergs. – Veröff. Naturschutz Landschaftspflege Bad.-Württ., 51/52: 601–680.
– (1983a): Die Bienen Baden-Württembergs. I. Megachilidae (Hymenoptera, Apoidea). – Stuttgarter Beitr. Naturkunde, Ser.A, Nr.363; 50 S.
– (1983b): Wildbienen. Ökologische Bedeutung, Gefährdung, Schutz. – Veröff. Naturschutz Landschaftspflege Bad.-Württ., 55/56 (1982): 9–21.
– (1983c): Neufunde, Ergänzungen und Berichtigungen zur Stechimmenfauna (Hymenoptera Aculeata) im Raum Tübingen. – Mitt. Ent. Ver. Stuttgart, 18:77–86.
– (1983d): Die Bienenfauna des Leudelsbachtals bei Markgröningen und ihre Veränderungen im Verlauf von 50 Jahren (Hymenoptera, Apoidea). – Jh. Ges. Naturkde. Württemberg, 138: 271–285.
– (1983e): Zur Biologie der Keulenwespe Sapygina decemguttata (Jurine) (Hymenoptera, Sapygidae). – Carolinea, 41: 134–136.
– (1984a): Kritisches Verzeichnis der Bienen der Bundesrepublik Deutschland (Hymenoptera, Apoidea). – Courier Forsch.-Inst. Senckenberg, 66; 86 S.
– (1984b): Zur Kenntnis der Bienenfauna der Molassehänge bei Sipplingen/Bodensee (Hymenoptera, Apoidea). – Mitt. bad. Landesver. Naturk. Naturschutz, N.F. 13 (1983): 237–244.
– (1984c): Stelis franconica Blüthgen und Stelis phaeoptera (Kirby) (Hymenoptera, Apoidea). – Linzer biol. Beitr., 16: 319–325.
– (1984d): Verbreitung und Bestandessituation der Keulen-, Dolch- und Rollwespen sowie Trugameisen (Hymenoptera Aculeata, »Scolioidea«) in Baden-Württemberg. – Veröff. Naturschutz Landschaftspflege Bad.-Württ., 57/58 (1983): 203–217.
– (1985a): Zur Bedeutung der Hochwasserdämme in der Rheinebene als Refugien für Wildbienen (Hymenoptera, Apoidea). – Natur u. Landschaft, 60: 92–97.
– (1985b): Wildbienen-Schutz in Dorf und Stadt. – Arbeitsblätter zum Naturschutz in Bad.-Württ., 1; 24 S.; Karlsruhe. (2. Aufl. 1987).
WESTRICH, P. & K. SCHMIDT (1985a): Rote Liste der Stechimmen Baden-Württembergs (Hymenoptera Aculeata außer Chrysididae). – Veröff. Naturschutz Landschaftspflege Bad.-Württ., 59/60 (1984): 93–120.
WESTRICH, P. & K. SCHMIDT (1985b): Für Baden-Württemberg neue und seltene Bienen und Wespen (Hymenoptera Aculeata). – Carolinea, 42: 115–120.
WESTRICH, P. & K. SCHMIDT (1986): Methoden und Anwendungsgebiete der Pollenanalyse bei Wildbienen (Hymenoptera, Apoidea). – Linzer Biol. Beitr., 18: 341–360.
WESTRICH, P. & K. SCHMIDT (1987): Pollenanalyse, ein Hilfsmittel beim Studium des Sammelverhaltens von Wildbienen (Hymenoptera, Apoidea). – Apidologie, 18: 199–214.

WHEELER, J.W., M.T. SHAMIN, O. EKPA, G.C. EICKWORT & R.M. DUFFIELD (1985): Exocrine secretions of bees. IV. Unsaturated ketones and aliphatic esters in the Dufour's gland secretions of Dufourea novaeangliae (Hymenoptera: Halictidae). – J. Chem Ecol., 11: 353-361.

WIERING, H. (1954): Over enkele soorten van het geslacht Prosopis (Hym. Apid.). – Entomologische Berichten, 15: 31–32.

WILDERMUTH, H. & A. KREBS (1983): Die Bedeutung von Abbaugebieten aus der Sicht des biologischen Naturschutzes. – Beih. Veröff. Naturschutz Landschaftspflege Bad.-Württ., 37: 105–150.

WILKANIEC, Z., F. WOJTOWSKI & B. SZYMAS (1985): Some investigations on solitary bee Rhophitoides canus Ev. (Apoidea, Halictidae) nesting in Alfalfa seed plantations. – Zoologica Poloniae, 32: 139–151.

WILLE, H. & A. IMDORF (1983): Die Stickstoffversorgung des Bienenvolkes. – Allgem. deutsche Imkerzeitung, 17 (2): 37–50.

WILLIAMS, J.H. (1981): Solitary bees that inhabit walls. – Bee World, 62: 106–108.

WILLIAMS, P.H. (1982): The distribution and decline of British bumble bees (Bombus Latr.). – J. apicult. Res., 21: 236–245.

– (1986): Environmental change and the distribution of British bumble bees (Bombus Latr.). – Bee World, 64: 50–61.

WILMANNS, O. (1984): Ökologische Pflanzensoziologie. UTB 269; 3. Aufl.; 372 S.; Heidelberg (Quelle & Meyer).

– (1987): Zur Verbindung von Pflanzensoziologie und Zoologie in der Biozönologie. – Tuexenia, 7: 3–13.

WILMANNS, O., W. WIMMENAUER & G. FUCHS (1977): Der Kaiserstuhl. Gesteine und Pflanzenwelt. – Natur- u. Landschaftsschutzgebiete Bad.-Württ., 8, 2. Aufl., 241 S.

WINSTON, M.L. (1979): The proboscis of the long-tongued bees: a comparative study. – Univ. Kansas Sci. Bull., 51: 631–667.

WITSCHEL, M. (1980): Xerothermvegetation und dealpine Vegetationskomplexe in Südbaden. – Beih. Veröff. Naturschutz Landschaftspflege Bad.-Württ., 17, 212 S.

WOJTOWSKI, F. (1964): Z doswiadczen nad tworzeniem przenosnych kolonii porobnic (Anthophora parietina F.). – Roczn. WSR, Poznan, 14: 177–184.

WOLF, A. (1983): Transekt-Untersuchungen zum Blütenbesuch von Hummelarten (Hymenoptera, Apidae, Bombus) in Rasen-Vegeationskomplexen des Naturschutzgebietes »Taubergießen«. – Staatsexamensarbeit Univ. Freiburg i.Br., 158 S.

WOLF, H. (1953): Beiträge zur Hymenopterenfauna des oberen Lahn-Dill-Sieg-Gebietes (III). – Nachr. Naturw. Mus. Aschaffenburg, 41: 83–88.

– (1956): Nassauische Bienen (Hym. Apoidea). – Jb. Nass. Ver. Naturk., 92: 37–49.

– (1959): Über einige westdeutsche Bienen und Grabwespen (Hym. Apoidea, Sphecoidea). – Mitt. Dt. Ent. Ges., 18: 11–16.

– (1965): Hilfsmittel zur Beobachtung und zum Fang von Grabwespen und Bienen. – Mitt. Dt. Ent. Ges., 23: 66–67.

– (1967): Insekten des Sauerlandes als Zeugen nacheiszeitlichen Klimawandels. – Sauerländ. Naturbeob., 7: 51–57.

– (1968): Bienen und Wespen als Bewohner eines Waldrandes. – Sauerländ. Naturbeob., 8: 4–15.

– (1971): Der Diabas des oberen Dilltales und die Verbreitung wärmeliebender Ameisen, Wespen und Bienen. – Jb. Nass. Ver. Naturk., 101: 89–96.

– (1973): Adventive Bienen und Wespen auf Siegerländer Hüttensand. – Siegerland, 50: 39–44.

– (1974): Aus der Insektenwelt des Dillkreises. – Heimatjb. Dillkreis, 17: 30–39.

– (1976a): Die Halden der ehemaligen Grube »Viktoria« bei Littfeld und ihre Insektenfauna. – Siegerland, 53: 27–31.

– (1976b): Die Berg-Singzikade in Hessen und in Mitteleuropa. – Jb. Nass. Ver. Naturk., 103: 18–23.

– (1982a): Ein Zwitter von Andrena potentillae Panzer (Hym., Apidae). – Linzer biol. Beitr., 14: 45–46.

– (1982b):Die Hummelfauna von Südwestfalen – Gefährdung und Schutz. – Märker, 31: 189–191.

– (1982c): Ein Faunenprofil durch das Rothaargebirge. – Sauerländ. Naturbeob., 16: 3–22.

– (1985a): Veränderungen der Hummelfauna (Hymenoptera: Apidae) des Siegerlandes, Bemerkungen zum Artenschutz und Bestimmungsschlüssel der in Nordrhein-Westfalen vorkommenden Arten. – Natur u. Heimat, 45: 26–33; Münster.

– (1985b): Ein Zwitter von Melitta haemorrhoidalis (Fabricius) (Hym., Apoidea, Melittidae). – Linzer biol. Beitr., 17: 493.

– (1985c): Veränderungen der Hummelfauna (Hymenoptera: Apidae) bei Frankfurt (Main) und Marburg (Lahn). – Hess. Faun. Briefe, 4: 66–69.

– (1986a): Ein Zwitter von Lasioglossum morio (Fabricius) (Hym., Apoidea, Halictidae). – Linzer biol. Beitr., 18: 1–4.

– (1986b): Zur Kenntnis der Hautflügler-Fauna des Naturschutzgebietes Lengelsen-Wilhelmstal (2. Beitrag). – Sauerländ. Naturbeobachter, 18: 189–193.

– (1987): Zwitter von Sphecodes geofrellus (Kirby) und Sphecodes rufiventris (Panzer) (Hym., Sphecoidea, Apidae). – Linzer biol. Beitr., 19: 299–300.

WOLLMANN, K. (1986): Untersuchungen über die Hymenopterenfauna im Weinanbaugebiet des Mittleren Ahrtals bei Marienthal. – Dissertation Math.-Naturw. Fakultät Rhein. Fried.-Wilhelm-Univ. Bonn, 255 S.

WOYDAK, H. (1967):Beitrag zur Bienenfauna Westfalens (Die Bienen des Lippetales und Umgebung). – Ent. Z., 77: 115–125.

WRATT, E.C. (1968): The pollinating activities of bumble bees and honey bees in relation to temperature, competing forage plants, and competition from other foragers. – J. apicult. Res., 7: 61–66.

WU YEN-JU (1960): On the nesting habits and polytrophism of Halictus maculatus Sm. (Hym., Halictidae). – Ent. Obozr., 39: 70–76 (in russisch, engl. Zus.).

WÜSTNEI, W. (1889): Die Bienen (Apiden) Schleswig-Holsteins. – Schr. Naturwiss. Ver. Schlesw.-Holst., 8: 27–42, 217.
XAMBEU, V. (1896): Moeurs et metamorphoses des Anthidium oblongatum et 7-dentatum, Hyménoptères du groupe des Apides. – Bull. Soc. ent. France, 1896: 328–331.
YARROW, I.H. H. (1941): Melitta leporina (Panz.) and Nomada flavopicta (Kirby) (Hym., Apidae). – Entom. Monthly Mag., 77: 61–62.
– (1943): Collecting bees and wasps. – Amateur Entomologist, 7: 55–81.
– (1954): Some observations on the genus Bombus, with special reference to Bombus cullumanus (Kirby) (Hym. Apidae). – J. Soc. Brit. Ent., 5: 34–39.
– (1968): Recent additions to the British bee-fauna, with comments and corrections. – Ent. Monthly Mag., 104: 60–64.
– (1970): Hoplitis claviventris (Thomson 1872) (= Osmia leucomelana auct. nec Kirby) and the identity of Apis leucomelana Kirby 1802 (Hymenoptera, Megachilidae). – Entomologist, 1970: 62–69.
YARROW, I.H. H. & K.M. GUICHARD (1941): Some rare Hymenoptera Aculeata, with two species new to Britain. – Ent. Monthly Mag., 7: 2–13.
ZACHAU (1950): 473. (Hym., Apidae). Dasypoda hirtipes F. – Bombus, 1: 264; Hamburg.
ZAHRADNIK, J. (1985): Bienen, Wespen, Ameisen. – 191 S.; Stuttgart (Franckh'sche Verlagshandlung).
ZANDEN, G. VAN DER (1977): Aantekeningen over Nederlandse Hymenoptera Aculeata, VII. – Entomologische Berichten, 37: 17–19.
– (1981): Einige Angaben über die Verbreitung nicht-parasitärer Megachilidae (Hym., Apidae) in den Niederlanden. – Nieuwsbrief European Invert. Survey Nederland, 10: 55–58.
– (1982): Tabel en verspreidingsatlas van de Nederlandse nietparasitaire Megachilidae (Hymenoptera: Apidae). – Nederl. Faun. Med., 3: 1–47.
– (1983): Taxonomische und faunistische Bemerkungen zu einigen paläarktischen Bauchsammler-Arten (Insecta, Hymenoptera, Apoidea, Megachilidae). – Faun. Abh., 10: 125–139.
– (1984): Neue paläarktische Taxa der Familie Megachilidae (Hymenoptera, Apoidea). – Reichenbachia, 22: 175–191.
– (1988): Beitrag zur Systematik und Nomenklatur der paläarktischen Osmiini, mit Angaben über ihre Verbreitung. – Zool. Meded., 62: 113–133.
ZANDER, E. (1935): Beiträge zur Herkunftsbestimmung bei Honig. I. Pollengestaltung und Herkunftsbestimmung bei Blütenhonig mit besonderer Berücksichtigung des deutschen Trachtgebietes. 343 S., Berlin (Reichsfachgruppe Imker)
– (1964): Das Leben der Biene. Handbuch der Bienenkunde, vol. 6. 6. Aufl.; Stuttgart (Weiss).
ZANDER, E., A. KOCH & A. MAURIZIO (1975): Der Honig. In: BÖTTCHER, F. (Hrsg.): Handbuch der Bienenkunde, Bd. 6, 212 S.; Stuttgart (E. Ulmer).
ZAPLETAL, F. (1961): Über die Domestikation von Hummeln. – Archiv f. Geflügelzucht u. Kleintierkunde, 10: 256–262.
– (1966): Methoden zur Hummelzucht in Beuten und zur Überwinterung von Hummelköniginnen. – Bee World, 47 (Suppl.): 167–171.
ZERBE, S. (1987): Die Bedeutung von Waldrändern im Biotopverbund. Diplomarbeit Fakultät f. Biologie Julius-Maximilians-Univ. Würzburg, 150 S.
ZEROVA, M.D. & L.P. ROMASENKO (1986): Chalcidoids (Hymenoptera, Chalcidoidea), parasites of leafcutting bees (Hymenoptera, Megachilidae), in the fauna of the USSR. – Zool. Zhurnal, 65: 1631–1643 (in russisch mit englischer Zusammenfassung).
ZETTERSTEDT, J.W. (1840): Insecta Lapponica. Leipzig (L. Voss).
ZIER, L. (1985): Das Pfrunger Ried – Entstehung und Ökologie eines oberschwäbischen Feuchtgebietes. – Führer Natur- und Landschaftsschutzgeb. Bad.-Württ., 10: 1–308.
ZIMMERMANN, K. (1935): Zur Fauna von Sylt. – Schr. Naturwiss. Ver. Schlesw.-Holst., 274–286.
ZIMMERMANN, P. (1987): Dachbegrünung. Eine ökologische Untersuchung auf Kiesdach, extensiv und intensiv begrünten Dächern. – Veröff. Naturschutz Landschaftspflege Bad.-Württ., 62: 517–549.
ZIMMERMANN, W. (1972): Wildbienen zur Bestäubung in Isolierkabinen. – Saatgutwirtschaft, 24: 275–276.
ZIOLKOWSKI, H. (1977): Observations on the Biology of Anthidium. – Przeglad Zoologiczny, 21: 83–85 (in polnisch mit engl. Zusammenfassung).
ZIRNGIEBL, L. (1957): Zur Wespenfauna der Pfalz. III. Teil. – Mitt. Pollichia, 4: 168–200.

Abkürzungen und Zeichen

coll. = collectio (lateinisch), Sammlung

det. = determinavit (lateinisch), hat bestimmt; das (die) betreffende(n) Exemplar(e) wurden von der namentlich aufgeführten Person bestimmt.

eig. Beob. = eigene Beobachtung des Verfassers

leg. = legit (lateinisch), hat gesammelt; das (die) betreffende(n) Exemplar(e) wurden von der namentlich aufgeführten Person gesammelt.

NSG = Naturschutzgebiet

ssp. = Subspezies (Unterart)

Syn. = Synonym

vid. = vidit (lateinisch), hat gesehen; das (die) betreffende(n) Exemplar(e) wurden von der namentlich aufgeführten Person überprüft und ihre Bestimmung bestätigt.

Zu den Abkürzungen der öffentlichen und privaten Sammlungen siehe S. 452

♂ = Männchen; ♀ = Weibchen

Register

Die Seitenangaben beziehen sich nicht immer auf das angegebene Schlüsselwort, sondern können auch auf Textstellen mit umschreibendem Charakter hinweisen. Seitenzahlen ohne Symbolkennzeichnung verweisen auf den Text, Zahlen mit Asterisk (28*) auf Abbildungen, halbfette Zahlen geben die eigentliche bzw. eine ausführlichere Behandlung im Text an. Bei den Pflanzen wird in der Regel nur der deutsche Gattungsname aufgeführt und auf den jeweiligen wissenschaftlichen Gattungsnamen hingewiesen. Dort findet man dann unter den wissenschaftlichen Artnamen in Klammern die im Buch verwendeten deutschen Pflanzennamen. Bei den Bienen sind unter den jeweiligen wissenschaftlichen Gattungsnamen alphabetisch die Namen (Epitheta) aller Taxa angeführt, unabhängig davon, ob sie im Buch als Art, Unterart (Rasse) oder Synonym behandelt sind. Die im Buch verwendeten (mit Ausnahme weniger Zweifelsfälle gültigen) Artnamen sind an den halbfetten Seitenzahlen zu erkennen, die, wenn nur einmal angeführt, auf den jeweiligen Steckbrief verweisen.